カントの批判的法哲学

Kants kritische Rechtsphilosophie

松本和彦 *Kazuhiko Matsumoto*

慶應義塾大学出版会

はしがき

Ｊ・Ｇ・フィヒテの有名なことばに、「どういう哲学を選ぶかはどういう人間であるかによる」というものがある。私が大学院でカントの法哲学を研究しているとき、なぜ「カント」の法哲学を研究しているのかと、実定法を専攻している同僚や哲学・倫理学を専攻している仲間からよく聞かれたものだ。おそらくそのときには、研究者の端くれとしてそれなりに説得力のある返答をしたのではないかと思う。

私は学部時代にはむしろＲ・デカルトの「方法的懐疑」による学問方法論やＢ・パスカルの「幾何学の精神」と「繊細の精神」の哲学といったフランス哲学に関心があり、それに専念していたと言ってもいい。しかしその後すぐに有限な理性的存在者の立場を基盤とするカントの哲学にも興味をもつようになった。カントの著作の中で最初に読んだのが『人倫の形而上学の基礎づけ』である。そして続けて『プロレゴメナ』に挑戦した。カント哲学を学ぶ多くの初心者が辿った道と同様である。

学部のゼミナールおよび大学院のときの指導教授である川口實先生にも、法哲学を専門的に研究するのであれば、カントと新カント学派の哲学・法哲学にまず専念するようにと強く勧められていた。その前提として私は、ドイツの法哲学界でも知られており、Ｗ・ザウアーの『法哲学序説』を翻訳された峯村光郎先生の『法哲学』を繰り返し読んでいた。

またドイツ語で書かれた法哲学の文献を正確に読解することができるようになるために、Ｇ・ラートブルフの

『法哲学』を田中耕太郎先生の翻訳と対照しながら精読していた。

真剣に法哲学の研究を志したときにまずはじめに読んだのが、加藤新平先生の名著『法哲学概論』であった。加藤先生の思索の粘り強さや深さ、そして学問に対する誠実な姿勢に心打たれた。そして何度も読み返した。また加藤先生の「新カント学派」、恒藤恭先生の『批判的法律哲学の研究』へと読み進めた。

私にとってはカントの哲学や新カント学派の哲学が魅力的に思われた。お二人の先生の論述の素晴らしさもちろん影響したのは確かだが、たぶん学問における原理・原則をとことん探求し、その普遍妥当性・必然性を追求してやまないカントや新カント学派の学問的姿勢に魅了されたからだろう。そして、カントは私にとって特別な存在となった。

他方で大学院の演習では、一橋大学の上原行雄先生にモンテスキューの『法の精神』と『ペルシア人の手紙』の原典講読の指導を受けていた。また、上智大学のホセ・ヨンパルト先生のもとではさまざまな哲学者の法思想を学んだ。

しかし一般に哲学の専門分野においてもカントの批判哲学を研究し、それに賛同するにしても反対するにしても一度はそれを通過しなければならないと言われているように、法哲学の研究を志す者はカントの批判哲学や法哲学を真摯に学び、それと対決しなければならないと当時の私には思われた。そして今もその考えは変わってはいない。むしろ確信に近いものになっている。

ひとつの例にすぎないが、カント倫理学の影響を受けたJ・ロールズやR・ノージックといった現代の哲学者を理解するためにもカントを研究することは必要であろう。

カント法哲学を研究しはじめたときの素朴な驚きは今でも忘れられない。というのも、カント法哲学はその体系的位置づけに関して、従来カント哲学研究によって『純粋理性批判』や『実践理性批判』において樹立された超越論的哲学ないし批判哲学とは矛盾するものであり、批判的法哲学ではないと否定的に評価され、また注目される機会もきわめて少なかったからである。ひと言で言えば、カント法哲学は批判哲学体系の中で周辺的な役割しか与えられず、それに呼応してカント法哲学研究はカント哲学研究全体の中でも散発的・傍論的な位置を占めるにすぎなかったからにほかならない。

しかもその原因としてカントの老衰が挙げられており、最晩年の著作である『法論の形而上学的基礎論』は老衰の著作というひと言で片付けられ、ほとんど見向きもされなかったからである。そもそも学問的に老衰の著作のひと言で済まされる問題なのだろうか。これが、私が抱いた最初の素朴な疑問であった。

カント法論研究の先駆的業績を残した片木清先生は、『法論』を中心とする関連諸論著、『法論のための準備草稿』および『覚書き』などを可能なかぎり渉猟し、またカント自身の論理を体系的に再構築することによって『純粋理性批判』で確立されたとされる超越論的方法ないし批判的方法の『法論』への導入・適用の成果を検討した。その結果、カントによる循環論的演繹の不毛性を摘示することにより『法論』への超越論的方法ないし批判的方法の適用の不整合性、不徹底性あるいは破綻を指摘していた。つまり、カントの法哲学は批判的法哲学ではないとする解釈である。

そしてその解釈の淵源を辿って見ると、それは新カント学派の従来の定説であり、現在に至るまで哲学者や法学者に多大な影響力を及ぼしていることがわかった。しかもそれとは逆に、カントの法哲学は批判的法哲学であるとする肯定的な解釈は我が国ではほとんど見られなかった。

それに対して主にドイツでは、カントの法哲学は批判的法哲学であるとする解釈がさまざまな論者によって主張され、肯定説が優位を占める状況であった。

また他方で、我が国におけるカント法哲学研究の第一人者である三島淑臣先生は、カント法哲学が批判的法哲学であると言えるのかという問題については、いずれかと言えば懐疑的な解釈を提示していた。

しかし、新カント学派やその延長線上にある哲学者や法学者のカント法論解釈は正しかったのだろうか。というのも、偉大な哲学者であればあるほど自身の哲学体系に即して整合的に著作を構築するのは当然のことであるように思われたからである。むしろ、カントの法哲学が批判哲学の体系から排除されるとする解釈のほうが不可解に見受けられた。これが、私が抱いた第二の素直な疑問であった。そして、その解釈を再検討する必要性があるという思いに駆られた。

果してカントの法哲学は批判的法哲学と言えるのだろうか。カントの批判哲学の体系の中でそれはどのように位置づけられるのだろうか。これを解明することは、カント法哲学の現代的意義を積極的に構築するためにも焦眉の問題であると私は認識した。

そしてこの問題を解明するためには、少し大げさに言えば、M・ヴェーバーも『職業としての学問』の中で指摘しているように、ある写本のある箇所について「これが何千年も前から解かれないできた永遠の問題である」として、なにごとも忘れてその解釈を得ることに熱中するといった心構えが不可欠であると思われた。少なくともこのような心構えだけは忘れずに、私はこの問題に取り組もうと心がけてきたつもりである。

以下において、カント法哲学の超越論的・批判的性格、言い換えれば超越論的哲学ないし批判哲学における法哲学の体系的位置づけの問題をめぐる解釈を検討する。その際、論文の構成上重複した論述が時折出てくるが、この点はご容赦願いたいと思う。

松本和彦

２０１８年８月

目次

Ⅱ　Chr・リッターの所論……113

第二部　カント法哲学の超越論的・批判的性格

第四章　H・オーバラーの所論を中心として……669

第六章　所有権論の超越論哲学的基礎づけ

凡例

・本書において『純粋理性批判』からの引用は慣例に従って、第一版をA、第二版をBとし、それぞれアラビア数字でページ数を提示する。その他のカントの著作、書簡、遺稿および講義録は、特に断らないかぎり、基本的にアカデミー版カント全集（Kant's gesammelte Schriften, hrsg. von der Königlich Preußischen Akademie der Wissenschaften (und Nachfolgern), Berlin 1900 ff.）から引用する。その際、巻数をローマ数字で、ページ数をアラビア数字で提示する。日本語訳については理想社版『カント全集』および岩波版『カント全集』を適宜使用している（出版社を「岩波書店」、「理想社」と表記している場合は、それぞれ岩波版、理想社版を指す）。ただし、『法論の形而上学的基礎論』については『世界の名著39カント』に所収されている『法論の形而上学的基礎論』加藤新平・三島淑臣訳、中央公論社、１９７９年を使用している。

なお、本書第二部第二章「F・カウルバッハの所論を中心として」においては、Kants Werke, Akademie-Textausgabe, Berlin 1968. を使用している。

・邦文文献を引用する場合に、原典において旧字体・異体字を使用している箇所については、現在の新字体に改めて引用している。また外国語文献の邦訳を引用する際に若干表現を変えたものもある。なお引用内の〔　〕については、原則として筆者の補足である。

カントの批判的法哲学

序論

はじめに

E・ヴォルフ（１９０２–１９７７）学派のChr・リッターは、１９７１年『初期資料によるカントの法思想』においてカントの『法論の形而上学的基礎論』（『人倫の形而上学』第一部『法論の形而上学的基礎論』Metaphysische Anfangsgründe der Rechtslehre. Metaphysik der Sitten, Erster Teil, 1797. 以下において『法論』と略記する。著作を表す場合には『法論』と略称するが、法に関する理論を表す場合には法論ないし法哲学などと表記する）の生成に関する文献学的手法による緻密な影響史・発展史的研究を発表した（Christian Ritter, Der Rechtsgedanke Kants nach den frühen Quellen, Frankfurt am Main 1971. この博士論文は、K・ヤスパース（１８８３–１９６９）の弟子であるH・ザーナーのカントの政治思想に関する研究と並んで法思想に関する画期的な著作である。Hans Saner, Kants Weg vom Krieg zum Frieden Band 1, Widerstreit und Einheit. Wege zu Kants politischem Denken, München 1967.）。

リッターの研究によれば、第一に、イマヌエル・カント（１７２４–１８０４）の法思想は不断の連続性の中で発展したものである。というのは、リッターはカントの公刊された諸著作、学生による講義筆記録、手書きの準備草稿、書簡およびレフレクシオーン（Reflexionen 省察）などカントの法思想に関する初期の資料によって解明された時期のはじめ（１７６４年頃）にすでに核心において１７９７年に出版された『人倫の形而上学』と同様の基礎的諸規定が見出され、また考察された時期の終わり（１７７５年頃）に後期の著作である『法論』と同様の一連の主題群、問いおよび解答が見出されるからであると主張する（Kontinuitätsthese　連続性説と呼ぶことにする）。

さらにリッターは第二に、カント法思想のこの連続性を根拠に、カントが『純粋理性批判』（Kritik der reinen Vernunft. 第一版は１７８１年、第二版は１７８７年に出版されている）によって樹立した思弁的・理論的批判主義に対応する「批判的」法哲学を基礎づけたということが排除されると結論づける。

カントによれば、哲学的認識とは理性の「思弁的」認識であるが、それは普遍的なものを具体的に認識する「普通の認識」に対して、普遍的なものを抽象的に認識することである[Prol., IV 369f., IX 27]。これが「思弁的」のもっとも広義の意味である。また、「思弁的」という語は、「存在すべきもの」にかかわる「実践的」との対比において、「存在するもの」にかかわるという意味では、「理論的」とほぼ同義に使用されることもある。『カント事典』編集顧問、有福孝岳・坂部恵、弘文堂、１９９７年、新田孝彦執筆、２２６頁を参照。リッターも思弁的と理論的という概念を同義のものとして使用していると考えてよいであろう。

そうであるとすれば、カント哲学の「批判的転回」が行われた１７６９年にも、またそれ以降にもカント法哲学の「批判的」段階と対立する「前批判的」段階について論じうるような「断絶」は起こらなかったことになる。

「批判的転回」の契機となった１７６９年の「大いなる光」（großes Licht vom 1769. アカデミー版カント全集 XVIII, S.69. このことばは形而上学のレフレクシオーン５０３７の中に見られる表現である。「私は始めはこの学説（diesen Lehrbegriff）を黎明においてのみ看取した。私はきわめてまじめに、諸命題とその反対とを証明しようとしたが、それは懐疑論をうち立てるためにではなく、私は悟性の幻想を推測していたので、むしろ懐疑論を発見せんがためにであった。一七六九年は私に大きな光明（ein grosses Licht.）を与えた」）は、一般的にカントが理性批判の端緒を見出したことを告げるキーワードであると考えられている。有福孝岳「書簡に見る『純粋理性批判』（ならびに「批判哲学」）成立史」、岩波版『カント全集別巻カント哲学案内』所収、編集坂部恵・有福孝岳・牧野英二、岩波書店、２００６年、22-24頁を参照。

石川文康（１９４６-２０１３）はカントのこの発言について次のように述べている。

「「69年が私に大いなる光をもたらした」というカント自身のメモが残されている。メモの文面に「〔ある〕命題を証明し、その反対〔の命題〕を証明した」とあり、また「悟性のまやかし」という表現があることから見て、このキーワードが純粋理性のアンチノミーに関わっていることは間違いないものと思われる。さらに、このような事態を「はじめのうちは黎明の中に見た」とし、最後に「大いなる光」に関する記述があることから、カントがアンチノミー解決の何らかのヒントを得たことを伝えている。そのヒントが何であるかをめぐっては諸説あるが、後の『純粋理性批判』における解決は、空間・時間が超越論的観念性をもつという、超越論的観念論の基本テーゼによっていることから見て、また「大いなる光」の翌年の『感性界と知性界の形式と原理』においてこの基本テーゼが打ち出されていることから見て、そのヒントも、空間・時間を主観の形式、感性の形式とする洞察に関係していると見られる」（『カント事典』編集顧問、有福孝岳・坂部恵、弘文堂、１９９７年、石川文康執筆、３０４頁）。

また、リッターは「批判的」段階と「前批判的」段階という表現を用いているが、一般的には１７８１年の『純粋理性批判』出版以降の時期を「批判期」と呼び、それに対して１７７０年の教授就任論文である『感性界と知性界の形式と原理』（De mundi sensibilis atque intelligibilis forma et principis. 1770.）までの時期を「前批判期」と呼ぶのが通例である。さらに、批判哲学の出発点は通例１７６２／１７６４年の『懸賞論文』（『自然神学と道徳の原則の判明性』Untersuchung über die Deutlichkeit der Grundsätze der naturlichen Theologie und der Moral. 1764.）にまで遡ることができる。

また、石川は批判哲学の起点について次のように述べている。

「ふつう、批判哲学の出発点は一七八一年の『純粋理性批判』出版から十一年さかのぼって、一七七〇年の教授就任論文『感性界と英知界の原理』に求められる。あるいは、「大いなる光」というカント自身の暗示にもとづいて一七六九年にその起点を求めるのが通例である。そしてそれは……カント理解のための必要不可欠な要件である。とくに、「仮象の論理学」と呼ばれる弁証論、アンチノミー論の成立は「大いなる光」なしには考えられない。しかし、「真理の論理学」と呼ばれる『純粋理性批判』の前半部分（超越論的分析論）の問題意識を顧慮すると、一七六二／六四年の『懸賞論文』は、まちがいなくその出発点を形成している。なぜなら、……人間の思考の根本枠や根本原則は、『純粋理性批判』の「真理の論理学」で論じられているからである。したがって、理性批判において提出されたこれらの根本概念や根本原則は、根本真理の証明不可能性に対するカントの洞察の完成形態と見なされうるであろう。じっさいにもそれらは、カントが当初要求したように、表の形でまとめられている……。それだけでなく、証明不可能な根本真理という思想は、すでに理性批判への方向をも指し示している。なぜなら、この思想はいやおうなしに理性能力の限界をも帰結せずにはおかないからである」（石川文康『カント入門』筑摩書房、１９９５年、60-61頁）。

したがって、リッターは結果として、カント法哲学は「批判的」法哲学ではないとする19世紀後半から20世紀初頭にかけて活躍した新カント学派以来定説となっていた解釈を新たに検証し、再確認したと言える。

法論の解釈史に関しては、Ｂ・マリバボの次の文献を参照。Balimbanga Malibabo, Kants Konzept einer kritischen Metaphysik der Sitten, Würzburg 2000, S.51-59. マリバボは、カントと同時代人であるＨ・シュテファニ（１７６１-１８５０。Heinrich Stephani, Anmerkungen zu Kants Metaphysischen Anfangsgründen der Rechtslehre, Erlangen 1797. (Nachdruck Brüssel 1968)）、Ｊ・Ｃ・ホフバウアー（１７７０-１８２６。ハレ大学の哲学教授である。Johann Christoph Hoffbauer, Anfangsgründe der Moralphilosophie und insbesondere der Sittenlehre nebst einer allgemeinen Geschichte derselben, Halle 1798. (ND Bruxelles 1968)）、Ｊ・Ｓ・ベック（１７６１-１８４０。１７９６年ハレ大学の哲学の員外教授となる。Jacob Sigismund Beck, Commentar über Kants Metaphysik der Sitten I, Halle 1798. (ND Bruxelles 1970)）、また新カント学派の代表的哲学者ないし法哲学者であるＨ・コーヘン（１８４２-１９１８）、Ｒ・シュタムラー（１８５６-１９３８）、Ｈ・ケルゼン（１８８１-１９７３）、Ｒ・シュミット（１８６２-１９４４）、さらにリッター以降この問題をめぐる論争の代表的論者であるＲ・ブラント、Ｆ・カウルバッハ（１９１２-１９９２）、Ｗ・

ブッシュ、K・H・イルティング（１９２５-１９８４）、M・ゼンガー、H・オーバラー（１９３３-２０１７）、O・ヘッフェ、W・ケアスティング、G・W・キュスタース、H・G・デガウ、W・バルトゥシャット、V・ゲアハルト、S・ゴヤール・ファーブル、G・カヴァラー、P・ケーニヒおよびG・パッツィヒのカント法論解釈を取り上げている。マリバボによるこの問題をめぐる法論解釈史が最近の文献の中ではもっとも詳しく論じている。

ところで、人倫の形而上学を書き上げるというカントの計画は、この計画にカントは１７６０年代以降ずっと取り組んでいたが、『純粋理性批判』（第一版１７８１年、第二版１７８７年）、『人倫の形而上学の基礎づけ』（Grundlegung zur Metaphysik der Sitten. 1785.）および『実践理性批判』（Kritik der praktischen Vernunft. 1788.）において批判哲学および批判的方法に対する基礎を置いた後に、ようやく『人倫の形而上学』と題する著作によって完了した。マリバボは、『人倫の批判的形而上学のカントの構想』において１７９７年の『人倫の形而上学』は批判哲学の成果であると見なされうるのか否か、またそうであるとすればどの程度そのように見なされうるのかについて考察している。具体的に言えば、マリバボは次の２つの点を詳細に証明しようと試みている。

第一に、カントは実践的理性立法の体系として理解される『人倫の形而上学』を意志の自律の原理のうえに置いており、そしてカントはこの原理を『人倫の形而上学の基礎づけ』および『実践理性批判』において分析によって演繹した。

第二に、カントは『人倫の形而上学』においてより厳密に表現された自律の概念を人倫（Sittlichkeit）の要求を正当化するために使用した。

『人倫の形而上学』における法論の基礎づけについては、a.a.O., S. 123-173. を参照。特に、『人倫の形而上学』における「批判的」法論の課題については、a.a.O., S.129-131. を参照。

しかしながら、リッターが再確認した法論に対する否定的評価は新カント学派以前にもすでにカントの同時代の論者およびその後、特にA・ショーペンハウアー（１７８８-１８６０）によって主張されていた。

そもそもなぜ法論の評価は、批判哲学樹立以降に出版された著作であるにもかかわらず否定的であり続けたのであろうか。このような素朴な疑問を抱くのは当然ではなかろうか。しかし、それにはそれなりの理由があった。K・キュールも指摘しているように、カント法論の１５０年以上にもわたる過小評価の理由は出版直後から存在し、いまだに根強いものがある。キュールは特にその理由を３つ挙げている。第一に、『法論』のテクストは不明確であり、論理的整合性をもって解釈するのが困難である。第二に、『法論』はショーペンハウアーの酷評以来ずっと老衰の著作であるとする見方が定着している。第三に、カントは『法論』において批判的方法を貫徹しておらず、独断主義および従来の自然法に陥っている（Kristian Kühl, Rehabilitierung und Aktualisierung des kantischen Vernunftrechts. Die westdeutsche Debatte um die Rechtsphilosophie Kants in den letzten Jahrzehnten, in: Archiv für Rechts-und Sozialphilosophie, Beiheft 44, 1991, S.213f. この論文は次の著作に収載されている。Kristian Kühl, Freiheitliche Rechtsphilosophie, Baden-Baden 2008, S.10f.）。これらの理由は、後に見るように、多くの論者によって同様に指摘されている論点である。しかし、それらに対してはすでに有力な反論がなされており、現在では少なくとも第二、第三の論点は否定・克服されていると考えてよいであろう。

以下において、それぞれの論点について従来の定説を確認するためにもあらかじめやや立ち入って検討しておきたい。

第一に、『法論』のテクストが不明確で、解釈するのが困難であると見なされている（Unklarheitsthese　不明確性説と呼ぶことにする）。つまり、カントの指示とは異なり若干のテクストの部分が刊行版において間違った位置に組み入れられたと思われる（『法論』出版の印刷上の手違いについては次の文献を参照。Gerd-Walter Küsters, Kants Rechtsphilosophie, Darmstadt 1988, S.10-13. Bernd Ludwig, Kants Rechtslehre. Mit einer Untersuchung zur Drucklegung Kantischer Schriften von Werner Stark. Teilw. zugl.: Marburg, Univ., Diss., 1985. Hamburg 1988: Meiner (Kant-Forschungen; Bd. 2), S.1-6. また、この点についてはすでにG・ブフダ、F・テンブルック（１９１９-１９９４）、J・ベアケマン、Th・マウトナーおよびB・ルートヴィヒが指摘している。出版直後もっとも早い例として、ルートヴィヒは１８０４年に刊行されたイェナ一般新聞に掲載されている書評を挙げている。最近に至るまでの研究成果を考慮すると、このことは周知の事実であると言っても間違いではないであろう。Jenaische Allgemeine Zeitung. Nr. 272/3. November 1804, S.297-308. G. Buchda, Das Privatrecht Immanuel Kants. Ein Beitrag zur Geschichte und zum System des Naturrechts, Jena 1929. F. Tenbruck, Über eine notwendige Textkorrektur in Kants „Metaphysik der Sitten“, in: Archiv für Philosophie 3, 1949, S.216-220. J. Berkemann, Studien über Kants Haltung zum Widerstandsrecht, Diss. Karlsruhe 1972. Th. Mautner, Kants Metaphysics of Morals. A Note on the Text, in: Kantstudien 72, 1981, S.356-359. B. Ludwig, Der Platz des rechtlichen Postulats der praktischen Vernunft innerhalb der Paragraphen 1-6 der kantischen Rechtslehre, in: Rechtsphilosophie der Aufklärung, hrsg. von R. Brandt, Berlin · New York 1982, S.218-232. Bernd Ludwig (Hrsg.), Immanuel Kant. Metaphysische Anfangsgründe der Rechtslehre. Metaphysik der Sitten, Erster Teil, 3., verbesserte Auflage, Hamburg 2009, S.XXVIII-XL. Bernd Ludwig, Kants Rechtslehre. Mit einer Untersuchung zur Drucklegung Kantischer Schriften von Werner Stark, 2. Auflage, Hamburg 2005, S.44-49)。

第二に、『人倫の形而上学』は遅くとも１８２０年のショーペンハウアーによる否定的評価（ショーペンハウアーは「きわめて粗末な著作」と表現している。A. Schopenhauer, Metaphysik der Sitten, Vorlesung von 1820, aus dem handschriftlichen Nachlaß herausgegeben von V. Spierling, München 1985, S.171.）以降、カントの老齢の失敗した著作であると見なされている（Senilitätsthese　老衰説と呼ぶことにする。老衰説を主張する論者としてChr・リッターおよびK・H・イルティングのほかにもF・メディクス、H・クノフおよびP・ブルクなどが挙げられる。老衰説はカント法哲学の批判的性格を否定する学説のひとつに含まれる。Fritz Medicus, Kants Philosophie der Geschichte, in: Kantstudien, 7. Jg., 1902, S.1-22; S.171-229. Heinrich Cunow, Die Marxsche Geschichts-, Gesellschafts- und Staatstheorie. Grundzüge der Marxschen Soziologie, I. Band, Berlin 1920, S.223. Peter Burg, Kant und die Französische Revolution, Berlin 1974, S.208.

クノフは、「カントの『法哲学』は老衰の著作であるということは、いずれにせよ正しい」と述べている。

また、ブルクは次のように述べている。「カントが１７９０年代の法論の体系的な論述において、法と力との関係に首尾一貫性を欠いたのは、その要因として老齢が考慮に入れられうる。１７９８年以降（したがって、『人倫の形而上学』の法論出版一年後）カントはもはや著作を出版していない。カントは１８０４年まで肉体的にも精神的にもますます衰弱していった」）。

また、V・デルボス（１８６２-１９１６）も法論には他の著作のもつ見識の広さ、明晰性および厳密性が欠如していると見なしている

(Victor Delbos, la philosophie pratique de Kant. troisième édition, Presses Universitaires de France, Paris 1969. pp.559-560. 法論については pp.559-579. を参照)。

最近ではＪ・ペーターゼンも、重要な思想家の一言は、他の、もし可能な場合にはより偉大な思想家の作品の信用を長期間失墜させるのにときとして十分であり、カントでさえそうでありえたのはアルトゥール・ショーペンハウアーの有名なことばが原因であると指摘している (Jens Petersen, „Kants Metaphysische Anfangsgründe der Rechtslehre"―kritisches Spätwerk oder „Erzeugnis eines gewöhnlichen Erdensohnes" ?, in: Festschrift für Claus-Wilhelm Canaris zum 70. Geburtstag, Bd.2, (Hrsg.) v. Andreas Heldrich, Jürgen Prölss, Ingo Koller, Katja Langenbucher, Hans Christoph Grigoleit, Johannes Hager, Felix Christopher Hey, Jörg Neuner, Jens Petersen, Reinhard Singer, München 2007, S.1243.)。

ペーターゼンも指摘しているように、ショーペンハウアーの『人倫の形而上学』に対する否定的評価はその後の多くの研究者に多大な影響を与えているが、以下においてショーペンハウアー自身の発言を確認しておきたい。

ショーペンハウアーは、主著『意志と表象としての世界』において１７９７年のカントの『法論の形而上学的基礎論』は「老衰」の著作であると酷評した (Arthur Schopenhauer, Die Welt als Wille und Vorstellung, 4. Buch, §62. 邦訳『ショーペンハウアー全集３』『意志と表象としての世界 正編（Ⅱ）』（１８１９年）斉藤忍随・笹谷満・山崎庸佑・加藤尚武・茅野良男訳、白水社、１９７３年、２７７‐３０４頁を参照)。

そしてさらにショーペンハウアーは、「カント哲学の批判」において法論に対して次のように辛辣な評価を下している。

「法理論はカントの最晩年の著作のひとつであり、きわめて内容のとぼしいものであるから、わたしはそれを全面的に非とするのではあるが、それに対する論駁は不必要だと思う。なぜならこの法理論は、この偉大な人物の著作というわけではなく、平凡なこの世の人間の作りだしたものということになるやいなや、それ自身の内容のとぼしさのために自然に死滅するにちがいないからである」(Arthur Schopenhauer, Die Welt als Wille und Vorstellung I, Sämtliche Werke, Band I, 3. Aufl., Textkritisch bearbeitet und herausgegeben von Wolfgang Frhr. von Löhneysen, Frankfurt am Main 1991, S.707. 邦訳『ショーペンハウアー全集４』『意志と表象としての世界』正編（Ⅲ）茅野良男訳、白水社、１９７４年、２６１頁)。

またＰ・Ａ・ヒルシュも、『人倫の形而上学』第一部『法論の形而上学的基礎論』およびそれに加えて第二部『徳論の形而上学的基礎論』(Metaphysische Anfangsgründe der Tugendlehre. Metaphysik der Sitten, Zweiter Teil. 1797. 以下において『徳論』と略記する。徳に関する理論を表す場合には徳論ないし道徳哲学などと表記する）がともに老衰の著作であるとするショーペンハウアーの酷評を引用し、それを２つの視点から分析することによって２つの問題点を提示しているが、それらに対して反論を加えている (Philipp-Alexander Hirsch, Kants Einleitung in die Rechtslehre von 1784. Immanuel Kants Rechtsbegriff in der Moralvorlesung „Mrongovius II" und der Naturrechtsvorlesung „Feyerabend" von 1784 sowie in der „Metaphysik der Sitten" von 1797, Göttingen 2012, S.1f. ヒルシュの最近の文献として次の著作も参照。Philipp-Alexander Hirsch, Freiheit und Staatlichkeit bei Kant. Die Autonomietheoretische Begründung von Recht und Staat und das Widerstandsproblem, Berlin · Boston 2017. ヒルシュは、カントの法・政治哲学は定言命法に由来し批判的道徳哲学の統合的構成部分として証明されうることを明らかにしている)。

ショーペンハウアーは、まず『法論』に対して老衰に基づく誤謬に満ちた著作であるとして次のように非難している。

「わたし〔ショーペンハウアー〕にとってカントの法律理論の全体は、もろもろの誤謬がおたがいに引き合っている奇妙なからみ合いのように思われるが、これはひとえにカントの老衰にもとづくものである」(Arthur Schopenhauer, Die Welt als Wille und Vorstellung, Arthur Hübscher (Hg.), 3. Aufl., Leipzig: Reclam, 1987, S.473 und S.726. 邦訳『ショーペンハウアー全集３』『意志と表象としての世界 正編(Ⅱ)』(１８１９年) 斉藤忍随・笹谷満・山崎庸佑・加藤尚武・茅野良男訳、白水社、１９７３年、２８１頁)。

また同様に、『徳論』に対しても次のように手厳しく批評している。

「一七九七年に書かれた、あの痛ましい『法論』と対をなす『徳論の形而上学的基礎論』だが、これには老衰の影がおおうべくもない」(Arthur Schopenhauer, Preisschrift über die Grundlage der Moral, Hans Ebeling (Hrsg.), Hamburg: Meiner (Die beiden Grundprobleme der Ethik, 2 - Philosophische Bibliothek, 306), 1979, S.159. Arthur Schopenhauer, Preisschrift über die Grundlage der Moral, Mit einer Einleitung, Anmerkungen und einem Register herausgegeben von Peter Welsen, Hamburg 2007, S.17. 邦訳『ショーペンハウアー全集９』『倫理学の二つの根本問題』の中の『道徳の基礎について』(１８４０年) 前田敬作・芦津丈夫・今村孝訳、白水社、１９７３年、２０１頁。翻訳は若干筆者によって変えている。『徳論の形而上学的基礎論』の成立史および継受については最近の研究として特に次の文献を参照。Immanuel Kant. Metaphysische Anfangsgründe der Tugendlehre. Metaphysik der Sitten, Zweiter Teil. Mit einer Einführung >Kants System der Pflichten in der Metaphysik der Sitten< von Mary Gregor, Neu herausgegeben und eingeleitet von Bernd Ludwig, 3., durchgesehene und verbesserte Auflage, Hamburg 2017, S.XIII-XXIV. またM・グレガー(１９２８-１９９４)の次の論文も参照。Mary Gregor, Kants System der Pflichten in der Metaphysik der Sitten, a.a.O., S.XXIX-LXV. 徳論の個々の問題についての詳しい考察は次の文献を参照。Kant's "Tugendlehre". A Comprehensive Commentary, edited by Andreas Trampota, Oliver Sensen and Jens Timmermann, Berlin・Boston 2013.)。

さらに２００３年にペーターゼンは、カント生誕２００年を記念して出版されたM・キューンの著作である『カント―伝記』に関して老衰と『法論』とを短絡的に結びつけることに対して異議を唱えて、おおむね次のように指摘している。

出発点として考慮しなければならないのは、確かにカントの法哲学に関する体系的著作は、『法論の形而上学的基礎論』と題する著作によって１７９７年の出版とともにもたらされたという事実である。しかしながら、その成立はかなり以前に、おそらく１７６０年代中頃まで遡るかもしれない。そして、まさに数十年間にわたる長い成立期間が、この著作を前批判的と見なす人々、同様にまた、この著作を後期著作に分類する論者が伝記的に脚色された論拠を持ち出しうることに対する原因であったと推察される。

ここにおいて新たに論争がかき立てられた原因は、カント生誕記念１年前ではあるが、特にカント生誕２００年を記念して２００３年に出版された伝記的研究である。そして、この研究はまた法論のより正確な分類を可能にしている。この伝記のおそらくもっとも基本的な見解は、カントが１７９７年頃、実際は健康上、また精神的にも決定的に衰弱していたとする想定を容易に起こさせることである。しかしながら、『法論』の内容上・方法上の問題に対する非難が老衰から性急に結論されてはならない。確かに『法論』には個々における導出が欠如しているし、また重要な箇所においても三批判書の気力と深みがまったく感じられないということが示されるかもしれない。しかしそれにもかかわらず、カントが三批判書を補完し、また三批判書を法哲学的観点において仕上げるという法論出版の必然性をはじめから必然的なものとして考えていたということは明らかである（Jens Petersen, a.a.O., S.1245f.）。

それでは、この論争を引き起こしたキューンは、１７９７年の『人倫の形而上学』出版時におけるカントの老衰についてどのように述べているのであろうか。

「二つの『形而上学的定礎』〔いわゆる『法論』と『徳論』〕は互いに補い合うものであり、一七九七年に『人倫の形而上学』と題する一冊の書物として改めて刊行された。早くも一七九八年には両部門〔『法論』と『徳論』〕の第二版が出版された。カントはこれに付録を追加し、一七九七年の『ゲッティンゲン学報』に掲載された書評が提起した異論にそこで応答した。この書物によってカントが果たすのは、人間の諸義務の「全体系」を呈示するという約束であり、つまり少なくとも一七六七年にまで遡る計画である。その批判的前提のすべてを明らかにするには、カントが見込んでいたよりもずっと長い時間がかかったのだった。最終的には彼は七四歳にして、荷物をまとめる過程においてこの著作を江湖に問うたわけであるが、それは倫理的義務のすべての説明だけでなく法哲学に関する見解をも呈示することによって、青写真よりも包括的なものとなった。しかしながら、『〔人倫の形而上学の〕基礎づけ』ならびに第二『批判』と比較するならば、『人倫の形而上学』は失望を誘うものである。それは二つの先行著作がもつ革命的な活気も新しさも、何ら示しはしないのだ。実のところ、それはまるで古い講義メモの寄せ集めであるかのように読める。カントのもろもろの困難や衰弱を考えれば、曖昧なままになっている箇所がかなりあり、本文に信頼の置けない箇所もあることは、驚きではない。単純に言って、カントには自分の論証の様々な要素のすべてを満足のいく仕方でまとめ上げる力がなかったのである。著作の仕上げについては言うまでもない。実際、カントは二つの書物の印刷の管理に関する問題を抱えていた。このことはもちろん、この著作が関心を向けるに値しないとか、ましてや重要でないとかいったことを意味するものではない。カントの呈示する諸思想は、彼が生産力旺盛だった時分に遡る。この点は、彼の道徳哲学だけでなく彼の政治思想をも理解する上で重要である。本当を言えば、『人倫の形而上学』は正真正銘の一大傑作なのである。とはいえ、これが「読者にとってはカントの標準に照らしてさえ法外に思われる」著作であるにしても、それを生み出すことはカントにとってはこれまでにも増して過大な負担を強いるものだったのである」（Manfred Kühn, Kant. Eine Biographie, Aus dem Englischen von Martin Pfeiffer, München 2003, S.458f. 邦訳『カント伝』菅沢龍文・中澤武・山根雄一郎訳、春風社、２０１７年、７５８‐７５９頁。邦訳は次の英語文献を底本としている。Manfred Kuehn, Kant. A Biography, Cambridge University Press 2001, p.396.

キューンは、この引用文の中で『人倫の形而上学』はあたかも講義メモの寄せ集めであるかのように読めると述べているが、この著作刊行以降の著作である１７９８年の『実用的見地における人間学』についても同様に当てはまると指摘している（Kompilationsthese　つぎはぎ細工説と呼ぶことにする。この時期のカントの著作は長い期間にわたって書きためられた草稿や覚書きを整理し、短期間に出版されたものが多い。たとえば、K・ボリース（１８９５‐１９６８）も次のように指摘している。「カントは『法論』をけっして一気に書き下したのではなく、その少なからざる部分をさまざまな時期の草稿からつなぎ合わせたのであり、その際欠陥のある結論形成そのものによって、粗雑な内容上の不適切性が取り除かれえなかったのではないかという繰り返し湧いてくる推測を許すことができるであろう」（Kurt

Borries, Kant als Politiker. Zur Staats- und Gesellschaftslehre des Kritizismus, Leipzig 1928, S.199.)。

それにはどのような事情があったのであろうか。カントの友人であるJ・J・ゲッシェン（１７３６-１７９８、当初はケーニヒスベルク造幣局の監督、後に局長となった）が息子に宛てた書簡から読み取ることができるであろう。

「ゲッシェンは一七九七年二月二日付で息子に宛てて、カントは講義をしておらず、今後二度とすることはないだろうと書き送った。「彼は人生のわずかな残り時間を、書いたものを整理するために使い、文書にまとめた遺稿として出版社に手渡したいと考えているのです」。すでに三年前に〔新しい〕「学術的著作」のことを尋ねてきた者に対してカントはこう答えていた。「おお、それができるとすれば一体何でしょう。ズバリ荷物ヲマトメルコト。今の私になお考えられるのはせいぜいこれだけです」。カントは少なくともこの時点以来、「自分の荷物をまとめること」を考えつつあったのである。彼はもはや自分がそれほど多くの著述を生み出すことはなかろうと考えていた。一七九四年から一七九六年にかけて彼が公刊したものはさほど多くない。一七九七年から一七九八年にかけてはやや多くなるが、その著作の大半は「書いたものを整理し」た成果であった。彼はかなり以前から『法論の形而上学的定礎』（一七九七年）と『徳論の形而上学的定礎』（一七九七年）の構想を温めており、長らくそれに取り組んでいた。それでもやはり、両者が含む素材の大半は、彼の講義に由来するものであり、新しいものはほとんどない。『諸学部の争い』（一七九八年）は三編の論文からなる。うち一編は一七九四年に、二本目は一七九五年の一〇月以後に、三本目は一七九六年から一七九七年にかけて書かれた。『実用的見地における人間学』（一七九八年）は完全に彼の講義メモに基づいている。こうした書類の整理を別にすると、彼が書いたのは時代や環境に条件づけられたごくわずかの短い論文や公開書簡であった。刊行著作に新鮮な発想が含まれることはなかったから、それらは大方想定内のものだったわけだが、このことは、カントは往年の彼そのものではもはやなかったものの、かつてもっていた能力を発揮する瞬間もあったというヤッハマンの観察と、完全に両立する。カントはもう講義をしなかったので、著述に集中して時間を過ごすことができたが、処女地を開墾しつつあったのではなかった。彼は健康に問題を抱えていた。彼の「とっくに亡くなった友人たちが……しばしば賞賛した」全盛期の健康〔blühend gesund (*vegetus*)〕を保ってはいなかったので、彼は今や「健康」とは、食べて散歩することができ、不眠に悩まされることもなければ普段より二時間以上長く眠る必要もない状態にある時期のことだ、と定義していた」(Manfred Kühn, Kant. Eine Biographie, Aus dem Englischen von Martin Pfeiffer, München 2003, S.456. Manfred Kuehn, Kant. A Biography, Cambridge University Press 2001, pp.393-394. 邦訳『カント伝』菅沢龍文・中澤武・山根雄一郎訳、春風社、２０１７年、７５４－７５５頁）。

また、序文の冒頭においてもキューンは、カントが晩年いかに精神的にも身体的にも衰弱していたかを示す証言から語りはじめており、晩年のカントが老衰状態であったことを読者に印象づけている。キューンは、カントの友人であるJ・G・シェフナー（１７３６－１８２０、１７６５年および１７６６年にケーニヒスベルクの軍事・御料管理室の書記官になったが翌年に辞職した）の発言を援用しながら次のように述べている。

「一七九九年よりも早くでないとすれば、この年に始まった精神と身体の長きにわたるゆっくりとした衰弱の結果、カントは死を迎えたのであった。カント自身が一七九九年に何人かの友人に次のように言ったのである。「みなさん、私は年老いて弱っている。私を子供と考えてください」、と。シェフナーはカントが亡くなる何年も前に、カントを天才にしたいっさいのものが消えてしまったことを指摘する必要があると思っていた。〔シェフナーによれば〕カントは「とっくにカントではなくなっていたカント」であった。とりわけカントの最後の二年間は、かつて偉大であったカントの精神の兆候は認められなかった」(a.a.O., S.15, Ibid., pp.1-2. 同上、30頁)。

1796年から1804年までの老齢のカントについての叙述はa.a.O., S.447-488, Ibid. pp.386-422. 同上、741-807頁を参照。1790年代半ばにおけるカントの老衰については次の文献を参照。Bernd Ludwig, Kants Rechtslehre. Mit einer Untersuchung zur Drucklegung Kantischer Schriften von Werner Stark. Teilw. zugl.: Marburg, Univ., Diss., 1985. Hamburg 1988, S.39-41.: Meiner (Kant-Forschungen; Bd. 2.). Bernd Ludwig (Hrsg.), Immanuel Kant. Metaphysische Anfangsgründe der Rechtslehre. Metaphysik der Sitten, Erster Teil, 3., verbesserte Auflage, Hamburg 2009, S.XVI-XVIII.

先に引用した19世紀はじめのショーペンハウアーの有名な言明は、カントの老齢の著作、つまり1797年に出版された『人倫の形而上学』、そして特にその第一部『法論の形而上学的基礎論』に関連して述べられたものである。カント法哲学についてのショーペンハウアーの否定的判断は今日までカント研究の領域において、確かにこれほどまでの辛辣さではないにしても、しかし根本的に研究者の間では内容上共有されてきたと言っても過言ではない。カントの法論が老衰した精神の不可解な作品として片づけられるのではなく脇に置かれる場合、この法論はそれでもやはり今日でさえ、前批判的思考に逆戻りしている、ないしカントの道徳哲学と両立しえないとする非難に晒されている。そして、今でもつねに2つの論争点が挙げられる。

それにしても、なぜショーペンハウアーの批評は今日までこれほどの影響力を保持してきたのであろうか。というのも、カントの法論の評価に関するかぎり、必ずと言ってよいほどショーペンハウアーの酷評がまっ先に言及されるからである。確かに、ショーペンハウアーが重要な哲学者であったということは否定できないが、しかしそれ以外にも理由があったのではなかろうか。

ショーペンハウアーが1837年8月24日付J・K・F・ローゼンクランツ（1805-1879。ハレ大学、その後ケーニヒスベルク大学の哲学教授となる）とF・W・シューベルト（1799-1868。同僚のローゼンクランツとともに『カント著作集』全12巻（1838-1840）を刊行した）宛て書簡の中で、「27歳の時からカントの教説は私の研究と反省の重要な対象であり続けた」と告白していることからも窺えるように、ショーペンハウアーの哲学はカント哲学との不断の対決の中から形成されたものである。ショーペンハウアー自身もカント哲学の継承者という自負をもち続けただけでなく、『純粋理性批判』のテクストはカント自身によって変更された1787年の第二版ではなく、1781年の第一版をカント全集に収録するようにローゼンクランツに働きかけてさえいた。カント哲学を熱心に研究し、それに精通していたカント学者であるかれの批評だからこそそれなりの重みがあったのではないかと推測される。

また後に明らかになるように、新カント主義マールブルク学派の代表的哲学者であるH・コーヘンが、『純粋意志の倫理学』の中で述べている否定的解釈も同様に必ずと言ってよいほど引用される（H. Cohen, Ethik des reinen Willens, Berlin ^{2}1907, S.227. 邦訳『純粋意志の倫理學』村上寛逸訳、第一書房、1933年、361頁を参照。H・コーヘンは、カント自身は実践哲学の体系的叙述において「超越論的方法の適用を……放棄し」、また「論理学の演繹を自然科学に対して遂行したようには、……倫理学の演繹を法律学に対しては遂行しなかった」と非難している。ただし、本訳書は1921年に出版された第3版を翻訳したものである）。さらに言えば、コーヘンの解釈の延長線上にある20世紀初頭のカント法哲学のルネサンスに属するK・リッサー、G・ドゥルカイト（１９０４-１９５４）、W・ヘンゼルおよびW・メッツガーなどの見解を経て、その後純粋法学を提唱する法学者のH・ケルゼンによるカント法哲学に対する破産宣告が大きな影響を与え続けてきたと思われる。また、G・ラートブルフ（１８７８-１９４９）およびその系譜上にあるA・カウフマン（１９２３-２００１）の解釈も最近に至るまで法哲学者に大きな影響力を及ぼしてきたと言えるであろう。後に言及するが、あらかじめ述べておくと、カント法哲学は一方では18世紀の発展方向に留まっており、他方では19世紀における新たな発展の出発点をなしているとするE・ランツベルク（１８６０-１９２７）によるカント法哲学に関するヤヌス神の頭の二面性、つまりその近代的・進歩的契機と封建的・反動的契機との並存もつねに引用される解釈である。

ヒルシュは、より詳しく考察すると、ショーペンハウアーの手厳しい批評は2つの視点から表現されていると分析する。第一に、カントの法論（徳論と並んで）は矛盾している、またまったく間違っているとする論点である（法論の非批判的性格ないし道徳哲学との非両立性）。第二に、その理由はカントの老衰にある、つまりカントが法論を１７９７年にようやく73歳という高齢で、しかも精神的に衰弱している状態で書き上げたことにあるとする論点である（老衰説）。そして第二の論点が、第一の論点の原因であると見なされている。

多くの論者によってたびたび好んで引用されるこの厳しい批評は、１５０年以上もの長きにわたってその後の議論に影響を与えてきた（Friedrich Paulsen, Immanuel Kant. Sein Leben und seine Lehre, Stuttgart 1898, S.339, S.350. 邦訳『イムマヌエル・カント 彼の生涯とその教説』伊達保美・丸山岩吉訳、春秋社、１９２５年、４４２頁を参照。F・パウルゼン（１８４６-１９０８）は、１７９７年の『法論の形而上学的基礎論』における体系的論述は老衰の時期に属するとし、また「法哲学」において、われわれは実際老人の「嘆かわしい」（ショーペンハウアーはこの著作全体をこのように呼んでいる）風変わりな考えをもっていると述べている。邦訳は１９０４年出版の第四版を底本としている。H. Bargmann, Der Formalismus in Kant's Rechtsphilosophie, Leipzig 1902, S.37. H・バルクマンは次のように述べている。「カントの『法論の形而上学的基礎論』は、体系の他の部分の際限なく高まる取り組みにおいて詳しい研究に値すると評価されることはほとんどなかった。この著作は、まさに老齢の著作であり、あらゆる点でこのことを露呈していた。この『法論』はけっして完全に仕上げられたまとまりのある全体ではないということは確かである。取るに足らない種類の多くの繰り返しと矛盾が少なくとも明確な洞察を妨げている」。

ところで、興味深いことにこれに関してカント自身が１７８６年に出版された『人類の歴史の臆測的起源』（Muthmaßlicher Anfang der Menschengeschichte）の補説に付した注の中で、「このうえない幸運にめぐまれた頭脳が、その熟練と経験の蓄積から期待しうる最大の発見をなしとげた矢先に、老齢が訪れる。この頭脳は鈍感になり……」と述べているが、この事情はまさにカント本人に当てはまるのであろうか（VIII, S.117. 岩波版『カント全集14』望月俊孝訳、１０７頁）。

しかし他方で、B・ルートヴィヒもこの老衰説に対して批判を加えている。確かにカントの『法論の形而上学的基礎論』は１７９７年の出版以来、多かれ少なかれ失敗した晩年の作品と見なされてきたのは事実である。しかしそれに対して、B・ルートヴィヒはかれの研究『カントの法論』の第一部でこの著作の問題のある状態はカントの弱まっていく精神力（老衰）に帰せられるのではけっしてなく、むしろ失敗した印刷に原因があるということを立証しようと試みている。つまりカントの意図に反して、刊行本において個々のテクストの部分が誤って配列されたでけでなく、また印刷をまったく予定していなかった準備草稿を含んだ原稿が印刷されたとする。
具体的に言えば、ルートヴィヒは３つの視点から文献学的指標に基づいてカントによって意図されたテクスト形態に十分に対応し、少なくとも１７９７年の刊行版よりもカントの意図したテクスト形態に本質的により近い版を再構成するという大胆で画期的な企てを敢行している（Bernd Ludwig (Hrsg.), Immanuel Kant. Metaphysische Anfangsgründe der Rechtslehre. Metaphysik der Sitten, Erster Teil, Hamburg 1986, S.XXXI-XL. 再構成の根拠は主としてカントの法論自体における3種の手がかり、すなわち内容のうえから前後関係を示している「明らかな叙述」、接続詞、副詞、代名詞などによって「それとわかる叙述」、術語の使用にはその定義が先行するというような「間接的な示唆」に求められている。つまり、指針とされているのは論旨の整合性、直截に言えば理解しやすさである。岩波版『カント全集11』『法論の形而上学的定礎』解説、樽井正義、４２９頁を参照。フェリックス・マイナー『哲学文庫』版『法論の形而上学的基礎論』は長い間K・フォアレンダーの編集版で出されており、多くの研究者がそれをテクストとして引用していたが、現在はルートヴィヒによる再構成の形態で出版されていることから見ても、この再構成版が一般的に受け入れられ評価されていることが窺える。実際、最近の法哲学に関する研究においてはルートヴィヒ版を使用している論者も少なくない。上記ルートヴィヒ版『法論』の日本語訳の出版が期待される。ルートヴィヒ版『法論』に対する論評として次の文献を参照。Wolfgang Kersting, Rezension zu: Immanuel Kant. Metaphysische Anfangsgründe der Rechtslehre (=Immanuel Kant. Die Metaphysik der Sitten, Teil 1). Neu hrsg. von Bernd Ludwig, Hamburg 1986 (=Philosophische Bibliothek Bd.360), in: Archiv für Geschichte der Philosophie 71, 1989, S.100-102.
　またルートヴィヒは、第二部において分析的コンメンタールという形でカントの個々の論証を詳細に再構成している。この方法によって、復元されたテクストは実際30年以上にわたって継続してきた法哲学についてのカントの研究を最終的に成功にもたらしたということが明らかになるとする。その際、弱まっていく精神力の痕跡は見出されず、むしろカントは自然法の伝統的教説をかれの実践哲学の批判的基礎づけに見事に接続することに成功していると主張している（Bernd Ludwig, Kants Rechtslehre. Mit einer Untersuchung zur Drucklegung Kantischer Schriften von Werner Stark. Teilw. zugl.: Marburg, Univ., Diss., 1985. Hamburg 1988.: Meiner (Kant-Forschungen; Bd.2), S.1-6. この博士論文に対する論評として次の文献を参照。Hermann Klenner, Rezension zu: Bernd Ludwig, Kants Rechtslehre. Mit einer Untersuchung zur Drucklegung Kantischer Schriften von Werner Stark, in: Deutsche Literaturzeitung für Kritik der internationalen Wissenschaft, hrsg. im Auftrage der Akademie der Wissenschaften der DDR, Heft 5/6 1989, S.371-374.
　また推測ではあるが、そもそも老衰した状態で執筆された著作を、カント自身がそのことを自覚しているとしたら、あえて印刷に付するであろうか。さらに言えば、出版社が刊行に踏み切るであろうか。このような疑念も払拭できないように思われる）。
　第三に、カントは法論において「方法論的に独断主義および従来の自然法に陥っている」（E. Landsberg, Kant und Hugo. Philosophisches und Civilistisches von 1800 und 1900, in: Zeitschrift für das Privat-und öffentliche Recht der Gegenwart. XXVIII. Band. 28, 1901, S.670-686., S.680.）と見なされている（法論の非批判的性格 unkritischer Charakter）。
　これらの３つの理由の中でも特に哲学的観点から見てもっとも重大な論点は、言うまでもなく、方法論的に独断主義および古い自然法に逆戻りしているとする非難である。第一の非難は単にテクストの組み方に関する形式的なものであり（ただし、老衰が原因で論述が不明確になっているとする説や先に言及したつぎはぎ細工説、また後に述べるが、イデオロギー説および韜晦説とも密接に関係している）、また第二の非難は、確かにカントは73歳という老齢ではあったが、老衰と法論とを短絡的に結びつける先入見に基づく性急な判断であると言わざるをえない。

しかしながらすでに同時代の論者は、法論の内容が伝統によってあまりにも強く規定されていると批判していた。また新カント学派は批判的諸著作、特に『純粋理性批判』に準拠して批判的法哲学を構想した。というのは、カントが自ら発見した批判的方法を法論において遵守しなかったと判断したからである。現代でもなお、たとえばドイツの代表的法哲学者であるアルトゥール・カウフマン（１９２３－２００１）およびヴィンフリート・ハッセマー（１９４０－２０１４）による編著『現代法哲学・法理論入門』には、「カントは後期の著作である『人倫の形而上学』（１７９７年）の第一部（『法論』）において……まさに非批判的……自然法の立場を主張した」と記されている（Arthur Kaufmann, Problemgeschichte der Rechtsphilosophie, in:Arthur Kaufmann · Winfried Hassemer (Hrsg.), Einführung in Rechtsphilosophie und Rechtstheorie der Gegenwart, 6., neubearbeitete und erweiterte Auflage, Heidelberg 1994, S.68f. 本書の第１版 Arthur Kaufmann · Winfried Hassemer (Hrsg.), Einführung in Rechtsphilosophie und Rechtstheorie der Gegenwart, Heidelberg · Karlsruhe 1977. には邦訳があるが、この版にはカウフマンの上記論文は収められていない。『法理論の現在』浅田和茂・竹下賢・永田真三郎・福滝博之・真鍋俊二・山中敬一共訳、ミネルヴァ書房、１９７９年。カウフマンは後の新カント学派、たとえばＣ・ベルグボーム（C. Bergbohm (1849-1927), Jurisprudenz und Rechtsphilosophie. Kritische Abhandlungen, 1. Bd.: Einleitung. Erste Abhandlung: Das Naturrecht der Gegenwart, Leipzig 1892 (Neudruck 1973), S.198.）やＨ・ケルゼン（H. Kelsen, Die philosophischen Grundlagen der Naturrechtslehre und des Rechtspositivismus, Berlin 1928, § 40. Der kritische Idealismus Kants und der Rechtspositivismus, S.75-78. 邦訳『ケルゼン選集Ｉ 自然法論と法実証主義』所収「自然法論と法実証主義の哲学的基礎」黒田覚訳、木鐸社、１９７３年、１０６－１０８頁）はこの点についてカントを非難したと指摘している。それでは、カウフマンはどのような意味でカントの法哲学が非批判的自然法であると解釈しているのであろうか。カウフマンは、カントの哲学および法哲学の入門的理解としてＫ・ヤスパース（K. Jaspers, Kant. Leben, Werk, Wirkung, München 1975）、Ｏ・ヘッフェ（O. Höffe, Immanuel Kant, München 1983）、Ｒ・ドライアー（R. Dreier, Zur Einheit der praktischen Philosophie Kants. Kants Rechtsphilosophie im Kontext seiner Moralphilosophie, in: Recht-Moral-Ideologie. Studien zur Rechtstheorie, Frankfurt am Main 1981, S.286-315. Ders., Rechtsbegriff und Rechtsidee. Kants Rechtsbegriff und seine Bedeutung für die gegenwärtige Diskussion, Frankfurt am Main 1986）、Ｇ・Ｗ・キュスタース（G.-W. Küsters, Kants Rechtsphilosophie, Darmstadt 1988）、Ｈ・クレンナー（H. Klenner, Zur Theorie/Praxis-Relation bei Kant, in: Deutsche Rechtsphilosophie im 19. Jahrhundert. Essays, Berlin 1991, S.43-53.）、Ｗ・ブルッガー（W. Brugger, Grundlinien der Kantischen Rechtsphilosophie, in: Juristenzeitung 1991, S.893-900.）およびＧ・レンプ（G. Römpp, Exeundum esse e statu naturali. Kants Begriff des Naturrechts und das Verhältnis von privatem und öffentlichem Recht, in: Archiv für Rechts-und Sozialphilosophie LXXIV, 1988, S.461-476.）の文献を挙げており、また特にヘッフェおよび法哲学者であるドライアーは

カント法哲学の批判的性格を肯定しているにもかかわらず、「カント自身の批判哲学の意味において法哲学が「非批判的」である」と解釈している。またそのかぎりで、根拠を明示していないが、W・ケアスティング（Wolfgang Kersting, Wohlgeordnete Freiheit. Immanuel Kants Rechts-und Staatsphilosophie, Berlin・New York 1984.）と矛盾しないとする（a.a.O., S.68, Anm.104.）。しかし、後に立ち入って検討するが、ケアスティングは法哲学の批判的性格を積極的に肯定する立場であり、ケアスティングと矛盾しないとするカウフマンの主張は不明確であると言わざるをえない。それに加えて、特にカントは正義論においてかれの時代の高みに達していなかったと書かれており（a.a.O., S.75.）、新カント学派の代表的法哲学者であるR・シュタムラー（１８５６-１９３８）、G・ラートブルフ（１８７８-１９４９）およびH・ケルゼン（１８８１-１９７３）などの解釈の影響力は法学者の間では１９９４年当時も衰えてはいなかった。ラートブルフの最晩年の弟子であるカウフマンも『純粋理性批判』の認識批判を重視する新カント学派的解釈の立場に立っており、この学派の解釈の呪縛はなお完全には克服されていない（a.a.O., S.68-76.）。

　カウフマンは次のように述べている。

　「かれ〔フリードリヒ・カール・フォン・サヴィニー（１７７９-１８６１）〕に率いられた歴史法学派は合理主義的自然法をなるほど純粋に事実上は排除しえたが、それにもかかわらず学問的には、この自然法は批判主義によってすなわちイマヌエル・カント（一七二四-一八〇四年）によって否定された……。確かに、カントは、第一部が法哲学にあてられている後期の著作『人倫の形而上学』（一七九七年）において、きわめて非批判的であり、本質的な諸点では合理主義的な自然法の立場を主張していた（後世の新カント学派はこの点についてカントを非難もした）。しかしそれにもかかわらず、その諸批判とりわけ一七八一年（第二版一七八七年）の『純粋理性批判』において、かれは理性法に対するもっとも鋭い武器を鍛えていたのである。人間の経験的本性が出発点として役立ったという事情にかかわりなく、この理性法はその全体的な内容からすれば理性の所産——本来は悟性の所産——とされていたことが思い起こされよう。カントはこのことが不可能であるという証明を提出したのである」（Arthur Kaufmann, Theorie der Gerechtigkeit. Problemgeschichtliche Betrachtungen, Frankfurt am Main 1984, S.22f. 邦訳『正義と平和』竹下賢監訳、ミネルヴァ書房、１９９０年所収の「正義の理論—問題史的考察—」１６６-１６７頁を参照。訳文は筆者によって若干変えている。またカウフマンの次の文献も参照。Arthur Kaufmann, Rechtsbegriff und Rechtsdenken, in: Archiv für Begriffsgeschichte begründet von Erich Rothacker, im Auftrage Kommission für Philosophie und Begriffsgeschichte der Akademie der Wissenschaften und Literatur zu Mainz. Herausgegeben in Verbindung mit Hans-Georg Gadamer und Karlfried Gründer von Gunter Scholtz, Band XXXVII, Sonderdruck 1994, Bouvier Verlag Bonn, S.21-100. 邦訳『法概念と法思考　附・法獲得手続きの一合理的分析』上田健二訳、昭和堂、２００１年、71-72頁。Arthur Kaufmann, Grundprobleme der Rechtsphilosophie. Eine Einführung in das rechtsphilosophische Denken, München 1994, S.27. Arthur Kaufmann, Rechtsphilosophie, 2., überarbeitete und stark erweiterte Auflage, München 1997, S.25f.）。

　カウフマンは、この文章に続けて『純粋理性批判』における批判哲学の本質的性格を超越論的形式論であると解釈し、それゆえこれに従えば合理的自然法ないし純粋な理性法は存在しないことになるとして次のように述べている。

　「われわれのすべての認識は二つの要素を含む、とカントは説く。すなわち、それは直観と概念である。前者すなわち直観によってわれわれに対象が与えられ、後者すなわち概念を通じて対象が思考される。「内容のない思想は空虚であり、概念なしの直観は盲目である」。直観と概念は今や「純粋」であるか「経験的」であるかのどちらかであり、それに従って、「アプリオリ」にかあるいは「アポステリオリ」にか妥当する。このとき第一のものは、表象に何ら感覚 Empfindung が混入していないときの事例である。しかし、「直観が感性的である以外に決してありえないということは、われわれの本性に必然的なつきものである」。悟性には（精神的な直観という意味での）直観をなす能力はなく、それはただひとえに「感性的直観の対象を思考する能力」である。悟性には創造的な認識能力などはなく、「認識の自発性 Spontanität」が属するだけであって、つまりは感性的直観に与えられた多様なものを概念にまでまとめあげるだけである。「悟性は何物も直観しえず、感性は何物も思考しえない」。それ故――そしてこれは今や決定的なことなのであるが――「純粋な直観は、そのもとであるものが直観される形式だけを含みもち、そして純粋な概念はひとり対象一般の思考の形式をもつだけである」。『純粋理性批判』はこうして超越論的形式論となる。悟性は「それ自体で an sich」存在しているような事物を認識せず、むしろ感性 Sinnlichkeit を媒介として悟性の前に「現われ出てくる erscheinen」ような事物のみを認識するのであって、すなわち感覚的および経験的な諸対象のみが悟性に与えられているのである。あるいはこうも言えるであろう。われわれの内容的な認識はアプリオリには妥当せず、アポステリオリにのみ妥当する、と。その結果、アプリオリな正義の内容もありえず、厳密な自然科学を模範として幾何学流儀で more geometrico 構成された普遍的に妥当する自然法も存在しえないことになる……。カントもまた、すべての時代とすべての人間に妥当する合理的に認識しうる自然法は存在せず、それ故に純粋な理性法は存在しえない、ということを証明するだけに終わったのである」（Arthur Kaufmann, Theorie der Gerechtigkeit. Problemgeschichtliche Betrachtungen, Frankfurt am Main 1984, S.23-25. 邦訳『正義と平和』竹下 賢監訳、ミネルヴァ書房、１９９０年所収の「正義の理論―問題史的考察―」１６７-１６９頁を参照。Arthur Kaufmann, Grundprobleme der Rechtsphilosophie. Eine Einführung in das rechtsphilosophische Denken, München 1994, S.27f. Arthur Kaufmann, Rechtsphilosophie, 2., überarbeitete und stark erweiterte Auflage, München 1997, S.26f.）。

また『法論』のテクストは不明確であり、論理的整合性をもって解釈するのが困難であるとする第一の理由および『法論』においてカントは批判的方法を貫徹しておらず、独断主義および従来の自然法に陥っているとする第三の理由と密接な関係に立つ次のような二つの説もある（片木清『カントにおける倫理・法・国家の問題―「倫理形而上学（法論）の研究―』法律文化社、１９８０年、３９４-３９５頁を参照）。

第一に、カントの法・国家哲学の本質をプロイセン絶対主義の忠実な政治的イデオロギーとして、またそれを支える伝統的・宗教的エートスの表現として解釈する立場である。このような立場をイデオロギー説（Ideologiesthese）と呼ぶことにする。

先に挙げた老衰説を主張するP・ブルクもそのひとりであり、次のように述べている。

「不整合性の要因として老齢による能力の欠如と並んで、時代に制約された伝統的諸観念へのイデオロギー的先入観が考慮に入れられる。このようなイデオコギー的諸観念に強くとらわれていたために、カントはこれらの観念を自然法的・民主主義的諸観念と一致させることができず、むしろイデオロギー的諸観念は異質的な壁として法論の中に維持された。一方でカントはフランス革命の理想に近接し、また他方で絶対主義的思考法にとらわれていた」（Peter Burg, Kant und die Französische Revolution, Berlin 1974, S.209.)。

また、『カント法哲学についての資料集』の編者であるZ・バッチャも同様に次のように指摘している。

「確かに……カントの理論には内向化されたプロテスタンティズムへのある種の姿勢、またプロイセン王室への軽視することのできない忠誠を推論させるような残滓もあることは確認することができる。しかしながら、カントがドイツ初期自由主義のラディカルな思想家に数えられるべきであるという事実はなんら変わらない」(Zwi Batscha, Einleitung, in: Z. Batscha (Hg.), Materialien zu Kants Rechtsphilosophie, Frankfurt am Main 1976, S.28.)。

第二に、カントの法・国家哲学の不整合性はプロイセン政府の政治的圧力や検閲に対するカントの作為的な韜晦ないし偽装であると解釈する立場である。このような立場を韜晦説と呼ぶことにする。

E・トレルチ（１８６５-１９２３）は『法論』の出版以前に刊行された『単なる理性の限界内における宗教』(Die Religion innerhalb der Grenzen der bloßen Vernunft. 1793.) をめぐる解釈について次のように述べている。

「……『単なる理性の限界内における宗教』が宗教哲学と神学との結合であるとすれば、『単なる理性の限界内における宗教』はカントの宗教哲学の理解のために慎重に利用されなければならず、またいずれにせよ遺漏のない文献であるとは言えない。少なくとも宗教史との関係はこの文献からまったく間接的にしか究明されえないであろう。しかしながら、この妥協的性格がその利用を困難にしているだけではない。カントの論述の仕方はこれらの問題において、むしろまったく特殊な外交辞令的で慎重すぎる性格をもっている。この論述の仕方は心裡留保や両義性に満ちており、このきわめて誠実な人が、現行の公権に対する服従の命令によってこの心裡留保や両義性を正当化している」(Ernst Troeltsch, Das Historische in Kants Religionsphilosophie. Zugleich ein Beitrag zu den Untersuchungen über Kants Philosophie der Geschichte, Kantstudien Bd.IX, 1904, S.67.)

また次の文献も参照。H. Hettner, Literaturgeschichte des 18. Jahrhunderts, 1879, III. Teil, 3. Buch, 2.Abt, S.46. H・ヘットナーは、抵抗権に関するカントの立場は『宗教論』と同様に検閲を配慮しているとして次のように述べている。「カントにおいて宗教問題の中にも認められるのと同様の疑わしい両義性がある。フィヒテの『フランス革命に対する公衆の判断を是正するための寄与』は匿名で出版されたが、他方カントの著作は実名で出版されたということが考慮に入れられなければならない」)。

この意味でリッターの研究の結論そのものは斬新なものではなく、また特に驚くべきことでもない。しかし、この研究を契機として改めて新カント学派およびこの系譜の延長線上にある哲学者・法学者のカント法論解釈、カント法論それ自体および法論と超越論的哲学ないし批判哲学との体系的関連などの再検討が急速に推進され、これによって法論の今日的意義が積極的に評価されるようになったという意味では画期的な役割を果たしたと言っても過言ではない。

Mary Gregor, Kant's Theory of Property, in: Review of Metaphysics 41 (June 1988), p.762. Rainer Friedrich, Eigentum und Staatsbegründung in Kants Metaphysik der Sitten, Berlin・New York 2004, S.1-17. R・フリードリヒのこの研究は、１７９７年に出版された『人倫の形而上学』の第一部『法論』における所有権論と国家論との基礎づけの関連に取り組んだものである。フリードリヒは、ショーペンハウアー、新カント学派を経て最近に至るまでのカント法論の解釈を概観している。ただしフリードリヒは、法論の批判的性格の問題に立ち入って検討を加えてはいない。しかし、カントの法哲学はその源泉を前批判期にもっており、批判的転回には関与していないとするリッターのテーゼによって議論が促進され、またW・ブッシュによってこのテーゼが反駁されたとする（Rainer Friedrich, a.a.O., S.19, Anm.91.）。後に見るように、M・グレガーも示唆しているが、リッターとブッシュの論争がこの問題をめぐる研究、またそれを超えてカント法哲学研究そのものを活性化させるのに大きく貢献したのは確かである。いずれにしても、リッターの研究がその後の論争の口火を切ったのは紛れもない事実である。

また、リッターの研究方法および研究成果に対するさまざまな疑念が問題点をより明確にし、その後のカント法哲学研究の方向性をある意味で決定づけたとも言える。

だが果して、カント法哲学は「批判的」法哲学ではないと言いうるのであろうか。なぜならば、この著作は１７８１年の『純粋理性批判』出版後、つまり批判哲学成立後の著作として公刊されており、したがって体系的哲学者であるカントの最晩年の著作として当初より批判哲学の体系に組み込まれて構想されているのではないか、すなわち批判的法哲学として位置づけられるのではないかとする素朴な疑問が浮かぶのは当然だからである。また、カントの法論が１７６４年頃に本質的な構成部分においてすでに完成しており、１７７５年頃には刊行本『法論』と同様の内容であったとするリッターの主張が正しいとすれば、それではなぜカントは法論の出版を20年以上にもわたって繰り返し延期したのであろうか。この動かし難い事実に対してどのような納得のいく説明ができるのであろうか。カントが健康上、精神上の衰弱のため気力もなくなっており、また三批判書や『人倫の形而上学の基礎づけ』の仕上げが優先されたためにまとめ上げる余暇がなかったという遠因があったとしても、それでもやはり哲学的方法上の決定的に重要な理由があったはずである。

カントは１７８５年に出版された『人倫の形而上学の基礎づけ』の序文において次のように述べている。「さて、私は他日『人倫の形而上学』を提供する計画であるが、まずそのために、基礎づけとして本書をさきだたせることにする。もちろん本来の意味において人倫の形而上学の基礎は純粋な実践的理性の批判以外には存在しないのであって、それは〔自然の〕形而上学のためにすでに提供された純粋な思弁的理性の批判があるのと同様である」(IV, S.391. 理想社版『カント全集第七巻』深作守文訳、17頁)。

また、カントは１７８７年に出版された『純粋理性批判』第二版序言の中でも『人倫の形而上学』に言及して次のように述べている。

「私は、友人からのものであれ、敵対者からのものであれ、あらゆる忠告に注意深く耳を傾け、その忠告をこの予備学〔『純粋理性批判』〕に従った将来における体系の敷衍において利用しようとするであろう。私はこれらの仕事の間にすでにかなり高齢に達した(今月で64歳になる)ので、自然の形而上学ならびに人倫の形而上学を思弁的理性ならびに実践的理性の批判の正当性の実証として提供するという私の計画を実行しようとする……」(B XLIII. 岩波版『カント全集４』有福孝岳訳、51頁。本書において『純粋理性批判』からの引用は慣例に従って、第一版をA、第二版をBとし、それぞれアラビア数字でページ数を提示する。その他のカントの著作、書簡、遺稿および講義録は、特に断らないかぎり、基本的にアカデミー版カント全集(Kant's gesammelte Schriften, hrsg. von der Königlich Preußischen Akademie der Wissenschaften (und Nachfolgern), Berlin 1900 ff.) から引用する。その際、巻数をローマ数字で、ページ数をアラビア数字で提示する。日本語訳については理想社版『カント全集』および岩波版『カント全集』を適宜使用している。ただし、『法論の形而上学的基礎論』については『世界の名著39カント』に所収されている『法論の形而上学的基礎論』加藤新平・三島淑臣訳、中央公論社、１９７９年を使用している)。

この言明に対応して、『法論の形而上学的基礎論』の「まえがき」でカントが述べていることを文字通りに受け取るならば、『自然科学の形而上学的基礎論』(Metaphysische Anfangsgründe der Naturwissenschaft. 1786.) と同様に法論が批判哲学の体系に組み込まれるものとして構想されているのは疑いの余地がない。

カントは『人倫の形而上学の基礎づけ』や『純粋理性批判』での予告を踏まえて、次のように述べている。

「『実践理性の批判』の後には人倫の形而上学という体系が続くはずである。これは、〔既刊の『自然学の形而上学的基礎論』と対をなすものとして〕法論の形而上学的基礎論と徳論のそれとに分けられる。そして、後出の「序論」はこれら〔法論と徳論との〕二者を含む体系の〔構成〕形式を提示し、部分的にそれを解明しようとするものである」(VI, S.205. 邦訳『世界の名著39カント』『法論の形而上学的基礎論』加藤新平・三島淑臣訳、中央公論社、１９７９年、３２５頁)。

しかも、思弁的理性批判・実践的理性批判の正当性の実証として、それぞれ自然の形而上学および人倫の形而上学を提供すると明確に述べている。

次の文献を参照。Gerd-Walter Küsters, Kants Rechtsphilosophie, Darmstadt 1988, S.7.『人倫の形而上学』の生成発展史については次の文献を参照。Monika Sänger, Die kategoriale Systematik in den „Metaphysischen Anfangsgründen der Rechtslehre". Ein

Beitrag zur Methodenlehre Kants, Berlin・New York 1982, S.13-19.

しかし問題なのは、カントがこの構想の貫徹に実際に成功しているのか否かであり、またその解釈をめぐって激しく議論が戦わされている。

私が最終的に目指しているのは、R・シュタムラーやH・ケルゼンなどに代表されるような新カント学派によって構築された批判的法哲学ないし純粋法学ではなく、カント自身の「批判的法哲学」を解明し、またその現代的意義を構築し、さらにその復権を試みることである。そして、それとともにもはや過去のものとなったとされる新カント学派の法哲学の欠陥およびその積極的意義を改めて問い直し、今日の法哲学研究に対する示唆を提示することである。ただし、本書での課題は主にカントの批判的法哲学の解明に限定せざるをえない。

カント法哲学は、その体系的位置づけに関して言えば、従来カント哲学研究によって『純粋理性批判』や『実践理性批判』において樹立された超越論的哲学ないし批判哲学とは矛盾するものであると否定的に評価され、またそれゆえ注目される機会もきわめて少なかった。一言で言えば、カント法哲学は批判哲学体系の中で周辺的な役割しか与えられなかった。そしてそれに呼応して、カント法哲学研究はカント哲学研究全体の中でも散発的・傍論的な位置を占めるにすぎなかったと言っても過言ではない。

ところが、この状況は一変する。先に述べたようにリッターの否定説以降、これを契機としてカント法哲学研究は飛躍的に活発化し、ドイツ語圏だけを見てもほぼ毎年、寄稿論文は当然のこととして個別問題に関するモノグラフや研究書が少なからず出版されており、カント法哲学の今日的意義が改めて問い直されているからである。

Wolfgang Naucke, Rechtsphilosophische Grundbegriffe, Vierte, neubearbeitete Auflage, Neuwied: Kriftel: Luchterhand 2000. カントの法哲学については2.6「学問的に確保された法哲学：カント」を参照（Wolfgang Naucke, a.a.O., S.67-77.)。多くの法哲学者がカントの批判哲学ないし法哲学に強い関心を示し、それらに取り組んでいるのはいかなる理由によるのであろうか。それはカント哲学に関する知識が、法哲学研究の基礎として現在でも不可欠であるからにほかならない。W・ナウケはすでに１９８５年上記著作第一版の中でも、カントについての確固たる知識がなければ、今日では法哲学にほとんど従事できないと指摘している（Wolfgang Naucke, a.a.O., S.77.）。この指摘は今日でもとりわけドイツ法哲学界においては妥当すると言える。しかし、それは我が国の法哲学研究においても同様に指摘されうるのではなかろうか。

　またナウケは、法哲学上の諸著作に関する文献報告の中で、「法哲学上の小新カント学派は存在するのか」という自問に対して、「もちろんありうる」と肯定的に答えている（W. Naucke, Literaturbericht, Rechtsphilosophie (Teil. I), in: Zeitschrift für die gesamte Strafrechtswissenschaft 97, 1985, S.542 und S.547.）。さらにこれを承けて、刑法・刑事訴訟法・法哲学の教授であり、『自由秩序としての所有秩序―カント法・所有権論の活性化のために―』（Kristian Kühl, Eigentumsordnung als Freiheitsordnung. Zur Aktualität der Kantischen Rechts-und Eigentumslehre, Freiburg (Breisgau); München 1984. H・オーバラーはW・ケアスティングの教授資格論文と並んでキュールの博士論文は今までで最良の、またもっとも調和のとれたカント法論研究であると評価している）と題する博士論文の著者でもあるK・キュールは過去十数年間におけるカント法哲学をめぐるかつての西ドイツでの議論を跡づける論考の中で、１９９１年当時小新カント学派の代表的研究者として特に、哲学の領域ではW・ケアスティング（Wolfgang Kersting）およびO・ヘッフェ（Otfried Höffe）を、また法学の領域ではキュール自身も含めて法哲学のR・ドライアー（Ralf Dreier）、民法のE・J・メストメッカー（Ernst-Joachim Mestmäcker）、国家法・国際法のM・クリーレ（Martin Kriele）、刑法のW・ナウケを例示している（K. Kühl, Rehabilitierung und Aktualisierung des kantischen Vernunftrechts. Die westdeutsche Debatte um die Rechtsphilosophie Kants in den letzten Jahrzehnten, in: Archiv für Rechts-und Sozialphilosophie, Beiheft 44, 1991, S.212-221. Kristian Kühl, Freiheitliche Rechtsphilosophie, Baden-Baden 2008, S.9-20.）。

　それでは、キュールはいかなる意味でこれらの研究者を小新カント学派の代表者と評価しているのであろうか。かれらの基本的見解と代表的文献を確認しておきたい。

　まずケアスティングは、１７９７年の『法論の形而上学的基礎論』において提示されているカント法哲学の包括的・哲学的復権を目的として画期的な著作をあらわした。この著作は、体系上また内容上批判的主要諸著作によって基礎づけられた法哲学という意味において法論の「批判的」性格についてのテーゼを主張している（Wolfgang Kersting, Wohlgeordnete Freiheit. Immanuel Kants Rechts-und Staatsphilosophie, Berlin・New York 1984. 邦訳『自由の秩序―カントの法および国家の哲学―』舟場保之・寺田俊郎監訳、ミネルヴァ書房、２０１３年。Wolfgang Kersting, Die verbindlichkeitstheoretischen Argumente der Kantischen Rechtsphilosophie, in: Ralf Dreier (Hrsg.), Rechtspositivismus und Wertbezug des Rechts, Archiv für Rechts- und Sozialphilosophie Beiheft 37, Stuttgart 1990, S.62-74.）。

　ヘッフェはかれのカント伝において、カントの法哲学は「前批判的・独断的哲学ではけっしてなく、……法の理性概念を展開する批判的哲学である」と主張している。また、カントの政治哲学は批判的理性法という意味における自然法に属している。というのは、カントの政治哲学は法と国家を「純粋な（法的）実践理性の諸原理」によって基礎づけているからであるとする（Otfried Höffe, Immanuel Kant, 2. Auflage, München 1988, S.210f. 邦訳『イマヌエル・カント』薮木栄夫訳、法政大学出版局、１９９１年、

２２３−２２４頁を参照。Otfried Höffe, Kategorische Rechtsprinzipien. Ein Kontrapunkt der Moderne, Frankfurt am Main 1990.）。

ドライアーは、カントはかれの法哲学において近代の法・国家哲学の一種の総括を行ったが、しかしカントはその法哲学を後期の著作において批判哲学のコンテクストの中に置いており、またそれによってその法哲学に深い基礎づけを与えていると主張している。またドライアーは、カントの法概念理論は問題の定式化および解明を含んでおり、それらは今日の議論において法哲学に重要な貢献をもたらしているとする（Ralf Dreier, Zur Einheit der praktischen Philosophie Kants. Kants Rechtsphilosophie im Kontext seiner Moralphilosophie, in: Recht-Moral-Ideologie. Studien zur Rechtstheorie, Frankfurt am Main 1981, S.286-315. Ralf Dreier, Rechtsbegriff und Rechtsidee. Kants Rechtsbegriff und seine Bedeutung für die gegenwärtige Diskussion, Frankfurt am Main 1986.）。

メストメッカーは、普遍的法則のもとにおけるすべての個人の自由とすべての他者の自由との一致についてのカントの定式の意義を特に国家支出の制限の中に認めている（Ernst-Joachim Mestmäcker, Rechtsfragen einer Ordnung der Weltwirtschaft, in:Einigkeit und Recht und Freiheit. Festschrift für Karl Carstens zum 70. Geburtstag, Band 1, Europarecht. Völkerrecht, (Hrsg.) Bodo Börner, Hermann Jahrreiß, Klaus Stern, Köln · Berlin · Bonn · München 1984, S.417-427, S.422.）。

クリーレは、法の普遍的法則というカントの定式（カントが、§C「法の普遍的原理」の中で定式化している「汝の意思の自由な行使が普遍的法則に従って何びとの自由とも両立しうるような仕方で外的に行為せよ」とする法則を指している。VI, S.231. 邦訳『法論』３５５頁）の中に自由と平等との根源的同一の原理が表現されていると見ている。したがって、クリーレは今日でもなお妥当する「実質的法治国家の理念」をカントに帰している（Martin Kriele, Einführung in die Staatslehre, Reinbeck bei Hamburg 1975. 邦訳『平和・自由・正義―国家学入門―』初宿正典、吉田栄司、長利一、横田守弘訳、御茶の水書房、１９８９年。Martin Kriele, Menschenrechte und Friedenspolitik, in:Einigkeit und Recht und Freiheit. Festschrift für Karl Carstens zum 70. Geburtstag, Band 2, Staatsrecht. (Hrsg.) Bodo Börner, Hermann Jahrreiß, Klaus Stern, Köln · Berlin · Bonn · München 1984, S.661-685.）。

最後に、ナウケ自身もすでに１９６４年の段階で、報復的刑罰の前提として報復に値する行為とは何にかという問いに答えようとする場合には、カントに帰ることが必要であると考えていた（Wolfgang Naucke, Die Reichweite des Vergeltungsstrafrechts bei Kant, in: Schleswig-Holsteinische Anzeigen. Justizministerialblatt für Schleswig-Holstein, 1964, S.203-211, S.206. Wolfgang Naucke, Rechtsphilosophische Grundbegriffe, 2. Auflage, Frankfurt am Main 1986, S.94-106.）。キュールが、現代の法的問題を解決するためにカント法哲学を援用する法学出身の法哲学者はほとんどすべての法領域に存在していると指摘していることからも、カント法哲学の現代的意義の見直しが積極的に行われていることが窺える。

そのさまざまな研究の動向や拡がりの中で、カント法哲学の超越論的・批判的性格、言い換えれば超越論的哲学批判哲学における法哲学の体系的位置づけないし法哲学と超越論的哲学・批判哲学との体系的連関をめぐる解釈論争はどのように展開しているのであろうか。

この解釈論争の概略については次の文献を参照。Gerd-Walter Küsters, Kants Rechtsphilosophie, Darmstadt 1988. G・W・キュスタースはリッターの否定説以降の論争を概略的に整理している(Gerd-Walter Küsters, a.a.O., S.37-51.)。否定説の主張者として、Chr・リッターおよびK・H・イルティングを挙げている。肯定説の提唱者として特にR・ブラント、H・オーバラー、W・ブッシュ、W・ケアスティングを挙げている。また、肯定説に分類されるケアスティング、O・ヘッフェ、M・ゼンガー、F・カウルバッハ、K・キュールおよびM・ブロッカーなどのモノグラフの詳細な議論の分析についてはS.69-112.を参照。Gerd-Walter Küsters, Recht und Vernunft: Bedeutung und Problem von Recht und Rechtsphilosophie bei Kant. Zur jüngeren Interpretations-geschichte der Rechtsphilosophie Kants, in: Philosophische Rundschau, Vol.30, No.3/4, 1983, S.209-239. さらに、１９９０年以降の文献として次の著書および論文を参照。Uwe Justus Wenzel, Recht und Moral der Vernuft. Kants Rechtslehre: Neue Literatur und neue Editionen, in: Archiv für Rechts-und Sozialphilosophie 76, 1990, S.227-243. Georg Cavallar, Pax Kantiana. Systematisch-historische Untersuchung des Entwurfs ,,Zum ewigen Frieden“ (1795) von Immanuel Kant, Wien・Köln・Weimar 1992, S.53-57. Ralf Ludwig, Kategorischer Imperativ und Metaphysik der Sitten. Die Frage nach der Einheitlichkeit von Kants Ethik. Zugl.: Augsburg, Univ., Diss., 1991. Frankfurt am Main 1992, S.171-174.: Lang (Europäische Hochschulschriften), Reihe 20. Peter König, Autonomie und Autokratie. Über Kants Metaphysik der Sitten, Berlin・New York 1994, S.1-6. Thomas Kater, Politik, Recht, Geschichte. Zur Einheit der politischen Philosophie Immanuel Kants, Würzburg 1999, S.103-106. Balimbanga Malibabo, Kants Konzept einer kritischen Metaphysik der Sitten, Würzburg 2000, S.53-59. Christian Niebling, Das Staatsrecht in der Rechtslehre Kants, München 2005, S.12-14. Jens Petersen, „Kants Metaphysische Anfangsgründe der Rechtslehre“—kritisches Spätwerk oder „Erzeugnis eines gewöhnlichen Erdensohnes“ ?, in: Festschrift für Claus-Wilhelm Canaris zum 70. Geburtstag, Bd.2, hrsg. v. Andreas Heldrich, Jürgen Prölss, Ingo Koller, Katja Langenbucher, Hans Christoph Grigoleit, Johannes Hager, Felix Christopher Hey, Jörg Neuner, Jens Petersen, Reinhard Singer, München 2007, S.1244f. Ralf Buttermann, Die Fiktion eines Faktums.Kants Suche nach einer Rechtswissenschaft. Erwägungen zu Begründung und Reichweite der kantischen Rechtsphilosophie, Würzburg 2011, S.42-57. Philipp-Alexander Hirsch, Kants Einleitung in die Rechtslehre von 1784. Immanuel Kants Rechtsbegriff in der Moralvorlesung „Mrongovius II“ und der Naturrechtsvorlesung „Feyerabend“ von 1784 sowie in der „Metaphysik der Sitten“ von 1797, Göttingen 2012, S.3-9. Peter Unruh, Die Herrschaft der Vernunt. Zur Staatsphilosophie Immanuel Kants, Baden-Baden 1993, 2., überarbeitete Auflage, Baden-Baden 2016, S.57-63. (Erste Auflage, 1993, S.41-46.)

肯定説の論者の中でも特に批判哲学と法哲学との体系的連関に焦点を当て、『法論のための準備草稿』を援用しながらカテゴリー（純粋悟性概念）上の体系性という方法論の視点から詳細に研究しているのは、その著作の表題からも窺えるようにＭ・ゼンガーである。Ｒ・ブッターマンも、『法論の形而上学的基礎論』（１７９７年）の批判哲学における体系的分類についての問題に明確に取り組んでいるのはＭ・ゼンガーの研究（Monika Sänger, Die kategoriale Systematik in den „Metaphysischen Anfangsgründen der Rechtslehre“. Ein Beitrag zur Methodenlehre Kants, Berlin・New York 1982.）だけであるとしている（Ralf Buttermann, a.a.O., S.55.）。

またＧ・ガイスマンも指摘しているように、ゼンガーの研究は特にカントの批判的・超越論的哲学の枠内における法論の可能な体系的位置を解明することを問題としており、本研究の第一章は「批判哲学の体系における『法論の形而上学的基礎論』の位置」について論じている（Monika Sänger, a.a.O., S.13-74.）。ゼンガーは、１７９７年の刊行版におけるカントの法の形而上学は「法的・実践理性のア・プリオリな諸原理によって疑いもなく批判的である」と主張している。より詳しく言えば、この法の形而上学は、伝統的自然法論とのあらゆる内容上の一致にもかかわらず、その構造において、またその独自の原理論的基礎づけに対して理性批判の特殊な成果を前提しており、また使用しているとする。しかし他方で、カテゴリー上の体系性が批判的法哲学の証明になりうるのか否かという本質的な問題点もないわけではない。また、特に法哲学そのものに関心のある読者にとってはこの研究は必ずしも説得力のあるものではないかもしれない。というのは、その副題「カントの方法論に関する論文」から読み取れるように、この著作はカントの法哲学の個々の具体的内容に関する研究ではなく、その方法論に重点を置いた論文であると評価されているからである（Georg Geismann, Rezension zu: Die kategoriale Systematik in den „Metaphysischen Anfangsgründen der Rechtslehre“, in: Zeitschrift für philosophische Forschung, Bd.39, H.4, 1985, S.649f.）。しかしながら、周知のようにカントは『純粋理性批判』において判断表を導きの糸として悟性の根本概念であるカテゴリーを「量」、「質」、「関係」および「様相」の４項目に分類し、それぞれに３つの契機を配して合計で12個発見した。この体系上の表示は『純粋理性批判』における他のすべての体系上の表示はもちろんのこと、『実践理性批判』および『判断力批判』（Kritik der Urteilskraft. 1790）というすべての理性批判にわたって体系性を一貫して規定している。つまり、あらゆる体系的区分はカテゴリー体系に基づいていることになる。このことを考慮に入れると、カテゴリー上の体系性という視点から、『法論』を批判哲学に組み込まれているものとして解明するゼンガーの解釈もそれなりの説得力をもっていると言える。

また、哲学史の伝統における法論の位置価値およびカントの全著作における法論の位置価値については次の文献を参照。Ralf Ludwig, Kategorischer Imperativ und Metaphysik der Sitten. Die Frage nach der Einheitlichkeit von Kants Ethik. Zugl.: Augsburg, Univ., Diss., 1991. Frankfurt am Main 1992, S.159-174 : Lang (Europäische Hochschulschriften, Reihe 20, 363).

この論争についてどのような評価が下されているのか、また否定説・肯定説などの学説にいかなる論者が分類されているのかを検討し、この論争において特に重要な代表的論者を分析し抽出する。さらに、この論争が一応の決着を見たのはどの時点においてなのか、また現在いずれの学説が定説となっているのかも確定しなければならない。これらの問題を考察したうえで、私の見解を提示したい。

その際、カントが『実践理性批判』第一部「純粋実践理性の原理論」第一編「純粋実践理性の分析論」第一章「純粋実践理性の原則について」の中で戒めているように、折衷主義やよせ集め的体系にならないように注意しなければならない。

カントは次のように述べている。

「首尾一貫していることは哲学者の最大の責務であるが、にもかかわらずまず滅多にお目にかかることがない。首尾一貫していることにかんしては、古代のギリシアの諸学派のほうがわれわれの折衷主義の時代に見いだされるよりも多くのよい実例を提供しており、われわれの時代には、たがいに矛盾した原則からなる、不誠実と浅薄さだらけの一種のよせ集め体系が捏造される。というのも、この種の体系は大向こうの受けがよく、大衆というものはあらゆることをかじるが全体としては何ひとつ知らず、ただ何でもこなせるということに満足するものだからである」（V. S.24. 岩波版『カント全集7』坂部恵・伊古田理訳、154頁）。

さらにこの論争の成果として何を指摘しうるのか、また今後の課題として何が残されているのかも検討したい。これらの問題と私の見解は序論および本論の各章において論じられることになる。確かに我が国のカント哲学、特に法哲学研究者もこの論争に無関心ではいられず、部分的にさまざまな論者の研究を踏まえてそれぞれの視点から研究を推し進めている。しかしながら、この論争を系統的・体系的に追跡する研究はいまだ存在していないからである。

一　カント法哲学研究の現状

ところで、１９７０年代以降現在までリッターの研究を契機として、40年以上にわたりカント法哲学研究はいかなる論点をめぐって展開しているのであろうか。カント法哲学研究の現状および論点について、まず概略的に整理しておきたい。

カント法哲学の研究状況については次の文献を参照。Gerd-Walter Küsters, Kants Rechtsphilosophie, Darmstadt 1988, S.1-18. キュスタースも指摘しているように、後に立ち入って検討するが、本書の課題である法論の超越論的ないし批判的性格に関する問題は、法哲学と超越論的哲学ないし批判哲学との体系的連関の問題を切り縮めて表現したものである。それでは、法論の研究はいかなる難題に挑んできたのであろうか。法論の解釈史は今まで３つの客観的な困難との戦いであったし、また今日でもそれらとの戦いである。つまり第一に、テクスト上の困難（テクストの解釈上の困難性、不明確性説）、第二に、内容上の困難、第三に、体系上の困難（批判哲学における法哲学の体系的位置づけ）との戦いである（Gerd-Walter Küsters, a.a.O., S.13.）。第二次世界大戦後におけるカント法哲学、つまり「理性法」に対する関心の高まりについては次の文献を参照。K. Kühl, Rehabilitierung und Aktualisierung des kantischen Vernunftrechts. Die westdeutsche Debatte um die Rechtsphilosophie Kants in den letzten Jahrzehnten, in: Archiv für Rechts-und Sozialphilosophie, Beiheft 44, 1991, S.212-221.

しかしその前に、まず最初に１９７０年代および１９８０年代以降の研究動向を概観する。これによってカント法哲学研究が一過性のものではなく絶えず発展し、また深化していることを明らかにしたい。

Ｂ・ルートヴィヒは１９８８年に『カントの法論』と題する研究書（この著書は１９８５年にマールブルク大学に提出された博士論文を基礎にしている。Ｒ・ブラントの励ましに対して謝辞を述べていることからも窺い知れるように、ブラントの研究に多くを負っていると思われる。１９８５年の『法哲学・社会哲学論叢』の中にはカント法哲学を主題とした６つの論文が寄稿されている。Archiv für Rechts-und Sozialphilosophie, Vol.1985 LXXI/Heft 3.）を出版したが、２００５年の第二版の出版に際して、その間にカント法哲学研究の状況がどのように推移してきたのかを振り返っている。ルートヴィヒのモノグラフが書かれた約20年前、カントの法論は長い中断の後、再び哲学研究の対象としていっそうの注意を引きつけるようになった。当時、短期間のうちに法論に関する多数の研究書や論文が刊行された。確かに当時は、カントのこの後期著作に対する短期間の関心が継続するのか否かは予測することができなかった。しかし、その後状況が明らかになった。法論に関する文献はこの20年間にさらに相当蓄積されてきたのである。

　また英語圏においてもＪ・ロールズに代表されるように政治哲学の再復活の流れの中で、特にカントの法哲学がアクチュアルな構想に対するきっかけとしてますます考慮されるようになり、カント法哲学についての関心がいっそう高まった。

　Bernd Ludwig, Kants Rechtslehre. Mit einer Untersuchung zur Drucklegung Kantischer Schriften von Werner Stark, Kant-Forschungen, Bd.2, 2. Auflage, Hamburg 2005, S.V. 第一版は１９８８年に出版されている。Mary Gregor , Kant's Theory of Property , in :Review of Metaphysics 41 (June 1988), p.762. Alan Ryan, Property and Political Theory, Basil Blackwell, 1984, p.73. Ｍ・グレガーは、英語圏における功利主義的権利論に対する批判としてカントの法哲学が注目されていると指摘している。Ａ・ライアンは、最近カントの政治哲学が英語圏の研究者によって再び精密に吟味されるようになったことを理由として、国際関係についてのカントの見解を挙げている。それに加えて、政治理論における所有権の役割を検討する場合、カントは中心人物であると指摘している。１９８０年代に英語圏において出版された、いずれかと言えば政治哲学に関係するが、法哲学にとっても重要な文献として、次の諸著作が挙げられる。S. M. Shell, The Right of Reason. A Study of Kant's Philosophy and Politics, Toronto 1980. H. Arendt (1906-1975), Lectures on Kant's Political Philosophy, edited and with an Interpretive Essay by Ronald Beiner, Chicago 1982. 邦訳『カント政治哲学の講義』浜田義文監訳、法政大学出版局、１９８７年。P. Riley, Will and Political Legitimacy: A Critical Exposition of Social Contract Theory in Hobbes, Locke, Rousseau, Kant, and Hegel, Cambridge: Harvard University Press, 1982, pp.125-162. P.Riley, Kant's Political Philosophy, Totowa 1983. H. Williams, Kant's Political Philosophy, New York 1983. W. J. Booth, Interpreting the World. Kant's Philosophy of History and Politics, Toronto 1986.

　それでは、１９９０年代以降の英語圏でのカント法・政治哲学の研究はどのように進展しているのであろうか。たとえば、次に挙げる代表的な諸著作を見れば窺い知れるようにいっそうの深化・発展が認められる。Leslie Arthur Mulholland, Kant's System of Rights, Columbia University Press, New York・Oxford 1990. Essays an Kant's Political Philosophy, edited and with an Introduction by Howard Lloyd Williams, The University of Chicago Press 1992. Character, Liberty, and Law. Kantian Essays in Theory and Practice, by Jeffrie G. Murphy, Kluwer Academic Publishers, Dordrecht・Boston・London 1998. Katrin Flikschuh, Kant and Modern Political Philosophy, Cambridge University Press 2000. Athur Ripstein, Force and Freedom.

Kant's Legal and Political Philosophy, Harvard University Press, Cambridge, Massachusetts · London, England 2009. Susan Meld Shell, Kant and the Limits of Autonomy, Harvard University Press, Cambridge, Massachusetts, and London, England 2009. Kant's Doctrine of Right. A Commentary, B. Sharon Byrd and Joachim Hruschka, Cambridge University Press 2010. Kant's Political Theory. Interpretations and Applications, edited by Elisabeth Ellis, The Pennsylvania State University Press 2012. バードおよびルシュカの共著である上記の著作は、法哲学・政治哲学に対するカントのもっとも重要な貢献である１７９７に出版された『法論』の研究に取り組んでいる。『人倫の形而上学』の第一部として『法論』は、人間がもっているないし取得することができる法的権利を論じており、また法治国家の理念による恒久的国際平和に対する基礎づけを提示することを目的としている。このコンメンタリーは、カントの個人の権利体系を分析している。つまり、外的自由に対する根源的内的権利からはじまり、個人の所有権、また契約上および家族上の権利で終わる。このコンメンタリーは、『法論』のもっとも読解するのが難し文章を通してカントの専門用語、方法および見解をカントの知的環境の観点から明解に要領よく説明している。この著作は、１９８８年に刊行されたＢ・ルートヴィヒのコンメンタリー（Bernd Ludwig, Kants Rechtslehre. Mit einer Untersuchung zur Drucklegung Kantischer Schriften von Werner Stark. Teilw. zugl.: Marburg, Univ., Diss., 1985. Hamburg 1988.: Meiner (Kant-Forschungen; Bd.2)）以降、英語圏における数少ないコンメンタリーのひとつであり、カントの道徳哲学および政治哲学に強い関心をもっている者にとっては重要な著作である。Freedom and Force. Essays an Kant's Legal Philosophy, edited by Sari Kisilevsky and Martin J Stone, Hart Publishing, Oxford and Portland, Oregon 2017. １９８０年代以降現在までの英語圏における『法論』および『徳論』に関する重要な研究書についての簡略な解説についてはＬ・デニスの次の文献を参照。The Metaphysics of Morals, edited by Lara Denis, Cambridge University Press 2017, pp.XXXII-XXXVII.

またＰ・ウンルーも、２００５年に出版された「カントにおける理性法的所有権の基礎づけ」と題する論文の中で特にカントの所有権論に限定しているものの、１９７０年代以降の研究状況の進展についておおまかに述べている。カントは数十年にわたって法哲学上の問題設定に取り組んできた。しかしながら、カントは『人倫の形而上学』第一部『法論の形而上学的基礎論』によって１７９７年にようやく完成された構想を発表した。この著作に対する直接的な反響は、いずれかと言えばむしろ否定的なものであった。特に所有権論は成功していないと見なされた。19世紀および20世紀はじめの新カント学派が主としてカントの理論哲学に定位した後、１９７０年代以降カントの実践哲学のルネサンスが語られ、またその流れの中でカントの法論とのますますの取り組みが語られうるようになった。この関連においてカントの所有権論の評価が変わった。所有権論は説得力がなく、また矛盾しているものとして退けられるとしても、それはもはや散発的なものでしかなかった。その間に特に所有権論は一般に高く評価されるようになり、それどころかケアスティングのことばを借りれば、カントの「最後の哲学的偉業」であるとさえ評価されるに至った。

しかし、ウンルーは実際これらの評価のどれが適切なのかは、カントの論証の分析に基づいてのみ判断されうるとして明言することを控えている。ただし結論としてウンルーは、カントの所有権論はその文脈において考察されなければならず、所有権論は超越論的哲学の思想体系における横補強材の役割を果たしており、カントはこの思想体系を１７８１年の『純粋理性批判』以降樹立したと主張している。

P. Unruh, Die vernunftrechtliche Eigentumsbegründung bei Kant, in: Andreas Eckl und Bernd Ludwig (Hrsg.), Was ist Eigentum?. Philosophische Positionen von Platon bis Habermas, München 2005, S.133. またウンルーの次の文献も参照。P. Unruh, Die Herrschaft der Vernunft. Zur Staatsphilosophie Immanuel Kants, 2. Auflage, Baden-Baden 2016, S.17-20.

さらに、ペーターゼンは「カント法哲学のルネサンス」と題する表題のもとで、第一に、法論の批判的性格、第二に、法論の批判書からの独立という2つの視点から研究の動向を略述している。

カントの法論は一方で、１００年以上にもわたって単に副次的にしか注目されなかったし、ドイツ以外の諸国においては一般に疑問視され、また新カント学派によって以前には懐疑的に評価された。他方、20世紀の80年代のはじめに法論解釈者の共同戦線が形成された。かれらは特に、カントの法哲学はその核心において批判的であるのか、あるいは前批判的思想への逆戻りを意味しているのかとする関心を共有していた。つまり「カントの批判的倫理学・批判的法哲学は存在するのか」、「カントの法論は批判哲学なのか」というのが焦眉の問題であった。

それに対して他の側面から法論の批判書からの独立が要求された。Ｊ・エビングハウス（１８８５-１９８１）に代表されるこの独立性テーゼは、自己立法としての法と自律として理解される理性との間を部分的に細かく識別している。それについての熟考は、法論それ自体が批判書の理解にとって決定的に重要であるかもしれないとする興味深い仮説に至る。「特にその際、法論がその機能において形而上学の基礎づけと見られるとしたら、批判の理解はどの程度変えられなければならないのかということが考慮されることになる」。

Jens Petersen, „Kants Metaphysische Anfangsgründe der Rechtslehre“—kritisches Spätwerk oder „Erzeugnis eines gewöhnlichen Erdensohnes“?, in: Festschrift für Claus-Wilhelm Canaris zum 70. Geburtstag, Bd.2, (Hrsg.) v. Andreas Heldrich, Jürgen Prölss, Ingo Koller, Katja Langenbucher, Hans Christoph Grigoleit, Johannes Hager, Felix Christopher Hey, Jörg Neuner, Jens Petersen, Reinhard Singer, München 2007, S.1244f. カント法哲学のルネサンスについてはH・エーベリングが編集したレクラム文庫版『人倫の形而上学』の序論も参照。Immanuel Kant. Die Metaphysik der Sitten. Mit einer Einleitung herausgegeben von Hans Ebeling, Stuttgart 1990, S.15-29. ドイツにおけるカント研究については次の文献を参照。『カント事典』編集顧問、有福孝岳・坂部恵、弘文堂、１９９７年、有福孝岳、大橋容一郎、石川文康執筆、３６５‐３７０頁。カント解釈の歴史を(1)カントと同時代、(2)ドイツ観念論期、(3)新カント学派の時代および(4)20世紀の４つの時期に区分して、その変遷を辿っている。

ペーターゼンも述べているように、法論の理解がカントの批判哲学の解釈の修正を迫るかもしれない。いずれにしても、本国ドイツでのカント法哲学の文献学的研究はこの数十年間に目を見張る進展を遂げており、今日においてもその勢いは衰えていない。

リッター説が主張されてから半世紀あまりが経過しているが、カント法哲学研究はどのように拡大し深化しているのであろうか。また、いかなる方向性に向かって研究が進展しているのであろうか。以下においてリッター説以降の議論を踏まえた４人の論者によるそれぞれ異なった視点からの論点整理および学説分類を検討したい。結論を先取りして言えば、主に３つの研究の方向性が確認されるが、当然のことながら同じ研究者による研究でも視点の相違によって複数の研究の方向性および学説に分類されることがある。

１　生成論的方向性

カントは若いときから自然法の講義を行い、また法哲学の研究に学問的に取り組んでいた（カントが自然法の講義をはじめて行ったのは１７６７年夏学期であり、当時カントは43歳であった）。しかし、『法論』が出版されたのはようやく最晩年になってからである。それでは、『人倫の形而上学』第一部『法論』の刊行に至るまで、法論はどのような生成発展の過程を辿ったのであろうか。この問題はカント法哲学の超越論的・批判的性格をめぐる解釈にも関連しているので、やや立ち入って検討したい。

まずＰ・Ａ・ヒルシュは、２０１０年頃までの議論を追跡し、カント法論の本質的諸要素ないし中心思想はいつ成立したのかとする１７９７年に出版された『法論の形而上学的基礎論』の生成論に焦点を絞った独自の視点から３つの学説に分類している。

Philipp-Alexander Hirsch, Kants Einleitung in die Rechtslehre von 1784. Immanuel Kants Rechtsbegriff in der Moralvorlesung „Mrongovius II“ und der Naturrechtsvorlesung „Feyerabend“ von 1784 sowie in der „Metaphysik der Sitten“ von 1797, Göttingen 2012, S.1-9, S.113-123. カントは１７９７年『法論の形而上学的基礎論』という表題で法哲学上の主著を出版した。このことからカントの法哲学が根本的にカントの後期に由来し、またさらに１７８０年代の批判的道徳哲学と渾然一体となってもたらされたと解釈するのは困難であるとする見解が従来まれではなかった。このようなカントの法論解釈を検証するためにヒルシュは、「人倫の形而上学への序論」の比較検討も含めて、特に１７９７年に出版された『法論』の「法論への序論」の中で論じられている法概念を１７８４年から１７８５年の冬学期に行われた道徳哲学講義についてのムロンゴヴィウスの筆記録および１７８４年冬学期のファイアーアーベントの自然法講義筆記録における法概念の論述と比較検討している。その結果、１７９７年の法概念はすでに１７８４年に仕上げられていたということが証明できるとする。そしてさらに、カントの法概念は批判的道徳哲学の段階ですでに存在していただけではなく、批判的道徳哲学と渾然一体となって構想されており、またこの批判的道徳哲学と同様に批判的自由概念に基礎を置いているということを明らかにする。ヒルシュが述べるように、カントの法哲学が批判的自由概念に基礎を置いているとすれば、Ｗ・ブッシュの解釈に従うと、カントの法哲学は批判的法哲学と言えることになる。ただし、「法論への序論」の部分に限定されるかもしれない。

もちろん、法論の本質的諸要素ないし中心思想そのものをどのように理解するのかも議論の余地があるが、この論点については論者によって解釈に相違がある。

カントは、学派の一門の呼称が不当な曲解を招く恐れがあるとしているが、学説の呼称についても細心の注意を払わなければならない。

カントは次のように述べている。

「ある学派の一門を言い表わす名称はいつも甚だ不当な曲解をともなったものである。それはおおよそ、誰かが「某は観念論者である」といった場合のごとく不当なものである」（V, S.13. 理想社版『カント全集第七巻』『実践理性批判』151頁）。

しかしヒルシュは、カントの法哲学が批判的法哲学であるのか否かとする体系内在的視点からの各論者の解釈については立ち入って検討していない。したがって、先取りしてこの視点からの各論者の見解を可能なかぎり補足することにする。また、この解釈に関するヒルシュ自身の見解は慎重に留保されている。

まず第一の学説（1780年以前成立説と呼ぶことにする）は、法論は本質的な部分において初期に、場合によっては1780年よりはるか以前に、つまり1781年の『純粋理性批判』出版以前にすでに成立していたとする。この学説を主張するのは、リッター、イルティング、オーバラーおよびブッシュである。これらの論者の間でも、カントの法哲学が批判的段階に由来するのか、あるいは前批判的段階に由来するのかについては見解の対立がある。後者の立場のもっとも影響力のある主張者が先のリッターである。またその後、論証方法は異なるが、結論においてリッターと同様の見解を主張しているのはK・H・イルティングである。イルティングは実践哲学の領域において1770年代のカントの「批判的転回」は認識されえないとし、したがってカントの法哲学は批判的法哲学ではないと主張する(Karl-Heinz Ilting, Gibt es eine kritische Ethik und Rechtsphilosophie Kants? Hans Wagner zum 65. Geburtstag, in: Archiv für Geschichte der Philosophie, 63. Jg., 1981, S.325-345.)。さらに、リッターおよびイルティングの議論を踏まえてH・オーバラーも、確かにカントの法論は多くの部分において前カント的、また前批判的諸要素を受容していると主張している、しかしながら地方で、カントはそれらの諸要素を新たによりよく体系的に基礎づけたとする。この意味でオーバラーは、リッターおよびイルティングとは異なって、カントの法哲学は批判的法哲学であると主張し、かれらに対して異議を唱えている（Hariolf Oberer, Zur Frühgeschichte der Kantischen Rechtslehre, in: Kantstudien 64, 1973, S.88-102. Ist Kants Rechtslehre kritische Philosophie? Zu Werner Buschs Untersuchung der Kantischen Rechtsphilosophie, in: Kantstudien 74, 1983, S.217-224.）。

しかしリッターに対する本当の意味での反論は、１９７９年にブッシュの緻密な生成史的・影響史的研究『カントの批判的法哲学の成立　１７６２–１７８０』（Werner Busch, Die Entstehung der kritischen Rechtsphilosophie Kants 1762-1780, Berlin・New York 1979.）によって行われた。

それでは、ブッシュの反論の要点はいかなるものであろうか。

ブッシュは、批判的自由概念を根拠にして、１７７０年代のはじめにカントの法哲学は成立したとする見解を主張している。ブッシュによれば、この批判的自由概念はカントがそこから論証する最上の立脚点であり、その法的立脚点に理性的な自然存在者が立つことができ、またその規範に法的強制の根拠があるとする。したがってブッシュは、カント哲学における批判的転回を根拠に、リッターの主張とは異なり、カントの法哲学は本質的な部分において１７６０年代の末頃に完成していたとは言えず、これは１７７０年代の終わりに対して確認されうるとする。ブッシュは、カントの法哲学は批判的法哲学であると解釈する重要な代表的論者のひとりである。ブッシュの議論はその後の論争において賛否はあるにせよ、多くの論者によって援用されることになる。

次に第二の学説（１７９７年包括的・体系的仕上げ説と呼ぶことにする）は、確かにカントの法論の多くの中心思想はすでに１７８０年代の初期に展開されているが、しかし法論の包括的・体系的仕上げは１７９７年にようやく『人倫の形而上学』とともに実現されるとする。この主張の代表者はO・ヘッフェである。また、W・ケアスティングおよびB・ルートヴィヒもヘッフェと類似の見解を表明している。さらにB・S・バード（１９４７–２０１４）およびJ・ルシュカは、１７９７年以前のカントの法哲学上の言説は、いずれにしても『人倫の形而上学』における包括的・体系的仕上げのための内容豊かな準備草稿であると主張している（B. Sharon Byrd and Joachim Hruschka, Kant's Doctrine of Right. A

Commentary, Cambridge University Press 2010, p.13. ルシュカの次の文献も参照。Joachim Hruschka, Kant und der Rechtsstaat und andere Essays zu Kants Rechtslehre und Ethik, Freiburg・München 2015. この著作は上記のカント『法論』のコンメンタールの論述をより発展させたものである)。

ケアスティングは、ヘッフェ（O. Höffe, Immanuel Kant, 8. Auflage, München 2014.）と同様にカント法哲学の批判的性格を積極的に認める立場である。

Wolfgang Kersting, Wohlgeordnete Freiheit. Immanuel Kants Rechts-und Staatsphilosophie, Berlin・New York 1984. オーバラーは正当にもケアスティングは、『法論の形而上学的基礎論』は体系上および内容上『純粋理性批判』および『実践理性批判』によって基礎づけられた法哲学であるという意味において、その「批判的」性格を支持するテーゼの立場に立っていると指摘している。ケアスティングは同時に、カントによれば、法は道徳に基づいているとする残念ながら今日まで広く行き渡っている見解をもっともな理由によって拒否し、またカントによれば、むしろ法の法則の妥当性は道徳法則に基づいているということを明らかにした。つまり、カントの法哲学の批判的性格は『人倫の形而上学の基礎づけ』(Grundlegung zur Metaphysik der Sitten.1785.) および『実践理性批判』が『人倫の形而上学』の根拠を置いているということ、またいかにして根拠を置いているかということにおいて認識可能になるとする（Hariolf Oberer, Rezension zu: Wolfgang Kersting, Wohlgeordnete Freiheit. Immanuel Kants Rechts-und Staatsphilosophie, Berlin・New York 1984, in: Kantstudien 77, 1986, S.118.）。

また、最初の書評者であるV・ゲアハルトは２００７年に出版された本書の最新版の序文においてケアスティングの業績を評価して、次のように述べている。

「ケアスティングの教授資格取得論文である本書以降今日まで少なくとも25年にわたって、議論はかれの設定したレベルで展開している。……ケアスティングは本書で、博識に基づく歴史的探求と広範囲に及ぶ体系的考察を結びつけて、方法論的意識に基づいた的確な作業で両者を吟味する自身の驚嘆すべき能力を立証してみせた。もっとも、本書は、やがてプラトンからマキャヴェリやホッブズを経て現代にまで至ることになるかれの歴史的研究分野の豊かさや、かれが多くの著作で彫琢した契約論の哲学的基礎づけや、かれの批評者として成し遂げた業績を私たちに知らしめる端緒にすぎなかったのではあるが」（Wolfgang Kersting, Wohlgeordnete Freiheit. Immanuel Kants Rechts-und Staatsphilosophie, 3., erweiterte und bearbeitete Auflage, Paderborn 2007, S.11. 邦訳『自由の秩序―カントの法および国家の哲学―』舟場保之・寺田俊郎監訳、ミネルヴァ書房、２０１３年、v vi頁）。

さらに、F・カウルバッハ（１９１２-１９９２）とともに『カント』（Volker Gerhardt und Friedrich Kaulbach, Kant, Darmstadt 1979.）の共著者であるゲアハルトは、初版に対する書

評の中でも「ヴォルフガング・ケアスティングは……「カント法哲学の包括的・哲学的復権」に努めており、もっと明確に詳しく言えば『人倫の形而上学』の批判的法論の復権に努めている……カントの後期の理論（『法論』）はすっかり「批判的」理論として復権されていると言える」と評している（Volker Gerhardt, Rezension zu: Wolfgang Kersting, Wohlgeordnete Freiheit. Immanuel Kants Rechts-und Staatsphilosophie, Berlin・New York 1984, in: Allgemeine Zeitschrift für Philosophie, 1986, S.80.）。

他方ルートヴィヒは、カント法哲学の超越論的・批判的性格をめぐる問題は「超越論的」（transzendental）ないし「批判的」（kritisch）という専門用語上の問題に解消されるとし、明言することを控えている。しかし、『純粋理性批判』の「二世界説（論）Zweiweltenlehre」（叡知界（物自体の世界・悟性界）と現象界（感性界）ないし自由と必然という2つの世界があるとする二元論）を前提している『実践理性批判』の中心的諸理論を法論が前提していることを考慮に入れ、またこの二世界論が批判哲学の徴表であると見なされる場合には、「批判哲学がなければ、カントの法哲学は存在しない」と述べており、批判哲学と法哲学との体系的連関性を認めている。

Bernd Ludwig, Kants Rechtslehre. Mit einer Untersuchung zur Drucklegung Kantischer Schriften von Werner Stark. Teilw. zugl.: Marburg, Univ., Diss., 1985. Hamburg 1988, S.82, Anm.1.: Meiner (Kant-Forschungen; Bd.2).

これに関してU・J・ヴェンツェルは、ルートヴィヒは法論の超越論哲学的位置についての（当該）問題において、ソロモンのような立場に引きこもっていると指摘している（Uwe Justus Wenzel, Recht und Moral der Vernunft. Kants Rechtslehre. Neue Literatur und neue Editionen, in: Archiv für Rechts-und Sozialphilosophie, Bd.76, 1990, S.234.）。

ルートヴィヒは次のように述べている。

「またここ〔『法論』についての分析的注解〕では、たとえば「超越論的方法」（F・カウルバッハを参照。Friedrich Kaulbach, Studien zur späten Rechtsphilosophie Kants und ihrer transzendentalen Methode, Würzburg 1982.）を法論に固定することは試みられない。超越論的認識（たとえば『純粋理性批判』B25）という概念が、そもそも実践哲学の諸問題に対してどのように代替されうるのかについて釈明するかぎりにおいて、この試みは、実践哲学についてのカントの諸著作における「超越論的」ということばの必要最小限の使用（このことばは、法論において当該文脈、つまり「私法」の第二章「外的な或ものを取得する仕方について」第二節「対人権（債権）について」§19において一度だけ見出される）を考慮に入れるだけで、難しい立証責任を負うことになる。これに関するカントの言明の一般的な欠如を考慮すると、私〔ルートヴィヒ〕の意見によれば、この問題は、いかなるカントの手続きをわれわれが事後的に「超越論的」という専門用語に割り当てようとするのかとする単なる専門用語上の問題に解消される。最近の文献においてたびたび議論されている、カントの法哲学は「批判的」哲学であるのか否かという問題（特にイルティングを参照。Karl-Heinz Ilting, Gibt es eine kritische Ethik und Rechtsphilosophie Kants? Hans Wagner zum 65. Geburtstag, in: Archiv für Geschichte der Philosophie, 63. Jg., 1981, S.325-345.）は、この意味において同様に容易に専門用語の問題に解消される。しかしながら、法論が（特に）『実践理性批判』の中心的諸理論を前提とし、また後者が『純粋理性批判』の「二世界論」を前提としていることを考慮に入れる場合、この「二世界論」が批判哲学の徴表と見なされうるが、この問題は限定された、しかしそれでもやはり重要な観点のもとで容易に答えられうる。つまり、批判哲学がなければ、カントの法論は存在しない」（B. Ludwig, a.a.O., S.82., Anm.1.）。この著作は『法論』についてのはじめての分析的コンメンタールでもある。

最後に第三の学説（１７９３年以降成立説と呼ぶことにする）は、カントは法論の重要な中心思想を１７９３年以前にはまだ厳密には把握していなかったとする。この見解に分類されるのはＲ・ルートヴィヒ、Ｇ・プラウス、Ｒ・ブラントおよびＭ・ブロッカーである。

まずルートヴィヒは、カントの法論は、人倫論は具体的行為との実践関連が欠如しているとする可能な非難に対する解答であると見なしている。またルートヴィヒは、「カントが純粋実践理性ないしその要請を感性界における人間の行為の実践に拡張するこの転機は、いつどこに見出されるのであろうか」と問題を提起している。結論としてルートヴィヒは、「詳細な探究を断念することによって、この転機は１７９３年に出版された『理論では正しいかもしれないが、実践の役には立たない、という俗言について』（Über den Gemeinspruch: Das mag in der Theorie richtig sein, taugt aber nicht für die Praxis. 1793.）において確認される」と考えている（Ralf Ludwig, Kategorischer Imperativ und Metaphysik der Sitten. Die Frage nach der Einheitlichkeit von Kants Ethik. Zugl.: Augsburg, Univ., Diss., 1991. Frankfurt am Main 1992, S.161f.: Lang (Europäische Hochschulschriften, Reihe 20, 363)）。

またＧ・プラウスは、義務に反して（pflichtwidrig）―義務にかなって（pflichtgemäß）―義務から（aus Pflicht）という法論にとって基礎となる規定に焦点を当て、その包括的規定は部分的に１７８８年にはじめて『実践理性批判』において実現され、その後１７９３年に『宗教書』（『単なる理性の限界内における宗教』Die Religion innerhalb der Grenzen der bloßen

Vernunft. 1793.）において完全に実現されると主張している。

Gerold Prauss, Moral und Recht im Staat nach Kant und Hegel, Freiburg・München. 2008, S.11-35. Gerold Prauss, Zur Systematik von Moral und Recht bei Kant, in: Kant-Lektionen. Zur Philosophie Kants und zu Aspekten ihrer Wirkungsgeschichte, (Hrsg.) Manfred Kugelstadt, Würzburg 2008, S.69-79. カント倫理学の特徴のひとつは適法性（合法則性 Legalität）と道徳性（Moralität）との峻別にある。カントは『人倫の形而上学の基礎づけ』において「義務に適って（pflichtmäßig）と「義務から（aus Pflicht）」との相違を論じていたが、『実践理性批判』以降は「適法性」と「道徳性」との区別として両者を峻別している。宗教論においてはこれらの基礎的概念を踏まえてカントは論じている。

　たとえば、カントは『単なる理性の限界内における宗教』哲学的宗教論第三編「善の原理による悪の原理にたいする勝利、そしてこの世での神の国の建設」Ⅲ「倫理的公共体の概念は、倫理的法則下における神の民の理念である」の中で、「適法性」と「道徳性」との相違について次のように述べている。

「倫理的公共体を成就しようというのであれば、すべての個人は公の立法に服さねばならないし、彼らを結びつける法則はすべて、公共体の立法者なるものの命令だと見なせなくてはならない。ところで建設されるべき公共体が法律的なものであれば、一個の全体に統合されるはずの集合そのものが立法者（制定法の立法者）でなければなるまい。なぜならその場合、立法は各人の自由を、普遍的法則によって、他のすべての者の自由と共存しうるための制約に制限する、という原理を出発点とするからであり、したがってその場合、普遍的意志が法的な外的強制をしくからである。しかし公共体が倫理的なものであれば、民がそれ自身で立法者だと見なされずともよい。そもそもそのような公共体では、本来、すべての法則がもっぱら行為の（内的な、したがって公の人間的な法則には服せないような）道徳性の促進をめざして立てられており、逆にまた、法律的公共体を形成するような人間的な法則は、目に見える行為の適法性だけをめざして立てられていて、ここで問題となっている（内的）道徳性をめざしているわけではないのである」（VI, S.98f. 岩波版『カント全集10』北岡武司訳、１３０-１３１頁）。

しかし、その本質的な諸要素において法論が後期に成立したとする見解に賛成を表明している論者として特にR・ブラントが挙げられなければならない。ブラントは確かに、カントが１７６０年代半ばに主張した法論が内容上多くの点で後期の法哲学と一致していることは認めているが、しかし１７９７年の『人倫の形而上学』における哲学的基礎づけは原理的にそれとは異なった基礎づけであると主張する。

Reinhard Brandt, Rezension zu: C. Ritter: Der Rechtsgedanke Kants nach den frühen Quellen, in: Philosophische Rundschau, Jg. 20, 1974, S.46. Reinhard Brandt, Immanuel Kant - Was bleibt?, Hamburg 2010, S.129. Wolfgang Kersting, Wohlgeordnete Freiheit. Immanuel Kants Rechts-und Staatsphilosophie, Berlin・New York 1984, S.36f.

またケアスティングは、私法の中心部分、つまり所有権論がカント晩年の著作の独創的な成果であるということも重要であり、私法が公法の基礎を形成しているということを考慮に入れると、上記ブラントの主張を引用しながら、「『人倫の形而上学』の法論が本質的部分において１７９０年代半ばにはじめて構想された」（Reinhard Brandt, a.a.O., S.44.）とする結論に至らざるをえないと指摘する。

カントは、公法に対する私法の論理的優越性について§９「自然状態においては、たしかに現実的だが、しかし単に暫定的にすぎない外的な私のもの・汝のものが存立しうる」の中で次のように述べている。「公民的体制という状態における自然法〔すなわち、公民的体制に関し、ア・プリオリな諸原理から導き出されうる法〕は、この体制の制定法によって毀損されえないのであり、したがって、次の法原理はその効力を失うことはない。すなわち、「私の意思の或る対象を私のものとしてもつことを不可能にするような格率に従って行為する者は、私を侵害する」。なぜ（効力を失わない）かというと、公民的体制なるものは、各人に彼のものを単に確保するだけの法的状態にほかならぬのであって、そこではもともと、こうした彼のものが構成されたり規定されたりすることがないからである。——だとすれば、すべての確保にはすでに或る人〔確保を承ける当人〕の彼のものが前提されているわけである」（VI, S.256. 邦訳『法論』３８３-３８４頁。意思はWillkürの訳語である。これは選択意志とも訳される。実践理性そのものを意味する「意志」Willeとは異なり、経験的・現実的に選択をする能力を意味する。本書では、引用文を除いて法律用語の「意思」という訳語によって統一している）。

さらにM・ブロッカーもブラントと同様の見解に従っている。ブロッカーは、カントは『法論』の本質的諸要素、たとえば所有権論を『人倫の形而上学』の出版直前にようやく利用することができたと述べている。両者はともにカント法哲学の超越論的・批判的性格を肯定する立場に立っている。

Manfred Brocker, Kants Besitzlehre. Zur Problematik einer transzendentalphilosophischen Eigentumslehre, Würzburg 1987, S.15。

M・ゼンガーは、カントの法哲学の批判的性格としてカテゴリー（純粋悟性概念）上の体系性という視点からそのア・プリオリ性、体系性および完全性を挙げているが、ブロッカーもこの見解に従っている（Manfred Brocker, a.a.O., S.22f.）。ゼンガーは、「形而上学的研究の超越論哲学的な導きの糸」の適用（カテゴリー）によって達成された「ア・プリオリ性、体系性および完全性」が「非批判的な」後期の著作について論じることを禁じるとする。したがってゼンガーは、「この法の形而上学は、それは１７９７年の刊行本において提出されるが、その法的・実践理性のア・プリオリな諸原則によって疑いもなく批判的なのである」と主張する（Monika Sänger, Die kategoriale Systematik in den „Metaphysischen Anfangsgründen der Rechtslehre.“ Ein Beitrag zur Methodenlehre Kants, Berlin・New York 1982, S.12.）。

　最近ではB・ヤックルも、ゼンガーの解釈に示唆を受けて、カントの法哲学が批判的法哲学であるということを前提として研究を行っている。それでは、ヤックルはいかなる方法に基づいて法論を解釈しているのであろうか。ヤックルがこの研究において選択した方法、つまり行為とその必然的な思考諸前提の出発点においてカントの法論を批判的法哲学として再構成する方法は、『人倫の形而上学』および特に『法論』を対象に関係づけられ、批判によって基礎づけられた形而上学的体系の一部として理解するというゼンガーの関心事を共有している。しかしながら、ヤックルは基礎づけおよび法論理解はゼンガーとは異なっているとする。というのはゼンガーは、純粋理性のカテゴリーは『法論の形而上学的基礎論』の導きの糸であると見なしており、したがってまたカント内在的な方法をとっているからである。それに対してヤックルは、表象の現実化として理解される行為概念およびその思考諸前提に対する問題を考察の中心に置いている。というのは、このカントの行為概念の出発点において、実践的観点から批判的法哲学を具体的な実定的法秩序への適用可能性にまで展開するためである（Bernhard Jakl, Recht aus Freiheit. Die Gegenüberstellung der rechtstheoretischen Ansätze der Wertungsjurisprudenz und des Liberalismus mit der kritischen Rechtsphilosophie Kants, Berlin 2009, S.97, Anm.1. カントの批判的法哲学については、S.97-159. を参照）。

　他方でブラントは、『人倫の形而上学』の体系上の困難性に立ち入る必要はなく、カントがそこにおいて法の仮言命法ではなく、一貫して法の定言命法について論じていることに何ら問題を見出さなかったという指摘で十分であるとして、次のように述べている。

　命法は仮言命法と定言命法との２つに分類される。「仮言命法は、われわれが欲するところの別の何かに到達する手段としてのみ必然的な（善い）行為を命じ、『もしも～を欲するならば…すべし』というかたちをとる」。それに対して、「定言命法は、『汝の格率が普遍的法則となることを同時に意志しうるような格率にしたがってのみ行為せよ』と定式化される」（『カント事典』編集顧問、有福孝岳・坂部恵、弘文堂、１９９７年、北尾宏之執筆、４９８－５００頁を参照）。

「超越論的哲学および理論的認識のその境界設定が前提されているのは言うまでもない。非現象的、つまり純粋に可想的な占有概念の構想はそれに基づいている。たとえば、人格の自然的創造についての超越論哲学的可能性に法律学者は関心をもつ必要がない」（Reinhard Brandt, Immanuel Kant-Was bleibt?, Hamburg 2010, S.128f.）。

　カントは、『法論』の「家族的社会の権利の第二項」「両親の権利」§28の両親の子供に対する保護と扶養の義務に関する論述において次のように述べている。

「産出されたものは一個の人格であり、そして、自由を賦与された存在者が何か或る物理的プロセスによって産出されるというようなことは理解できないことなのだから、出産という働きを次のようなものとみなすこと、すなわち、それによってわれわれが或る人格を当人の同意なしにこの世におらしめ、専断的にこの世の中に持ち込んだ、そうした働きとみなすことは、実践的見地からすれば、まことに正当かつ必然的な考え方である」（VI, S.280f. 邦訳『法論』４１２頁）。

　またこの箇所に付されている注の中で次のように述べている。「神が自由な存在者を創造することはいかにして可能かということすら、理解不可能である。なぜなら、もし神によって創造されるとすると、その存在者の以後の一切の行為は、神の最初の働きによりあらかじめ規定され、自然必然性の網の目に閉じ込められてしまい、したがって自由ではないように思われるからである。たしかに、そうした存在者〔われわれ人間〕がそれにもかかわらず自由であるということは、定言命法が道徳的＝実践的見地において、理性の絶対命令によるものとして、これを証明する。しかし、この理性はそれにもかかわらず、こうした（創造における）原因・結果の関係の可能なことを、理論的見地において概念的に把握することはできないのである。というのは、これら原因・結果の二者ともに超感性的だからである。――その際、われわれが理性に期待することができることは、せいぜいのところ、自由な存在者の創造という概念が何ら矛盾を含まぬということを証明することぐらいである。そしてこの証明は、次のことを明らかにすることによって十分になされうる。すなわち、矛盾が生ずるのはただ、因果性のカテゴリーと同時に時間という条件――これは感性的諸対象との関係においては欠くことができない――が〔すなわち、ある結果の原因はその結果に先行するということが〕、超感性的関係の中にまで持ち込まれる〔このことは実際また、かの因果概念に理論的見地からして客観的実在性を得させるべきであるならば、行わないわけにはいかないことであろうが〕という場合にだけ生ずることであって、他方、道徳的＝実践的見地、したがって非感性的見地からして純粋なカテゴリーが〔図式をともなうことなしに〕創造概念に適用される場合には、この矛盾は消滅するということ、これである。

　哲学的法学者は、人倫の形而上学において、超越論的哲学の第一原理にまでさかのぼるこうした論及がなされることを、目あてのない暗がりの中に迷いこむ不必要な詮索だと考えることはないだろう。もし彼が、こうした解決さるべき課題の困難さと、それにもかかわらず法原理をその点に関して十分満足のゆくものとすべき必要性とを、十分考慮するならば」（VI, S.280f. 邦訳『法論』４１３頁）。

　この文章から読み取れるのは、『人倫の形而上学』は超越論的哲学を前提とし、その成果を援用し、また法論および徳論の2つの部分に対して定言命法は構成的であるということをカントがまったく疑問の余地なく説明しているということである。

　ヒルシュがゼンガーおよびF・カウルバッハを取り上げていないのは、かれらが法論の生成論的研究ではなく、法論が批判的・超越論的哲学にどのように組み込まれているのかを解明する体系内在的研究に的を絞っているからである。かれらもカント法哲学の超越論的・批判的性格を肯定する解釈を提示している重要な代表的論者である（Monika Sänger, Die kategoriale Systematik in den „Metaphysischen Anfangsgründen der Rechtslehre.“ Ein Beitrag zur Methodenlehre Kants, Berlin · New York 1982. Friedrich Kaulbach, Studien zur späten Rechtsphilosophie Kants und ihrer transzendentalen Methode, Würzburg

1982.)。

ヒルシュ自身は、カントが伝統的自然法の素材を法哲学に借用していることは認めているが、しかしカントがこれを最終的に法哲学において批判的に新たに基礎づけたのか否かについては、リッターとブッシュの間で根本的な意見の相違があるため、この時点ではまだ断言できないとして明言を避けている。

2　体系内在的方向性

『法論』は批判期のカントの最晩年に出版された著作であるが、批判哲学の体系全体の中でどのような位置を占めているのであろうか。この問題は本書の主題でもあり、後に詳しく論じることになるもので概略にとどめることにする。

P・ウンルーは、１９８０年代末までの論争を踏まえてカントの批判哲学と『法論』との関係、言い換えれば批判哲学の体系における『法論』の位置づけないし整合性というヒルシュとは異なった視点から、法論の解釈についての研究を分析している。ウンルーは大別すると不整合性説（Inkonsistenzthese）、整合性説（Konsistenzthese）および調停説（Vermittlungsthese）という独自の３つの学説分類を試みている。各論者がいずれの説を主張しているのかが十分に整理されているわけではなく、各論者の所論を網羅的に検討しているわけでもないが、しかし注を参照することによってある程度理解することができる。またウンルー自身がいずれの立場に立っているかは明言しておらず、整合性説が優位を占めていることを指摘するに留まっている。

Peter Unruh, Die Herrschaft der Vernunft. Zur Staatsphilosophie Immanuel Kants, Baden-Baden 1993. S.41-46. 2., überarbeitete Auflage, Baden-Baden 2016, S.57-63. 第二版においても叙述は基本的に同じである。初版が出版された１９９３年以降の議論の進展はまったくと言ってよいほど言及されていない。したがって、ウンルーは１９９３年時点において、すでにこの論争は決着がついていると考えているように思われる。

ウンルーが不整合性説として取り上げている論者は、特にA・ショーペンハウアー、H・コーヘン（1942-1918）、F・パウルゼン（1846-1908）、E・ラスク（1875-1915）、G・ラートブルフ（1878-1949）、J・シュムッカー、リッターおよびイルティングなどである。ただし当然のことながら、ここでは近年の論争において重要な役割を果たしているリッターとイルティングの所論の要点に限定している。というのも、両者とも不整合性説を主張する現在の代表的論者に分類されるからである。しかしそれでも、その主張内容や論証が異なっていることに注意しなければならない。不整合性説は冒頭で述べた否定説とほぼ同義であると考えてよい。

『法論』と批判哲学との統一性に関する体系上の疑念は、とりわけ新カント学派の哲学者・法学者によって唱えられてきた。『法論』の批判的・超越論的性格をめぐる現在に至る論争は、否定説を唱えるリッターの研究（『初期資料によるカントの法思想』1971年）とかれに反論して肯定説を主張するW・ブッシュの研究（『カントの批判的法哲学の成立1762-1780』1979年）から発展したものである。この対立を契機として、先に述べた『法論』の影響史・発展史的研究、つまり生成論的研究が緻密に行われるようになり、また『法論』の批判哲学における体系的連関の研究がテクスト内在的により厳密に推進されてきたと言っても過言ではない。

まず第一に、不整合性説の代表者であるリッターは、カントの法哲学と批判的思想との不整合性を『法論』における前批判的諸要素を厳密に構成することによって証明しようと試みた。リッターの研究によれば、法に関するカントの思想内部においてはいかなる断絶も示されえない。むしろ、前批判期からの思考過程の連続的な進展が観察される。しかも、この進展は理論哲学の批判主義および超越論的哲学への転回によっても影響を受けていないとする。

次に、ブッシュの整合性説に反論するイルティングは、「カントの批判的倫理学・法哲学は存在するのか」（1981年）と題する論考において、カントの倫理学全体、したがってまたその一部である法哲学も批判―概念と一致しえないと主張する。イルティングもカントの法哲学が批判的法哲学ではないとする点においてリッターの見解に従っており、新カント学派以降否定説を唱える有力な代表的論者である。

第二にウンルーが整合性説として挙げているのは、特にブッシュ、K・キュール（Kristian Kühl, Eigentumsordnung als Freiheitsordnung. Zur Aktualität der Kantischen Rechts-und Eigentumslehre, Freiburg i.Br. -München 1984 (Diss. Heidelberg 1978). Rehabilitierung und Aktualisierung des kantischen Vernunftrechts. Die westdeutsche Debatte um die Rechtsphilosophie Kants in den letzten Jahrzehnten, in: Archiv für Rechts-und Sozialphilosophie, Beiheft 44, 1991, S.212-221.）、ケアスティング、R・ドライアー（Ralf Dreier, Rechtsbegriff und Rechtsidee Kants. Rechtsbegriff und seine Bedeutung für die gegenwärtige Diskussion, Würzburger Vorträge zur Rechtsphilosophie, Rechtslehre und Rechtssoziologie Heft 5, Frankfurt am Main 1986.）、ヘッフェ、カウルバッハ、ブラントおよびブロッカーなどである。整合性説は肯定説とほぼ同義であると考えてよい。ただし、ここではリッター説に対して包括的に、しかも詳細に反論を加えている代表的論者であるブッシュの所論の要点に限定している。

ブッシュは、カントはかれの実践哲学を批判的自由概念のうえに樹立したのであり、しかもこの批判的自由概念はすでに『純粋理性批判』の中に見出されると主張する。したがって、理論的認識批判、実践的理性批判および『人倫の形而上学』の実質的内容は最高の審級としてこれらすべてに共通する自律（Autonomie）という概念のつながりによって結びついているとする。これがブッシュの中核的な主張である。つまりひと言で言えば、ブッシュは批判的自由概念を根拠にしてカントの法哲学は批判的法哲学であると解釈する。

第三の重要な学説（調停説ないし体系的統一説と呼ぶことにする）としてウンルーは、オーバラーを取り上げている。調停説ないし体系的統一説も肯定説の一種であると考えてよい。オーバラーは「カントの法論は批判的哲学であるのか」（１９８３年）と題する論考において、リッターおよびイルティングによる不整合性説とブッシュによる整合性説との論争を調停しながら、カント法哲学の批判的性格をめぐる問題点を検証している。オーバラーの見解によれば、特にイルティングの主張に見られるような『法論』は批判的理論哲学との整合性という観点からは検証されず、むしろ特に実践哲学、したがってまた法哲学を考慮に入れて構想されている批判哲学の全体系の中に組み込まれているものとして位置づけられるとする。オーバラーもカントの法哲学は批判的法哲学であると主張する有力な論者のひとりである。オーバラーのカント法論解釈はその後の議論において繰り返し言及されており、肯定説を代表する重要な基本文献として評価されている。

3　道徳哲学と法哲学との関連をめぐる方向性

カントの実践哲学全体の中で狭義の道徳哲学と法哲学との関連はどのように位置づけられるのであろうか。この問題はカントの法哲学の超越論的・批判的性格をめぐる問題とも密接な関連があるので、やや立ち入って検討したい。

先に言及したように、カントは『法論』の「まえがき」の冒頭で『実践理性批判』の後に『人倫の形而上学』という体系が続き、それは第一部『法論』と第二部『徳論』とに区分されると述べている。『人倫の形而上学』は『実践理性批判』に基礎を置いているとされ、しかも実際に法哲学と道徳哲学とに分類されているが、この両者の関連、言い換えれば法哲学の道徳哲学に対する位置づけはどのように理解すべきなのであろうか。このような疑問が浮かぶのはもっともである。というのは、法と道徳との関連・相違をめぐる問題は、法学者、特に法哲学者にとってはルードルフ・フォン・イェーリング（１８１８－１８９２）のことばを借りれば「法哲学の喜望峰」と言われるように重要な論点のひとつであるからである。したがって、この論争には多くの法学者・法哲学者が意見を述べている。

Ｒ・ブッターマンは、法の法則（Rechtsgesetz「汝の意思の自由な行使が普遍的法則に従って何びとの自由とも両立しうるような仕方で外的に行為せよ」（VI, S.230f. 邦訳『法論』§C「法の普遍的原理」、３５４－３５５頁）、とする法の普遍的法則を意味する。カントは「法の普遍的原理」（VI, S.230, §C. 邦訳『法論』３５４頁）を「法の普遍的法則」（VI, S.230, §C. 邦訳『法論』３５５頁）、「法の公理」（VI, S.250, §6 邦訳『法論』３７５頁）および「外的自由の法則」（VI, S.264, §15. 邦訳『法論』３９２頁）などと呼んでいる）と普遍的実践的立法（「汝の意志の格率が、つねに同時に普遍的立法の原理と見なされうるように行為せよ」という、純粋実践理性の根本法則、つまり定言命法の根本方式を意味する。V, S.30. 理想社版『カント全集第七巻』深作守文訳、１７７頁。また、カントはこの根本方式を３つの方式に言い換えている。第一に、「自然法則の方式」は「汝の行為の格率が、汝の意志によって、あたかも普遍的自然法則となるかのように行為せよ」であり、第二に、「目的の方式」は「汝自身の人格にある人間性、およびあらゆる他者の人格にある人間性を、つねに同時に目的として使用し、けっして単に手段として使用しないように行為せよ」であり、第三に、「自律の方式」は「意志が……自己自身を同時に普遍的に立法的と見なしうるような、そのような格率にのみしたがって行為せよ」である）との関連をどのように解釈すべきかについての論争を跡づける中で三つの学説分類を行い、またそれぞれに対して批判的に検討を加えている。

Ralf Buttermann, Die Fiktion eines Faktums. Kants Suche nach einer Rechtswissenschaft. Erwägungen zu Begründung und Reichweite der kantischen Rechtsphilosophie, Würzburg 2011, S.53f. また次の文献も参照。Fiete Kalscheuer, Autonomie als Grund und Grenze des Rechts. Das Verhältnis zwischen dem kategorischen Imperativ und dem allgemeinen Rechtsgesetz Kants, Göttingen 2014. この著作に対する書評としてG・ガイスマンの次の文献を参照。G. Geismann, A. Referate über deutschsprachige Neuerscheinungen, in: Philosophischer Literaturanzeiger 67/4/2014, S.311-321. カントの法の普遍的法則は個々人の行為の自由を保護するものである。この広範な法的保護はカントの道徳哲学から必然的に結果として生じるのであろうか。また、この普遍的な行為の自由は定言命法から導出されるのであろうか。F・カルショイアーはこれらの問題との取り組みにおいて、特にカントにおける法と道徳との関係にかかわる主要問題のひとつである法の普遍的法則と定言命法との関連を検討している（Fiete Kalscheuer, a.a.O., S.1-7.）。また次の文献も参照。Manfred Baum, Recht und Ethik in Kants praktischer Philosophie, in: Jürgen Stolzenberg (Hrsg.), Kant in der Gegenwart, Berlin・New York 2007, S.213-226. M・バウムは法義務と道徳義務のカントの体系は人倫論の共通の最上原理からどのようにして基礎づけられうるのかを概略的に明らかにしている。

ブッターマンによれば、この論争を概観すると、『法論』研究において実定性（Positivität）と反省（Reflexion）との媒介問題に対するカントの解答がどのように理解されるのかについて3つの異なった見解が確認されうるとする。

カントの法論における法のア・プリオリ性と実定性との関係については次の文献を参照。David Kräft, Apriorität und Positivität des Rechts nach Kant, Baden-Baden 2011. クレフトによれば、カントの法哲学はドイツ語圏の解釈者にとっては一般的に純粋理性による法の基礎づけ、つまりア・プリオリな法の基礎づけの試みと見なされている。クレフトの研究は、カントによれば法は理性必然的に実定的でなければならないとするテーゼを基礎づけることを目的としている。

しかしブッターマンは、これら３つの見解はすべて同様に不十分であると主張する。それでは、これら３つの見解とはいかなるものなのかを以下において検討する。

この媒介問題に対する提案の第一の見解（Unabhängigkeitsthese, Unabhängigkeitsmodell　独立性テーゼないし独立性モデルと呼ぶことにする）によれば、法の法則は理性の普遍的実践的立法からあまりにもかけ離れているので、普遍的実践的規定と法の法則が自由の理念に対して同様に成立している依存性というカントの要求は維持されえないことになる。ブッターマンが念頭に置いているＪ・エビングハウス（１８８５−１９８１）の独立性テーゼは、法に対して意志自由が些細なものであると説明することによって、自由の理念と外的法的自由制限との関連の問題から解放されることになるが、その説明の巧みさによっても、少なくともカントの要求はそれとは別であるということを覆い隠すことはできないとブッターマンは批判する（エビングハウスの独立性テーゼに関する最近の考察として次の文献を参照。Michael Hartdegen, Recht und Freiheit. Hegels Kritik am Rechtsbegriff Kants, Berlin 2016, S.77-93. Ｍ・ハルトデーゲンは、Ｗ・ケアスティングおよびＧ・ガイスマンの研究を主に参照しながら検討を加えている）。

それに対して逆に、第二の見解（Ableitungsmodell 導出モデルと呼ぶことにする）は、理性立法と法の法則とのあまりにも緊密な結びつきを作り出している。しかし、たとえば「根本方式（すなわち、定言命法）の修正、より詳しく言えば、自由の外的使用に焦点を合わせたもの」（ブッターマンはこの極端な例としてＲ・ドライアーを挙げている。Ralf Dreier, Zur Einheit der praktischen Philosophie Kants. Kants Rechtsphilosophie im Kontext seiner Moralphilosophie, in: Perspektiven der Philosophie 5, 1979, S.5-37, S.20. Ders., in: Recht-Moral-Ideologie. Studien zur Rechtstheorie, Frankfurt am Main 1981, S.286-315. 外的行為のこの命法の定式は次のようなものであろう。「汝の意志の格率が、つねに同時に普遍的立法の原理として妥当しうるように外的に行為せよ」）として法の法則の導出の試みが行われた場合、その結果、外的行為に対する定言命法が生じることになり、また定言的構造によって遵守の動機が法の法則に入り込むことになる。それによって、道徳的法概念が展開され、また法遵守の動機中立性が無視されるかぎり、カントの基礎づけの要求はかなえられないことになる。

カントは、『人倫の形而上学』の「人倫の形而上学への序論」Ⅲ「人倫の形而上学の区分について」の中で法理的立法と倫理的立法との相違、また合法性（適法性）と道徳性との相違について、次のように明確に述べており、それぞれ両者を峻別している。

「……あらゆる立法は（たとえそれが義務とする行為に関しては、他の立法と一致するとしても、たとえば行為はどちらの場合にも外的であるとしても）、やはり動機に関しては区別されうる。或る行為を義務とし、同時にこの義務を動機たらしめる立法は、倫理的である。他方、後のほうの条件（義務を同時に動機たらしめるということ）を法則の内に含まず、義務の観念そのもの以外の他の動機をも許すような立法は、法理的である。法理的立法に関しては、義務の観念から区別されるその動機が、傾向性や嫌悪（とくに強制に対する嫌悪）といった種類の、意思の情動的な規定根拠から、そしてこれらのうちでもとくに後者（嫌悪）から採られなければならないことは容易に理解されうる。というのは、それは強要的な立法であるはずであり、人の心を惹きよせる勧誘的なものではないはずだからである。

その動機が何であろうと、或る行為と法則との単なる合致もしくは不合致、合法性（合法則性）と名づけられる。他方、法則から生じる義務の観念が同時に行為の動機でもあるような種類の合致・不合致は、行為の道徳性（人倫性）と名づけられる。

法（理）的立法による義務は、もっぱら外的な義務でのみありうる。というのは、この立法は、内的なものである義務の観念がそれ自体で行為者の意思の規定根拠となることを要求せず、しかもなおそれは法則に適合する動機を必要とするために、ただ外的動機だけを法則に結びつけることができるだけだからである。これに反して、倫理的立法は、たしかに内的行為をも義務とするのではあるが、決して外的行為を排除するというようなことはなく、およそ義務であるものすべてに関係するのである。しかし、倫理的立法が行為の内的動機（義務の観念）をその法則の内に含み、しかもこうした規定は決して外的（他者による）立法に混入されるはずがないというまさにその理由からして、倫理的立法は（神的意志のそれであっても）外的立法ではありえないのである。もちろん、それは、他の立法、すなわち外的立法に基づく諸義務を、それが義務であるかぎりで、自己の立法に取り入れて動機たらしめるのではあるけれども。

以上のことからして、すべての義務は、まさにそれが義務であるという理由で、ひとしく倫理学に属するということ、しかしだからといってそれらの義務の立法はかならずしも全部が全部倫理学に含まれているわけではなく、その多くのものが倫理学の領域外にあるということが知られる」（VI, S.219f. 邦訳『法論』３４０－３４２頁）。また、『徳論の形而上学的基礎論』の「徳論への序論」Ⅵ「倫理学は行為に対して法則を与えるのではなく（法論がこれを行うのであるから）、ただ行為の格率に対してだけ法則を与える」およびⅦ「倫理学的義務は広い拘束性にかかわるが、法の義務は狭い拘束性にかかわる」も参照。VI, S.388-391. 岩波版『カント全集11』『徳論の形而上学的定礎』樽井正義・池尾恭一訳、２５４－２５７頁。

ブッターマンは、自由の外的使用や外的行為のような「外的」を導入することは恣意的であり、また理性の原理構造へのカントの指示に反してその必然性において証明されないと指摘する。これに分類されなければならないのは、カントの原理一元論に固執し、また道徳、法および倫理との区別を特殊な法則および拘束性の種類によってと言うよりも、むしろ主として立法名あて人のさまざまな態度表明によって与えられたものとして見る解釈である。

Klaus Steigleder, Kants Moralphilosophie. Die Selbstbezüglichkeit reiner praktischer Vernunft, Stuttgart・Weimar 2002. シュタイクレーダーのこの著作は２００１年夏学期シュトゥットガルト大学哲学部によって教授資格論文として受理されたものである。法論および徳論としての道徳哲学については S.129-274. を参照。その中でも特に私法および公法についての分析は S.161-240. を参照。

第三の見解（moralteleologische Rechtsauffassung, moralpropädeutische Rechtsauffassung, moralsupplementäre Rechtsauffassung 道徳目的論的法理解、道徳予備的法理解ないし道徳補完的法理解と呼ぶことにする）によるこれら２つの見解の両極端の調整は、この法理解によれば法は外的領域において確認されるべき「道徳」の不足を補完するか、あるいは規則遵守の規律に慣れさせることによって道徳性に至るとするが、同様にカントの前提と両立しないとブッターマンは指摘する。確かに、法はここでは導出モデルにおけるよりも大きな独自性をもっており、また独立性モデルにおけるよりも道徳法則へのより大きな近接をもっているが、しかしその結果とは独立に成立する普遍的実践的法則の妥当性要求と矛盾することになる。

道徳補完的法理解は、普遍的実践的法則の妥当性要求をその事実上の遵守を保障することによって根拠づけなければならないとする必然性を考慮に入れている。したがって、「法を道徳の必然的ないし有益な実現方法に還元する法のすべての演繹は道徳と道徳性についてのカントの理解によって不成功に終わる」（Peter Baumanns, Kants Antinomie der reinen Rechtsvernunft in systemgeschichtlicher und systematischer Hinsicht, in: Philosophisches Jahrbuch 100, 1993, 2.Hb, S.282-300, S.288.）。もちろん、またブッターマンも次のように付言している。つまり、道徳目的論的法理解の基礎づけプログラムは、カントの視点において、「道徳」についての不十分に区分された概念に向けられており、この概念は普遍的な妥当性反省と経験において生ずる諸事例への適用を混同し、したがってまた純粋な道徳哲学と倫理学（徳論）とのカントの区別（これらは「批判」および「体系」として相互に関連づけられるが）を把握することができない（Hans Friedrich Fulda, Notwendigkeit des Rechts unter Voraussetzung des kategorischen Imperativs, in: B. Sharon Byrd, Joachim Hruschka, Jan C. Joerden (Hg.), Jahrbuch für Recht und Ethik, Bd. 14, 2006, S.167-213, S.184.)。

ブッターマンが指摘した上記の3つの学説に対して、すでにケアスティングも同様にカントの道徳哲学と法哲学との関連に関して互いに鋭く対立している2つの見解を検討し、それぞれに対して批判を加えている。

Wolfgang Kersting, Wohlgeordnete Freiheit. Immanuel Kants Rechts-und Staatsphilosophie, Berlin・New York 1984, S.35-50. 邦訳『自由の秩序―カントの法および国家の哲学―』舟場保之・寺田俊郎監訳、ミネルヴァ書房、2013年、85-93頁。また、ケアスティングの最近の論文として次の文献も参照。Wolfgang Kersting, Der Geltungsgrund von Moral und Recht bei Kant, in: ders., Politik und Recht. Abhandlungen zur politischen Philosophie der Gegenwart und zur neuzeitlichen Rechtsphilosophie, Weilerswist 2000, S.304-333.

まず第一の見解（Unabhängigkeitsthese 独立性テーゼと呼ぶことにする）は、特にカントの法哲学や社会哲学などの研究で著名なユリウス・エビングハウスが多くの著作で主張している「法論は超越論的観念論の教説および批判的道徳哲学からは完全に独立している」とするテーゼである。「意志の自由の問題は法論とは無関係なところで始まる」（J. Ebbinghaus, Kant und das 20. Jahrhundert (Studium Generale, 7. Jahrg. Heft 9, 1954, S.513-524.), in: ders., Gesammelte Aufsätze, Vorträge und Reden, Darmstadt 1968, S.114.)。この命題は、エビングハウスのカント法哲学解釈を簡潔に表現したものである。またエビングハウスは、「カントの法論が人間の意思の消極的自由概念に限定されていることは、同時にこの法論がカントの批判哲学一般およびその超越論的観念論から独立していることを意味する」とする（J. Ebbinghaus, Die Strafen für Tötung eines Menschen nach Prinzipien einer Rechtsphilosophie der Freiheit, Kantstudien Ergänzungsheft 94, Bonn 1968, S.21f.)。つまりエビングハウスは、一方の超越論的観念論（超越論的観念論の学説とは一般的に次のような見解を意味する。それは、カントが『純粋理性批判』の中で述べている「空間ないし時間において直観されるものはすべて、それゆえ、われわれに可能な経験にとって対象となりうるものはすべて、現象以外の何ものでもない。換言すれば、それらはすべて単なる表象にすぎず、表象されるありようにおいては、ということはつまり、延長物として、あるいは変化の系列としては、われわれの思考の外にそれ自体として根拠づけられた存在をもつようなものではない」[B 518f.] とする見解である（『カント事典』編集顧問、有福孝岳・坂部恵、弘文堂、１９９７年、W・リュッターフェルツ／鈴木崇夫訳、92-97頁を参照）および批判的道徳哲学と他方の法論とは相互に独立していると主張する。

これに対してケアスティングは、独立性テーゼが誤っているとして次のように指摘している。

第一に、超越論的観念論から法論が独立しているとする主張に対して次のように反論している。

「独立性テーゼがカントの意図を転倒させているということは、カントの私法論を一瞥してみれば明らかである。エビングハウスは確かにカントの私法論をまったく扱っていないが、しかしこの理論が独立性テーゼの射程から明白に締め出されているわけでもない。というのも、私法論においてカントは……理論哲学の諸要素を豊富に使用しており、占有概念の超越論的・観念論的二重化を考慮に入れなければ、占有論をおおまかに理解することさえ不可能だからである」（Wolfgang Kersting, a.a.O., S.38, Anm.57. 同上、１０９-１１０頁、注32を参照）。

第二に、批判的道徳哲学から法論が独立しているとする主張に対しては次のように反論している。

「独立性テーゼの最初の誤り（プロトン＝プセウドス　虚偽の結論が導き出される原因となる虚偽の前提）は、二重の理性立法についての教説の誤った解釈である。独立性テーゼは、次のような誤った推論に基づいている。つまり、法的行為の成立前提という意味における自律的意志の概念から法論が独立しているということから、その義務原理の妥当性前提という意味における超越論的自由から法論が独立しているということを導き出す誤った推論である」（Kersting, a.a.O., S.41f. 同上、88頁を参照）。

エビングハウスは、カントが法およびその拘束性を自由で理性的な分別をもつ意思の概念を分析することから、つまり現象人としての人間の概念から獲得したのであると確信しているが、なぜカントが拘束性問題を理論理性の助けを借りて解決しようとする前批判期の試みから離反し、まったく新しい端緒に至ったのかの動機を十分に理解していないとケアスティングは指摘する（Kersting, a.a.O., S.42. 同上、88–89頁を参照）。

結論としてケアスティングは、カントは『人倫の形而上学の基礎づけ』において、また最終的には『実践理性批判』において実践哲学全体に対して新たな妥当理論上の基礎を展開し、さらに『人倫の形而上学』も法論の基礎づけのためにこの新たな端緒を利用していると主張する（Kersting, a.a.O., S.42. 同上、89頁を参照）。

第二の見解（moralteleologische Rechtsauffassung 道徳目的論的法理解と呼ぶことにする）は、主に法学者の立場からのカント解釈によって繰り返し主張されている道徳目的論的な法の基礎づけである。つまり、カントの実践哲学においては道徳と法との間に目的論的な連関があるとする解釈である。このような解釈の立場に立つ法学者・哲学者として、G・ルフ、W・ナウケ、B・バウフ（１８７７–１９４２）、H・L・シュライバー、K・ラレンツ（１９０３–１９９３）、G・ドゥルカイト（１９０４–１９５４）、W・ヘンゼル、G・ラートブルフおよびR・マルチッチ（１９１９–１９７１）などが挙げられる（Kersting, a.a.O., S.42-50. 同上、89–93頁を参照）。この解釈は主に新カント学派の哲学者・法哲学者に共通に見られる特徴であると言えるかもしれない。

以下においてかれらの解釈を検討したい。まずルフは、法には「道徳的自律の実現を考慮して制度的仲介者機能」が帰属すると主張している（G. Luf, Freiheit und Gleichheit. Die Aktualität im politischen Denken Kants, Wien 1978, S.56.）。ナウケは、法は本質的に「道徳法則を遂行するための条件」であるとする（Wolfgang Naucke, Kant und die psychologische Zwangstheorie Feuerbachs, Kieler rechtswissenschaftliche Abhandlungen Nr.3, Hamburg 1962, S.27.）。バウフは、法よりも高い地位を占める道徳に対して、法には「義務という目的に奉仕する」手段としての地位が与えられるとする。

Bruno Bauch, Das Rechtsproblem in der Kantischen Philosophie, in: Zeitschrift für Rechtsphilosophie 3/1921, S.13.

また、バウフは義務—権利—関係を権力、つまり強制の契機から次のように述べている。「権利の正当性が義務にあり、権利が義務によってのみ正当化されるのと同様に、権力もまた権利によってのみ正当化されることができ、権利において二次的な正当性根拠を、そして義務において最終的でもっとも深い正当性根拠をもつ。……というのは、権力の権利に対する関係は、権利の義務に対する関係と同じであると言うとすれば、これは同時に、権力は権利を目的とする場合の手段であり、権利を貫徹させる権力としてあり、同様にまた権利は義務を目的とする場合の手段であり、義務を遵守する権利としてあることを意味するからである」(B. Bauch, Grundzüge der Ethik, Darmstadt 1968 (1. Aufl. Stuttgart 1935), S.219.)。

このような制度的遵守を迫る道徳的自由は、単なる法的自由に優位し、法的自由や法を設定する国家を貫いている。バウフは、こうした道徳的自由が最終的にどのような政治的方向を指し示すのかを明確に示している。

「それゆえ権利は『強制する権限』として、まさにわれわれの決定 (Bestimmung) の自由を確保しなければならない。そして国家生活におけるこの法的規制は、国家そのものに高い精神的使命 (Bestimmung) を与え、国家においてわれわれの決定・使命 (Bestimmung) が表現され、展開されるようにする。……それ自身精神性が欠如しているあらゆる民主的政党国家における、精神性が欠如した国家理解においては、このようなことばはよそよそしく不可解であるだろう。しかしこのことばは、国家の精神的な意味そのものに対してではなく、もっぱら民主主義によって精神性が欠如した国家理解に対抗して語られている」(B. Bauch, a.a.O., S.218.)。

またナウケは、法の法則はあらゆる目的を捨象した自由な共存の条件を定式化するのではなく、すべての人々が「道徳法則に従って義務を遵守する可能性」に定位しているとする (Wolfgang Naucke, a.a.O., S.27.)。シュライバーは、「法は、各人に対して経験的意思自由の一定の『一般的に同意を得られる』基準を保障するべきものではなく、感性界における超越論的自由の現象、つまり超越論的自由の実現の可能性を保護するものである」とする。

Hans-Ludwig Schreiber, Der Begriff der Rechtspflicht. Quellenstudien zu seiner Geschichte, Berlin 1966, S.42. また、シュライバーは具体的に次のように述べている。「われわれの義務のために、われわれは、超越論的自由の作用が妨げられることなくあらわれるようにすべての他人を義務づける道徳的能力をもっている。各人のこの権利に対する他人の関係は法的義務である。したがって、この法的義務の内容は、他人の義務遵守への道徳的自由を妨げないこととして消極的に規定される」(Schreiber, a.a.O., S.43.)。「カント哲学における法義務概念」については、S.33-53. を参照。

また、ラレンツは次のように述べている。

「法は意思を（超越論的）自由のために制限する。「汝の意思の自由な行使が普遍的法則に従って何びとの自由とも両立しうるような仕方で外的に行為せよ」というカントの『法の普遍的法則』は各人に対してかれの意思を制限することを要求するが、それはしばしば考えられてきたように、他のすべての人々の意思が最大限可能な範囲で成立できるようにするためではなく、各人の超越論的自由が、より正確に言えば、感性界における行為によって超越論的自由の行使が妨げられないようにするためである」。

Karl Larenz, Sittlichkeit und Recht. Untersuchungen zur Geschichte des deutschen Rechtsdenkens und zur Sittenlehre, in: ders. (Hg.), Reich und Recht in der deutschen Philosophie Bd. I, Stuttgart und Berlin 1943, S.282. また、ラレンツは次のように表現している。「主観的な自由の権利は……意思による任意の行為への権利ではなく、道徳的意志の活動が妨げられないことへの権利、つまり義務遵守の権利である」（Karl Larenz, a.a.O., S.283.）。ラレンツはこの論文においてS・プーフェンドルフ、C・トマージウス、G・W・ライプニッツ、Chr・ヴォルフ、I・カント、G・W・F・ヘーゲルおよびO・v・ギールケなどを取り上げている。カントについてはS.276-291.を参照。さらにラレンツは次のように述べている。「行動の自由を万人に保証することが法秩序の唯一の意味と目的であるが、行動の自由とはまったく恣意的な行為への自由ではなく、道徳的に責任ある行為への自由である」。Karl Larenz, Die rechtsphilosophische Problematik des Eigentums, in: Th. Heckel (Hrsg.), Eigentum und Eigentumsverteilung, München 1962, S.30.

これらの解釈を見てみると、道徳的義務のための手段としての法はそれ自身において有意味なものではなく、他のもののために存在することによってのみ有意味なものとなる。これが道徳目的論的法理解の核心である。

上記で引用した論者以外の同様の解釈については、ドゥルカイト、ヘンゼル、ラートブルフおよびマルチッチの次の文献を参照。G. Dulckeit, Naturrecht und positives Recht bei Kant, Leipzig 1932, S.4f. ドゥルカイトは次のように述べている。「……法においては、一方の人の経験的意思は制限され、他方の人の超越論的自由の現象における作用が、（普遍的自由法則と調和するように制限された）一方の人の意思と両立しうるべきである」。W. Haensel, Kants Lehre vom Widerstandsrecht. Ein Beitrag zur Systematik von Kants Rechtsphilosophie, Berlin (Kantstudien Ergänzungshefte 60.) 1926, S.11f. ヘンゼルは次のように述べている。「……一方の人の経験的・心理的自由によって他方の人の超越論的自由が妨げられるという可能性が、前者の自由が後者の自由の感性界における作用に影響を及ぼすという形でのみ考えることができるとすれば、法の定義において、一方の人の制限されるべき自由に対して保護されるべきであるとされる他方の人の自由（意思の自由）は、確かに同様に経験的領域に存在することになるが、しかしながらそれは同時にかれの超越論的自由の作用であると見なされなければならない……」。ラートブルフは次のように述べている。「法は、それが課する法義務によってではなく、それが与える権利によって道徳に奉仕する。法はその義務の側面をもってではなくて、その権利の側面をもって道徳の方へ向けられている。法は個々人に、彼らがその道徳的義務をいっそうよく果たすことができるために権利を与える」(G. Radbruch, Rechtsphilosophie, 8.Aufl., (Hrsg.), Erik Wolf und Hans-Peter Schneider, Stuttgart 1973, S.136. 邦訳『ラートブルフ著作集第一巻法哲学』田中耕太郎訳、東京大学出版会、１９６１年、１６６頁。ただし、この日本語訳は第五版を底本にしている）。マルチッチは次のように述べている。「強制命令としての法が保護するものは意思ではなく、道徳法則という意味における自由、つまり主観性の基準に従った自己規定である。法は道徳の召使いである」(René Marcic, Geschichte der Rechtsphilosophie. Schwerpunkte-Kontrapunkte, Freiburg 1971, S.306. カントにおける法と道徳との区別についてはS.303-308. を参照）。

ケアスティングは、この道徳目的論的法理解に対してカントの道徳原理の形式的・消極的性格に基づく、義務の３つの形態（禁止、許容、命令）は、義務遵守の自由の外的諸条件も確保することを目指している道徳目的論的法の基礎づけとは両立しないと批判する（Kersting, a.a.O., S.47. 同上、91頁を参照）。

また、ケアスティングはラレンツに代表されるような解釈に対して次のように批判している。

「法と倫理学をひとつの目的論的な意味連関、現実連関へと解消しようとする見方は……カントの法概念を正当に評価しておらず、他方ではカントの動機に準拠した倫理学の構想をも捉え損なっている。……自由権の主張は無制約的である。理性法によって境界が定められ自由の領域が形作られることにより、法の側から道徳性を保証しようとしているわけではないのである。カントの法的自由は本質的に「～からの自由」、すなわち行為を押しつける他人の強制的意思からの自由であって、「～への自由」（たとえば、義務遂行への自由、道徳的責任への自由など）ではない」（Kersting, a.a.O., S.95f., Anm.207. 同上、１５０頁、注14を参照）。

それでは、ケアスティング自身は道徳哲学と法哲学との関係をどのように解釈しているのであろうか。ケアスティングは両者の体系的結びつきを主張して次のように述べている。

「『基礎づけ』および最終的には『実践理性批判』における道徳哲学の新たな基礎づけは、法論にも新たな妥当理論上の基礎を与えている。外面性、心術への無関心および強制可能性といった法に固有の諸要素は、『実践理性批判』において展開された実践的・積極的自由の構想およびこの自由において基礎づけられている実践的法則の概念からの妥当性の独立性を示す徴表として読解されてはならず、そうではなくて法哲学と批判的道徳哲学との体系的結びつきに対するカントの指示は真剣に受け取られるべきである」（Kersting, a.a.O., S.35-37. 同上、85頁を参照）。

二　カント法哲学研究の３つの方向性

上述したヒルシュ、ウンルー、ブッターマンおよびケアスティングの論点整理および学説分類からも窺えるように、リッターの否定説を契機としたさまざまな研究動向において、その後のカント法哲学研究は少なくとも三つの方向性において促進・展開されてきていることが明らかとなった。

第一に、伝統的自然法論および同時代の自然法論がカントの法論にいかなる影響を与えたのか、またカントはそれらをどのように受容したのか、さらにいかなる理論と対決しそれを克服しようとしていたのかということを主に解明する影響史・発展史的方向性、つまり生成論的方向性である。

Ralf Buttermann, Die Fiktion eines Faktums. Kants Suche nach einer Rechtswissenschaft. Erwägungen zu Begründung und Reichweite der kantischen Rechtsphilosophie, Würzburg 2011, S.42.『法論の形而上学的基礎論』はカントの一連の「批判的」著作に組み入れられるのか否かの問題において、カント研究は回り道をしているとするブッターマンの指摘は正当である。カント研究は批判と法論との体系的連関に専念するのではなく、リッターやブッシュの研究に代表されるような発展史的に定位された議論によって規定されてきた。しかし言うまでもなく、発展史的研究もそれ自体不可欠であるだけでなく、体系的連関の解明にとっても重要な意味をもっている。ただし留意しなければならないのは、法論の生成発展史と法論の批判的性格との問題を短絡的に結びつけることである。

また、キュスタースも次のように述べている。

「カントは本質的に法の伝統と対決した。批判的法論の要求は早まって解釈の制限に至ってはならない。批判的性格を生成的に基礎づけようと試みる場合、つまり法論そのものを注視することなく転回の証明によって正当化しようと試みる場合には、法論の批判的性格の直接的な証明は未解決のままである」(Gerd-Walter Küsters, Kants Rechtsphilosophie, Darmstadt 1988, S.50.)。

すでにカウルバッハも、カント法思想の超越論哲学的背景を考慮しない者は、リッターのような間違った結論に至らざるをえないと指摘している。確かに、豊富な初期資料を駆使した綿密で実証的なリッターのカント法思想の研究はその功績が認められなければならない。しかしながら、カント法思想の発展史にのみ還元されたリッターのこの研究は問題性を含んでいないとは言えない。というのは、発展史的な途の「何に向かって」を理解することなく、発展史的方法という意味においてきわめて緻密な分析を行うことには、次のような危険性が伴う可能性を否定できないからである。つまり、思想の思索史的発展における事柄に即した体系的な首尾一貫性、特に思想の「変革」を見ることなく、これこれの年にカントが何を言ったかを結局単に説明するにすぎないという危険性である(Friedrich Kaulbach, Studien zur späten Rechtsphilosophie Kants und ihrer transzendentalen Methode, Würzburg 1982, S.114., Anm.3. Das transzendental-juridische Grundverhältnis im Vernunftbegriff Kants und der Bezug zwischen Recht und Gesellschaft, in: Recht und Gesellschaft, Festschrift für Helmut Schelsky zum 65. Geburstag, 1978; Duncker & Humblot/Berlin.)。

第二に、生成論的方向性とも関連するが、超越論的・批判的性格をめぐって法論の批判哲学における体系的連関を解明するという体系内在的方向性である。つまり言い換えれば、カントの法哲学は批判的法哲学であると言いうるのか否かに照準を合わせて、それを解明する方向性である。

この第二の問題設定そのものは、カントが超越論的方法（超越論的哲学）ないし批判的方法（批判哲学）をかれの超越論的哲学・批判哲学体系においてどのように定義しているのかをまず明確にすることが先決問題ではないかとする、ある意味で正当な議論が提示されうるであろう。

カントは『実践理性批判』の序言の中で、新造語の不用意な使用および概念を指示する表現の慎重な選択に関して次のように述べている。

「私は、この書物にかぎって、新造語を用いたがるという非難をいささかも気遣ってはいない。というのも、ここでは、認識のあり方はおのずから平俗なものにむかうのだからである。第一批判〔『純粋理性批判』〕にかんしても、ただぱらぱらとページをめくっただけではなく、内容を熟考したひとならば、こうした非難が心に浮かぶなどということはありえなかっただろう。与えられた概念に対する表現に言語がこと欠いているわけでもないのに、ことさらに新しい語を作りなすのは、新しい真実の思考によるのではないとしたら、古い衣装に新しい布きれをつけて自分を衆人のなかで目立たせようとする子供じみた労苦にすぎない」（V, S.10. 岩波版『カント全集７』坂部恵・伊古田理訳、１３３頁）。

また、注において次のように述べている。

「私が、ここで、（表現の難解さより）以上に恐れるのは、若干の表現についてそれらが指示する概念を取り違えることがないように、きわめて慎重に選んだはずにもかかわらず、誤解を生じてしまうことである」（V, S.11. 岩波版『カント全集７』坂部恵・伊古田理訳、１３４頁）。

しかしながらカント自身、超越論的ないし批判的ということばの意味を必ずしも一義的に規定しておらず、また論者によってその解釈に関して見解の対立があるのも事実である。

そして、法哲学がその方法に即して体系的に構想されているのか否か、その成否を検討することによって容易に解決されうるのではないかとする疑念を抱くかもしれない。しかしながら一般的に、そもそも多くの議論において問題となっていることばの語義は一意的ではありえず、当該思想家の可能なかぎり多くのテクストの文脈を考慮に入れて、論争の中で徐々に確定されていくものではなかろうか。

カント法哲学の批判的・超越論的性格を問題とする場合、まずカント自身がそれらの学術用語をどのように定義しているのかを検討する必要がある。しかし、『純粋理性批判』などに見られるこれらの定義そのものがカント自身においてさえ必ずしも明確ではない

(W. Windelband, Präludien, Aufsätze und Reden zur Einleitung in die Philosophie, Zweiter Band, 2 Bde. Tübingen 1884, S.247-279. 邦訳『プレルーディエン（序曲）下巻』篠田英雄訳、岩波書店、１９２７年、１４５-１９７頁。この論文集に収められている「批判的方法か発生的方法か」と題する論文を参照。

ヴィンデルバントは次のように述べている。

「カント自身の学説が極めて困難なる問題を含み、甚だ弾性ある表現を有し、多様にして然も幾分正反対なる思惟経路をすら太だしく複雑に按排摂取し、或は又生成の過程に在りし不確実なる用語を用ひたる為に、彼が創案を志したる批判的方法の概念は、自明的明瞭性をもつて一切の誤解を防ぎ、又歴史的事実として明白に断言せられ得るほど一義的且つ厳密に規定せられたる体裁を具へていなかったことである」(a.a.O., S.247. 同上、１４５-１４６頁を参照)。

また、各論者によっても多様に解釈されており、したがってこれらの概念の意味内容も広範多岐に及んでいるという困難が伴う。たとえば、Ｈ・リッケルトの次の文献を参照。**Heinrich Rickert, Kant als Philosoph der modernen Kultur. Ein geschichtsphilosophischer Versuch, Tübingen 1924, S.145f.** 邦訳『現代文化の哲人カント』三井善止・大江精志郎訳、理想社、１９８１年、１７９-１８０頁。

リッケルトは次のように述べている。

「「批判的」という言葉は多義的である。その言葉は我々の思想関連において一定の意味をもつのである。我々はまず、カント自身が行ったように、その言葉を第一には「独断的」に対立させて、他方では「懐疑的」に対立させて用いている。その場合、それは一定の仕方で知性を限定する理論を示しており、我々はその理論が現代文化に対するカントの立場にとって決定的に重要であることを理解するのである。……我々は「批判的」という言葉に、なお一層包括的で、いわば一層積極的な意義を結びつけることができる。そしてそれを我々は現代文化の問題と批判主義との関連を理解するためになさねばならない。批判的とは、区別したり限界を設けるあらゆる方法のことを言うのであって、その意味は、分離されて相互に限界づけられた領域の固有性を両者の側において厳密に保持することを意味している。この意味でもカントの哲学は現代文化の理論的表現として決定的に重要な意義をもっている」。

さらに問題を難解にしているのは、『法論』においてはこれらの定義はまったく明示されておらず、またカント自身からすれば当然と言えるかもしれないが、超越論的哲学ないし批判的哲学を踏まえて論じていることを前提としていることである。そして「形而上学的法論」、「法の形而上学」、「単なる理性の限界内における法論」などと呼ばれ、また『徳論』においては「純粋法論」と表現されることがあるにしても、カントが法論をその著作の中で批判的法論ないし超越論的法論と呼んでいるわけでもないことである。この最初の段階で多くのカント哲学研究者は大きな難題に直面することになる。

このような問題状況においてカント法哲学の批判的・超越論的性格を真正面から検討している論者のほとんどは、ドイツでは主に哲学の専門研究者である。他方、法学の専門研究者としては、カント法哲学に関する優れた業績を出しているＨ・キーフナー、ナウケおよびドライアーがいるが、先に言及したリッターやキュールなどを挙げることができるにすぎない。

これはいかなる理由によるのであろうか。この問題の解明にはカントの批判哲学ないし超越論的哲学、特に三批判書（『純粋理性批判』、『実践理性批判』および『判断力批判』を総称する表現であり、それぞれ第一批判、第二批判および第三批判と呼ばれる）への深い洞察が前提とされなければならず、法学研究者にとっては論究するのが必ずしも容易ではないという事情によるのではなかろうか。もちろん他方で、カント哲学の専門研究者にとってもその考察対象が法学という特殊な学問領域であるという難解さはあるであろう。しかし、法学研究者のほうがより困難が伴うと言わざるをえない。

たとえば、所有権論の解釈について正当にもS・M・シェルは、カントの他の諸著作の理解なしでは読解することが容易ではないとして次のように述べている。

「カントの所有権の論証は複雑で入り組んでおり、また凝縮されている。読者にとって事態をさらに困難にしているのは、カントがしばしば暗黙のうちに他の諸著作において提示している議論を参照したり、またそれに依拠したりしていることである」(Susan Meld Shell, The Rights of Reason. A Study of Kant's Philosophy and Politics, University of Toronto Press 1980, p.127. しかしよく考えてみれば、一般的に著者が自分の他の諸著作を参照・指示したり、暗黙のうちにそれらに依拠して議論を進めることは当然のことと言える。だが、当該著作だけを読解しようと努める読者にとって難解を極めるのも同様に当然である。そのことに不平をもらすことはできないのではなかろうか)。

また、この問題設定は徒な字義拘泥にすぎないのではないかとする疑問が提起されるかもしれない。しかし問題はそれほど単純ではなく、また単なる字義詮索でもない。

カントは、『実践理性批判』「純粋実践理性の分析論の批判的解明」の中で字義詮索について次のように述べている。

「……あの困難な問題〔その人間が、ある時点でおなじ見地から見て不可避的な自然必然性のもとにあるのに、それとおなじ時点で、おなじ行為について見て、まったく自由であるなどといかにしていえるのだろうか、という超越論的自由の問題〕を些細な字義の詮索で解決できたと思い込んでいるが、しかしこの問題の解決をめぐっては、数千年の努力が空しくも費やされていることであり、こうしたまったく皮相なやり方ではかばかしい結果など得られようはずもないものなのである」(V, S.96. 岩波版『カント全集7』坂部恵・伊古田理訳、263頁)。

もしそうであるならば、そもそもこのような激しい論争が展開されることはなかったはずである。後に明らかになるように、各論者は超越論的方法ないし批判的方法の定義だけに依拠して議論を行っているのではない。

オーバラーやイルティングなど、いずれかと言えば批判的方法の定義に重点を置いているが、多くの論者は『純粋理性批判』においてカントによって定義された「超越論的」ないし「批判的方法」という術語の定義さえ引用していない。

それではカントは、そもそも「批判」ないし「超越論的」という術語をどのような意味で使用しているのであろうか。これが問題解決の出発点として重要な論点であるのは確かであるが、しかしここでは深入りしないことにする。『純粋理性批判』の中で述べられている周知の有名な文章を以下に引用するに留めたい。

まず「批判」について、カントは同書第一版序言の中で次のように述べている。

「私はこの純粋理性批判を、書物や体系の批判とは解さずに、理性があらゆる経験からは独立にそこに到達しようと努力するであろう全認識に関する理性能力一般の批判と解する。したがって、それは、形而上学一般の可能性あるいは不可能性を決定すること、そして、形而上学の源泉と範囲と限界を規定すること、しかし、一切を原理に基づいて規定することである」(A XII. 岩波版『カント全集4』有福孝岳訳、18頁)。

また同書第二版序言では、「批判」は独断論と懐疑論を克服するものとして次のように具体的に述べられている。

「批判は、学問としての、理性の純粋認識におけるその理性の独断的手続きに対立しているものではなくて(というのは、学問はつねに独断的に、すなわち、アプリオリな確実な諸原理から厳密に証明するものでなければならないからである)、独断論、すなわち次のような不遜に対立しているのである。それは、概念からの純粋認識(哲学的認識)をもって、理性がずっと以前からそれらを使用しているような諸原理に従って、しかもそれでもって理性が純粋認識に到達した仕方も権利も問い尋ねることなしに、単独に進行するという不遜である。独断論は、それゆえ、理性固有の能力の先行する批判をもたない、純粋理性の独断的手続きである。この対立は、だから、通俗性という不遜な名前のもとでの、饒舌な浅薄さ、ましていわんや、全形而上学に関して短絡的手続きをとる懐疑論を弁護すべきではない。むしろ、批判は、必然的に独断的に、かつ、最も厳密な要求に従って体系的に、それゆえ学術的に(通俗的にではなく)敷衍されねばならない学問としての根本的形而上学を促進するための必然的暫定的な準備である」(B XXXVf. 岩波版『カント全集4』有福孝岳訳、47頁)。

また、カントは『法論』の「まえがき」の中でも同様のことを述べている。

「……あらゆる哲学的論述は、もし論述者みずからが彼の用いる概念の曖昧さに嫌疑をかけられたくないのであれば、通俗性〔一般民衆へ伝達されるために十分なだけの具象性〕をそなえていなければならない、と。私は喜んでこのことを承認する。ただし、理性能力そのものの批判の体系、およびこの批判の規定によってだけ証明されうる一切のものは別である。……批判の体系においては通俗性〔日常用語(の使用)〕が考えられるべきではなく、たとえ難解だと非難されようとも、あくまでスコラ学的な綿密さが追求されなければならない〔実際、学術用語(の使用)とはそうしものである〕。というのは、こうすることによってだけ、性急な理性は、独断的な主張に走る前にまず自分自身を理解するようにさせられうるからである」(VI, S.206. 邦訳『法論』３２６頁)。

次に「超越論的」について確認しておこう。

カントは、同書第二版序論の中で「超越論的」の意味について次のように述べている。

「諸対象に専念するというよりも、《むしろ諸対象についてのわれわれの認識の仕方—この認識の仕方がアプリオリに可能であるべきかぎりにおいて—に》一般に専念するすべての認識を、私は超越論的と呼ぶ。そのような諸概念の体系は超越論的哲学と呼ばれるであろう」（A 12, B 25. 岩波版『カント全集4』有福孝岳訳、87頁）。

というのも、むしろかれらはこれらの方法をカントの批判哲学の全体系の中でどのように把握すべきか、また批判哲学のプログラムにおけるこれらの方法の課題は何であるのかといった包括的・体系的視点から解釈しているからである。この問題を検討することは必然的に、カントが企図した超越論的哲学ないし批判哲学とはそもそもいかなる哲学なのかというもっとも本質的・根源的な問いに遡らざるをえないことになる。したがって、法論の正確な解釈にあたって少なくとも『純粋理性批判』、『実践理性批判』および『判断力批判』といったいわゆる三批判書の理解が不可欠となる。

ところで、第二の問題設定に答えることはいかなる意味において難解とならざるをえないのであろうか。

> カントはさらに『実践理性批判』「純粋実践理性の分析論の批判的解明」の中で、解決困難な問題を捜し出すことの重要性およびその解決策の学問に対する貢献について次のように述べている。
>
> 「学問を促進すべきだとすれば、あらゆる困難は露呈されなければならず、そのうえさらに、なおひそかに行く手を妨げている困難が捜し出されなければならない。なぜなら、およそ困難は、解決策を呼び出すのであり、解決策は、それが見いだされたあかつきには、学問の範囲ないしは精確さにかんして、学問に新たな成長をもたらさないということはありえないからであり、それゆえこうした理由から、障害ですら学問の徹底性を促進する手段となるものだからである。これに反して、困難が意図的に隠蔽されるか、もしくはたんに姑息な方策で取り除かれようものなら、それは遅かれ早かれ癒しがたい禍いと化し、学問を根っからの懐疑論にかえることで破滅に導くのである」（V, S.103. 岩波版『カント全集7』坂部恵・伊古田理訳、272‒273頁）。

これに関しては少なくとも2つの問題点が挙げられる。

第一に、この問題はカントが定義している上記2つの方法についての概念規定によってだけでは解決困難な、しかも超越論的哲学・批判哲学体系にとって本質的に重要な論点なのであり、これを避けてはカント法哲学研究は進展しえない。

Ralf Buttermann, Die Fiktion eines Faktums. Kants Suche nach einer Rechtswissenschaft. Erwägungen zu Begründung und Reichweite der kantischen Rechtsphilosophie, Würzburg 2011, S.44. ブッターマンはオーバラーと同様に正当にも、「カント法論の評価が「批判書」においてのみ、特に『純粋理性批判』において展開された「批判的」哲学の概念に基づいてなされるのは……疑問である」とする。この指摘は特にイルティングのカント法論解釈に当てはまる。

そもそもこの問題は、単なる言語学的問題であるとして一蹴してもよいものであろうか。この問題は、いかなるカントの哲学上の手続きを事後的に「超越論的」ないし「批判的」という専門用語に割り当てるのかという単に専門用語上の問題に解消されるとする、先に述べたルートヴィヒの見解は退けなければならない。また後に見るように、１７６５年および１７９７年の法論の本質的な内容の一致を根拠として、カントの法哲学は「批判的」法哲学ではないと結論づけることができるのか否かは、一般的に「批判的」ということばの意味論およびカントにおけるこのことばの語用論に依存するというリッターの言語学的解釈も拒否されなければならない。

また第二に、問題をより深刻にしているのは、カントが『法論』を批判哲学成立（『純粋理性批判』が出版された１７８１年）以降に一気呵成に仕上げたわけではないという事実である。つまり繰り返し述べるが、カントは若い時代から、正確に言えば43歳の私講師のときから自然法についての講義を行っており、伝統的自然法論や同時代の自然法論との対決の中で長い思索期間を通して最晩年にようやく『法論の形而上学的基礎論』（１７９７年）を著作として完成したという発展史的・生成論的事情である。

Christian Ritter, Der Rechtsgedanke Kants nach den frühen Quellen, Frankfurt am Main 1971, S.25. カントは41年間ないし82学期間講義を行った。１７５５年から１７５６年の冬学期にはじめて講義を行い、１７９６年の夏学期まで続けた（Robert R. Clewis (Ed.), Reading Kant's Lectures, Berlin・Boston 2015, p.3.）。この期間の中でも、カントは１７６６年から１７８８年まで20年以上にわたって自然法についての講義を行った。しかしそれにもかかわらず、カントは法学者ではなかった。つまり、法律学はカントにとって、G・W・v・ライプニッツ（１６４６-１７１６。ライプニッツは１６６１年ライプツィヒ大学で法律学と哲学を修めている）とは異なり、職業的学問ではなかった。カントは哲学部の構成員であり、「哲学」科目として自然法を講義していた。とは言え、カント自身は確かに実定法学者ではなかったが、しかし「法律学に通暁した哲学者」であると自認していたはずである。カントは、付録「『法論の形而上学的基礎論』への注釈的覚書き」１「新たに提起された或る権利概念のための論理的な準備」の中で次のように述べている。「もしも法律学に通暁した哲学者たちが法論の形而上学的基礎論〔これなくしては一切の彼らの学問的法論は単に制定法的なものにすぎぬことになろう〕まで上昇し、あるいはそこまで登りつめようと欲するならば、彼らは法（権利）概念に関する彼らの区分の完全性を確保することに無関心なままでいるわけにはゆかない。というのは、もしこの完全性が欠けるということにでもなれば、右の学問は決して理性の体系ではなく、単にがらくたをかき集めたものにすぎぬことになるだろうからである」（VI, S.357. 邦訳『法論』５０４頁）。したがって、自然法の講義に基礎を置いた長期間の思索を考慮すれば、刊行版『法論』の中に初期の資料が使用されているとしても、それはむしろ当然のことと言える。カントと同時代の法律学との関連についての詳しい考察は、Ritter, a.a.O., S.25-39. を参照。

たとえば第一の論点について、現在ドイツの哲学研究、特にカント哲学研究を領導しているO・ヘッフェは「批判的・超越論的」という専門用語はひとつの研究プログラムを意味するとして次のように述べている。

「「超越論的」が、概念の分析論の内の超越論的演繹論だけによって定められているのではない、ということを見逃してはならない。さらにまた、カントにおいて「超越論的」は当初から議論ないし論証のタイプを意味するのではなく、一定の方法ですらない。カントは批判的方法については語るが、超越論的方法については語らない。「超越論的」、より厳密には「批判的・超越論的」は、一つの研究プログラムであり、これは、学としての形而上学を求める問いと連関し、それなしには客観的対象と認識とが可能なものとして考えられえないような必然的条件を探究するプログラムである」（O. Höffe, Immanuel Kant, 8. Auflage, München 2014, S.106. 邦訳『イマヌエル・カント』薮木栄夫訳、法政大学出版局、１９９１年、１０３頁を参照。邦訳は１９８３年の初版を底本にしているが、２０１４年第８版のこの部分の論述は変更されていない）。

またヘッフェは批判哲学において「超越論的」という概念が何を意味するのか、さらに超越論的認識の二重の課題とは何かについて『純粋理性批判』を典拠にして次のように解釈し、それを見逃す解釈は『批判』の基本思想を捉え損なうと指摘している。

「『批判』で超越論的と称されるのは、「ある表象（直観もしくは概念）がア・プリオリにのみ用いられ、あるいはア・プリオリにのみ可能であること、かついかにしてそうであるかということを、我々がそれによって認識する」認識だけである（B 80）。

「……であること、かついかにして……であるか」ということでカントは、超越論的認識の二重の課題を指摘した。第一に、それはある表象が「経験的起源のものでない」（B 81）ことを証明し、第二に、「それにもかかわらずそれが経験の対象にア・プリオリに関係しうる可能性」（B 81）を明示する。第一の条件のゆえに、人間の認識の経験的前提はすべて、それがいかに重要であろうとも、超越論的哲学のプログラムからはずされる。すなわち経験の非経験的原理のみが超越論的である。第二の条件のゆえに、数学と自然科学の言明は超越論的理論の対象ではあるが、構成要素ではない。超越論的と称される前提は数学的性格も物理学的性格ももたないが、我々が数学あるいは物理学に従事するときにはつねに「作動している」のである。

超越論的な研究のこの二つの部分から成る課題を見過ごす解釈は、『批判』の基本思想を捉え損なう。つまりこの課題を認めない体系的思考は、カントの意味では超越論的と見なされえないのである」（O. Höffe, Immanuel Kant, 8. Auflage, München 2014, S.70. 邦訳『イマヌエル・カント』薮木栄夫訳、法政大学出版局、１９９１年、64頁を参照）。

カントは、『純粋理性批判』第二版Ⅰ「超越論的原理論」第二部門「超越論的論理学」Ⅱ「超越論的論理学について」の中で「超越論的」について次のように述べている。

「ここで、私は、すべての後続の考察に影響を及ぼす注記、しっかりと念頭におかなければならない注記をしておく。それは、おのおののアプリオリな認識が超越論的（認識のアプリオリな可能性または使用）と呼ばれなければならないのではなく、ある種の表象（直観あるいは概念）がもっぱらアプリオリに適用されるということ、あるいは可能であるということ、ならびに、どのようにして適用されるのか、あるいはどのようにして可能であるのかということを、われわれがそれを通じて認識する認識のみが超越論的と呼ばれなければならないということである」（A 56, B 80. 岩波版『カント全集４』有福孝岳訳、１３４頁）。

カント法哲学の批判哲学（主として三批判書、『純粋理性批判』（第一版１７８１年、第二版１７８７年）、『実践理性批判』（１７８８年）および『判断力批判』（１７９０年）、また『将来の形而上学のためのプロレゴーメナ』（Prolegomena zu einer jeden künftigen Metaphysik, die als Wissenschaft wird auftreten können. １７８３年）、『人倫の形而上学の基礎づけ』（１７８５年）および『自然科学の形而上学的基礎論』（Metaphysische Anfangsgründe der Naturwissenschaft. １７８６年））との体系上の連関および批判哲学を踏まえたその方法上の基礎づけという解釈の視点は、その論点を超えてカント法哲学の個々の内容上の諸問題、たとえば正義論、法と道徳との関連・相違、法原理と道徳原理との関連・相違、法概念論、法理念論、自然法と実定法の効力論、所有権理論、契約法、家族法、国家理論、抵抗権論、刑法、刑罰論、国際法、世界市民法、国際連合および平和論などの考察においてもきわめて重要な意義をもっている。さらにこの視点は、『法論』と同様に後期の著作に属する『単なる理性の限界内における宗教』（１７９３年）、『実用的見地における人間学』（Anthropologie in pragmatischer Hinsicht. １７９８年）および『諸学部の争い』（Der Streit der Fakultäten. １７９８年）を射程に入れる場合にも重要な示唆を与えてくれるのではなかろうか。

第三の研究の方向性は、道徳哲学と法哲学との関連、具体的に言えば、法の法則と普遍的実践的立法、つまり法の普遍的法則と定言命法との関連をどのように理解するべきかとする問題である。ブッターマンは、実践的規則の事実性と妥当性との問題に対するカントの解答がまず正確に規定されなければならないとする。カント自身の諸前提が、かれの法論の難解な表現様式だけではなく、理解を困難にしているのは明らかである。したがって、現在でも法論についての満足のいく解釈はまだ決着がついていないと指摘している（Ralf Buttermann, Die Fiktion eines Faktums. Kants Suche nach einer Rechtswissenschaft. Erwägungen zu Begründung und Reichweite der kantischen Rechtsphilosophie, Würzburg 2011, S.54.）。

しかしこれに対してケアスティングは、先に述べたように、『人倫の形而上学の基礎づけ』および『実践理性批判』における道徳哲学の新たな基礎づけは、法論にも新たな妥当理論上の基礎を与えていると解釈している。したがって、外面性、心術への無関心および強制可能性といった法に固有の諸要素は、『実践理性批判』において展開された実践的・積極的自由の構想およびこの自由において基礎づけられている実践的法則の概念からの妥当性の独立性を示す徴表として読解されてはならず、法哲学と批判的道徳哲学との体系的結びつきに対するカントの指示は真剣に受け取られるべきであるとする（Kersting, a.a.O., S.35-37. 同上、85頁を参照）。

三　カント法哲学の批判哲学における体系的位置

私は、カント法哲学の批判哲学における体系的位置づけに関し、ウンルーによる整合性説、不整合性説および調停説ないし体系的統一説といった3分類とは異なり、法哲学を批判的法哲学であると位置づけうるのか否かという視点から否定説と肯定説に大別する。つまり、第二の問題設定に焦点を絞って検討するが、これは第一および第三の問題設定とも密接な関連を有しており、したがって可能なかぎりカント法論の影響史・発展史的研究および道徳哲学と法哲学との関連をめぐる研究も考察の対象として取り上げる。先に、これら2つの研究状況をやや立ち入って検討したのはそのためである。

１９７１年のリッターの否定説以降、否定説を主張する有力な論者としてChr・リッターおよびK・H・イルティングを挙げなければならない。他方、肯定説を主張する代表的論者としては主に、R・ブラント、W・ブッシュ、F・カウルバッハ、H・オーバラー、M・ゼンガー、W・ケアスティングおよびM・ブロッカーを挙げることができる。

その他、O・ヘッフェ、R・ドライアー、K・キュール、V・ゲアハルト、G・W・キュスタースおよび最近ではJ・ペーターゼンなども含まれる。しかし、かれらはこの論争において必ずしも中心的な役割を果たしているとは言えない。

キュールは、リッターの見解に反対し、他方でゼンガーの見解を支持しつつ次のような確信を述べている。

「『人倫の形而上学』の法論は法的・実践理性のア・プリオリな諸原理によってまったく批判的であり、すでにカントの前批判期に完全に展開されていたということはない」(K. Kühl, Eigentumsordung als Freiheitsordnung. Zur Aktualität der Kantischen Rechts-und Eigentumslehre, Freiburg (Breisgau)・München 1984, S.37, Anm.52.)。

またキュスタースは、法論の「批判的性格は先行する批判的諸原理を単に満たすことにあるのではなく、法として展開された法規定の内在的正当化にある」としている(Gerd-Walter Küsters, Kants Rechtsphilosophie, Darmstadt 1988, S.25. Monika Betzler, Rezension zu: Gerd-Walter Küsters, Kants Rechtsphilosophie, Darmstadt 1988, in: Fichte-Studien, 1993, 5: S.212-216.)。キュスタースは1988年時点において、カント法哲学研究の今後の課題を概説する中で、カント法哲学が批判的法哲学であるとする学説がカント研究においてはすでに定説となっていると判断している。

「……第一に『実践理性批判』と『人倫の形而上学』との関連が解明されなければならないであろう。なぜならば、一方で法の形而上学は批判的法の形而上学であると理解されうるとカント研究によって明らかにされているが、しかし他方で法律学的専門用語の使用が(たとえば倫理的立法・法理的立法などといった二重の立法)この関連において正確にはどのように理解されるべきかはまだ明らかにされていない」(Gerd-Walter Küsters, a.a.O., S.143-145, S.143.)。

さらに、ペーターゼンは考察の対象を主として私法の占有権と契約法に限定しているが、これらの理論は『純粋理性批判』および『実践理性批判』の基礎のうえに成立しているとして次のように述べている。

「カントの法論は、その老齢に制約された不十分さにもかかわらず、体系上一貫した、したがってまた批判的後期著作である。法論は、その未完成の取り扱いにくさにもかかわらず、カントの著作を完全なものに仕上げるという矛盾した印象を与える性格をもっており、特に法論のあちこちに混在している外見上の要約は、批判書を参照指示するものとして読解されるべきである。したがって、その構想および占有と契約法の決定的に重要な導出において、『法論の形而上学的基礎論』は「平凡な人間の作品」と同一視されえず、むしろ『純粋理性批判』および『実践理性批判』の著者の作品としてのみ見られうる」(Jens Petersen, „Kants Metaphysische Anfangsgründe der Rechtslehre“ -kritisches Spätwerk oder „Erzeugnis eines gewöhnlichen Erdensohnes“?, in: Festschrift für Claus-Wilhelm Canaris zum 70. Geburtstag, Bd. 2, hrsg. v. Andreas Heldrich, Jürgen Prölss, Ingo Koller, Katja Langenbucher, Hans Christoph Grigoleit, Johannes Hager, Felix

Christopher Hey, Jörg Neuner, Jens Petersen, Reinhard Singer, München 2007, S.1261.)。

しかしかれらの論証を仔細に考察すると、否定説にせよ肯定説にせよ、各論者は独自の視点から検討しており、その解釈の仕方には相違がある。各自の解釈の独自性については私なりに特徴づけを行いたい。これについては特に各論者の所論を検討する章で論じることにする。後に明らかになるように、１９８４年のケアスティングの画期的な教授資格論文『よく秩序づけられた自由―イマヌエル・カントの法・国家哲学―』（Wolfgang Kersting, Wohlgeordnete Freiheit. Immanuel Kants Rechts-und Staatsphilosophie, Berlin・New York 1984.）が出版された時点で肯定説がほぼ定説となったと言えるのではなかろうか。それ以降のカント法哲学の具体的な問題に焦点を絞った研究は、いずれもこれらの肯定説を前提として進められていると言っても過言ではない。

その後１９８７年には、ブロッカーの研究書『カントの占有論―超越論哲学的所有権論の問題性について―』（Manfred Brocker, Kants Besitzlehre. Zur Problematik einer transzendentalphilosophischen Eigentumslehre, Würzburg 1987.）が出版されるが、この研究は所有権論を考察の対象として限定しているとはいえ、上記に挙げたそれまでの肯定説を踏まえて研究が行われているのは明白である。また上述のことは、１９８８年のキュスタースによる新カント学派以降、特にリッターの否定説以降のカント法哲学についてのさまざまな解釈に関する総括的研究『カントの法哲学』（Ralf Dreier, Zur Einheit der praktischen Philosophie Kants. Kants Rechtsphilosophie im Kontext seiner Moralphilosophie, in: Perspektiven der Philosophie 5, 1979, S.5-37, S.20. この論文は次の論文集に収載されている。Ders., in: Recht-Moral-Ideologie. Studien zur Rechtstheorie, Frankfurt am Main 1981, S.286-315. ドライアーは１９７９年当時、カント法哲学の影響史についての専門研究上の叙述が欠如していたと指摘している（Ralf Dreier, Recht-Moral-Ideologie. Studien zur Rechtstheorie, S.307, Anm.6.）。キュスタースの『カントの法哲学』は、カント法哲学に関する最初の包括的な影響史研究である（Gerd-Walter Küsters, Kants Rechtsphilosophie, Darmstadt 1988, S.15.））および１９９３年のカント法哲学と批判哲学との体系的連関についてはじめて整合性説、不整合性説および調停説に分類したウンルーの研究『理性の支配―イマヌエル・カントの国家哲学について―』（Peter Unruh, Die Herrschaft der Vernunft.

Zur Staatsphilosophie Immanuel Kants, Baden-Baden 1993. 2., überarbeitete Auflage, Baden-Baden 2016.）、この研究は国家哲学を考察の対象としているが、これらによっても窺い知ることができる。

カントの宗教哲学および歴史哲学がそれぞれ批判哲学に依拠した宗教的理性批判および歴史的理性批判によって基礎づけられているとされるように、法哲学も批判哲学をその体系上のより所として法的理性批判によって基礎づけられている。

宗教哲学および歴史哲学についてはO・ヘッフェの次の文献を参照。Otfried Höffe, Einführung in Kants Religionsschrift, in: Otfried Höffe (Hrsg.), Immanuel Kant. Die Religion innerhalb der Grenzen der bloßen Vernunft, Berlin 2011, S.1-28. Otfried Höffe, Einführung, in: Otfried Höffe (Hrsg.), Immanuel Kant. Schriften zur Geschichtsphilosophie, Berlin 2011, S.1-27. カントは、かれの主著『純粋理性批判』（1781年）の12年後、また他の2つの批判書である『実践理性批判』（1788年）および『判断力批判』（1790年）のそれぞれ5年後、3年後にもうひとつの著作を発表した。ヘッフェは、この宗教哲学に関する著作は『単なる理性の限界内における宗教』という表題で出版されているよう、カントの批判的著作に組み入れられると解釈する。さらに言えば、この著作は第四批判と考えることができるとさえ主張している。認識（第一批判）、道徳（第二批判）および美感的判断力と目的論的判断力（第三批判）の後、今度は批判が宗教に向けらることになったのである（ヘッフェの解釈に対して、北岡は「『批判』はたんに理性の理論的使用、実践的使用のみならず、美と崇高の感情、目的論的考察、はては有限な理性的存在者の絶対者への関わり方にもおよぶ……宗教という対象からその不純物、夾雑物を取り除き、唯一真なる宗教を際立たせようとする「批判」本来の姿勢がここにも見出だせる」としながらも、『単なる理性の限界内における宗教』は「カントの第四批判書とまでは呼べまい」と解釈している。岩波版『カント全集10』北岡武司訳、「解説」430-431頁を参照。宗教哲学については次の文献を参照。宇都宮芳明『カントと神―理性信仰・道徳・宗教―』岩波書店、1998年）。

また歴史哲学については、カントは歴史的理性批判に取り組まなかったが、しかしカントはかれの批判的・超越論的哲学に基づいて歴史哲学を展開しているとヘッフェは解釈している。あえて言えば、歴史哲学は第五批判と言えなくもないのではなかろうか（歴史哲学については次の文献を参照。佐藤全弘『カント歴史哲学の研究』晃洋書房、1990年）。そうだとすれば、それに加えて法哲学も第六批判と呼んでもいいのではないかとする問題も当然に生じるであろう。これは言いすぎであろうか。もちろんこの場合、第四批判、第五批判および第六批判というのはこれらの著作の刊行の年代順に従っているだけであり、これらの著作が批判書と位置づけられうるのか否かということがむしろ重要である。ここまで範囲を広げてしまうと、『自然科学の形而上学的基礎論』はどのように位置づけられうるのかという問題も提起されることになる。ヘッフェの次の文献も参照。Otfried Höffe, Einführung, in: Otfried Höffe (Hrsg.), Immanuel Kant. Metaphysische Anfangsgründe der Rechtslehre, Berlin 1999, S.1-18. またこれに関連してG・レンプは、「純粋自由批判」として『人倫の形而上学』はカント哲学の連関において第四の主著であることが明らかであると主張している。Georg Römpp, Kants Kritik der reinen Freiheit. Eine Erörterung der ‚Metaphysik der Sitten', 2006 Berlin, S.302.

しかし他方で、ハンナ・アーレントはこのような主張に反対して次のように述べている。

「『歴史について』〔Immanuel Kant, On History, (ed.) Lewis White Beck, trans.L. W. Beck, R. E. Anchor, and E. L. Fackenheim, Library of Liberal Arts (Indianapolis: Bobbs-Merill, 1963).〕という書物を構成するカントの諸論文や、『カント政治著作集』〔Kant's Political Writings, (ed.) Hans Reiss. trans. H. B. Nisbet (Cambridge, Eng.:At the University Press, 1971).〕と題された最近の論文集を見ると、それらが、質においても深さにおいても、カントの他の諸著作に比すべくもなく劣っていることが分かる。ある著者〔K・ボリース〕はカントのこれらの論考を「第四批判」と名づけたが〔Kurt Borries, Kant als Politiker. Zur Staats- und Gesellschaftslehre des Kritizismus, Leipzig 1928〕、それらが「第四批判」を構成しないことは確実である。その著者はたまたまこれらの論考が自分の主題であったので、それらにそうした身の丈を与えようと望んだにすぎない」（H. Arendt (1906-1975), Lectures on Kant's Political Philosophy, edited and with an Interpretive Essay by Ronald Beiner, Chicago 1982, p.7. 邦訳『カント政治哲学の講義』浜田義文監訳、法政大学出版局、１９８７年、４頁を参照)。

つまりカントの法哲学は批判的法哲学であり、批判哲学の体系に整合的に組み込まれて構想されているとするのが私の見解である。

たとえば、カウルバッハの次の著作を参照。Friedrich Kaulbach, Philosophie als Wissenschaft. Eine Anleitung zum Studium von Kants Kritik der reinen Vernunft in Vorlesungen, Hildesheim 1981. 邦訳『純粋理性批判案内—学としての哲学—』井上昌計訳、成文堂、１９８４年。

したがって、『法論の形而上学的基礎論』を解釈する場合、たとえその中にカント自身による批判書との微妙な齟齬、もっと言えば自己矛盾や欠陥が多少散見されるとしても、また前批判期の資料が含まれているとしても、さらに法哲学の素材そのものが伝統的なものであり、新奇さがないとしても（『法論』の資料がどの時期に属するのかという問題と基礎づけの問題とは別次元の問題である。また、法哲学の素材はそもそも伝統的なものであり、その素材の新奇さは必ずしも必要ではない）、カントが構想した批判哲学との体系的連関を見失うことなく解釈するのがカント法哲学の解釈としては正当である。

すでにオーバラーは、「批判的法論は、たとえこの法論が内容上多かれ少なかれホッブズ、ヴォルフ、ヴォルフ学派、ルソーおよび、あるいは他の人々によって影響されていたとしても、また内容上多かれ少なかれいわゆる前批判期に成立していたとしても、批判的実践理論一般の基礎のうえに成立する理論であり、それゆえ『法論』の内容の発展は１７９７年のその出版の直前に除外されもしないし、また必然的に含まれもしない」と指摘している（Hariolf Oberer, Ist Kants Rechtslehre kritische Philosophie? Zu Werner Buschs Untersuchung der Kantischen Rechtsphilosophie, in: Kantstudien 74, 1983, S.223.）。

また、オーバラーはこれに続けて次のように述べている。「カントの『法論』の批判的性格についての問題は、その内容上の諸部分がより早く成立したか、それともより遅く成立したかの問題ではない。またともかくあまり多くはない超越論哲学的・超越論的観念論的素材の「実質的」内容の問題でもない。また、Ｈ・コーヘンおよびその法学上の受け売り屋の不適切な要求を満足させるという問題でもまったくないのである。むしろそれは、理論的認識批判、実践的理性批判および内容上の『人倫の形而上学』との間のカントによって明示された体系的関連の問題だけなのである」（Hariolf Oberer, a.a.O., S.223.）。

オーバラーは、この関連は矛盾のない一致、つまり体系上の調和を体系的に要求するということ以上のことを含まなければならないということを、リッターとは異なって、認めることができないとする。

Chr. Ritter, Rezension zu: Brandt: Eigentumstheorien von Grotius bis Kant, Stuttgart-Bad Cannstatt 1974, in: Zeitschrift der Savigny-Stiftung für Rechtsgeschichte, 93. Bd., Romanistische Abteilung, 1976, S.516f., Anm.17. Hariolf Oberer, Ist Kants Rechtslehre kritische Philosophie? Zu Werner Buschs Untersuchung der Kantischen Rechtsphilosophie, in: Kantstudien 74, 1983, S.223.

最近ではまた、Ｊ・ペーターゼンも次のように述べている。「中心的な箇所において法論は『実践理性批判』に基づいており、それによって特に法論が全体として批判哲学として構想されているということが明らかになる。たとえ個々の部分が批判書以前の時期に遡るとしても、それらの部分は批判書を考慮に入れて、いわば将来を見越して構想されている。したがって、テクストのどの部分が正確にいつ成立したのかとする問いは無益なものとして判断されうる。個々におけるテクストクリティークがいかに尊重されうるとしても、それでもやはりこのテクストクリティークはこの問いに関して全体への展望を遮ることになる」（Jens Petersen, „Kants Metaphysische Anfangsgründe der Rechtslehre“ -kritisches Spätwerk oder „Erzeugnis eines gewöhnlichen Erdensohnes“?, in: Festschrift für Claus-Wilhelm Canaris zum 70. Geburtstag, Bd. 2, (Hrsg.) v. Andreas Heldrich, Jürgen Prölss, Ingo Koller, Katja Langenbucher, Hans Christoph Grigoleit, Johannes Hager, Felix Christopher Hey, Jörg Neuner, Jens Petersen, Reinhard Singer, München 2007, S.1257.）。

カント自身も『実践理性批判』の序言の中で、全体としての体系を十二分に精通することの重要性について次のように述べている。

「人間の心のある特定の能力を、その源泉、内容および限界にかんして画定することが問題になる場合、一面でたしかに、人間の認識の本性からして、心のさまざまな部分からはじめ、それらの部分の正確な、かつ（われわれがすでに獲得した心の認識の現状からして可能なかぎり）完全な叙述から行ってゆくほかにはない。とはいえ、その上になお、より哲学的で建築術的でもある第二の目配りの仕方がある。全体の理念を正しく把捉し、そこからして、かの諸部分のすべてを、それら相互の関係において、その全体という概念から導出しながら、ひとつの純粋な理性能力において眼中におさめることである。こうした吟味と確保は、体系に十二分に精通することによってのみ可能である。したがって、第一の探究に飽きて、あげくには、そうした認識を獲得することなど努力のしがいのないことだと見切りをつけてしまった手合いは、第二の段階にも、つまり俯瞰〔概観〕すなわち、先に分析的に与えられたものに総合的に回帰することにも達しようがない。とすれば、こうした手合いがいたるところで不整合を見いだしたとしても、それはなんら驚くべきことではない。だいたいからして、かれらがその不整合のうちに見てとる欠陥なるものは、体系そのもののうちにあるのではなく、ただかれら自身の支離滅裂な思考の運びのうちに見いだされるものにすぎないからである」（V, S.10. 岩波版『カント全集７』坂部恵・伊古田理訳、１３２–１３３頁）。

G・カヴァラーは、ブッシュおよびオーバラーの見解も踏まえて次のように指摘している。

「たとえカントの法論の中にしばしば前批判的ないし「前カント的」諸要素が含まれていたとしても、それでもやはり新しい基礎づけに対して、同様に新たに展開された基礎づけられたものが求められなければならないわけではないということが認められている。新しい批判的な革袋に古いワインが注がれてもよい。つまり、新たな批判的枠組みにおいて周知の古い内容がはめ込まれてもよいのである。法論の批判的性格の問題は内容上の諸部分の成立の問題ではない。「批判的」ということばは、この専門用語が第一批判の体系的基礎づけ作業を含むと同様に、第一批判の自由論において基礎づけられた批判的自由概念も含むという意味で理解されるべきである。批判哲学に属している実践哲学の新たな端緒およびその論証の仕方の反転に（理性の事実を参照）、人倫の批判的形而上学の可能性、したがってまた法の批判的形而上学の可能性は基づいている」（Georg Cavallar, Pax Kantiana. Systematisch-historische Untersuchung des Entwurfs „Zum ewigen Frieden“ (1795) von Immanuel Kant, Wien・Köln・Weimar 1992, S.56-57. また最近の文献としてカヴァラーの次の研究を参照。Georg Cavallar, Kant's Embedded Cosmopolitanism. History, Philosophy, and Education for World Citizens, Berlin・Boston 2017.）。

「理性の事実」という表現は『実践理性批判』においてはじめて提示された概念であり、「純粋実践理性の事実」とも称される。第一批判が数学や数学的自然科学を「学の事実」として引き合いに出していたのに対して、第二批判は通常の人間理性でさえも意識している道徳的強制を学以前の事実として前提している。

さらに、道徳法則は自由の概念と密接な関係をもっている。カントによれば、自由は道徳法則の存在根拠（ratio essendi）であり、他方で道徳法則は自由の認識根拠（ratio cognoscendi）である。すなわち、自由がなければ道徳法則は不可能であり、また道徳法則が自由に先だって考えられていなければ自由を想定することもできない（『カント事典』編集顧問、有福孝岳・坂部恵、弘文堂、

1997年、福田喜一郎執筆、534–535頁を参照)。

ヘッフェはこれに関して、1983年の初版においても、また2014年の第八版においても次のように述べている。まず、法哲学については「『人倫の形而上学』は、カントにとって『実践理性批判』に続く体系である（RL, VI 205)。『人倫の形而上学』の一部門としてカントの法哲学は、もはや実践理性批判ではないが、実質的にはその見解を前提にしている。それは、先〔前―筆者〕批判期の独断的哲学では決してなく、法の理性概念を展開する批判哲学であり、この概念は現実のすべての立法にとって最高度の規範的批判的な基準という意味をもつものである」（O. Höffe, Immanuel Kant, München 2014, S.216. 邦訳『イマヌエル・カント』薮木栄夫訳、法政大学出版局、1991年、224頁)。

また歴史哲学については、「カントの歴史哲学への寄与は、様々な著作に散らばり、そしてむしろ通俗的性質のものであるにせよ、それらは一種の歴史的理性批判を含んでいるのである」（O. Höffe, a.a.O., S.247. 同上、258頁)。

さらに宗教哲学については、「純粋に哲学的な宗教論は、宗教についての著作の表題が示すように『単なる理性の限界内』にとどまるが、すべての宗教が『単なる理性から（啓示なしに）』生じるとは主張されないのである（Fak., VII 6)」。
O. Höffe, a.a.O., S.259. 同上、271頁。カントの宗教哲学に関する文献として、次の著作および論文を参照。Georg Picht, Kants Religionsphilosophie. Mit einer Einführung von Enno Rudolph, Stuttgart 1985. Reiner Wimmer, Kants kritische Religionsphilosophie, Berlin · New York 1990. Reiner Wimmer, Kann Religion vernünftig sein? Zur Metakritik an Kants kritischer Religionsphilosophie, in: Herta Nagl-Docekal und Rudolf Langthaler (Hrsg.), Recht-Geschichte-Religion. Die Bedeutung Kants für die Gegenwart, Berlin 2004, S.173-194.

ところで、このような体系内在的研究にはいかなる意義があるのか、むしろ法史におけるカント法論の位置づけが重要なのではないかとする疑問を抱くかもしれない。もちろん、私も法史におけるカント法論の位置づけに関する研究の重要性、つまりカントが当時のいかなる理論と対決し、それを克服しようとしたのか、またカントの法論がその後どのように受容され、いかなる影響を及ぼしたのか、さらに現代の法哲学だけでなく法律学、政治哲学にとっていかなる意義があるのかを検討することの重要性は十分に承知している。

しかしそれでもやはり、前述したカント法哲学の個々の内容上の諸問題を検討するにしても、つねに批判哲学との密接な体系的連関を考慮に入れて解釈するのでなければ、すでにリッターが指摘しているように、さまざまな法政策上の目的のためにカントの権威が恣意的に利用されかねず、またそうでないまでもその解釈を見誤るのではなかろうか。そもそもひとりの偉大な体系的思想家の特定領域の思想、ここでは法思想を全体の思想的営為と切り離して考察することは誤解や曲解を招くことになるであろう。

カント自身も、『理論と実践』の中でChr・ガルヴェの申し立てに対する反論の中で次のように述べている。「これらの申し立ては誤解にほかならない（誤解だと言ったのは、それを曲解とはみなしたくないからである）。このような誤解が起こりうるからといって、けっして意外だと感じるにはおよばない。なぜなら、人間には、他人の思考を判定するときにも自分がいったん慣れてしまった思考パターンに従ってしまい、その結果他人の思考の中に自分の思考をもちこみやすいという傾向があるのであって、この傾向がそうした誤解の現象を十分に説明してくれるであろうから」（VIII, S.281. 岩波版『カント全集14』北尾宏之訳、１７３頁）。

これに異論を差し挟む者はいないのではなかろうか。カント法哲学の超越論的・批判的性格をめぐる問題は単なる定義上の問題にとどまらないのである。たとえば、先に述べたように、ウンルーは国家論の考察にとっても批判哲学と『法論』との体系的統一性に関する論争の成果は重要な意味をもつとして、その研究を行っていることからも窺い知ることができる。もっと言えば、法哲学の位置づけがカント批判哲学の解釈の修正・変更を迫るかもしれない。法的理性批判による基礎づけとの必要性についてカントもはっきりと述べている。

たとえば、カントは§7「外的な私のもの・汝のものが可能であるという原理を経験の諸対象に適用すること」の中で、法的・実践的理性の批判の必要性について次のように明言している。「理性は、本来的に、この種の占有（所持を伴わぬ占有＝可想的占有）の可能性に関する諸命題の二律背反によって、外的な私のもの・汝のものという概念に関して法的＝実践的理性を批判する必要にせまられる。すなわち、理性は、もっぱら或る不可避な弁証論によって、つまり、そこでテーゼとアンチ・テーゼとの両者が二個の相互に矛盾しあう条件の妥当性を同等に主張してゆずらない、そうした弁証論によって、理性の実践的な〔法に関する〕使用においてもまた、現象としての占有ともっぱら悟性によって思惟される占有とのあいだに区別をもうけることを強いられるのである」（VI, S.254f. 邦訳『法論』３８１–３８２頁）。この文章から明らかなように、カントは法に関する実践的理性批判を遂行することを試みている。これについて異論を差し挟む者はいないであろう。しかし、果してそれが成功していると言えるのか否かがここでは問題となる。

カント法哲学ないし『法論』の成立史、継受史、影響史、解釈史および研究状況について、すでに述べた私の問題設定の視点から、新カント学派の解釈も踏まえてリッターの否定説以降の各論者の見解を概観する。特に、先に挙げた各論者の所論の概要についてほぼ時系列的に立ち入って検討する。あえて時系列的に考察する方法を採用するが、それはこれによって議論の深化・進展と問題点が明確に読み取れるからである。この問題をめぐる本国ドイツないしドイツ語圏での研究は、当然のことかもしれないが、幅広くきわめて緻密で最先端を行っている。概観と述べたのは、それらの議論の基本的方向性を明らかにするにすぎず、個々の議論の詳細にまで踏み込み、すべての問題点を摘出することができないからである。しかし、この概観によって本質的な議論の展開が理解されるはずである。また、これらの先行研究を可能なかぎり客観的に追跡し、その後の研究もできるかぎり踏まえたうえで私の前述の見解を検証することができればと思っている。

これらの見解を考察するにあたって検討する文献は、１９７１年の『初期資料によるカントの法思想』においてリッターによって主張された新カント学派以来のカント法哲学についての「非批判的性格」の再確認以降、前述した論者などこの問題をめぐる論争に直接かかわっているか、少なくともそれにも言及している最近に至るまでの研究書や論文である。後者に属するこれらの著作や論文の表題からも窺えるように、当然のことながらこの問題設定の視点からすべての研究が行われているわけではなく、研究テーマはそれぞれ異なっている。しかし、批判哲学における法論の体系上・方法論上の問題は、その具体的な内容に関する研究にとっても看過しえない重要な論点であることは間違いない。したがって、各論者は論述の詳細において程度の差があるにせよ、この問題に言及している。

リッターの否定説に対する激しい賛否両論は１９８０年代の終わり頃まで進展していく。１９９０年代以降は、もちろんこの論争にも言及しており、肯定説の立場に立つ議論が圧倒的に優位を占めるようになるが、特に新たな議論を展開するというわけではない。

たとえば、１９７０年代以降「人倫の批判的形而上学」、「批判的法哲学」および特定の法領域に限定されているが、「超越論哲学的所有権論」という表現が表題に含まれた著作として、次の文献が挙げられる。Werner Busch, Die Entstehung der kritischen Rechtsphilosophie Kants 1762-1780, Berlin・New York 1979. Manfred Brocker, Kants Besitzlehre. Zur Problematik einer transzendentalphilosophischen Eigentumslehre, Würzburg 1987. Balimbanga Malibabo, Kants Konzept einer kritischen Metaphysik der Sitten, Würzburg 2000. Bernhard Jakl, Recht aus Freiheit. Die Gegenüberstellung der rechtstheoretischen Ansätze der Wertungsjurisprudenz und des Liberalismus mit der kritischen Rechtsphilosophie Kants, Berlin 2009. また、「超越論哲学的分科としての法論」という表現を項目として使用している著作として次の文献が挙げられる。Monika Sänger, Die kategoriale Systematik in den „Metaphysischen Anfangsgründen der Rechtslehre." Ein Beitrag zur Methodenlehre Kants, Berlin・New York 1982.

後に述べるように、その間にカント法哲学についての批判哲学における体系上・方法論上の解釈の論点・視点がほぼ出尽くしたと考えてよいであろう。これらの論点については序論および本論の各章の中で論及している。

以下の第一部の章において、まず新カント学派の従来の解釈を検討し、時系列的にChr・リッター、R・ブラント、W・ブッシュ、K・H・イルティング、H・オーバラー、M・ゼンガー、F・カウルバッハ、W・ケアスティング、M・ブロッカー、G・W・キュスタースおよびP・ウンルーの所論を考察する。ただし、キュスタースおよびウンルーの所論については解釈論争をめぐる考察を主に検討する。というのは、かれらはいずれかと言えば肯定説の立場に立っているが、必ずしも自己の立場を明確に打ち出しているわけではないからである。

この問題に関して、我が国において明確に否定説を唱えている論者として片木清の先駆的業績がある。片木清『カントにおける倫理・法・国家の問題―「倫理形而上学（法論）」の研究―』法律文化社、１９８０年。片木は超越論的方法ないし批判的方法とは何を意味するのかをまず明らかにし、それが法哲学にも導入・適用されていると言えるのか否かという視点から詳細に検討している。

それでは、片木は超越論的方法ないし批判的方法をどのように解釈しているのであろうか。

片木は「先験的方法論（超越論的方法）は、……「現実科学」を経験または学の事実として前提し、実証的、帰納的、比較的方法によって得られたその一般的諸原則（仮説）とその妥当性の可能性や、それを根拠づけるア・プリオリな原理の有無を批判的に問訊すべきであろう」（同上、４０６頁）と述べていることからも明らかなように、所与としての経験的事実、つまり「学の事実」を前提することに重点を置いて以下のように述べている。この場合、片木が「カントがその理論哲学においては、ニュートン物理学により構成された自然を経験あるいは「学の事実」として前提した」と述べていることから窺い知れるように、学の事実とはニュートン物理学によって構成された自然科学を意味している（同上、４００頁、序文2頁）。そして、その方法論の自然認識（自然科学的認識）への適用の成果が『自然科学の形而上学基礎論』である（同上、序文1頁）。

「『純粋理性批判』によって開示せられたカントの哲学的方法論は、先験的（超越論的）方法論（transzendentale Methode）あるいは批判的方法論（kritische Methode）と呼ばれる。それは所与としての経験的事実を前提としながら、それが普遍的な客観的認識として成立しうる諸条件を吟味し、そのような認識を基礎づけうるア・プリオリな原理を批判的に確立していこうとする方法論である。いいかえればある種のア・プリオリな原理あるいは基本的概念が経験をいかにして基礎づけ、認識の客観的普遍性をえさせうるかを、批判的に問訊して、その妥当性の根拠や理由を明らかならしめようとする方法論といえるであろう」（同上、序文1頁）。

そして次にこのような解釈のもとで、片木は法哲学に超越論的・批判的方法を導入・適用した場合にどのような方法をとるべきかについて考察する。法哲学においては「学の事実」として前提されなければならないのは「実定法」であるとして、次のように述べている。

「この実践的領域（法哲学）における経験とは、「学の事実」としての実定法であり、カントによれば「ア・プリオリに理性により認識せられうる」自然法にその諸原理を負うているとされる制定法である」とし、K・リッサーの見解（『カントにおける法の概念』Der Begriff des Rechts bei Kant. Mit einem Anhang über Cohen und Görland, Berlin 1922.）に依拠して「先験的（超越論的）方法論はかかる学の事実（経験）より出発し、かかる事実の可能性の諸条件を指示するところの純粋な基本的概念や原理をば、かかる事実のなかより提示しかつ形成する役割を果たすのである」（同上、序文2頁、４００頁）とする。

また、G・ドゥルカイトの見解（『カントにおける自然法と実定法』Naturrecht und positives Recht bei Kant, Leipzig 1932.）を援用しながら、上記の方法と照合することによって、片木はカントの法哲学における方法的不整合性（methodische Inkonsequenz）を指摘している。

片木はドゥルカイトの見解を次のように引用している。

「彼（カント）の批判哲学の基本的立場に立脚すれば、カントもまた現実的に、実定法の『事実（Faktum）』だけを前提することが許されたであろう。それはそれから実定法の可能性を証明するためにであり、換言すれば、このような実定法が現に妥当性（Geltung）を、しかも拘束的な妥当性をもちうるということは、いかにして考えられうるかを理解させるためにである」（同上、４０３頁）。

片木は『法論』を中心とする関連諸論著、『法論のための準備草稿』および『覚書き』などを可能なかぎり渉猟し、またカント自身の論理を体系的に再構築することによって、『純粋理性批判』で確立されたとされる超越論的方法ないし批判的方法の『法論』への導入・適用の成果を検討している。その際、カントの置かれた歴史的・社会的環境も考慮に入れてその歴史的位置づけを試みている。

その結果、カントによる循環論的演繹の不毛性を摘示することによって『法論』への超越論的方法ないし批判的方法の適用の不整合性、不徹底性あるいは破綻を指摘する。そしてこれらの欠陥はすべて「ア・プリオリな定言命法としての法（自然法）」、つまり「広義の法」と「ア・ポステリオリな仮言命法としての法（実定法）」、つまり「狭義の法」というカントによって提示された法概念の二重構造に起因すると主張する（同上、96頁）。詳しく言えば、カント法哲学の体系展開に即して6つの視点からそれぞれの二重構造を考察している。第一に、私法論の中心問題である取得権論の二重構造、第二に、私法論と公法論の媒介としての自然状態論の二重構造、第三に、国家起源論の二重構造、第四に、国家主権論の二重構造、第五に、公法論の中心問題としての抵抗権理論の二重構造、そして最後に第六として永久平和論の二重構造である。その際、片木が主としてH・コーヘン、K・リッサー、G・ドゥルカイト、W・ヘンゼルおよびW・メッツガーといった20世紀初頭のカント法哲学のルネサンスに属する諸学者、特に新カント学派の見解に依拠していることが注意されなければならない。

片木は新カント主義マールブルク学派の代表的哲学者であるH・コーヘンを援用しながら、カントが実定法から出発せずに自然法の原則から出発していることが方法的錯誤であるとして、次のように述べている。

「既にコーヘンによってカントの「先験的（超越論的）批判は、実定法に対して自由にしてとらわれない最高の批判を施さ」なかったと批判されているように、カントが経験的事実としての実定法からまず出発しなかったことに問題がある……実定法が現に拘束的な妥当性をもちうることの可能性こそが何よりも論証されなければならなかったのである。そのかわりにカントはすでにア・プリオリな理性的拘束力をもつとされる自然法の原則から出発した。その現実的実効的妥当性を問うことなしにである。ここに無批判的（非批判的）な自然法（理念）の実定法（現実）化、あるいは逆に実定法の自然法化という悪循環が生じたのである」（同上、序文9頁）。

また、カントが超越論的批判の対象としたのは実定法ではなく、自然法であったとして次のように述べている。

「先験的方法論（超越論的方法）とは……「経験あるいは学の事実」としての実定法の存在を前提し、このような実定法的現実のなかよりその妥当性の可能性の諸条件を指示する、「純粋な基本的概念」を批判的に形成することにほかならない……。しかしながらカントが先験的（超越論的）批判の対象としたものは、このような現実的基盤としての実定法ではなく、むしろ「ア・プリオリに理性により認識せられうる」とする自然法にほかならなかった」（同上、400頁）。

さらに片木は、上記の自然法はルソーを中心とする17・18世紀の自然法であるとして、続けて次のように述べている。

「しかもカントがその理論哲学においては、ニュートン物理学により構成された自然を経験あるいは「学の事実」として前提したように、彼の実践哲学ここでは法哲学が前提する「学の事実」とは、すでにルソーを中心とする一七・一八世紀の自然法に基づいて構想された法的経験の世界であった」（同上、400-401頁）。

確かに、片木が主張するように、カントは『純粋理性批判』においては「純粋理性の本来的課題は、**どのようにしてアプリオリな総合的諸判断が可能か**、という問いのうちに含まれている。……先の課題の解決のうちに同時にともに包括されているのは、諸対象についてのアプリオリな理論的認識を含むすべての学問の創設と実施における純粋な理性使用の可能性である、言い換えれば、次の問いに対する解答である。

どのようにして純粋数学は可能であるか。

どのようにして純粋自然科学は可能であるか。

ところで、これらの学問は現実に与えられているので、これらの学問について、**どのようにして**それらは可能であるか、ということは十分に問われるに値する。というのは、これらの学問が可能でなければならないということはこれらの学問の現実性によって証明されるからである」（B 19-21. 岩波版『カント全集４』有福孝岳訳、82-83頁）と述べており、カントが純粋自然科学を学の事実として前提していたことは間違いない。

　しかしながらカントの『法論』は、カント自身がこの著作の中で「単なる理性の限界内における法論」と呼んでいるように、経験あるいは学の事実として現に成立している実定法を対象とする理論ではなく、純粋実践理性に由来するア・プリオリな法の原理と体系を扱った理論である。

　そうであるとすれば、実践哲学の一部である法哲学において、片木が主張するように、理論哲学における認識批判と類比的に経験的事実としての実定法を前提として、その可能性の諸条件を指示し、それを基礎づけるア・プリオリな諸原理を探究することが超越論的方法と言いうるのかは疑問の余地がある。また、そもそも実定法とは具体的にいかなる国家のそれを意味するのであろうか。時代や国家によって可変的な実定法から普遍的諸原理を究明しうると言いうるのであろうか。いずれにしても、片木は新カント学派のマールブルク学派と同様に『純粋理性批判』における超越論的方法を偏重していると言わざるをえない。したがって片木は、Ｐ・ブルク（ブルクの次の著作はザールラント大学哲学部に１９７３年夏学期に博士論文として提出されたものである。はしがきの中で、ブルクが否定説を主張するＫ・Ｈ・イルティングの助言に対して感謝の意を表していることからも窺い知れるように、イルティングの学問の系統に属すると思われる。Peter Burg, Kant und die Französische Revolution, Berlin 1974.）の研究を経由してＨ・コーヘン、Ｋ・リッサー、Ｇ・ドゥルカイト、Ｗ・ヘンゼル、Ｗ・メッツガー、Ｒ・シュタムラー、Ｇ・ラートブルフおよびＨ・ケルゼンなど新カント学派のカント法論解釈の延長線上にある従来の多くの研究者のひとりとして位置づけられると言えるであろう。

　この文献学的に緻密な研究が出版された１９８０年（本書に収録されている諸論文は、著者が十数年来取り組んできたカント研究をまとめたものであり、出版に際し欧米での最新の文献を可能なかぎり参照し加筆・修正したものである）当時、ドイツ語圏ではすでに１９７０年代に発表されたＲ・ブラント、Ｈ・オーバラー、Ｗ・ブッシュ、Ｒ・ドライアーおよびＦ・カウルバッハの有力な肯定説も提唱されていたにもかかわらず、なぜかこれらの研究には論及していない。それはおそらく、第一に新カント学派のカント法論解釈の根強い影響力がいまだ払拭されていなかったこと、また第二にこの時点ではこれらの肯定説はまだカント法哲学研究において主流とはなっていなかったからではなかろうか。片木がこれらの論者のカント法論解釈の視点も考察の対象としていたとすれば、おそらく異なった解釈を提示していたかもしれない。

　しかし、後に見るように、この事態はその後すぐに逆転することになる（遅くとも１９９０年代末には新カント学派のカント法論解釈は克服され、カントの法論は批判的法論であるとする見解をカント法哲学研究者は一般的に共有している。たとえば、ディーター・ヒュニングおよびブルクハルト・トゥシュリング（１９３７-２０１２）は１９９８年、「カントの法論の形而上学的基礎論」と題するマールブルクの研究会議に由来する寄稿論文集『イマヌエル・カントにおける法、国家および国際法』の序言の中で次のように明言している。

　「カントは１７９７年の後期の著作〔『法論』〕において批判的方法を裏切っており、また不幸にも前批判的合理主義に逆戻りしているとする20世紀はじめに新カント学派によって流布された見解は、法論についての最近の研究の観点から反証されたものとして一般に認められていると言ってもよい」（Recht, Staat und Völkerrecht bei Immanuel Kant. Marburger Tagung zu Kants 'Metaphysischen Anfangsgründen der Rechtslehre', herausgegeben von Dieter Hüning und Burkhard Tuschling, Berlin 1998, Vorwort, S.5.)。

また、その後トゥシュリングおよびヴェルナー・オイラーは、２００９年にヴォルフェンビュッテルで開催されたカントの『人倫の形而上学』をめぐる議論についての寄稿論文集の序言の中で明確に次のように言い切っている。

「カントの法論は体系的、基本的に新たに構想された批判的自然法であり、また著者自身によって正式に認められた形態で読解され、解釈され、また理解されるのがふさわしい」(Kants „Metaphysik der Sitten" in der Diskussion. Ein Arbeitsgespräch an der Herzog August Bibliothek Wolfenbüttel 2009, herausgegeben von Werner Euler und Burkhard Tuschling, Berlin 2013, Vorwort, S.6.)。

私の研究は、片木の否定説をその後の研究成果を踏まえて再検討することにもなるであろう。

『法論』を中心とするカント評価と研究に関する最近の文献として、次の著作を参照。木原淳『境界と自由―カント理性法論における主権の成立と政治的なるもの―』成文堂、２０１２年。特に17－30頁を参照。

序論および本論において、必ずしも順番どおりではないが私は主に７つの視点に焦点を当てて論じているつもりである。第一に、カント法哲学の超越論的・批判的性格、言い換えれば批判哲学における法哲学の体系的位置づけをめぐる解釈論争の展開、第二に、この論争の評価、第三に、肯定説および否定説の学説分類・解釈の論点整理・論証の特徴づけ、第四に、論争の決着時期および現在の定説、第五に、論争の成果をそれぞれ検討する。そしてこれを踏まえて、第六に、カントの法哲学は批判哲学の体系に組み込まれて構想されており、批判哲学をその体系上のより所として法的理性批判によって基礎づけられている、つまりカントの法哲学は批判的法哲学であるとする私の見解を提示する。そして第七に、今後の残された課題を考察する。

読者においてはこれらの点に留意して読んでいただければと思う。

第一部　カント法哲学の継受史、影響史、解釈史
およぴ批判哲学における法論の体系的位置づけ

Ⅰ　新カント学派の解釈

はじめに

カント法哲学に対する否定的評価は、すでに略説したようにA・ショーペンハウアーをはじめ新カント学派の解釈にその淵源があることが明らかとなった。

そこで次に、19世紀後半から20世紀初期に活発な活動を展開した新カント学派の哲学者・法学者が、カントの批判哲学および法論の超越論的性格ないし批判的性格についてどのように解釈していたのかを以下において検討する。

以下の論述は主としてG・W・キュスタースの次の文献を参考にしている。Gerd-Walter Küsters, Kants Rechtsphilosophie, Darmstadt 1988, S.19-26. 新カント学派一般については次の文献を参照。Christian Krijnen・Andrzej J. Noras (Hrsg.), Marburg versus Südwestdeutschland. Philosophische Differenzen zwischen den beiden Hauptschulen des Neukantianismus, Würzburg 2012. Helmut Holzhey・Vilem Mudroch, The A to Z of Kant and Kantianism, Lanham・Toronto・Plymouth, UK 2010. Marion Heinz / Christian Krijnen (Hrsg.), Kant im Neukantianismus.Fortschritt oder Rückschritt?, Würzburg 2007. Manfred Pascher, Einführung in den Neukantianismus.Kontext-Grundpositionen-Praktische Philosophie, München 1997. Ernst Wolfgang Orth / Helmut Holzhey (Hrsg.), Neukantianismus. Perspektiven und Probleme, Würzburg 1994. Ulrich Sieg, Aufstieg und Niedergang des Marburger Neukantianismus. Die Geschichte einer philosophischen Schulgemeninschaft, Würzburg 1994. Hans-Ludwig Ollig (Hrsg.), Materialien zur Neukantianismus-Diskussion, Darmstadt 1987. Klaus Christian

Köhnke, Entstehung und Aufstieg des Neukantianismus. Die deutsche Universitätsphilosophie zwischen Idealismus und Positivismus, Frankfurt am Main 1986. H. Holzhey, Art. Neukantianismus, in: Joachim Ritter und Karlfried Gründer (Hrsg.), Historisches Wörterbuch der Philosophie, Basel 1984, Bd.6, S.747-754. O. Höffe, Immanuel Kant, 8.Auflage, München 2014, S.288-310. 邦訳『イマヌエル・カント』藪木栄夫訳、法政大学出版局、１９９１年、３０２‐３２７頁。ヘッフェはカント哲学の影響史について、⑴最初期の普及と批判⑵ドイツ観念論⑶外国におけるカント⑷新カント学派⑸現象学、実存主義および他の諸潮流⑹第二次世界大戦後という視点から簡明的確に叙述している。新カント学派については、Ｗ・ヴィンデルバント、Ｅ・ツェラー（『認識論の意義と課題について』Über Bedeutung und Aufgabe der Erkenntnistheorie. 1862.）、Ｋ・フィッシャー（『カントの生涯とその理説の基礎』Kants Leben und die Grundlagen seiner Lehre. 1860.）、Ｏ・リープマン（『カントとその亜流』Kant und die Epigonen. 1865.）、Ｆ・Ａ・ランゲ（『唯物論の歴史』Geschichte des Materialismus. 1866.）、Ａ・リール（『哲学的批判主義』Der philosophische Kritizismus, 3 Bde., 1876-87.）、Ｈ・ファイヒンガー（『純粋理性批判注解』Commentar zu Kants Kritik der reinen Vernunft. 1881 und 1892.）、Ｈ・コーヘン、Ｐ・ナトルプ、Ｅ・カッシーラー、Ｅ・ラスク、Ｂ・バウフ、Ｊ・コーン、Ｈ・リッケルト、Ｗ・ディルタイ（１８３３‐１９１１「歴史的理性批判」Kritik der historischen Vernunft.）、Ｇ・ジンメル（１８５８‐１９１８）およびＭ・ヴェーバー（１８６４‐１９２０）などが言及されている。ジンメルにはベルリン大学で行った16回の講義をもとにした『カント』と題する著作がある。Georg Simmel, Kant, Sechzehn Vorlesungen gehalten an der Berliner Universität, 1.Auflage, 1903; 5. Auflage, München・Leibzig 1921. 邦訳『ジンメル著作集４』木田元訳、白水社、１９７６年。

カントおよび新カント学派に関する我が国における先駆的な文献学的研究として高坂正顕（１９００‐１９６９）の一連の文献を参照。

高坂正顕「新カント學派（上）」岩波講座『哲學』〔現代の哲學〕、岩波書店、１９３３年、「新カント學派（下）」岩波講座『哲學』〔現代の哲學〕、岩波書店、１９３３年。高坂は特に西南ドイツ学派のＨ・リッケルト（１８６３‐１９３６）およびマールブルク学派のＨ・コーヘン（１８４２‐１９１８）の哲学について詳細に論じている。また次の文献も参照。高坂正顕『カント』弘文堂書房、１９３９年。高坂正顕『カント解釋の問題』弘文堂書房、１９３９年。高坂正顕『續カント解釋の問題―法と歴史の諸理念』弘文堂、１９４９年。高坂は、前者においてＷ・ヴィンデルバント（１８４８‐１９１５）、Ｅ・ラスク（１８７５‐１９１５）、コーヘンおよびＥ・カッシーラー（１８７４‐１９４５）のカント解釈を論じている。また後者において批判的方法、世界公民の立場およびカントの歴史像について論じている。コーヘンについては次の文献を参照。佐藤省三『コーヘン』弘文堂書房、１９４０年。また次の文献も参照。『理想』６４３号「特集＝新カント派」１９８９年。小倉貞秀編『カントとドイツ近代思想』、以文社、１９９０年。この著作は、まずカントの認識論および倫理学、そしてその後のドイツ観念論の中でも特にＪ・Ｇ・フィヒテ、Ｆ・Ｗ・Ｊ・シェリングおよびＧ・Ｗ・Ｆ・ヘーゲルを取り上げている。さらに、新カント学派のマールブルク学派の代表的哲学者としてコーヘンおよびカッシーラー、また西南ドイツ学派の代表的哲学者としてヴィンデルバント、リッケルトおよびバウフを取り上げている。さらに、現象学派の代表的哲学者としてF・ブレンターノ、E・フッサール、M・シェーラー、N・ハルトマンおよびM・ハイデガーを取り上げている。いずれの論述も簡潔的確に整理されており、各哲学者がカント哲学をいかに解釈し、また継承発展させようとしたのかを理解するのに有益である。さらに最近の文献として以下を参照。大橋容一郎「新カント（学）派」『カント事典』編集顧問、有福孝岳・坂部恵、弘文堂、１９９７年、２６２−２６５頁。大橋容一郎「新カント学派」『哲学の歴史９』須藤訓任編集、中央公論新社、２００７年、３７７−４２８頁。

ハイデガー（１８８９−１９７６）哲学の発展に対する新カント学派の意義については次の文献を参照。Claudius Strube (Hrsg.), Heidegger und der Neukantianismus, Würzburg 2009.

特に新カント学派法哲学については次の文献を参照。G. A. Wielikowski, Die Neukantianer in der Rechtsphilosophie, München 1914. Erich Kaufmann, Kritik der neukantischen Rechtsphilosophie. Eine Betrachtung über die Beziehungen zwischen Philosophie und Rechtswissenschaft, Tübingen 1921. Tibor Vas, Die Bedeutung der transzendentalen Logik in der Rechtsphilosophie, Szeged 1935. 邦訳『先験的法哲学』佐藤立夫訳、雄風館書房、１９４１年。T・ヴァスはマールブルク学派のコーヘンとナトルプおよびバーデン学派のリッケルトとラスクを取り上げており、また法哲学における超越論的方法については特にR・シュタムラー、H・ケルゼンおよびF・ショムロ（１８７３−１９２０）を検討している。Karl Larenz (1903-1993), Rechts- und Staatsphilosophie der Gegenwart, Berlin 1935, S.25-50. 邦訳『現代ドイツ法哲学』大西芳雄・伊藤満訳、有斐閣、１９４２年、３７−７１頁。Karl Larenz, Methodenlehre der Rechtswissenschaft, Fünfte, neu bearbeitete Auflage, Berlin・Heidelberg・New York・Tokyo 1983, S.82-115. 邦訳『法学方法論』米山隆訳、第四章「二十世紀前半の法哲学における実証主義からの離反」、１２６−１８１頁。Robert Alexy / Lukas H. Meyer / Stanley L. Paulson / Gerhard Sprenger (Hrsg.), Neukantianismus und Rechtsphilosophie. Mit einer Einleitung von Stanley L. Paulson, Baden-Baden 2002. 特にこの論文集に収められているW・ケアスティングの次の文献を参照。Wolfgang Kersting, Neukantianische Rechtsbegründung. Rechtsbegriff und richtiges Recht bei Cohen, Stammler und Kelsen, S.23-68. またなかでも特に、新カント主義マールブルク学派の法哲学については次の文献を参照。Peter A. Schmid, Ethik als Hermeneutik. Systematische Untersuchungen zu Hermann Cohens Rechts-und Tugendlehre, Würzburg 1995. Claudius Müller, Die Rechtsphilosophie des Marburger Neukantianismus. Naturrecht und Rechtspositivismus in der Auseinandersetzung zwischen Hermann Cohen, Rudolf Stammler und Paul Natorp, Tübingen 1994. 新カント学派法哲学のなかでも特にシュタムラーおよびラスクについて詳細に考察している代表的文献として恒藤恭（１８８８−１９６７）の次の論文集を参照。恒藤恭『批判的法律哲学の研究』内外出版、１９２１年。また加藤新平（１９１２−１９９９）の次の詳細な研究を参照。加藤新平「新カント学派」『法哲学講座第五巻（上）法思想の歴史的展開（Ⅳ）』所収、尾高朝雄・峯村光郎・加藤新平編、有斐閣、１９６０年、５３−１６０頁。この論文の中で特にシュタムラーおよびラスクが検討されている。またG・ラートブルフの法哲学についての詳細な考察として尾高朝雄（１８９９−１９５６）の次の文献を参照。尾高朝雄『ラアドブルッフの法哲学』良書普及会、１９４７年。

というのは、この学派のカント法哲学に対する否定的評価がその後も多大な影響力をもち続け、何ら疑念を抱かれることなく定説となっていたからである。一体、かれらの解釈のどこに問題があったのであろうか。法論を考慮に入れてカントの批判哲学における方法問題を提起することは、ひとつの理論伝統を想起させる。この理論伝統はカントに倣って特に方法問題に専念した。つまり、それがまさに新カント学派である。

まず、新カント学派がカントの超越論的哲学ないし批判哲学を一般的にどのように解釈していたのかを確認しておきたい。

新カント学派の見解によれば、超越論的哲学には普遍的・科学主義的意味が与えられている。その意味とは、同種の批判主義的な学の基礎づけのために、カントによって『純粋理性批判』において原理分析的に適用された超越論的方法をすべての学問領域に拡張することを要求するということである。

H・コーヘンはこの見解に基づいて『純粋意志の倫理学』の中で、カント自身は理論哲学の領域とは異なり実践哲学の体系的叙述において「超越論的方法の適用を……放棄し」、また「論理学の演繹を自然科学に対して遂行したようには、……倫理学の演繹を法律学に対しては遂行しなかった」と非難している。

Wolfgang Kersting, Neuere Interpretationen der Kantischen Rechtsphilosophie, in: Zeitschrift für philosophische Forschung 37, 1983, S.282. O. Höffe, Immanuel Kant, 8. Auflage, München 2014, S.301. 邦訳『イマヌエル・カント』薮木栄夫訳、法政大学出版局、１９９１年、３１６頁を参照。邦訳は一部変えている。

Ｏ・ヘッフェは次のように述べている。

「一八七〇年と一九二〇年の間の少なくとも半世紀、アカデミックな哲学において優勢を保った新カント学派は、しかしながら単純にカントの受け売りをしたのではない。その首唱者たちはきまって「カントを理解することは、カントを越えることである」（ヴィンデルバント）と確信していた。新カント学派の中心に置かれたのは、認識論と諸科学の基礎づけ分野としての哲学であった。その場合、科学の基礎づけ分野とは、まず数学的自然科学の基礎づけ分野であり、次に文化（精神）科学の基礎づけ分野であり、カッシーラーにあっては最後に非科学的世界の基礎づけ分野でもあった」。

H. Cohen, Ethik des reinen Willens, Berlin ^{2}1907, S.227. 邦訳『純粋意志の倫理學』村上寛逸訳、第一書房、１９３３年、３６１頁を参照。ただし、本訳書は１９２１年に出版された第三版を翻訳したものである。超越論的方法についてはＭ・シェーラー（１８７４‐１９２８）の次の文献を参照。Max F. Scheler, Die transszendentale und die psychologische Methode. Eine grundsätzliche Erörterung zur philosophischen Methodik, Zweite Auflage, Leipzig 1922, S.36-144. 邦訳『シェーラー著作集14』所収「超越論的方法と心理学的方法—哲学的方法論のための根本的論究」鈴木文孝訳、白水社、１９７９年、２３９‐４５４頁。また、特に法哲学における超越論的方法についてはＦ・ザンダーの次の文献を参照。Fritz Sander, Die transzendentale Methode der Rechtsphilosophie und der Begriff des Rechts (1919/20), in: Herausgegeben von Stanley L. Paulson, Die Rolle des Neukantianismus in der reinen Rechtslehre. Eine Debatte zwischen Sander und Kelsen, Wien 1988, S.75-114.

したがって、後に純粋法学の首唱者であるＨ・ケルゼンの主張に代表されるように、カントの実践哲学はそのすべての部分において非批判的であり、方法的に誤ったものであると見なされ、また特にカントの法哲学は17、18世紀の自然法の独断主義に逆戻りしていると非難されることになる（Wolfgang Kersting, Neuere Interpretationen der Kantischen Rechtsphilosophie, in: Zeitschrift für philosophische Forschung 37, 1983, S.282.）。

それでは、カントの実践哲学、特に法哲学を否定的に解釈し、また批判する論者はそもそもカントの超越論的哲学ないし批判哲学をどのように理解しているのであろうか。

カントの実践哲学、とりわけカント法哲学の解釈者および批判者の興味深い一群の論者は、先に言及したように、すべての哲学は「科学論」（Wissenschaftstheorie）であり、また科学論でなければならないということを基礎づけることに『純粋理性批判』（初版１７８１年）はその特殊な批判的機能をもっているとする主張から出発する。

かれらによれば、カントが発見した超越論的哲学ないし超越論的方法とは次のような2つの発見である。すなわち第一に、哲学はつねに個別科学についての、またそのための原理分析であるということであり、また第二に、（範型的）実証科学の超越論的分析によって個別科学の対象原理が与えられうるかぎりにおいてのみ、哲学は個別科学の可能な諸対象の原理分析でありうるということである。そして、理論的理性批判の体系全体の機能をこのように理解することによってすぐに、理論哲学と実践哲学との並行論（Parallelismus）の要求が生じ、他方またこの要求からカントに対して次のような非難が浴びせかけられた。すなわち、カントは理論および理論的基礎づけの領域においてのみ超越論的哲学を徹底的に貫徹したが、しかしこれに反して全体としての実践哲学、そして特に法哲学においては超越論的哲学を放棄し、いかなる本質的な点においてもカントの先駆者および同時代人との明確な対照をなすことのない、実践的、特に自然法的独断主義に結局のところ逆戻りしているとする非難である（Hariolf Oberer, Zur Frühgeschichte der Kantischen Rechtslehre, in: Kantstudien 64, 1973, S.94.）。

一　新カント学派における法論の方法的規定

新カント学派は超越論的哲学ないし批判哲学を普遍的・科学主義的意味で理解し、哲学は科学論であり、また科学論でなければならないとする見解を共有していたことが明らかとなった。

それでは、次に新カント学派はカント法論それ自体の方法的規定の問題に関してどの程度貢献したと言えるのであろうか。

これに関しては否定的に解答せざるをえない。というのは、新カント学派は法論そのものの直接的な研究にほとんど従事しなかったからである。むしろ新カント学派は、ショーペンハウアーと同様に、法論の否定的な評価を今日まで定着させるのに大きく寄与したと言っても過言ではない。しかも新カント学派は、法論の非批判的性格の論拠ないしその不十分な超越論的基礎づけの論拠などを決定的に尖鋭化した。

新カント学派の批判およびその論証については次の文献を参照。Christian Ritter, Der Rechtsgedanke Kants nach den frühen Quellen, Frankfurt am Main 1971, S.14-22. Hariolf Oberer, Zur Frühgeschichte der Kantischen Rechtslehre, in: Kantstudien 64,

1973, S.94-99. G. Cavallar, Pax Kantiana. Systematisch-historische Untersuchung des Entwurfs „Zum ewigen Frieden“ (1795) von Immanuel Kant, Wien · Köln · Weimar 1992, S.52f. Thomas Kater, Politik, Recht, Geschichte. Zur Einheit der politischen Philosophie Immanuel Kants, Würzburg 1999, S.103-106. Balimbanga Malibabo, Kants Konzept einer kritischen Metaphysik der Sitten, Würzburg 2000, S.51f. Ralf Buttermann, Die Fiktion eines Faktums. Kants Suche nach einer Rechtswissenschaft. Erwägungen zu Begründung und Reichweite der kantischen Rechtsphilosophie, Würzburg 2011, S.35.

新カント学派は、カントの法論に対して否定的評価を下していたため、カントの法論に立ち戻ることなく、「カントの批判的精神」という標語のもとでかれらが理解する批判主義に基づいてかれら自身の独自の法哲学を構想しようと試みた。

したがって、G・W・キュスタースはここでは新カント学派の法哲学そのものを叙述することが重要ではなく、カント法論の研究にとって有意義な視点や問題点を概略的に示すことが重要であるとして検討を加えている。

ところで、法哲学上重要な新カント学派は**2**つの学派に大別されるが、それぞれの学派に属する論者およびその学派の特徴をあらかじめ確認しておきたい。

19世紀後半における一般哲学的覚醒の影響のもとに、哲学的方法への復帰の先駆をなしたのは新カント学派である。現代における法哲学の復興は新カント学派の台頭によって開始された。新カント学派は一般的に**2**つの学派に大別することができる。一方はH・コーヘン、P・ナトルプおよびR・シュタムラーなどのいわゆるマールブルク学派であり、他方はW・ヴィンデルバント、H・リッケルトおよびE・ラスクなどのいわゆる西南ドイツ学派である。

マールブルク学派はカントの論理学の影響のもとに主として先験的論理主義（apriorischer Logismus）の立場をとり、科学的認識の前提となるア・プリオリ、つまり超越論的概念や純粋思惟のカテゴリーの解明・体系化とそれの倫理学、美学および法学への応用を徹底化することに専念していた。また、西南ドイツ学派はカントおよびフィヒテ（1762-1814）の影響のもとに主として価値論的論理主義（axiologischer Logismus）の立場に立ち、カントの「批判的精神」のもとに存在と当為との二元的峻別および事実学と価値学との二元的峻別といった方法二元論を展開した。シュタムラーはマールブルク学派の代表的法哲学者のひとりであり、その他にもM・ザロモンおよびC・A・エムゲ（１８８６–１９７０）なども挙げられる。

Max Salomon, Kants Originalität in der Auffassung der Lehre vom Staatsvertrag, in: Archiv für öffentliches Recht, 1911, S.97-103. M. Salomon, Grundlegung zur Rechtsphilosophie, Zweite überarbeitete Auflage, Berlin-Grunewald 1925. エムゲにはたとえばカントの婚姻法に関する論文もある。C. August Emge, Das Eherecht Immanuel Kants. Ein Beitrag zur Geschichte der Rechtswissenschaft, in: Kantstudien 29, 1940, S.243-279. C. August Emge, Vorschule der Rechtsphilosophie, Berlin-Grunewald 1925. C. August Emge, Geschichte der Rechtsphilosophie, Berlin 1931. C. August Emge, Einführung in die Rechtsphilosophie. Anleitung zum philosophischen Nachdenken über das Recht und die Juristen, Frankfurt am Main · Wien 1955.

他方、ラスクは西南ドイツ学派の代表的法哲学者のひとりである。そして、シュタムラーおよびラスクの影響のもとに、G・ラートブルフ、H・ケルゼンおよびA・ライナッハ（１８８３–１９１７）などがそれぞれ特殊な見地を展開している（峯村光郎（１９０６–１９７８）『法哲学』慶應義塾大学出版会、１９５４年、69頁を参照。三島淑臣（１９３２–２０１５）『法思想史［新版］』青林書院、１９９３年、３４３–３４６頁を参照。団藤重光（１９１３–２０１２）『法学の基礎』有斐閣、１９９６年、２７９–２８２頁を参照）。

新カント学派の体系的叙述においてL・オリヒは、新カント学派が19世紀後半において指導的な立場であった法哲学上の実証主義の克服に本質的に貢献したということを検証している。

H.-L. Ollig, Der Neukantianismus, Stuttgart 1979, S.136. またオリヒの次の文献も参照。H.-L. Ollig, Neukantianismus, in: Ferdinand Fellmann (Hg.), Geschichte der Philosophie im 19. Jahrhundert. Positivismus, Linkshegelianismus, Existenzphilosophie, Neukantianismus, Lebensphilosophie, Hamburg 1996, S.197-267.

ところがこの業績は、よりいっそうカント法論の解釈についての問題を投げかることになった。しかし当時、たとえば新カント学派法哲学の創始者であり、マールブルク学派に属するR・シュタムラー（１８５６-１９３８）は、先に言及したように、カントの法哲学そのものではなく、批判哲学を出発点としてかれ自身の批判的法哲学の樹立を企図しているという状況であった。

Kristian Kühl, Eigentumsordnung als Freiheitsordnung. Zur Aktualität der Kantischen Rechts-und Eigentumslehre, Freiburg i.Br. -München 1984 (Diss. Heidelberg 1978), S.28-37. Kristian Kühl, Art. Naturrecht V. Neuere Diskussion, in: Joachim Ritter und Karlfried Gründer (Hrsg.), Historisches Wörterbuch der Philosophie, Basel 1984, Bd.6, Sp. 609-623. H.-L. Ollig, Der Neukantianismus, Stuttgart 1979, S.136-140. オリヒは、この著作の中で新カント学派の法哲学について略説しており、特にラスク、シュタムラーおよびラートブルフを取り上げている。シュタムラーが提唱する「批判的法哲学」ないし「純粋法学」に関する簡潔的確な構想については次の文献を参照。Rudolf Stammler, Wesen des Rechtes und der Rechtswissenschaft, in: Systematische Rechtswissenschaft, Zweite, verbesserte Auflage, Leipzig・Berlin 1913, S.1-65. 邦訳『法及び法学の本質』和田小次郎訳、日本評論社、１９４２年。

また同様のことはG・ラートブルフの法哲学の構想にも当てはまる。

G. Radbruch, Grundzüge der Rechtsphilosophie, Leipzig 1914. 邦訳『ラートブルフ著作集第2巻法哲学綱要』山田晟訳、東京大学出版会、１９６３年。G. Radbruch, Rechtsphilosophie, 5. Aufl., hrsgn. und eigel. von Erik Wolf, Stuttgart 1955. 邦訳『ラートブルフ著作集第１巻法哲学』田中耕太郎訳、東京大学出版会、１９６１年。H.-L. Ollig, Der Neukantianismus, Stuttgart 1979, S.139f. Christian Ritter, Der Rechtsgedanke Kants nach den frühen Quellen, Frankfurt am Main 1971, S.18, Anm.11. 新カント学派法哲学におけるH・ケルゼンとG・ラートブルフについては次の文献を参照。Stanley L. Paulson, Hans Kelsen und Gustav Radbruch. Neukantianische Strömungen in der Rechtsphilosophie, in: Christian Krijnen・Andrzej J. Noras (Hrsg.), Marburg versus Südwestdeutschland. Philosophische Differenzen zwischen den beiden Hauptschulen des Neukantianismus, Würzburg 2012, S.141-162.

カントは理論哲学における「学の事実」として、つまりア・プリオリな総合判断の実例として、周知のように、純粋数学と純粋自然科学が現実に存在していることを前提としている。

カントは『純粋理性批判』第二版「序論」VI「純粋理性の一般的課題」の中で次のように述べている。「純粋理性の本来的課題は、**どのようにしてアプリオリな総合的諸判断が可能か**、という問いのうちに含まれている。……先の課題の解決のうちに同時にともに包括されているのは、諸対象についてのアプリオリな理論的認識を含むすべての学問の創設と実施における純粋な理性使用の可能性である、言い換えれば、次の問いに対する解答である。

どのようにして純粋数学は可能であるか。

どのようにして純粋自然科学は可能であるか。

ところで、これらの学問は現実に与えられているので、これらの学問について、**どのようにして**それらは可能であるか、ということは十分に問われるに値する。というのは、これらの学問が可能でなければならないということはこれらの学問の現実性によって証明されるからである」(B 19-21. 岩波版『カント全集4』有福孝岳訳、82-83頁)。

また、カントは『プロレゴーメナ』「プロレゴーメナの一般的問題—およそ形而上学は可能であるか？—」第四節の中でも次のように述べている。

「……たまたま幸運なことにわれわれは、学問としての形而上学が現実的であると想定することはできないにしても、或る純粋な、アプリオリな総合的認識が、現実的であって与えられていると、確信をもって言うことができる。つまり純粋数学および純粋自然科学がそれである。というのは、両者が含む諸命題は、一部は、単なる理性によって必証的に確実であり、一部は、経験にもとづく普遍的一致によって、そしてそれでもなお、経験から独立なものとして、あまねく承認されるものだからである。それゆえわれわれは歳つかの、少なくとも争う余地のない、アプリオリな総合的認識を有するのであって、それが可能であるかどうかを問うにはおよばず（というのは、それは現実的であるから）、いかにしてそれは可能であるかを問いさえすればよく、そうすれば、その与えられた認識の可能性の原理から、ほかのすべての認識の可能性をも導き出すことができるのである」(IV, S.275. 岩波版『カント全集6』久呉高之訳、215頁)。

それでは他方で、実践哲学における「学の事実」は存在するのであろうか。カント自身は実践哲学における学の事実として法律学を前提しているわけではなく、「理性の事実」として道徳法則ないし道徳法則の意識を前提しているだけである。

カントは理性の事実について次のように述べている。「こうした根本法則〔君の意志の格率〔行動方針〕が、つねに同時に普遍的立法の原理として通用することができるように行為しなさい〕の意識は、理性の事実と呼ぶことができる。というのも、それは、理性に前もって与えられている所与から、たとえば自由の意識から理屈をこねて導き出せるようなものではなく（というのも、自由の意識はわれわれに前もって与えられてはいないので）、まったくそれ自体のみでアプリオリな総合的命題としてわれわれに迫ってくるものだからである」（V, S.31. 岩波版『カント全集７』『実践理性批判』第七節「純粋実践理性の根本法則」、１６６頁）。また、カントは、『法論』§６「外的対象の純粋に法的占有〔本体的占有 possessio noumenon〕という概念の演繹」の中でも『実践理性批判』を踏まえて次のように述べている。「……自由の概念は、その可能性についていかなる理論的演繹もなされえず、ただ、一個の理性的事実としての理性の実践的法則〔定言命法〕を手がかりとして推論されうるだけだからである」（VI, S.252. 邦訳『法論』３７９頁）。

それに対して、新カント学派は理論哲学と同様に実践哲学においても学の事実を要請した。これが先に述べた並行論である。新カント学派はそれを法律学、つまり実定法に求めたと言える。このような法への方向性は新カント学派において不可避であったように思われる。というのは、Ｈ・コーヘンの純粋倫理学の構想において「学の事実」の探究は「法律学」への方向に至るからである。

コーヘンは、すべての哲学は「学の事実」を前提とし、また倫理学にとっての学の事実は法律学であるとして次のように述べている。「すべての哲学は学の事実を必要としている。この学の事実への指示はカント体系における永遠的なものであると見なされる」。「しかし、倫理学はわれわれを再び自然法へ連れ戻してはならず、実定的法律学へ連れ戻さなければならない。……倫理学を法律学へ指示することによって、求められた理論的事実の類似物が見出される」。H. Cohen, Ethik des reinen Willens, Berlin ^{2}1907, S.67, S.70. 邦訳『純粋意志の倫理學』村上寛逸訳、第一書房、１９３３年、１３５-１３６頁、１４２頁を参照。H. Cohen, Kants Begründung der Ethik nebst ihren Anwendungen auf Recht, Religion und Geschichte, Berlin 1910, S.382, S.397f. K. Lisser, Der Begriff des Rechts bei Kant. Mit einem Anhang über Cohen und Görland, Berlin 1922, S.1f., S.6f., S.15. リッサーは、「批判哲学は、学は存在しているとする歴史的事実をその出発点としている」と述べている。そして、リッサーは具体的に「学の事実とはここでは実定法である。それはカントによって制定法と呼ばれており、自然法にその諸原理が含まれている」と指摘している。H.-L. Ollig, Neukantianismus. Texte der Marburger und der Südwestdeutschen Schule, ihrer Vorläufer und Kritiker, Mit einer Einleitung herausgegeben von Hans-Ludwig Ollig, Stuttgart 1982, S.8f. コーヘンによってまずはじめに構想された３

つの部分からなる体系の基礎は、それぞれの学の事実である。第一の体系部分は論理学、つまり数学的自然科学である。これに関する著作が１９０２年に『純粋認識の論理学』として発表された。次に、コーヘンは第二の体系部分、つまり倫理学においては実証的科学が対応する文化事実の役割を引き受けることができるか否かについてはじめは決心がついていなかった。しかし、１９０４年『純粋意志の倫理学』の出版において法律学を取ることにした。最後に第三の体系部分、つまり美学については１９１２年に『純粋感情の美学』として出版された。この原典集には次の諸論文が収載されている。Friedrich Albert Lange (1828-1875), Der Standpunkt des Ideals.Alois Riehl (1844-1924), Der philosophische Kritizismus. Hermann Cohen, Das Verhältnis der Ethik zu Religion und Politik. Paul Natorp, Philosophische Grundlegung der Pädagogik. Ernst Cassirer, Der Begriff der symbolischen Form im Aufbau der Geisteswissenschaften. Wilhelm Windelband, Geschichte und Naturwissenschaft. Heinrich Rickert, Thesen zum System der Philosophie. Emil Lask, Rechtsphilosophie. Jonas Cohn (1869-1947), Die Dialektik des Kunstwerks. Bruno Bauch (1877-1942), Theoretische Philosophie. Leonard Nelson (1882-1927), Über das sogenannte Erkenntnisproblem. Ernst Troeltsch (1865-1923), Die apriorisierenden Formdenker. Richard Hönigswald (1875-1947), Philosophie als Theorie der Gegenständlichkeit.

しかし、学の事実として法律学を前提するという法律学へのこのような定位の難しさは、すでに『法論』出版直後の直接の議論において問題要素として書き留められていた問題でもある。

Ｆ・ブーターベク（１７６６-１８２８、ゲッティンゲン大学の哲学教授であり、美学者、詩人でもある）の１７９７年2月18日付けのゲッティンゲン学報第28集に収められている次の書評を参照。Göttingische Anzeigen von gelehrten Sachen, 28. Stück, 18. 2. 1797, S.65-76; (a), Rez.: Bouterwek. カントは１７９８年の『法論』第二版に「『法論の形而上学的基礎論』への注釈的覚書き」を付録として追加しているが、その契機となったのが匿名で出版されたブーターベクの書評である。この書評はアカデミー版カント全集第20巻４４５-４５３頁に収載されている。またＨ・シュテファニおよびＪ・Ｃ・ホフバウアーの次の文献も参照。Heinrich Stephani, Anmerkungen zu Kants metaphysischen Anfangsgründen der Rechtslehre, Erlangen 1797 (ND Bruxelles 1968), S.5f. Johann Christoph Hoffbauer, Untersuchungen über die wichtigsten Gegenstände der Moralphilosophie insbesondere der Sittenlehre und Moraltheologie, 1.Teil, Dortmund u. Essen 1799 (ND Bruxelles 1968), S.341f. Balimbanga Malibabo, Kants Konzept einer kritischen Metaphysik der Sitten, Würzburg 2000, S.51.

すなわち、これは「法形而上学から実定法の「科学」への転換」を根本において意味している（Jürgen Blühdorn, „Kantianer" und Kant. Die Wende von der Rechtsmetaphysik zur „Wissenschaft" vom positiven Recht, Kantstudien 64/1973, S.363-394. Ｊ・ブリュードルンは、この論文において法の形而上学から実定法の「科学」への転換を洞察することを目的としている）。実定法は、後にカントの論述からも見て取れるように、純粋数学や純粋自然科学とは異なり地域や時代に制約されているが、果して学の事実として前提されてもよいのであろうかとする疑問が生じる。また、かりに前提するとした場合、当時の実定法であった１７９４年に公布、施行されたプロイセン一般ラント法をその対象とするのであろうか（カントの法論と古典としてのローマ法、当時のプロイセンの実定法であった一般ラント法との関係、当時のヨーロッパの政治情勢との関連については、Ｈ・クレンナーの次の文献を参照。Immanuel Kant, Rechtslehre. Schriften zur Rechtsphilosophie, herausgegeben und mit einem Anhang versehen von Hermann Klenner, Berlin 1988. 特に『法論』に付されている詳細な注を参照。S.407-490.）。いずれにしても疑問である。

それでは、このような動向において新カント学派の代表的法哲学者であるＲ・シュタムラーとＨ・ケルゼン（１８８１−１９７３）は、カントの法論をどのように解釈し、またそれをどのように展開しようとしたのであろうか。

Ralf Dreier, Zur Einheit der praktischen Philosophie Kants. Kants Rechtsphilosophie im Kontext seiner Moralphilosophie, in: Perspektiven der Philosophie 5, 1979, S.5-37, S.20. この論文は次の論文集に収載されている。Ders., in: Recht-Moral-Ideologie. Studien zur Rechtstheorie, Frankfurt am Main 1981, S.286-315. Ｒ・ドライアーはカント法哲学の第二の継受史の段階、つまり法哲学上の新カント学派の段階において、形式主義、相対主義および実証主義が「カント主義」の主要な特徴的外観をきわめて鮮明に規定しているとしてＨ・ケルゼン、Ｒ・シュタムラー、Ｇ・ラートブルフ（１８７８−１９４９）およびＷ・ブルクハルト（１８７１−１９３９）を挙げている。Ralf Dreier, Recht-Moral-Ideologie, S.287, S.308, Anm.13. Ｂ・ヤックルの次の文献を参照。Bernhard Jakl, Recht aus Freiheit. Die Gegenüberstellung der rechtstheoretischen Ansätze der Wertungsjurisprudenz und des Liberalismus mit der kritischen Rechtsphilosophie Kants, Berlin 2009. ヤックルはこの中でカントの批判的法哲学と新カント学派法哲学との相違を論じており、Ｅ・ラスク（１８７５−１９１５）、Ｈ・リッケルト、Ｆ・ショムロ（１８７３−１９２０）、Ｒ・シュタムラー、Ｗ・ヴィンデルバント（１８４８−１９１５）およびＨ・ケルゼンを取り上げている（Bernhard Jakl, a.a.O., S.151-156.）。ヤックルは、新カント学派の法理論はさまざまな相違にもかかわらず、２つの共通の中心的テーゼを含んでいるとする。第一に、哲学

の課題は、個別科学そのものを基礎づけるためにないし整序するために、そのつどの個別科学の可能性の根拠が検証されなければならないとする意味における学の基礎づけである（科学論）。第二に、存在と当為は厳密に分離されるべきであるという意味における存在と当為との峻別である（存在と当為の二元論）。

また、ドイツ法におけるカントの継受に関しては、特に目的刑論および人権概念について論じている（Bernhard Jakl, a.a.O., S.156-159.）。

シュタムラーは、『法哲学教科書』（Lehrbuch der Rechtsphilosophie, 1923）の「法哲学史」における§15「理性法」の中で次のように述べている。

「しかしカントは、かれの法論において批判的方法（kritische Methode）そのものを完全には貫徹することがなかった。法の概念と理念とは結合されるとする自然法のすべての信奉者の誤りに、カントもまた留まっていたのである。しかし、法概念は人間の意欲のある特殊な態様を意味しており、この態様は明確な徴表によって意欲の他の態様とは区別されている。その結果、ある法的意欲があらわれるたびごとに、この範疇的区分が徹底的に行われることになる。それに対して法の理念は、概念的に規定された意志内容の全体性の中において絶対的な調和を獲得しようとする課題、すなわちけっして完全には実現されることのないひとつの理想を意味する。

批判的方法に従ってこの2つの問題を分離することがまさに必要であったにもかかわらず、両者を混同したために、そのうちのひとつもうまくいかなかったのである」（Rudolf Stammler, Lehrbuch der Rechtsphilosophie, Zweite, durch einen literarischen Nachtrag vermehrte Auflage, Berlin und Leipzig 1923, S.34f.）。

さらに、『法学の理論』（Theorie der Rechtswissenschaft, 1923.）においてもシュタムラーは、「カントは『人倫の形而上学』の中で法論に対して批判的方法を放棄し、当時支配的な自然法の方向に留まっていた」（Stammler, Theorie der Rechtswissenschaft, 2. Aufl., Halle 1923, S.22.）とする見解を表明している。

次にケルゼンは、『自然法論と法実証主義の哲学的基礎』（Die philosophischen Grundlagen der Naturrechtslehre und des

Rechtspositivismus, Berlin 1928.）の中でカントの実践哲学がキリスト教理論にきわめて大きな影響を受けていると指摘したうえで、次のように述べている。

「ここでは〔実践哲学〕、かれ〔カント〕は超越論的方法（transzendentale Methode）を放棄した。批判的観念論のこの矛盾はすでにしばしば指摘しつくされている。超越論的哲学が、実証主義的法学・国家学にその基礎を提供するまったく特殊な任務をもっているのに、カントは法哲学者としては自然法論という旧態依然たる軌道に留まっていたことも、こういう点に由来する。実際、かれの『人倫の形而上学』は17・8世紀のプロテスタントのキリスト教の地盤に展開されたと同じ古典的自然法論の完全な表現と見なすことができる」（Hans Kelsen, Die philosophischen Grundlagen der Naturrechtslehre und des Rechtspositivismus, Berlin 1928, S.76. 邦訳『ケルゼン選集Ⅰ自然法論と法実証主義』所収「自然法論と法実証主義の哲学的基礎」黒田覚訳、木鐸社、１９７３年、１０６頁。邦訳は筆者によって一部変えられていることを断っておく。コーヘンとケルゼンの純粋法学の哲学的基礎については次の文献を参照。Agostino Carrino, Das Recht zwischen Reinheit und Realität. Hermann Cohen und die philosophischen Grundlagen der Rechtslehre Kelsens, Baden-Baden 2011.）。

上記の引用から、シュタムラーおよびケルゼンが、カントは法論において批判的方法ないし超越論的方法を放棄していると解釈していることが明らかである。そしてシュタムラーは批判的方法によって方法二元論を徹底させる方向に、またケルゼンは超越論的哲学によって実証主義的法学を徹底させる方向に進んでいくことになる。

二　法実践と社会主義の倫理的基礎づけ

ところで、法実践は法律学の実践のみであるのだろうか。あるいは法実践はまた、たとえば私法において行われるような権利構成的行為の実践であるのだろうか。あるいはそうではないのであろうか。ここで論じられたテーマによって社会（Gesellschaft）についての問題が主題化されている。このテーマは、まさに「社会主義」の倫理的基礎づけという新カント学派の試みにとって重要であり、また法的視点も取り入れている。

たとえば、これについては次の文献を参照。Marxismus und Ethik. Texte zum neukantianischen Sozialismus, Herausgegeben von Hans Jörg Sandkühler und Rafael de la Vega, Mit einer neuen Einleitung von Hans Jörg Sandkühler, Frankfurt am Main 1974. 特にこの原典集の中のH・J・ザントキューラーの次の論文を参照。Hans Jörg Sandkühler, Kant, neukantianischer Sozialismus, Revisionismus. Zur Entstehung der Ideologie des demokratischen Sozialismus, S.7-44. この原典集にはH・コーヘン、C・シュミット（１８６３－１９３２）、L・ヴォルトマン（１８７１－１９０７）、F・シュタウディンガー（１８４９－１９２１）、M・アドラー（１８７３－１９３７）、K・フォアレンダー（１８６０－１９２８）、F・メーリング（１８４６－１９１９）などの論文が収載されている。Hermann Cohen, Kant, 1896. Conrad Schmidt, Sozialismus und Ethik, 1900. Ludwig Woltmann, Die Begründung der Moral, 1900. Conrad Schmidt, Nochmals die Moral, 1900. Sadi Gunter (= F. Staudinger) Sozialismus und Ethik, 1900. Franz Staudinger, Kant und der Sozialismus. Ein Gedenkwort zu Kants Todestag, 1904. Max Adler, Kant und der Sozialismus, 1904. Karl Vorländer, Kant und Marx, 1911. Franz Mehring, Kant und der Sozialismus, 1900. Franz Mehring, Die Neukantianer, 1900.

しかし、このテーマは法的視点を取り入れているにもかかわらず、カントの法論の広範囲な分析には至らなかった。

ここでも社会の把握において新カント学派哲学の困難性が明らかとなる。コーヘンは、「「倫理学」の現実性は……存在の現実性ではなく、当為の現実性である。いかにして当為が存在になるのかを現実性は証明することができない」と記述している（H. Cohen, Das Verhältnis der Ethik zu Religion and Politik, in: H.-L. Ollig, Neukantianismus. Texte der Marburger und der Südwestdeutschen Schule, ihrer Vorläufer und Kritiker, Mit einer Einleitung herausgegeben von Hans-Ludwig Ollig, Stuttgart 1982, S.85.）。この場合に、カントの前提のもとにおける理性的概念の貫徹はどのように考えられうるのかという困難性が明らかとなる。このことは「困ったこと」を基礎づけることになる。まさにそれゆえに、社会の把握に対して、つまり倫理学に対して「所与の学問」（学の事実）としての法律学は、思考上の研究にとって卓越した重要性をもつことになるであろう。というのは、これによって当為は「実証的形態」を獲得することになるからである。つまり「当為」は現実性を獲得する。法関係に対する社会関係の具体性に関して、これはコーヘンにおいては法および正義は確かに「理想概念」ではあるが、しかしそれにもかかわらずそれらは「実践的現実性」として社会を可能にするという考察に至る。

コーヘンは次のように述べている。

「法則がなければ、自由はなく、また法則において成立する社会がなければ、自由な人格性はない。法と国家における均衡の擬制がなければ、したがって道徳的存在者のそのつどの現実的社会は存在しない」（H. Cohen, Das Verhältnis der Ethik zu Religion und Politik, in: H.-L. Ollig, Neukantianismus. Texte der Marburger und der Südwestdeutschen Schule, ihrer Vorläufer und Kritiker, Mit einer Einleitung herausgegeben von Hans-Ludwig Ollig, Stuttgart 1982, S.96.）。

このように想定された擬制性は、もちろん容易に現実主義的に起こることになるという危険性がある。このような立場の困難性は明らかである。というのは、法が「擬制」に還元されるからである。まさにここにおいて基礎づけ問題が再び突然姿をあらわし、『法論』においてカントが述べている単なる経験的法論に対する批判が重要になる。

経験的法論に対するカントの批判については次の文献を参照。Wolfgang Naucke, Kants Kritik der empirischen Rechtslehre, Stuttgart 1996. カントは『法論』の中で、「単に経験的であるだけの法論は、〔ちょうどパイドロスの寓話の中の木製の頭のように〕美しいかもしれないが、ただ残念なことに脳髄のない頭でしかない」として、経験的法論に対して批判を加えているが、W・ナウケは経験的法論に対するカントの批判に法論解釈における中心的場所を確保しようと試みている。

というのは、法律学と法論との関係の解釈が問題となるからであり、その際まさに一方で「形而上学的思弁」と同様に他方で無思慮な経験主義が拒否されることになるからである。

カントは「法論への序論」§B「法とは何か?」の中で単なる経験的法論を批判して次のように述べている。

「この問いは、法律学者を、もし彼が同義語反覆に陥ることを欲せず、あるいは、或る普遍的解答の代わりにどこか或る国において或る時代に法律が何を欲しているかを指摘するだけで甘んじまいとすれば、ちょうど「真理とは何か」という有名な質問を受けた論理学者と同様な困惑に陥らせるであろう。何が合法か〔quid sit iuris〕については、すなわち、ある特定のところにおいてかつ特定の時代においてもろもろの法律が命ずるところのものあるいは命じたところのものについては、彼もたやすく述べることができるであろう。しかし、それらの法律が欲するところがはたしてまた正しいかどうかということ、および一般に法と不法〔iustum et iniustum〕を認識するための普遍的規準は、もし彼が暫時あの経験的諸原理を捨て去って、右の諸判断の源泉を単なる理性のうちに求め〔もっとも、その際あのもろもろの法律は指針として大いに彼の役に立つであろうが〕、可能な実定的立法のための基礎を打ち立てるのでなければ、彼にとっておそらく隠されたままでありつづけるであろう。単に経験的であるだけの法論は、〔ちょうどパイドロスの寓話の中の木製の頭のように〕美しいかもしれないが、ただ残念なことに脳髄のない頭でしかない」(VI, S.229f. 邦訳『法論』353–354頁)。

まさにカントの法論の拒絶を誘発したこの後者の視点が、新カント学派における重要なモチーフとして、E・ラスクによってかれの『法哲学』において的確に強調されている。

ラスクは次のように述べている。

「近代の法哲学の死活問題がつねに述べているように、あらゆる非経験的な法の哲学は、実証科学の輝かしい発展によって押しのけられた古い、自然法的法の形而上学と実際一致せざるをえないのであろうか」(E. Lask, Rechtsphilosophie (1905), in: H.-L. Ollig, Neukantianismus. Texte der Marburger und der Südwestdeutschen Schule, ihrer Vorläufer und Kritiker, Mit einer Einleitung herausgegeben von Hans-Ludwig Ollig, Stuttgart 1982, S.184., S.182-226. 邦訳『法律哲学』恒藤恭訳、大村書店、1921年、

3－4頁を参照)。

そこで、西南ドイツ学派およびその価値哲学の構想との一致において、ラスクは次のような解決方法をとっている。確かに「法律的一世界理論」だけが存在しうるが、しかし「価値と経験的価値基体」との相違は「哲学的方法と経験的方法との二元論」を強要する(E. Lask, a.a.O., S.184f. 同上、4－5頁を参照)。ラスクはこのような区別によって法哲学と経験的法考察は方法的に分離され、それによってうまくいくことになるとする(E. Lask, a.a.O., S.185. 同上、5頁を参照)。しかし、その媒介問題は未解決のままである。

オリヒは、正当性を含意する世界観による媒介問題の解決を参照するように指示しているが、しかしながら「価値・存在領域」が分離されることによって実定法の批判はほとんど不可能になるということを明らかにしている。

H.-L. Ollig, a.a.O., H.-L. Ollig, Einleitung, S.23. オリヒは、媒介ないし規範性と現実性との分離についてのこの問題は新カント学派法哲学の根本的問題であると理解している。H.-L. Ollig, Der Neukantianismus, Stuttgart 1979, S.139f. オリヒは、新カント学派法哲学の問題点は新カント学派社会哲学と類似して、規範的なものと現実的なものとのあまりにも大きな分離にあると指摘している。

ここでオリヒによって強調された価値と実在とを分離する方法二元論に対応する欠点は、この方法二元論は解決されないが、ラスクがカントの法概念をかれの「法哲学」の中で次のような解釈に基づいて引用していることによってすでに明らかとなる。

ラスクは、カントの法概念を目的論的視点から解釈して次のように述べている。

「カントによっても採用された概念規定が、近代のすべての法哲学的思弁の出発点を形成している。つまりその概念規定とは、法は内容上価値のある状態を達成するための人間の行為の外的規制である」(E. Lask, Rechtsphilosophie, in: H.-L. Ollig,

Neukantianismus. Texte der Marburger und der Südwestdeutschen Schule, ihrer Vorläufer und Kritiker, Mit einer Einleitung herausgegeben von Hans-Ludwig Ollig, Stuttgart 1982, S.198. 同上、24頁を参照)。

しかしながら、カントの法論における要求および法概念の定式化を注意深く見るだけで、ラスクとの解釈上の隔たりが明白となる。というのは、カントにおいては法関係の目的論的分類は、ラスクが示唆しているのとは異なって見出されないからである。

VI, S.230. 邦訳『法論』353-354頁を参照。

カントは、法の概念について§B「法とは何か?」の中で、先の文章に続けて具体例をまじえながら次のように述べており、目的論的分類はまったく見られない。

「法の概念は、それが法に対応する拘束性に関係するかぎりでは〔すなわち、法の道徳的概念は〕、まず第一に、各人の行なう行為が事実上相互に〔直接または間接に〕影響を及ぼしうるかぎりでの、或る人格の他の人格に対する外的かつ実践的な関係だけを問題とする。しかし、第二に、法の概念は、たとえば親切な行為あるいは冷酷な行為の場合のように、或る意思と他人の願望〔したがってまた他人の単なる欲求〕との関係にかかわるのではなくて、もっぱらその意思と他人の意思との関係にかかわる。第三に、こうした意思と意思とのあいだの相互関係においても、意思の実質、すなわち各人が彼の意思する客体によって（到達しようと）目論んでいる目的は、全く視野のうちに入ってこない。たとえば、或る人が自分の商売のために私から買う商品について、はたして彼がそれによって利益を得るかどうかは問題とならず、双方の意思が単に自由なものと見られるかぎりにおいて、相互の意思の関係の形式だけが問題となるのであり、また、この形式によって両当事者の一方の行為が他方の自由と普遍的法則に従って調和させられうるかどうかが問題となるのである。

だから、法とは、或る人の意思が他人の意思と自由の普遍的法則に従って調和させられうるための諸条件の総体である」（VI, S.230. 邦訳『法論』354頁)。

そうするとまた目的論的考察方法によって、カント法論の核心が誤解されることになる。というのは、それによって法の「固有の意味」が必然的に背景に退くことになるからである。ここで明らかなように、新カント学派はカントに対する批判においてかれら自身の前提から出発して議論しているということである。

つまりひと言で言えば、カント解釈が法論の理解を規定することになる。そしてこのことは、特に新カント学派のカント理解に基づく新カント学派における法論の継受を示している。

そこでカント哲学の基礎となる体系理解が証明されていない、ないしまだ確保されてさえいない場合には、そのかぎりにおいて批判的性格に対する問題は総じて疑問の余地があるということが明らかとなる。この解釈の困難性は当然、法哲学上の構想においてもあらわれる。新カント学派の前提のもとにおける批判的性格の問題が事柄を制限するとしても、その事実に固執することによって、法論が関係することができ、また関係すべきであることに対する問題は、依然として法論の解釈にとって緊急の問題である。

三　J・エビングハウスによる新カント学派法哲学に対する批判

J・エビングハウス（1885-1981）は、新カント学派の法哲学およびカントの構想そのものを前提とした新カント学派の批判について、正当にも、「方法二元論」の解明および諸見解の体系的な真理探求への要求だけではカントへ立ち戻ることをほとんど正当化しないと述べている。

Julius Ebbinghaus, Kants Rechtslehre und die Rechtsphilosophie des Neukantianismus (Erkenntnis und Verantwortung. Festschrift für Theodor Litt, hrsg. Josef Derbolav und Friedhelm Nicolin, Düsseldorf 1960, S.317-334), in: Gerold Prauss (Hrsg.), Kant. Zur Deutung seiner Theorie von Erkennen und Handeln, Köln 1973, S.322. 次の文献を参照。Friedrich Kaulbach, Studien zur späten Rechtsphilosophie Kants und ihrer transzendentalen Methode, Würzburg 1982, S.106, Anm.12. カウルバッハは、形式と素材の二元モデルが重要な役割を果たしている見解の代表者としてE・ラスクを挙げている。しかし、カウルバッハは新カント学派の端緒は法哲学の真のカントの構想に対応していないと指摘している。

このことから、新カント学派によって提示された問いは、カントの法論に対してすでに与えられた批判よりも、かれら自身の「批判理解」の意味を再度問い直す必要性を証示している。しかし、ここできわめて明らかになるのは、問題の地平はおそらく体系と同様に「批判」に対する二重の反省によってのみうまく解決されうるということである(詳細については次を参照。Gerd-Walter Küsters, Kants Rechtsphilosophie, Darmstadt 1988, S.6-13.)。したがって、カントの法の体系的構想はそれ自体まじめに受け取られなければならない。

シュタムラーの法哲学に対するエビングハウスの批判がこの必要性を示している。

エビングハウスは次のように述べている。

「法が規範的性格をもっているということは、法の根源が経験的に制約された意志の意向に見出されるかぎりにおいて、哲学的に些細な主張である。その意志は権力をもっており、この権力はその意志に服従する者を外的な行為へと強要し、その外的な行為によって、服従者が法を遵守すべきであるということをその意志は意欲する。しかしまさにこれは、ルドルフ・シュタムラーにおける法の概念であり、シュタムラーはカント主義の基盤における法哲学の改革者であると今日まで見なされている。もちろん、シュタムラーの理論とカントの理論との両立可能性は疑問の余地がないとは言えない」(Julius Ebbinghaus, in: Gerold Prauss (Hrsg.), a.a.O., S.322.)。

エビングハウスは、ここでE・カウフマン(1880-1972)の『新カント主義法哲学の批判』と題する研究を参照するように指示している。この研究はカントの批判書を考慮に入れて、まさにシュタムラーの法哲学の体系的欠陥を非難している。

Erich Kaufmann, Kritik der neukantischen Rechtsphilosophie. Eine Betrachtung über die Beziehungen zwischen Philosophie und Rechtswissenschaft, Tübingen 1921, S.11-20. H・ケルゼンの法哲学に対する批判については、S.20-25. を参照。また、ケルゼンの純粋法学に対するH・コーヘンの影響については、次の文献を参照。Manfred Pascher, Einführung in den

Neukantianismus. Kontext-Grundpositionen-Praktische Philosophie, München 1997, S.151-173.

ここで一般的に法哲学についてのあらゆる解釈の危険性が明らかとなり、また特にカントの場合がそうである。というのは、カントの著作は完結していないと見なされているからである。

ここではオープス・ポストゥムム（Opus postumum『遺作』）におけるカントの研究のみが参照指示されなければならない（XXIf. オープス・ポストゥムムと批判哲学との関係については次の文献を参照。加藤泰史「『オプス・ポストゥムム』と批判哲学の間」、岩波版『カント全集別巻カント哲学案内』所収、編集坂部恵・有福孝岳・牧野英二、岩波書店、２００６年、３５９–４０６頁）。この解釈については、たとえばカウルバッハの次の文献を参照。Friedrich Kaulbach, Immanuel Kant, Berlin 1969, S.317-326. 邦訳『イマヌエル・カント』井上昌計訳、理想社、１９７８年、３３４–３４２頁。カウルバッハは、カントの「移行」（Übergang）を哲学的思考の運動（Bewegung）と解釈し、また移行のプログラムは運動力（die bewegenden Kräfte）のなす体系づけという観点から考察するのがよいとして次のように述べている。「遺稿の熟慮が『自然科学の形而上学的原理』（一七八六年）の思考過程を、先天性と現実の経験との間の溝を乗り越える方法で継続するものであることが明らかになれば、この思考過程に対応した移行が『人倫の形而上学』（一七九七年）においても行なわれ得ないかどうか、という問題が当然でてくる。遺稿には、カントがこの移行に対応した課題提起を暗示していることばが実際に見られる。この課題提起の要点は、『人倫の形而上学』の法哲学的基礎論と道徳哲学的基礎論とから人間の道徳的可能性に関する経験的な学（たとえば、アダム・スミスの『道徳感情論 The Theory of Moral Sentiments』――人性学 Ethologie――において述べられるような一種の道徳的人間学があげられよう）への移行を行なうことであろう。たとえば、「道徳的実践的理性の理念も人間の自然に向かう運動力をもつ……」という命題のごときは、このような方向をさしているように思われる」（a.a.O., 320. 同上３３６–３３７頁）。

つまり、それはつねに繰り返し生じる体系的連関に対する問題であり、この問題は客観的論拠の排除に至る。そこで、いかなる観点からカントの著作は解明されるのかとする問題が生じることになる。

したがって、このことはきわめて重要である。というのは、新カント学派の問題設定によって「批判」と「形而上学」との関連に関する一定のテーゼがすでに主張されているからである。他方またエビングハウスは、カウフマンの新カント学派に対する批判、誤解を理由として、つまり法論の批判書に対する依存性を理由として批判しており、むしろ法論の独立性を主張している。またエビングハウスは、シュタムラーとカントの法概念を詳細に比較することによってカントの法概念の優越性およびカントの法概念に対するシュタムラーの洞察の欠如を指摘している。

Julius Ebbinghaus, Kants Rechtslehre und die Rechtsphilosophie des Neukantianismus (1960), in: Gerold Prauss (Hrsg.), Kant. Zur Deutung seiner Theorie von Erkennen und Handeln, Köln 1973, S.323-336. エビングハウスの独立性テーゼの評価については次の文献を参照。Hariolf Oberer, Zur Frühgeschichte der Kantischen Rechtslehre, in: Kantstudien 64, 1973, S.98f. また次の文献も参照。Amandus Altmann, Freiheit im Spiegel des rationalen Gesetzes bei Kant, Berlin 1982, S.62. A・アルトマンは、法的立脚点の独立性を明らかにするために主観的法と客観的法との相違を際立たせている。アルトマンは自己立法（法）と自律（理性）とを細かく識別している（Altmann, a.a.O., S.78.）。しかしながらキュスタースは、それによっては法の理性-意味が把握されないとする（Gerd-Walter Küsters, Kants Rechtsphilosophie, Darmstadt 1988, S.23, Anm.21.）。

まさにエビングハウスによる法論の批判書からの独立性の指摘は、法論はそれにもかかわらず批判的成果にその基礎づけを見出すが、法論の批判的性格に対する問題についての新カント学派の見解を逆の問題設定として明確にするかもしれない。というのは、この「独立性」が正しいとすれば、まさに法論のテクストは決定的に重要なテクストであるであろうし、批判書から濾過された諸要求によって測定するものではないであろうからである。

O・ヘッフェが、定言命法は道徳の規準であり、適法性に対するものではないと述べるとき、それによってまた「独立性」が考えられうる（O. Höffe, Kants kategorischer Imperativ als Kriterium des Sittlichen, in: ders., Ethik und Politik. Grundmodelle und-probleme der praktischen Philosophie, Frankfurt am Main 1979, S.98-100.）。しかし、この原因は「法論」の行為問題にある。

これについてはカウルバッハの次の文献を参照。Friedrich Kaulbach, Studien zur späten Rechtsphilosophie Kants und ihrer transzendentalen Methode, Würzburg 1982, S.162. カント哲学における道徳と法をめぐる討論の中で（討論者として次の論者

が挙げられる。J・リッター、M・ミュラー、M・リーデル、E・ケーネン、F・ヴィアッカー、J・ブリュードルン、K・H・イルティング、W・シュタインミュラー、F・カンバーテル、St・ガグナー、Ch・ヴェスターマン）、カウルバッハは定言命法はいわば法とは独立に機能していると発言している。

批判的性格に対する問いによって問題置換が生じる。この問題置換は、まさにエビングハウスによって示唆された独立性——この独立性の「道徳的」意味が解明されないかぎり、この独立性は法の無道徳性としてはじめから信用を失うものではないが——と真っ向から対立している。特にこのことによって法論の体系機能がもはや認識できなくなる。したがって、カント解釈は法論の可能な解釈の鍵となる。法論の批判的性格に対する問題は、言うまでもなく、批判的構想に関する知識を想定する。この批判的構想は、カントによって少なくとも主張された法論の機能要求を批判の意味規定にもはや含めない場合には、それによって制限されることになる。そのかぎりにおいて、この問題は確かにもっともな問題であるが、しかし「批判」からのみでは決定されえない。

というのは、G・プラウスが、カントは実践理性の領域においても基礎を置くことから先へ進んでおらず、またこれらの基礎は「しかし、ここでは場合によってはより不明確に留まり、カントがその際念頭に置いていた計画も、ここではより不明確に留まっていた。その結果、それに対応してドイツ観念論の最初のカント解釈者にすでに入り込んだ誤解はさらに深くなり、またより強固になっている」と確言しているからである（G. Prauss, Einleitung, in: G. Prauss (Hrsg.), Kant. Zur Deutung seiner Theorie von Erkennen und Handeln, Köln 1973, S.19, S.13.）。したがってまた、このことが意味するのは、やはり批判の構想はまだ適切に理解されていないということである。

四　新カント学派の研究およびその批判の成果

確かに批判的性格に対する問題はカントの計画そのものから生じるが、しかしその解答は批判の分離された規定によってはなされえない。特に法論に対して最近の研究は、決定的に重要なテクスト部分はそれにもかかわらず批判的機能と見なされうると指摘している（Friedrich Kaulbach, Studien zur späten Rechtsphilosophie Kants und ihrer transzendentalen Methode, Würzburg 1982.）。

したがって法論はそれ自体、法論がいかなる方法上の位置価値をもっているのかを決定するために独自の研究対象として注目を浴びている。このような視点から見ると、批判的性格に対する問題についての新カント学派の見解は、生産的であるというよりもむしろ反生産的であったと言わざるをえない。

これに反して現代の研究に対しては、この問題設定を切り縮めたものとして把握しているということが確認される。

Friedrich Kaulbach, Studien zur späten Rechtsphilosophie Kants und ihrer transzendentalen Methode, Würzburg 1982, S.75, Anm.1. カウルバッハは、カントの法哲学にはいわゆる超越論的方法（transzendentale Methode）との関係が認められないというかぎりにおいて、法哲学はカント哲学の全体系において局外的役割を果たしているにすぎないとする、特に新カント学派によって流布された見解が一般にカント解釈において主張されている事実は正当であると認めている。S.9, Anm.1.

それによって現代の研究は、カント研究の一般的な傾向を共有している（L. Nagl, Einleitung, in: P. Heintel / L. Nagl (Hrsg.), Zur Kantforschung der Gegenwart, Darmstadt 1981, S.4f.）。

したがって、批判の法的性格がまさにそこにおいて指摘されているのであるが、「カント哲学における法問題」についてのB・バウフの考察は根本的にその可能な洞察において独特のものである。バウフは、「しかし「権利問題」は本来的に「批判的」問題設定である」と述べている。

B. Bauch, Das Rechtsproblem in der Kantischen Philosophie, in: Zeitschrift für Rechtsphilosophie 3, 1921, S.3. これについては次の文献を参照。G. Dulckeit, Naturrecht und positives Recht bei Kant, Leipzig 1932, S.66f. ドゥルカイトは次のように述べている。「カントはいずれにせよ法論において批判的思考から出発していることは、「法論への序論」から明らかである。カントはその中で権利問題（quaestio juris）と事実問題（quaestio facti）とを区別し、また権利問題を非経験的法論の基礎に置いている。つまり、「権利問題」は本来的に「批判的」問題設定である」。しかし、ドゥルカイトはこの考察をかれの研究には利用していない。

そのかぎりにおいて、法論の批判的性格に対する厳密な問いは、法の権利付与（Berechtigung）に対する問いであろう。そうすると経験的法論に対する拒否は、法の法的基礎づけの定式化によっていっそう明確に規定されなければならないであろう（経験的法論に対するカントの批判については次の文献を参照。Wolfgang Naucke, Kants Kritik der empirischen Rechtslehre, Stuttgart 1996.）。法はいわば権利を付与されなければならない。

すでにここで明らかとなった定式化の困難性は、法論の体系的位置の問題性を示している。批判的性格の本質は、先行する批判的諸原理の単なる充足にあるのではなく、法として展開された法規定の内在的正当化にある。

この視点は、エビングハウスによって示唆された独立性テーゼに特に注意を向けるときに、理解可能となる。したがってH・オーバラーは、体系と法論との相互依存性に対する新カント学派の要求に反して次のように強調した。

「超越論的観念論に関する相互依存性の欠如が意味しているのは、……カント法論の欠陥ではなく、むしろ特別な長所である。……カントによって『人倫の形而上学』の「まえがき」においてはっきりと述べられた確信、つまり法論はむしろ批判的に基礎づけられた全体の中に体系的に組み込まれるという方法においてのみ哲学的に可能であるとする確信は今日まで反論されていない。――おそらく最終的に特に法論を考慮に入れて展開された――哲学の批判的体系への組み入れという意味においてカントの法哲学は、批判的哲学であると呼ばれてもよい」（Hariolf Oberer, Zur Frühgeschichte der Kantischen Rechtslehre, in: Kantstudien 64, 1973, S.99f.）。

カントはこれに関して、『人倫の形而上学』の「まえがき」の中で次のように述べている。

「『実践理性の批判』の後には人倫の形而上学という体系が続くはずである。これは、（既刊の『自然学の形而上学的基礎論』と対をなすものとして）法論の形而上学的基礎論と徳論のそれとに分けられる。そして、後出の「序論」はこれら（法論と徳論との）二者を含む体系の（構成）形式を提示し、部分的にそれを解明しようとするものである」（VI, S.205. 邦訳『法論』３２５頁）。

新カント学派の研究およびその批判の成果は、第一に、カント法論の理解は基礎的で適切な「理性概念」に明確に依存しているということであり、第二に、法論はいかなる事実性に関連するのか、法と現実性との媒介はどのように考えられうるのかという問題設定である。

法についてのテーマはカントにとって単に周辺的な形而上学のテーマではなく、すでにバウフが述べているように、理性概念ないし批判的問題設定と不可分に結びついている（カントの理性概念の法的性格については、キュスタースの詳しい論述を参照。Gerd-Walter Küsters, Kants Rechtsphilosophie, Darmstadt 1988, S.27-37.）。法の場合における「権利問題」は法の正当性に対する問題であろう。法論の批判はその正当性であり、特に法的視点の使用に関する正当性の批判であろう。

Ⅱ　Chr・リッターの所論

はじめに

エリック・ヴォルフ学派に属するChr・リッターは、先に述べたように、カント法哲学の成立史について画期的な研究を発表した。

Christian Ritter, Der Rechtsgedanke Kants nach den frühen Quellen, Frankfurt am Main 1971. この著作に対する論評については次の文献を参照。Gerd-Walter Küsters, Kants Rechtsphilosophie, Darmstadt 1988, S.37-45. J・シュムッカー（Josef Schmucker, Die Ursprünge der Ethik Kants in seinen vorkritischen Schriften und Reflexionen, Meisenheim am Glan 1961.）、H・ザーナー（Hans Saner, Kants Weg vom Krieg zum Frieden Band 1, Widerstreit und Einheit. Wege zu Kants politischem Denken, München 1967.）および特にChr・リッターの研究成果を踏まえたカント法論の生成発展史的研究についての我が国の先駆的業績として、三島淑臣（１９３２-２０１５）の次の文献を参照。三島淑臣『理性法思想の成立―カント法哲学とその周辺―』成文堂、１９９８年、第一章「若きカントにおける自然・人間・社会―理性法思想の原像―」１-１１５頁。初出「若きカントにおける人間と社会――理性法思想の成立史的研究・序説」九州大学「法政研究」第41巻１-２合併号、１９７４年、同第41巻３号、１９７５年。

リッターは、この研究において、ドイツの自然法伝統および同時代のイギリス、フランスの法哲学上の諸著作がカントの初期源泉にいかなる影響を与えたのかを明らかにしている。精緻な考証によるカント法思想の発展についての歴史的考察は、「古典的な」カント法哲学、特に『人倫の形而上学』についてのひとつの新たな解釈を提示している。この考察によって、カント法論全体に対するひとつの新たな理解が得られる。その際特にリッターは、カントの「批判的」理論と「非批判的」法形而上学との断絶を歴史的諸条件から明らかにすることを試みている。さらに、カント道徳哲学全体の「法理的」(juridisch) 根源が解明される (Christian Ritter, a.a.O., 特にS.1, S.14-24, S.339-341.)。ヴォルフの学問研究の伝統を踏襲するリッターの研究の博識・緻密さには、その成果や論証は今は措くとしても、驚嘆せざるをえない。

ヴォルフの『ドイツ精神史における大法思想家』と題する浩瀚な研究書の中では、H・グロティウス、S・プーフェンドルフ、C・トマージウスなどは論じられているが、しかしカントは独立したひとつの章としては取り上げられていない。Erik Wolf, Große Rechtsdenker der deutschen Geistesgeschichte, Vierte, durchgearbeitete und ergänzte Auflage, Tübingen 1963.

以下において、カント法哲学における超越論的・批判的性格をめぐるその後の論争の出発点となるリッターの研究目的、その方法、使用される初期資料、研究文献および結論についてやや立ち入って検討したい。リッターは、A・ショーペンハウアー (１７８８-１８６０) をはじめ、新カント学派以降の文献を詳細に参照することによって、カント法哲学研究においていかなる研究が未開拓のまま課題として残されているのかを考察している。そして、その残された課題にリッター自身が取り組むことになる。

それでは、リッターはどのような姿勢でこの研究に取り組んでいるのであろうか。

リッターは、法哲学的に「思考する」というカント自身の学問的態度に倣ってカント法思想の生成発展過程を追跡し、詳細に検討しようと試みている (Ritter, a.a.O., S.1.)。カント (１７２４-１８０４) は、周知のように、若い時から最晩年に至るまで一貫して講義の聴講者に「思想ではなく、思考すること」、「哲学ではなく……哲学することを学ぶ」ように要求していた（このカントの発言は、１７６５年の初期の講義計画（II, S.306.）および１８００年の最晩年の『論理学』（IX, S.25f.）において述べられている）。カントのこの要求は、今日においてますます重要な意義をもっていると思われる。したがって、リッターの研究姿勢を確認するためにもカント自身の発言をやや詳しく見てみよう。

若いカントは、「１７６５-１７６６年冬学期講義計画公告」（M. Immanuel Kants Nachricht von der Einrichtung seiner Vorlesungen in dem Winterhalbenjahre von 1765-1766）の中で「思考すること」ないし「哲学すること」の重要性について次のように述べている。

「要するに彼〔生徒〕は思想をではなく思考することを学ぶべきである。生徒が将来自分自身で歩むように熟達するのを欲するならば、われわれは生徒を背負ってやるべきではなく、導いてやるべきである。

そうした教授法は、哲学に固有の本性を要求する。だがこれは本来成年向きの仕事であるから、それを比較的未熟練な青年の能力に適応させようとすれば、故障が現われるのは不思議でない。学校の指導を終えた青年は、学ぶことに馴れた。これから哲学を学ぼうと彼は考える。だがそれは不可能である。なぜなら、彼は今や哲学することを学ぶべきだからである」

II, S.306. 理想社版『カント全集第三巻』「１７６５-１７６６年冬学期講義計画公告」川戸好武訳、１１４-１１５頁。周知のようにカントは、『純粋理性批判』II「超越論的方法論」第三章「純粋理性の建築術」の中でも次にように述べている。「ひとはすべての（アプリオリな）理性の学問のうちではただ数学のみが学びうるのであって、しかし哲学は（それが歴史的でないかぎりは）決して学ぶことはできない。理性に関しては、ひとはせいぜいのところただ哲学することを学びうるのみである」（A 837, B 865. 岩波版『カント全集6』有福孝岳訳、１１５-１１６頁）。

また最晩年にもカントは、『論理学』（Immanuel Kant's Logik. Ein Handbuch zu Vorlesungen. Herausgegeben von Gottlob Benjamin Jäsche, Königsberg, Friedrich Nicolovius, 1800.）「序論」Ⅲ「哲学一般の概念」の中で、哲学者にとって不可欠な３つの能力として人間の知の源泉の規定、すべての知の可能で有益な使用の範囲の規定、理性の限界の規定、また必要とされる2つの素養として才能と熟練をあらゆる種類の目的に使用するために育成すること、そして任意の目的のためにあらゆる手段を使用することに熟達することを挙げ、具体的に次のように述べている。

「かくして哲学者《フィロゾーフ》は、以下のことを規定できなければならない。

㈠ 人間の知の源泉、

㈡ すべての知の可能で有益な使用の範囲、

そして最後に、

㈢ 理性の限界。

最後のことは最も必要であるが、最も困難でもある。だがそれを臆見の愛好者《フィロドクス》は気にかけはしない。

哲学者には主として次の二つのことが必要である。㈠才能と熟練を、あらゆる種類の目的に使用するために育成すること。㈡任意の目的のためにあらゆる手段を使用することに熟達すること。この二つのことは結び合わされねばならない。というのは、知識なしではひとは決して哲学者とはならないであろうが、知識だけが哲学者を形成することも決してないだろうからだ。哲学者を形成するためには知識に、すべての認識と熟練とを合目的的に結合して統一することと、そうした認識や熟練が人間理性の最高の諸目的と一致することの洞察とが、付け加わらねばならないのだ。

哲学することができないような者が哲学者を自称することはまったくできない。だが哲学することは、理性を訓練して自己自身で使用することによってしか学ばれることができない。

いったいいかにすれば哲学は学びうるというのだろうか。哲学的に思考する者は誰でも、いわば他のひとの廃虚のうえに自己自身の仕事を構築するのだが、そのあらゆる部分において持続的な仕事が成し遂げられたことは決してない。だから哲学はまだ与えられていないというその理由からしてすでに、ひとは哲学を学ぶことはできない。だがかりに一つの哲学が現実に存在しているとしても、ひとがそれを学んだところで、自己について哲学者であるとは言えないであろう。というのは、その哲学についてそのひとがもつ知識は常に主観的に歴史記述的であるにすぎないであろうからだ。……

それに対して哲学することを学ぼうとする者は、哲学の体系のすべてを理性の使用の歴史とのみ見なし、自己の哲学的な才能を訓練するための客観と見なしてよい。

かくして真の哲学者は、自ら思考する者Selbstdenkerとして自己の理性を自由に自己自身で使用しなければならず、奴隷的に模倣するような仕方で使用してはならない。だがまた弁証論的に、つまり真理や知恵の見かけを認識に与えることだけを目指すような仕方で使用してもならない。それはたんなるソフィストの仕事であるが、知恵の精通者にして教師である哲学者の尊厳とはまったく調和しない」（IX,S.25f. 岩波版『カント全集17』『論理学』湯浅正彦・井上義彦訳、35-36頁）。

この上記の「哲学すること」に対する厳しい要求は、今日カントに耳を傾け、カントから学ぼうとする者にも向けられている。カントの著作の中に法に対する問題の答えを求めようとすれば、確かに多くの「習得できる」哲学上の学説に出くわすであろう。しかしながら、カントの「体系」を単に機械的に後から構成することによってカント法哲学のこのような「成果」を借用することは、まさに「思想ではなく、思考することを学ぶ」というカントの要求に矛盾することになる。

リッターは、このようなカントの要求を達成しようと本研究に真摯に取り組んでいる。ところで、それはどのような方法によって試みられるのであろうか。リッターは、カントが「法について哲学する」というカント自身の努力において辿ってきた道を追思考し、また法および不法についてのカントの初期の思想を熟考することを試みるという方法を選択することによってそれを行っている。その際、法哲学的に「思考することを学ぶ」というカント自身の出発点において、カントに同行すること以上に、いかにしてよりよくカントの助言に従いうるであろうかとリッターは自問している。そして、リッターはこれ以外に方法はないと考えている。

その生誕がまもなく２５０年（１９７０年現在）になる哲学者の法思想に今日接近しようと試みる者は誰でも、カントが上記『論理学』の中で述べているように訓練を必要とする。リッターは、ヴォルフ学派はまず偉大な法思想家の思想をまじめに受け取ることを教え、この思想の歴史的、哲学的制約を考慮させるが、しかし今ここで法に対して思考することによって責任を取る人間の絶対的尊厳を誤認することはない、と恩師ヴォルフに感謝の意を表明している。

リッターの本研究の原稿は、１９６８年夏に完成し、フライブルク大学法・国家学部に博士論文として提出したものである。その後、１９７０年11月までに公刊された著作は出版に際して追加されている。

一　リッターの研究の目的

1　『人倫の形而上学』および法哲学上のカント解釈

まずリッターは、19世紀後半に勃興した新カント学派によるカント法哲学の解釈およびその法政策的「私物化」を概観し、カント法哲学研究において未解決の問題として何が残されているのかを検討する（Christian Ritter, a.a.O., S.14-19.）。その際、後に明らかになるように、１９６１年に公刊されたＪ・シュムッカーの画期的なカント倫理学研究『前批判的著作およびレフレクシオーンにおけるカント倫理学の源泉』（Josef Schmucker, Die Ursprünge der Ethik Kants in seinen vorkritischen Schriften und Reflexionen, Meisenheim am Glan 1961.）から大きな刺激を受けている。

V. Gerhardt・F. Kaulbach, Kant, Darmstadt 1979, S.73. 以下に挙げる講義録は、倫理学だけでなく、実践哲学の一部であるカントの法論の成立史およびその解釈にとっても重要な意味をもっている。これらの講義録と『法論』との比較検討なしには、カント法哲学の成立史研究および解釈は十全に行われえないと言っても過言ではない。特にシュムッカーの研究は、カント法哲学における「前批判期」と「批判期」との区別に関して、リッターの研究に大きな示唆を与えている。シュムッカーの研究を踏まえたカント倫理学の成立史についての我が国における先駆的研究として次の文献を参照。浜田義文『若きカントの思想形成』勁草書房、１９６７年。浜田義文『カント倫理学の成立―イギリス道徳哲学及びルソー思想との関係』勁草書房、１９８１年。また次の文献も参照。木場猛夫『カント道徳思想形成―前批判期―の研究』風間書房、１９８７年。木場は、Ｐ・Ａ・シルプ（１８９７-１９９３）、Ｐ・メンツァー（１８７３-１９６０）、Ａ・メッサー（１８６７-１９３７）およびＪ・シュムッカーの研究を踏まえて批判期以前のカントの道徳思想の形成過程を跡づけることによって、批判期以前のカントの独自の道徳観および批判的倫理学の成立史を明らかにしている。

カントの実践哲学の発展史に関する当時の資料として、特にＪ・Ｇ・ヘルダー（１７４４-１８０３）の「実践哲学」に関する講義録（XXVII, 1, S.1-89.）、Ｇ・Ｂ・ボヴァルスキの「実践哲学」の記録（XXVII, 1, S.91-235.）、Ｇ・Ｌ・コリンズ（１７６３-１８１４）の「道徳哲学」の記録（XXVII, 1, S.237-473.）およびＪ・Fr・ヴィギランティウスの「人倫の形而上学」の記録（XXVII, 2, 1, S.475-732.）が重要である。また、これらの中でもとりわけ法論の発展史に関する資料としては、カントによって記されたＡ・Ｇ・バウムガルテン『第一実践哲学入門』に対する注解（XVIIII, S.1-91, Nr.6456-Nr.6576.）およびＧ・アッヘンヴァル『自然法』に対する注解（XVIIII, S.321-442, Nr.7323-Nr.7520.）が重要である。

「言うまでもなく、これらの講義録〔①１９６４年に公刊されたヘルダーによる１７６２-６４年の講義録から「実践哲学」に関する部分。②Ｇ・Ｂ・ボヴァルスキ（１７７７年3月入学）による「実践哲学」の記録。③Ｇ・Ｌ・コリンズ（１７８４年9月入学）による１７８４-８５年の「道徳哲学」の記録。④カントの法律顧問Ｊ・Fr・ヴィギランティウスによる１７９３-９４年の「人倫の形而上学」の記録〕はカントの実践哲学の発展史を跡づけるための重要な手がかりになる。これまで特に関心を集めてきたのは、定言命法を最上原理とするカント倫理学の体系の成立時期である。最初に講義録を編集したメンツァーは、『純粋理性批判』（１７８１）以前には「体系の基礎」は存在したが、それを統一する「指導理念」が欠けていると考えた。しかし、こうした見方は、Ｊ・シュムッカーらの研究によって訂正されてきている。すなわち、義務の体系の展開はすでに１７６０年代前半には開始されており、１７７０年代に入ってからは、もはやこの点に関する本質的な変化は見られないとするのである。こうした見方は、実践哲学の分野における前批判期と批判期の区別に疑問を投げかけ、その再検討を求めるものである。

また、このような義務の体系の成立時期についての議論は、批判期の著作の解釈にも大きな影響を与える。もし、カントの義務の体系は批判期に特有の超越論的観念論を待ってはじめて完成すると考えるなら、『基礎づけ』の最初の２つの章の解釈は、その第３章〔「人倫の形而上学から純粋実践的理性批判への移行」〕や『実践理性批判』の解釈に大きく依存することになる。これとは逆に、義務の体系は批判期以前に確立されていたと考えるなら、『基礎づけ』の第３章や『実践理性批判』の意義はこれとは別の文脈に求められることになるだろう。シュムッカーは「発展史的に見て、カントの倫理学は本質的にその形而上学における主観的―批判的立場から独立している」と述べ、この後者の解釈を支持している。

さらに、１７６０年代半ばから一貫してＡ・Ｇ・バウムガルテンの２つのテクストを用いて行われた講義のなかから、最終的に『人倫の形而上学』（１７９７）の構成が浮かび上がってくるという経緯を考えれば、前批判期からの義務の体系の連続性はいっそう際立つことになる。カントが書簡において『人倫の形而上学』の刊行計画を繰り返し語るようになるのは、やはり１７６０年代半ばからである。このことは法論および徳論に結実する義務の体系の展開を、バウムガルテンの倫理学との対決という観点から検討し直すことを要請している。法論についてはさらに、１７６７年から

１７８８年までG・アッヘンヴァルのJus naturalieを用いて行われた「自然法」に関する講義の存在が注目されよう。このように講義録を手がかりにしてカントの義務の体系の展開を跡づける作業は、すでに述べたように批判期の著作の解釈にも影響を与える可能性を秘めており、カントの実践哲学全体の評価にかかわる重要性を持っている」（『カント事典』編集顧問、有福孝岳・坂部恵、弘文堂、１９９７年、「カント講義録解説」の中の「道徳哲学講義」八幡英幸執筆、５７０‐５７１頁を参照。岩波版『カント全集20』『コリンズ道徳哲学』御子柴義之訳、１‐２８６頁。また、同著者による「解説（コリンズ道徳哲学）」を参照。同書、６１１‐６３０頁）。

ところで、『法論』が出版されたのは１７９７年であるが、そもそもカントはいつから自然法論ないし法哲学に学問的に取り組んでいたのであろうか。

１７６７年夏学期、ケーニヒスベルク大学の哲学の私講師であったイマヌエル・カント（１７２４‐１８０４）は当時43歳であったが、はじめて「自然法」についての講義を行った。30年後の１７９７年、ようやくこの老齢の学者は最後の大著として念願の『人倫の形而上学』を出版した。その第一部がまさに『法論の形而上学的基礎論』である。

カントがはじめて自然法論の講義を行ったのは、批判哲学の成立以前の１７６７年夏学期、43歳の私講師のときであった。それ以前の１７６０年代初頭から『法論』が出版されるまでの40年近くにわたり、文字通り半生をかけて、法論にかかわる思索は続けられていた。Emil Arnoldt, Gesammelte Schriften, herausgegeben von Otto Schöndörffer, Band.V, Kritische Exkurse im Gebiete der Kantforschung. Teil II, Berlin 1909, S.191-344, S.215, S.336f. 岩波版『カント全集18』「『人倫の形而上学』準備原稿と遺稿」、樽井正義・池尾恭一による解説、５３５頁を参照。

この著作はそれ以来カント法哲学の集大成と見なされており、カント研究はこの著作を法および不法についてのカント思想の叙述や解釈の基礎としてきた。しかし個々の問題の詳細な研究のためには、場合によってはなお若干のカント法哲学上、法律学上の諸著作、たとえば『永遠平和のために』（Zum ewigen Frieden. Ein philosophischer Entwurf. 1795. １７９６年に改訂第二版が出版される。その際、「第二追加条項　永遠平和のための秘密条項」が増補される）、『理論では正しいかもしれないが、実践の役には立たない、という俗言について』（Über den Gemeinspruch: Das mag in der Theorie richtig sein, taugt aber nicht für die Praxis. 1793.)、『偽版の違法性について』(Von der Unrechtmäßigkeit des Büchernachdrucks.1785.)、『人間愛からうそをついてもよいという誤った権利に関して』(Über ein vermeintes Recht aus Menschenliebe zu lügen. 1797.) および『諸学部の争い』(Der Streit der Facultäten. 1798.) の第三部「哲学部と医学部との争い」も参照されなければならない。またリッターは挙げていないが、カントの法哲学は歴史哲学とも不可分の関係にあり、公刊された著作としては『世界市民的見地における一般歴史考』(Idee zu einer allgemeinen Geschichte in weltbürgerlicher Absicht. 1784.)、『啓蒙とは何か』(Beantwortung der Frage: Was ist Aufklärung. 1784.)、『人類の歴史の憶測的起源』(Muthmaßlicher Anfang der Menschengeschichte.1786.)、さらに宗教哲学に関する著作である『単なる理性の限界内における宗教』(Die Religion innerhalb der Grenzen der bloßen Vernunft.1793. １７９４年に改訂第二版が出版される。その際、F・シラーの「優美と尊厳について」への反駁などが増補される) もカントの法哲学を深く理解するうえで不可欠な重要な諸著作である。いずれの著作も批判期以降に出版されたものである。

それでは、リッターの研究が発表される１９７１年までのカント法哲学研究はどのような状況であったのであろうか。まずこれを確認しておきたい。リッターはその研究状況を主に批判哲学と法哲学との体系的連関という視点から考察している。リッターも指摘するように、カント法哲学研究において、その解釈がカントの「法体系」の単なる叙述に甘んじるのではなく、カントの「批判」哲学の基礎からこの法体系を導出しようと努めた哲学者もいたのは確かである(クーノー・フィッシャー(１８２４-１９０７)は、カントの「体系」全体およびこの体系への「法体系」の組み入れについての古典的な叙述を行った。Kuno Fischer, Immanuel Kant und seine Lehre, 2.Teil, 6.Aufl. (Nachdruck von 1928), Heidelberg 1957, S.126-172. フィッシャーは、カントの理性的法論を私法、国家法、国際法および世界市民法に分けて詳細に論じている)。しかし、その解釈は驚いたことに例外なく、この導出は可能ではないとする結論に至った。

A. Lewkowitz (1883-1954), Die klassische Rechts- und Staatsphilosophie. Montesquieu bis Hegel, Breslau 1914, S.43-

67. レコヴィッツによれば、カントは経験的法律学の基礎を純粋理性において基礎づけ、また権利ではなく法の理念がア・プリオリな理性法則であることを明らかにした (Lewkowitz, a.a.O., S.47.)。それでもやはり、レコヴィッツはカントの法哲学は問題設定および問題解決において超越論的哲学の方法論に由来すると主張している (Lewkowitz, a.a.O., S.67.)。しかしまた、レコヴィッツは緻密でア・プリオリな私法の諸原則の構造の中に古い様式の自然法の教説が依然として存在しており、またカントの純粋私法は実定的私法の諸原則の再現であると主張している。カントの法哲学および国家哲学についての論述はS.43-67.を参照。

また、K・リッサーの次の文献を参照。Kurt Lisser, Der Begriff des Rechts bei Kant. Mit einem Anhang über Cohen und Görland, Berlin 1922, S.15f., S.26. リッサーは次のように述べている。

「法論においてカントは超越論的演繹を再開した。したがって、ここにおいてまた批判哲学の二つの根本概念が見出される。つまり、学の事実およびそれに関連づけられた超越論的方法である。この超越論的方法はこの学の事実から出発して、その可能性の諸条件である純粋な根本概念をこの事実の中で提示し、また明確に表現しなければならない。

学の事実とはここでは実定法である。それはカントによって制定法とも呼ばれており、自然法にその諸原理が含まれている。……哲学的批判の素材として事実上実定法は存在しなければならない。哲学的批判なしには、このような事実は思い上がった構成によって法律学と生半可に張り合うことになるであろう」(S.15f.)。

これに対する反論としてG・ドゥルカイトおよびW・ヘンゼルの次の文献を参照。G. Dulckeit (1904-1954), Naturrecht und positives Recht bei Kant, Leipzig 1932, S.60. W. Haensel, Kants Lehre vom Widerstandsrecht. Ein Beitrag zur Systematik von Kants Rechtsphilosophie, Berlin (Kantstudien-Ergänzungshefte 60.) 1926, S.1-6, S.56, S.96. ヘンゼルは、「カントは法哲学の領域においても、また一般的に道徳哲学の領域においてもかれによって発見された批判的方法を遵守しなかった」ということを認めざるをえないと述べている。またヘンゼルは、「超越論的方法は外的な私のもの・汝のものについての理論の出発点においてすでに放棄されている」と述べている。さらにヘンゼルは、「カントの法体系の諸原理は超越論的方法から離れている」と述べている。G. Dulckeit, Naturrecht und positives Recht bei Kant, Leipzig 1932, S.63. ドゥルカイトは、「カントは実践哲学の領域において批判的思考を十分に適用しておらず、また最終的にはそれを断念している」と指摘している。

G. Dulckeit, a.a.O., S.65-68. さらに、W・メッツガーの次の文献を参照。Wilhelm Metzger (1879-1916), Untersuchungen zur Sitten-und Rechtslehre Kants und Fichtes, Heidelberg1922 (z. T. erweitert als „Gesellschaft, Recht und Staat in der Ethik des deutschen Idealismus“, Heidelberg 1917, aus dem Nachlaß hrsgn. von Ernst Bargmann.), S.47, S.81.

メッツガーは次のように述べている。

「カントの倫理学は、かれの認識批判がかれに先行した形而上学者に向き合っているほどには、かれの先駆者の倫理学者に向き合っていない……カントは倫理学者としてむしろこれらの倫理学者と肩を並べており、またまさに……独断的な人倫論の体系を著した」。

またメッツガーは、「私法上の諸問題(所有権など)のカントのスコラ的取り扱いは、もちろんもっとも悪い自然法の伝統に陥ったままである」と指摘している。

さらに、E・カッシーラーの次の文献も参照。

Ernst Cassirer, Kants Leben und Lehre, Berlin 1918, S.426f. 邦訳『カントの生涯と学説』門脇卓爾・高橋昭二・浜田義文監修、

みすず書房、１９８６年、４２２頁。

　カッシーラーは次のように述べている。

「それは〔『法論の形而上学的基礎論』〕依然として偉大な体系的主要諸著作の周辺にあって、それらの主要著作の特性を有する最後の著作を形成している。……カントがこれまで自分の短い諸論文において別々に詳説してきたものは、今や一つの統一的な根本思想から基礎づけと導出とを経験する。……この際にカントが依拠した方法論は、むろん一見したところでは、啓蒙と革命との全時代の法哲学を支配した自然法的な考察方法と、いかなる点においても異なっているようには思われない」。

　その他の文献として、Ｒ・シュタムラーおよびＲ・シュミットの次の文献を参照。Rudolf Stammler, Theorie der Rechtswissenschaft, Halle a. S.1911, S.36f. シュタムラーは、「カントは『人倫の形而上学』において法論に対して批判的方法を放棄し、また当時支配的な自然法の軌道にとどまっていた」ということを確証している。

　Richard Schmidt, Einführung in die Rechtswissenschaft. Grundzüge des deutschen Rechts mit den Anfangsbegriffen der Rechtslehre und den Anfangsgründen der Rechtsphilosophie, Leipzig 1923. リヒャルト・シュミットは、コーヘンに従って、カントの法論は超越論的法論ではないと指摘している。というのは、カントは法論において超越論的方法の適用に役立ちうる法学を展開しなかったからである。それに加えてシュミットは、カントは『実践理性批判』において国家および法の成立を本質的には新たに主題化しておらず、また法論において、法論をカント自身の倫理学に適用させること、つまり『実践理性批判』から法哲学上の結論を導き出すこと、また啓蒙の概念の宝を解決することに満足しているということを確認している。

　シュミットのカント法論解釈については、Ｂ・マリバボの次の文献を参照。Balimbanga Malibabo, Kants Konzept einer kritischen Metaphysik der Sitten, Würzburg 2000, S.52.

つまり、批判哲学の基礎からの法哲学における法体系の導出不可能性について共通の見解が主張されていた。ヘルマン・コーヘン（１８４２–１９１８）の『純粋意志の倫理学』以来、研究者の間では広く次の意見で一致している。

　Hermann Cohen, Ethik des reinen Willens, 2.Aufl., Berlin 1907 (1904[1]), S.227. 邦訳『純粋意志の倫理學』村上寛逸訳、第一書房、１９３３年、３６０–３６１頁を参照。ただし、本訳書は１９２１年に出版された第三版を翻訳したものである。コーヘンは次のように述べている。
「……カントの哲学は一つの体系を形造る。この体系を倫理学に於いて粉砕するものは、それを論理学に於いても亦粉砕した。何となれば総ては、それから人が一部分を取り去り得ない所の、アインハイトであるから。先験的方法〔超越論的方法〕は論理学に対しては採用せられるが、併し倫理学に対しては放棄せられるといふ事はあり得ない。論理学は物理学の中に含まれているならば、論理学は物理学から捜出せられなくてはならない。そして物理学がかくして論理学に根差すならば、法も亦倫理学に於いてその根元を持たなくてはならない。それ故また法学からも倫理学は捜出せられ、基礎付けられなくてはならない。

　これは我々がここで倫理学に与へる所の、新しい地位である。カントは自然科学の形而上学的起源基礎をも書いたが、併し彼は自然科学の本来の形而上学的根柢はこれを純粋理性の批判に於いて発見し、設立したのであった。併るに倫理学に於いては彼はさうはしなかった。実践理性の批判に於いては彼は（ただ、あの自然科学に於いてなしたと比較され得べき仕方に於いてでさへも）法学に関係し、それに向って方向をとることを為しはしなかった。寧ろ彼は、一つの学の類似的事実を所望の事であるといひ、そしてそれに対してただ一つの事実の類似物を要求したのみであった。かくして、それに法が彼に於いて後で、即ち彼の法学の形而上学的起源に於いて、倫理学に対して陥った所の、区別が発生した。我々はこの法と道徳との間の区別に更にもう一度帰って来なくてはならないであろう。ここではただ、カントが先験的方法〔超越論的方法〕の応用をここでは行わなかったという事が、又彼が倫理学の演繹を、論理学の演繹を自然科学に於いて行った如くに、法学に於いて行わなかったといふ事が、指摘せられるべきである。

　この事からして一つの癒すべからざる欠陥が先験的方法〔超越論的方法〕の概念に来らなくてはならなかった事は何等の疑問も許さない。蓋し若しもその方法が論理学に対して妥当するのであるならば、それは何故に倫理学に対して妥当してはならないのであるか？」。


すなわちカントの法哲学は、それは『人倫の形而上学』において著されているが、哲学的批判主義の諸要件、つまり人間の理性のはたらき一般の可能性の諸条件からの厳格な演繹によるあらゆる命題の証明という諸要件、およびここでは特に実践理性の諸要件に対応していないとする意見である。一言で言えば、カント法哲学の超越論的性格ないし批判的性格の否定である。


　リッターは、後に立ち入って考察するが、カント法哲学の解釈および評価を歴史学者・文献学者の緻密な手法で7つの視点から詳細に検討している。そして、この検討によって上記の結論を導き出している。

　第一に、カント法哲学の包括的な叙述を一般的な哲学史の概説書によって確認している。

　(Ueberweg-Heinze-) Frischeisen-Moog, Grundriss der Geschichte der Philosophie, Bd. III, Die Philosophie der Neuzeit bis zum Ende des XVIII. Jahrhunderts, Berlin 1924 (12.Aufl.), S.591-594. Windelband-Heimsoeth, Lehrbuch der Geschichte der Philosophie, Tübingen 1957 (Wilhelm Windelband, Lehrbuch der Geschichte der Philosophie. Billige Ausgabe. Mit einem Schlußkapitel. Die Philosophie im 20. Jahrhundert und Übersicht über den Stand der philosophiegeschichtlichen Forschung, herausgegeben von Heinz Heimsoeth, Tübingen 1935, S.444-477.). Vorländer-Knittermeyer, Geschichte der

Philosophie, 9.Auflage, 2.Bd. Die Philosophie der Neuzeit bis Kant, Hamburg 1955. S.343-423.

第二に、大まかな法哲学史的関連においてカント法哲学を取り上げている文献を確認している。

Karl Larenz, Sittlichkeit und Recht. Untersuchungen zur Geschichte des deutschen Rechtsdenkens und zur Sittenlehre, in: ders. (Hg.), Reich und Recht in der deutschen Philosophie Bd. I, Stuttgart und Berlin 1943, S.276-291. Carl Joachim Friedrich (1901-1984), Die Philosophie des Rechts in historischer Perspektive, Berlin · Göttingen · Heidelberg 1955, S.73-78. Huntington Cairns, Legal Philosophy from Plato to Hegel, Baltimore 1949, pp.390-463. Alfred Verdroß (1890-1980), Abendländische Rechtsphilosophie. Ihre Grundlagen und Hauptprobleme in geschichtlicher Schau, 2.Aufl.,Wien 1963, S.142-151. Walter Schönfeld (1888-1958), Grundlegung der Rechtswissenschaft, Stuttgart und Köln 1951, S.378-399. Hans Welzel, Naturrecht und materiale Gerechtigkeit, 4.Aufl., Göttingen 1962, S.162-172. Johann Sauter (1891-1945), Die philosophishen Grundlagen der Naturrechts. Untersuchungen zur Geschichte der Rechts- und Staatslehre, Wien 1932, S.214-220. Ernst Landsberg, Geschichte der deutschen Rechtswissenschaft, 3.Abtheilung. 1.Halbband, Text, München und Leipzig 1898, S.503-519. Otto v. Gierke (1841-1921), Johannes Althusius und die Entwicklung der naturrechtlichen Staatstheorien, 5.Aufl., Meisenheim am Glan 1958 (1880), S.120-122., S.207-210, S.303-320. Hans Reiner, Artikel „Kant“ Nr.3 in „Staatslexikon“ Bd.4, 6.Aufl., Freiburg 1959, S.786-798. 『国家事典』のカントに関する論述は３つの項目から構成されており、法哲学はＨ・ライナーが執筆している。Max Müller, 1. Leben und Werke, 2. Die philosophische Grundstellung seines Denkens. Hans Reiner, 3. Ethik und Rechtsphilosophie.

第三に、特に法哲学に焦点を合わせているわけではないが、その研究の枠組みにおいてカントの法思想を取り扱っている文献を確認している。

Karl Jaspers, Drei Gründer des Philosophierens, Plato-Augustin-Kant, München 1965, S.316-366. 邦訳『ヤスパース選集８カント』重田英世訳、理想社、１９６２年、２６４-３５５頁。ハンナ・アーレント（１９０６-１９７５）は、Ｋ・ヤスパース（１８８３-１９６９）のこの著作はカントの政治哲学という特定の主題に多くのページを割いている唯一の著作であると評価している。

アーレントは次のように述べている。

「カントに関する文献は膨大な数にのぼっているが、しかしカントの政治哲学を扱った著作はごく僅かしかない。その中では、ハンス・ザーナーの『戦争から平和へのカントの道』が、研究に値する唯一の文献である……カント哲学全体を論じたすべての著作の中で、ヤスパースのみが、その紙面の少なくとも四分の一をこの〔政治哲学という〕特定の主題に献げる扱いをしているにすぎない。（この点でヤスパースは、カントが今までにもった唯一の弟子であり、またザーナーは、ヤスパースが今までにもった唯一の弟子である）」（H. Arendt (1906-1975), Lectures on Kant's Political Philosophy, edited and with an Interpretive Essay by Ronald Beiner, Chicago 1982, p.7. 邦訳『カント政治哲学の講義』浜田義文監訳、法政大学出版局、１９８７年、３-４頁）。

Friedrich Delekat (1892-1970), Immanuel Kant. Historisch-kritische Interpretation der Hauptschriften, Heidelberg 1966^2,

S.316-339. Karl Vorländer, Immanuel Kant. Der Mann und das Werk 2 Bde., Leipzig 1924, S.210-238, S.266-282. Bruno Bauch, Immanuel Kant, 3.Aufl., Berlin und Leipzig 1923, S.355-368. 邦訳としてはゲッシェン叢書に収められている『イマヌエル・カント』（B. Bauch, Immanuel Kant, Sammlung Göschen, Nr.536, Leipzig 1911.）がある。『カントの哲学』篠原寛二訳、理想社出版部、１９３６年、１７３－１７７頁。『イマヌエル・カント―人とその思想―』小倉貞秀監訳、以文社、１９８８年、１４４－１４７頁。Ernst Cassirer, Kants Leben und Lehre, Berlin 1918, S.424-428. 邦訳『カントの生涯と学説』門脇卓爾・高橋昭二・浜田義文監修、みすず書房、１９８６年、４２０－４２４頁。Friedrich Kaulbach, Immanuel Kant, Berlin 1969, S.239-243, S.286-291, S.305-317. 邦訳『イマヌエル・カント』井上昌計訳、理想社、１９７８年、２５３－２５７頁、３０１－３０６頁、３２２－３３３頁。

第四に、カントの法哲学全体について論じている文献を確認している。リッターは特にこれらの文献からカント法哲学の否定的解釈を導き出している。

G. Dulckeit, Naturrecht und positives Recht bei Kant, Leipzig 1932. Rudolf Dünnhaupt, Sittlichkeit, Staat und Recht bei Kant. Autonomie und Heteronomie in der Kantischen Ethik, Berlin 1927 (Diss. Greifswald 1926). Werner Haensel, Kants Lehre vom Widerstandsrecht. Ein Beitrag zur Systematik der Kantischen Rechtsphilosophie, Berlin 1926. Kurt Lisser, Der Begriff des Rechts bei Kant, Berlin 1922. Bruno Bauch, Das Rechtsproblem in der kantischen Philosophie, in: Zeitschrift für Rechtsphilosophie, Bd.3, Leipzig 1921, S.1-26. Wilhelm Metzger, Untersuchungen zur Sitten-und Rechtslehre Kants und Fichtes, Heidelberg 1912 (z.T. erweitert als „Gesellschaft, Recht und Staat in der Ethik des deutschen Idealismus", Heidelberg 1917, aus dem Nachlaß hrsgn. von Ernst Bargmann). Joseph Wicke, Kants Rechts-und Staatsphilosophie, Breslau 1913. Hermann Bargmann, Der Formalismus in Kant's Rechtsphilosophie, Leipzig 1902.

第五に、カント法哲学についてのドイツ語以外の言語による当時の文献を特に取り上げ検討している。

H. J. Hommes, Enige beschouwingen over Kant's metafysische rechtsleer, Rechtsgeleerd Magazijn Themis, 1963, blz.441-525. Georges Vlachos, La pensée politique de Kant. Métaphysique de l'ordre du progrès, Paris: Presses Universitaires de France 1962. D. Pasini, Diritto Società e Stato in Kant, Milano 1957. Norberto Bobbio (1909-2004), Diritto e stato nel pensiero di Emanuele Kant, Torino 1957.

第六に、カントの法哲学上の理解にとって、カント倫理学についての著作も重要であるとしてそれらを確認している。

H. J. Paton (1887-1969), Der kategorische Imperativ. Eine Untersuchung über Kants Moralphilosophie, Berlin 1962; engl. erste Auflage, 1947, The Categorical Imperative. A Study in Kant's Moral Philosophy, Hutchinson London. 邦訳『定言命法―カント倫理学研究―』杉田聡訳、行路社、１９８６年。A. E. Teale, Kantian Ethics, Oxford University Press 1951. Gerhard Krüger (1902-1972), Philosophie und Moral in der Kantschen Kritik, Tübingen 1931.

第七に、アカデミー版カント全集 XIXff.（道徳哲学、法哲学、宗教哲学のレフレクシオーン、『美と崇高の感情に関する考察』についての覚書き、オープス・ポストゥムム、準備草稿、補遺、講義筆記録などが含まれている）を参照している。

カントの『法論』が、超越論的方法に認められるとされるカント哲学の不滅の進歩に関与していないとするこの洞察は、過去において次のような結果に至った。つまり、カントの法哲学にはわずかに古風な関心が示されたにすぎないか、あるいはカントの学問的姿勢に倣ってすぐにそのさらなる形成に移行した。すなわち、カントが理解しているカントを越えようと企図したのである。

カント自身『純粋理性批判』の中で学問の「さらなる形成」の重要性に関して次のように述べている。

「私はここで文献的な研究に立ち入って、あの崇高な哲学者が彼の用語に結びつけていた意味を決定しようとは思わない。ただ私が注意しておきたいのは、普通の会話においても、また著作においても、或る著者がおのれの問題対象に関して述べている諸思想を比較することによって、その著者がおのれ自身を理解している以上にすらその著者をよく理解するということが、けっして珍しいことではないということである。つまり、その著者がおのれの概念を十分に規定しておらず、そのためおのれ自身の意図と反対のことを語ったり考えたりさえすることがときどきあるからである」（A 314. 理想社版『カント全集第五巻』原佑訳、34頁）。

コーヘンらはカントのこの言説を引き合いに出して、法哲学をかれらが理解する超越論的観念論の諸要件に適合させる試みを行った。これらの諸要件は、理論哲学、特に認識論として理解された『純粋理性批判』から取り出されたものである。『純粋理性批判』についてのこのような伝統的見解に対しては、M・ヴント（1879-1963）やH・ハイムゼート（1886-1975）のようにカントの理論哲学の形而上学的諸要素を強調した者もいたし、またM・ハイデガー（1889-1976）のように存在論的解釈を行った哲学者もいた。

Max Wundt, Kant als Metaphysiker. Ein Beitrag zur Geschichte der Deutschen Philosophie im 18. Jahrhundert, Stuttgart 1924. Heinz Heimsoeth, Metaphysische Motive in der Ausbildung des kritischen Idealismus, Kantstudien, Bd. 24 (1923), S.121-159.; ders., Metaphysik und Kritik bei Chr. A. Crusius. Ein Beitrag zur ontologischen Vorgeschichte der KrV im 18. Jahrhundert, Berlin 1926. H・ハイムゼートのこれらの論文は次の著作に収載されている。Heinz Heimsoeth, Studien zur Philosophie Immanuel Kants. Metaphysische Ursprünge und ontologische Grundlagen, Kantstudien Ergänzungshefte 71, Köln 1956.「批判的観念論の形成における形而上学的諸動機」には邦訳がある。『カント哲学の形成と形而上学的基礎』須田朗・宮武昭訳、未來社、１９８１年。Martin Heidegger, Kant und das Problem der Metaphysik, Frankfurt am Main 1951[2]. 邦訳『ハイデッガー選集19カントと形而上学の問題』木場深定訳、理想社、１９６７年。１９２０年代以降のカント批判哲学の形而上学的、存在論的解釈の代表的論者として、M・ヴント、N・ハルトマン（１８８２–１９５０）、H・ハイムゼートおよびM・ハイデガーなどが挙げられる。カントの批判哲学の形而上学的・存在論的解釈については次の文献を参照。岩波版『カント全集別巻カント哲学案内』２００６年、角忍、「形而上学的カント解釈―ハイムゼート、ヤスパース、ハイデガー―」、９７–１０５頁。

「一九世紀後半から二〇世紀初頭にかけてカント解釈を支配していたのは、「カントに帰れ」を標榜した新カント学派の見解である。新カント学派によれば、「批判哲学」は形而上学が不可能であることを示し、哲学全体を認識批判、意識機能の超越論的分析に限るものであった。カント哲学は、科学論、ないし理論的・倫理的・美学的意識の反省的分析である。カントに帰るということはドイツ観念論から離れることであり、「批判」は形而上学の破壊と同じ意味であった。「存在」の問題は、カント以来、片づけられたものとみなされた。ところが一九二〇年代に入ると、こうした見方を打ち破る新たなカント解釈が次々に登場してくる。M・ヴント、N・ハルトマン、ハイムゼート、ハイデガーなどによる「形而上学的」、「存在論的」解釈である。彼らは形而上学の理念・課題・方法に関する考え方においてずれを示しながらも、哲学の本質は形而上学にあるという観点からカント哲学を捉え直そうとする姿勢で共通しており、「批判」の最終目的が科学の認識論的基礎づけにではなくて形而上学の樹立にあるという見方を共有している」（同書、97頁）。

しかし当時、形而上学的解釈や存在論的解釈は主流ではなかった。『人倫の形而上学』に依拠せずにカントの法哲学に従事するという新カント主義のマールブルク学派、たとえばコーヘン（１８４２–１９１８）、P・ナトルプ（１８５４–１９２４）、R・シュタムラー（１８５６–１９３８）およびA・G・ドーナ（１８７６–１９４４）らのこの試みは唯一のものではなかった。

Hermann Cohen, Ethik des reinen Willens, 2.Aufl., Berlin 1907 (1904[1]). Paul Natorp, Recht und Sittlichkeit. Ein Beitrag zur kategorialen Begründung der praktischen Philosophie. Mit besonderem Bezug auf Hermann Cohens „Ethik des reinen Willens" und Rudolf Stammlers „Theorie der Rechtswissenschaft", Kantstudien, Bd.18 (1913), S.1-79. Rudolf Stammler, Die Lehre von dem richtigen Rechte, Neu bearbeitete Auflage, Halle 1926. Erik Wolf, Große Rechtsdenker der deutschen Geistesgeschichte, Tübingen 1963[4], S.717. Alexander Graf zu Dohna, Kernprobleme der Rechtsphilosophie (1940; Nachdruck Darmstadt 1959 mit Nachwort von Erik Wolf).

また他方で、新カント主義のハイデルベルク学派ないし西南ドイツ学派、たとえばE・ラスク（１８７５－１９１５）、F・ミュンヒ（１８７９－１９２０）、M・E・マイアー（１８７５－１９２３）およびG・ラートブルフ（１８７８－１９４９）らはカントの倫理学および美学から、かれらが理解する「カントの精神」において法哲学の文化・価値哲学的基礎づけのための端緒・手がかりを取り出した。

Emil Lask, Rechtsphilosophie, in: Die Rechtsphilosophie im Beginn des 20. Jahrhunderts, Heidelberg 1905, Bd.2. 邦訳『法律哲学』恒藤恭訳、大村書店、１９２１年。Fritz Münch, Recht und Kultur, Leipzig 1918. Max Ernst Mayer, Rechtsphilosophie, Berlin 1922. Gustav Radbruch, Grundzüge der Rechtsphilosophie, Leipzig 1914, 6. Aufl. 1963, hrsgn. und eingel. von Erik Wolf. 邦訳『ラートブルフ著作集第２巻 法哲学綱要』山田晟訳、東京大学出版会、１９６３年。ラートブルフの法思想は、H・リッケルトおよびW・ヴィンデルバントによって基礎づけられたこの学派の理論によって形成されたと言える。シュタムラー、ラスク、ミュンヒ、マイアー、ケルゼン、J・ビンダー（１８７０－１９３９）およびW・ザウアー（１８３１－１９１６）の法哲学に与えたカントの影響についての簡潔的確な考察として次の文献を参照。Wilhelm Sauer, Der Einifluß Kants auf die Rechtsphilosophie. Zu Kants 200. Geburtstag, in:Leipziger Zeitschrift für Deutsches Recht, XVIII. Jahrg. Nr.8, S.177-186. また、ザウアーの法哲学に関する入門的概説書（Einführung in die Rechtsphilosophie für Unterricht und Praxis, Berlin 1954.）の邦訳として次の著作が挙げられる。『法哲学序説』峯村光郎訳、勁草書房、１９５８年。岩波版『カント全集別巻カント哲学案内』２００６年、九鬼一人「新カント学派とカント」、８１－９６頁。

しかし、この学派もマールブルク学派と同様にカント自身の『法論』を受け継ぐことはしなかった。カントの『法論』が哲学的批判主義の諸要件を満たしていないとする新カント学派の解釈こそが、その後『法論』そのものが軽視ないし無視され続けてきた主要な原因となっている。すでに述べたように、特にケルゼンの破産宣告が法学者に大きな影響力を与えたと思われる。

　最終的にはカント法哲学の「さらなる形成」のもとで、カントの権威が次々とさまざまな法政策的目的のために援用ないし利用されるという事態が生じた。というのは、確かに『法論』そのものが多様な解釈可能性を許容したからである。リッターはその具体例として代表的論者を挙げている。たとえば、自由主義者のD・パシニ（D. Pasini, Diritto Società e Stato in Kant, Milano 1957.）は自由主義的な法思想家を、社会主義者のK・フォアレンダー（１８６０－１９２８）、W・ヴァーグナー、P・チョイナッキおよびM・アドラー（Karl Vorländer, Kant und der Sozialismus, Bern 1900; ders., Die neukantische Bewegung im Sozialismus, Berlin 1902; ders., Marx oder Kant?, in: Archiv für Sozialwissenschaften, Bd.28 (1909), ders., Kant und Marx, Tübingen 1911. Walter Wagner, Die Vereinigung von Kant und Marx, Langensalza 1921. P. Chojnacki, Die Ethik Kants und die Ethik des Sozialismus. Ein Vermittlungsversuch der Marburger Schule, Freiburg i. d. Schweiz 1924. Max Adler, Kant und der Marxismus, Berlin 1925.）は社会主義的な法思想家を、また保守主義者のH・プルッツおよびA・O・マイアー（Hans Prutz (1843-1929), Kant und der preußische Staat, in: Preußische Jahrbücher Bd.49 (1882), S.537. プルッツは、カントにとってプロイセン国家は国家一般であったと言ってもよいと指摘している。Arnold Oskar Meyer (1877-1944), Kants Ethik und der preußische Staat, in: Von staatlichem Werden und Wesen, Festschrift für Erich Marcks zum 60. Geburtstag, Stuttgart und Berlin 1921, S.3-23.）は保守主義的な法思想家をカントの中に見出せると信じ、さらにその政治的意図に応じてカントを「さらに発展させる」ことができると信じたのである。それどころか極端な場合には、E・スヴォボダのように、カントの『法論』を国家社会主義の精神において解釈することができるとさえ信じた者もいた。

Ernst Swoboda (1879-1950), Kant und das Zivilrecht, Kantstudien 43, 1943, S.369-392.

スヴォボダは次のように述べている。「人格概念だけでなく、法のあらゆる他の大きな根本概念も……オーストリア一般民法典においてカント哲学を使用することによってまったく新しい形態を得たが、厳密に言うとつまりそれはつねに国家社会主義的思想世界と親密な関係にある形態であった」（Ernst Swoboda, a.a.O., S.382.）。

確かに、カントの法思想のこのような法政策的「私物化」はカントの権威の力を示すものである。また、新カント学派による法哲学の「さらなる形成」はカントの思想の影響力と豊かさを示している。と同時に、新カント学派の法哲学はカントの「批判的」法哲学の誤解に基づいているにしても、法実証主義の克服などその後の法哲学の発展に大きく寄与しているのは疑いえない。

１８６５年Ｏ・リープマン（１８４０-１９１２）の『カントとその亜流』（Otto Liebmann, Kant und Epigonen. Eine kritische Abhandlung, Stuttgart 1865.）が「カントに帰る」ことに対して、決定的に重要なきっかけを作った。そして、それ以降哲学一般が、それとともに法哲学も「カントに帰れ！ Also muß auf Kant zurückgegangen werden.」（リープマンは、この著作の諸章を「それゆえ、カントに帰らなければならない」という標語で結んでいる）という呼びかけのもとで新たに目覚めたという事実を考慮に入れると、それにもかかわらず次のことは注目に値する。つまり第一に、Ｊ・エビングハウス（１８８５-１９８１）も指摘しているように、カントの『法論』そのもの（Kants Rechtslehre und die Rechtsphilosophie des Neukantianismus, in: Erkenntnis und Verantwortung, Festschrift für Theodor Litt, hrsg. von Josef Derbolav und Friedhelm Nicolin, Pädagogischer Verlag Schwann, Düsseldorf 1969, S.334, in: Gerold Prauss (Hrsg.), Kant. Zur Deutung seiner Theorie von Erkennen und Handeln, Köln 1973, S.336. エビングハウスはカント法哲学の原典である『法論』をもう一度徹底的に、また予断をもたずに吟味すべきであると述べている）および「批判主義」と『法論』との矛盾に対する根拠を気にかける者がいかに少なかったかということである（『法論』の軽視および「批判主義」と『法論』との矛盾）。第二に、「歴史主義」の時代においても、その頂点は新カント学派の新たな興隆期と重なるが、またそれ以降においても従来の自然法論者とカントとの関係についての詳細な研究を試みる者がいかに少なかったかということである（伝統的自然法論者とカントとの関係についての研究の欠如）。このことは、新カント学派のカント批判哲学および法論の解釈がいかに影響力をもっていたかを物語っている。

2 「カント」に戻って法哲学上の検討をすることに対する初期資料の意義

リッターの本研究は、上記で指摘した2つの未解決の問題を追求することを試みるものである。第一に、カントが法を批判主義の意味において取り扱っていないということが適切か否か、もしそうであるならば、なぜそうなのかその根拠を考察する。また第二に、同時代のいかなる自然法論者がカントの『法論』に影響を与えたのかを具体的に確認する。本研究は、これらの問題に対する解答を追求し、またそれを越えてカントの法思想の位置規定も追求する。しかし、法哲学上の「カント主義」のさまざまな形態の位置規定は追求していない（Ritter, a.a.O., S.19-21.）。

したがって本研究は、本書の構成からも容易に窺い知れるように『人倫の形而上学』そのものを出発点とするのではなく、初期源泉の豊かな、一部は若い時代以降の入手可能な資料を使用してその出発点から、つまり1760年代はじめの自然法についての講義の最初の準備時期からカントの法思想の生成発展を考察している。リッターは、この考察によってはじめに提起した2つの問題に対する解答を提示するだけではない。むしろ法思想家カントの新しい、意外で輪郭豊かな人物像を明らかにする。また、『人倫の形而上学』からだけでは想像されえない、いっそう多面的なカントの思想家像が明らかとなる。

しかし、リッターの初期資料に基づくカント法思想の考察方法は、確かに第二の問題の考察には適切であるが、第一の問題に直接答える方法としては必ずしも適切ではなく、回り道をしていると言わざるをえない。というのは、生成発展史的方法および影響史的方法による『法論』の解釈に重点が置かれており、『法論』と批判哲学との体系的関連を直接比較し、検討するという方法をとっていないからである。

Wolfgang Kersting, Wohlgeordnete Freiheit. Immanuel Kants Rechts-und Staatsphilosophie, Berlin・New York 1984, S.36, Anm.53. 邦訳『自由の秩序―カントの法および国家の哲学―』舟場保之・寺田俊郎監訳、ミネルヴァ書房、２０１３年、注28、

108-109頁を参照。

　リッターは、「カントが、法を批判主義の意味において取り扱っていないというのは適切かどうか、また取り扱っていないというのが適切であるならば、それはなぜなのか」という問いを立てている。しかしこれに対して、ケアスティングは次のように述べて、その考察方法を批判している。リッターにとって重要なことは、新カント学派がカントの道徳哲学および法哲学に対して行った異議申し立てを、後者、つまりカントの法哲学に対して再検討することである。特筆すべきことは、リッターが新たな証拠調べを1797年の『法論』ではなく、初期源泉から始めていることである。『法論』は脚注に現れるにすぎない。

また次の文献も参照。Mary Gregor, Kant's Theory of Property, in :Review of Metaphysics 41 (June 1988), p.762. note 11. M・グレガーも、リッターは『法論』それ自体におけるカントの議論を検証しようと試みていないと指摘している。Ralf Buttermann, Die Fiktion eines Faktums. Kants Suche nach einer Rechtswissenschaft. Erwägungen zu Begründung und Reichweite der kantischen Rechtsphilosophie. Würzburg 2011, S.42.
　R・ブッターマンも、カント研究は批判書と法論との体系的連関を検討するのではなく、発展史に定位した議論によって規定されていたとして、その考察方法の不適切性を指摘している。

カントは若いときから自然法についての講義を行っていたが、しかし繰り返し新たに苦心を重ねながら、「法とは何なのか」ということを問い続けてきた。というのは、この問題の重大さの観点においてカントにはあらゆる個々の問題がさらに新たな吟味を必要とするように思われたからである。そして、30年以上にわたって思索を重ねてきた総まとめが『法論』として出版された。

　カントは、『法論の形而上学基礎論』の「法論への序論」§B「法とは何か?」の冒頭でこの問題の重大性について、次のように問題を提起している。

「この問いは、法律学者を、もし彼が同義語反覆に陥ることを欲せず、あるいは、或る普遍的解答の代わりにどこか或る国において或る時代に法律が何を欲しているかを指摘するだけで甘んじまいとすれば、ちょうど「真理とは何か」という有名な質問を受けた論理学者と同様な困惑に陥らせるであろう。何が合法か〔quid sit iuris〕については、すなわち、ある特定のところにおいてかつ特定の時代においてもろもろの法律が命ずるところのものあるいは命じたところのものについては、彼もたやすく述べることができるであろう。しかし、それらの法律が欲するところがはたしてまた正しいかどうかということ、および一般に法と不法〔iustum et iniustum〕を認識するための普遍的規準は、もし彼が暫時あの経験的諸原理を捨て去って、右の諸判断の源泉を単なる理性のうちに求め〔もっとも、その際あのもろもろの法律は指針として大いに彼の役に立つであろうが〕、可能な実定的立法のための基礎を打ち立てるのでなければ、彼にとっておそらく隠されたままでありつづけるであろう。単に経験的であるだけの法論は、〔ちょうどパイドロスの寓話の中の木製の頭のように〕美しいかもしれないが、ただ残念なことに脳髄のない頭でしかない」（VI, S.229f. 邦訳『世界の名著39カント』『法論の形而上学的基礎論』加藤新平・三島淑臣訳、３５３−３５４頁）。

しかしリッターによれば、カントの法思想がすでに始まっている老衰の中で余暇なく書かれた著作、つまり『人倫の形而上学』と同一視されるとき、それはカントの法思想の狭窄を意味する。

カント自身１７９０年以降すでに老人性疾患をつねに訴えていた。この事情は次の書簡から読み取ることができる。XI und XII. 岩波版『カント全集22巻書簡II』木阪貴行・山本精一訳。

カントは１７９４年11月24日、ド・ラ・ガルド（１７５６−?）宛て書簡の中で次のように述べている。

「私は相当高齢で、私の著作はただゆっくりと、それも体調不良から何度も中断しながらしか進みませんので、その完成の期限を確実には（少なくとも今は）決めかねるということです」（XI, S.531. 同上、２５７頁）。

また１７９５年3月30日、F・シラー（１７５９−１８０５）宛て書簡の中でも次のように述べている。

「まだ私に課せられている様々の仕事に老齢の衰えが障りにならなければ自分でしているところですが、そう申してもそれは私がぐずぐずしていることの申し開きにしかなりません」（XII, S.12. 同上、２６８頁）。

さらに１７９５年7月1日、K・L・ラインホルト（１７５７−１８２３）宛て書簡の中でも次のように述べている。

「私の老齢とこれと切り離せない身体上のいくつかの不如意とのため、いかんともしがたいことですが、私はこの批判哲学の拡張をすべて私の友人たちに委ね、私になお残されているわずかな余力を、まだ計画中のものですが、批判哲学の補遺に、緩慢な歩みながらも向けて参ります」（XII, S.27. 同上、２７５頁）。

確かに、カントは多数の講義や『人倫の形而上学』のための準備草稿を提示しているが、これらは１７６７年のアッヘンヴァルの自然法についての最初の講義以降、数十年以来のものである。それにもかかわらず、『法論』の素材の最終的な仕上げは、１７９０年以降のきわめて豊富な著作の制作の時期に当たる。したがってカントには、「体系」の仕上げのための余暇はほんのわずかしか残されていなかった。カントは１７９０年以降、少なくとも15の著作をあらわしている。その中でも比較的大きな著作が、『理論では正しいかもしれないが、実践の役には立たない、という俗言について』（１７９３年）、『単なる理性の限界内における宗教』（１７９３年）および『永遠平和のために』（１７９５年）である（Ritter, a.a.O., S.20, Anm.15.)。

リッターもA・ショーペンハウアーおよびF・パウルゼン（１８４６-１９０８）と同様に、老衰説の立場に立っていると考えられる。

Arthur Schopenhauer, Die Welt als Wille und Vorstellung, 4. Buch, §62, Sämtliche Werke, ed. A. Hübscher, II, S.626. 邦訳『ショーペンハウアー全集３』『意志と表象としての世界 正編（Ⅱ）』（１８１９年）斉藤忍随・笹谷満・山崎庸佑・加藤尚武・茅野良男訳、白水社、１９７３年、２８１頁。Friedrich Paulsen, Immanuel Kant. Sein Leben und seine Lehre, 6.Auflage, Stuttgart 1920, S.333. 邦訳『イムマヌエル・カント―彼の生涯とその教説』伊達保美・丸山岩吉訳、春秋社、１９２５年、４４２頁。パウルゼンは、１７９７年の『法論の形而上学的基礎論』における体系的論述は老衰の時期に属すると述べている。次の文献も参照。Hermann Bargmann, Der Formalismus in Kant's Rechtsphilosophie, Leipzig 1902., S.37.

先に言及したように、カントの法論は体系的、基本的に新たに構想された批判的自然法であり、またカント自身によって正式に認められた形態で読解・解釈され、また理解されるのがふさわしいとする見解もある。しかしリッターは、カントの法思想の広い視野、解答と同様に多くの独特の問い、それどころかほとんど取り替えることさえできない根本思想――この根本思想は『人倫の形而上学』の中ではほとんど隠されて含まれているにすぎないが、たとえば「人間性の権利」の思想――はカントの法思想をただ『人倫の形而上学』から考察するだけでは視野に入ってこないとして初期資料の重要性を強調している。確かに、リッターも指摘しているように、カントは人間性の権利については『法論』の中では言及するに留め体系的に論じていないのは事実である。

たとえば、カントは§17「根源的取得という概念の演繹」の中で次のように述べている。

「こうした〔所有権の〕対象はただ有体的物件〔それに対して人は何らの拘束性も負うことがない〕だけでしかありえず、したがって、人間たるものは自分みずからの主〔自権者 sui iuris〕ではありえても、自分自身の所有者〔sui dominus すなわち、自分を任意に処分しうる者〕ではありえず、まして他人の所有者ではありえないということ、これである。なぜなら、人間は自分自身の人格のうちなる人間性に対して責任を負うものだからである。ただし、この最後に述べた点は、人間性の権利に属することであり、人間の権利に属することではないのであって、もともと〔人間の権利について論じている〕この場所で論ずべきことではなく、直前に述べた事柄をよりよく理解していただくためにただついでに触れたにすぎない」(VI, S.270. 邦訳『法論』399-400頁。カントは『法論』において詳細は後に譲るとして、J・ロックとは異なり自己所有権を主張していない)。

しかしまた、『人倫の形而上学』そのものもカント法思想の発展の背景でよりはっきりした輪郭をもつようになる。初期資料によって『人倫の形而上学』の真正にカントの解釈が可能になる。したがってリッターは、カント自身の歴史的な思考過程によって『人倫の形而上学』の基礎理論を解明するために、初期のカントのレフレクシオーン(Reflexionen 省察)と『人倫の形而上学』における対応する論述との関係につねに立ち入って検討を加えている。

二　方法上の前置き

それでは、カントの『法論』の内容をそれ自身の源泉および発展から解明するというリッターの研究目的は、どのような方法で追求されるのであろうか。リッターは、カントの法思想を証明するすべての歴史的資料から出発するという方法をとる。この証明資料に属するものとして、リッターはカントの筆になる公刊物、カントの学生による講義筆記録、公刊のための手書きの準備草稿および書簡と並んで、特に多数の手書きのレフレクシオーンを挙げている。

Christian Ritter, a.a.O., S.21f. カント法哲学を研究している論者のほとんどが上記の諸資料も考察の対象としているので、以下において重要な資料をあらかじめ列挙しておきたい。

カントの法論に関わる思索は、アカデミー版カント全集に収録されている次のような多様な遺稿と準備草稿から窺い知ることができる。

a　G・アッヘンヴァルの『自然法』に対する注解（Nr.7323-7520）19. 321-442

b　法哲学のレフレクシオーン（Nr.7521-8080）19. 443-613

c　法論に関する覚書　20. 441-467

d　『人倫の形而上学』第一部「法論の形而上学的定礎」準備原稿　23. 207-370

このうちaは講義のテキストとして使用され、法論においてもたびたび言及されているアッヘンヴァルの著作への書き込みであり、cは法論の第二版に付録として加えられた「法論の形而上学的定礎への注釈的覚書」のための準備原稿である。これにはアッヘンヴァルの著作およびブーターベックの書評も収められており、そこに添えられているカント自身の遺稿は相対的に少量である。しかし、レフレクシオーンと法論の準備原稿だけでも３４０頁ちかくを数える。もちろん準備原稿や講義録、オープス・ポストゥムにも、法論に関わる考察は散見される。このような広がりをもつ法論に関する遺稿の中で、その準備原稿はそれとしてまとめられており、内容も刊行されたものにもっとも近い。

第一部「法論の形而上学的定礎」準備原稿は次のように分けられている。

Ⅰ　関連する記号付きの草稿

Ⅱ　「序文」および「人倫の形而上学への序論」のための準備原稿

Ⅲ　「法論への序論」、「付論」、「法論の区分」のための準備原稿

Ⅳ　「私法」のための準備原稿

Ⅴ　「公法」のための準備原稿

Ⅵ　「付論 注釈的覚書」のための準備原稿

Ⅶ　名誉に関わる問題についての断片

この準備原稿はアカデミー版カント全集第23巻に収められている。岩波版『カント全集18』「『人倫の形而上学』準備原稿と遺稿」、樽井正義・池尾恭一による解説５３５-５３７頁を参照。最近、法哲学についてのレフレクシオーン、ファイアーアーベントの自然法講義筆記録および『理論では正しいかもしれないが、実践の役には立たない、という俗言について』、『永遠平和のために』、『人倫の形而上学』、『諸学部の争い』についての準備草稿の英訳版が編集された。法哲学についてのレフレクシオーンははじめての英訳である。Immanuel Kant. Lectures and Drafts on Political Philosophy, edited by Frederick Rauscher, translated by Frederick Rauscher and Kenneth R. Westphal, Cambridge University Press 2016.

リッターは、カント法思想の歴史的発展を叙述するために、カント法思想の全体をいくつかの時期に区分して研究することが必要であるとする。しかしその際この叙述が、伝承の偶然性に依存した――一部ではおびただしく流れ

る、一部ではほとんど枯渇する——手元にある証明資料の流れに完全に身を任せてしまうと、この叙述は古本の収集を越え出ないことになってしまう。

したがって、リッターは十分な概観が保持されるべきであるとすれば、その資料は時期の内部において区分されなければならないとする。そしてこれは、１７６４年以降の著作上の十分な量の証明資料を考慮することによって可能であるとする。

ところで、この区分はいかなる視点からなされたのであろうか。リッターによれば、この区分（第三章「１７６０年代半ばにおけるカントの法哲学の基礎づけ」、第四章「１７６９年から１７７１年までにおける法思想の発展」、第五章「１７７２年から１７７５年までのカント法思想における基礎の強化および主題設定のさらなる発展」）は、カントの「体系」を認識の多様性の内的、必然的統一として規定することを要求するものではない。しかし、この区分は散乱した源泉資料を主題上の重点に従って整序するための発見的手段として役立つとする。

IV, S.467. 岩波版『カント全集12』『自然科学の形而上学的原理』犬竹正幸訳、5-6頁。リッターは、「すべて学説は、それがひとつの体系を、すなわち、もろもろの原理にしたがって秩序づけられた認識の全体をなすと認められる場合には、学と呼ばれる」とするカントの有名な文章を念頭に置いて使用している。例として挙げれば、リッターは法の原理という主題を上記の3つの時期区分においてどうのように発展していったのかを検討している。その他法と倫理、法と国家および自然状態と公民状態といった主題も同様である。

しかしリッターの方法は、批判主義と法論との矛盾および伝統的自然法論とカントとの関係を解明するという2つの問題設定に対して適切であったのであろうか。先に若干言及したが、この問題には今は立ち入らないことにする。リッターは本研究を１７７０年代半ばまでの源泉資料の選別、整序および解釈に限定している。というのは、カントの法論の発展はこの時期において本質的にはすでに完成していたのは明らかであるとするのがリッターの主張だからである。そしてこの主張が、後に激しい論議を呼び起こすことになる。

三　カント法哲学の源泉および発展に関する文献

リッターはカント法哲学の源泉および発展に関するそれまでの研究を検討し、何が欠如しているのかを分析し、その結果法哲学における「外から」のカントへの影響範囲が未解決の問題として残されているとする（Christian Ritter, a.a.O., S.22-24.）。先に未解決の問題として２つの論点を提示したが、リッターの研究は主に第二の論点に重点が置かれており、むしろ第一の論点は、生成発展史・影響史的研究から必然的に推論され、しかも新カント学派の解釈に制約された副次的な成果であるように思われる。しかしまた、Ｗ・ブッシュも指摘するように、カント法哲学の生成発展の過程を詳細に考察したことがリッターの功績であるのも事実である（Werner Busch, Die Entstehung der kritischen Rechtsphilosophie Kants 1762-1780, Berlin・New York 1979, S.1.）。

カント法哲学と同時代の自然法論者との関連の研究は、すでに１９３２年にＧ・ドゥルカイトによって要求されていた。

Gerhard Dulckeit, Naturrecht und positives Recht bei Kant, Leipzig 1932, S.1. ドゥルカイトは次のように述べている。「たとえば、カントの法概念における17、18世紀の自然法の影響および残存を研究することは有益である……」。

しかし、その研究はリッターの研究が現れるまでカント哲学そのものにおける法思想の発展の叙述と同様に欠如していた。

確かに、Ｋ・ラレンツ（Karl Larenz, Sittlichkeit und Recht. Untersuchungen zur Geschichte des deutschen Rechtsdenkens und zur Sittenlehre, in: ders. (Hg.), Reich und Recht in der deutschen Philosophie Bd.I, Stuttgart und Berlin 1943, S.276-291.）およびＨ・ヴェ

ルツェル（Hans Welzel (1904-1977), Naturrecht und materiale Gerechtigkeit, 4.Aufl., Göttingen 1962, S.162-172.）は理念史的ないし問題史的観点のもとで、より大きな関連においてカントの『法論』も論じている。その際かれらは、自然法の伝統におけるカントの先駆者および同時代人への重要な指摘をしている。しかしながら、かれらはこれらの論者によるカントの理論への個別において証明されうる事実上の影響問題は検討していない。

法学の方面からは、ただE・ランツベルク（Ernst Landsberg (1860-1927), Geschichte der deutschen Rechtswissenschaft, 3. Abtheilung, 1. Halbband, Text, München und Leipzig 1898, S.486-528. ランツベルクは、カントの法哲学は法律学の歴史に対するその意義においてまさしくヤヌス神の頭であるように思われると評している。というのは、一面から見ればカントの法哲学は18世紀の発展になお属し、18世紀の方向に留まっており、またその発展を終えた。他面から見ればカントの法哲学は19世紀における新たな発展の出発点をなしている（Ernst Landsberg, a.a.O., S.503.）。次の恒籐恭による訳者序を参照。『カント著作集9　法律哲学』恒籐恭・船田享二訳、岩波書店、１９３３年、１‐12頁。また次の文献も参照。船田享二『カントの法律哲学』清水書店、１９２４年、３‐10頁）および、法論のひとつの部分領域である私法に対してではあるが、G・ブフダ（Gerhard Buchda (1901-1977), Das Privatrecht Immanuel Kants (Der erste Teil der Rechtslehre in der Metaphysik der Sitten.). Ein Beitrag zur Geschichte und zum System des Naturrechts, Jena 1929.）が、同時代の自然法思想の中に『人倫の形而上学』の事実上証明されうる根源を見出そうと立ち入って試みたにすぎない。

しかし、ランツベルクの歴史法学派への思想傾向によって先取りされ、またこの立場から評価する叙述は一般的に通用している主張や判断を超え出るものではなかった。それに対してブフダは、はじめて歴史的に基礎づけられた、カントの法論の源泉資料に定位した考察に着手した。ブフダが私法の部分領域に考察を限定し、カントの法思想の哲学的基礎に取り組まなかったということを度外視しても、ブフダはかれの研究を本質において『人倫の形而上学』とアッヘンヴァル（１７１９‐１７７２）の概要との比較に捧げた。確かに、バウムガルテン（１７１４‐１７６２）の『実践哲学原論』（Initia philosophiae practicae）は論じられているが、バウムガルテンの著作は、後で示されるように、リッターによれば、アッヘンヴァルの『自然法論』（Jus naturae）と同様にカントの法哲学に大きな影響を与えたにもかかわらず、しかしながらブフダはカントに対するバウムガルテンの影響に異議を唱えている。またブフダは、T・ホッブズ

（１５８８-１６７９）からD・ヒューム（１７１１-１７７６）、J・ロック（１６３２-１７０４）、C・トマージウス（１６５５-１７２８）、N・H・グンドリング（１６７１-１７２９）、C・A・クルージウス（１７１５-１７７５）およびJ・J・ルソー（１７１２-１７７８）の自然法伝統のカント法思想への重大な影響に立ち入っていない。リッターは、これらの点をブフダの研究の欠陥として指摘している。

ところが１９６０年代後半、法哲学を研究している法学者の側からのカント法思想そのものの生成発展に関する研究はまったく欠如していた。

それに対して、すでにカントの倫理学の源泉や発展についての専門哲学上の一連の研究は存在していた。リッターは、それらの研究として次の文献を検討している。

F・W・フェルスター（Friedrich Wilhelm Foerster (1869-1966), Der Entwicklungsgang der Kantischen Ethik bis zur Kritik der reinen Vernunft, Berlin 1894.）、O・トーン（Osias Thon (1870-1936), Die Grundprinzipien der Kantischen Moralphilosophie in ihrer Entwicklung, Berlin1895.）、P・メンツァー（Paul Menzer (1873-1960), Der Entwicklungsgang der Kantischen Ethik bis zum Erscheinen der Grundlegung zur Metaphysik der Sitten, Berlin1897 (Forts. in Kantstudien Bd.2 [1898] und Bd.3 [1899])）、K・シュミット（Karl Schmidt, Beiträge zur Entwicklung der Kantischen Ethik, Marburg 1900.）の諸著作（１９００年まで）、G・アンダーゾン（Georg Anderson, Kants Metaphysik der Sitten, ihre Idee und ihr Verhältnis zur Wolffschen Schule, in: Kantstudien Bd.28, 1923.）、M・キューエンブルク（Max Küenburg S. J., Der Begriff der Pflicht in Kants vorkritischen Schriften, Innsbruck 1927.）、K・ライヒ（Klaus Reich (1906-1996), Rousseau und Kant, Tübingen 1936.）、P・A・シルプ（Paul Arthur Schilpp (1897-1993), Kant's Pre-critical Ethics, Northwestern University, Evanston and Chicago 1938.）、D・ヘンリヒ（Dieter Henrich, Hutcheson und Kant, in: Kantstudien Bd.49, 1957/8, S.49-69. Über Kants Entwicklungsgeschichte, in: Philosophische Rundschau, Bd.13, 1965, S.252-263.）の諸著作（１９５８年まで）、さらに最後に特にJ・シュムッカーの著作『前批判的著作およびレフレクシオーンにおけるカント倫理学の源泉』（Josef Schmucker, Die Ursprünge der Ethik Kants in seinen vorkritischen Schriften und Reflexionen, Meisenheim am Glan 1961.）が、いわゆる「前批判的」カント倫理学に取り組んでいる。

しかしこれらの研究の中でも、特に１９２０年代から１９５０年代までの研究がカント倫理学の源泉および発展について立ち入って教えるとしても、これらの研究はカント法哲学の源泉および発展についての問題に立ち入って検討を加えているわけではない。ただし、リッターはひとつの例外として先に言及したシュムッカーの著作を挙げている。この著作の中に、バウムガルテンおよびルソーのカント法哲学への影響についての重要な議論が見出される(Josef Schmucker, a.a.O., S.303ff., S.345ff.)。しかしながらリッターは、先に述べたように未解決の問題として残っているのは、法哲学において「外から」カントが影響を受けた範囲についての問題であると指摘している。つまりその問題とは、バウムガルテンおよびルソーと並んでまた、アッヘンヴァル、クルージウス、ダリエス（１７１４-１７９１）、ロック、ホッブズおよびモンテスキュー（１６８９-１７５５）のカントの法哲学上の発展に対する影響を考慮すること、またカントの特殊な法哲学上の思想の発展を叙述することである。しかし当然のことではあるが、シュムッカーは、１９６１年のかれの著作の出版当時、Ｊ・Ｇ・ヘルダー（１７４４-１８０３）が１７６４年秋までカントのもとで聴講した講義の筆記録についての１９６４年に出版された源泉・断片を考慮することができなかった。

Hans Dietrich Irmscher (Hrsg.), Immanuel Kant, Aus den Vorlesungen der Jahre 1762 bis 1764 auf Grund der Nachschriften Johann Gottfried Herders, Köln 1964 (Kantstudien, Erg. H. 88.)

Chr・C・ムロンゴヴィウスの道徳哲学講義、１７８４年のファイアーアーベントの自然法講義および１７９７年の『人倫の形而上学』におけるカントの法概念との比較についてはＰ・Ａ・ヒルシュの次の著作を参照。Philipp-Alexander Hirsch, Kants Einleitung in die Rechtslehre von 1784. Immanuel Kants Rechtsbegriff in der Moralvorlesung „Mrongovius II“ und der Naturrechtsvorlesung „Feyerabend“ von 1784 sowie in der „Metaphysik der Sitten“ von 1797. Göttingen 2012.

ヒルシュは総括的結論において次のように述べている。

１７９７年の『人倫の形而上学』の「法論への序論」における法概念は、１７８４年にすでに仕上げられていた。さらに、道徳哲学講義についてのムロンゴヴィウスⅡおよびファイアーアーベントの自然法講義筆記録は、カントがかれの批判的道徳哲学と渾然一体としてこの法概念を構想していたということを示している。カントの法概念は、それを「法論への序論」が提示しているが、すでにかれの批判的道徳哲学の段階において存在していたし、また講義筆記録の観念から出発する場合、批判的道徳哲学と同様に批判的自由概念に基礎を置いている。したがって、１７８４年の「カントの法論への序論」は、法概念、つまりカント法論の中核において、ショーペンハウアーの手厳しい批評に反して老齢の著作またまして老衰が問題ではないということを示している（Hirsch, a.a.O., S.123.）。

また、カントの法論の生成史に関する研究状況については、Hirsch, a.a.O., S.1-9. を参照。

リッターは、これらの源泉によってカント法哲学上の発展のもっとも初期の基礎的な段階をより確実に、またより正確に規定しようと試みる。

リッターは、第一に源泉に定位した「歴史的」解釈は、「カントの」『法論』の「体系的」研究に本質的なものを負っているということは自明であるとする。「カントの」法哲学の独断的に調和化された叙述は不可能であるというまさにこの洞察が、歴史的制約の中にこの事態の根拠を求めようとする試みの動因になったとする。したがってリッターの本研究は、先に言及したように、新カント学派の系譜に属するドゥルカイト（Gerhard Dulckeit, Naturrecht und positives Recht bei Kant, Leipzig 1932.）、Ｋ・リッサー（Kurt Lisser, Der Begriff des Rechts bei Kant, Berlin 1922.）、Ｗ・ヘンゼル（Werner Haensel, Kants Lehre vom Widerstandsrecht. Ein Beitrag zur Systematik der Kantischen Rechtsphilosophie, Berlin 1926.）および特にＷ・メッツガー（Wilhelm Metzger, Untersuchungen zur Sitten-und Rechtslehre Kants und Fichtes, Heidelberg 1922 (z.T. erweitert als „Gesellschaft, Recht und Staat in der Ethik des deutschen Idealismus", Heidelberg 1917, aus dem Nachlaß hrsgn. von Ernst Bargmann.）の先行研究があってはじめて可能になったと言える。また、リッターは１９５０年代末から１９６０年代はじめに出版されたドイツ語圏以外のカント法論についての解釈の若干の研究に言及しているが、Ｈ・Ｊ・ホメス（H. J. Hommes, Enige beschouwingen over Kant's metafysische rechtsleer, Rechtsgeleerd Magazijn Themis, 1963, blz.441-525.）、Ｇ・ヴラコ（Georges Vlachos, La pensée politique de Kant. Métaphysique de l'ordre du progrès, Paris: Presses Universitaires de France 1962.）、Ｎ・ボッビオ（Norberto Bobbio, Diritto e stato nel pensiero di Emanuele Kant, Torino 1957.）、また特にＤ・パシニ（D. Pasini, Diritto Società e Stato in Kant, Milano 1957.）の諸著作にもリッターは刺激を受けている。

イタリアにおけるカント研究については次の文献を参照。『カント事典』編集顧問、有福孝岳・坂部恵、弘文堂、１９９７年、「イタリアのカント研究」福谷茂執筆、18–20頁。

　福谷は次のように指摘している。

「……戦後の代表的な政治哲学者となったノルベルト・ボッビオの『カント思想における法と国家』（１９５７）、ディエゴ・パシニの『カントにおける法・社会・国家』（１９５２）がイタリアの伝統でもある法哲学研究をカント研究においても示した。それぞれの業績の手堅さ、また彼らがそれを出発点として後年にイタリア哲学界の指導的な立場に立つ存在となった点から言って、この50年代はイタリアのカント研究の現在までのピークをなす時代であったと言えよう」（同書、19頁）。

　リッターが参照している論者は主に、K・フィッシャー、W・ヴィンデルバント、H・ハイムゼート、K・フォアレンダー、H・クニッターマイアー、K・ラレンツ、C・J・フリードリヒ、A・フェアドロス、W・シェーンフェルト、H・ヴェルツェル、J・ザウター、E・ランツベルク、O・v・ギールケ、H・ライナー、K・ヤスパース、F・デレカット、B・バウフ、E・カッシーラー、F・カウルバッハ、G・ドゥルカイト、R・デュンハウプト、W・ヘンゼル、K・リッサー、W・メッツガー、J・ヴィッケ、H・バルクマン、H・J・ホメス、G・ヴラコ、D・パシニ、N・ボッビオ、H・J・ペイトン、A・E・ティール、G・クリューガー、A・レコヴィッツ、R・シュタムラー、R・シュミット、H・コーヘン、M・ヴント、M・ハイデガー、P・ナトルプ、A・G・ドーナ、E・ラスク、F・ミュンヒ、M・E・マイアー、G・ラートブルフ、H・プルッツ、A・O・マイアー、W・ヴァーグナー、P・チョイナッキ、M・アドラー、K・ボリース、E・スヴォボダ、O・リープマン、J・エビングハウス、G・レーマン、G・マルティン、G・ブフダ、F・W・フェルスター、O・トーン、P・メンツァー、K・シュミット、G・アンダーゾン、M・キューエンブルク、K・ライヒ、P・A・シルプ、D・ヘンリヒ、J・シュムッカー、M・ヴィレイ（１９１４–１９８８）などである。

四　リッターの所論の総括

それでは、リッターの緻密な生成発展史的研究によって結論として何が解明されたのであろうか。ここではその詳細な論証過程の検討は差し控えたい。

　リッターは本研究の総括で、かれの主張（いわゆる連続性説）を細かく分けると9項目に集約している。それらを以下に検討を加えながら整理し列挙することにしたい。

Ritter, a.a.O., S.339-441. また次の論文も参照。Karl Bärthlein, Die Vorbereitung der Kantischen Rechts- und Staatsphilosophie in der Schulphilosophie, in: Hariolf Oberer und Gerhard Seel (Hrsg.), Kant. Analysen-Probleme-Kritik, Bd.I, Würzburg 1988, S.221-271. この論文においてK・ベルトラインは、G・アッヘンヴァル（１７１９-１７７２）、Chr・ヴォルフ（１６７９-１７５４）、H・ケーラー（１６８５-１７３７）、N・H・グンドリング（１６７１-１７２９）、C・トマージウス（１６５５-１７２８）、S・プーフェンドルフ（１６３２-１６９４）、J・ロック（１６３２-１７０４）、H・グロティウス（１５８３-１６４５）、J・アルトゥジウス（１５５７-１６３８）およびF・バスケス（１５１２-１５６９）とカント法・国家哲学との関連について詳しく検討している。この論文は、リッターの研究を検証し補足する意味でも重要である。また他方、カント哲学が19世紀の法学に与えた影響については、J・リュッケルトおよびH・キーフナーの次の論文も重要な基本的文献である。Joachim Rückert, Kant-Rezeption in juristischer und politischer Theorie (Naturrecht, Rechtsphilosophie, Staatslehre, Politik) des 19. Jahrhunderts, in: John Locke und/and Immanuel Kant. Historische Rezeption und gegenwärtige Relevanz, hg. von M. P. Thompson, Berlin 1991, S.144-215. Ders., Von Kant zu Kant?, in: Neukantianismus und Rechtsphilosophie, hg. von R. Alexy, L. H. Mayer, S. L. Paulson und G. Sprenger, Baden-Baden 2002, S.89-110. Hans Kiefner, Der Einfluß Kants auf Theorie und Praxis des Zivilrechts im 19. Jahrhundert, in: Philosophie und Rechtswissenschaft. Zum Problem ihrer Beziehung im 19. Jahrhundert, hg. v. J. Blühdorn und J. Ritter, Frankfurt am Main 1969, S.3-25. Hans Kiefner, Ius praetensum. Preußisches Zivil- und Zivilprozeßrecht, richterliche Methode und Naturrecht im Spiegel einer Reflexion Kants zur Logik, in: F. Kaulbach/W. Krawietz (Hrsg.): Recht und Gesellschaft. Festschrift für H. Schelsky zum 65. Geburtstag, Berlin 1978, S.287-318. キーフナーのこの論文は、カントの法哲学についての知識および深いカント理解に基づいた綿密な手続きによる的確で注目すべき論文であり、後期カントの法哲学における超越論哲学的構造を指摘している(Friedrich Kaulbach, Studien zur späten Rechtsphilosophie Kants und ihrer transzendentalen Methode, Würzburg 1982, S.9, Anm.1.)。リュッケルトの見解については次の文献を参照。耳野健二「19世紀ドイツ法学におけるカント哲学の影響―ヨアヒム＝リュッケルトの見解の紹介と検討―」『産大法学』49巻４号（２０１６・２）、１６０-１９２頁。リッターのこれらの主張は、後にR・ブラント、F・カウルバッハ、W・ブッシュおよびH・オーバラーおよびW・ケアスティングなどによってさまざまな反論を受けることになる。

カント法哲学の超越論的・批判的性格をめぐるその後の議論において特に注目されるのは、これらの項目の中でも１「連続性説」（批判的法哲学の否定）、２「伝統的自然法論および同時代の自然法論の継受」（合理主義と経験主義の非克服）

および３「伝統的自然法論の合理的貫徹」（法哲学における超越論的理性批判の否定）である。

１　連続性説（批判的法哲学の否定）

リッターの生成発展史的研究によれば、カントの法思想は不断の連続性の中で発展したものである。具体的に言えば、初期の資料によって解明された時期のはじめである１７６４年頃にすでに、核心において『人倫の形而上学』と同様の基礎的諸規定が見出され、また考察された時期の終わりである１７７５年頃において後期の著作である『法論』と同様の一連の主題群、問いおよび解答が見出されるとする。リッターは、カント法思想のこの連続性を根拠にして、カントが思弁的・理論的批判主義に対応する「批判的」法哲学を基礎づけたということが排除されるとする。つまり、１７６９年の「批判的転回」が行われた年にも、またそれ以降にもカント法哲学の「批判的」段階と対立する「前批判的」段階について論じうるような「断絶」は起こらなかったと主張する。

批判哲学が樹立されるのは１７８１年の『純粋理性批判』以降であるが、リッターは、『法論』の内容がそれ以前に完成し、しかも批判哲学が樹立されて以降本質的な変更が加えられておらず、したがってカント法哲学は批判的法哲学ではないとする解釈に至る。そして、主にこの基本的テーゼが、その後さまざまな論議を呼び起こすことになる。つまり、これがカント法哲学の超越論的・批判的性格をめぐる論争である。しかし、カントが思弁的・理論的批判主義に対応する「批判的」法哲学を基礎づけていないとするカント法論解釈は、特に驚くべきことではなく、新カント学派の解釈の延長線上にあると言っても過言ではない。

２　伝統的自然法論および同時代の自然法論の継受（合理主義と経験主義の非克服）

リッターは、カントの理論哲学は合理主義と経験主義を克服するものであるにもかかわらず、カントは法哲学において「批判的」自然法によってそれらを克服していないとして次のように述べている。

カントは、伝統的自然法論および同時代の自然法論との不断の対決において、法と国家についての構想を創り上げた。カントは、これらの自然法論からかれの法思想の専門用語や「素材」を借用するだけではなかった。また、法と国家についてのカント自身の基礎的テーゼはこれらの自然法論によって準備された歴史的土台のうえに成立している。

理論哲学とは異なって、カントは法哲学においては「批判的」自然法によって合理主義および経験主義を「克服」していない。つまり、カントの法思想を本質的に形成している法論理的志向性は、超越論的に確保された法ア・プリオリ性に至っていない。理論的批判主義の諸概念および諸規準を実践哲学に導入しようとするカントの試みは類比と様式化を越えるものではない。

リッターは、先に言及した論者による反論を踏まえたうえでなお自説を固持し、１９８７年および１９９５年のカント論文「イマヌエル・カント」においても、アッヘンヴァルの著作からの影響を強調して同様の評価を下している。

「それら〔カントの初期の自然法思想および『法論』〕の、厳格な合理主義への志向、論理主義、それに体系性は、クリスティアン・ヴォルフが媒介し、共同で形造った「科学的」自然法思想の合理主義的伝統に則っている。またカントの「たんなる理性の限界内での法論」はその意図や出発点からしてアッヘンヴァールの「法律学的自然法論」と根本的に異なってはいるが、カントの法思想はゲッティンゲンの国家学論者にして国際法学者〔アッヘンヴァ(ー)ル〕の著作から全般にわたってテーマ選択や専門用語の提供を受けたのである」。

Christian Ritter, Immanuel Kant, in: Staatsdenker in der frühen Neuzeit, Dritte, um 15 Abbildungen erweiterte Auflage, hrsg. v. M. Stolleis, München 1995, S.332f. 邦訳『17・18世紀の国家思想家たち—帝国公（国）法論・政治学・自然法論—』ミヒャエル・シュトライス編、佐々木有司・柳原正治訳、木鐸社、１９９５年、５５０頁。邦訳は１９８７年第二版

を底本としている。１９７７年の初版および第二版は次の表題で出版されている。Staatsdenker im 17. und 18. Jahrhundert. Reichspublizisik, Politik, Naturrecht, Frankfurt am Main.

リッターは、S.335, Anm.13. 同上、５７７–５７８頁、注（13）でカントの法思想は超越論的哲学の意味で「批判的に」基礎づけられていないとするかれ自身の否定説をめぐる賛否両論の論争について、W・ブッシュ、R・ブラント、F・カウルバッハ、G・W・キュスタース、W・ケアスティング、K・キュール、H・オーバラーおよびM・ゼンガーなどの肯定説も参照しているが、しかしそれでも１９７１年のリッターの基本的テーゼは１９８７年第二版および１９９５年第三版の時点でも変わっていない。

3　伝統的自然法論の合理的貫徹（法哲学における超越論的理性批判の否定）

リッターは、カントの法思想がヴォルフ学派、ホッブズ、ロック、ハチスン、モンテスキューおよびルソーの伝統的自然法論から強い影響を受けているとしながらも、しかしだからと言ってカントの法哲学は法の超越論的理性批判には至っていないものの、それらの諸説融合ではないと解釈している。

リッターによれば、一方でヴォルフ（１６７９–１７５４）およびその弟子、つまりバウムガルテン、ダリエス、部分的にアッヘンヴァルによって媒介された学派の伝統なしには、またC・A・クルージウスのキリスト教的法神学なしには、さらにグンドリングを越えてトマージウスに強く依存しているアッヘンヴァルのような卓越した法学者を熟知することなしには、カントの法思想はほとんど考えることができない。また、ホッブズ、ロック、ハチスン（１６９４–１７４６）、ヒュームおよびモンテスキューなしには法と国家についてのカントの思想はほとんど考えることができない。また特に、ルソーの形成した影響なしには法と国家についてのカントの思想はまったく考えることができない。

他方だからと言って、カントの法哲学は諸説融合であると特徴づけることもできない。リッターは、批判的選択、つまりカント自身の思想によって、受け入れたものを独自に修正したり、組み合わせたりすることによって、カントの法理論にその特殊な性格が与えられていると指摘している。カントは徹底的に合理的な自然法を展開している。しかしリッターによれば、確かにその自然法は超越論的理性批判という厳密な意味における「単なる理性の限界内における自然法」にまで高められていない。つまり、「批判的」自然法とは言えないが、しかし伝統的自然法論の合理的貫徹を頂点にまでもたらしていると一定の評価をしている。

しかしリッターの解釈に反して、カント自身は「単なる理性の限界内における自然法」について次のように述べており、法論を「単なる理性の限界内における法論」であると明確に位置づけている。

カントは『法論』の「結び」の中で次のように述べている。

「この普遍的・永続的な平和の確立は、単なる理性の限界内における法論の単なる一部分をなすというだけではなくて、実にその全究極目的をなす、と言うことができる。なぜなら、平和状態は、相互に隣接する人間の一集団の中において、私のもの・汝のものが法則のもとで確保され、同時に彼らがともに一個の体制のもとにあるような唯一の状態だからである。しかし、この体制の規則は、従来それに関して最もうまくいった人びとの経験から、これを他に対する規準とするというやり方で取り出されるものではなくて、理性によってア・プリオリに、公的諸法則一般のもとにおける人間の法的結合という理想から取り出されるものでなければならない。というのは、すべて実例というものは〔ただ説明を与えるだけで何ものをも証明することができないからして〕欺瞞的であり、したがって（規則の確立には）当然一個の形而上学が必要とされるからである」（VI, S.355. 邦訳『法論』５０１-５０２頁）。

4　人間性の権利（人間性の権利の非体系化）

リッターは、カントの合理的自然法は法における人間の人間性に関する、形而上学的に基礎づけられた実質的な諸命題を密かに基礎としていると指摘する。カントは法形而上学のための体系的諸端緒を「人間性の権利」（das Recht der Menschheit）において展開しているが、しかしこれらの端緒をひとつの体系にまで仕上げていないとする。確かにカントは、人間性の権利について多くの箇所で言及しているが、他方でこれは『法論』の中では体系的に論じられる主題ではないとしている。念のためもう一度確認しておきたい。

　カントは§17「根源的取得という概念の演繹」の中で次のように述べている。

「こうした（所有権の）対象はただ有体的物件〔それに対して人は何らの拘束性も負うことがない〕だけでしかありえず、したがって、人間たるものは自分みずからの主〔自権者 sui iuris〕ではありえても、自分自身の所有者〔sui dominus すなわち、自分を任意に処分しうる者〕ではありえず、まして他人の所有者ではありえないということ、これである。なぜなら、人間は自分自身の人格のうちなる人間性に対して責任を負うものだからである。ただし、この最後に述べた点は、人間性の権利に属することであり、人間の権利に属することではないのであって、もともと（人間の権利について論じている）この場所で論ずべきことではなく、直前に述べた事柄をよりよく理解していただくためにただついでに触れたにすぎない」（VI, S.270. 邦訳『法論』399-400頁）。

　この文章から明らかなように、カントは『法論』においては「人間の権利」について論じるのであって、「人間性の権利」について論じる場所ではないとしている。


　人間性の権利についてはこの引用以外にも次の箇所を参照。

　カントは「法論の区分」A「法義務の一般的区分」な中で次のように述べている。

　「一、正しい人間であれ〔誠実に生きよ honeste vive〕。法的な誠実性〔honestas iuridica〕は、他人との関係において自分の価値を一個の人間の価値として主張するところに成り立つのであり、そうすべき義務は次の命題によって表明される。すなわち、「他人に対して汝を単なる手段とすることなく、彼らにとって同時に目的でもあれ」。この義務は以下においてわれわれ自身の人格のうちなる人間性の権利にもとづく拘束性として説明されるであろう（内的正しさの法則 lex iusti）」（VI, S.236. 邦訳『法論』362頁）。

　また、カントは第三節「物権的様相をもつ対人権について」§22の中で次のように述べている。

「この権利は、物件として或る外的対象を占有し、人格としてこの外的対象を使用する権利である。……この状態の、またこの状態における、取得の仕方は、専断的な事実行為によっても〔facto〕、単なる契約によっても〔pacto〕生ぜず、法則によって〔lege〕生ずる。そして、その法則たるや、ここで問題となっているのは物件における権利でもなく、また単なる対人的権利でもなく、むしろ同時に人格そのものの占有なのであるから、一切の物権（物の法）や対人権（対人法）を超えて存立する或る権利（法）すなわち、われわれ自身の人格のうちなる人間性の権利（法）でなければならないはずであり、それからの帰結として、或る自然法的な許容法則が生じ、そしてその自然的許容法則のおかげで右のような取得が可能となるのである」（VI, S.276. 邦訳『法論』４０７頁）。

さらに、カントは挿入節「意思の外的対象の観念的取得について」Ⅲ「死後に名声を遺すこと〔Bona fama defuncti〕」§35の中で次のように述べている。

「死者のために弁護の役を引き受ける者は、その権能を証明することも必要ではない。なぜなら、そうした権能は、単に〔倫理的に見て〕徳義務に属するというばかりではなく、さらにまた人間性一般の権利にも属するものとして、万人各自に不可避的に賦与されているからである」（VI, S.296. 邦訳『法論』４３０－４３１頁。カントは、これ以外の箇所でも婚姻権に関して論述されている§25で人間性の権利に言及している）。

つまり、カントは人間性の権利と人間の権利とを明確に区別して論じている。

ケアスティングは、人間性の権利の解釈について、リッターが実質的であるとされる人間性の権利をカントの理性法が自然法にとらわれた非批判的性格をもつことに対する重要証人に仕立て上げているとして、次のように批判的に述べている。

「リッターによれば、人間性の権利には、第二の、そして形式的な法の法則と対立する、実質的な法源泉が見出される。リッターにとって、「カントの合理的自然法は……密かに法における人間の人間性に関する、形而上学的に基礎づけられた実質的な諸命題に」依拠している（Der Rechtsgedanke Kants, a.a.O., S.340）。カントは、身体性の要求を引き受ける「自然に含まれる法的なもの」（XX, S.109）を発展させていくことによって、人間性の権利という構想を獲得したのであり、この構想によって、自由と平等という形式的法原理が、実質的な法的根本原理によって補強されるのである（以下を参照。S.194ff., 259ff.）。リッターが人間性の権利ということで理解しているのは、同時に法的根拠としても法的制限としても機能する、人間の「ある種の実質的でア・プリオリな本質的特性」の総体のことである。リッターは「法の実質的ア・プリオリ」としての人間性や、「人間学的」ア・プリオリに関しても語っている（３２０）。「実質的基盤としての人間性の権利が、カントの——意図としては形式的な——法思想の根幹に存していることは明らかである。したがってすべての法は、形式的な法論理学的要素によってだけでなく、また同様に人間性という——確かにたいていは隠されたままであるが——実質的な法構成的要素によっても正統化され、また制限されているのである」（２６１）。このようなリッターのテーゼの戦略的機能がどのようなものであるのかは、容易に見て取ることができる。リッターにとってカントの法思想は、「思弁的批判主義」（３３９）とは無関係のままのものであり、したがってまた連続的に自然法の伝統連関の内部で展開しえたものなのである。新カント学派による解釈決定の影響を受けて、リッターは、カント実践哲学のうちには批判主義の——これもまた新カント学派の視点から見たそれにすぎないが——侵食が見出されるのか否かという問いだけに集中している。それによってリッターは、一方では実践哲学の基礎づけという真の問題圏に対して、また他方ではカントによって基礎づけのために援用された、法と倫理学における基礎の変化に対して盲目的になっている。そうしてリッターは、一貫して実質的だと見なす人間性の権利を、カントの理性法が自然法にとらわれた非批判的な性格をもつものであることに対する重要証人に仕立て上げたのである。カントの人間性の権利はリッターにとって、法を産出する実質的で本質的な根拠としての自然という自然法論に対応するものであり、こうしたカントの考え方は継ぎ目なく伝統に順応しているのである」（Wolfgang Kersting, Wohlgeordnete Freiheit. Immanuel Kants Rechts-und Staatsphilosophie, 3., erweiterte und bearbeitete Auflage, Paderborn 2007, S.159f., Anm.197. 邦訳『自由の秩序——カントの法および国家の哲学——』舟場保之・寺田俊郎監訳、ミネルヴァ書房、２０１３年、１４８-１４９頁注（５）を参照）。

またケアスティングは、人間性、尊厳および人格性という概念はカントによって同義の概念として使用されているとして次のように述べている。

「人間性と尊厳と人格性とは、概念が指示する内容に関して密接に連関し合っており、またカントによってもたびたび同義の概念として使用されている。これら三つの概念すべてが『徳論』の以下のテクストに集結している。「人間性そのものが尊厳である。なぜなら人間はどのような人によっても〔他人によっても、自分自身によってさえも〕単に手段として利用されることはできず、つねに同時に目的として用いられねばならないからである。そしてこの点にこそまさに人間の尊厳〔人格性〕があるのであって、これによってこそ彼は、人間ではなくてしかも使用されることのできる、他のすべての世界存在者を眼下にみ、したがって一切の物件を超絶しているからである」」。

VI, S.462. 邦訳『徳論』第二節「他人にふさわしい尊敬からうまれる、他人に対する徳の義務について」§38、６２９頁。法や国家にとっての尊厳概念の意義に関しては（もちろんカントとの関連に関しても）以下の文献を参照。Werner Maihofer (1918-2009), Rechtsstaat und menschliche Würde, Frankfurt am Main 1968. 人権理論の歴史における人格概念の意義に関しては以下の文献を参照。Helmut Coing (1912-2000), Der Rechtsbegriff der menschlichen Person und die Theorien der Menschenrechte, in: ders., Zur Geschichte des Privatrechtsystems, Frankfurt am Main 1962, S.56-96. Wolfgang Kersting, a.a.O., S.160, Anm.198. 『自由の秩序―カントの法および国家の哲学―』舟場保之・寺田俊郎監訳、ミネルヴァ書房、２０１３年、１４９頁注（６）を参照）。また、カントにおける人間の尊厳に関する最近の文献として次の論文を参照。Dietmar von der Pfordten, Zur Würde des Menschen bei Kant, in: Menschenwürde, Recht und Staat bei Kant. Fünf Untersuchungen, Paderborn 2009, S.9-26. Dietmar von der Pfordten, Menschenwürde, München 2016, S.32-36.

5　法原理と道徳原理との関係（法原理の道徳原理に対する優位性）

リッターは、歴史的に考察するとカントの法思想は１７６３年以降、実践哲学全体の中核であることが明らかになると指摘する。道徳原理はまずはじめに法原理である。したがって、カントにとって法は人倫的なものの単なる「不十分な様式」を意味するにすぎないとする見解は適切ではないと主張する（法原理の道徳原理に対する優位性については、ゼンガーの次の文献を参照。Monika Sänger, Die kategoriale Systematik in den „Metaphysischen Anfangsgründen der Rechtslehre". Ein Beitrag zur Methodenlehre Kants, Berlin・New York 1982, S.26-32.)。

6 ルソーの著作の影響（カントの法思想に対するルソーの格別な意義）

カントの倫理学に対するルソーの影響は周知の事実であるが、リッターは、法哲学上の発展のはじまりはルソーの著作を知ることと重なると指摘し、カント法哲学へのルソーの影響を強調している。カントの法思想に対するルソーの格別な意義は、心理的に「権利の熱狂的支持者」になりやすい憂鬱質な人、カントに対するこのジュネーヴ人の著作の強い情緒的影響にある。ルソーは「人間とその権利」に対するカントの熱狂を呼び起こしたとする。

１７６４年に出版された『美と崇高の感情に関する考察』にカント自身が１７６４年から１７６５年にかけて記したと推定される「覚書き」を一読すれば、カントがいかにルソーから大きな影響を受けていたかを窺い知ることができる。

「私は傾向性からしても探究者である。私は認識への全き渇望と、認識においてさらに進みたいという落ち着きのない好奇心と、またあらゆる認識の獲得に対して満足を感じている。これだけが人間の栄誉をなしうるのだと私が信じ、何も知らない俗衆を軽蔑していた時代があった。ルソーが私を正道に戻してくれた。この優越の欺きは消え、私は人間を尊敬することを学ぶ、そして、もしこの考察だけが他のすべての考察に、人間性の権利を作り出すという価値を与えることができるのだと私が信じなかったならば、私は自分を俗な労働者よりもっと役立たずだとみなすことだろう」（XX, S.44. 岩波版『カント全集18』久保光志訳、１８６頁)。

また、カントが当時ルソーの諸著作をいかに熟読していたかが、１７６２年から２年間聴講していたＪ・Ｇ・ヘルダー（１７４４-１８０３）の回想によって生き生きと語られている。

「私は、私の師でもある一人の哲学者を識るという幸運に恵まれました。彼は生涯の最も輝かしい時代において、若々しく、はつらつとした生気に満ちていましたが、それは、私のみるところでは、老年になるまで衰えることがありませんでした。彼は広く考え深げな額は、尽きることのない快活さと歓びをたたえており、口からは、含蓄に富んだ言葉があふれ出し、諧謔や機知やユーモアはたちどころに口をついて出ました。彼の講義は、最も楽しい談話の時でもあったのです。ライプニッツ、ヴォルフ、バウムガルテン、クルジウス、ヒュームの思想を吟味し、ケプラー、ニュートンをはじめとする物理学者たちの自然法則につき従う、それと同じ精神をもって、彼は当時世に出たばかりのルソーの著作、つまり『エミール』と『新エロイーズ』を、また彼の知るところとなったすべての自然科学上の発見を受容し、その価値を認め、そして、つねに、自然についてのとらわれのない知識と、また人間の道徳的価値とにたち返ってきました。人間、民族、自然の歴史、自然科学、数学、そして彼自身の経験が、彼の講義と談話に活気を与える素材であり、およそ知るに価するもので彼の関心を逃れるものはなく、どんなたくらみも、どんな党派も、どんな利益も、どんな名誉欲も、真理の拡大と解明にくらべれば、彼には無に等しかったのです。彼は学生たちに、みずから考えることをうながし、勧めました。独裁主義は、およそ彼の気質とうらはらでした。この人物は、私はその人を最大の感謝と尊敬をもって名指すのですが、イマヌエル・カントにほかなりません。彼の姿を、私はよろこびをもって思い浮かべるのです」(『人類の知的遺産43カント』坂部恵、講談社、１９７９年、１０２‐１０３頁)。

さらに、１７９８年カント自身の手で刊行された最後の著作である『実用的見地における人間学』の中では、カントがルソーの主要著作を丹念に読んでいたことが窺える。この「人間学」の講義は１７７２年の冬学期から始められ、１７９５年から１７９６年の冬学期まで続けられたものである。

「ルソーの三つの著作、すなわち(1)われわれ人類が自然状態から抜け出て文化〔洗練〕へと移行する際に、〔それが基で〕われわれの力が弱まることから生じる損害、(2)文明化によって生まれる不平等と人間相互の抑圧に起因する害悪、(3)本物と思い誤られた偽りの道徳化から生じる自然に反した教育と的外れな思考方法とに由来する害毒――これら三様の災いについて論じた三つの著作は、自然状態をあたかも純粋無垢の状態であるかのように生き生きと描いているのであるが(こうした状態に再び舞い戻るのは、楽園を守る衛兵が燃える剣をかざして許さないであろう)、敢えていえば、これらの著作はたかだかそれぞれ、われわれ人類が自分自身の科のせいで閉じこめられてしまった諸々の災いの迷宮から脱出しようとして彼の『社会契約論』と『エミール』と「サヴォアの助任司祭の信仰告白」を読む際に、アリアドネの導きの糸として役立ってくれるといったていどのものであろう。――ルソーが本当にいいたかったことは、人間は再び自然状態へ逆戻りするべきだというところにあったのでなく、人間がいま立っている段階から自然状態を振り返って眺める必要があるのではないかということだったのだ。彼が仮定していたのは、人間は本性からして(本性が遺伝によって伝えられるままに)善であるが、しかしそれは消極的な意味であって、つまり自分から意図的に悪人になるというのでなく、ただ、指導者や先例が悪かったり拙かったりするとそれに感化され堕落させられる危険に曝されているという意味である。しかしいまこの危険を避けるためには改めて善い人間が必要となるのだが、人間には(生得的なあるいは後得的な)堕落を免れている者は一人もいないだろうことは確かであるから、人間が善人となるためには自分で自分を教育しなければならなかったことになるのであって、したがってわれわれ人類にとって道徳的な教育にまつわる問題は単に程度の問題として解決が難しいというのではなく、原理の中身そのものからして解決不能なのであって、それというのも人類に生得的な悪の性向はたしかに普遍的な人間理性によって見咎められ、場合によっては抑制されることはあっても、決して理性によって根絶やしにされることはないからである」(VII, S.326f. 岩波版『カント全集15』渋谷治美訳、３２０‐３２１頁)。

7　伝統的自然法論の独断主義(伝統的自然法論の独断主義への傾倒)

リッターは、カントが伝統的自然法の独断主義に引き寄せられたとして次のように述べている。

法および国家の問題に対するカントのこの強い関心が豊富な題材を見出すのは、カントが１７６５年頃自然法についての最初の講義を準備していたときである。法学者アッヘンヴァルの概論に取り組むことによって、ルソーから影響を受け、情緒的色彩を帯びた法批判の後退へと至り、また体系的理論に対するカント自身の確信の強化へと至る。その際、カントの法哲学はますます「法的」（juristisch）になる。つまり、体系家カントは伝統的自然法の「独断論」に引き寄せられたのである。

8　初期資料におけるカントの法思想と『人倫の形而上学』との対比（カントの初期法思想の豊かさ、柔軟性、強烈さおよび開放性）

リッターは当然のことながら、カント法思想の初期の資料によって、カントが20年ないし30年後に『人倫の形而上学』の体系の中で述べた思想の起源および発展を洞察することができるとする。その際明らかになることは、第一に、カントがこの後期の著作においてかれの思想のもっとも明確なテクストを出版したわけではないということであり、また第二に、この体系的著作からはカント法思想の豊かさおよび柔軟性、強烈さおよび開放性がまったく認識されえないということであると指摘する。実際リッターが指摘するように、『法論のための準備草稿』などに見られるカントの法思想は示唆的であり、また魅力的でもある。

9　哲学的法教育学（準備草稿および講義筆記録による法哲学教育者カントの実像）

カントが講義のための準備として起草した覚書きや、またかれの聴講者の筆記録の形をとって初期の資料は存在している。リッターは、これらの資料から哲学的法教育学としてのカントの教育活動についての印象が得られると指摘する。

カントが教育者としてどのように法哲学の講義を行っていたのかについては現在でも研究がなく、法学者、特に法哲学者にとっては興味深い問題であり、今後の研究が期待される。

五　R・ブラントの反論に対するリッターの再反論

ブラントは、リッターの研究（Christian Ritter, Der Rechtsgedanke Kants nach den frühen Quellen, Frankfurt am Main 1971.）に対する１９７４年の書評論文（Reinhard Brandt, Rezension zu: C. Ritter: Der Rechtsgedanke Kants nach den frühen Quellen. Frankfurt am Main 1971, in: Philosophische Rundschau 20, 1974, S.43-50.）の中で、カント法思想の綿密な生成発展史的研究の功績を讃える一方で、リッター説に対して厳しく、しかも詳細に異議を唱えている。この論文はリッター説に対する反論として、H・オーバラーの１９７３年論文（Hariolf Oberer, Zur Frühgeschichte der Kantischen Rechtslehre, in: Kantstudien 64, 1973, S.88-102.）およびF・カウルバッハの１９７３年論文（Friedrich Kaulbach, Der Begriff der Freiheit in Kants Rechtsphilosophie, in: Philosophische Perspektiven, Bd.5, 1973, Klostermann, Frankfurt. この論文は次の論文集に収載されている。Friedrich Kaulbach, Studien zur späten Rechtsphilosophie Kants und ihrer transzendentalen Methode, Würzburg 1982, S.75-87.）と並んでその後の議論においても重要な役割を果たしている。

リッターは、先に述べたように、さまざまな反論を受けることになるが、それらを踏まえてかれの主張は修正されたのであろうか。それとも、かれのテーゼを貫徹するための新たな論拠を提示しているのであろうか。その後の議論を踏まえたリッターの主張を以下において検討したい。

リッターは、ブラントの『グロティウスからカントまでの所有権理論』と題する著作に対する書評論文の中で、ブラントおよびオーバラーの上記の反駁論文も参照しながら、リッター自身の基本的テーゼを次のように述べて再反論を試みている。

Christian Ritter, Rezension zu: Brandt: Eigentumstheorien von Grotius bis Kant, Stuttgart-Bad Cannstatt 1974, S.167-224 und S.253-267, in: Zeitschrift für Rechtsgeschichte 93, 1976, S.512-519. 特にS.516-519.

ブラントはこの著作において、グロティウス、ロック、ルソーおよびカントの所有権基礎づけの相違について簡潔に述べている。ブラントは、私的所有権の取得法的可能性の演繹について、2つの論証タイプが使用されていると指摘している。第一にロックによれば、個々の根源的所有権は労働によって取得される。第二にグロティウスによって基礎づけられ、また、カントによって変更を加えられた理論によれば、所有権取得の可能性は普遍的に承認された「間主観的自由制限」に基づいている。この可能性は共同占有の同意に基づく配分によって、あるいは任意の諸対象に対する最初の先占（prima occupatio）の許容性についての必然的な取り決めによって実現される。国家は、所有権保護の必然性によって正当化され、今度は所有権は、労働ないし個々の人格の自由によって正当化されるので、国家は個々人に対して二次的なものである。いずれにしても、ヒュームおよびカントは、あらゆる経験的国家に対して、あらゆる個々人の服従を要求しているにもかかわらず、あらゆる国家は法および所有権一般の規制権力をあらわしている。そして、ヒュームおよびカントは、ルソーとは異なって、所有権一般の自然法的正当性から経験的に見出されるべき所有権配分の承認に対する義務を推論している。各人にかれのものを——占有している者は幸いなるかな（Suum cuique-beato possidenti!）。カントはもちろん、何人も——かれが欲しさえすれば——かれ自身の努力によって「出世」することができなければならない、つまり、自分に有利な結果になるように所有権配分を変化させることができなければならないということをあくまでも主張している。Christian Ritter, a.a.O., S.514.

ブラントは、この著作の中でカント法哲学を2つの別々の章で取り上げている。まず、ブラントは序論および1765年頃の初期のカント法思想についてのテクストの抜粋を提示している。次に、序論および『人倫の形而上学』、すなわちカントが72歳のときの1796年から1797年の後期法論の抜粋を提示している。これら2つの抜粋に対応しているのは、「前批判的カント」と「批判的カント」との一般に行われている区別である。これによってブラントは、カントの初期法思想と『法論』出版直前の後期法論との相違を際立たせようと試みている。その際、ブラントはもちろん「古典的」カントをまず一般には行われていない後期、すなわち1794年以降に置いている。リッターは、ブラントが主張しているように、確かにカントが1795年から1796年に集中的に所有権の基礎づけに苦心していたということは正しいとする（XXIII, S.207-370. Vorarbeiten zu Die Metaphysik der Sitten. Erster Teil,

Metaphysische Anfangsgründe der Rechtslehre.『人倫の形而上学』第一部『法論の形而上学的基礎論』の準備草稿）。

しかしながらリッターは、カントの法論は全体として、その本質的な立場（リッターはすでに１９７１年の著作の中で解明している。たとえば、法原理の内容、自由論としての法論、人間性の権利、法と道徳との関係、実定法と自然法との関係、自然状態と公民状態との区別、法治国家的国家法、国際連盟の理念、革命ではなく法改革、同害報復的刑法および法原理の条件のもとにおける所有権取得が挙げられている。Christian Ritter, Der Rechtsgedanke Kants nach den frühen Quellen, Frankfurt am Main 1971, S.213ff., S.338 m.N.）において、すでに１７６４年から１７７５年の間に形成され、またその根本的構想においてすでに１７６４年から１７６８年の間に、したがっていわゆる批判的転回以前に確立していたと主張する（Ritter, a.a.O., S.516.）。

そしてリッターは、上記テーゼにオーバラーも同意しているとする（Hariolf Oberer, Zur Frühgeschichte der Kantischen Rechtslehre, in: Kantstudien 64, 1973, S.88-102.）。他方リッターは、ブラントによって提示されたさまざまな異議（Reinhard Brandt, Rezension zu: C. Ritter: Der Rechtsgedanke Kants, in: Philosophische Rundschau, 20, 1974, S.43-50.）にもかかわらず、ここでは個々の問題について議論をする場所ではないとしながらも、それでもなおこのテーゼを保持すべきであると主張する。リッターは、１７６５年および１７９７年のカント法論の本質的な内容の一致から『人倫の形而上学』は「批判的」法哲学ではない（Ritter, Der Rechtsgedanke Kants nach den frühen Quellen, S.339.）とする結論を引き出してもよいのか否かは、一般に「批判的」ということばの意味論およびカントにおけるそのことばの語用論に依存しているとする議論を提示する。リッターはオーバラーの解釈を考慮に入れて、カントの批判書と単に「調和的」である学説が「批判的」であり（Oberer, a.a.O.）、さらに批判的「ア・プリオリ性」を単なる合理性と理解するならば、確かに法原理そのものは「批判的」と呼ばれうるとする。そして、カントの批判哲学は１７６４年に開始される（Oberer, a.a.O., S.101f.）とするオーバラーの議論は注目に値すると述べている。この意味論および語用論の議論は、１９８１年のＫ・Ｈ・イルティングの否定説（Karl-Heinz Ilting, Gibt es eine kritische Ethik und Rechtsphilosophie Kants? Hans Wagner zum 65. Geburtstag, in: Archiv für Geschichte der Philosophie, 63. Jg., 1981, S.325-345.）および１９８３年のオーバラーの肯定説（Hariolf Oberer, Ist Kants Rechtslehre kritische Philosophie? Zu Werner Buschs Untersuchung der Kantischen Rechtsphilosophie, in: Kantstudien

74, 1983, S.217-224.）の議論にも影響を及ぼしたと推察される。というのは、かれらは批判的方法の定義をめぐって法論の批判的性格を検討しているからである。

しかしリッターは、権利および義務のすべての個々の導出が「批判的」に基礎づけられていると呼ばれうることはおそらく不可能であり、これらの導出は特定の人間学的前理解を踏まえてのみ法原理から演繹されうるものであると主張する。したがって、カントの後期の法哲学は前期の法哲学との内容上の一致にもかかわらず、「批判的」でありうる。というのは、基礎づけとしての後期の「批判」は、以前にすでに展開された「形而上学」、すなわち基礎づけられたものの変更に至らなければならないということは何ものも強制しないからであるとするオーバラーの論述（Oberer, a.a.O., S.100f. またブラントの文献も参照。Brandt, a.a.O., S.46.）は原理的に正当であるとしながらも、しかしそれでもなおリッターは、カントの法哲学の「場合」には当てはまらないと異議を唱える。というのは、リッターは単なる理性における法形而上学の基礎づけは、その仕上げにおいて変更に至らなければならないと解釈しているからである（Ritter, a.a.O., S.516f., Anm.17.）。要するにリッターは、カントの法哲学は批判的法哲学ではないと再び強調しており、基本的にテーゼそのものに修正を加えているわけでもなくむしろ自説を確信するに至っている。

リッターの以下の文献も参照。Christian Ritter, Recht, Staat und Geschichtsfinalität. Bemerkungen zu neuen Kant-Interpretationen, in: Der Staat Bd. 16, 1977, S.250-262.

Christian Ritter, Immanuel Kant, in: Staatsdenker in der frühen Neuzeit, Dritte, um15 Abbildungen erweiterte Auflage, hrsg. v. M. Stolleis, München 1995, S.332-353. 邦訳『17・18世紀の国家思想家たち—帝国公（国）法論・政治学・自然法論—』ミヒャエル・シュトライス編、佐々木有司・柳原正治訳、木鐸社、１９９５年、５４９-５８３頁。

リッターは、カントの法思想は超越論的哲学の意味で「批判的に」基礎づけられていないとするかれ自身の主張（Ritter, a.a.O., 特にS.281ff.）をめぐる賛否両論の論争について、ブッシュ、ブラント、カウルバッハ、キュスタース、ケアスティング、キュール、オーバラーおよびゼンガーなどの肯定説も参照しているが、１９７１年のリッターの基本的なテーゼは１９８７年第二版および１９９５年第三版の時点でも依然として変わっていない（S.335, Anm.13. 同上、５７７-５７８頁、注（１３））。

リッターは、カント法哲学の超越論的基礎づけを否定して次のように述べている。

「一見したところ、カントの『人倫の形而上学の基礎づけ』

(Grundlegung zur Metaphysik der Sitten)(一七八五年)や『実践理性批判』(Kritik der praktischen Vernunft)(一七八八年)といった諸著作は、実践理性による批判的な自己正当化を達成し、「法論の形而上学的基礎論」や「徳論の形而上学的基礎論」(『人倫の形而上学』(一七九七年))は、それを出発点とする体系の演繹をもたらしたかのようにみえる。しかしながら、これらの著作群によって実践哲学体系を実践理性の先験的〔超越論的〕根拠に基礎づけ、そのようにして正当化される法形而上学を展開するという課題が成し遂げられたわけではない。結局のところ、カントの道徳哲学は上述の意味で「先験的な」〔超越論的な〕わけではなく、それ以上は基礎づけることのできない、したがってまた「反証する」こともできない定言的命法という事実、つまり—経験的に?—だれでも聞き知ることのできる「良心」の呼び声にのみ根拠をおくものなのである」(S.334f. 同上、553頁)。

リッターはこの論文においてそれまでの議論の展開を十分に踏まえて再検討している(Werner Busch, Die Entstehung der kritischen Rechtsphilosophie Kants 1762-1780, Berlin・New York 1979. Die Rezension von Reinhard Brandt, in: Philosophische Rundschau 20, 1973, S.43-50. Karl-Heinz Ilting, Gibt es eine kritische Ethik und Rechtsphilosophie Kants? Hans Wagner zum 65. Geburtstag, in: Archiv für Geschichte der Philosophie, 63. Jg., 1981, S.325-345. Friedrich Kaulbach, Studien zur späten Rechtsphilosophie Kants und ihrer transzendentalen Methode, Würzburg 1982. W. Kersting, Freiheit und intelligibler Besitz. Kants Lehre vom synthetischen Rechtssatz a priori, in: Allgemeine Zeitschrift für Philosophie 6, 1981, S.31-51. Ders., Neuere Interpretationen der Kantischen Rechtsphilosophie, in: Zeitschrift für philosophische Forschung 37, 1983, S.282-298. Ders., Wohlgeordnete Freiheit. Immanuel Kants Rechts-und Staatsphilosophie, Berlin・New York 1984. K. Kühl, Eigentumsordung als Freiheitsordnung. Zur Aktualität der Kantischen Rechts- und Eigentumslehre, Freiburg i.Br.-München 1984 (Diss. Heidelberg 1978). Gerd-Walter Küsters, Recht und Vernunft: Bedeutung und Problem von Recht und Rechtsphilosophie bei Kant. Zur jüngeren Interpretationsgeschichte der Rechtsphilosophie Kants, in: Philosophische Rundschau, Vol.30, No.3/4, 1983, S.209-239. Hariolf Oberer, Zur Frühgeschichte der Kantischen Rechtslehre, in: Kantstudien 64, 1973, S.88-102. Ders., Ist Kants Rechtslehre kritische Philosophie? Zu Werner Buschs Untersuchung der Kantischen Rechtsphilosophie, in: Kantstudien 74, 1983. S.217-224. Monika Sänger, Die kategoriale Systematik in den „Metaphysischen Anfangsgründen der Rechtslehre“. Ein Beitrag zur Methodenlehre Kants, Berlin・New York 1982.)。

法哲学研究者によるリッターの所論に対する反論として、R・ドライアーの以下の論文がある。Ralf Dreier, Zur Einheit der praktischen Philosophie Kants. Kants Rechtsphilosophie im Kontext seiner Moralphilosophie, in: Perspektiven der Philosophie 5, 1979, S.5-37, S.20. この論文は次の論文集に収載されている。Ders., in: Recht-Moral-Ideologie. Studien zur Rechtstheorie, Frankfurt am Main 1981, S.286-315. ドライアーが取り上げている論者は、リッター、G・パッツィヒ、L・W・ベック(1913-1997)、J・ブリュードルン、H・U・シュトゥーラー、H・キーフナー、K・ラレンツ、L・ネルゾン、M・リーデル(1936-2009)、F・カウルバッハ、J・エッサー(1910-1999)、H・L・A・ハート(1907-

１９９２）、Ｇ・ラートブルフ、Ｊ・ロールズ（１９２１－２００２）、Ｏ・シュヴェンマーおよびＲ・アレクシーなどである。

　ドライアーは１９７９年に、カントは超越論的方法を法論においては首尾一貫して実り豊かなものにし、法論と批判的主要著作との体系的連関を確立することにもはや成功していないとする遅くとも新カント学派以来、哲学的解釈者および法学的解釈者のもとで広められた見解に対して、疑問を投げかけている（Dreier, a.a.O., S.286f.）。

　ドライアーは、リッターテーゼに対する疑念とともにカント法哲学解釈に対する問題性について次のように述べている。

「法哲学に関して言えば、１９７１年以降クリスティアン・リッターの非常に丹念で内容豊富な博士論文とともに、カントの前批判的法論の体系的叙述および解釈が存在する。もちろん、このリッターの研究の成果は、『人倫の形而上学』に関する伝統的な見解を修正するのにはほとんど適していない。というのは、リッターによれば、後期著作である『法論』は本質的に前批判的法論と同一であり、また法論のもっとも明確な、またもっとも内容豊かなテクストでさえないからである。リッターは、カントの批判哲学の基礎からのこの法論の導出不可能性に関する新カント学派の見解を確認している。それどころかリッターは、この見解を次のテーゼによって徹底化している。つまりそのテーゼとは、カントの法思想は歴史的に考察すると、１７６３年以降における実践哲学全体の核心であることが明らかとなる。道徳原理はまずはじめに法原理である。これに従うと、法はカントにとって人倫的なものの「不十分な様式」にすぎないとする見解は適切ではない。このテーゼは、もちろん詳細には仕上げられていない。というのは、この研究は１７７２年から１７７５年までの資料の分析で終わっているからである。したがって、リッターはかれの目的に引きつけられて、いずれにせよカントの前批判的法論とその実践哲学一般との関係に関わる問題の過大評価に至っているとする推測は退けられえない。それにもかかわらず、この研究の堅実さは、その成果を綿密に検証するきっかけを作っている。

　要するに、カントの法哲学は依然として解決するのが困難な解釈問題の束である。この解釈問題は、まずはじめにカントの法論と一般的実践哲学との体系的関係、特に両者の整合性の問題、あるいはそれどころか一般的実践哲学からの法論の導出可能性の問題に関係している。したがって、この解釈問題はカントの一般的実践哲学の主要な解釈問題を含んでいる。これに属するのは、法論と徳論との関係の問題、同様に法論そのものの理解および無矛盾性の問題、たとえば法概念の問題、自然法と実定法との関係の問題、自然状態と私法の概念の問題、公民状態と公法の概念の問題、特に抵抗権の問題である」（Dreier, a.a.O., S.288f.）。

　またドライアーは、その後１９８６年にＨ・Ｇ・デガウ（H.-G. Deggau, Die Aporien der Rechtslehre Kants, Stuttgart/Bad Cannstadt 1983.）、Ｇ・ディーツェ（G. Dietze, Kant und der Rechtsstaat, Tübingen 1982.）、Ｆ・カウルバッハ（F. Kaulbach, Studien zur späten Rechtsphilosophie Kants und ihrer transzendentalen Methode, Würzburg 1982.）、Ｗ・ケアスティング（W. Kersting, Wohlgeordnete Freiheit. Immanuel Kants Rechts- und Staatsphilosophie, Berlin・New York 1984.）、Ｋ・キュール（K. Kühl, Eigentumsordnung als Freiheitsordnung. Zur Aktualität der Kantschen Rechts- und Eigentumslehre, Freiburg i.Br.-München 1984）およびＺ・バッチャ（Z. Batscha (Hg.), Materialien zu Kants Rechtsphilosophie, Frankfurt am Main 1976.）などの諸研究を踏まえて、カントの法哲学は批判的法哲学であるとする立場を明確に主張している。

ドライアーは、カントは批判哲学の文脈の中に法哲学を置き、それによって法哲学に深い基礎づけを与えているとするテーゼを主張して、次のように述べている。

「この関連において、次のことが想起されなければならない。『人倫の形而上学』においては後期の著作が問題となっているのであり、この著作については、カントが『法論』の中で超越論的方法を首尾一貫して実り豊かなものにし、また特に『法論』と批判的主要著作との体系的連関を確立することに成功しているのか否かが争われている。私〔ドライアー〕は、この問題はいずれにしても根本において肯定されるべきであると考えている。たとえば、Chr・リッター（Der Rechtsgedanke Kants nach den frühen Quellen, Frankfurt am Main 1971.）が、『人倫の形而上学』の『法論』は本質的にカントの前批判的（vorkritisch）法哲学と同一であると証明した事実によって私の見解は何も変わらない。この事実はむしろ、カントがかれの法哲学において近代の法・国家哲学のある種の成果を摂取し、しかしそれにもかかわらずこの後期の著作においてかれの批判哲学の文脈の中に法哲学を置き、またそれによってその法哲学に深い基礎づけを与えたとするテーゼを正当化する」（Ralf Dreier, Rechtsbegriff und Rechtsidee Kants. Rechtsbegriff und seine Bedeutung für die gegenwärtige Diskussion, Würzburger Vorträge zur Rechtsphilosophie, Rechtslehre und Rechtssoziologie Heft 5, Frankfurt am Main 1986, S.11, Anm.7.）。

また、リッターの次の文献も参照。Christian Ritter, Politik des Rechts, in: Gerresheim 1974, S.44-58.

次にリッターは、ブラントに対する異議として、カント法哲学の前批判的段階と批判的段階との区別よりももっと疑問なのは、カントの「古典的」法論を『人倫の形而上学』と同一視することであるように思われると指摘する。実際、『人倫の形而上学』は、カントの意図に従えば、そうであるべきものではほとんどなく、しかしブラントの見解（Reinhard Brandt, Eigentumstheorien von Grotius bis Kant, Stuttgart-Bad Cannstatt 1974, S.27.）に従えば実際そうである。すなわち、カント法哲学は「単なる理性の限界内の法論」である（VI, S.355. 邦訳『法論』５０１頁）。ブラントによれば、カントの初期の法論は「自然主義的」と特徴づけられうる（Reinhard Brandt, Eigentumstheorien von Grotius bis Kant, Stuttgart-Bad Cannstatt 1974, S.171.）。他方でリッターは、カントの初期の法論はすでに後期の法論と同様に「合理主義的」であると主張する。

リッターは、初期カントにおける自然主義および後期の『人倫の形而上学』における批判主義という2つの視点から検討を加えている。

第一に、初期カントのいわゆる自然主義に関して言えば、確かに、カントが１７６４年から１７６５年の講義計画において「何が生起すべきか」という考察（を放棄するのではなく）の前に、「何が生起するか」という人間学的研究を要求していたということは正しい。

カントは、この公告の中で次のように予告している。

「私は当分の間、一般的実践哲学と徳論の両方をバウムガルテンによりながら講述する。シャフツベリ、ハチソン、そしてヒュームの試みは未完成で欠点はあるが、すべての道徳の第一根拠の探求については、もっとも遠くに達している。この試みに欠けている精密さと補足的な部分を補うつもりである。徳論ではいつも、生じなければならないことを示す前に、現に生じていることを歴史的、哲学的に検討する。こうすることによって、人間の研究が従うべき方法を明らかにするのである」（II, S.311. 岩波版『カント全集3』田山令史訳、２２２頁）。

また、カントは、１７８５年の『人倫の形而上学の基礎づけ』第二章「通俗的な人倫的哲理から人倫の形而上学への移行」の中でも次のように述べている。

「実践的哲学において私たちが問題とするのは、起こっているものごとの根拠を考えることではなくて、一度も起こっていなくても、起こるべきであるものごとの法則を考えることである。すなわち、客観的＝実践的な法則を考えることなのである」（IV, S.427. 岩波版『カント全集7』平田俊博訳、62頁）。

またカントの倫理学が、当時イギリス人の博愛主義的感覚論という意味においてなお「自然主義的に」構想されていたということも正しい。しかし、リッターはカントの法論はそうではないと主張する。たとえばカントが、ブラントによって部分的に引用されているアカデミー版カント全集20巻１５６頁の『美と崇高の感情に関する考察』についての「覚書き」において法的感覚（sensus juris）について論じるとき、これは感覚（sentiment）という意味をもはやもつのではなく、「真と偽の共通感覚」（Est enim sensus communis veri et falsi non nisi ratio humana...）の並行化と同様に、共通感覚（common sense）という意味をもち、また「人間愛」（Philanthropia）に対する法的感覚の対置を生じさせる。人間精神の本性（natura mentis humanae）における法的感覚およびその根本原理、無矛盾性（調和 harmonia、合致 consensus、つまり対立 oppositio と矛盾 contrarietas の回避）の基礎づけがカントの法合理主義の基礎を示すとする。

Ritter, a.a.O., S.118ff., 142ff. u.ö.

カントは、『美と崇高の感情に関する考察』についての「覚書き」の中にラテン語で次のように記している。

「嘘を言うことは、時には他人に充分有益となるにしても、厳密な義務がそれへと強制しなければ、ただの嘘であろう。このことから、誠実は人間愛からではなく、われわれが正当と不当を区別する正義の感覚によっていることが分かる。しかし、この感覚は人間精神の本性に源を発し、この本性によって、それはなにが定言的に（有益ではなく）善であるかを判断するが、それは私的な利益〈また他人の利益〉からではなく、他人が同じ行為をすると想定することによってである。もし対立と矛盾が生じるならば気に入らず、調和と合致が生じるならば気に入る。ここから発見手段としての道徳的な立場移行の能力が生じる。つまり、本性からしてわれわれは社交的であり、われわれは誠実な精神によっては、他者において是認しないものをわれわれのうちに是認できない。つまり、真と偽の共通感覚は、一般的に真と偽の基準としての人間理性に他ならず、また善悪の共通感覚はそれの基準である。自己と対立した頭脳は論理的確実性を、またそのような心は道徳的確実性を取り去る」（XX, S.156. 岩波版『カント全集18』久保光志訳、２３８頁）。

それに対して、「他人の立場に身を置くこと」（Sich-in-andere-Versetzen）は単に心理学的発見手段（medium heuristicum, ein heuristisches Mittel）にすぎない（Brandt, a.a.O., S.171.「共通感覚」と「法的感覚」との関係については次の文献を参照。牧野英二『遠近法主義の哲学―カントの共通感覚論と理性批判の間』弘文堂、１９９６年、75‒76頁）。

第二に、『人倫の形而上学』の「批判主義」に関して言えば、リッターは、ブラントが実質的な諸要素に立ち戻ることなく所有権論を展開しようとするカントの意図を強調しているのは正当であるとする。しかしながら、これらの諸要素の事実上の削除はそれほど行われておらず、ブラントが考えているように、カントはたとえば「自己保存の権利」を知らないことになる（Brandt, a.a.O., S.180ff.）。しかしこの権利は、リッターによればカントの法論および所有権論の自明で実質的な基礎である。

カント哲学全体に対する身体的自己保存の基本的意義については、ハンス・エーベリングの次の文献を参照。Hans Ebeling, Selbstkonstituierung als Selbstkontinuierung in der praktischen Philosophie Kants, in: Akt. d. 4. Int. Kant-Kongr. Mainz 1974, hg. v. G. Funke, Berlin 1974, Bd.II 2, S.507ff. 次の文献も参照。Hans Ebeling, Immanuel Kant. Die Metaphysik der Sitten. Mit einer Einleitung herausgegeben von Hans Ebeling, Stuttgart 1990, S.15-29. １９９０年に出版されたＨ・エーベリングの編纂に

よるこのレクラム文庫版『人倫の形而上学』対する書評については次の文献を参照。Georg Geismann, Kantstudien 89, 1998, S.90-92.

ブラントが、「カントの法論にとって人間の生命および自己保存（conservatio sui）は構成的意味をもたない」とするかれのテーゼに対する例として挙げている「外的徴表」、つまり「生命」（Leben）ということばは『人倫の形而上学』第一部の本題とは関係のないⅡ「相続〔Acquisitio hereditatis〕」§34（たとえば、カントは次のように述べている。「――相続人〔指定相続人 heredis instituti〕の取得と被相続人〔遺言人 testatoris〕の放棄とは、すなわち、私のもの・汝のもののこの交替は、一瞬のうちに〔死の瞬間に articulo mortis〕、つまり、被相続人が生存することをやめる、まさにその瞬間に行なわれる」。VI, S.293 邦訳『法論』４２８頁）においてはじめて現れるとするテーゼは、カントがこのことばを法論の基礎的な導入において、すなわちまさに生命に対する権利が問題となっている連関において何度も用いているという事実（VI, S.235. 邦訳『法論』３６０頁。緊急権〔Ius necessitatis〕について論じられている箇所である。カントは緊急権との対比として正当防衛について次のように述べている。「ここでは〔緊急権〕、私の生命に対する不正な侵害者に対して、彼の生命を奪うことによって侵害を防止すること〔正当防衛 ius inculpatae tutelae〕が問題となっているのではなくて――この場合節度を守ること〔moderamen〕の推奨が問題となるが、それは決して法には属せず倫理にのみ属する――、私に向かって何らの暴行も加えなかった第三者に対する暴行が許されるかどうかが問題となっているからである」）によって否定されるとリッターは異議を唱えている。

カントは、「緊急権」の論述において緊急避難に正当防衛を対置している。正当防衛の本質は、私が「私の生命に対する不正な侵害者」を「かれの生命を奪うことによって侵害を防止すること」にある。正当防衛者は、かれがあらゆる人間と同様に生命および自己保存に対する権利をもっているので、不正に侵害されることになる。「動物的本性における自己保存」は「自分自身に対する」基本的・倫理的諸義務の第一のものである（VI, S.421. 邦訳『世界の名著39カント』責任編集野田又夫、１９７９年、中央公論社所収『徳論の形而上学的基礎論』森口美都男・佐藤全弘訳、５７７頁）。

カントは、『徳論の形而上学的基礎論』第一篇「倫理学の原理論」第一巻「自分自身に対する完全義務について」

第一章「動物的存在者としての人間の自分自身に対する義務」§5の冒頭でも次のように述べている。

「動物性という性質においての自分自身に対する人間の義務のうちで、もっとも重要な義務とはいえないにしても、第一の義務は、その動物的本性においての自己保存である」（VI, S.421. 邦訳『徳論の形而上学的基礎論』森口美都男・佐藤全弘訳、577頁）。

また、その違反は同時に「他人に対する義務の違反」でもありうる（VI, S.422. 邦訳『徳論』578頁。カントは上記の引用に続けて、第一章の第一項「自殺について」§6の中で次のように述べている。「自殺は一つの犯罪〔殺害〕である。この犯罪は、自己の他人に対する義務の違反……とみることもできる」）。人間は他人に対して義務を負っている。義務一般の遂行の可能性の諸条件として生命および自己保存は、自明の主観的権利である。というのは、あらゆる権利は義務遂行に対する権利として導き出されうるからである。

VI, S.239. 邦訳『法論』「人倫の形而上学一般の区分」I、364-365頁。VI, S.252, Z.21-30. 邦訳『法論』§6「外的対象の純粋に法的な占有〔本体的占有 possessio noumenon〕という概念の演繹」、379頁。VI, S.267, Z.19. 邦訳『法論』§16「土地の根源的取得という概念の究明」、396頁。

カントは、「法論への序論」の「人倫の形而上学一般の区分」Iの中で、義務を命ずる命題である道徳的命法を基礎として他人を義務づける能力、つまり権利概念が後から展開されうるとして、次のように述べている。

「あらゆる義務は、法義務〔officia iuris〕、すなわち、外的立法が可能な義務であるか、もしくは、そうした立法が不可能な徳義務〔officia virtutis s. ethica〕であるかのいずれかである。ところで、後者がいかなる外的立法にも服しえぬのは、徳義務が或る目的に、すなわち、それ自身が〔あるいはそれをもつことが〕同時に義務でもあるような目的に関係するからにほかならない。実際、自分に対して目的を設定することは、〔それが心の或る内面的な働きである以上〕いかなる外的立法によっても達成されえないことである。もっとも、こうした目的に向かうような外的諸行為は、主体がみずからそれらの諸行為を自分の目的とするか否かにかかわりなく、命令されることができるであろうが。

ところで、なぜ人倫論〔道徳論〕は、通常〔とくにキケロにおいて〕義務論と命名され、権利論とは命名されないのであろうか？　一方は他方と関連しあっているにもかかわらず。――そのわけは次のとおりである。すなわち、われわれが、自分自身の自由〔そこから一切の道徳的諸法則も、したがってまた、一切の権利および義務も生じてくるのだが〕を知るのは、ただ道徳的命法によってだけなのであって、この命法は、義務を命ずる命題であり、この命題を基礎として、他人を義務づける能力、すなわち権利の概念が後から展開されうるということ、これである」（VI, S.239. 邦訳『法論』３６４-３６５頁）。

また、義務遂行のあらゆる必然的前提は、それに対応した権利を含意している。要するに、生命および自己保存に対する権利は、唯一の「生得的」権利においてともに考えられており、カントはこの権利を認め、またこの生得的権利の特殊な諸権利への分類に、より適切な表題づけの単に訴訟上の価値を与えているにすぎない。この「その人間性のゆえに万人誰しもに帰属するところの権利」は、カントはこの権利を伝統とともにまた「内的な私のもの・汝のもの」と呼んでいるが、「唯一自由のみである……」（VI, S.237f. 邦訳『法論』３６３-３６４頁）。

カントは「生得的権利はただ一つである」として次のように述べている。

「自由〔他人の強要的意思からの独立性〕こそは、それが普遍的法則に従ってあらゆる他人の自由と調和しうるものであるかぎりにおいて、この唯一・根源的な、その人間性のゆえに万人誰しもに帰属するところの権利である」（VI, S.237. 邦訳『法論』３６３頁）。

この根源的権利から導き出されうる多くの対人的権能に、しかし『人倫の形而上学』においてカントによって（演繹のつまらなさが理由かもしれないが）明確には導き出されてはいないが、生命および健康が属しているということは私法および公法のさまざまな箇所から明らかである。

VI, S.247, Z.28-S.248, Z.4. 邦訳『法論』§4「外的な私のもの・汝のものという概念の究明」３７２-３７３頁。S.250, Z.5. 邦訳『法論』§6「外的対象の純粋に法的な占有［本体的占有possessio noumenon］という概念の演繹」３７５頁。S.254, Z.6f. 邦訳『法論』§7「外的な私のもの・汝のものが可能であるという原理を経験の諸対象に適用すること」３８０頁。S.262, Z.18f. 邦訳『法論』§13「どの土地も根源的に取得されうる。そして、この取得を可能ならしめる根拠は、土地一般の根源的共有態である」３９０頁。S.330, Z.18-22. 邦訳『法論』４７２頁。S.331-337. 邦訳『法論』E「刑罰権および恩赦権について」４７２-４８１頁。

したがってリッターは、『人倫の形而上学』における生命概念の「除外」についてのブラントの鋭いテーゼは維持されえないのではあるが、しかしながらこのテーゼは後期法論の体系上の欠陥を近似的に正しく示していると指摘する。カントは、『人倫の形而上学』において私法の体系的論述を「外的な私のもの・汝のもの」に限定している。他方、「法論への序論」において提示されている「内的な私のもの・汝のもの」の基礎は法論の詳論において内容上仕上げられていない。この「物権に対して体系的に正当化されていない方向づけ」において、ブラントが穏やかに咎めているように、単に「カントの論述のある種の欠陥」以上のものが存在している。つまり、すでにW・メッツガーが正しく認めているように、『人倫の形而上学』に対する取り返しのつかない欠陥が存在しているとする（Wilhelm Metzger, Untersuchungen zur Sitten-und Rechtslehre Kants und Fichtes, Heidelberg 1922 (z.T. erweitert als „Gesellschaft, Recht und Staat in der Ethik des deutschen Idealismus“, Heidelberg1917, aus dem Nachlaß hrsgn.von Ernst Bargmann.), S.68ff., S.88f.)。

ブラントが説得力をもって示しているのは（Brandt, a.a.O., S.184.）、「人間の空間的存在の有限な表面の不可分性および人間における法関係の実現の完結できる歴史としての時間」は、カントの法論にとって構成的であるということである。ブラントが怠っているのは、同様に『人倫の形而上学』においてはもちろんほとんど不明であるが、カントの自然法の実質的なア・プリオリとしての人間の身体的実存を浮き彫りにすることである。『人倫の形而上学』において特殊な必要性および偶然の傾向性だけでなく、人間の生命および身体性一般を度外視しようとするカントの試みは、人格の不可分性のために失敗する。つまり、生命および身体性一般という単に経験的・現象的諸規定だけでなく、また「人間性」における自由と理性という本体的諸規定との不可分性のために失敗する。生命、身体およびあらゆる「四肢」でさえ統合的に「全人格」に属する。

カントは、私法の第二章「外的な或るものを取得する仕方について」第三節「物権的様相をもつ対人権について」第一項「婚姻権」§25の中で明確に次のように述べている。

「人間の身体の一部を取得することは、人格の絶対的不可分性のゆえに、同時に全人格の取得である」(VI, S.278. 邦訳『法論』409頁)。

六　W・ケアスティングの反論

W・ケアスティングは、1981年の論文においてリッターの連続性説に対して、リッターの研究はカント法哲学の体系的著作である『法論』そのものを考察しておらず証明になっていないとして、次のように批判している。

リッターは、カントの法哲学上の思想の連続性についてのかれのテーゼをカント法哲学の唯一の体系的叙述である『法論の形而上学的基礎論』によって検証さえしていない。カント法思想の初期の資料に対するリッターの関心によって規定された考察時期は1775年頃で終わっている。20年以上後に出版された『人倫の形而上学』は、リッターの研究では脚注および参照に現れるにすぎない。

それでは、ケアスティングはカントの法論をどのように解釈しているのであろうか。

ケアスティングは、カントの法論の中核である私法は超越論哲学的に基礎づけられているとして、リッターの連続性説が支持されえないということを明らかにしている。カントが１７９７年にかれの法哲学に与えた体系的形態は、リッターによって再構成された初期のテクストと同一のものではない。多数の内容上の一致が両者の間に成立するということは、単に連続性を語る誘因でありうるにすぎない。そしてこの誘因は、とりわけ哲学上の新しい基礎づけによる内容上の新奇さを期待させる。ケアスティングは、一定の超越論哲学的諸要素をまさにリッターによって欠如しているとされた「法ア・プリオリ性」と結びつけ、また１７９７年のカントの法哲学をはっきりと「批判的」法哲学、つまり「批判的」自然法であると証明する論証に基づいている（Wolfgang Kersting, Freiheit und intelligibler Besitz. Kants Lehre vom synthetischen Rechtssatz a priori, in: Allgemeine Zeitschrift für Philosophie 6, 1981, S.31.）。

またW・ケアスティングは、１９８４年の教授資格論文の中では、『人倫の形而上学の基礎づけ』および最終的に『実践理性批判』における道徳哲学の新たな基礎づけが法論にも新たな妥当理論上の基礎を与えているとして、リッター説に反論して次のような４つの批判を加えている。

まず第一に、新カント学派が法哲学に対して行った異議申立を『法論』そのものではなく、初期の資料を分析・検討することによって証明しようとしている。

第二に、法思想の連続的発展を証拠に、カントが「批判的」法哲学を基礎づけたということを排除するが、しかし説明にはなっていない。

第三に、リッターは新カント学派の先入見から自由になることができず、『実践理性批判』が有する実践哲学の基礎づけのための意義を適切に評価していない。

第四に、リッターは、初期の資料によって解明された時期のはじめである１７６４年頃にすでに、核心において『人倫の形而上学』と同様の基礎的諸規定が見出され、また考察された時期の終わりである１７７５年頃において後期の著作である『法論』と同様の一連の主題群、問いおよび解答が見出されると主張する。しかし、『人倫の形而上学』の法論は本質的部分において１７９０年代半ばにようやく構想されたものである。

ケアスティングは次のように述べている。

「リッターは、「カントが法を批判主義の意味において取り扱っていないというのは正しいのか否か、また取り扱っていないとすれば、それはなぜなのか」(19)という問いを立てている。それゆえ、リッターにとって重要なことは、新カント学派がカントの道徳哲学および法哲学に対して行った異議申し立てを、後者、つまりカントの法哲学に対して再検討することである。特筆すべきことは、リッターが新しい証拠調べを1797年の『法論』ではなく、初期の文献から始めていることである。『法論の形而上学基礎論』は脚注にあらわれるにすぎない。リッターは、カントが法を「批判主義の意味において」取り扱っていないということを確証するが、これは『実践理性批判』を読んだ人にはなんら驚くべきことではなく、たんに新カント学派的な科学主義的批判主義に傾倒している人にとってのみ疑念を引き起こすにすぎない。そしてリッターは、カントが法を批判主義の意味において取り扱っていないことの理由を、カントの法思想のとぎれのない連続性に見出している。「この連続性によって、……カントが――思弁的批判主義に対応する――「批判的」法哲学を基礎づけたということが排除される」(339)。もちろんこれはまったく説明になっておらず、それ自体説明を必要とする事態の繰り返し、あるいは理由と帰結の混同である。〔実際には〕カントは「批判的」法哲学を基礎づけなかったがゆえに、その法思想を「思弁的批判主義」に影響されることなく連続的に展開することができたのである。しかし私たちは、この連続性テーゼの基礎づけの価値問題を度外視し、連続性テーゼそのものに目をむけよう。このテーゼが、カントは法学およびその諸対象の可能性の超越論的諸条件に進んでいくために、いかなる時点においても、法学の事実から出発しなかった、ということを言おうとしているとすれば、このテーゼは、必要以上に力説されていることになる。カントは実践哲学の独自性をなんら隠しだてすることなく、またなぜ統一的な理論構築から距離を置くことになったのかを基礎づけている。このテーゼが関心をひくのは、それが法論の――いまや別の意味で理解されるべき――批判的道徳哲学からの独立性をも主張しているかぎりにおいてである。しかし、残念ながら、リッターは新カント学派の先入見から自由になることができず、それゆえまた道徳哲学的な基礎づけの問題の固有性を視野に入れず、したがってまた、あらゆる発展史的な整理を行っているにもかかわらず、『実践理性批判』

のもつ実践哲学の基礎づけのための意義を適切に評価することができないのである。連続性テーゼが形而上学的法論の批判的道徳哲学からの独立性を含意しているかぎり、このテーゼは却下されるべきである。確かに、１７９７年の『法論』には70年代のレフレクシオーンと一致している点がある。そして『人倫の形而上学』には、伝統的な普遍的実践哲学を参照している点が数多くあるのも事実である。多くのラテン語の術語は、大部分の概念規定と同様にヴォルフ学派の実践哲学教本から採用されている。そのことから、同時代の読者は、カントがどのような主題的文脈においてかれの晩年の作品を位置づけようとしていたかを知ることができる。こうした読者は、カントがかれの新たに基礎づけられた道徳哲学を自然法的義務論全体の改革のために生かそうとしていたということを、難なく知ることができた。その際、発展史的に先行する、カント解釈者にはよく知られているいくつかの事柄が、ほとんど内容を変えることなく登場している。しかしながらこのことから、カント解釈者がとぎれのない連続性に関するテーゼをもつきっかけを得ることができ、またより狭い意味においても非批判的法哲学がここで展開されていると結論づけることができるようになるのは、もっぱら解釈者が新たな基礎づけに関して、それによって基礎づけられるものが重大な内容的変更をもつようになることを期待する場合のみである。そのように核心部分の素材が同一であるということに意識を集中するならば、原理論的な新たな基礎づけや領域区分および体系的統合をつうじての新たな規定という、事実を孤立させて比較することによってはとらえることのできない諸問題には無感覚となる。それに加えて、私法論の中心部分である所有権論は、カント晩年の独創的な成果であるということも重要である。〔カント法論において〕私法が公法の基礎を築いているということに注目するなら、「『人倫の形而上学』の法論は本質的部分において90年代半ばにようやく構想された（Reinhard Brandt, Rezension zu: C. Ritter: Der Rechtsgedanke Kants, in: Philosophische Rundschau, 20, 1974, S.44.）」という結論に達するに違いない」。

Wolfgang Kersting, Wohlgeordnete Freiheit. Immanuel Kants Rechts-und Staatsphilosophie, Berlin・NewYork 1984, S.35f., Anm.53. Wolfgang Kersting, Wohlgeordnete Freiheit. Immanuel Kants Rechts-und Staatsphilosophie, 3., erweiterte und bearbeitete Auflage, Paderborn 2007, S.108f, Anm.53. 邦訳『自由の秩序—カントの法および国家の哲学—』舟場保之・寺田俊郎監訳、ミネルヴァ書房、２０１３年、１０８-１０９頁注（28）を参照。リッターのカント法論解釈に対する批判として次の文献も参照。H. Oberer, Zur Frühgeschichte der Kantischen Rechtslehre, Kantstudien 64/1973, S.88-102. Wolfgang Kersting, Neuere

Interpretationen der Kantischen Rechtsphilosophie, in:
Zeitschrift für philosophische Forschung 37, 1983, S.282-284.

Ⅲ　R・ブラントの所論

はじめに

R・ブラントは、Chr・リッターの研究書が出版された直後の１９７４年、リッター説に対して詳細に異議を唱えている。それについては先に言及したが、ここではやや立ち入って検討したい。

Reinhard Brandt, Rezension zu: C. Ritter: Der Rechtsgedanke Kants, in: Philosophische Rundschau, 20, 1974, S.43-50. 同著者による次の文献も参照。Reinhard Brandt, Eigentumstheorien von Grotius bis Kant, Stuttgart-Bad Cannstatt 1974, S.167-224 und S.253-267. ブラントの所論に対する論評として次の文献を参照。Christian Ritter, Rezension zu: Brandt: Eigentumstheorien von Grotius bis Kant, Stuttgart-Bad Cannstatt 1974, S.167-224 und S.253-267, in: Zeitschrift für Rechtsgeschichte 93, 1976, S.512-519. 特にカントの法論については、S.516-519. Gerd-Walter Küsters, Kants Rechtsphilosophie, Darmstadt 1988, S.44, S.103f., S.111.

この反論は、リッター説に対する最初の反論であるＦ・カウルバッハの１９７３年論文（Der Begriff der Freiheit in Kants Rechtsphilosophie, in: Philosophische Perspektiven, Bd.5, 1973, S.78-91.）およびＨ・オーバラーの１９７３年論文（Hariolf

Oberer, Zur Frühgeschichte der Kantischen Rechtslehre, in: Kantstudien 64, 1973, S.88-102.）の翌年に公刊されたものである。ブラントはこの反論において主に2つの視点からリッター説を検証している。第一に法論の生成発展史的視点から反論しており、また第二に法論の批判的性格という視点から論駁している。R・ブラントは、O・ヘッフェと並んでカント哲学研究の現在における代表的研究者のひとりであり、１９８２年にマールブルク大学の哲学科に設立された「カント文庫（Kant-Archiv）」の研究業績を紹介するために、１９８７年からハンブルクのフェリックス・マイナー社より出版されている学術誌である『カント研究』（Kant-Forschungen）を同研究所のW・シュタルクとともに刊行している。２０１８年現在23巻の研究書が刊行されている。この意味でもブラントの所論は重要である。

　まずリッターの研究内容をごく手短に確認しておきたい。

きわめて豊富な資料を用いて、またきわめて厳密に論述しているリッターのこの研究は１７７５年までのカントの法哲学上の生成発展史的考察に取り組んでいる。というのは１７７５年までがカント法思想の発展のひとつの時期であると考えているからである。したがってまた解釈者であるリッターは、関連するテクストについてのカントによる欄外の書き込みおよびカント自身の出版物における若干の指摘に関する複雑な解釈に頼らざるをえない。

　リッターは考察した時期をさらに4つの段階に区分している。第一の段階は１７６３年までの時期であり、確かにこの段階で法哲学上の思想が述べられているが、しかしながらまだ独自の主題としては論じられていないとする。第二の段階は「１７６０年代半ばにおけるカント法哲学の基礎づけ」という表題のもとで検討されている。第三の段階は１７６９年から１７７１年までの時期を含んでおり、リッターはこの段階において「法思想の展開」を認めている。最後に第四の段階として、「１７７２年から１７７５年までの期間のカント法思想における基礎の強化および主題設定のさらなる展開」が続く。

一　暫定的占有と決定的占有との区別

リッターは、先に検討したように、この研究の総括において多数のテーゼを提示しているが、その中でも特に基本的テーゼとはいかなるものであろうか（Christian Ritter, Der Rechtsgedanke Kants nach den frühen Quellen, Frankfurt am Main 1971, S.339-341.）。ブラントはまずそれを確認している。

リッターの基本的テーゼは、その表題『初期資料によるカントの法思想』において現れており、またすでに第二の段階の見解、つまり「カント法哲学の基礎づけ」から読み取られるように、「カントの法論はその本質的な構成部分において１７６５年頃に完成していた」とするものである。リッターはその根拠としてカントの書簡を援用している。リッターは、カントが１７７３年末マルクス・ヘルツ（１７４７-１８０３）宛て書簡の中で人倫の形而上学の出版を予告しているのを考慮に入れて、『人倫の形而上学』について「この初期の人倫の形而上学は、しかしまた内容上『人倫の形而上学』と基本的に異なっていないであろう。すでにこの研究の直前の章においては驚くほどの近似、つまりそこにおいて初期の資料と『人倫の形而上学』との法哲学上の根本構想の内容上の一致がまったく際立たされなかった」とする（Ritter, a.a.O., S.268.）。

また同様のことが、カントが１７７０年から１７７１年の冬に「完成し」ようとし（X, S.97.[31-32]）、またヨハン・ゴットフリート・ヘルダー宛ての書簡（X, S.74.[17-18]）から読み取られるように、カントが１７６８年に従事していた『人倫の形而上学』にも当てはまるに違いないとする。

それでは、実際カントはどのような計画を抱いていたのであろうか。１７７０年前後の書簡によって具体的に確認してみたい。

カントは１７７３年末、マルクス・ヘルツ宛て書簡の中で次のように述べている。

「私の超越論的哲学が完成したならば、さぞ嬉しいことでしょう。それは本来純粋理性の批判であります。そうしたら私は、形而上学にとりかかります。それは二つの部門、つまり自然の形而上学と人倫の形而上学とをもっています。私はまず後者を出版するつもりで、前もってそのことを楽しんでいます」（X, S.145. 理想社版『カント全集第十七巻』門脇卓爾訳、１１５頁。カントのこの発言から、「予備学」としての『純粋理性批判』が完成した後、本来の形而上学の体系部分である「自然の形而上学」と「人倫の形而上学」とを完成させる計画を抱いていたことが読み取れる。また、カントの三批判書が主著であるのは言うまでもないが、その基礎のうえに『自然科学の形而上学的基礎論』と『人倫の形而上学』とが構想されており、これらがカント哲学体系の主要部分を構成している）。

また、カントは１７７０年９月２日、ヨハン・ハインリヒ・ランベルト（１７２８-１７７７）宛て書簡の中でも次のように述べている。

「この冬には、いささかの経験的原理も含まれていない純粋道徳哲学といわば道徳〔人倫〕形而上学に関する私の研究を整理し完成したいと思っています」（X, S.97.[31-32] 同上、94頁）。

さらに、カントは１７６８年５月９日、ヨハン・ゴットフリート・ヘルダー（１７４４-１８０３）宛て書簡の中でも次のように述べている。

「そして私は今のところ道徳〔人倫〕の形而上学に関する仕事をしていますが、そこで私は、この種の認識においてきわめてさかんに行われてはきたけれども実を結ばなかったいろいろな努力が一度でも効果を収めるべきものであるなら、かならずそれに従って規正されなければならぬような、明白で実り多い原則ならびに方法を示しうると自惚れています。いつも変わりやすい私の健康がそれを妨げることのないかぎり、その仕事を本年中に完成したいと思っています」（X, S.74.[17-18] 同上、76頁）。

もう少し遡ると、すでに1765年12月31日、ランベルト宛て書簡の中にも次のような計画が予告されている。

「……新しい哲学の構想をぶちあげる輩だなどという咎め立てを受けることが断じてないように、いくつかの小著を先に出しておかなければなりません。その材料は、もう用意できています。それらのうち、『自然哲学の形而上学的基礎』と『実践哲学の形而上学的基礎』が、その最初のものとなるでしょう」（X, S.56.$^{22\text{-}27}$ 岩波版『カント全集21』北尾宏之・竹山重光・望月俊孝訳、26頁）。

確かに、この書簡の中で述べられている『実践哲学の形而上学的基礎』が『人倫の形而上学』のことを意味するとすれば、その材料はすでに整っていると思われるかもしれない（『自然科学の形而上学的基礎論』は1786年に出版されたが、『実践哲学の形而上学的基礎』という表題の著作は公刊されなかった）。

しかしながらブラントは、カントの法論はその本質的な構成部分において1765年頃に完成していたとするリッターのテーゼは、カントの法論に取り組んでいる者にとっては驚くべきことのように思われるだけでなく、そもそも信憑性がないように思われると、まず第一の疑問を提起する。それでは、なぜブラントはこのような疑問を抱くのであろうか。カント法哲学の唯一の完全な叙述は、言うまでもなく公表された著作である『法論の形而上学的基礎論』に見出される。この著作は1796年の夏、遅くとも秋に校了し、1797年のおそらく1月に出版され、またその後『人倫の形而上学』の第一部として、第二部である『徳論の形而上学的基礎論』とともに合本として印刷された。ブラントは、『法論の形而上学的基礎論』にはその全体構想にとって本質的に重要であり、またカントが執筆直前までまだ使用することのできなかったということが明らかな諸要素が見出されると指摘する。この諸要素のひとつが、特に私法論の中で論じられている自然状態における暫定的占有と公民的状態における決定的占有との区別である（VI, S.257.$^{3\text{-}5}$ 邦訳『法論』384頁）。

カントがこの区別について最初に言及しているのは、『法論』の§9「自然状態においては、たしかに現実的だが、しかし単に暫定的にすぎない外的な私のもの・汝のものが存立しうる」においてである。

カントは次のように述べている。

「こうした（公民的）状態は共同的意志の法則の上にだけ打ち立てられることができるのであり、したがってこの法則が可能か否かに（その存立は）依存しているのであるが、そうした状態を期待し、あるいはそれへの準備としてなされる占有は、暫定的＝法的な占有である。これに対して、現実の公民的状態において見出される占有は、決定的な占有であるだろう」（VI, S.256-257. 邦訳『法論』３８４頁）。

１７９６年時点でのカントの上記見解に従えば、自然状態において外的な私のもの・汝のものは単に暫定的なもの（Provisorium）としてではあったとしても、つまり公民的状態（status civilis）を顧慮して法的に可能であるということが読み取れる。しかしながら、暫定的なものは理念における所有権であるだけでなく、同意なくそれを使用しようとする者に対して強制する権限が与えられており、また「自然状態における私のもの・汝のものから法的状態におけるそれへの移行一般」（VI, S.305.$^{31\text{-}32}$ 邦訳『法論』４４３頁）のために強制を可能にする「唯一の」（VI, S.313.$^{5\text{-}8}$ 邦訳『法論』４５０頁）基礎である。

カントは『法論』の「公法の第一節」「国家法」の§44の中で次のように述べている。

「もし自然状態においては暫定的にすらも外的な私のもの・汝のものが存在しないとすれば、このものに関する何らの法義務も存在せず、したがってまた、自然状態を脱却せよという何らの命令も存在しないことになるだろう」（VI, S.313.$^{5\text{-}8}$ 邦訳『法論』４５０頁）。

それでは、暫定的占有と決定的占有との区別が法論の執筆直前まで使用できず、しかも法論の全体構成にとって本質的要素だとすれば、それ以前はどのように考えられていたのであろうか。法論執筆直前に刊行された著作の内容と比較するのがもっとも信頼できるであろう。

前年に当たる１７９５年に出版された『永遠平和のために』の中では、この区別に対して自然状態における占有は「非合法ではあるけれども正直なる占有（誤想占有 possessio putativa）」と呼ばれており（VIII, S.348.[14-15] 理想社版『カント全集第十三巻』小倉志祥訳、２２１頁。XXIII, S.156-158.）、したがって法的カテゴリーに包摂されている。しかし、このカテゴリーは『人倫の形而上学』においてはまったく別の体系的観点のもとで論じられている（VI, S.300-303. 邦訳『法論』４３６－４４０頁。C遺失物の回収〔取戻し〕について〔所有物回収の訴え vindicatio〕§39所有物回収の訴えについては次の文献を参照。Hans Kiefner, §39 der Metaphysischen Anfangsgründe der Rechtslehre Kants, in: Die Bedeutung der Wörter. Studien zur europäischen Rechtsgeschichte, München 1991, S.133-153.）。

ブラントは、１７９６年の法論全体にとって構成的なのは暫定的権利の概念と結びついている許容法則（Erlaubnisgesetz）の構造であると主張する（VI, S.246f., §2 u.ö. 邦訳『法論』３７０－３７２頁）。１７９５年には純粋理性の許容法則（lex permissiva）は新しいものとして観念されていた。

VIII, S.347f. 理想社版『カント全集第十三巻』小倉志祥訳、２２１－２２２頁。カントは、『永遠平和のために』第一章「これは国家間における永遠平和のための予備条項を含むものである」６「いかなる国家も他国との戦争において、将来の平和の際に相互の信頼を不可能ならしめざるをえないような敵対行為を決して認可すべきではない、例えば暗殺者（percussores）や毒殺者（venefici）の任命、降服条件の破棄、敵国における暴動（perduellio）の煽動、等々」の中で許容法則について詳しく論じている。

カントは、１７９５年に出版された『永遠平和のために』付録１「永遠平和に関して道徳と政治との間の不一致について」の注の中で理性の許容法則について次のように述べている。

「これは理性の許容法則である、すなわち不正のまつわり付いている公法の状態であっても、完全な変革をなしうるようにすべてがおのずから成熟するか、あるいはすべてが平和な手段によって成熟に近づくに到るまで、その状態をなお持続させることを許容する法則である、なぜなら単に程度の低い合法的なものであっても、どうにか法的なる体制のあることは全然法的体制のないことより勝るのであり、早まり過ぎた改革は後者の運命（無政府状態の運命）に出会うかもしれないからである。――それゆえ国家政策は、事物の現在置かれている状態においては公法の理想にふさわしい改革をもって自己の義務とするであろうが、しかし革命は、これを自然がおのずから導き来たる場合には、これをより一層大なる圧制の弁解のために利用せず、そうではなくして、自由の諸原理に基づく法則的体制を唯一の持続的な体制として、根本的な改革によって実現せよ、という自然の呼びかけとして利用することになるであろう」（VIII, S.373. 同上、２５９-２６０頁）。

　また、カントは『法論』の「国家法」§49 Dの中でも世襲的特権について次のように述べている。

　「このような変則の事態が古い時代の政治機構〔ほとんど全く戦争遂行を目指して組織されていた封建制のそれ〕の中に忍びこみ、（一般）国民以上のもの、すなわち生まれながらの官吏〔たとえば世襲教授職といったもの〕であろうとする臣民が存在していたとしても、国家は、法に反して世襲的特権を認めたというその過ちを、このような地位を廃棄しまたは空位にしておくという仕方で徐々に訂正することができるだけなのであり、こうして国家は、次のような権利を、すなわち、世論の中においてさえも主権者・貴族・（一般）国民というかの三区分が、主権者と国民という唯一の自然的な区分に席を譲ってしまうときが来るに至るまで、暫定的に、右の（貴族の）威信を称号上存続させておく権利をもつのである」（VI, S.329. 邦訳『法論』４７１頁）。

１７９３年から１７９４年の冬学期における人倫の形而上学に関するカントの講義を書き記したＪ・Ｆｒ・ヴィギランティウス（１７５７-１８２３、ケーニヒスベルクの法律顧問官）の筆記録においてはＧ・フーフェラント（１７６０-１８１７、１７８８年からイェナの法律学教授になる。カントはフーフェラントの『自然法の原則に関する試論』についての論評を書いている。この論評はカントが法をテーマとして論じた最初の公刊物である。Bernd Ludwig (Hrsg.), Immanuel Kant. Metaphysische Anfangsgründe der Rechtslehre. Metaphysik der Sitten, Erster Teil, 3., verbesserte Auflage, Hamburg 2009, S.XVIII. Rezension von Gottlieb Hufeland's Versuch über den Grundsatz des Naturrechts, 1786. VIII, S.125-130. 岩波版『カント全集13』円谷裕二訳、51-57頁）に言及しながら、カントが許容法則の存在を否定しているとして次のように書かれている。

「フーフェラントが投げかけたもうひとつの複雑な問いは、自然法に従って許容法則（leges permissivae）は存在するのかというものである。カントはこの問いを否定する……」（R. Brandt, De homine, XXXXI-XXXXII, 1969, S.166-187 (mit italienischer Übers.) (166) ブラントは、１７９３／１７９４年と１７９６年の許容法則をめぐるカントの見解の相違に注意を喚起しようと試みている）。

それに対してカントは、「人倫の形而上学への序論」の中で命令の法則、禁止の法則および許容の法則について次のように述べている。

「定言命法は、一定の行為について或る拘束性を表明するという点からすれば、一つの道徳的＝実践的法則である。しかし、拘束性は単に〔法則一般が表明するような〕実践的必然性を含むばかりでなく、さらに強要をも含んでいるのであるから、上述の〔定言〕命法は、義務として表象されるものが作為であるか、不作為であるかに従って、命令の法則か禁止の法則かのいずれかである。命令も禁止もされていない行為は、単に許容されているだけである。というのは、それらに関して自由〔権能〕を制限する何らの法則もなく、したがってまた何らの義務もないからである。このような行為は人倫的に無記（どちらでもよい）〔indifferens,adiaphoron, res merae facultatis〕と呼ばれる。そこで問題となるのは次のようなことである。すなわち、右のような行為がはたして存在するか否か、またもし存在するとすれば、誰かが任意に或ることをなしたりなさなかったりする権能をもつためには、命令の法則〔lex praeceptiva, lex mandati〕や禁止の法則〔lex prohibitiva, lex vetiti〕のほかに、なお許容の法則〔lex permissiva〕が必要とされるか否か。もしこれが肯定されるとしたら、右の権能はかならずしもどうでもよい行為〔adiaphoron〕にかかわるものではなくなるであろう。なぜなら、こうしたどうでもよい行為には、もし人が道徳的諸法則に従ってそれを考えるのであれば、（つまり、道徳的な意味で〈どうでもよい〉と語っているのであれば）、何ら特殊な法則が必要とされるはずはないからである」（VI, S.22f. 邦訳『法論』３４５－３４６頁）。

また、カントは『法論』§2「実践理性の法的要請」の中で実践理性の許容法則について次のように述べている。

「私の意思のいかなる対象も客観的に可能な私のもの・汝のものとみなし、かつそう取り扱うことは、実践理性のア・プリオリな一前提である。

こうした要請は実践理性の許容法則〔lex permissiva〕と名づけられうるものであって、これは、単なる権利一般の概念からは導き出すことのできない権能をわれわれに与えるのである」（VI, S.246f. 邦訳『法論』３７２頁）。

この考察に非常によく合致するのは、しばしば引用される１７９４年10月26日ヨハン・ベンジャミン・エアハルト（１７６６–１８２７）宛てのＦ・シラー（１７５９–１８０５）の書簡における覚書きである。シラーはカント自身から聞いたこととして次のように記している。

「所有権の導出は、今や非常に多くの思索者たちを煩わしている点であり、私はカント自身から、私たちはかれの『人倫の形而上学』からその点についての何かを期待してよいと聞いている。だが私は、それと同時に、かれがその点についてのかれの諸理念にもはや満足していないこと、それゆえに出版を当分思い留まったことを聞いている」（Zit. nach einem Verweis von Paul Natorp im Anhang der Edition der Metaphysik der Sitten in der Akademie-Ausgabe, VI, S.517.）。

カント自身が『法論』の中で述べているように、所有権の導出の問題は私法の問題であり、そして私法はさらに公法の基礎を形成する（たとえばカントは、§９「自然状態においては、たしかに現実的だが、しかし単に暫定的にすぎない外的な私なもの・汝のものが存立しうる」の中で次のように述べている。「公民的体制なるものは、各人に彼のものを単に確保するだけの法的状態にほかならぬのであって、そこではもともと、こうした彼のものが構成されたり規定されたりすることがない……」。VI, S.256. 邦訳『法論』３８４頁）。

先に、「カントの法論はその本質的な構成部分において１７６５年頃に完成していた」とするテーゼを裏づけるために、リッターが１７７０年前後の書簡をその根拠として提示しているのを確認した。しかし、１７８０年代の著作および１７９０年代の書簡でもカントは依然として「人倫の形而上学」の出版を予告している。

カントは、１７８５年に出版された『人倫の形而上学の基礎づけ』の序文で次のように述べている。

「……私は他日『人倫の形而上学』を提供する計画であるが、まずそのために、基礎づけとして本書をさきだたせることにする。もちろん本来の意味において人倫の形而上学の基礎は純粋な実践的理性の批判以外には存在しないのであって、それは〔自然の〕形而上学のためにすでに提供された純粋な思弁的理性の批判があるのと同様である」（IV, S.391. 理想社版『カント全集第七巻』深作守文訳、17頁）。

また、同書第二章「通俗的道徳哲学に始まって道徳形而上学にいたる移行」の本文に付された注の中で次のように記している。

「われわれがここでよく注意せねばならないことは、私が義務の分類を将来の「人倫の形而上学」のために全く保留するということである」（IV, S.421. 同書、64頁）。

カントは、１７９２年12月21日エアハルト宛て書簡の中で「手許で執筆中の『人倫の形而上学』」と記しており（XI, S.399. 岩波版『カント全集22』木阪貴之訳、１９１頁）、また１７９３年5月12日フィヒテ宛て書簡の中でも「現在計画している『人倫の形而上学』」と記している（XI, S.434. 同書、２１１頁）。

これらの書簡から、カントは繰り返し執筆中および計画中という進捗状況を報告しており、『法論』の出版直前までその内容に満足ないし納得していなかったことが窺い知れるのではなかろうか。そしてそれは、上記のシラーの書簡から読み取れるように、所有権の導出に関する方法論上の決定的に重要な問題であったはずである。そうであるとすれば、この点から見てもリッターの先のテーゼには信憑性がないと言わざるをえない。

したがって、ブラントはシラーの書簡に注目して、『人倫の形而上学』の法論は本質的な部分において１７９０年代半ばにようやく構想されたとする先入観をもつであろうと指摘する。

二　知性（intelligibilia）と感性（sensibilia）との区別

次にブラントは、カントを読む者は最初からリッターのテーゼに対して第二の疑問を表明するであろうと指摘する。つまり、共通の意見およびカント自身の見解に従えば、批判哲学の成立は１７６０年代半ばには置かれえないのであり、また１７７０年の教授就任論文（『感性界と知性界の形式と原理』）の後もなおカントには後の理論の本質的な諸要素が欠如している（X, S.96-99 [98]. １７７０年９月２日カントのランベルト宛て書簡、同上、92–96頁）とする疑問である。一般に批判哲学は１７８１年の『純粋理性批判』の刊行によって成立したと考えられており、したがってこれは当然の疑問である。しかしながら、『人倫の形而上学』はまったく根本的な仕方でひとつの理論を前提している。この理論はカントが教授就任論文においてはじめて表現したものであり、また以前に示された理念とはまったく対照をなしているものである。つまり、この理論とは人間の認識のさまざまな根幹の源泉に従う２つの区別、すなわち知性（intelligibilia）と感性（sensibilia）との区別に関する理論である。この区別は経験主義に対して際立つのではなく、新たな合理主義に対して際立っている（II, §7, S.394f. 理想社版『カント全集第三巻』『可感界と可想界との形式と原理』川戸好武訳、２２９頁）。カントはこの時期以降、たとえ教授就任論文において提示されたような近似した形態ではないとしても、感性と理性との区別を保持した。そして、カントはここではじめて提示され、また今ようやく可能となったテーゼ、つまり道徳的概念が知性の部類に属するとするテーゼを保持した（„non experiundo, sed per ipsum intellectum purum cogniti", 「道徳的概念がかかるもので、それらは経験することによってではなく、純粋悟性そのものによって認識される概念である」II, §7, S.395. 同上、２２９頁）。法的で外的な私のもの・汝のもの（給付およびもの）は、法的占有がそうであるように、空間および時間が知性的諸対象に適用されないがゆえにのみ可能である。

私法における知性的占有の演繹についての最近の文献として、U・F・H・リュールを参照。Ulli F. H. Rühl, Kants Deduktion des Rechts als intelligibler Besitz. Kants ›Privatrecht‹ zwischen vernunftrechtlicher Notwendigkeit und juristischer Kontingenz,

Paderborn 2010. リュールがこの研究において主題としているのは、倫理と法との相違は何によって基礎づけられるのかとする問題である。道徳的自己義務づけおよび自己立法から――つまり自律を意味する――他者義務づけ、つまり他者を義務づける道徳的能力としての法への移行はどのようにして基礎づけられうるのであろうか。これは、カントが１７９７年に出版された『人倫の形而上学』の論述に際してはじめて提起した問いである。というのは、『人倫の形而上学の基礎づけ』および『実践理性批判』においては純粋実践理性による自己義務づけのみが存在するが、しかしまだ法は存在していないからである。

リュールの本研究の中心的テーゼは、カントは他者義務づけに対する道徳的権能としての法を「私法」の§１－§７において導出（演繹）しているとするテーゼである。カントの理性法の核心は『人倫の形而上学』に含まれている。いかにカントが私のもの・汝のものという理性概念から知性的占有の概念を究明、定義および演繹をとおして徐々に展開し、また正当化しているのかが明らかにされる。リュールは四段階の契約理論、また同様に民法上の抽象原理の理性法的必然性についてのカントのテーゼを批判的に検証している。

ブラントは、法論のすべての論証はこの原理に基づいており、厳密に言うとつまり、固有の私法内部においてだけではなく、私法においてカントはすぐに知性と感性との区別によってのみ解決されうる法的実践理性のアンチノミーに取り組む（§１および§７「外的な私のもの・汝のものが可能であるという原理を経験の諸対象に適用すること」）が、たとえば刑法においてもそうであると指摘する。

カントの基礎に従えば、法的人格の知性性のみがＸの時点において他者の自由を違法に制限する行為を行い、またＹの時点においてそれに対して処罰される人間の同一性を可能にしうる。法概念は、カントが上記の教授就任論文においてはじめて公に主張した理論に従えば、純粋理性概念である。感性から独立した認識能力の表象を自由に使えないあらゆる実践哲学は必然的に自分自身を見誤り、またその基礎を経験の中に求め、あるいは誤って考えられた理性道徳を経験的諸要素と混同せざるをえない。

したがってブラントは、カントが１７６０年代半ばに主張した法論は内容上カントの後期の法哲学と多くの点で一致しているが、しかし哲学的基礎づけが原理的に異なった基礎づけであるに違いないとする結論に至る。この点が先のリッターのテーゼに対するブラントの異議である。

三　実践哲学の体系性に対するカテゴリー表の重要性

ブラントはさらに、リッターのこれら２つの先入観を反駁する対抗手段として何が考えられうるのかを検討している。

リッター自身が研究の概要で述べているように、リッターは『人倫の形而上学』には個別に立ち入って検討を加えていない。１７９０年代の法論の発展は最初から考察の視野から排除されている。したがって、第一の先入観、つまり『人倫の形而上学』の法論は本質的な構成部分において１７６０年代半ばに構想されていたとする先入観は、考えられるものとして、またおそらく理由を説明するものとしてまったく認められないとブラントは主張する。そしてこの主張はもっともである。また、第二の論点は証明することも論駁することもできない。というのは、リッターのすべての研究ははじめから、「１７６４年から１７６８年における基礎づけ」に従えば、カントのあらゆる新しい思想を革命ではなく改革として、変革としてではなく発展と強化として解釈しているように思われるからである。したがって、批判的法哲学は戦わずして前批判的時期に連れ戻されることになる。

リッターは、実践哲学の体系性に対するカテゴリー表の重要性という観点を十分に考慮に入れずに、批判的法哲学の問題に実践的に取り組んでいる（Ritter, a.a.O., S.281-284.）。リッターは、かれによって簡潔に確認された実践哲学の領域におけるカテゴリーの適用（Ritter, a.a.O., S.281-284.）を「なんの結果ももたらさない」試みと見なしており、またこのような試みの可能性にそもそも疑問を抱いている。

リッターは次のように述べている。

「私が原因と結果の関係および多くの相互に作用しあうもの（ないし人間）の関係を私の思考およびすべての可能的経験の根

本形式として意識していることによって、これらの「カテゴリー」がまた私の意志（および私の悟性だけではなく）にも影響を与えるのか否かはまだ明らかにならない。まさに法命題のこの決定的に重要な基準――つまりそれを「要求する」その命令機能ないし禁止機能、その義務づけの性格は――カテゴリー上の分析によって明らかにされない」（Ritter, a.a.O., S.286.）。

カントは、たとえ対象が経験において与えられえず、また認識されうるのではなく、知性的な性格をもつものであるとしても、カテゴリーが意志に影響を与えうるとは主張しておらず、カテゴリーが必然的な「思考」形式であると主張している。カントは、カテゴリーの体系は「純粋理性そのもののどの対象の取り扱いをも、すべて体系的ならしめるし、また、それぞれの形而上学的考察が完全なものになるためには、どのように、また、どのような点の研究を通じて行われなければならないかについて、疑いのない指示もしくは手引きを与える」（IV, S.325.⁴⁻⁸ 理想社版『カント全集第六巻』『プロレゴメナ』湯本和男訳、２９９-３００頁）と考えている。おそらく幸運にも、「ほとんど忘れられた」エリッヒ・アディケス（１８６６-１９２８）の博士論文『体系構成的要素としてのカントの体系性』（Erich Adickes, Kants Systematik als systembildender Faktor, Berlin 1887.）を引き合いに出すことは、アディケスが不当にも忘れられたということが一つ一つ指摘されない場合にはリッターによって取られた立場にほとんど役立たない。（Ritter, a.a.O., S.287.）。しかし、アディケスが考察している時期はリッターの著作においては特にまったく主題化されていない。

ブラントの見解によれば、アディケスの研究の称賛すべき点がリッターをそそのかして、逆に前に進ませる代わりに、つまりその違いの中核に突き進ませ、その変化の動機を明らかにさせる代わりに、１７６０年代の理論と後期カント理論との明白な違いが存するところで単なるニュアンスについて論じさせている（たとえば、Ritter, a.a.O., S.211.）。

四　労働所有権論と最初の先占（prima occupatio）理論（根源的共同占有および実践理性の法的要請（許容法則）による体系的統一）

リッターは、カントは初期思想の段階ではＪ・ロック（１６３２-１７０４）が展開し、Ｆ・ハチスン（１６９４-１７４６）やＪ・Ｊ・ルソー（１７１２-１７７８）において共有された労働所有権論を信奉していたとして次のように述べている。

「カントは『人倫の形而上学』において根源的な所有権取得の権原として無主物の最初の先占だけを認める一方……この主題についてのカントの初期思想はロックによって展開され、またハチスンおよびルソーにおいて共有された理論、つまり所有権は労働によってのみ根源的に取得されるとする理論に基づいている」（Ritter, a.a.O., S.211f.）。

その根拠としてリッターは、『美と崇高の感情に関する考察』（Beobachtung über das Gefühl des Schönen und Erhabenen.1764.）についての「覚書き」におけるカントの叙述を引き合いに出している。この「覚書き」は、カントが同著作の自家用本に１７６４年から１７６５年かけて書き記した断片集である。

カントはその中で労働所有権論的見解の立場に立って次のように述べている。

「肉体は私のものである。なぜなら、それは、私の自我の一部であり、私の選択意志によって動かされるから。自分の選択意志をもたない生命ある世界や生命なき世界の全体は、私がそれを強制して自分の選択意志のままに動かすことができるかぎり、私のものである。太陽は私のものではない。他の人間においても、同一のことがあてはまる。したがって、どのような所有権も、proprietas つまり独占的な所有権ではない。しかし、私が、あるものを、もっぱら自分のものにしようと欲するかぎり、私は、他人の意志を、少なくとも自分の意志に対立するものとして前提したり、あるいは、その行為を、自分の行為に反するものとして前提したりすることはしないであろう。したがって、私は、私のものというしるしをもっている行為を実行するであろう。木を切るとか、これに細工をするとか、等々。その他人は私に言う。それは自分のものである。なぜなら、それは自分の選択意志の行為により、いわば自分自身に属するから、と」（特にXX, S.66f. 理想社版『カント全集第十六巻』尾渡達雄訳、３０９-３１０頁）。

しかし実際は、リッターはカントが労働に立ち戻ることは不必要であると考えている。というのは、カントはロックとは異なって「法原理によって保護された人格の自由から直接」所有権を導き出しているからであるとする。

リッターは次のように述べている。

「働いている者の制作物は保護される。というのは、その制作物は人格の法的自由の働きであるからである。法原理はすべての人間の最大限自由な行為の最高の調和をもたらし、また契約はこのような調和の表現として具体的に考察されうるので、私的所有権の法的必然性はまた「暗黙において」締結された契約の（すなわち実際には締結されていない「準」契約の）モデル観念から導き出されうる。したがって、人間は多くのものを自分のものと呼ぶということによって、人間は暗黙に似たような状況において自分の意志によってそのことについて約束しない（取り消す、つまり私が私のものと呼ぶものを自由に使用すること）（XX, S.67.[9-10]）。というのは、社会においては私のもの・汝のもののすべてが契約にかかっているからである（XX, S.153.[5] 岩波版『カント全集18』久保光志訳、２３６頁を参照）。したがって、私的所有権一般の本来的な「権原」が法原理によって保護された道徳的自由に存するとすれば、カントの出発点—つまり労働—は実際、不必要であるということが明らかである。というのは、先占行為は労働の働きとまったく同様に法原理と調和する自由な行為の結果と見なされうるからである」（Ritter, a.a.O., S.212f. Werner Busch, Die Entstehung der kritischen Rechtsphilosophie Kants 1762-1780, Berlin · New York 1979, S.28f.）。

ブラントによれば、それによってリッターが労働理論から土地を取り除こうとしたこれら２つの引用はその引用がなすべきことを行っていない。第一の引用においては、まさにいかなる根拠に基づいて誰かが特定のものを「かれのもの」と呼ぶことができるのかという問題である。その結果、他の人格は相互関係の原理に従って承認するように強制される。第二の引用によれば、カントは明示的にすべてのものが契約にかかっている社会について論じている。しかしながら、カントは所有権論において自然法的基礎を追求している。契約はその内容と同様に自然法的基礎に関係づけられうる。リッターにおいては内容が、つまり法の「真実」が単なる慣習に消え失せる（リッターと同様に判断しているものとしてブラントは次の文献を挙げている。Georges Vlachos, La pensée politique de Kant. Métaphysique de l'ordre du progrès, Paris: Presses Universitaires de France 1962, pp.284-285.）。

確かに、カントは１７６０年代半ばに自然主義的、経験主義的思想によって実験を行い、また根源的な所有権取得を労働という自然の行為に置こうとした。そして、この行為は同時に他の人格に対する現実的な意志のしるしとして用いられる。この理論は、あらゆる占有者に対してものにおける権利を創設するという大きな長所がある。しかしそれに対して、カントは１７９７年の『法論の形而上学的基礎論』においてかれの初期の見解、つまり労働所有権論的見解を論難している（§15および§17）。カントは、§15「公民的体制においてだけ或るものは決定的に取得されうる。これに反して、自然状態においては、もちろん取得されはするが、ただ暫定的にだけそうされうる」の中で加工、つまり労働投下について次のように述べている。

「――さらに（第二の問題として）、土地に対する加工（植樹、耕作、排水工事その他）は、土地の取得にとって必要であるかどうかが問題となる。答えは「否」である。なぜなら、これら（個性化の）諸形式は、単に偶有性にすぎないのだから、直接的占有の客体をなすものではなく、あらかじめ実体が或る主体の彼のものとして承認されているかぎりで、当の主体の占有に属しうるからである。加工は、最初の取得が問題となっている場合には、占有取得の外的標識以外の何ものでもなく、こうした標識は、もっと労の少ない他の多くの標識により代用されうるものである」（VI, S.265. 邦訳『法論』３９３–３９４頁）。

またカントは、§17「根源的取得という概念の演繹」の中でもより明確に次のように厳しい自己批判を行っている。

「土地について最初になされる加工、区画または一般に形態賦与は、土地取得の権原を賦与するものではない。言いかえれば、偶有的なものの占有は実体の法的占有の根拠を与えるものではない。そうではなくて、むしろ逆に、私のもの・汝のものは、規則〔従物は主物に従う accessorium sequitur suum principale という規則〕に従って、実体の所有権からの帰結でなければならないのであって、また、すでに前もって彼のものとなっていない或る土地に労力を費やす者は、その土地に対して徒労をなすにすぎないのである。こうしたことはそれ自身においてあまりにも明白なので、あの非常に古くからの、そして今なお広く通用している俗説が生じたについては、次のようなひそかに人心を支配している迷妄、すなわち、物件を擬人化して、まるで誰かがそれに対して労働を費やせば、そのことによって、彼はその物件を拘束して、彼以外のどの他人の用にも応じないようにさせうるかのように、人はそれらの物件に対して直接的に権利をもつと思いこむ迷妄以外には、他にその原因を挙げ難いのである」（VI, S.268f. 邦訳『法論』３９７–３９８頁）。

また、カントは同様の結論に到達するために、私のもの・汝のものの根源的共有態という理性概念を使用している（§10「外的取得の普遍的原理」および§§11「物権とは何か」–17「根源的取得という概念の演繹」）。

カントは、第二章「外的な或るものを取得する仕方について」§10「外的取得の普遍的原理」の中で次のように述べている。

「外的な何ものも根源的に私のものであることはない。とはいえ、それは根源的に、つまり或る他人のものから導き出されることなしに、取得されうる。――私のもの・汝のものの共有という状態〔communio〕は、決して根源的なものとして考えられることはできず、〔或る外的な法的行為をとおして〕取得されなくてはならない。ただし、或る外的対象の占有については、これは根源的にはただ共有的でのみありうる。もしわれわれが〔蓋然的に〕或る根源的共有態〔communio mei et tui originaria〕を考えるとしても、それは原始的共有態〔communio primaeva〕とは区別されなくてはならない。後者は、人間のあいだの法的関係の原初の時期に成立したものとみなされ、前者のように原理に基礎をもつものではなく、単に歴史に基礎をもちうるにすぎない。しかもその際、後者（原始的共有態）は、取得され導き出されたもの〔communio derivativa〕としていつでも考えられなくてはならないだろう」（VI, S.258. 邦訳『法論』３８５－３８６頁）。

ブラントによれば、根源的共有占有というこの理念的な観念の発展は『法論』執筆の直前の時期にあたるに違いないとする。というのは、根源的共有占有および§2における実践理性の法的要請、つまり許容法則が体系的統一を形成するからである。

五　レフレクシオーンの日付確定の問題

ブラントの意見によれば、リッターがかれの証明目的によって陥ったもうひとつの欠陥はレフレクシオーンの日付にある。リッターは時期的に完全に確証された資料のみを解釈の基礎にするために、アカデミー版の編集者が、挙げられた時期に属することにわずかな疑いしかもっていない（アカデミー版では別な時期の指示および疑問符の補足が記されている）覚書きをそのつどもっとも遅い可能性のある時期に分類している（Ritter, a.a.O., S.70.）。初期テーゼの反対者にのみ向けられており、真の解決に関心のある読者には向けられていないこの日付の容認は次の結果に至る。つまり、不明確な日付が不明確なままにして置かれるのではなく、あるいは特定の時期の内的な規準によって締め出されるのではなく、ひょっとすると初期のレフレクシオーンが後期の時期の典拠として利用されるという結論に至るということである（Ritter. a.a.O., S.234.[76], S.235.[79], S.239.[89], S.240.[93], S.258.[181] ここではまったく初期に日付られうるレフレクシオーンが、「最近」、「はじめて」を「今考察された時期において」裏づけることになる）。

ところで、今までいくつかの問題点を指摘してきたが、リッターの研究の功績はいかなる点にあるのであろうか。リッターのこの研究の長所は、かれの主要テーゼとは独立に行ったところに存する。そして読者は「すでに」に対応しない「まだない」に対して、つまり初期の観念と後期の観念との内容上の同一性への指示に対して思想の基礎づけおよび機能における相違を提示しうる。ブラントはここではもちろん単に一括して指摘しうるだけであるとしながらも、リッターの研究において自然法の伝統に対するカントの理念の多くの現実的および可能的関連が驚嘆すべき綿密さによって浮き彫りにされていると評価している。またカントの法哲学を研究している者は誰でもリッターのこの著作において偉大な博識をもって記載され、注釈を加えられた資料を見出すと称賛している。

リッターはクラウス・ライヒ（１９０６－１９９６）の口頭による指摘を指示している。ライヒによれば、「カントは物権的対人権の概念をＪ・Ｇ・ダリエス（１７１４－１７９１）から借用した。ダリエスはＷ・Ａ・ラウターバッハ（１６１８－１６７８）からおそらくそれを借用した」（Ritter. a.a.O., S.30.[331b]）。リッターは、次の説明に従って、ラウターバッハにおいてもダリエスにおいても物権的対人権を発見していない。クラウス・ライヒの指摘は――私は述べられたことを述べる――Ｊ・Ｇ・ダリエスの『真理への道』（Weg zur Wahrheit, Frankfurt a.O., 1776.）を引き合いに出している。

「私の官房学の第二版の序言において私に対してなされた反論に答えた。2) Diss. de iure vindicandi servos fugitivos, 1764. 法からその源泉を発見するというこの論難書の意図は、かれらがひそかに立ち去った場合に、召使や臣下などに対して返還を請求する権利はどこから成立するのかということである。私はこの著作において年老いたラウターバッハの理論、de jure reali in personis, 私はその真理を疑いえないのだが、を基礎にした。このことが論争を引き起こした。その理由から私は 3) Diss. de jure reali in personis 1767. を維持した。思索する者はこれによって教えられた」（29–30）。

所有物回収の訴え（vindicatio）に物権的対人権の「物権的」側面の核心が存在するということをリッターはきわめて正確に示している（Ritter. a.a.O., S.337.[351]）。リッターは次のように書いている。「適法性と道徳性との区別はアッヘンヴァル（１７１９-１７７２）においてすでに専門用語としてあらわれている」（Ritter. a.a.O., S.277.[40a]）。また、リッターは証拠として『自然法』（Ius Naturae）I, §50. を指摘する。リッターの指摘は支持されうるが、アッヘンヴァルは『自然法概論』（Prolegomena iuris naturalis.）§114 の中ではっきりとこの区別を導入している。

„Praestat vero ad praecavendam notionum confusionem in locum termini : moralis, surrogare in sphaera externarum terminum : legalis, ut, quemadmodum idea differunt, ita etiam eius signo et nomine distinguantur facultas, necessitas, impedimentum cet. morale, h. e. vi legis internae tale ; a facultate, necessitate, impedimento cet. legali, nempe vi externae tali.“

しかしブラントは、リッターが以前に次のように書いていることに対してがっかりさせられると述べている。

「法的適法性と倫理的道徳性との区別はその根拠をルター的・ピエティスムス的に教育されたカントの宗教的確信の中にある。カントはキリスト教的自然法思想家の長い系列におけるひとりにすぎない。これらの思想家は真実の「正義」に対して心情の純粋な善さを要求する。たとえかれらが「法的権利」の領域において外的な合法則性を権利として認めるとしても」（Ritter, a.a.O., S.109f.）。

法哲学を真剣に受け取る場合、カントがかれの学問の基本的な点においてかれの宗教上の確信から基礎づけを借り出したのか否かに疑念を抱くかもしれないし、疑念を抱かざるをえないであろう。さらにキリスト教は正しい行為（actio justa）と正しい人間（homo justus）との区別に対して関心をもっていた。しかしながら、この区別そのものは前キリスト教的・ギリシャ的哲学に由来する。リッターはホッブズ（１５８８–１６７９）を指摘している（Ritter, a.a.O., S.110.[151] Leo Strauß, Hobbes's politische Wissenschaft, Neuwied・Berlin 1965, S.31.）。しかし、ホッブズは『市民論』（De Cive. 1642.）の中で次のように言っている。「……行為の違法は adikema すなわち不正行為と呼ばれる。心の違法は adikia すなわち「不正」および kakia すなわち「悪意」と呼ばれる」（De Cive XIV, 18）。また、ホッブズはアリストテレス（前３８４–３２２）の『ニコマコス倫理学』の第五巻「正義」を指摘している（また、特に寡頭制と民主制、分配的正義の本質が論じられている『政治学』の第三巻第九章を参照）。

ホッブズは、『市民論』の第十四章「法と犯罪について」の十八「弱さによる罪と悪意との違い」中で次のように述べている。

「さて、人によっては人間的な弱さのせいで法に反して行動することがありうるが、その場合、たとえ当人は法のとおりに行動したいと思っていても、彼の行動は法に反するものとして、正当に非難され、罪と言われる。他方、法を軽んじ、利益を得てしかも罰せられずに済む望みがありそうなときにはいつでも、どんな約定や自分のした信約の自覚によっても、法を犯すのを抑えられないような連中もいる。この手の連中は、その行動のみならず、性根までも法に反している。弱さのゆえにのみ罪を犯す人々は、罪を犯す時でも善人であるが、これに対して右のような連中は、罪を犯さない時でも悪人である。ところで、行為と心はどちらも法に反することがあるが、この二種類の違反は異なった呼び名によって区別される。なぜなら、行為の違法は *ἀδίκημα* すなわち「不正行為」、心の違法は *ἀδικία* すなわち「不正」および *κακία* すなわち「悪意」と呼ばれているからである。前者は混乱した精神の弱さであり、後者は平静な心の邪悪さである」（De Cive XIV, 18. Thomas Hobbes, *De cive / Vom Bürger*, Lateinisch/Deutsch, Übersetzt von Andree Hahmann unter Mitarbeit von Isabella Zühlke herausgegeben von Andree Hahmann und Dieter Hüning, Stuttgart 2017, S.486f. 邦訳『市民論』本田裕志訳、京都大学学術出版会、２００８年、２８５頁）。

カント研究においてはひとつの傾向が存在する。それは批判的カントを前批判的カントないし初期カントおよびカントがその中にいた形而上学的伝統と調停し、またカント自身の見解に従えば、形而上学それ自身がまだ隠されているときよりもより後期の思想の本質的な諸要素をその時期に定位させるという傾向である。

次の文献を参照。Heinz Heimsoeth, Studien zur Philosophie Immanuel Kants. Metaphysische Ursprünge und ontologische Grundlagen, Köln 1956. ブラントは、カントの倫理学についての今日もっとも認められている解釈としてJ・シュムッカーの著作を挙げている。J. Schmucker, Die Ursprünge der Ethik Kants in seinen vorkritischen Schriften und Reflexionen, Meisenheim am Glan 1961. シュムッカーは、カントはバウムガルテン（1714-1762）、クルージウス（1715-1775）、ハチスン（1694-1746）およびルソー（1712-1778）との対決の間に1760年代前半にかれの最終的な立場を獲得したとする立場を主張している。

リッターのこの著作はこの試みの延長線上にある。しかしながら倫理学については、1769年から1771年までの時期がようやく「倫理学の単に合理的、形式的基礎づけへの移行の時期」であるとする若干の指摘がなされている。おそらくここからまた、リッターによって法哲学の領域において主張された論証方向の修正へ通じる思索があらわれるであろうとブラントは推測しているが、実際にカント法哲学研究はそのように進展してきているのは事実である。

ブラントの次の文献も参照。Reinhard Brandt, Emanzipation und Freiheit, in: Akten des 4. Int. Kant-Kongresses, Teil II. 2, Berlin 1974, S.633-647. Reinhard Brandt, Rechtsphilosophie der Aufklärung. Symposium Wolfenbüttel, Berlin・New York 1982. Reinhard Brandt, Das Erlaubnisgesetz, oder: Vernunft und Geschichte in Kants Rechtslehre, in: Brandt (1982), S.233-285. Reinhard Brandt, Einführung: Rechtsphilosophie und Aufklärung, in: Brandt (1982), S.1-11. Reinhard Brandt, Immanuel Kant-Was bleibt?, Hamburg 2010.

六　ブラント説に対するChr・リッターの反論

ブラントはリッターの研究の功績を讃える一方で、先に検討したように、暫定的占有と決定的占有との区別、知性(intelligibilia)と感性(sensibilia)との区別、実践哲学の体系性に対するカテゴリー表の重要性、労働所有権論と最初の先占(prima occupatio)理論(根源的共同占有および実践理性の法的要請(許容法則)による体系的統一)、およびレフレクシオーンの日付確定の問題という主に５つの視点からリッターの研究に反論しているが、それらに対してリッターはどのように反論しているのであろうか。

リッターの書評論文を手がかりに以下においてブラント説の問題点を検討する(Christian Ritter, Rezension zu: Brandt: Eigentumstheorien von Grotius bis Kant, Stuttgart-Bad Cannstatt 1974, S.167-224 und S.253-267, in: Zeitschrift für Rechtsgeschichte 93, 1976, S.512-519. 特にカントの法論については、S.516-519.)。

ブラントはカントの所有権論を２つの別々の章で取り上げている。まず、ブラントは第一の章で序論および１７６５年頃までの初期のカントの法思想についてのテクストの抜粋を提示している。次に、第二の章で序論および『人倫の形而上学』、すなわちカントが72歳のときの１７９６年から１７９７年の後期法論の抜粋を提示している。この分類に対応しているのは「前批判的カント」と「批判的カント」との一般に行われている区別である。その際、ブラントはもちろん「古典的」カントを一般には行われていない後期、すなわち１７９４年以降に置いている。確かに、先に引用したエアハルト宛てシラーの書簡からも読み取れるように、カントが１７９５年から１７９６年に集中的に所有権の基礎づけに苦心していたということは正しい(XXIII, S.207-370.)。

しかしながら、それでもやはりリッターは、カントの法論は全体としてその本質的な立場(たとえば、法原理の内容、自由論としての法論、人間性の権利、法と道徳との関係、実定法と自然法との関係、自然状態と公民状態との区別、法治国家的国家法、国際連盟の理念、革命ではなく法改革、同害報復的刑法、法原理の条件のもとにおける所有権取得が挙げられる)においてすでに１７６４年から１７７５年の間に形成され、またその根本的構想においてはすでに１７６４年から１７６８年の間に、したがっていわゆる批判的転回以前に確立されていたと主張する。そして、リッターはこのテーゼにオーバラーも同意しているとする。

Hariolf Oberer, Zur Frühgeschichte der Kantischen Rechtslehre, in: Kantstudien 64, 1973, S.88-102. オーバーラーは確かに「カントの法論は多くの部分において、リッターが示しているように、「批判以前の」理論である。それどころか「カント以前の」理論である。カントはカント以前の、また批判以前の多くの諸要素を取り入れたにすぎない」と述べているが、しかし他方で「それらをよりよくつなぎ合わせ、そして新たにまたよりよく体系的に基礎づけたのである」と主張し、基礎づけについてはリッターとは異なる解釈をしている。Oberer, a.a.O., S.101.

リッターはブラントによって提示されたさまざまな異議にもかかわらず、このテーゼに固執すべきであるとする（Reinhard Brandt, Rezension zu: C. Ritter: Der Rechtsgedanke Kants, in: Philosophische Rundschau, 20, 1974, S.43-50.）。

次に、法論の批判的性格についてはどのように解釈しているのであろうか。リッターは、１７６５年および１７９７年のカントの法論の本質的な内容の一致から『人倫の形而上学』の『法論』は「批判的」法哲学ではない（Ritter, Der Rechtsgedanke Kants nach den frühen Quellen, S.339.）ということを結論してもよいのか否かは、一般に「批判的」ということばの意味論およびカントにおけるそのことばの語用論に依存しているとする。カントの批判書と単に「調和的」である学説が「批判的」であり（Oberer, a a.O. オーバラーはその後発表した論文においてもこのことを強調している。Hariolf Oberer, Ist Kants Rechtslehre kritische Philosophie? Zu Werner Buschs Untersuchung der Kantischen Rechtsphilosophie, in: Kantstudien 74, 1983, S.217-224.）、さらに批判的「ア・プリオリ性」を単なる合理性と理解するならば、確かに法原理そのものは「批判的」と呼ばれうるとする。また、カントの批判哲学は１７６４年に開始されるとするオーバラーの主張は注目に値すると指摘する（Oberer, a.a.O., S.101f.）。しかし、権利および義務のすべての個々の導出が「批判的」に基礎づけられていると呼びうるかと言えば、それはおそらく不可能であり、これらの導出は特定の人間学的前理解を踏まえてのみ法原理から導出されうるものであると主張する。

したがって、カントの後期の法哲学は前期の法哲学との内容上の一致にもかかわらず、「批判的」でありうる。というのは、基礎づけとしての後期の「批判」は、以前にすでに展開された「形而上学」、すなわち基礎づけられたものの変革に到らなければならないということは何ものも強制しないからである、とするオーバラーの原理的に正当な論述（Oberer, a.a.O., S.100f. またブラントの文献も参照。Brandt, a.a.O., S.46.）は、しかしながらカント法哲学の「場合」には当てはまらない。というのは、リッターは、単なる理性における法形而上学の基礎づけはその個々の論述において変革に到らなければならないからであると主張する（Ritter, a.a.O., S.516f., Anm.17.）。

リッターはカント法哲学の前批判的段階と批判的段階との区別よりももっと疑問なのは、ブラントがカントの「古典的」法論を『人倫の形而上学』と同一視することであるように思われると指摘する。実際、『人倫の形而上学』はカントの意図に従えば、そうであるべきものではほとんどなく、またブラントの見解（Reinhard Brandt, Eigentumstheorien von Grotius bis Kant, Stuttgart-Bad Cannstatt 1974, S.27.）に従えば実際そうである。すなわち「単なる理性の限界内の法論」である（IV, S.355. 邦訳『法論』５０１頁）。他方ブラントによれば、カントの初期の法論は「自然主義的」と呼ばれうる（Reinhard Brandt, Eigentumstheorien von Grotius bis Kant, Stuttgart-Bad Cannstatt 1974, S.171.）。しかしリッターは、カントの初期の法論はすでに後期の法論と同様に「合理主義的」であると主張する。

第一に、初期カントのいわゆる自然主義に関して言えば、確かに、カントが１７６５年から１７６６年の冬学期講義計画公告において「何が生起すべきか」という考察（それを放棄するのではなく）の前に、「何が生起するか」という人間学的研究を要求していたということは正しい（カントは、この公告の中で次のように予告している。「徳論ではいつも、生じなければならないことを示す前に、現に生じていることを歴史的、哲学的に検討する。こうすることによって、人間の研究が従うべき方法を明らかにするのである」。II, S.311. 岩波版『カント全集３』田山令史訳、２２２頁）。また、カントの倫理学が当時イギリス人の博愛主義的感覚論という意味においてなお「自然主義的に」構想されていた、ということは正しい。しかしリッターは、カントの法論はそうではないと主張する。たとえばカントが、ブラントによって部分的に引用されているアカデミー版カント全集20巻１５６頁の『美と崇高の感情に関する考察』（１７６４年）についての「覚書き」において法的感覚

(sensus juris) について論じるとき、これは感覚(sentiment)という意味をもはやもつのではなく、「真と偽の共通感覚」(Est enim sensus communis veri et falsi non nisi ratio humana...) との並行化と同様に共通感覚(common sense)という意味をもつ。また「人間愛」(Philanthropia)に対する法的感覚の対置を生じさせる。人間精神の本性(natura mentis humanae)における法的感覚、その根本原理、無矛盾性(調和 harmonia、合致 consensus、つまり対立 oppositio と矛盾 contrarietas の回避)の基礎づけがカントの法合理主義の基礎を示す(Ritter, a.a.O., S.118ff., S.142ff. u.ö.)。それに対して、「他人の立場に身を置くこと」(Sich-in-andere-Versetzen, ein heuristisches Mittel)は単に心理学的発見手段(medium heuristicum)にすぎない(Brandt, a.a.O., S.171.)。

カントは、『美と崇高の感情に関する考察』についての「覚書き」の中で次のように述べている。

「嘘を言うことは、時には他人に充分有益となるにしても、厳密な義務がそれへと強制しなければ、ただの嘘であろう。このことから、誠実は人間愛からではなく、われわれが正当と不当を区別する正義の感覚によっていることが分かる。しかし、この感覚は人間精神の本性に源を発し、この本性によって、それはなにが定言的に(有益ではなく)善であるかを判断するが、それは私的な利益〈また他人の利益〉からではなく、他人が同じ行為をすると想定することによってである。もし対立と矛盾が生じるならば気に入らず、調和と合致が生じるならば気に入る。ここから発見手段としての道徳的な立場移行の能力が生じる。つまり、本性からしてわれわれは社交的であり、われわれは誠実な精神によっては、他者において是認しないものをわれわれのうちに是認できない。つまり、真と偽の共通感覚は、一般的に真と偽の基準としての人間理性に他ならず、また善悪の共通感覚はそれの基準である。自己と対立した頭脳は論理的確実性を、またそのような心は道徳的確実性を取り去る」(XX, S.156. 岩波版『カント全集18』久保光志訳、２３８頁)。

第二に、『人倫の形而上学』の「批判主義」に関して言えば、リッターは、ブラントが実質的な諸要素に立ち戻ることなく所有権論を展開しようとするカントの意図を強調しているのは正当であるとする。しかしながら、これらの諸要素の事実上の削除はそれほど行われておらず、ブラントが考えているように、カントはたとえば「自己保存の権利」を知らないことになる（Brandt, a.a.O., S.180ff.）。しかしリッターによれば、この権利はカントの法論および所有権論の自明で実質的な基礎である。

カント哲学全体に対する身体的自己保存の基本的な意義については、ハンス・エーベリングを参照。Hans Ebeling, Selbstkonstituierung als Selbstkontinuierung in der praktischen Philosophie Kants, in: Akt. d.4. Int. Kant-Kongr. Mainz 1974, hg. v. G. Funke, Berlin 1974, Bd.II 2, S.507ff.

ブラントが、「カントの法論にとって人間の生命および自己保存（conservatio sui）は構成的意味をもたない」とするかれのテーゼ（つまり「生命」ということばは『人倫の形而上学』第一部『法論』の本題とは関係のないⅡ「相続〔Acquisitio hereditatis〕」§34においてはじめて現れるとするかれのテーゼ）に対して例として挙げている「外的徴表」は、しかしカントがこのことばを法論の基礎的な導入において、すなわちまさに生命に対する権利が問題となっている連関において何度も用いているという事実（IV, S.235. 邦訳『法論』３６０頁。緊急権〔Ius necessitatis〕について論じられている箇所である）によって否定されるとリッターは反論する。「緊急権」の論述においてカントは、緊急避難に正当防衛を対置している。正当防衛は、私が「私の生命に対する不正な侵害者」をかれの生命を奪うことによって侵害を防止することにある。正当防衛者は、かれがあらゆる人間と同様に生命および自己保存に対する権利をもっているので、不正に侵害されることになる。「動物的本性における自己保存」は「自分自身に対する」基本的・倫理的諸義務の第一のものである（VI, S.421.『世界の名著39カント』責任編集野田又夫、１９７９年、中央公論社所収『徳論の形而上学的基礎論』森口美都男・佐藤全弘訳、５７７頁）。

カントは、『徳論の形而上学的基礎論』第一篇「倫理学の原理論」第一巻「自分自身に対する完全義務について」第一章「動物的存在者としての人間の自分自身に対する義務」§5の中で次のように述べている。

「動物性という性質においての自分自身に対する人間の義務のうちで、もっとも重要な義務とはいえないにしても、第一の義務は、その動物的本性においての自己保存である」（VI, S.421. 邦訳『徳論の形而上学的基礎論』森口美都男・佐藤全弘訳、５７７頁）。

また、その違反は同時に「他人に対する義務の違反」でありうる（VI, S.422. 邦訳『徳論』５７８頁。カントは上記の引用に続けて第一章の第一項「自殺について」§6の中で次のように述べている。「自殺は一つの犯罪〔殺害〕である。この犯罪は、自己の他人に対する義務の違反……とみることもできる」）。というのは、人間は他人に対して義務を負っているからである。義務一般の遂行の可能性の諸条件として生命および自己保存は、自明の主観的権利である。というのは、あらゆる権利は義務遂行に対する権利として導き出されうるからである。

カントは「人倫の形而上学一般の区分」Ⅰの中で次のように述べている。

「われわれが、自分自身の自由〔そこから一切の道徳的諸法則も、したがってまた、一切の権利および義務も生じてくるのだが〕を知るのは、ただ道徳的命法によってだけなのであって、この命法は、義務を命ずる命題であり、この命題を基礎として、他人を義務づける能力、すなわち権利の概念が後から展開されうるということ、これである」（VI, S.239. 邦訳『法論』３６５頁）。

また、カントは§6「外的対象の純粋に法的な占有〔本体的占有possessio noumenon〕という概念の演繹」の中で次のように述べている。

「上述の法原則に従って行為することが必須のことであるとすれば、〔純粋に法的な占有という〕可想的条件もまた可能でなければならないからである。――事実また、外的な私のもの・汝のものの理論的な諸原理は可想的なものの中で道を失い、何らの拡張された認識ももたらさないことは何びとも怪しまぬだろう。というのは、それら諸原理の基礎をなしている自由の概念は、その可能性についていかなる理論的演繹もなされえず、ただ、一個の理性的事実としての理性の実践的法則〔定言命法〕を手がかりとして推論されうるだけだからである」（VI, S.252, Z.21-30. 邦訳『法論』３７９頁）。

さらにカントは、§16「土地の根源的取得という概念の究明」の中でも次のように述べている。

「この公民的状態との関連において、すなわち、それの設立以前に、しかもその状態をめざして、すなわち暫定的に、外的取得の法則に従って振舞うことは、義務である。したがって、それはまた、占有取得と領得という働きを、たとえそれが一方的でしかないとしても、有効なものとして承認するよう何びとをも拘束するところの、意志の法的能力である」(IV, S.267. 邦訳『法論』396頁)。

『人倫の形而上学』は第一部『法論』と第二部『徳論』で構成されているが、当然のことながら法論を整合的に読解するには徳論の理解が不可欠である。

カントは「法論への序論」の「人倫の形而上学一般の区分」Iの中でキケロ〔前106-43〕の『義務論』(De officiis.)に言及して、次のように述べている。

「あらゆる義務は、法義務〔officia iuris〕、すなわち、外的立法が可能な義務であるか、もしくは、そうした立法が不可能な徳義務〔officia virtutis S.ethica〕であるかのいずれかである。ところで、後者がいかなる外的立法にも服しえぬのは、徳義務が或る目的に、すなわち、それ自身が〔あるいはそれをもつことが〕同時に義務でもあるような目的に関係するからにほかならない。実際、自分に対して目的を設定することは、〔それが心の或る内面的な働きである以上〕いかなる外的立法によっても達成されえないことである。もっとも、こうした目的に向かうような外的諸行為は、主体がみずからそれらの諸行為を自分の目的とするか否かにかかわりなく、命令されることができるであろうが。

ところで、なぜ人倫論〔道徳論〕は、通常〔とくにキケロにおいて〕義務論と命名され、権利論とは命名されないのであろうか? 一方は他方と関連しあっているにもかかわらず。—そのわけは次のとおりである。すなわち、われわれが、自分自身の自由〔そこから一切の道徳的諸法則も、したがってまた、一切の権利および義務も生じてくるのだが〕を知るのは、ただ道徳的命法によってだけなのであって、この命法は、義務を命ずる命題であり、この命題を基礎として、他人を義務づける能力、すなわち権利の概念が後から展開されうるということ、これである」(VI, S.239. 邦訳『法論』364-365頁)。

また、義務遂行のあらゆる必然的前提はそれに対応した権利を含意している。要するに、生命および自己保存に対する権利は唯一の「生得的」権利においてともに考えられており、カントはこの権利を認め、また特殊な諸権利へのこの生得的権利の分類により適切な表題づけの訴訟上の価値のみを与えている。この「あらゆる人間にその人間性に基づいて認められる権利」は、カントはこの権利を伝統とともにまた「内的な私のもの・汝のもの」と呼んでいるが、「唯一自由のみである……」（VI, S.237f. 邦訳『法論』363–364頁）。

カントは「生得的権利はただ一つである」として、「法論の区分」B「法（権利）の一般的区分」の中で次のように述べている。

「自由（他人の強要的意思からの独立性）こそは、それが普遍的法則に従ってあらゆる他人の自由と調和しうるものであるかぎりにおいて、この唯一・根源的な、その人間性のゆえに万人誰しもに帰属するところの権利である」（VI, S.237. 邦訳『法論』363頁）。

リッターによれば、この根源的権利から導き出されうる多くの人格的権能に、これらの権能は『人倫の形而上学』においてカントによってその演繹のつまらなさのために明確には導き出されてはいないが、生命および健康が属しているということは私法および公法のさまざまな箇所から明らかである。

私法について、カントは§4「外的な私のもの・汝のものという概念の究明」の中で次のように述べている。

「たとえば、私が或るリンゴを私のものと呼ぶことがあるとすれば、それは、私がそのリンゴを手中にもっている（物理的に占有している）がためではなく、たとえそれを手放してどこに置いておろうとも、「私はそれを占有している」と言いうる場合においてだけであるだろう。同様に、私が屯営している或る土地についても、そのことのゆえにそれは私のものだということはできないのであって、たとえその場所から私が立ち去ったとしても、なおそれを占有していると主張することを許される場合にだけ、私はそれを私のものだと言うことができるであろう。なぜなら、第一の（経験的な占有の）場合において、そのリンゴを奪い取り、あるいは私の屯営場所から私を追い立てようとする者は、内的な私のもの（自由）に関して私を侵害するにはちがいないが……」（VI, S.247, Z.28–S.248, Z.4. 邦訳『法論』372–373頁）。

また、カントは§6「外的対象の純粋に法的占有（本体的占有 possessio noumenon）という概念の演繹」の中でも次のように述べている。

「その物件に私の意に反して作用を及ぼす〔たとえば私の手からリンゴを奪い取る〕者は、内的な私のもの〔私の自由〕に作用を及ぼしてこれを侵害し……」（VI, S.250, Z.5. 邦訳『法論』３７５頁）。

カントは§7「外的な私のもの・汝のものが可能であるという原理を経験の諸対象に適用すること」の中で次のように述べている。

「地上の或る場所が外的な私のものであるのは、私がその場所を自分の身体をもって占めているからではない〔なぜなら、この際問題となるのは単に私の外面的な自由、したがって私自身の（身柄の）占有だけであって、私の外にある物が問題なのではなく、それゆえまた、そこではただ或る内的な権利が存在するにすぎないからである〕」（VI, S.254, Z.6f. 邦訳『法論』３８０頁）。

また、カントは§13「どの土地も根源的に取得されうる。そして、この取得を可能ならしめる根拠は、土地一般の根源的共有態である」の中で次のように述べている。

「すべての人間は、根源的に〔すなわち、意思の一切の法的働きに先んじて〕土地を適法に占有している。すなわち、彼らは、自然または偶然が〔彼らの意志によることなしに〕彼らを置いたその場所に居る権利をもっている」（VI, S.262, Z.18f. 邦訳『法論』３９０頁）。

他方で公法について、カントは「国家法」§49Ｄの中でも次のように述べている。

「なぜなら、彼の主人の自分の従属者の諸体力を意のままに利用する権能をもつ場合は、主人はそれを〔砂糖諸島において黒人たちをそうしたように〕死ぬほどまで、あるいは回復の見込みがなくなるまで利用し尽し、こうして従属者は現実には自分をその主人の所有物として売り渡すことになってしまうからである。このようなことはあってはならない事柄である」（VI, S.330, Z.18-22. 邦訳『法論』４７２頁）。また、特に刑法については次の箇所を参照。IV, S.331-337. 邦訳『法論』４７２-４８１頁、§E「刑罰権および恩赦権について」。

したがって、リッターは『人倫の形而上学』における生命概念の「除外」についてのブラントの鋭いテーゼは維持されえないとしながらも、しかしながらこのテーゼは後期法論の体系上の欠陥を近似的に正しく示していると指摘している。カントは『人倫の形而上学』において私法の体系的論述を「外的な私のもの・汝のもの」に限定している。他方、「法論への序論」において提示されている「内的な私のもの・汝のもの」の基礎は法論の論述において内容上拡充されていない。リッターはこの「体系的に正当化されていない物権への方向づけ」において、ブラントが穏やかに咎めているのとは異なって、「カントの論述のある種の欠陥」以上のものが存在していると指摘している。物権の過度の強調はその説明を次の事実に見出すかもしれない。カントは１７９５年から１７９６年、所有権の演繹に集中的に取り組んでいる間、ないしその直後に『人倫の形而上学』を執筆し、したがってまた先入観にとらわれていたということである。つまり、すでにメッツガーが正しく認めているように、『人倫の形而上学』に対する取り返しのつかない欠陥が存在しているとする。

W. Metzger, Gesellschaft,Recht und Staat in der Ethik des deutschen Idealismus, Heidelberg 1917 (Erweiterung der Fassung der Arbeit von 1912: Untersuchungen zur Sitten- und Rechtslehre Kants und Fichtes, Heidelberg 1912), S.68ff., S.88f. Christian Ritter, Der Rechtsgedanke Kants nach den frühen Quellen, Frankfurt am Main 1971, S.323-325, Anm.287.

ブラントが説得力をもって示しているのは（Brandt, a.a.O., S.184.）、「人間の空間的存在の有限な表面の不可分性および人間における法関係の実現の完結できる歴史としての時間」はカントの法論にとって構成的であるということである。しかしブラントが怠っているのは、同様に『人倫の形而上学』においてはもちろんほとんど隠されているが、カントの自然法の実質的なア・プリオリとしての人間の身体的実存を浮き彫りにすることである。そもそも『人倫の形而上学』において特殊な必要性および偶然の傾向性を度外視するだけでなく、人間の生命および身体性を度外視しようとするカントの試みは、人格の不可分性のために失敗する。つまり、生命および身体性という単に経験的・現象的諸規定だけではなく、また「人間性」における自由と理性という本体的諸規定との不可分性のために失敗するのである。生命、身体およびあらゆる「四肢」でさえ統合的に「全人格」に属する。「なぜならば、これらはひとつの絶対的不可分性であるからである」（VI, S.278. 邦訳『法論』４０９頁）。

カントは私法の第二章「外的な或るものを取得する仕方について」第三節「物権的様相をもつ対人権について」第一項「婚姻権」§25の中で性的共同態に関する論述において次のように述べている。

「人間の身体の一部を取得することは、人格の絶対的不可分性のゆえに、同時に全人格の取得である」（VI, S.278. 邦訳『法論』409頁)。

カント法哲学に関してもブラントは精力的に著作や論文などを発表しており、多くの示唆される点がある。

Reinhard Brandt, Rezension zu: C. Ritter: Der Rechtsgedanke Kants nach den frühen Quellen, in: Philosophische Rundschau, Jg. 20, 1974, S.43-50. Reinhard Brandt, Immanuel Kant-Was bleibt?, Hamburg 2010. Reinhard Brandt, Eigentumstheorien von Grotius bis Kant, Stuttgart-Bad Cannstatt 1974. R. Brandt, Das Erlaubnisgesetz, oder auch: Vernunft und Geschichte in Kants Rechtslehre, in: ders. (Hrsg.), Rechtsphilosophie der Aufklärung, Berlin 1982, S.233-285. Reinhard Brandt, Werner Stark (Hrsg.), Neue Autographen und Dokumente zu Kants Leben, Schriften und Vorlesungen, Hamburg 1987. Reinhard Brandt, Zum „Streit der Fakultäten", in: ders. / Werner Stark (Hrsg.): Neue Autographen zu Kants Leben, Schriften und Vorlesungen, Hamburg 1987, S.31-78. Reinhard Brandt, Freiheit, Gleichheit, Selbständigkeit bei Kant, in: Forum für Philosophie Bad Homburg (Hrsg.): Die Ideen von 1789 in der deutschen Rezeption, Frankfurt/M. 1989, S.90-127. Reinhard Brandt, Locke und Kant, in: Martyn P. Thompson (Hrsg.), John Locke und/and Immanuel Kant. Historische Rezeption und gegenwärtige Relevanz. Historical Reception and Contemporary Relevance, Berlin 1991, S.87-108. Reinhard Brandt, Die Bestimmung des Menschen bei Kant, Hamburg 2007.

また、ルソーの社会哲学や社会契約に関する著作もある。Reinhard Brandt, Rousseaus Philosophie der Gesellschaft, Stuttgart-Bad Cannstatt 1973. Reinhard Brandt, Karlfriedrich Herb (Hrsg.), Rousseau.Vom Gesellschaftsvertrag, Berlin 2012.

Ⅳ　W・ブッシュの所論

はじめに

W・ブッシュは１９７９年『カントの批判的法哲学の成立　１７６２－１７８０』を発表し、Chr・リッターと同様に法論の生成発展史的研究方法によってリッター説に真正面から異議を唱えている。

以下においてブッシュの所論の概要について検討したい。

Werner Busch, Die Entstehung der kritischen Rechtsphilosophie Kants 1762-1780, Berlin・New York 1979, S.1-3, S.171-173. ブッシュの研究に対する論評として次の文献を参照。Gerd-Walter Küsters, Rezension zu: Die Entstehung der kritischen Rechtsphilosophie Kants 1762-1780, in: Archiv für Rechts- und Sozialphilosophie, Bd.LXVIII/2, 1982, S.272-275. Gerd-Walter Küsters, Kants Rechtsphilosophie, Darmstadt 1988, S.37, S.43-49.

本研究書は、リッターの否定説に対する反論はすでにいくつかの論文において発表されていたが、著作としては最初に出版されたものである。その後１９８１年に、Ｋ・Ｈ・イルティングによってブッシュ説も反論を受けることになる。

この著作の表題および目次の内容（第五章「批判的法哲学の根拠としての批判的自由概念」における批判的法概念、批判的国家法、批判的私法および批判的国際法と題する表題）から明らかなように、ブッシュはカント法哲学全体の批判的性格を積極的に肯定する立場に立っている。

ブッシュは第一章において「カントの批判的法哲学は存在するのか」とする問題設定のもとで、かれ自身の肯定説を概略的に論述している。この研究はリッターの否定説に対して真正面から反論しており、ラテン語（カント自身、H・グロティウス（1583-1645）、S・プーフェンドルフ（1632-1694）、C・トマージウス（1655-1728）、T・ホッブズ（1588-1679）、A・G・バウムガルテン（1714-1762）などの著作、N・H・グンドリング（1671-1729）、ダリエス（1714-1791）、G・アッヘンヴァル（1719-1772）など）およびフランス語（J・J・ルソー（1712-1778）、J・J・ブルラマキ（1694-1784）、モンテスキュー（1689-1755）、P・ベール（1647-1706）などの著作）で書かれた多くの初期の資料や同時代の資料をそのまま引用し分析を加えている。また、カントの夥しい数のレフレクシオーンも参照している。

ブッシュはまずカント思想の2つの特色を提示する。そして、リッターの研究成果を三重の否定的テーゼに整理し、そのテーゼに至った方法としてリッターが採用した3つの方法を取り上げる。さらに、リッターの問題設定そのものに対して採用されたこれら3つの方法が適切であったのか否かを検討する。最後に、カントの法哲学の批判的性格を証明する最上の体系的立脚点を確定する。

一　カントの「批判的」法哲学は存在するのか

1　カント思想の2つの特色

ブッシュによれば、カント思想の2つの特色は容易に立証されうる（Werner Busch, a.a.O., S.1-3.）。

第一に、カント自身がその転回点を「転覆（考えが変わる）」（Umkippungen）と呼んでいる発展が生じたということである。

カントは1765年12月31日、J・H・ランベルト（1728–1777）宛て書簡の中で次のように述べている。

「私は、何年ものあいだずっと、自分の哲学的考察を、考えられるかぎりのすべての面に向けてまいりました。考えが変わるということも数多くありました。そのさい、私はいつも、誤謬や洞察の源泉を方法のとり方のうちに探し求めていました。そして、こうしたのち、ついに私は、まやかしの知に陥らないための方法をものにしたといえるところにまで到達しました」（X, S.55, 31. 岩波版『カント全集21書簡Ⅰ』北尾宏之・竹山重光・望月俊孝訳、25頁）。

第二に、事柄に関する諸問題（Sachprobleme）についてのレフレクシオーンは「偉大な頭脳が思いつく」（XVIII, S.62, 8, R 5017. 形而上学についてのレフレクシオーン）概念との対決にかかわっているということである。

ブッシュは、これら2つのカント思想の特色が法哲学においてどの時点で、またどのような転回として現れているのかを検討する。

2 Chr・リッターの三重の否定的テーゼ

ところでブッシュによれば、クリスティアン・リッターの1971年の著作『初期資料によるカントの法思想』（Der Rechtsgedanke Kants nach den frühen Quellen, Frankfurt am Main 1971, S.24.）の功績は、カント法哲学のこの発展に対する問いを取り上げたことである（Reinhard Brandt, Rezension zu: C. Ritter: Der Rechtsgedanke Kants nach den frühen Quellen. Frankfurt am Main 1971, in: Philosophische Rundschau 20, 1974, S.43-50.）。もっとも、リッターのこの研究は、1961年のヨーゼフ・シュムッカーの著作『前批判的著作およびレフレクシオーンにおけるカント倫理学の源泉』（Die Ursprünge der Ethik Kants in seinen vorkritischen Schriften und Reflexionen, Meisenheim am Glan 1961.）を補完することによってカント法哲学に関する三重の否定的テーゼを基礎づけているとする。ブッシュによるこの三重の否定的テーゼの第一および第二は、主にリッターの総括をもとに整理したものである。

第一に、「独創的変化」にもかかわらずカント法哲学は伝統に基づいている。そのため、はじめて批判哲学を可能にしたとされる断絶がその法哲学の発展には見出されない（Ritter, a.a.O., S.339.）。

第二に、カントの連続的に成立した法哲学は形而上学的、すなわち非批判的に基礎づけられている（Ritter, a.a.O., S.340.）。

第三に、カントの政治思想は伝統とのかかわり合いに関して18世紀の絶対主義的見解にとらわれている（Ritter, a.a.O., S.251, S.295, S.337.）。

カントの批判的法哲学をこのように否定することによってリッターは、エリック・ヴォルフ「学派」の枠組みにおいて法学者のもとで長い間広められていた立脚点（立場）を擁護している（Ritter, a.a.O., S.1, S.16[5], S.324[287].）。

3　リッターの3つの研究方法

ブッシュは、リッターがどのような研究方法によってこれらの否定的テーゼに至ったのかを検討し、3つの研究方法を提示したうえで、それらに対して批判を加えている。

これらの方法によってリッターはカント法哲学の発展について上記のような原則的諸命題に至るが、3つの方法とは次のとおりである。

第一に、リッターは法哲学についてのカントの初期の言明をカント自身が歴史的観察者として知っていたカントの先駆者および同時代人と比較する（法哲学についてのカントの初期の言明と先駆者および同時代人との比較）。

第二に、リッターはかれが想定した発展段階において利用できるカントの資料を体系的連関において取り扱うのではなく、むしろそれらを「主題による」重点に従ってのみ整理する（主題の重点による発展段階の区分）(Ritter, a.a.O., S.21.)。

第三に、リッターはカントの自家用本において伝えられたレフレクシオーンの成立年代を、信頼性に基づいて、その他のすべての判断基準に依拠せずにつねにアカデミー版カント全集においてもっとも遅く示された時点に決定している（アカデミー版カント全集によるレフレクシオーンの日付確定）(Ritter, a.a.O., S.70.)。

4　リッターの問題設定に対する研究方法の適切性（「伝統」の二重の使用法）

しかしこれらの方法は、リッターが第一の未解決の問題（カントが法を批判主義の意味において取り扱っていないということが適切か否か、もしそうであるならばなぜそうであるのかという問題）として提起したカント法哲学における批判的転回に対する問題設定にとって適切であると言えるのかとブッシュは疑問を投げかける。ブッシュによれば、カントの思想における変化を取り出すために伝統的法哲学に対する批判の出発点を求めるとすれば、次の可能性が生じる。すなわち、カントが実際に知っており、また対決の対象と見なしていたということが証明されうる著作者たちにおいてのみ行うということである。つまりブッシュは、カントの批判的法哲学の成立に対する特殊な問題設定から「伝統」の二重の使用が生じると指摘する。第一は、法哲学一般における当時の対決の背景のみを明らかにする使用である。第二は、カントの「批判」に基づいて直接尖鋭化する使用である。キュスタースはこれに関して、背景としての「伝統」の使用および直接的批判関連としての「伝統」の使用と呼んでいる (Gerd-Walter Küsters, Rezension zu: Die Entstehung der kritischen Rechtsphilosophie Kants 1762-1780, in: Archiv für Rechts- und Sozialphilosophie, Bd.LXVIII/2, 1982, S.272.)。この方法的に基礎づけられた伝統の二重の使用は、カントのロック（１６３２-１７０４）およびホッブズとの関連においてうまく説明されうる。リッターはロックおよびホッブズを同時に伝統内部におけるカントの源泉として挙げている (Ritter, a.a.O., S.23, S.24.)。ブッシュの意見によれば、カントはロックの『人間知性論』(An Essay Concerning Human Understanding,

1689 London.）について、この著作は「知性（Verstand）にとっての文法と見なされうる」（XXIV, 1, S.300, 19-20.『ブロンベルクの論理学』（1760年代前半のものである）XXIV, 1, S.495, 16-17.『フィリピの論理学』（1789年成立））と言っているにもかかわらず、しかしいかなる箇所においてもカントはロックの2つの政治論文が収められている『統治二論』（Two treatises of government 1690）を知っていたということ、ましてやその特別な意図と対決していたということは示されえないとする。

ロックの諸著作に関するカントの知識については次の文献を参照。冨田恭彦『カント入門講義―超越論的観念論のロジック』筑摩書房２０１７年、１０１-１０５頁。カントは英語を読むことができなかったが、『人間知性論』にはラテン語版およびドイツ語訳があり、それらを読んでいたと推測される。

　冨田は次のように述べている。

「ロックの著作のうち、特に『人間知性論』（An Essay Concerning Human Understanding〔London, 1689〕）が重要ですが、この本は英語で書かれていました。ですから、カントはこれを原文で読むことはできませんでした。

　ですが、この『人間知性論』には、アイルランドのエゼキエル・バリッジ（Ezekiel Burridge, c.1661-1707）の翻訳によるラテン語版（De Intellectu Humano〔London:Awnsham and John Churchill, 1701〕）がすでにロックの晩年に公刊されており、また、一七〇九年にはそれがライプツィヒで再刊され（Johannis Lockii Armigeri Libri IV de Intellectu Humano〔Leipzig: Theophilus Georgius, 1709〕）、一七四一年にはその改訂版がライプツィヒの同じ出版社から刊行されていました。ですから、カントは『人間知性論』をラテン語で読むことができたのです。

『人間知性論』は、のちにドイツ語版（Herrn Johann Lockens Versuch vom menschlichen Verstande〔Altenburg: Richter, 1757〕）が出版されます。これは、ハインリッヒ・エンゲルハルト・ポーライ（Heinrich Engelhard Poley, 1686-1762）が、一七二七年にロンドンで出版されたロックの著作集第三版（The Works of John Locke Esq. 〔3rd edn., London:Bettesworth, Parker, Pemberton, and Symon, 1727〕）の第一巻をもとに、ドイツ語訳したものです。ですから、カントがこれを参照した可能性もあります。

　ただし、『純粋理性批判』第一版の刊行のあとカントがその書の意義を解説してみせた『プロレゴーメナ〔序説〕』（一七八三年）では、カントがロックに言及するとき、ロックが専門用語として多用している「観念」（Idea）を彼は「表象」（Vorstellung）と表現しているのに対して、ポーライのドイツ語訳ではこれが 'Begriff'（ベグリフ）となっています。カントが『純粋理性批判』等においてこの「ベグリフ」という言葉（一般に「概念」と訳されます）を「表象」とは区別して用いたこと（……「表象」は「概念」よりも適用範囲が広いのです）を考えますと、カントがポーライのドイツ語版を参照しながら 'Begriff' という訳語は採用しなかったという可能性はあるのですが、むしろカント自身はロックをもっぱらラテン語訳で読んでいたというのが正解なのかもしれません」（同書、１０２-１０４頁）。

というのは、所有権の基礎づけあるいは自然状態をめぐる対決においてすべてのロック的諸要素はルソー、ヒューム（１７１１-１７７６）、ヴォルフ（１６７９-１７５４）およびアッヘンヴァルの明白な知識に還元されうるからであるとする。

Busch, a.a.O., S.27-33. Reinhard Brandt, Eigentumstheorien von Grotius bis Kant, Stuttgart -Bad Cannstatt 1974, S.254, Amn.7. Reinhard Brandt, Das Erlaubnisgesetz, oder: Vernunft und Geschichte in Kants Rechtslehre, in: Brandt (1982), S.283f., Anm.54. ブラントによれば、ロックの『統治二論』（Two Treatises of Government. 1689.）第二編をドイツ語訳でもフランス語訳でも読んでおらず、カントはルソーの『人間不平等起源論』（Discours sur l'origine et les fondements de l'inégalité parmi des hommes. 1755.）第二部（「ある土地に囲いをして「これはおれのものだ」と宣言することを思いつき、それをそのまま信ずるほどおめでたい人々を見つけた最初の者が、政治社会〔国家〕の真の創立者であった」という冒頭の有名な文章から論が進められる。所有権の設定において政治社会がはじまり、私有財産制、富および権力が社会状態を象徴するとする暗示である）および『エミール』（Émile ou De l'éducation. 1762.）の観念に従っているとする。Bernd Ludwig (Hrsg.), Immanuel Kant. Metaphysische Anfangsgründe der Rechtslehre. Metaphysik der Sitten, Erster Teil, 3., verbesserte Auflage, Hamburg 2009, S.211. それに対して、ルートヴィヒは

また、同著者による次の文献も参照。『カント哲学の奇妙な歪み――『純粋理性批判』を読む――』岩波書店、２０１７年、71-73頁。

S.75. の§16「根源的取得という概念の演繹」〈§17〉の中で使用されているBearbeitung（加工）に注を付して次のように述べている。18世紀の学識のあるドイツ語圏のヨーロッパ一般がそうであったように、カントはロックを法ないし国家哲学者としては知らなかった。したがって、ここで挙げられている加工はおそらくルソーを想起させる。具体的に言えば、『社会契約論』（１７６２年）第一編第九章「土地支配権について」である。しかし、カントは「あの非常に古くからの」俗説を話題にしているので、むしろグロティウスに関連するかもしれない。具体的に言えば、『戦争と平和の法』（１６２５年）の第二巻第八章「通常万民法より生ずると言われる取得について」十九「自然によれば、混合の結果生じたもの、あるいは他人に属する材料で作られたものは、共通の財産となる」である。いずれにしても、カントはロックの『統治二論』を読んでいなかったと推察される。

また、ブロッカーの次の文献も参照。Manfred Brocker, Arbeit und Eigentum. Der Paradigmenwechsel in der neuzeitlichen Eigentumstheorie, Darmstadt 1992, S.308.

しかし、ブッシュはトマス・ホッブズに関してはまったく事情が異なっていると指摘する。カントはホッブズの理論を自己批判および批判の出発点として何度も取り上げている。

5　最上の体系的立脚点の確定

ブッシュによればカントのこれらの対決を考慮すると、ブッシュの批判的法哲学に対する問いは不可避的に、カントがそこから批判する最上の体系的立脚点に対する問いとなる。したがって、カントの思想のある段階内部においてこの最上の体系的時点を再構成するという試みが不可欠となる。この再構成によって全般的にそれより初期ないし後期の発展をこの時点から取り出すことができるからである。

この再構成ともっとも密接に結びついているのはレフレクシオーンの日付確定の可能性の問題である。まさに法哲学の発展に対する著しい困難性は、法哲学の源泉がレフレクシオーンにおいて特に乏しく流動的であるということに存する。つまり一方で、法哲学に関する最初の関連する言明としてのカントの法論は１７９７年にはじめて『人倫の形而上学』の中で出版されたということであり、他方で、アッヘンヴァルの『自然法』（Ius Naturae. 初版は１７５０年に出版されているが、カントは１７６７-１７８８年の間に12回にわたって自然法講義の教科書として使用しており、『人倫の形而上学』第一部の「法論」に出てくる法律用語の大部分はこの書に由来すると言われている。Christian Ritter, Der Rechtsgedanke Kants nach den frühen Quellen, Frankfurt am Main 1971, S.25, Anm.1.）のカントの自家用本の第一部は、そのレフレクシオーンからまさに諸原理の成立についての解明を期待できるかもしれないが、失われているということである。

それでは、ブッシュはいかなる方法によって最上の体系的立脚点を再構成するのであろうか。ブッシュはひとつの道（方法）のみが残されているとする。つまり、確定された日付の証拠――公刊物、手紙およびヘルダーの講義筆記録――かりにこれらが直接的には法哲学にとって重要ではないとしても――のその独自性を諸法命題に目を向けながら検討し、またその成果を内容上この時期に対して問題となっている手書きの資料と比較するという道である。まさにレフレクシオーンは、しばしば狭い内容上の解釈があるため、その私的な性格から逃れる。その結果、日付の確定が、めったに一義的ではない手書きの調査結果を越えて、立脚点が一義的に一致するかあるいは同様に一義的に矛盾するところでのみ再び可能となる。そして、まさに相互の矛盾および一致、またカント自身の伝承との矛盾および一致に対するこの評価が他の援用された講義筆記、つまり『ブロンベルクの論理学』、『フィリピの論理学』、『ポヴァルスキの実践哲学』、『コリンズの道徳哲学』および再発見された1784年のファイアーアーベントの『自然法』に対して適用される。この自然法は最終的には比較のために利用されうる。ブッシュは、源泉資料のこの限定された解釈可能性に関してその拡張における完全性は、この拡張をリッターは1760年代に対して追究しているが（Ritter, a.a.O., S.21.）、まったく妨げになることはないとしても、やはり不必要であるとする。逆に重点はここで使用された対決的な方法に従えば、1762年、1766年および1769年の立脚点の変化の後、1772年の批判の成果を1780年代の公刊物の前の時期に対して解明するということにある。

6　自由能力のある存在者の共生のための法的諸条件

ブッシュは本研究書の最終章においてかれの研究成果を概略的に総括している（Busch, a.a.O., S.171-173.）。以下においてそれを検討したい。すでに言及したように、ブッシュの肯定説はその後の議論に大きな影響を与えている。

カント法哲学の発展には断絶があったのであろうか。それとも、リッターが主張するように連続的に発展したのであろうか。ブッシュによれば、この問題について論争するのはそもそも無意味である。というのは、いずれも実際にそうであるからである。しかし、1772年の批判的転回の特殊性は、この転回は定言命法の定式化に向かっていくが、この転回がそれ以前のすべての成果を単なる部分的成果であるように思わせるということである。ブッシュは、このことはカントの問題設定の変化から明らかとなると主張する。この批判的転回は、ブッシュが挙げているカント思想の２つの特色の中の第一の特色である「転覆（考えが変わる）」に該当することが容易に見て取れるであろう。

それでは、その問題設定の変化とは何であろうか。批判的自由概念および定言命法の発見までは、カントの取り組みはつねにまだ１７６２年の問題をめぐって行われている。すなわち、いかにして絶対的拘束性は可能であり、また適用可能であるのかという問題であった。しかし１７６２年のこの問題の解決以降カントにとって問題となっていたのは、批判的自由概念から法の基礎づけとしていかなる結論が引き出されるのかを見つけ出すことであった。共生の諸条件一般のみからの具体的法形式の基礎づけの探究をひとつの新たな発展がはじめるということが（この発展はまた自己批判およびそこから導かれる立脚点の変化によって形成されるが）、所有権において例として指摘される。貴族、基本的権利、そのもとにおける自立、宣誓（XIX, S.519, R 7795. 法哲学についてのレフレクシオーン。（Vgl. XIX, S.307, R 7303. 道徳哲学のレフレクシオーン）gegen Rechtslehre D「宣誓による保証〔Cautio iuratoria〕の取得について」§40, vgl. Naturrecht Feyerabend S.87ff. ファイアーアーベントによる１７８４年冬学期のカントの自然法講義筆記録は、XXVII, 2, 2に収録されている。上記の箇所はS.1364ff. である）および誠実の拡張についてのカントの後期の考察への指摘がなされるだけである。しかし、そこからカントが論証する最上の時点（立場）、つまり理性的自然存在者がその法的立脚点に立つことができ、またその規範に法的強制の根拠が存するような批判的自由概念は依然として変わっていない。したがってブッシュによれば、カントの法哲学は１７６０年代末頃その本質的部分において完成していたとするリッターの主張は的外れである。逆にそれは、１７７０年代末に対してはじめて立証されうるとする。

法哲学におけるカントの立場（態度）は非批判的であるとするリッターの「学派」および多くの法学者によって主張された、上記に述べられた見解（Busch, a.a.O., S.1.）の徴表としてリッターは、カントは真の体系性の位置に「批判主義的様式化」を置いたと主張する（Ritter, a.a.O., S.286.）。

これについてブッシュは3つのことを付言する。第一に、法哲学においては諸対象によってではなく、意志の諸法則によって規定されている実践哲学の領域が問題となっているということである。その結果、演繹の課題は特にその適用領域が体系化される前にこの法則そのものから結論を引き出すということに存する。そのために主権の特性の解明は、これは「実践的理性推論」に流れ込むが（Busch, a.a.O., S.113.）、模範となりうる。第二に、カントは法哲学の批判的段階において同様に、諸法命題の解明のために懐疑的方法を用いているということが注意をひく（Busch, a.a.O., S.56.）。すなわち、カントは諸法問題を相互に矛盾する諸法命題に尖鋭化するということである。そしてそれら法命題の矛盾ないし両立可能性においてその解決が明らかにされなければならない。この懐疑的方法は法論における体系構築に対していかなる意義をもっているのかが吟味されなければならないであろう。第三に、この範囲においてヴォルフの数学的方法の特別な称賛がポヴァルスキの筆記録に含まれている（ヴォルフについては次の文献を参照。Marcel Thomann, Christian Wolff, in: Staatsdenker in der frühen Neuzeit, Dritte, um 15 Abbildungen erweiterte Auflage, hrsg. v. M. Stolleis, München 1995, S.257-283. 邦訳『17・18世紀の国家思想家たち—帝国公（国）法論・政治学・自然法論—』ミヒャエル・シュトライス編、佐々木有司・柳原正治訳、木鐸社、１９９５年、４２１-４６４頁）。

「そしてかれ〔ヴォルフ〕の諸命題は拒否されるかもしれないのではあるが。それでもかれの体系および数学的表現法はつねに残るであろう。哲学する方法はいつまでも忘れられない功績を維持する」（XXVII, 1, S.107, 36-38. G・B・ポヴァルスキ（G. B. Powalski １７７７年3月入学）による「実践哲学」の記録）。

確かにブッシュによれば、体系の数学的表現法を内容および諸原理を解明するのに役立つ個々のレフレクシオーンにおいて必ずしも証明することはできない。むしろ体系そのものの叙述においてのみ、ここでは『人倫の形而上学』において証明することができるというのは明らかであるとする。それゆえ結局、リッターの異議はその直接的な準備草稿との関連における法論の内在的解釈によってのみ答えられうる。しかし、法論はその体系にここで取り上げられたレフレクシオーンが認識させるのとはまったく別の位置価値を割り当てているということをすでにおおまかな概観が示している。しかし、カントの称賛は数学的方法を適切に表現するだけではなく、またヴォルフの体系そのものも適切に表現している。このことは１７７０年代後半からのひとつのレフレクシオーンによって説明することができる。

「しかし、やはりわれわれは他人がその生命の維持とともに同時にわれわれのものをぎりぎり維持するように他人を強制する権利をもっている。というのは、所有は自然の共同の設備の分け前であるからである」（XIX, S.268, R 7193. 道徳哲学についてのレフレクシオーン。Man hat aber doch ein Recht, andere zu zwingen, dass sie mit Erhaltung ihres Lebens zugleich das unsrige notdürftigst erhalten, weil Eigentum nur ein Anteil an der gemeinschaftlichen Ausstattung der Natur ist.）。

このレフレクシオーンにおいてカントの関心事が明らかとなる。つまり、そのもとにおいて地上のすべての人間が同胞と共に平和的に共生しうる法的諸条件を明示するということである。カント法哲学の生成から明確になったかもしれないのは、この関心事にとっては、ヴォルフとは異なって、世界における人間とものとの法秩序が問題なのではなく、むしろものとの関係における人間相互のみの法秩序が問題なのであるということである。若きフリードリヒ・シュレーゲル（１７７２-１８２９）は、このような純粋に共同体的法秩序はカントの実践哲学一般の対象であるということを的確に次のように表現している。

「倫理。カントにとって法学は内的部分になる。つまり道徳」（Friedrich Schlegel, Seine prosaischen Jugendschriften 1794-1802, Hrsg., J. Minor, Wien 1882, 2, S.194 Frgt. 77 Lesarten.）。

もちろん、理性的存在者のこの普遍的法秩序は最期の年齢に至るまでカントの心を占めていた。

「定言命法、神および絶対的自由、すべての原理およびひとつの原理としての存在のすべて」（XXI, S.97, 8-9, 1800-1803. オープス・ポストゥム）。

ブッシュは結論として次のように主張している。
普遍的で純粋に共同体的法秩序の観念を行為の拘束的対象にするというこの解決によって、カントはけっしてかれの先駆者、特にヒューム、ホッブズおよびモンテスキューに依存していない。また同様に、カントは思想の題材としてのかれらの理論なしには自由の能力のある存在者の共生の法的諸条件を解明するためにかれの批判を適用しえなかったであろう。

二　ブッシュの研究についての考察

以下においては、キュスタースによるブッシュの著作に対する書評論文を手がかりとしてブッシュの所論を検討する（Gerd-Walter Küsters, Rezension zu: Die Entstehung der kritischen Rechtsphilosophie Kants 1762-1780, in: Archiv für Rechts- und Sozialphilosophie, Bd.LXVIII/2, 1982, S.272-275.）。

ブッシュの研究の表題『カントの批判的法哲学の成立　１７６２－１７８０』がすでにその重要なテーゼ、つまりカントは「批判的」法論を展開したとするテーゼを強調している。というのは、このテーゼは議論の余地があり、特にリッターによって否定されたからである（Christian Ritter, Der Rechtsgedanke Kants nach den frühen Quellen, Frankfurt am Main 1971.）。ブッシュはまずリッターと対決する（Busch, a.a.O., S.1-3.）。その際、ブッシュはカントにおける二重の「伝統」関連（背景としての伝統の使用および直接的「批判」関連としての伝統の使用）を指摘しており、またその研究に対して発展段階を区分することによって「カントの最上の体系的立脚点」を再構成することを要求している（Busch, a.a.O., S.2.）。しかしキュスタースは、カント法哲学の発展段階を区分し、そこから体系的立脚点を再構成するブッシュの方法に対して疑問を投げかけている。このような体系点を構成する必然性は成立しないのではなかろうか、また分析された発展期間を考慮すると、そのような構成は『法論』そのものに対する問題には当てはまらないのではなかろうかということが注意されなければならないとする。というのは、体系としての『法論』はブッシュによって考察された期間以降（１７９７年）にようやく出版されたからである。したがって、体系と体系点は崩壊することになる。

カント法哲学の発展段階の区分および体系的立脚点の再構成の他にブッシュの研究に問題点はあるのであろうか。ブッシュの研究の問題設定にとって「レフレクシオーン」の日付の問題が重要である。というのは、このレフレクシオーンは法哲学に対しては「資料として乏しい」からである（Busch, a.a.O., S.2.）。ブッシュは確定された日付の証拠（公刊物など）から出発し、レフレクシオーンとの一致および不一致を検討する。その際、ブッシュは完全性を求めてはいない。ブッシュは「１７６２年、１７６６年および１７６９年の立脚点の変化の後、１７７２年の批判の成果が１７８０年代の公刊物の前の時期に対して」（Busch, a.a.O., S.3.）説明されなければならないとする。ブッシュはカント法論の発展を４段階に区分する。しかし、段階区分の詳細な基礎づけは行っていない。批判的法哲学の決定的に重要な基礎づけは、ブッシュによればその基礎を「批判的自由概念」が形成するが（Busch, a.a.O., Kap.5「第四段階１７７２年以降―批判的法哲学の根拠としての批判的自由概念―」, S.70-170.）、１７７２年以降に遂行される。

キュスタースは、ブッシュによって区分された４つの発展段階についてその概要を検討する。ブッシュは第一段階（１７６２年から１７６５年）に対して「法的拘束性の源泉としての理性の類似（analogon rationis）」を明らかにする（Busch, a.a.O., S.4-33.）。その際、「理性的・絶対的拘束性を負う」人間の可能性（Busch, a.a.O., S.24.）は社会可能性を意味する。「法概念は社会の可能性の条件である」（Busch, a.a.O., S.24.）。

第二段階（１７６６年から１７６８年）は、この段階は「法の不可欠の条件としての権限のある裁判官」という表題のもとで論じられるが（Busch, a.a.O., S.34-57.）、３つの新たな観点によって規定されている。つまり第一に、法的規則と国家権力の成立との関連、第二に、自然状態と公民状態の対比、第三に、「必然的な国家権力は財産の再編成には役立たず、あらゆる社会構成員の権利の保障にのみ役立つ。……カントは福祉国家を形式的法治国家と取り替える」（Busch, a.a.O., S.35.）とするテーゼである。ブッシュは批判の出発点として『視霊者の夢』（『形而上学の夢によって解明された視霊者の夢』Träume eines Geistersehers, erläutert durch Träume der Metaphysik. １７６６年）を再構成する。私的感情は法的強制に取り替えられ、法と道徳は分離される。そのためにカントはこの分離を目指しているアッヘンヴァルを引き合いに出す。国家の概念が権利保障にのみ関連づけられるように、法もまた非具体化される。これによって具体的な権利との媒介の問題が生じる。「たとえ国家権力が個々の場合における権利を保障することができないとしても、経験可能な国家権力の解決のみが具体的に有効でありうる」（Busch, a.a.O., S.56.）。

第三段階（1769年から1771年まで）は、「普遍的法秩序と悟性認識」という表題のもとで論じられるが（Busch, a.a.O., S.58-69.）、法の完成は具体的には経験可能ではありえず、その背景が可想界の想定の必然性を形成するとする認識によって基礎づけられる。法秩序は認識手段および実質的な行為対象になる。ブッシュによれば、「カントは1770年に合理的な行為理論を構想しようと試みており、この行為理論は認識対象との統一的依存性において理論哲学と実践哲学、法と道徳、また同様に法観念と法現実を統合する」（Busch, a.a.O., S.63.）。これに対する唯一の例は婚姻法であるとする。この段階に対して決定的に重要なのは、「法における純粋概念の解明」（Busch, a.a.O., S.69.）、「最上の認識対象における」法哲学の保証、「普遍的法秩序」の保証であり、この法秩序は「クリスティアン・ヴォルフの法宇宙（Rechtskosmos）を引き合いに出している」。

Busch, a.a.O., S.69. ブッシュは今日の基準から見ても適用におけるこのような構想はまったく無意味とは言えないとして、法概念についてのラートブルフの立場を引用している。ラートブルフは「事物の本性」について次のように述べている。

「事物の本性とは、事物の本質、事物の意味（Sinn）であり、しかもそれは、だれかによって現実に考えられた意味ではなく、むしろ、ひとえに生活関係の性質そのものから汲み取られるべき客観的な意味である。すなわち、そのような性質の生活関係がいかに意味あるものとして、すなわち或る理念――いかなる理念――の実現として考えられるかという問いに対する答えである……このようにして得られた法律的徴表は、或る法理念の支配の下に統一的な意味結合（Sinngefüge）にまとめられることになる。この意味結合は、かならずしも常にではないが、通例、目的論的な結合、すなわち、法的な目的と手段との組み合わせである」（Gustav Radbruch, Die Natur der Sache als juristische Denkform, 1948, Darmstadt 1960, S.13f.『ラートブルフ著作集第6巻イギリス法の精神』所収、「法学的思考形式としての「事物の本性」」久保正幡訳、東京大学出版会、1967年、92頁）。

第四段階の叙述は、「批判的法哲学の根拠としての批判的自由概念」という表題のもとで論じられる。ブッシュはこの段階において（１７７２年以降）批判的法哲学が基礎づけられるとし、もっとも多くのページを割いており（Busch, a.a.O., S.70-170.）、その決定的に重要な論点は批判的自由概念であると主張する。自由および自然因果性は両立可能なものとして証明され、法と道徳は究極的に分離され、また同様に理論哲学と実践哲学も分離される。自由概念にとって決定的に重要なのは「形式性」である（Busch, a.a.O., S.73.）。自由な行為の原理は、この原理は形式的であるが同時に適用可能であるが（Busch, a.a.O., S.76.）、定言命法である。定言命法は「１７７０年代半ばにはじめて」（Busch, a.a.O., S.76.）解明される。したがって、定言命法、すなわち自由概念が探し求められていた体系点として判明するとき、この原理の発展の問題が焦点になる。これは重要な強調を示している。ブッシュは定言命法の発展の分析においてその「法的」性格を際立たせており、またピエール・ベール（１６４７−１７０６）の著作である（Commentaire philosophique sur ces paroles de Jésus Christ: Contrains - les d'entrer ou traité de la tolérance universelle, Rotterdam 1713.『強いて入らしめよというイエス・キリストの言葉に関する哲学的註解』１６８６−１６８７年）のレフレクシオーンの意義を指摘している。「生成的に考察するとカントは……定言命法において一方では批判的自由概念を拘束性概念に基づく人格の必然的無矛盾性と結びつけ、他方では現実の立法者の観念による行為の検証と結びつけている」（Busch, a.a.O., S.86.）。定言命法は、「それなしには人間の平和的共生が可能ではないような具体的な社会性（sociabilitas）の規則」として明らかになる（Busch, a.a.O., S.88.）。この観点のもとにおいてまた法と道徳との相違が成立する。定言命法は社会の法則であるので、道徳は「人間を尊敬に値する法的主体」にしなければならない。また他方で、法は「この法的主体の人間に値する共生の強制可能な諸条件を提示」しなければならない（Busch, a.a.O., S.90.）。この共生そのものから法概念が導出される。自由に行為する者は「その理性の規定可能性に基づいて調整される」（Busch, a.a.O., S.91.）。しかしながら、個々の主体は法的に「可能な実定法の形式のもとでのみ他者と関係をもつ。たとえその妥当性を意欲するにしてもしないにしても」（Busch, a.a.O., S.92.）。この法則は定言命法による検証を受ける。「批判的法概念は……外的同意にのみ、法原理を意識しているにしてもいないにしても、法モデルとともに由来する。この法モデルは、自由の能力のある個々人の可能な社交性が客観的規範として表象されることによって得られる。批判的法モデルが直接、法的強制を指示するということがすでに自由の可能性の中に基礎づけられている」（Busch, a.a.O., S.93.）。

しかしながら、キュスタースは疑問なのは叙述された関連であるとする。というのは、完全な道徳においては強制不可能性は、社会性の原理としての定言命法による規定のために考えられうるであろうからである。重要なのは可能な社会化ではなく、共に行為する者に対する強制である。というのは、個々人は「隣り合って生存しなければならない」からである（Busch, a.a.O., S.91.）。したがってキュスタースは、法と道徳との関連の問題は「体系点」としての定言命法からまさに考えられえないとする。それゆえ、『実践理性批判』の立脚点から体系への移行、つまり「法の形而上学」への移行は十分に検討されなければならない（V. Gerhardt, F. Kaulbach, Kant, Darmstadt 1979, S.92-97.）。

ブッシュはさらに続けてカントの客観的刑罰論、次に批判的国家法、すなわち「抵抗できない権力と絶対的自由」との関連について叙述する（Busch, a.a.O., S.99.）。その際、法的人格の自由実現の諸条件（自由な意思表明、奴隷状態の不可能性）、国家権力（国家構成と国家行政の分離、代表制の意義、実証主義と観念論との関連）が解明される。その後「批判的私法」が論じられ、ブッシュによればカントはそれを放棄することができない。その際、婚姻、親権、家共同体、奉公人の権利、しばしば議論される「物権的対人権」についてのカントの言明が考察され、歴史的関連（たとえば、ダリエス、アッヘンヴァルおよびS・コクツェーイ（１６７９－１７５５、ドイツの法学者である。コクツェーイについては次の文献を参照。Gerd Kleinheyer / Jan Schröder, Deutsche Juristen aus fünf Jahrhunderten. Eine biographische Einführung in die Geschichte der Rechtswissenschaft. Unter Mitarbeit von Erwin Forster, Hagen Hof und Bernhard Pahlmann, 3., neubearbeitete und erweiterte Auflage, Heidelberg 1989, S.61-64.））が裏づけられる。ブッシュは、所有権の問題については、国家法に対して私法を限定するカントの困難性を指摘している。また、『法論』の後期の出版もその困難性の有利な証拠になっている（Busch, a.a.O., S.160.）。場合によっては、そこで新たな解決（経験的占有・可想的占有）を見出すためには、このことはまさにこの『法論』のテクストによって主題の検証に進まなければならないであろう。それによってその成立がはじめて完全に分析されるであろう。最後にまた、この段階に対して拘束的な行為観念としての「批判的国際法」が叙述される。

最後に結論として、「自由の能力のある存在者の共生の法的諸条件」と題する総括において重要な成果としてブッシュは、カントの法哲学は「１７７０年代の終わり」にようやく完成し、批判的自由概念において基礎づけられているということを強調している（Busch, a.a.O., S.171-173.）。カントの法哲学においては「人間の相互関係における人間の法秩序のみ」が重要なのであり、その法秩序は「行為の必然的対象」であるとする（Busch, a.a.O., S.172.）。

しかし、所有権の問題は、その問題点をブッシュ自身が述べているが、ものに対する法秩序における人間の関連の問題を提示する。そのために、法論の中の「私法」においてまさにこの主題が詳しく取り上げられる（VI, S.245-260. 邦訳『法論』３７０-３８８頁）。したがって、本来ならば『法論』そのものまで含めた研究が続けられなければならないであろう。またキュスタースはブッシュの分析の期間の限定は疑問の余地があることが明らかであるとする。ブッシュが、リッターの批判は「その直接的な準備草稿とともに法論の内在的解釈によってのみ答えられうる」と記述するとき、このことをブッシュはリッターのテーゼそのものに対して容認している（Busch, a.a.O., S.172.）。そして、ここであらゆる単に生成的なカント解釈の限界が露呈することになる。キュスタースは、ブッシュによるカント法哲学の生成発展史的研究の限界を指摘しており、この指摘は同様にリッターの研究にも当てはまるものである。

しかしそれでもやはり、ブッシュの研究には多大な功績があるのも事実である。というのは、この研究はカントの法についての見解の発展を１７８０年まで分析し、また再構成することによって基礎づけているからである（資料分析）。示唆された期間の限定を考慮すると、ブッシュの研究はさらに研究問題として法論およびその批判的性格の体系的意義に対する問題を投げかけている。この問題にとって特に理性批判と形而上学的構想との関係は本質的に重要である。総じてブッシュの研究は、このような解釈にとってきわめて重要な準備作業であると評価できる。

Ⅴ　K・H・イルティングの所論

はじめに

ヘーゲルの「法哲学」に関する綿密な文献学的研究（Die „Rechtsphilosophie" von 1820 und Hegels Vorlesungen über Rechtsphilosophie, Stuttgart 1973. など）で著名であるK・H・イルティングは、１９８１年に「カントの批判的倫理学および法哲学は存在するのか」と問題提起をする形の論文を発表した。

この論文で論究される問題は、１９６１年のJ・シュムッカーと１９７１年のリッター説以降論争の対象となっているものである。すなわち、シュムッカーとリッターがそれぞれカントの批判的倫理学および批判的法哲学は存在するのかとする問題を否定した後、これに対してW・ブッシュによって、かれの『カントの批判的法哲学の成立１７６２-１７８０』（１９７９年）と題する著書の表題がすでに示唆しているように、法哲学の批判的性格の問題は明確に肯定された。イルティングは主にシュムッカーおよびリッターの研究成果を踏まえて、肯定説を主張するブッシュの所論に詳細に反論している。そして、最終的には倫理学および法哲学を含む実践哲学全体の批判的性格を否定する。イルティングの否定説はリッターの否定説とともに少数説ではあるが、現在でも有力な学説である。

イルティングの所論を以下において要約的に検討したい。

Karl-Heinz Ilting, Gibt es eine kritische Ethik und Rechtsphilosophie Kants? Hans Wagner zum 65. Geburtstag, in: Archiv für Geschichte der Philosophie, 63. Jg., 1981, S.325-345. イルティングの所論に対する論評として次の文献を参照。Gerd-Walter Küsters, Kants Rechtsphilosophie, Darmstadt 1988, S.6, S.48f. またイルティングの次の文献も参照。Karl-Heinz Ilting, Naturrecht und Sittlichkeit. Begriffsgeschichtliche Studien, Stuttgart 1983. 特にドイツ古典哲学における自然法については S.96-109.を参照。Karl-Heinz Ilting, Grundfragen der praktischen Philosophie, herausgegeben und mit einem Nachwort versehen von Paolo Becchi und Hansgeorg Hoppe, Frankfurt am Main 1994. この論文集の中でも特に「カントにおける自然主義的誤謬推論」に関する次の論文を参照。この中でイルティングは、G・E・ムーア（1873-1958）の議論を援用しながらカントの推論における自然主義的誤謬を指摘している。Der naturalistische Fehlschluß bei Kant, S.277-295.

カントには批判的倫理学および批判的法哲学というものが実際に存在する（カントは『人倫の形而上学』に至るまで倫理学と法哲学とを明確に区別しているわけではない。したがって、これら2つの表現を一般的に全体としての実践哲学を意味するものとしてイルティングは用いている）、ということが認められなければならないのか否かとする問いは、当然のことながら特にこの場合に「批判的」（kritisch）ということばで何が意味されているのかという定義にかかっているとイルティングは指摘している。

B・ルートヴィヒも同様に、この問題は専門用語上の問題に解消されるとしている。ルートヴィヒ自身は明言することを控えているが、それでもやはり「批判哲学がなければ、カント法哲学は存在しない」として次のように述べている。

「またここ〔本著作第三章「法論についての分析的コンメンタール」〕では、たとえば「超越論的方法」（F・カウルバッハの次の文献を参照。Friedrich Kaulbach, Studien zur späten Rechtsphilosophie Kants und ihrer transzendentalen Methode, Würzburg 1982.）を法論に固定することは試みられない。超越論的認識（たとえば『純粋理性批判』B25）という概念がそもそも実践哲学の諸問題に対してどのように代替されうるのかについて釈明するかぎりにおいて、この試みは、実践哲学についてのカントの諸著作における「超越論的」ということばの必要最小限の使用（このことばは、法論において当該コンテクスト、つまり§19において一度だけ見出される）を考慮に入れるだけで難しい立証責任を負うことになる。これに関するカントの言明の一般的な欠如を考慮すると、私〔ルートヴィヒ〕の意見によれば、この問題は、いかなるカントの手続きをわれわれが事後的に「超越論的」という専門用語に割り当てようとするのかとする単なる専門用語上の問題に解消される。最近の文献においてたびたび議論されている、カントの法哲学は「批判的」哲学であるのか否かという問題（特にイルティングを参照。Karl-Heinz Ilting, Gibt es eine kritische Ethik und Rechtsphilosophie Kants? Hans Wagner zum 65. Geburtstag, in: Archiv für Geschichte der Philosophie, 63. Jg., 1981, S.325-345.）は、この意味において同様に容易に専門用語の問題に解消される。しかしながら、法論が（特に）『実践理性批判』の中心的諸理論を前提とし、また後者が『純粋理性批判』の「二世界説（論）」を前提としていることを考慮に入れる場合、この「二世界論」が「批判的」哲学の徴表と見なされうるが、この問題は限定されているとは言え、しかしそれでもやはり重要な観点のもとで容易に答えられうる。つまり、批判哲学がなければ、カントの法論は存在しない」（Bernd Ludwig, Kants Rechtslehre. Mit einer Untersuchung zur Drucklegung Kantischer Schriften von Werner Stark. Teilw. zugl.: Marburg, Univ., Diss., 1985. Hamburg 1988, S.82, Anm.1.: Meiner (Kant-Forschungen; Bd.2)）。

それゆえイルティングは、本論文の第一章においてまず第一に上記の問題提起を行い、「批判的」という概念の３つの定義を提示する。また、W・ブッシュが主張したテーゼを簡潔に説明する。イルティングは、このテーゼを広範囲に検証することはここでは不可能であるとし、続く第二章、第三章においてブッシュがかれのテーゼのより所としているいくつかの特に重要なカントのテクストである『美と崇高の感情に関する考察』（１７６４年）における「自由について」の「覚書き」、形而上学についてのレフレクシオーン４２２７（XVII, S.466.）および道徳哲学についてのレフレクシオーン６８０１（XIX, S.165f.）を分析し、またその証明力を検討している。

カントは「覚書き」の中で自由について次のように述べている。

「自由について。

どのような状態にいようと、人間は多くの〈外的な〉事物に依存している。彼はつねに、自分の必要によってある事物に、渇望によって別の事物に執着する。彼は〈確かに〉自然の代官ではあるが、自然の主ではないので、彼は〈むしろ〉自然の強制に順応しなければならない。なぜなら、自然がいつも彼の願望に順応しようとするとは限らないことが分かっているから。しかしこの必然性のくびきよりも過酷な〈そして不自然な〉ものは、人間の他の人間の意志への従属である。自由に慣れた人にとって、（彼自身の意志を放棄するように）その者が欲することを何であれ、彼になすように強制できるそのような同類の者に自分が引き渡されるのを見ることほど恐ろしいことはない。この恐れを感じることは決して不幸なことではない。

また、奉仕という恐ろしい考えをより耐えられるものにしようとする非常に長い習慣。というのは、たとえ命の危険をおかしてでも投げ捨てたいと思うとはかぎらない災難も多くあるとしても、隷従か死かの選択においては、死の危険を優先させることに何の疑いも生じないであろうことを、だれでも自分のうちに感じなければならないからである。

　これの原因はまた非常に明らかで正当である。他のすべての自然の災いは、あるなんらかの法則に従っており、ひとはそれらの法則を知って、その後どの程度それに譲歩したり、それに従おうとするのかを選択できる。焼け付く太陽の熱、荒い風、水流は人間に、彼をそれから守ったり、彼を……したりするものをともかくも考えだすことを許す。

　けれど、すべての人間の意志は自己自身の衝動、傾向性の結果であり、ただ彼の真実のあるいは想像した福祉とのみ合致する。しかし、先だって私が自由であったのであれば、将来にわたって私の状態が私の意志ではなく他人の意志のうちに置かれるということほど、私に悲痛と絶望の身の毛のよだつ見通しを開きうるものはない。今日は厳しい寒さだ。私は気持ちしだいで出かけたり、また家にとどまったりすることができるが、しかし、他人の意志が、私にとってこの場合何がもっとも快適であるかを規定しているのではない。反対に、私は眠ろうとするが、彼が私を起こす。私が休んだり遊んだりしようとすると、彼は私に労働を強制する。外を吹きすさぶ風は確かに、私に洞穴へ逃げ込むよう強いるが、風はここか、あるいは別の場所でついには私を平安な状態に置いておく。しかし、私の主人は私をさがし出す。私の不幸の原因である主人は理性を持っているから、彼はあらゆる自然要素よりはるかに私を苦しめるのに向いている。たとえ彼が善良であると前提しても、彼が考えを変えないと、だれが私に請け合ってくれよう。物質の運動はある一定の規則を保っているが、人間の我意には規則がない」(XX, S.91-95. 岩波版『カント全集18』久保光志訳、２１１-２１３頁)。

この検証から明らかになることは、イルティングによれば、実践哲学の領域において１７７０年代にはカントの「批判的転回」(kritische Wendung)は認められないということである。イルティングは、この結論を本論文の第四章において次の証明によって裏づけられるとする。すなわち、カントは１７８０年代においてもなお実践哲学についての諸著作において前批判的(vorkritisch)形而上学の諸理論をより所とし、またカントが倫理学上の問題設定を理性批判と関連させるまさにそこにおいて、正当に批判的倫理学および批判的法哲学と呼ばれうるものから乖離しているということである。最後に第五章では、イルティングは倫理学の批判的基礎づけについてのカント自身によって推敲された課題を正当に評価する論証を概略する。

一　「批判的」ということばの3つの定義

イルティングの「批判的」の3つの定義、その論証および結論にはいかなる問題点があるのであろうか。

イルティングの所論に対するキュスタースの論評を手がかりに以下においてやや立ち入って検討する（Gerd-Walter Küsters, Kants Rechtsphilosophie, Darmstadt 1988, S.48-50.）。

カント法論の研究においては、自由概念と法概念との関連が特に未解決の問題として残されている。というのは、自由概念からの法概念の導出が解明されていないからである。この解明のきっかけを作ったのがまさに、ブッシュの研究（W. Busch, Die Entstehung der kritischen Rechtsphilosophie Kants 1762-1780, Berlin・New York 1979 (Kantstudien Ergänzungshefte 110).）に対するイルティングの批判にほかならない。この批判は、『法論』の批判的性格に対する問いによって動機づけられている。イルティングは原則的に『法論』の批判的性格に疑問を抱いており、また特にブッシュの論証に疑念を抱いている。その際、イルティングは、ここで議論されている関連において「批判的」という専門用語をどのように理解するべきかという定義規定の困難さについての発言からかれの研究を始めている。イルティングは、この問いは「カントの「批判」期における実践哲学の領域において、カントの倫理学（および法哲学）にとって本質的である特殊な諸理論が存在するのか否か」ということに還元されるように思われると指摘している（Ilting, a.a.O., S.327.）。

イルティングはH・リュベの論文「ことばをめぐる論争」を参照して次のように述べている（Hermann Lübbe, Der Streit um Worte, in: H.-G. Gadamer (Hrsg.), Das Problem der Sprache, München 1967, S.351-369.）。

「哲学においてさえ、「ことばをめぐる争い（Streit um Worte）」というものは隠れた政治的（krypto-politisch）論争であることがまれではない。なぜならば、特にカントが問題になる場合には、「批判的（kritisch）」ということばは「超越論的」（transzendental）と同様に、「良い」（gut）を意味し、また時としてけっしてそれ以上を意味しないのであり、カントには

「批判的」倫理学が存在しないとするテーゼは否定的な価値判断として理解されうる。

それゆえ、反対のテーゼ（Gegenthese）はカント学者にカントの哲学的偉業の擁護として推薦されることになる。ところで、カントの倫理学およびたとえよりわずかな程度においてであれ、カントの法哲学が、これらの哲学上の諸分科の歴史において決定的に重要な進歩を示しているということは、確かにまったく異論を差し挟むことができない。それゆえ、問題となるのは次の点だけである。

すなわち第一に、この進歩はどこに認められうるのか、また第二に、どの時期にこの進歩は生じたのか、さらに第三に、この進歩は形而上学上の諸問題についてのカントの論究における「批判的転回」（kritische Wendung）といかなる関係にあるのかという点である。「批判的」ということばはやはりカントの理論哲学においてのみ十分に定義されており、したがって特にカントの「批判的」倫理学および法哲学という概念はその解明を必要とする」。

Ilting, a.a.O., S.326, und Anm.6. イルティングは、カントは第一にホッブズ（１５８８–１６７９）およびプーフェンドルフ（１６３２–１６９４）によって展開された自然法論をすでに受け継いでおり、また第二に高齢になってようやく、しかも十分な精神力が欠如している状況で『法論』を叙述したと解釈している。この解釈を根拠に、のちにB・ルートヴィヒやP・ウンルーなどさまざまな論者がイルティングの見解を老衰説に分類している。Bernd Ludwig, Kants Rechtslehre. Mit einer Untersuchung zur Drucklegung Kantischer Schriften von Werner Stark. Teilw. zugl.: Marburg, Univ., Diss., 1985. Hamburg 1988, S.3f., Anm.1.: Meiner (Kant-Forschungen; Bd. 2) Peter Unruh, Die Herrschaft der Vernunt. Zur Staatsphilosophie Immanuel Kants, Baden-Baden 1993, S.43. (2., überarbeitete Auflage, Baden-Baden 2016, S.57-63.)

それでは、イルティングは「批判的」ということばをどのように定義しているのであろうか。

イルティングは、上記の発言から明らかなように、「批判的」という専門用語は理論哲学においてのみ十分に定義されるとし、それに基づいて批判的という専門用語の概念を三様に定義して、続けて次のように述べている。

「「批判的」ということばの概念は三様に定義されうる。カントの倫理学および法哲学が「批判的」と言いうるのは、第一に、倫理学および法哲学が『純粋理性批判』（１７８１年）以来のカントの理論哲学に特徴的である問題設定に基づいており、そしてそれゆえわれわれに疑いもなく与えられているものの可能性の諸条件にさかのぼって、独断主義と懐疑主義との対立を克服している場合、あるいは第二に、カントの倫理学および法哲学が『純粋理性批判』におけるカントの批判哲学と結びつけるような諸理論を不可分に含んでいる場合、あるいは第三に、カントの倫理学および法哲学の中に、カントの批判哲学が成立した時期（１７７１年以降）にはじめてカントが発展させた特殊な諸理論ないし諸方法が見出される場合である」（Ilting, a.a.O., S.326. Gerd-Walter Küsters, Kants Rechtsphilosophie, Darmstadt 1988, S.6, Anm.1. キュスタースは、イルティングは特に『純粋理性批判』の中に法論解釈の出発点を見出していると指摘している）。

そして、上記のイルティングの問いに答えるのに必要なのは、イルティングが述べている問題設定、諸理論ないし諸方法といった本質的諸要素の厳密な規定である。というのは、イルティングは大部分のテーゼはすでに１７６０年代に見出されるということから出発するからである。イルティングはブッシュに対する批判に際して、まずブッシュによって提示された批判的自由概念の批判から出発する。すなわちイルティングは、カントは１７７０年代にいわゆる批判的自由概念を発展させたが、この批判的自由概念は１７６０年代のいわゆる「自然主義的自由概念」と区別されるものであるとするブッシュの見解に異議を唱えている。１７６０年代の自由概念に対して、イルティングは、そこではカントによって自由は基本的な人間の権利として理解されているということのみを認める。さらに続けてイルティングは、この批判的自由概念そのもののある種の形而上学的諸要素を度外視して、行為の帰責、帰責可能性の問題は基礎づけにとって十分ではないと述べている。というのは、この自由概念は理論哲学に入れられるべきであり、実践哲学に入れられるべきではないからであるとする。

Ilting, a.a.O., S.337. イルティングは次のように述べている。「たとえカントがかれの批判哲学の中に行為の帰責可能性に対する十分な説明を見出したとしても、この批判的自由概念は、批判的倫理学および批判的法哲学がカントに存在するというテーゼを支持することはできないであろう。というのは、この自由概念（より正しく言えば、人間の自由のこの説明）はカント実践哲学の一部ではなく、理論哲学の一部であるであろうからである」。

それに対して、ブッシュは批判的自由概念に法哲学がその基礎を置いていることを根拠として、批判的法哲学の成立を肯定するが、その基本的解釈を確認しておきたい。

ブッシュは、イルティングとは異なり、「批判的転回」を確認することができると考えており、その転回は『教授就任論文』（『感性界と知性界の形式と原理』Inaugural-Dissertation. De mundi sensibilis atque intelligibilis forma et principiis. 1770.）の出版後すぐに、すなわち１７７２年にカントの倫理学上の考察の中でなされたものであると主張する。「カントがそこから論証する最上の点（観点）」として、いまや「批判的自由概念」（kritischer Freiheitsbegriff）が現れるとブッシュは言う。「その法的立脚点に理性的な自然的存在者（Naturwesen）が立つことができ、またその規範の中に法的強制の根拠が存在する」（Busch, a.a.O., S.171.）。この批判的自由概念が、カントにとって１７６０年代の実践哲学のためのレフレクシオーンおよび『覚書き』の中で指導的であった「自然主義的（naturalistisch）」自由概念と交替すると言う（Busch, a.a.O., S.26, u.ö.）。「批判的」という新しい自由概念の中でまず第一に問題となるのは、「行為における感性と理性的規定との批判的関係」であり、他方で「理性的規定の可能性」である（Busch, a.a.O., S.72.）。この「最上の点」から１７７０年代のカントの倫理学上および法哲学上のレクレシオーンの中の特殊な諸理論を解釈すべきであり、また１７６０年代のカントの見解に対してそれらの理論を際立たせることができるとブッシュは解釈している。

それに対してイルティングは、シュムッカーおよびリッターの研究の確実な成果として、コペルニクス（１４７３－１５４３）的転回に言及しながら次のように述べている。

カントの場合、『純粋理性批判』における超越論的観念論の立場を特徴づける術語である。超越論的観念論とは、空間・時間がわれわれ認識主観の形式、とりわけ感性の形式であって、物それ自体の性質ではないとする説をいう。カントはこの説をすでに『就任論文』（『感性界と知性界の形式と原理』１７７０年）で樹立し、『純粋理性批判』においては、その直接証明を「超越論的感性論」で行っている。この立場を、カント自身は「コペルニクスの第一の思想と同じ」あるいは「思考の転変」、「完全な革命」と呼んでいる。日常的な物の見方は、対象がまずあって、認識がそれに従うという暗黙の態度の上に成り立つが、超越論的観念論はそれを逆転させて、「対象がわれわれの認識に従わなければならない」とする。『カント事典』編集顧問、有福孝岳・坂部恵、弘文堂、１９９７年、石川文康執筆、１８４頁を参照。

カントは、コペルニクス的転回について『純粋理性批判』第二版序言の中で次のように述べている。

「私が一考すべきことは、一挙に成就した革命によって、いまあるところのものとなった数学と自然科学の実例は、それらの学問にとってこのように有利となった考え方の変革の本質的要素を熟慮するために十分に注目に値し、ならびに、同じ理性認識としての数学・自然科学と形而上学との類比が許すかぎり、ここにおいて少なくとも数学・自然科学を試みに模倣するために十分に注目に値するであろうということである。これまでは、われわれの全認識は諸対象に従わねばならないと想定されていた。しかし、諸対象についてアプリオリに諸概念を通じて或るものを構成しようとする――それによってわれわれの認識が拡張されるであろう――試みのすべては、こうした前提のもとでは無に帰した。だから、一度、諸対象がわれわれの認識に従わねばならないと想定することによって、われわれは形而上学の課題という点でよりいっそう前進するのではないかどうかを試みてみよう。そうすることは、諸対象がわれわれに与えられる前に、諸対象について何かを確定すべき、諸対象についてのアプリオリな認識という要求された可能性とまったくより良く合致するのである。この事情は、コペルニクスの最初の考えにおける事情とまったく同様である。すなわち、コペルニクスは、彼が全天体が観察者の周りを回ると想定した場合、天体運動の説明がうまくいかなかったので、観察者を回転させ、これに対して星を静止させたならば、もっとうまくいくのではないだろうかと試みた。さて、形而上学においては、諸対象の直観に関して、ひとはそのことを類似したやり方で試みることができる。もし直観が諸対象の性質に従わねばならないとすれば、いかにしてひとがこの性質について何かをアプリオリに知ることができるかということを、私は洞察しないのである。しかし、（諸感官の客観としての）対象がわれわれの直観能力の性質に従うならば、私はこうした可能性をまったく十分に考えることができる。しかし、直観が認識となるべき場合、私はこの直観のもとに立ち止まることはできず、表象としての直観を対象としての何らかのものに関係づけ、対象を直観を通じて規定しなければならないのであるから、私は以下のことを想定することができるか、そうでなければ想定するかである。すなわち、それによって私がこの規定を成就する諸概念がまた対象に従うと私は想定することができ、それから、どうすれば私が対象について何かをアプリオリに知ることができるかという仕方のゆえに、私は再び同じ困惑のうちにあることになる。そうでなければ、対象ないしは、同じことであるが、そこでのみ諸対象が（与えられた諸対象として）認識される経験がこれらの概念に従うと想定すると、直ちにいっそうやさしい方策を見て取るのである。なぜなら、経験そのものは悟性が要求する認識の仕方であり、私は悟性の規則を私のうちに、まだ諸対象が私に与えられる前に、したがってアプリオリに前提しなければならないからであり、その規則はアプリオリな諸概念において表現されるからであり、それゆえ経験の全対象が諸概念に必然的に従い、諸概念と一致しなければならないからである。諸対象に関しては、諸対象が単に理性によってしかも必然的に考えられるかぎりにおいて、しかし（少なくとも、理性が諸対象を考えるがままには）諸対象が経験においてまったく与えられえないかぎりにおいて、諸対象を思惟するもろもろの試みは（というのは諸対象はやはり思惟されなければならないのだから）、このあと、われわれが考え方の変革的方法とみなしていることの偉大な試金石を提供するであろう。考え方の変革的方法とは、つまりは、われわれ自身が諸物のうちに置き入れるものだけを、われわれは諸物に関してアプリオリに認識するということである」（B XVI-XVIII. 岩波版『カント全集4』有福孝岳訳、33–35頁）。

「ところで誰も、カントの実践哲学にも「コペルニクス的転回」（kopernikanische Wendung）が存在するということを主張しないのは明らかである。また、このテーゼの本質がどの点になければならないのか、そして何のために役立ちうるのかを規定するためには、このテーゼはいずれにしても特別な解明を必要とするであろう。確かに１７８０年代のカントの倫理学上の諸著作と批判哲学との関連は無視することができないが、しかし理論哲学と実践哲学はまさに分離される一方で、この関連は特に、カントが倫理学上の研究の成果を理性批判の成果と体系的統一へともたらそうとするところに成立する。カントの「批判的」倫理学および「批判的」法哲学はまた、この第二の意味においてはほとんど論じられない。それゆえ、意見の相異はほとんどもっぱらカントの「批判」期に実践哲学の領域において、倫理学（および法哲学）にとって本質的である特殊な諸理論が存在するのか否かという問いに関係する。もちろん、１７８０年代の諸著作の中のいかなる諸理論が本質的であり、また特殊的であると見なされなければならないのかが解明されなければならない。というのは、次のことは絶対的に確実であるからである。すなわち、もっとも多く顧慮されるカントの叙述とテーゼ――命法の理論および特に形式的、定言的命法のみが倫理的原理として考慮されるとするテーゼ――が１７６０年代からのテクストの中ですでに証明される、あるいはすくなくともそこで準備されているということである」（Ilting, a.a.O., S.326f. J. Schmucker, Die Ursprünge der Ethik Kants in seinen vorkritischen Schriften und Reflexionen, Meisenheim am Glan 1961. Christian Ritter, Der Rechtsgedanke Kants nach den frühen Quellen, Frankfurt am Main 1971.）。

二　法論の非批判的性格についてのテーゼ

イルティングはブッシュの基本的見解をこのように退けたあと、さらに『法論』の非批判的性格についてのテーゼを基礎づけようと試みる。その際、イルティングは後期の実践哲学における形而上学的諸要素を参照するように指示する。しかし結局、イルティングは超越論的主体の働きによる定言命法の拘束性の基礎づけ、つまり理論理性と実践理性を不適切な仕方で類比化する要求がないことに気づく。というのは、それによって理論理性と実践理性の差異が見落とされるからである（Ilting, a.a.O., S.343-345.）。

イルティングは結論として第四章末尾で次のように述べている。

「たとえわれわれが、『人倫の形而上学の基礎づけ』および『実践理性批判』におけるカントの自律—理論（Autonomie-Lehre）を特殊な理論として、また１７６０年代および１７７０年代のレフレクシオーンおいて準備されていた理論を批判的倫理学として特徴づけようとしても、カントは超越論哲学的基礎づけという意味においてこの理論に批判的な基礎づけをけっして与えることができなかったということは依然として変わらない。しかしながらカントは、定言命法の拘束性に対する問題をア・プリオリな実践的、総合的な判断の「可能性」に対する問題として記述することによって、カントはやはり１７８０年代の倫理学上の諸著作においてさえもそのような基礎づけの計画を発展させていた。われわれが、批判的倫理学を超越論的主体の構成的な働きによる定言命法の拘束性の正当化と——『純粋理性批判』における経験の可能性の超越論的諸条件の問題に対してカントが行った解答と類比的に——理解するならば、われわれは、カントはこの課題の解決のための手掛かりを見出さなかったということを確言しなければならない。カントの批判的倫理学および批判的法哲学はこの意味において存在しないのである」。

Ilting, a.a.O., S.343. イルティングは、かれの主張の根拠として『人倫の形而上学の基礎づけ』の以下の箇所を参照するように指示している。「なぜなら意志は、形式的であるアプリオリな自分の原理と、実質的であるアポステリオリな自分の駆動力との、真っ只中にあり、いわば分かれ道に立つからである」（IV, S.400, 10-12. 岩波版『カント全集7』平田俊博訳、22頁）。「定言的命法はアプリオリな総合的＝実践的命題なのである」（IV, S.420, 14. 同上、52頁）。「この実践的な規則が一個の命法であることは、すなわち、おのおのの理性的存在者の意志が条件としてのこの規則に必然的に縛られているということは、自律の原理のうちに現れている諸概念をただ分解するだけでは、証明できない。というのも、自律の原理は総合的命題なので……」（IV, S.440, 20-24. 同上、82頁）。「どのようにしてそのような総合的実践的命題がアプリオリに可能なのか、また、何ゆえにそのような命題が必然的なのか、ということは、もはや人倫の形而上学の限界内では解決のつかない課題であり、私たちもまたこの命題が真であるとはここで主張しなかった。ましてや、この命題を証明できるなどと私たちが言うはずもなかった。私たちがしたのはただ、いつしか広く一般に普及している人倫性の概念を詳しく説明することによって、意志の自律ということが、そうした概念に不可避的に付帯していることを、というよりむしろ、そうした概念の根底にあることを示しただけである。それゆえ、人倫性を実在するものと見なして真実性を欠く奇怪な理念だとしない者なら、前述した人倫性の原理を即座に認容するに違いない。というわけで本章は、第一章と同じく、たんに分析的であった。ところで、人倫性が幻想でないことは、定言的命法とこれが伴う意志の自律が真であってアプリオリな原理としてまったくもって必然的である場合には、当然の結論として出てくるので、ありうべき純粋実践的理性の総合的使用を要求する。だが、こうした理性能力そのものの批判を先にしておかないで、そのような使用を敢行することは許されない。そこで私たちは、この批判について最終章で、その主要特徴を私たちの意図に十分なまで描き出さなければならない」。（IV, S.444, 35-S.445, 15. 同上、88-89頁）。「それゆえ、意志の自由が前提されるなら、ただ自由の概念を分解するだけで、意志の自由ということから人倫性がその原理もろとも帰結として出てくる。ところが、それにもかかわらず人倫性の原理は常に一個の総合的命題であって、次のとおりである。「まったくもって善い意志とは、普遍的法則と見なされる信条自体をいつでもみずからのうちに含むことのできる信条を、もつ意志である。」というのも、まったく善い意志という概念を分解したところで、信条のこのような特性を見いだすことができないからである。それにしても、そうした総合的命題が可能であるには、二個の認識が一個の第三者と結びつくことによって相互に結合されることによるしかない。二個の認識はどちらもそれぞれの側において第三者のうちに見いだされるべきなのである。自由の積極的概念がこの第三者を調達するのだが、この第三者は、物理的原因の場合と違って、感性界の自然であることができない（感性界の自然という概念のうちで何かの概念が、原因と結果という関係で別の何かと出会う）。自由が私たちに指示し私たちがアプリオリにその概念をもちうる、この第三者が何であるかは、まだここではすぐ告げるわけにはいかない。自由の概念を純粋実践的理性から演繹することや、それとともに定言的命法の可能性を理解できるようにすることも同様で、こうしたことのためにはさらに多少の準備を要するのである」（IV, S.447, 8-25. 同上、91-92頁）。「定言的命法が可能なのは、自由の理念が私を叡智的世界というものの一成員にするからということになる。それで、もしも私が叡智的世界の成員というだけなら、私のすべての行為はいつでも意志の自律に適合しているであろうが、しかし私は自分を同時に感性界の成員として直観するのであるから、適合するべき、ということになる。この定言的な「するべき」が一個のアプリオリな総合的な命題を表すのは、感性的欲望によって触発される私の意志の上にさらに、ほかならぬその意志の理念が、とはいえ悟性界に属する純粋な、それ自身だけで実践的な意志の理念が、付け加わるからであり、そしてこうした実践的な意志が理性に従って、感性的に触発される私の意志を制限する最高の条件を含んでいるからである」（IV, S.454, 6-15. 同上、１０１-１０２頁）。またイルティングは、『実践理性批判』の次の箇所を参照するように指示している。「こうした根本法則の意識は、理性の事実と呼ぶことができる。というのも、それは、理性に前もって与えられている所与から、たとえば自由の意識から理屈をこねて導き出せるようなものではなく（というのも、自由の意識はわれわれに前もって与えられてはいないので）、まったくそれ自体のみでアプリオリな総合的命題としてわれわれに迫ってくるものだからである」（V, S.31, 24-27. 岩波版『カント全集７』坂部恵・伊古田理訳、１６６頁）。

しかしながらイルティングは、たとえば『法論』の中に批判的理性の解決戦略に類似している諸要素が見出されるのか否かを検討していない。それに対して、たとえば、H・ウィリアムズは現象ともの自体との区別と比較されうる『法論』における（たとえば経験的占有と可想的占有との）区別を参照するように指示することによってこれを検討している（H. Williams, Kant's Political Philosophy, Oxford 1983, pp.52-96. G.-W. Küsters, Rezension zu: Williams (1983), in: Kantstudien 76, 1985, S.467-471.）。依然として残っている「形而上学的」諸要素の指摘があるかぎりにおいて、これらの諸要素はやはり法論の自由概念の中に、この自由概念はまさに行為の帰責可能性をめぐるものであり、もしくは「事実」（Fakta）に対するこの可能性を前提としているが、見出されない。単なる行為関連それ自体が分析され、人間へのその適用可能性が可能であると見なされるかぎりではそうである。したがってキュスタースは、ブッシュのテーゼ解明を規定しているような批判的自由概念に対するイルティングの批判は、主にこの自由概念の構造に対する批判ではあるが、しかしカントに対する批判ではないと指摘する。

三　H・オーバラーの反論

H・オーバラーは１９８３年の論文でイルティングの所論に対して異議を唱え、肯定説の立場から詳細な議論を展開している（H. Oberer, Ist Kants Rechtslehre kritische Philosophie? Zu Werner Buschs Untersuchung der Kantischen Rechtsphilosophie, in: Kantstudien 74, 1983, S.217-224.）。オーバラーはイルティングの議論に対するこの論争への応訴において、批判（Kritik）概念の解釈についてのさまざまな可能性を改めて指摘した。これは、カントにおける批判およびまたそれとともに形而上学の正確な規定の困難性と同様に新カント学派の問題設定のストレット（主題の重なり）を再び示している。すでにJ・シュムッカーは、『実践理性批判』の文脈においてこの批判概念は新たな意味を獲得していると指摘している（J. Schmucker, Die Ursprünge der Ethik Kants in seinen vorkritischen Schriften und Reflexionen, Meisenheim am Glan 1961, S.382.）。

オーバラーは、この新たな意味をあっさりと無視することはできないとする。さらにまた、このような批判概念の意味の変化に『判断力批判』も寄与していることが注意されなければならない。というのは、この判断力批判は根本において裁判官を際立たせなければならない能力、すなわち判断力を熟考しているからである。すでにこの判断力批判の中に、必然的に「批判」理解の拡張ないし変化が存在している。したがって、批判の定義は理論理性の批判によってだけでは獲得されえないことが明らかとなる。またそれによって、批判と形而上学の役割も変化するということが付言されなければならない。

次に、オーバラーは実践哲学を考慮に入れて批判の科学主義的理解を拒絶し、また批判の「現象論的」理解は『純粋理性批判』の現象論を考慮してのみ支持できると解釈している。またオーバラーは、イルティングの批判が基礎にしているような理論理性と実践理性との類比形成に反論を加えている。批判は独断的形而上学に対する批判と同様に、ある著作の可能な内容を意味することができるが、しかしまたあるテーゼの基礎づけという意味においても純粋な理性批判の自由概念を意味することができる。後者は肯定的にブッシュの所論に当てはまる。しかしながら、まさにブッシュによって解明された自由概念は少なくともひとつの疑問符が付せられなければならない。それは純粋理性批判とこの自由概念との関係にかかわる問題である（Oberer, a.a.O., S.223.）。

オーバラーは結論において、カントの実践哲学は批判的実践哲学であり、したがって法論も批判的法論であるとして次のように述べている。

「ところで次に、われわれは実践的批判による理論的批判の論証方法のまさに――「批判的」――転換の中に、批判哲学の不可欠の要素に属する実践哲学の新しい端緒が存在しているということを理解している。この実践哲学の新しい端緒に基礎を置いているのは、批判によって体系的に可能にされた形而上学、またそれゆえ批判的形而上学、つまり自然の形而上学、人倫の形而上学、したがってまた法の形而上学の可能性なのである。

それゆえ、カントの実践哲学は積極的自由概念の哲学および内的・外的な意思使用の実在的存在（Realexistenz）との関連可能性の哲学であるかぎりにおいて批判的である。したがって批判的法論は、たとえこの法論が内容上多かれ少なかれホッブズ、ヴォルフ、ヴォルフ学派、ルソーおよび、あるいは他の人々によって影響されていようとも、また内容上多かれ少なかれいわゆる前批判期に成立していたとしても、批判的実践理論一般の基礎のうえに成立する理論である。それゆえ、法論の内容の発展は１７９７年のその出版の直前に除外されもしないし、また必然的に含まれもしない。カントの法論の批判的性格についての問題はその内容上の諸部分がより早く成立したか、それともより遅く成立したかの問題ではない。また（ともかくあまり多くはない）超越論哲学的・超越論的観念論的な素材の（「実質的な」）内容の問題でもない。また、コーヘンおよびその法学上の受け売り屋の不適切な要求を満足させるという問題でもまったくないのである。むしろこの問題は、理論的認識批判、実践的理性批判および内容上の『人倫の形而上学』との間のカントによって明示された体系的関連の問題だけなのである。この関連は矛盾のない一致（体系上の調和）を体系的に要求するということ以上のことを含まなければならないということを、私〔オーバラー〕はリッターとは異なり認めることができない（Chr. Ritter, Rezension zu: Brandt: Eigentumstheorien von Grotius bis Kant, Stuttgart-Bad Cannstatt 1974, in: Zeitschrift der Savigny-Stiftung für Rechtsgeschichte, 93.Bd., Romanistische Abteilung, 1976, S.516f., Anm.17.）。カントが『実践理性批判』の普遍的な基礎からの特殊な（法的および倫理的）体系部分の演繹を、一般的に、普遍的なものからの特殊なものの導出を可能であると見なしていたということに対する根拠は存在しない」(Oberer, a.a.O., S.223f.)。

また、オーバラーは「批判的」ということばの意味について次のように述べている。

「ところで、われわれが「批判的」ということばの意味から出発する場合、その意味は『純粋理性批判』の体系的な基礎づけ作業を含むと同様に、そのよりすぐれた基礎づけのために第一批判が書かれているということも含むのであるが、われわれはカント自身にさからってこの術語を用いるという困難な状況から免れる。それがまったく別種の、つまり非カント的体系要求に基づいていようとも、またそれが「批判的」と「理論的・批判的」(theoretisch-kritisch)とのもはやカントによっては修正されていない同一視に基づいていようともそうである」(Oberer, a.a.O., S.223.)。

キュスタースは、リッターおよびブッシュの研究、そしてそれに引き続くイルティングやオーバラーなどのカント法哲学の超越論的・批判的性格をめぐる論争を分析して、その後に残された成果は次の3点だけであると指摘する。つまり第一に、カントは本質的に法伝統と対決したということ、また第二に、批判的法論の要求は性急に解釈の制限に至ってはならないということ、そして第三に、法論の批判的性格を生成的に基礎づけようと試みる場合、すなわち1797年に出版された『法論』そのものを考慮することなく、批判的転回の証明によって正当化しようと試みる場合、批判的性格の直接的証明はなお未解決であるということである。この第三の論点はまさに、後にさまざまな論者によっても指摘される発展史的研究の限界を物語っている。

たとえば第一の点に関して言えばG・ガイスマンは、カントの法哲学は伝統に対して決定的に重要な進歩を果たしているということをその論文「ホッブズとルソーの完成者としてのカント」の中で指摘している(G. Geismann, Kants als Vollender von Hobbes und Rousseau, in: Der Staat 27, 1982, S.161-189.)。この論文は「体系的」叙述を目指しており、またその際『法論』を基本的に取り入れている。周知のように、伝統に対するカントのそのような立場はさまざまに強調されている。すでに1911年にM・ザロモンは、かれの論文に「国家契約の見解におけるカントの独自性」という表題をつけていた（M. Salomon, Kants Originalität in der Auffassung der Lehre vom Staatsvertrag, in: Archiv für öffentliches Recht, 1911, S.97-103.）。そして、W・ケアスティングもカントにおける社会契約構想についての研究においてカントの構想について特別な功績を強調している（W. Kersting, Kant und der staatsphilosophische Kontraktualismus, in: Allgemeine Zeitschrift für Philosophie 8, 1983, S.1-27.）。この記憶に留められた独自性はさらに『法論』それ自体を解釈することが重要であることを示している。

その際この独自性は単に先行した伝統に対してだけではなく、またそれに続く伝統に対しても主張されうる。というのは、W・ケアスティングはポストカント学者（Nachkantianer）についての論文においてカントの思想の不十分な継受を明らかにしているからである。

Kersting, Das starke Gesetz der Schuldigkeit und das schwächere der Gütigkeit, in: Studia Leibnitiana 14, 1982, S.184-220. また、この問題性についてはG・プラウスの所論を参照。G. Prauss (Hrsg.), Kant. Zur Deutung seiner Theorie von Erkennen und Handeln, Köln 1973, S.19-23.

イルティングのこの論文は、カントの批判的倫理学および批判的法哲学、つまり批判的実践哲学の存在を否定するものである。イルティングはこの中で肯定説を主張するブッシュのテーゼを検討し批判しているが、その際にカントの『覚書き』、レフレクシオーンおよび『純粋理性批判』、『人倫の形而上学の基礎づけ』および『実践理性批判』のテクストを参照しながら議論を進めて行く。しかし、この論証過程はきわめて複雑であり、また容易に理解されえないように思われる。イルティングのこの論文に対する批判としていくつかの点を挙げうるが、何と言っても最大の欠陥はカントの『人倫の形而上学』の第一部である『法論の形而上学的基礎論』そのものを検討していないことである（G.-W. Küsters, Kants Rechtsphilosophie, Darmstadt 1988, S.50.）。このことは、ブッシュの研究にも同様に言えることである。また、カントの「批判的」ということばの概念が『純粋理性批判』においてのみ十分に定義されうるとしているが、その十分な説明がなされていない。周知のように、A・ショーペンハウアー（１７８８-１８６０）の酷評以来なされてきたカントの『法論』の嘆かわしい状態についての老衰テーゼは繰り返し主張されて来ているが、最近ではイルティングのこの主張がその代表である（たとえば、ケアスティングも次の論文の中で指摘している。Die verbindlichkeitstheoretischen Argumente der Kantischen Rechtsphilosophie, in: Archiv für Rechts- und Sozialphilosophie, Beiheft Nr.37 1990, S.63, Anm.1.）。

イルティングは自然法および実践哲学の諸問題についても多数の業績を発表しており、示唆される点が多い。

Karl-Heinz Ilting, Naturrecht und Sittlichkeit. Begriffsgeschichtliche Studien, Stuttgart 1983. Karl-Heinz Ilting, Grundfragen der praktischen Philosophie, Herausgegeben und mit einem Nachwort versehen von Paolo Becchi und Hansgeorg Hoppe, Frankfurt am Main 1994. 次の拙稿を参照。拙稿「カント法哲学の批判的性格―K・H・イルティングの所論を中心として―」『法学研究』第64巻第6号、１９９１年、24-59頁（本書第二部第三章）。

Ⅵ　Ｈ・オーバラーの所論

はじめに

Ｈ・オーバラーは、１９７３年「カントの法論の初期史について」（H. Oberer, Zur Frühgeschichte der Kantischen Rechtslehre, Kantstudien 64, 1973, S.88-102.）においていずれかと言えば発展史的視点からリッター説に対して詳細に異議を唱えた。その後、１９７９年リッター説に反論し肯定説を主張するＷ・ブッシュおよび１９８１年ブッシュ説に反論し否定説を提唱するイルティング説を主に考察の対象として「カントの法論は批判的哲学であるのか」と題する論文において、１９８３年に再度この問題を体系的視点から検討している。オーバラーは肯定説を主張する有力な代表的論者であり、かれの研究はこの問題をめぐる議論において必ずと言ってよいほど引用される基本的文献である。

以下においてカント法哲学の批判的性格の問題に焦点を絞って、オーバラーの所論の概略について検討する。

Hariolf Oberer, Ist Kants Rechtslehre kritische Philosophie? Zu Werner Buschs Untersuchung der Kantischen Rechtsphilosophie, in: Kantstudien 74, 1983, S.217-224. オーバラーの所論に対する論評として次の文献を参照。Gerd-Walter Küsters, Kants Rechtsphilosophie, Darmstadt 1988, S.11, S.41-43, S.50.

ただしその際、特にオーバラーが体系的視点から考察している所論を中心に検討することにしたい。

一　K・H・イルティングによるW・ブッシュ批判およびJ・シュムッカーの功績

K・H・イルティングは、1981年の論文においてブッシュの肯定説に対して反対の立場をとった（K.-H. Ilting, Gibt es eine kritische Ethik und Rechtsphilosophie Kants?, in: Archiv für Geschichte der Philosophie 63, 1981, S.325-345.）。イルティングは上記の論文においてJ・シュムッカーおよびChr・リッターの否定説の側に立ち、またかれらの研究成果を取り入れてブッシュを反駁しようと試みている。ところで、カントの『法論』の成立およびこの『法論』のさまざまな依存性に関するリッターの証明は、H・オーバラーがすでに1973年の論文で示したように、また以下において新たに示すように、この法論の「批判的」あるいは「非批判的」性格に関して証明力をもっているとは言えない（H. Oberer, Zur Frühgeschichte der Kantischen Rechtslehre, Kantstudien 64, 1973, S.88-102.）。オーバラーによれば、イルティングはシュムッカーの研究を援用しているが、しかしシュムッカーの研究との関連においては正確に次の点が熟慮されなければならないとする。

すなわち第一に、シュムッカーが実際に証明したのは何なのか、また第二に、シュムッカーが証明はしなかったが、議論したのは何なのか、さらに第三に、シュムッカーが思慮分別から言って当然のことながら証明しようと意図することさえできなかったのは何なのかといった3つの論点である。

イルティングの所論を検討するに先立って、まずこれらの論点について正確に確認しておく必要がある（Josef Schmucker, Die Ursprünge der Ethik Kants in seinen vorkritischen Schriften und Reflexionen, Meisenheim am Glan 1961, S.376ff.）。

第一にシュムッカーが証明しているのは、『純粋理性批判』の批判的立脚点は徹底的にカントの実践哲学の発展に影響を及ぼしたという点である。第二にシュムッカーが議論しているのは、合目的的にこの実践哲学（「倫理学」）が批判的実践哲学であると呼ばれうるのか否かという点である。つまり、実践哲学は『純粋理性批判』と同じ意味において批判的と呼ばれえないとする。というのは、その実践哲学は総じて、理論哲学の超越論的観念論、また超越論的観念論に基づく形而上学批判の導入のためのいかなる内容上あるいは方法上の態様の並行性も含んでいないからである。つまり、シュムッカーによればまたそのかぎりにおいて批判的倫理学は「実質的な意味において」批判的哲学ではない、すなわち批判的倫理学は独自の批判的素材を含んでいないということになる。しかし他方第三に、「批判」という術語はカント自身によってもまた実践哲学において新しい、変化した意味において使用されている。シュムッカー自身この意味の変化を知っており、はっきりとこのことを示している。

Josef Schmucker, a.a.O., S.382.
シュムッカーはこれに関して次のように述べている。
「実践理性批判の基礎的問題性は純粋理性批判の問題性とはまったく異なっており、まさにそれと対立している。したがってまた、「批判」の概念はまったく別の意味をもっている」。

二　「批判的」の定義およびその検討

ところで、この意味の変化を無視し、「批判的」ないし「批判」という術語を理論的批判の特殊なものの意味における使用に制限するという、カントから典拠を示しうるような根拠は存在しない。しかしそれにもかかわらず、まさしくこのことをイルティングはブッシュに反論する際に「批判的」ということばの意味分析において試みている。そうだとすれば、イルティングの前提そのものに疑問の余地があることになるであろう。

1　イルティングによる「批判的」の3つの定義

それでは、イルティングは「批判的」ということばをどのような意味に限定しているのであろうか。イルティングは、「批判的」ということばはカントの理論哲学においてのみ十分に定義されるとする確認からはじめる。そうであるとすれば、カントはなぜ『実践理性批判』および『判断力批判』といった「批判」ということばが含まれている著作をも公にしたのかと問われるのは当然であろう。しかしそれにもかかわらず、イルティングはかれの（仮）決定に従って「批判的」という術語の３つの意味を定義する。そしてそれらの意味に照らしてカントの実践哲学はその批判的性格について検証されうるとする。

すなわちイルティングによれば、カントの実践哲学が「批判的」と呼ばれうるのは、第一に、実践哲学が「『純粋理性批判』（１７８１年）以来のカントの理論哲学に特徴的である問題設定に基づいている」場合、あるいは第二に、カントの実践哲学が「『純粋理性批判』におけるカントの批判哲学と結びつけるような諸理論を不可分に含んでいる」場合、あるいは最後に第三として、「その実践哲学の中に」、１７７１年以降ようやく成立するような「特殊な諸理論や諸方法が見出される場合」のいずれかである（K.-H. Ilting, Gibt es eine kritische Ethik und Rechtsphilosophie Kants?, in: Archiv für Geschichte der Philosophie 63, 1981, S.326.）。

これらの定義を見れば明らかなように、イルティングは『純粋理性批判』、すなわち理論哲学に重点を置いていることが窺い知れる。

2　3つの定義についてのオーバラーによる批判的検討

イルティングは、これらの定義は実践哲学、ここで問題となっている法哲学については妥当しないと結論づけているが、果してそうなのであろうか。

イルティングが提示したこれらの諸要求のそれぞれは、実際それが一義的に確定可能であるかぎりにおいてカントの批判的実践哲学の中で、またここで問題となっているカントの後期法哲学（『法論』）の中でも満たされているということが示されうるとオーバラーは主張する。

オーバラーはイルティングが提示した3つの「批判的」ということばの定義を一義的に確定したうえで、それぞれに対して検討を加えている。

第一に、『純粋理性批判』の中心的な問題設定が、認識の可能性の諸条件——経験的認識と同様にア・プリオリな認識の——、またこの認識の限界に向けられているということが正しいとすれば、実践的理性使用の批判が『純粋理性批判』と同じ問題設定に向けられているということは意味のあるものとしては期待されえない。むしろ、この実践的理性使用の批判は、その諸条件が純粋理性において見出されうるかぎりにおいて、（善き）意志および行為の可能性の諸条件にのみ向けられているとオーバーラーは解釈する。実践的理性使用の批判がこの可能性の諸条件を追求しているのだとすれば、理論的批判がその理論的理性使用のために認識の可能性の諸条件を追求しているように、実践的理性使用の批判は実践的理性使用に関して理論的批判と同じ問題設定を追求しているということは否定されえないであろう。それゆえオーバラーは、実践哲学にこの第一の観点においてその批判的性格およびカント自身がともかく実践哲学に与えた名称（実践理性批判）を認めないわけにはいかないであろうと主張する。

第二に、オーバラーによれば、カントの実践哲学一般および特にカントの法論は、それぞれの意味のある仕方で要求されうる程度において、それらを『純粋理性批判』と「不可分に結びつけるような」理論を実際に含んでいる。すでに『純粋理性批判』そのものにおいてカントは批判的理論哲学の特殊な理論、すなわち現象論・超越論的観念論をそのかぎりにおいて批判的法哲学に対して要求しているからである。

カントは、『純粋理性批判』の中で現象論・超越論的観念論の立場から法概念に言及して次のように述べている。

「疑いもなく、健全な悟性が用いている法についての概念は、このうえなく精緻な思弁がこの概念から展開しうるのと同一のものを含んでおり、ただ異なるのは、普通の実用的な使用においては法というこの思想のうちにあるこうした多様な諸表象が意識されていないということのみである。それだからとて人は、この普通の概念は感性的であって、だからたんなる現象を含んでいるにすぎないと言うことはできない。というのは、法は現象することは全然できず、その概念は悟性のうちにひそんでおり、行為自体そのものに帰属するところの、行為の一つの性質（道徳的性質）を示すからである」（B 61. 理想社版『カント全集第四巻』『純粋理性批判』Ｉ「超越論的原理論」第一部門「超越論的感性論」第二節「時間について」第八項「超越論的感性論のための一般的注解」１４１頁）。

そしてこれに対応して、『法論』の§１から感性的（sinnlich）（物理的（physisch）、経験的（empirisch）、現象的（phänomenal））占有が可想的（intelligibel）（純粋に法的（bloß-rechtlich）、本体的（noumenal））占有と区別される。たとえば、『法論』の第一部「私法」、第一章「外的な或るものを自分のものとしてもつ仕方について」§１においてカントは次のように述べている。

「法的な私のもの〔meum iuris〕とは、次の仕方で、すなわち、或る他人が私の同意なく或るものを使用するならば、その使用が私を侵害することになるといった仕方で、私と結びついているようなその当のものをいう。使用一般の可能性の主体的条件は占有である。

　ところで、外的な或るものが私のものでありうるのは、他人がその物件についてなす使用によって、私がたとえ物件を（現実的に）占有していなくても、なおかつ私が侵害されることがありうると考えることが許されるような場合だけであろう。――したがって、もしも占有の概念が或る種の相互に異なる意味を、すなわち感性的占有と可想的占有という両種の意味をもちえないとすれば、したがってまた、一方には物理的占有を、他方には純粋に法的な占有を同一の対象物について考えることができないとすれば、外的な或るものを自分のものとしてもつことは自己矛盾である」（VI, S.245. 邦訳『法論』３７０頁）。

またカントは、§5「外的な私のもの・汝のものという概念の定義」の中でも次のように述べている。

「だから、もし外的な私のもの、あるいは汝のものが存在すべきだとすれば、前述§4の〔所説の〕帰結として、可想的占有〔本体的占有 possessio noumenon〕が可能なものとして前提されなくてはならない。経験的な占有〔所持〕はその場合には単に現象における占有〔possessio phaenomenon〕であるにすぎないことになる」(VI, S.249. 邦訳『法論』374頁)。

この法哲学上の理論を『純粋理性批判』の特殊な諸理論とは無依存なものとして説明するのは適切ではないであろう。むしろ、それが『純粋理性批判』の特徴(批判性)の連続性を『人倫の形而上学』に付け加えるように思われる、すなわち不可分の体系的連関をすべての単に希望しうる明確さをもって付け加えるように思われるとオーバラーは言う。

オーバラーによれば、また同じことがカントの批判的実践哲学一般に対しても妥当する。すなわち、たとえば要請理論(Postulatenlehre)、特に自由の要請は超越論的弁証論との体系的に不可欠な関連から切り離されえない。そのかぎりにおいてブッシュは、かれの主要な論証によってまったく正しい。つまり、批判的自由の理論は『純粋理性批判』の中心的な諸理論に基づいており、また一方で『人倫の形而上学』の法論を基礎づけているということである。

第三に、カントが後期の法論の諸原理を部分的には『人倫の形而上学』出版の直前にようやく発展させたということが、ラインハルト・ブラントによってはっきりと強調されている。

R. Brandt, Das Erlaubnisgesetz, oder: Vernunft und Geschichte in Kants Rechtslehre, in: Rechtsphilosophie der Aufklärung, hrsg. von R. Brandt, Berlin 1982, S.236. ブッシュは、『カントの批判的法哲学の成立 1762-1780』と題する研究においてリッターの結論を反駁しようと試みた。ブッシュは前批判的法哲学と批判的法哲学との間には決定的に重要な断絶がある

とする見解の立場に立っている。そして、この断絶は１７７０年の教授就任論文『感性界と知性界の形式と原理』と関連がある。しかしながら、１７９６年から１７９７年の『人倫の形而上学』に関連してリッターが主張したのと同様の見解が暗黙のうちに成立している。つまり人倫の形而上学は、カントがすでに数十年来使用することのできた思想の著作としてのみ見られうるとする見解である。しかしそれにもかかわらずブラントは、実際はカントが法論の本質的な思想に至るのはその出版直前であと主張する。この点でこの後期の著作は三批判と区別されないことになる。

しかしイルティング自身も、その発展が１７７０年代および１７８０年代に当たる諸原理が後期の法論の中に存在することを他の場所で認めている（K.-H. Ilting, Gibt es eine kritische Ethik und Rechtsphilosophie Kants?, in: Archiv für Geschichte der Philosophie 63, 1981, S.338.）。

3 『法論』の発展史的研究の限界

上記の３つの指摘は、まず第一に次のことを示すことになるであろう。すなわち、１７９７年のカントの『法論』の批判的性格についてのブッシュのテーゼに対するイルティングの批判は必ずしも的を射ているとは言えないということである。ブッシュを擁護することがこれに関して困難ではないということが、カントの実践哲学に関して「批判的」ということばのイルティングによって提示された３つの意味の可能性の相対的な不確定性と部分的な重なりにあるのはもとよりであるが、特にこの論争の問題が、果して結局単なる発展史的な細工による研究によって答えられうるのかという当然の疑いが存することにある。少なくとも同様に重要なことは、諸分科、基礎づけ（批判 Kritiken）および批判的・形而上学的理論と「批判的」カントにおけるその連続性との論理的関連についての体系的および体系理論的な問題である。すなわち、これはもちろんリッターによってもまたブッシュによっても両者の批判者によっても十分に論究されていない問題である。

三　オーバラーによる「批判的」の6つの定義およびその検討

オーバラーは、「批判的」という術語の意味についての必ずしも十分とは言えない議論を考慮に入れて、カントの後期の実践哲学およびここでは特に1797年の『法論』へのその適用可能性に関して、次のことが許されるかもしれないとする。すなわち、カント自身のこの術語を第二批判（『実践理性批判』）および第三批判（『判断力批判』）において無視ないし否認しようとしない場合に、「批判的」という術語をその適用可能性に関していかに用いることが許されているのか、それどころか用いなければならないのかということを新たに熟考するということである。オーバラーはその際、一方では否定説を主張するリッターおよびイルティングがより所とし、他方では肯定説を主張するブッシュがより所としているさまざまな「批判的」の意味から出発し、そしてオーバラーがかつてリッターの独断論テーゼに対して持ち出した考察から出発する（H. Oberer, Zur Frühgeschichte der Kantischen Rechtslehre, in: Kantstudien 64, 1973, S.88-102.）。

オーバラーは、1973年の上記論文の執筆時点ではカント哲学に関して「批判的」という術語がどのように使われてよいのか、また使われてはいけないのかについての論争をはじめるつもりはまったくないとしていた。しかし、その後の活発な論争を考慮したと思われるが、1983年の本論文ではリッター、イルティングおよびブッシュの議論に依拠しながら「批判的」の6つの定義を新たに提示し、それぞれについて検討に加えている。

1　科学主義的意味

第一に、「批判的」は科学主義的（szientistisch）意味において用いられうる。この意味においてはこの術語は特にマールブルク学派の科学論理的新カント学派の伝統からカント解釈の一部に入ったものであり、また以下で検討する第二の意味（現象論的意味）との結びつきにおいてH・ケルゼン（1881-1973）を経て法学者のカント観を本質的に、そして残念なことにほとんど修正されずに形成してきた。オーバラーによれば、この使用法はカントの実践哲学を考慮に入れるとまったく不合理であり、またカントのあらゆる意図に反している。カントの実践哲学が文化科学の可能な科学論と見なされる場合、ないしはこれに関するその（正当な）欠如が非批判的であると批判される場合には、このことはすでにヘルマン・コーヘン（1842–1918）において生じていたが、カントの実践哲学に関する体系的には必ずしも不毛とは言えないが、やはり誤解が存する。

2 現象論的意味

第二に、「批判的」は「現象論的」（phänomenalistisch）という意味で用いられうる。この使用法がカントの後期の実践哲学、特にカントの『法論』に対しては『法論』が『純粋理性批判』の現象論に体系上基づいているかぎりにおいてのみ、しかしそのかぎりにおいてのみ一般に意味があるものとして求められ許される。

たとえば、カントは§7「外的な私のもの・汝のものが可能であるという原理を経験の諸対象に適用すること」において占有に対して現象論を適用して次のように述べている。

「理性は、本来的に、この種の占有（所持を伴わぬ占有＝可想的占有）の可能性に関する諸命題の二律背反によって、外的な私のもの・汝のものという概念に関して法的＝実践的理性を批判する必要にせまられる。すなわち、理性は、もっぱら或る不可避な弁証論によって、つまり、そこでテーゼとアンチ・テーゼとの両者が二個の相互に矛盾しあう条件の妥当性を同等に主張してゆずらない、そうした弁証論によって、理性の実践的な〔法に関する〕使用においてもまた、現象としての占有ともっぱら悟性によって思惟される占有とのあいだに区別をもうけることを強いられるのである。

テーゼ＝たとえ私がそれを占有していなくても、外的な或るものを私のものとしてもつことは可能である。

アンチ・テーゼ＝私がそれを占有していない場合には、外的な或るものを私のものとしてもつことは不可能である。

解決＝二つの命題はともに真である。第一命題は、私が右の（占有という）言葉を経験的占有〔現象的占有 possessio phaenomenon〕の意味に解するならば真であり、第二の命題は、純粋な可想的占有〔本体的占有 possessio noumenon〕の意味に解するならば真である」（VI, S.254f. 邦訳『法論』381–382頁）。

しかしオーバラーによれば、このことから『法論』が現象論そのものも含んでいなければならないという結論は生じない。しかし実際には、上記の引用からも窺い知れるように『法論』はこの現象論をもちろん過度に大きいというわけではない一連の理論の中に含んでおり、たとえこの『法論』の現象論的な内容が法論の批判的性格にとって不可欠であるとしても、現象論が含まれていない他の理論の事実がそれ自体で後期の『法論』の批判的性格を否定する可能な論証とはなりえないであろうとする。

3　『純粋理性批判』における超越論的演繹および諸原則の分析に比較されうる研究による理論という意味

第三に、「批判的」はまた次のような意味において用いられうる。すなわち、『純粋理性批判』における超越論的演繹および諸原則の分析に比較されうるような研究によって、このように表示された理論が根拠を与えられているという意味で用いられうる（イルティングによる定義）。オーバラーによれば、この関連においてイルティングが使用している「比較されうる」（vergleichbar）ということばがあまり一義的な要求を形成していないということは度外視して、またそのかぎりにおいて、たとえば『実践理性批判』の構造を示すことによって満たされたものと見なされうるが、カントが『純粋理性批判』に立ち戻って『純粋理性批判』におけるその手続きと別種のものを正当化したということを避けて通れないであろうとする。そのかぎりにおいて比較可能性（同種性）の要求は、同時に「批判的」カントの自己理解をその実践哲学に関して不合理性へ導くときにのみ可能である。ところで、そのような比較可能な根拠づけがどこに成立するのかということはまったく考えられない。たとえば、カントによって拒否された、なぜかと言えば、実行不可能なものとして認識された人倫の法則の演繹においてであろうか。あるいは、何らかの「変革」、つまり超越論的観念論あるいは理論的現象論と同等のものにおいてであろうか。

4　著作に表示された名称という意味

第四に、「批判的」はもちろんまた次のような意味で用いられうるであろう。すなわち、カントによって「批判」として表示された著作の内容に属しているものを示すという意味のみをもっているという意味で用いられる。そうすると、『純粋理性批判』、『実践理性批判』および『判断力批判』だけが批判哲学を意味することになってしまう。その場合にはもちろん、『プロレゴーメナ』や『自然科学の形而上学的基礎論』はその定義によって非批判的となるであろう。またカントの「批判的」倫理学および法論のいかなる批判者もこのことを主張しようとは思わないかもしれない。

「批判」という表題が付けられている著作だけが「批判的」という意味をもっているとする解釈は理解しやすいが、しかしこのような極端な見解を主張する者は、オーバーラーが述べているようにさすがにいないのではなかろうか。

5　独断的形而上学に対する批判という意味

第五に、オーバラーによれば、特に独断的形而上学に対するカントの批判を「批判的」と見なす場合には、カントの後期の『法論』に対してこの術語を適用することに対するいかなる異議もここから導き出すことができない。形而上学批判に属するのは、何と言ってもカントの自由の二律背反および『実践理性批判』におけるその積極的相関概念である。『純粋理性批判』における形而上学批判は疑いもなく「批判的」であるが、しかしすべての批判哲学がそれゆえ必然的に形而上学批判であるというわけではない。もちろん、どのようにして「批判的」という術語をカント哲学の何らかの部分に適用することができると考えるかは、自由の二律背反の批判的性格さえ疑問視する場合には、まったく理解できないとオーバラーは指摘している。

6　批判的自由概念に基づいているという意味

第六に、「批判的」はカントの実践哲学との関連では次のことを意味しうる。すなわち、ある理論が、『純粋理性批判』の自由論の中にその体系的なより所をもっている批判的自由概念に基づいているという意味である。これはブッシュの主要テーゼである。オーバラーは、このテーゼがまったく理にかなっているのは明らかであるとする。このテーゼはいかなる歴史的論証によっても反駁することができない。もちろん、歴史的研究によってカントの批判的実践哲学における「批判的なもの」の基準となる意味として証明することもできない。その体系的必然性を証明することによってのみ、またそのことによって確実にこのテーゼを正当化することができる（H. Oberer, Zur Frühgeschichte der Kantischen Rechtslehre, Kantstudien 64, 1973, S.100f.）。既存の誤解を修正するために、次のことがなお注意されなければならない。すなわち、『法論』における超越論的観念論のそこでの否定は有名なJ・エビングハウス（1885-1981）の独立性テーゼ以上のものはもはや含んでいないということである。かれのテーゼによれば、法を要求し、また法を与えるために『実践理性批判』の、超越論哲学的に基礎づけられた積極的自由概念を必要としない。

四　批判の体系的関連

オーバラーによれば、「批判的」ということばの意味から出発するときにのみ、その意味は『純粋理性批判』の体系的基礎づけ作業を含むと同様に、「批判的」のよりすぐれた基礎づけのために本質的に第一批判が書かれているということも含むのであるが、カント自身に反してこの術語を用いるという困難な状況から免れる。それがまったく別種の非カント的体系要求に基づいていようとも、またそれが「批判的」と「理論的・批判的」ということばのもはやカントによっては修正されていない同一視に基づいていようともそうである。

そのような場合にのみ次のことを理解している。すなわち、実践的批判による理論的批判の論証方法の批判的転換の中にまさに批判哲学の不可欠の要素に属する実践哲学の新しい端緒が存しているということである。この実践哲学の新しい端緒に基礎を置いているのは、批判によって体系的に可能にされた、そしてそれゆえ批判的形而上学、つまり自然の形而上学、人倫の形而上学、またしたがって法の形而上学の可能性である。

それゆえ、カントの実践哲学は、それが積極的自由概念および内的・外的意思使用の実在的存在との関連の可能性の哲学であるかぎりにおいて、批判的である。

カントは、「人倫の形而上学への序論」の中で、自由の積極的概念と消極的概念との関連について次のように述べている。「理性が欲求能力一般を規定しうるかぎりで、意志のもとには選択意志だけでなく単なる願望もまた包括されうる。選択意志は、それが純粋理性によって規定されうる場合には、自由な意思と呼ばれる。単に傾向性〔感性的衝動 stimulus〕によってだけ規定されているような意思は動物的意思〔arbitrium brutum〕であるだろう。これに反して、人間的意思は次のようなものである。すなわち、なるほどそれは衝動によって触発されはするが、しかし規定されることのないものであり、したがって、それ自体としては〔理性の練達を得ることなしには〕純粋でないものであるけれども、にもかかわらず純粋な意志からして行為へと規定されうるものである。意思の自由とは、右のように感性的衝動による規定から独立であるということであるが、これは自由の消極的概念である。積極的概念としては、自分自身だけで実践的でありうるという純粋理性の能力である」（VI, S.213f. 邦訳『法論』３３４-３３５頁）。

したがって批判的法論は、たとえこの法論が内容上多かれ少なかれホッブズ（１５８８-１６７９）、ヴォルフ（１６７９-１７５４）、ヴォルフ学派、ルソー（１７１２-１７７８）および、あるいは他の人々によって影響されていようとも、また内容上多かれ少なかれいわゆる前批判期に成立していたとしても、批判的実践理論一般の基礎のうえに成立する理論である。それゆえ、『法論』の内容の発展は１７９７年のその出版直前に除外されもしないし、また必然的に含まれもしない。カントの『法論』の批判的性格についての問題はその内容上の諸部分がより早く成立したか、それともより遅く成立したかの問題ではない。またともかくあまり多くはない超越論哲学的・超越論的観念論的素材の「実質的」内容の問題でもない。また、Ｈ・コーヘン（１８４２−１９１８）およびその法学上の受け売り屋の不適切な要求を満足させるという問題でもまったくないのである。むしろ、それは理論的認識批判、実践的理性批判および内容上の『人倫の形而上学』との間のカントによって明示された体系的関連の問題だけなのである。この関連は矛盾のない一致、つまり体系上の調和を体系的に要求するということ以上のことを含まなければならないということをオーバラーは、リッターとは異なって認めることができないとする（Christian Ritter, Rezension zu: Brandt: Eigentumstheorien von Grotius bis Kant, Stuttgart-Bad Cannstatt 1974, S.167-224 und S.253-267, in: Zeitschrift für Rechtsgeschichte 93, 1976, S.516f., Anm.17.）。カントが『実践理性批判』の普遍的な基礎からの特殊な法的および倫理的体系部分の演繹を、一般的に、普遍的なものからの特殊なものの導出を可能であると見なしていたということに対する根拠は存在しない。

五　批判的実践哲学とは何か

それゆえ批判的実践哲学とは、オーバラーによれば、倫理、法および徳はその究極的根拠を他律や感情の中にもちえないのであり、ただ理性的主体性の自律の中にのみもちうるということがいかにして可能であるかを基礎づける哲学である。すなわちこの自律が示すのは、人倫の法則におけるごまかすことのできない純粋理性の事実の認識根拠がまさに、ただ「実践的・批判的」にのみ積極的概念にもたらされえた自由なのであり、この積極的概念は、「理論的・批判的」には与えられなかったということである。クーノー・フィッシャー（１８２４−１９０７）でさえこの関連をすでにはっきりと認めていた。「自由の原因性ないし可想的原因性は、カントの全人倫論を支えている根本概念なのである」（Kuno Fischer, Immanuel Kant und seine Lehre.II, Heidelberg[5] 1910, S.255.）。そしてまさにこの意味において、カントはかれの法論を「単なる理性の限界内における法論」と名づけることができたのである。このことは、法論がこの限界そのものの理論（カントにおいては「批判」を意味する）であるということをまったく意味しない。

もちろんカントは、以下で引用される箇所において、かれの法論一般を経験的な規則を許容するものに対してのみ限界づけている（VI, S.355. 8f. 邦訳『法論』５０１頁。「単なる理性の限界内における法論の単なる一部分をなすというだけではなくて、実にその全究極目的をなす」）。すなわち、一定の人間によって一定の時間になされた単なる経験による法的平和体制の規範化を限界づけている。カントは単なる経験に対してかれの法論のア・プリオリな性格を強調している。このア・プリオリな性格は、その外的意思使用の純粋に理性的規範化の名宛人として感性的・理性的存在者の端緒には当てはまらない。

カントは『法論』の「結び」において次のように述べている。

「この普遍的・永続的な平和の確立は、単なる理性の限界内における法論の単なる一部分をなすというだけではなくて、実にその全究極目的をなす、と言うことができる。なぜなら、平和状態は、相互に隣接する人間の一集団の中において、私のもの・汝のものが法則のもとで確保され、同時に彼らがともに一個の体制のもとにあるような唯一の状態だからである。しかし、この体制の規則は、従来それに関して最もうまくいった人びとの経験から、これを他に対する規準とするというやり方で取り出されるものではなくて、理性によってア・プリオリに、公的諸法則一般のもとにおける人間の法的結合という理想から取り出されるものでなければならない。というのは、すべて実例というものは（ただ説明を与えるだけで何ものをも証明することができないからして）欺瞞的であり、したがって（規則の確立には）当然一個の形而上学が必要とされるからである。こうした形而上学の必要性は、この学をあざける者たちでさえ、たとえば、彼らがしばしば言うことだが、「最善の体制とは、人間ではなく法則が支配するような体制だ」と語るときに、知らず知らずのうちにみずから承認しているところである。なぜといって、まさにこの（法則の支配する体制という）理念にもまして形而上学的に崇高でありうるような何があるだろうか？この理念は彼ら自身の主張に従ってもまた最も確実な客観的実在性をもつものであり、こうした実在性はわれわれの出あうさまざまの事例においても容易に示されうるのである。しかも、この理念だけが、もしその実現が革命的に飛躍によって、すなわち、従来から存立してきた欠陥ある体制の暴力的転覆によって行われるのでなくて――〔なぜなら、その場合には（旧・新両体制交替の）中間に、一切の法的状態が消滅する瞬間が生ずるであろうから〕、確固とした諸原則に従う漸進的な改革によって試みられ遂行されるなら、連続的接近という仕方で、最高の政治的善へと、すなわち永遠平和へと導いてゆくことができるのである」（VI, S.355. 邦訳『法論』５０１–５０２頁）。

オーバラーは、本文で引用した文献以外にもカント法哲学に関する多くの優れた業績を発表している。

Hariolf Oberer, Zur Frühgeschichte der Kantischen Rechtslehre, in: Kantstudien 64, 1973, S.88-102. Hariolf Oberer, Praxisgeltung und Rechtsgeltung, in: Bärthlein, Wohland (Hg.), Lehrstücke der praktischen Philosophie und der Ästhetik, Basel · Stuttgart 1977, S.87-111. Hariolf Oberer, Über einige Begründungsaspekte der Kantischen Strafrechtslehre, in: R. Brandt (Hrsg.), Rechtsphilosophie der Aufklärung. Symposium Wolfenbüttel, Berlin · New York 1982, S.399-423. オーバラーは、上記「カントの刑法理論における若干の基礎づけの視点」の中でもカントの法論を「批判的法哲学」と呼んでいる。Hariolf Oberer, Ist Kants Rechtslehre kritische Philosophie? Zu Werner Buschs Untersuchung der Kantischen Rechtsphilosophie, in: Kantstudien 74, 1983, S.217-224. Hariolf Oberer, Gerhard Seel (Hg.), Kant. Probleme-Analysen-Kritik, Würzburg 1988. Hariolf Oberer, Sittengestz und Rechtsgesetze a priori, in: Hariolf Oberer; Gerhard Seel (Hg.), Kant. Analysen-Probleme-Kritik, Bd.III, Hans Wagner zum 80. Geburtstag, Würzburg 1997, S.157-200. Hariolf Oberer, Das Grundgesetz praktischer Geltung, in: Linneweber-Lamerkitten, Mohr (Hg.), Interpretation und Argument, Würzburg 2002, S.199-205. Hariolf Oberer, Honeste vive. Zu Immanuel Kant, Die Metaphysik der Sitten, AA 06, 236. 20-30, in: S. Doyé / M. Heinz / U. Rameil (Hg.), Metaphysik und Kritik. Festschrift für Manfred Baum zum 65. Geburtstag, Berlin · New York 2004, S.203-213. Hariolf Oberer, Sittlichkeit, Ethik und Recht bei Kant, in: B. Sharo Byrd, Joachim Hruschka, Jan C. Joerden (Hg.), Jahrbuch für Recht und Ethik, Bd 14, 2006, S.257-267. Hariolf Oberer, Noch einmal zu Kants Rechtsbegründung,

Kantstudien 101, 2010, S.380-393.

上記の最後の文献においてオーバラーは、カントの法の基礎づけについて再検討し、J・エビングハウスの独立性テーゼおよびG・ガイスマンの解釈を批判している。オーバラーは、カントの『法論』が超越論的観念論からまったく独立しているとするテーゼはけっして正しくないと主張する。オーバラーによれば、『法論』の実質的な内容は外的自由の経験的概念の論理的解明から分析的に導き出される。それに対して、命法および権利の諸命法の絶対的実践的妥当性（拘束性）は定言命法にもっぱら基礎を置いており、またそれゆえ究極的に超越論的観念論に基礎を置いていると主張する。

オーバラーの所論については本書第二部第四章を参照。

Ⅶ　M・ゼンガーの所論

はじめに

M・ゼンガーは１９８２年『「法論の形而上学的基礎論」におけるカテゴリー上の体系性―カントの方法論についての論文』と題する著作を発表した。

Monika Sänger, Die kategoriale Systematik in den „Metaphysischen Anfangsgründen der Rechtslehre." Ein Beitrag zur Methodenlehre Kants, Berlin・New York 1982. 本研究は１９８０年末ボン大学哲学部に博士論文として提出されたものである。ゼンガーの研究に対する論評として次の文献を参照。Georg Geismann, Rezension zu: Die kategoriale Systematik in den „Metaphysischen Anfangsgründen der Rechtslehre", in: Zeitschrift für philosophische Forschung, Bd.39, H.4, 1985, S.649-651. Gerd-Walter Küsters, Kants Rechtsphilosophie, Darmstadt 1988, S.6, S.83-86.

本著作は、１９７９年のW・ブッシュの著作『カントの批判的法哲学の成立　１７６２−１７８０年』（Werner Busch, Die Entstehung der kritischen Rechtsphilosophie Kants 1762-1780, Berlin・New York 1979.）に続いて出版されたものであり、リッター説に対する真正面からの反論を目的としている。次章Ⅷで立ち入って検討するが、１９８２年には肯定説を提唱するF・カウルバッハのモノグラフも刊行されている。ゼンガーは序文においてリッターの否定説以降の議論状況、特に肯定説を主張するブッシュの研究を踏まえてカント法哲学の批判的性格の証明を概略的に描いている。リッターが主として、法論の生成発展史的視点から法思想の連続性を根拠にしてその批判的性格を否定し、他方でブッシュが同様の視点からその批判的性格を解明し肯定しているのに対して、ゼンガーの研究は『純粋理性批判』および『実践理性批判』において提示されているカテゴリー（純粋悟性概念）上の体系性という視点から法論の批判哲学における体系的位置づけに的を絞ってその批判的性格の論証を試みている（Monika Sänger, a.a.O., S.1-12.）。著作の副題の中に「カントの方法論」という表現があることからも読み取れるように、方法論としてのこの体系的視点が他の論者に見られない特徴でもある。

ゼンガーは序言において、そもそもカントの形而上学および形而上学的基礎論の役割は何なのか、また『純粋理性批判』および『実践理性批判』はそれらといかなる関係にあるのかを述べているが、それについてあらかじめ検討を加えることによってゼンガーの法論解釈の基本的立場を明確にしたい（Monika Sänger, a.a.O., S.VII-IX.）。

まず第一に、カントにとって学問としての哲学はいかなる役割を担っているのであろうか。

カントの学的哲学（Wissenschaftsphilosophie）の興味深い問題は、対象に関連した個別学問の領域においてそのア・プリオリ性および体系性を基礎づけることである。学問が体系として規定される場合、体系は諸原理によって秩序づけられた認識の全体として観念されるが、これらの原理はひとつの全体におけるこの認識の経験的ないし合理的結合の諸原則でなければならない。この体系的全体は、カントの著作の中では形而上学として証明されるが、個別学問の基礎づけに対してまず原理分析を行う。形而上学が、単なる諸概念からする純粋な理性認識のみを含み、またこのア・プリオリな知を特殊な学問諸領域に自由に使用させる場合に、形而上学は体系基礎づけ的役割を果たすことになる。

カントの著作はこれに対してひとつの例を提示している。というのは、対象に関連した形而上学的学問をア・プリオリに基礎づけようとする真摯な試みが、カントのすべての形而上学的基礎論において存在することは疑問の余地がないからである。ゼンガーは、この体系的端緒から学問理論的著作としての『純粋理性批判』（第一版1781年、第二版1787年）および『実践理性批判』（1788年）の役割を改めて徹底的に検討しなければならないとする。確かに、『純粋理性批判』および『実践理性批判』だけがカテゴリーによってア・プリオリな諸概念および諸原則に関して究極的基礎づけを行うが、しかしその体系的展開は特殊な形而上学的学問に委ねられたままである。これは次に学問の全体構想の問題に至り、また直接的に予備的体系部分としての形而上学的基礎論の機能規定に至ることになる。形而上学的基礎論は、さらなる部分において経験を目指している学問の基礎―論として、統一的理論という意味において体系性一般の諸条件を含んでいる。形而上学的基礎論は純粋な諸概念および諸判断を自由に使用させる。これらの概念および判断はア・プリオリな枠組み、すなわち概念的部分における原理理論的基礎づけを形成し、またこのようにして構成的機能をもつばかりでなく、体系創設的機能ももっている。

しかし、対象に関連した形而上学的体系のア・プリオリな完結した部分としての形而上学的基礎論は最終的には経験を目指している。というのは、経験においてのみ理論的ないし実践的学問の対象が与えられうるからである。したがって次に、形而上学的基礎論は、純粋な諸原理についての特殊な諸概念をその基礎づけの枠組みにともに受け入れなければならない。これらの概念は対象を規定するが、しかしこれらの概念は経験的であるか、または経験への移行を行う。したがって、形而上学的基礎論には、純粋哲学としての普遍的形而上学と個別学問としての特殊な形而上学との間の重要な地位が与えられることになる。この特殊な形而上学は諸対象の経験的規定性を自分の中に取り入れる。

しかしそれでは、ア・プリオリ性はその基礎づけにおいていかにして成し遂げられうるのであろうか。いかにして移行は実践的観点において、この観点においてア・プリオリ性と体系性との問題は疑いもなく区別されうるが、純粋な理性法則性から有限な理性的存在者の概念、つまり経験の領域における人間の行為の事実性へと達せられうるのであろうか。この問題、つまり理論と実践との関連にかかわる問題は、次のことによって解決される。すなわち批判によって基礎づけられた形而上学は、そのア・プリオリな概念的部分において特殊な対象領域における原理理論的基礎づけを次のような仕方で行う。つまり、形而上学が理論的、学問的理性の手続きに従って自然および人倫のア・プリオリな体系のカテゴリー上の基礎づけを提示するという仕方である。

カントは『純粋理性批判』Ⅱ「超越論的方法論」第三章「純粋理性の建築術」において形而上学には自然の形而上学と人倫の形而上学との2つの領域があるとして次のように述べている。

「形而上学は、純粋理性の思弁的使用の形而上学と実践的使用の形而上学とに区分され、だから自然の形而上学であるか、それとも人倫の形而上学であるかのいずれかである。自然の形而上学はすべての物の理論的認識についての、単なる概念に基づく（したがって数学を除いた）すべての純粋な理性原理を含み、人倫の形而上学は行動一切をアプリオリに規定し、必然的にする諸原理を含む」（B 869., A 841. 岩波版『カント全集6』有福孝岳訳、118–119頁）。

また、カントは『人倫の形而上学の基礎づけ』の序文でも純粋哲学としての形而上学には自然の形而上学と人倫の形而上学とが含まれるとして次のように述べている。

「どんな哲学であれ、それが経験の諸根拠に立脚している限り、経験的哲学と呼んでよい。だが、アプリオリ a priori な原理だけに基づいて学説を述べる哲学は、純粋哲学と呼ぶことができる。純粋哲学がたんに形式的であれば、論理学である。ところが、純粋哲学が悟性の特定の対象に制限されるなら、形而上学である。

すると、二通りの形而上学の理念が生じる。自然の形而上学の理念と人倫の形而上学の理念である」（IV, S.388. 岩波版『カント全集7』平田俊博訳、6頁）。

一　純粋理性の建築術

1　形而上学的基礎論の必要性

上記で言及したが、ゼンガーの所論を検討するに先立って、そもそもカントが哲学の体系をどのように分類し、また「人倫の形而上学」をその中でどのように位置づけているのかを確認しておきたい。というのは、批判哲学における法論の体系的位置づけおよび批判哲学と法論との体系的統一が遂行されているのか否かが、われわれにとって焦眉の問題となっているからである。

カントは、『純粋理性批判』Ⅱ「超越論的方法論」第三章「純粋理性の建築術」の中で次のように述べている。

「……人間理性の立法（哲学）は自然と自由という二つの対象をもち、したがって、自然法則ならびに人倫法則を、はじめは二つの特殊な哲学的体系において、しかし最後には唯一の哲学的体系において、含むのである。自然の哲学は現に存在するすべてのものに関わり、人倫の哲学は現に存在すべきものにのみ関わる。

しかし、すべての哲学は純粋理性に基づく認識であるか、それとも経験的諸原理に基づく理性認識であるかのいずれかである。前者は純粋哲学と呼ばれ、後者は経験的哲学と呼ばれる。

ところで純粋理性の哲学は、〔第一に、〕理性の能力をすべてのアプリオリな純粋認識に関して研究する予備学（予行演習）であり、批判と呼ばれるか、それとも第二に、純粋理性の体系（学問）であって、体系的連関のうちにある、純粋理性に基づく（真のならびに見せかけの）全哲学的認識であり、形而上学と呼ばれるかのいずれかである。もっとも、形而上学というこの名前は、批判を含めた全純粋哲学に対しても与えられることができるが、それは、いずれアプリオリに認識されうるすべてのものの研究を総括すると同様に、この種の純粋哲学的認識の体系を構成するものではあるが、すべての経験的理性使用からも、同じく数学的理性使用からも区別されているものの叙述をも総括するためである。

形而上学は、純粋理性の思弁的使用の形而上学と実践的使用の形而上学とに区分され、だから自然の形而上学であるか、それとも人倫の形而上学であるかのいずれかである。自然の形而上学はすべての物の理論的認識についての、単なる概念に基づく（したがって数学を除いた）すべての純粋な理性原理を含み、人倫の形而上学は行動一切をアプリオリに規定し、必然的にする諸原理を含む。さて道徳性は、完全にアプリオリに諸原理から導出されうる諸行為の唯一の合法則性である。だから、人倫の形而上学は本来は純粋道徳である、すなわち、そのうちではいかなる人間学も（いかなる経験的制約も）根底に置かれない純粋道徳である。ところで、思弁的理性の形而上学は、狭い意味においていつも形而上学と呼ばれているものである。しかし、純粋人倫学がそれにもかかわらずやはり純粋理性に基づく人間的でしかも哲学的な認識の特殊な幹に属するかぎりにおいて、われわれは、純粋人倫学に人倫の形而上学というさきの名前を保持しようと思う、もっともわれわれは人倫の形而上学をわれわれの目的には今はふさわしくないものとしてここでは度外視するのであるが」（B 868-870. A 840-842. 岩波版『カント全集６』有福孝岳訳、１１８-１１９頁）。

上記のカントの言明から、カントが「批判」を予備学とする純粋哲学の体系、つまり形而上学の本来的な構成部分として「自然の形而上学」と「人倫の形而上学」を位置づけていることは明らかである。これを承けてカントは、『法論』の中でも「……単なる概念にもとづくア・プリオリな認識の体系が形而上学と呼ばれるとすれば、自然でなく意思の自由をその対象とする実践哲学は、人倫の形而上学を前提とし、かつそれを必要とするであろう」と明言している（VI, S.216. 邦訳『法論』３３８頁）。

それでは、この批判哲学における人倫の形而上学、特に法論の体系的位置づけを踏まえて、ゼンガーの所論の概要を以下において検討する（Monika Sänger, a.a.O., S.1-12.）。

ゼンガーはまず、真の学問を体系的に構築するためには形而上学的基礎論がなぜ必要なのか、『徳論』を手がかりにその確認から議論をはじめている。

カントは、『人倫の形而上学』第二部『徳論の形而上学的基礎論』の「まえがき」の冒頭において形而上学的基礎論の必要性について次のように述べている。

「何か或る対象について一つの哲学〔概念からする理性認識の体系〕があるとすれば、この哲学にとっては、一切の直観の制約から独立した、純粋な理性概念の体系、すなわち形而上学もまたなければならない。――ただ問題となるのは、義務論としてのすべての実践哲学にとって、したがってまた、徳論〔倫理学〕にとっても、それを一つ一つばらばらに探し出された教えの単なる寄せ集めとして〔断片的に〕立てるのではなくて、本当の学問として〔体系的に〕立てうるためには、これまた形而上学的基礎論が必要なのかどうか、ということだけである」。

VI, S.375. 邦訳『世界の名著39カント』『人倫の形而上学』第二部『徳論の形而上学的基礎論』森口美都男・佐藤全弘訳、527頁。以下において、『徳論の形而上学的基礎論』および『法論の形而上学的基礎論』は著作を表す場合には『徳論』および『法論』と略記する。

そしてこれを承けてカントは「徳論への序論」の冒頭で、一般的義務論の体系は法論の体系と徳論の体系とに区分されるとして次のように述べている。

「古代では、**倫理学**は、人倫論〔道徳哲学 philosophia moralis〕一般を意味していたが、これはまた義務の教え〔義務論〕ともよばれていた。その後、倫理学という名を、人倫論の一部に、すなわち、外的法則〔法律〕の下に立たない義務についての教えだけにゆずる方が、のぞましいと考えられるにいたった〔ドイツ語では徳論という名がこの（狭義の）義務の教えにふさわしいものとされた〕。したがって、今日では、（広義の）一般的義務論の体系は、外的法則を扱う法論〔法学 ius〕の体系と、それを扱わない徳論〔倫理学 ethica〕の体系とに区分されている。だから、その区分でよかろう」〔VI, S.379. 邦訳『徳論』532頁〕。

つまりカントによれば、人倫論〔道徳哲学〕には法論と徳論〔倫理学〕の2つの体系が含まれることになる。哲学体系をこのように規定することによって、カントはこの規定を上記の『徳論の形而上学的基礎論』の「まえがき」において与えているように、カントは形而上学の基礎づけおよび方法の基礎的な諸問題を明示している。その際重要なのは、「それ〔徳論ないし倫理学〕を一つ一つばらばらに探し出された教えの単なる寄せ集めとして〔断片的に〕立てるのではなくて、本当の学問として〔体系的に〕立てうるためには」、「義務論としての」実践哲学のア・プリオリな基礎づけの必要性が「形而上学的基礎論」によって「純粋法論」に対して特に強調されていることである。

カントは上記引用文に続けて「純粋法論」の必要性について次のように指摘している。

「純粋法論については、だれ一人このような必要（基礎論の）に疑問を投げる人はないであろう。なぜなら、法論のかかわるところは、自由法則に従って、外的関係において制限されるべき恣意の形式的なもの（形式的条件）だけであって、恣意の実質たる目的は、すべて度外視されるからである。したがって、義務論はここでは、純然たる知識論（知識の理説 doctrina scientiae）なのである」（VI, S.375. 邦訳『徳論』５２７頁。恣意は Willkür の訳語である。法論では原則として「選択意志」と訳されている。ただし、文脈上意味が明確な場合には法律用語の「意思」という訳語を使用している）。

上記のカントの規定に従ってゼンガーは、「法」について「純粋法論」という意味における哲学が存在すべきであるとすれば、この法哲学に対してもまず法の「形而上学」が純粋な諸法概念および諸原則のア・プリオリな体系として可能でなければならないとする（「純粋法論」という表現は、『法論』では「形而上学的法論」・「法の形而上学」（§31）や「単なる理性の限界内における法論」（結び）などと呼ばれている）。

しかし、これによってカントの学的哲学（Wissenschaftsphilosophie）の枠組みにおいて純粋法論の構成についての問題性が論じられているだけではなく、また一般的に特殊な諸学問領域における「ア・プリオリ性」と「体系性」との問題も論じられている。周知のように、カントはかれの著作において特殊な学問領域の基礎づけの試みを全部で２つ提示している。カントはそれらの学問領域をその対象領域、つまり「自然」と「人倫」に従って第一に『自然科学の形而上学的基礎論』（１７８６年）、そして第二に『法論の形而上学的基礎論』（１７９７年）および『徳論の形而上学的基礎論』（１７９７年）として仕上げた。カントによれば、これらの学問領域において特殊な学問的諸概念および諸原則にア・プリオリ性を確保するためには、批判哲学の諸要求に対応する超越論哲学的方法論が必要とされる。そしてこの方法論がはじめて「真の」ないし「本来的な」学問を基礎づけるとする。

IV, S.467-479. 岩波版『カント全集12』『自然科学の形而上学的原理』犬竹正幸訳、２０００年、「序文」5-21頁。カントにおける学の概念規定に関する論述について、ゼンガーは『純粋理性批判』以外に特に『自然科学の形而上学的基礎論』の「序文」に依拠している)。

カントは、これに関して『純粋理性批判』Ⅱ「超越論的方法論」第三章「純粋理性の建築術」の中で次のように述べている。

「私は建築術を諸体系の技術と解する。体系的統一は普通の認識をはじめて学問にするもの、すなわち、普通の認識の単なる集合体から一つの体系を作るものであるので、建築術はわれわれの認識一般における学問的なものの教説であり、だから、必然的に方法論に属する。

理性の統治下においては、われわれの認識一般はいかなる狂想曲でもなくて、一つの体系を構成しなければならず、体系においてのみわれわれの認識一般は理性の本質的な諸目的を支え促すことができるのである。しかし、私は体系を一つの理念のもとでの多様な認識の統一と解する。この理念は全体の形式についての理性概念である、ただし、この理性概念によって多様の範囲と諸部分相互の位置とがともにアプリオリに規定されるがぎりにおいてである」（B 860. A 832. 岩波版『カント全集6』有福孝岳訳、１１１頁）。

この学問は「個々の探し求められた理論の単なる寄せ集め」と対立している。この寄せ集めは必然的に断片的に留まらざるをえない。というのは、この寄せ集めには方法論的な導きの糸（Leitfaden）が欠如しているからである。この導きの糸は、カントによれば、哲学体系に対して提示することができなければならないし、またその適用において明示することができなければならない。

この学の基礎づけの枠組みにおいて形而上学的基礎論には決定的に重要な意義が与えられる。というのは、形而上学的基礎論はア・プリオリな体系基礎づけ的要求をすることができるからである。形而上学的基礎論は、カテゴリー上の構造化を備えた予備的体系部分として証明され、純粋法論のア・プリオリな枠組みを提供することによって、形而上学的基礎論は超越論哲学的基礎に基づいた法の原理理論を表す。

ゼンガーは特殊な哲学体系のその基礎づけを詳しく検討するが、その際さしあたり2つの困難が生じると指摘する。

第一に、単なる諸概念からするア・プリオリに構想された体系として、その構造はあらゆる形而上学的探究の「導きの糸」を与えるカテゴリーによって規定されていなければならない（カテゴリーによる体系規定の必要性）。

第二に、カテゴリーはア・プリオリな諸概念および諸命題の体系を特殊な対象と関連させて前置することができなければならない。たとえ経験的諸概念が体系性の中に含まれるとしても、ア・プリオリ性は確保されなければならない（カテゴリーによるア・プリオリな諸概念と諸命題の体系の前置の必要性）。

2　Chr・リッター説に対する反論

カントの法哲学についてそれまで公にされた文献において、『法論の形而上学的基礎論』をこのような導きの糸としてのカテゴリー上の体系性という2つの視点から解明している研究は存在しない。その意味でゼンガーの研究は独自の意義をもっている。いずれかと言えば、カントはかれの哲学体系に立てた要求を満たさなかったと解釈する傾向が一般的であった。カントが公刊した法論は、従来多くの解釈者の意見に従うと、上記の規定に従って法論が自分自身に対して要求しようとしたことを行っていないとされている。

それでは、なぜこのような否定的解釈が今日まで一般的に行われていたのであろうか。

カント法哲学の「失敗」に対するさまざまな理由が見出されうる。第一に、カントの老齢にその責任を帰する解釈が挙げられる（老衰説）。というのは、実際カントは１７９７年73歳という老齢になってようやく『人倫の形而上学』を完成したからである。あるいは第二に、その「前批判的」起源が『人倫の形而上学』の長い発展期間から結論される（法論の非批判的性格）。しかし、第一の理由は、すでに多くの論者によって指摘されているように学問的に重要ではなく、老衰説を主張する論者は現在では例外的である。しがしながら他方で、ゼンガーは第二の理由はより厳密な検討が必要であるとする。そこで、ゼンガーはカント法論の解釈論争を跡づける。

カントの法哲学に関する初期の構想を文献考証学的に追求することは、Chr・リッターやW・ブッシュの研究とは異なってゼンガーのこの研究の課題ではない。これについてはすでにJ・シュムッカーやD・ヘンリヒによってカントの実践哲学の発展についての詳しい資料分析が包括的・基礎的に行われている。

特にシュムッカーの次の文献を参照。この研究には、カント倫理学の生成発展に関するそれまでに公刊された文献が含まれており有益である。J. Schmucker, Die Ursprünge der Ethik Kants in seinen vorkritischen Schriften und Reflexionen, Meisenheim am Glan 1961. またヘンリヒの次の文献も参照。D. Henrich, Über Kants früheste Ethik. Versuch einer Rekonstruktion. Kantstudien (54), 1963, in: P. Heintel · L. Nagl (Hrsg.), Zur Kantforschung der Gegenwart, Darmstadt 1981, S.149-182.

ゼンガーは、若干の根本テーゼや結論に必ずしもつねに賛成することができないとするが、以下の研究は広範囲にわたってシュムッカーおよびヘンリヒの個々の研究成果に依拠することができるとする。特にカントの法哲学についてのリッターおよびブッシュの２つの新たな研究が、法哲学の30年にわたる発展期間における連続性の証明に成功している。

Chr. Ritter, Der Rechtsgedanke Kants nach den frühen Quellen, Frankfurt am Main 1971. リッターの研究の評価や批判については、H・オーバラーの次の論文を参照。H. Oberer, Zur Frühgeschichte der Kantischen Rechtslehre, Kantstudien (64), 1973, S.88-102. W. Busch, Die Entstehung der kritischen Rechtsphilosophie Kants 1762-1780, Berlin · New York 1979. ブッシュの研究に対する論評として次の文献を参照。Gerd-Walter Küsters, Rezension zu: Die Entstehung der kritischen Rechtsphilosophie Kants 1762-1780, in: Archiv für Rechts- und Sozialphilosophie, Bd.LXVIII/2, 1982, S.272-275. Gerd-Walter Küsters, Kants Rechtsphilosophie, Darmstadt 1988, S.37, S.43-49.

広範囲にわたる資料の綿密な分析に基づいてリッターおよびブッシュは、カントは法思想の基礎づけを１７６０年代半ばに遂行したに違いなく、またこの時期においてすでに後期法論の重要な立場が見出されうるということを示すことに成功している。１７６４年から１７６８年まで法哲学および国家哲学について公刊された著作は存在しておらず、遺稿において公刊された法および国家の問題についての手書きのカントの言明においてのみ分析された資料が見出される。その際ゼンガーは、「覚書き」（Bemerkungen）、「注解」（Erläuterungen）およびカントによって講義概要として使用されたA・G・バウムガルテン（１７１４–１７６２）の『実践哲学原論』（Initia philosophiae practicae, 1760. XIX, S.7-9. A・G・バウムガルテンのInitia philosophiae practicae primaeについてのカントの注解）とG・アッヘンヴァル（１７１９–１７７２）の『自然法論』（Iuris naturalis, 1763.XIX, S.325-442. G・アッヘンヴァルのIuris naturalis pars posteriorについてのカントの注解）の第二部についての「レフレクシオーン」（Reflexionen）を特に重要視している。

　これを明らかにするために、ゼンガーはカント法論の生成発展史についての若干の主要な結論を手短に要約している。遺稿として残された初期のカント法哲学上の思想は、Chr・ヴォルフの自然法論をその出発点としており、この自然法論の媒介においてバウムガルテンの『実践哲学原論』は特に重要である。これらの著作は実践哲学の基礎および自然法の基礎を取り扱っている。カントはこの同時代の著作から多数の概念および区別を借用しており、一般的に文献においては、バウムガルテンの『実践哲学原論』が『人倫の形而上学』に対する、特に法論と徳論との区別に対する直接的模範となっていると推測されている（G. Anderson, Kants Metaphysik der Sitten—ihre Idee und ihr Verhältnis zur Ethik der Wolffschen Schule, in: Kantstudien 28, 1923, S.55.）。これらの初期の法哲学上の構想と『人倫の形而上学』の後期のテクスト形態との間には明らかに内容上の一致が確認されうる。そして、このことは多くの解釈者に次のような推測を促すことになる。つまり、１７９７年に出版されたカントの『法論』において、１７６０年代に発展させられた法論、言い換えれば「前批判的」法論が取り扱われており、またこの法論は超越論的哲学の成果にほとんど影響を受けていないとする推測である。このテーゼは、カントの実践哲学はその発展において根本的に理論哲学の新しい問題性にかかわっていないとする前提から出発する解釈傾向に合致する。またこの傾向の主張者は、「そもそもカントにおける実質的に「批判的」倫理学は前批判的倫理学と対比して論じられうるのか」ということも疑問視している(Schmucker, a.a.O., S.376, S.374. D. Henrich, a.a.O., S.404.)。

　そして、もっぱら『法論の形而上学的基礎論』に対してこの立場を主張しているのがリッターにほかならない。リッターはその研究において後期カント法哲学の「非批判的性格」を発展史的に解明することを試みている。リッターは、カントの法論はカントの超越論的方法の進歩に関与していないとするテーゼを主張する。

リッターは次のように述べている。

「ヘルマン・コーヘンの『純粋意志の倫理学』（１９０４年）以来、広く次の意見で一致している。……「カントの」法哲学、それは『人倫の形而上学』において論述されているが、哲学的批判主義の諸要件に……対応していないとする意見である」(Ritter, a.a.O., S.15f.)。

それでは、なぜリッターはこのような否定的テーゼに至ったのであろうか。

リッター以前の多くの解釈者と同様にリッターもまたその理由を容易に見出している。第一にリッターも先に述べた老衰説の立場に立っている。つまり老齢のカントは、30年間にわたって計画された大著をかれの批判書の体系理論的基礎づけという意味において完成する「余暇」も能力も１７９０年頃にはもはやもっていなかったということである(Ritter, a.a.O., S.20, S.20, Anm.15.)。リッターのこのテーゼは、新カント学派および法実証主義による重要で影響力のあるカント法哲学の解釈と一致している。リッターは、たとえば新カント主義マールブルク学派の代表的法哲学者であるR・シュタムラー（１８５６-１９３８）の主張、つまりカントはその法哲学において批判的方法そのものを完全には貫徹することがなかったとする主張と一致している(R. Stammler, Lehrbuch der Rechtsphilosophie, 3.Aufl., Berlin・Leipzig 1928, S.35.)。カントは批判的方法を実践的領域において他方で放棄し、また特に『人倫の形而上学』の法論において超越論的方法は適用されていないとする結論はすでにW・ヘンゼルによってカントの法論についての研究にの中で主張されている。この研究によれば、『人倫の形而上学』は「批判的主要諸著作の高み」には至っていないとする。

W. Haensel, Kants Lehre vom Widerstandsrecht. Ein Beitrag zur Systematik von Kants Rechtsphilosophie, Berlin (Kantstudien -Ergänzungshefte 60.) 1926, S.1. またヘンゼルは、カントは法哲学の領域においても、また一般的に道徳哲学の領域においてもかれによって発見された批判的方法を遵守しなかったということを認めざるをえないと述べている。

また同様にK・リッサーは「批判的方法からの脇道」を強調しており、W・メッツガーは「法論の準備草稿」の中に理論理性と法的理性とのパラレリズムを見ているが、このパラレリズムは出版された『人倫の形而上学』では「隠蔽」されたと述べている。K・ボリースは、カントは超越論的方法を実行しようと努めていたことは疑いをいれないが、しかし後に実行に移すことはなかったと指摘している。さらにG・ドゥルカイトは「体系のいかなる欠陥からカント法論のこの失敗は理解されうるのであろうか」と疑問を投げかけている。

K. Lisser, Der Begriff des Rechts bei Kant. Mit einem Anhang über Cohen und Görland, Berlin 1922, S.6. Wilhelm Metzger, Untersuchungen zur Sitten-und Rechtslehre Kants und Fichtes, Heidelberg 1922 (z.T. erweitert als „Gesellschaft, Recht und Staat in der Ethik des deutschen Idealismus“, Heidelberg 1917, aus dem Nachlaß hrsgn.von Ernst Bargmann.), S.91. Kurt Borries, Kant als Politiker. Zur Staats-und Gesellschaftslehre des Kritizismus, Leipzig 1928, S.110, Anm.1. G. Dulckeit, Naturrecht und positives Recht bei Kant, Leipzig 1932, S.62. カント法哲学の「失敗」に対する理由は、ドゥルカイトの意見に従えば、「実践哲学の領域における批判的思考の最終的断念」にある。体系の方法的欠陥は法の問題についての非批判的取り扱いに対する原因として現れることになる（G. Dulckeit, a.a.O., S.63 und S.67.）。

これらの解釈者の意見によれば、新カント学派に続いて批判的法哲学を否定することになる根拠は『人倫の形而上学』の30年間にわたる発展における時間的、内容的および方法的連続性である。というのは、リッターは「理論的批判主義と法哲学」との間の「相互依存性」が観察されうるとすれば、批判的転回の契機となる１７６９年頃にカントの法哲学上の思想において「批判的精神」が証明されえなければならないと結論づけるからである。しかしリッターによれば、実際にはこのような相互依存性ははじめから除外される。

Immanuel Kant, Rechtslehre. Schriften zur Rechtsphilosophie, herausgegeben und mit einem Anhang versehen von Hermann Klenner, Berlin 1988, S.569. クレンナーは、このような相互依存性の欠如を主張している論者としてコーヘン、シュムッカー、リッ

ターおよびオーバラーを挙げている。具体的に言えば、かれらが主張しているのは、カントの『純粋理性批判』の科学論的端緒は実践哲学には転用されておらず、したがってカントの批判主義と「純粋法論」との間にはいかなる相互依存性も存在せず、それゆえカントの法論は前批判的理論、それどころか前カント的理論として特徴づけられるということである。

というのは、「カントの法哲学的および社会哲学的諸見解は、カントはそれらの見解を１７６０年代半ばに抱いていたが、１７６９年以降から１７９７年の『人倫の形而上学』の出版まで影響を受けずにさらに発展したか、あるいはまったくそのままに留まっていた」からであるとする（Ritter, a.a.O., S.71f., S.88.）。リッターは、その証拠を同じく『人倫の形而上学』において確認できるとするほとんど文字通りに繰り返される表現に見出す。決定的に重要な断絶は生じなかった。つまり、法および国家についてのテーゼを含んでいるすべての資料は、伝統的・同時代的自然法論において基礎づけられたものとして明らかになるとする。

したがって、初期の資料から法論を解釈することによって、「法思想家カントの新たな、意外な輪郭豊かな人物像およびその法思想の多面的な像」が明らかになる（Ritter, a.a.O., S.20.）。それに対して、『人倫の形而上学』そのものはこの法哲学上の思想の「狭窄」を意味すると主張する。それゆえリッターによれば、初期の資料がはじめて『人倫の形而上学』の真正のカントの解釈を可能にする。

しかし、非常に一面的なこのようなリッターの法論解釈は初期資料に関してブッシュによって厳しい批判を受ける。ブッシュはかれの研究において「カントの批判的法哲学の成立」を追求している。確かにブッシュは、『人倫の形而上学』の法論の中に１７６０年代半ばからのさまざまな構成要素が引き継がれているということは否定しないが、しかしながらそれらの構成要素は「リッターが主張するのとは異なって、カントの法哲学の完成した構想を形成するものではけっしてない。リッターによれば、この構想は「新たな端緒」なしにさらに発展したにすぎないとされている」と指摘している（W. Busch, a.a.O., S.54.）。

『人倫の形而上学』の体系性にとって特に問題となるのは、リッターによって繰り返し主張されているいわゆる連続性テーゼである。つまり、初期の資料と1797年に出版された法論との間にはいかなる原理上の新しい端緒も生じなかっただけでなく、またさらに「方法の変化」も生じなかったとするテーゼである（Ritter, a.a.O., S.268.）。したがって、リッターは『人倫の形而上学』の法論において「超越論的に確保された法ア・プリオリ性」が欠如していると断言する。理論的批判主義の諸概念および諸基準を実践哲学に導入しようとするカントの試みは、リッターによれば、「類比」および「様式化」を越え出るものではけっしてない（Ritter, a.a.O., S.339.）。ゼンガーは、カントが1764年頃にすでに同時代の自然法論を模倣することによって、1797年にようやく出版された法論の根本的諸要素および諸立場を発展させたとする結論に賛成しなければならないとしても、しかし原理理論的基礎づけが「素材」に対して変化しなかったとする主張はやはり疑問の余地があると反論する。

したがって、確かにリッターも「批判主義の影響」は認めているが、しかしリッターはその影響は単に表面的、外面的なものであるにすぎず、また実践哲学への理論哲学の思考法の単に外面的な移行が行われたにすぎないとする。リッターによれば、「客観的には基礎づけられていないこの概念の移行の解明のための心理学的な鍵」をカントの思考様式が提示する。リッターは、この思考様式にカントの「飽きることのない体系化への意志」が置かれているとする（Ritter, a.a.O., S.286f.）。そして、リッターはまた理論哲学の思考様式のこの単に外面的な概念の移行をカテゴリー上の例を挙げることによって証明しようと試みている。しかしゼンガーは、この言明において主張されたリッターの解釈は『純粋理性批判』、特に『実践理性批判』のカテゴリー表の根本的誤解であると反論している。『法論の形而上学的基礎論』、さまざまな手紙および『法論のための準備草稿』におけるカテゴリー上の諸規定は、もちろんこれは看過されえないが、リッターによって理論哲学ないし実践哲学のカテゴリーの単なる「移行」と呼ばれている（Ritter, a.a.O., S.282-285.）。

ゼンガーは、まずリッターのこの解釈にきっぱりと反論しなければならないと主張する。カテゴリーは「移行」されうるのではなく、一定の原理理論的諸前提のもとでカテゴリー表は展開されうるのであると主張する。実際カントは、これについてかれの著作の中で多数の例を提示している。この基礎づけの関係は、カテゴリー上の法則性がともに取り入れられるべきだとすれば、異なったものとして認められなければならない。というのは、これによって決定的に重要な哲学的理論構成の問題が論じられているからである。そして、それがまさに『法論の形而上学的基礎論』において証明できるカテゴリー上の構造である。この構造によって、初期の法哲学上の諸構想と『法論』とが一致しているとするリッターの主張が打ち砕かれることになる。というのは、カテゴリー上の構造において批判的超越論的哲学と後期法哲学との間の相互依存性が疑問の余地のないものとして明らかになるからであるとする。

また、『人倫の形而上学』の30年間にわたる研究からもうひとつの結論が引き出されうるということを『実践理性批判』についてのコンメンタールの中でL・W・ベック（1913−1997）が示している。ベックの研究によると、『人倫の形而上学』は、形而上学が教授就任論文（『感性界と知性界の形式と原理』1770年）において構想されていたような諸条件のもとで依然として同じ外観を保持していたということはありえない。つまり、ベックはその根源的形態は特に方法的視点において変化したに違いないと主張する（L. W. Beck, Kants „Kritik der praktischen Vernunft.“ Ein Kommentar, übers. v. Karl-Heinz Ilting, München 1974, S.19. 邦訳『カント『実践理性批判』の注解』藤田昇吾訳、新地書房、1985年、19頁を参照。ただし邦訳はLewis White Beck, A Commentary on Kant's Critique of Practical Reason, The University of Chicago Press, 1960. の全訳である）。

ベックは、人倫の形而上学はシャフツベリの経験的・人間学的研究の延長線上にあるのではないとして、次のように述べている。

1671−1713年、イギリスのモラル・センス説の主唱者である。カントは1760年代においてイギリスのモラル・センス説の強い影響下にあった。カントは、1760年代半ばに批判期とは異なり共通感覚の概念に哲学的思索における中心的意義を与えていた。カントは批判哲学に対する絶対的自信を示すために、『人倫の形而上学』のまえがきでシャフツベリの著作である『人間・風習・世論・時代の諸特徴』(Characteristics of Men, Manners, Opinions, TimeS.1711.) の第二論文第一部第一章のことばを引用している。

「シャフツベリの主張するように、冷笑に耐え切るということが、或る学説〔とくに実践的学説〕の真理性を証明する上で軽視することのできない試金石だとすれば、おそらくやがては批判哲学者に「最後に笑う者は最もよく笑う」順番がまわってくるであろう。そのときこそ、長いあいだ大言壮語していた連中のお粗末な体系は次々と崩壊し、その追随者たちのすべては路頭に迷うことであろう。これがかの者たちに免れようもなくさし迫っている運命なのである」（VI, S.208f. 邦訳『法論』３３０頁）。

「したがって、人倫の形而上学はシャフツベリの経験的・人間学的研究の継続ではもはやありえない。カントは今後はあくまでも人倫の形而上学があらゆる人間学から独立していることを要求し、……人倫の形而上学は人間本性の経験的諸概念をけっして含んでいない」（L. W. Beck, a.a.O., S.20. 同上、20頁を参照）。

ベックは、『人倫の形而上学』はカントの思想の「目的点」であると解釈している。そして、この目的点がカントを鼓舞して、１７６４年に出版された『懸賞論文』（『自然神学と道徳の原則の判明性』）から最後の『人倫の形而上学』に至るまでの30年以上にわたって『純粋理性批判』、『人倫の形而上学の基礎づけ』および『実践理性批判』のような他の主要な諸著作をいわば「副産物」としてともに成立させたのであるとする（L. W. Beck, a.a.O., S.28. 同上、31–32頁を参照）。これらのきわめて内容豊かな生産物は、『人倫の形而上学』が絶えず延期されたからこそ可能だったのであるとする。

したがって、ゼンガーはW・ブッシュの研究成果に依拠しながら、『人倫の形而上学』および30年間にわたるその生成発展にカント哲学の枠組みにおけるまったく別の体系上の位置価値が帰せられるのであり、また「カントの法哲学は１７６０年代の終わり頃に本質的な部分において完成していた」とするリッターの主張は間違っていると言わざるをえないとする（W. Busch, a.a.O., S.171. ブッシュもすでにこのことを指摘している）。また同様に、アッヘンヴァルの講義用テクストの諸要素を『人倫の形而上学』のテクストに簡単に借用するために、１７９０年以降カントは法哲学上の大著の執筆に際してとにかく「その著者」アッヘンヴァルを目の前に置いていたと推測するのも間違っているとする（Ritter, a.a.O., S.145, Anm.）。

これらの議論を踏まえたうえで、それではゼンガーはいかなる結論に至るのであろうか。

ゼンガーは結論として、確かにカントはかれの体系的諸端緒に対応する選択を同時代の自然法論から行ったが、しかしながらまた『人倫の形而上学』における法論をまったく独自の著作として構想していたということを想定するのがより適切であると主張する。この著作は超越論的哲学の影響によってまさに特殊カント的性格をもっているのであり、もはやけっしてアッヘンヴァルの性格をもってはいない。ほとんど文字通りに繰り返される諸概念および内容上のさまざまな表現は、カント法哲学の「非批判的」性格ないしまた「前批判的」性格を示すものではない（H. Oberer, Zur Frühgeschichte der Kantischen Rechtslehre, Kantstudien 64, 1973, S.101.）。

H・オーバラーは次のように述べている。

「ひとつの理論の体系的基礎づけがその内容上の仕上げに先行しなければならないのか、あるいは後に続かなければならないのかということを想定する必要はない。また、その仕上げが時間的に先行している理論的複合体が変更によって時間的に後に続く体系結合に適合させられなければならないのか、あるいはそれどころか新たにされなければならないのかということを期待する必要はない。……

すなわち、新しい枠組みとその古い内容の内容上の変更とが結びついていなければならないということなしに、新しい枠組の中にまったくすでに知られた古い内容がうまく組み込まれうるのである。

つまり、古い内容の「新たな規定」はこのような新たな組み込みにすっかり編入されうる。それゆえカントにとって、批判期のはじめまで発展してきた実践哲学のすべての内容を批判期のはじめ以降に取り替えたり、あるいは内容上の変更によって適合させたりする必要はなかったのである。実践哲学のすべての内容は、また実践哲学の新たな基礎づけとは内容上必ずしも関係していなかったのである。カントの法論は多くの部分において、リッターが示しているように、「前批判的」理論、それどころか「前カント的」理論である。カントは、前カント的・前批判的諸要素を受け入れたにすぎず、しかしそれらをよりよく組み合わせ、また新たによりよく体系的に基礎づけた」（Oberer, a.a.O., S.101.）。

ここでは逆に、この法の形而上学は、これは１７９７年のテクストにおいて示されるが、法的・実践的理性のそのア・プリオリな諸原理によって疑いもなく「批判的」であると言うことが示されるとする。

ゼンガーのこの研究は3章から構成されている。第一章は、『人倫の形而上学』の生成発展についてさらに詳しく取り組んでいる。というのは、はじめから一般的な形而上学的方法問題との体系上の関連において形而上学的基礎論を見るためである。したがって、ここでは初期の法哲学上の諸構想の内容上の視点はもはや用いられず、レフレクシオーンは予備的体系部分と計画された形而上学体系との学的哲学的にきわめて興味深い関係に集中している。形而上学的基礎論の考察におけるこの新たな視点はその体系上の位置規定に関して超越論哲学的分科として、この位置規定によって純粋法論のカテゴリー上の基礎づけが明らかになるが、第二章において形而上学的探究と体系構成の手続き方法についての詳細な方法論上の考察を必要不可欠にする。というのは、形而上学的基礎論におけるカテゴリー上の体系性の適用を確保するためである。第三章の目的はこの体系性そのものを叙述することである。第三章は方法的に、『法論のための準備草稿』から法についてのカテゴリー上の諸構想を取り入れることによって、カテゴリー分析的に『法論の形而上学的基礎論』のテクストを取り扱うことを試みている。

二　法論の批判的性格としてのア・プリオリ性、体系性および完全性

ゼンガーは総括においてかの女自身の法論解釈を要約している。その際ゼンガーは、法論の批判的性格の特徴として3つの視点を挙げている。つまり、第一にそのア・プリオリ性、第二に体系性、そして第三に完全性である。以下においてこれら3つの視点に検討を加えながら論じることにする（Monika Sänger, a.a.O., S.243-250.）。

カントの方法論に従えば、「概念からする理性認識の体系」として学であることを要求する対象に関連する哲学

は、その基礎づけのために形而上学を必要とする。カントの功績はここにおいて特に、すべての直観の諸条件から独立した純粋な理性概念の体系としての批判的形而上学を樹立したことにある。そして、基礎学問としての批判的形而上学は理説としての形而上学の基礎づけを目標としている。カントの学問理論的端緒に従えば、諸学問の根源と構造は人間の思考一般の構造の中に存する。このことから、哲学の原理理論的基礎づけが「学校概念 Schulbegriff」に従って基礎づけられる。

カントは哲学の概念を「学校概念 Schulbegriff」と「世界概念 Weltbegriff」の2つに分類している。

カントは、『純粋理性批判』II「超越論的方法論」第三章「純粋理性の建築術」において両者を区別して次のように述べている。

「しかし、それまでは、哲学の概念は一つの学校概念にすぎない、すなわち、学問としてのみ探求され、こうした知識の体系的統一以上の何ごとをも、したがって、認識の論理的完全性以上の何ごとをも目的としない認識の体系の概念である。しかしさらに、哲学という名称の根底につねに存していた世界概念（conceptus cosmicus）がある、ことにこの概念がいわば人格化され、哲学者という理想において一つの原型として表象された場合にはそうである。こうした観点においては、哲学は、すべての認識が人間理性の本質的諸目的に対してもつ関係についての学問（teleologia rationis humanae 人間理性の目的論）であり、哲学者は理性の技術者ではなくて、人間理性の立法者である」（B 866f., A 838f. 岩波版『カント全集6』有福孝岳訳、116-117頁）。

上記の文章から読み取れるように、学校概念に従う哲学はすべての理論的・学問的悟性使用の論理的完全性をその目的とし、また概念からするあらゆる理性認識の体系を可能にする。悟性そのもの、それは統一として見なされるが、および認識の可能性のその諸原理は内的関連性の構造徴表によってひとつの体系に分類される。そして、その体系においてあらゆる基礎概念はその連関によって規定された位置を占める。方法論的に、あらゆる認識の統一のこの措定は基本的に重要である。というのは、この措定は体系全体の個々の諸原理の妥当依存性を示すからである。理性は抽象された、それ自身において全般的に結合された領域として観念され、その領域においてすべての部分、純粋理性の諸要素ないし諸原理が調整され、また従属しないものとして考えられるが、このことによってすべての悟性認識の諸原理の相互的な規定関係が明らかとなる。このことからすべての個々の認識は体系連関においてのみ妥当し、そして相互に条件づけ、また基礎づけるということが結論として出てくる。理論的認識の基礎的諸原理のこのア・プリオリに措定された構造によって、あらゆる学問の統一的基礎づけがはじめて可能になる。この原理の構造は、諸カテゴリー、諸原則および諸理念によってすべての原理および規則をひとつの体系に包括するが、統一的・完結的理論として解釈されうる。つまり、他方またこの構造はそれ自体基礎づける論理的に完全な体系として、特殊な諸対象に関連づけられたすべての形而上学的体系を基礎づける。

それでは、カントの学的哲学の解釈における困難性はいかなる場合に生じるのであろうか。ゼンガーによれば次の場合にはじめて現れる。つまり、普遍的な形而上学的原理理論から個別学問の基礎づけ連関に移行し、また特殊な形而上学的体系部分の学問性の程度が超越論哲学的理想によって判定される場合である。カントはこの問題を主題としなかったし、またしばしば特にその「まえがき」および「序論」において連続的な移行、つまり批判と理説との哲学上の構想についての同質性の印象を呼び覚ました。これらの要求は、証示された理説に対して同様にア・プリオリ性、体系性格および完全性を目指している。しかしカントは、このことを法論の純粋に概念的な枠組みの原理理論的基礎づけに対して諸端緒においてのみ達成しているにすぎない。とは言え、これらの端緒はまさに『人倫の形而上学』におけるカントの法論のカテゴリー上の構想を示している。その結果、形而上学的考察の超越論哲学的な導きの糸の適用によって超越論的哲学と特殊な形而上学的諸体系との相互依存性が明らかとなる。したがってゼンガーは、『法論』が「非批判的後期の作品」であるという非難についてはもはや論じられえないと主張する。というのは、カントの法思想の連続的な発展が証明されうるか否かということがここでは決定されえないとしても、それでもやはり1760年代以降に存在する資料に対する超越論的哲学の影響は、リッターが主張するのとは異なって、「表面的」また「外面的」ではありえないということは確実であるからであるとする。

それではなぜ『法論』出版がこれほどまでに遅れたのであろうか。

ゼンガーは、『人倫の形而上学』の恒常的な延期は方法問題にその理由があったかもしれないし、また『純粋理性批判』、『実践理性批判』および『判断力批判』といった批判的基礎づけの諸著作の完成に制約されていたかもしれないと主張する。しかし、形而上学の方法についての主要著作の計画と形而上学的基礎論との関連が早い時期からずっと認められる。そして、批判的基礎づけおよび叡智的存在者一般に向けられている普遍的な人倫の形而上学の完成によってはじめて、その対象が感性によって規定されている法および徳についての特殊な形而上学的学問のア・プリオリな基礎づけも可能となる。ア・プリオリな枠組みは特殊な諸概念を必要とし、また思考のあらゆる立場とのその比較によって形而上学的体系の完全性が保障されるということは、カントの学問構想における特殊性である。

したがって、カントは形而上学的法論に対して、カント以前の伝統が所与の自然法の不変的な諸原理に由来するのとは異なって、超越論哲学的基礎づけの連関からア・プリオリな諸法命題の基礎づけを試みている。純粋な諸原理および特殊な諸概念は『法論の形而上学的基礎論』の本質的な構成部分である。つまり、これらの原理および概念はあらゆる特殊な形而上学的学問にア・プリオリな枠組みを与える。そして、この学問はそのさらなる部分において経験の領域にその適用を見出すことになる。

したがって、形而上学的基礎論はその学問基礎づけ的機能において同時にそこに展開された方法上の導きの糸の適用による超越論哲学的方法の正当性の具体的説明である。批判と具体的説明された理説との基礎づけ関連についての取るに足らないとは言えない困難性がここで示されている。しかしその際、総じて普遍的形而上学の体系から特殊な法の形而上学への移行を表す『法論の形而上学的基礎論』の構造はカテゴリーによって規定されているということが明らかになる。構造原理として独自の学問論理的な地位が与えられている理論理性のカテゴリーは、あらゆる形而上学的考察の導きの糸として特殊な形而上学的領域においてもア・プリオリ性を保証する。この関連において法概念のカテゴリー上の諸構想が興味深い問題を表している。これらの構想において関係のカテゴリーは、確かに一般的に実践哲学にとって意味をもっているが、しかしながら相互性のカテゴリーは最終的に法的諸行為、またそれとともにア・プリオリな諸法命題一般の規定の可能性のア・プリオリな条件である。超越論的哲学と法論との相互依存性は法概念のカテゴリー上の諸構想によって明らかになる。というのは、カテゴリー上の諸規定を含んでいる『人倫の形而上学』における法的教説は、「共同意思の可能性のカテゴリー」として法概念の諸構想に基づいているということが示されうるからである。

『法論のための準備草稿』を考慮に入れて『人倫の形而上学』のテクストから、学問を基礎づけるア・プリオリな枠組みを再構成するという試みにおいて法論のカテゴリー上の体系性が明らかになる。そして、このカテゴリー上の体系性はその妥当性を実質的な諸規定からまったく独立して主張する。ここでは「私法」と「公法」の体系的な解釈がなお行われなければならないであろう。というのは、この「私法」と「公法」はカテゴリー上の視点のもとで多くの箇所で解釈の諸端緒を提示するからである。カテゴリー上の体系性を端緒から明示すること、また法論の基礎づけを超越論哲学的枠組みに位置づけることがゼンガーの研究の目的であった。カントの方法論に従えば、カテゴリーの導きの糸によって普遍的な形而上学的基礎づけ関連から特殊的な形而上学的基礎づけ関連に移行しなければならない。その結果、最終的に学問の基礎づけのあらゆる問題はある体系部分からある別の体系部分への移行の諸問題を目指すことになる。つまり、カントはオープス・ポストゥムムにおいてなおこの移行は「飛躍（Sprung）」として（断片的に）ではなく、体系的に「超えること（Überschritt）」として行われるということを要求している。

Opus postumum『遺作』、1786-1804.『オープス・ポストゥムム』とは自然哲学ならびに超越論的哲学に関する、最初はまとまりのない覚書きであったが、後には系統立って構想されるようになった一連の草稿群の名称である。これらの草稿群は１７８６年12月２日の日付のはいった紙片を皮切りに、１８０４年1月に至るまで継続的に、また体系的な関連性をもって書き記されている。『カント事典』編集顧問、有福孝岳・坂部恵、弘文堂、１９９７年、Ｂ・トゥシュリング／犬竹正幸訳、43-46頁を参照。

「なぜならば真の学問は、いかなる表題においてそれが成立していようとも、普遍において（エンチュクロペディーのあらゆる他のものと（すくなくとも形式に従って）ある仕方で類似しているからである」。純粋な法論と適用された法論との間にはなお「両者の間に挿入すべき、またそれらの関連を媒介する「法論一般」の特殊な部分が移行として」客体の統一によって相互に類似した学問の体系において必要になる。

XXI, S.178.『オープス・ポストゥムム』第一分冊。エンチュクロペディーとはカントの場合には次のことを意味する。「カントによれば、哲学とは概念からのすべての理性認識を含む学であるが、そのような学としての哲学は、(1)エンチュクロペディーであるか、(2)広範な体系であるかのいずれかである。そして、エンチュクロペディーとは学の体系の概略のことをいう。体系とは、全体の理念が部分に先行する統一体を意味し、部分が先行して全体をなす単なる集合体（Aggregat）と区別される。エンチュクロペディーであることの条件としては、(1)学のすべての体系を鳥瞰せしめうることと、(2)十分な周到性をもっていることが挙げられる。その意味で、彼によれば全体性の研究がエンチュクロペディーの最大の目的である。いずれにせよエンチュクロペディーはそれ自体体系を呈示し、カントの体系論を知るうえで重要である」(『カント事典』編集顧問、有福孝岳・坂部恵、弘文堂、１９９７年、石川文康執筆、42頁)。

それ自身ア・プリオリ性および完全な規定を要求する純粋な法概念の体系性と法の形而上学の原理的完結不可能性との間は、その外的使用における自由な意思の行為を考慮に入れて媒介されなければならない。したがって、ア・プリオリな枠組み構成の完結性に対して内容上完結不可能な法体系の開放性が対置している。したがって、形而上学的基礎論の問題は本質的にア・プリオリな体系部分から経験的な体系部分への移行の問題、つまり理論と実践の移行の問題でもある。しかし、この問題はすでに法概念そのものの中にある。自由概念としての法は純粋な理性理念であるが、しかし、カントによれば実践と本質的な関連をもっている。純粋な法論がまったく不合理と思われない場合には、この概念を経験に適用することが可能でなければならない。このことは、理論理性の諸原則に従えば図式論によってのみ可能である。

Schematismus、図式機能とも呼ばれる。図式論は『純粋理性批判』「超越論的論理学」の一章として純粋悟性の図式機能を扱う。純粋悟性の図式機能とは、図式という制約のもとでの純粋悟性のはたらき方のことである。「図式論」は、この図式機能を究明し、純粋悟性概念（カテゴリー）がどのようにして現象（経験的直観の対象）に適用されるのかという問題を解決しようとする。一般に、現象に対する概念の適用は図式によって可能になる。『カント事典』編集顧問、有福孝岳・坂部恵、弘文堂、１９９７年、太田伸一執筆、２８０-２８１頁を参照。

そして、この図式論は直観的諸要素と概念的諸要素との総合を可能にする。そして、理性理念を図式化することは同様に、概念的なものと感性的なものに対して同種的なものが与えられうる場合にのみ可能である。意思の総合的統一は図式の能力を得る。というのは、この統一は知性的、また感性的に規定可能であることが明らかになるからである。この図式は法的・実践理性の構想および働きと見なされうる。それは、法理念と法概念におけるその展開が共同的意思のカテゴリーであると見なされるのと同様である。結局それはカントの法の理念そのものであり、この理念はさまざまな理性的存在者の体系的結合の仮説的構想を目的の観点から共同の諸法則によって可能にする。そして、このように基礎づけられた法体系は、外的なそして自由の余地におけるあらゆる人間の秩序に対して形式的に拘束的な枠組みを与えることができる。この自由の余地にさまざまな社会的な内容が入りうる。次に、適用された個別学問としての実行された理説は理性の審級によって絶え間ない検証可能性を受けることになる。これに基づいて「最大の人間の自由の体制」の理想はもはやキマイラ的理念ではなく、悟性に対する問題であり、理性によって自発性と自由の能力を与えられた存在者としての人間に対して課せられている。法的諸原理に基礎を置く自由な社会秩序の構想は、これはカントによれば人類の最高の課題であるが、普遍的、純粋に社会的法秩序の思考必然性から生じることになる。カントはこの法秩序を『法論』の末尾で展開している。この法秩序はあらゆる法的主体にすべての人の可能な共存に協力することを義務づける。地上におけるあらゆる民族の平和で全般的な共同体という純粋理性から生ずる理念は、ひとつの規範に基づいている（VI, S.354f. 邦訳『法論』５００–５０２頁を参照）。

カントは『法論』の結びにおいて次のように述べている。

「この普遍的・永続的な平和の確立は、単なる理性の限界内における法論の単なる一部分をなすというだけではなくて、実にその全究極目的をなす、と言うことができる。なぜなら、平和状態は、相互に隣接する人間の一集団の中において、私のもの・汝のものが法則のもとで確保され、同時に彼らがともに一個の体制のもとにあるような唯一の状態だからである。しかし、この体制の規則は、従来それに関して最もうまくいった人びとの経験から、これを他に対する規準とするというやり方で取り出されるものではなくて、理性によってア・プリオリに、公的諸法則一般のもとにおける人間の法的結合という理想から取り出されるものでなければならない」（VI, S.355. 邦訳『法論』５０１頁）。

しかし、共同の諸法則によるさまざまな理性的存在者の体系的結合は政治的理念であり、したがってまた『人倫の形而上学』における法論は法律学よりもむしろ政治学を目指している。その最終章において法の諸原理に従った理性からア・プリオリに獲得された純粋な国家論が見出される。そして、これらの諸原理は外的な人権一般の諸原理である。ここに政治学の媒介による純粋な法体系の具体化可能性における問題がある。この媒介をカントは特に１７８１年以降の諸論文においてさまざまに主題化している。純粋な法諸原理から、これらの純粋な原理はそれ自身行為への手引きをまだ提供しないが、政治的諸原則への道が見出されなければならない。これらの原則は道徳と調和してすべての公的な行為の法的な形式を規定し、したがってまた自由な社会の体制を可能にする。経験の算入、経験領域における外的な諸行為の算入によって行為する人間の完全な体系が接近においてのみ達成可能であるにすぎない。形式的な体系の適用領域が政治ないし政治家の領域に含まれるので、これら政治と政治家の両者にカントの法哲学においては特別な位置が与えられる。政治家に与えられた政治的判断力によって「道徳的な政治家」はすべての政治的行為の原則に従って純粋な諸法原理と政治的な強制とを結びつける。そして、それによって純粋な諸法原理に客観的実在性が与えられる。

カントは『永遠平和のために』（１７９５年）の中で次のように述べている。

「もしもわれわれが純粋な法の諸原理が客観的実在性を有すること、すなわち遂行されうることを想定しないならば、われわれは右のような絶望的な帰結に不可避的に追いやられるであろう、だからそのような法原理に従って国家における民族の側からもさらにまた諸国家相互の側からも行動されなくてはならない、たとえ経験的政治がそれに対して何と異論を唱えようとも」（VIII, S.380. 理想社版『カント全集第十三巻』『永遠平和のために』小倉志祥訳、２７０頁）。

このプロセスは、カントはこのプロセスにおいてかれの法・政治哲学の根本理念およびその具体化可能性をつねに新たに定式化しようと試みているが、かれの著作において最終的には未完結のままである。

したがって、カントの法哲学は法的原理としての地上におけるすべての民族の平和的、全般的共同体という理性理念においてその体系的な完結を見出す。そして、この理性理念を実現する国家体制の理念は同時に絶対的命令でもあるが、同様に法概念に従って判断する実践理性に基づいている。なお遂行されるべき、その外的使用における自由な意思の行為に関係づけられた体系において重要なことは、法の形而上学から政治学の原則へ、そしてこの原則を通じて普遍的法原理に従った政治学の課題の解決に至ることである。

カントは１７９７年に出版された『人間愛からなら嘘をついてもよいという誤った権利に関して』（Über ein vermeintes Recht aus Menschenliebe zu lügen.1797.）の中で次のように述べている。

> 「さて、法の形而上学（これは、あらゆる経験的条件を抽象する）から、政治学の原則（これは政治学の概念を経験の場合に適用する）へ、そして、この原則を介して普遍的な法原理にのっとる政治学の課題の解決に到達するために、哲学者は、㈠一つの公理、換言すれば、直接外的な法の定義（各人の自由が普遍的な法則に従って万人の自由と合致すること）から生ずる、全く確実な命題を与えるであろう。㈡平等の原理に従う万人の合一された意志としての外的な公法という要請を与えるであろう。この平等がなければ、各人の自由は生じないであろう。㈢どんなに大きな社会においても、なお自由と平等の原理に従う調和が保たれる（すなわち代議制度を介して）ということがどうして起こるか、という課題を与えるであろう。その場合、これは政治学の原則であろうが、政治学を用意し整備することの中には、いまや人間の経験的認識から引き出されて、ただ法的支配の機制だけを、またその機制がどのようにして合目的的に組織されるかを目ざすところの指示が含まれるであろう。――法は政治学に適合してはならないが、政治学は常に法に適合しなくてはならない」（VIII, S.429. 理想社版『カント全集第十六巻』『人間愛からならうそをついてもよいという誤った権利に関して』尾渡達雄訳、２２２―２２３頁）。

三　カテゴリー上の体系性についての問題点

ところで、ゼンガーが主張するように、カテゴリー上の体系性という視点からカントの法論の批判的性格を肯定する解釈は適切であると言えるのであろうか。

これに疑問を呈しているのが、G・ガイスマンによる本著作に対する書評である。

Georg Geismann, Rezension zu: Die kategoriale Systematik in den „Metaphysischen Anfangsgründen der Rechtslehre", in: Zeitschrift für philosophische Forschung, Bd.39, H.4, 1985, S.649-651.

ガイスマンの書評を手がかりにゼンガーの解釈の問題点を以下において検討する。

このボン大学の博士論文において特に問題となっているのは、カントの批判的超越論的哲学の内部における法論の可能な体系的位置である。ゼンガーの立場は明確である。ゼンガーは、１７９７年の刊行本におけるカントの法の形而上学は「法的・実践的理性のア・プリオリな諸原理によって疑いもなく批判的である」とするテーゼの証明に取り組んでいる（Monika Sänger, a.a.O., S.12.）。より正確に言えば、カントの法哲学は、伝統とのあらゆる内容上の一致にもかかわらず、その構造において、またその独自の原理理論的基礎づけに対して理性批判の特殊な成果を前提しており、また使用しているとするテーゼの証明に取り組んでいる。

カントの学的哲学に従えば、「形而上学的基礎論」としての法論には、純粋哲学としての普遍的形而上学と個別学問（科学）としての特殊な形而上学との間の重要な地位が与えられる。そして特殊な形而上学は経験的に与えられた諸対象とかかわりあわなければならない（Monika Sänger, a.a.O., S.VIII.）。しかしながら次に、そのためにはア・プリオリな基礎づけがいかにして達成されうるのか、またそれによって経験的存在者としての人間にとって拘束的な法論はいかにして展開されうるのかという問題が提起されることになる。純粋な理性法則性の理念は実践的観点においてどのようにして有限な理性的存在者の概念に適用されうるのであろうか。この問題に対するゼンガーによって簡潔にまとめられた解答は、人倫のア・プリオリな体系のカテゴリー（純粋悟性概念）上の基礎づけによってというものである（Monika Sänger, a.a.O., S.VIII.）。

本研究は、先に言及したように、3章から構成されているが、まずその要点を確認する。

第一章は、その表題が示すように「批判哲学の体系における『法論の形而上学的基礎論』の位置」を論じている。その際、まず重要なのは、形而上学的基礎論一般の基礎づけの諸問題および普遍的形而上学的方法問題とこれらの諸問題との体系的連関である。次に重要なのは、形而上学の予備的基礎としての批判書と批判書によって超越論哲学的に基礎づけられた形而上学としての法論との連関である。

第二章「法哲学のア・プリオリな枠組みとしての『法論の形而上学的基礎論』の基礎づけ」において重要なのは、形而上学的基礎論が形而上学の体系のア・プリオリな枠組みであり、またそのかぎりにおいてこの体系に対して構成的な意味をもつということを明示することである。その際、「体系的な諸基礎原理」としてのカテゴリーには特別な意味が与えられる。

最後に本著作の第三章「法論の原理理論的基礎づけにおけるカテゴリー上の体系性」は、先に行われた方法論的考察を『法論の形而上学的基礎論』に適用する（そのためにカントの準備草稿を考慮に入れながら）試みを行う。その際重要なのは、すでに示唆されているように、『法論の形而上学的基礎論』はア・プリオリな体系としてカテゴリー上基礎づけられており、またカテゴリー上の体系性を適用することによってのみア・プリオリな総合的諸法命題、またそれとともにはじめて形而上学的法論が人間にとって可能となるとするテーゼの証明である。

人間が様相のカテゴリーによって「義務づけられた理性的存在者という意味において実践哲学の対象として」規定されるかぎりにおいて、様相のカテゴリーは自由のカテゴリーとして決定的に重要な役割を果たす（Monika Sänger, a.a.O., S.178.）。この規定に続いて、次に関係のカテゴリーが法概念の構造化に対する基礎の役割を果たす。この法概念は、カントによって「法論への序論」§B「法とは何か？」においてきわめて簡潔に展開されているものである。

カントは、法概念についてある人格の他の人格に対する外的・実践的関係、ある意思と他人の意思との関係および相互の意思の形式的関係という3つの視点から次のように論じている。

「法の概念は、それが法に対応する拘束性に関係するかぎりでは〔すなわち、法の道徳的概念は〕、まず第一に、各人の行なう行為が事実上相互に〔直接または間接に〕影響を及ぼしうるかぎりでの、或る人格の他の人格に対する外的かつ実践的な関係だけを問題とする。しかし、第二に、法の概念は、たとえば親切な行為あるいは冷酷な行為の場合のように、或る意思と他人の願望〔したがってまた他人の単なる欲求〕との関係にかかわるのではなくて、もっぱらその意思と他人の意思との関係にかかわる。第三に、こうした意思と意思とのあいだの相互関係においても、意思の実質、すなわち各人が彼の意思する客体によって〔到達しようと〕目論んでいる目的は、全く視野のうちに入ってこない。たとえば、或る人が自分の商売のために私から買う商品について、はたして彼がそれによって利益を得るかどうかは問題とならず、双方の意思が単に自由なものと見られるかぎりにおいて、相互の意思の関係の形式だけが問題となるのであり、また、この形式によって両当事者の一方の行為が他方の自由と普遍的法則に従って調和させられうるかどうかが問題となるのである。

だから、法とは、或る人の意思が他人の意思と自由の普遍的法則に従って調和させられうるための諸条件の総体である」(VI, S.230. 邦訳『法論』354頁)。

本著作は、カテゴリー表を法に適用する試み、およびカテゴリーが図式化されて感性の形式に適用される場合にのみ、ア・プリオリな総合的諸法命題が可能であるとする証明の試みで終わる。その際、法概念の図式として、すべての使用可能な客体に関する意思の総合的統一が用いられる。

以上が本研究の大まかな内容であるが、ガイスマンは特に法哲学に関心のある読者にとっては、ゼンガーの研究は必ずしも説得力のあるものとは言えないと批判する。またゼンガー自身その「解釈の難しさ」を指摘している(Monika Sänger, a.a.O., S.169.)。その難しさは、ゼンガーによれば「カントがテクストにおいて端緒的にのみカテゴリー上の手続きを実行しており、法のカテゴリー表を展開している詳細な『法論のための準備草稿』を採用していない」ことにある。したがってゼンガーは、確かに、たとえば関係のカテゴリーの法概念の規定への適用を示そうと試みている。しかしここですでに、法概念はこの適用がなければ展開されえないのか、またそもそも法概念の規定（その3つの契機において）への3つのすべてのカテゴリーの実際の適用が存在するのか否かという疑問が生じる。ガイスマンは、ここではカテゴリー上の体系性の「必然的」適用が問題であり、また単にそのときどきに適した個々の「カテゴリー」が問題ではないということをゼンガーは説得力をもって証明していないと批判しているのである。

また、カントが明確に特定のカテゴリーを使用する法論の私法の箇所（たとえば私法の§4「外的な私のもの・汝のものという概念の究明」ないし外的な私のもの・汝のものの区分において）に対して、これらのカテゴリーを体系上使用することが「法哲学上」必然的なのか否かということは明示されていない。このことはまた、特にカントの占有論のカテゴリー上の体系性の見取り図的叙述に対しても当てはまる。

Monika Sänger, a.a.O., S.217. カントは§4の冒頭において、意思の外的対象であり得るものは3つだけであり、それらは私と外的対象との相互性というカテゴリーに対応するとして次のように述べている。

「私の意思の外的対象でありうるものは、次の三つだけである。(1)私の外にある或る〔有体的な〕物件、(2)或る特定の行ない〔給付praestatio〕に向けられた他人の意思、(3)私との関係における他人の状態。以上はそれぞれ実体、原因性、および、自由の法則にもとづく私と外的対象との相互性というカテゴリーに対応する」（VI, S.247. 邦訳『法論』372頁）。

この見取り図から法哲学上重要な意味を取り出すことができないとガイスマンは告白せざるをえないとする。

ここで述べられた疑念は、人間への適用可能性を確保するためには法論のカテゴリー上の基礎づけが必要であるとする本著作の主要テーゼに関して、ガイスマンによればさらに付け加えるべき重要さを得る。というのは、特にこれに対してカントの法論の中心的な§7「外的な私のもの・汝のものが可能であるという原理を経験の諸対象に適用すること」においてこの問題性によって何もないのに等しいことが判明するからである。ここでは、カテゴリーの使用が、それが行われるかぎり、法哲学上の問題解決の可能性の必然的条件であるということの正確な証明が必要であろう。しかし、その副題「カントの方法論に関する論文」から読み取れるように、この著作はカントの法哲学に関する寄稿論文ではけっしてなく、その方法論に関する寄稿論文であると言わざるをえない。

Ⅷ　F・カウルバッハの所論

はじめに

F・カウルバッハ（1912-1992）は1982年に新たに書き下ろした長編の論文（Die rechtsphilosophische Version der transzendentalen Deduktion. と題するこの論文が、カント法哲学に関するカウルバッハの最終的な解釈と言ってもよいであろう）を付け加えて1970年代に公刊したカント法哲学に関する一連の論文をまとめた論文集『カントの後期法哲学およびその超越論的方法に関する研究』を発表した。

Friedrich Kaulbach, Studien zur späten Rechtsphilosophie Kants und ihrer transzendentalen Methode, Würzburg 1982. この論文集はカント法哲学に関するカウルバッハの研究の集大成である。カウルバッハは、これらの論文の中で法論が超越論的に基礎づけられていることを証明するために、その特殊な方法に取り組んでいる。

このモノグラフに収載されている論文は発表された順に示すと以下のとおりである。また、上記論文集の頁を付記する。

1. Moral und Recht in der Philosophie Kants, in: Recht und Ethik. Zum Problem ihrer Beziehung im 19. Jahrhundert, hg.von Jürgen Blühdorn und Joachim Ritter, Klostermann Frankfurt 1970, S.43-58. F. Kaulbach, a.a.O., S.135-150.

2. Naturrecht und Erfahrunfsbegriff im Zeichen der Anwendung der kantischen Rechtsphilosophie; dargestellt an

den Thesen von P. J. A. Feuerbach, in M. Riedel (Hrsg.), Rehabilitierung der praktischen Philosophie Bd.I, Geschichte-Probleme-Aufgaben, Freiburg i.Br. 1972, S.297-321. (auch in Z.Batscha (Hrsg.), Materialien zu Kants Rechtsphilosophie, Frankfurt am Main 1976, S.193-205.) F. Kaulbach, a.a.O., S.219-243.

3. Der Begriff der Freiheit in Kants Rechtsphilosophie, in: Philosophische Perspektiven, Bd.5, 1973, Klostermann, Frankfurt, S.78-91. F. Kaulbach, a.a.O., S.75-87.

4. Der Herrschaftsanspruch der Vernunft in Recht und Moral bei Kant, in: Kantstudien, 67. Jahrgang, Heft 3, 1976, Walter de Gruyter, Berlin · New York, S.390-408. F. Kaulbach, a.a.O., S.55-74.

5. Das transzendental-juridische Grundverhältnis im Vernunftbegriff Kants und der Bezug zwischen Recht und Gesellschaft, in: F. Kaulbach · W. Krawietz (Hrsg.), Recht und Gesellschaft, Festschrift für Helmut Schelsky zum 65. Geburtstag, 1978; Duncker & Humblot / Berlin, S.263-286. F. Kaulbach, a.a.O., S.111-134.

6. Plädoyer für ein transzendentalphilosophisches Programm im Kontext der gegenwärtigen Rechtsphilosophie, in: Rechtstheorie, Zeitschrift für Logik, Methodenlehre, Kybernetik und Soziologie des Rechts, 10. Band 1979 Heft 1; Duncker & Humblot / Berlin, S49-69. F. Kaulbach, a.a.O., S.89-109.

7. Recht und Moral in der rechtsphilosophischen Situation der Gegenwart (Hans Kiefner zum 50.Geburtstag), in: Rechtstheorie, Zeitschrift für Logik, Methodenlehre, Kybernetik und Soziologie des Rechts, 10. Band 1979 Heft 4; Duncker & Humblot / Berlin, S.409-429. F. Kaulbach, a.a.O., S.169-189.

8. Rechtsphilosophie und Rechtstheorie in Kants Rechtsmetaphysik, in: J.-Derbolav-Festschrift. Philosophische Elemente der Tradition des politischen Denkens, (Hrsg.) von E. Heintel, R. Oldenbourg Verlag Wien München 1979, S.145-172. F. Kaulbach, a.a.O., S.191-217.

9. Die rechtsphilosophische Version der transzendentalen Deduktion, Erstveröffentlichuung 1982, S.9-54. 1. Eigenart der transzendentalen Methode in der praktischen Philosophie, 2. Transzendentalisierung und das Programm einer Metaphysik des Rechts: Verwirklichund der Rechtsgeltung und Macht des Rechts, 3. Anwendung der Rechtsbegriffe und juridische Urteilskraft, 4. Die transzendentale Konstellation als Thema in den Einleitungen zur „Metaphysik der Sitten“: Tafel der Rechtspflichten, 5. Berufungen Kants auf die transzendentale Methode in der Rechtslehre, 6. Das „allgemeine Rechtsgesetz“ als Maßstab der Normalität des Handelns und kategorischer Imperativ: das Paradox in der Methode einer Rechtsphilosophie und der Sinn der Kritik des Naturrechts.

カウルバッハの所論に対する論評として次の文献を参照。Gerd-Walter Küsters, Kants Rechtsphilosophie, Darmstadt 1988, S.3, S.27f., S.56, S.86-93.

以下においてまずカウルバッハのリッターに対する反論を要約的に検討し、リッターの所論の問題点を確認する。

カウルバッハは確かに、Chr・リッターがその著作『初期資料によるカントの法思想』(Christian Ritter, Der Rechtsgedanke Kants nach den frühen Quellen, Frankfurt am Main 1971, S.16.) の中で、カントの法哲学にはいわゆる超越論的方法 (transzendentale Methode) との関係が認められないというかぎりにおいて、法哲学はカント哲学の全体系の中では局外的役割を果たしているにすぎないとする、特に新カント学派によって流布された見解が一般にカント解釈において主張されていると指摘したことは正当であると認めている。なぜならば、それはカント法哲学の解釈史において周知の事実だったからである。しかしながら他方で、カウルバッハは超越論的哲学 (Transzendentalphilosophie) の構造および発展がカントの法哲学に対していかなる成果も与えなかったとするリッターのテーゼに対しては、このテーゼは従来の新カント学派の見解に再び帰着することになるが、反対の立場を明確に表明する。

F. Kaulbach, Der Begriff der Freiheit in Kants Rechtsphilosophie in: Philosophische Perspektiven, Bd.5, 1973, Klostermann, Frankfurt. 以下においてカウルバッハからの引用は次の文献による。Friedrich Kaulbach, Studien zur späten Rechtsphilosophie Kants und ihrer transzendentalen Methode, Würzburg 1982, S.75, Anm.1.

またカウルバッハは、リッターのこのテーゼに対して、カントの法哲学上の諸命題を『法論』の超越論的法的 (transzendentaljuridisch) 基礎づけと関連させることなく解釈するのは不十分であり、もしこのような誤りを犯せば、リッターと同様の結論に陥ることになるとする厳しい批判を加える。すなわちリッターの主張とは、カントにおける批判的転回 (kritische Wendung) は、カントの後期の著作である『法論の形而上学的基礎論』(１７９７年) にはいかなる影響も与えておらず、それゆえ『法論』は根本においてカントが超越論的哲学を構想する以前にすでに確定していたとする主張である (Ritter, a.a.O., S.16.)。

しかしカウルバッハは、カントの法思想の超越論哲学的背景を考慮の外に置く者は、このような間違った結論に至らざるをえないと指摘する。確かに、豊富な初期資料を駆使した綿密で実証的なリッターのカント法思想の研究はその功績が認められなければならない。しかし、カント法思想の発展史にのみ制限されたこのリッターの研究は問題性を含んでいないとは言えない。というのは、カント法思想の発展史的な途の「何に向かって」(Worauf-hin)を理解することなく、発展史的方法という意味においてきわめて緻密な分析を行うことには、次のような危険を伴う可能性が否定できないからである。つまり、思想の思索史的発展における事柄に即した体系的な首尾一貫性、また特に思想の「変革」(Umbrüche)を見ることなく、これこれの年にカントが何を言ったかを結局単に説明するにすぎないという危険である。

F. Kaulbach, Das transzendental-juridische Grundverhältnis im Vernunftbegriff Kants und der Bezug zwischen Recht und Gesellschaft, in: Recht und Gesellschaft, Festschrift für Helmut Schelsky zum 65. Geburstag, 1978: Duncker & Humblot / Berlin. Friedrich Kaulbach, Studien zur späten Rechtsphilosophie Kants und ihrer transzendentalen Methode, Würzburg 1982, S.114, Anm.3. V. Gerhardt / F. Kaulbach, Kant, Darmstadt 1979, S.14-23, S.73-74. ゲアハルトおよびカウルバッハは、リッターの歴史的叙述はカント解釈の発展史的方法の限界に注意を喚起すると指摘している。つまり、カント哲学全体の思想形態に定位することなく、カント思想の生成の叙述が個々の思想断片の証拠資料や研究報告に制限されるとすぐに、批判哲学の本質的なものも失われることになると批判している。

このような発展史的研究の限界はその後多くの論者によって指摘されている問題点である。カウルバッハは上記のような根本的批判を加えているが、しかしリッターの個々の見解に対する反駁を試みるのではなく、カウルバッハ自身の長きにわたるカント哲学の研究によって深められた独自の体系的視点からカント法哲学解釈を提示する。カウルバッハの法哲学解釈は、カント法哲学の批判的性格(kritischer Charakter)あるいは超越論的性格(transzendentaler Charakter)および『法論』といわゆる「三批判書」との関連をめぐるその後の議論に甚大な影響を与えており、またカント法哲学の超越論的性格を最初に体系的に解明した点においてもきわめて注目に値する。

たとえば、R. Brandt の次の著書および論文を参照。Reinhard Brandt, Eigentumstheorien von Grotius bis Kant, Stuttgart 1974, S.167-224 und S.253-267. Reinhard Brandt, Rezension zu: Der Rechtsgedanke Kants nach den frühen Quellen, in: Philosophische Rundschau.20, 1974, S.43-50. Reinhard Brandt, Das Erlaubnisgesetz, oder: Vernunft und Geschichte in Kants Rechtslehre, in: Reinhard Brandt (Hrsg.), Rechtsphilosophie der Aufklärung, Berlin・New York 1982, S.233-285.

さらに、リッターに対する反論として次の著書などが重要な文献として挙げられる。

Monika Sänger, Die kategoriale Systematik in den „Metaphysischen Anfangsgründen der Rechtslehre". Ein Beitrag zur Methodenlehre Kants, Berlin・New York 1982. Wolfgang Kersting, Wohlgeordnete Freiheit. Immanuel Kants Rechts-und Staatsphilosophie, Berlin・New York 1984. Kristian Kühl, Eigentumsordnung als Freiheitsordnung. Zur Aktualität der Kantischen Rechts-und Eigentumslehre, Freiburg (Breisgau); München 1984. Manfred Brocker, Kants Besitzlehre. Zur Problematik einer transzendentalphilosophischen Eigentumslehre, Würzburg 1987.

カウルバッハは、カント研究者の中でもっとも優れた独自なカント解釈者のひとりであると評されている。その大胆で独創的なカント解釈は、今までわれわれが抱いていたカント解釈を塗り替えるものである（『純粋理性批判案内—学としての哲学—』F・カウルバッハ著、井上昌計訳、成文堂、１９８４年、「訳者あとがき」３２５−３２９頁を参照）。つまり、カウルバッハはカントの批判哲学を超越論的遠近法主義の思想であるとする、一般の哲学史上の理解からすれば、容易に把握し難い大胆な解釈を提示している。カントは『純粋理性批判』の中で客観を二重の意味で理解している。つまり、客観を現象として理解するか、あるいは「もの自体」として理解するかという二重の理解の仕方が可能である。つまり、この二重の理解の仕方が、カントの直面した難問のアンチノミー、つまり二律背反を解決する観点であり、いわゆるコペルニクス的転回を遂行し批判哲学の地平を拓く方法的な立場であった。

カウルバッハは、この二重の理解の仕方をカントの遠近法の２つの立場であると見なしている。対象に対する主観が取る立場、つまり客観を現象として解するパースペクティヴに立つか、あるいは「もの自体」として解するパースペクティヴに立つか。このような２つの遠近法が可能となる。こうして一定の立場の取り方によって客観を現象として理解するか、それとも「もの自体」として理解するかという２つの見方が可能になるとする。カントの用語で表現すれば、人間が客観を表象する２つの表象の仕方を意味するが、これが事物を考察する２つのパースペクティヴであると解釈している（牧野英二『カントを読む―ポストモダニズム以降の批判哲学』岩波書店、２００３年、１７８‐１７９頁を参照）。

これら２つのパースペクティヴは、もちろん法哲学の解釈についても当てはまる。

V. Gerhardt・F. Kaulbach, Kant, Darmstadt 1979, S.73. ゲアハルトおよびカウルバッハは、リッターのテーゼはカントの批判哲学の独断的誤解であると指摘している。つまり、実践理性によって法の普遍的原理がまったく新たに基礎づけられているということが見誤られているだけではなく、法的根本概念そのものに対する批判的基礎づけの手続きの首尾一貫性も見誤られているとする。かれらはそのひとつの例として経験的占有と可想的占用との区別を挙げている。

「カントは１７９７年の法論において経験的占有と可想的占有との区別をもっとも重要視している。この区別は二つのパースペクティヴの方法的適用から生ずるものであり、カントはこれらのパースペクティヴを「純粋理性の弁証論」において最初に展開している。身体性および物理的もの支配のパースペクティヴにおいて経験的占用の概念が生じ、また他方で普遍的理性的世界のパースペクティヴは可想的占有に至る。あらゆる法的占有取得に内在しているこの理性の要求だけが理性的基礎づけをすることが可能である。それに対応することが契約締結あるいは法的人格の概念にも当てはまる」。また、カウルバッハは１９６９年に出版された『イマヌエル・カント』の中ですでにカントの占有理論について上記と同様の解釈を提示している。**Friedrich Kaulbach, Immanuel Kant, Berlin 1969, S.305-317.** 邦訳『イマヌエル・カント』井上昌計訳、理想社、１９７８年、３２２‐３３３頁。

先に述べたように、上記著作は、１９７０年代に発表されたカント法哲学に関する８つの論文に新たに書き下ろされたひとつの論文が付け加えられ、編集されたものである。カウルバッハは、これらの論文において後期カント法哲学の超越論哲学的性格を明らかにすることを試みている。新たに書き下ろされた論文「超越論的演繹の法哲学的ヴァージョン」は、「超越論的演繹」の特殊実践的、特に法哲学的ヴァージョンを際立たせることを課題にしている。この論文において、カウルバッハは新たな側面からかれのテーゼを裏づけることを試みる。つまり一言で言えば、カントの見解に従うと、哲学的理性は法思考の特徴によって決定的に規定されているとするテーゼである。

Friedrich Kaulbach, Philosophie als Wissenschaft. Eine Anleitung zum Studium von Kants Kritik der reinen Vernunft in Vorlesungen, Hildesheim 1981, S.13-26. の中でも論及されている。この著作は『純粋理性批判』出版２００年を記念して刊行されたものである。邦訳『純粋理性批判案内—学としての哲学—』井上昌計訳、成文堂、１９８４年、５-22頁。

それでは、カウルバッハのカント『法論』の解釈の独自性とは何であろうか。カウルバッハ自身がこの著作の序文の中で述べていること以上に簡明的確に表現することはできない。

カウルバッハは次のように述べている。

「法の哲学において、超越論的方法は単に「適用されている」(angewandt)のではなく、むしろ法の哲学の中にこそ超越論的哲学の思想はその独自の省察が基礎を置いている諸原理を再認識する。それゆえ、カントの後期の法哲学は超越論的方法の単なる付随的な適用領域ではなく、むしろ本来的に超越論的方法の固有の領域であると見なされなければならない」(F. Kaulbach, Studien zur späten Rechtsphilosophie Kants und ihrer transzendentalen Methode, Würzburg 1982, Vorwort.)。

これが、カウルバッハのカント法哲学解釈についての基本的なテーゼである。この序文の文章からカウルバッハのカント法哲学解釈の意図が読み取れる。すなわち、科学を基礎づけるというパースペクティヴとして超越論的方法を狭く解釈する新カント学派(普遍的・科学主義的解釈)によって、カントの理論哲学と実践哲学の諸著作、特に１７９７年に出版された『法論』との間で引き裂かれた溝に架橋することがカウルバッハのカント法哲学解釈の目的である。またカウルバッハは、カントの法哲学は批判主義の視点から見れば取るに足りないものであるとする新カント学派のテーゼを覆すことを試みる(Wolfgang Kersting, Rezension zu: Studien zur späten Rechtsphilosophie Kants und ihrer transzendentalen Methode, in: Kantstudien, Bd.77, 1986, S.123.)。

カウルバッハが、カント法哲学の超越論的性格を取り上げている論文として以下のものが特に重要である。

まず第一論文として、「カント法哲学における自由の概念」（Der Begriff der Freiheit in Kants Rechtsphilosophie, in: Philosophische Perspektiven, Bd.5, 1973, Klostermann, Frankfurt.）が挙げられる。この論文は１９７１年に発表されたリッターの否定説に対する最初の論駁であり、またこの論文からカウルバッハのカント法哲学の解釈に対する基本的な立場が明確に窺える。カウルバッハは、この論文以前に書かれた『イマヌエル・カント』（Immanuel Kant, Berlin 1969.『イマヌエル・カント』井上昌計訳、理想社、１９７８年、４「新しい形而上学のプログラムと方法および遺稿における継続的展開」３「人倫の形而上学」３２２–３３３頁）の中でも『法論』を取り扱っている。

次に第二論文として、「カントの理性概念における超越論的・法的根本関係および法と社会との関連」（Das transzendental-juridische Grundverhältnis im Vernunftbegriff Kants und der Bezug zwischen Recht und Gesellschaft, in: Recht und Gesellschaft, Festschrift für Helmut Schelsky zum 65. Geburtstag, 1978; Duncker & Humblot / Berlin.）が挙げられる。この論文の特に第二章（S.114-125.）においてカントの占有論の超越論的性格が解明されており、カント占有論の理解にとって重要である。

最後に第三論文として、「超越論的演繹の法哲学的ヴァージョン」（Die rechtsphilosophische Version der transzendentalen Deduktion,1. Eigenart der transzendentalen Methode in der praktischen Philosophie, 2. Transzendentalisierung und das Programm einer Metaphysik des Rechts: Verwirklichung der Rechtsgeltung und Macht des Rechts, 3. Anwendung der Rechtsbegriffe und juridische Urteilskraft, 4. Die transzendentale Konstellation als Thema in den Einleitungen zur „Metaphysik der Sitten“: Tafel der Rechtspflichten, 5. Berufungen Kants auf die transzendentale Methode in der Rechtslehre, 6. Das „allgemeine Rechtsgesetz“ als Maßstab der Normalität des Handelns und kategorischer Imperativ: das Paradox in der Methode einer Rechtsphilosophie und der Sinn der Kritik des Naturrechts, in: Studien zur späten Rechtsphilosophie Kants und ihrer transzendentalen Methode, Würzburg 1982.）が挙げられる。この論文は、カウルバッハのカント解釈を決定的なものにした大著『カント哲学における行為という原理』（Das Prinzip Handlung in der Philosophie Kants, Berlin 1978.）およびカウルバッハ独自のカント解釈が展開され上述の大著に裏打ちされた『純粋理性批判案内—学としての哲学—』（Friedrich Kaulbach, Philosophie als Wissenschaft. Eine Anleitung zum Studium von Kants

Kritik der reinen Vernunft in Vorlesungen, Hildesheim 1981. 井上昌計訳、成文堂、１９８４年）後に書かれたものである。この意味できわめて重要な意味をもっている。

『純粋理性批判案内—学としての哲学—』井上昌計訳、成文堂、１９８４年、「訳者あとがき」３２５-３２９頁を参照。また、この論文はそれまでに書かれたカント法哲学の超越論的性格に関するカウルバッハ自身の解釈を総括し、具体的に『法論』のテクストを多数引用しながら、カウルバッハのテーゼを明確に打ち出している。この意味においても重要な意義をもっている。

次の文献も参照。Gerd-Walter Küsters, Kants Rechtsphilosophie, Darmstadt 1988, S.86-93.

一　カウルバッハの法論解釈の独自性

この著作に対してはW・ケアスティングの書評論文がある。

Wolfgang Kersting, Rezension zu: Studien zur späten Rechtsphilosophie Kants und ihrer transzendentalen Methode, in: Kantstudien, 77, 1986, S.123-128.

ケアスティングはこの中でカウルバッハのカント法哲学解釈を詳しく論じている。ケアスティングが特に分析の対象としているのは、前述した論文集の発表順に従って記せば、以下の3.、5.および9.の３つの論文である。

次の２つの拙稿を参照。

拙稿「カント法哲学の超越論的性格—F・カウルバッハの所論を中心として—」『法学政治学論究』第７号、１９９０年、３５７-３８８頁（本書第二部第二章）。

拙稿「カント法哲学の超越論的性格—所有権論を中心として—」『法哲学年報　１９９３年 生と死の法理』１９９４年、１６１-１６９頁。

3. Der Begriff der Freiheit in Kants Rechtsphilosophie, in: Philosophische Perspektiven, Bd.5, 1973, Klostermann, Frankfurt.

5. Das transzendental-juridische Grundverhältnis im Vernunftbegriff Kants und der Bezug zwischen Recht und Gesellschaft, in: Recht und Gesellschaft, Festschrift für Helmut Schelsky zum 65. Geburtstag, 1978; Duncker & Humblot /

Berlin.

9. Die rechtsphilosophische Version der transzendentalen Deduktion, Erstveröffentlichung 1982.

以下において、ケアスティングの書評論文を手がかりにしてカウルバッハの所論を検討する。それによって、カウルバッハの法論解釈の独自性を具体的に明らかにしたい。

カウルバッハのカント法哲学解釈は、新カント学派が科学を基礎づけるという狭い視点からカントの理論哲学と実践哲学の諸著作、特に１７９７年の『法論』との間に裂け目を作った溝を架橋することを目指している。カウルバッハにとって、カントの哲学的理性の構造と方法的諸行為および法の領域との間には親和性が成立する。ひと言で言えば、哲学的理性は司法性（Juridizität）によって形成されるということである。つまり、この哲学的理性は、尋問する認識機関ではなく、法を措定し憲法を付与する審級である。この哲学的理性は認識可能性の諸条件を決定することによって認識を定義する。この哲学的理性は認識論的境界設定を設立し、また提示された認識要求の決定のための枠組みを設置する。カウルバッハは、カントの第一「批判」の全体を貫いているとされる法的・秩序政策的隠喩をきわめてまじめに受け取り、またそこからカント解釈の鍵を取り出している。上記の解釈から窺い知れるように、哲学的理性は法と緊密な関係をもっている。カウルバッハの批判哲学の解釈は法論的視点、つまり裁判官モデル、司法モデルおよび法廷モデルの視点からなされており、まさにこの点にカウルバッハの法論解釈の独自性がある。つまり、カントの批判哲学は一般的に言えば訴訟手続的性格をもっていると言ってもよい。したがって、『純粋理性批判』から後期のカントの法哲学への移行は、新カント学派やその延長線上にある論者によって主張されるような、方法的な逸脱として特徴づけられるのではなく、むしろ方法的回帰として特徴づけられうることになる。

カウルバッハはこの事態を次のように簡潔に述べている。

「法の哲学において、超越論的方法は単に「適用されている」（angewandt）のではなく、むしろ法の哲学の中にこそ超越論的哲学の思想はその独自の省察が基礎を置いている諸原理を再認識する。それゆえ、カントの後期の法哲学は超越論的方法の単なる付随的な適用領域ではなく、むしろ本来的に超越論的方法の固有の領域であると見なされなければならない」(Friedrich Kaulbach, a.a.O., Vorwort.)。

したがって、カウルバッハのこの解釈は、カントの法哲学は批判主義の立場から見れば取るに足りないものであるとする新カント学派およびリッターやイルティングのテーゼを逆転させることになる。たとえば、R・ブラントが主張しているように、カントの法哲学が１７９０年代にようやくその最終的な形態を見出し、まさにカウルバッハの解釈にとってきわめて重要な位置を占める私法がまったく新たな理論であるとする事情を考慮に入れたとしても、カウルバッハはまったく動揺しない。というのは、カントの超越論的哲学の核心は法に属し、またカウルバッハの視点から見れば、少なくとも１７８１年以降カントの哲学的理性の方法的手続きを基本的に規定している諸構造は法哲学において固有のものであるからである。

カウルバッハは、カントの法哲学は超越論的方法の本来の場所であるとするテーゼを今までもさまざまな論文において略説してきた。この論文集を編集するにあたりこれらの論文がまとめられ、その際「超越論的演繹の法哲学的ヴァージョン」に関する新たな包括的研究が付け加えられた。

二　コペルニクス的転回の解釈

ケアスティングによれば、体系的に興味深いカント研究のさらなる部分の取り組みに関して、つまり超越論的論拠および超越論的思考の方法的固有性についての論理的、証明理論的地位をめぐる議論の枠組みにおけるいわゆる分析的超越論的哲学とともに、一般的に「超越論的」という概念に、また特殊的にカント哲学の論証の文脈におけるその意味に確固たる輪郭を与えるというその手軽さには驚かされる。しかし、この輪郭によって超越論的という概念は全般的に理解しやすい方法で理論的に取り扱い可能になる。カウルバッハは、実際かれの著作や論文を読むとすぐに気づくことであるが、この超越論的という概念をきわめて頻繁に使用している。したがって、特にこの手軽さのために、カウルバッハはカントの思考上の根本態度およびこれを構成する方法的・論証的主要動機を特徴づけるために超越論的という概念を使用している。そして、これによって「超越論的」という表現は、その意味を詳細な論証分析および問題の顕微鏡検査によってのみ概念的に確定することができると考える以上にはるかに大きな可動性を得ることになる。

哲学的伝統のテクストとの解釈上の取り組みが存在する。この取り組みは、著者の意図、その問題理解、その解決の期待および提起された解決の手がかりの体系的射程を規定するために、伝えられたテクストの論証的な多様性を凌駕しようと試みる。それに対して、カウルバッハにおいてはむしろ取り組み方法が見出されなければならない。この取り組み方法は、しばしばテクストからはるかに離れることによって根本理念、中心思想および中心概念から躍動的な、まったく深い感銘を与える解釈を演出し、またこの目的のためにカントにおけるコペルニクス的転回の動機および隠喩から独自の解釈言語が合成される。それは、「立場取得（Standnehmen）および態度表明（Stellungnehmen）といった超越論哲学的用語法」であり（Friedrich Kaulbach, a.a.O., S.35.）、また「配置関係（Konstellation）、自由の立場（Stand der Freiheit）ないし自由の態度（Stellung der Freiheit）およびパースペクティヴ（Perspektive）といったような諸原理」の有効性をカントの「思考手続きの隠された基準」として叙述する。

Friedrich Kaulbach, a.a.O., S.82. たとえば、カントはこれに関連して、コペルニクス的転回に直接言及しているわけではないが、それを踏まえて『人倫の形而上学の基礎づけ』の中で2つの立場について次のように述べている。

「……理性的存在者は、自分自身を叡智者として（それゆえ理性的存在者が有する下級諸力の面からではなく）、感性界にではなく悟性界に属するものとして、見なさなければならない。したがって理性的存在者は二つの立場をもつのである。二つの立場から理性的存在者は自分自身を考察したり、自分の諸力を使用する法則を認識したり、したがって自分の行為すべての法則を認識したりできる。つまり、ある時は、感性界に属する限りで、自然法則（他律）の下にあり、次いで、叡智的世界に属するものとしては、自然から独立した、経験的ではなくてただ理性だけに基づいている法則の下にある」（IV, S.452. 岩波版『カント全集７』平田俊博訳、99頁）。

カウルバッハの超越論的哲学の解釈の独自性については、次の文献を参照。有福孝岳『カントの超越論的主体性の哲学』理想社、１９９０年。

これによってカウルバッハが、カントのコペルニクス的転回に独自の解釈を与えていることが理解できるであろう。

カウルバッハのコペルニクス的転回についての独自の解釈については、次の文献を参照。**Friedrich Kaulbach, Philosophie als Wissenschaft. Eine Anleitung zum Studium von Kants Kritik der reinen Vernunft in Vorlesungen, Hildesheim 1981, S.27-41.** 邦訳『純粋理性批判案内—学としての哲学—』井上昌計訳、成文堂、１９８４年、特に第二講「コペルニクス的転回—主観の二重の立場取得と世界パースペクティヴの自由使用」、23-42頁。

それでは、カントがコペルニクス的転回についてどのように述べているのかをまず確認しておきたい。カントは、この有名なコペルニクス的転回について『純粋理性批判』第二版序言の中で次のように述べている。

「私が一考すべきことは、一挙に成就した革命によって、いまあるところのものとなった数学と自然科学の実例は、それらの学問にとってこのように有利になった考え方の変革の本質的要素を熟慮するために十分に注目に値し、ならびに、同じ理性認識としての数学・自然科学と形而上学との類比が許すかぎり、ここにおいて少なくとも数学・自然科学を試みに模倣するために十分に注目に値するであろうということである。これまでは、われわれの全認識は諸対象に従わねばならないと想定されていた。しかし、諸対象についてアプリオリに諸概念を通じて或るものを構成しようとする——それによってわれわれの認識が拡張されるであろう——試みのすべては、こうした前提のもとでは無に帰した。だから、一度、諸対象がわれわれの認識に従わなねばならないと想定することによって、われわれは形而上学の課題という点でよりいっそう前進するのではないかどうかを試みてみよう。そうすることは、諸対象がわれわれに与えられる前に、諸対象について何かを確定すべき、諸対象についてのアプリオリな認識という要求された可能性とまったくより良く合致するのである。この事情は、コペルニクスの最初の考えにおける事情とまったく同様である。すなわち、コペルニクスは、彼が全天体が観察者の周りを回ると想定した場合、天体運動の説明がうまくいかなかったので、観察者を回転させ、これに対して星を静止させたならば、もっとうまくいくのではないだろうかと試みた。さて、形而上学においては、諸対象の直観に関して、ひとはそのことを類似したやり方で試みることができる。もし直観が諸対象の性質に従わねばならないとすれば、いかにしてひとがこの性質について何かをアプリオリに知ることができるかということを、私は洞察しないのである。しかし、(諸感官の客観としての)対象がわれわれの直観能力の性質に従うならば、私はこうした可能性をまったく十分に考えることができる。しかし、直観が認識となるべき場合、私はこの直観のもとに立ち止まることはできず、表象としての直観を対象としての何らかのものに関係づけ、対象を直観を通じて規定しなければならないのであるから、私は以下のことを想定することができるか、そうでなければ想定するかである。すなわち、それによって私がこの規定を成就する諸概念がまた対象に従うと私は想定することができ、それから、どうすれば私が対象について何かをアプリオリに知ることができるかという仕方のゆえに、私は再び同じ困惑のうちにあることになる。そうでなければ、対象ないしは、同じことであるが、そこでのみ諸対象が(与えられた諸対象として)認識される経験がこれらの概念に従うと想定すると、直ちにいっそうやさしい方策を見て取るのである。なぜなら、経験そのものは悟性が要求する認識の仕方であり、私は悟性の規則を私のうちに、まだ諸対象が私に与えられる前に、したがってアプリオリに前提しなければならないからであり、その規則はアプリオリな諸概念において表現されるからであり、それゆえ経験の全対象が諸概念に必然的に従い、諸概念と一致しなければならないからである。諸対象に関しては、諸対象が単に理性によってしかも必然的に考えられるかぎりにおいて、しかし(少なくとも、理性が諸対象を考えるがままには)諸対象が経験においてまったく与えられえないかぎりにおいて、諸対象を思惟するもろもろの試みは(というのは諸対象はやはり思惟されなければならないのだから)、このあと、われわれが考え方の変革的方法とみなしていることの偉大な試金石を提供するであろう。考え方の変革的方法とは、つまりは、われわれ自身が諸物のうちに置き入れるものだけを、われわれは諸物に関してアプリオリに認識するということである」（B XVI-XVIII. 岩波版『カント全集4』有福孝岳訳、33–35頁）。

カウルバッハは、カントのコペルニクス的転回の動機および隠喩をオープス・ポストゥムム（『遺稿』）での展開も視野に入れて、パースペクティヴという視点から以下のように解釈していると考えられる。

人間的主体は、確定した、全面的に決定された構成要素として行為世界・生活世界に存在するのではなく、この主体は「共同の主体とともにその世界に身を置き、またものと関係するために」かれの世界を設計する（Friedrich Kaulbach, a.a.O., S.102.）。哲学の課題は、カウルバッハによれば、日常的な人間の世界構想のこのあいまいな形而上学を解明することであり、またカウルバッハによって「超越論的」と名づけられた基礎的な構想行為およびその構想行為から結果として生じる理論的、実践的配置関係と根本関係を記述することである。その際、カウルバッハの確信によれば、この目的のために行われた「超越論的反省」（transzendentale Reflexion）（Friedrich Kaulbach, a.a.O., S.11.）、つまり直接性の一時的な、具体的な認識事実性および行為事実性から離れた諸原理を求める抽象運動は、理論的領域においても実践的領域においても、認識する世界態度においても人間相互およびものとの実践的関係においても構造的に同一の「超越論的根本行為」（transzendentale Grundhandlungen）に逢着する（Friedrich Kaulbach, a.a.O., S.14.）。すなわち、「認識理性と法理性との共通の、同一の根源」が明らかとなる（Friedrich Kaulbach, a.a.O., S.113.）。というのは、それは「理性の同一の「行為」だからであり、この行為は自然の普遍的法則の立法者として理論的主体を正当化し」、「また法的主体（人格）ないし諸法的主体の総体と行為において使用可能で自由に処分できる「もの」との間の法的配置関係（rechtliche Konstellation）を基礎づけるからである。

自然認識の可能性の条件は、このようにして同時に法的人格と法的ものとの間の超越論的配置関係の条件として明らかとなる」（Friedrich Kaulbach, a.a.O., S.113.）。そして、法的配置関係は「超越論的司法性」（transzendentale Juridik）において展開される（Friedrich Kaulbach, a.a.O., S.114.）。したがってカウルバッハは、立場を関係づける（Standpunkt-beziehen）および態度を表明する（Stellungnehmen）という超越論的用語法に言い換えられた自然的私法についてのカントの理論を挙げている。カントはその根本原理、つまり「実践理性」の法的要請を法的理性の第二の原理として法の普遍的法則の後に導入している。

カントは§C「法の普遍的原理」の中で法の普遍的法則を次のように定式化している。「汝の意思の自由な行使が普遍的法則に従って何びとの自由とも両立しうるような仕方で外的に行為せよ」(VI, S.231. 邦訳『法論』３５５頁)。そして、§２「実践理性の法的要請」の冒頭で「実践理性の法的要請」を次のように定式化している。「私の意思のいかなる外的対象も、これを私のものとしてもつことが可能である。これを言いかえれば、次のような格率は、すなわち、もしそれが法則とされた場合に、それに従えば意思の対象なるものがそれ自体として〔客観的に〕無主物〔res nullius〕とならざるをえないであろうような格率は、法に反する」(VI, S.246. 邦訳『法論』３７１頁)。

このことは必然的である。というのは、法の普遍的法則は、この法則は直接的な主体間の行為に関してすべての他者に関する各人の自然的法的立場のみを定義しているが、あらゆる調和したものの使用の生得的な自由権によって持続的なものの使用を規範的に基礎づけることができないからである。この法の法則は、ものの占有の場合において他者の意思の法的排除権限を所持（Inhabung）という経験的条件に限定しなければならず、したがってまた一般的にものに対する意思の自由を感性的占有という条件に制限する。

しかし、このことは法的観念論（idealismus iuridicus）に矛盾することになる。この法的観念論は、他者の意思制限を形式的法則によるものとして受け入れることができない。この理性の要請は、ものの使用に関する人間相互の関係についての自由法則的規制の規範的基礎として、次のような諸義務と諸権限を基礎づける。しかし、これらの義務と権限を、ものの使用という規制の実質を度外視する基本的な法の法則そのものは義務と権限として証明することができない。そのかぎりにおいて、この理性の要請に法の法則の妥当性を制限する機能が帰せられる。また、カントはこの機能によって理性の要請を「許容法則」として分類している。

カントは、§2「実践理性の法的要請」の中で実践理性の許容法則について次のように述べている。

「……私の意思のいかなる対象も客観的に可能な私のもの・汝のものとみなし、かつそう取り扱うことは、実践理性のア・プリオリな一前提である。

こうした要請は実践理性の許容法則〔lex permissiva〕と名づけられうるものであって、これは、単なる権利一般の概念からは導き出すことのできない権能をわれわれに与えるのである」（VI, S.246f. 邦訳『法論』３７２頁）。

ここで略述された理性の要請の規範理論的、妥当論理的性格は、理性の要請とともにはじめてカントの出版された諸著作に現れる許容法則の構想と同様に、カウルバッハの「超越論的司法性」において注目されていない。カウルバッハにとって「実践理性の法的要請は……配置関係であり、この配置関係において私は意思の主体として、したがって「私は意志する」（Ich will）として根源的な方法で法によってものの支配者となると説明される」（Friedrich Kaulbach, a.a.O., S.115.）。この実践理性の法的要請において「諸人格と法的ものとの根本 - 関係が意図されており、この根本関係はまた超越論的・法的配置関係と呼ばれる」（Friedrich Kaulbach, a.a.O., S.116.）。この配置関係において、一方では意志能力のある人格には「ものに対する支配者の立場が割り当てられ」、また他方では、ものには「人格の支配のもとにおける使用可能性および被支配的存在という性格」が割り当てられる（Friedrich Kaulbach, a.a.O., S.115.）。このことから、ものの使用についてのあらゆる規範的—法的規制は拒否されるべきであるということが帰結する。というのはこの規制は人格とものとのこの支配関係を破壊することになるからである。

また同じ理由から、人格とものとの間の自由の格差を人格間の領域に転用するような法的態度は拒否されなければならない。というのは、ここで支配、意思および法の超越論的法的並列関係が同様に妨げられるからである。もの支配の相互的尊重によって法的諸人格の相互的承認が媒介されるというのが、法の法則および法の法則において基礎づけられた生得的自由と自然的法的人格性の犠牲における理性の要請のカウルバッハの特別扱いの結果である。したがって、自由で平等な人間の体系的に第一の理性法的形態の位置に、所有権者の体系的に第二の形態が入る。「法共同体における諸人格間の超越論的法的根本関係は、他者においてかれのものの自由な支配者であることを承認するという相互的な拘束性を前もって考慮に入れる。法の社会的性格は「私は意志する」（Ich will）という相互承認、したがってものの使用におけるあらゆる人の自由の相互的承認というこの超越論的関係に基づいている」（Friedrich Kaulbach, a.a.O., S.122.）。

「私は意志する」は「理論理性の「私は考える」（Ich denke）の実践的補完物である」（Friedrich Kaulbach, a.a.O., S.12.）。「私は意志する」と「私は考える」というこの両者は超越論的根本態度の略語である。この根本態度によって、構造が同一であり、同様に超越論的法的に方向づけられた「超越論的配置関係」（transzendentale Konstellation）が作られる（Friedrich Kaulbach, a.a.O., S.79.）。つまり、一方が「人格―もの―配置関係」（Person-Sache-Konstellation）であり、また他方が「主体―客体―配置関係」（Subjekt-Objekt-Konstellation）である（Friedrich Kaulbach, a.a.O., S.78.）。というのは、「超越論的主体」（das tranzendentale Subjekt）が法理論においてものに対して自由の立場および自己目的性の立場と関連するように、カントはまた理論哲学において「超越論的主体に客体に対する自由の位置を占めるという役割を付与している」からである（Friedrich Kaulbach, a.a.O., S.126.）。この客体は、「超越論的認識配置関係」（transzendentale Erkenntniskonstellation）へ入ることによって現象になる。現象については「悟性によって構想された自然法則性の必然性関連が決定を下す」。つまり、「私は自由において認識対象の対象的性格を構想するということである。理論理性に入り込む超越論的法的根本関係は、私の立場が諸対象の対象性に対する自由の立場であることを証明する。認識可能性は諸対象に対する一種の理論的使用可能性である。「私は考える」はものに対して超越論的関係に自分自身を置く。それによってものに対する認識行為の行使が可能となる」（Friedrich Kaulbach, a.a.O., S.127.）。

三　超越論的演繹の法哲学的ヴァージョン

以上のコペルニクス的転回の解釈から、カウルバッハの解釈の要点が明らかになる。コペルニクス的転回は2つの構造的に同一の半回転に分解される。つまり、一方は理論的半回転であり、これは認識的自然使用を超越論的に基礎づけ、また他方は実践的半回転であり、これは技術的自然使用を超越論的に基礎づける。

超越論的根本行為は、これは行為の世界および行為の世界を規制する規範的体系を構成するが、「自由の法則によって規定された世界の基盤のうえで立場を取ること」（Stand-nehmen）である（Friedrich Kaulbach, a.a.O., S.14.）。この行為に類似の働きは、実践哲学のさまざまな論証の文脈において解釈上使用されうる。占有論・所有権論において自由の立脚点をとることは、「思惟と直観のパースペクティヴ」の放棄を含意し（Friedrich Kaulbach, a.a.O., S.83.）、自由はまさに理論哲学においてと同様に、現象の空間・時間的結合においてではなく、人格とものとの間のすべての経験的関係を失効させることにおいて、そして可想的占有の概念への規範的な行為の定位において表面化する。個人道徳においてこの「行為」（Tathandlung）は成立し、そして「直接的、自然的動機による囚われからの人格の歩み出る（Heraus-treten）ことにおいて、また実践理性の法則の卓越した立場を取ることにおいて成立する。この立場から道徳的諸規範を認識し、またその実現を決断することが可能となる」（Friedrich Kaulbach, a.a.O., S.14.）。

そして、類似の移行および立場転換を形成するのは「公民的・法的状態に入る（Ein-treten）という運動、また同様にわがままの状態から出ていく（Hinausgehen）」という運動である（Friedrich Kaulbach, a.a.O., S.14.）。カウルバッハは「超越論的演繹の法哲学的ヴァージョン」に関する論文において、カントの国家の基礎づけについての超越論哲学的解釈を提示している。カウルバッハは「法実現の超越論哲学的基礎づけ」について論じ（Friedrich Kaulbach, a.a.O., S.20.）、またこれを「一方的意志における囚われの状態から法的に規範化された法の世界および全般的意志の世界の立場への移行」（Friedrich Kaulbach, a.a.O., S.41.）による共同的意志の構成、あるいはまた「自然に規定された利害の狭量における囚われの状態から共通の法的意志を包括する広い地平の立場への移行」（Friedrich Kaulbach, a.a.O., S.43.）による共同的意志の構成であると理解している。そしてこの共通の意志は、「法規範を正当化し、また法規範を可能にする実践的意識の根本行為の結果であると見なされる」（Friedrich Kaulbach, a.a.O., S.29.）。

ここで明らかにカウルバッハの自然法のトポス（e statu naturali exeundum 自然状態からの脱却）のヴァージョンとかか

わり合わなければならない。国家の正当化のために近代の自然法について論じられた合理的な、自然状態の住民の自己保存の必要性からする国家の成立についての歴史は、これをカントはあらゆるかれの先駆者とは違って自己保存の根拠のうえに設立しておらず、むしろ純粋に法概念的に把握された論拠に転換するが、カウルバッハによって主体超越的道徳化運動の範例に従って法化運動として解釈される。この法化運動は、類似の方法によって粗野なものおよびわがままなものをあとに残し、また普遍的意志を形成する。その体系的な意義は所有権の基礎づけにある。カントは、所有者意志は一方的行為によって構成されるのではなく、共同的に同意された意志としてのみ法的に可能であり、また所有権は妥当理論的に共通の意志の配分の産物として理解されうると説いている。

これに関して、カントは§14「この取得の（ための）法的行為は先占〔occupatio〕である」の中で次のように述べている。「……一方的意志（双方的ではあるが特殊的な意志もまたこれに準ずる）は、それ自体としては偶然的であるような或る拘束性を万人に課することはできないのであって、これをなしうるためには、全般的な意志、偶然にではなくア・プリオリに、したがって必然的に結合した、それゆえ立法的な意志が必要とされるからである。それというのも、こうした（立法的）意志の原理に従ってだけ、各人の自由な意思と万人の自由との調和が、したがって権利一般が、だからしてまた外的な私のもの・汝のものが可能となるのだからである」（VI, S.263. 邦訳『法論』３９１‐３９２頁）。

法的主張の妥当根拠を明らかにする超越論的反省は、「これは私のものである」という命題は、その命題が「それがあなたのものであるということをわれわれが意志する」という命題と一致する場合にのみ拘束的、法的命題であるということを示している。「全般的意志の立脚点への移行の前提においてのみ……そのつど私の意志は拘束性の性格を獲得しうる」（Friedrich Kaulbach, a.a.O., S.41.）。

カントは、かれ以前の法哲学者とは違って所有権と国家を法概念的および妥当理論的に組み合わせた。国家は、「幸いなるかな占有している人」（beati possidentes）の保険会社ではなく、また法にとって外面的な道具でもなく、所有権上の諸要求の妥当条件の実現の場所、配分的正義として、また手続的な紛争規制として開業する普遍的意志の場所である。普遍性による個々人の所有権要求についての承認の必要性は、ア・プリオリな私法理論そのものから公法の要請を出現させる。この論点をカウルバッハの「法実現の超越論哲学的基礎づけ」が、普遍的意志の立脚点への移行運動とともにうまく際立たせているが、しかしながら自然的状態（status naturalis）の規範的内部構造は、この自然状態はカントにおいては自然的私法の状態であるが、十分に解明されていない。自然状態を傾向性の道徳上論争的な領域に対する法的補完物であると見なす場合、規範的な論拠は、この論拠はア・プリオリな取得権を公的立法によって法規定に強いるが、明らかになりえない。また同様に、なぜ許容された理性の要請に基づく先占占有が自然状態において「相対的に法的な占有として」妥当しなければならないのかが明らかになりえない（VI, S.257. 邦訳『法論』３８４頁）。

カントは、§9「自然状態においては、たしかに現実的だが、しかし単に暫定的にすぎない外的な私のもの・汝のものが存立しうる」の中で次のように述べている。

「一言でいうなら、自然状態において外的な或るものを自分のものとしてもつ仕方は、次のような種類の物理的占有、すなわち、公的立法のもとにおける万人の意志の結合を通して法的占有とされるのであろうという法的推定をみずからのうちに含むような物理的占有である。そして、この期待においてそれは相対的に法的な占有と認められるのである」（VI, S.257. 邦訳『法論』３８４頁）。

カウルバッハにとって、法の超越論的演繹は法実現の叙述および法的意志の立脚点への移行運動と一致し、この演繹は「自然状態において生じた法要求の事後的正当化であり」（Friedrich Kaulbach, a.a.O., S.44.）、またこの正当化は決定的になされる公民的体制の暫定的法関係のパースペクティヴからのみ生じうる。カントによれば、自然状態の暫定的法そのものはこの「正当化」を求める。つまり、この暫定的法は公法の要請についてのカントの教説の体系上の要点である。しかし、理性の要請の妥当理論的含意を展開するこの論拠はまったく異なった論拠であり、またカントの法哲学には法意識の疑似現象学的生成へのこの規範的論拠の分離は存在しない。「道徳的・法的意識は自然的利害における囚われからこの立法への移行を遂行する。個人によって遂行されるこの運動は確立されるべき法配置関係の意識において生じる。この配置関係にまた他の個々人との共同が入り込む」（Friedrich Kaulbach, a.a.O., S.45.）。

カウルバッハのように、カントの法論を規範的理論と解釈するのではなく、この理論は法の普遍的法則、実践的理性要請および普遍的意志ないし根源的契約（contractus originarius）を生得的権利、取得的権利および国家の立法権の妥当論理的に必然的な相互に要求する基礎づけの諸原理として展開するが、組織された法共同体の水準における自己利益の囚われからの上昇による超越論哲学的法実現として、したがって道徳性を構成する主体超越化の法的補完物として解釈する場合、この法の法則は問題とならざるをえない。カウルバッハは法の普遍的法則を生得的権利の原理として使用することができない。というのは、この原理によって法を実現する超越論化運動の経験的出発点の位置にすでに法的に定義された関係が入るとすれば、ものを支配する人格と人格に支配されたものとの間の「超越論的法的根本関係」の設立は法の世界の超越論哲学的開始行為の機能を引き受けることができないであろうからである。したがってまた、カウルバッハにとってきわめて重要な「「私は考える」という超越論的認識配置関係（transzendentale Erkenntniskonstellation）」、つまり現象と「「私は意志する」という超越論的法的配置関係（transzendentaljuridische Konstellation）」（Friedrich Kaulbach, a.a.O., S.126f.）、すなわちものとの間の並行関係は誤解されるであろう。これらの理由からカウルバッハは、カントの法の普遍的法則に『法論の形而上学的基礎論』の原理建築術と矛盾する新たな体系的位置を与えている。カウルバッハは国家の現存する立法にこの法の普遍的法則を関連づけ、国家に一致の推奨機能を委ねる。「……外的に行為せよ」という法の普遍的法則の要求は、カウルバッハにとって「この秩序との紛争を避けようと思う場合、考慮しなければならない行為の成立している秩序についての情報の意味しかもたない。「法的に行為せよ」は、あなたが諸法則によって規定された規範的な道を歩こうと思う場合には、あらかじめ指示された行為模範に従えという標語を意味する」（Friedrich Kaulbach, a.a.O., S.52.）。しかしながら、カントの法の法則はH・ケルゼン（1881–1973）の超越論的論理的根本規範と類比的に解釈されえない。法の法則はア・プリオリな「行為の義務法則」（VI, S.391. 邦訳『徳論』545頁）であり、この義務法則は人間の生得的権利の立場および自由の立場を明らかにし、また政治的な義務への指示は含んでいない。「何びとをも害するなかれ」（neminem laede）というあらゆる人に対応する法義務の自然的、生得的自由権の概念は、国家の諸法則に対する拘束性強化へと解消できない。

カントは、「徳論への序論」のⅦ「倫理的義務は広い責務にかかわり、それに反し法の義務は狭い責務にかかわる」の中で次のように述べている。

「行為が法（正しさ）にかなっている〔法を守る（正しい）人である〕ということは、何の功績でもないが、義務としてのこのような行為の格率が法にかなっていること、いいかえると、法に対する尊敬は、功績である。なぜなら、人間は、この後者によって、人間性のまたあるいは人間の権利（法、正しさ）を自己の目的とし、それによって、その義務概念を、負い目〔負い目の義務 officium debiti〕をこえて拡げるからである。それというのも、他の人がその権利によって、法則に従った行為を私から要求できはしても、この法則が同時に行為への動機をも含むことまでも、要求はできないからである。「義務にかなって、義務から行為せよ」という普遍的倫理的命令についても、まったく同じことがいえる。この心術〔義務から行為する〕を自分の中にかたくすえ、生き生きと活動させるということは、これまた、前〔法への尊敬〕の場合と同じく、功績である。というのは、この心術は行為の義務法則をこえ出て、法則それ自体を同時に動機とするからである」（VI, S.390f. 邦訳『徳論』545頁）。

Ⅸ　W・ケアスティングの所論

はじめに

W・ケアスティングは１９８３年「カント法哲学の新たな解釈」と題する論文において、１９７１年に発表されたChr・リッターの否定説以降のカント法哲学に関する新たな解釈について網羅的に考察している。この論文は１９８４年のケアスティングの記念碑的著作である教授資格論文『よく秩序づけられた自由―カントの法・国家哲学―』が出版される前年に発表されたものであり、この著作の叙述にも少なからず反映している。

Wohlgeordnete Freiheit. Immanuel Kants Rechts-und Staatsphilosophie, Berlin・New York 1984. 表題のWohlgeordnete Freiheitという表現はカントの「道徳哲学のレフレクシオーン」から借用したものと思われる。XIX, S.276. Reflexion 7202. このレフレクシオーンの中に「しかし、それはよく秩序づけられた自由にほかならない」とする文章が記されている。

その意味でもカント法哲学解釈の研究状況を論評する本論文は重要な文献である。

リッター以降のカント法哲学ないし法論の批判的・超越論的性格をめぐる論争に関してケアスティングが取り上げ

ている論者は、リッターおよび肯定説を主張するW・ブッシュ、R・ブラント、H・オーバラーである。またその他にもO・ヘッフェ、G・ショルツ、R・ザーゲ、G・ルフ、S・M・シェル、H・メディック、P・ライリおよびTh・エーベルトを取り上げている。いずれの論者もドイツ語圏および英語圏を代表するカント法・政治哲学の研究者である。特にケアスティングはこの論文で、否定説を提唱するリッターの所論の問題点を検討し、またそれに対して反論し肯定説を主張するブッシュの研究『カントの批判的法哲学の成立　１７６２–１７８０』についても批判的な立場から詳しく論じている。また、特にカントの占有論・所有権論についてはブラント、ザーゲ、ルフおよびシェルの見解を検討している。さらに、自然状態論についてはヘッフェを主に取り上げている。ブラントおよびヘッフェは肯定説を主張する有力な代表的論者である。最後に、ケアスティングが上記著作の中でカントの法論をどのように解釈しているのかを検討し、若干の問題点を提示したい。

ケアスティングのカント法論解釈は後に考察することにして、まず１９８３年時点でのカント法哲学の新たな解釈についてケアスティングの所論を手がかりにして以下において検討したい。

Wolfgang Kersting, Neuere Interpretationen der Kantischen Rechtsphilosophie, in: Zeitschrift für philosophische Forschung 37, 1983, S.282-298. 新カント学派法哲学の中でも特にH・コーヘン、R・シュタムラーおよびH・ケルゼンにおける法の基礎づけの解釈については同著者による次の文献も参照。Wolfgang Kersting, Neukantianische Rechtsbegründung. Rechtsbegriff und richtiges Recht bei Cohen, Stammler und Kelsen, in: Robert Alexy・Lukas H. Meyer・Stanley L. Paulson・Gerhard Sprenger (Hrsg.), Neukantianismus und Rechtsphilosophie. Mit einer Einleitung von Stanley L. Paulson, Baden-Baden 2002. S.23-68.

もちろん、この論文においてもケアスティング自身のカント法論解釈の立場が明確に現れている。

一　法論の批判的・超越論的性格をめぐる解釈論争

1　Chr・リッターの研究の問題点

リッターの所論を検討する前に、まず新カント学派が超越論的哲学をどのように理解していたのかを念のため確認しておこう。

新カント学派の見解に従えば、超越論的哲学には普遍的・科学主義的意味が与えられる。その意味とは、同種の批判主義的な学（科学）の基礎づけのために、カントによって『純粋理性批判』において原理分析的に適用された超越論的方法（transzendentale Methode）をすべての学問領域に拡張することを要求するということである。しかしカント自身は、実践哲学の体系的叙述において「超越論的方法の適用を……放棄し」、また「論理学の演繹を自然科学に対して遂行したようには、……倫理学の演繹を法律学に対しては遂行しなかった」とこの学派の代表的哲学者であるH・コーヘン（１８４２–１９１８）は非難している（H. Cohen, Ethik des reinen Willens, Berlin [2]1907, S.227. 邦訳『純粋意志の倫理學』村上寛逸訳、第一書房、１９３３年、３６１頁を参照。ただし本訳書は１９２１年に出版された第三版を翻訳したものである）。したがって、カントの実践哲学はそのすべての部分において非批判的（unkritisch）であり、また方法的に誤ったものであると見なされてきた。それに加えて特に、カントの法哲学は17、18世紀の自然法の独断主義に逆戻りしているとさえ論難されている。

ところで、１９７１年に出版された『初期資料によるカントの法思想』（Chr. Ritter, Der Rechtsgedanke Kants nach den frühen Quellen, Frankfurt am Main 1971.）と題する博士論文において、Chr・リッターはカントの法哲学に対する上述の新カント学派の判断を検証し、また「カントが法を批判主義の意味において取り扱っていないということが正しいのか否か、またもしそうであるならば、なぜそうであるのか」とする問いを提起した。

Ritter, a.a.O., S.19.「批判主義」（Kritizismus）という哲学用語はカントがかれ自身の哲学を示すのに用いたもので、厳密なものではない。カントの用例として２つ挙げられる。第一に、人間の認識能力にかかわる消極的な用法であり、カント自身が批判的哲学あるいは批判的方法と呼ぶものである。認識論の哲学として、後に新カント学派によって再評価され継承、展開された。第二に、人間の叡智的能力にかかわる積極的な用法であり、超越論的哲学ないし形而上学とも称される。哲学史的にはカントを継承するフィヒテらドイツ観念論者によって批判的に継承された。『カント事典』編集顧問、有福孝岳・坂部恵、弘文堂、１９９７年、平田俊博執筆、４３９-４４０頁を参照。

その際リッターは、カントの法に関する見解と理論哲学の批判主義との間にはいかなる結びつきも成立しないとする結論に至った。この結論そのものは、冒頭で述べたように新カント学派以来定説となっており、特に改めて驚くべきことではない。しかしながら、むしろ驚くべきことはリッターによってその結論に対して挙げられた根拠であるとケアスティングは指摘する。そして、ケアスティングはこの根拠の中に２つの主張が含まれているとして、それぞれに対して反論している。すなわち、第一に１７６０年代および１７９０年代の法哲学上のレフレクシオーンの立場が内容上および体系上一致しているとする主張であり、また第二に暗黙の主張として、１７８５年『人倫の形而上学の基礎づけ』および１７８８年『実践理性批判』といった道徳哲学上の基礎づけの諸著作からカントの法論が独立している（依存していない）とする主張である。

リッターはその著作の総括の中でその根拠について次のように述べている。

「カントの法思想は不断の連続性において発展した。すでに初期資料によって解明された時期のはじめに（１７６４年頃）、核心において『人倫の形而上学』と同様の基本的な諸規定が見出され、またこの研究において考察された時期の終わりに（１７７５年頃）後期著作（『法論の形而上学的基礎論』）と同様の一連の主題群、問いおよび解答が見出される。カント法思想のこの連続性によって、カントが――思弁的批判主義に対応するような――「批判的」法哲学を基礎づけたということが排除される。１７６９年にも、またそれ以降にもカント法哲学の「批判的」段階と対立するような「前批判的」段階を論じることを可能にするような「断絶」は生じなかった」。

Ritter, a.a.O., 339. リッターが１７６９年以降と述べているのは、カントの批判哲学の生成がこの時期から始まるとされていることによる。『純粋理性批判』への道は最も近いところで１７７０年の教授就任論文『感性界および知性界の形式と原理』からはじまり、１７７０年代を経過して完結するとされる。それには「１７６９年の大いなる光」が付随している。この大いなる光による思想的転回によってカントは純粋理性批判への反省へと向かう。浜田義文『カント哲学の諸相』法政大学出版局、１９９４年、第２章「『純粋理性批判』への道」22-41頁を参照。

これがリッターの所論の中心的テーゼである（Kontinuitätsthese 連続性テーゼと呼ぶことにする）。

しかしケアスティングによれば、確かに、カントにおける法の非批判的性格に対する根拠づけとしてリッターが挙げているこの論拠は十分とは言えない。というのは、連続性は論理的根拠から非連続性を排除しており、連続性は非連続性が生じなかったことに対する原因または根拠としては要求されえないからである。したがってケアスティングは、この研究目的に関して連続性テーゼの根拠づけの価値についての問題は度外視し、この連続性テーゼそのものに取り組んでいる。ケアスティングは、このテーゼが法律学およびその諸対象の超越論的諸条件に進むために、カントはいかなる時点においても法律学の事実（Faktum）を出発点としていないということを意味するかぎりにおいて、このテーゼは無駄骨を折っていると指摘する。というのは、カントは実践哲学の独自性をけっして隠さなかったし、またなぜ統一的理論構築を断念したのかを基礎づけているからである。カントによって持ち出された諸根拠によれば、先に述べたような実践哲学の問題性に関する新カント学派の主導的な批判主義の解釈は他の領域への不適切な原理転用であるように思われる。したがって、今挙げられた意味においてカント法哲学の非批判的性格についてのリッターの発言にはまったく異論がないとケアスティングは述べている。それに対してケアスティングは、連続性テーゼがさらに続けて、死後に残された１７６０年代および１７７０年代のレフレクシオーンおよび覚書きから再構成されたカント法思想の見解は概要において、カントが『人倫の形而上学』の中で法哲学上の諸観念に与えた見解と同一であると主張するかぎりにおいて、このテーゼは疑いもなく誤りであると反論する。それでは、ケアスティングはどのような根拠に基づいて反論しているのであろうか。リッターが連続性についてのテーゼを綿密な論証分析の枠内においてカントの晩年の『法論』そのものに対して検証し、またこの検証のために１７９７年に出版された『法論』執筆の準備として書き留められていた『法論のための準備草稿』も考慮に入れていたとしたら、おそらくリッターは、カントは若干の重要な内容上および方法上の諸要素と同じように法論の体系構造および３つの体系部分、つまり人間性の権利、私法および公法との論理的・論証的相互関連の体系構造を１７９０年代中頃にはじめてはっきりと認識したということに気づいたのではなかろうかとケアスティングは指摘している。

R. Brandt, Rezension: Chr. Ritter, Der Rechtsgedanke Kants nach den frühen Quellen, in: Philosophische Rundschau, 20, 1974, S.44. Wolfgang Kersting, Wohlgeordnete Freiheit. Immanuel Kants Rechts-und Staatsphilosophie, Berlin・New York 1984, S.36f., Anm.53. 邦訳『自由の秩序—カントの法および国家の哲学—』舟場保之・寺田俊郎監訳、ミネルヴァ書房、２０１３年、１０９頁、注28。ケアスティングは、私法の中心部分、つまり所有権論がカント晩年の著作の独創的な成果であるということも重要であり、また私法が公法の基礎を形成しているということを考慮に入れると、上記ブラントの主張を援用しながら、「『人倫の形而上学』の法論が本質的部分において１７９０年代半ばにはじめて構想された」(Reinhard Brandt, a.a.O., S.44.) とする結論に至らざるをえないと指摘する。ブラントは、１７９０年代中頃にはじめて展開された法哲学上の諸要素に属するのは所有権論全体および許容法則の構想であると指摘している。所有権論についての詳しい解釈は次の文献を参照。R. Brandt, Eigentumstheorien von Grotius bis Kant, Stuttgart-Bad Cannstatt 1974, S.167-224 und S.253-267. また許容法則については次の文献を参照。R. Brandt, Das Erlaubnisgesetz, oder auch: Vernunft und Geschichte in Kants Rechtslehre, in: ders. (Hrsg.), Rechtsphilosophie der Aufklärung, Berlin 1982, S.233-285. この論文集には、１９８１年ヴォルフェンビュッテルで開催された「啓蒙の法哲学」についてのシンポジウムにおいて行われた講演が収められている。また、この論文集にはカント法哲学に関する論文として次の文献が収載されている。G. Lübbe-Wolff, Begründungsmethoden in Kants Rechtslehre, untersucht am Beispiel des Vertragsrechts, S.286-310. リュベ-ヴォルフのこの報告に対する副報告として、Dieter Scheffel, Thesen zu Kants transzendentaler Deduktion des Begriffs der Erwerbung durch Vertrag, S.311-320. Dieter Scheffel, Kants kritische Verwerfung des Revolutionsrechts, S.178-217. B. Ludwig, Der Platz des rechtlichen Postulats der praktischen Vernunft innerhalb der Paragraphen 1-6 der kantischen Rechtslehre, S.218-232. W. Kersting, Sittengesetz und Rechtsgesetz. Die Begründung des Rechts bei Kant und den frühen Kantianern, S.148-177. H. Oberer, Über einige Begründungsaspekte der kantischen Strafrechtslehre, S.399-

423. Maximilian Forschner, Kant versus Bentham. Vom vermeintlich kategorischen Imperativ des Strafgesetzes, S.376-398. O. Höffe, Kants Begründung des Rechtszwangs und der Kriminalstrafe, S.335-375.

この会議報告については次の文献を参照。Fr. Hespe, Wolfenbütteler Arbeitsgespräch über die Rechtsphilosophie der Aufklärung, in: Allgemeine Zeitschrift für Philosophie 6/3, 1981, S.78-83.

実際リッターは、カントの『法論』の内容をそれ自身の源泉および発展から解明するという目的のために、カントの法思想を証明するすべての歴史的資料から出発するという方法を採っている。リッターは、この証明資料に属するものとしてカントの筆になる公刊物、カントの学生による講義筆記録、公刊のための手書きの準備草稿および書簡と並んで、特に多数の手書きのレフレクシオーン（Reflexionen 省察）を使用している（Christian Ritter, a.a.O., S.21f.）。しかしながら、ケアスティングが指摘するように『法論』そのものおよび『法論のための準備草稿』は考慮に入れられていないのは事実である。

この連続性テーゼは、先に述べたように第一に１７６０年代および１７９０年代の法哲学上のレフレクシオーンの立場が内容上および体系上一致しているとする主張と並んで、また第二の暗黙の主張として、１７８５年『人倫の形而上学の基礎づけ』および１７８８年『実践理性批判』といった道徳哲学上の基礎づけの諸著作からカントの法論が独立している（依存していない）とする主張も含んでいることに留意しなければならない。そして、そこで展開されているカントの道徳哲学上の見解を思弁的批判主義とは区別される、純粋に実践的批判主義という意味で批判的であると呼ぶ場合には、もちろんここでは『実践理性批判』からの独立性という意味において、この第二の含意も再びカントの法哲学は非批判的法哲学であるという結論に至るであろう（H. Oberer, Zur Frühgeschichte der kantischen Rechtslehre, in: Kantstudien 64, 1973. S.88-102.）。しかしリッターは、かれの連続性テーゼがこのような結論に至るということにはまったく注意を向けていなかった。というのは新カント学派の科学主義的批判主義に由来するリッターの方向づけは、次のことを妨げたのは明らかであるように思われるからである。つまり、カントの法哲学と批判主義との関連についての研究は、カント文献学的にはるかに興味深く、また法哲学上の体系性にとってはるかに実り多い、１７９７年の『法論』と１７８８年の実践的批判主義との関連の問題に及ぶということである。

しかし、それではなぜリッターはこの関連の問題を研究しなかったのであろうか。その理由として、新カント学派の研究の方向づけの影響が大きかったことが挙げられる。というのは、新カント学派はカントの法論に対して否定的評価を下していたために、カントの法論そのものに立ち戻ることなく、「カントの批判的精神」という標語のもとでかれらが理解する批判主義に基づいてかれら自身の独自の法哲学を構想しようと試みたからである。たとえば、新カント学派法哲学の創始者であり、マールブルク学派に属するＲ・シュタムラー（１８５６-１９３８）は、カントの法哲学そのものではなく、批判哲学を出発点としてかれ自身の批判的法哲学を構想したというのは周知の事実である。したがってこれによって、リッターが『法論』と『実践理性批判』との体系上の関連の問題について検討しなかった理由も推察される。

２　Ｗ・ブッシュの研究の問題点

ところが、カントの法構想の一貫した非批判的性格についてのリッターの主張は、１９７９年にＷ・ブッシュによってかれの研究書『カントの批判的法哲学の成立１７６２-１７８０』（W. Busch, Die Entstehung der kritischen Rechtsphilosophie Kants 1762-1780, Berlin 1979.）において激しく異議を唱えられた。すでにこの表題によって「カントの批判的法哲学が存在する」ということが予告されているのが窺い知れる。しかし奇妙なことに、ブッシュは「批判的」ということばの品質保証のスタンプを決定するに祭して、カントの２つの主要諸著作である『純粋理性批判』および『実践理性批判』のいずれにも立ち戻っていない。ブッシュにとって「批判哲学」は本質的に「人間の絶対的自由能力の認識」をその内容としてもっており、またまさにカントはこの認識を、ブッシュのテーゼによれば、教授就任論文（De mundi sensibilis atque intelligibilis forma et principiis.『感性界と知性界の形式と原理』１７７０年）の出版直後に獲得したとする（Busch, a.a.O., S.99.）。したがってまたブッシュは、１７７２年にカントの法哲学上のレフレクシオーンにおいて「批判的転回」が生じたとする（Busch, a.a.O., S.1.）。ブッシュはこの批判的転回において、かれ自身が「自然主義的」と名づけた非批判的自由概念が「批判的」自由概念に取って代わられることになるとする（Busch, a.a.O., S.25.）。そしてブッシュは、この批判的自由概念が１７７２年以降カントの法思想を形成し、また「批判的法概念」を基礎づけているとする（Busch, a.a.O., S.91.）。

ブッシュは前批判期を３つの段階に分類している。つまり、第一の段階（法的拘束性の源泉としての理性の類似）は１７６２年から１７６５年までに及ぶ。第二の段階（法の不可欠の条件としての権限のある裁判官）は次の３年間である１７６６から１７６８年までを対象とする。そして最後に、第三の段階（普遍的法秩序と悟性認識）は１７６９年から１７７１年の時期を含んでいる。前批判期を１７７１年までとしていることからも窺い知れるように、ブッシュは１７７２年以降をカント法哲学における批判期と解釈し、またこの時期に批判的法哲学が成立したと考えている。それぞれの段階の要点を以下において検討したい。

まずはじめに、ブッシュによればルソー（１７１２-１７７８）の影響のもとで成立する第一の段階において、カントはひとつの法構想を信奉している。つまり、カントは法を「自然主義的自由と拘束的法命令を発生させる合理的な調整機構との結合」である把握している（Busch, a.a.O., S.27.）。しかしながら、ブッシュは「批判的転回」のテーゼに関して、批判的先駆者の非批判的先駆者として、唯一の立証責任を負っているにもかかわらず、この法構想そのものと同様にまた、ブッシュの再構成においてこの法構想に基礎を置いている自由概念もかなり不明確に留まっているとケアスティングは指摘する。この不明確性は、ブッシュのいずれにせよ不十分な特徴づけにおいて、規範的諸要素と経験的・心理学的諸要素とが十分に区別されていないということにその理由があるとする。

第一に、不可譲の自由というロック（１６３２-１７０４）およびルソーの構想との結びつきがある。この自由は、国家の支配の制限および実定法の拘束性根拠として機能する。しかしながら、ケアスティングは、ブッシュによってまた主張されたルソーとカントとの相違が理解できないとする。

「カントは、多かれ少なかれ基礎づけられた自然主義的自由の外観をルソーから借用しているのであろうか。それは逆である。つまり、不自由が矛盾している、『馬鹿げて、倒錯している』と呼ばれることによって、カントにとって人間の自然的独立性は証明の性質をもっている」Busch, a.a.O., S.26. XX, S.93f. 岩波版『カント全集18』久保光志訳、２１３頁。カントは『美と崇高の感情に関する考察』についての「覚書き」の中で次のように記している。

「人間がいかなる魂も必要とせず、いかなる自己の意志も持たず、いわば別の魂が私の四肢を動かすというのは馬鹿げて、倒錯している。われわれの体制においても、従属の度合いの大きい人はすべて、われわれにとって軽蔑すべきである……要するに、依存している人間はもはや人間ではない。彼はこの人間の地位を失った。彼は他の人間の付属物にすぎない」。

また同様に、なぜブッシュが、ロックおよびルソーに従うこの初期の自由概念を「自己中心的」(selbstbezogen) および「不道徳的」(unmoralisch) と特徴づけているのかは、権力と他律からの独立性というこの自由概念と結びついた法の立場に関して理解できないままであると指摘している (Busch, a.a.O., S.26.)。しかしケアスティングによれば、ブッシュによってここで援用された、だが残念ながら十分に解釈されていない、『美と崇高の感情に関する考察』(Beobachtung über das Gefühl des Schönen und Erhabenen.1764.) についての「覚書き」からの有名な「自由について」の章は、『社会契約論』(Du contrat social, ou principes du droit politique. 1762.) 第一編「ここでは、いかにして人間が自然状態から社会状態に移るか、また社会契約の本質的諸条件はいかなるものであるか、が探究される」第四章「奴隷状態について」からの有名な章句の大きな言い換え以外の何ものでもない。XX, S.91-95. 岩波版『カント全集18』久保光志訳、２１１-２１４頁。たとえば次のような文章が記されている。

「しかしこの〔自然の〕必然性のくびきよりも過酷な〈そして不自然な〉ものは、人間の他の人間の意志への従属である。自由に慣れた人によって、(彼自身の意志を放棄するように) その者が欲することを何であれ、彼になすように強制できるそのような同類の者に自分が引き渡されるのを見ることほど恐ろしいことはない……先だって私が自由であったのであれば、将来にわたって私の状態が私の意志ではなく他人の意志のうちに置かれるということほど、私の悲痛と絶望の身の毛のよだつ見通しを開きうるものはない」(XX, S.91-93. 同上、２１１-２１２頁)。

したがって、自由の放棄は人間であることの放棄と同然である。

しかし第二にまた、自然主義的自由を法的規制対象であると見なすとする自由の意味がある。「覚書き」の法概念の本質は、「自然主義的に自由な存在者は理性的な諸命題によって共同意志 (voluntas communis) に従ってその利害を調整する」ということに存する。つまり、カントはそこにおいて「あらゆる人間の意志が……かれら自身の衝動の働き」である自由概念を出発点とする（Busch, a.a.O., S.93.）。法は、ここにおいて「相互に対立するエゴイズム」の自発的な均衡に従って成立し、また強制を補強し調和を保障する国家をけっして必要としない（Busch, a.a.O., S.26.）。したがって、自由意志による社会化に方向づけられたこの構想は各自における法の成立条件として「事実的法意識」を前提しなければならず、しかしまた意志を衝動の実行に制限するだけではなく、また理性に規定された、利害の調整を重視する行為を許容する自由概念も前提しなければならない（Busch, a.a.O., S.93-94.）。ブッシュによって再構成された前批判期の法構想の結論において、超越化能力は個々の主観性のもとに置かれなければならないとすれば、ブッシュの解釈テーゼを支えているこれら２つの自由概念の間の相違はなくなることになるとケアスティングは指摘する。

次に、１７６６年から１７６８年を考察対象とする第二段階について検討する。

第二の段階において、カントは強制のない社会化という観念は幻想に基づく性格をもっていると認識している。というのは、法は強制を備えていなければならず、また「抵抗できない裁判官」（Busch, a.a.O., S.34.）および権力をもった国家を必要とするからである。ブッシュは第三の段階を逆戻りであると特徴づけている。つまり、この第三段階において合理的自然法の継受が逆行的な理論の試みによって中断されるからである。この理論の試みは、道徳の諸原理とは区別されていない法の諸規定の統合によって、カントの法観念を一方では英知界（mundus intelligibilis）の法則性に、また他方では、目的に支配された自然におけるその実質的な固定化によって、カントの法観念をクリスティアン・ヴォルフ（１６７９–１７５４）の「法宇宙」（Rechtskosmos）の接近に持ち込む（Busch, a.a.O., S.69.）。法と自然目的との婚姻についてのこの段階を、この婚姻は法を意図的な自然の法として描くが、ブッシュは主に１７６９年から１７７１年の婚姻法および家族法上のレフレクシオーンによって具体的に明らかにしている。

さらに、ブッシュは前批判期の３つの段階に続いて１７７２年以降を第四の段階としており、この段階は「批判的法哲学の根拠としての批判的自由概念」という表題のもとで論じられている。ブッシュは、１７７２年以降「カントがそこから論証する……最上の立脚点」が批判的自由概念によって強調されると主張する（Busch, a.a.O., S.171.）。この批判的自由概念において本質的に問題となるのは、「行為における感性と理性的規定との批判的関連」である（Busch, a.a.O., S.72.)。つまり、人間は「知性的動機(motivis intellectualibus)に則って、したがって刺激に依存しないで(independenter a stimulis)行為する可能性」をもっている。

XV, S.451, R 1010. 人間学のレフレクシオーン。岩波版『カント全集15』高橋克也訳、390-391頁。第三編「欲求能力について」の中に含まれているレフレクシオーン1010には次のように記されている。「人間の感情は単に動物的であるだけでなく、精神※に従属している。そうでなければ、純粋に知性的な諸動機 pure intellectualia motiva が心の動因 elateres animi となるなどということは、ありえないだろう。精神のみによって、動かされるこの受容性は、道徳的感官と呼ばれる。知性的動機に則って行為する、したがって刺激に依存しないで行為することの可能性、それがあらゆる実践的判断の基礎なのである。それゆえ、自由は実践的予料 anticipatio practica である。※(同実際、われわれは感性的な表象能力と知性的な表象能力とをもつだけでなく、知性的な表象能力によって感性を駆り立て、何かの類比となって説明してくれるような諸表象を形成させる能力ももっている。たとえば精神の認識と類比関係をもつようないろいろなイメージ)」。

それゆえブッシュによれば、批判的自由が意味するのはすべての決定する諸規定からの自由な存在者の道徳的にどちらでもよい(無記の)自由(Indifferenzfreiheit)であり、また理性的なものに対する自由な存在者の道徳的にどちらでもよい自由である。ブッシュはこの関連においてまた、「自由の裁判上の契機」について論じている。「つまり、理性的存在者におけるあらゆる実践的判断の前に、要求された立場の方を取ることができたとする可能性が前提とされる。つまり、要求された立場の方を取ることができるとする可能性である」(Busch, a.a.O., S.75.)。そして、人間間の交渉における「自由能力」(Busch, a.a.O., S.94.)、「理性による規定可能性」(Busch, a.a.O., S.91.)あるいは「理性能力」(Busch, a.a.O., S.79.)の想定は避けられないのであり、「カントの批判的自由概念の陳腐さを主張するのは正しい」(Busch, a.a.O., S.75.)。この批判的自由は、——これは理性的意志のもうひとつの可能性と並んで自然主義的、つまり傾向性および衝動に規定された意志をひとつの可能性に制限し、またこの人間の選択意志(arbitrium)を自由な選択意志(arbitrium liberum)として特徴づけるが——、新たな、ここでは批判的になった法概念の基礎を形成する。そして今度はこの批判的法概念が、批判的私法および国家法の基礎になる。

以上がブッシュの所論の要約であるが、ブッシュの解釈に問題点はあるのであろうか。以下においてケアスティングの批判を検討する。

ケアスティングは、「理性的感性的存在者の批判的自由能力」（Busch, a.a.O., S.81.）から法に到達するために、ブッシュによって1770年代に置かれた批判的法哲学が歩む道はもちろん、一目瞭然どころではないし、より詳しい検討によって通行可能ではないということが明らかになると指摘する。すでにブッシュの出発点そのものが疑わしいように思われる。つまり、カントはブッシュが論じるような「批判的自由概念の演繹」を展開していない（Busch, a.a.O., S.87.）。というのは、批判的自由ないし自由能力は経験的・人間学的事実であるからである。「形式的諸法則に従って規定される……可能性」は法に一致した行動の可能性以上のものを意味しない（Busch, a.a.O., S.93.）。しかしながら、法の実現の諸条件は法の妥当根拠ではない。社交性（sociabilitas, Busch, a.a.O., S.80.）の諸法則に従った行為の規定可能性の保障によっては何物も獲得されない。つまり、法哲学上不可欠なのはこれらの規則の拘束性の証明であり、またそれとともに法の諸規則に従った意思規定の実践的必然性の証明である。自由能力と「絶対的・理性的権利能力」との同一視の基礎と同様に、この自由能力から権利がどのようにして導き出されうるのかは、ブッシュは主張しているが（Busch, a.a.O., S.94.）、不可解なままである（Busch, a.a.O., S.94.）。批判的自由においてかかわり合わなければならないのは、経験可能な人間の性質であり、「純粋実践理性の分析論」において道徳法則の存在根拠（ratio essendi）として証明された超越論的自由ではけっしてないということが多くの箇所で明らかになる。つまり、ブッシュはたとえば次のように論じている。「批判的自由概念の中に……分析的に知性も感性も」潜んでいる（Busch, a.a.O., S.79.）。これによってその道徳的にどちらでもよい（無記）という性格が記述されるし、またほかの箇所で人間の意志のこの二重規定可能性が「実証主義と観念論との間の国家法理論の分極化」に対して責任を負わされる（Busch, a.a.O., S.124.）。つまり、「人間の自由能力に対応しているのは強制なき自由でもない。なぜならば、自由は単なる可能性にすぎないからである、また、自由なき強制でもない」。というのは、ケアスティングは補足しているが、法的法律的に正当化されていない強制は人間の自由権に矛盾するからである（Busch, a.a.O., S.125.）。ブッシュがここでこの自由概念に二重の意味を押し入れているということは明白である。すなわち自由が意味するのは第一に、記述的意味において理性的にも、理性に反しても行為可能であるということであり、また第二に、規範的意味において法的に基礎づけられた自由である。ケアスティングは、人間学的・事実的自由と法的・規範的自由との関連に関する同様の不明確性をまた次の文章の中に見出している。「……国家権力は、自由な人間が自ら強制しうるように強制しなければならない」(Busch, a.a.O., S.125.)。したがって、ケアスティングはカントにおける法哲学上の強制の正当化の要点が外されているとする。つまり、問題なのは、直接押し寄せ、また権利侵害に至る傾向性に対して法と一致した行動に個々においていかなる動機から規定しうるかという事実上の可能性ではない。そうではなくて問題なのは、この行為の実行へと法律上義務づけられているという実践的必然性が成立するということである。というのは、法的法律的に必然的な諸行為の実行の原因としてのみ、強制適用は正当化可能であり、すなわち私に法的法律的に帰属する自由と両立できるからである。

ケアスティングは、ブッシュは批判的自由概念による法の新たな基礎づけの証明に成功することができなかったと指摘する。死後に残された人間学および形而上学のレフレクシオーンから得られた人間の自由能力像は人間学的立場に関係がある。確かにこの立場は法の実現の諸条件を明示するが、しかし法的拘束性の根拠を提供することができない。法は人間における社会的交渉の規範としてそれに対応する服従能力を前提としなければならない。しかし、法律遵守への自由、合理的および法律と一致した行為規定の自由によっては法的法律的行動規制の実践的必然性はまだ証明されない。

3　G・ショルツの研究の問題点

先に述べたように、ブッシュは法哲学の批判的性格を検討するに際して、『純粋理性批判』および『実践理性批判』のいずれも考察の視野に入れていなかった。

しかし、カントにおける批判的法哲学について論じるということは、ケアスティングの見解によれば、実践哲学の妥当根拠としての純粋実践理性の立法をそのすべての部分において展開した『実践理性批判』を考慮しなければ意味がない。そうであるとすれば、カントの法哲学、すなわち１７９７年の『法論』が理性立法において基礎づけられた実践哲学の体系の一部として明らかになる場合には、批判的であることが証明されることになる。それに対して、この『法論』が『実践理性批判』から独立しているか、あるいは『実践理性批判』と明らかに矛盾しているような諸教説を含んでいる場合には、非批判的と見なされうることになる（Wolfgang Kersting, Wohlgeordnete Freiheit. Immanuel Kants Rechts-und Staatsphilosophie, Berlin・New York 1984, S.35-37. 同上、85-86頁）。

カントの後期の法論は哲学的・知性的質が欠如している著作であるとするショーペンハウアー（１７８８-１８６０）の否定的な発言（A. Schopenhauer, Die Welt als Wille und Vorstellung, Viertes Buch §62, Werke in zehn Bänden, Band II, Zürich 1977, S.418ff., ders., Der handschriftliche Nachlaß, Zweiter Band, Frankfurt am Main 1967, S.261ff.）以来鳴り止むことのない見解が、今まで純粋な理性立法によって支配された領域の内部における法哲学の体系的場所のもっとも満足のいく規定を妨げてきたのは確かである。

しかしリッターの著作が公刊された翌年、ゲルトルート・ショルツがはじめて、１９７２年のケルン大学の博士論文（G. Scholz, Das Problem des Rechts in Kants Moralphilosophie, Diss. Köln 1972.）において法哲学と道徳哲学との関連についてのこの問題を該当するテクストの章句、特に『法論』の「人倫の形而上学への序論」、「法論への序論」および『実践理性批判』の「純粋実践理性の分析論」の綿密な分析に基づいて究明しようと試みた。

G・ショルツは、カント哲学全体における法論の体系的場所を正確に規定するという問題に答えることが本論文の目的であるとしている。そのためにショルツは、先行研究としてR・デュンハウプト、K・ラレンツ、F・カウルバッハ、K・H・イルティング、H・J・ヘス、J・エビングハウス、M・J・グレガー、W・ヘンゼル、G・ラートブルフ、B・バウフ、G・ドゥルカイト、K・ライヒ、W・ナウケ、J・ヴィッケ、M・ゲッスルなどの研究を検討している。G. Scholz, Einleitung, a.a.O., S.VII-XXI.

ショルツの関心の中心にあるのは２つの問題である。第一に、道徳法則と法の法則との関連についての問題であり、第二に、法の基礎づけに対する超越論的自由の意味についての問題である（G. Scholz, Einleitung, a.a.O., S.VIII-IX.）。この第一の問題の考察は、一方で定言命法の概念および諸定式の研究に至り、他方で『人倫の形而上学の基礎づけ』からの有名な適用例に至る。その際、ショルツは道徳哲学上の伝統のこのもっとも多く論じられるテクストの分析において、かの女以前のすでに多くの他の論者と同様に次の結論に至る。つまり、カントによって主張された道徳的命法の権限はすべての義務の部類に対して与えられているわけではないとする結論である。定言命法は他者に対する完全義務の原理として、すなわち『人倫の形而上学』の中で法の法則において基礎づけられている実践的に必然的な諸行為の原理として役立っているにすぎない。ショルツはこの関連においてあまり顧慮されていない状況に注意を喚起している。つまり、カントは定言命法の普遍的義務理論的権限についての『人倫の形而上学の基礎づけ』において取られた立場を『人倫の形而上学』の中で、形式的な法の法則および実質的な徳の法則との原理二元論によって修正したとする。ショルツは、カントの実践哲学全体の枠組みにおける法哲学の場所規定に際して、法と道徳との関連、そしてまた二重の立法の理論に注意を向けている。

一方で道徳法則と法の法則との関連、また他方で法論と倫理学との関連については次の文献を参照。W. Kersting, Sittengesetz und Rechtsgesetz. Die Begründung des Rechts bei Kant und den frühen Kantianern, in: R. Brandt (Hrsg.), Rechtsphilosophie der Aufklärung S.148-177. O. Höffe, Recht und Moral: ein kantischer Problemaufriß, in: Neue Hefte für Philosophie 17, 1979, S.1-36. O. Höffe, Kant über Recht und Moral, in: Karl Ameriks / Dieter Sturma (Hrsg.), Kants Ethik, Paderborn 2004, S.249-268.

しかしながら、道徳的命法と法の法則との一致は、この両者が義務理論的認識原理として見なされる場合のみ妥当する。他方、動機の問題が考慮に入れられると、両者は相互に分離されることになる。というのは、定言命法は倫理的立法の原理として本質的に義務の動機と結びつけられており、それに反して、法の法則は法理的理性立法の原理として義務を履行する動機として強制を許容するからである。したがって、法の法則はその強制権限に対応する義務に手を加えた道徳的命法の修正であることが明らかになる。

ショルツは、かの女の研究の体系的により重要な第二章「普遍的方式に従った定言命法と法の普遍的な法則」においてひとつの解釈を展開している（G. Scholz, a.a.O., S.71-150.）。この解釈は、しばしば見出され、また特にJ・エビングハウスによって主張されたカント法哲学の道徳哲学からの独立性についての見解と対立する。エビングハウスは端的に「自由意志の問題は法論の向こう側ではじめて始まる」と述べている（J. Ebbinghaus, Kant und das 20. Jahrhundert, in: ders., Gesammelte Aufsätze, Vorträge und Reden, Darmstadt 1968, S.114.）。これが要するにエビングハウスの独立性テーゼである。

Unabhängigkeitsthese / Indepedenzthese 独立性テーゼとはひと言で言えば、「法論が超越論的観念論の教説および批判的道徳哲学からは完全に独立しているとするテーゼ」である。Wohlgeordnete Freiheit. Immanuel Kants Rechts-und Staatsphilosophie, Berlin・New York 1984. S.37. 邦訳『自由の秩序―カントの法および国家の哲学―』舟場保之・寺田俊郎監訳、ミネルヴァ書房、２０１３年、86頁を参照。

このテーゼで問題となっているのは、超越論的自由を法的行為の構成条件として否定するということではない。というのは、その拘束性のゆえに遵守を放棄することは法の法則に本質的であるからである。

カントは§C「法の普遍的原理」の中で法の法則について次のように述べている。

「汝の意思の自由な行使が普遍的法則に従って何びとの自由とも両立しうるような仕方で外的に行為せよ、という法の普遍的な法則は、たしかに私に対して拘束性を課する法則であるにはちがいないが、私がもっぱらこの拘束性のゆえにのみ私の自由を右の諸条件内へとみずから制限すべきことを決して期待するものではないし、ましてそうしたことを要求するものでもない。理性はただ、私の自由がその理念上そうした諸条件に制限づけられてあるということ、そしてまた他人からも事実上限界づけられうるということを語るにすぎない。しかも理性はこのことを、それ以上どんな証明も不可能な一つの要請として語るのである。――徳を説くことではなく、ただ何が法的に正しいかを述べることだけが意図されている場合には、われわれは右の法の法則をみずからの行為の動機として提示するには及ばないし、またそうすべきでもない」（VI, S.231. 邦訳『法論』３５５頁）。

そうではなくて、客観的に必然的な法の法則の存在根拠および妥当根拠として超越論的自由を否定することが問題なのである。

独立性テーゼは次のように主張している。カントによって「立てられた法の法則は、その可能な客観的妥当性において、純粋に英知的な諸条件のもとにおける人間の行為の可能性というカントの想定を受け入れることから完全に独立しているということである。換言すれば、この妥当性は、批判によって主張された自然の合法則性を現象に制限することが誤ったものであることが証明されたとしてもなお成立するであろう」。

Ebbinghaus, a.a.O., S.11. Kersting, a.a.O., S.39. 同上、87頁。またエビングハウスの次の論文を参照。Die Idee des Rechts, in: ders., Gesammelte Aufsätze,Vorträge und Reden, Darmstadt 1968, S.306. Positivismus—Recht der Menschheit—Naturrecht—Staatsbürgerrecht, in: W. Maihofer (Hrsg.), Naturrecht oder Rechtspositivismus?, Darmstadt 1972, S.291.

独立性テーゼの支持者は、「自由および自由のうえに基礎づけられた道徳法則」のない法は「無内容な思想」であるとする思想を変更させる多数のカントの発言を越えて、また『実践理性批判』の第一部「純粋実践理性の原理論」第一編「純粋実践理性の分析論」第一章「純粋実践理性の原則について」において行われた実践的法則の概念の分析および法則と超越論的自由との関連の分析を越えたところに身を置いている。

カントは『永遠平和のために』の中で次のように述べている。「もし自由とこれに基礎づけられた道徳法則とが存在せず、生起しあるいは生起しうるすべての事柄が自然の単なる機構であるならば、政治は（この機構を人間の統治に利用する技術として）実践的智慧の全体であり、法概念は無内容な思想であることになる」。

また『法論』の次の箇所も参照。VI, S.239. 邦訳『法論』３６４-３６５頁。カントは「人倫の形而上学一般の区分」の中で法義務と徳義務との相違について次のように述べている。

「あらゆる義務は、法義務〔officia iuris〕、すなわち、外的立法が可能な義務であるか、もしくは、そうした立法が不可能な徳義務〔officia virtutis S.ethica〕であるかのいずれかである。ところで、後者がいかなる外的立法にも服しえぬのは、徳義務が或る目的に、すなわち、それ自身が〔あるいはそれをもつことが〕同時に義務でもあるような目的に関係するからにほかならない。実際、自分に対して目的を設定することは、〔それが心の或る内面的な働きである以上〕いかなる外的立法によっても達成されえないことである。もっとも、こうした目的に向かうような外的諸行為は、主体がみずからそれらの諸行為を自分の目的とするか否かにかかわりなく、命令されることができるであろうが。
　ところで、なぜ人倫論〔道徳論〕は、通常〔とくにキケロにおいて〕義務論と命名され、権利論とは命名されないのであろうか？一方は他方と関連しあっているにもかかわらず。――そのわけは次のとおりである。すなわち、われわれが、自分自身の自由〔そこから一切の道徳的諸法則も、したがってまた、一切の権利および義務も生じてくるのだが〕を知るのは、ただ道徳的命法によってだけなのであって、この命法は、義務を命ずる命題であり、この命題を基礎として、他人を義務づける能力、すなわち権利の概念が後から展開されうるということ、これである」(VIII, S.372. 理想社版『カント全集第十三巻』『永遠平和のために』小倉志祥訳、258頁)。

道徳哲学のこの体系的に込み入った箇所において、カントによって展開された思考過程の描写はショルツの解釈を準備している。その解釈は、『実践理性批判』の§1-4の中に「カント哲学全体における法論の体系的場所の理解への鍵」が存すると見なしている（G. Scholz, a.a.O., S.163f.）。そこにおいてカントによって述べられた拘束性理論上の根本思想は次のようなものである。「実践的諸法則、無条件的に必然的でまた完全に普遍妥当的諸原則は、格率の立法的形式の観念が意志の唯一の規定根拠でなければならない、またありうるかぎりにおいてのみ存在しうる」（G. Scholz, a.a.O., S.189.）。つまり、超越論的自由は実践的法則の存在根拠（ratio essendi）である。自由意志の前提においてのみ義務、法（権利）および拘束性といった諸概念は客観性と必然性という徴標をもった道徳的概念である。そして、このことから法論に対して次のことが結果として出てくる。
　ショルツは次のように述べている。

「法の法則が厳密なことばの意味において実践的法則として、つまり人間に「拘束性」を課す法則として考えられるかぎり、人間相互が自分たちに対して法則に従った可能なすべての自由を放棄する客観的必然性が「無条件的な」必然性として考えられるかぎりにおいて、人間に対して法の法則の「客観的妥当性」は――それを遵守するという可能性ではなくて――人間は「人格」であり、つまり理性的存在者であるということにのみ基づきうる。その『自由は……道徳的諸法則のもとに』帰属する」。

G. Scholz, a.a.O., S.199. これに関連してカントは次のように述べている。「定言命法は、一定の行為について或る拘束性を表明するという点からすれば、一つの道徳的＝実践的法則である。しかし、拘束性は単に〔法則一般が表明するような〕実践的必然性を含むばかりでなく、さらに強要をも含んでいるのであるから、上述の〔定言〕命法は、義務として表象されるものが作為であるか、不作為であるかに従って、命法の法則か禁止の法則かのいずれかである……行ない（タート）とは、拘束性の諸法則のもとにおかれているかぎりでの、したがってまた行為主体が彼の意思の自由に即して考察されるかぎりでの、その行為を言う。行為者はこうした働きを通して（それから生ずる）結果の創始者とみなされる。そして、この結果であるものは、行為そのものとともに、その行為者の責任に帰せられうる。ただしその場合、そうした事柄への拘束性を課する法則をあらかじめ彼が知っているのでなければならない」（VI, S.222f. 邦訳『法論』３４５-３４６頁）。

またこの文章に続けてカントは、いかなる責任も帰することのできない物件との対比において人格について次のように説明している。

「人格とは、その行為に対して責任を帰することの可能な主体である。だから、道徳的人格性とは、道徳的諸法則のもとにおける或る理性的存在者の自由以外の何ものでもない」（VI, S.223. 邦訳『法論』３４６頁）。

しかしケアスティングは、論証のこの点においてひとつの問題が生じると指摘する。つまり、「すでに実践的法則の「概念」が意思の直接的規定根拠としての格率の立法上の形式の概念と、したがって動機としての義務の理念の観念と分かちがたく結びついている」（G. Scholz, a.a.O., S.201.）場合、法理的立法と同様に実行原理としての義務理念を放棄するような理性立法はどのようにして存在しうるのであろうか。ショルツはこの解答を法論にとって独自な強制の主題の中に見出している。ショルツは１７９７年の法論を理性法的強制の基礎づけの理論として読解する。強制行為の道徳的可能性の諸条件について問えば、強制が不法な行為の阻止に向けられており、したがってまた法義務の履行のための動機として見なされうる場合には、強制は道徳的に許容されたものとして妥当しうるということが明らかになる。

ショルツは、独立性テーゼに対しては、二重の理性立法についての理論の誤った解釈であるとして非難している。

Von der Eintheilung einer Metaphysik der Sitten, VI, S.218-221. 邦訳『法論』３４０-３４３頁。カントは、「人倫の形而上学への序論」Ⅲ「人倫の形而上学の区分について」の中で動機の視点から倫理的立法と法理的立法とを区別して次のように述べている。

「あらゆる立法は（たとえそれが義務とする行為に関しては、他の立法と一致するとしても、たとえば行為はどちらの場合にも外的であるとしても）、やはり動機に関しては区別されうる。或る行為を義務とし、同時にこの義務を動機たらしめる立法は、倫理的である。他方、後のほうの条件（義務を同時に動機たらしめるということ）を法則の内に含まず、義務の観念そのもの以外の他の動機をも許すような立法は、法理的である。法理的立法に関しては、義務の観念から区別されるその動機が、傾向性や嫌悪（とくに強制に対する嫌悪）といった種類の、意思の情動的な規定根拠から、そしてこれらのうちでもとくに後者（嫌悪）から採られなければならないことは容易に理解されうる。というのは、それは強要的な立法であるはずであり、人の心を惹きよせる勧誘的なものではないはずだからである」（VI, S.218f. 邦訳『法論』３４０-３４１頁）。

この独立性テーゼは、法的行為の成立前提という意味における自律的意志の概念からの法論の独立性からその義務原理の妥当前提という意味における超越論的自由からの法論の独立性を導き出す誤った推論に基づいている。法の法則は、その心情が道徳的にどちらでもよい（無記）ということに基づいた法の法則として自由の認識根拠（ratio cognoscendi）ではなく、また純粋理性の事実についての理論の主題でもまったくない。しかし法の法則は、カントの拘束性理論の前提に従えば、無条件的に必然的な、拘束的な――また、社会的交渉の合理性の諸条件のみを明示するのではない――理性原理として道徳法則そのものと同様に存在根拠（ratio essendi）としての自由を必要とする。

二　カントの占有・所有権論

1　R・ザーゲの研究の問題点

カントの占有・所有権論は、哲学上のカント研究においてもまた主に法律学上の自然法史の記述においてもそれにふさわしい注意を向けられることがなかった。カントが所有権の基礎づけによって最後の哲学的偉業を成し遂げたということが今までめったに認識されることがなかったのである。

R. Brandt, Eigentumstheorien von Grotius bis Kant, Stuttgart-Bad Cannstatt 1974, a a.O. ケアスティングは、カント所有論の論証を叙述し、カントのこの後期の業績が哲学的性質を有することを印象づけた最初の者という功績は、ブラントに帰せられると指摘している。またケアスティングは、カントの初期の私法理論と１７９７年に出版された『法論』の私法理論との間の断絶に最初に注意を喚起したのもブラントであると述べている。O. Höffe, Immanuel Kant, 8.Auflage, München 2014, S.224. 邦訳『イマヌエル・カント』藪木栄夫訳、法政大学出版局、１９９１年、２３２–２３３頁を参照。

ケアスティングは、ザーゲの著作（R. Saage, Eigentum, Staat und Gesellschaft bei Immanuel Kant, Stuttgart 1973. 第二版はF・ツォッタの「カントと所有個人主義」と題する論文とともに１９９４年に出版された。R. Saage, Eigentum, Staat und Gesellschaft bei Immanuel Kant, Stuttgart 1973. 2. aktualisierte Auflage: Mit einem Vorwort von Franco Zotta: Kant und der Besitzindividualismus, Baden-Baden 1994.）はカントの所有権概念を明確に主題としており、またその議論の中心に置いているにもかかわらず、ザーゲもまた、カントの難解で、それに加えてきわめてそっけなく提示された私法の理論を明らかにし、またその位置を法哲学全体の構造の中で解明することができなかったと非難する。しかしながら、この研究は「カントの社会・政治哲学のマクロ構造を……カントの所有権概念との構造的な絡み合いの中で判読しようと試みている」（R. Saage, a.a.O., S.7.）。ザーゲにとって重要なのは、カントを有産階級市民の代表者として際立たせ、その位置を哲学的な「所有個人主義的啓蒙の前衛」（R. Saage, a.a.O., S.116.）の中で規定することである。したがって、ザーゲはマクファースン（１９１１–１９８７）の有名な著作（C. B. Macpherson, The Political Theory of Possessive Individualism. Hobbes to Locke, Oxford 1962. 邦訳『所有的個人主義の政治理論』藤野渉・将積茂・瀬沼長一郎訳、合同出版、１９８０年）にカントの章を新たに付け加えようと試みている。この第一義的にイデオロギー批判的把握によって、ザーゲの研究は純粋に法哲学的情報に乏しいという結果を招いた。というのは、カントのテクストは政治経済的に加工され、その法・妥当理論的内容は単に歪曲されて明らかにされているからである。

ザーゲによるカントの所有権論解釈に対する批判として次の文献も参照。W. Kersting, Wohlgeordnete Freiheit. Immanuel Kants Rechts- und Staatsphilosophie, Berlin · New York 1984. S.158-159, Anm.74. 邦訳『自由の秩序—カントの法および国家の哲学—』舟場保之・寺田俊郎監訳、ミネルヴァ書房、２０１３年、２１６‐２１７頁、注73。ケアスティングは次のように述べている。「テキストの体系的分析にかえてイデオロギー批判で事足りるとか、体系的分析をイデオロギー批判から完全に解放することができるといったことだけは、けっして信じてはならない。ザーゲの解釈は法哲学的情報という点でものたりない」。

したがって、カントが「前国家的状態における個人を原理的に所有可能なものとして」考えているとザーゲが論じる時、たとえば私法を基礎づける理性の要請の法的効果は識別できなくされている。というのは、「個々人は、構造的に非社交的であるにもかかわらず、国家の強制権力の欠如という条件のもとでは自然的社会性を備えている。したがって、人間間の関係は法のない領域においてその場所をけっしてもたないであろう」からである (R. Saage, a.a.O., S.37.)。暫定的なものの概念は、カントにおいては国家の強制権力の欠如を指示するのではなく、むしろ自然状態における占有権限の法的な認可必要性を指示している。また逆に、暫定的占有は自然状態の諸条件のもとでは「相対的に法的な占有として」認められ、したがってそれに対応する法的効果と結びついているということが認められる。

カントは§9「自然状態においては、たしかに現実的だが、しかし単に暫定的にすぎない外的な私のもの・汝のものが存在しうる」の中で次のように述べている。

「一言でいうなら、自然状態において外的な或るものを自分のものとしてもつ仕方は、次のような種類の物理的占有、すなわち、公的立法のもとにおける万人の意志の結合を通して法的占有とされるであろうという法的推定をみずからのうちに含むような物理的占有である。そして、この期待においては相対的に法的な占有と認められるのである」(VI, S.257. 邦訳『法論』３８４頁)。

また、カントは§15「公民的体制においてだけ或るものは決定的に取得されうる。これに反して、自然状態においては、もちろん取得されはするが、ただ暫定的にだけそうされうる」の中で次のように述べている。

「立法のために普遍的・現実的に結合した意志の（存立する）状態は、公民的状態である。だから、ただ公民的状態の理念との調和においてだけ、すなわち、公民的状態とその設立とに関連してだけ、ただしそれの実現以前に〔なぜなら、もしそうでなければ取得は導き出されたものとなるであろうから〕、したがって暫定的にだけ、外的な或るものは根源的に取得されうるのである。――決定的な取得はただ公民的状態においてだけ成立する。

とはいえ、右の暫定的取得は、やはり一個の真正な取得である。なぜなら、法的＝実践理性の要請に従えば、こうした取得の可能であるべきことは、人間の相互関係がどのような状態にあるかを問わず〔したがって、自然状態にあっても〕、私法の一原理だからである」（VI, S.264. 邦訳『法論』392-393頁）。

さらに、カントは§16「土地の根源的取得という概念の究明」の中で次のように述べている。

「この公民的状態との連関において、すなわち、それの設立の以前に、しかもその状態をめざして、すなわち暫定的に、外的取得の法則に従って振舞うことは、義務である」（VI, S.267. 邦訳『法論』396頁）。

また、これは人間において十分な「自然的社交性」が見出されるからではなく、理性の要請がそれを意志するからである（W. Kersting, Wohlgeordnete Freiheit. Immanuel Kants Rechts- und Staatsphilosophie, Berlin · New York 1984. S.199-214. 邦訳『自由の秩序――カントの法および国家の哲学――』舟場保之・寺田俊郎監訳、ミネルヴァ書房、2013年、249-265頁）。

カントの同時代人においてすでにカントがロックの労働所有権の構想から離れているということは理解されていなかったし、またそれ以来むき出しの先占を越えて、経済的に意味のある加工を所有権主張の法的条件として要求するとする立場の理論的・道徳的優越性によってカントは繰り返し非難されていた（W. Kersting, Transzendentalphilosophische und naturrechtliche Eigentumsbegründung, in: Archiv für Rechts- und Sozialphilosophie LXVII, 1981, S.157-175.）。ザーゲはロックの支持者およびカントの批判者に対抗することを試みている。第一に、ザーゲは「カントの先占理論を憤慨して拒否することは、市民が自分自身の力による開始に関して満足しなければならない排除権限の反映にすぎない」（R. Saage, a.a.O., S.30.）という包括的な推定によって、第二に、ロックの理論の枠組みにおける力の諸契機の証明によって、つまり私的所有権の社会的なヘルシャフト的性格に対する一般的な批判を引用する証明によって対抗することを試みている。またここでは、カントの議論へのより詳しい考慮によって法哲学上の意外性が明らかになる。つまり、その意外性は先占所有権と労働所有権との間の相違のこの政治経済的平均化の背後に隠れている。ア・プリオリな意思の総合的統一についてのカントの理論は、それが純粋な先占によってであろうと、対象の加工によってであろうと、生得的権利領域の専断的拡張の可能性についての自然法的見解と対立しており、また経験的諸行為の権利構成的機能についてのそれと結びついたテーゼと対立している（W. Kersting, Freiheit und intelligibler BesitZ.Kants Lehre vom synthetischen Rechtssatz a priori, in: Allgemeine Zeitschrift für Philosophie 6, 1981, S.31-51.）。先占と労働はカントにとってはそれぞれ法的な独自な意義をもっていない。先占と労働は単に標識の性格をもっているにすぎない。つまり、これらによって外的な権利は特定の権利として始まるが、しかしこれらはこの権利を基礎づけず、可想的占有のア・プリオリな総合的法則のもとにある対象を包摂するにすぎない。したがって、先占との労働の間に成立する相違は単に技術的な観点においてのみ重要である。つまり、労働は占有意志を明らかにする骨の折れる仕方である。

ケアスティングは次のように述べている。「カント法哲学の理解は、労働を先占に代替させることを超えたところで見出されなければならない。つまり、先占も労働も同じように、権利を根拠づけるという機能を有することはできず、包摂という論理機能を果たす表示機能しかもつことができない、と理解されなければならない。カントの所有論は法のア・プリオリな総合命題を軸とする構想に基づいており、それゆえに、法的権原は、（理念において）統合された意志による承認機能に依存させられることになる」（W. Kersting, Wohlgeordnete Freiheit. Immanuel Kants Rechts- und Staatsphilosophie, Berlin・New York 1984. S.158-159, Anm.74. 邦訳『自由の秩序―カントの法および国家の哲学―』舟場保之・寺田俊郎監訳、ミネルヴァ書房、２０１３年、２１７頁、注73）。

カントは、§15「公民的体制においてだけ或るものは決定的に取得されうる。これに反して、自然状態においては、もちろん取得されはするが、ただ暫定的にだけそうされうる」の中で先占と労働との相違について次のように述べている。

「――さらに（第二の問題として）、土地に対する加工（植樹、耕作、排水工事その他）は、土地の取得にとって必要であるかどうかが問題となる。答えは「否」である。なぜなら、これら（個性化の）諸形式は、単に偶有性にすぎないのだから、直接的占有の客体をなすものではなく、あらかじめ実体が或る主体の彼のものとして承認されているかぎりで、当の主体の占有に属しうるからである。加工は、最初の取得が問題となっている場合には、占有取得の外的標識以外の何ものでもなく、こうした標識は、もっと労の少ない他の多くの標識により代用されうるものである」（VI, S.265. 邦訳『法論』３９３‐３９４頁）。

確かにザーゲの洞察には、一方でカントによる私法の基礎づけの哲学的独自性が隠されたままであり、また他方で私法と公法との妥当理論的相互関連の哲学的独自性が隠されたままである。また確かに、ザーゲの解釈に対しては多くの欠陥が非難されうる。つまりそれらは、カントの議論は「人間に実体化された有産階級市民の衝動構造から出発している」（R. Saage, a.a.O., S.37.）とする重大な歪曲であり、またたとえば小さいが、占有の悟性概念と占有の理性概念とを同一視するといった細部の再構成にとってそれにもかかわらず重大な誤りである。しかしながら、カントの所有権構想の社会経済的観点はもちろん正しく見られている。つまり、カントの所有権概念は明らかに自由主義的なタイプのものであり、この概念において「一義的に私的な自由な使用を規定する契機」（R. Saage, a.a.O., S.39. つまり、それは所有個人的主義契機である）が強調されており、またこの概念は実際「社会的拘束によるあらゆる構造的相対化」（R. Saage, a.a.O., S.39.）から逃れている。カントは、理念史的観点において初期自由主義に分類されうるということが十分に知られている。この初期自由主義は、18世紀の道徳規制的警察国家および絶対主義的福祉国家に対する歴史的前線において哲学的法治国家創始者および幸福主義批判者であるカントに信頼を置くことができた。ケアスティングは、平均化に小心翼々とした法治国家論者と配分に好意的な社会国家論者との間の現在の論争において、よりにもよってカントが政治的幸福主義の法律問題に対して証人席に召喚される場合には大きな驚きであると指摘している。

ザーゲによるカント法論の所有個人主義的解釈に対する批判として次の文献も参照。G. Luf, Freiheit und Gleichheit. Die Aktualität im politischen Denken Kants, Wien 1978, S.70, Anm.1. K. Kühl, Eigentumsordnung und Freiheitsordnung. Zur Aktualität der Kantischen Rechts-und Eigentumslehre, Freiburg i.Br. - München 1984, S.23-37. またザーゲの著作に対する論評として次の文献を参照。J. Kopper, Rezension zu: Saage (1973), in: Kantstudien 64, 1973, S.518f. Maximilian Forschner, Rezension zu: Saage (1973), in: Jahrbuch für Philosophie 81, 1974, S.227-231.

2　G・ルフの研究の問題点

ゲアハルト・ルフは、かれの研究『自由と平等』においてまさに上記のことを試みた（G. Luf, Freiheit und Gleichheit. Die Aktualität im politischen Denken Kants, Wien 1978.）。ルフは、この研究においてカントの実践哲学の一般に行われている叙述について「解釈の二者択一」（G. Luf, a.a.O., S.52.）を展開しようと試み、またその「形式性」を「抽象的・無内容的」と同一視するのではなく、「超越論的・普遍性という意味において」理解しようと試みている。また、このことは次のことを意味する。ルフは、第四章「平等と法概念」第一節「法概念の基礎としてのすべての者の平等な自律」の中で次のように述べている。「現象界における究極的に妥当する内容は自由の要請の無制約者に分類されえないが、しかしすべての内容はこの要請によって測定されなければならない。したがって、そのように理解されればすべての法内容は超越論的法概念に基づいて判断されなければならないであろう。また、法的平等の原理は抽象的な法的主体性の承認ないし同様の法適用への要求を超えて、平等な自律の法的保障を考慮に入れて内容上の法形成の不可欠な規準になるであろう」（G. Luf, a.a.O., S.52f.）。カントのテクストが、「形式主義的狭窄化」（G. Luf, a.a.O., S.147.）からのこのような社会倫理的言い逃れに対する根拠をほとんど提示していないということは、ルフにとって「理論的基礎の結果ではなく、カント自身の社会的観点の結果」でしかない（G. Luf, a.a.O., S.147.）。この正確な解釈は、「カントの法治国家理論が社会国家的諸原理を最初から否認し、またカントの法治国家理論を抽象的な法的保障に制限する」（G. Luf, a.a.O., S.147.）ということが、いかに不適切であるかということを裏づけている。

ルフはこのテーゼを支持するために、第一に道徳と法との基礎的関連に、また第二に私法の基礎に取り組んでいる。

まず、ルフは第二の問題をどのように解釈しているのであろうか。ルフは、カントの所有権理論は包括的な社会倫理的考察に埋め込まれており、またこの考察は調整的所有政策を要求していると確信している。ルフは次のように述べている。「カントの社会哲学の中には所有配分の普遍的規準を探し出すという課題が立てられ、その規準の基礎のうえではじめてすべての人間の所有に対する抽象的・平等的な権利要求が、平等な自由の保障という本来の目的を実現させることができる」(G. Luf, a.a.O., S.87.)。ルフはこの配分規準を奇妙なことにカントの共同占有理念の中に見出している。ルフは、根源的共有態(communio fundi originaria, der ursprüngliche Gesamtbesitz)は「個人の所有権の実践的規則」の機能をもっていると解釈している(G. Luf, a.a.O., S.88.)。ルフによれば、根源的共有態は、その対応物である結合した意志、すなわち理念的な共同占有者と同様に、「根本原理の表現形式、つまり所有権において理性の命令のもとにある主体の自律に妥当性を与えるという要求の表現形式である」(G. Luf, a.a.O., S.91.)。カントの自律の概念は、所有政策的意義を展開し、また支持および方針としての社会国家的プログラムにとってより所となるにはほとんどふさわしくない。さらに、カントの共同占有理念は社会倫理的含意をまったくもっていない。ケアスティングは、この共同占有理念は人類の与えられた保存の基礎についての伝統的理論の合理的再構成であり、またカントの物権の基礎において重要な役割を果たしていると指摘する(Kersting, Freiheit und intelligibler Besitz, a.a.O., S.46f.)。共同占有理念の核心は根源的に無主の土地の否定にある。つまり、根源的取得の対象は無主物(res nullius)ではなく共有物(res omnium)である。したがって、最初の取得者はすべての者の法的占有にある土地に出会い、それによって法的観点においては対象にではなく、かれにおいてその共通の占有として結合した占有者の社会、すなわち共同占有者に出会うことになる。それゆえ物権的権限は、配分された、またすべての共同占有者によって同意されたものの私的使用として明らかになる。ルフは、根源的共有態(communio fundi originaria)のこの妥当理論的性格を再び目的論化する解釈によって埋めている。つまり、ルフは前カント的自然法における共有占有思想に当然帰属している所有批判的機能を復活させている。共同占有は、保存の危険な状況において所有権侵害の諸行為が拠り所にすることができた権限であった。ルフは、自然法の伝統の共同占有と結びついた、すべての所有権上の排除権限の目的論的相対性の思想を借用しているが、しかしその際自己保存の目的を自律保障の目的と取り替えている。したがって、共同占有理念は理性法的な、自律に役立つ社会結合条項の機能を獲得する。ルフは次のように述べている。「カントの所有権は理性概念としての自由から導き出されるので、所有権にはあらかじめ理性的な制限の命令が内在している」(G. Luf, a.a.O., S.93.)。そして、それが無視される場合には、「自律的主体性の表現形式として所有権概念はまさにその抽象性において、自律命令に矛盾し、またそれゆえその正統性を失った構造を否定する……」ことが正当化される。「特定の所有秩序が、歴史的状況を考慮して、すべての者の自由を可能にするという基礎的目的にもはや適さない場合には……この体系的端緒という意味においてその変革および再編成への法的義務づけが成立する」(G. Luf, a.a.O., S.95.)。

次に、ルフは第一の問題をどのように解釈しているのであろうか。ルフは、２つの理性立法の有名な理論とは異なって、この理論は法と道徳との区別を理性によって与えられた法則の遵守の仕方における区別として規定するが、カントにおける法と道徳との関連を目的論的に解釈している。したがって、ルフは法律家のもとで長い間支配的となっている見解に従っている。

道徳目的論的法の基礎づけに対する批判としてケアスティングの次の著作を参照。Kersting, Wohlgeordnete Freiheit, a.a.O., S.35-50. 邦訳『自由の秩序―カントの法および国家の哲学―』舟場保之・寺田俊郎監訳、ミネルヴァ書房、２０１３年、85–93頁。

ケアスティングは道徳目的論的法の基礎づけの見解について次のように要約している。

「主として法学系のカント解釈者によって繰り返し主張されてきた理解によれば、カント実践哲学においては道徳と法との間に目的論的な連関がある。この解釈によれば、法は本質的には「道徳法則を遂行するための条件」である。法よりも高い地位を占める道徳に対して、法には「義務という目的に奉仕する」手段としての地位が与えられる。法の法則はあらゆる目的の考察を捨象した自由な共存の条件を定式化するのではなく、すべての人々が「道徳法則に従って義務を遵守する可能性」に定位している」(Kersting, Wohlgeordnete Freiheit, a.a.O., S.42. 同上、89頁)。

つまりルフによれば、法には「道徳的自律の実現を考慮に入れて制度的仲介者機能」が与えられ、したがって法から一定の諸条件のもとにおいて社会国家的自律援助さえも所有政策的諸手段とともに要求されうる(G. Luf, a.a.O., S.56.「法と道徳との関連」についてはS.53-57.を参照)。ルフの研究が示しているのは、カントの法論の解釈は純粋実践理性における実践哲学の基礎をあらかじめ確保することがいかに重要かということである。この解釈は、カントの諸概念にカントの諸著作の中では支えを見出さない意義を認めることに対して抵抗力がある。次のことはまったく無意味である。つまり、カント解釈において「特殊な個人的および社会的諸前提の枠組みにおいて自律に対する平等な要求に妥当性をもたらす「保障」を論じること、あるいは「すべての者の平等な自律」を論じること、あるいは「自律の実現を可能にする平等要求」を論ずることはまったく無意味である（G. Luf, a.a.O., S.4.）。カントの法哲学は「自律の実現諸条件」の理論ではない（G. Luf, a.a.O., S.146.）。つまり、内的自由の倫理的体制と空間・時間における外的自由の法的体制との間にはいかなる目的論的結びつきも成立しない。カントの自律構想の道徳哲学的意味は、自律が法的な、したがってまた告訴して請求できる要求の対象と見なされる場合には、まったく曲解されることになる。

ルフの所論に対する論評としてケアスティングの次の著作も参照。**Wohlgeordnete Freiheit. Immanuel Kants Rechts-und Staatsphilosophie, 3., erweiterte und bearbeitete Auflage, Paderborn 2007, S.264f., Anm.27.** 同上、２６２－２６３頁、注27。ケアスティングは、「ルフの社会国家的な読み込みは、ザーゲのイデオロギー批判的な先入見より穏健とはいえ、それとそう変わらない。両者とも同じように、カントの理性法の精緻な妥当理論的

論証への通路を逸しているのである」と批判している（S.294, Anm.82. 同上、２９９頁、注22）。またルフの著作に対する書評として次の文献を参照。H.-G. Deggau, Ein Aktualisierungsversuch der politischen Philosophie Kants. Zu: Gerhard Luf, Freiheit und Gleichheit. Die Aktualität im politischen Denken Kants, Allgemeine Zeitschrift für Philosophie 5/1980, S.58-64.

3　S・M・シェルの研究の問題点

ケアスティングは、英語圏におけるカントの法・政治哲学に関する重要な研究として、特にS・M・シェルを取り上げている。

シェルは、『理性の権利―カントの哲学および政治学についての研究―』の中で結論において、認識論的世界専有と法的・所有上の世界専有とは構造上完全に一致しているとして、次のように述べている。

「カントの哲学的発展および特にかれの批判的思想は、世界に対する人間の専有の説明および擁護として理解されうる。『純粋理性批判』および『法論の形而上学的基礎論』の両著作においてカントは、かれのもっとも重要な諸論拠を「演繹」として提示している。これらの演繹によってカントが意味しているのは、所有権請求に対する正当化である。これら2つの演繹は、あるものを自分のものとして占有すること（possess）ないしもつこと（have）がいかにして可能であるのかを確立するものである。超越論的演繹は、対象の概念のその使用に対して「理性の権利」を確立するものである。つまり法的演繹は、自然界の対象のその使用に対する理性的存在者の権利を確立する。カントの思弁的哲学とかれの政治学を結びつける中心的な問題は、人間主体を「他者」（stranger）として理解することである。そしてこの他者は、世界をそれが自分のものであるかのように専有し、またそれゆえ改変しなければならない」（S. M. Shell, The Rights of Reason. A Study of Kant's Philosophy and Politics, University of Toronto Press 1980, p.185.）。

ケアスティングはシェルの解釈に対して厳しい批判を加えているが、以下において具体的に検討したい。

ケアスティングは、シェルによってその著作『理性の権利』において提示されたようなテーゼはつねに特別な関心を見出すと指摘している。というのは、立脚点の見解は、この立脚点から哲学的に偉大な作品の離ればなれになっている諸部分が互いに接近し、また唯一の、したがって単純な根本思想の体系領域的にさまざまな表現法として現れるが、あらゆるその解釈者の耳目を聳動する。確かに、さまざまな異なる主題についてのこの解釈上の試みは魅力的ではあるが、この場合次のような疑念に出くわすとケアスティングは指摘する。つまり、認識論的および所有上の自然の専有という二重の専有の定式は、この専有によって故郷および所有をもっていない他者が世界占有者に昇進するが、カント哲学のこの定式によって組み入れられた2つの部分を正当に評価していない。その解釈が内容上適切であるのか否かを詳細に研究する前にすでに、「意識の超越論的自我」と「法的社会の結合した意志」との対比は批判に直面せざるをえない（S. M. Shell, ibid., p.185.）。法哲学上の基礎づけの枠組みにおいて、ア・プリオリに結合した意志にはいかなる地位も与えられていない。この地位は『実践理性批判』における超越論的統覚統一と構造上同等であろう。法哲学における最高の立脚点は疑いもなく法の法則および生得的な人間性の権利という概念によって形成される。この規範的な基礎がなければ、カントの私法は理解できないであろうし、実践的な理性の要請の私法上の根本規範およびその設立のために必要な法理的理性立法の拡張も理解できないであろう。「カントの権利論は本質的に所有権論である」(S. M. Shell, ibid., p.126.) とするシェルの主張は、カントの法論の見取り図を歪曲しているものとして拒否されなければならない。シェルの主張は生得的な法(権利)領域と取得権(iura acquisita)のア・プリオリな基礎の領域との区別を無視しているし、同様に法原理の妥当理論的優位性を無視している。この主張は、認識論的世界専有と法的・所有上の世界専有との構造上の完全な一致についての解釈原則に寄与しているのは明らかである。その際、中心に持ち込まれた所有権概念は多くのカントの後の資料から抱かれるこの解釈テーゼの光の下ですべての法哲学上の輪郭を失うことになる。というのは、「自然の法的な不法使用」(S. M. Shell, ibid., p.178.) が話題になっており、また「所有権は……自然の不満に対する人間的に可能な最善の対応」(S. M. Shell, ibid., p.187.) が話題になっているからである。そこにおいて理論的に克服されるべき、またここにおいて実践的に克服されるべき中断としての認識論と法論との対比によって求められた主体・客体・中断の転用によって遮られながら、問題への洞察、つまりカントの私法理論、特にかれの所有権論への洞察を解決しようと試みられる。シェルが、「法的演繹は自然界における対象の使用に対する理性的存在者の権利を確立する」(S. M. Shell, ibid., p.185.) ないし「結合した意志ないし普遍的な意志は……人間にものを使用する権利を与える」(S. M. Shell, Kant's Theory of Property, in: Political Theory 6, 1978, p.81.) と記述するとき、所有権概念にまったくカントの知らない力点が与えられることになる。自然の諸対象を使用し、また人間の目的に従わせる権利はそれ自体生得的な人間性の権利の立場の分析的構成要素であり、したがってまたその基礎づけのために法の法則を超えて法理的立法の拡張をけっして必要としない。結合した意志は、自然の使用に対する権利を付与するのではなく、所有権上の、また物理的所持関係に依存しない排除権限に対する妥当性条件の地位をもっている。所有権の同意されていない使用を控えるという所有権主張と結びついたすべての他者に対する法的義務づけは、取得権に対応する義務として法の法則から導出可能ではない。つまり、この法的義務づけは契約それ自体による義務(obligatio a se ipso contracta)という性格をもっており、またその体系的場所を結合した意志の中にもっている。この結合した意志によってすべての者はそこにおいて相互に一致したものとして考えられる。ものの使用に関して相互に法的諸条件に従って、つまりまた特に「私のもの・汝のものの規定における占有の観念性の原理」(XXIII, S.214, 16.『人倫の形而上学』第一部『法論の形而上学基礎論』準備草稿)に従ってわれわれは行為する。

「カントにとって意識は、ヘーゲルが述べているように、明確に所有権である」(S. M. Shell, The Rights of Reason. A Study of Kant's Philosophy and Politics, University of Toronto Press 1980, p.133. シェルは、この解釈に際してヘーゲルの『エンチュクロペディー』第三部の心理学の章を援用している)。したがって、認識は本質的に取得行為である。そして、この取得行為は他人のものを自分のものに転換する。この取得行為はその根拠を「『自分のもの』としての『所与のもの』の超越論的専有」の中にもっているし(S. M. Shell, Kant's Theory of Property, in: Political Theory 6, 1978, p.80.)、また認識論はその中心を「知的所有の超越論的基礎づけ(私のもの)」の中に見出す(Ebd.)。ところで、カントは『純粋理性批判』第二版の第16項「統覚の根源的総合的統一について」の中で、つまり理論哲学についてのカントの研究からシェルによって唯一引用されたテクスト部分の中で、確かにそのもとにおいて私の表象であるところの諸条件について論じているが、しかしながらそれは知的な所有権論とはかかわりがないとケアスティングは指摘している。この項目で問題になっているのは総合的自己意識の統一および分析的自己意識の統一との関係であり、また意識の同一性の問題である。

> カントは次のように述べている。「……私が与えられた諸表象の多様を一つの意識において結合できるということによってのみ、私はこれらの表象における意識の同一性そのものを表象することが可能なのである。すなわち、統覚の分析的統一は何らかの総合的統一を前提してのみ可能である」(B 133. 岩波版『カント全集4』有福孝岳訳、206頁)。

カントは法的な連想を呼び起こす「私のもの」という表現を認識論の諸著作のいかなる箇所でも使用していない。

したがって、シェルが「カントは理論的所有を私のものと呼ぶが、それに対して実践的所有を私のもの・汝のものと呼ぶ」と記述するとき、ほとんどテクストの歪曲と言ってよいくらいであるとケアスティングは批判している（Ebd.）。カナダのカント解釈者によって試みられた認識論と法論との対比化は説得力があるとは言えない。この対比化は、『純粋理性批判』および『人倫の形而上学』における哲学上の問題状況を正当に評価しない解釈に基づいている。この両著作において世界先占（Weltaneignung）が主題化されているとする証拠は、カントの私法の妥当理論的関連から引き離され、また致命的に着色された所有権概念にのみ至るし、他方、超越論哲学的な認識の基礎づけの中心的理論の所有権上の図解を超えない。

Wohlgeordnete Freiheit. Immanuel Kants Rechts-und Staatsphilosophie, Berlin・New York 1984, S.114, Anm.5. 同上、２０５-２０６頁、注5を参照。ケアスティングは上記に述べたシェルのような解釈について批判的に次のように述べている。それは、「カントが設けた理論哲学と実践哲学との間の境界を解消し、財の使用についての法的諸条件に関する問いを人間の認識の客観性の諸条件に関する問いからもはや分離することもなく、他の人を無理やり主観化するという疑似ヘーゲル主義的な枠組みに、所有ばかりか認識をも当てはめようとする解釈」である。シェルの所論に対する論評として次の文献を参照。V. Gerhardt, Rezension zu: S. M. Shell: The Rights of Reason. A Study of Kant's Philosophy and Politics, in: Kantstudien 73, 1982, S.247-250. Patrick Riley, On Susan Shell's »Kant's Theory of Property«, Political Theory 6, 1978, pp.91-99. Susan Meld Shell, The Rights of Reason. A Study of Kant's Philosophy and Politics, Toronto u.a. 1980, pp.127-152. Wolfgang Kersting, Freiheit und intelligibler Besitz. Kants Lehre vom synthetischen Rechtssatz a priori, Allgemeine Zeitschrift für Philosophie 6. 1981, S.31-51. Wolfgang Kersting, Transzendentalphilosophische und naturrechtliche Eigentumsbegründung, Archiv für Rechts- und Sozialphilosophie, LXVII, 1981, S.157-175. Patrick Riley, Kant's Political Philosophy, Totowa 1983, p.135, pp.152-158, p.159, p.166.

三　カントの自然状態論

カントは初期のレフレクシオーンにおいて自然状態論を「ホッブズの理想」と特徴づけ、その理論に次のような証明課題を委ねた。「ここにおいて自然状態における権利が検討されるのであって、事実が検討されるのではない。自然状態から抜け出すことは恣意的ではなく、法の規則に従って必然的であるということが証明される」（XIX, R 6593. 道徳哲学のレフレクシオーン）。オトフリート・ヘッフェがかれの研究「政治的正義の契約論的基礎づけについて—ホッブズ、カントおよびロールズを比較して—」において示しているように（O. Höffe, Zur vertragstheoretischen Begründung politischer Gerechtigkeit: Hobbes, Kant und Rawls im Vergleich, in: ders., Ethik und Politik, Grundmodelle und-probleme der praktischen Philosophie, Frankfurt am Main 1979, S.195-226. カントの自然状態論についてはS.206-213. を参照。また次の文献を参照。Karlfriedrich Herb・Bernd Ludwig, Naturzustand, Eigentum und Staat. Immanuel Kants Relativierung des „Ideal des hobbes", Kant Studien 83, 3, 1993, S.283-316.）、カントの「自然状態からの脱却」（exeundum e statu naturali）証明は自然状態概念に基づいている。そして、この概念はホッブズの模範に対して、事柄に即した簡略化およびより大きな論証的説得力という長所をもっている（O. Höffe, a.a.O., S.208.）。カントは複雑な人間学を背負い込む代わりに、制限された地表における人間の「不可避的共存」という人間学的に陳腐な所与から出発する。

カントは§42の冒頭で次のように述べている。
「自然状態における私法から、今や、次のような公法の要請が、すなわち、汝は、一切の他人と不可避的に共存の関係におかれているのだから、かの自然状態から抜け出して或る法的状態へと、つまり配分的正義の（存立している）状態へと移行すべし、という要請が生じてくる。――この要請の根拠は、暴力〔violentia〕に対置されるものとしての外的関係における法の概念からして、分析的に展開される」（VI, S.307. 邦訳『法論』４４４－４４５頁）。

つまり、「人間は同時に同じ居住空間を共有しているために、またそのかぎりにおいて、相互に侵害することを避けて通れない」（O. Höffe, a.a.O., S.208.）。カントが戦争状態を「意思の自由および共通の生活空間」（O. Höffe, a.a.O.,

S.210.）の概念からのみ基礎づけるとき、解釈者は難しい立場に立たされるだけでなく、解釈者はルソーおよびK・マルクス（1818－1883）の後継において自然状態を市民的競争社会の叙述と見なし、つまりその住民を普遍的・人間的に隠蔽するブルジョワと見なし、また自然状態を超越する「脱却」（exeundum）の洞察の背後に、自然的と称する市民的社会の自己規制は不可能である（Vgl. H. Medick, Naturzustand und Naturgeschichte der bürgerlichen Gesellschaft. Die Ursprünge der bürgerlichen Sozialtheorie als Geschichtsphilosophie und Sozialwissenschaft bei Samuel Pufendorf, John Locke und Adam Smith (Kritische Studien zur Geschichtswissenschaft Band 5), Göttingen 1973, S.35.）という隠れた知識を見る。また国家および支配の自由の弁護者も同様である。「相互的な影響において共に生活している人間が……原則的に、また追加の諸条件に基づかずにかれらと同様な人々との紛争の危険にある場合」（O. Höffe, a.a.O., S.209.）、人間の共生の国家的組織の必然性は特定の人間像からはじめて基礎づけられうるのではなく、あらゆる単に考えられうる人間像の動かすことのできない枠組みからすでに基礎づけられうる。そして、支配は不可避的になる。したがってまた、自然状態論のカントのヴァージョンの国家哲学的本質のヘッフェの卓越した理解のように、したがってまた「支配の自由ではなく、正しい支配が……哲学的および政治的努力の有意義な目的」でありうる（O. Höffe, a.a.O., S.209-210.）。

しかし、カントは伝来の自然状態概念を改善しただけではなく、また自然状態概念と結びついた国家設立の必然性についての論拠にまったく別の性格を与えた。「ホッブズによれば、自然状態は自己保存と幸福に対する人間の欲求を危険にさらすが、そしてカントは確かにこれに反論はしないが、しかし決定的であるとは見なさない……カントの基準は無条件的な要求であり、この要求は実践理性の概念と結びついている」（O. Höffe, a.a.O., S.210.）。カントにおいては自然状態の自己保存の危険は前面に押し出されていない。自然状態（status naturalis）にいつまでも留まることは確かに賢明ではなく、なによりもまず義務に反する。というのは、人間は理性的存在者として法の規則にしたがってその関係を形成するというア・プリオリな義務づけのもとにあるからである。自然状態から脱却することが法的に命じられており、したがって人間がア・プリオリな法理性によって臣民になることを義務づけられているとすれば、自然状態から公民状態（status civilis）への架橋を行う契約は必要ではないことになる。カントは、伝統的な契約主義にとって本質的な、国家の支配の拘束性を契約上合意する諸個人の自己義務づけに固定するような決定を放棄している。ホッブズの自然法（jus naturale）の主観主義ではなく、客観的で立法的な法理性から出発するカントにとって、自己義務づけ的な個々人の自由への近代的正当化理論上の立ち戻りは不必要である。いずれにしてもすべての者は、その自由の外的使用に関して可能な普遍的法則との一致の諸条件に義務づけられている。したがって、契約はカントにおいて支配の正統性という課題から解放されうるし、また他者に対して正当な支配の基礎づけが供給されうる。ヘッフェは主意主義的な正当化理論上の構想から定言命法の国家法上のヴァージョンへの契約のこの機能変換をはっきりと際立たせている。カントにおいて契約は「もっぱら実践理性の規範的な理念であり、実定法の正当性の判断のための究極の基準である。また、定言命法が格率の道徳性に対する最高の判断基準であるのと同様である」（O. Höffe, a.a.O., S.207. Vgl. P. Riley, On Kant as the Most Adequate of the Social Contract Theorists, in: Political Theory 1, 1973, pp.450-471.）。定言命法と同様に、根源的契約（contractus originarius）の理念は「消極的基準の意味」、つまり「法的に許容されたものおよび禁止されたもの」の基準の意味しかもっておらず、「法的に命令されたもの」の基準の意味をもっているのではない。

O. Höffe, Kants kategorischer Imperativ als Kriterium des Sittlichen, in: ders., Ethik und Politik, a.a.O., S.84-119.

O. Höffe, a.a.O., S.211. Vgl. Th. Ebert, Kants kategorischer Imperativ und die Kriterien gebotener, verbotener und freigestellter Handlungen, in: Kantstudien 67, 1976, S.570-583.

したがって、根源的契約から実定的法秩序は紡ぎ出されえないが、しかしながらあらゆる実定法および法秩序のあらゆる要素の「普遍的同意可能性」は根源的契約によって検証されうる。というのは、正義の認識原理として、また「政治的根本規範」として根源的契約はすべての実定法的領域に対して権限をもっており、「最初の秩序の諸法則（命令、禁止、手続き規定）だけに関係するのではなく、また第二の秩序の諸法則（争いの解決のための規則ないし法則の成立についての規定）にも関係する。しかし、まず第一に政治社会の根本秩序の諸原理、その（書かれたおよび／ないし書かれていない）国家体制の諸原理に関係する」（O. Höffe, a.a.O., S.212f.）。

四　W・ケアスティングの所論の評価

ケアスティングの１９８４年版の著作に対するH・オーバラーの書評論文を主に手がかりにして、以下においてケアスティングのカント法論解釈を検討する。

H. Oberer, Rezension zu: Wolfgang Kersting, Wohlgeordnete Freiheit. Immanuel Kants Rechts-und Staatsphilosophie, Berlin・New York 1984, in: Kantstudien 77, 1986, S.118-122.

この著作に対する書評としてH・オーバラーによる上記のRezension zu: Kersting (1984), in: Kantstudien 77, 1986, S.118-122. 以外にも、同年に発表されたV・ゲアハルトによるRezension zu: Kersting (1984), in: Allgemeine Zeitschrift für Philosophie, 1986, S.79-84. がある。さらに、W・ブルッガーおよびW・バルトゥシャットの書評も刊行されている。このように複数の書評があることからも、この著作がいかに注目されていたかが窺い知れる。実際この研究は、従来過小評価されてきたカントの法哲学を哲学的偉業として再評価する契機を作るのに貢献した決定的に重要な著作であり、また現在でも依然としてカント法哲学研究のもっとも卓越した基本文献であることに変わりはない。Winfried Brugger, Rezension zu: Kersting (1984), in: Archiv für Rechts-und Sozialphilosophie, Bd.LXXII/3, 1986, S.409-411. Wolfgang Bartuschat, Apriorität und Empirie Kants Rechtsphilosophie, in: Philosophische Rundschau, 34, 1987, S.31-49. バルトゥシャットのこの論評は、デガウおよびケアスティングの以下の著作に対してなされたものである。Wolfgang Kersting, Wohlgeordnete Freiheit. Immanuel Kants Rechts-und Staatsphilosophie, Berlin・New York 1984. Hans-Georg Deggau, Die Aporien der Rechtslehre Kants, Stuttgart-Bad Cannstatt 1983. ケアスティングについては特にS.36-49.を参照。

またその後、ズゥーアカンプ版としてWohlgeordnete Freiheit. Immanuel Kants Rechts- und Staatsphilosophie. Mit einer Einleitung zur Taschenbuchausgabe 1993: Kant und die politische Philosophie der Gegenwart. Suhrkamp, Frankfurt am Main. が出版されている。１９９３年のこの版には緒論として「カントと現代政治哲学」と題する論文が付け加えられている。この著

作に対してはD・ヒュニングの書評がある。Dieter Hüning, Rezension zu: Kersting (1993), in: Kantstudien, 86(4), 1995, S.475-477.

さらに、この著作の最新版は２００７年に3., erweiterte und bearbeitete Auflage, Paderborn 2007. として出版されており、その間に出版されたカント法哲学に関する研究論文や論文集を追録することによって文献目録をアクチュアルにしている。しかし、本文に若干の注が付け加えられているものの大幅な変更はなされていない。ただし、この第三版においてケアスティングは、初版において提起し展開した解釈上のテーゼすべてをそのまま無制限に堅持しているわけではなく、その後の研究の成果を踏まえて特に次の3点に変更を加えたいとしている。第一に、法の法則が原理的にもつ論理的地位に当初ケアスティングが与えていた評価を訂正する。第二に、人権上の自由と政治的自律との絡み合いをより判明にする。第三に、純粋私法がカント法哲学の構造にとってもつ意味をより強調する（Kersting, a.a.O., S.iii. 下記邦訳、iii頁）。したがって、ケアスティングの著作からの引用は以下において初版によるものとする。最新版には次の邦訳がある。『自由の秩序―カントの法および国家の哲学―』舟場保之・寺田俊郎監訳、ミネルヴァ書房、２０１３年。

また、ケアスティングの所論に対する論評としてキュスタースの次の文献を参照。Gerd-Walter Küsters, Kants Rechtsphilosophie, Darmstadt 1988, S.1f., S.14, S.51, S.69-75, S.98f., S.119, S.125f. 上記邦訳の訳者解説も参照。同上、石田京子、４０１-４１４頁。

ケアスティングは、この著作が刊行されるまでにカント法哲学の個々の問題についての一連の優れた論文を精力的に発表してきており、またその点でこの主題の卓越した専門的研究者であることは周知の事実である。ケアスティングは、先に言及した教授資格論文において「１７９７年の『法論の形而上学的基礎論』において提示されたカント法哲学の包括的、哲学的復権を意図している」とその研究目的を明確に述べており、その際カントの法論の全体像を体系的・歴史的に描き出し、カント法哲学の包括的・哲学的再構成を試みている（Wolfgang Kersting, a.a.O., S.VII-VIII. 同上、vii-viii頁）。ケアスティングの意図をより具体的に言えば、カント法論の哲学的意義を明らかにしようとする試みを推進することであり、その際カント以降の法思想を包括的に整理する中でカントの理性法を19世紀・20世紀の哲学的に後退した法実証主義と対決させることである（Wolfgang Kersting, a.a.O., S.VIII. 同上、viii頁）。

実際、長い間カントの哲学的法論に向けられた過小評価は、リッターの著作が出版されて以降過去15年間（１９８６年当時）において、法論の諸問題に対するよりいっそうの集中的な取り組み、またそれに引き続いてその業績のよりいっそうの積極的評価に席を譲ることになった。その頂点にあるのがまさにケアスティングのこの著作である。ケアスティングは、カントの法哲学だけでなく、マキアヴェッリ（１４６９−１５２７）、ホッブズ、ロック、ルソーなどの近代の政治哲学・法哲学に関する多くの研究書や研究論文もあり、広い視野からカントの法哲学を研究している。

H. Oberer, a.a.O., S.118. Volker Gerhardt, in: Wolfgang Kersting, Wohlgeordnete Freiheit. Immanuel Kants Rechts-und Staatsphilosophie, 3., erweiterte und bearbeitete Auflage, Paderborn 2007, S.11f. マキアヴェッリ、ホッブズ、ロックおよびルソーに関する代表的業績として次の文献が挙げられる。Wolfgang Kersting, Niccolò Machiavelli. Leben-Werk-Wirkung, München 1988. Wolfgang Kersting, Thomas Hobbes zur Einführung, Hamburg 1992. Wolfgang Kersting (Hrsg.), Thomas HobbeS.Leviathan oder Stoff, Form und Gewalt eines bürgerlichen und kirchlichen Staates, Berlin 1996. Wolfgang Kersting, Eigentum, Vertrag und Staat bei Kant und Locke, in: M.P.Thompson (Hrsg.), Locke und Kant, Berlin: Duncker & Humblot 1990, S.109-134. Wolfgang Kersting, Jean-Jacques Rousseaus Gesellschaftsvertrag, Darmstadt 2002. Wolfgang Kersting, Vertragstheorien. Kontraktualistische Theorien in der Politikwissenschaft, Stuttgart 2016.

それに加えてケアスティングは、現在の英米系の政治哲学についても精力的な研究を行っている。たとえばJ・ロールズに関する入門的研究もある。Wolfgang Kersting, John Rawls zur Einführung, Hamburg 2001.

この意味でもケアスティングのカント法哲学解釈は、カントが対決した伝統的自然法論も詳細に踏まえているため説得力があり、また示唆される点が多い。

オーバラーは、ケアスティングの本著作の構成に従って3つの視点から論評を加えている。以下において、第一に「法の基礎づけ」、第二に「私法論」、そして第三に「国家法論」について検討する。

1　法の基礎づけ

ケアスティングは、この著作の第一部「法の基礎づけ」において法の基礎づけ問題、つまり法の概念が一般にその意味およびその機能を獲得する体系的連関の解明に詳細に取り組んでいる。ケアスティングが、『純粋理性批判』および『実践理性批判』によって体系上および内容上基礎づけられた法哲学という意味において、『法論の形而上学的基礎論』の「批判的」性格を支持するテーゼの立場に立っているのはもっともなことであるとオーバラーは評価している。ケアスティングは、同時にもっともな根拠に基づいて、カントによれば法は道徳（Sittlichkeit）に基づいていないとする残念ながら今日なお広く流布している見解を退けており、またカントによればむしろ法の法則の妥当性は道徳法則（Sittengesetz）に基づいているということを明らかにしている。つまり、『人倫の形而上学の基礎づけ』および『実践理性批判』が『人倫の形而上学』に対して根拠を置いているということ、およびいかにして根拠を置いているのかということの中にまさにこの法哲学の批判的性格が認識されうる。この議論についてはすでにオーバラー自身が１９７３年論文、１９７７年論文および１９８３年論文で詳しく検討している。

Hariolf Oberer, Zur Frühgeschichte der Kantischen Rechtslehre, in: Kantstudien 64, 1973, S.88-102. Praxisgeltung und Rechtsgeltung, in: Lehrstücke der praktischen Philosophie und der Ästhetik, herausgegeben von Karl Bärthlein und Gerd Wolandt, Basel · Stuttgart 1977, S.87-111. Ist Kants Rechtslehre kritische Philosophie? Zu Werner Buschs Untersuchung der Kantischen Rechtsphilosophie, in: Kantstudien 74, 1983, S.217-224.

というのは、カントは、『人倫の形而上学の基礎づけ』および『実践理性批判』において『純粋理性批判』の超越論的観念論に基づいて思弁的消極的自由論を積極的実践的自由論に導いているからである。そして、この積極的実践的自由論なしには、法概念は最終的にいかなる対象もまた妥当性ももちえないことになる。

しかしオーバラーは、これに関して根拠のないＧ・ショルツの博士論文（G. Scholz, Das Problem des Rechts in Kants

Moralphilosophie, Diss. Köln 1972.）の刷り込みにおいて、ケアスティングは残念なことにすぐに、このカントの基礎づけ理論の解釈の正しい道から離れ、またそれによってケアスティングの正しい端緒の成果を失うという危険に陥っていると批判する。ケアスティングはショルツからその解釈の一部を借用しているが、その解釈に従えばカントにおいて法の法則は定言命法でもなくまた仮言命法でもないし、あるいはありえないことになる（Wolfgang Kersting, a.a.O., S.8-10. 同上、62-67頁。ケアスティングは、「かりに法の法則が命法であるとすれば、それは定言的または仮言的に命じるのでなければならない。しかし、法の法則はいずれでもありえない」と述べている。S.8. 同上、62頁）。しかし、法論にとっても基礎となり、また法論にとっても関連する基礎づけの諸著作の諸規定を繰り返しており、また圧縮している『人倫の形而上学』への序論において、（法の法則によっても課された）拘束性は「理性の定言命法のもとにおける自由な行為の必然性」として定義され、また（法および徳の）すべての実践的諸法則は、定言命法として感性的・理性的存在者に立ち向かうものとして特徴づけられている。しかしオーバラーは、今述べたケアスティングの誤った解釈およびその原因については他の機会に詳しく立ち入って検討するつもりであるとする。というのは、この関連において該当する箇所を引き合いに出し、この関連において解釈し、またその誤解の歴史的な源泉を追求するには及ばないであろうというのが、その理由である。

それでもやはりケアスティングが続けて、法の法則を「特殊化された定言命法のヴァージョン」として理解しようと試みるとき、ショルツの見解を見放し反対の見解の方に向かっているように思われるのは幸いなことであるとオーバラーは指摘している（Wolfgang Kersting, a.a.O., S.31. 同上、82頁。ケアスティングは、「法の法則は、強制権限が対応している義務の基礎づけに特殊化された定言命法のヴァージョンである」と述べている）。というのは、種（species）は類（genus）の諸規定を含んでおり、したがって法の法則はケアスティングにとって結局それでもやはり定言命法であり、その法に特殊な諸規定部分は強制権限および義務遂行のための動機の（法の法則上の）任意性に存在するからである。そのかぎりにおいてのみ、ケアスティングは「法哲学と批判的道徳哲学との体系的結びつきに対するカントの指摘」をまじめに受け取ることにさらに続けて成功しうることになる。

ケアスティングは、「『基礎づけ』および完成された形としては『実践理性批判』における道徳哲学の新たな基礎づけは、法論にも新たな妥当理論上の基盤を与えている。外面性、心術への無関心、そして強制可能性という法に固有の要素は、妥当性の点において、『実践理性批判』において展開された積極的な実践的自由の構想、およびこの自由において基礎づけられる実践的法則の構想から独立していることを示すものと解釈されてはならない。そうではなく、カントが法哲学と批判的道徳哲学との体系的結びつきを指し示している事柄は、真剣に受け取られるべきである」と述べている（Wolfgang Kersting, a.a.O., S.37. 同上、85頁）。

しかし、若干の成功の見込みとともに２つの問題複合体を解決する試みに着手することが必要である。これらの問題複合体は、過去において再三、法哲学上の議論一般および同様にカントの法論の正当な評価の試みに過大の負担をかけたものである。これら２つの問題のうちの第一の問題がわれわれの世紀（20世紀）にとって、ユリウス・エビングハウス（１８８５–１９８１）という名前に結びつけられている。法学者および法政策学者に対して、かれらは第一批判および第二批判の――消極的および積極的――超越論的観念論的形態における自由問題をその積極的・理論的考慮に関係すると見なすが、エビングハウスは、最後は死刑に関するかれの著作の中でカントの立場に何度も遡っている（Julius Ebbinghuas, Die Strafen für Tötung eines Menschen nach Prinzipien einer Rechtsphilosophie der Freiheit, Kantstudien-Ergänzungshefte 94, Bonn 1968.）。その立場は、法にとって消極的実践的自由概念を一定の観点のもとで十分であると見なす。われわれはこの概念を経験から知るが（Kritik der reinen Vernunft, B 830.）、しかしこの概念は批判的自由概念ではなくて、まさに経験的自由概念である。

カントは『純粋理性批判』Ⅱ「超越論的方法論」第二篇「純粋理性の規準」第一章「私たちの理性の純粋使用の最終目的について」の中で消極的実践的自由について次のように述べている。

「そこで、まず注意すべきは、私はさしあたって自由という概念を実践的意味においてのみ用い、超越論的意味における自由を、この意味での自由は諸現象の説明根拠として経験的に前提されることはできず、理性にとっては一つの問題ですらあるのであるから、ここでは、さきに論じおえられたものとして無視するということである。つまり、感性的な諸衝動によって以外には規定されえない、言いかえれば、感受的に規定されうる選択意志は、たんに動物的選択意志（arbitrium brutum）にすぎない。しかし、感性的な諸衝動に依存せずに規定されうるようなもの、したがって、理性によってのみ表象される諸動因によって規定されうるようなものは、自由な選択意志（arbitrium liberum）と呼ばれ、また、根拠としてであれ帰結としてであれ、この自由な選択意志と脈絡づけられるすべてのものは、実践的と名づけられる。実践的自由は経験によって証明されうる……私たちの全状態に関して欲求するに値するもの、言いかえれば、善であり有用であるものをこのように熟慮することは、理性にもとづいている。だからこの理性が、命法のかたちをとる、言いかえれば、自由の客観的法則である諸法則をも与えるのであって、これらの諸法則は、たとえそれがおそらくけっして生起しないとしても、何が生起すべきであるのかを命じ、この点において、何が生起するのかしか取り扱わない諸自然法則から区別されるのであるが、このゆえにこれらの諸法則はまた実践的法則とも名づけられるのである」（B 830. 理想社版『カント全集第六巻』原佑訳、95頁）。

しかし、この消極的実践的な、単に経験的自由概念は次のこと以上もまたそれ以外も意味しない。つまり、われわれは次のような反論の余地のない意識をもっているということである。すなわち、感性の衝動によって必ずしもつねに「直接的に」行為へと強要されるのではなく、悟性の概念によってまた理性によって生み出された規則によっても行為へと規定されうるという意識である。実際、われわれはこの表象をもっており、そしてこの表象は法の法則に従って行為するという現実的可能性の基礎づけにとって事実上十分である。したがって、エビングハウスがこのまったく経験的自由概念は現実の法生活にとって完全に十分であり、またいかなる法学者ないし法政策学者も超越論的哲学および「その」自由の考慮の諸問題に巻き込まれる（あるいはまた超越論的哲学に対するどこからか借用された批判によって特定の実定法上のあるいは法政策上の諸要求に非難を加えたり、それらを拒否したりする）必要がないと説明するとき、エビングハウスはまったく正しい。しかしこのことは、超越論哲学的自由論（その思弁的消極的な形態における、またその実践的積極的な形態における）がまたこの法「哲学者」に関係しないということをけっして意味しない。というのは、ケアスティングが正当に強調しているように、なるほど経験的自由概念によって選択の自由は明確であるが、しかし純粋理性からこの自由に諸法則を命じる理性必然性も、またこれらの法則に純粋に道徳的な動機から従う可能性も明確ではない。したがって、あの経験的自由表象は、人間の感性によって直接強要されることなしに、人間がある諸規則に従って行為しうるということを説明するのに十分である。経験的自由表象は、人間はその自由を他者の行為によって任意に侵害されないということにある種の関心をもちうるということを説明する。しかし経験的自由表象は、法（および法的自由）が無制約的であるということ、つまり、われわれがそれに関心をもっているか否かはまったくどうでもよいということを明らかにするのには十分ではない。ケアスティングは、この相違を簡明的確に法要求の「実現」の諸条件とそのような諸要求の可能な無条件的「妥当性」の基礎づけとの区別として述べている（Wolfgang Kersting, a.a.O., S.17-35. 同上、71–85頁）。

しかし、エビングハウスの表現の決然とした態度は、もちろんかれが意志自由と法論とのまったくの無関連性を主張しているということを意味しない。むしろエビングハウスは、他の関連において次のようにまさに明確に強調している。つまり、「義務のア・プリオリな法則」、すなわち純粋実践理性の根本法則としての道徳法則からのみ「けっして主観的な恣意に服さない、普遍妥当的な要求として法の可能な基礎づけ」が生じうるということである。

Julius Ebbinghaus, Empirismus und Apriorismus in der Moral, Proceedings of the Tenth International Congress of Philosophy, Amsterdam August 11-18, 1980. Vol.I, Amsterdam 1949, S.898, in: ders., Gesammelte Schriften, Band 1: Sittlichkeit und Recht. Praktische Philosophie 1929-1954, (Hrsg.) von Hariolf Oberer und Georg Geismann, Bonn 1986, S.298.

オーバラーは、本著作の功績のひとつはこの第二の観点を再びそれにふさわしい場所に持ち込んだことであると評価している。

次に、ケアスティングがこの基本的関係において解明している第二の問題は、道徳目的論的法理解の問題である。つまりこの法理解は、新カント学派から現代に至るまでの法理論家および法学者における法の基礎づけに関するさまざまな試みにおいて特に見出されるものである。かれらは、法的に普遍的な制限による外的自由の単なる保障をはるかに超えた課題を法に割り当てている。つまり、人間の道徳を積極的に促進すべきであるとする。そして、かれらはこの課題設定に対して道徳原理と法原理とのカントの結びつきに依拠している。しかしケアスティングは、このような理解はカントの法論と両立しえないときわめて明確に指摘している。

Wolfgang Kersting, a.a.O., S.42-50. 同上、89－93頁。ケアスティングは次のように述べている。「カントの道徳原理の形式的―消極的性格に基づく、義務の三つの形態〔禁止、許容、命令〕は、義務遵守の自由の外的諸条件を確保することを目指している道徳目的論的法の基礎づけとは相容されないものである」（S.47. 同上、91頁）。

このような理解は法論のテクストと矛盾しており、法的行為と法的動機とのカントの区別を廃棄し、したがってカントにとって特にその基礎づけが重要である理性的法立法の独自性を気づかずに拒否することになる。というのは、法の基礎づけはカントにおいて本質的に道徳（Ethos）に対する法の限定でもあるからである（Wolfgang Kersting, a.a.O., S.70-88. 同上、121－140頁）。カントは、一方で動機に対する立法の関係に従って、他方でそれぞれ独自の立法のもとで成立している意思使用の種類の相違に従って区別している。第一の区別に従えば、倫理的立法は動機としての義務を含むが、それに対して法理的立法はそれを含まない。第二の区別に従えば、法理的立法は外的意思使用にのみ関係することができるが、それに対してまた倫理的立法は内的意思使用にも関係することができ、たとえば目的の定立に関係しうる（Wolfgang Kersting, a.a.O., S.84. 同上、128頁。ケアスティングは、「倫理的法則は目的原理であり、その適用分野は目的定立や格率形成という内的領野である」と述べている）。オーバラーはこの関連において2つのコメントを述べている。第一に、ケアスティングは再び法の法則と定言命法との極端な区別に陥っているように思われる。

ケアスティングは、「「人倫の形而上学への序論」のうちに見出される倫理的立法と法理的立法の区別は、「徳論への序論」において最初に行われる、義務を法義務と徳義務へと区別することと混同されてはならない。立法の違いは、あらゆる立法の第二要件、すなわち、動機の規定にのみ注意を向けるのに対して、義務理論の根本的区別は、あらゆる立法の第一要件、すなわち、義務の認識原理としての法則に関わっているのである」と述べている（Wolfgang Kersting, a.a.O., S.75. 同上、１２４頁）。

というのは、明確にG・アンダーゾンの「カントの徳論における実質と批判的倫理学における形式主義」（Georg Anderson, Die Materie in Kants Tugendlehre und der Formalismus der kritischen Ethik, Kantstudien 26, 1921, S.289-311. Kants Metaphysik der Sitten-ihre Idee und ihr Verhältnis zur Ethik der Wolffschen Schule, Kantstudien 28, 1923, S.41-61.）を越えてJ・シュムッカーの「カント倫理学における形式主義と実質的目的原理」（Josef Schmucker, Der Formalismus und die materialen Zweckprinzipien in der Ethik Kants, in: Kant und die Scholastik heute, (Hrsg.) v. Johannes B. Lotz S. J., Pullach / München 1955, S.155-205.）を挙げているからである（Wolfgang Kersting, a.a.O., S.82., Fn.176. 同上、１３７頁、注23）。

第一部の終わりでケアスティングは、人間性の権利についてのカントの理論およびそれと結びついたウルピアヌス（１７０-２２８）の法規則についての解釈を検討している。オーバラーは、これについて今後引き合いに出されるべき著作として『人権および国家公民の基本権についてのカントの理論』を挙げている（Gau-Jeng Ju, Kants Lehre vom Menschenrecht und von den staatsbürgerlichen Grundrechten. Diss. Bonn 1985. 人間性の権利については特にS.92-114. を参照）。

2　私法論

ケアスティングが検討している第二部「私法」は、カントにおける構成とは異なって3章だけで構成されている。つまり第一章では所有権法、第二章では契約法および第三章では物権的債権が取り上げられている。カントの私法についての構想とのこの相違は誤解を招きかねない。というのは、この相違は、外的な私のものをもつことおよび取得することについてのカントの取り扱いが、あたかも物権にのみ当てはまるということを示唆しうるように読み取れるからである。

しかしカントは明確に、§4「外的な私のもの・汝のものという概念の究明」の中で次のように述べている。

「私の意思の外的対象でありうるものは、次の三つだけである。⑴私の外にある或る〔有体的な〕物件、⑵或る特定の行ない〔給付 praestatio〕に向けられた他人の意思、⑶私との関係における或る他人の状態。以上は、それぞれ実体、原因性、および、自由の法則にもとづく私と外的対象との相互性というカテゴリーに対応する」（VI, S.247. 邦訳『法論』３７２頁）。

したがって、この論述から明らかなようにカントの構想はまったく誤解されようがない。§１から§10はすべての取得的私法、つまり外的私法に当てはまる。オーバラーは、この関連においてまたケアスティングの著作の１１６頁の注８は修正されなければならないと指摘する。ケアスティングは、「カントは賢明にも法的に私のものを内的および外的私のものに関する最上の区分された概念としてけっして使用しなかった」と考えている。

ケアスティングは、「賢明にもカントは法的な私のものを、内的な私のものと外的な私のものに関して最上位に割り当てられる概念とはしなかった。法的な私のものは、所有可能なもの一般を自らの可能的対象として持っており、選択意志とその対象のあいだの関係に結びついている。もし法的な私のものによる体系的区分によって、内的な私のものが構成されるなら、内的な私のものは所有概念の規定範囲へと引き込まれるだろう。しかし、これほどカントから離れた考えはない。なぜなら、人間は自分に対して権利をもつ者ではあるが、自分自身の所有者ではない（homo est sui iuris, homo non est dominus sui ipsius）からである」と述べている（W. Kersting, a.a.O., S.116, Anm.8. 同上、２０６頁、注８）。

しかしそれに対してオーバラーは、カントが使用したのは疑いの余地がないと指摘する。というのは、アカデミー版第６巻『法論』２３７頁20行と２３８頁21–25行とを比較してみれば明らかであるからである。

それでは、実際カントは『法論』の中でどのように述べているのであろうか。上記の２箇所の論述を比較し、確認してみよう。

カントは、「法論の区分」B「法〔権利〕の一般的区分」の中であらかじめ法の最高区分は生得的権利と取得的権利との区分であるとして次のように述べている。

「一、体系的秩序としての法について。これは、ア・プリオリな純粋原理にもとづく自然法と、立法者の意志から生ずる実定〔制定〕法とに区分される。

二、他人を義務づける〔道徳的〕能力、すなわち、そうした義務づけを可能にする法的根拠〔権原 titulum〕としての法〔いわゆる「主観的法」としての権利〕について。これの最高区分は生得的権利と取得的権利との区分である。前者は一切の法的行為と無関係に万人各自に本来的に帰属する権利であるのに対して、後者はその成立のためにそうした行為が必要とされる権利である。

　生得的な私のもの・汝のものは内的な私のもの・汝のもの〔meum vel tuum internum〕とも呼ばれうる。なぜなら、外的なそれらは常に取得されねばならないのだからである」（IV, S.237. 邦訳『法論』362–363頁）。

オーバラーが指摘している237頁20行に該当するのが、「最高区分は生得的権利と取得的権利との区分である」とする文章である。

また、カントは上記の文章に続けて「生得的権利はただ一つである」の終わりで次のように述べている。

「ところで、生得的な、したがって内的な私のもの・汝のものに関しては、もろもろの権利があるのではなく、ただ一つの権利があるだけなのであるから、内容上全く不等な二分肢から成っているこの最高区分は、序論的部門に入れこまれて、法論〔の本論〕での区分はもっぱら外的な私のもの・汝のものだけにかかわることができるのである」（VI, S.238. 邦訳『法論』364頁）。

「最高区分」というそこでの話題は、それが法的な私のもの一般のまさにカントの区分と関係しない場合には、あらゆる可能な意味を失ってしまうであろうことになるであろう。したがって、オーバラーは、キュールが述べていることは正しいと指摘している（K. Kühl, Eigentumsordnung und Freiheitsordnung. Zur Aktualität der Kantischen Rechts-und Eigentumslehre, Freiburg i.Br. -München 1984, S.127.）。内的な私のもの、つまり外的意思使用一般の法的自由は、唯一の非取得的権利すなわち生得的権利として、単にリベラリズム的理由から「序論的部門に入れこまれる」（VI, S.238, 24. 邦訳『法論』３６４頁。カントは上記で引用したように「この最高区分は、序論的部門に入れこまれて……」と述べている）。「それだから」§1から§42は「外的な」私のもの・汝のものだけを取り扱っている。これらの文章を素直に読めば、生得的権利と取得的権利とが権利（法）の最高区分であり、また生得的権利が唯一であるのに対して取得的権利は本論で展開されているように多種多様であることが理解される。カントにおいてこの「最高区分」が存在しないとすれば、他の体系的な耐えがたさはまったく度外視しても、なぜ国家がカントによれば所有権侵犯の訴追と並んで殺人の処罰に対する権限があるのか、またそれどころか設置されているのかが実際洞察されえないであろう。

オーバラーは、現実的・理性的許容法則としての実践理性の法的要請についての解釈の問題にはここではさらに立ち入ることができないとしている。ただし、ケアスティングはその際R・ブラントに従っているとする。

Reinhard Brandt, Das Erlaubnisgesetz, oder: Vernunft und Geschichte in Kants Rechtslehre, in: Brandt (Hrsg.), Rechtsphilosophie der Aufklärung. Symposium Wolfenbüttel, Berlin・New York 1982, S.233-285. カントの実践理性の法的要請についての解釈として次の文献を参照。Peter Struck, Ist Kants Rechtspostulat der praktischen Vernunft aporetisch? Ein Beitrag zur neuerlich ausgebrochenen Kontroverse um Kants Rechts-philosophie, Kantstudien 78, 1987, S.471-476.

オーバラーは、詳細においてケアスティングの物権法の章はすべて成功していると評価している。また、この主題については上述したK・キュールの著作が援用されなければならないとして同様に評価している。

それでは次に、契約法についてのケアスティングの解釈を検討する。

契約理論の対人権（債権）の叙述は正確で欠陥がないとオーバラーは評価している。ケアスティングはここでカントの契約理論をヘーゲル（１７７０-１８３１）、フィヒテ（１７６２-１８１４）および若干の初期カント学者の理論および批判と対比している。その際この叙述はきわめて成功しているとする。

さらに、物権的対人権についてのケアスティングの解釈はどうであろうか。

ケアスティングは物権的対人権についてのカントの理論に必ずしもすべて同意しているわけではない。婚姻法の叙述は慎重である。この叙述は、きわめて事柄に即さない、たいていの場合情緒的なあるいは倫理学から取ってこられた場違いな論証と気持ちよく区分される。この論証は、ヘーゲルから現代まで再三このカントの学説に対して持ち出されているものである。しかしこの叙述は、家長権に対してなされるようなカントの論証そのものの厳密な検証を放棄している。そして、家長権は拒絶のもっともな理由から崩壊することになる。

3　国家法論

この著作の約半分はカントの国家法論の検討のために費やされている。カントは自然状態（status naturalis）の理性理論的対比理念から出発している。それに対応してケアスティングは、その叙述をカントのホッブズ継受およびカントがホッブズの理論にもたらした完成からはじめている（Wolfgang Kersting, a.a.O., S.199-214. 同上、２４９-２６５頁）。自然状態はカントにおいて「完全な」無法の状態ではない。完全に外的立法のもとにないとしても、自然状態には権利が存在する（Wolfgang Kersting, a.a.O., S.209-214. 同上、２５６-２６５頁）。したがって、自然状態には私的な法判断とそれと結びついた個々の、つまり経験的に偶然な法的強制権限の行使との矛盾が成立したままである。公民状態（status civilis）の理性必然性は、すでに国家から独立して成立している可能的、また現実的諸権利が法的な規則「表象」、法「判断」および法「貫徹」という前国家的様相によって原則的に再び破棄されるということによってのみ洞察されうる。したがって、公民状態が存在しなければならない。しかし、その意味を形成する自由が法律上保持され続けるという前提においてのみ公民状態は存在しうる。したがって、理性的な個々の法意志は同時に立法的な普遍的意志でなければならない。ルソーの契約理論のカントの修正は実践的理性理念として国家の必然性を厳密に表現しており（Wolfgang Kersting, a.a.O., S.229-232. 同上、２７５−２８０頁）、この理念によってまたこの理念に従って根源的自由はその現実的な要素を獲得する。国家公民状態の３つの原理（自由、平等、自立）は同時に国家公民「権」であり、その際、取得的公民権としての自立は公民的基本権としての自由および平等から区別されうる（これについては再度Gau-Jeng Ju, Kants Lehre vom Menschenrecht und von den staatsbürgerlichen Grundrechten. Diss. Bonn 1985. を参照）。自然状態から公民状態への必然的移行の理念としての契約は、自然状態の３つの原理上の欠陥に３つの積極的な国家の機能を対置する。３つの「権力」は国家の根本機能である。自然状態の個々の法的主体の個別的な意志は国家の立法権において普遍的意志になる。私的な強制権限の経験的に偶然な行使は国家の行政権の法律上の権力独占になり、私的判断は裁判権の法律上の普遍的権力独占になる（Wolfgang Kersting, a.a.O., S.258-274. 同上、３０３−３１８頁）。しかも、この３つの権力は区別されうるだけでなく分割されうる。権力分立の統治様式は共和制である（Wolfgang Kersting, a.a.O., S.279-287. 同上、３２１−３２７頁）。それに対して、専制は権力分立とともに結果においてすべての自由、したがってまたすべての公民的権利を破棄する。その支配形式は前国家的性質のものである（Wolfgang Kersting, a.a.O., S.283. 同上、３２３頁）。服従者は国家公民ではない。確かに「国家による不正も抵抗が認められるケースとはならない」（Wolfgang Kersting, a.a.O., S.313. 同上、３５４頁）が、しかし前国家的支配形式がすべての権利を排除し、また「臣民」が国家公民ではない場合、また普遍的意志ではなく、単なる私的意思が支配する場合には、おそらく次の問いが立てられるに違いない。つまり、この不当に使用された名前を度外視してこの状態において何が国家的なのかという問いである。また非国家的状態に対して、この状態が権力によって排除されてもよいということは当てはまらない。このような考察とは異なって、もちろん専制に対する抵抗権の拒否は成立する。

ケアスティングは次のように述べている。「カントにとって重要なことは、〈革命家〉の行く手を阻むことであり、革命家から抵抗を正当化するあらゆる論拠を奪うことである。進歩のための暴力など存在しない。したがって、不正な支配も国家による法の侵犯も、抵抗を正統化しない」（Wolfgang Kersting, a.a.O., S.333. 同上、364頁）。

類似の問題に行き着くのは、道徳に反する国家の命令に対する消極的抵抗への権利の承認である（Wolfgang Kersting, a.a.O., S.333f. 同上、364–365頁）。一方で消極性は原理的に正確には規定可能ではないが、しかし特に消極性がまさに国家が命じる道徳に反する行為でありうるかもしれない（たとえば、国民集団に対する国家の大量虐殺の事例において、その他の国家公民はその国民集団に対して消極的に留まるべきである）。これら2つの事例における根本問題は、自然状態、たとえば国家の命令の道徳違反性の確認のための私的判断の不可避の回復にあるかもしれない。

確かにこの問題はもはや直接には本著作の叙述には属していないが、しかしそれでもやはり読解が関心を起こさせる問題群に属する。また、さらなる問題に促すことがケアスティングの著作の功績の最小のものではない。ケアスティングが意図した「復権」は予告されたほど結果的には「包括的」であるとは言えない。欠落しているのは刑法、国際法および法哲学的平和論・歴史論である。

法論の第二部「公法」の第一節「国家法」は詳細に論じられているが、第二節「国際法」および第三節「世界市民法」は独立した章としては論じられていない。その際、刑法の取り扱いは、カント自身にとって「一般的注釈」においてのみ取り扱われた刑罰の法の法則は定言命法であるということを明確にするであろう。カントは、「公民的結合の本性から生ずるもろもろの法的効果についての一般的注釈」E「刑罰権および恩赦権について」の中で次のように述べている。「［法則に反して他人を殺した者は死刑をもって処罰されなければならぬという］刑罰的正義の定言命法はそのまま継続して（妥当して）いる……」（VI, S.336f. 邦訳『法論』480頁）。

オーバラーは前置きにおいて若干の批判的確認を回避しようとはしなかった。まさにそれゆえに最後にオーバラーは、それらすべてにもかかわらず、この著作において上述したキュールの博士論文と並んで今までで最良の、またもっとも調和のとれたカント法論の叙述が問題となっているということを強調する必要があるとする。

ケアスティングはカント法・政治哲学に関して精力的に業績を発表しており、また示唆される点が多い。したがって、今後我が国においてもかれの研究水準を踏まえたうえでのさらなる研究の進展が期待される。

Wolfgang Kersting, Transzendentalphilosophische und naturrechtliche Eigentumsbegründung, Archiv für Rechts- und Sozialphilosophie LXVII, 1981, S.157-175. Wolfgang Kersting, Freiheit und intelligibler Besitz. Immanuel Kants Lehre vom synthetischen Rechtssatz a priori, Allgemeine Zeitschrift für Philosophie 6, 1981, S.31-51. Wolfgang Kersting, Sittengesetz und Rechtsgesetz. Zur Begründung des Rechts bei Kant und den frühen Kantianern, in: R. Brandt (Hrsg.), Rechtsphilosophie der Aufklärung, Berlin 1982, S.148-177. Wolfgang Kersting, Das starke Gesetz der Schuldigkeit und das schwächere der Gütigkeit. Kant und die Pflichtenlehre des 18. Jahrhunderts, Studia Leibnitiana XIV, 1982, S.184-220. Wolfgang Kersting, Kant und der staatsphilosophische Kontraktualismus, Allgemeine Zeitschrift für Philosophie 8, 1983, S.1-27. Wolfgang Kersting, Der kategorische Imperativ, die vollkommenen und die unvollkommenen Pflichten, Zeitschrift für philosophische Forschung 37, 1983. Wolfgang Kersting, Die verbindlichkeitstheoretischen Argumente der Kantischen Rechtsphilosophie , in: Ralf Dreier (Hrsg.), Rechtspositivismus und Wertbezug des Rechts, Archiv für Rechts- und Sozialphilosophie Beiheft 37, Stuttgart 1990, S.62-74. Wolfgang Kersting, Politics, Freedom, and Order: Kant's Political Philosophy, in: Paul Guyer (Hrsg.), A Companion to Kant, Cambridge, Mass. 1992, S.342-366. Wolfgang Kersting, Weltfriedensordnung und globale Verteilungsgerechtigkeit. Kants Konzeption eines vollständigen Rechtsfriedens und die gegenwärtige politische Philosophie der internationalen Beziehungen, in: R. Merkel / R. Wittmann (Hrsg.), Zum ewigen Frieden. Grundlagen, Aktualität und Aussichten einer Idee von Immanuel Kant, Frankfurt am Main 1996, S.172-212. Wolfgang Kersting, Kant über Recht, Paderborn 2004. 最近ケアスティングは、今までのかれ自身のカント法哲学研究を踏まえてカント法哲学の構造を略説している論文を発表した。

Wolfgang Kersting, „Wohlgeordnete Freiheit". Der Aufbau der Rechtsphilosophie, in: Massimo Mori (Hrsg.), Vom Naturzustand zur kosmopolitischen Gesellschaft. Souveränität und Staat bei Kant, Wiesbaden 2017, S.9-38.

特に所有権の超越論哲学的基礎づけについては、この著作の後に発表された次の論文が重要である。

Wolfgang Kersting, Transzendentalphilosophische Eigentumsbegründung, in: Recht, Gerechtigkeit und demokratische Tugend. Abhandlungen zur praktischen Philosophie der Gegenwart, Frankfurt am Main 1997. (Erschien unter dem Titel, Eigentum, Vertrag und Staat bei Kant und Locke, in: M.P.Thompson (Hrsg.), Locke und Kant, Berlin 1991, S.109-134.

また、ケアスティングは最近出版された三巻からなる『カント事典』の中でも法哲学にかかわる複数の項目を執筆している。

Art. Recht, S.1901-1907, Art. Recht, öffentliches, S.1907-1909,

Art. Rechtsgrund, S.1911, Art. Rechtslehre, S.1911-1912, in: Marcus Willaschek, Jürgen Stolzenberg, Georg Mohr, Stefano Bacin (Hrsg.), Kant-Lexikon, Bd.2, Berlin・Boston 2015.

このことからも窺い知れるように、ケアスティングが現代ドイツにおけるカント法哲学研究の第一人者であるということに異論を差し挟む者はいないであろう。

ケアスティングの所論については次の３つの拙稿を参照。

拙稿「カント法哲学の超越論的性格―W・ケルスティングの所論を中心として―」『法学研究』第65巻第12号、１９９２年、３４５-４１３頁（本書第二部第五章）。

拙稿「カント法哲学の超越論的性格―所有権論の超越論的哲学的基礎づけ―」『北陸法學』法学部開設記念号第１巻１・２号合併号、１９９３年、３２９-３７１頁（本書第二部第六章）。

拙稿「カント法哲学の超越論的性格―所有権論を中心として―」『法哲学年報　１９９３年 生と死の法理』１９９４年、１６１-１６９頁。

また、最近の研究として次の文献を参照。城下健太郎「ヴォルフガング・ケルスティングの所有秩序構想―カント的リベラル社会国家の可能性―」九大法学１１１号（２０１５年）１-26頁。

X　M・ブロッカーの所論

はじめに

M・ブロッカーは１９８７年『カントの占有論—超越論哲学的所有権論の問題性について—』を発表した。

Manfred Brocker, Kants Besitzlehre. Zur Problematik einer transzendentalphilosophischen Eigentumslehre, Würzburg 1987. ブロッカーの所論に対する論評として次の文献を参照。Gerd-Walter Küsters, Kants Rechtsphilosophie, Darmstadt 1988, S.106-110. ブロッカーの次の著作も参照。Arbeit und Eigentum. Der Paradigmenwechsel in der neuzeitlichen Eigentumstheorie, Darmstadt 1992. 特にS.306-312. を参照。Kant über Rechtsstaat und Demokratie, Wiesbaden 2006.

まずこの著作の内容をおおまかに検討するが、その際ブロッカーの研究書に対するN・ブリースコルンの書評論文を手がかりにして、ブロッカーの研究の位置づけ・評価を明らかにする。
ただし、ブリースコルンの論評そのものは簡潔に叙述されているので、敷衍しながら考察を加えることにする。

N. Brieskorn S. J., Rezension zu: Manfred Brocker, Kants Besitzlehre. Zur Problematik einer transzendentalphilosophischen Eigentumslehre, Würzburg 1987., in: Theologie und Philosophie J. 63, 88. n.3, S.412f. また、ブリースコルンには法哲学の著作もある。Norbert Brieskorn, Rechtsphilosophie, Stuttgart・Berlin・Köln 1990. カントに関する叙述については次の頁を参照。S.43f., S.54, S.61, S.65, S.73-75, S.77, S.85, S.90, S.104, S.123, S.126-128, S.140.

明確なことばで読みやすく論述しているブロッカーの本著作は、カントの占有論（もの（Sache）を対象とする狭義の所有権論）の構造を研究しようとする者にとって、導入と理解の一助になることを試みている。ブロッカーは、表題から窺えるように占有論に限定して、『法論』の第一部「私法」の2つの「章」（第一章「外的な或るものを自分のものとしてもつ仕方について」§§1–9、第二章「外的な或るものを取得する仕方について」§§10–31）を慎重に跡づけながら考察を進めている。

ブロッカーはまず占有論の解釈における重要な3つの契機を挙げている。それらの中でも、第一の契機「単なる取得、加工といったあらゆる経験的な特徴は、ただ標識の性格をもつにすぎない」と『判断力批判』第59節「人倫性の象徴としての美について」の中で述べられている象徴的例証との興味深い関係を指摘している。この関係はすでにF・カウルバッハによって論じられているが、ブリースコルンは特にこの視点を評価している。これについては後に立ち入って検討する。

一　ブロッカーの研究についての総体的考察

1　『法論』の超越論的・批判的性格の解明

ブロッカーは法論の「継受史および研究状況」（M. Brocker, a.a.O., S.9-15.）を簡潔に叙述した後に、法論は「批判的」

法論であるということを解明しようと試みる。1971年のリッターによるカント法哲学の「批判的性格」の否定説以降、この問題をめぐる論争が活発に行われている状況を考慮に入れて、この論争史を看過するわけにはいかないと判断したからであると推察される。ブロッカーは「超越論哲学的」という表現を副題の中で使用しているにもかかわらず、ブリースコルンは「批判的」法論と述べているが、それは批判的と超越論的とを同義と解釈しているからにほかならない。ブロッカーが「継受史および研究史」で取り上げている論者は、A・ショーペンハウアー、A・ラッソン、W・メッツガー、K・リッサー、K・ボリース、G・ブフダ、R・デュンハウプト、G・レーマン（1900-1987）、Chr・リッター、R・ブラント、F・カウルバッハ、W・ブッシュ、M・ゼンガー、S・M・シェル、H・G・デガウ、G・ルフ、K・キュール、R・ザーゲおよびW・ケアスティングなどである。リッター以降、この問題をめぐる当時の代表的論者は否定説を主張するK・H・イルティングを別にすればほぼ網羅されている。しかし、ブロッカーの『法論』解釈の目的のひとつは、その表題から読み取られるように、その批判的・超越論的性格の解明にあるにもかかわらず、これらの論者がどういう視点から『法論』の批判的・超越論的性格を否定ないし肯定しているのかは、残念ながら明確に分析されていない。ブロッカーの所論の論評に先立って、この点について検討し、整理する必要がある。ブリースコルンは、ブロッカーは特に肯定説の立場に立っているR・ブラント、M・ゼンガーおよびW・ケアスティングの諸研究に依拠していると指摘しているが、またカウルバッハの一連の研究への参照も少なくなく、カウルバッハの見解にも強い影響を受けていると言える。

2 『人倫の形而上学』の純粋理性の建築術への組み入れ

次に、ブロッカーは『人倫の形而上学』を純粋理性の建築術に組み入れ、また人倫論をこの建築術から解明している（B 860.『純粋理性批判』Ⅱ「超越論的方法論」第三篇「純粋理性の建築術」参照）。『純粋理性批判』の建築術を手がかりに『法論』の構造を解明している点にも、M・ゼンガーと同様にブロッカーの独自性を認めることができる。

カントは体系の技術である純粋理性の建築術について次のように述べている。

「私が建築術というのは体系の技術のことである。体系的統一は、普通の認識をはじめて学たらしめるところのもの、言いかえれば、普通の認識のたんなる寄せ集めから一つの体系をつくるところのものにほかならないゆえ、建築術とは私たちの認識一般における〔学的なもの〕についての教説であり、それゆえこの建築術は必然的に方法論に属する。

理性の統治のもとでは私たちの認識一般は、いかなる行きあたりばったりのものであってもならず、それは一つの体系をなさなければならないのであって、この体系においてのみ私たちの認識一般は理性の本質的な諸目的の支柱となることができ、それらの諸目的を促進することができる。しかし、私が体系ということで意味しているのは一つの理念のもとでの多様な諸認識の統一のことである。この理念は一つの全体の形式についての理性概念であって、そのかぎりにおいてこの理性概念によって多様なものの範囲ならびに諸部分相互の位置がア・プリオリに規定されるのである。それゆえ学的理性概念は、目的と、この目的に合致する全体の形式とを含んでいる。すべての部分はこの目的に連関し、またこの目的の理念においてたがいに連関しあうが、この目的によるそうした統一は、いかなる部分もその他の諸部分が識別されるときに測定されうるようにさせ、だから、いかなる偶然的な付加、あるいはおのれのア・プリオリに規定された限界をもたないいかなる曖昧な完全性も生じないようにさせる」（B 860f. 理想社版『カント全集第六巻』原佑訳、１２１-１２２頁）。

カントのこの言明によって、『人倫の形而上学』に体系の一部としての位置がア・プリオリに与えられていることが読み取れるのではなかろうか。

3 「全批判的業務」の重要性

ブロッカーは、上記の解明において、この「全批判的業務」（『純粋理性批判』、『実践理性批判』および『判断力批判』）は

「理説的なもの」(『法論の形而上学的基礎論』もこれに含まれる)に対して決定的に重要であるとする確認に重きを置いている。

カントは『判断力批判』の序文の中で、「自然の形而上学」と「人倫の形而上学」が理説的業務を締めくくるものであるとして次のように述べている。

「それゆえ私はこれで私の全批判的業務を終える。私は、私の加わりゆく老齢からそのために利用しうるなおいくらかの時間をできればさらにさくため、ためらわず理説的業務にとりかかるであろう。判断力にとってはそこにはいかなる特殊な部門もないということは、自明のことである。というのは、判断力に関しては批判が理論に代わって役立つからである。そうではなくて、理論的部門と実践的部門とに分けられる哲学の区分、また同じくそうした両部門に分けられる純粋哲学の区分にしたがって、自然の形而上学と人倫の形而上学とがあの理説的業務をしめくくるのである」(V, S.170. 理想社版『カント全集第八巻』原佑訳、25-26頁)。

4 「占有論」の超越論的哲学における位置づけ

さらにブロッカーは、「占有論」の輪郭を正確に際立せる試みを、カントの『法論のための準備草稿』の十分な利用のもとに行う。ブロッカーは、補説において特にグロティウス(1583-1645)、プーフェンドルフ(1632-1694)、ロック(1632-1704)およびルソー(1712-1778)の「占有論」を批判的に注釈した叙述との対比によってカントの占有論に輪郭を与える。ブロッカーの関心事は「占有論」を超越論的哲学の一部として解明することである。

5　R・ザーゲに対する反論

ブロッカーの超越論哲学的解釈は、繰り返し法哲学を批判哲学との関係で体系内在的に研究し、イデオロギー的解釈を行っていないF・カウルバッハの研究を援用しており、占有論を「イデオロギー批判的に」読解するR・ザーゲの解釈に対してまったく理解を示していない。ブロッカーはザーゲの主張（Richard Saage, Eigentum, Staat und Gesellschaft bei Immanuel Kant, Stuttgart・Berlin・Köln・Mainz 1973, S.19. カントは所有権を「労働と交換のうえに基づいているすべての社会的相互作用のプロセスの前に横たえさせ、可想的なものの中に固定することによって」、所有権を極端に観念論的に基礎づけているとする主張）は反論されなければならないとする。

ブロッカーはザーゲに対して2つの反論を提起していると指摘している。

第一に、この「固定」は「観念論的」ではなく、超越論的法的に必然的である。というのは、この固定によってのみ所有権の規範性が基礎づけられ得るからである。

第二に、あらゆる「加工」やある人の（ある他人に対する）「交換」に先立って、このものに対する権利がすでに成立していなければならない（Brocker, a.a.O., S.192 als Anmerkung 207 zu S.96.）。

ザーゲは次のように解釈している（R. Saage, a.a.O., S.19.）。つまり、カントは所有権を「労働と交換のうえに基づいているすべての社会的相互作用のプロセスの前に横たえさせ、可想的なものの中に固定することによって」、所有権を「極端に観念論的に基礎づけている」とする解釈である。しかし、ブロッカーはこの解釈に対して2つの視点から反論している。第一に、この「固定」は「観念論的」ではなく、超越論的法的に必然的であるとする。というのは、この固定によってのみ所有権の規範性が基礎づけ可能となるからである。第二に、「加工」やある人の（ある他人に対する）「交換」に先立って、このものに対する権利がすでに成立していなくてはならないとする（このことは単なる「自然発生的な同意」（R. Saage, a.a.O., S.19.）によって実現するわけではない）。

6　W・ケアスティングに対する反論

W・ケアスティングが、かれの教授資格論文である『よく秩序づけられた自由―カントの法・国家哲学―』の中で、共同占有（Gemeinbesitz）についての教説における「経験的・自然的および規範的・法的諸契機との絡み合い」について論ずる時、ブロッカーはこの理解は誤りであると見なしている（Wolfgang Kersting, Wohlgeordnete Freiheit. Immanuel Kants Rechts-und Staatsphilosophie, Berlin・New York 1984, S.150. 邦訳『自由の秩序―カントの法および国家の哲学―』舟場保之・寺田俊郎監訳、ミネルヴァ書房、２０１３年、１９１頁）。というのは、ブロッカーにとって「共同占有」において問題なのは（Brocker, a.a.O., S.193 als Anmerkung 213 zu S.108.）、すべての経験的な混合のない純粋な理性概念であるからである。そして、この理性概念は次のような理性法的要請の結果である。すなわち、「私の意思のいかなる外的な対象も、私のものとしてもつ」（VI, S.246. 邦訳『法論』§2「実践理性の法的要請」、３７１頁）ことが可能でなければならないとする要請である。

しかし、ケアスティングは次のように述べている。

「したがって、根源的総体的占有の構造は、かれと同様な人と共に制限された平面に生活せざるをえないという人間の存在の基本的な自然条件に組まれている」（Wolfgang Kersting, Freiheit und intelligibler Besitz. Kants Lehre vom synthetischen Rechtssatz a priori, in: Allgemeine Zeitschrift für Philosophie 6, S.47.）。

しかしながらブロッカーによれば、純粋な理性概念としての「共有態 communio」はあらゆる経験的な制約のないものである。根源的総体的占有は、すべての法の源泉としての理性法的要請および「結合した意思」の必然的結果であり、偶然的な天文学上の所与性ではないとする。ブロッカーは、「組まれている」とはそもそも何を意味するのかと疑問を提起している。ケアスティングはさらに「総体的占有の理論において経験的・自然的および規範的・法的諸要素との絡み合い」について論じているが、このような「絡み合い」は超越論的法的に考えられないということを明確に述べていないとする（Wolfgang Kersting, Wohlgeordnete Freiheit. Immanuel Kants Rechts-und Staatsphilosophie, Berlin・New York 1984, S.150. 同書、191頁）。

K・キュールはさらに、権利一般の存在根拠が人間の超越論的自由においてではなく、地球が球形であるという事実において基礎づけられていると見ている。「人間は無限の平面ではなく球形に分散しうるという理由によってはじめて、人間は必然的に共同体、したがって法的関係に強いられる」とする（Kristian Kühl, Eigentumsordnung als Freiheitsordnung. Zur Aktualität der Kantischen Rechts-und Eigentumslehre, Freiburg i.Br. -München (Diss. Heidelberg 1978) 1984, S.199.)。

C・ライアーは「自然そのものによって構成されている総体的占有」としての「共有態 communio」について論じており、また「したがって、総体的占有は純粋な理性概念である……」と続けて述べている。しかし、その論述の整合性に対する疑念さえ抱いていない（Carla Laier, Der Eigentumsbegriff in der Zeit des Naturrechts und der Aufklärung, Diss. jur. Köln 1937, S.52.）。

K・ボリースは、カントが「突然」実践哲学の領域を去り、「理論的原理をもってきている」と論じている。「すなわち、占有の共有は実践理性からだけではなく、また事物の自然から生ずる」。ボリース自身も理性理念としての「共有態」は「経験から借用され」えないということをあらかじめ認めているにもかかわらず、このように述べている（Kurt Borries, Kant als Politiker. Zur Staats- und Gesellschaftslehre des Kritizismus, Leipzig 1928, S.112.）。

F・W・ヘルマンは「共有態 communio」の理性理念を土地の共同占有として解釈している。「地球の表面のすべての場所は、統一的、連続的空間領域をなしており、また球面としての地表は無限ではなく制限されているがゆえに、共有である」とヘルマンは述べている（Friedrich-Wilhelm Herrmann, Besitz und Leib, in: Philosophische Perspektiven 3, 1971, S.205f.）。

しかしブロッカーは、地球の球形は理性概念、純粋な理性―産物、つまり「共有態」とはもはやかかわりがないと反論する。ビッグバンの物理学上の理論が理論的理性理念、つまり「世界」とかかわりがないのと同様である。つまり両者の理念は理性の産物として経験的諸条件に依存していないとする。

また、W・ケアスティングは、誕生に占有取得の「権利行使」を見ている。ブロッカーはこの解釈に対してどのように反論しているのであろうか。

ブロッカーは、これに関してデガウによって立証された「アポリア」は一見そのように見えるとする（Hans-Georg Deggau, Die Aporien der Rechtslehre Kants, Stuttgart・Bad Cannstatt 1983, S.105.）。つまり、誕生から（土地の）所有に対するいかなる権利も生じないということである。また、ケアスティングの解釈は誤りであるとする（Wolfgang Kersting, Wohlgeordnete Freiheit, 1984, S.152. 同書、１９２頁）。ケアスティングは、まさにこの「いわば」（gleichsam）が「法論への序論」においてすでに「描出の問題」を指示しているにもかかわらず、カントの引用文「私はそれを（土地）、いわば、誕生によって把捉した」（XXIII, 237. 『人倫の形而上学』第一部『法論の形而上学的基礎論』の準備草稿）における「いわば」になんら重要性を認めていない（ブロッカーの本著作の 1.2. 3.2「法論と徳論」S.52-59. を参照）。そこでは、「自由」と「法」が「作用・反作用同一の法則のもとにおける物体の自由な運動の可能性とのアナロジー」によって「いわば」構成されていた。

VI, S.232f. 『法論』§E「厳密な（意味における）法はまた、普遍的法則に従って何びとの自由とも調和するような、全汎的な相互的強制の可能性としても表象されうる」３５７頁。象徴的手続きとしての「形而上学的構成」については、Monika Sänger, Die kategoriale Systematik in den „Metaphysischen Anfangsgründen der Rechtslehre.“ Ein Beitrag zur Methodenlehre Kants, Berlin・New York 1982, S.189.

したがってブロッカーは、ケアスティングの解釈は「自然的」権利のまったく誤った方向に向かっているとする。「誕生の出来事は占有取得であり、誕生するということは、占有理論上は経験的把捉として解釈されうる。人間の誕生は権利行使である……」。また、「……人間は単に地球の住人であるだけではなく、またそれに対する権利をもっている」（Wolfgang Kersting, Wohlgeordnete Freiheit, S.152. 同書、１９２頁を参照）。それに対してブロッカーは、誰に対して権利をもっているのかと疑問を提起している。

ケアスティングは『よく秩序づけられた自由―カントの法・国家哲学―』の中で上記の文章に続けて次のように述べている。

「人間の自由にとってはまさにスキャンダルだろうが、自らの始まりに対する自由裁量の欠落は、それ自体自由の法則に基づいている。〔誕生という〕自分の身に降りかかるにすぎないものは、地上の「すべての場所に対する」（23, 320）生得的権利の実現を意味する。誕生はいわば原型的な占有図式機能として現れることになる」（Wolfgang Kersting, Wohlgeordnete Freiheit, S.152. 同書１９２頁）。

ブロッカーはケアスティングが「対象」と「象徴」とを取り違えていると非難し、したがってカントによって目指され、実行された超越論哲学的端緒の一種の汚しであると非難する。カントの法哲学は「その方法から克服することを期待するようなもの、すなわち（伝統的）自然法へ格下げされてはならない」（Brocker, a.a.O., S.110.）。ケアスティングにおいてもまた、たとえば加工（Wolfgang Kersting, Wohlgeordnete Freiheit, S.168.）のような経験的事象の標識の性格への指示が見られるので、ブリースコルンによれば、ブロッカーは解釈の厳しい首尾一貫性を斟酌する必要があると指摘する。

ケアスティングは次のように述べている。「ロックにとって権利の根拠という意義をもつものは、カントによれば、表示という性格、つまり交換可能な任意の認識手段という性格しかもたない。ロックの所有理論では、所有権を成立させる原因と認識根拠、ならびに所有権に妥当性を与える根拠は一致している。他方で、カントの超越論哲学的な基礎づけの方法は、経験のレベルと規範のレベルを互いに分離させる」（Wolfgang Kersting, Wohlgeordnete Freiheit, S.168. 同書、２０３頁）。

7　M・ブロッカーの法論解釈の独自性

ところでブロッカーの解釈は、カントの関心事と完成稿（『法論の形而上学的基礎論』１７９７年）を適切に表現しているのであろうか。ブロッカーの研究を評価しうるためにはさらに序文に逆戻らなければならない。ここでブロッカーは、読者に占有の３つの契機に注意を払うようにと指示している。

第一に、単なる取得、加工といったあらゆる経験的な特徴は、ただ標識の性格をもつにすぎない。

第二に、ものに対する権利は第一義的には、諸法人格相互の関係として把握されなければならない。

第三に、公民的状態のみが所有権の法的資格を保証しうる（Brocker, a.a.O., S.5.）。

しかしブリースコルンによれば、第二、三の契機において述べられていることはいずれも、確かに、はじめて占有論の解釈に持ち込まれなければならないような発見ではない。ケアスティングの教授資格論文の該当箇所と比較するだけでよい（たとえば、Wolfgang Kersting, Wohlgeordnete Freiheit, S.3-15, S.212f. 同書、59–70頁、２５７–２５８頁）。しかし、第一の契機に対しては、ブロッカーによる『判断力批判』第59節「人倫性の象徴としての美について」（V, S.351-354. 理想社版『カント全集第八巻』原佑訳、２７７–２８２頁）への興味深い指示が見出される。ブロッカーは繰り返し象徴的例証の理解の助けおよびまた限界を浮き彫りにしている（たとえば、Brocker, a.a.O., S.52-55.）。それどころか、「はじめて（各人の自由とも調和する強制という）抽象的法則の（感性化による）例証が、引き立て役ないしモデルとして、外的行為の合法性の判断のために超越論哲学的法概念の適用を可能にする。また、存立する諸国家の実定法の判断のために超越論哲学的法概念の適用を可能にする」（Brocker, a.a.O., S.53.）。つまり、「例証」とは強制、社会契約の形態、土地の加工、旗の掲揚、誕生である。

カントは、『判断力批判』第59節「人倫性の象徴としての美について」の中で次のように述べている。

「私たちの概念の実在性を立証するためには、つねに直観が要求される。それが経験的概念であるときには、その直観は実例と呼ばれる。それが純粋悟性概念であるときには、その直観は図式と名づけられる。それどころか、理性概念の、言いかえれば、理念の客観的実在性が立証されることを、しかも理念の理論的認識のために立証されることをもとめるなら、それは何か不可能なことをのぞむことである。というのは、理念にはいかなる直観もそれに適合しては断じて与えられえないからである。

感性化としてのすべての例証（描出、subiectio sub adspectum）は、次の二つのいずれかである。すなわち、第一は図式的であり、この場合には、悟性がとらえる概念にこれに対応する直観がア・プリオリに与えられ、第二は象徴的であり、この場合には、理性のみが思考するだけで、いかなる感性的直観もそれに適合しえない概念の根底に或る直観が置かれるが、その直観というのは、その直観でもってする構想力の手続きが、構想力が図式作用において遵守する手続きとたんに類比的であるにすぎないような、言いかえれば、その概念とたんにこの手続きの規則からみて合致するにすぎず、その直観自身からみて合致するのではないような、したがって、たんに反省の形式からみて合致するにすぎず、内容からみて合致するのではないような、そのような直観である。

象徴的という語は、なるほど近代の論理学者たちによって採用されているが、この語が直覚的な表象様式と対立させられるのは、その意味を誤った、不当な用法である。なぜなら、象徴的な表象様式は一種の直覚的な表象様式にすぎないからである。すなわち、後者（直覚的表象様式）は図式的な表象様式と象徴的なそれとに区分されることができるのである。両者とも例証である、言いかえれば、描出（exhibitiones）である。すなわち、たんなる特性表示ではない、言いかえれば、随伴する感性的記号による概念の表示ではないのであって、そうした記号は、その客観の直観に属するものを全然何ひとつとして含んでおらず、構想力の連想の法則にしたがって、それゆえ主観的な意図において、再現の手段として概念に役立つにすぎない。このようなものは、言葉であるか、あるいは、概念をあらわすたんなる表現としての可視的な（代数学的な、さらには黙劇的な）記号であるかである。*

*認識の直覚的なものは論弁的なものと（象徴的なものとではなく）対立させられなければならない。ところで前者は、論証によって図式的であるか、あるいはたんなる類比にしたがう表象として象徴的であるかのいずれかである。

それゆえ、ア・プリオリな概念の根底に置かれるすべての直観は、図式であるか象徴であるかのいずれかであり、これらのうち図式は概念の直接的な描出を、象徴はその間接的な描出を含んでいる。このことを図式は論証的になすが、象徴は類比（この類比のために経験的直観もまた利用される）を介してなし、この類比において判断力は二重の仕事をなすのである。すなわち、第一には、その概念を或る感性的直観の対象へと適用し、ついで第二には、その直観についての反省のたんなる規則を、最初の対象がその象徴にすぎないところの、或るまったく別の対象へと適用する。かくして君主国は、それが憲法にしたがって統治されているときには、魂のある身体によって表示されるのに反して、それが唯一の絶対的意志によって統治されているときには、たんなる機械（たとえば手ひき臼のごとき）によって表示されるが、しかし両者の場合とも象徴的に表示されるにすぎない。なぜなら、専制国家と手ひき臼とのあいだにはなるほどいかなる類似性もないが、これら両者とその原因性とを反省する規則相互のあいだには、類似性があるからである。この問題は、いっそう深く研究するにも値するにもかかわらず、これまではまだわずかしか議論されていない。しかしながら、いまここでこの問題に停滞するのは適当ではない。ドイツ語は、その表現に概念にとっての本来の図式を含ましめるのではなく、たんに反省にとっての象徴を含ましめるような、類比にしたがうこのような間接的描出に満ちている。そこで、根拠（支え、土台）、依存する（上方から保たれている）、から結果として生ずる（続いて行くの代わりに）、実体（ロックの表現をかりれば、偶有性の担い手）、その他無数の語は、図式的例証ではなくて、象徴的例証であり、直接的な直観を介して概念をあらわす表現ではなく、そうした直観との類比にしたがってのみ概念をあらわす表現にすぎず、言いかえれば、直観の或る対象についての反省を、おそらくけっして直観が直接的に対応しえない一つのまったく別の概念へと翻訳することである。たんなる表象様式がすでに認識と名づけられてよいなら（これは、その表象様式が、対象がそれ自体で何であるのかという、その対象の理論的規定の原理ではなくして、私たちと、その対象についての理念の合目的的使用とにとって、何がこの理念となるべきであるのかという、その対象の実践的規定の原理であるなら、たしかに許される）、神についての私たちの認識はすべてたんに象徴的である。しかも、神についての認識を、悟性、意志その他のような、この世の存在者でのみその客観的実在性を証明する固有性でもって図式的とみなす人は、擬人観におちいっているのであって、それは、すべての直覚的なものを除去する人が理神論におちいるのと同様であり、この理神論によれば全然何ものも、実践的意図においてすら、認識されないのである」（V, S.351-353. 理想社版『カント全集第八巻』２７７−２８０頁）。

ブリースコルンは、まさにこれらの観点に、しかしこれらの観点だけではないが、ブロッカーの研究の功績があると評価している。

また、キュスタースはかれの著作『カントの法哲学』（Gerd-Walter Küsters, Kants Rechtsphilosophie, Darmstadt 1988.）の第六章「カントの法論の意義：現在の研究状況の叙述」においてブロッカーの研究の論評（Küsters, a.a.O., S.106-110.）を行っている。キュスタースは、ブロッカーの本研究はカントの批判哲学・超越論的哲学の体系要求をまじめに受け取ることによって、法論および所有権論の役割を「超越論哲学的理論」として解明することに成功していると指摘している。この論評によってもブロッカーの研究の位置づけ・評価が理解できる。

カントの法論、特に占有論はカントの思想の重要な体系適合的な部分であると把握する研究の傾向は、Ｍ・ブロッカーの１９８７年に発表された研究『カントの占有論―超越論哲学的所有権論の問題性について―』によってさらに確証された（Manfred Brocker, Kants Besitzlehre. *Zur Problematik einer transzendentalphilosophischen Eigentumslehre*, Würzburg 1987.）。この研究はカントの体系要求をまじめに受け取ることによって、少なくともカントの解明の文脈、つまり「超越論哲学的」教説として法論および所有権論の役割を叙述することに成功している。

ブロッカーは第一部「批判―形而上学―体系」において、体系的に哲学することとしての批判的に哲学することという要求を関連づけることによって法論の位置を指摘している（Brocker, a.a.O., S.27-59.）。その際ブロッカーは、形而上学の役割および形而上学的基礎論の意義を明確に強調している。つまり形而上学的基礎論は批判と（可能な）学問との媒介構成要素である。したがって、自然の形而上学および人倫の形而上学はア・プリオリな基礎づけの機能を果たす。この機能同等性にもかかわらず、ブロッカーは正当にも実践的内容を覆い隠すような誤った類比化に異議を唱えている。この部分でブロッカーはさらにカントの立場を検討し、テクスト状況から超越論的哲学体系への法論の組み入れは大きな解釈の離れ業をしなくても整合的であるということを示そうと試みている。

しかしながら重要なのは、ブロッカーが定言命法と法原理は構造的に同一であると解釈しているということである。その際、定言命法に対して2つの要素、つまり法則と格率が強調されている。ブロッカーはそこから合法性は遵守の様式のみを度外視するとする正しい叙述を獲得する。

カントは、「人倫の形而上学への序論」Ⅲ「人倫の形而上学の区分について」の中で、法的立法と倫理的立法との区別および合法性と道徳性との区別について次のように述べている。

「すべての立法は〔それが命ずるものが内的行為であるか外的行為であるかを問わず、また、これらの行為を単なる理性によってア・プリオリに命ずるか或る他人の意思を通して命ずるかを問わず〕二個の成分からなっている。**第一は**、法則、すなわちなされるべき行為を客観的に必然的なものとして提示するところのもの、換言すれば行為を義務とするところのものである。**第二は**、動機、すなわち右の行為に向けて意思を規定する根拠を主観的に法則の表象と結びつけるところのものである。第二の成分は、したがって、法則が義務を動機たらしめるということにほかならない。第一の成分により義務としての行為が提示されるのであるが、この作用は、意思の可能的な規定の、つまり実践的規則の単なる理論的認識である。第二の成分により、これこれの行為をしなければならないという拘束性と意思一般の規定根拠とが、主体のうちにおいて結合される。

だから、あらゆる立法は〔たとえそれが義務とする行為に関しては、他の立法と一致するとしても、たとえば行為はどちらの場合にも外的であるとしても〕、やはり動機に関しては区別されうる。或る行為を義務とし、同時にこの義務を動機たらしめる立法は、倫理的である。他方、後のほうの条件〔義務を同時に動機たらしめるということ〕を法則の内に含まず、義務の観念そのもの以外の他の動機をも許すような立法は、法理的である。法理的立法に関しては、義務の観念から区別されるその動機が、傾性や嫌悪〔とくに強制に対する嫌悪〕といった種類の、意思の情動的な規定根拠から、そしてこれらのうちでもとくに後者〔嫌悪〕から採られなければならないことは容易に理解されうる。というのは、それは強要的な立法であるはずであり、人の心を惹きよせる勧誘的なものではないはずだからである。

その動機が何であろうと、或る行為と法則との単なる合致もしくは不合致、合法性〔合法則性〕と名づけられる。他方、法則から生じる義務の観念が同時に行為の動機でもあるような種類の合致・不合致は、行為の道徳性〔人倫性〕と名づけられる。

法（理）的立法による義務は、もっぱら外的な義務でのみありうる。というのは、この立法は、内的なものである義務の観念がそれ自体で行為者の意思の規定根拠となることを要求せず、しかもなおそれは法則に適合する動機を必要とするために、ただ外的動機だけを法則に結びつけることができるだけだからである。これに反して、倫理的立法は、たしかに内的行為をも義務とするのではあるが、決して外的行為を排除するというようなことはなく、およそ義務であるものすべてに関係するのである。しかし、倫理的立法が行為の内的動機〔義務の観念〕をその法則の内に含み、しかもこうした規定は決して外的（他者による）立法に混入されるはずがないというまさにその理由からして、倫理的立法は〔神的意志のそれであっても〕外的立法ではありえないのである。もちろん、それは、他の立法、すなわち外的立法に基づく諸義務を、それが義務であるかぎりで、自己の立法に取り入れて動機たらしめるのではあるけれども。

以上のことからして、すべての義務は、まさにそれが義務であるという理由で、ひとしく倫理学に属するということ、しかしだからといってそれらの義務の立法はかならずしも全部が全部倫理学に含まれているわけではなく、その多くのものが倫理学の領域外にあるということが知られる」（VI, S.219f. 邦訳『法論』３４０－３４２頁）。

実定化の意味はただ、方向づけにおいてのみ認められることになり、その結果合法性の独自の意味がぼやけるように思われる。明らかなのは、行為そのものが決定原理になり、また（実定的）諸法則の遵守が分析的に手段となるということである。このことはまた実践理性の実現様式として記述される（Brocker, a.a.O., S.48f., S.98.）。したがって、立法の区別が方法的・遠近法主義的原理として明らかとなる（カウルバッハの遠近法主義については次の文献を参照。牧野英二『遠近法主義の哲学――カントの共通感覚論と理性批判の間』弘文堂、１９９６年、60－63頁）。

ブロッカーの根本テーゼは次のようなものである。

「法の普遍的原理の構造は定言命法の構造と同一である。法の普遍的原理はこれに内在している「判定（Dijudikation）という立脚点だけを強調する」（Brocker, a.a.O., S.50f.）。

カントは、§C「法の普遍的原理」の冒頭で次のように述べている。

「いかなる行為も、その行為そのものについて見て、あるいはその行為の格率に即して見て、各人の意思の自由が何びとの自由とも普遍的法則に従って両立しうるような、そういう行為であるならば、その行為は正しい（レヒト）」（VI, S.230. 邦訳『法論』354-355頁）。

カントは『実践理性批判』の中で定言命法について次のように述べている。

「汝の意志の格率が、つねに同時に普遍的立法の原理と見なされうるように行為せよ」（V, S.30. 理想社版『カント全集第七巻』深作守文訳、177頁）。

したがって、後に示されるように、私法において唯一の命法として公民的社会への移行が述べられるとするこの指摘は正当である。この移行は重要な構造標識への注意を喚起する。しかしながら、法の概念がはじめて法の原理の定式化を可能にするにもかかわらず、法概念からの法原理の導出は背景に退くということが強調されなければならない。したがって、独自の主題としての法の特殊性が覆い隠されることになり、またブロッカーが命令的性格は人間の有限性に負っていると指摘するとしてもそうである。したがってキュスタースによれば、この点に関する分析は誤っている。というのは、ブロッカーはこの法原理を引用したあとに次のように述べているからである。

「ただし経験は、行為のこの調和的一致がしばしば保障されないということを教える」（Brocker, a.a.O., S.51.）。

この論拠はア・プリオリなものとしての法形而上学の要求を正当に評価していない。あるいはそれが正しいとすれば、この論拠はその要求を否認することになるであろう。したがって、法と強制との関連の分析はまったく説得力がない。というのは、外的強制の正統性に対する問題が可能な理性性に対する可能な洞察能力に応じない場合には、法がおそらく主観化されるからである。

ブロッカーは徳論と法論との比較において、行為の現実的判断の可能性の基礎づけおよび可能な実定法の基礎づけのために法則の具体化の意義を強調している。判定の原理が分析の観点として説得的に観念されることによって、同時に、これが明確になされることなしに、「法廷」にいかなる必然的役割が帰するのかということが明らかとなる。ブロッカーは別の箇所で正当にも裁判の決定能力は独自の基準であると指摘している（Brocker, a.a.O., S.143, S.152.）。最後にブロッカーは、（研究報告の）略述によって完結性という場所に関する観点のもとで法論が体系に適合するということをはっきりと示している。その際ブロッカーは、カテゴリー上の細部に至るまでの形成の意義を指摘しているが、基礎づけてはいない。それに対する証拠として、述語「もつこと」（Haben）に対してカントの準備草稿を参考するように指示しているが、しかしながら研究報告に留まっている。つまりカントは「もつこと」というこの述語をこの形式においてなぜ公表しなかったのかという問題が未解決のままである。まさにこれは、法形而上学の役割をより正確に規定するための独自の観点であろう。

ブロッカーはかれの研究の第二部において、キュールの著書の表題を借用して「自由秩序としての所有秩序」を分析している（Brocker, a.a.O., S.61-102.）。ブロッカーは、「理性の事実」としてすべての個々人の自由を取り扱う実践哲学の普遍的端緒を越えて、特殊な法の形而上学の課題は自由な社会秩序の可能性の諸条件を明らかにすることであると指摘する。意思のすべての可能な諸対象の理性的秩序に取り組む私法に対しては、「自由秩序としての所有秩序」を設立するという課題が立てられることになる。この秩序の可能性の諸条件についてのレフレクシオーンにおいて、

「私」と「世界」、「ア・プリオリなもの」と「経験的なもの」との超越論哲学的根本配置関係が検討される。

ブロッカーは、カウルバッハとV・ゲアハルトの研究に依拠しながら、「身体性および物理的もの支配のパースペクティヴにおいては経験的占有という概念が生じるが、他方で普遍的・理性的世界のパースペクティヴは可想的占有に至る」と指摘している。したがって、このような「可想的占有」が可能なのか、またいかにして可能なのかが(私)法の形而上学の根本問題となる。

その際ブロッカーは、特に単に経験的な法の基礎づけを拒絶するものとして可想的占有という概念の超越論哲学的意味を強調している。それはものとの経験的なかかわりという標識の性格しかもっていない。というのは、実践的視点において「使用することができる」(In-Gebrauch-Nehmen-Können)ということが問題の核心であるからである。したがってブロッカーは、ものの世界の完全な規定のためにこの視点の機能を明確にする(Brocker, a.a.O., S.143, S.5, S.65.)。その際、アンチノミーの解決、述語「もつこと」の媒介機能、経験的占有の妥当性根拠としての「ア・プリオリに結合した意思」の必然性といった本質的諸要素に言及している。特にまたこのことは方法的に重要な観点であるが、「根源的共有態」(communio originaria)の意義を説明している。配分的性格が、この文脈において球体としての地上による論証は経験的な論拠ではなく、象徴的な価値をもつにすぎない(Brocker, a.a.O., S.108-110. ブロッカーは、「地上の球体」像の超越論的論理的地位は「根源的共有態」という実践的理性理念の象徴的例証としてのみ把握されうると指摘している)ということを明確にすることによって、この「根源的共有態」の意義は公民状態における正義の配分的性格を指摘している。

ブロッカーは先占の諸要素の分析において先占の標識の性格を明らかにしている。

ブロッカーは次のように述べている。

法的主体によるある対象のしるしづけ(宣言)は次のことを示す。つまり、このように描出された関係において、人格があれこれの瞬間に対象と関係するかもしれないような偶然の関係とは異なった、またそれ以上のものが意味されているということである。このしるしが、「最初の把捉」(prior apprehensio)の行為において主張された占有請求を再現し、この占有請求がア・プリオリな法的世界においてその確認を見出そうとする。したがって、取得された外的対象のしるしづけの行為において、対象のすべての経験的な、つまり空間・時間的特殊性が度外視される。

カントは、§17「根源的取得という概念の演繹」の中で法概念には純粋な悟性概念だけが含まれるとして次のように述べている。

「実体であるかぎりでの外的な私のもの・汝のものの法概念は、私にとって外的という言葉に関して言えば、私が居るところと異なる或る場所という意味ではない。なぜなら、この法概念は一個の理性概念であるのだから。そうではなくて、この法概念には純粋な悟性概念だけが含まれうるのであるから、それは単に私から区別された或るものを、そして経験的占有〔いわば継続的把捉〕ではない或る占有の概念を意味する」（VI, S.268. 邦訳『法論』３９７頁）。

この捨象は、一方的な先占行為において主張された占有請求の法化への必然的歩みである。というのは、この「法」という理性概念には「純粋な悟性概念だけが含まれうるのであるから」である（Brocker, a.a.O., S.121f.）。

ブロッカーは占有の図式論の分析において確かに解決には至らなかったが、しかしその際、この箇所において「図式論的現象性」の問題は重要であろう（Brocker, a.a.O., S.130.）。つまり、現象のカテゴリー上の形成の問題である。しかし、ブロッカーはこの問題状況を明らかにし、この関連において正当にも反省的判断力の意義を強調している。根本において図式は必要ではなく、単に判断力の範型が必要であるにすぎない。そして、このことからあらゆる具体的な占有において法的正当性の問題が立てられる。反省的判断力は経験的占有秩序と観念的占有構造との媒介をする。

カントは『判断力批判』の中で、判断力を規定的判断力と反省的判断力とに区別している。判断力一般は、特殊的なものを普遍的なものの下に包摂されていると思考する能力である。判断力は、その機能の違いに従って「規定的判断力（bestimmmende Urteilskraft）」と「反省的判断力（reflektierende Urteilskraft）」とに区別される。前者は、普遍的なもの（規則・原理・法則）が与えられている場合に、特殊的なものをその下に包摂する判断力を意味する。他方、特殊的なもののみが与えられており、これに普遍的なものを判断力が見出すべきである場合には、この判断力は反省的判断力を意味する。『カント事典』編集顧問、有福孝岳・坂部

恵、弘文堂、１９９７年、牧野英二執筆、４２３‐４２５頁を参照。

しかし、法的専有の動機（配分的正義の中核）に対応している占有関係の法的規制の問題が未解決のままである。というのは、この規制はさらに主題化されていないからである。

ブロッカーは最後に公民的国家の必然性について記述している。その際ブロッカーは、カントは国家を単に保障する役割に拘束するのではなく、国家は法原理によって介入しうるということを明確に説明している（Brocker, a.a.O., S.141, S.151.）。まさにこの考慮のゆえに国家政策の性格を法政策としてさらに明確に規定する必要がある。その際ブロッカーは、国家の規制は行為可能化を意味するということを示唆している。したがって、この必然性は法論の論理に対する独自の論拠である。ブロッカーは国家の比重をさらに、国家はそれ自身の保護に方向づけられていなければならないということによって明確にしている。しかし、このことはすべて国家の正当性に遡って結びついており、この正当性は結合した意志の実現に存する。所有権取得の必然性を可能性として指摘しているにもかかわらず、ブロッカーはこの考慮のゆえに自立の問題を引き合いに出している。しかし、この自立はブロッカーにとっては疑問の余地があるように思われる。この問題の解決は経験的法律学に委ねられる。占有に対する権利の保護の問題は、暫定的および決定的（provisorisch / peremtorisch）との批判的区別を考慮に入れて歴史および国際法・世界市民法を参照するように指摘している（Brocker, a.a.O., S.148.）。しかし、この視点はさらに追求されてはいない。したがってブロッカーの研究は、この研究はまた補説によって自然法に対するカントの異なった立場を指摘しているが、方法論的分析によって法論および占有論の位置価値を具体的に示している。その際、若干の示唆がこのような方法論的に定位された分析の可能性を示している。しかしながら批判と形而上学との関連の問題は、示唆された困難性のために引き続き未解決の問題に留まっている。

二　ブロッカーの研究目的

ブロッカーは序言において本著作の研究目的を手短に述べているので、まずそれに若干の説明を加えながら検討する（Brocker, a.a.O., S.5.）。

ブロッカーのカント占有論・所有権論研究は、ひとつにはカント法哲学において自由と所有権がいかなる関係にあるのかとする問題を論じている。それは2つの方法で行われる。第一に、ブロッカーはカントの占有論を超越論哲学的分野であると規定し、カントに従って、この占有論を企図された「すべての純粋理性認識の体系」の中に位置づけ、またこのようにしてこの占有論の独自の形態を解釈し、その「批判的」諸要素を解明しようと試みる。本来ならば、イルティングが行ったように、「超越論的」ないし「批判的」という専門用語を分析し、『法論』がその定義に当てはまるのか否かということが検討されなければならないのではないかと思われるかもしれない。しかし、この用語の解釈それ自体がカント哲学研究者の間でも議論のある難しい問題である。ブロッカーは多くの論者と同様に、「批判的」ないし「超越論的」という用語の独自の定義を提示しているわけではなく、特に三批判書の体系構造との関係で法哲学を分析・解釈している。ブロッカーの表現を借りれば、その発見的原則は、カント哲学の完結性、一貫性および体系性である。第二に、1797年の刊行本『法論の形而上学的基礎論』そのものを基本的に考察の対象として、その論証過程に従って議論を進めている。リッターによる初期の資料に基づく『法論』の解釈とは異なった方法をとっている。ブロッカーは、この論証過程を辿ろうと試みており、この論証過程は所有権の構造の解明において三つの契機・観点への注意を喚起すると指摘している。

第一の契機は、諸対象の単なる取得、加工および物理的先占（Aneignen）といったようなすべての経験的な行為には単なる標識の性格しか与えられるにすぎず、しかしこのような性格はそれ自体としては、このようにして成立した関係の必然的、法的認可を生じさせうるものではないということである（この点がロックの主張とは異なっていることに注意しなければならない。ロック的労働所有権論批判）。

第二の契機は、ものに対する権利は第一義的には法的諸人格相互の関係として把握され、この法的諸人格は占有された意思の諸対象の使用の相互的排除を規定し、またそのような暫定的占有をまず最初に法的所有に変換する。そしてそうすることによって、ものの世界をはじめてその全体性において把握可能とするということである。ロックの場合には、ものに対する人の関係を第一義的と見ているが、カントの場合には、ある人格と他のすべての人格との関係を第一義的と捉えているのであり、その点において両者では視点・重点の違いがあると言える。

旧東ドイツのマルクス主義の立場に立つM・ブールとG・イルリッツのことばを借りて言えば、所有権は「人とものとの関係 Mensch-Sache-Beziehung」ではなく、「人と人との関係 Mensch-Mensch-Beziehung」として把握される。

M. Buhr, G. Irrlitz, Der Anspruch der Vernunft. Die klassische bürgerliche deutsche Philosophie als theoretische Quelle des Marxismus Kant-Fichte-Shelling Lessing-Herder-Goethe-Schiller. Köln 1976, S.73. 邦訳『理性の要求―マルクス主義の理論的源泉としての古典的市民的ドイツ哲学―』藤野渉訳、松籟社、1981年、74–75頁。

カントは§17「根源的取得という概念の演繹」の中で次のように述べている。

「こうして、人格と何ら拘束性を負わない諸対象との或る関係としての占有から、右の感性的条件を消去もしくは度外視〔捨象〕するならば、そこには、一人格の諸人格に対する関係しか残らないのであって、（そこでは）この一人格の意志は、それが外的自由の公理、意志の能力の要請、およびア・プリオリに結合したものと考えられた意志の普遍的立法にかなっているかぎり、物件の使用に関して諸人格のすべてを拘束しているわけである」（VI, S.268. 邦訳『法論』３９７頁）。

第三の契機は、公民的状態だけが所有権の法的資格を保証することができる。したがって、公民的状態を義務として創設することは、無主的諸対象を先占し、（排他的な）自分のもの（suum）として主張しうる裁可に対応するということである。

プロッカーは、このようにしてカントの占有論の包括的な叙述をマクロ構造的、つまり超越論的哲学体系の一部として、そしてまたミクロ構造的、つまり所有権の演繹において試みる。マクロ構造的とは、カントの占有論を超越論的哲学体系の一部として捉えるということであり、またミクロ構造的とは、超越論的哲学体系の諸要素を所有権の演繹の中に見出すということを意味する（Uwe Justus Wenzel, Recht und Moral der Vernunft. Kants Rechtslehre. Neue Literatur und neue Editionen, in: Archiv für Rechts-und Sozialphilosophie Bd.76, 1990, S.234.）。

三 『法論』の継受史および研究状況

ブロッカーは序文において継受史および研究状況について概観している（Brocker, a.a.O., S.9-15.）。以下においてカント法哲学の継受史および研究状況について検討を加える。

ブロッカーも他の多くの論者にもれず、ショーペンハウアーの『法論』に対する酷評からその継受史を説き起こしている。

「わたしにとってカントの法律理論の全体は、もろもろの誤謬がおたがいに引き合っている奇妙なからみ合いのように思われるが、これはひとえにカントの老衰にもとづくものである」。

Arthur Schopenhauer, Die Welt als Wille und Vorstellung. Arthur Hübscher (Hg.), 3. Aufl., Leipzig: Reclam, 1987, S.473 und S.726. 邦訳『ショーペンハウアー全集３』『意志と表象としての世界 正編（Ⅱ）』（１８１９年）斉藤忍随・笹谷満・山崎庸佑・加藤尚武・茅野良男訳、白水社、１９７３年、２８１頁。これがいわゆる老衰説である。

ショーペンハウアーのこの否定的発言は、１７９７年に出版されたカントの「晩年の著作」に示された無理解の典型的な一例である。この著作は老衰する精神の奇妙な後期の著作としてまったく不明確で、難解な部分であり、多くの混乱した演繹と難解な教義概念であるように思われた（不明確性説）。さらに、「図式」、「飽きることのない」、それどころか病的な「体系化の意志」への支配的特徴によって際立っていると見なされた。

このような批判はG・レーマン、W・メッツガー、E・カッシーラーおよびChr・リッターなどによってなされた。Gerhard Lehmann, Kants Besitzlehre, in: Beiträge zur Geschichte und Interpretation der Philosophie Kants, Berlin 1969. S.195. Wilhelm Metzger, Untersuchungen zur Sitten-und Rechtslehre Kants und Fichtes, Heidelberg 1922 (z.T. erweitert als „Gesellschaft, Recht und Staat in der Ethik des deutschen Idealismus", Heidelberg 1917, aus dem Nachlaß hrsgn. von Ernst Bargmann.), S.90, S.95. E. Cassirer, Kants Leben und Lehre, Berlin 1921, S.426. Christian Ritter, Der Rechtsgedanke Kants nach den frühen Quellen, Frankfurt am Main 1971, S.287.

それゆえ、『人倫の形而上学』はほとんど注意を喚起することはなかった。

非常に混乱した構造、典拠の疑わしいテクスト形態は、これは１９８２年になってはじめて体系的に信頼できそうな形態に再構成されえたが（B. Ludwig, Der Platz des rechtlichen Postulats der praktischen Vernunft innerhalb der Paragraphen 1-6 der kantischen Rechtslehre, in: Rechtsphilosophie der Aufklärung, (Hrsg.) von R. Brandt, Berlin 1982, S.218-232.）、厳密な読解を妨げるような必要以上の余分なことをした。多くの解釈者は自然法の専門用語をカントが借用し、18世紀に数多く出版された自然法の著作のひとつを書いたにすぎないと考えるとすぐに、この著作を再び脇に置いた。ヴォルフ、バウムガルテンあるいはアッヘンヴァルの目的論的自然法思想に逆戻りしている、法（権利）を「もっとも悪い自然法の伝統」の中でスコラ学的に取り扱っているとする非難が体系的に見てもっとも重大であった。この非難はもっぱら、『法論』が「批判書」の妥当理論的諸原理と一致しえないということを意味し、したがってまた超越論的哲学の体系から排除されていることを意味していた。この非難は１９７１年にクリスティアン・リッターによって改めて提唱されることになる。

したがって、この多くの部分で損なわれた、それどころか非常に「ぼろぼろになった」テクストの継受史はきわめて短いということは別に驚くべきことではない。というのは、テクストの表現が、多くの批判者の意見に従うと「きわめて不明確」であるので、その表現が実際、首尾一貫しているのか否かということが「ほとんど確定」されえないからである。

このことは特に、法論の第一部「私法」の所有権論について当てはまる。この所有権論は１９２９年まで個別に論じることが価値あるものであるとは考えられなかった（G. Buchda, Das Privatrecht Immanuel Kants. Ein Beitrag zur Geschichte und zum System des Naturrechts, Jena 1929.）。カントの法哲学一般が独自の哲学的研究の対象となったかぎりにおいて、その研究の中で所有権論はつねにわずかのページで手短に述べられるにすぎず、この所有権論は支持できないものとして非難された。したがって、意見の争いの中でカントの所有権の超越論哲学的基礎づけは、ロックの「労働所有権論」に対して少しも勝ち目がなく、ロックの「労働所有権論」は「道徳的に優越している」と見なされた。つまりショウペンハウアー同様、多くの解釈者はカントの所有権論を「強者の権利（自力救済権 Faustrecht）に対する支持」であると誤解し、したがってそれを断固拒否したのである。

１　個別的継受史

ブロッカーは個別的継受史において、『法論』の超越論的・批判的性格を各論者がどのように解釈しているのかという視点から概観しているわけではない。ブロッカーの研究の目的からすれば、その考察の対象が占有論・所有権論に限定されているとしても、このような視点からの考察も必要であったはずである。したがって、このような視点からあらかじめ各論者の見解を整理する必要がある。ブロッカーによって取り上げられている論者は、Ａ・ラッソン、

W・メッツガー、K・リッサー、K・ボリース、R・デュンハウプト、G・ブフダ、G・レーマン、R・ブラント、S・M・シェル、H・G・デガウ、G・ルフ、K・キュール、W・ケアスティングおよびR・ザーゲなどである。

カントの私法論および物権法に関する研究史の概観としてK・キュールの Eigentumsordnung als Freiheitsordnung. Zur Aktualität der Kantischen Rechts-und Eigentumslehre, Freiburg i.Br.-München 1984 (Diss. Heidelberg 1978.), S.120-126. も参照。

それでは、各論者がカントの占有論ないし所有権論をどのように解釈・評価しているのかを検討してみよう。新ヘーゲル学派の代表的法哲学者のひとりであるA・ラッソン（1832-1917）は、カントにおいて「個別の法制度の導出において」、所有権の導出も同様に「カント自身がその諸原理に従って手に入れなければならなかったものにまさにもっとも矛盾するような見解が明らかである」と述べている（Adolf Lasson, System der Rechtsphilosophie, Berlin・Leipzig 1882, S.100.）。

W・メッツガーは、カントの「私法上の諸問題の取り扱いをもっとも悪い自然法上の伝統」のなかに認め、「私法上の諸問題（所有権など）のカントのスコラ的取り扱いはもちろんもっとも悪い自然法の伝統に陥ったままである」と指摘している。（Wilhelm Metzger, Untersuchungen zur Sitten-und Rechtslehre Kants und Fichtes, Heidelberg 1922 (z.T. erweitert als „Gesellschaft, Recht und Staat in der Ethik des deutschen Idealismus", Heidelberg 1917, aus dem Nachlaß hrsgn. von Ernst Bargmann.), S.81, S.90-99.）。

K・リッサーは、カントにおける所有権概念の演繹および正当化（「支配力による所有権」Gewalteigentum）ははるか「ルソーの背後」に留まっていると述べている（Kurt Lisser, Der Begriff des Rechts bei Kant, Berlin 1922, S.38f.）。

K・ボリースは、カントがあらゆる占有に「単に手でつかむことができる純粋に経験的な法的権限……、力の法的権限」をもつとする見解によって「ルソーの背後だけでなく、またライプニッツやそれどころかロックの背後にまで」逆戻りしているというかぎりにおいて、いわば中世のもっとも深い暗闇の中に逆戻りしているというかぎりにおいて、リッサーの解釈をより否定的に訂正している。

Kurt Borries, Kant als Politiker. Zur Staats- und Gesellschaftslehre des Kritizismus, Leipzig 1928, S.108. G. Vlachos, La pensée politique de Kant. Métaphysique de l'ordre et dialectique du progrès, Paris: Presses Universitaires de France 1962, pp.391-395.

Ｒ・デュンハウプトによる所有権論のさらなる無理解な叙述の後に（Rudolf Dünnhaupt, Sittlichkeit, Staat und Recht bei Kant. Autonomie und Heteronomie in der Kantischen Ethik, Berlin 1926, S.115f. 特にS.78-86.）、Ｇ・ブフダは１９２９年、所有権論についての最初の包括的な研究を発表した（Gerhard Buchda, Das Privatrecht Immanuel Kants (Der erste Teil der Rechtslehre in der Metaphysik der Sitten.). Ein Beitrag zur Geschichte und zum System des Naturrechts, Jena 1929.）。ブフダはその中で所有権概念の基礎づけおよび正当化を綿密に叙述し、カントの理論を伝統的な自然法論（アッヘンヴァルの）から明確に際立せることができた。

次に１９５６年になってようやく、カントの遺稿集の編者であるＧ・レーマン（１９００-１９８７）によるカントの所有権論のさらなる研究が現れた。レーマンは、その解釈のために広範囲にわたる『準備草稿』を引用し、はじめて所有権論が「批判的体系」の中に組み込まれるということへの注意を喚起した。

Gerhard Lehmann, Kants Besitzlehre, in: Beiträge zur Geschichte und Interpretation der Philosophie Kants, Berlin 1969. 初出は以下のとおりである。Abhandlungen der Deutschen Akademie der Wissenschaften zu Berlin, K1.f. Philosophie, Geschichte, Staats-, Rechts- und Wirtschaftswiss., Jg. 1956 Nr.1, Berlin (Akademie-Verlag) 1956.

多くの諸要素、たとえば法的実践理性のアンチノミーおよび「法的観念論」（idealismus iuridicus）、つまり「本体的占有」およびその「図式論」などにおけるその解決によって、レーマンは所有権論を体系の一部として超越論哲学的に構成しようとしたカントの努力を明らかにした。

しかし、カントの所有権論の論証の性格を印象づけたという功績は実際、R・ブラントにはじめて帰する。1974年に出版された著作『グロティウスからカントまでの所有権論』（Reinhard Brandt, Eigentumstheorien von Grotius bis Kant, Stuttgart-Bad Cannstatt 1974, S.167-224 und S.253-267.）の中で、ブラントはカントに広範囲な章を割いている。そこにおいてブラントは、カントの所有権論を包括的に叙述し、それを17・18世紀の自然法の伝統に置きその特殊な諸契機の中で際立せている。所有権のカントによる理性法的基礎づけの特殊な新しさは、さらにカント自身の初期の（ロックおよびルソーの労働所有権論に近い）見解（1764年の『美と崇高の感情に関する考察』のための「覚書き」Bemerkungen zu den Beobachtungen über das Gefühl des Schönen und Erhabenen. から読み取れる。XX, S.1-192. 岩波版『カント全集18』久保光志訳、159-253頁。ただし抄訳である）との対照によって特に明らかにされている。このような方法で行われたカントの思想の生成論的考察方法は、確かに残念ながらさらに追求されてはいない。つまり、占有論の断絶、突然変異および変化は基礎づけられておらず明らかにされていない。それでもやはり、ブラントの著作はこのテーマに関する現在もっとも重要な著作のひとつに属する。

F・カウルバッハ、W・ブッシュおよびM・ゼンガーの研究と並んで、さらにS・M・シェルの研究が指摘されなければならない（Susan Meld Shell, Kant's Theory of Property, in: Political Theory 6, pp.75-90. Susan Meld Shell, The Rights of Reason: A Study of Kant's Philosophy and Politics, Toronto 1980.）。シェルはヘーゲルに定位したカント解釈において、認識論と法理論を構造的なもの、つまり主観的世界先占の同一理論として読解しようと試みている。

シェルは次のように述べている。

「『純粋理性批判』および『法論』の両著作において、カントはかれのもっとも重要な論拠を「演繹」として提示している。これによってカントは所有に対する請求権の正当化を意図している。演繹は両方ともあるものを自分のものとして所有すること、あるいはもつことがいかにして可能であるのかということを確立しようとしている」（Susan Meld Shell, The Rights of

Reason: A Study of Kant's Philosophy and Politics, Toronto 1980, p.185, p.132.)。

また、シェルは具体的に次のように指摘している。

「法論および第一批判の両著作は理性的占有にとって必要なものとして総合的統一を「演繹する」。「演繹」によってカントが意味しているのは所有に対する請求権を支持する論拠である。法的演繹およびその超越論的対応物は、あるものを自分のものとして「占有する」ことないし「もつ」ことがいかにして可能であるのかということを確立する。カントはこの超越論的演繹を「純粋な認識の占有〔Besitzes〕の解明」と呼んでいる。この超越論的演繹は対象の認識の占有にかかわる。それに対して、法的演繹はこれらの対象そのものの占有にかかわる」(Susan Meld Shell, The Rights of Reason: A Study of Kant's Philosophy and Politics, Toronto 1980, p.132.)。

シェルはこのようにして、認識論と所有権論との間に疑いもなく成立しているとされるひとつの類比〔Analogie〕に注意を喚起している。しかしこれに対して、この類比を先占する主観性の理論の意味において「文字どおりに」受け取ると、所有権の特殊法的概念はすべての輪郭を失い、カントの演繹の様式の差異が見失われるとブロッカーは指摘している。

H・G・デガウは鋭い洞察力によって、多くの「カントの法論のアポリア」を指摘している。そのアポリアは、法の完全にア・プリオリな体系、したがってまた所有権のア・プリオリな基礎づけを提供しうるとする要請から生じるものであるとする。デガウによると、〔社会的〕現実性を基礎づけの関連から一貫して除外することによって、カントは後に本体的〔法的〕占有と経験的〔物理的〕占有との必然的調停にはもはや成功していないとする。しかし、「調停」それ自体、すなわち「抽象」および「図式論」という方法上の諸契機の体系的問題の綿密な分析をデガウは残念ながら行っていない(Hans-Georg Deggau, Die Aporien der Rechtslehre Kants, Stuttgart-Bad Cannstatt 1983.)。

G・ルフは『自由と平等』と題する著作の中で特に、デガウによってカントにおいて疎かにされているとして訴えられている所有権の「社会的次元」を研究している（Gerhard Luf, Freiheit und Gleichheit. Die Aktualität im politischen Denken Kants, Wien・New York 1978. 特に第五章「平等と所有権」S.70-132.）。したがってルフは、「カントがその理論上の端緒の広範囲な社会的結果をはっきりと意識していなかった」にもかかわらず（G. Luf, a.a.O., S.93.）平等の確立がなければ自由の現実的諸条件が破棄される場合に、国家の社会的形成機能が、その前提から必然的に生じるということを示そうと試みている。

またK・キュールは、私法秩序および特に所有秩序の今日的諸問題に対するその現代的意義に焦点を当ててカントの法論および所有権論の研究を行っている（Kristian Kühl, Eigentumsordnung als Freiheitsordnung. Zur Aktualität der Kantischen Rechts-und Eigentumslehre, Freiburg i.Br. -München 1984, S.115. (Diss. Heidelberg 1978)）。したがって、キュールはカントによって主張された所有理論の「ア・プリオリ性」をまじめに受け取り、またカントを啓蒙のドイツ市民の歴史的に時代遅れの理論家としてイデオロギー的に矮小化し過去に委ねようとする諸論者（たとえば、R. Saage, Eigentum, Staat und Gesellschaft bei Immanuel Kant, Stuttgart・Berlin・Köln・Mainz 1973, S.18-30.）に明示的に反論している。キュールは現代の法哲学上、法政治学上の諸問題に対して、カントの理論が適用可能であり、また重要であるということを確信をもって論述している。

たとえば、経済秩序の法的形成可能性についてはKühl, a.a.O., S.264-267. 社会的に権力を握る地位の制限についてはKühl, a.a.O., S.267-270、すべての者に対する所有権取得の実現および財産の蓄積といった諸問題についてはKühl, a.a.O., S.277-291. を参照。

法律家の視点から書かれたこの研究は、カントの占有論への多くの新しく重要な洞察を提供している。この意味でキュールの著作は、法律家の視点から研究した数少ない研究書のひとつとして注目される。この著作は１９８２／

１９８３年冬学期ハイデルベルク大学哲学・歴史学部に提出された博士論文である。キュールの専攻分野は刑法・刑事訴訟法・法哲学である。

しかし、カントの法哲学についての今まででもっとも包括的で詳細な研究は、１９８７年のブロッカーの著作の時点でも、また現在でもW・ケアスティングによってなされた研究である（Wolfgang Kersting, Wohlgeordnete Freiheit. Immanuel Kants Rechts-und Staatsphilosophie, Berlin・New York 1984.）。これについてはすでに評価が確立されており、誰も異論はないであろう。広範囲にわたる『法論のための準備草稿』（アカデミー版カント全集第23巻２０７-３７０頁）を考慮に入れて、ケアスティングはカントの論証建築術の根本的な叙述を提示している。ケアスティングは、この論証建築術はデガウと異なり、デガウの著作をもちろんケアスティングは知らないが、根本的に筋の通ったものであると考えている。

結果においてまったく異なるデガウとケアスティングの研究と並んで、特に「所有個人主義的」、つまりマルクス主義的視点からR・ザーゲによって書かれたモノグラフ『I・カントにおける所有権、国家および社会』（R. Saage, Eigentum, Staat und Gesellschaft bei I. Kant, Stuttgart・Berlin・Köln・Mainz 1973.）が注意を喚起する。ザーゲがこの著作の中で試みたのは、カントの「社会政策的理論」を「封建制から「市民社会」への移行における社会形成から生ずる」問題設定に対する答えとして把握しようとするものである（R. Saage, a.a.O., S.10.）。カントの「社会政策的」哲学は、それはその哲学に基礎を置いている所有権概念とのその構造的絡み合いの中で「解読」されるが、18世紀末のドイツ市民の利益状況および自己理解をきわめて正確に「反映している」とする（R. Saage, a.a.O., S.7.）。ザーゲの研究は、これはマクファースンの有名な研究（C. B. Macpherson, Die politische Theorie des Besitzindividualismus von Hobbes bis Locke, Frankfurt am Main ²1980.）に「決定的な示唆」を受けているが（R. Saage, a.a.O., S.17.）、カントの哲学を「市民的思考」の典型および「所有個人主義的啓蒙の前衛」として（R. Saage, a.a.O., S.116.）、まったくイデオロギー批判的に使用している。その際残念ながら、この研究自体は、つまりその独自性と新しさはまったく失敗に終わっている。「狭義のカントの哲学的著作、特に「三批判」の中で展開された超越論哲学的端緒とその社会哲学的省察との間に疑いもなく存在する構造関係に関して言えば、これに関連する研究はここではもはやなされえなかった」（R. Saage, a.a.O., S.11.）。しかし、体系的なテクスト分析がマクロ社会学によってまったく取って代わられると、不正確さと欠陥がほとんど避けられないであろう。

したがって、ザーゲはたとえば次のことを見落としている。つまり、カントはロックの所有権の「労働理論」の批判において重要な方法上および論理上の諸論拠を提供し、またこの労働理論のカントの拒否は、「ドイツの経済的後進性」によってはほとんど十分に説明されえないということである（R. Saage, a.a.O., S.30.）。

さらにザーゲは、「支配力の中でもつこと」（In-der-Gewalt-Haben）を「カントの所有権概念の所有個人主義的諸要素の構成要素」と特徴づけ、「支配力の契機（Gewaltmoment）にすべての人のア・プリオリな同意（これは私的所有権に、「いわば反作用的に、認可する理性の権限を与える」R. Saage, a.a.O., S.22.）に対する論理的優先性」を認める時、「先占（occupatio 根源的取得）」とこれをはじめて正当化する「結合した意思」との原理論的関連を誤解しているのである。

確かに、カントの所有権概念は個人主義的視点を含んでいるが、しかしこの所有権概念は、すべての人の意志を表現する公民的結合において正当性を獲得するための義務によって覆われている。ザーゲが最後にカントは「大胆に、単純に、所有権に関する私的使用を具体的な自由の条件のために、もっぱら」実体化していると記述する時、自由と所有権との基礎づけの関連がまったく逆転されているのである（R. Saage, a.a.O., S.154.）。

浩瀚な遺稿とそれによる法論の成立過程の文献学的研究は、我が国ではいまだ現れていない（岩波版『カント全集18「『人倫の形而上学』準備原稿と遺稿」、樽井正義・池尾恭一による解説参照、536頁）。

2 「批判的」法哲学は存在するのか

ブロッカーは、リッターの否定説について批判的に検討しているが（Brocker, a.a.O., S.17-18.）、それについて敷衍しながら考察する。

１９７１年に出版された著作『初期資料によるカントの法思想』（フライブルク大学法・国家学部博士論文、リッターはＥ・ヴォルフの弟子である）の中で、Chr・リッターは「カントは法を批判主義という意味において取り扱っていないということが適切であるのか、またもしそうであるならば、なぜそうなのか」という問いを追求している。

Christian Ritter, Der Rechtsgedanke Kants nach den frühen Quellen, Frankfurt am Main 1971, S.19.

この著作によって惹起されたカント法哲学の「批判性」をめぐる議論の概観として次の文献が挙げられている。ブロッカーはこれらの論考を大いに参照している。H. Oberer, Zur Frühgeschichte der kantischen Rechtslehre, in: Kantstudien 64, 1973, S.88-102. F. Kaulbach / V. Gerhardt, Kant, Darmstadt 1979, S.72-74. K.-H. Ilting, Gibt es eine kritische Ethik und Rechtsphilosophie Kants?, in: Archiv für Geschichte der Philosophie, 63. Jg., 1981, S.325-345. Monika Sänger, Die kategoriale Systematik in den „Metaphysischen Anfangsgründen der Rechtslehre." Ein Beitrag zur Methodenlehre Kants, Berlin・New York 1982, S.3-26. H. Oberer, Ist Kants Rechtslehre kritische Philosophie?, in: Kantstudien 74, 1983, S.217-224. Wolfgang Kersting, Wohlgeordnete Freiheit. Immanuel Kants Rechts-und Staatsphilosophie, Berlin・New York 1984. Wolfgang Kersting, Gibt es eine kritische Rechtsphilosophie?, in: Information Philosophie, 2/1984, S.77-80.

カントが批判主義という意味において法を取り上げていないとする見解は、特に新カント学派および法実証主義者によって主張されてきた。

新カント主義マールブルク学派の代表的哲学者であるＨ・コーヘン（１８４２–１９１８）は、カントは法論において超越論的方法の適用を放棄しているとして次のように述べている。

「カントはここ〔法論〕では超越論的方法の適用を放棄した……カントは論理学の演繹を自然科学において実行したのとは異なって、倫理学の演繹を法律学において実行しなかった。これによって超越論的方法の概念において取り返しのつかない誤りが生じざるをえなかった、ということは疑いがない」。

H. Cohen, Ethik des reinen Willens, Berlin ²1907, S.227. 邦訳『純粋意志の倫理學』村上寛逸訳、第一書房、１９３３年、３６１

頁を参照。ただし、本訳書は１９２１年に出版された第三版を翻訳したものである。

さらに、同様の見解として次の文献が挙げられる。W. Metzger, Gesellschaft, Recht und Staat in der Ethik des deutschen Idealismus, Heidelberg 1917 (Erweiterung der Fassung der Arbeit von 1912: Untersuchungen zur Sitten- und Rechtslehre Kants und Fichtes, Heidelberg 1912), S.47. G. A. Wielikowski, Die Neukantianer in der Rechtsphilosophie, München 1914, S.7. W. Haensel, Kants Lehre vom Widerstandsrecht. Ein Beitrag zur Systematik von Kants Rechtsphilosophie, Berlin (Kantstudien -Ergänzungshefte 60.) 1926, S.1-6, S.56, S.95f. R. Stammler, Lehrbuch der Rechtsphilosophie, Berlin/Leipzig ³1928, S.35f. H. Kelsen, Die philosophischen Grundlagen der Naturrechtslehre und des Rechtspositivismus, Berlin 1928, S.76. 邦訳『ケルゼン選集Ｉ自然法論と法実証主義』所収「自然法論と法実証主義の哲学的基礎」黒田覚訳、木鐸社、１９７３年、１０６頁。

また、新カント学派の代表的法哲学者であるＨ・ケルゼン（１８８１-１９７３）はカントの法論を「非批判的」および「独断的」と呼んでいる。カントの法論は「17・18世紀のプロテスタントのキリスト教の地盤に展開されたと同じ古典的自然法論の完全な表現」であるとする。

H. Kelsen, a.a.O., S.76. 同上、１０６頁。また、ケルゼンの次の文献も参照。H. Kelsen, Reine Rechtslehre, Wien ²1960, S.205-207. 邦訳『純粋法学 第二版』長尾龍一訳、岩波書店、２０１４年、１０５-１０６頁。

また、その他に次の文献も参照。G. Dulckeit, Naturrecht und positives Recht bei Kant, Leipzig 1932, S.63-68. K. Lisser, Der Begriff des Rechts bei Kant. Mit einem Anhang über Cohen und Görland, Berlin 1922, S.6. Josef Schmucker, Die Ursprünge der Ethik Kants in seinen vorkritischen Schriften und Reflexionen, Meisenheim am Glan 1961, S.374ff.

特にカントの倫理学に対して、シュムッカーは「そもそも前批判的倫理学と対立してカントにおいて実質的に批判的倫理学が論じられうるのか否か」を問題としている。

また次の文献も参照。D. Henrich, Über Kants früheste Ethik. Versuch einer Rekonstruktion, in: P. Heintel · L. Nagl (Hrsg.), Zur Kantforschung der Gegenwart, Darmstadt 1981, S.149-182. (zuerst in Kantstudien 54, 1963, S.404-431.)

しかしリッターは、この問いに対する解答を本来期待されるのとは異なって１７９７年の『人倫の形而上学』のなかにではなく、「初期資料」すなわち１７７５年までのカントの出版物、手紙、覚書きおよび準備草稿のなかに求めている（Ritter, a.a.O., S.21.）。「次のことは明白である」とリッターはその研究の端緒を表現している。つまり、「もし理論的批判主義と法哲学との間に相互依存性が認められ得るならば、「批判的精神」は１７６９年にようやく見出されうるであろう。もし、カントの法哲学的、社会哲学的見解が、カントはそれを１７６０年代半ばに抱いていたのだが、１７６９年以降から『人倫の形而上学』の出版まで影響されずにさらに展開されたか、あるいはそれどころか同じであったとすれば、しかしそのような依存関係ははじめから問題にならない」（Ritter, a.a.O., S.71f.）。リッターはまさにこのことを立証しうると考えていた。カントの法哲学は、リッターはカントの法哲学を「伝統的自然法論（アッヘンヴァル、ヴォルフ、ダリエス、グンドリング、クルージウスおよびその他多数の人々）との絶えざる対決」の中で展開していると見るが（Ritter, a.a.O., S.339f.）、１７６５年にその本質的な構成要素において完成していたとする。つまり『人倫の形而上学』執筆までの30年間、表現の詳細が変わったにすぎないとする。なるほどリッターによれば、１７６８年以降まだカントの法構想の「深化」は確認されうるが、しかしこれは「方法上の新しい端緒の成果としてどこにもあらわれていない」とする（Ritter, a.a.O., S.235.）。そして、それに続く１７７５年までの期間に「統合への傾向」、一種の「体系上の強化」が示されるとする。つまり、若干の例外もあるが、新しい思考の諸端緒が欠如していたとする（Ritter, a.a.O., S.267f.）。確かにこの時期にも「批判主義の影響」が認められるが、しかしこれは表面的・「外面的」なものに留まっており、理論哲学の若干の思考様式の法哲学への単なる「図式的」転用であるとする。したがって、リッターはこの転用を「実践哲学の批判的様式化」と特徴づけうると考えた（Ritter, a.a.O., S.286.）。リッターは、実践的現象へカテゴリーを適用しようとするカントの「試み」をこのように判断した（Ritter, a.a.O., S.281-285.）。しかしながら、カントの『法論』がその構想において１７６０年頃すでに完成していたとするリッターの主張は、ブラントと同様に占有論については当てはまらないとキュールも主張している（Kristian Kühl, Eigentumsordnung als Freiheitsordnung.

Zur Aktualität der Kantischen Rechts-und Eigentumslehre, Freiburg i.Br. -München 1984 (Diss. Heidelberg 1978.), S.123.)。

この表現において主張されている解釈は『純粋理性批判』、特に『実践理性批判』のカテゴリー表の根本的誤解を示しているとゼンガーも解釈している（Monika Sänger, Die kategoriale Systematik in den „Metaphysischen Anfangsgründen der Rechtslehre.“ Ein Beitrag zur Methodenlehre Kants, Berlin · New York 1982, S.9.)。客観的に基礎づけられていないとされる概念の転用を説明するための「心理学的鍵」をリッターはすばやく見出した。つまり一言で言えば、カントの「思考様式」と「徹底的な体系化に対する偏好」である（Ritter, a.a.O., S.286f.）。最後にリッターは、確認されたとするカント法思想の「断絶のない」展開を考慮に入れて、かれのテーゼを要約的に次のように説明している。つまり、カント法思想の連続性から、カントが思弁的批判主義に対応するような「批判的」法哲学を基礎づけたということが排除されるということである（Ritter, a.a.O., S.339.）。リッターの解釈が正しいとすれば、『人倫の形而上学』は超越論的哲学の体系から排除され、「非批判的自然法」として非難されることになる。つまり、カントの哲学体系は本質的な点で崩壊していることになる。

3　Chr・リッターのテーゼに対する3つの戦略

それでは、上記のリッターテーゼに対する反論としていかなる戦略が考えられうるのであろうか。ブロッカーはこの問題をめぐる今までの議論をもっとも明確に整理し、それらに批判的検討を加えている。

ブロッカーは、リッターテーゼに対する反論として「形式的」戦略、「実質的」戦略および「体系的」戦略を提示している（Brocker, a.a.O., S.18-22.）。

リッターのテーゼや研究方法に対して少なくとも3つの反対戦略が提示されうる。リッターの批判者もそれらの反対戦略をさまざまに結びつけて議論を展開している。以下において、R・ブラント、W・ブッシュ、F・カウルバッハおよびM・ゼンガーの議論を検討する。

⑴　形式的戦略

第一に、リッターがカントの手書きの覚書きやレフレクシオーンを誤って日付している、ないし自分の目的のために不確実な日付を確定しているということが立証される。第二に、リッターによって主張された個々の自然法論相互の依存性ないしカントのそれら自然法論への依存性は部分的に訂正の必要がある。したがって、カントがロックの政治上の諸著作を直接知っていたということは証明されえない。この第一の戦略だけで成功するのか否かはきわめて不確かである。というのは、初期の資料の精巧な細工的研究がカント法論の「批判性」の問題を追求するのにそもそも役立つ手段なのか否かということが疑問の余地があるからにほかならない。

⑵　実質的戦略

R・ブラントやB・ルートヴィヒがすでに指摘しているように（R. Brandt, Rezension zu Chr. Ritter, Der Rechtsgedanke Kants nach den frühen Quellen, in: Philosophische Rundschau, 20, 1974, S.43-50. Bernd Ludwig (Hrsg.), Immanuel Kant. Metaphysische Anfangsgründe der Rechtslehre. Metaphysik der Sitten, Erster Teil, 3., verbesserte Auflage, Hamburg 2009, S.XIXf.）、カントは『法論』の本質的諸要素を『人倫の形而上学』の出版直前にようやく利用することができた、ないし１７７５年以降ようやく展開したということが示される。たとえば、所有権論についての諸理念が挙げられる（VI, S.517. １７９４年10月26日、フリードリヒ・シラー（１７５９−１８０５）のＪ・Ｂ・エアハルト宛て書簡から）。

「所有権の導出は、今や非常に多くの思索者たちを煩わしている論点であり、私はカント自身から、私たちはかれの『人倫の形而上学』からその点について、なにかを期待してよいと聞いている。だが、私はそれと同時に、かれがその点についてのかれの諸理念にもはや満足していないということ、それ故、出版を当分思い留まったことを聞いている」。

また次の書簡を素直に読めば、カントが批判哲学の樹立以降も『法論』を批判哲学の体系に組み入れようといかに苦心していたかが窺える。

「六六歳になってまだ自分の計画を完成しようと煩瑣な仕事（その一つは『批判』の最後の部分、すなわち間もなく出版されるはずの判断力の部分を世に送ることであり、また一つは自然および人倫の形而上学の体系をかの批判的要求に即して仕上げることです）を背負っており……」（マルクス・ヘルツ宛て書簡 １７８９年５月26日。XI, S.49. 理想社版『カント全集第十七巻』磯江景孜訳、４０９頁）。

「今や早速『人倫の形而上学』の完成にとりかかります。ですから、しばらくの間はA. L. Z. へ何もお渡しできないとしても、どうか今後ともお許し下さい。私はもうかなりの年齢ですし、以前と同じように種々の仕事へと素早く調子を変えるような軽捷さをもはや持ち合わせていません。体系全体を結びつけている糸を失うまいとすれば、自分の思索を絶えず凝集していなければなりません」（クリスティアン・ゴットフリート・シュッツ宛て書簡 １７８５年９月13日。X, S.406f. 理想社版『カント全集第十七巻』磯江景孜訳、２７１頁）。

カントも、すでに述べたが、１７６０年代半ばに記されたと推定される『美と崇高の感情に関する考察』についての覚書きに見られるように、初期においてはロック的な自己所有権を受け入れ、それに基礎を置いた労働所有権論の信奉者であった。また、１７８４年から１７８５年冬学期のファイアーアーベントによる自然法講義の筆記録にも次のように記されている。「自由の産物とは、たとえば私が切り倒した樹木のように、私の自由によってその形態に変容が加えられたところの自然の産物である。このようなものを自分の用に供する者は、私の自由の産物、私の自由の行為、またこの行為に際して私の抱く意図を妨害するゆえに、私の自由に逆らって行為することになる。自分のものとして把捉することとは、事物の使用一般ではなく、事物の形態が変容を受けるような使用であり……事物が私の自由に由来する形式を受け取る場合である。誰かある者ある土地を最初に発見し、そこに旗を立てて占拠したとしても、かれはまだこの土地に対する権利を所有しない。しかしかれが土地を耕作し、土地にかれの力を投下するときには、かれはこれを自分のものとして把捉したことになる」（XXVII, 2, 2, S.1342.）。

しかし、後期の『法論』においては自己所有権も労働所有権論もきっぱりと否定している。つまり、カントは労働を媒介とした労働所有権論を超克し、先占を個別的・私的所有権の基礎に置く先占理論を主張するに至る。このような思想の転換を考慮に入れると、カントが１７９４年以降も所有権論を批判哲学的体系に即して展開しようと思索を重ね苦闘していたことが窺える。

カントは§17「根源的取得という概念の演繹」の中で次のように述べて自己批判をしている。

「土地について最初になされる加工、区画または一般に形態賦与は、土地取得の権原を賦与するものではない。言いかえれば、偶有的なものの占有は実体の法的占有の根拠を与えるものではない。そうではなくて、むしろ逆に、私のもの・汝のものは、規則〔従物は主物に従う accessorium sequitur suum principale という規則〕に従って、実体の所有権からの帰結でなければならないのであって、また、すでに前もって彼のものとなっていない或る土地に労力を費やす者は、その土地に対して徒労をなすにすぎないのである。こうしたことはそれ自身においてあまりにも明白なので、あの非常に古くからの、そして今なお広く通用している俗説が生じたについては、次のようなひそかに人心を支配している迷妄、すなわち、物件を擬人化して、まるで誰かがそれに対して労働を費やせば、そのことによって、彼はその物件を拘束して、彼以外のどの他人の用にも応じないようにさせうるかのように、人はそれらの物件に対して直接的に権利をもつと思いこむ迷妄以外には、他にその原因を挙げ難いのである」（VI, S.268-269. 邦訳『法論』３９７–３９８頁）。

(3) 体系的戦略

第一に、『実践理性批判』および『人倫の形而上学』の「序論」において行われた原理分析によって、自由概念そのものおよびその自由概念に従う実践哲学が新しい妥当理論的基礎を与えられているということが示される。この新しい妥当理論的基礎から、伝統から受け入れた『法論』の諸部分も新しい正当性を手に入れている。

第二に、超越論的哲学の「批判的」のもとでそもそも何が理解されうるのかという正確な規定ないし特徴づけをリッターは行っていない。リッターは、カントが理論哲学の特殊「批判的」と実践哲学の特殊「批判的」とを区別しており、またなぜ実践哲学が独自であり、したがって統一的理論構成がまったく不可能であるのかということを綿密に基礎づけていることを見落としている。

第三に、『法論』の形態に対する「超越論的演繹」、「カテゴリー」、「要請」、感性的なものと可想的なものとの「批判的」区別（現象的占有と本体的占有）、「法的・実践理性のアンチノミー」などの意義をリッターは見落としているか、あるいはその意義を認めていない。

ブロッカーは、リッターのテーゼに批判的に取り組んでいる若干のもっとも重要な著作を参照し、カントの『法論』および占有論についての研究文献の紹介を締め括る。

リッターテーゼに対する諸批判としてR・ブラント、W・ブッシュ、F・カウルバッハおよびM・ゼンガーなどの議論が挙げられる。以下において各論者の批判を検討する。

ブロッカーはブラントが主に(2)実質的戦略を使用しているとする。ブッシュ、カウルバッハおよびゼンガーが主にどの戦略を使っているかは本文中には明示していないが、注の中で言及されているところもある。また、ブロッカー自身の戦略も明確になされていない。

4　R・ブラントの批判

まずブラントのリッター説に対する批判を検討する。ブラントは4つの視点から批判している。

ブラントは、リッターの研究に対する書評（R. Brandt, Rezension zu Chr. Ritter, Der Rechtsgedanke Kants nach den frühen Quellen, in: Philosophische Rundschau, 20, 1974, S.43-50.）の中で主に(2)実質的戦略を使っている。ブラントは特に、占有論

が１７９７年の『法論』出版直前にようやくその最終的な形態を見出したということを証明することに成功している。

(1) 決定的（peremtorisch）占有と暫定的（provisorisch）占有との区別

決定的（peremtorisch）占有と暫定的（provisorisch）占有との区別（『法論』§９「自然状態においては、たしかに現実的だが、しかし単に暫定的にすぎない外的な私のもの・汝のものが存立しうる」）は、１７９５年（『永遠平和のために』参照）にはまだ知られていない。そこでは、自然状態における占有はまだ「誤想占有（possessio putativa）」（つまり、あるものを取得する法的権利がないのにそれに気づかないで（つまり故意にではなく）取得権利があると誤想しそのものを取得することであるが、VI, S.302f. 邦訳『法論』４３８－４４０頁を参照、VIII, S.347f. 理想社版『カント全集第十三巻』『永遠平和のために』小倉志祥訳、２２１－２２２頁を参照）として取り扱われている。この区別は『人倫の形而上学』の中では、まったく別の体系的観点のもとであらわれる法律上のカテゴリーである（§39 C「遺失物の回収〔取戻し〕について〔所有物回収の訴え vindicatio〕」R. Brandt, a.a.O., S.44.）。

カントは§９「自然状態においては、たしかに現実的だが、しかし単に暫定的にすぎない外的な私のもの・汝のものが存立しうる」の中で次のように述べている。

「こうした（公民的）状態は共同的意志の法則の上にだけ打ち立てられることができるのであり、したがってこの法則が可能か否かに（その存立は）依存しているのであるが、そうした状態を期待し、あるいはそれへの準備としてなされる占有は、暫定的＝法的な占有である。これに対して、現実の公民的状態において見出される占有は、決定的な占有であるだろう」（VI, S.256f. 邦訳『法論』３８４頁）。

またカントは「C遺失物の回収〔取戻し〕について〔所有物回収の訴え vindicatio〕」§39の中で盗まれた馬を例にして次のように述べている。

「物件の所有者でない者から〔a non domino〕の一切の取得は無効である。私は、或る他人の彼のものから、彼自身が適法にもっていたより以上のものを引き出すことはできないのであり、そして、たとえ私が、取得の形式〔modus acquirendi〕に関しては全く法的に（正しく）振舞うとしても、市場に売りに出されていた盗まれた馬を買い入れるならば、そこには取得の権原が欠けている。なぜなら、その馬は、もともと売り主のものではなかったのであるから。私は、ともかくも馬の善意の占有者〔possessor bonae fidei〕ではあるだろうが、ただ誤想的な所有者〔dominus putativus〕であるにすぎず、こうして、真正の所有者は回収の〔彼の所有物回収の訴えなす rem suam vindicandi〕権利をもつのである」（VI, S.301f. 邦訳『法論』４３８頁）。

カントは１７９５年の『永遠平和のために』第一章「これは国家間における永遠平和のための予備条項を含むものである」の末尾の注の中では次のように述べていた。

「はたして命令（lex praeceptiva）と禁止（lex prohivitiva）の外になお純粋理性の許容法則（lex permissiva）がありうるかどうかは従来疑われてきたが、これは理由がなくはない。けだし法則一般は客観的なる実践的必然性の根拠を含むが、許容は或る種の行為の実践的偶然性を含むものであり、したがって許容法則なるものは何人もそれに対して強制されえないことを行為することに対する強制を含むことになるであろうが、このようなことは、法則の客体が強制のそのような二重の関係において同一の意義を有するとすれば、矛盾であろう。――さてしかし第二条項の場合での許容法則においては前提される禁止はただ或る権利の将来における取得様式（例えば継承による方法）にのみ関わり、これに対してこの禁止からの解放、すなわち許容は現在の占有状態に関わるのであり、この占有状態は自然状態から市民的状態へ越え行く途上にあっては、非合法的ではあるけれども正直なる占有（誤想所有 possessio putativa）として自然法の許容法則に従って今後もなお存続しうるものであり、しかも誤想占有がまさにかかるものとして認識されるや否や、このような占有は自然状態においても、類似の取得様式が（すでに越え行くことのなされた）今後の市民的状態において禁止されるのと同様に禁止されるとしても、許容法則に従ってなお存続しうるのであるが、このようにその占有を存続する権能は、もしもそのような誤想された取得が市民的状態において生起したとするならば、成立しないであろうからである、けだしこのような占有はその非合法性の発見された後では直ちに法の毀損（Läsion）として廃棄されなくてはならないであろう」（VIII, S.347f. 理想社版『カント全集第十三巻』２２１頁）。

(2) 実践理性の許容法則（lex permissiva）

したがって、密接な関係に立っているのは実践理性の許容法則（lex permissiva）（『法論』§2「実践理性の法的要請」）、つまり法的構成（Rechtsfigur）であり、１７９３-１７９４年のカントの講義のヴィギランティウスによる筆記が示しているように、これをカントは自然法に対して以前には拒否していた。

カントは§2「実践理性の法的要請」の中で次のように述べている。

「私の意思のいかなる対象も客観的に可能な私のもの・汝のものとみなし、かつそう取り扱うことは、実践理性のア・プリオリな一前提である。

こうした要請は実践理性の許容法則〔lex permissiva〕と名づけられうるものであって、これは、単なる権利一般の概念からは導き出すことのできない権能をわれわれに与えるのである。それはすなわち、われわれの意思の或る特定の対象の使用について、われわれが最初にそれを占有したことを理由として、他人はその使用を差し控えるべきであるという、それ以前には存在しなかった拘束性を一切の他人に課す権能である。理性は右の要請が原則として妥当することを欲する。しかも、このようなア・プリオリな要請によってみずからを拡張する実践理性としての資格においてそうするのである」（VI, S.246f. 邦訳『法論』３７２頁）。

(3) 知性（intelligibila）と感性（sensibilia）との区別

知性（intelligibila）と感性（sensibilia）との区別によってはじめて、この区別は１７７０年頃に示され、しかしその

最終的な形態は『純粋理性批判』においてはじめて見出されるが、（占有の）「法的―実践理性のアンチノミー」に

『法論』の §§1–7 において論述されている特殊な解決が与えられる（R. Brandt, a.a.O., S.45.）。

カントは §7「外的な私のもの・汝のものが可能であるという原理を経験の諸対象に適用すること」において次のように述べている。

「理性は、本来的に、この種の占有（所持を伴わぬ占有＝可想的占有）の可能性に関する諸命題の二律背反によって、外的な私のもの・汝のものという概念に関して法的＝実践的理性を批判する必要にせまられる。すなわち、理性は、もっぱら或る不可避な弁証論によって、つまり、そこでテーゼとアンチ・テーゼとの両者が二個の相互に矛盾しあう条件の妥当性を同等に主張してゆずらない、そうした弁証論によって、理性の実践的な〔法に関する〕使用においてもまた、現象としての占有ともっぱら悟性によって思惟される占有とのあいだに区別をもうけることを強いられるのである。

テーゼ＝たとえ私がそれを占有していなくても、外的な或るものを私のものとしてもつことは可能である。

アンチ・テーゼ＝私がそれを占有していない場合には、外的な或るものを私のものとしてもつことは不可能である。

解決＝二つの命題はともに真である。第一命題は、私が右の（占有という）言葉を経験的占有〔現象的占有 possessio phaenomenon〕の意味に解するならば真であり、第二の命題は、純粋な可想的占有〔本体的占有 possessio noumenon〕の意味に解するならば真である」（VI, S.254f. 邦訳『法論』381–382頁）。

(4) 労働所有権論と最初の先占（prima occupatio）理論

労働による所有権の基礎づけが『人倫の形而上学』において、「最初の先占 prima occupatio」に取り替えられている。この最初の先占はその際、「根源的共有態 communio originaria」の理念を前提としており、したがってまたア・プリオリなものの経験的なものへの「適用」についての体系的問題を指示している（R. Brandt, a.a.O., S.48.）。

カントは『法論』の §14「この取得の（ための）法的行為は先占〔occupatio〕である」の冒頭で次のように述べてい

る。

「空間における或る有体物の所持の〔物理的占有の possessionis physicae〕始まりとしての占有取得〔把捉 apprehensio〕が、万人各自の外的自由の法則と〔したがってア・プリオリに〕調和するための条件は、時間に関して先んずること以外のものではありえない。言いかえれば、その占有取得は、意思の一つの働きである最初の占有取得〔prior apprehensio〕としてだけそうした調和をなしうる。ところが、物件〔したがってまた、地上の或る特定の区画された場所〕を私のものとなす意志、すなわち領得〔appropriatio〕は、根源的取得においては一方的〔一方的な、または自分だけの意志 voluntas unilateralis s. propria〕でしかありえない。一方的意志による意思の外的対象の取得は先占である。だから、この外的対象の、したがってまた区画された一定範囲の土地の根源的取得は、ただ先占〔occupatio〕によってだけ生ずることができる」（VI, S.263. 邦訳『法論』３９１頁）。

カントが『人倫の形而上学』の中で取り扱っている諸問題は、なるほど同時代の自然法の議論の文脈から取り出されているとブラントは主張する。しかし、その特殊な解決および基礎づけはそれに依存しておらず、逆に１７８１年以降のカント哲学の特殊な形態との強い依存性を示しているとする。

ブラントは結論として次のように要約している。

「したがって、１７６０年代半ばにカントが主張した法理論は、――われわれは次のように結論しなければならないであろう――なるほど、内容的には多くの点でカントの後期の法哲学と一致しているが、しかしその哲学的基礎づけは原則的に別のものであるに違いない」（R. Brandt, a.a.O., S.46.）。

5　W・ブッシュの批判

次にブッシュのリッター説に対する批判を検討する。

ブッシュは『カントの批判的法哲学の成立　１７６２–１７８０』（Werner Busch, Die Entstehung der kritischen Rechtsphilosophie Kants 1762-1780, Berlin 1979.）と題する研究において、リッター説に反論するために「初期の資料」の新たな検討を試みた。ブッシュはカント法哲学の発展における「最高の批判的立脚点」を再構成し、またこの立脚点から「初期あるいは後期」の段階を際立せることができるとする（Werner Busch, a.a.O., S.2.）。この立脚点は、カントによって１７７２年以降はじめて展開された批判的自由概念であり、カントは初期の自分の立場を批判することによってこの概念に到達したのであるとする（Werner Busch, a.a.O., S.70-170.「１７７２年以降：批判的法哲学の根拠としての批判的自由概念」）。この新しい自由概念において次のことが示される。すなわち、「自分の衝動や、「真の、あるいは空想上の幸福」の意識からの因果性は、この自由概念を「けっして構成し得ず、むしろ自由は我々が理性の立脚点を取ることによって、形式的諸法則に従って規定されるという可能性のなかにのみ存するということである」（Werner Busch, a.a.O., S.93.）。法源としての「神」あるいは人間の経験的「本性」から離れて、カントは次のことを見出す。すなわち、「法の創設者としての理性の使用が唯一の、また自己の感性に対する、また社会関係における客観的決定機関であり、人間はこの決定機関に依拠することができるし、またしなければならない」ということである（Werner Busch, a.a.O., S.104.）。

リッターに対するこのような重要な「体系的」異議と並んで、さらにブッシュは多くの「形式的」誤りも指摘している。

たとえば以下のような５つの指摘が挙げられる。

(1) リッターが想定しているのとは異なって、カントはロックの政治上の諸著作を知らなかった（Werner Busch, a.a.O., S.2.）。

(2) リッターはまったく見落としているが、その代わり、フランス人のＪ・Ｊ・ブルラマキ（１６９４–１７８４）が初期のカントに対して若干の影響を与えていた（Werner Busch, a.a.O., S.4-8.）。

（3）同様に「共同意志 voluntas communis」の構想（カント1765年）に対するルソーの意義は、リッターが評価（Werner Busch, a.a.O.,S.21., S.33.）するよりもはるかに小さい。

（4）ブッシュは、この関連においてさらにカントの手書きの覚書きの分類における日付けの欠陥を指摘している（Werner Busch, a.a.O., S.19.）。

（5）他の自然法論者のアッヘンヴァルに対する影響についてのブッシュの研究もまた「形式的」と名づけられうる。カントはアッヘンヴァルの「自然法 Ius naturae」を講義概要として使っていた。ブッシュは、この講義概要は特にトマージウスおよびグンドリングによってではなく、リッターが主張するのとは異なって、ザムエル・コクツェーイ（Samuel Cocceji, 1679-1755）およびハインリヒ・ケーラー（Heinrich Köhler）によって影響を受けていると指摘している（Werner Busch, a.a.O., S.48.）。

ブッシュは主に(3)体系的戦略を用い、また(1)形式的戦略を援用していることが窺える。

6　F・カウルバッハの批判

カウルバッハもまた、リッターに対して「批判哲学の独断的誤解である」と非難している。したがって、この誤解によって「実践理性による普遍的法原理のまったく新たな基礎づけ」が見誤られているだけでなく、また「法的根本概念そのものに対する批判的な基礎づけ手続きの首尾一貫性」が見誤られているとしている（F. Kaulbach / V. Gerhardt, Kant, Darmstadt 1979, S.73.）。

確かに、カントはかれの法哲学を同時代の自然法論とつねに対決しながら展開したし、またこれら自然法論から重要な諸部分を取り入れたのは事実である。しかしながらカウルバッハは、カントの法哲学は超越論的演繹の文脈において独自の新しい意義を獲得したのであると指摘する（F. Kaulbach, Studien zur späten Rechtsphilosophie Kants und ihrer transzendentalen Methode, Würzburg 1982, S.33.）。カウルバッハ自身、このことを繰り返し占有論の分析の中で示している

(F. Kaulbach, a.a.O., S.37-46, S.82-86, S.112-123 u.ö. F. Kaulbach, Kant, Zweite durchgesehene Auflage, Berlin 1982, S.309-317. 邦訳『イマヌエル・カント』井上昌計訳、理想社、１９７８年、３２４−３２８頁。ただし、邦訳は１９６９年に出版された初版の翻訳である。F. Kaulbach / V. Gerhardt, Kant, Darmstadt 1979, S.73f.)。またそれに対応したことが、契約締結あるいは法的人格の概念についても当てはまる。リッターの研究において、発展史的方法の限界がもっとも明確に露呈しているとカウルバッハは指摘する。つまり、「全体としてのカント哲学の思想形態に定位することなく、カントの思想生成の叙述を個々の思想断片の資料や研究報告に制限するとすぐに、批判哲学の本質的なものも失われることになるのである」(F. Kaulbach / V. Gerhardt, Kant, a.a.O., S.74. Vgl. Friedrich Kaulbach, Studien zur späten Rechtsphilosophie Kants und ihrer transzendentalen Methode, Würzburg 1982, S.114, Anm.3.)。

７　M・ゼンガーの批判

最後に、ゼンガーは『「法論の形而上学的基礎論」におけるカテゴリー上の体系性』(Monika Sänger, Die kategoriale Systematik in den „Metaphysischen Anfangsgründen der Rechtslehre“ Ein Beitrag zur Methodenlehre Kants, Berlin · New York 1982 (Phil. Diss. Bonn.)) と題する博士論文において１７９７年の『法論』の内容および構造に対するカテゴリー表の構成的機能を特に指示することによってリッターに反論している。ゼンガーは、カント自身の規定によれば、カテゴリーがはじめて方法的な導きの糸の役割を果たすとする。

カントは『プロレゴーメナ』第39節「純粋自然科学への付録　カテゴリーの体系について」の中でカテゴリー体系の重要性について次のように述べている。

「ところで、カテゴリーのこの体系は、純粋理性そのもののどの対象の取り扱いをも、すべて体系的ならしめるし、また、それぞれの形而上学的考察が完全なものになるためには、どのように、また、どのような点の研究を通じて行われなければならないかについて、疑いのない指示もしくは手引きを与える。なぜなら、カテゴリーのこの体系は、ほかのどの概念もそのもとにもたらされなければならぬ悟性の契機をば、すべて尽くしているからである」（IV, S.325. 理想社版『カント全集第六巻』『プロレゴメナ』原佑・湯本和男訳、２９９‐３００頁）。

ゼンガーは、この統一性と完全性を保証する導きの糸が『純粋理性批判』を仕上げる以前にはカントには欠如していたとする。

ゼンガーは批判的超越論的哲学と『法論』とのカテゴリー上の構造の相互依存性に焦点を当てて次のようにのべている。

「初期の法哲学上の構想と『法論』との同一性を主張することを無効にするのはまさに、『法論の形而上学的基礎論』の証明されうるカテゴリー上の構造なのである。というのは、ここに批判的超越論的哲学と後期の法哲学との疑いの余地のない相互依存性が明らかになるからである」（Monika Sänger, a.a.O., S.10.）。

したがってゼンガーは、すでに初期のレフレクシオーンにおいて、法原理の諸規定が『人倫の形而上学』における法原理の定義のすべての契機を含んでいたと主張することは不合理であると反論する（Ritter, Der Rechtsgedanke Kants nach den frühen Quellen, Frankfurt am Main 1971, S.88.）。というのは、『人倫の形而上学』の外観を決定的に形成する法・権利のカテゴリーについての諸構想は、後期の『法論のための準備草稿』の中に、つまりカントの手書きの遺稿中においてはじめて見出されるからであるとする（Monika Sänger, a.a.O., S.197.）。

ゼンガーは、カントの法哲学の批判的性格としてそのア・プリオリ性、体系性および完全性を挙げている。「形而上学的考察の超越論哲学的な導きの糸」の適用（カテゴリー）によって達成された「ア・プリオリ性、体系性格および完全性」が、「非批判的な」後期の著作について論ずることを禁ずるとする。ゼンガーは、「この法の形而上学は、それは１７９７年の刊行本において提出されるが、その法的 - 実践理性のア・プリオリな諸原理によって疑いもなく「批判的」なのである」と主張する（Monika Sänger, a.a.O., S.12.）。

四　ブロッカーの研究方法および立場

上記に述べられたようなゼンガーの洞察に、ブロッカーの研究も従っている（Monika Sänger, a.a.O., Kap.1.2.2.2「超越論哲学的分野としての法論」S.52-58.）。

本研究の目的はひと言で言えば、カントの占有論を超越論哲学的分野としてまじめに受け取り、また占有論の諸要素および諸原理を超越論的哲学の枠組みにおいて検証し叙述することにある（Brocker, a.a.O., S.23-26.）。その際特にブロッカーは、『法論の形而上学的基礎論』の特殊な構造に対する、三批判において解明された思考と行為の諸原理とのカントによって主張された相互依存性を占有論の議論の体系的場所として明らかにすることが重要であるとする。

形而上学的基礎論は一般的に、カントの体系においてア・プリオリな諸原理の解明によって個別科学の諸領域の体系性および完全性を保証し、その展開を準備することを課題としている。したがって、『法論の形而上学的基礎論』は、樹立されるべき「純粋法論」のプログラム的著作として観念されなければならない。そして、この純粋法論にア・プリオリな枠組みを与えるという法哲学上の考察が、予備的体系の一部として純粋法論に先行することになる。

人間の思考の本性において「あらゆる純粋な認識の体系」の基礎づけを意図するカントの学問論的端緒は、まず第一に、この基礎づけそのものの叙述を必要とする。ブロッカーは、カントが批判書の中に置いた基礎を説明し、またそのうえに樹立されるべき構造、その諸要素および静的な構造を略説する。その際、実践哲学の基礎づけが特に注意されなければならない。というのは、実践哲学は人間の自由と権利能力に対する法哲学に必要なすべての問いを立てるからである（Brocker, a.a.O., S.32-38. Kap.1.1.2「自由の体系」S.46-59. Kap.1.2.3「人倫の形而上学」）。定言命法は、自由の認識根拠（ratio cognoscendi）として、その際、普遍的法原理に構造上同一の義務論的認識原理として観念される。この認識原理は行為を必然的に命令された行為ないし禁止された行為に分類する。道徳および法は両者とも純粋実践理性の立法に由来する。この立法はまったくそれ自体から、すべての人間の目的設定の必然的調和の世界をつくり出し、またこの目的設定を人間の行為の判定の基準にする。

意思の諸対象の世界は法形而上学的分野、すなわち「占有論」において実践理性の自律的立法に組み入れられる。この占有論はものの世界の理性的秩序の可能性の諸条件について省察する。その際、重要なことはものを自由に処分する「自由」を保障し、実現するという原理である。

その際、本研究は次の方法に従う。つまり、形而上学的方法に従ってなされる法的・実践理性が「自由秩序としての所有秩序」の可能性の諸条件の解明においてとる方法である（Brocker, a.a.O., S.61-102. Kap.2.「自由秩序としての所有秩序」）。

この表題から窺えるように、ブロッカーの研究はキュールの研究（Kristian Kühl, Eigentumsordnung als Freiheitsordnung. Zur Aktualität der Kantischen Rechts-und Eigentumslehre, Freiburg i.Br.-München 1984.）にかなり影響を受けていると推察される。

ブロッカーの研究目的は、冒頭で言及したように「理性的」私法のア・プリオリな諸原理の解明である。そしてこの理性的私法はものと法的諸人格との関係を自由法則的に、しかし経験的にではなく規定可能なものとする。理性は、人とものとの関係のあらゆる経験的諸条件の捨象のもとに「可想的」占有という法概念を考慮に入れる。この法概念は諸対象を支配力の内にもつ（In-der-Gewalt-haben）という単に想定された関係を意味するにすぎない。「占―有（be-sitz）なしの占有（Besitz）」という概念によって解決された法的―実践理性の「アンチノミー」（Brocker, a.a.O., S.89-91. Kap.2.1.3「法的―実践理性のアンチノミー」）は、この関係を所持を伴わない占有の思考可能性を確証する「批判」に導く。このようにして導入された総合的―ア・プリオリな原理の妥当理論的基礎を「実践理性の要請」が提供する。この要請は次のように行為することを要求する。つまり、あらゆる使用対象が人間の自由な処理に引き渡されることを要求し、またその使用が妨害なしに、したがって調和的に行われうることを要求する。この「実践理性の要請」、つまり現実性に対する理性の普遍的支配要求の表現は、したがってあらゆる人間に無主的諸対象を占有し、またあらゆる他人からその使用を排除するという権利を与える。他人に課されたこの拘束性に対応するのは、他人の占有の使用を同様に差し控えるという義務である。したがって、所有権は「相互的な排除の構造」として説明されうることになる。

所有権主張の衝突を避けるために、あらゆる所有は「結合した意思」による「あらゆるものの共同占有」から「配分された」権利として把握できるものでなければならない。そしてこれによって、その権利の規範性がはじめて確保されることになる。したがって、先占、すなわち単なる取得（nehmen）として経験的に行われた取得（Erwerb）は、法的には諸法人格の共同態による「配分」として説明されなければならない（Brocker, a.a.O., S.104-115. Kap.3.1「「根源的共有態」と「ア・プリオリに結合した意思」」）。

「普遍的意志」の法原理は、所有権の完全法性（Vollrechtlichkeit）に対する公民的状態の必然性への注意を喚起する。すなわち、外的な「私のもの・汝のもの」は普遍的な公的に立法する意志の設立を要求する。そしてこの意志は各人に対してかれのものを確定し、また「抵抗できない権力」によって各人に与えられる（Brocker, a.a.O., S.96-102. Kap.2.1.5「「可想的占有」とア・プリオリな総合的法命題」S.138-152. Kap.3.3「公民的状態」）。カントによって純粋な諸人格関係として提示された所有権は、それが法治国家によって認可されていないかぎり、「暫定的」権利と見なされる。その際所有権を保証し、保護する国家はそれ自体、所有権に対するその確定機能を保障しうるために、理性法則に合致しなければならない。歴史的―具体的国家はそれ自体、それは（理性的―）法治国家ではないが、暫定的なもの（Provisorium）であり、またそれゆえに、所有権を正当化することができない。したがって、意思の一方的行為によって始められる占有は、それは「普遍的意思」との一致という完全法性を必要とするが、所有権がそれ自身のために要求する法治国家の「普遍的」実現を強く求める。

ブロッカーのカント占有論の叙述は、その教説が「一部分としてそこに属している体系」への独自の教説の「エンチクロペディー的序論」に倣って（XX, S.241. 理想社版『カント全集第八巻』『判断力批判』原佑訳、529頁）、主として1797年の『法論の形而上学的基礎論』（『人倫の形而上学』の第一部）の構造および私法と国家法との根本区分、同様に「所有」（Haben）と「取得」（Erwerben）という私法上の所有権論の区分に従っている。

ブロッカーは、『法論』の不明確な箇所にはカントの遺稿からの広範囲な『準備草稿』（アカデミー版カント全集23巻207–370頁が『法論』のための準備草稿である）を援用することによって、より明確性と具象性をもたせるように試みている。またブロッカーは、同時代の自然法論者の所有権論を補説することによって、「カントの」論証の独自な「新しさ」を明らかにし、さらにその手法を方法批判的間奏曲において個別に分析し、叙述している（Brocker, a.a.O., S.71-75. Kap.2.1.2「「もつこと」という述語」S.123-128. Exkurs II A「「もつこと」という述語」S.128-134. Exkurs II B「占有の「図式論」」）。

カントは『判断力批判　第一序論』XI「純粋理性の批判の体系へと引き入れる判断力の批判のエンチクロペディー的序論」の中で次のように述べている。


「論述というもののすべての序論は、もくろまれた教説へと引き入れる序論であるか、その教説が一部門としてそこに属している体系へとその教説自身を引き入れる序論であるかのいずれかである。前者はその教説に先行し、後者は、当然、その教説が共通の諸原理をつうじて脈絡づけられている諸教説の総括のうちで、その教説にその位置を原則にしたがって指示するために、その教説の結論をなすにすぎないはずのものである。この前者は予備学的序論と、この後者はエンチクロペディー的序論と呼ばれることができる」（XX, S.241. 理想社版『カント全集第八巻』原佑訳、529頁）。


またカントは、予備学的序論を説明したあとに、それに続けてエンチクロペディー的序論について次のように述べている。

「エンチクロペディー的序論が前提するのは、その序論と関係があり、新しく告知されるものを準備する教説ではけっしてなく、その序論によってはじめて完璧なものとなる体系の理念である。ところで、そうした体系は、研究の途上で見いだされた多様なものを掻き集め拾い集めることによってではなく、或る種の認識の主観的ないしは客観的源泉を完璧に指示することができるときにのみ、完璧な区分の原理をア・プリオリにそれ自身のうちに同時に含んでいる全体の形式的概念によって可能であるのであるから、人は、どうしてエンチクロペディー的序論が、有用であるにもかかわらず、一般にはあまりおこなわれないものであるのかを、容易に理解することができる」（XX, S.242. 理想社版『カント全集第八巻』原佑訳、５３０頁）。

ブロッカーはこのエンチクロペディー的序論に従ってカントの占有論を詳細に論述している。

ブロッカーは補説Ⅲ「自然法の所有権理論における「取得」」において、グロティウス、プーフェンドルフ、ロックおよびルソーの所有権の基礎づけおよび所有権の制限を簡潔に論述しているが、しかしカントの所有権論との比較を行っているわけではない。

１９７０年代以降の研究状況については、F・カウルバッハ、ブラント、ブッシュ、オーバラー、M・ゼンガー、ケアスティングおよびK・キュールなど肯定説を唱えている論者、またリッター、K・H・イルティングなど否定説を主張する論者を主に検討している。

次の拙稿を参照。拙稿「カント法哲学の批判的・超越論的性格—その解釈論争をめぐって—」『北陸大学紀要』第37号、２０１３年、1–58頁（本書第二部第一章）。

XI　G・W・キュスタースの所論

はじめに

G・W・キュスタースは１９８８年『カントの法哲学』を著し、その中で概略的ではあるが新カント学派以来のカント法哲学に関する解釈史、影響史および個別研究をはじめて整理し検討を加えている。また、法論の解釈論争の現状や残されている未解決の問題についても考察している。

Gerd-Walter Küsters, Kants Rechtsphilosophie, Darmstadt 1988. キュスタースの本著作に対する書評として次の文献がある。Monika Betzler, Rezension zu: Kants Rechtsphilosophie, in: Fichte-Studien, 1993, 5: S.212-216. Gerd-Walter Küsters, Recht und Vernunft: Bedeutung und Problem von Recht und Rechtsphilosophie bei Kant. Zur jüngeren Interpetations-geschichte der Rechtsphilosophie Kants, in: Philosophische Rundschau 30, 1983, S.209-239.

この論文は、主にドイツ語圏のカント法哲学の代表的な研究者を取り上げ、その解釈史について検討したものである。１９７１年のリッターの著作をはじめとして１９８２年のカウルバッハおよびゼンガーの著作、そしてブラントの編著にまで及ぶ多くの研究書や論文を考察している。この論文は5章から構成されており、第一章「カントにおける法思想の歴史」、第二章「法、政治および歴史」、第三章「法実践と法思想」、第四章「法と所有権」、最後に第五章は「法と理性」である。この論文もカント法哲学の解釈史を理解するうえで有益であり、上記キュスタースの著作にも少なからず反映している。

この著作でリッターの否定説以降取り上げられている論者は、主にドイツ語圏の研究者が中心であるがChr・リッター、H・オーバラー、K・キュール、K・H・イルティング、W・ブッシュ、F・カウルバッハ、G・ガイスマン、R・ブラント、S・ゴヤール・ファーブル、W・ケアスティング、H・G・デガウ、M・ゼンガー、R・ザーゲ、H・クレンナー、G・ルフ、S・M・シェル、B・シュミドゥリン、M・ブロッカー、D・シェッフェル、G・リュベ・ヴォルフ、O・ヘッフェ、M・リーデル、C・ランガーおよびV・ゲアハルトなどである。特にカント法哲学の超越論的・批判的性格をめぐる論争に関する重要な論者として、リッター、オーバラー、ブッシュ、イルティング、ガイスマン、ケアスティング、ヘッフェ、デガウ、ゼンガー、カウルバッハ、ブラントおよびブロッカーなどの議論についてかなり詳しく検討している。この著作は、リッターの否定説以降カント法哲学の超越論的・批判的性格をめぐる論争を総括し、批判的に検討を加えている研究書でもある。１９８４年に出版されたケアスティングの『よく秩序づけられた自由―カントの法・国家哲学―』の影響力が研究者の間にかなり浸透していると推察されるが、１９８８年時点ですでに、この問題をめぐる論争は一応の終結を迎えたと見られる。

すでに述べたように、１９７９年法哲学者であるR・ドライアーはカント法哲学の影響史に関する専門研究上の叙述がいまだに欠如していると指摘していた。

Ralf Dreier, Zur Einheit der praktischen Philosophie Kants. Kants Rechtsphilosophie im Kontext seiner Moralphilosophie, in: Perspektiven der Philosophie 5, 1979, S.5-37. この論文は次の論文集に収載されている。Ders., in: Recht-Moral-Ideologie. Studien zur Rechtstheorie, Frankfurt am Main 1981, S.286-315, S.307, Anm.6.

それを承けてほぼ10年後に出版されたキュスタースの『カントの法哲学』は、それまでのカント法哲学についての研究史、影響史、個別の研究論文、研究動向および研究上の残された課題を概観するのにきわめて有益であり、またカント法哲学を研究する者にとって不可欠の基本的文献である。キュスタースのこの著作は、１９８８年までの文献を網羅的に取り上げて検討した、カント法哲学の研究・論争状況についての最初の手引書と言える。ただし、キュスタース自身のカント法論解釈は前面に押し出されてはいない。

この著作の出版から30年が経過している。しかし、それ以後現在に至るカント法哲学に関する研究・論争状況の概略について同様の研究書が出版されることが期待されるが、いまだ公刊されていない。

以下において、１「カント法哲学の研究状況」、２「カント法論の研究上の問題点」、３「『法論』の継受」、４「カント法哲学の批判的性格をめぐる論争」、５「カント法哲学研究の残された課題」という視点から論じていくが、キュスタースの個々の検討に先立ってまず、本研究の内容をおおまかに概観しておきたい。

『法論の形而上学的基礎論』（１７９７年）の中で体系的に叙述されているカントの法哲学は、この著作が一般的に注意を払われるかぎりで言えば、歴史的に考察すると、今日までその研究においてきわめて議論の余地のあるものとして理解されてきた。カントの批判哲学の体系内在的視点から見ると「批判的」法哲学としてのその意義は一部では否認され、しかし他方で基本的な法哲学上の構想としてのその重要性は一部では称賛されている。ア・プリオリ性と経験との関連問題において反映する「批判と形而上学」との関連が、『法論』の評価の中心点になっている。一般に、カント理解は『法論』解釈の重要な視点である。そのためキュスタースは、あらかじめ導入として、そもそもカントの批判哲学とはいかなるものであるのかというカント理解の解釈に立ち入っており、またまったく同様に『法論』の影響史および新カント学派におけるその意義にも立ち入って検討を加えている。そしてキュスタースは、これをカントにおける「法と理性」との直接的な関連、つまりカントの理性概念は法的性格を有していると指摘する研究成果の叙述によって補足し、これによって『法論』の位置価値を明らかにしようと試みている。

Gerd-Walter Küsters, Kants Rechtsphilosophie, Darmstadt 1988, S.27-37. また次の文献も参照。Joachim Lege, Wie juridisch ist die Vernunft? Kants „Kritik der reinen Vernunft“ und die richterliche Methode, in: Archiv für Rechts- und Sozialphilosophie,

Vol. 1990 LXXVI/Heft 2, S.203-226.

カント法哲学の研究は、リッターの否定説が登場した１９７０年代はじめから１９８０年代後半にかけてようやくこの著作にいっそう集中的に取り組むようになった。したがってキュスタースは、本書の叙述の重点をこれらのさまざまな取り組みの成果の略説に置いている。しかし、この略説は本来まだ完結しているものとは見なされていない。というのは、キュスタースはこの時点では統一的な研究水準（状況）がまだ達成されていないと考えていたからである。それゆえキュスタースは、今後の研究にさらに寄与するために、カント法哲学研究の不足と理解障壁・展望、そして最後に残された研究テーマを略述している。

Gerd-Walter Küsters, Kants Rechtsphilosophie, Darmstadt 1988, S.143-145. また、カント法哲学の現在の残された研究課題を検討しているR・ブラントの次の文献も参照。Reinhard Brandt, Immanuel Kant-Was bleibt?, Hamburg 2010, S.127-150. 両者の論述を比較すると、その間の研究の進展が窺い知れる。

一　カント法哲学の研究状況

まず最初にカント法哲学の研究状況について検討しておきたい（Küsters, a.a.O., S.1-5.）。

キュスタースは第一章「法哲学の研究状況について」の中で、それについて概略的に整理している。それを手がかりにして以下において詳しく検討する。

キュスタースは１９８８年当時、１７９７年に出版された『法論の形而上学的基礎論』の解釈に重点を置いた「カントにおける法と法哲学」というテーマについての一冊の「研究成果」を世に問うことは、２-３年前は無意味で大胆な企てであると思われたかもしれないと指摘している。なぜならば、この著作はほとんど分析的な取り組みの対象ではなかったからである。確かに、ときおり法の視点がカントに対するその意義において一般的に見られたというのは事実である。というのは、周知のように『純粋理性批判』などカントの批判哲学において用いられている法廷(Gerichtshof)、裁判官(Richter)、演繹(Deduktion)および権利問題(quaestio juris)といった法の隠喩の重要性が看過しえないからである。

「理性の法廷 Gerichtshof der Vernunft」はカントの理性批判、特に『純粋理性批判』そのものを特徴づける表現である。

「それは、カント自身『純粋理性批判』第一版の序文で、この書を「一個の法廷」として打ち出し、その法廷を「永遠不変の法」による法廷と呼んでいることにはっきり現われている。この法廷とは、もっとも典型的には「超越論的弁証論」、とりわけ理性のアンチノミーが展開されるプロセスを指す。すなわち、アンチノミー論においては、理性自身(弁証的理性)によって証明される四組の相反する命題ペアからなる係争が展開されているが、それらを裁判官としてのより高い中立的な理性(批判的理性)が審議し、最終的に判決を下す手続きがそれである。カントは、それまでの形而上学の歴史を、独断論と懐疑論との間にくり広げられてきた一種の「戦いの場」と見なし、そのつどどちらかが勝利を納めても、それは力による勝利にすぎないから、ほんの一時の平和がもたらされても、すぐに戦いが繰り返されてきたと言う。そして戦いの真の決着は、力によってではなく理性の法則に則って、すなわち合法的になされねばならないとした。そのような合法的な場を法廷と言い、そこにおいて戦いを終結させるものを裁判官の判決と言う。そのことから、理性の自己自身との争い(アンチノミー)を理性自身の法則によって解決しようとする法廷を、理性の法廷と呼び、それが『純粋理性批判』であるとした。しかもそれを「真の法廷」であるとした。

一方、「超越論的分析論」にも理性の法廷という思想があてはまる。カントはカテゴリーの客観的妥当性の保証をその超越論的演繹と呼んだが、この概念規定は当時の法律用語に倣ったものである。そのさい、カテゴリーの獲得や所有を事実問題(quid facti)、カテゴリーの客観的妥当性の保証そのものを権利問題(quid juris)と規定し、前者は後者を前提にして成り立つとしたが、これらもともに当時の法的演繹の手続きを反映したものである。それにともなって、カテゴリーの客観的妥当性の演繹も狭義の証明ではなく、権利根拠の明示となる」(『カント事典』編集顧問、有福孝岳・坂部恵、弘文堂、１９９７年、石川文康執筆、５３５-５３６頁を参照)。また次の文献も参照。石川文康『カント第三の思考―法廷モデルと無限判断』名古屋大学出版会、１９９６年。Diego Kosbiau Trevisan, **Der Gerichtshof der Vernunft. Eine historische und systematische Untersuchung über die juridischen Metaphern der Kritik der reinen Vernunft**, 2018. この博士論文は、『純粋理性批判』における法律学上の隠喩について歴史的、成立史的および体系的に研究したものである。これらの隠喩は、特に「理性の法廷としての批判の法廷」という比喩的表現としてあらわれている。つまり、法律学上の専門用語および法律学がいかにして『純粋理性批判』の方法論的構造およびその成立過程に決定的に重要な影響を及ぼしているのかを研究している。

しかし、それはこのテーマの綿密な研究には至らなかった。そして確かに、法哲学に関する文献が存在したことは認めなければならないが、それでもやはりこれらの文献は、その他のカントについての文献とは異なって、けっして際限なく存在するというものではなかった。つまり、かつてはこのテーマに取り組む研究は散発的であるにすぎなかったのである。ところが、１９７０年代後半から１９８０年代前半にかけて、一連のこのテーマについての新しい文献に関するさまざまな文献概要が出版されるようになった。

これに関してキュスタースが挙げているのは次の文献である。
W. Kersting, Neuere Interpretationen der Kantischen Rechtsphilosophie, in: Zeitschrift für philosophische Forschung 37, 1983, S.282-298. Gerd-Walter Küsters, Recht und Vernunft: Bedeutung und Problem von Recht und Rechtsphilosophie bei Kant. Zur jüngeren Interpretationsgeschichte der Rechtsphilosophie Kants, in: Philosophische Rundschau 30, 1983, S.209-239. Chr. Ritter, Recht, Staat und Geschichtsfinalität. Bemerkungen zu neuen Kant-Interpretationen, in: Der Staat Bd.16, 1977, S.250-262. S. Smid, Freiheit und Rationalität. Bemerkungen zur Auseinandersetzung mit der Philosophie Kants in Stellungnahmen der neuen Literatur, in: Archiv für Rechts-und Sozialphilosophie 71, 1985, S.404-417. これらの論文の中でも特にケアスティングとキュスタースの論文は、代表的な多くの文献を取り上げ、詳しく検討しており有益である。

まさにこの事実がすでにこの研究における確実な変化を物語っている。

それでは、カント法哲学研究は第一に従来どのような状況であったのであろうか。また第二に、なぜこの時期に劇的な変化が生じたのであろうか。その経緯について考察してみたい。

まず、第一の問題について検討する。

カント法哲学の研究状況および研究史は、ここでは法哲学の体系的叙述である『人倫の形而上学』第一部『法論の形而上学的基礎論』として理解されるが、キュスタースも述べているように、『法論』の分析によるW・ケアスティングの次の文章よりもよりよく特徴づけることができるものはないであろう。ケアスティングのこの簡潔な概略は、その後多くの論者によって引用されることになる。

ケアスティングは、教授資格論文『よく秩序づけられた自由―カントの法・国家哲学―』の序文の冒頭で次のように指摘している。

> 「カント晩年のこの著作〔『法論』〕には、その刊行以来ほとんど理解が示されてこなかった。この著作は、精神的な老いの産物にすぎないとしてまったく批評されずに放置されたとまでは言わないにしろ、ヴォルフ、バウムガルテン、アッヘンヴァルの目的論的自然法思想への逆戻りであるという非難が浴びせかけられ、ひとびとはこの著作の中に『純粋理性批判』の超越論的哲学に対する背馳や『実践理性批判』が展開した道徳哲学の妥当理論的な基礎との不一致を見てきた。この近寄りがたく御しがたい晩年の著作は、構成が十分に考えられておらず、ときに気まぐれであることによって、論証構造が明らかに見て取れるという手がかりを読者に与えることがない。それゆえにカント研究は、カント実践哲学のさまざまな基盤にこの著作の拠りどころとなるものを見出すことができなかったし、その基盤のうえに建てられるべき体系的構築物の中に〔この著作のための〕場所も見出すこともできなかった。かくして、カントの法哲学が注目を浴びることはなかった。詳しく言えば、ときに時代遅れな、ときに未完成な印象を与える、この著作に顕著なテキストのあり方が、文献学者の微に入り細を穿った好奇心をかきたてることもなかったし、それが採用した方法や議論が、哲学者の、ことがらに即した関心をひくこともなかった。また、それでなくても哲学を久しい以前から法の問題に対する無関心が支配していたので、カント研究は、体系的側面からでさえも、自分が研究している哲学者の法論は一顧だに値しないという確信において揺らぐことがなかった」(W. Kersting, Wohlgeordnete Freiheit. Immanuel Kants Rechts- und Staatsphilosophie, Berlin・New York 1984, S.VII. 邦訳『自由の秩序―カントの法および国家の哲学―』舟場保之・寺田俊郎監訳、ミネルヴァ書房、２０１３年、vii頁を参照。Ders., Neuere Interpretationen der Kantischen Rechtsphilosophie, in: Zeitschrfit für philosophische Forschung 37, 1983, S.282-298.)。

ケアスティングのこの文章によって、『法論』が一般的にどのように評価されてきたかがおおまかに示されているだけでなく、またこの研究状況に否定的に寄与した諸根拠も明確になる。ここでケアスティングは2つの点を強調している。第一に、すでに以前から多くの論者によって指摘されている『法論』におけるテクスト研究の難しさであり、特に『法論』の批判的性格に対する問いによって規定された『法論』の特別な影響史である。そして第二に、哲学の一般的発展、特に実践哲学を「倫理学」に制限することに基づいて、法学における個別科学に関して、法というテーマを除外することである。その際確認されるのは、体系内在的なものとして特徴づけられうるような問題設定、つまりそのつどの法哲学の体系連関に対する問題、法哲学と他の体系部分との両立性（無矛盾性）に対する問題をすくなくともこの発展が促進するということである。内在的問題に問題設定の焦点を合わせることは、カントにおいてだけ見出されるのではなく、たとえばまたヘーゲルにおいても見出される。ヘーゲルの法哲学に対して、法哲学の論理に対する問いがその間に研究において十分に評価されてきている。しかし他方で、カントの法哲学の場合にはこの発展によって事柄に関する問題（Sachfragen）、法現実性の把握の問題への方向づけが妨げられることになった。

この問題についてやや立ち入って検討を加えてみたい。

この事柄に関する問題性は、ここでは「法―現実性」との関連が本来的に中心的な問題であるが、しかしそれにもかかわらず未解決の問題である。これは『法論』の場合に尖鋭化する。というのは、カント自身の言明によれば、『法論』は「人間学を基礎とするものではなく、かえって人間学に適用される（うる）」からである（VI, S.217. 邦訳『法論』338-339頁）。

カントは、人倫の形而上学の人間学へのこの適用可能性問題について次のように述べている。

「したがって、単なる概念にもとづくア・プリオリな認識の体系が形而上学と呼ばれるとすれば、自然でなく意思の自由をその対象とする実践哲学は、人倫の形而上学を前提とし、かつそれを必要とするであろう。すなわち、こうした形而上学をもつことはそれ自体義務である。そして事実また、万人がこれを、もちろん通常は漠然とではあるが、自分のうちにもっているのである。実際、ア・プリオリな諸原理なしでどうして彼は或る普遍的立法を自分のうちにもつと信ずることができようか？　しかし、ちょうど自然の形而上学において、自然一般に関する普遍的最高原則を経験の諸対象に適用するための諸原理もまた存在しなければならないように、人倫の形而上学もまたこうした諸原理を欠くことはできないだろう。そして、われわれは、経験によってだけ認識されるような人間の特殊な自然（本性）をくりかえし対象として取り上げ、それに対して普遍的な道徳的諸原理からする諸帰結を指し示さなければならないであろう。ただし、このことによって道徳的諸原理の純粋性がほんの少しでも損傷されたり、ア・プリオリなその源泉が疑わしいものにされたりするようなことはないのである。――以上を要するに、人倫の形而上学は（経験的）人間学に基礎をもつことはできないが、にもかかわらず後者に適用されうるということである」（VI, S.216f. 邦訳『法論』３３８‐３３９頁）。

これに続けてカントはさらに、人倫の形而上学の道徳的人間学に対する先行性について具体的に次のように述べている。

「人倫の形而上学に対置されて、実践哲学一般の区分におけるもう一方の分肢をなすものは道徳的人間学であろう。それはもっぱら人間の自然（本性）における人倫の形而上学の諸法則の実行を促進したり阻害したりする主体的な諸条件、すなわち〔家庭教育、学校教育、社会教育における〕道徳的諸原則の創出、普及、強化、ならびに経験に基づくその他の教訓や指図等を含んでいるであろう。そして、こうした人間学は、欠くことのできないものにはちがいないけれども、決して人倫の形而上学に先行したり、それと混同されたりしてはならない。というのは、そういうことになれば、人は誤った、あるいは少なくとも甘やかしの道徳的諸法則を作出する危険に陥るからである。すなわち、これらの道徳法則は、それらがその純粋性〔ここに実は道徳法則の強みが存するのだが〕において洞察され提示されなかったために、あるいは、それ自体においては義務に適いかつ善であるもののために真正、純粋でない動機が用いられるために、まさにそのためにだけ達成しえないことを、本来的に達成しえないものであるかのように見せかけ、こうすることによって確実な道徳原則を排除してしまうのである。こうして、それらの法則なるものは義務を遵守するにあたっての判断の基準にもならず、心情の訓練としても役立たぬこととなる。それというのも、実はこうした義務の指図は、絶対にただア・プリオリな純粋理性によってだけ与えられなければならぬものだからである」（VI, S.217f. 邦訳『法論』３３９頁）。

まさにこの適用問題は、すでに決定的に重要な方法的問題を含んでいる。というのは、当然のことながら適用は適用可能性を前提としているか、あるいは概念性の前提された「純粋性／ア・プリオリ性」において適用可能性は、はじめて基礎づけられなければならないからである。しかし、この発言によってすでに解釈そのものの論議の余地のある領域に足を踏み入れることになる。

そこでキュスタースは、この論点に関して当時の標準的なカント哲学入門書がどのように解釈しているのかを検討している。キュスタースが取り上げている著作は、E・R・ザントフォス、V・ゲアハルト、F・カウルバッハおよびO・ヘッフェによるものである。かれらはいずれも代表的なドイツのカント哲学研究者である。しかし、その解釈はそれぞれ独自であり、あえて分類すればザントフォスは否定的な立場に立っており、他方でゲアハルトおよびカウルバッハは積極的に肯定的な立場に立っている。

キュスタースは、研究水準（状況）の指標としてカント哲学への現在の入門に目を向けると、まさにこの論点が議論の余地があるものとして判断されると指摘する。まずザントフォスはかれの研究の中で、経験へのこの転換は肯定的に評価されるべきであるにもかかわらず、『法論』は経験の問題を克服することができないと解釈している。つまり、人倫論は循環に陥っており、また現実的に法を基礎づけていないので、その結果S・プーフェンドルフ（１６３２–１６９４）から引き継がれたア・プリオリな法論は、単にそのように基礎づけられた、熟考されていない継受であるにすぎないとする。

Ernst R. Sandvoss, Immanuel Kant. Leben, Werk, Wirkung, Stuttgart · Berlin · Köln · Mainz 1983, S.132f. III.「理性批判から批判的形而上学へ」の中で宗教哲学、歴史哲学、政治哲学、自然哲学、人倫の形而上学および人間学が論じられているが、法哲学については特に次の節を参照。５「人倫の形而上学」Ernst R. Sandvoss, a.a.O., S.131-136.

　ザントフォスは『人倫の形而上学』（１７９７年）、『実用的見地における人間学』（１７９８年）、『理論では正しいかもしれないが、実践の役には立たない、という俗言について』（１７９３年）および『諸学部の争い』（１７９８年）などのカントの後期著作の分析から明らかになったこととして次の７点を指摘している（Ernst R. Sandvoss, a.a.O., S.136.）。

１　カントは、最後のドイツの思想家としていまだ西洋の理念および理想の基盤のうえに立っている。

２　人権は、この期間においてさらに先へと進むカントの思想の本質的要素を形成している。

３　カントは、権力を明確に法に従属させた。

４　後期諸著作の理念の宝庫から特に次の未来指向的理念が突出している。つまり、世界市民主義、国際連盟および世界平和である。

５　カントは後期諸著作において、確かに超越論的観念論を放棄していないが、しかし事実と経験の世界を考慮に入れてそれを少なからず修正している。

６　経験の王国をア・プリオリな諸原理によって構成しようとする試みは、実行不可能であるということが明らかとなる。

７　この失敗の後は、批判的形而上学は経験的・帰納的分科としてのみ可能であり、もはやア・プリオリな観念論的構成としては可能ではない。

　またザントフォスは次のことが確証されるとする。「カントは経験的法論を嘲っていた。しかし、『人倫の形而上学』の中で実際に実行されていることは、カントがあらかじめ設定しているのとは異なって、経験のア・プリオリな演繹的体系化ではなく、経験にとって有利になるようにするためのア・プリオリな超越論的構想の崩壊である」。

　つまり、ザントフォスはこの論点に関して否定的立場に立っている。『人倫の形而上学』の出版後の継受史および批判史については次の文献を参照。Balimbanga Malibabo, Kants Konzept einer kritischen Metaphysik der Sitten, Würzburg 2000, S.30.

　それに対して、「特殊な自由の形而上学」という表題のもとにおけるV・ゲアハルトとF・カウルバッハによる研究報告は、上述の媒介を問題および働き（Leistung）として強調している。理性は実践、したがってまた法に対してと同様に、自然に対しても普遍的諸法則を指示するが、しかし特殊な諸法則を指示しない。それにもかかわらず、実践において実践的主体性の働きが認識され、また「その時々の歴史的に規定された実在性のア・プリオリな構成要素が証明される」とする（V. Gerhardt・F. Kaulbach, Kant, Darmstadt 1979, S.92. また最近の文献としてゲアハルトの次の著作を参照。Volker Gerhardt, Immanuel Kant. Vernunft und Leben, Stuttgart 2002.）。

　この解釈はすでにその表現によって、このような解釈は理論的諸含意および諸前提によって支えられるということを示している。これらの含意および前提は、おそらく解釈可能性を保証するかもしれないが、しかしそれにもかかわらずすでにカント哲学の全体解釈を指示している。それによってこの全体解釈は、再び異論の余地がありうるものとなる。このことは、おそらくすべての法哲学一般と同様に『法論』の解釈の難しさを際立たせることになるであろう。つまり、不可能性とまでは言わないまでも、もっぱら「法哲学」からだけで適切な解釈を得るという困難性である。特に『法論』の一定の部分に依拠する場合に、この解釈を得ることになる。O・ヘッフェが、老衰の著作として『法論』をショーペンハウアー（１７８８-１８６０）が拒否するように（Arthur Schopenhauer, Die Welt als Wille und Vorstellung I, Sämtliche Werke Band I, 3.Aufl., Frankfurt am Main 1991, S.707. 邦訳『ショーペンハウアー全集４』『意志と表象としての世界』正編（Ⅲ）茅野良男訳、白水社、１９７４年、２６１頁）、『法論』についての否定的な判断の叙述に従って書く場合には、この方法を支持することになる。

ヘッフェは次のように述べている。

「われわれが方法的に見られた問題のある諸要素を脇へ置き、哲学的な主要関心事、すなわちア・プリオリな概念による法と国家の基礎づけに集中するならば、カントが重要な法・国家思想家であることが明らかとなる。カントは十分な根拠をもって政治思想の古典学者に数えいれられる」（O. Höffe, Immanuel Kant, München 1983. S.208f.『イマヌエル・カント』藪木栄夫訳、法政大学出版局、１９９１年、２２２頁。訳文は筆者によって若干修正している）。

ここでヘッフェによって述べられた立場は、ひとつの解釈傾向を示唆している。そして、この傾向は最近ますます価値が認められるようになってきた。つまり、より熟考された判断および『法論』の意義のより明確な評価である。このような解釈によって、たとえばしばしば引用されるショーペンハウアーの章句のような『法論』についての否定的な判断は訂正されることになる。しかしそれにもかかわらず、この否定的判断はその後も研究史において繰り返し現れている。その例としてキュスターースが特に挙げているのは、新カント学派に属するＦ・パウルゼンである。

F. Paulsen, Immanuel Kant. Sein Leben und seine Lehre, Stuttgart 1898, S.339. 邦訳『イムマヌエル・カント―彼の生涯とその教説』伊達保美・丸山岩吉訳、春秋社、１９２５年、４４２頁。邦訳は１９０４年出版の第四版を底本としている。パウルゼンは、１７９７年の『法論の形而上学的基礎論』における体系的論述はカントの老衰の時期に属すると指摘している。

したがって、ようやく今日『法論』とのますますの取り組みを論じることができるようになってきた。この取り組みは、単なる散発的な取り組みの性格、詳しく言えば、現在の問題設定によって規定された一般的な継受、テクストの復元および命題の立証といった性格の域を超えている。

しかし、『法論』研究の１９８８年まで妥当するこの状況に対してカントについての最近の論集を見てみると、『法論』についての論文や分析がほとんど出版されていないと言っても過言ではない。たとえばキュスタースは、１９７３年のＧ・プラウスの論文集と１９８１年のＰ・ハインテルおよびＬ・ナーグルの論文集を参照するように指示している。

G. Prauss (Hrsg.), Kant. Zur Deutung seiner Theorie von Erkennen und Handeln, Köln 1973. この論文集の中で、『法論』を対象として論じているのは、Ｊ・エビングハウスとＭ・リーデルの次の論文だけである。Julius Ebbinghaus, Kants Rechtslehre und die Rechtsphilosophie des Neukantianismus. S.322-336. Manfred Riedel, Die Aporie von Herrschaft und Vereinbarung in Kants Idee des Sozialvertrags. S.337-349. P.Heintel・L. Nagl (Hrsg.), Zur Kantforschung der Gegenwart, Darmstadt 1981. この論文集では、主に3つの問題群が論じられている。具体的に言えば、純粋理性批判、実践理性および判断力批判についての問題群である。しかし、法論についてはまったく取り上げられていない。

そしてその指摘はもっともである。

また、『法論』の政治的性格が看過されてはならないのは当然であるが、１９７６年のＺ・バッチャによって編集された論集『カント法哲学についての資料集』は、その表題から期待されるものとは異なって、むしろ政治哲学についての寄稿論文が多く含まれている。確かに、この論集において政治的な力点を置いた法についての主題、つまり「政治的立場」、「抵抗権の問題性」についての主題も見出される。

Z.Batscha (Hrsg.), Materialien zu Kants Rechtsphilosophie, Frankfurt am Main 1976. キュスタースも指摘するように、いずれかと言えば政治にかかわる論文が多数収められているとは言え、しかしF・カウルバッハとR・ザーゲの次のような重要な論文も「法と所有権」という表題のもとに含まれている。Friedrich Kaulbach, Naturrecht und Erfahrungsbegriff im Zeichen der Anwendung der kantischen Rechtsphilosophie; dargestellt an den Thesen von P. J. A. Feuerbach, S.193-205. Richard Saage, Naturzustand und Eigentum, S.206-233.

これら以外にも１９７５年および１９７６年にカント哲学についての寄稿論文集が出版されている。

Zum Kantverständnis unserer Zeit. Beiträge marxistisch-leninistischer Kantforschung, herausgegeben von Hermann Ley / Peter Ruben / Gottfried Stiehler, Berlin 1975. Revolution der Denkart oder Denkart der Revolution, Beiträge zur Philosophie Immanuel Kants, herausgegeben von M. Buhr und T. I. Oiserman, Berlin 1976. これらの著作の中で唯一法論を取り上げているのは、後者の著作に収載されている次の論文である。Hermann Klenner, Zur Rechtslehre der reien Vernunft, S.162-177.

さらにそれ以降にもカント論集は多数刊行されている。

Kant. Analysen—Probleme—Kritik, herausgegeben von Hariolf Oberer und Gerhard Seel, Würzburg 1988. Kant. Analysen—Probleme—Kritik Bd.II, herausgegeben von Hariolf Oberer, Würzburg 1996. Kant. Analysen—Probleme—Kritik Bd.III, herausgegeben von Hariolf Oberer, Würzburg 1997. The Cambridge Companion to Kant, edited by Paul Guyer, Cambridge University Press 1992. Kant in der Diskussion der Moderne, herausgegeben von Gerhard Schönrich und Yasushi Kato, Frankfurt am Main 1996. Warum Kant heute? Systematische Bedeutung und Rezeption seiner Philosophie in der Gegenwart, herausgegeben von Dietmar H. Heidemann und Kristina Engelhard, Berlin · New York 2004. Kant in seiner Zeit, herausgegeben von Eberhard Günter Schulz, Hildesheim · Zürich · New York 2005. Die Aktualität der Philosophie Kants. Bochumer Ringvorlesung Sommersemester 2004, herausgegeben von Kirsten Schmidt, Klaus Steigleder, Burkhard Mojsisch, Amsterdam · Philadelphia 2005. Kant and Law, edited by B. Sharon Byrd and Joachim Hruschka, Ashgate 2005. Kant in der Gegenwart, herausgegeben von Jürgen Stolzenberg, Berlin · New York 2007. Kant-Lektionen. Zur Philosophie Kants und zu Aspekten ihrer Wirkungsgeschichte, herausgegeben von Manfred Kugelstadt, Würzburg 2008. Kant und die Zukunft der europäischen Aufklärung, herausgegeben von Heiner F. Klemme, Berlin · New York 2009.

『法論』が広範囲に単に引用されるだけであるということは、一般的に法哲学の概論などに見られる叙述において示されうる。

キュスタースはその例として特にH・コーイング（１９１２-２０００）を挙げている。コーイングはその『法哲学概要』において次のように述べている。

「カントは、啓蒙の制限された理性概念に対して古典的理性概念に遡る。

そしてカントは、１７９７年の『人倫の形而上学』と題する著作の中で固有のア・プリオリな法論、つまり実践理性の諸原理に基礎を置いている自然法を創り出した。……自由の原理からすべての他の自然的諸法則が導出される」（Helmut Coing, Grundzüge der Rechtsphilosophie, 2. Auflage, Berlin 1969, S.35f.）。

コーイングは、すでに１９５４年にカント歿後１５０周年を記念して「カントと法律学」と題する講演においてカント法哲学の現代的意義を論じている。

Helmut Coing, Kant und Rechtswissenschaft, in: Kant und die Wissenschaften, Reden gehalten am 12. Fabrurar 1954 anläßlich der 150. Wiederkehr des Todestages von Immanuel Kant, Frankfurter Universitätsreden Heft12, Frankfurt am

Main 1955, S.34-42.

カントは、法に関するかれの思想を後期の著作である１７９７年の『法論の形而上学的基礎論』において著した。コーイングは、多くの論者も認めているように、この著作はその内容から見て、法治国家思想および国際的平和秩序の構想という2つの理由から重要であると指摘している。

具体的に言えば、第一に、この著作はドイツ語で書かれた法治国家理想、すなわち国家理想を最初に、そして包括的に明確に叙述したものである。この法治国家理想に従えば、政治権力は普遍的諸法則に服しており、したがってまた個々人に原則的な明確に制限された自由領域が認められている。カントによれば、国家は「法の諸法則のもとにおける人間の一群の結合」と定義されている（VI, S.323. 邦訳『法論』§45、４５０頁）。

第二に、この著作は国内的国家生活の法思想を国際的秩序に転用し、また国際的平和秩序の構想に達することによって注目に値する。カントは、国家連合および自由な通交と商業に対する世界公民法を要求しており、これらの要求は持続的な平和を確立するという要請において頂点に達する。

カントは『法論』の「結び」において、恒久的な平和の確立は法論の全究極目的であるとして、次のように述べている。

「われわれのうちなる道徳的＝実践的理性は打ち消しがたい拒否の宣言 Veto を下して言う。戦争はあるべきでない……」（VI, S.354. 邦訳『法論』５００頁）。したがって、「この普遍的・永続的な平和の確立」は「単なる理性の限界内における法論の単なる一部分をなすというだけではなくて、実にその全究極目的をなす、と言うことができる」（VI, S.355. 邦訳『法論』５０１頁）。

しかし、コーイングはこの著作の内容を個々に詳しく追求しているわけではない。というのは、特にカントはこの著作の中で広範囲に啓蒙の普遍的諸理論に従っているからである。コーイングはむしろドイツの法律学に対するこの著作およびカントの思想一般の影響を検討しており、またこの影響を3つの事例によって説明し、追求している。コーイングは第一に、カントが法原理に与えている哲学的基礎づけに対して検討を加えている。第二に、法の構造についてのカントの原則的見解に関して検討を加えている。そして第三に、合法性と道徳性という有名なアンチテーゼにおいてカントが明確に述べている、道徳との比較における法の本質についてのカントの見解に関して検討を加えている。

コーイングは、ドイツの法哲学に対するカント思想の影響、実定法の教義学としてのドイツの法律学へのその影響およびドイツの法律学者の一般的な姿勢に対するその影響を話題にしている（Helmut Coing, Kant und Rechtswissenschaft, a.a.O., S.34f.）。

またコーイングは、カント自身は理性の諸原則からする法の諸原理の基礎づけ、したがって経験的ではなく、ア・プリオリな法の基礎づけを与えており、法の諸原理はカントにとって倫理学の一部、つまり「実践理性の立法」の一部であると指摘している（Helmut Coing, a.a.O., S.36.）。

そして最後に、コーイングは法の基礎づけにおけるカントの重要性について確信をもって次のように述べている。

「われわれが法の基礎について徹底的に考えるかぎり、道標としてのカントをけっして完全には放棄することはできない。諸問題そのものが、……われわれを繰り返しカントに連れ戻すであろう」（Helmut Coing, a.a.O., S.41.）。

キュスタースは、本書の略述は先に記したコーイングの『法哲学概要』の中での主張を再び繰り返すだけであるとする。『法論』に関する際立つ研究は、まさにいまだに統一されていない解釈状況において法哲学を理解することがいかに困難であるのかを示している。そしてこの難しさは、カント解釈の難しさと同様に事柄に関する問題（Sachprobleme）によって生じるものである。

次に先に挙げた第二の問題として、なぜこの時期にカント法哲学研究に劇的な変化が生じたのかについて検討したい。

その理由として、すでに言及したが、主に２つ挙げることができるのではなかろうか。

まず第一に、カントの法哲学の批判哲学における体系的位置づけに関する内在的研究に対して、強い関心が向けられたことである。

『法論』と批判哲学との統一性に関する体系上の疑念は、特に新カント学派の哲学者・法学者によって唱えられてきた。『法論』の批判的・超越論的性格をめぐる現在に至る論争は、否定説を唱えるリッターの研究（『初期資料によるカントの法思想』１９７１年）とかれに反論して肯定説を主張するＷ・ブッシュの研究（『カントの批判的法哲学の成立１７６２－１７８０』１９７９年）から発展したものである。この対立を契機として、すでに述べた『法論』の影響史・発展史的研究、つまり生成論的研究が緻密に行われるようになり、また『法論』の批判哲学における体系的連関の研究がテクスト内在的により厳密に推進されてきたということである。

また第二に、英語圏においても功利主義的権利論に対する批判として、Ｊ・ロールズに代表されるように政治哲学の復権の流れの中で、特にカントの法哲学がアクチュアルな構想に対するきっかけとしてますます考慮されるようになり、カント法哲学についての実践的関心がいっそう高まってきたということである。

したがって、キュスタースは最近の研究状況に注意の主眼が向けられるべきであると指摘する。

その際、キュスタースはこの研究状況を適切に把握するために、『法論』解釈の体系上の問題を明らかにし、新カント学派の『法論』解釈と同様にまた『法論』の影響史も手短に解明している。

そうすることによって、現在の研究成果を十分に明らかにすることができるからである。その際決定的に重要なものとして新たに書き留めるべき研究成果は、『法論』に対する新カント学派以来の「先入」見の克服であるということがすでに確認されうる。

キュスタースは当時まだ統一的でない研究史を考慮に入れて、本書の最後に文献目録を呈示している。この文献目録は１９８８年時点での研究文献を詳しく記載しており、現在においても依然として研究上有益である（Küsters, a. a.O., S.147-164.）。

二　カント法論の研究上の問題点

カントの法哲学を研究するうえでの問題点はどこにあるのであろうか。

キュスタースは、カント法哲学の研究上の問題点として、その体系性格およびテクスト形態に焦点を当てて検討を加えている（Küsters, a.a.O., S.6-13.）。

1　『法論』の体系性格

まず最初に『法論』の体系性格の問題点について検討する。

カント研究の中でも『法論』と取り組む難しさは、そもそもカント哲学一般の理解の難しさにその原因がある。『法論』は、まさに法を主題化しているものとして理解されうるだけではなく、この把握はカントの視点におけるその哲学上の尊厳を特定の体系諸原理を満たすことによってはじめて獲得するように思われる。法哲学に対するこれらの要求にとって、『実践理性批判』はまず第一に決定的に重要な基礎であるが、しかし批判は実践哲学の可能性を理性の可能性の批判的反省に基づいて的確に述べている。それに加えて、『判断力批判』および『純粋理性批判』との関連が考慮の外に置かれてはならない。つまり、このことは『法論』の理解にとって少なくとも『純粋理性批判』、『実践理性批判』および『判断力批判』といったいわゆる三批判書の理解が不可欠であることを意味する。

ここにおいて際立つ、法論研究を非常にしばしば決定づけている根本問題は、どの程度『法論』が提示された諸要求に対応しているのかということである。この問題は、『実践理性批判』そのものが『純粋理性批判』の批判的意味において批判的立場の不十分な解明であるとするその程度において尖鋭化することになる。

たとえばイルティングは、特に『純粋理性批判』の中に法論解釈の出発点を見出している。またゼンガーも同様である。Karl-Heinz Ilting, Gibt es eine kritische Ethik und Rechtsphilosophie Kants? Hans Wagner zum 65. Geburtstag, in: Archiv für Geschichte der Philosophie, 63. Jg., 1981, S.325-345. Monika Sänger, Die kategoriale Systematik in den „Metaphysischen Anfangsgründen der Rechtslehre“. Ein Beitrag zur Methodenlehre Kants, Berlin・New York 1982.

その際、法論の批判的性格に対する問題は、この問題は優先的に基礎づけの問題、つまり法論における「経験的」ないし形而上学的言明の使用の問題に還元されるように思われるが、法を把握するという意味における法論の体系上の内容に対する問題を排除するように思われる。この排除によって、批判そのものの構成にとっての法的視点の意味を追求するときに明らかとなる解釈の可能性が視野から消えることになる。

カントの理性概念の法的性格については、Gerd-Walter Küsters, Kants Rechtsphilosophie, Darmstadt 1988, S.27-37. を参照。

B・バウフによってすでに示唆されたカントの批判概念が有している内在的な法の意味は、カントにおける法問題の意味に光を投げかけている（B. Bauch, Das Rechtsproblem in der Kantischen Philosophie, in: Zeitschrift für Rechtsphilosophie 3, 1921.）。しかし、この法の意味は１９７０年代以降、F・カウルバッハの一連の研究によってより正確に解明されている。カウルバッハはそれを理性の「法的」（juridisch）性格と特徴づけている。カウルバッハは、特にカントにおける批判手続きがもっている法的手続き方法への注意を喚起している。理性批判はひとつの手続きにおいて実現する。そして、この手続きにおいて理性批判は立法者および裁判官として振舞う。その際、理性批判はその正当性を考慮に入れて理性のさまざまな（認識）諸要求を検証し決定する。そして、それに対して特にカントの弁証法概念が決定的に重要である。まず第一に、『純粋理性批判』第一版の序文において援用されている「理性の法廷」というモデル観念は、単に付随的な種類の手続きを指示するものとして理解されてはならず、これは決定的に重要な自己性格づけとして解釈されなければならない。したがって、第二にカントが、議論されるべき認識諸要求を考慮に入れて「占有要求」（Besitzansprüche）について論じていることは教示に富んでいる。というのは、まさにカントの占有理論はカント法哲学の傑出した業績であるからである（Gerd-Walter Küsters, a.a.O., S.27.）。

カントは、「理性の法廷」に関して『純粋理性批判』第一版序文の中で、法廷こそが純粋理性の批判そのものであると明確に述べている。

「人間的本性にはその対象がどうでもよいものではありえないような、そのような諸探究に関して無頓着を装うとしても、それは徒労である。あのいわゆる無関心主義者たちとて、たとえどれほど彼らが学術用語を通俗的な語調に変えることによって正体をくらますつもりであっても、彼らがいやしくも何ごとかを思考するかぎり、彼らがあれほど多くの軽蔑をあびせた形而上学的主張へと逆もどりする。しかし、この無頓着は、万学の花ざかりのただなかで生じ、そのようなものがえられるものなら、人が何をおいてもけっして断念するはずのない、まさしくそうした知識に関するものであるが、なんとしてもこの無頓着は、注意と熟考に値する一つの現象である。明らかにこの無頓着は、投げやりの結果ではなく、もはや見せかけの知識によってはだまされない時代の成熟した判断力の結果であり、理性のあらゆる業務のうちで最も困難な業務、つまり自己認識という業務をあらためて引き受け、一つの法廷を設けよという勧告であって、この法廷は、理性の要求が正しい場合には理性を護り、これに反してすべての根拠のない越権を、強権の命令によってではなく、理性の永遠不変の諸法則にしたがって拒むことができるものであるが、だからこの法廷こそ純粋理性の批判自身にほかならないのである」（A XI. 理想社版『カント全集第四巻』25–26頁）。

またカントは、たとえば「占有要求」に関して同書第二版Ⅱ「超越論的方法論」第一篇「純粋理性の訓練」第二章「論争的使用に関する純粋理性の訓練」の中で次のように述べている。

「……懐疑論者は、悟性および理性自身の健全な批判にもとづいて独断的な理性哲学者を訓練する厳格な教師である。独断論者が批判にまで達しているなら、彼はもはやいかなる論難をも恐れる必要はない。なぜなら、彼はそのときにはおのれの所有を、全面的におのれの所有の外にあるものから区別するからであり、そうしたものに対しては彼はいかなる要求をもなさず、またそうしたものに関しては係争にまきこまれることもありえない。そこで懐疑的な手続きは、理性の諸問題にとっては、なるほどそれ自体そのもので満足しうるものではないが、それでも、理性の慎重さを喚起し、理性にその合法的所有権を保証しうる根本的手段を指示するために、予習の役目を果たすものである」（B 797. 理想社版『カント全集第六巻』原佑訳、67頁）。

理性は理性の法的手続きを模倣することによって、認識の「確実な」道を得るためにそれ自身に対してこの法的手続きを得ようと努める。このことは、カントがまさに自然科学およびその手続きに単に定位しているのではないということを示しており、カウルバッハは理性の手続きへのより正確な洞察、つまり理性概念そのものの正確な表現に成功している。それによって自然科学への定位は、この定位は「コペルニクス的転回」というモットーのもとで決定的にカント理解を形成するが、その核心においてよりよく理解されることになる。というのは、コペルニクス的転回によって成し遂げられた認識問題の変革はまさにこの手続きへの定位であるということが認識できるからである。つまり、単に自然科学の手続きの模倣ではなく、むしろ法的意味におけるその構成を必要とする手続きである（Gerd-Walter Küsters, a.a.O., S.27f.）。

この問題については特にカウルバッハの一連の文献を参照。Friedrich Kaulbach, Die Copernicanische Denkfigur bei Kant, in: Kantstudien 64, 1973, S.30-48. Friedrich Kaulbach, Das transzendental-juridische Grundverhältnis im Vernunftbegriff

Kants und der Bezug zwischen Recht und Gesellschaft, in: Recht und Gesellschaft, Festschrift für Helmut Schelsky zum 65. Geburtstag, 1978; Duncker & Humblot/Berlin, S.263-286. Friedrich Kaulbach, Rechtsrationalität in der Perspektive einer transzendentalen Handlungstheorie, in: N. Achterberg / W. Krawietz / D. Wyduckel (Hrsg.), Recht und Staat im sozialen Wandel, Festschrift für Hans Ulrich Scupin zum 80. Geburtstag, Berlin 1983, S.333-345. Friedrich Kaulbach, Vernunft und Konfliktlösung–die Rechtmäßigkeit 'parteilicher' Ansprüche bei Kant, in: Universitas 38, 1983, S.277-286. Friedrich Kaulbach, Perspektivismus und Rechtsprinzip in Kants Kritik der reinen Vernunft, in: Allgemeine Zeitschrift für Philosophie 10, 1985, S.21-35. また、ドットの次の文献も参照。J. E. Dott, Quid iuris und quid facti, in: Internationaler Kant-Kongreß, Mainz 1981, Akten I, 1, Bonn, S.12-21. Diego Kosbiau Trevisan, Der Gerichtshof der Vernunft. Eine historische und systematische Untersuchung über die juridischen Metaphern der Kritik der reinen Vernunft, Würzburg 2018.

カントが法論の体系上の位置をどのように想定しているのかは、『人倫の形而上学』のまえがきの冒頭の文章から読み取ることができる。カントはこの文章によってかれの計画を想起させている。

カントは次のように述べている。

「『実践理性の批判』の後には**人倫**の形而上学という体系が続くはずである。これは、（既刊の『自然学の形而上学的基礎論』と対をなすものとして）法論の形而上学的基礎論と徳論のそれとに分けられる。そして、後出の「序論」はこれら（法論と徳論との）二者を含む体系の（構成）形式を提示し、部分的にそれを解明しようとするものである」（VI, S.205. 邦訳『法論』３２５頁）。

ここでは、『純粋理性批判』の要求と模範性および自然の形而上学の基礎づけとしての『純粋理性批判』の機能が明確に述べられている。これらによって次に法の形而上学が測定されることになる。しかしそれにもかかわらず、ここで『判断力批判』に至るまでの発展が無視されてはならない。このことは特に、『判断力批判』において主題化された自然と自由との媒介問題に関連している。

カントの哲学体系に対する『判断力批判』の意義については、Volker Gerhardt · Friedrich Kaulbach, Kant, Darmstadt 1979, III, S.98-131.「批判の統一性と哲学の体系」の中で『判断力批判』の継受史、三批判の位置と統一性、美感的判断力と美の理論および目的論的判断力と学問的経験が論じられている。

『実践理性批判』はカントの計画を実現するのにまだ十分ではなく、『人倫の形而上学』の叙述によって満たされることを必要とする。しかし、上記のテクストそのものにおいてカントが援用している『人倫の形而上学』と『自然の形而上学』との建築術的比較は、すでに困難性を明らかにしている。というのは、『純粋理性批判』の後には『自然の形而上学』が続くとされる一方で、『実践理性批判』の後には『人倫の形而上学』が続くとされているが、しかし『人倫の形而上学』はひとつの理論ではなく、『徳論の形而上学的基礎論』と『法論の形而上学的基礎論』という2つの理論に分かれているからである。この事実は注目に値すると言わなければならない。

このことは、この2つの区分はいかなる基礎づけの文脈に基づいているのかという問題を投げかけることになる。そして、法の位置（立場）の基礎づけに対する「定言命法」の意味が問われることになる。

『人倫の形而上学』のこのような分類は、この研究の最初の問題点として、どの程度『法論』が批判的成果を満たしているのかとする『実践理性批判』一般と『法論』との関係の問題と並んで、この研究に対する次の批判的な刺激である。というのは、このような二分類はつねに実践理性の一体性によって克服されなければならない分裂「として」解釈される危険があるからである。したがって、『法論』のあらゆる解釈に対する決定的に重要な問題として、『法論』はまさに『人倫の形而上学』のこの二分類にいかなる意味を付与しているのかが明らかとなる。この問題は、『人倫の形而上学』の計画が不十分に実行されていることを示しているにすぎないのか、あるいは『実践理性批判』の体系上の結果なのであろうか。後者が妥当するとすれば、この問題は『法論』の批判的性格を決定するための重要な論拠である。これは基礎となる自由概念に対する問題であり、また法の位置（立場）の基礎づけに対する「定言命法」の意味に対する問題でもある。

この問題は正確に答えられなければならない。というのは、現在まで研究が活発に取り組んでいる『法論』の批判的性格に対する問題が、『法論』解釈のひとつの視点を排除するからである（Gerd-Walter Küsters, Kants Rechtsphilosophie, Darmstadt 1988, S.19-26.）。しかし、この視点は、『法論』の意味というカントの概念において重要な論点を占めている。つまり、それは『法論』の形而上学的性格である。というのは、この形而上学的性格がはじめて根本において法論の機能を規定するからである。その際このことは、形而上学の概念についての決定をまだ前提としていない。またこの概念の使用は、はじめから『法論』の非批判的性格を示すものであると理解されえない。というのは、いずれにしてもカント自身の言明によれば、批判は正当な形而上学の準備であるとされているからである。この考察を考慮に入れて、『法論』の評価の問題として、そもそも『法論』は法の「形而上学」として『実践理性批判』に対応しているのかとする問題が的確に述べられなければならない。したがって、批判の原理を問うことができるだけでなく、同様にあらかじめなされている形而上学的解明が機能要請として念頭に置かれなければならない。これはまた、『実践理性批判』が法の形而上学の基礎づけにとって十分であるのか否かという主眼点を可能とする。しかしキュスタースは、これはすでに研究報告を超え出る問題であろうと述べている。

J・ブリュードルンの「法形而上学から実定法の「科学」への転換」と題する論文が、いかなる問題の可能性がここに存在するのかを明確に実証している。

Jürgen Blühdorn, „Kantianer“ und Kant. Die Wende von der Rechtsmetaphysik zur „Wissenschaft“ vom positiven Recht, Kantstudien 64/1973, S.363-394. また次の論文も参照。Ralf Dreier, Zur Einheit der praktischen Philosophie Kants. Kants Rechtsphilosophie im Kontext seiner Moralphilosophie, in: Perspektiven der Philosophie 5, 1979, S.5-37, S.20. この論文は次の論文集に収載されている。Ders., in: Recht-Moral-Ideologie. Studien zur Rechtstheorie, Frankfurt am Main 1981, S.286-315, S.288f.

というのは、ブリュードルンが『法論』解明の最初の段階においてすでに規定された体系要求、要求された理論的機能、実定法の科学への移行はまだまったく行われていないと指摘しているからである。法形而上学として示唆された要求とさらなる諸問題が結びついている。次のカントの言明がそれらの問題を明確にし、また研究の難しさを説明している。

カントは先の引用文の後に続けて、形而上学に属するものと経験的な法的実践との区別が必要であるとして次のように述べている。

「ところで、人倫論の第一部としての**法論**は、法の形而上学と名づけうるような、理性から生じてくる或る体系を必要とするところのものである。しかし、法の概念は、純粋ではあるが、やはり実践〔経験において現われてくるさまざまな事例への適用〕を目ざした概念であり、したがってその形而上学的体系は、その区分の完全性を期するためには〔そしてこのことは、理性体系を構築するためには不可欠の要請である〕、右の諸事例の経験的多様性をも顧慮しなくてはならないだろう。しかし、経験的なものを完全に区分することは不可能であるし、かつまた、そうした完全性が〔少なくともそれへの接近を目ざして〕追求される場合にも、これらの諸概念は体系の内的構成部分としてその中に位置を占めることはできず、せいぜい例証として注釈の中に入ってくることができるだけである。それで、人倫の形而上学の第一部にふさわしい唯一の表現は、法論の形而上学的基礎論ということになろう。というのは、右のような適用の諸場合を顧慮するならば、ただ体系への接近が期待できるだけであって、体系そのものは期待できないからである。したがって、〔先の〕自然学の形而上学的基礎論の場合と同様、ここでも事柄は次のように処理されよう。すなわち、ア・プリオリに構想された体系に属する法〔すなわち理性法体系〕は本文の中で取り扱い、他方、特殊的な経験的諸事例にかかわるもろもろの〔特殊な〕法ないし権利は、時として詳細にわたることもある注釈の中に入れこむのである。というのは、そうでもしなければ、形而上学に属するはずのものと、経験的な法的実践であるものとが十分に区別されえないことになるだろうからである」（VI, S.205f. 邦訳『法論』325-326頁）。

最後の文章によって、『実践理性批判』の帰結として法形而上学の要求を基礎づけていることが想起される。つまり、法論の論証の「純粋性」、経験的素材の許されなくはない影響である。

そして、これは批判の成果のゆえに重要な要求であるだけでなく、同様にまた法形而上学の性格づけにとって基本的に重要である。というのは、このような純粋性が、その正確な規定はこの問題概略においては単に独自の問題として論じられうるにすぎないが、まさに法の理性性をはじめて保障するからである。したがって、そうすることによってのみ法に対する問題は確かな方法で決定されうる。

「純粋性の要請」のような体系要求は法的な意味をもっている。キュスタースは、原理性と改革可能性との関連を明らかにしているカントの文章を参照するように指示している。この関連は理性批判にとってもまた重要な意味をもっている。カントは『永遠平和のために』の準備草稿の中に次のように記している。「原理によって改革することは、国家においては継ぎを当てられない（Nach Principien reformieren ist nicht am Staat flicken.）」（XXIII, S.162.）。

この確かな決定はまず法的安定性を意味する。というのは、そうでなければその時々に歴史的に法として現れるものの正当化に対する問題は、ただ反復的にのみ答えられうるにすぎないからである。このことは、法論の「批判的・形而上学的」性格に対する問題が、この問題は「純粋性」の問題に集約されるが、法論の解釈にとって重要な意味をもっているのにはそれなりの理由があるということを示している。つまり詳しく言うと、理性―体系的諸根拠からだけではなく、同様に法・体系的諸根拠からである（「純粋性の要請」の意義についての概略に関しては、W・クラーヴィッツの次の文献を参照。W. Krawietz, Recht als Regelsystem, Wiesbaden 1984, S.81-143.）。

2 『法論』のテクスト形態

この問題設定は方法的に議論を喚起する。というのは、先に言及したようにカントは実践への適用の必然性、つまり経験的諸事例を強調しているからである。「純粋な諸概念」に対して適用可能性がはじめから想定されていないかぎり、適用の基礎づけの問題が生じる。ここで注意されなければならないのは、またこのことは今まで研究においてほとんど注意が払われることがなかったが、ここに根本的に『純粋理性批判』の演繹問題と類似している演繹問題が隠れているということである。この問題は、つまり、構想されたカテゴリーは適用可能であり、またこの適用においてのみ意味があるということを証明することである。この問題状況は、これはここでは体系性格および「法論」の体系の実現に関連してのみ略述されるが、具体的な法問題の叙述ではなく、概略された一般的な問題性と並んで、今までの解釈の困難性を形成し、そして法論の仕上げにおけるカント自身の問題をきわめて明確に示していることを基礎づけている。つまり、先に述べた事情のテクストの表現である。たとえばカントは、行為概念、自由理解のような外見上具体的な問題をすでにまえがきにおいて取り扱っている（VI, S.221-228. 邦訳『法論』Ⅳ「人倫の形而上学のための予備的諸概念〔普遍的実践哲学 Philosophia practica universalis〕」３４３－３５２頁）。

まさにカントによって論じられた「純粋な」法形而上学、必然的な適用関連、経験関連についての問題状況は、ひとつのテクストに至る。そしてそのテクストは、叙述のいかなるレベルにおいてその時々に論証がまさに展開するのかを明確には認識させず、われわれは一度ある種の挿入を度外視する。

VI, S.205f. 邦訳『法論』「まえがき」、３２５－３２６頁。カントは次のように述べている。「ところで、人倫論の第一部としての**法論**は、法の形而上学と名づけうるような、理性から生じてくる或る体系を必要とするところのものである。しかし、法の概念は、純粋ではあるが、やはり実践〔経験において現れてくるさまざまな事例への適用〕を目ざした概念であり、したがってその形而上学的体系は、その区分の完全性を期するためには〔そしてこのことは、理性体系を構築するためには不可欠の要請である〕、右の諸事例の経験的多様性をも顧慮しなくてはならないだろう。しかし、経験的なものを完全に区分することは不可能であるし、かつまた、そうした完全性が〔少なくともそれへの接近を目ざして〕追求される場合にも、これらの諸概念は体系の内的構成部分としてその中に位置を占めることはできず、せいぜい例証として注釈の中に入ってくることができるだけである。それで、人倫の形而上学の第一部にふさわしい唯一の表現は、法論の形而上学的基礎論ということになろう。というのは、右のような適用の諸場合を顧慮するならば、ただ体系への接近が期待できるだけであって、体系そのものは期待できないからである。したがって、〔先の〕自然学の形而上学的基礎論の場合と同様、ここでも事柄は次のように処理されよう。すなわち、ア・プリオリに構想された体系に属する法（すなわち理性法体系）は本文の中で取り扱い、他方、特殊的な経験的諸事例にかかわるもろもろの（特殊な）法ないし権利は、時として詳細にわたることもある注釈の中に入れこむのである。というのは、そうでもしなければ、形而上学に属するはずのものと、経験的な法的実践であるものとが十分に区別されえないことになるだろうからである」。また、カントは次のように述べている。「正義を司る道徳的人格は裁判所〔forum〕であり、また、その職務遂行の状態においては、法廷〔iudicium〕である。これら一切は、（この際）ただア・プリオリに法の諸条件に従って考察されるだけであって、こうした制度が現実にどのように設立され、どのように組織されるべきかは考慮されない〔そのためには制定規則が、だから経験的諸原理が必要である〕」（VI, S. 297. 邦訳『法論』第三章「公的裁判の判決による主観的に制約された取得について」§36、432頁）。

この区別の困難性と並んで、まさに問題として先に述べた開放性が生じる。しかしながら、カント自身の論証を利用する場合、この開放性は要求の自己破壊に至ってはならない。というのは、場合によっては、法論のテクストによって単に「暫定的な」テクストをもっているにすぎないという問題が生じるかもしれないからである。それに対して、カントはきわめて長い間、アカデミー版の法論のための準備草稿が示しているように、法論の問題にまさに実験的に繰り返し取り組んでいた。しかし、カントはその準備草稿を使用しなかった。

H. Oberer, Einleitung zu: G. Geismann / H. Oberer (Hrsg.), Kant und das Recht der Lüge, Würzburg 1986, S.7-22, S.21, Anm.58. Bernd Ludwig (Hrsg.), Immanuel Kant. Metaphysische Anfangsgründe der Rechtslehre. Metaphysik der Sitten, Erster Teil, Hamburg 1986, S.XXVI-XXX.

というのは、このことは次の解釈を許すからである。たとえその成果があらゆる点においてまだ完結していないとしても、それでもやはり発表されたテクストは少なくとも実行された洞察に対応しているということである（Monika Sänger, Die kategoriale Systematik in den „Metaphysischen Anfangsgründen der Rechtslehre". Ein Beitrag zur Methodenlehre Kants, Berlin・New York 1982, S.85f.）。カントがまえがきの終わりで、カントは若干〔特に世界市民法〕終わりの箇所であまり詳しくはないが取り扱っており、その際またすでに与えられた議論の文脈を指示していると書いているとき（VI, S.209. 邦訳『法論』「まえがき」、３３０頁）、このことが示しているのは、カントは発表されたテクストによって法の主題に関する研究に対する基礎をようやく提示したと考えているということである。

カントは『人倫の形而上学』のまえがきの最後の段落において次のように述べている。

「私はこの本の終りに近い若干の節を、先行する諸節との比較からして〔読者が〕予期されるであろう程度よりも一段と簡単に論述した。というのは、一つには前者は後者から容易に推論されうると私には思われるからであり、また一つには後のほうの〔公法に関する〕諸節〔で扱われる問題〕は、まさに現在多くの論議を呼んでいることであり、しかも非常に重要なことなので、決定的判断をしばらく延期するほうがよいと思われるからである」（VI, S.209. 邦訳『法論』３３０頁）。

そのかぎりにおいて、テクスト修正によって個々の解釈問題を取り除く試みをする前に、発表されたテクスト形態を、確かにその接近は困難ではあるが、まず一度受け入れなければならない。つまり、カントが発表したテクストに含まれている洞察を徹底的に究明する試みをしなければならない。

『法論』のテクストを理解する難しさは、すでに早い時期から述べられていた。そして１９２９年にG・ブフダがカントの私法についての研究において、§6第4から第8段落における理解しがたいテクストの脈絡を指摘した。ブフダは、意味のあるテクストを復元するためにこの章の削除を求めた（G. Buchda, Das Privatrecht Immanuel Kants. Ein Beitrag zur Geschichte und zum System des Naturrechts, Jena 1929, S.36f.）。B・ルートヴィヒは、この指摘はその間に確保されたカント文献学の認識状況であると理解している（Bernd Ludwig (Hrsg.), Immanuel Kant. Metaphysische Anfangsgründe der

Rechtslehre. Metaphysik der Sitten, Erster Teil, Hamburg 1986, S.XXVIII.)。次にまたF・テンブルック（F. Tenbruck, Über eine notwendige Textkorrektur in Kants „Metaphysik der Sitten“, in: Archiv für Philosophie 3, 1949, S.216.）、Th・マウトナー（Th. Mautner, Kants Metaphysics of Morals. A Note on the Text, in: Kantstudien 72, 1981, S.356-359.）およびJ・ベアケマン（J. Berkemann, Studien über Kants Haltung zum Widerstandsrecht, Diss. Karlsruhe 1972, S.140f.）がテクスト形態の問題を指摘した。これは後に、B・ルートヴィヒによるテクスト編纂に至る。このテクスト編纂は、この点を修正してはめ込んだだけでなく、また他の箇所も修正した。たとえば§3が広げられたなど、また国家法の章の置き換えである。基本的テーゼは、「失敗した印刷」がテクストの曖昧さの原因であるということである（Bernd Ludwig (Hrsg.), a.a.O., S.XXIX.）。一般的に方法的な考察と並んで、テクストは完全には理解されえないとする納得のいく説明によってはじめて、つまり置き換えによってはじめてその意味が獲得されるということである。この置き換えは、そのような置き換えをこれが証明されるまで問題があるものとして見なされる。たとえば、§2をブフダの挿入で置き換えるというルートヴィヒによって提案された解決において（Bernd Ludwig (Hrsg.), a.a.O., S.XXXII.）、実際、法的理性の要請、つまりすべてのものは私のものと見なしうるのか否かという要請は問題とされなければならないということが指摘される。これは§6において論じられたア・プリオリな総合的法命題である。というのは、むしろこのア・プリオリな総合的法命題は可能なア・プリオリナな法命題の基礎を形成しているからである。たとえば、土地の取得がそれを意味しているように。問題はここでは基礎づけの演繹理解である。さらにそれによって、ルートヴィヒ自身が認めているように、本来的に体系上重要な§2がむしろその重要性において格下げになる（B. Ludwig, Der Platz des rechtlichen Postulats der praktischen Vernunft innerhalb der Paragraphen 1-6 der kantischen Rechtslehre, in: Rechtsphilosophie der Aufklärung, hrsg. von R. Brandt, Berlin 1982, S.231.）。このことは、変更によって§4が直接§1の後に現れることを示している。しかし、何かをもつことから、もつことの対象への移行は短縮される。というのは、この切り縮めはひとはすべてをもちうるという結果になるからである（§2）。この考察は、このようなテクスト修正はなお問題をもたらすことを示唆している。場合によっては、現在ようやく徐々に解明されている解釈の層が排除されないのか否かが問われなければならない。

体系的諸問題、少なくとも解釈を妨げるテクスト理解の困難性と並んで、なお概念上の諸問題が挙げられなければならない。これらの問題は、今まで仕上げの欠陥が原因となって『法論』の解釈の妨げになっている。というのは、『法論』の「まえがき」の後に人倫の形而上学への一般的な序論が置かれることになるからである。この序論において人倫の形而上学の区分の後に人倫の形而上学の基本概念が説明されることになる。

VI, S.205-228. 邦訳『法論』３２５－３５２頁。この視点におけるテクスト構成の問題性については次の文献を参照。Monika Sänger, Die kategoriale Systematik in den „Metaphysischen Anfangsgründen der Rechtslehre“. Ein Beitrag zur Methodenlehre Kants, Berlin · New York 1982, S.128-137.

一般にこのような基本概念が手短に説明されなければならない、ということを批判から形而上学への途上における緊張が示している。というのは、法の主題化は、まさに『実践理性批判』は『人倫の形而上学』によって完結されるとする体系要求を満たすという困難性によって簡単には解決されえないように思われる。このことは、特に強調されなければならない。というのは、法の主題化は、理解を妨げる自明性からすぐに規定されるからである。というのは、法観念はきわめてしばしば理解しやすいからである。つまり、一般的な諸観念を引き合いに出す前に、法論の概念性がその体系内在的関連においてまずはじめに追求されなければならない。私法と公法の区分を通用している理解からただちに解釈することはできず、この区別の論証の意味が、また選択された概念性が追求されなければならない。今までなされたコメントによって法論の批判的性格の問題は、体系関連の問題状況を切り縮めて表現したものであるということが明らかになるであろう。法論の解釈史が、テクスト上、内容上および体系上の種類のいかなる「客観的な」困難性と戦わなければならなかったのか、また戦わなければならないのかが納得できるかもしれない。

三　『法論』の継受

キュスタースは、法論の継受について簡潔に概観している（Küsters, a.a.O., S.14-18.）。以下においてそれを検討する。『法論』解釈の客観的困難性についてはすでに考察した（Gerd-Walter Küsters, a.a.O., S.13.）。このことは、『法論』の影響史に対してあらかじめ確認しなければならないことに役立ったかもしれない。つまり、『法論』はカントの批判の構想以前に関心の中心ではほとんどなかったということである。このことはまた、公法の部分が有効であったということに制限しなければならない場合にも当てはまる。影響史に対してはまさに次の弁証法が当てはまる。つまり、自然―理性―法から法―実証主義への弁証法であり、そして逆もまたそのとおりである。

たとえばドライアーは次のように述べている。

「影響史上の両義性が特にはっきりと明らかになるのは、法律学におけるカントの実践哲学の継受によってである。この両義性は、理性法から実証主義へおよび実証主義から理性法へというスローガンに帰せられる。自然法論ないし理性法論から法実証主義への道はすでに継受史の第一段階において際立っている」（Ralf Dreier, Zur Einheit der praktischen Philosophie Kants. Kants Rechtsphilosophie im Kontext seiner Moralphilosophie, in: Perspektiven der Philosophie 5, 1979, S.5-37, S.20. Ders., in: Recht-Moral-Ideologie. Studien zur Rechtstheorie, Frankfurt am Main 1981, S.286f.）。

いわば歴史的状況に応じて、ひとつの観点あるいはもうひとつの観点が確証される。つまり、独断主義的意味における形而上学的思弁の拒絶が問題であるのか、たとえば人権のような法的立場の基礎づけが問題であるのかという観点である（これについては次の文献を参照。H. Böckerstette, Aporien der Freiheit und ihre Aufklärung durch Kant, Stuttgart-Bad Cannstatt 1982, S.306-344. 特に「カントと近代の人権思想」についてはS.408-422. を参照）。このことは、『法論』の体系上満足できる解釈の不可能性を指摘するものとして理解されるであろう。というのは、その解釈はいわばあらゆるものに何かを提供するのも同然である。しかし、このことはすでにケアスティングの研究によってその答えを見出している。ケアスティングは、法論をまさに法実証主義と理性法との調停として解釈している（Wolfgang Kersting, Wohlgeordnete Freiheit. Immanuel Kants Rechts-und Staatsphilosophie, Berlin・New York 1984.）。法論の決定的に重要な影響が存在しなかったということが確認されなければならない。確かに、カントの立場は最近に至るまで多くの注目を集めてきたのは事実である。したがって、また有効な立場であったかもしれない。しかしながら、明らかになる影響は研究文献によって単に一般的に書き留められているにすぎない。

この発言はこの著作の体系的性格に関係する。というのは、たとえば刑法や国家哲学のような法論の個々の「学説」には注意が向けられているからである。

たとえばL・シュナイダー、H・キーフナー、W・ナウケ、M・ヴィレイ、K・キュールおよびH・クリューガーなどの研究者が挙げられる。L. Schneider, Zu Kants Einfluß auf die Rechtsphilosophie, in: R.-Laun-Festschrift, 1962 Göttingen, S.400-413. Hans Kiefner, Der Einfluß Kants auf Theorie und Praxis des Zivilrechts im 19. Jahrhundert, in: Philosophie und Rechtswissenschaft. Zum Problem ihrer Beziehung im 19. Jahrhundert, hg. v. J. Blühdorn und J. Ritter, Frankfurt am Main 1969, S.3-25. Wolfgang Naucke, Über den Einfluß Kants auf Theorie und Praxis des Strafrechts im 19. Jahrhundert, in: J. Blühdorn・J. Ritter (Hrsg.), Philosophie und Rechtswissenschaft. Zum Problem ihrer Beziehung im 19. Jahrhundert, Frankfurt am Main 1969, S.27-48. M. Villey, La Rechtslehre de Kant dans l'histoire de la science juridique, in: Archives de philosophie du droit 16, 1971, S.257-274. Kristian Kühl, Eigentumsordnung als Freiheitsordnung. Zur Aktualität der Kantischen Rechts-und Eigentumslehre, Freiburg i.Br.-München 1984 (Diss. Heidelberg 1978), S.120f. Herbert Krüger, Kant und die Staatslehre des 19. Jahrhunderts. Ein Arbeitsprogramm, in: J. Blühdorn / J. Ritter (Hrsg.), Philosophie und Rechtswissenschaft. Zum Problem ihrer Beziehung im 19. Jahrhundert, S.49-56.

この観点における研究状況を明らかにしているのは、R・ドライアーのコメントであるかもしれない。ドライアーは、法論の影響の評価として次のように付言している。

「それ〔『人倫の形而上学』（1785年）および『実践理性批判』（1788年）〕に対して、体系的な後期著作である『人倫の形而上学』（1797年）は、解釈者をはじめからむしろ困惑させた……。その第一部、つまり『法論の形而上学的基礎論』に関して言えば、この著作はもちろん特に法哲学的に関心をもっている法学者の注意を喚起した。しかしながらかれらにとっては期待外れであった」（Ralf Dreier, Recht-Moral-Ideologie. Studien zur Rechtstheorie, Frankfurt am Main 1981, S.286.）。

一般的評価のこの概略にドライアーは、「この影響史に関する専門研究上の叙述が欠如している」とする文章を注において補足している（Ralf Dreier, a.a.O., S.307, Anm.6.）。

この専門研究の欠如は、今まで支配的だったカントの法論の否定的評価を示しているにすぎない。しかし、このここで外見上否定的にのみ存在する影響史と根本的に対象をなしているのは、まずはじめに法論の継受を規定した期待である。というのは、『純粋理性批判』の出版がすでに、批判の基盤のうえで自然法構想を解明しようとする試みに至っているからである。

Jürgen Blühdorn, „Kantianer“ und Kant. Die Wende von der Rechtsmetaphysik zur „Wissenschaft“ vom positiven Recht, Kantstudien 64/1973, S.363-394. Bernd Ludwig (Hrsg.), Immanuel Kant. Metaphysische Anfangsgründe der Rechtslehre. Metaphysik der Sitten, Erster Teil, Hamburg 1986, S.XXIV-XXVI.

このことは、現代における法のテーマの特別の意義およびカントの批判的業績の意義を示している（R. Brandt, Einführung: Rechtsphilosophie der Aufklärung, in: Rechtsphilosophie der Aufklärung. Symposium Wolfenbüttel 1981, hrsg. von R. Brandt, Berlin・New York 1982, S.1-11.）。しかし、法論そのものは高い期待のもとに成立した。たとえばF・シラー（1759-1805）は所有権問題のカントの解決を期待していた。

１７９４年10月26日、ヨハン・ベンジャミン・エアハルト（１７６６-１８２７）宛てのＦ・シラー（１７５９-１８０５）の書簡の中に次のような覚書きがある。

「所有権の導出は、今や非常に多くの思索者たちを煩わしている点であり、私はカント自身から、私たちはかれの『人倫の形而上学』からその点についての何かを期待してよいと聞いている。だが私は、それと同時に、かれがその点についてのかれの諸理念にもはや満足していないこと、それゆえに出版を当分思い留まったことを聞いている」(Zit. nach einem Verweis von Paul Natorp im Anhang der Edition der Metaphysik der Sitten in der Akademie-Ausgabe, VI, S.517. W. Kersting, Transzendentalphilosophische und naturrechtliche Eigentumsbegründung, in: Archiv für Rechts- und Sozialphilosophie LXVIII, S.157-175, S.157.)。

Ｊ・Ｈ・ティーフトゥルンク（１７５９-１８３７）の言明は、法論の最初の影響に対する証拠として役立つかもしれない。ティーフトゥルンクは、かれの法哲学上の構想において次のように明確に書き留めている。つまり、ティーフトゥルンクはカントによってまさに出版された法論の読解の印象のもとで、もともと書かれていたテクストを新たに書いたということである。

J. H. Tiefrunk, Philosophische Untersuchungen über das Privat-und öffentliche Recht zur Erläuterung und Beurtheilung der metaphysischen Anfangsgründe der Rechtslehre vom Herrn Prof. Imm. Kant. 1. Theil, Halle 1797, 2.Theil, Vorrede, S.IIIf., Halle 1798 (Nachdruck 1968).

このもともとあった関心、最初に成立していた期待は、法論のテクストが提示した難しさによってきわめてすぐに失われることになった。法論のＢ版において、法論の第二部の前に付録である『法論の形而上学的基礎論』のための注釈的覚書きが見出される。この覚書きは、第一版の書評が述べている問題に答えようと試みるものである（VI, S.356-372. 邦訳『法論』５０３-５２３頁）。したがって、単に付随的に成立しており、研究された影響史に対する根拠が与えられている。というのは、この困難性に関して理性批判はますます影響を発展させることができたからである。したがって、法論の最初の取り組み以後の研究史（Bernd Ludwig (Hrsg.), Immanuel Kant. Metaphysische Anfangsgründe der Rechtslehre. Metaphysik der Sitten, Erster Teil, 3., verbesserte Auflage, Hamburg 2009, S.XIII-XXX.）が根本的に個々の研究を書き留めることができるにすぎないということは不思議ではない（Christian Ritter, Der Rechtsgedanke Kants nach den frühen Quellen, Frankfurt am Main 1971, S.15-21, S.22-24.）。

Ｒ・ドライアーは、簡潔な概略において影響史・研究史に対してすでに批判書の影響のもとに自然法からの方向転換に至る構想が存在したということを強調した。そこにおいて法哲学上の新カント学派における実定法とフランス革命の諸原理との結びつきが、形式主義、相対主義および実証主義の視点によって否定された。自然法をめぐる戦後の議論において、確かにある種の転回が生じたが、しかしこれは法律学上の議論に対しては当てはまらない。そしてまた、カントに関する新たな関心が法論に集中することもほとんどない（Ralf Dreier, Recht-Moral-Ideologie. Studien zur Rechtstheorie, Frankfurt am Main 1981, S.287f.）。

１９７９年に述べられた法論の継受についてのこの外観は、この継受は最初の時期におけるある種の「全盛」以降、現代まで取り立てて言うほどのことではないが、継受の欠如に対する学問史上の諸根拠が存在するということを明らかにしている。そしてまたこれに属するのは、法律学の発展および法そのものの発展が、この発展はカントの批判的立場に影響を受けているが（K. Rode, Geschichte der europäischen Rechtsphilosophie, Düsseldorf 1974, S.142. カントの法哲学についてはS.132-143. A. Kaufmann, Problemgeschichte der Rechtsphilosophie, in: Arthur Kaufmann / Winfried Hassemer (Hrsg.), Einführung in Rechtsphilosophie und Rechtstheorie der Gegenwart, 6., neubearbeitete und erweiterte Auflage, Heidelberg 1994, S.68f.）、理性法ないし自然法からの方向転換後、必然的に法形而上学の考慮を背景に追いやったということである。それでもやはり、実定法の科学への移行は方法的に不明確であった。

したがって、法論はすでに歴史的にははじめから絶望的な状態にあるように思われる。というのは、まさに法形而上学の適用の基盤が弱いように思われるからである。

しかし、歴史的に欠如した充足に基づく歴史的制限のこの論拠は納得されないかもしれない。というのは、カントの後、際立つ法発展における歩みは法論の起草直前にすでになされていたからである。つまり、「１７９４年のプロイセン一般ラント法」における当時重要な法典編纂である。「制定法」の意義についてのカントの強調に関してまさにこの研究は有益かもしれないが、カントの法論とこの法典編纂との関連については包括的な研究が存在しない。

カントは「法論の区分」B「法（権利）の一般的区分」において次のように述べている。

「一、体系的秩序としての法について。これは、ア・プリオリな純粋原理にもとづく自然法と、立法者の意志から生ずる実定〔制定〕法とに区分される。

二、他人を義務づける〔道徳的〕能力、すなわち、そうした義務づけを可能にする法的根拠〔権原 titulum〕としての法（いわゆる「主観的法」としての権利）について。これの最高区分は生得的権利と取得的権利との区分である。前者は一切の法的行為と無関係に万人各自に本来的に帰属する権利であるのに対して、後者はその成立のためにそうした行為が必要とされる権利である。

生得的な私のもの・汝のものは内的な私のもの・汝のもの〔**meum vel tuum internum**〕とも呼ばれうる。なぜなら、外的なそれらは常に取得されねばならないのだからである」（VI, S.237. 邦訳『法論』３６２-３６３頁）。

H. Schmidt, Durch Reform zu Republik und Frieden? Zur Politischen Philosophie Immanuel Kants, in: Archiv für Rechts- und Sozialphilosophie 71, 1985, S.297-318. Wolfgang Kersting, Wohlgeordnete Freiheit. Immanuel Kants Rechts-und Staatsphilosophie, Berlin・New York 1984, S.303-306. P. Burg, Die Verwirklichung von Grund- und Freiheitsrechten in den Preußischen Reformen und Kants Rechtslehre, in: G. Birtsch (Hrsg.), Grund- und Freiheitsrechte im Wandel von Gesellschaft und Geschichte. Beiträge zur Geschichte der Grund- und Freiheitsrechte vom Ausgang des Mittelalters bis zur Revolution von 1848, Göttingen 1981, S.287-309.

しかし、この明らかになってはいない歴史的関連は、一見思われるよりも有益かもしれない。というのは、それによって法形而上学の適用が厳密に何を意味するのかという問題が尖鋭化されるからである。つまり、いかなる法実践に法概念を適用するのが重要なのであろうか。法—現実性とは何であろうか。

影響史において現れる内容上の困難性は、そのつどカントの立場の理解ないし誤解を基礎づけ、肯定的評価ないし否定的評価を可能にするが、理論的立場として、重大な対立としての法実証主義と自然—理性—法との困難性である。しかし、この対立は現在不十分なものとして認識されている。

この対立の批判については次の文献を参照。O. Höffe, in: Merkur, H.6, S.613-622.
Naturrecht und positives Recht: Wider eine gängige Alternative,

これらの立場の一面性は、これらの立場はそのつど唯一の立脚点として受け取られ、ひとつの解釈を少なくともきわめて困難にするが、批判が特徴づけている手続きにおいて止揚されなければならない。つまりその手続きとは、方法的遠近法主義である。法論がこのように理解されうるということをO・ヘッフェもまた次のように記述するときに強調している。つまり、法論は法概念の解明による規範的重要性をもった批判哲学であり、それによって確かに諸原理が準備されるが、しかし具体的な裁判および立法を補うものではない。

ヘッフェは、「経験に依存しない学としての法哲学は、立法者の代わりも裁判官の代わりも法学者の代わりもするものではない」と述べている（O. Höffe, Immanuel Kant, 8.Auflage, München 2014. S.216. 邦訳『イマヌエル・カント』薮木栄夫訳、法政大学出版局、１９９１年、２２４頁）。

法論の理解問題および継受問題は、この方法的に難しい位置に基づいている。というのは、法論は理性法ないし法実証主義のいかなる立場によっても、一義的に受け取られないように思われるからである。つまりそのつどこのような尋問において、湧き出る解釈の可能性が逆らうからである。これに属するのはまた法論の体系連関である。したがって、M・ツュスコフスカとともに次のことが確認される。

「19世紀および20世紀の法哲学は、カントの法哲学よりもカントの認識論によって、いっそう強い影響を受けてきた。同様のことが、新カント学派の法哲学に対しても特徴的である」（M. Szyszkowska, Die Auswirkung der kantischen Trennung der beiden Gebiete: der theoretischen und der praktischen Vernunft der Rechtsphilosophie, in: Studia philosophiae christianae R.8, N.1,

S.133-152.)。

しかしながら、まさに法論の体系上の性格が法論の基礎づけ関連と同様に考慮されずにいる。批判と形而上学との十分に解明されていない関連は、影響史において、批判の継受が法論の継受を不可能にするように思われるという結果を生じさせる。第五章の第一節において叙述される研究状況は、これを修正するきっかけを作るものである。

四　カント法哲学の批判的性格をめぐる論争

カントの発展における法の意義を強調しているひとつの研究がある。その研究はもともと、カントの法構想はどの程度批判的性格をもっているのかとする新カント学派の問いを追求しているが、しかし批判の法的性格ないし『法論』そのものは追求しているわけではない。ここで注意しなければならないのは、キュスタースによれば、発展史的解釈は大きく分けると2つの見解において現れているということである。以下においてカント法哲学の批判的性格をめぐる論争の中でも、特に2つの見解に焦点を絞って検討する（Küsters, a.a.O., S.37-60.）。

Chr・リッターはこの法論の発展の非断絶性を証明しようと試みた。他方、これに対してW・ブッシュは批判的性格を救い出すために転回を立証しようと試みている。

この生成発展史的問題設定の限界については次の文献を参照。V. Gerhardt, F. Kaulbach, Kant, Darmstadt 1979, S.22f. その論証は、意味のある回顧の可能性としてカントの発展の終着点に注意を払うことが必要であると強調している。

動機づけられた問題設定を一度脇に置くかぎりにおいて、リッターの研究の成果はある意味ではカント思想の法形式の意義に対するさらなる証拠として評価される。

カントの法思想は不断の連続性の中で発展したものであるとして、リッターは総説の中で次のように述べている。

「初期の資料によって解明された時期のはじめ（1764年頃）にすでに、核心において『人倫の形而上学』と同様の基礎的諸規定が見出され、また考察された時期の終わり（1775年頃）において後期の著作（『法論』）と同様の一連の主題群、問いおよび解答が見出される」（Christian Ritter, Der Rechtsgedanke Kants nach den frühen Quellen, Frankfurt am Main 1971, S.339.）。

リッターは『法の形而上学』を分析の対象にさえしなかったにもかかわらず、またリッターは繰り返し『法の形而上学』を引き合いに出しているのではあるが、かれの内容豊富な多くの証拠を提供する研究はカントに対する「法思想」の意義を証明している。

その際、このテーゼはカントにおける特殊性の証明ではなく、法的モデル観念の影響ないし法の主題の意味が啓蒙の哲学全体に対して主張されている（R. Brandt (Hrsg.), Rechtsphilosophie der Aufklärung, Berlin・New York 1982.）。カントはここで論争的な伝統の中にいる。この伝統はまさにカントの思考、この思考は理性の係争、理性の使用にきわめて強く関連し、飛び越えることはできないのだが、このことがもちろん伝統との関連に対する問題を投げかけるにもかかわらず、リッターと同様に『法論』の「批判的」性格に対する問いが立てられる。しかしながらカントにおける批判の手続きは、すでに示され、法的性格のテーゼによって論じられたように、まさに「理性の係争」の前提によって特徴づけられる。そしてその論拠は法的決定にふさわしい。したがって、伝統との関連は理性批判の必然的な要素である。というのは、根本においてリッターの次の確認は、カントにおける法思想の意義に対するさらなる間接事実であるにすぎないからである。

リッターは次のように述べている。

「カントは伝統的自然法論および同時代の自然法論との不断の対決において、法と国家についての構想を創り上げた。カントは、これらの自然法論からかれの法思想の専門用語や「素材」を借用するだけではなかった。また、法と国家についてのカント自身の基礎的テーゼは、これらの自然法論によって準備された歴史的土台のうえに成立している。……一方で、ヴォルフおよびその弟子（バウムガルテン、ダリエス、部分的にアッヘンヴァル）によって媒介された学派の伝統なしには、またのキリスト教的法神学なしには、さらにグンドリングを越えてトマージウスに強く依存しているアッヘンヴァルのような卓越した法学者を熟知することなしには、カントの法思想はほとんど考えることができない。また、ホッブズおよびロック、ハチスンおよびヒューム、モンテスキューなしには法と国家についてのカントの思想はほとんど考えることができない。また特に、ルソーの形成した影響なしには、法と国家についてのカントの思想はまったく考えることができない。

他方だからと言って、カントの法哲学が諸説融合であると特徴づけることはできない。批判的選択、つまりカント自身の思想によって、受け入れたものを独自に修正したり、組み合わせたりすることによって、カントの法理論にその特殊な性格が与えられている。カントは徹底的に合理的な自然法を展開している。なるほどその自然法は（超越論的理性批判という厳密な意味における）「単なる理性の限界内における自然法」にまで高められていないが、しかし伝統的自然法論の合理的貫徹を頂点にまでもたらしている」（Christian Ritter, a.a.O., S.339f.）。

ここで述べられたア・プリオリ性の欠如の批判は、リッターのさらなる成果の叙述に従えば、その叙述はカントの法思想の特殊な働きを強調しているのだが、特に影響および洞察を指摘している。カントに対する法思想の原理的意義をリッターは次のことを指摘することによって強調している。

リッターは次のように述べている。

「歴史的に考察すると、カントの法思想は１７６３年以降、実践哲学全体の中核であることが明らかになる。道徳原理はまずはじめに法原理である。したがって、カントにとって法は人倫的なものの単なる「不十分な様相」を意味するにすぎないとする見解は適切ではない」(Christian Ritter, a.a.O., S.340.)。

資料の綿密な叙述によって得られたこれらのテーゼは、カントに対する法思想の重要性を優先的に基礎づけている。同時にカントの『法論』がますます「法的」になることが明らかとなる。つまり体系家カントは伝統的自然法の「独断論」に引き寄せられた(Christian Ritter, a.a.O., S.340.)。またこのことはカントに対する法思想の影響を示しているにすぎない。その決定的に重要な動機はリッターによれば、カントによるルソーの継受にある。ルソーはカントに情緒的に特に感銘を与えた(Christian Ritter, a.a.O., S.340.)。

リッターの研究は、法の問題に対するカントの持続的取り組み、カントに対する法観念の重要性、またたとえば人権の問題についての考察を具体的に説明している(Christian Ritter, a.a.O., S.162f.)。中心的な問題は、その意味を指摘することではなく、カントの『法論』は批判的法論であるのかとするこのテーマを考慮に入れてリッターによる成果を解釈することにある。というのは、『法論』そのものは直接主題化されておらず、リッターの研究は1775年頃の時期で終わっているからである。

この決定の問題性は2つの考察によって手短に説明される。第一に、国家の行為(領主によって代表される)の正当性の問題によってである。というのは、次のような問題が生じるからである。つまり「領主」は法律上効力的には拘束されておらず、その正当に公表された結論は領主の意思である。その結果、実際領主の権限と法原理とが相互に対立する。リッターはこれを1764年から1768年の時期に置いている。この考察は法論の解釈に対してどの程度適切なのかという問題である。というのはリッターは、『法論』に達するまでの連続性を裏づけるために、ここでカントによるしばしば議論された抵抗権批判およびその矛盾を指摘しているからである。しかしながら、まさに『法論』において国家の行為の法的拘束力がいかなる方法で説明されるかが明らかとなる(Christian Ritter, a.a.O., S.126f.)。国家の行為に対する抵抗の問題は、一定の前提のもとではじめて答えられる問題である(Christian Ritter, a.a.O., S.127f.)。

同様の困難性が類似の問題において現れ、また法と強制との関連に該当する。それについてリッターは、たとえば法思想の基礎づけを叙述する時期について論じており、「発展」（1769-1771年）、最後に「強化」および「さらなる発展」（1772-1775年）が続く。

法そのものは（客観的）道徳的必然性の表現であるので、法も「道徳的に」「要求され」、また「強要」されるということは自明のことである。しかし、外的強制、つまり「外的に」、「物理的に」作用する手段によって抵抗する者に対してそれを実行することは、法の本質に属するのか否かという問題が生じる。道徳哲学のレフレクシオーン6595（XIX, S.100f.）の解釈によってリッターは、次のような解答に至る。抵抗できない権力は、法の条件を実現するための手段である。安定性のために必要な強制は、何が法かという条件に属するのではなく、これはむしろあらゆる強制なしに「抽象的」に考えられうる（つまり、すべての人の最大限の自由の平等として）。「具体的」法と「抽象的」法は、概念的に次のことによって区別される。法の概念には属さないさらなる条件としての強制は、法の「抽象的」条件に付け加えることが「できる」（付け加えてはならない）。というのは、すべての「具体的」法は人間の安定性の関心を考慮しなければならないからである（Christian Ritter, a.a.O., S.170f.）。

この考察を『法論』における法と強制についての「分析的関連」と比較すると、まさにここにおいて強制は法の概念に属していることは明らかである。

カントは、法は強制の権能と結合しているとして次のように述べている。

「或る作用の妨害に対してなされる抵抗は、こうした作用の促進であって、この作用と調和する。ところで、不法である一切のものは、普遍的法則に従っての自由の妨害である。他方、強制は自由に対してなされる妨害もしくは抵抗である。以上のことから次のような帰結が生ずる。すなわち、自由の一定の行使がそれ自身普遍的法則に従っての自由の妨害である〔すなわち不法である〕場合には、この妨害に対して加えられる強制は、自由の妨害の排除として、普遍的法則に従っての自由と調和する、すなわち、正しい。したがって、法（ないし権利）には同時に、法（権利）侵害者を強制する権能が、矛盾律に従って結合しているのである」（VI, S.231. 邦訳『法論』§D「法は強制の権能と結合している」、356頁）。

この比較によって初期の段階と後期の段階との間にいかなる相違があるのかということが理解できる。カントの法概念は単なる思想の可能性に留まっているのではなく、実際に「所与」としての「法」の叙述を行っており、また純粋に合理的に展開されている（Geismann, Kants als Vollender von Hobbes und Rousseau, in: Der Staat 27, 1982, S.161-189. O. Höffe, Immanuel Kant, 8.Auflage, München 2014, S.216-224.）。したがって、『法論』の非批判的性格についてのテーゼは、『法論』を考慮するとただちに納得のいくものとはならない。というのは、少なくとも転換点がここでは挙げられなければならないからである。

R・ブラントは、リッターのこの著作に対する詳細な書評論文において次のような状況に注意を喚起した。つまり『法論』においては、カントによって次のような論拠が提示されているとする。

ブラントは次のように述べている。

「『法論の形而上学的基礎論』にはその全体構想にとって本質的に重要であり、カントがまだ執筆直前まで使用することのできなかったのが明らかな諸要素が見出される。この諸要素のひとつが暫定的占有と決定的占有との区別である」（Reinhard Brandt, Rezension zu: C. Ritter: Der Rechtsgedanke Kants nach den frühen Quellen, in: Philosophische Rundschau, Jg. 20, 1974, S.43f.）。

『法論』の構成およびその論証方法に対するこの区別の基礎的な性格のために、これは『法論』を特に考慮することに対するひとつの重要な論拠であり、修正の動機を考慮に入れて初期の論述との相違が分析されなければならないであろう（Reinhard Brandt, a.a.O., S.46f.）。『法論』そのものにおける特殊な基礎づけのはたらきの問題は、避けることができない。

リッターによって批判的に解明されたテーゼ、つまり連続性は『法論』にまで妥当し、したがって批判的法論は存在しない、確保された法ア・プリオリ性はカントによって提示されていない（Christian Ritter, a.a.O., S.239.）、カントの「合理的自然法は……法における人間の人間性についての実質的、形而上学的諸命題にひそかに基づいている」

(Christian Ritter, a.a.O., S.340.) とするテーゼは、根本において証明されていないテーゼである。というのは、このテーゼは『法論』そのものを検証していないからである。その際、たとえば法概念そのものは明確にはそのような「形而上学的」前提を利用していない。ブラントの考察の結論において、カントの思考においていわばさらなる「転回」が存在するということが結論として明らかになる。

もうひとつの批判的評価がH・オーバラーにおいて見出される。オーバラーは新カント学派の意味においてリッターによって批判と『法論』との間で欠如しているとする相互依存性に対して、むしろこのような「欠如」はまさに「長所」として評価されるべきであると強調している (Hariolf Oberer, Zur Frühgeschichte der Kantischen Rechtslehre, in: Kantstudien 64, 1973, S.99. オーバラーは特にJ・エビングハウスに依拠している)。この視点においてリッターによって批判的に断言された単なる類比形態、理論的モデルの実践理性への転用 (Christian Ritter, a.a.O., S.286, S.339.) は、この転用は『法論』においてはもはや見出されないのだが、克服されるべき立場として理解される。この立場は、まさに『法論』における課題によって『法論』の体系的性格に対する論拠をあらわす。したがって、オーバラーは正当にも、『実践理性批判』への『法論』の体系的適合はまだ基礎づけられていないと論述している (Hariolf Oberer, a.a.O., S.99.)。最後にオーバラーは法形而上学の役割を展開している。この評価は、その根本的な重要性のためにここで全体を引用する。

オーバラーは次のように述べている。

「普遍的で純粋な道徳原理の展開以前のカントの法原理の仕上げという歴史的な先行についてのリッターの叙述は、次のことを示すものとして役に立つように私〔オーバラー〕は思われる。すなわち、法原理のまさにこの仕上げが実践哲学の批判的な新しい端緒に対する刺激を形作ったということ、またこの新しい端緒が結局、哲学一般および全体の批判的な新しい基礎づけに対するモチーフをあらわしているということである。このことはまた次のことを明らかにする。すなわち、いかにしてカントの法思想が理論的批判、また哲学の自己基礎づけ「以前に」、そして実践的基礎づけの諸著作「以前に」形成され、カントの実践哲学の中心に入ることが可能になったのかということである。法原理の形態における法思想は、新たな実践哲学を(a)全体として、また(b)倫理学と法論の内的限定において強要した。この新たな実践哲学は、今度は新しい理論哲学を、(a)哲学の自己基礎づけとして、(b)特殊な理論哲学として、(c)理論哲学と実践哲学との新たな限定づけとして要求した。そして最後の基礎づけのこの究極目的から歴史的発展が生じたと推察される。この歴史的発展は、まず第一に体系的基礎づけ一般、つまり『純粋理性批判』（1781年初版）をもたらし、次にこれによって開放された実践的基礎づけ、つまり『人倫の形而上学の基礎づけ』（1785年）および『実践理性批判』（1788年）をもたらした。そして最後に、準備されていた特殊な理論、つまり『人倫の形而上学』（1797年）を獲得した。『人倫の形而上学』は、特に『法論』において内容上すでに広範囲に仕上げられており使用可能であった。というのは一方では、『法論』がこの発展に対する刺激を形作り、他方ではカントによって繰り返し述べられた『人倫の形而上学』の出版予告が証明しているように、つねに随伴して進行する研究の中で継続されていたからである」（Hariolf Oberer, a.a.O., S.101f.）。

オーバラーがこの考察によって『人倫の形而上学』の問題、特に法形而上学の問題を方向づけられた発展のモチーフとして説明するとしても、しかしリッターによって示唆された『法論』の特殊な諸要素の新奇性を考慮に入れると、仕上げられた著作についての考察は疑わざるをえない。むしろ法問題ないし法の問題は決定的に重要なモチーフをあらわしているが、批判的業務による過程がそのような形而上学の準備として最終的な著述を可能にした、ないし強要したと言わなければならない。まさに法問題が批判の著述を動機づけていると自由問題へのオーバラー自身の指摘が証明しており、そのアンチノミーは批判にとって重要な刺激であった。そしてこの問題性は、カントの法哲学上の考察、たとえば帰責（imputatio）についての考察によって明らかとなる（XIX, S.306. Reflexionen 7299-7302. 道徳哲学のレフレクシオーン）。

したがって、オーバラーは研究の視点として次のように要求している。

「したがって、次のことはまた考慮に値すると思われる。すなわち、初期のカントの法論と後期のカントの法論との歴史的連続性について、また超越論的観念論による倫理学と法論との限定づけについて定言命法が法原理に依存しているということから出発して、次のことを試みることである。すなわち、この法論から批判的倫理学をよりよく理解するという試み、法論の消極的自由概念から積極的自由概念を発展史的に解釈するという試みである。そして、『人倫の形而上学』の法論の中に積極的自由概念の超越論的観念論を求めることは無駄であるということを洞察するというだけでなく、またカント哲学の広義の意味における「批判的」段階はその本質的な顧慮において、すでに１７６４年からの初期の純粋に合理的法思想とともに始まるということを洞察する試みである。それゆえ次に、基礎づけの諸著作に対する『人倫の形而上学』のカントの機能規定を真剣に受け取るということがより説得的になる」（Hariolf Oberer, a.a.O., S.102.）。

このような積極的な評価は、これはその問題設定の方向転換によってカント解釈全体にとっての解釈の可能な役割を記述しているが、そしてこれは研究状況を明確に示しているが、根本において満たされていない。というのは、カント思想の発展の正確な追跡がこのテーゼの証拠としてまだ未解決であるからである。しかしながら『法論』が、それは論証と実行に取り組んでいるが、伝統的な哲学的論証方法に対してと同様に批判に対しても新しい観点を説明しているということには根拠がある。その結果『法論』は、その形態において解釈にかなり対抗している。オーバラーによる指摘が『法論』の意味の基礎づけの本質的な戦略を説明しているにもかかわらず、この指摘はさらに追求されていない。また、リッターによって解明された『法論』の「非批判的」性格のテーゼについての批判的な検討を目指している研究、つまりＷ・ブッシュによる『カントの批判的法哲学の成立　１７６２−１７８０年』についての研究においてもそうである（Werner Busch, Die Entstehung der kritischen Rechtsphilosophie Kants 1762-1780, Berlin · New York 1979.）。

この表題がすでにリッターによって非難された法形而上学の除外を示しているが、しかしこの除外は「法哲学についての最初の包括的な発言」として評価される。

Werner Busch, a.a.O., S.2.
ブッシュは次のことに注意を喚起している。
「それゆえ結局、リッターの異議はその直接的な準備草稿との関連における法論の内在的解釈によってのみ答えられうる。しかし、法論はその体系にここで取り上げられたレフレクシオーンが認識させるのとはまったく別の位置価値を割り当てているということをすでにおおまかな概観が示している」（Werner Busch, a.a.O., S.172.）。
この論拠によって『法論』の特別な位置が強調されている。

このことは、特に伝統とのカントの交渉を目指しているこの研究の価値および方法を規定している。この交渉に対してブッシュはたとえば、カントはロックをそれほど熟知していなかったということ、またカントの発展は特に「転覆（考えが変わる）」（Umkippungen）によって性格づけられるということを強調している（Werner Busch, a.a.O., S.2.）。したがってこの研究は、「対照的な方法に従えば、……１７６２年、１７６６年および１７６９年の立脚点の変化の後、１７７２年の批判の成果を１７８０年代の公刊物の前の時期に対して解明するということにある」（Werner Busch, a.a.O., S.3.）。しかし、そもそも想定されている批判的法哲学を証明しうるために、この研究の視点において批判的性格に対する問題は、「カントがそこから批判する最上の体系的立脚点に対する問いとなる。したがって、カントの思想のある段階内部においてこの最上の体系的時点を再構成するという試みが不可欠となる。この再構成によって全般的にそれより初期ないし後期の発展をこの時点から取り出すことができるからである」（Werner Busch, a.a.O., S.2.）。

ここにおいてこの研究の方法的問題性があまりにも明白に示される。というのは、批判的性格が最上の体系的立脚点についての仮決定から規定され、その結果、『法論』そのものにおいて可能な性格が解明されず、またブラントによって示唆された『法論』における諸要素の観点が、求められた「転覆（考えが変わる）」（Umkippung）を表しているということが考慮されないことになる。このことからブッシュの研究は、方法的構成必然性によって規定されており、またこの必然性は研究構想から生ずるのであって、カントの著作そのものから生ずるのではない。なぜならば、ブッシュによって最終的に確認された最上の体系的立脚点は、はじめから批判的な論証に晒されているからである。

しかしそれに関係なく、ブッシュはリッターと同様にカントによる伝統習得に関して、保持することのできる一致した確認に至るということが明らかとなる。したがってブッシュは、リッターに対して、「カントの実践哲学の諸原理に人間学的観点を除いて影響を与えているのはルソーではない」と確認している（Werner Busch, a.a.O., S.33.）。ブッシュは、この成果を１７６２年から１７６５年の時期の叙述において達成しており、この叙述に対して次のように論じている。つまり、当時すでに予告された実践哲学についての著作は３つの命題を含んでおり、これらの命題をカントは後期には主張していなかった。つまり、a)「行為が単に矛盾する命題のもとで考察される場合には」、契約法においては合意によっても変更しえない自己義務づけが考えられうる（Werner Busch, a.a.O., S.32.）。b)社会の条件は、法と誠実の可能性である。c)善意志は、自然因果性という意味における因果作用をもってはならないとする結論は、因果的に規定されたヴォルフの自然法の除去から生ずる（Werner Busch, a.a.O., S.32f.）。

１７６６年から１７６８年の第二段階において、ブッシュによればカントは権力と法についての研究（Werner Busch, a.a.O., S.34.）において、「法の必然的条件としての権限のある裁判官」の意義に至る。「その行為の判断なしに法的効力を手に入れられない」（Werner Busch, a.a.O., S.57.）。ブッシュは１７６９年から１７７１年の第三の段階に対して、法の把握における進歩を確認している。というのは、法治国家の要請は権力分立の要請によって補完され、法論に対する「最上の認識根拠」が求められる。その際、法構想はまだクリスティアン・ヴォルフを引き合いに出している（Werner Busch, a.a.O., S.69.）。

１７７２年以降の第四段階において、ブッシュはカントの法哲学の批判的性格が批判的自由概念によるその基礎づけに基づいているということを見出す（Werner Busch, a.a.O., S.70-170.）。この批判的自由概念がブッシュによって求められた最上の体系立脚点である。その際ブッシュは、まず理論哲学と実践哲学とのすでに繰り返し強調された分離、つまり重要なモチーフとしての法と道徳との分離を強調している（Werner Busch, a.a.O., S.70-76.）。

定言命法が原理として展開されるが、この原理は一方では形式的であり、他方ではあらゆる行為に適用可能である。定言命法において、批判的自由概念と生成論的に結びついているのは人格の無矛盾性および立法者による行為の検証である（Werner Busch, a.a.O., S.86.）。その際、定言命法の形成はピエール・ベールの影響を受けている。定言命法は、人間のもとにおける安らぎに満ちた法的状態に対する基礎である。この基礎に対して、「批判的自由概念」が要求される。この批判的自由概念は、単に消極的ではなく、積極的であり、つまり批判哲学から独立しているのではなく、「むしろ逆に自由という私法上の要素において成立している」、つまり理性的存在者におけるあらゆる実践的判断の前に要求された立脚点に対して理性的存在者が決定しうるという可能性が前提されている（Werner Busch, a.a.O., S.75.）。ブッシュは、この関連において「無意味なこと」について論じているが、しかしながらここでは「公的裁判権」の単なる含意として自由が理解されるのかどうか、また要求されるのかどうかは疑わしい（Werner Busch, a.a.O., S.75.）。この自由理解は、自律の原理を考慮に入れて解明されなければならない。

ブッシュは、このような前提のもとでたとえば法と道徳との関連は、伝統に対して変化していることが明らかであるということを強調している。つまり法の課題は、人間の平和状態の強制されうる諸条件を確立することである。道徳は法的人格に対して、人格を構成するという課題をもっている。法が、人間間における平和が成立しうる諸条件を作り出す場合、この「共生」がどのように基礎づけられるのかが問題である（Werner Busch, a.a.O., S.91.）。ブッシュにおいて、共生の強制から法概念が生じるとする表現が見られる。しかしそれによって基礎づけが逆さまになる。というのは、「経験的」論拠が主張されるように思われるからである。決定的に重要な問題は、理性が強制を要求するのか、あるいは強制が法の理性を要求するのかということである。

Gerd-Walter Küsters, Recht und Vernunft: Bedeutung und Problem von Recht und Rechtsphilosophie bei Kant. Zur jüngeren Interpretationsgeschichte der Rechtsphilosophie Kants, in: Philosophische Rundschau, Vol.30, No.3/4, 1983, S.213.

法と社会は、この問題地平の中心思想であるであろう。社会的総合の性格と実践理性の判断におけるその叙述がその問題であろう。

これは、定言命法は「試金石」として解釈されるということによっては答えられない。というのは、このような行為は正当な行為であり、この行為は定言命法と一致するからである。しかし定言命法との一致は法の場合には行為だけに関係する。

ブッシュは次のように述べている。

「批判的法概念は、法原理の意識があろうとなかろうと……法モデルとの外的一致からのみ出発している。この法原理は、自由の能力のある諸個人の可能な考証が客観的規範として表象されることによって獲得される。批判的法モデルが、直接法的強制を指示しているということはすでに自由の可能性が基礎づけられているということに存する」(Werner Busch, a.a.O., S.93.)。

この法概念は、これは1764年および1765年の法概念に区別されるのだが、批判的自由概念、つまり定言命法に基礎を置いているが、しかしながら次の諸問題が未解決のままである。つまり行為の原理は、どの程度十分に注意が払われているのか、『人倫の形而上学』の二重の立法はそもそもどの程度引き合いに出されているのか、そもそも定言命法から個々の法則が導き出されうるのかという問題である。このことから批判的自由概念そのものが問題となる。この自由概念の批判的性格が法、公的裁判権に対する必然的な前提において成立する場合、このことは要するにこの自由概念は基礎づけの性格ではなく、帰結の性格をもつということを示すにすぎない。法概念は、なるほど絶対的権利能力から出発するが(Werner Busch, a.a.O., S.94.)、しかしながら決定的に重要なのは行為関連および行為可能性である。これは本質的に『法論』における法概念を規定する(Werner Busch, a.a.O., S.7.)。したがって、ここでこの研究において『法論』を除外することの欠陥が明らかとなる。

それにもかかわらずブッシュは、この段階の研究において再び一定のテーゼの連続性を証明する一致した考察に至っている。つまり、国家法における「抵抗できない権力と絶対的自由」との関連、形式的法治国家の不可欠の含意としての私法の意義である(Werner Busch, a.a.O., S.127.)。「現実の法」としての私法の執筆は、ブッシュが指摘しているが（Werner Busch, a.a.O., S.159f.）、もともと法的権限のある国家権力に対してカントにとってきわめて困難であったとしても、このことが公法の解明の前に私法の解明が存在する根拠であるであろう。

しかし、法が「私法状態」においていかなる問題のある位置をもっているのかが強調される。その結果、法論における私法の体系内在的意味に対する問題が投げかけられる。自由概念と法概念との関連に対する決定的に重要な問題が残っている。何が根拠なのか、また何が基礎づけられるべきものなのか。法概念の基礎的な意味は、ブッシュにおいて、結局、国民の関係がそれから考えられるということから読み取れる（Werner Busch, a.a.O., S.160-170.）。

ブッシュの研究と結びついている問題を総括が明らかにしている。というのは、総括において次のように論じられているからである。平和的共生の諸条件についての行為する人間との関連に関係している考察が重要である。この法秩序は、行為の拘束的対象である。そして、そこに先駆者（特にヒューム、ホッブズおよびモンテスキュー）に対するカントの業績がある。しかしこの最後の言明は、１７７０年代の終りにカントの法に関する考察はまだ完結していなかったことを明らかにする。というのは、まさに上述の拘束性は法的行為者の必然的な行為の動機ではありえないからである。このことは、すでにしばしば批判された適法性と道徳性との区別が強調している。ブッシュはその基礎づけを十分には取り扱っていない。特に問題なのは、自由概念と法概念との関係である。というのは、自由概念からの法概念の導出は理解できないからである。

この解明のきっかけを作ったのは、ブッシュの研究（W. Busch, Die Entstehung der kritischen Rechtsphilosophie Kants 1762-1780, Berlin・New York 1979 (Kantstudien-Ergänzungshefte 110).）に対するイルティングの批判である。この批判は、『法論』の批判的性格に対する問いによって動機づけられている。イルティングは原則的に『法論』の批判的性格に疑念を抱いており、また特にブッシュの論証に疑念を抱いている。その際、イルティングはかれの研究を議論されている関連における「批判的」という術語をどのように理解するべきかという規定の困難さについての発言からはじめる。イルティングは、この問いは「カントの「批判」期における実践哲学の領域において、カントの倫理学（および法哲学）にとって本質的である特殊な諸理論が存在するのか否か」ということに還元されるように思われると述べている（Karl-

Heinz Ilting, Gibt es eine kritische Ethik und Rechtsphilosophie Kants? Hans Wagner zum 65. Geburtstag, in: Archiv für Geschichte der Philosophie, 63. Jg., 1981, S.327.)。そして、上記のイルティングの問いに必要なのは本質的諸要素の厳密な規定である。というのは、イルティングは大部分のテーゼはすでに１７６０年代に見出されるということから出発するからである。イルティングはブッシュに対する批判に際して、まずはじめにブッシュによって提示された批判的自由概念の批判から出発する。すなわち、イルティングは、カントは１７７０年代にいわゆる批判的自由概念を発展させたが、この批判的自由概念は１７６０年代のいわゆる「自然主義的自由概念」と区別されるものであるとするブッシュの見解に反論している。１７６０年代の自由概念に対して、イルティングは、そこではカントによって自由は基本的な人間の権利として理解されているということのみを認める。さらに続けてイルティングは、この自由概念そのもののある種の形而上学的諸要素を度外視して、行為の帰責、帰責可能性の問題は基礎づけにとって十分ではないと述べている。というのは、この概念は理論哲学に入れられるべきであり、実践哲学に入れられるべきではないからである（Ilting, a.a.O., S.327.）。

イルティングは、ブッシュの端緒をこのように退けたあと、さらに『法論』の非批判的性格のテーゼを基礎づけようと試みる。その際イルティングは後期の実践哲学における形而上学的諸要素を参照するように指示している。しかし結局、イルティングは超越論的主体のはたらきによる定言命法の拘束性の基礎づけ、理論理性と実践理性を不適切な仕方で類比化する要求がないことに気づく。というのは、それによって理論理性と実践理性の差異が見落とされるからである（Ilting, a.a.O., S.343-345.）。またイルティングによって、たとえば『法論』の中に批判的理性の解決戦略に類似している諸要素が見出されるか否かということが検討されていない。たとえばH・ウィリアムズは、これを現象ともの自体との区別と比較されうる『法論』における（たとえば経験的占有、可想的占有）区別を参照するように指示することによって行った（H. Williams, Kant's Political Philosophy, Oxford 1983, pp.52-76. G.-W. Küsters, Rezension zu: Williams (1983), in: Kantstudien 76, 1985, S.467-471.）。依然として残っている「形而上学的」諸要素の指摘のとおりである。これらの諸要素はやはりまさに法論の自由概念の中に、この自由概念はまさに行為の帰責可能性をめぐるものであり、もしくは

「事実」（Fakta）に対するこの可能性を前提としているのだが、見出されない。単なる行為関連それ自体が分析され、人間へのその適用可能性が可能であると見なされるかぎりではそうである。したがって、この自由概念に対するイルティングの批判は、イルティングはブッシュのテーゼ解明を規定しているが、主にこの自由概念の構造に対する批判であるが、しかしカントに対する批判ではない。

したがって、H・オーバラーはイルティングの議論に対するこの論争への応訴において、批判（Kritik）概念の解釈のさまざまな可能性を指摘した。これは再び、カントにおける批判、またそれとともに形而上学の正確な規定の困難性と同様に新カント学派の問題設定のストレット（主題の重なり）を示している。なおすでにJ・シュムッカーによって、『実践理性批判』の文脈においてこの批判概念は新たな意味を獲得していると指摘されている。

J. Schmucker, Die Ursprünge der Ethik Kants in seinen vorkritischen Schriften und Reflexionen, Meisenheim am Glan 1961, S.382. H. Oberer, Ist Kants Rechtslehre kritische Philosophie? Zu Werner Buschs Untersuchung der Kantischen Rechtsphilosophie, in: Kantstudien 74, 1983, S.217-224.

オーバラーによれば、この意味をあっさりと無視することができない。続けてまた、このような批判概念の意味の変化に判断力批判も寄与している。というのは、この判断力批判は根本において裁判官を際立たせねばならない能力、すなわち判断力を熟考しているからである。すでにこの中に必然的に批判理解の拡張ないし変化が存する。したがって、批判の定義は理論理性の批判によってだけでは獲得されえない。それによってまた批判と形而上学の役割も変わるということが付言されるだけであるとする。次にオーバラーは、実践哲学を考慮に入れて批判の科学主義的理解を拒絶し、批判の「現象論的」理解は『純粋理性批判』の現象論を考慮してのみ支持できると考えている。またオーバラーは、イルティングの批判が基礎にしているような理論理性と実践理性との類比形成を批判している。批判は独断的形而上学に対する批判と同様に、ある著作の可能な内容を意味することができるが、しかしまたあるテーゼの基礎づけという意味においても純粋な理性批判の自由概念を意味することもできる。後者は肯定的にブッシュに当てはめられる。しかしながら、まさにブッシュによって解明された自由概念は少なくともひとつの疑問符が付せられなければならない。それは純粋理性批判とこの自由概念との関係にかかわる（Oberer, a.a.O., S.223.）。

したがって、ブッシュの研究およびそれに引き続く論争の後に残された成果は次の３点だけである。

つまり第一に、カントは本質的に法伝統と対決したということ、第二に、批判的法論の要求は性急に解釈の制限に至ってはならないということ、そして第三に、批判的性格を生成的に基礎づけようと試みる場合、すなわち、『法論』そのものを考慮することなく、転回の証明によって正当化しようと試みる場合、批判的性格の直接的証明はなお未解決であるということである。

たとえばG・ガイスマンは、カントの法哲学は伝統に対して決定的に重要な進歩を果たしているということをその論文「ホッブズとルソーの完成者としてのカント」の中で指摘している。

G. Geismann, Kants als Vollender von Hobbes und Rousseau, in: Der Staat 27, 1982, S.161-189.

カントの道徳哲学、宗教哲学、歴史哲学および法哲学に関するガイスマンの一連の論文は次の論文集に収載されている。G. Geismann, Kant und kein Ende, Band 1. Studien zur Moral-, Religions- und Geschichtsphilosophie, Würzburg 2009. G. Geismann, Kant und kein Ende, Band 2. Studien zur Rechtsphilosophie, Würzburg 2010. G. Geismann, Kant und kein Ende, Band 3. Pax Kantiana oder Der Rechtsweg zum Weltfrieden, Würzburg 2012.

この論文は「体系的」叙述を目指しており、またその際『法論』を基本的に取り入れている。伝統に対するカントのそのような立場はさまざまに強調されている。すでに１９１１年にM・ザロモンは論文に「国家契約理論の見解におけるカントの独自性」という表題をつけた（M. Salomon, Kants Originalität in der Auffassung der Lehre vom Staatsvertrag, in: Archiv für öffentliches Recht, 1911, S.97-103.）。そして、W・ケアスティングもカントにおける社会契約構想についての研究においてカントの構想について特別な功績を指摘している（W. Kersting, Kant und der staatsphilosophische

Kontraktualismus, in: Allgemeine Zeitschrift für Philosophie 8, 1983, S.1-27.）。この記憶に留められた独自性は、さらに『法論』それ自体を解釈することが重要であることを示している。

その際この独自性は、単に先行した伝統に対してだけではなく、またそれに続く伝統に対しても主張されうる。というのは、W・ケアスティングはポストカント学者（Nachkantianer）についての論文においてカントの思想の不十分な継受を明らかにしているからである。

Kersting, Das starke Gesetz der Schuldigkeit und das schwächere der Gütigkeit, in: Studia Leibnitiana 14, 1982, S.184-220. この問題性についてはまたG・プラウスの詳論を参照。G. Prauss, Einleitung, in: G. Prauss (Hrsg.), Kant. Zur Deutung seiner Theorie von Erkennen und Handeln, Köln 1973, S.19-23.

ガイスマンはルソーにおいてもホッブズにおいても基礎づけの問題が未解決であると見ている。つまり、ルソーにおいては国家を基礎づける契約の拘束性の基礎づけが欠如しており、またホッブズにおいては国家の支配権行使の原理が欠如している（G. Geismann, Kants als Vollender von Hobbes und Rousseau, in: Der Staat 27, 1982, S.177.）。トゥシュリングはカントにおける伝統継受のこの関連において「明確な規定」について言及しており（B. Tuschling, Kant, in: Ders.: Die „offene“ und die „abstrakte“ Gesellschaft. Habermas und die Konzeption von Vergesellschaftung der klassisch-bürgerlichen Rechts- und Staatsphilosophie, Berlin 1978, S.305.）、またW・ペリケは「革命」について言及している（W. Pälicke, Kants philosophische Revolutionierung des Rechtsbegriffs, in: Wissenschaftliche Zeitschrift d. Martin-Luther-Universität Halle-Wittenberg. Gesellschafts- und Sprachwissenschaftl. Reihe 24, 1975, S.27-32.）。

ガイスマンによればカントは他の法哲学者とは異なって過小評価されているが、準備された論拠の使用によって、また合理的法論の説明によって提出された問題設定を確実な基礎によって解決している。したがって、「カントは、自由の理性法の独自の哲学者になる」（G. Geismann, a.a.O., S.178.）。事柄の問題としての法問題から出発するこのような論証によって、さらにいかなる短縮が存在するのか、法論の批判的性格に対する問題を批判によってあらかじめ抱かれた批判の理解から決定するということが明らかとなる。というのは、ガイスマンが完成という概念によって示唆し、また問題解決という意味において事柄に関係する業績として理解されうる特殊な業績が見落とされるからである。性格づけが法思想の文脈においていかなる特殊な意味、つまりア・プリオリ性、純粋性などをもっているのかをガイスマンのコメントが明らかにしている。

ガイスマンは次のように述べている。

「法の問題における基礎づけの純粋な合理性を放棄することは、うまくいったとしても拘束力のない仮言的命法に至るし、また最悪の場合には自然主義的な誤った結論に至る」（G. Geismann, a.a.O., S.180.）。

したがって、ア・プリオリな基礎づけの法的機能が明確に要領よく説明されている（VI, S.216. 邦訳『法論』「人倫の形而上学への序論」Ⅱ「人倫の形而上学の理念と必然性について」３３６–３４０頁）。この法的機能はおそらくまた『純粋理性批判』の理解について説明を与えている。『法論』がこの要求を満たさなければならないのは、批判がア・プリオリ性を要求するからではなく、『法論』は法論としてア・プリオリな要素を放棄することができる。そのかぎりにおいて法形而上学はまた「批判的」法形而上学として示されなければならない。それでもやはりこのことは法形而上学を自然の形而上学と区別する（この区別は、自然の形而上学が根本において理論理性の演繹の働きを前提しうるのに対して、法形而上学はその適用を批判的に反省しなければならないということに基づいている）。ガイスマンの理路整然と述べられた論文が法論のこの意味を明確に示している。というのは、ガイスマンは簡潔な方法で法論の内容を概略しており、したがってカント以前の法哲学上の伝統に対する合理的法論の「進歩」を指摘しているからである。したがってこの進歩は、ここでより詳しく次のように説明されている。

たとえばガイスマンは基本的自由概念に対して次のように論じている。

「すでにルソーにおいてと同様に、カントにおいても法の概念は自由意思の何らかの実質的な規定との関連をけっしてもっておらず、もっぱらその純粋に（カントによって正確に規定された）形式に従った意思そのものの自由との関連をもっている。したがって主観的に動機に基づいて、客観的に行為の表象に基づいて、したがって目的に基づいて行為を規定する人間の能力との関連をもっている。ここで出発点とされた（実践的）自由概念は、何らかの意思的に選択された概念ではない。これはいわゆる任意の名目的定義という意味において、いつでも他の何らかのものと取り換えられるものである（さらなる思考過程に対する場合によっては重大な帰結とともに）。むしろこの概念によって正確に経験的に見出される事態が示され、この事態によってここで解決されるべき法の問題性が最初に構成される。人間が避けられない空間・時間的共同体において相互に行為することができ、またその本性に従って行為しなければならないことによって、人間は、必ずしもすべての行為意図（目的）が達成されうるとはかぎらないということによって、相互に衝突しうる」。

G. Geismann, a.a.O., S.178. また次の文献も参照。O. Höffe, Immanuel Kant, 8. Auflage, München 2014, S.215f. 邦訳『イマヌエル・カント』薮木栄夫訳、法政大学出版局、１９９１年、２２３−２２４頁を参照。ヘッフェは次のように述べている。

「法と国家についての思索においてもカントは啓蒙主義の伝統に立つが、それはこの場合、グロティウスとホッブズからプーフェンドルフ、ロック、トマージウス、ヴォルフを経てヒュームとルソーに至る伝統である。しかしカントは、理論理性批判と実践理性批判の場合と同じく、啓蒙主義の方法的にも内容的にも様々な要素を単に集成しようとするのではない。むしろ彼はその立場に照準を当てて関わったのである。カントは彼の先輩たちの理性的諸原理をふるいにかけるが、その際アプリオリな認識という彼の哲学の基本理念とおよびそれだけではなく、経験に依存しない立法を伴った実践理性批判にも従った。カントは、法と国家を純粋（法的）実践理性という原理から基礎づけたのである。彼の政治哲学は、批判的理性法という意味での自然法に属する。

内容的には特にグロティウス、ホッブズ、ルソーが重要な影響を及ぼした。それに対して、様々な種類の議論の混同、例えば合理的な議論を伴った聖書に因む議論と歴史的な議論を伴った経験的な議論との混同は退けられ、またロックとヒュームの法哲学における経験論的基調も退けられた。所有権と国家と刑罰について基本的に規定する法は、人間の自己自身と社会とについての経験から導出されるのではないとカントは述べた。なぜなら、経験は変化するのみならず、きわめて議論の余地のあるものであり、法の基礎づけ（適用ではなく）においても経験は「仮象の母」であるからである」。

この点において法論解釈の本質的な問題が明らかとなる。この問題は今までの研究史においてほとんど注意が払われることがなく、ようやく現在、一般的カント解釈によってますます明らかとなってきている。つまりカント哲学における行為の問題である。

G. Prauss, Handlungstheorie und Transzendentalphilosophie, Frankfurt am Main 1986. Friedrich Kaulbach, Das Prinzip Handlung in der Philosophie Kants, Berlin・New York 1978. P. Rohs, Die Zeit des HandelnS.Eine Untersuchung zur Handlungs- und Normentheorie, Königstein / TS.1980.

行為の視点におけるカント解釈は、カントにおける法的理性に対する適切な理解をはじめて開放する。というのは、『純粋理性批判』における対象性の「構成」の思想が産出理論的に短縮されて理解されないからである。それに加えて『実践理性批判』の意味が解明される。なぜならば、この理性は行為能力ないし行為可能性をテーマとして取り扱っているからである。実践理性が実践的認識の可能性、つまり実践の認識を問題にすることによって、しかし再度ガイスマンが強調するように意思の規定をまだ問題としていない。法論がある意味で道徳的規定から独立したものとして考えれうるとき（G. Geismann, a.a.O., S.167, Anm.23.）、そしてここで二重の動機づけ、行為のさまざまな規定根拠の理論がその特別な意義をもつことなる。道徳的規定は法的行為の道徳的任意性を意味しない。したがって最近のカント解釈は、法の問題に対して法論の行為問題にふさわしい解釈の機会を開いている。この一般的なカント解釈にはっきりと浮き出ている解釈の異形は、今までのカント解釈が、それが法的性格の文脈において認められなければならない理性の行為の性格を見落としていたので、法論の解釈を不十分に準備しており、法の根本的な問題が誤った位置に置かれている。ガイスマンは、この行為理論的理解を、この理解が問題の「純粋な」叙述を目指すとき、同時に法論の解釈にとっても重要である（V. Gerhardt, Recht und Herrschaft. Zur gesellschaftlichen Funktion des Rechts in der Philosophie Kants, in: Rechtstheorie 12, 1981, S.69.）とし、次の表現によって示している。

「唯一の「仮定」……つまり不可避的に空間・時間的共同体における人間の同法との行為能力および行為必要性は問題解決に対する「前提」ではなく、むしろその必要条件に対する根拠である」（G. Geismann, a.a.O., S.168, Anm.25.）。

ここでまたカントの理性概念との関係が作り出される。というのは、論証的な方法で議論の不可避性が提示された問題を反映するからである。同時に「共同体」の不可避性に対する指摘が、行為はここでは特別な意味において理解されうるということ、つまり社会的行為として理解されるということを明らかにする。この社会的行為によって社会性の構造が必然的に重要となる。

社会の超越論的理論については次の文献を参照。
V. Gerhardt, Transzendentale Theorie der Gesellschaft: Philosophische Anmerkung zu einem soziologischen Programm, in: Zeitschrift für Soziologie Jg. 8, H.2, 1979, S.129-144. R. Bubner, Ist eine transzendentale Begründung der Gesellschaft möglich?, in: Dieter Henrich (Hrsg.), Kant oder Hegel? Über Formen der Begründung in der Philosophie, Stuttgart 1983, S.489-505.

記述された行為問題に基づいて法論における決定的に重要な問題は、自由の可能な「外的使用」の問題となる（G. Geismann, a.a.O., S.178.）。すでにこのことは、自由の「外的使用」についてのカントの発言は内容豊かであるので外面性についての単なる理解によって、場合によっては内的規定に対する批判的な強調によってさらに進むことができないということを示している。内的および外的は、単に批判的相違として評価されてはならず、この相違の意味の獲得が追求されなければならない。外的使用における自由は、ものによる外的規定からの独立だけではなく、法的意味における他者からの支配からの独立であるが、法則的に（作られた）「調和」によってのみ可能である。したがって次の結論が生じる。

「理性によるすべての外的自由領域のこのような普遍的で矛盾のない規定という理念は、法の普遍的法則の理念にほかならない」(G. Geismann, a.a.O., S.179.)。ガイスマンはこのことをさらに次のように説明している。

「したがって、他の理性的存在者との共同体における外的自由は、法的自由として、主観的権利として矛盾のないものと考えられうるにすぎない。それは法（客観的および主観的）が外的自由そのものとの関連においてのみ考えられうるのと同様である」(G. Geismann, a.a.O., S.179.)。

しかし「共同体における」の強調は、社会化へのこの強制はどこから生ずるのかを問う。しかしながら、球面としての地上に対するカントの関連づけが例証しているように、ここでは「経験的」論拠が提示されるのか否かが問われる。

カントは§13「どの土地も根源的に取得されうる。そして、この取得を可能ならしめる根拠は、土地一般の根源的共有態である」の中で次のように述べている。

「すべての人間は、根源的に〔すなわち、意思の一切の法的働きに先んじて〕土地を適法に占有している。すなわち、彼らは、自然または偶然が〔彼らの意志によることなしに〕彼らを置いたその場所に居る権利をもっている。こうした占有〔possessio〕、つまり意思され、したがって取得された継続的占有としての占席〔sedes〕から区別されるこの占有は、球面としての地表における一切の場所の一体性という理由から、共同的な占有である。というのは、もし地表が無限の平面であったとすれば、人間はその上に分散することができるために、決して相互の共同体を形成することもないだろうし、またこうした共同体が地球上における彼らの現存の必然的結果であることもないであろうからである。――地球上におけるすべての人間による、一切の法的行為に先行する〔自然そのものによって設定される〕占有は、根源的な総体的占有〔根源的共有態 **communio possessionis originaria**〕である。この概念は、たとえば原始的な総体的占有〔原始的共有態 **communio primaeva**〕といった想像上の、しかも決して証明されることのない概念とは異なり、経験的でもなく、また、時間的諸条件に依存するものでもない。むしろそれは、一個の実践的な理性概念であって、ア・プリオリに次の原理を、つまり人間たちに地球上の場所を法の諸法則に従って使用することを得させる唯一の根拠であるような原理を含んでいるのである」(VI, S.262. 邦訳『法論』３９０−３９１頁)。

このカントの論拠はまさに所有権の基礎づけにおいて重要な役割を果たしている（ガイスマンはこの関連には立ち入って

いない）。このことは説明の課題を意味している。つまり、法概念そのものがどの程度純粋なものとして、つまりいわば人間的諸関係への適用の前にこの「社会化強制」を表現しているのかということである。カントの法概念はまさに事実の関係に関連しており、その道徳的解釈は拘束性の概念においてなされる。

カントは§B「法とは何か?」の中で法概念を3つの視点から次のように定義している。

「法の概念は、それが法に対応する拘束性に関係するかぎりでは〔すなわち、法の道徳的概念は〕、まず第一に、各人の行なう行為が事実上相互に〔直接または間接に〕影響を及ぼしうるかぎりでの、或る人格の他の人格に対する外的かつ実践的な関係だけを問題とする。しかし、第二に、法の概念は、たとえば親切な行為あるいは冷酷な行為の場合のように、或る意思と他人の願望〔したがってまた他人の単なる欲求〕との関係にかかわるのではなくて、もっぱらその意思と他人の意思との関係にかかわる。第三に、こうした意思と意思とのあいだの相互関係においても、意思の実質、すなわち各人が彼の意思する客体によって〔到達しようと〕目論んでいる目的は、全く視野のうちに入ってこない。たとえば、或る人が自分の商売のために私から買う商品について、はたして彼がそれによって利益を得るかどうかは問題とならず、双方の意思が単に自由なものと見られるかぎりにおいて、相互の意思の関係の形式だけが問題となるのであり、また、この形式によって両当事者の一方の行為が他方の自由と普遍的法則に従って調和させられうるかどうかが問題となるのである。

だから、法とは、或る人の意思が他人の意思と自由の普遍的法則に従って調和させられうるための諸条件の総体である」（VI, S.230. 邦訳『法論』354頁）。

法概念は、外的自由の使用の関連に関係することによって必然的にこれらの行為の総合の問題にかかわる。行為の総合の視点によって、ア・プリオリな法論が展開されうる論点が述べられる。強制は最終的に自由との法則的結びつきによって、法的自由を考えることができるにすぎないとする必然性に存する。すでに法的関係に存在する結合の必然性は、この必然性はまた法的判断の立場を確立するが、「他の」行為を考慮に入れた個々の行為がいかなる重要性をもっているのかを問うものとして、球面の論拠を利用する可能性である。というのは、そこに存在する社会化必然性はそれ自体理性根拠ではないであろうからである。その具体性は法的立場を基礎づけるのではなく、法概念そのものから行為の普遍的関係性の「必然性」が生じる。そのかぎりにおいて、カントには法を法「体系」として理解する内在的傾向性がある。まさにこれは法の「理性」性格に対応している。というのは、繰り返し紛争に陥らないように理性が体系的形成を必要とするように、理性的なものとしてそれは体系としてのみ叙述可能だからである。しかし、紛争の可能性を排除しうることもなく、ガイスマンが法的自由を考慮に入れて次のように述べるとき、この体系傾向がカントの法論に成立するということをガイスマンの論述が示している。

カントは『純粋理性批判』第一版序論のⅠ「超越論的哲学の理念」中で次のように述べている。
「それは、適切な普遍性をもってもろもろのアプリオリな総合的判断の可能性の根拠を発見すること、各種の総合的判断を可能にする諸制約を洞察すること、（判断の独自の類を形成する）このような認識全体を一つの体系においてその根源的な源泉、区分、範囲、限界に従って、一時的な輪郭づけによらずに、完全にしかも各使用に対して十分に規定することである」（B IX. 岩波版『カント全集4』28−29頁。A 10. 同上、62頁）。

「行為の任意性の限界は法に対して、（目的のある）行為一般に対する規制の体系として存在する。そこにおいてのみ行為一般が疑問視される」（G. Geismann, a.a.O., S.180.）。解釈の困難性は、カントがまさに法論において行為概念を前提としているということにある。

カントは行為について次のように述べている。
「行ない（タート）とは、拘束性の諸法則のもとにおかれているかぎりでの、したがってまた行為主体が彼の意思の自由に即して考察されるかぎりでの、その行為を言う。行為者はこうした働きを通して（それから生ずる）結果の創始者とみなされる。そして、この結果であるものは、行為そのものとともに、その行為者の責任に帰せられうる。ただしその場合、そうした事柄への拘束性を課する法則をあらかじめ彼が知っているのでなければならない」（VI, S.223. 邦訳『法論』346頁）。

そして、この行為概念は十分に把握されなければならない。その際、このことは見て取れるのだが、法の機能は、記述された行為能力および行為必要性を守るということに認められなければならない。したがって、法的論証は倫理学から「独立」して提示されうる。というのは、自由の主観的状態が問題なのではなく、行為の客観的可能性が問題だからである。法関係がなるほど証明ではなく、しかしながら外的使用の意味における人間の自由の間接事実を叙述するとき、法論におけるこの可能性の例証はもちろん自由の理解にとって意味がある。法の実現は「自由」の実現を裏づけるが、しかしながら個々人の自由意識を裏づけるものではない。そのかぎりにおいて、このような論証によってゲアハルトとカウルバッハによって述べられた法における理性の「沈殿物」のテーゼは正当化されるであろう（V. Gerhardt, F. Kaulbach, Kant, Darmstadt 1979, S.3.）。つまり、自由に対する法の意義が明らかにされなければならない。自由は単に法の根拠として理解されてはならない。カントによる外見上「不道徳」な適法性規定は、この規定はまさに自由の外的使用に対して「非理性的」動機を許すのだが、その理性の意味において明らかにされる。というのは、この区別によって理性は主観化されるのではなく、つまり個々人の問題状況に依存するのではなく、行為の関係から可能な自由使用を現実的なものとして規定する。

適法性原理に存在するように思われる法の外見上の他律は（M. Gößl, Untersuchungen zum Verhältnis von Recht und Sittlichkeit bei Immanuel Kant und K.Ch. Fr. Krause, Diss. München 1961, S.30-46.）、核心におけるこのような思考過程によって法のア・プリオリ性への一歩として明らかになる。というのは、他の動機の許容、つまり道徳的動機づけからの独立性が法そのものの理性性への顧慮を開くからである。したがって、法は道徳から独立して規定されるのではなく、法の内在的理性性が規定される。なぜならば、許容された経験はこれらの経験的動機への依存性を意味しないからである。

このことは法の適用可能性を基礎づける。このことからまた法論の独自の解決を「批判的」解決であると理解する解釈の課題が生じるであろう。この批判的性格は根本的区別、すなわち道徳性と適法性との区別に基づいている。この区別が根本において法論の独自性において法の理性性を説明可能にするかぎりにおいて、またこの根本的区別は法論の基礎となっており、またまさに「批判的」成果として評価される（このテーゼについては次の文献を参照。Hariolf Oberer, Rezension zu: Wolfgang Kersting, Wohlgeordnete Freiheit. Immanuel Kants Rechts-und Staatsphilosophie, Berlin・New York 1984, in:

Kantstudien 77, 1986. S.118f.)。このことが意味するのは、法論は単に批判から理解されうるだけではなく、その諸前提、つまり法問題および行為問題から解釈されなければならないということである。法の示唆された独自性が意味するのは、ここにおいて人間の関係が理性の絶対的命令に服すのではなく、(可能なまた必然的な)この関係の理性性が認識可能となるということである。これはまた、判断力批判の諸問題との結びつきを示している。この独自性はまさに法問題の解決を考慮に入れて高度の客観性を意味している。言い換えれば、まさにここにおいていわばその形而上学的法叙述における理性が批判の「絶対的命令」から解放されるので、この解決は客観的問題にのみ属する。

この観点のもとでもう一度ガイスマンの研究を参照する。というのはこの研究は、法論の論証過程の概略によってこの働きを示唆しているからである。その際ガイスマンは、人間学的論拠を引き入れることなく、論証過程が行われたということを強調している(G. Geismann, a.a.O., S.181.)。

ガイスマンは次のように述べている。

「純粋で合理的な自由概念に基づいて、ルソーが準備していたように、カントも同様に法一般についての概念および人間性の(自然的)権利についての概念を純粋で合理的に規定している。このことは支えられる土台であり、この土台の上でカントはルソーの社会契約にホッブズの自然状態についての法的分析を使って法的基礎を与えている」(G. Geismann, a.a.O., S.180.)。

ガイスマンはカントに従って私法の純粋な叙述を記述している。この叙述は法哲学上の伝統に反して公法に先行している。

O. Höffe, Immanuel Kant, 8., überarbeitete Auflage, München 2014, S.224. 邦訳『イマヌエル・カント』薮木栄夫訳、法政大学出版局、1991年、232頁参照。ヘッフェは、共同生活という理性原理に基づく哲学法論は、カントの場合、私法と公法という2つの主要領域に分かれている。その際ホッブズおよびルソーとは異なってカントは公法に先立って私法を展開し、それによって自然法の法的効力が増すことになると指摘している。

しかし、なぜ私法が最初に展開されるのかは説明されていない。明らかなのは公法に対する私法の過程の意義および基礎づけ機能である。その際、公法への移行に対する中心的論拠が「権限のある裁判官」の欠如である。というのは、紛争が判定されうることなく、それによってつねに紛争が起こりうる。この原則的紛争性は、人間のもとにおける外的（法的）平和はこれらにはもちろん帰属しない（G. Geismann, a.a.O., S.182., Anm.68.）。私法による法の基礎づけをガイスマンは次のことによって指摘している。つまり、それはまさに私法の意味における行為関連の原理的に可能な紛争性であり、この紛争性は確保された取得権を考えることを許さない。これは権利そのもの（人間性の）に対立している。したがって、私法の状態（自然状態）から去らなければならず（ホッブズ）、国家状態（普遍的意志による公的・法的立法）が設立（ルソー）されなければならない（G. Geismann, a.a.O., S.182f.）。

最後に人間はその法的自由に基づいてこのような契約に義務づけられており、またこの契約は「支配権の法的根拠」である（G. Geismann, a.a.O., S.183.）。この基礎に基づいてガイスマンは国家法を解釈し、またたとえば人間性の権利に基づいてすべての人々は「人権に違反する命令」に対する不服従に義務づけられていると指摘している（G. Geismann, a.a.O., S.185.）。ガイスマンは、国家法から国際法への移行の理由を単数における国家は外見上経験に基づいて論じえないということによって説明している。というのは、そうでなければ国家法は仕上げられたものとしての法論の要石を意味することになるからである。国家の多数はこの移行を要求する。しかしながら、きわめて強く要求された純粋で合理的な規定の水準が放棄されることになるであろう。というのは、理性根拠によって世界国家としてひとつの国家は存在しえず、あるいは存在すべきではなく、あるいは国家は適月の進みによりもにより明確に特徴づけられなければならないと主張される。どんな場合でも諸国家の状態に対しては再び「自然状態」の概念が適用可能であり、その結果、ここにおいてまた実践理性によって平和の理念が要求される。「世界平和」を実現するためにはガイスマンによれば、「ア・プリオリな諸条件」は挙げられない。しかしガイスマンは、法理念に対する経験的実現は重要ではないと強調している。法義務に基づく「永遠平和」の実現はホッブズとルソーの思想を完成させた。つまり、それは「正義の理念の純粋で合理的な基礎づけおよび展開」である（G. Geismann, a.a.O., S.189.）。

この命題によって法論と理性概念の全容が明らかになる。というのは、この批判の構想が理性を公正に取り扱おうとすることによって、批判の構想は理性それ自身との平和の理念に定位されているからである。というのは、批判の構想は独断的に絶対視されず、また破壊されず、むしろ批判的に確保されるからである。

キュスタースが略述した研究状況が何を提示しているのかと言えば、カントによって展開された理性概念、その手続きおよびその形態は本質的に法的観念によって形成されているということである。この観念は理性の法的性格を論じさせるが、しかしながら十分に正確な概念は展開されていない。というのは、確かに法廷についての発言はたとえば隠喩的性格以上のものをもっているが、しかしそれにもかかわらず、なお未規定であり、法一般を把握する困難性を検討する。それに対してカント自身の法の主題化は、カントにおける法思想の発展についての研究が示しているように、この主題化はすでに早い段階ではじまっているのだが、しかし再三、体系的解釈に逆らい詳しく言えば、批判およびその他の著作の形で存在する準備草稿を必要とした。法論の後期の出版はその自己評価における理性の「客観的」問題を反映している。

同時にこの研究は法思想の伝統とのカントの対決を明らかにしている。しかしながら、この研究はカントによる法問題の独自の解決にまで進められていない。したがって、法論そのものは関心の中心にあり、これは現在ようやく実行しうるように思われる。というのは、批判的性格に対する問題はますます多種多様に見られ、またカント解釈そのものが問題次元を練り上げており、この問題次元はまさに理性の法的性格をよりよく理解させる。『判断力批判』による変化を考慮に入れる場合、法論の解釈は法問題に定位しなければならず、実現のあらかじめ心に抱いた計画に定位してはならない。『実践理性批判』は、最後に適法性と道徳性との相違についてのテーゼに帰着するので、法の内在的理性性が主題となる。このような洞察が法的性格についてのテーゼを明らかにし、その結果、間違った類比を避け、「法‐理性」の仮象に陥らないために、理性実践と法実践との相違点およびその共通点が認識可能となる。

五　カント法哲学研究の残された課題

カント法哲学研究は、すでに検討したように、リッターの研究を契機として広範多岐にわたって拡大・深化してきているが、１９８８年当時解明されなければならない問題群として何が残されていたのであろうか。

キュスタースは今後の課題について４つの視点から指摘している（Küsters, a.a.O., S.143-145.）。

１９６２年当時にはＳ・Ｍ・ブラウンはまだ、そもそも「カントには法哲学が存在するのか」と疑問を投げかけることができたし、またこの問いには否定的に答えることができた。

S. M. Brown, Has Kant a Philosophy of Law?, in: Philosophical Review 71, pp.33-48.
ブラウンは、カントがかれの道徳哲学の諸原理を実定法に適用しようと試みたが、しかしそれは失敗に終わり、したがってカントには法哲学が存在しないとして次のように述べている。

「『法論の形而上学的基礎論』においてカントは法哲学を提供しようと試みている。すなわちカントは、何が正義か、あるいは義務ないし正しいのかと何が単に法的なのか、つまり法的権利ないし法的義務なのかとを区別するために、かれの道徳哲学の諸原理を実定法に適用しようと試みている。しかしながら、カントはこの試みに失敗している。カントが失敗しているのは、これらの諸原理を的確に述べ、またこれらの原理を実定法に適用するのに不注意ないし能力が欠如していたからではなく、これらの原理が実定法に適用されないからである。この理由によってカントは法の哲学をもっておらず、またカントが法哲学をもっていると想定して法的諸問題のカントの議論を読解することは間違いである」（S. M. Brown, ibid., p.33.）。


つまり、カントの法哲学それ自体の存在が否定されていた状況であった。

しかしながら今日ではこの問いについては、それ以降始められ、強化された法論研究のもっとも共通の成果をカント法哲学の中核的成果と見なす場合にはもちろん肯定されうる。そこで、まさに法論のテクストに従事し、とりわけそれをまじめに受け取り強化された解釈のゆえに、果してカントはいかなる種類の法哲学を述べたのかとする問いが提起されることになった。というのは、確かに法論に関するさまざまな解釈は、一般的には注目に値する法哲学として、また個別的にはカント解釈に対するその意義として法論の重要性を証明しているが、しかし研究者の間では法論解釈に関する一致にはまだ至っていなかった。というのは、特に法論の叙述、そのテクスト形態に重大な理解問題が突きつけられていたからである。

したがって、法論への取り組みがカント研究および法哲学における単なるエピソード、つまりさまざまなその「注釈」の出版に至った同時代の継受のような短期間の隆盛に留まるべきではないとすれば、次のようなテーマの研究に取り組まなければならない。

第一に、『実践理性批判』と『人倫の形而上学』との関連が解明されなければならないであろう。というのは、一方で確かに法の形而上学が批判的法の形而上学であると理解されうる、つまりカントの法哲学は批判的法哲学であるとカント研究によって明らかにされているが、しかし他方で、法律学上の専門用語の使用（たとえば二重の立法など）がこの関連において正確にはどのように理解されうるのかがいまだに不明確であるからである。批判と法とのまさに内的な結びつきは、すでに検討したようにカウルバッハはかれ自身の使用について論じているが、法論を吟味することによってそのような法律学上の合理性の意味をさらに解明することを必要とする。その際特に、批判の理解がどの程度変更されなければならないのかということが考慮に入れられることになるであろう。というのは、批判は形而上学の基礎づけに対するその機能において理解されるであろうからである。

第二に、「実践理性」の適用についての話題の正確な解明がすでに行われている。というのは、ますます明らかになっているように、定言命法は道徳性（Moralität）の基準としての役割を果たすだけであり、人倫（Sittlichkeit）の基準の役割を果たすのではないからである。しかしこの基準がそのようなものとしての役割を果たしうるためには、ひとつの素材、つまり実践の格率が必要である。批判的文脈における実践の被前提性は解明の論点であろう。したがって、行為と同様に実践および人倫についてのカントの概念に対する問いが前面に出てくることになった。

第三にこのような前提分析によって、そもそも法はカントの理性構想に対していかなる基礎づけの役割を果たしているのかとする問いが考慮に入れられることになる。つまり、カント哲学の分脈において裁判所（Gerichtshof）、また演繹（Deduktion）などのようなカントにおける一定の諸概念の法的意味がまず正確に規定されなければならないであろう。これによって理性概念は、まさにその手続き（Procedere）において解明されうるであろう。それゆえ、法の諸根拠は何かということを明確にさせるかぎりにおいて、法論の解釈は素材を提供するであろう。これによって特に、理性の独白的構造についてしばしば述べられてきた非難が修正可能となるであろう。

法論がカントの思想発展の消尽点としてまじめに受け取られることによって、おそらくまたそもそも批判的手続きにはいかなる意味があるのかが明らかになるであろう。というのは、法論の形態によって、カントの思想上の運動を動機づけている論点が達成されるであろうからである。これに属しているのは、オープス・ポストゥムムにおける主要な問題設定に対して法論がいかなる寄与を提供しているのかとする認識が、オープス・ポストゥムムを考慮に入れることによって得られるであろうということである。換言すれば特に、法論はなるほど法の理論として読解されなければならないが、しかしその理解は法律学上の自明性によって性急に調整されてはならない。つまり、たとえば性急な具体性に左右されないために、所有のカテゴリーがいかなる意味をもっているのかということを正確に反省しなければならないということである。

第四に、総じて法論の解釈はそのさらなる検討にもかかわらず、いまだにカント研究の課題であり、また法哲学上の研究の課題でもあるということが確認される。というのは、法哲学および法律学の事例におけるカント哲学の影響は、特に諸批判のひとつの批判であり、またまさに法論の批判ではなかったからである。したがって、たとえばヘーゲルが要求しているように、カントは（実定）法の哲学をどの程度展開しているのかとする問いが前面に出てくる。

しかし、法のより具体的な問題設定の解答に対してと同様にこの問いに対して、カントは法論を明確に「形而上学的基礎論」と特徴づけていること、つまり特に法論の基礎的性格が、方法的観点においても明らかにされなければならないということが無視されてはならない。そうすることによって、法論の意義がその可能な結論から、また今日の議論に対して解明される。そして、この意味においてカントの法論をめぐる議論はまさにようやく開かれたものとなっている。というのは、偏見によって形成されたのではない、意味深い対話に対する確かな基礎がすでに存在するからである。

キュスタースは残された課題として４つの問題を挙げていたが、その後約30年が経過し、カント法哲学研究もますます進展してきている。それでは、現在どのような問題が課題として残されているのであろうか。Ｒ・ブラントの見解を手がかりに検討する。

ブラントは、２０１０年に出版された著書の中でカント法哲学の議論の余地のある問題としてまず序文で次のように概略的に述べている（Reinhard Brandt, Immanuel Kant-Was bleibt?, Hamburg 2010, S.8. 法論のアポリアについてはS.127-150. を参照。法論の残された課題についてはS.150. を参照）。

「『法論』はきわめて意味深く、また同時に問題をはらんだ著作である。カントは、私法全体を占有権として把握しようとしており、また債権法ないし契約法も占有権として把握しようとしている。そのためカントは、契約を他者の意思の占有として解釈している。これは可能であろうか。あるいは袋小路であろうか。『法論』の中にはその他にも、たとえば婚姻法ないし刑法と言ったような問題をはらんでおり、議論の余地のありうる諸要素もある」（Reinhard Brandt, a.a.O., S.8.）。

ブラントは、「法論のアポリア」についての考察の中で法論と徳論との内的関連の基本的な解明に従って、個々の問題、特に所有権および契約を含めた占有権の問題を論じている。

カントはこの占有権によって私法を統一しようと試みている。しかし、ブラントは契約法を占有権の基礎に基づいて解釈することは、ほとんど支持できないであろうと指摘する。というのは、そのように解釈すると、私法の体系が崩壊することになるのではないかとする疑問が提起されるからである（Reinhard Brandt, a.a.O., S.127.）。

ブラントはアポリアとして6つの問題を取り上げ、それぞれに対して検討を加えている。具体的に言えば、1．法論と徳論との統一、2．所有（Haben）と取得、3．物権的様相をもつ対人権、4．何が「根本において不法」であるのか、5．法と正義、6．刑法に関するアポリアである。ブラントはこれら6つの問題を検討し、また残された課題として特に4つの問題点を挙げ、次のように指摘している（Reinhard Brandt, a.a.O., S.150. 法論と徳論との関連については、近々出版予定の次の文献を参照。Kants Metaphysik der Sitten:Der Zusammenhang von Rechts- und Tugendlehre, (Hrsg.) Jean-Christophe Merle, Carola Villiez 2019.）。

カントの法論は、外的な行為の自由を使用する存在者の紛争のない交渉のための技術的な指示ではなく、倫理学ないし徳論と並んで、またそれらの前に道徳哲学の一部を構成している。実践的必然性は「しなければならない」（Muß）ではなく、定言命法において基礎づけられた「すべき」（Soll）である。ブラントが提起している諸問題は、カントのテクストが設定している順序に従った法論の細目に関連しており、したがって独自の体系的意図はない。

まず第一に、統一的な占有権において物権と債権との伝統的な二分類を止揚することに成功しているのであろうか。具体的に言えば、契約は他の人格の意思の可想的占有として把握されうるのであろうか。カントの契約―構想は、解決するのが困難なアポリアに行き着き、同様にまた家法、特に婚姻法もアポリアに行き着く（Brandt, a.a.O., S.139.）。

第二に、国家の裁判権には、前段階において「根本において不法」であることをなす権限が与えられているが、国家理性のこの権限の限界はどこにあるのであろうか（Brandt, a.a.O., S.144. VI, S.304, 28- S.305, 2. 邦訳『法論』D「宣誓による保証［Vautio iuratoria］の取得について」§40、441-442頁）。

第三に、正義はよく秩序づけられた法関係の結果の産物であろうか。カントは、『実践理性批判』における善の概念の前に法則概念のあらかじめの整理と対等である解決に至るのであろうか（Brandt, a.a.O., S.146.）。

第四に、刑法は首尾一貫しているのであろうか。言い換えると、カントの諸原理によって死刑の廃止も含む修正に行き着くのであろうか。

Brandt, a.a.O., S.149. 現代ドイツ刑法学におけるカント主義の再評価については、次の文献を参照。飯島暢『自由の普遍的保障と哲学的刑法理論』成文堂、２０１６年。特に第一章「ドイツ刑法学におけるカント主義の再評価」、3-19頁を参照。

XII　P・ウンルーの所論

はじめに

P・ウンルーは１９９３年『理性の支配―イマヌエル・カントの国家哲学について―』を公刊した。ウンルーはこの中で、カントの『法論』と批判哲学との整合性に関する論争について独自の視点から考察している。

Peter Unruh, Die Herrschaft der Vernunft. Zur Staatsphilosophie Immanuel Kants, Baden-Baden 1993. S.41-46. (2., überarbeitete Auflage, Baden-Baden 2016, S.57-63.) ウンルーのこの研究書に対してM・パヴリクの書評がある。Michael Pawlik, Rezension zu: Unruh (1993), in: Archiv für Rechts- und Sozialphilosophie, 81(3), 1995, S.450f. 第二版でもこの点についての叙述には根本的な修正はない。つまり後に見るように、23年前の１９９３年にはすでに肯定説が優位を占めており、その後大きな変化が生じていないことを物語っていると言える。

次の拙稿を参照。拙稿「カント法哲学の批判的・超越論的性格―その解釈論争をめぐって―」『北陸大学紀要』第37号、２０１３年、１－58頁（本書第二部第一章）。

ウンルーが整合性説（肯定説）として言及しているのは、特にF・カウルバッハ、R・ブラント、O・ヘッフェ、W・ブッシュ、H・オーバラー、D・R・ドゥブレ、R・ドライアー、K・キュール、W・ケアスティング、J・ルシュカおよびM・ブロッカーなどである。他方、ウンルーが不整合性説（否定説）として取り上げているのは、特にカント学者であるA・ショーペンハウアー、新カント学派の代表的哲学者・法哲学者であるH・コーヘン、F・パウルゼン、E・ラスクおよびG・ラートブルフ、またJ・シュムッカー、Chr・リッターおよびK・H・イルティングである。さらにウンルーは、調停説としてオーバラーを取り上げているが、オーバラーは肯定説として位置づけてよい。

結論をあらかじめ言えば、ウンルーは、『法論』と批判哲学との体系的整合性は、１９９３年当時この視点を主題化していない諸論者においては一般常識として受け入れられているとする。１９８７年のブロッカーの研究の立場（この研究の発見的原則はカント哲学の完結性である。つまり、その整合性および体系性である」）がそうであるように、カント論争において「カント哲学の完結性」説が支配的位置を占めているということが確認できるとする。カント法哲学研究が進展してきた現在では『法論の形而上学的基礎論』を「批判哲学」として解釈する研究がますます優位を占めるようになってきている。この間の事情については、私が繰り返し述べてきたとおりである。

以下においてウンルーの議論を立ち入って検討するが、ただしこの問題をめぐるウンルーの法論解釈そのものを検討するのではなく、その解釈論争をどのように整理し評価しているのかを考察する。

カントの批判哲学と『法論』との関係、言い換えれば批判哲学の体系における『法論』の位置づけについて、ウンルーは今までの論争を踏まえて、大別すると整合性説（Konsistenzthese）、不整合性説（Inkonsistenzthese）および調停説（Vermittlungsthese）という独自の３つの分類を試みている。後に言及するように、老衰説は不整合の原因を老衰に起因するとするもので、不整合性説に含まれる。ウンルーの分析においては、各論者がいずれの説を主張しているのかが十分に整理されているわけではなく、また各論者の所論を網羅的に検討しているわけでもないが、しかし注を参照することによってある程度理解できる。また、ウンルー自身がいずれの立場に立っているのかは明言しておらず、整合性説が優位を占めていることを指摘するに留まっている。以下ウンルーの所論を手がかりに３つの説を検討したい。その前にかれの研究における３つの観点を提示する。それによって、この問題がカントの国家哲学の解釈にとってもいかに重要な意味をもっているのかが読み取れるのであろう。

ウンルーは博士論文『理性の支配—イマヌエル・カントの国家哲学について—』（１９９３年）第一部Ｂ「カントの批判哲学への国家論の体系的組み入れ」の中で、カントの国家論は批判哲学において体系上いかなる位置を占めているのかを考察している。ウンルーによれば、カントの国家論は批判哲学から切り離された理論ではなく、むしろカントの思想の全体系内部において必然的な一部として構成されている。したがって、国家論の研究にとって批判哲学の体系と『法論』との整合性の問題は重大な意味をもつことになる。そして、この国家論の位置づけに対する問いは3つの観点において論究することが必要であるとする（Peter Unruh, a.a.O., S.41.）。

第一に、『純粋理性批判』以降の批判的体系と『法論』との統一可能性についての見解の争いを把握することが不可欠である。というのは、この論争の結果は国家論にとってもまた重要な意味をもつからである（批判哲学と法論との統一可能性における国家論の意味）。

第二に、国家がカントの実践哲学の構想全体においていかなる意義を有しているのかという問題を明示することである。そのかぎりにおいて、宗教哲学と歴史哲学の諸要素もまた考慮に入れなければならない（実践哲学の構想全体における国家の意義）。

第三に、国家論の位置づけに関する問いの要点は、「共和制」（Republik）という国家論にとって中心的な概念にいかなる機能が帰するのかという問題である。これに対する解答は、この概念の実質的な諸規定を先取りすることなしには与えられない（共和制の実質的概念規定）。

ウンルーは第一の観点から、『法論』と批判哲学との体系的統一可能性についての論争を検討している。われわれの問題提起にとってはこの第一の観点が重要なので、この観点に的を絞ってウンルーの所論を検討する。

一　『法論』と批判哲学との整合性

ウンルーは、ショーペンハウアーによる「老衰説」に端を発し、現在ではリッターおよびイルティングによって『法論』と批判哲学との整合性が否定されていると指摘している。また、「老衰説」が学問的に意味のない主張であるとされているとする指摘は注目に値する。近年のカント文献においては、学問的に無意味であるとするこの主張が支配的である。

カント自身、『法論』出版の直前の著作である『理論では正しいかもしれないが、実践の役には立たない、という俗言について』（１７９３年）および『永遠平和のために』（１７９５年）などの著作の多くの箇所でア・プリオリな諸原理における法論の批判的基礎づけを強調している。

カントは、『理論では正しいかもしれないが、実践の役には立たない、という俗言について』Ⅱ「国内法における理論と実践との関係について（ホッブズへの反論）」の中で次のように述べている。「理性のうちには国法という語で表現されるような或るものがあり、この概念は自由の自他相互の対抗関係のうちにある人間たちに対して結合する力を具え、したがってまた客観的（実践的）実在性を有しており、この概念から人間に生ずる幸不幸の状態はまだ注目しなくてよいものであるから（そのような状態の知識は専ら経験に依存している）、それはア・プリオリな原理に基づいており（まことに経験は法とは何であるかを教えることができないから）、そして国法の理論が存在し、この理論と一致しなければどんな実践も妥当しないのである」（III, S.306. 理想社版『カント全集第十三巻』小倉志祥訳、１７６頁）。また、カントは『永遠平和のために』附録Ⅰ「永遠平和に関して道徳と政治との間の不一致について」の中で次のように述べている。「道徳的政治家は次のことを彼の原則とするであろう、すなわち、もしもひとたび国家体制あるいは国際関係のうちに、予め避けえなかったようないくつかの欠陥が見出されるならば、いかにしてそれらの欠陥が可能な限り早く改善され、かくして理性の理念のうちに模範としてわれわれの眼前にあるところの自然法に適合したものにせられうるかを配慮することは、なかんずく国家の元首たちにとって義務であり、たとえそのことが彼らの利己心に犠牲を払わせるとしても、しかりである」（III, S.372. 理想社版『カント全集第十三巻』小倉志祥訳、２５８頁）。

また、カントは『人倫の形而上学』の「まえがき」の第二段落で、法論の形而上学的基礎論は、ア・プリオリに構想された体系に属する法、すなわち理性法体系であり、それは経験的法実践とは区別されるものであるとして次のように述べている。

「ところで、人倫論の第一部としての**法論**は、法の形而上学と名づけうるような、理性から生じてくる或る体系を必要とするところのものである。しかし、法の概念は、純粋ではあるが、やはり実践〔経験において現われてくるさまざまな事例への適用〕を目ざした概念であり、したがってその形而上学的体系は、その区分の完全性を期するためには〔そしてこのことは、理性体系を構築するためには不可欠の要請である〕、右の諸事例の経験的多様性をも顧慮しなくてはならないだろう。しかし、経験的なものを完全に区分することは不可能であるし、かつまた、そうした完全性が〔少なくともそれへの接近を目ざして〕追求される場合にも、これらの諸概念は体系の内的構成部分としてその中に位置を占めることはできず、せいぜい例証として注釈の中に入ってくることができるだけである。それで、人倫の形而上学の第一部にふさわしい唯一の表現は、法論の形而上学的基礎論ということになろう。というのは、右のような適用の諸場合を顧慮するならば、ただ体系への接近が期待できるだけであって、体系そのものは期待できないからである。したがって、〔先の〕自然学の形而上学的基礎論の場合と同様、ここでも事柄は次のように処理されよう。すなわち、ア・プリオリに構想された体系に属する法〔すなわち理性法体系〕は本文の中で取り扱い、他方、特殊的な経験的諸事例にかかわるもろもろの〔特殊な〕法ないし権利は、時として詳細にわたることもある注釈の中に入れこむのである。というのは、そうでもしなければ、形而上学に属するはずのものと、経験的な法的実践であるものとが十分に区別されえないことになるだろうからである」(VI, S.205f. 邦訳『法論』３２５‐３２６頁)。

しかしそれにもかかわらず、カントによる完成原稿である『人倫の形而上学』に属する『法論』は批判的主要著作において構想された哲学、つまり批判哲学とは調和しえないとする非難は『人倫の形而上学』が刊行された直後から存在していた(Gerd-Walter Küsters, Kants Rechtsphilosophie, Darmstadt 1988, S.19-26.)。カントの『法論』の出版以前にすでにこの意味における自然法論、つまり批判的自然法論が執筆されていると思い込んでいる者たちさえいたと思われる。その著者とはJ・G・フィヒテ（1762–1814）である。フィヒテによる『知識学の原理による自然法の基礎』は『人倫の形而上学』の1年前、すなわち1796年に出版された。

Johann Gottlieb Fichte, Grundlage des Naturrechts nach Prinzipien der Wissenschaftslehre (1796/1797), Hamburg 1969, S.11ff. 邦訳『フィヒテ全集 第6巻 自然法論』所収、藤澤賢一郎訳、哲書房、1995年、『知識学の原理による自然法の基礎』「自然法論第一巻緒論Ⅲ 本書の法論とカントの法論との関係について」、22–27頁を参照。フィヒテはカントの哲学とかれ自身の思想との類似性を明示的に指摘している。フィヒテの自然法論に関する最近の論文集として次の文献を参照。Johann Gottlieb Fichte: Grundlage des Naturrechts, 2.Auflage, (Hrsg.) Jean-Christophe Merle, Berlin・Boston 2016.

そして、かれらの失望は『法論』と批判哲学との不整合性を指摘するものとして重要かもしれない。

Kristian Kühl, Eigentumsordnung als Freiheitsordnung. Zur Aktualität der Kantischen Rechts-und Eigentumslehre, Freiburg i.Br. -München 1984 (Diss. Heidelberg 1978), S.47. Hermann Klenner, Immanuel Kant. Rechtslehre. Schriften zur Rechtsphilosophie, Berlin 1988, S.585. このような自然法的著作の例として、フィヒテと並んでT・シュマルツの『純粋自然法』が挙げられる。Theodor Schmalz, Das reine Naturrecht, Königsberg 1785.

このような否定的評価は特に新カント学派のH・コーヘンによって主張されていたが、しかし1970年代以降改めて、リッターやイルティングによって『法論』と批判哲学との整合性に対する疑念が提示された。

H. Cohen, Kants Begründung in der Ethik nebst ihren Anwendungen auf Recht, Religion und Geschichte (1877), Berlin 1910, S.381-454. Christian Ritter, Der Rechtsgedanke Kants nach den frühen Quellen, Frankfurt am Main 1971. Karl-Heinz Ilting, Gibt es eine kritische Ethik und Rechtsphilosophie Kants?, in:Archiv für Geschichte der Philosophie 63, 1981, S.325-345.

1　老衰説

カントの老衰が影響したのであるとする、この観点において標準的な異議として認定される非難は、先に言及したように、最初にそしてもっとも印象深くショーペンハウアーによって定式化されたものである。重要なので念のため引用しよう。「私にとってカントの法律理論の全体は、もろもろの誤謬がおたがいに引き合っている奇妙なからみ合いのように思われるが、これはひとえにカントの老衰にもとづくものである」とする非難である。

Arthur Schopenhauer, Die Welt als Wille und Vorstellung, 1. Auflage, Leipzig 1819, Sämtliche Werke Band I, 3.Aufl., Frankfurt am Main 1991. S.259. 邦訳『ショーペンハウアー全集3』『意志と表象としての世界 正編（II）』斉藤忍随・笹谷満・山崎庸佑・加藤尚武・茅野良男訳、白水社、１９７３年、２８１頁）。この老衰に起因するとされる非難はいったい何を意味するのであろうか。それは、カントが『法論』の執筆にあたって、進みゆく老衰のため『法論』を批判哲学に即した仕方で構成することがもはやできなかったということである。確かにカントの肉体的衰弱を証明する事実は、『法論』の出版以前にすでに見られた（１７９４年11月24日、カントは出版社ド・ラ・ガルドに宛てた手紙に次のように記している。

「私は相当高齢で、私の著作はただゆっくりと、それも体調不良から何度も中断しながらしか進みませんので、その完成の期限を確実には（少なくとも今は）決めかねるということです」（XI. S.531, 岩波版『カント全集22 書簡II』木阪貴行・山本精一訳、２５７頁）。また次の文献も参照。F. Paulsen, Immanuel Kant. Sein Leben und seine Lehre, Stuttgart 1904, S.364. Jachmann, in: Immanuel Kant in Rede und Gespräch, hrsg. und eingeleitet von Rudolf Malter, Hamburg 1990.

R・B・ヤッハマン（１７６７-１８４３）は『法論』が出版される1年前の１７９６年、１８００年、１８０１年および１８０３年にカントの故郷を訪問した。最後の訪問である１８０３年の夏、つまりカントの死去の約半年前のカントの精神的衰弱の様子について次のように記している。

「私の最後のカント訪問のこの場面は私の心に痛々しい印象を刻みつけましたので、それが絶えず眼前にちらつき、ともすれば私を悒鬱《ゆううつ》な物思いに誘いました。神よ、人間とは何であり、人間における偉大とは何でありましょうか。その眼光の前には何物も隠されることなく、その力は全自然、人知の全領域を包み、誤謬の深い闇を貫いて崇高な智慧に至る煌々たる道を開き、揺ぎない哲学の殿堂を創建し、世界を真理の光明で照らしたこの偉大な時代の精神、この精神は肉体器官から分離するすでに幾月も前に、もはや少数の概念を相互に結合して明瞭な意識に持ち来たすことができなかったのです。その教説によって欧洲の賢者たちに驚異の眼を見はらせたあの人が、かつてはその兄の精神をも言葉をも決して解することのなかった老齢の妹の口から、全く平俗な思想を言い表わすために一語一語を教えてもらわなければならなかったのです。――人間の精神は何という危なっかしさで肉体器官につかまっているものなのでしょう。――しかもあの偉人の耄碌《もうろく》は、思考器官の病的破壊によって突如として起こったのではなく、むしろ身体器官の衰弱が加わるにつれて漸次に進んで来た精神の麻痺だったのでした。従ってカントにあっては、精神的疾患の痕跡は微塵も認められず、却ってただ次第に加わって来る精神の衰弱が見られたのみでありました。すでに八年以前に、私はカントの上に幾分の変化を見いだしました。といっても自然の機能が順調にいっている日には、まだ全く前と同じ精神力を示してはいました。しかしこの時以来、カントの体力の減衰はだんだん目立つようになって来ました。四年前にもう備忘のために紙片を用い始め、それに自分を訪ねて来た旅行者の名を書きつけていました。ついにはそのような紙片に他人から聞いたり、自分で思いついたりした些細な事柄を一々書き留めるようになりました。三年前に私は、私の就《つ》こうとしていた職務と移住のことを知らせなければなりませんでしたが、しかしその時分にはもう私の新しい職務とそれに伴う資格とを記憶に留めておくことが困難だったので、すべて詳しく書き取ってもらわなければならなかったのでした、その頃にはすでに、時々思想が留守になってしまうのを感じていましたが、このことを恐らく衰弱が更にひどくなってからよりも一層不快に感じていたもののようでした。それでカントは、自分には考えたり理解したりすることが困難になったと言い、またやりかけている考えごとも中止しなくてはなるまい、といって言いわけをしたものでした。

　このようにしてあの偉大な思索家の力は次第に衰えて行き、ついには精神の力を悉く喪失するに至ったのでありました」(Jachmann, a.a.O., S.428. 邦訳『カントの生涯』ヤハマン著、木場深定訳、理想社、１９７８年、１４３-１４４頁)。

しかしながら、このような精神的衰弱が『人倫の形而上学』における法論の批判的基礎づけやその内容に決定的な影響を与えたかのか否かは証明されえず、また別の問題であると言わざるをえない。ウンルーも指摘するように、近年の研究においてこの老衰説は、たとえ言及されることがあるにしても学問的には意味のない主張として説明されている。

Unruh, a.a.O., S.42. これについては次の文献も参照。K. Kühl, Eigentumsordnung als Freiheitsordnung, S.122, ders., Rehabilitierung und Aktualisierung des kantischen Vernunftrechts. Die westdeutsche Debatte um die Rechtsphilosophie Kants in den letzten Jahrzehnten, in: Rechts-und Sozialphilosophie in Deutschland heute. Beiträge zur Standortbestimmung, (Hrsg.) Robert Alexy, Ralf Dreier und Ulfrid Neumann, Stuttgart 1991, S.213, Hermann Klenner, Zur Rechtslehre der reinen Vernunft, in: Revolution der Denkart oder Denkart der Revolution, (Hrsg.) Manfred Buhr, Berlin 1976, S.148-169, S.162, W. Kersting, Die verbindlichkeitstheoretischen Argumente der Kantischen Rechtsphilosophie, in: Rechtspositivismus und Wertbezug des Rechts. Vorträge der Tagung der deutschen Sektion der internationalen Vereinigung für Rechts- und Sozialphilosophie in der Bundesrepublik Deutschland, Göttingen, 12-14. Oktober 1988, (Hrsg.) Ralf Dreier, Stuttgart 1990, S.62-74, S.63, K. Kühl, Naturrecht und positives Recht in Kants Rechtsphilosophie, in: Rechtspositivismus und Wertbezug des Rechts.Vorträge der Tagung der deutschen Sektion der internationalen Vereinigung für Rechts- und Sozialphilosophie in der Bundesrepublik Deutschland, Göttingen, 12-14. Oktober 1988, (Hrsg.) Ralf Dreier, Stuttgart 1990, S.75-93, S.76f.

2 不整合性説

ウンルーが取り上げているのは、特にショーペンハウアー、コーヘン、F・パウルゼン、E・ラスク、G・ラートブルフ、J・シュムッカー、リッターおよびイルティングである。ただし、ここでは近年の論争において重要な役割を果たしているリッターとイルティングの所論の要点に議論を限定して、その問題点を提示したい。両者とも先に述べたように不整合性説を主張する現在の代表的論者に分類されるが、その主張内容が異なっていることに注意しなければならない。

『法論』と批判哲学との統一性についての体系上の疑念は、とりわけ新カント学派の哲学者・法学者によって唱えられた。

コーヘン、ラスク、シュタムラー、ラートブルフなどが挙げられる。これについては次の文献を参照。

J. Blühdorn, "Kantianer“ und Kant. Die Wende von der Rechtsmetaphysik zur "Wissenschaft“ vom positiven Recht, in: Kantstudien, Bd.64 (1973), S.363-394. Gerd-Walter Küsters, Kants Rechtsphilosophie, Darmstadt 1988, S.19-26. W. Kersting, Neukantianische Rechtsbegründung. Rechtsbegriff und richtiges Recht bei Cohen, Stammler und Kelsen, in: Neukantianismus und Rechtsphilosophie. Mit einer Einleitung von Stanley L. Paulson, R. Alexy, L. H. Meyer, S. L. Paulson und G. Sprenger (Hrsg.), Baden- Baden 2002, S.23-68.

『法論』の批判的・超越論的性格をめぐる現在に至る論争は、否定説を唱えるリッターの研究（『初期資料によるカントの法思想』１９７１年）とかれに反論して肯定説を主張するブッシュの研究（『カントの批判的法哲学の成立　１７６２−１７８０』１９７９年）から発展したものである（Chr. Ritter, Der Rechtsgedanke Kants nach den frühen Quellen, Frankfurt am Main 1971. W. Busch, Die Entstehung der kritischen Rechtsphilosophie Kants 1762-1780, Berlin・New York 1979.）。この対立を契機として、『法論』の批判哲学における体系的連関の研究がテクスト内在的により厳密に推進されたと言ってよい。

まずリッターは、カントの法哲学と批判的思想との不整合性を『法論』における前批判的諸要素を厳密に構成することによって証明しようと試みた。リッターの研究によれば、法に関するカントの思想内部においてはいかなる断絶も示されえない。むしろ、前批判期からの思考過程の継続的な進展が観察される。しかも、この進展は理論哲学の批判主義および超越論的哲学への転回によって影響を受けていないとする。

しかし、このいわゆる連続性説はすでにG・W・キュスタースによって反駁されている。つまり一言で言えば、リッターはこの連続性説を批判的法哲学の体系的完成稿の資料としての『人倫の形而上学』そのものを無視して提唱しているとする反駁である。

Küsters, Recht und Vernunft:Bedeutung und Problem von Recht und Rechtsphilosophie bei Kant. Zur jüngeren Interpretationsgeschichte der Rechtsphilosophie Kants, in: Philosophische Rundschau 30, 1985, S.212.; ders., Kants Rechtsphilosophie, S.41. キュスタースは次のように述べている。

『法論』に至るまで連続性が認められる、つまり批判的法哲学は存在しないとするリッターによって解釈されたテーゼは、根本において証明されたテーゼではない。というのは、このテーゼは『法論』そのものによって吟味されなければならなかったはずだからである。

同様の批判として、Joachim Hruschka, Die Person als ein Zweck an sich selbst. Zur Grundlegung von Recht und Ethik bei August Friedrich Müller (1733) und Immanuel Kant (1785), in: Juristenzeitung 1990, S.1-15, S.14.

この反駁はもっともである。なぜならば、『法論』の出版が１７９７年であるにもかかわらず、リッターの研究は20年以上も前の１７７５年で終わっているからである。さらに論述内容に関して、リッターは『法論』の中に前批判期からの内容の継受があることを立証している。だが、果してそれによって批判的基礎づけの可能性についての判断がなされうるのか否かは疑問の余地がある。この点において、リッターの連続性説は証明能力が欠如していると言わざるをえない。むしろ現在では、法哲学者Ｒ・ドライアーが指摘するように、カントは『法論』の「その内容を批判哲学の文脈に位置づけ」、またその内容に「批判哲学によってより深められた基礎づけを与えた」とする主張に賛成する論者が多い（R. Dreier, Rechtsbegriff und Rechtsidee. Kants Rechtsbegriff und seine Bedeutung für die gegenwärtige Situation, Frankfurt am Main 1986, S.11, Fn.7.)。

次にブッシュの肯定説に反論するイルティングは、「カントの批判的倫理学・法哲学は存在するのか」（１９８１年）と題する論考において、カントの倫理学全体、したがってまたその一部である法哲学も批判―概念と一致しえないと主張する（K.-H. Ilting, Gibt es eine kritische Ethik und Rechtsphilosophie Kants?, S.325-345.）。その際、イルティングは批判―概念をどのように解釈しているのであろうか。カントの意味において法哲学が批判的と言えるのは、イルティングの解釈によれば、次の３つの要件のいずれかを満たしている場合だけである。

第一に、その理論が『純粋理性批判』以来のカントの理論哲学に特徴的であるような問題設定に基づいており、またそれゆえわれわれに疑いもなく与えられているものの可能性の諸条件にさかのぼって独断主義と懐疑主義の対立を克服している場合である。

第二に、法哲学と『純粋理性批判』におけるカントの批判哲学とを結びつけるような諸理論を法哲学が不可分に含んでいる場合である。

第三に、法哲学の中に、批判哲学が成立した時（１７７１年以降）にはじめてカントが発展させた特殊な諸理論ないし諸方法が見出される場合である。

イルティングはこのような『純粋理性批判』ないし批判的理論哲学に偏った基準によってカントの実践哲学を検討

し、これら3つの要件のいずれも満たされていないとする結論に達した。

しかしその後、イルティングの議論に対する納得のいく包括的な論駁がオーバラーによってなされている（H. Oberer, Ist Kants Rechtslehre kritische Philosophie? Zu Werner Buschs Untersuchung der Kantischen Rechtsphilosophie, in: Kantstudien, Bd. 74, 1983, S.217-224. イルティングに対する反論については特にS.219-221を参照）。結論を先取りして言えば、オーバラーの主張は次のテーゼに集約される。

すなわち、かりにカントの意味においてある理論が批判的であるとする特徴づけにおいて上記イルティングの解釈に従うとしても、倫理学、特に法哲学がこれらの前提条件を完全に満たしているということが示されうるとするテーゼである（H. Oberer, a.a.O., S.221-224.）。

3　整合性説

ウンルーが挙げているのは、特にブッシュ、オーバラー、キュールおよびケアスティングなどである。ただし、ここではリッター説に対して包括的にしかも詳細に反論を加えているブッシュの所論の要点に議論を絞って検討したい。

整合性説の主張者は、その主張を裏づけるために反対説の議論を反駁するだけでなく、さらにその主張の正当性を立証する諸論拠を提示している。その中でもウンルーが特に重要視しているのが先述のブッシュの研究成果である。ブッシュによれば、カントはかれの実践哲学を批判的自由概念のうえに樹立したのであり、しかもこの概念はすでに『純粋理性批判』の中に見出される（W.Busch, a.a.O., S.70-170.）。したがって、理論的認識批判、実践的理性批判および『人倫の形而上学』の実質的内容は最高の審級としてすべてに共通する自律（Autonomie）という概念のつながりによって結びついているとする。これがひと言で言えば、ブッシュの中核的な主張である。具体的に見てみると、その思考過程は『純粋理性批判』を出発点とする。カントは『純粋理性批判』において「第三アンチノミー」における自由の可能性――可想的因果性のアスペクトと現象的因果性のアスペクトとの区別について――を証明した（B 560-586. 理想社版『カント全集第五巻 純粋理性批判（中）』２３２-２５２頁を参照）。そしてカントは、欲求能力（Begehrungsvermögen）、意思（Willkür）および意志（Wille）の諸概念におけるこの自由の現実性を『実践理性批判』において証明した。特に純粋理性の事実（Faktum der reinen Vernunft）としての定言命法について証明している。

K. Kühl, Eigentumsordnug als Freiheitsordnung, S.102. Edmund Sandermann, Die Moral der Vernunft. Transzendentale Handlungs-und Legitimationstheorie in der Philosophie Kants, Freiburg · München 1989, S.236-254. Andreas Gunkel, Spontaneität und moralische Autonomie. Kants Philosophie der Freiheit, Bern · Stuttgart 1989, S.201-204.

『実践理性批判』と『法論』との整合性は、『人倫の形而上学』の法の普遍的原理（「いかなる行為も、その行為そのものについて見て、あるいはその行為の格率に即して見て、各人の意思の自由が何びとの自由とも普遍的法則に従って両立しうるような、そういう行為であるならば、その行為は正しい（レヒト）」（VI, S.230. 邦訳『法論』３５４-３５５頁））が定言命法の特殊な事例として把握されるかぎりにおいて認められるとする。また『オープス・ポストゥムム』においても、この関連を確証するようなカントの表現が証明されうるとする。

P.Unruh, a.a.O., S.44. Opus postumum, VII. Convolut, AAXXII, S.65, 108.... カントの「オープス・ポストゥムム」とその継受については次の文献を参照。Giovanni Pietro Basile, Kants Opus postumum und seine Rezeption (Kantstudien Ergänzungshefte, Bd.175), Berlin · Boston 2013.

したがって結論的に言えば、この関連において『法論』もまた、まさに超越論的哲学という意味において可能性の諸条件を探求しているということが示される。具体的に言うと、適法的（rechtmäßig）行為の可能性の諸条件を求めている。それは、このようにして獲得された法・国家哲学を意見の衝突から引き離し、間主観的に妥当する基礎のうえに樹立するためである。

Ralf Dreier, Zur Einheit der praktischen Philosophie Kants. Kants Rechtsphilosophie im Kontext seiner Moralphilosophie, in: Perspektiven der Philosophie 5, 1979, S.5-37, S.20. この論文は次の論文集に収載されている。Ders., in: Recht-Moral-Ideologie. Studien zur Rechtstheorie, Frankfurt am Main 1981, S.286-315, S.290ff. W. Kersting, Die verbindlichkeitstheoretischen Argumente der Kantischen Rechtspositivismus und Wertbezug des Rechts. Vorträge der Tagung der deutschen Sektion der internationalen Vereinigung für Rechts-und Sozialphilosophie in der Bundesrepublik Deutschland, Göttingen, 12-14. Oktober 1988, (Hrsg.) Ralf Dreier, Stuttgart 1990, S.63, S.72. G. Luf, Freiheit und Gleichheit. Die Aktualität im politischen Denken Kants, Wien 1978, S.53, S.94.

そうであるならば、『法論』においては「超越論的哲学に深く固定された諸要請」を含む理論が問題になるとする結論に至る。

P. Unruh, a.a.O., S.44-45. Zwi Batscha, Einleitung, in: ders. (Hrsg.), Materialien zur Rechtsphilosophie Kants, Frankfurt am Main 1976, S.27.

O・ヘッフェは次のように述べている。「『人倫の形而上学』の一部門としてカントの法哲学は、もはや実践理性批判ではないが、実質的にはその見解を前提にしている。それは、先批判期の独断的哲学では決してなく、法の理性概念を展開する批判哲学であり、この概念は現実のすべての立法にとって最高度の規範的批判的な基準という意味をもつものである」(O. Höffe, Immanuel Kant, 8., überarbeitete Auflage, München 2014, S.216. 邦訳『イマヌエル・カント』藪木栄夫訳、法政大学出版局、１９９１年、２２４頁を参照)。

4　不整合性説と整合性説との調停

ウンルーは、もうひとつの重要な見解としてオーバラーを取り上げている。オーバラーは「カントの法論は批判的哲学か」(１９８３年)と題する論考において、リッターおよびイルティングによる不整合性説とブッシュによる整合性説との論争を調停しながら、カント法哲学の批判的性格をめぐる問題を検証している。

Hariolf Oberer, Zur Frühgeschichte der Kantischen Rechtslehre, in:Kantstudien, Bd.64, 1973, S.88-102, S.99-102. Hariolf Oberer, Ist Kants Rechtslehre kritische Philosophie? Zu Werner Buschs Untersuchung der Kantischen Rechtsphilosophie, in: Kantstudien 74, 1983, S.217-224.

オーバラーの見解によれば、『法論』は批判的理論哲学との整合性という観点からは検証されず、むしろ特に実践哲学、したがってまた法哲学を考慮に入れて構想されているとする批判哲学の全体系の中に組み込まれているものとして位置づけられる。

Bruno Bauch, Das Rechtsproblem in der kantischen Philosophie, in: Zeitschrift für Rechtsphilosophie, Bd.3, Leipzig 1921, S.1-26. D. R. Doublet, Die Vernunft als Rechtsinstanz. Kritik der reinen Vernunft als Reflexionsprozeß der Vernunft, Oslo・Paderborn 1989, S.11, S.21, S.56-69. ドゥブレは、理論哲学の思考が法的性格をもっていることを強調している。特に、理論的領域および実践的領域における理性の法的性格を指摘している。その際、カウルバッハの見解に依拠している。F. Kaulbach, Studien zur späten Rechtsphilosophie Kants und ihrer transzendentalen Methode, Würzbrug 1982, S.135-150, S.169-189. カウルバッハも同様にカントの理性批判の法的性格を強調している。R. Brandt, Freiheit, Gleichheit, Selbständigkeit bei Kant, in: Die Ideen von 1789 in der deutschen Rezeption, (Hrsg.) vom Forum für Philosophie Bad Homburg, Frankfurt am Main 1989, S.91. ブラントは、『純粋理性批判』は国家の世界および法の世界との緊密な関係をもっているということに注意を喚起している。Gilles Deleuze, La Philosophie critique de Kant, Presse universitaire de France 1963. 邦訳『カントの批判哲学 諸能力の理説』中島盛夫訳、法政大学出版局、１９８４年。D. Henrich, Über den Sinn vernüftigen Handelns im Staat, Einleitung zu Kant-Gentz-Rehberg: Über Theorie und Praxis, Frankfurt am Main 1967, S.9-37, S.9.

カント自身が『プロレゴーメナ』（１７８３年）の序言の中で率直に告白しているように、自由の（実践的）問題がカントを「独断のまどろみ」から覚醒させ、『純粋理性批判』からはじめることによって批判哲学の完成へと誘発した。この事実はカントの証言によって確証されうる。

A・グリガは次のように述べている。「倫理学が問題である。ここでのカントの功績は認識論の場合に劣らず大きい。特に倫理学的問題に対する関心、その問題を解決する際に生じる困難（なかんずく自由の二律背反）が、カントをして『純粋理性批判』に着手せしめたことを、我々はすでに知っている。主著を完成した後、彼は改めて倫理学そのものへ向かう」（**Arsenij Gulyga, Immanuel Kant, Frankfurt am Main 1981, S.178.** 邦訳『カント その生涯と思想』西牟田久雄・浜田義文訳、法政大学出版局、１９８３年、１８６頁）。

またグリガは、自由の二律背反の問題がカントの批判哲学の成立にとっていかに重要であったかということを次のように述べている。

「カントは晩年の或る手紙の中で、『純粋理性批判』の成立の歴史を回想して、次のように強調した。まさしく自由の問題が、すなわち「人間は自由であるというのと、その反対に、自由は存在せず一切は自然的必然性であるというのと」、この自由の二律背反の問題が彼を独断的まどろみから目覚ませ、「理性の自己矛盾という躓きの石」を取り除くために、理性の批判へと向かわせたのである、と。『純粋理性批判』の主要問題――「アプリオリな綜合判断はいかにして可能であるか」――と一緒に、カントにとってより重要な別の問題が生じる。それは、人間の自由はいかにして可能であるか、の問である」（**Arsenij Gulyga, a a.O. S.143f.** 邦訳『カントその生涯と思想』１５０頁）。

結論においてブッシュの主張を擁護するオーバラーのこのような解釈も傾聴に値する独自の学説である（調停説と呼ぶことにする）。

二　整合性論争の成果

ウンルーのカント国家哲学研究の枠内では、この論争を最終的に評価するまでには至っていない。確かに両陣営が主張する主要な見解に対してはそれぞれもっともな論拠が提示されており、精緻な吟味が必要である。しかしウンルーも述べているように、ブッシュによって主張された『純粋理性批判』における「第三アンチノミー」から出発し、『実践理性批判』における定言命法を経由して『法論』における法の普遍的法則（「汝の意思の自由な行使が普遍的法則に従って何びとの自由とも両立しうるような仕方で外的に行為せよ」（VI, 231. 邦訳『法論』３５５頁））に至る論証のつながりから導き出される整合性説が学説上優位な位置を占めている。

ウンルーの指摘をまつまでもなく、周知のようにカントの法哲学に対する次の批判を見落としてはならない。『法論』は基礎づけの視点からではなくその個々の思想内容から見れば、時代や政治・社会的背景による制約があるとしても、理性の法廷の前では明らかに主張されえないような理論を提示しており、それは現在でも前近代的思想としてしばしば批判の対象とされているという事実である。たとえば特に、婚姻法および家族法における夫の特権化、国家法に対するその影響、非独立就業者を（能動的）国家公民の共同体から締め出していること、性犯罪者には去勢をもって、殺人犯には死をもって処罰することなどが挙げられる（O. Höffe, a.a.O., S.213, S.240. 邦訳『イマヌエル・カント』２２２頁、２５０-２５１頁を参照）。ここでも不明確性説がカント文献において根絶し難い影響を与えている。

しかしこのような批判があるにせよ、『法論』と批判哲学との体系的整合性は、この視点を主題化していない諸論者においては一般常識として受け入れられていると言える。

V. Gerhardt, Recht und Herrschaft. Zur gesellschaftlichen Funktion des Rechts in der Philosophie Kants, in: Rechtstheorie12, 1981, S.69, S.77, S.92.; D. R. Doublet, a.a.O., S.11. A. Gulyga, a.a.O., S.300. 邦訳『カント その生涯と思想』３１７頁。グリガは、「カントは『人倫の形而上学』によって批判哲学の体系を完成した」と述べている。

カント論争において「カント哲学の完結性」説が支配的位置を占めているということが確認できる（Manfred Brocker, Kants Besitzlehre. Zur Problematik einer transzendentalphilosophischen Eigentumslehre, Würzburg 1987, S.15.）。現在では『法論の形而上学的基礎論』を「批判哲学」として解釈する研究がますます優位を占めるようになってきている。

Uwe Justus Wenzel, Recht und Moral der Vernunft. Kants Rechtslehre. Neue Literatur und neue Editionen, in: Archiv für Rechts-und Sozialphilosophie Bd.76, 1990, S.234.

U・J・ヴェンツェルは特にブロッカーおよびB・ルートヴィヒの研究に言及している。ヴェンツェルは、法論の一部としての占有論はカントの批判書に置かれている新たな妥当理論的基礎に基づいて書かれているということにブロッカーはまったく疑念を抱いていないと指摘している。またリッター、ブラント、ブッシュ、F・カウルバッハおよびM・ゼンガーの研究にも言及している。

第二部　カント法哲学の超越論的・批判的性格

第一章　カント法哲学の批判的・超越論的性格

――その解釈論争をめぐって

Ⅰ　はじめに――問題提起

２００４年はカント（１７２４―１８０４）没後２００年を迎え、ボーフム、ミュンスター、エアランゲン、ハノーファー、パッサウ、ケルン、カールスルーエ、ハイデルベルクなど母国であるドイツ国内の諸大学において講演会や連続講義が多数実施された。それら以外にもカントの生地であるケーニヒスベルク（現ロシア領カリーニングラード）をはじめ、モスクワ、ウプサラ、ストックホルム、ジェノヴァ、ナーバラ、オークランド、北京など世界各地で国際的な規模の会議が開催され、後に論文集が出版されるなどカント再評価・再検討の高まりがグローバルな規模で見られるようになった。[1] 少しさかのぼって１９９７年は、カントの最晩年の著作である『人倫の形而上学』（第一部『法論の形而上学的基礎論』、および第二部『徳論の形而上学的基礎論』以下『法論』と略すこともある）が出版されて２００年に当たり、それを記念して『カント・シュトゥーディエン』と並んで、ドイツにおける代表的カント研究誌である『カント・フォルシュンゲン』を編集しているマールブルク大学をはじめとして世界各地で学会が開催され、後に論文集も刊行された。[2] さらに１９９５年は『永遠平和のために』が刊行されて２００年に当たると同時に、第二次世界大戦終結50周年、国際連合憲章制定50周年にも当たり、これらを記念しフランクフルト大学などで学会が開催され、後に論文集が刊行された。[3]欧米におけるカント哲学、特に法・国家・政治思想に対する注目は、すでに1989年のベルリンの壁崩壊、その後の東欧諸国、旧ソ連邦の解体に端を発する冷戦体制の終焉以降から続いている。

このような記念行事、学会の開催および論文集刊行を契機として、改めてカント哲学の研究によりいっそうの関心が向けられるようになり、その研究は飛躍的に進展している。平和論を哲学的に考察している『永遠平和のために』およびカントの法・国家・政治思想が体系的・集約的に論じられている『法論』の記念行事および学会が立て続けに開催されたこと、また現実的には冷戦体制の終焉以降の世界情勢の変革もその大きな誘因のひとつであろうが、特に現在のようなグローバル化の時代においては、コスモポリタンとしてのカントの法・国家・政治思想についての関心が高まり、その現代的・普遍的意義を再認識・再評価する試みが活発に行われている。そして、今われわれが直面しているさまざまな課題を解決する有効な手がかりをカントの法・国家・政治思想の中から読み取ろうとする論者が少なくない。

筆者はかつて、カントの『法論』ないし法哲学と批判哲学との整合性に関する体系的解釈をめぐって主にドイツ語圏で論争となっている重大な問題の研究状況について、次のように指摘した。

カントの『法論』ないし法哲学は、『純粋理性批判』および『実践理性批判』とは体系上無関係なもの・矛盾するものであり、カントの批判哲学の全体系の中では傍論的・周辺的な役割を果たしているにすぎないとする否定的な見解が従来は支配的であった。言い換えれば、方法論的な視点からカントの『法論』ないし法哲学を見た場合、そこには、カントの批判哲学（kritische Philosophie）ないし超越論的哲学（Transzendentalphilosophie）にとって本質的である批判的方法（kritische Methode）ないし超越論的方法（transzendentale Methode）が十分に適用されていないとか、あるいは極端な場合には、まったく放棄されているとする見方が有力に主張され続け、長きにわたり定説となっていた。このような通説的なカント法哲学解釈は、R・シュタムラー、H・ケルゼンおよびH・コーヘンなどに代表される新カント学派の法哲学者および哲学者によって主張され、我が国における主導的な法哲学者であった恒藤恭、尾高朝雄、田中耕太郎および和田小次郎もその解釈の影響を免れることはなかった。[4]そして、この解釈論争はすでに国内外を問わず決着がつけられているかに見えた。しかし、Chr・リッターの著作『初期資料によるカントの法思想』が１９７１年に公刊され、状況が一変した。

１９７０年代以降、主にドイツ語圏においてその解釈の是非をめぐって活発な論争が繰り広げられている。筆者は当初から、従来の通説的な解釈は一面的・偏向的な見方ではないかと疑念を抱いている。そして、今でもカント法哲学の現代的・普遍的意義を考察するうえで、その再検討が必要であると考えている。筆者自身が独善・独断に陥らないためにも、その手がかりとしてまずこの論争における主要な論者の解釈を精査・分類し、その妥当性を比較・考察することが不可欠である。

この問題をめぐって、肯定説を唱えるF・カウルバッハおよびW・ケアスティング、否定説を提唱しているK・H・イルティングの所論については、本書、後章で詳細に検討する。(5) カウルバッハおよびケアスティングと並んで、この問題に関して肯定説を主張する重要な論者のひとりとして、M・ブロッカーが挙げられる。ブロッカーは１９８７年に、『カントの占有論—超越論哲学的所有権論の問題性について—』と題する著作を発表した。(6) この著作以降現在まで、カントの『法論』における所有権論の批判的・超越論的性格の解釈およびその解明に焦点を当てた論文は少なくない。しかし、１９８８年に出版されるG・W・キュスタースの著作『カントの法哲学』と並んで、論争後期の体系的な研究書という点でこの著作は注目に値する。またブロッカーは、この問題をめぐるそれまでの研究書や論文（１９７０年代以降の研究状況については、カウルバッハ(7)、R・ブラント(8)、W・ブッシュ(9)、H・オーバラー(10)、M・ゼンガー(11)、ケアスティング(12)、K・キュールなど肯定説を唱えている論者(13)、それに対してリッター(14)、イルティングなど否定説を主張する論者(15)）を分析・解明が不十分な点が散見されるものの、丹念に渉猟している。したがって、ブロッカーのこの研究書を立ち入って検討することで、ブロッカー以前の研究書や論文の内容、位置づけおよび評価がある程度把握できる。ただし言うまでもなく、１９８７年以降の論争状況については別途追跡しなければならない。

筆者はこれまでの研究状況を踏まえながら最終的には、ブロッカーが『法論』をカントの批判哲学の体系全体の中でどのように位置づけているのか、またいかなる意味において『法論』、特に所有権論の批判的・超越論的性格を解釈し、それを解明しようと試みているのか、さらに所有権論の基礎づけのいかなる点にその現代的意義を見出そうとしているのかを、ブロッカーの本研究書を詳細に注釈・論評することによって明らかにしたい。[16]

第Ⅱ節では、カントの『法論』ないし法哲学、特に所有権論の批判的・超越論的性格をめぐる我が国での近年の研究状況を検討することによって、懐疑説(過度のパラレリズム説)、肯定説、一部肯定説(三「序論」肯定説)および否定説(『純粋理性批判』偏重説)が学説として分類され、現在では肯定説が通説になりつつあることを明らかにする。また、それに加えてそれぞれの主張の問題点を提示する。

第Ⅲ節では、ブロッカーの上記の所論によりながら、主にドイツ語圏におけるカントの『法論』ないし法哲学、特に所有権論の継受史および近年の研究状況を概観する。そして、その研究が批判哲学との体系的連関性および現代的意義といった視点からより広範に、また厳密に進展していく動向を明らかにする。

第Ⅳ節では、主にP・ウンルーの所論に依拠して、「批判的」法哲学は存在するのかという視点のもとで、カントの『法論』ないし法哲学の批判哲学における体系上の位置づけの問題をめぐる不整合性説および整合性説を比較・検討し、現在では整合性説が優位にあることを明らかにする。第Ⅴ節では、第Ⅱ節から第Ⅳ節までの議論を総括し、残された今後の課題を提示する。

Ⅱ　カント法哲学の批判的・超越論的性格をめぐる我が国での近年の研究状況

カント法哲学に関する研究においては、何と言ってもドイツ語圏での厳密な文献考証学的・テクストクリティーク的研究がもっとも活発であり進展している。この節では、それらの研究成果を積極的に取り入れている我が国の研究状況についてまず検討したい。

カント法哲学の批判的・超越論的性格ないし批判哲学の体系における『法論』の位置づけに関する我が国における近年の見解は、今まで分析・分類されることがなかった。[17] 筆者は4つの学説に大別できると考えている。ただし、各論者の考察の対象はドイツと同様に主として私法論に限定されている。まず、懐疑説（過度のパラレリズム説と呼ぶことにする）を主張する論者として三島淑臣が挙げられる。それに対して、肯定説を唱える代表的論者として特に樽井正義および高橋洋城などが挙げられる。また、一部肯定説（三「序論」肯定説と呼ぶことにする）を提唱する論者として中島義道が挙げられる。さらに、否定説（『純粋理性批判』偏重説と呼ぶことにする）を主張する論者として片木清が挙げられる。

他方、ドイツにおいては現在、リッターおよびイルティングなどによる有力な否定説（それぞれ連続性説および老衰説と呼ぶことにする）もあるが、肯定説が通説となっている。我が国でも現在ではカント法哲学研究者においては肯定説が通説となりつつあると言ってよいであろう。以下において各論者の見解を検討し、その問題点を提示したい。

1　懐疑説（過度のパラレリズム説）

カント法哲学の現代的意義についてはさまざまな視点から論じられている。我が国におけるカント法哲学研究の第一人者である三島は、カント法哲学の現代的可能性として特に4つのテーマを取り上げている。(1)法と倫理との関係をめぐるカントの理論、(2)広義の所有秩序の基底についてのカントの思索、(3)政治秩序（世界秩序を含む）に関するカントの原理的構想、(4)法哲学における超越論的方法の導入である。[18] ブロッカーの本研究はこれらすべてのテーマにかかわると言える。特に(2)と(4)は密接不可分の関係にあり、その解明に重点を置いていると見ることができる。そして、三島もブロッカーもその現代的意義を認めている。

三島は法哲学における超越論的方法の導入・適用の問題についてどのように解釈しているのであろうか。ブロッカーの本研究の中心的課題のひとつである(4)に関して、三島はまず、カントが法哲学と『純粋理性批判』の超越論的方法（手続き）との並行関係（パラレリズム）にいかにこだわっていたかを指摘している。つまり、カント自身が法哲学を『純粋理性批判』における超越論的方法によって基礎づけようと意図し、苦心していると見なしている。ただし批判哲学の体系、特に実践哲学との関連において法哲学の超越論的性格をどのように把握すべきかという視点からではなく、もっぱら『純粋理性批判』との対比に焦点を合わせている。

三島の解釈は次のような表現から明確に読み取ることができる。「私法基礎論のいたるところで、カントは『純粋理性批判』の超越論的手続との並行関係を意識的に強調している」[19]、「第一批判の超越論的方法の応用ということに対してカントが並々ならぬ関心をいだいていた」[20]、「第一批判の手続きと『法論』のそれとを並行化させることへのカントの欲求がいかに根強いものだったかを印象づけ」[21]ているなどの表現である。その明瞭な具体例として、三島は私法論における外的な〈私のもの・汝のもの〉の対象区分における関係カテゴリーの適用（§4「外的な私のもの・汝のものという概念の究明」）、外的な〈私のもの・汝のもの〉をめぐる理性の二律背反の思想（§7「外的な私のもの・汝のものが可能であるという原理を経験の諸対象に適用すること」注釈部）および可想的占有に関する図式論の応用（§7）などを挙げている[22]。言うまでもなく、カテゴリー、理性の二律背反および図式論はいずれも『純粋理性批判』において本質的に重要な役割を果たす概念装置である。

上述の解釈から容易に推察されるであろうが、法哲学への超越論的方法の導入・適用の成否に関して、三島はカウルバッハの研究を批判的に検討する中で、どちらかと言えば否定的に解釈し、理論哲学における認識批判との過度のパラレリズムを指摘している。このことは次のような文言に端的に認められる。「……カントの表現様式が、実際にとられた彼の問いの追求手続に比して過度に認識批判的手続になぞらえられすぎているのではないかと疑うべきであろう」[23]、「『第一批判』の超越論的手続（「いかにしてア・プリオリな綜合判断は可能か」）との過度のパラレリズムの悪しき結果が顔を出しているのであろう」[24]、「第一批判のいわゆる「超越論的演繹」との過度のパラレリズム（逆対応をも含めて）によって……」[25]などの文言である。

他方で広義の所有権を把握するうえで、三島は超越論的方法を援用することの重要性を認めている（感性的＝物理的占有と可想的＝本体的占有の二極構成）。しかし、カント法哲学における超越論的方法の貫徹を強調し、肯定説を唱えるカウルバッハの見解には懐疑的である。

三島は「法的＝実践理性の二律背反」について、「カントがここで批判哲学の独自のアプローチ方法（超越論的方法）を援用しながら明らかにしようとしている事柄――感性的＝物理的占有以外の占有形式の可能であるか否かに外的な

〈私のもの〉の存立可能性がかかっているという――は、広義の〈所有権〉の（それゆえ、全所有秩序の）批判的構造把握の上で決定的に重要な意味をもっている」[26]と認めながらも、他方で「このパラレリズムを、第一批判の超越論的方法そのものの独特の再解釈（理論理性の根源的行為、超越論的配置図といった発想を基礎にした）によって積極的に評価し」、「カント法哲学における超越論的方法の貫徹を強調するカウルバッハ」の主張は、「示唆するところ多い着想であるが、「私法論」自体の錯綜した論理過程の分析としては必ずしも説得的とは言いがたい」として懐疑的に解釈している。[27]

とは言えまた、カウルバッハによる超越論的方法の独自の再解釈に示唆を得たと思われるが、三島はカントの超越論的方法を根本から見直すことの重要性も指摘している。

> 「この問題（理性概念の基礎づけに経験的概念が用いられる（その逆ではない）というこのカント哲学にとっての背理）はおそらくカント批判哲学の方法（超越論的方法）そのものの根本的見直しをせまる程の大問題であって（そのためには、従来なされて来たように「批判哲学」→「法哲学」の一方通行でなく、「法哲学」→「批判哲学」というもう一方の通行も解明されなくてはならないだろう）……」[28]

超越論的方法のこのような見直しは、すでにカウルバッハの論考に見出される。「法の哲学において、超越論的方法は、単に「適用されている」のではなく、むしろその中にこそ超越論的哲学の思想は、その独自の省察が基礎を置いている諸原理を再認識するのである。それゆえカントの後期の法哲学（『法論』）は、超越論的方法の単なる付随的適用領域ではなく、むしろ本来的に超越論的方法の固有の領域と見なされなくてはならない」[29]。これはカウルバッハによるカント法哲学解釈の格率的テーゼである。

三島が主張するように、カントの法哲学は『純粋理性批判』の超越論的方法（手続き）ないし認識批判的手続きとの過度のパラレリズムを意識しているのか、それともカウルバッハが提唱するように、本来的に超越論的方法の固有領域なのかは議論の分かれるところであり、『純粋理性批判』の生成過程にもかかわる重要な問題でもある。この問題は、さらに詳細な分析が必要とされる今後の課題である。しかしながら、カント自身が『純粋理性批判』の仕事を一個の法廷と見なされるべきであることを明言しており、したがってこの法廷モデルは単なる比喩や修辞的表現と理解されるべきではない。そう考えるとやはり、超越論的方法の解釈にあたっては、法哲学から批判哲学という、従来なされてきたのとは逆の解釈の方向性が十分に吟味されなければならない。というのは、我が国における代表的カント哲学研究者である浜田義文が主張するように、『純粋理性批判』の法廷の根本性格を「超越論的」として解釈することも可能だからである。[30]むしろこの解釈のほうがより説得力があると言ってもよい。

カントは『純粋理性批判』第一版序言の中で、法廷こそが純粋理性の批判そのものであると明確に述べている。

「人間的本性にはその対象がどうでもよいものではありえないような、そのような諸探究に関して無頓着を装うとしても、それは徒労である。あのいわゆる無関心主義者たちとて、たとえどれほど彼らが学術用語を通俗的な語調に変えることによって正体をくらますつもりであっても、彼らがいやしくも何ごとかを思考するかぎり、彼らがあれほど多くの軽蔑をあびせた形而上学的主張へと逆もどりする。しかし、この無頓着は、万学の花ざかりのただなかで生じ、そのようなものがえられるものなら、人が何をおいてもけっして断念するはずのない、まさしくそうした知識に関するものであるが、なんとしてもこの無頓着は、注意と熟考に値する一つの現象である。明らかにこの無頓着は、投げやりの結果ではなく、もはや見せかけの知識によってはだまされない時代の成熟した判断力の結果であり、理性のあらゆる業務のうちで最も困難な業務、つまり自己認識という業務をあらためて引き受け、一つの法廷を設けよという勧告であって、この法廷は、理性の要求が正しい場合には理性を護り、これに反してすべての根拠のない越権を、強権の命令によってではなく、理性の永遠不変の諸法則にしたがって拒むことができるものであるが、だからこの法廷こそ純粋理性の批判自身にほかならないのである」[31]。

また、同書Ⅱ「超越論的方法論」第一篇「純粋理性の訓練」の中では純粋理性の批判の法廷的性格がより具体的に描出されている。

「純粋理性の批判は純粋理性のすべての係争にとっての真の法廷とみなされうる。なぜなら、純粋理性の批判は、客観と直接的にかかわりあうような係争にはまきこまれず、理性一般の正当性を理性の最初の制定の諸原則にしたがって規定し判定する任務をもっているからである。

こうした批判なしでは理性はいわば自然状態にあるのであって、だからおのれの諸主張や諸要求を、戦争によって以外では貫徹したり安全ならしめることはできない。これに対して批判は、すべての決定をおのれ自身が制定した根本規則にもとづいてくだし、そうした決定の威信は誰ひとりとして疑うことのできないものであって、私たちに法的状態の平安をあたえてくれるが、この法的状態においては私たちは訴訟によって以外では争ってはならないのである。自然状態において事件を終結させるものは勝利であって、勝利は両方の側とも誇るものではあるが、それにつづくのはたいてい不安定でしかない平和であり、それも仲裁に立つ当局によって設けられる平和であるのに反して、法的状態においてはそれは判決であって、この判決は、この場合には係争自身の源泉にかかわるゆえ、永遠の平和を保証するにちがいない。また、たんなる独断的理性のはてしない係争も、最後には、この理性自身のなんらかの批判において、また理性に根拠づけられた立法に〔おいて〕平安をもとめる必要にせまられもする。それはホッブスの主張するとおりであって、自然状態は不正と暴行の状態であり、人は必然的にこの状態を捨て去って、法的強制に服従しなければならないが、この法的強制のみが、私たちの自由があらゆる他者の自由と両立し、まさにこのことによって公共の福祉と両立しうるよう、私たちの自由を制限するのである[32]」。

このように純粋理性の批判による理性法廷設立の必然性が、理性の「自然状態」から「法的状態」への移行として描かれている。この構想は、『法論』において繰り返し強調されている「戦争状態」である人間の「自然状態」から永遠平和が保証される「法治状態」としての国家への必然的移行というカントの法・国家・政治思想と重なり合っている。この重合性に関して言えば、長年にわたる法哲学の研究から着想をえた法廷的性格（思考法）が、むしろ『純粋理性批判』の法廷的性格、つまり批判的・超越論的性格を逆規定しているとする見方も十分な根拠をもっていると言わざるをえない。この見方のほうがより説得的であろう。

さらに、『純粋理性批判』の論述のいたるところに法律学的思考法が見出される。法律用語を例として挙げれば、『法論』における占有（Besitz）と所有（Eigentum）との区別が『純粋理性批判』においても類比的に用いられていることは偶然ではなく、やはり「法哲学から批判哲学へ」という解釈方向の転換の妥当性を示すひとつの重要な例証であると言える。浜田はこの点についても興味深い指摘をしている。

「アプリオリな綜合認識をなんらかの形で現実に所有しているという理性の「事実的所有」（Besitz＝占有 B3, B117 u.a.）を、それにふさわしい「制限された争う余地のない所有権（Eigentum）」（B796）、あるいは「合法的所有」（rechtmäßiger Besitz, B797）へと転換すること、この所有の質的転換を自らの固有の任務として引き受けるものが「理性批判」の法廷に他ならない。この法廷において、アプリオリな綜合認識についての理性の所有の正当性が、理性能力の根本的批判を通じて審査され、正当と判定されたものは理性の真の権利として確立され擁護されるが、然らざるものは不法または越権として厳しく排除されるのである(33)」。

この指摘から明らかなように、『法論』と同様に『純粋理性批判』の中でも占有・所有概念は理性批判の法廷において決定的に重要な役割を果たしている。

2　肯定説

懐疑説はカント法哲学研究の第一人者の主張として有力説と言えるかもしれない。しかし、『法論』が批判哲学を踏まえているとする見解が、近年我が国でもカント哲学・法哲学研究者によって主張されるようになり、通説の位置を占めつつある。しかし残念ながら、それらの研究はこの論争をめぐるドイツ語圏の研究状況に言及はするものの簡略な指摘に留まっており、必ずしも十分な検討がなされていないように思われる。その理由のひとつは、『法論』への超越論的方法ないし批判的方法の導入・適用の問題がそれらの論考の中心的テーマとなっているわけではないことにもよるであろう。

まず樽井の解釈を検討しよう。樽井は、法哲学への超越論的方法の導入・適用の成否という問題視角からではなく、法哲学と批判哲学との体系的整合性という視点から『法論』を考察している。三島は主に『純粋理性批判』における超越論的方法を考察の対象にし、それと『法論』との対比に議論を限定している。それに対して、樽井は理論哲学（『純粋理性批判』）と実践哲学（『人倫の形而上学の基礎づけ』および『実践理性批判』）を含む批判哲学全体を考察の視野に入れている点が異なっている。

樽井はすでに1980年代はじめからの一連の論考において、カントの法哲学が批判哲学を「前提している」、「継承している」、「踏まえている」などと指摘していることからも窺えるように、法哲学と批判哲学との体系的整合性を認めている。言い換えれば、法哲学における批判的・超越論的性格を認める肯定説を主張している。その際、特にカウルバッハの見解と同様の立場をとっていると思われる。つまり樽井は、先に検討した三島とは異なり、『純粋理性批判』の超越論的方法の独自の再解釈を打ち出したカウルバッハの主張を妥当なものであると考えている。樽井は、カントの所有権論が批判哲学を前提しているとして次のように述べている。

「カントの所有論が明らかにした成果と見做される、所有権という概念の広義の解釈とその社会的性格の指摘とは共に、占有を見る二つの観点の区別と、法的問題の考察に際してのその一方から他方への移行あるいは転換という作業によって、初めて可能になったものである。同一の対象を二つの異なった観点から考察すること、つまり経験的「視点」、あるいは「立場」と先験的〔超越論的〕なそれから眺めることは、『第一批判』が教えたことであり、この二つの観点に応じてその「視界」の中に、一方には必然的な自然法則が支配する感性界、他方には自由の法則が統制する可想界が展望される。実践理性が関わる領域はこの可想界であり、その秩序は『基礎づけ』において定言命法の諸法式として示された。法は、この実践理性の領域に属しており、その一部である私法の則るべき原理が、法の法則、実践理性の法的要請、そして万人の結合した意志である。……カントの所有論は、それに先行する批判哲学を前提していることが理解される[34]」。

また、カントの法哲学が特に批判的実践哲学の課題を継承しているとして次のように述べている。

「……占有を経験的パースペクティヴにおいて見る立場から可想的パースペクティヴにおいて見る立場への移行が示されている。この二つのパースペクティヴの区別はカントの批判哲学においてその主要な課題とされたものである。『純粋理性批判』においては、認識を経験的パースペクティヴの下にある対象に限定することが説かれ、『実践理性批判』においては、行為の規準である格律を、定言命法とその諸法式によって示される可想的パースペクティヴの秩序に照らして規定すべきことが主張されている。つまり後者では、意志の格律を経験的パースペクティヴにおいて見る立場から可想的パースペクティヴにおいて見る立場への移行が既に示されている。ここに、カントの法哲学は批判的実践哲学の課題を継承していることが理解されるだろう[35]」。

さらに樽井は、『法論』と「批判的実践哲学との関係の有無は、研究者の議論が分かれるところであるが、本稿は両者の間に密接不可分の関係を主張する[36]」とし、カウルバッハおよび法哲学者であるR・ドライアーの論文を参照している。樽井は、『法論』には「批判書」で提起された思想が貫かれており、したがって「批判書」を踏まえているとも指摘している[37]。その際ブッシュと同じく、『法論』と「批判書」の連続性を肯定する立場をとっているとする[38]。また、「法論は批判哲学を踏まえているとする解釈が、近年ようやく優勢になりつつあるが、その嚆矢はカウルバッハの業績にある」とし、樽井の論考も「これに多くを負っている」とする[39]。さらに、「三つの理性原理（「法の法則」、「実践理性の法的要請」および「万人の統合された意志」）は、私的生活の場における諸権利を根拠づけ秩序づける統制原理として使われている。このようにして、経験される世界は、感性と悟性によって、行為の世界は理性によって秩序づけられるという、カントの批判哲学における基本的な姿勢はここにも貫かれており、したがって「法論」は批判哲学を踏まえている」と主張している。[40] しかし、どのような点でカウルバッハやブッシュと同じ立場なのかは具体的に明言していないように思われるが、樽井が述べているように、経験的パースペクティヴと可想的パースペクティヴといった「視点」ないし「立場」の区別やその「移行」ないし「転換」といった表現に見られるように、カウルバッハの研究に多くの示唆を得ていると言えるだろう。「法の法則」、「実践理性の法的要請」および「万人の統合された意志」という3つの理性原理が私的生活の場における諸権利を根拠づけ秩序づける統制原理としての役割を果たしている、とする見解はすでにケアスティングの解釈に認められる。

またここでは、詳しくは立ち入らないが、カント法哲学を長年研究し、興味深い論考を発表し続けている高橋は『法論』が批判的・超越論哲学的性格を有することを自明としたうえで、「そこからさらに一歩進めて『法論』中の所有論を「批判」書としていわば「法的理性批判（Kritik der rechtlichen Vernunft）」として読むこと」が可能であるとしている。[41]

3　一部肯定説（三「序論」肯定説）

中島は、『人倫の形而上学』が「批判」の思想のうえに積極的に立つものであるとするブッシュ、ゼンガーおよびケアスティングなどと基本的に同じ立場であると述べている。しかし、3つの「序論」（『人倫の形而上学への序論』、「法論の形而上学的原理への序論」および「徳論の形而上学的原理への序論」）と「本論」との間に断絶があるとし、筆者のやや踏み込んだ解釈になるかもしれないが、前者についてのみ限定的に批判哲学との体系的整合性を認める、つまり「批判的方法」の適用を認める立場をとっていると思われる。ただし、中島自身が「批判的方法」という言葉を使っているわけではない。中島は次のように述べている。

「その場合〔『人倫の形而上学』が「批判」の思想のうえに積極的に立つということを承認するブッシュ、ゼンガーおよびケアスティングなどの解釈に基本的に従う場合〕カントが『人倫の形而上学』において批判期の倫理学の二書『人倫の形而上学の基礎づけ』と

『実践理性批判』を意図的に変形して主要概念を継承している、という限定をつけることが必要である。言いかえれば、一七六五年の時点ですでに「目の前に完成」していた『人倫の形而上学』の資料を、あらためて三批判書成立後に「批判」の立場から強引に編成しなおしたものが一七九七年に成立した『人倫の形而上学』だ、と思われる……」[42]。

つまり、中島はカントの「自然法講義」（1766／1767／1788）で使用されたアッヘンヴァルの教科書『自然法（Ius Naturae）』の用語が『法論』においてそのまま使用されているに留まるとするE・アルノルトやP・ナトルプなどの考証を踏まえたK・フォアレンダーの指摘を援用しながら、以下のように述べている。

「『人倫の形而上学』のうち「序論」と「本論」とのあいだにはかなりはっきりした叙述法の相違が認められ、「人倫の形而上学への序論」、「法論の形而上学的原理への序論」、「徳論の形而上学的原理への序論」という三つの「序論」は確かに三批判書を意識した叙述であるが、これらの「序論」以外の「本論」部分は、（フランス革命を意識した明らかに批判期以降の叙述も認められるが）おおよそアッヘンヴァルの『自然法』どおりのラテン語を散りばめていることからも窺えるように、古い資料をそのまま羅列しているように思われるのである。したがって『人倫の形而上学』においては、前批判期までさかのぼりうる個々の資料が、三批判書の刊行以降（すなわち一七九〇年以降）あらためて批判の立場から見返され編成されなおされた、と見るのが妥当ではないだろうか[43]」。

しかしブッシュ、ゼンガーおよびケアスティングなどといかなる点で基本的に同じ立場なのかは明確に言及されていない。また中島は3つの「序論」部分についてのみ限定的に肯定説を提唱しているが、他方ブッシュ、ゼンガーおよびケアスティングは全体としての『法論』について肯定説を主張しており、結論としては解釈が異なっている[44]。さらに、「本論」部分について前批判期までさかのぼりうる個々の資料がそのまま羅列されているとする見方は、むしろ否定説を唱えたリッターの連続性説の延長線上にある立場であるようにも思われる。

4　否定説（『純粋理性批判』偏重説）

明確に否定説を唱えている論者は片木である。片木は前述の諸論者とは異なって超越論的方法ないし批判的方法とは何を意味するのかをまず明らかにし、それが法哲学にも導入・適用されていると言えるのかという視点から検討している。三島、樽井および中島はそれらの方法の意味を厳密に規定しているわけではない。その意味でもっともわかりやすい議論である。

片木は超越論的方法ないし批判的方法をどのように解釈しているのであろうか。はじめにこの問題を検討したい。片木は「序文」の冒頭で次のように述べている。

「『純粋理性批判』によって開示せられたカントの哲学的方法論は、先験的（超越論的）方法論（transzendentale Methode）あるいは批判的方法論（kritische Methode）と呼ばれる。それは所与としての経験的事実を前提としながら、それが普遍的な客観的認識として成立しうる諸条件を吟味し、そのような認識を基礎づけうるア・プリオリな原理を批判的に確立していこうとする方法論である。いいかえればある種のア・プリオリな原理あるいは基本的概念が経験をいかにして基礎づけ、認識の客観的普遍性をえさせうるかを、批判的に問訊して、その妥当性の根拠や理由を明らかならしめようとする方法論といえるであろう[45]」。

次にこのような解釈のもとで、片木は法哲学に超越論的・批判的方法を導入・適用した場合にどのような方法論をとるべきかについて検討する。

「この実践的領域（法哲学）における経験とは、「学の事実」としての実定法であり、カントによれば「ア・プリオリに理性により認識せられうる」自然法にその諸原理を負うているとされる制定法である[46]」とし、K・リッサーの見解（『カントにおける法の概念』Der Begriff des Rechts bei Kant, 1922）に依拠して「先験的方法論はかかる学の事実（経験）より出発し、かかる事実の可能性の諸条件を指示するところの純粋な基本的概念や原理をば、かかる事実のなかより提示しかつ形成する役割を果たすのである」[47]とする。

またG・ドゥルカイトの見解（『カントにおける自然法と実定法』Naturrecht und positives Recht bei Kant, 1932）を援用しながら、上記の方法論と照合することによって、片木はカントの法哲学における方法論的不整合性（methodische Inkonsequenz）を指摘している。片木はドゥルカイトの見解を次のように引用している。

「彼の批判哲学の基本的立場に立脚すれば、カントもまた現実的に、実定法の『事実（Faktum）』だけを前提することが許されたであろう。それはそれから実定法の可能性を証明するためにであり、換言すれば、このような実定法が現に妥当性（Geltung）を、しかも拘束的な妥当性をもちうるということは、いかにして考えられうるかを理解させるためにである」[48]。

片木は『法論』を中心とする関連諸論著、『法論のための準備草稿』および『覚書き』などを可能なかぎり渉猟し、『純粋理性批判』で確立されたとされる超越論的方法ないし批判的方法の『法論』への導入・適用の成果を検討している。[49]その結果、『法論』への超越論的方法の適用の不整合性、不徹底性あるいは破綻を指摘する。その際、片木が主としてH・コーヘン、ドゥルカイト、W・ヘンゼルおよびW・メッツガーといった20世紀初頭のカント法哲学のルネッサンスに属する諸学者、特に新カント学派の見解に依拠していることが注意されなければならない。[50]片木は次のように述べている。

「既にコーヘンによってカントの「先験的批判は、実定法に対して自由にしてとらわれない最高の批判を施さ」なかったと批判されているように、カントが経験的事実としての実定法からまず出発しなかったことに問題がある……実定法が現に拘束的な妥当性をもちうることの可能性こそが何よりも論証されなければならなかったのである。そのかわりにカントはすでにア・プリオリな理性的拘束力をもつとされる自然法の原則から出発した。その現実的実効的妥当性を問うことなしにである。ここに無批判的な自然法（理念）の実定法（現実）化、あるいは逆に実定法の自然法化という悪循環が生じたのである」[51]。

また次のように述べている。

「先験的方法論とは……「経験あるいは学の事実」としての実定法の存在を前提し、このような実定法的現実のなかよりその妥当性の可能性の諸条件を指示する、「純粋な基本的概念」を批判的に形成することにほかならない……。しかしながらカントが先験的批判の対象としたものは、このような現実的基盤としての実定法ではなく、むしろ「ア・プリオリに理性により認識せられうる」とする自然法にほかならなかった[52]」。

カントの『法論』は、カント自身がこの著作の中で「単なる理性の限界内における法論」と呼んでいるように、経験あるいは学の事実として現に成立している実定法を対象とする理論ではなく、純粋実践理性に由来するア・プリオリな法の原理と体系を扱った理論である[53]。実践哲学の一部である法哲学において、ドゥルカイトや片木が主張するように、理論哲学における認識批判と類比的に経験的事実としての実定法を前提として、その可能性の諸条件を指示し、それを基礎づけるア・プリオリな諸原理を探究することが超越論的方法と言いうるのかは疑問の余地がある。いずれにしても、片木は新カント学派のマールブルク学派と同様に『純粋理性批判』における超越論的方法を偏重していると言わざるをえない。したがって片木は、先に述べたようにシュタムラー、ケルゼンおよびコーヘンなど新カント学派の主張の延長線上にある従来の多くの研究者のひとりとして位置づけられうる。

Ⅲ　継受史および研究状況

今まで我が国においては、カントの『法論』の継受史および研究状況について時系列的に検討した体系的研究がなかった。以下の論述は概略にすぎないが、これによってその継受史および研究状況の進展および変貌の一端が窺えるであろう。

ブロッカーはかれの著作の第一章「継受史および研究状況」において、主にドイツ語圏のそれまでの代表的な論者のカント『法論』、特に所有権論に対する解釈を概観している。しかし、叙述が断片的で最小限に留まっているため、筆者なりに敷衍しながら検討することにしたい。[54]

1　『法論』に対するA・ショーペンハウアーの批判

カントの『法論』に対する否定的評価が今日まで受け継がれてきた背景には、新カント学派による解釈の影響も決定的に重要である。しかし、その淵源を辿れば『法論』に対するショーペンハウアーの誤解に基づく酷評の影響が甚大であった。まず、カントの『法論』に対する批判のもっとも鋭い先鞭をつけたショーペンハウアーの論評を検討するとともに、否定的評価が受け継がれてきた原因を探ってみたい。また、それに加えてなぜ『法論』の継受史が短命に終わったのか、その理由も検討してみたい。ショーペンハウアーは『法論』全体に対して、次のように評価している。

「私にとってカントの法律理論の全体は、もろもろの誤謬がおたがいに引き合っている奇妙なからみ合いのように思われるが、これはひとえにカントの老衰にもとづくものである」。これが現在では、リッターおよびイルティングによっても主張されているいわゆる老衰説の起因となった見解である。[55]

ショーペンハウアーによるカントの『法論』全体に対する全面的な批判は、『意志と表象としての世界』付録『カント哲学の批判』（１８１９年）の中でごく簡明に述べられている。しかし、カントの法哲学の批判的・超越論的性格ないし法哲学と批判哲学との体系的整合性について言及しているわけではない。ショーペンハウアーは『法論』の中には主要な２つの欠点があると指摘し、辛辣な表現で次のように述べている。

「法理論はカントの最晩年の著作のひとつであり、きわめて内容のとぼしいものであるから、わたしはそれを全面的に非とするのではあるが、それに対する論駁は不必要だと思う。なぜならこの法理論は、この偉大な人物の著作というわけではなく、平凡なこの世の人間の作りだしたものということになるやいなや、それ自身の内容のとぼしさのために自然に死滅するにちがいないからである。わたしはそれゆえ法理論に関しては、消極的な手続きを断念して、積極的な手続きを引き合いに出しておく。つまりこの本の第四巻で提起しておいた法理論の簡明な概要をあげておく。カントの法理論については、一般的な所見を二つ三つだけここに書いておいてもかまわないであろう。『純粋理性批判』の考察にあたり、わたしはもろもろの欠点がいたるところでカントにつきまとっていることをとがめておいたが、そうした欠点は法理論のなかであまりにも法外に見いだされるのであり、しばしばカント的な手法を風刺するもじり歌を読んだり、とにかく少なくともカント派の人の言うことを聞いたりしているように思われるほどである。ところで次のような二つの主要な欠点がある。彼が望むのは（多くの人々もそれ以来望むようになったが）、法理論を倫理学からきっぱりと分けることではあるが、それにもかかわらず、前者を実定的な立法すなわち意志決定的な強制には依存せしめず、法の概念を純粋にア・プリオリにそれだけとして存立せしめるということである。しかしこれは不可能なことである。というのは、行為というものは、それの倫理的な意義と、他の人びととの、つまり他の人びとによる外的な強制との物理的な結びつきとを除いては、たとえ単なる見込みとしてであっても、第三の見地というものをまったく許さないからである。したがって彼が「法律上の義務とは強制することのできる義務である」と言うとき、この「できる」は、物理的な意味で解しうるか、倫理的な意味で解しうるかのいずれかである。前者の場合、法はすべて実定的で意志決定的であり、おのれを押しとおすようなすべての意志決定はあらたに法となるのである。後者の場合、われわれはもとどおり倫理学の領域にいるのである。したがってカントの場合、法の概念は天と地とのあいだでさまよっており、頼ることのできる地盤はすこしももっていない。わたしの場合、法の概念は倫理学に属している。第二に、法という概念に対する彼の規定はまったく消極的なものであり、そのためじゅうぶんとはいえないのである。「法とは、もろもろの個人の自由が普遍的な法則にしたがって相互に共存していることと調和を保つものである。」——自由とは（ここでは意志の道徳的な自由ではなく、経験的な自由すなわち物理的な自由であるが）妨げられていないことを意味しており、したがって単なる否定であるにすぎない。共存しているということもまた、これとまったく同じ意義をもっている。それゆえわれわれはただもろもろの否定に固執しているだけであり、積極的な概念はなんら手に入れておらず、それどころか、もしわれわれがとっくにほかの方法でわかっているのでないとすれば、もともとなにが話題であるのか聞き知ることもぜんぜんないのである。――あとのほうの詳論のなかで、このうえなくまちがったもろもろの見解がくりひろげられている。たとえば、自然的な状態すなわち国家の外部では、所有権はまったく存在しないというような見解である。この本当の意味は、法というものはすべて実定的であると言いたいわけであるが、これによって自然法は実定法をより所とすることになってしまう。実際はその逆であるはずなのに。さらに、合法的な取得を占有権取得によって基礎づけること、民事基本法を作成するにあたっての倫理的な義務、刑法の根拠、等々の見解がある。わたしにとってこれらすべては、すでに述べておいたように、個別的に反証する価値はまったくないと思われる。それにもかかわらず、カントのこれらの誤謬は実際にきわめて有害な影響を示してきたのであり、古くから認められ言い表されてきたもろもろの真理をあらたに混乱させ、曖昧にし、いくたの奇妙な理論や、多数の書物と論争とをひき起すもととなったのである。もちろんこれが永続することはありえない。すでにわれわれは真理と健全な理性とがふたたび道をひらいてゆくのを目にしているのである。きわめて多くの偏屈な理論と対照的に、この健全な理性を証明しているのは、とりわけヨハン・クリスティアン・フリードリヒ・マイスターの『自然法〔教程〕』である。だからといって、わたしはそれを完全性の域に達した模範であるとみなしてはいないのであるが[56]」。

この引用から、ショーペンハウアーが、『法論』の中にあまりにも法外な欠点があるため真剣に取り上げるに値しないとか、極論すればその内容がきわめて乏しいために論駁が不必要であり、自然に死滅するとさえ考えていたことが読み取れる。確かに、この否定的解釈はその後カント哲学研究者に根強い影響を与え続けるが、しかし周知のようにこの予想は裏切られることになる。ここでは、ショーペンハウアーの一般的な批判として主に4つの論点を挙げるに留め立ち入った検討は控えておきたい。

第一に、カントは法理論と倫理学とを峻別することを意図したにもかかわらず、法理論を実定的な立法、すなわち意志決定的な強制に依存させず、法の概念を純粋にア・プリオリなものとして存立させたとする論点である。第二に、カントは法の概念を消極的に規定しているだけであり、積極的な規定をしていないとする論点である。第三に、カントは所有権は自然状態では存在しないと考え、自然法を実定法に依存させているとする論点である。最後に、カントは合法的な取得を占有権取得によって基礎づけているとする論点である。

また、ショーペンハウアーは『意志と表象としての世界』第六二節においてもカントの『法論』を批判的に検討しているが（いわゆる老衰説が主張されているのが本節である）、特に所有権論についての批判はかなり詳細に行われている。『カント哲学の批判』の中では、カントは合法的な取得を占有権取得によって基礎づけているとし、個別的に反証する価値すらないとショーペンハウアーは見なしているが、本節ではカントは所有権を最初の占有権取得によって基礎づけようとしていると非難している。ショーペンハウアーは自己所有権的見解を援用しながら、カント以前にすでに受け入れられていたとする労働所有権論的立場を自明であるかのごとく擁護し、また先占権には道徳的根拠がないと主張しており、カントによる所有権の超越論哲学的基礎づけについてまったく理解を示していない。かなりの長文ではあるが、重要なのでその箇所を引用しよう。先の文章よりも具体的に抽出されているので読み取りやすい。

「……おのれのもろもろの力によって労働で手を加えられたものだけが所有物となりうる……したがって所有物を人から取りあげれば、その人の身体のもろもろの力をその身体のなかに客観化されている意志から取りあげ、別の身体のなかに客観化されている意志にそれらの力を奉仕させることになる……なぜかといえば、不正を行使する者は、他人の身体をではなく、身体とはまったくちがう生命のない物件を侵害することによってのみ、どうしても他人の意志肯定の範囲を侵犯してゆくからである。というのは、この物件には他人の身体のもろもろの力や労働がいわば癒着しており、一体となっているからである。この結果、あらゆる真正な、すなわち道徳的な所有権は、もともともっぱらひとえに労働で手を加えることにもとづくということになる。このことはカント以前にもかなり一般的に受け入れられていた。それどころか、あらゆる法律書のなかで最古のものですら、次のようにはっきりと見事に言い表している。「往時《いにしえ》を知れる賢者の宣《の》り言《ごと》にいわく、耕されし畑は、木の根を抜き、畑を清め、鋤入れせし者の所有となす。そは羚羊《かもしか》が、手負わせて殺したる第一の狩人《かりうど》のものたると同然なり。」――『マヌ法典』九・四四――。わたしにとってカントの法律理論の全体は、もろもろの誤謬がおたがいに引き合っている奇妙なからみ合いのように思われるが、これはひとえにカントの老衰にもとづくものである。彼が所有権を最初の占有権取得によって基礎づけようとしたことも、それによって説明がつく。というのは、ある物件の使用から他人を排除するというわたしの意志を宣告するだけで、いったいどうしてただちにそのための権利さえもあたえられることになるのだろうか。カントは宣告が権利根拠のひとつだと想定しているのであるが、そうではなく、明らかに宣告自体がまず権利根拠を必要とするのである。そして、ある物件の独占の要求がそれを自分で宣告したこと以外にはなにも根拠をもたない場合、ある人がその要求を尊重しなかったからといって、どうしてその人がそれ自体として、すなわち道徳的に、不正な行為をしていることになるというのだろうか。どうして彼の良心がそのために彼の心をいらいらさせることになるというのか。というのは、正しい合法的な占有権取得などはまったくありえず、あるのはただ、ある物件にもともとおのれのもろもろの力をふりむけることによって、その物件を正しく合法的に先占すること、取得することだけだということは、まことに明らかにたやすく見抜けることだからである。つまりある物件が、たとえどんなにわずかな労力であるにせよ、他人のなんらかの労力によって労働で加工され、改良され、災害から守られ、保存されるなら、よしんばこの労力が野生の果実をもいだり、地面からひろいあげたりするだけのものであるにせよ、その場合には、このような物件を侵害する者は、他人がその物件にふりむけた力の成果を明らかにその人から取りあげ、したがって、他人の身体をその人の意志にではなく自分の意志に奉仕させることになり、自分自身の意志を肯定することが、その意志の現象をこえてしまい、他人の意志を否定するにまでいたるのである。すなわち不正を行うことになるのである。――これと反対に、ある物件をなんら労働で加工するでもなく、破壊から護《まも》るでもなく、ただ享受するだけならば、それに対する権利はあたえられないということは、独占するという自分の意志を宣告してもその権利があたえられないのと同じである。こういう次第であるから、ある一家がたとえ百年間ひとつの猟区において自分たちだけで狩りをしていたとしても、この猟区を改良するようなことはなにもなかったのなら、今度その同じ場所で狩りをしようと思う見知らぬよそ者に対しては、道徳上の不正を犯すことなしには、その猟区を防ぐことはまったくできないのである。それゆえいわゆる先占権は、それによれば、たんにある物件をまえに享受しただけでもって、さらにおまけに報酬を、つまりひきつづいて享受することに対する排他的な権利を要求することになるのであるから、道徳的にはまったく根拠がないものである。ただこの権利だけをより所にする者に対しては、新参者のほうがずっとすぐれた権利で対抗できるであろう。「なにしろおまえさんはこれまでたんまり楽しんできなすったんだからね、これからはほかの者が楽しむのがすじというものさ。」改善するとか災害から保護するとかによって労働で手を加えるということがまったくできないような物件については、道徳的な根拠のある独占というものは存在しない。あるとすれば、別の方面での奉仕に対する報酬としてのように、ほかのすべての人びとの側から自発的に譲渡されたためであろう。しかしそういうことは、すでに協定によって規則化された共同体、つまり国家を前提としている。――右に導きだしたような道徳的な根拠のある所有権は、その本性のうえからいって、所有者にその物件に関して、彼がおのれ自身の身体に関してもっている権力とまったく同じ無制約的な権力をあたえる。その結果として、所有者はおのれの所有物を交換なり贈与なりによって他の人びとに譲り渡すことができる。すると他の人びとは、彼がその物件を所有していたのと同じ道徳上の権利でもって、その物件を所有することになる」[57]。

上記に引用したショーペンハウアーのこれらの否定的論評は、１７９７年に出版されたカントの「最晩年の著作」である『法論』、特に所有権論に向けられた無理解の典型的な一例である。ブロッカーも指摘しているように、『法論』はその出版後まもない初期の継受史において、老衰する精神が生み出した奇妙な後期の著作としてほとんど注意を喚起することはなかった。というのも、この著作はまったく不明確で、難解であり、多くの錯綜した演繹と難解な教義概念を含んでいるように思われたからである。さらに、「図式」、「飽きることのない」[58]、それどころか病的な「体系化の意志」への支配的特徴によって際だっていると見なされてきたからである。したがって、上記ショーペンハウアーの無理解にもそれなりの理由があったと言える。カントの『法論』、特に所有権論に対する否定的評価が長い間受け継がれてきた原因のひとつとして『法論』そのものの晦渋な叙述や構成に問題があったことは認めざるをえない。しかしながら、『法論』は１９８２年になってはじめてＢ・ルートヴィヒによって体系的に信頼できそうな形態に再構成された。[59] しかしそれ以前においては、その非常に混乱した構造、典拠の疑わしいテクスト形態が研究者の厳密な読解を困難にしたのは確かである。多くの解釈者は、外形的にはカントが当時の自然法の専門用語を継受したために、カントの『法論』は18世紀に数多く出版された自然法の著作のひとつにすぎないと見なし、この著作に改めて注目することはなかった。なかでも、『法論』に対して、Chr・ヴォルフ、A・G・バウムガルテンないしG・アッヘンヴァルの目的論的自然法思想に逆戻りしている、あるいは法（権利）を「もっとも悪い自然法の伝統」の中でスコラ学的に取り扱っているとする非難が体系的に見てもっとも重大であった。この非難はもっぱら、『法論』が「批判書」の妥当理論的諸原理と一致しえないということ、および超越論的哲学の体系（批判哲学の体系）から排除されるということ、つまり『法論』の批判的・超越論的性格の否定を意味していた。[60] そして先に言及したように、この非難は１９７１年にリッターによって新たに提唱され、物議を醸すことになった。[61] これを契機として『法論』の厳密な研究が飛躍的に促進されることになる。

したがって、ブロッカーの指摘をまつまでもなく、多くの部分で損なわれた、それどころか非常に「ぼろぼろになった」『法論』のテクストの継受史がきわめて短命であったのも不思議ではない。[62] なぜならば、このテクストの表現は、多くの批判者の見解に従うと「きわめて不明確」（いわゆる不明確性説）であるため、その表現が実際、首尾一貫しているのか否かということが「ほとんど確定」されえないと見なされているからである。このことは特に、『法論』の第一部私法の中で論じられている所有権論について当てはまる。

この所有権論は、１９２９年G・ブフダによる『イマヌエル・カントの私法―自然法の歴史および体系に関する論考―』と題する著作が刊行されるまで個別に論じるに値するものであるとは考えられていなかった。[63] カントの法哲学一般が独自の哲学的研究の対象となった場合でさえ、その研究の中で所有権論にはつねにわずかのページしか与えられず、手短に言及されるだけで、所有権の基礎づけをめぐる論争において支持し難いものとして一蹴された。このことは先に引用したショーペンハウアーの論評に端的に示されている。したがって、この論争において、カントによる所有権の超越論哲学的基礎づけは、ロックの『統治二論』（１６９０年）第二篇第五章「所有権について」の中で論じられている「労働所有権論」に対してまったく勝ち目がなく、ロックの「労働所有権論」が「道徳的に優越している」と見なされた。つまり先に検討したショーペンハウアー同様、多くの解釈者はカントの所有権論を「強者の権利（自力救済権 Faustrecht）に対する支持」であると曲解ないし誤解し、それを断固拒否したのである。[64]

2　個別的継受史および研究状況

ブロッカーは個別的継受史において重要なすべての研究者を網羅しているわけではない。主としてドイツ語圏の代表的な研究者を取り上げている。ただし、各論者が批判的・超越論的方法をどのような意味で把握しているのか、またカントによる所有権論への批判的・超越論的方法の導入・適用が成功していると解釈しているのか否かという視点から必ずしも検討しているわけでもない。ブロッカーの研究目的からすれば、このような視点からの考察も必要であったはずである。しかし、この考察そのものが精緻な分析を要する難題であり、したがって各論者がカントの所有権論をどのように解釈・評価しているのかを略述するに留まっている。とは言え、各論者が独自の視点から所有権論を検討しており、またその研究の進展・変容の方向性が窺えるので一瞥するのは有益である。

以下ブロッカーの論述によりながら各論者によるカントの所有権論の解釈・評価に議論を限定して、その継受史および研究状況をほぼ時系列的に概観しよう。ブロッカーによって取り上げられている論者は、A・ラッソン、W・メッツガー、K・リッサー、K・ボリエス、R・デュンハウプト、G・ブフダ、G・レーマン、R・ブラント、S・M・シェル、H・G・デガウ、G・ルフ、K・キュール、W・ケアスティングおよびR・ザーゲである。いずれも個別に立ち入って検討しなければならない重要な代表的研究者である。[65] まず、19世紀末の新ヘーゲル学派の先駆者であるラッソンから20世紀初頭の新カント学派に属する論者の解釈を見てみよう。

A・ラッソンに『法哲学体系』（1882年）の中で、カントにおいて「個別の法制度の導出において」――所有権の導出も同様に――「カント自身がその諸原理に従って手に入れなければならなかったものにまさにもっとも矛盾するような見解が明らかである」[66]と述べている。

W・メッツガーは『ドイツ観念論の倫理学における社会、法および国家』（1917年）の中で、カントの「私法上の諸問題の取り扱いをもっとも悪い自然法上の伝統」の中に認め、「私法上の諸問題（所有権など）のカントのスコラ的取り扱いはもちろんもっとも悪い自然法の伝統に陥ったままである」[67]と非難している。

K・リッサーは『カントにおける法の概念』（1922年）の中で、カントにおける所有権概念の演繹および正当化（「支配力による所有権」Gewalteigentum）は、はるか「ルソーの背後」に留まっていると指摘している。[68]

K・ボリエスは『政治家としてのカント―批判主義の国家・社会理論について―』（1928年）の中で、カントがあらゆる占有は「単に手でつかむことができる、純粋に経験的な法的権限……、力の法的権限」をもつとする見解によって「ルソーの背後だけでなく、またライプニッツやそれどころかロックの背後にまで」逆戻りしている、言わば、中世のもっとも深い暗闇の中に逆戻りしていると解釈している。つまり、上記リッサーの解釈をより否定的に訂正している。[69]

また、R・デュンハウプトはかれの博士論文『カントにおける人倫、国家および法―カント倫理学における自律と他律―』（1927年）の中で、所有権に対してさらに無理解な解釈を提示している。[70]以上の論述から明らかなように上記の論者はいずれも、ひと言で言えば、カントの所有権論が極論すると、ロックの背後にまで逆戻る伝統的自然法論に陥っており、また所有権が経験的占有ないし支配力によって演繹・正当化されるなどと曲解し、否定的な評価を下していることが窺える。

しかしその後すぐに、先に述べたように、ブフダがかれの博士論文『イマヌエル・カントの私法―自然法の歴史および体系に関する論考―』（1929年）の中で、所有権についての最初の包括的な研究を発表した。[71]ブフダはその中で、所有権概念の基礎づけおよび正当化を綿密に解明し、カントの所有権論を伝統的自然法論（アッヘンヴァル）から明確に際立たせる試みを行っている。この研究は、カントの所有権論研究のその後の進展に大いに貢献する画期的な業績と言える。

さらに27年後の1956年になってようやく、カントの遺稿集の編者であるG・レーマンによるカントの所有権論の新たな研究が現れる。レーマンは、「カントの占有論」と題した論文において、その解釈のために広範囲にわたる『法論のための準備草稿』を踏まえて、所有権論が「批判的体系」の中に組み込まれているということに着目した。つまり、所有権論の批判哲学における体系的位置づけについてはじめて注意を喚起したのである。[72] それでは、レーマンはそれまで見過ごされていたと思われる所有権論のいかなる要素に着目したのであろうか。レーマンは所有権論に見られる多くの諸要素、たとえば、法的—実践理性のアンチノミー、また「法的観念論」(idealismus iuridicus)、「本体的占有」およびその「図式論」などにおける法的・実践理性のアンチノミーの解決といった例証を指摘することによって、所有権論を「批判的体系」の一部として超越論哲学的に構成しようとしたカントの苦心を明らかにしようと試みたのである。ブフダと並んでレーマンの研究は、その後この問題をめぐる議論では必ずと言っていいほど引用される先駆的な業績である。

　しかしながら、カントの所有権論がいかなる論証の性格を有しているのかを精緻に分析したのは、何と言ってもR・ブラントの功績である。ブフダおよびレーマンはその重要な先駆者ではあるが、ブラントの研究によってカント所有権論解釈における大きな転機が訪れることになる。ブラントは１９７４年に出版された著作『グロティウスからカントまでの所有権論』[73]の中で、グロティウス、カンバーランド、ロック、ヒュームおよびルソーに比べてカントの章に多くのページを割いている。その中でブラントは、カントの所有権論を包括的に論述し、それを17・18世紀の自然法の伝統と対置することによって、その特殊な諸契機の中で浮き彫りにしている。ブラントはさらに、所有権のカントによる理性法的基礎づけの特殊な新奇性を特にカント自身の初期の（ロックおよびルソーの労働所有権論に近い）見解（１７６４年出版の『美と崇高の感情に関する観察』のための『覚書き』から読み取れる）との対比によって明らかにしている。ブラント自身があらかじめ断っているが、このような手法で行われたカントの法思想の生成論的考察方法は、なるほど残念ながらさらに追求されてはいない。つまり、所有権論の断絶、突然変異および変化は基礎づけられておらず明らかにされていない。それでもやはり、ブロッカーが指摘しているように、ケアスティングとともにブラントのこの著作はカントの所有権論の理性法的基礎づけに関する現在もっとも重要な研究のひとつとして評価されており、繰り返し援用されている基本文献である。

さらに、英語圏の研究者としてＳ・Ｍ・シェルの研究が指摘されなければならない[74]。シェルは『理性の権利―カントの哲学および政治学研究―』（１９８０年）の中で、ヘーゲルに定位したカント解釈において、認識論および法理論を構造的なもの――主観的世界先占の同一理論――として解読しようとする興味深い試みを行っている。シェルは次のように述べている。

「『純粋理性批判』および『法論』の両著作において、カントはかれのもっとも重要な論拠を「演繹」として提示している。この「演繹」によってカントは所有に対する請求権の正当化を意図している。演繹は両著作とも、あるものを自分のものとして所有（possess）すること、あるいはもつこと（have）がいかにして可能であるのかということを確立しようとしている。超越論的演繹は客観（客体）の概念のその使用に対する「理性の権利」を確立しようとしている[75]」。

シェルは上述のように、認識論と所有権論との間に疑いもなく成立しているとされるひとつの類比に注意を喚起しており、その意味で独自の解釈を提示している。しかしブロッカーは、この類比を先占する主観性の理論の意味において「文字どおりに」受け取ると、所有権の特殊な法的概念はすべての輪郭を失い、カントの演繹の様式の差異が見失われると批判している[76]。シェルの主観的世界先占の同一理論は示唆に富む解釈ではあるが、しかし十分な吟味が必要とされる問題である。

Ｈ・Ｇ・デガウは『カントの法論のアポリア』（１９８３年）において、『法論』の中にあるとされる多くのアポリアを指摘している。それらのアポリアは、権利の完全にア・プリオリな体系、したがってまた所有権のア・プリオリな基礎づけを提供しうるとするその要請から生じるものであるとする。デガウによると、カントは、（社会的）現実性をこの基礎づけの関連から一貫して除外することによって、本体的（法的）占有と経験的（物理的）占有の必然的調停にはもはや成功していないとする。しかし、ブロッカーは「調停」それ自体（すなわち、「抽象」および「図式論」という方法上の諸契機）の体系的問題の綿密な分析をデガウは残念ながら行っていないと批判している。[77]

G・ルフは『自由と平等―カントの政治思想における現代性について―』（１９７８年）の中で、特にカントにおいて疎かにされているとしてデガウが訴えている所有権の「社会的次元」を研究している。[78] ルフは、デガウの主張によれば「カント自身がかれの理論上の端緒の広範囲な社会的結果をまったく意識していなかった」[79]としているが、平等の確立がなければ自由の現実的諸条件が破棄されることになるので、国家の社会的形成機能は、国家の前提条件から必然的に生じるということを示そうと試みている。

K・キュールはかれの博士論文『自由秩序としての所有秩序―カントの法論および所有権論の現代性について―』（１９８４年）の中で、カントの私法および特に所有秩序の今日的諸問題に対するその現代的意義に焦点を当てて研究している。[80] この点でキュールの研究は、かれが民法学者でもあるということもあって、他の論者と比較してより実践的で興味深い。ブロッカーによれば、キュールはカントによって主張された所有権論の「ア・プリオリ性」を真面目に受け取り、カントを啓蒙のドイツ市民の歴史的に時代遅れの理論家としてイデオロギー的に矮小化し、過去に委ねようとする、たとえばR・ザーゲのような諸論者に明示的に反論している。[81] キュールは現代の法哲学上、法政治学上の諸問題、たとえば経済秩序の法的形成可能性、[82] 社会的に権力を握る地位の制限、[83] すべての者に対する可能な所有権取得の実現といった諸問題[84]に対して、カントの理論が適用可能であり、また有意義であるということを確信をもって論述している。ドイツにおいても珍しく哲学研究者ではなく法学者の視点から考察されたこの研究は、カントの所有権論に関する多くの新しく重要な洞察を提供しており、民法学者に対しても有益な示唆を提示している。[85]

カントの法哲学全体についての今まででもっとも包括的で詳細な研究は、筆者が当初より特に注目しているケアスティングによってなされた。[86] ケアスティングは、かれの教授資格論文『秩序づけられた自由―カントの法・国家哲学―』（１９８４年）において広範囲にわたる『法論のための準備草稿』（アカデミー版第23巻）を緻密に分析し、それを踏まえてカントの『法論』の論証建築術（Argumentationsarchitektonik）を徹底的に解明している。ケアスティングは、この論証建築術は、デガウと異なり、根本的に筋の通ったものであると解釈している。

デガウとケアスティングの研究は結果においてまったく異なっているが、特に「所有個人主義的」、つまりマルクス主義的な視点からザーゲによって著わされた著作『イマヌエル・カントにおける所有権、国家および社会』（1973年）が注意を喚起する。[87]ブロッカーが指摘しているように、ザーゲがこの著作の中で試みたのは、カントの「社会政策的理論」を「封建制から「市民社会」への移行における社会形成から生ずる」問題設定に対する解答として把握しようとするものである。[88]カントの「社会政策的」哲学は——それはその哲学に基礎を置いている所有権概念との構造的絡み合いの中で「解読」されうる[89]——18世紀末のドイツ市民の利益状況および自己理解をきわめて正確に「反映している」とする。[90]ザーゲの研究は、C・B・マクファースンの有名な研究『所有的個人主義の政治理論——ホッブズからロックまで——』（1962年）に「決定的な示唆」を受けている。[91]ザーゲはカントの哲学を「市民的思考」の典型および「所有個人主義的啓蒙の前衛」として、まったくイデオロギー批判的に使用している。[92]ブロッカーによれば、この研究自体は、残念ながら——その独自性と新奇性は——まったく失敗に終わっている。[93]というのは、ザーゲ自身があらかじめ断っているように「狭義のカントの哲学的著作、特に「三批判」の中で展開された超越論哲学的端初とその社会哲学的省察との間に明らかに存在する構造関係に関して言えば、これに関連する研究は、——ここでは——もはやなされえなかった」[94]からである。体系的なテクスト分析が必要であるにもかかわらず、それがザーゲの研究で行われたようにマクロ社会学的方法によって取って代わられると、テクスト解釈における不正確さと誤解がほとんど避けられないのではなかろうか。

したがって、ブロッカーも指摘しているように、ザーゲはたとえば次の重要な2つの論点を見落としている。

第一に、カントはロック的所有権の「労働理論」の批判において重要な方法上および論理上の諸論拠を提示している。また、この労働理論のカントによる拒否は批判哲学の理論に起因するのであって、「ドイツの経済的後進性」によっては必ずしも十分に説明されえないということである。[95]

第二に、ザーゲは「支配力の中でもつこと」（In-der-Gewalt-Haben）を「カントの所有権概念の所有個人主義的諸要素の構成要素」と特徴づけ、「支配力の契機（Gewaltmoment）にすべての人のア・プリオリな同意（この同意は私的所有権に、「いわば反作用的に、認可する理性の権限を与える」に対する時間的ではなく、論理的優先性」を認める時、「先占（occupatio 根源的取得）」と、これをはじめて正当化する「結合した意思」との原理論的関連を誤認しているということである。[96]

確かに、カントの所有権概念は個人主義的視点を含んでいるが、しかしこの所有権概念には、すべての人の意志を表現する公民的結合における正当化獲得の義務が重なっていることに注意しなければならない。ブロッカーの指摘をまつまでもなく、ザーゲが、「カントは大胆に、単純に、所有権に関する私的な使用を具体的な自由の条件のために、もっぱら実体化している」[97]と記述する時、自由と所有権の基礎づけの関連がまったく逆転されていると言わざるをえない。

以上の個別的継受史および研究状況の論述から明らかなように、１９２９年にブフダのカント私法論に関する博士論文が公刊される以前はカントの所有権論に対しては否定的評価が一般的であり、個別に論じるには値しないとさえ考えられていた。しかしそれ以降、１９５６年のレーマンおよび１９７４年のブラントの研究によって大きな転換を迎え、その評価に相適があるにしても、多くの哲学者・法学者によるさまざまな視点からの『法論』、特に所有権論に焦点を絞った詳細な研究が現れてきたことが窺えるであろう。

Ⅳ　「批判的」法哲学は存在するのか

リッターの否定説以降[98]（１９７１年）のカント法哲学の批判的・超越論的性格をめぐる論争の展開については、本書後章を参照して欲しいが、ブロッカーもその論争について「「批判的」法哲学は存在するのか」という視点のもとで簡略な検討を加えている。[99] ここでは主にＰ・ウンルーの所論に依りながらより立ち入ってこれまでの論争を跡づけ、問題点を明確にしたい。

カントは『人倫の形而上学』の出版を早い時期から計画していた。しかしそれにもかかわらず、それが繰り返し先送りされた重要な一因は、方法論上の問題、つまり法・権利の批判的・超越論的基礎づけ、特に所有権の導出の問題が解決されていなかったことである。『純粋理性批判』（１７８１年）の完成によってようやくその問題が一応解決された[100]。したがって、同書第一版「序文」での次の文章は文字通り真剣に受け取るべきであると筆者は考えている[101]。

「現代は真の意味での批判の時代であって、すべてのものが批判に服さざるをえない。宗教はその神聖によって、また立法はその尊厳によって、通例はこの批判をまぬかれようと欲する。しかしそのときには宗教も立法も、おのれに対する当然の疑惑をよびおこし、偽らざる尊敬を要求することはできないのであって、そうした尊敬を理性は、理性の自由な公然たる吟味に耐えてくることのできたものにのみ認めるのである[102]」。

カントは宗教や立法を単に例として挙げているのではなく、後に著されることになる宗教論や『法論』を批判哲学に即して基礎づけることの体系上の必要性を説き、その出版を予告していると読むべきである。宗教的理性批判については、１７９３年に『単なる理性の限界内における宗教』として出版されている。他方それに対応するかのように、１７９７年に出版された法的理性批判としての『法論の形而上学的基礎論』を「単なる理性の限界内における法論」と、『法論』の中でカントは表現している。上記の引用から窺えるように、カントは『純粋理性批判』執筆時にすでに、後に刊行されることになる『法論』を、その成否は議論の分かれるところであるが、「批判的」法哲学として構想していたことは疑問の余地がない。

それでは、カントに「「批判的」法哲学は存在するのか」という問題設定に対して、われわれはどのような考察方法をとるべきであろうか。学問研究一般において無用な混乱を避けるためには概念を明確に定義して議論を展開する、というのは当然の前提である。だとすれば、この問題は一見すると簡単に答えられそうに思われるかもしれない。だが、事柄はそう単純ではない。だからこそ今日まで激しい議論が繰り広げられているのである。

カント法哲学の批判的・超越論的性格を問題とする場合、まずカント自身がそれらの学術用語をどのように定義しているのかを検討する必要がある。しかし、『純粋理性批判』などに見られるこれらの定義そのものがカント自身において必ずしも明確ではない。また、各論者によっても多様に解釈されており、したがってこれらの概念の意味内容も広範多岐に及んでいるという困難が伴う。さらに問題を難解にしているのは、『法論』においてはこれらの定義はまったく明示されておらず、またカント自身からすれば当然と言えるかもしれないが、自明であるかのように使用されており、カントが『法論』をその著作の中で批判的法論ないし超越論的法論と呼んでいるわけでもないことである。この最初の段階で多くのカント哲学研究者は大きな難題に直面することになる。このような問題状況においてカント法哲学の批判的・超越論的性格を真正面から検討している論者のほとんどは、ドイツでは主に哲学の専門研究者である。法学の専門研究者としては先に言及したリッターやキュールなどを挙げることができるにすぎない。我が国でも事情は同様である。先に検討した三島や高橋が法学の専門研究者として挙げられるに留まる。

これはいかなる理由によるのであろうか。この問題の解明にはカントの批判哲学ないし超越論的哲学、特に三批判書への深い洞察が前提とされなければならず、法学研究者にとっては論究するのが必ずしも容易ではないという事情によるのではなかろうか。[103] もちろん他方で、カント哲学の専門研究者にとってもその考察対象が法学という特殊な領域であるという難解さはあるであろう。しかし、法学研究者のほうがより困難が伴うと言わざるをえない。たとえば所有権論の解釈について正当にもシェルは次のように述べている。

「カントの所有権の論じ方は複雑で、入り組んでおり、また凝縮されている。読者にとって事態をさらに困難にしているのは、カントがしばしば暗黙のうちに他の著作において提示している議論を参照したり、それに依拠したりしていることである」。[104]

カントの批判哲学と『法論』との関係、言い換えれば批判哲学の体系全体における『法論』の位置づけについて、ウンルーは今までの論争を踏まえて、大別すると整合性説と不整合性説という独自の2つの分類を試みている。各論者がいずれの説を主張しているのかが十分に整理されているわけではなく、また各論者の所論を網羅的に検討しているわけでもないが、しかし注を参照することによってある程度理解できる。またウンルー自身がいずれの立場に立っているのかは明言しておらず、整合性説が優位を占めていることを指摘するに留まっている。以下ウンルーの所論を手がかりに2つの説を検討したい。その前にかれの研究における3つの観点を提示しておこう。

ウンルーはかれの博士論文『理性の支配――イマヌエル・カントの国家哲学について――』（1993年）[105]第一部B「カントの批判哲学への国家論の体系的組み入れ」の中で、カントの国家論はかれの批判哲学において体系上いかなる位置を占めるのかを検討している。ウンルーによれば、カントの国家論はかれの哲学から切り離された理論ではなく、むしろカントの思想の全体系内部における必然的な一部として構成されている。したがって、国家論の研究にとって批判哲学の体系と『法論』との整合性の問題は重大な意味をもっている。この国家論の位置づけに対する問いは3つの観点において論究が必要であるとする[106]。

第一に、『純粋理性批判』以降の批判的体系と『法論』との統一可能性についての見解の争いを把握することが必要である。というのは、この論争の結果は国家論にとってもまた重要な意味をもつからである。

第二に、国家がカントの実践哲学の全構想においていかなる意義を有しているのかという問題を明示することである。そのかぎりにおいて、宗教哲学と歴史哲学の諸要素もまた考慮に入れなければならない。

第三に、国家論の位置づけに関する問いの要点は、「共和制」という国家論にとって中心的な概念にいかなる機能が帰するのかという問題である。これに対する解答は、この概念の実質的な諸規定を先取りすることなしには与えられない。

ウンルーは第一の観点から、『法論』と批判哲学との体系的統一可能性についての論争を検討している。われわれの問題提起にとってはこの第一の観点が重要なので、以下ウンルーの所論を見てみることにしたい。

1　『法論』と批判哲学との整合性

ウンルーは、ショーペンハウアーによる「老衰説」に端を発し、現在ではリッターおよびイルティングによって『法論』と批判哲学との整合性が否定されていると指摘している。また、「老衰説」が学問的に意味のない主張であるとされているとする指摘は注目に値する。近年のカント文献においてはこの主張が支配的である。

カント自身、『理論と実践』（1793年）、『永遠平和のために』（1795年）など多くの箇所でア・プリオリな諸原理における『法論』の批判的基礎づけを強調している。[107] しかしそれにもかかわらず、カントによる完成原稿である『人倫の形而上学』に属する『法論』は、かれの批判的主要著作において構想された哲学、つまり批判哲学とは調和しえないとする非難は『人倫の形而上学』が刊行された直後から存在していた。カントの『法論』の出版以前にすでにこの意味における自然法論、つまり批判的自然法論が執筆されていると思い込んでいる者さえいたと思われる。その著者とはJ・G・フィヒテである。フィヒテによる『知識学の原理による自然法の基礎』は『人倫の形而上学』の1年前、すなわち1796年に出版された。[108] そして、かれらの失望は『法論』と批判哲学との不整合性を指摘するものとして重要であるかもしれない。[109] しかし1970年代以降改めて、リッターやイルティングによって『法論』と批判哲学との整合性に対する疑念が提示された。[110] カントの老衰が影響したのであるとするこの観点において標準的な異議として認定される非難は、先に検討したように、最初にそしてもっとも印象深くショーペンハウアーによって定式化されたものである。繰り返しになるが重要なので引用しよう。

「私にとってカントの法律理論の全体は、もろもろの誤謬がおたがいに引き合っている奇妙なからみ合いのように思われるが、これはひとえにカントの老衰にもとづくものである」[111] とする非難である。この老衰に起因するとされる非難は何を意味するのであろうか。それは、カントが『法論』の執筆にあたって、進みゆく老衰のため『法論』を批判哲学に即した仕方で構成することがもはやできなかったということである。確かにカントの肉体的衰弱を証明する事実は、『法論』の出版以前にすでに見られた。[112] しかしながら、このことが『人倫の形而上学』における批判的基礎づけやその内容に決定的な影響を与えたか否かは証明されえず、別の問題であると言わざるをえない。ウンルーも指摘するように、近年の研究においてこの老衰説は、たとえ言及されることがあるにしても、学問的には意味のない主張として説明されていることが多い(113)。

2 不整合性説

ウンルーが取り上げている論者は、特にショーペンハウアー、コーヘン、F・パウルゼン、E・ラスク、G・ラートブルフ、J・シュムッカー、リッターおよびイルティングである。ただし、ここでは近年の論争において重要な役割を果たしているリッターとイルティングの所論の要点に議論を限定して、その問題点を提示したい。両者とも、先に述べたように不整合性説を主張する現在の代表的論者に分類されるが、その主張内容が異なっていることに注意しなければならない。

『法論』と批判哲学との統一性についての体系上の疑念は、前述したように、とりわけ新カント学派の哲学者・法学者によって唱えられた(114)。『法論』の批判的・超越論的性格をめぐる現在に至る論争は、否定説を唱えるリッターの研究(115)(『初期資料によるカントの法思想』1971年)とかれに反論して肯定説を主張するブッシュの研究(116)(『カントの批判的法哲学の成立 1762–1780』1979年)から発展したものである。この対立を契機として、『法論』の批判哲学における体系的連関の研究がテクスト内在的により厳密に推進されたと言ってよい。

まずリッターは、カントの法哲学と批判的思想との不整合性を『法論』における前批判的諸要素を厳密に構成することによって証明しようと試みた。リッターの研究によれば、法に関するカントの思想内部においてはいかなる断絶も示されえない。むしろ、前批判期からの思考過程の連続的な進展が観察される。しかも、この進展は理論哲学の批判主義および超越論的哲学への転回によって影響を受けていないとする。

しかし、このいわゆる連続性説はすでにG・W・キュスタースによっても反駁されている。つまりひと言で言えば、リッターはこの連続性説を批判的法哲学の体系的完成原稿の資料としての『人倫の形而上学』そのものを無視して提唱している、とする反駁である。[117] この反駁はもっともである。なぜならば、『法論』の出版が１７９７年であるにもかかわらず、リッターの研究は20年以上も前の１７７５年で終わっているからである。さらに論述内容に関して、リッターは『法論』の中に前批判期からの内容の継受があることを立証している。だが果してそれによって批判的基礎づけの可能性についての判断がなされうるのか否かは疑問の余地がある。この点において、リッターの連続性説は証明力がないと言わざるをえないとする。というのも、内容の継受と基礎づけは別問題だからである。むしろ現在では、法哲学者R・ドライアーが指摘するように、カントは『法論』の「その内容を批判哲学の文脈に位置づけ」、またその内容に「批判哲学によってより深められた基礎づけを与えた」とする主張に賛成する論者が多い。[118]

次に、ブッシュの肯定説に反論するイルティングは「カントの批判的倫理学・法哲学は存在するのか」（１９８１年）と題する論考において、カントの倫理学全体、したがってまたその一部である法哲学も批判―概念と一致しえないと主張する。[119] それでは、イルティングは批判―概念をどのように解釈しているのであろうか。カントの意味において法哲学が批判的と言えるのは、イルティングの解釈によれば、次の3つの要件のいずれかを満たしている場合だけである。第一に、その理論が『純粋理性批判』以来のカントの理論哲学に特徴的であるような問題設定に基づいており、またそれゆえ、われわれに疑いもなく与えられているものの可能性の諸条件にさかのぼって独断主義と懐疑主義の対立を克服している場合である。第二に、法哲学と『純粋理性批判』におけるカントの批判哲学とを結びつけるような諸理論を法哲学が不可分に含んでいる場合である。第三に、法哲学の中に、批判哲学が成立した時（１７７１年以降）にはじめてカントが発展させた特殊な諸理論ないし諸方法が見出される場合である。

イルティングは、このような『純粋理性批判』ないし批判的理論哲学に偏った規準によってカントの実践哲学を検討し、これら3つの要件のいずれも満たされていないとする結論に達した。筆者はイルティングの所論については本書後章で反論を提示しているので、ここでは個々にその論証の詳細に立ち入ることはしない。しかし、次のことは注意されなければならない。つまり後に述べるように、イルティングの議論に対する納得のいく包括的な論駁がオーバラーによってなされているということである。[120] 結論を言えば、オーバラーの主張は次のテーゼに集約される。すなわち、かりにカントの意味においてある理論が批判的であるとする特徴づけにおいて、上記イルティングの解釈に従うとしても、倫理学、特に法哲学がこれらの前提条件を完全に満たしているということが示されうるということである。[121]

ウンルーが挙げている論者は、特にブッシュ、オーバラー、キュールおよびケアスティングなどである。ただし、ここではリッター説に対して包括的にしかも詳細に反論を加えているブッシュの所論の要点に議論を絞って検討したい。

3 整合性説

整合性説の主張者は、その主張を裏づけるために反対説の立場を反駁するだけでなく、さらにその主張の正当性を立証する諸論拠を提示している。その中でも、ウンルーが特に重要視しているのが先述のブッシュの研究成果である。ブッシュによれば、カントはかれの実践哲学を批判的自由の概念のうえに樹立したのであり、しかもこの概念はすでに『純粋理性批判』の中に見出される。[122] したがって、理論的認識批判、実践的理性批判および『人倫の形而上学』の実質的内容は最高の審級としてすべてに共通な自律（Autonomie）という概念のつながりによって結びついているとする。ひと言で言えば、これがブッシュの中核的な主張である。具体的に見てみると、その思考過程は『純粋理性批判』を出発点とする。カントは『純粋理性批判』において「第三アンチノミー」[123]における自由の可能性——可想的因果性のアスペクトと現象的因果性のアスペクトとの区別について——を証明した。そしてカントは、欲求能力、意思（Willkür）、および意志（Wille）といった諸概念におけるこの自由の現実性を『実践理性批判』において証明した。特に理性の事実としての定言命法について証明している。[124]『実践理性批判』と『法論』との整合性は、『人倫の形而上学』の法の普遍的原理（「いかなる行為も、その行為そのものについて見て、あるいはその行為の格率に即して見て、各人の意思の自由が何びとの自由とも普遍的法則に従って両立しうるような、そういう行為であるならば、その行為は正しい（レヒト）」[125]）が定言命法の特殊な事例として把握されるかぎりにおいて認められるとする。また『オプス・ポストゥムム』（遺稿）においても、この関連を確証するようなカントの表現が証明されうるとする。[126]

したがって結論的に言えば、この関連において次のことが示される。すなわち、『法論』もまたまさに超越論的哲学という意味において可能性の諸条件を探求しているということである。具体的に言うと、適法的（rechtmäßig）行為の可能性の諸条件を追求している。それは、このようにして獲得された法・国家哲学を意見の衝突から引き離し、間主観的に妥当する基礎のうえに樹立するためである。そうであるならば、『法論』においては「超越論的哲学に深く固定された諸要請」を含む理論が重要であるという結論に至る。(127)

4 不整合性説と整合性説との調停

ウンルーは、もうひとつの重要な見解としてオーバラーを取り上げている。オーバラーは「カントの法論は批判的哲学なのか」（１９８３年）と題する論考において、リッターおよびイルティングによる不整合性説とブッシュによる整合性説との論争を調停しながら、カント法哲学の批判的性格をめぐる問題を検証している。(128)オーバラーの見解によれば、『法論』は、批判的理論哲学との整合性という観点からは検証されえず、むしろ特に実践哲学、したがってまた法哲学を考慮に入れて構想されているとする批判哲学の全体系の中に組み込まれているものとして位置づけられる(129)（調停説と呼ぶことにする）。『プロレゴメナ』（１７８３年）の「序言」の中でカント自身が卒直に告白しているように、自由の（実践的）問題がカントを「独断のまどろみ」から覚醒させ、『純粋理性批判』から始めることによって批判哲学の完成へと誘発した。この事実はカントの証言によって確証されうる。(130)結論においてブッシュの主張を擁護するオーバラーのこのような解釈（調停説と呼ぶことにする）も傾聴に値する独自の学説である。

5 整合性論争の成果

ウンルーのカント国家哲学研究の枠内では、この論争を最終的に評価するまでには至っていない。確かに、両陣営が主張する主要な見解に対してはそれぞれもっともな論拠が提示されており、それらについての精緻な吟味が必要である。しかしウンルーも述べているように、ブッシュによって主張された『純粋理性批判』における「第三アンチノミー」から出発し、『実践理性批判』における定言命法を経由して『法論』における法の普遍的法則（「汝の意思の自由な行使が普遍的法則に従って何びとの自由とも両立しうるような仕方で外的に行為せよ」）[131]に至る論証のつながりから導き出される整合性説が学説上優位な位置を占めている。

しかしながらウンルーの指摘をまつまでもなく、周知のようにわれわれはカントの法哲学に対する次の批判を見落としてはならない。『法論』は基礎づけの視点からではなくその個々の思想内容から見れば、時代や政治・社会的背景による制約があるとしても、理性の法廷の前では明らかに主張されえないような理論を提示しており、それは現在でも前近代的思想としてしばしば批判の対象とされているという事実である。たとえば特に、婚姻法および家族法における夫の特権化、国家法に対するその影響、非独立就業者を（能動的）国家公民の共同体から締め出していることなどが挙げられる。[132]ここでもまた先に述べた不明確性説がカント文献において根絶し難い影響を与えている。

しかしこのような批判があるにせよ、『法論』と批判哲学との体系的整合性は、この視点を主題化していない諸論者においては一般常識として受け入れられていると言える。[133]この問題をめぐっても、カント論争において「カント哲学の完結性」説が支配的位置を占めているということが確認できる。[134]現在では、『法論の形而上学的基礎論』を「批判哲学」として解釈する研究がますます優位を占めるようになってきている。[135]

V　むすびにかえて

ここでは今までの議論を総括し、残された今後の課題を提示したい。第Ⅱ節では我が国における近年の見解を４つの学説に大別した。１つ目が懐疑説（過度のパラレリズム説）である。この説によれば、法哲学への超越論的方法の導入・適用の成否に関して『純粋理性批判』における認識批判との過度のパラレリズムを指摘し、いずれかと言えば否定的に解釈している。２つ目が肯定説である。この説によれば、『法論』には批判書で提起された思想が貫かれており、したがって批判書を踏まえていると指摘し、『法論』と批判哲学との体系的整合性を主張している。つまり、『法論』の批判的・超越論的性格を肯定している。３つ目が一部肯定説（三「序論」肯定説）である。この説によれば、３つの序論（「人倫の形而上学への序論」、「法論の形而上学的原理への序論」および「徳論の形而上学的原理への序論」）と「本論」との間に断絶があるとし、前者についてのみ批判哲学との体系的整合性を認める。つまり、３つの序論についてのみ限定的に「批判的方法」の適用を認める立場をとっている。４つ目が否定説（『純粋理性批判』偏重説）である。この説は『純粋理性批判』で確立されたとされる超越論的方法ないし批判的方法の『法論』への導入・適用の成果を検討し、『法論』への超越論的方法の適用の不整合性、不徹底性あるいは破綻を指摘している。

第Ⅲ節では、ショーペンハウアーの『法論』に対する否定的論評以降、主にドイツ語圏におけるカントの『法論』、特に所有権論の解釈を概観した。１９２９年のブフダのカント私法論に関する博士論文公刊以前は、カントの所有権論については個別に論じるには値しないとの否定的評価が一般的であった。しかしそれ以降、１９５６年のレーマンおよび１９７４年のブラントの研究によって大きな転換を迎え、多くの哲学者・法学者によるさまざまな視点からの『法論』、特に所有権論に焦点を絞った詳細な研究が現れてきたことを明らかにした。

第Ⅳ節においては、カントの批判哲学と『法論』との関係、言い換えれば批判哲学の体系における『法論』の位置づけについて、主にウンルーの所論によりながら、ブッシュおよびオーバラーによって主張される整合性説および調停説と、リッターおよびイルティングによって提唱される不整合性説とに分類し、それぞれの解釈を検討した。そして現在では整合性説が定説となっていることを明らかにした。

しかし、本章では１９８７年以降の論争状況については立ち入って検討することができなかった。それについては引き続き考察しなければならない。また、特にブロッカーが『法論』を批判哲学の体系の中でどのように位置づけているのか、またいかなる意味において『法論』、特に所有権論の批判的・超越論的性格を解釈し、それを解明しようと試みているのか、さらに所有権論の基礎づけのいかなる点にその現代的意義を見出そうとしているのかを考察することが今後の課題である。さらにリッター、ブラント、ブッシュ、オーバラー、ゼンガー、キュール、Ｆ・ツォッタ、

O・ヘッフェ、B・マリバボ、R・フリードリヒおよびChr・ミュラーなど代表的論者の所論については個別に立ち入って検討したい。

以下においてカントの著作集からの引用はすべてアカデミー版カント全集（Kant's gesammelte Schriften, herausgegeben von der Königlich Preußischen Akademie der Wissenschaften (und Nachfolgern) Berlin 1900ff.）を用い、巻数をローマ数字で、頁数をアラビア数字で表記する。ただし、『純粋理性批判』については慣例に従って初版をA、第二版をBと記し、本文中に記されている番号で表示する。邦訳については、理想社版『カント全集』および岩波版『カント全集』を適宜使用している。『法論』については、『世界の名著39 カント』所収の『人倫の形而上学〈法論〉』加藤新平・三島淑臣訳（中央公論社、１９７９年）を基本的に使用している。

（1） グローバルな規模で実施されたカント再評価の国際動向、カント研究の現状およびカントの今日的意義については、牧野英二「カントは二〇〇年前に亡くなった。しかし彼の哲学は依然として生きている。カント没後二〇〇年を迎えて」特に1.「没後二〇〇年を迎えた国際社会の動向」①「いまなぜカントか」、②「カント再評価の諸行事とその意義」、2.「カント研究の現状」①「カントの知的関心の射程」、②「カント研究の現段階」、③「カント研究のグローバル化」、3.「カントの今日的意義」①「科学批判と人間の善き生き方の方向づけ」、②「人間の幸福と世界平和の実現を目指して」、③「真に啓蒙化された人間・社会と判断力の成熟の必要」（『特集カント没後二〇〇年』所収、牧野英二編、別冊情況２００４・12、情況出版、２００４年）6-19頁が簡潔に整理しており参考になる。坂部恵「二〇一年目のカント」（中公クラシックスW42『カント プロレゴーメナ 人倫の形而上学の基礎づけ』所収、土岐邦夫・観山雪陽・野田又夫訳、中央公論社、２００５年）1-3頁を参照。また、中村博雄「「恒久平和」（日本国憲法前文）の形而上学的解明―カント批判哲学による「日本国憲法からの提言」の哲学的基礎づけ―」（『法の理論24』ホセ・ヨンパルト・三島淑臣・長谷川晃編集、成文堂、２００５年）64頁、注（10）を参照。

もちろん我が国でもカント没後２００年の記念行事が開催された。

5月23日に南山大学で開催された日本哲学会が企画した共同討議および11月13、14日に京都大学で開催された日本カント協会の大会がそれに当たる。

記念論文集としては『哲学』第55号（日本哲学会編、２００５年）、日本カント協会編『日本カント研究6 批判哲学の今日的射程』（理想社、２００５年）、『思想』２００６年第４号、№９８４（岩波書店、２００６年）および前掲書が挙げられる。記念論文集ではないが、１９９０年代以降におけるカントの思想・哲学の目覚ましい見直し・復興の諸相を収めた論文集として、『カント哲学のアクチュアリティー―哲学の原点を求めて―』坂部恵・佐藤康邦編（ナカニシヤ出版、２００８年）が参考になる。

また１９８９年以降、ドイツのKant-Studienと同様に継続的な意図のもとで、カント哲学に関する研究論文集として『現代カント研究』を刊行している晃洋書房からカント没後２００年を記念して研究書や翻訳書が出版されている。

『現代カント研究９ 近代からの問いかけ―啓蒙と理性批判―』カント研究会、木阪貴行・菅沢龍文・河村克俊編（晃洋書房、２００４年）、『カント哲学の特性』藤田昇吾（晃洋書房、２００４年）、『道徳性の逆説―カントにおける最高善の可能性―』倉本香（晃洋書房、２００４年）、『啓蒙主義の美学―ミメーシスからポイエーシスへ―』アルマン・ニヴェル著、神林恒道訳（晃洋書房、２００４年）。

（２） Jahrbuch für Recht und Ethik, Band 5 (1997) Themenschwerpunkt: 200 Jahre Kants Metaphysik der Sitten, hrsg., B. Sharon Byrd, Joachim Hruschka, Jan C. Joerden, Berlin 1998. 本刊はカントの『人倫の形而上学』出版２００年を記念して編集されたものである。私法論については特に本章との関連において次の２つの論文が興味深い。Hans Friedrich Fulda, Kants Begriff eines intelligiblen Besitzes und seine Deduktion („Metaphysische Anfangsgründe der Rechtslehre“, §6), S.103-119. Kenneth R.Westphal, Do Kant's Principles Justify Property or Usufruct?, pp.141-194.

Recht, Staat und Völkerrecht bei Immanuel Kant. Marburger Tagung zu Kants 'Metaphysischen Anfangsgründen der Rechtslehre', Dieter Hüning und Burkhard Tuschling (Hrsg.), Berlin 1998.

私法論については次の３つの論文が示唆に富んでいる。Jeffrey Edwards, Disjunktiv-und kollektiv-allgemeiner Besitz: Überlegungen zu Kants Theorie der ursprünglichen Erwerbung, S.121-139. Hans Friedrich Fulda, Zur Systematik des Privatrechts in Kants Metaphysik der Sitten, S.141-156. Davor Rodin, Der Lebenssinn der Unterscheidung von possessio noumenon und possessio phaenomenon bei Kant, S.157-167.

Kant's Metaphysics of Morals. Interpretative Essays, Oxford University Press, edited by Mark Timmons 2002.

占有の正当化および契約論については次の論文が参考になる。Kenneth R. Westphal, A Kantian Justification of Possession, pp.89-109. Sharon Byrd, Kant's Theory of Contract, pp.111-131.

40年以上にわたってカントの『法論』の研究に専念された、我が国におけるカント法哲学研究の第一人者である三島淑臣の論文集『理性法思想の成立―カント法哲学とその周辺―』（成文堂、１９９８年）もカント『法論』刊行２００年を記念して出版されたカント法哲学研究の集大成である。筆者も三島の諸論文からつねに啓発されている。

ラルフ・ドライアー（Ralf Dreier）は ARSP（Archiv für Rechts-und Sozialphilosophie）に掲載された「ドイツにおける現代の法哲学の主潮流」(Hauptströmugen gegenwärtiger Rechtsphilosophie in Deutschland, in: vol.81/1995 2.Quartal/ Heft 2, S.155-163) と題する論文の中で、現代ドイツにおける法哲学の３つの傾向を挙げている。その第一の傾向は、古典学者、特にカント、フィヒテおよびヘーゲルへの回帰であると指摘している。また、カントの法哲学に関して１９９５年までの15年間にほぼ毎年モノグラフが出版されていると言及し、その現代的意義を強調している。ドライアーが言及した１９９５年から２０１４年の現在に至るまで、カント法哲学に関する論文集や研究書がほぼ毎年出版されており、没後２００年を契機にその今日的意義はますます高まっている。また、ドライアーの指摘以前にもヴォルフガング・バルトゥシャット（Wolfgang Bartuschat）がかれの論文「カント法哲学におけるア・プリオリ性と経験」（Apriorität und Empirie in Kants Rechtsphilosophie, in: Philosophische Rundschau 34 (1987), S.31）の中で、現在特に批判哲学と『法論』との関連の問題が重要な研究対象となっていることを指摘している。

「カントの法哲学は最近ますます注目されるようになった。G・W・キュスタースはこのことを最近、本雑誌（30. Jg., 1983）において証明した。正当にもキュスタースは次のことを指摘した。つまり、その際「関連の問題」（S.210）は、すなわち批判的哲学の文脈における『法論』の位置の問題、より詳しく言うと、法と道徳の問題、特に批判と教説ないし形而上学との関連の問題は特別な重要性をもっている。この関連からはじめてその特殊な位置だけでなく、『人倫の形而上学』の一部である『法論』の独自性が解明される」。

１９８０年代末までのカント法哲学の研究状況、『法論』の継受史、新カント学派と『法論』、『法論』の批判的性格の問題、『法論』の現代的意義などについては、やや古いがキュスタースの著作が簡潔に整理しており、参考になる。筆者がカントの法哲学の研究に本格的に取り組みはじめた際に、研究の指針として大いに示唆を受けた。Gerd-Walter Küsters, Kants Rechtsphilosophie, Darmstadt 1988.

他方、我が国では英米で現在議論されている問題についての研究は少なくないが、カントのような古典学者の著作に立ち返り、それを再検討し、その現代的意義ないし有効性を探求する試みは必ずしも多いとは言えないように思われる。

ところで『法論』出版２００年、カント没後２００年を機縁として、カント法哲学はさまざまな視点から脚光を浴びているが、その現代的意義はどのように捉えられているのだろうか。カント法哲学の現代的意義についてやや立ち入って検討してみたい。上述したように、カント法哲学に対する関心が近年ますます高まってきている。それはいかなる理由によるのであろうか。また、その現代的意義はどこに見出されるのであろうか。ここでは、網羅的に把握しているわけではないので、ドイツおよび我が国の若干の研究者の見解を検討するに留めたい。カントの国家論に重点を置いている、ドイツの研究者の見解を見てみよう。P・ウンルーはかれの博士論文である『理性の支配—イマヌエル・カントの国家哲学について—』において、この20年間にカント法哲学に関する新しい研究書が多数出版されている理由として、カントの『法論』における法的自由の構想および法治国家構想の今日的意義や魅力によるのではないかと推測している。Peter Unruh, Die Herrschaft der Vernunft. Zur Staatsphilosophie Immanuel Kants, Baden-Baden 1993, S.14. また、フランクフルト学派に属するI・マウスは民主的立法権を国民自身のもとに取り戻し活性化すること、近代国民主権原理の本来の意味を再認識することが重要な課題であり、18世紀のもっとも首尾一貫した民主制理論を展開したのがカントにほかならず、その法思想・政治哲学を全面的に取り上げ、精密な検討を通じてその民主制理論の今日的意義について積極的に解明しなければならないとしている。現在世界中に民主制国家が広がる反面、民主制理論の退行現象が見られると考えるマウスは、近代民主制成立期に位置するカントの法思想・政治哲学への回帰、その正確な理解を通じて現代民主制のあり方を再考する必要性を強調している。Ingeborg Maus, Zur Aufklärung der Demokratietheorie. Rechts-und demokratie-theoretische Überlegungen im Anschluß an Kant, Frankfurt am Main 1992. 邦訳『啓蒙の民主制理論—カントとのつながりで—』浜田義文・牧野英二監訳（法政大学出版局、１９９９年）、監訳者あとがき369-370頁を参照。また福井徹也「法外的な国民主権？—I・マウスのカント論について—」（『法の理論20』所収、ホセ・ヨンパルト・三島淑臣・笹倉秀夫編集、成文堂、2000年）185-198頁を参照。

ウンルーおよびマウスはカントの『法論』の中でも特に国家論に焦点を当て、法的自由の構想、法治国家構想、民主制理論の今日的意義を強調している。さらに、W・ナウケは『経験的法論に対するカントの批判』（Wolfgang Naucke, Kants Kritik der empirischen Rechtslehre, Stuttgart 1996, S.185-199）において、カントが経験的法論と純粋な法論とを区別し、従来の伝統とは異なってこの区別に原理的な転換を与えていることを重要視しており、カントが経験的法論（ナウケによれば今日これに属するのは、たとえば道路交通法、税法、大学法および食品衛生法である）を脳髄のないものとしてきわめて激しく批判している点に注目している。確かにナウケも主張するように、カントの表現を借りれば「単に経験的であるだけの法論は、［ちょうどパイドロスの寓話の中の木製の頭のように］美しいかもしれないが、ただ残念なことに脳髄のない頭でしかない」（VI, S.230. 中公版『法論』354頁）と言えるかもしれない。しかし、上記の法律が単なる経験的法論と断定できるのかは難しい問題である。

最近のドイツ語圏における論文として次のものが参考になる。

Otfried Höffe, Ist Kants Rechtsphilosophie noch aktuell?, in: Immanuel Kant. Metaphysische Anfangsgründe der Rechtslehre, O. Höffe (Hrsg.), Berlin 1999, S.279-291. Heinz-Gerd Schmitz, 12. Rechtsphilosophie. Kantisches Vernunftrecht und seine gegenwärtige rechtsphilosophische Reinterpretation, in: Warum Kant heute?, Dietmar H. Heideman, Kristina Engelhard (Hrsg.), Berlin・New York 2004, S.306-327. この論文集はカント没後200年を記念して刊行されたものである。15人の著名な研究者がカント哲学におけるそれぞれの領域の現代的意義を指摘している。

Gerd Heinrich, Immanuel Kant und die preußischen Staatsreformen, Rezeptionen, Einflüsse und Verwertungen, in: Kant in seiner Zeit, Eberhand Günter Schulz (Hrsg.), Zürich・New York 2005, S.123-145. 本論文集はカント没後200年を記念して「カントとその時代」というテーマのもとで編纂されたものである。P. Unruh, Die vernunftrechtliche Eigentumsbegründung bei Kant, in: Was ist Eigentum? Philosophische Positionen von Platon bis Habermas, Andreas Eckl und Bernd Ludwig (Hrsg.), München 2005, S.133-147. Reinhard Brandt, Immanuel Kant – Was bleibt?, Hamburg 2010, IV. Aporien der Rechtslehre, S.127-150. Manfred Baum, Recht und Ethik in Kants praktischer Philosophie, in: Kant in der Gegenwart, Jürgen Stolzenberg (Hrsg.), Berlin・New York 2007, S.213-226.

次に我が国の研究者の見解を見てみよう。樽井正義は近代の法哲学におけるカント法哲学の独自の貢献として特に次の2点を挙げている。岩波版『カント全集11 人倫の形而上学』（2002年）、「解説（法論の形而上学的定礎）」427-444頁を参照。

第一に、私的所有権の成立に対する共同体の意志の関与の不可欠性および重要性である。樽井は次のように指摘している。「ロックにおいては、所有の権原は個人の労働にあり、それゆえに共同体の干渉を退ける。カントにおいては、個人の所有の成立には共同体の意志の関与が不可欠であり、所有は必然的に共同体の保護とともに規制のもとにおかれる。生存、医療、教育などをすべての人に公共財として保障する、地球環境を未来の世代のためにも保護するといった、いま私たちに対応が迫られている課題にとって、このカントの議論は重要な示唆を与えてくれるように思われる」(同書、４３２頁)。第二に、法治国家秩序と世界平和秩序ないし国際社会秩序を包括的に考察する観点の重要性である。樽井は以下のように指摘している。

「近代の法哲学は、国家を形成し維持することを主要な課題の一つとしており、カントの公法論の議論もそこに重きが置かれている。しかし同時に、法治国家の秩序と世界の平和あるいは人類の安全という秩序とを、連続するものとして包括的に考察する観点も示している。この観点のもつ意味は、いま私たちにとって、カントの時代とは比較を絶して重いものになっている。国家という枠組みが機能せず、あるいは障碍となり、さらには崩壊しているという現実に直面して、国家のあり方と国際社会のあり方を関連づけて再検討するという課題に応えなければならないからである」(同書、４３３頁)。

また、三島淑臣は特にカント所有権論の現代的意義について２つの論点を挙げている。第一に、所有権の問題は究極的には世界公民状態としての全人類的世界共和国の確立が前提され、その「実定法」秩序の樹立が不可避的に要求されるとする論点である。三島は次のように指摘している。

「『地表の球形性』に基づく「全地球上の土地の根源的共有」という汎世界的概念は、一国内の「公的＝配分的正義」の確立で自足し得ず、汎世界的な「公的＝配分的正義」の確立を、それゆえ「世界公民状態」とその「実定法」秩序の樹立を不可避的に要求するのである。すなわち、カントにとって、所有権問題の最終的解決は結局のところ「世界公民状態」としての全人類的世界共和国の確立を前提するということである。これはまことに深遠な、現代でもまだアクチュアリティを失わない、否、むしろ、「生存の維持に必要な限度」すらも奪われた難民の満ちあふれる現代世界においてこそ増々その切実さを加えつつある思想だと言わなければならない」(『理性法思想の成立―カント法哲学とその周辺―』１５８-１５９頁)。

第二に、所有権の存立・行使にとって「普遍的結合意志」の概念が不可欠の根本概念であり、この概念の内容を具体化し、現代所有秩序の批判・再構築の有効な規準を見出すことが重要であるとする論点である。

三島は次のように述べている。

「カントの労働所有説批判と所有における「普遍的結合意志」の強調は、私たち現代人の所有問題への対処に際して決定的な重要性を持っている。所有権という概念は社会的＝相互行為的な人間関係の中にその場を持っているのであって、個別的な人間と物との関係にではない。少なくとも、そこに本質はない。そして、所有権の含意する、或る物の支配からの「あらゆる他者の排除」という権能はカントが強調したように万人に対する立法的拘束性賦課である以上、「普遍的結合意志」の概念は所有権の存立・行使には不可欠の根本概念なのである。だが、カントが実際に展開した当該概念の内容は、あまりにも抽象的で、没歴史的に過ぎると言わなければならない。この概念の内容を現実社会の歴史的文脈に即して具体化し、現代所有秩序の批判・再構築の有効な規準たらしめるためには、それと、それぞれの時代や民族の社会状況、精神状況、経済的仕組みの精密な客観的・社会科学的分析やそれを基礎にした柔軟な状況判断などとの有機的連結が不可欠であろうし、またそうした連結を容易ならしめる方向で彼の「普遍的結合意志」概念自身も(例えば「目的自体としての人間たちの共生」といった形で)再構成される必要があろう」(同書、２６８-２６９頁)(初出、「近代の哲学的所有理論―ロックとカントを中心に―」(『法哲学年報１９９１年 現代所有論』所収、有斐閣、

１９９２年）21–22頁）。

上記の論述から明らかなように、三島と樽井は私的所有権の基礎づけにおいてカントの所有権論の現代的意義を強調している。近年のカント法哲学研究においては珍しく、家族法論の現代的意義について論じている論文として、永尾孝雄「カント家族法論の現代性」（『自由と正義の法理念 三島淑臣教授古稀祝賀』所収、編集委員ホセ・ヨンパルト・田中成明・竹下賢・笹倉秀夫・酒匂一郎・永尾孝雄、成文堂、２００３年）２０３–２２５頁がある。

また、１９９６年のARSP（Vol.82・1996 2.Quartal・Heft 2 Themenschwerpunkt: Rechtsphilosophie und Rechtslehre Kants）においても永遠平和論、政治理論および所有権論を中心に「カントの法哲学および法理論」をテーマとして特集を組んでいる。以下の論文が掲載されている。

Hermann Klenner, Kants Entwurf „Zum ewigen Frieden“ — Illusion oder Utopie?

Reinhard Merkel, „Lauter leidige Tröster“? —Kants Entwurf „Zum ewigen Frieden“ und die Idee eines Völkerstrafgerichtshofs.

Gerd Roellecke, Kants Rechtsphilosophie und die Modernisierung der Gesellschaft.

Peter Unruh, Anmerkungen zum Begriff der politischen Vernunft bei Kant.

Michael Henkel, Normen und politischen Handeln: Zur moralischen Verurteilung der Politik bei Kant und Hayek.

Helmut Nicolaus, Freiheitsgesetzlichkeit versus Sozialbindung. Sozialistische Rezeptionen des Kantischen Eigentumsrechts.

Yumi Saito, War die Umstellung von §2 der Kantischen „Rechtslehre“ zwingend?

Bernd Ludwig, Postulat, Deduktion und Abstraktion in Kants Lehre vom intelligibelen Besitz.

Yumi Saito, Die Debatte weitet sich aus.

Sven ove Hansson, Legal Relations and Potestative Rules.

最近のカント法哲学に関する重要な論文集および研究書として前掲書以外に次のものが挙げられる。

Wilfried Küper, Immanuel Kant und das Brett des Karneades. Das zweideutige Notrecht in Kants Rechtslehre, Heidelberg 1999. Thomas Kater, Politik, Recht, Geschichte. Zur Einheit der politischen Philosophie Immanuel Kants, Würzburg 1999. Götz Landwehr (Hrsg.), Freiheit, Gleichheit, Selbständigkeit. Zur Aktualität der Rechtsphilosophie Kants für die Gerechtigkeit in der modernen Gesellschaft, Hamburg 1999. Volker Marcus Hackel, Kants Friedensschrift und das Völkerrecht, Berlin 2000. Franco Zotta, Immanuel Kant. Legitimität und Recht. Eine Kritik seiner Eigentumslehre, Staatslehre und seiner Geschichtsphilosophie, Freiburg・München 2000. Balimbanga Malibabo, Kants Konzept einer kritischen Metaphysik der Sitten, Würzburg 2000. O. Höffe, » Königliche Völker «. Zu Kants kosmopolitischer Rechts-und Friedenstheorie, Frankfurt am Main 2001. Ulrich Thiele, Repräsentation und Autonomieprinzip. Kants Demokratiekritik und ihre Hintergründe, Berlin 2003. Rainer Friedrich, Eigentum und Staatsbegründung in Kants Metaphysik der Sitten, Berlin・New York 2004. Wolfgang Kersting, Kant über Recht, Paderborn 2004. Diethelm Klesczewski, Steffi Hüller, Frank Neuhaus (Hrsg.), Kants Lehre vom richtigen Recht. Aufklärung der Menschheitsfragen der gegenwärtigen Jurisprudenz?, 2005. Die

Aktualität der Philosophie Kants: Bochumer Ringvorlesung Sommersemester 2004, Kirsten Schmidt, Klaus Steigleder und Burkhard Mojsisch (Hrsg.), Amsterdam・Philadelphia 2005. この論文集はカント没後２００年を記念してボーフムで開催された講演をもとに編集されたものである。

Rainer Keil, Kants Demokratieverständnis und Ausländerwahlrechte heute, Baden-Baden 2006. この著作は２００５年ハイデルベルク大学において受理された博士論文を加筆したものである。Kant and Law, B. Sharon Byrd and Joachim Hruschka (ed.), Ashgate 2006. Georg Römpp, Kants Kritik der reinen Freiheit. Eine Erörterung der Metaphysik der Sitten, Berlin 2006. Tudor Avrigeanu, Ambivalenz und Einheit. Eine Untersuchung zur strafrechtswissenschaftlichen Grundlagendiskussion der Gegenwart anhand ihrer Bezüge zu Kants Philosophie, Baden-Baden 2006. この著作は２００４年ボン大学において博士論文として受理されたものである。Marc Schattenmann, Wohlgeordnete Welt. Immanuel Kants politische Philosophie in ihren systematischen Grundzügen, München 2006. Kants „Metaphysik der Sitten“ in der Diskussion. Ein Arbeitsgespräch an der Herzog August Bibliothek Wolfenbüttel 2009, Werner Euler und Burkhard Tuschling (Hrsg.), Berlin 2013.

Katrin Gierhake, Begründung des Völkerstrafrechts auf der Grundlage der Kantischen Rechtslehre, Berlin 2005. 本著作は２００４年ボン大学において受理された博士論文である。

Christian Niebling, Das Staatsrecht in der Rechtslehre Kants, München 2005. 本著作は２００４／２００５年冬学期にテュービンゲン大学において博士論文として受理されたものである。

Jahrbuch für Recht und Ethik, Band 14 (2006), Themenschwerpunkt: Recht und Sittlichkeit bei Kant, B. Sharon Byrd, Joachim Hruschka und Jan C. Joerden (Hrsg.), Berlin 2006. 本刊はG・ガイスマンの提案を編集者が取り上げて「カントにおける法と倫理」というテーマのもとで編纂したものである。

Jahrbuch für Recht und Ethik, Band 16 (2008), Themenschwerpunkt: Kants Metaphysik der Sitten im Kontext der Naturrechtslehre des 18. Jahrhunderts, B. Sharon Byrd, Joachim Hruschka und Jan C. Joerden (Hrsg.), Berlin 2008. 本刊は２００７年イエナ大学において、「18世紀の自然法論の文脈におけるカントの人倫の形而上学」というテーマで開催されシンポジウムをもとに編纂されている。

Recht und Frieden in der Philosophie Kants. Akten des X. Internationalen Kant-Kongresses Band 4, Herausgegeben im Auftrag der Kant-Gesellschaft von Valerio Rohden, Ricardo R. Terra, Guido A. de Almeida und Margit Ruffing, Berlin・New York 2008. 特に次を参照。Sektion VII Kants Rechts-, Staats- und politische Philosophie.

Bernhard Jakl, Recht aus Freiheit. Die Gegenüberstellung der rechtstheoretischen Ansätze der Wertungsjurisprudenz und des Liberalismus mit der kritischen Rechtsphilosophie Kants, Berlin 2009. 本研究書は２００６年夏学期ミュンヒェン大学において受理された博士論文である。

Georg Geismann, Kant und kein Ende. Band 2 Studien zur Rechtsphilosophie, Würzburg 2010. B. Sharon Byrd and Joachim Hruschka, Kant's Doctrine of Right. A Commentary, Cambridge University Press 2010.

Tanja J. Winkler, Die Freiheit im und vom Staate bei Immanuel Kant, München 2011. 本著作は２００８／２００９年

冬学期にミュンヘン大学に提出された博士論文である。

David Kräft, Apriorität und Positivität des Rechts nach Kant, Baden-Baden 2011. 本著作は２０１０／２０１１年冬学期ハノーファー大学において受理された博士論文である。

Klaus Honrath, Die Wirklichkeit der Freiheit im Staat bei Kant, Würzburg 2011. 本著作は２００９年ボン大学において受理された博士論文に手を加えたものである。

Péter Csingár, Auswirkungen der Erkenntnistheorie und Ethik Kants auf seine Rechtsphilosophie, Münster 2013. 本著作は２０１２／２０１３年冬学期レーゲンスブルク大学において受理された博士論文を修正したものである。カント法哲学に関する論文集ではないが、次の論文も熟考に値する。

Reinhard Brandt, Kant und Europa, in: Recht, Gerechtigkeit und Freiheit. Aufsätze zur politischen Philosophie der Gegenwart. Festschrift für Wolfgang Kersting, Claus Langbehn (Hrsg.), Paderborn 2006, S.313-337. Gerold Prauss, Zur Systematik von Moral und Recht bei Kant, in: Kant-Lektionen. Zur Philosophie Kants und zu Aspekten ihrer Wirkungsgeschichte, Manfred Kugelstadt (Hrsg.), Würzburg 2008, S.69-79. Rainer Zaczyk, „Hat er aber gemordet, so muß er sterben". Kant und das Strafrecht, in: derselben, S.241-257.

（３）　１９９５年３月テネシー州メンフィス市で開催された第８回国際カント学会では『永遠平和のために』出版２００年を記念し、「カントと平和の問題」を統一テーマとして活発な討議が繰り広げられた。１９９５年５月にはフランクフルトにあるヨハン・ヴォルフガング・ゲーテ大学において開催された。この会議論文集は Frieden durch Recht, J. Bohman and M. Lutz-Bachmann (ed.), Suhrkamp 1996として刊行された。また、この会議論文集の中から英語圏の読者のために選定した諸論文と新しく加えられた序章およびＫ・Ｏ・アーペルの寄稿を添えて、Perpetual Peace. Essays on Kant's Cosmopolitan Ideal, James Bohman and Matthias Lutz-Bachmann (ed.), Massachusetts Institute of Technology Press 1997も刊行されている。後者についてはＫ・Ｏ・アーペルとアクセル・ホネットの論文を割愛した邦訳が出版されている。『カントと永遠平和―世界市民という理念について―』ジェームズ・ボーマン、マティアス・ルッツ・バッハマン編、紺野茂樹・田辺俊明・舟場保之訳（未來社、２００６年）。

Volker Gerhardt, Immanuel Kants Entwurf › Zum ewigen Frieden ‹. Eine Theorie der Politik, Darmstadt 1995も『永遠平和のために』刊行２００年を記念して出版された研究書である。Immanuel Kant. Zum ewigen Frieden, Otfried Höffe (Hrsg.), Berlin 1995も同様に記念論文集として刊行されたものである。» Zum ewigen Frieden « Grundlagen, Aktualität und Aussichten einer Idee von Immanuel Kant, (Hrsg.) Reinhard Merkel und Roland Wittmann, Frankfurt am Maim 1996. 最近の研究書および論文として次のものが挙げられる。Volker Marcus Hackel, Kants Friedensschrift und das Völkerrecht, Berlin 2000. この著作は１９９９年テュービンゲン大学法学部において受理された博士論文の成果である。Jaeschke, Der Weg zum ewigen Frieden,in: Die Aktualität der Philosophie Kants, a.a.O. (Anm.2), S.89-104.

また、我が国においても『永遠平和のために』出版２００年を記念して１９９５年12月2、３両日、東洋大学において日本カント協会第20回学会が開催され、その公開シンポジウムにおいて「カントと平和の問題」が主題として取り上げられた。この記念論文集は『カントと現代―日本カント協会記念論集―』日本カント協会編（晃洋書房、１９９６年）として刊行された。シンポジウム「カントと平和の問題」において報告した4人の論者の論文が掲載されている（3-69頁）。哲学者として濱田義文「カントと平和の問題」、渡邊二郎「カント永遠平和論の意義―その思想的根拠を中心として―」、量義治「カント永遠平和論のパラドックス」、法哲学者として三島淑臣「後期カント政治理論における平和の問題」が寄稿している。

「カント永遠平和論と現代」をテーマとして編集された雑誌として『思想』2006年第4号、№984（岩波書店、2006年）がある。寺田俊郎による前掲『カントと永遠平和―世界市民という理念について―』の書評も掲載されている。68-73頁を参照。山根雄一郎「平和の形而上学―『永遠平和のために』の批判哲学的基底―」（前掲注（1）『カント哲学のアクチュアリティー―哲学の原点を求めて―』所収）179-212頁も興味深い。この論文集の序文の中で坂部恵は「一九九〇年代以降、カントの仕事のなかであらためてもっともはなやかに脚光を浴びているのは、『永遠平和のために』であろう。ベルリンの壁の崩壊とソ連邦・東欧諸国の体制の崩壊のもたらした冷戦の終結とあらたな国際情勢のなかで、カントの永遠平和論が今後拠るべき指針ないしそれへの示唆を含むものとして、あらためて世の熱い視線を浴びたのである。国家間の果てしない抗争の果ての人類絶滅の危機を十分視野に入れ、哲学者の提案が容易に世に容れがたいことをも重々承知していた冷静な十八世紀人カントのことばが、ここに来てにわかに現実味を帯びたのである」と指摘している（同書、V）。また2012年度の日本カント協会第37回の大会シンポジウムは、「カントと政治哲学の可能性」と題するテーマで開催された。『日本カント研究14』日本カント協会編（知泉書館、2013年）。

（4）拙稿「カント法哲学の超越論的性格―F・カウルバッハの所論を中心として―」（『法学政治学論究』第7号、1990年）359-364頁（本書第二部第二章）、「カント法哲学の批判的性格―K・H・イルティングの所論を中心として―」（『法学研究』第64巻第6号、1991年）25頁（本書第二部第三章597-605頁）、および「カント法哲学の超越論的性格―W・ケルスティングの所論を中心として―」（『法学研究』第65巻第12号、1992年）346頁および注（7）351-353頁（本書第二部第五章743-744頁および注（9））を参照。また、1「カントの基本思想―人間像・基本思想とその影響―」と題する対談における牧野英二の発言は法哲学についても当てはまる。『カント―現代思想としての批判哲学―』所収、牧野英二・中島義道・大橋容一郎編著（情況出版、1994年）14-15頁を参照。

「つまり日本のカント研究は新カント派の影響下で開始され、そのため日本でも認識論的方向から研究が深められ、徐々に体系的な傾向に進む。そして戦後は実践哲学の研究の方が活発になった。このような歩み方であったと思います。

ここで注意したいのは、我が国のカント研究の基本的観点と考察方法も、長い間新カント学派の制約下にあったと言う事実です。そして戦後英米系哲学の影響が徐々に現れてきて、それが次第に色あせたものとなった今日なお、底流にはその影響が残っているように思うのです。ところがこうして輸入された新カント学派の思想やそのカント解釈に対して十分に吟味・検討、そして対決がなされないままで、我が国の哲学研究は、ヨーロッパの動向を追うように現象学、新ヘーゲル主義、そしてマルクス主義の方向に進むことになった。そのため哲学研究の最先端の歩みが、新カント学派に対する総括・反省が不十分なままカント研究そのものから離れていったという経緯がありました」。

また、廣松渉の次の発言も正当である。

「狭い意味での哲学屋じゃありませんけれども、政治学者として有名な南原繁さんのカント研究がありますね。法学部の教授のカント研究なのですからカントの法哲学を中心におやりになればよさそうなのに、むしろ『純粋理性批判』中心といっていい。これは恐らく新カント派の受けとめ方とのつながりがあり、政治学をシステマティックに構築していくためにもカントにさかのぼって方法論的なことをかためなければいけないということなのでしょう。南原さんの場合には、もちろん抽象的な単なる認識論的研究ではなく、事実問題としての社会契約という考え方から、権利問題としての社会契約へ、というかたちでカントの社会契約論を受けとめ、政治学体系、国家論体系を築いていくうえでカントの方法論に学ぶ、というような姿勢ですけどね」（同書、22-23頁）。

（5） 拙稿「カント法哲学の超越論的性格—F・カウルバッハの所論を中心として—」３５７-３８８頁（本書第二部第二章）、「カント法哲学の批判的性格—K・H・イルティングの所論を中心として—」24-59頁（本書第二部第三章）、「カント法哲学の超越論的性格—W・ケルスティングの所論を中心として—」３４５-４１３頁（本書第二部第五章）、「カント法哲学の超越論的性格—所有権論の超越論哲学的基礎づけ—」（『北陸法學』法学部開設記念号第１巻１・２号合併号、１９９３年）３２９-３７１頁（本書第二部第六章）、「カント法哲学の超越論的性格—所有権論を中心として—」（『法哲学年報一九九三年 生と死の法理』、１９９４年）１６１-１６９頁。

（6） Manfred Brocker, *Kants Besitzlehre. Zur Problematik einer transzendentalphilosophischen Eigentumslehre*, Würzburg 1987.

ところでブロッカーはこの著作の後、１９９２年に『労働と所有—近代所有権理論におけるパラダイム転換—』（Arbeit und Eigentum: Der Paradigmenwechsel in der neuzeitlichen Eigentumstheorie, Darmstadt）と題する浩瀚な博士論文（ケルン大学哲学部、１９９０年）を公刊した。

この著作も参照してブロッカーのカント法哲学、特に所有権論の解釈を検討する必要があるが、ここでは立ち入らないでおく。この著作中でもロックおよびカントの所有権論が詳細に論じられており、ブロッカーはロック的労働所有権論に対するカントの批判を擁護し、その現代的意義を強調している。森村進はこの著作について、ブロッカーは現代英米の政治哲学の業績を利用しながら、労働所有権論だけでなく、伝統的な先占理論の難点も克服するような所有権観念を構想していると指摘している。現在の西洋民主主義国家における社会福祉政策を促進する方向を目ざしている。『ロック所有論の再生』森村進（有斐閣、１９９７年）90-91頁。Vorwort, S.VII-XII. ブロッカーの本著作に対する論評は、第二章第六節ブロッカーの『労働と所有—近代所有権理論のパラダイム転換—』、82-99頁を参照。このカント擁護論はすでに前著の中に認められる。これに対し、森村は博士論文である上記の研究書の中で、ロックの所有権論を擁護する立場から、カントの所有権論を評価するブロッカー、三島淑臣、森永毅彦、高橋洋城および筆者を批判している。カントの所有権論に対する批判は、第４章第２節カントの『人倫の形而上学・法論』、１６５-１７９頁を参照。他方で吉田邦彦は、森村がロックを擁護する形でカントの所有権論を批判しているが、「無主物について根源的・総体的占有を要求する（§§13, 16）ことに無理があるとしても、それ以外の、カント所有論の基本的発想は、なお今日的に見て再考に値するものがあるように思われる」と論評している。『民法解釈と揺れ動く所有論』吉田邦彦（有斐閣、２０００年）５４４頁、注（36）（初出、民商法雑誌１１５巻1号、１９９６年）。ところで、当時の拙論はカントの所有権論の批判的・超越論的性格の解明に重点を置いていたのであり、ロックとカントの所有権論のいずれが現代において妥当性ないし有効性を有しているのかという問題を中心に論じていたわけではなかった。以下においてカント所有権論に対する森村の論評の要点を見てみよう。

森村によれば、カントの所有権論の功績として社会契約論的所有権論のひとつの可能性の示唆が挙げられる。しかしその理論は素描にとどまり、また論証にも飛躍があるとする。

「彼〔カント〕の所有論の中で高く買うべきものがあるとしたら、それは社会契約論的所有権論の一つの可能性を示唆したという点だろう。だがそれはわずかに素描されたにとどまったし、またその論証には飛躍があった」（同書、１８３頁）。

また、森村はカントの労働所有権論批判に対する問題点として大きく分けると2つの論点を挙げている。

①労働＝加工に対する法的所有の先行性

「労働＝加工には法的な所有が先行していなければならないという批判に対しては」、「ロックは、先占者は耕作によって初めて所有権を得られるとも、先占後なるべく早く耕作することを条件として所有権を得られるとも主張できる。カントは、合法的に土地に加工できるためにはその土地があらかじめ加工者のものになっていなければならないと考えるが、その想定には根拠がない」（同書、１６７頁）。

②根源的取得の条件としての時間的先行性

「〈万人の自由と両立する根源的取得の条件は時間的先行でしかない〉という……カントの主張にはロックも反対しないだろう。ロックも他人の所有する土地を耕作した者がその土地の所有権を獲得するなどとは考えない。だが専有＝根源的取得の条件としての時間的先行が、ロック理論の場合のように労働における先行ではなくて、占有における先行でなければならない理由は明らかではない」（同書、１６８頁）。

さらにより根本的な問題点として、私的所有制度全体の正当化にあまり説得力がないと指摘している。

「もっと根本的な問題として、カントの所有論では、**個々の所有権**取得の正当化とは区別された、私的所有という**制度全体**の正当化もあまり説得的ではない。……また人々が現実に持っている自己所有の道徳的感覚や、所有権の経済的効果や、人々の安楽な生活のために私有財産が果たす役割といった経験的要素を無視している点でも、カントの議論には不満が残る」（同書、１７７頁）。

ここでは提示された問題点を指摘するに留め、これに対する反論は改めて論じたい。

また、ブロッカーの最近の著作としてKant über Rechtsstaat und Demokratie, Wiesbaden 2006も参考になる。

ブロッカーの本研究書以降、特に『人倫の形而上学』における所有権の基礎づけについて分析した優れた博士論文として、Franco Zotta, Immanuel Kant. Legitimität und Recht. Eine Kritik seiner Eigentumslehre, Staatslehre und seiner Geschichtsphilosophie, Freiburg・München 2000, 1. Privateigentum und Staat im Rechtsdenken von Immanuel Kant, S.20-144が参考になる。またRainer Friedrich, Eigentum und Staatsbegründung in Kants Metaphysik der Sitten, Berlin・New York 2004, 2. Kapitel: Die Begründung des Eigentums in der „Metaphysik der Sitten", S.88-156. Christian Müller, Wille und Gegenstand. Die idealistische Kritik der kantischen Besitzlehre, Berlin・New York 2006. この著作は２００５／２００６冬学期レーゲンスブルク大学法学部において受理された博士論文であり、注目に値する。さらにPeter Unruh, Die vernunftrechtliche Eigentumsbegründung bei Kant, in: Was ist Eigentum? Philosophische Eigentumstheorien von Platon bis Habermas, Andreas Eckl und Bernd Ludwig (Hrsg.), München 2005, S.133-147が要領よくまとめている。ツォッタ、フリードリヒおよびミュラーの所論については今後立ち入って検討する予定である。

（7） Friedrich Kaulbach, Studien zur späten Rechtsphilosophie Kants und ihrer transzendentalen Methode, Würzburg 1982など。

（8） Reinhard Brandt, Eigentumstheorien von Grotius bis Kant, Stuttgart-Bad Cannstatt 1974, Rechtsphilosophie der Aufklärung. Symposium Wolfenbüttel 1981, R. Brandt (Hrsg.), Berlin · New York 1982など。

（9） Werner Busch, Die Entstehung der kritischen Rechtsphilospophie Kants 1762-1780, Berlin · New York 1979.

（10） Hariolf Oberer, Zur Frühgeschichte der Kantischen Rechtslehre, in: Kant-Studien, Bd.64, 1973, S.88-102. Ist Kants Rechtslehre kritische Philosophie? Zu Werner Buschs Untersuchung der Kantischen Rechtsphilosophie, in: Kant-Studien, Bd.74, 1983, S.217-224など。

（11） Monika Sänger, Die kategoriale Systematik in den „Metaphysischen Anfangsgründen der Rechtslehre". Ein Beitrag zur Methodenlehre Kants, Berlin · New York 1982.

（12） Wolfgang Kersting, Wohlgeordnete Freiheit. Immanuel Kants Rechts- und Staatsphilosophie, Berlin · New York 1984. Transzendentalphilosophische Eigentumsbegründung, in: ders., Recht, Gerechtigkeit und demokratische Tugend. Abhandlungen zur praktischen Philosophie der Gegenwart, Frankfurt am Main 1997, S.41-73. Wohlgeordnete Freiheit. Immanuel Kants Rechts- und Staatsphilosophie, 3., erweiterte und bearbeitete Auflage, Paderborn 2007. ２００７年の新版には邦訳がある。『自由の秩序―カントの法および国家哲学―』舟場保之・寺田俊郎監訳・御子柴義之・小野原雅夫・石田京子・桐原隆弘訳（ミネルヴァ書房、２０１３年）。

（13） Kristian Kühl, Eigentumsordnung als Freiheitsordnung. Zur Aktualität der Kantischen Rechts-und Eigentumslehre, Freiburg · München 1984. この著作は１９８２／１９８３冬学期ハイデルベルク大学哲学・歴史学部に提出された博士論文である。

（14） Christian Ritter, Der Rechtsgedanke Kants nach den frühen Quellen, Frankfurt am Main 1971.

（15） Karl-Heinz Ilting, Gibt es eine kritische Ethik und Rechtsphilosophie Kants?, in: Archiv für Geschichte der Philosophie 63, 1981, S.325-345.

（16） 筆者のこの研究はすでにほぼ完成している。しかし残念ながら本章では、『法論』と批判哲学との体系的解釈をめぐるこれまでの国内外の研究状況を追跡し、分析・整理するとともに、若干の批判的考察を加えるに留めざるをえなかった。ブロッカーの所論の詳細については今後詳しく検討する予定である。なお、本書第一部X「M・ブロッカーの所論」を参照。

（17） 拙稿「カント法哲学の超越論的性格―F・カウルバッハの所論を中心として―」、３５７―３６７頁（本書第二部第二章５９８―６０８頁）を参照。恒藤恭、尾高朝雄、和田小次郎、田中耕太郎および船田享二など当時を代表する法哲学者がいずれも否定説を主張しており、肯定説を提唱する論者がいなかったことを明らかにした。しかし１９７０年代以降、この問題をめぐって国内外で緻密な分析による研究の進展が見られ、本稿ではじめて我が国における近年の学説の分析・分類を試みた。『境界と自由―カント理性法論における主権の成立と政治的なるもの―」木原淳（成文堂、２０１２年）、序章３「『法論』を中心とするカント評価と研究」の中の（２）「超越論的方法をめぐる議論」、21-26頁および（４）「わが国における『法論』研究」28-30頁を参照。

(18)「カントの法哲学―その現代との関わりを中心に―」（『講座ドイツ観念論 第2巻 カント哲学の現代性』所収、廣松渉・坂部恵・加藤尚武編集、弘文堂、１９９０年）２４４-２４５頁。

(19)『理性法思想の成立―カント法哲学とその周辺―』（成文堂、１９９８年）１２９-１３０頁。三島は『純粋理性批判』の超越論的方法（手続き）を次のように解釈しているが、否定説の立場をとる片木と同様の見解である。その意味では、三島の見解を懐疑説と位置づけたが、むしろ片木の『純粋理性批判』偏重説の延長線上にある立場と言えるかもしれない。

「可想的占有の可能性への問いが「ア・プリオリな綜合的法命題」の可能性への問いに還元され、後者が「いかにして可能であるか」という形で問われていることは、私たちに『純粋理性批判』（第一批判）における「ア・プリオリな綜合的判断はいかにして可能であるか」という問いを直ちに想起させる。……しかし、この対応化はかなり誤解を招きやすい。そもそも、第一批判の超越論的手続においては、いわゆる「学の事実」（自然科学的認識の客観的妥当性）を一応前提した上で、（というのは、必ずしもそれに根拠を求めるわけではない、という意味だが）こうした学的認識の成立条件として「ア・プリオリな綜合的判断」を析出（「究明」**Exposition**）し、後者についてその可能根拠を問うものであった。これに反して、ここ法理論においては、このような「学の事実」は何処にも明示的に承認されていないし、又、そうしたもの（例えば実定的所有秩序の客観的妥当性）が暗黙に前提されていると解することも無理である。なぜなら、カントの思想営為総体において実定法秩序や実定法学はかつて一度もそのような尊厳性を与えられたことはなく、彼からみてそれらは常に問題的存在――哲学的に改めて基礎づけられ、根本的にその正邪を問われねばならない存在――であったと見なされねばならないからである」（同書、１２９-１３０頁）。

(20) 同書、１４０頁。

(21) 同書、１８１頁、注（１）。『法論』では第一批判のカテゴリー表のうち「関係のカテゴリー」項目中の各カテゴリーが応用されているだけであるが、『法論のための準備草稿』ではこれに加えて「量」、「質」、「様相」の各カテゴリー項目が『法論』の基本的諸概念の究明に応用されていることに注目している。

(22) 同書、１３８頁、注（９）。

(23) 同書、１３０頁。

(24) 同書、１３２頁。

(25) 同書、１３６頁。３０１頁も参照。三島は、カントの「外的な私のもの・汝のもの」の超越論的「演繹」は、あまりにも第一批判のそれとのパラレリズムを追求しすぎているという難点があるかもしれないと指摘している。

(26) 同書、１２７頁。

(27) 同書、１３８頁、注（12）。

(28) 同書、１４８頁。

(29) **Kaulbach, a.a.O (Anm.7), Vorwort.** 前掲注（17）の拙稿（本書第二部第三章）を参照。**Vgl. ders, Philosophie als Wissenschaft. Eine Anleitung zum Studium von Kants Kritik der reinen Vernunft in Vorlesungen, Hildesheim 1981.** 邦訳『純粋理性批判案内―学としての哲学―』井上昌計訳（成文堂、１９８４年）。

(30)『カント哲学の諸相』浜田義文（法政大学出版局、１９９４年）、第三章「法廷としての『純粋理性批判』」（初出、『法政大学文学部紀要』第31号、１９８６年)、42–89頁を参照。この論文から筆者は多くの示唆をえた。浜田は、カウルバッハの次の諸著作も踏まえてこのような見解に至ったと思われる。Das Prinzip Handlung in der Philosophie Kants, Berlin・New York 1978. Philosophie als Wissenschaft. Eine Anleitung zum Studium von Kants Kritik der reinen Vernunft in Vorlesungen, Hildesheim 1981.

「ここでまず注意すべきは、「批判」を一個の法廷とみなすことが、単なる比喩や修辞的表現と解されてはならないということである。「批判」そのものが端的に法廷として表象され、「批判」に法廷の任務と性格が賦与されている……『批判』の全巻に、法廷用語とそれと関連する用語が、「裁判官」(Richter)の語や有名な「演繹」(Deduktion)の術語をはじめとして、無数にちらばっている。法廷の表象は「純粋理性批判」を一貫しており、法廷が「批判」の全仕事の遂行にあたってそのモデルとしての役割を演じている。このことは決して偶然ではなく、「批判」の仕事の本質から生じるのであり、「批判」自体が法廷モデルを必然的に要求するのである。「純粋理性批判」は文字通り一個の真の法廷であり、法廷でなければならないものとして自らを理解している。カントは自覚的に法廷モデルを用いて批判の全事業を遂行しているのである」(同書、46頁)。

浜田と同様に、『純粋理性批判』を法廷モデルとして提唱する優れた研究として、『カント第三の思考—法廷モデルと無限判断—』石川文康(名古屋大学出版会、１９９６年)、特に第Ⅰ部「カント第三の思考」第一章「アンチノミー論における法廷モデル」、第三章「無限判断の根と法廷モデルの論理」、第Ⅱ部「法廷モデルと無限判断の諸相」第三章「カテゴリー演繹の法廷モデル」を参照。この著作からも筆者は多くの示唆をえた。

「ここで念のために断っておきたいことは、意外なことに、カントが理性批判のプロセスにおいて、自分が現に用いている方法をみずからテーマ化するのは、例外的に希だということである。実際、カントが『純粋理性批判』の第一版(一七八一年)において、そのような意味で方法を論じたのは——したがってここでは、もともと哲学方法論である「超越論的方法論」は度外視される——、ただ一度、この懐疑的・法廷的方法に言及した箇所においてだけである。あの「実験的方法」や、いわゆる「コペルニクス的転回」の思考法は、いわば理性批判が対自化した第二版(一七八七年)の段階、それも第一版への無理解にむけて執筆された第二版の段階ではじめて述べられている。しかもそのことを考慮に入れて、カントが、「この懐疑的方法は超越論哲学においてのみ固有な方法であり、他の一切の研究領域ではなしですましうる」(B452: 傍点引用者)と明記していることを重要視すれば、法論的規定を伴ったこの方法こそ本来の批判的方法であったことを認めないわけにはゆかない。というのは、この方法が超越論哲学にとってのみ固有であることは、……「予備学」としての理性批判の一回性とぴったり一致するからである。

ここで次のような問が持ち出されるかもしれない。すなわちそれは、理性批判は懐疑的方法に固執しないのではないのか、あるいは理性批判はこの方法を超えてアンチノミー問題の最終解決にいたりうるのではなかったか、つまり、理性批判を可能ならしめるいわゆる批判的方法は、その意味で懐疑的方法とははっきり区別されるべきではないのか、というものである。これら二つの方法概念を区別する土俵に留まった上で、このような問に答えるとすれば、それは次のようになるであろう。裁判官の用いる方法は、この方法によって彼が先ずは事実(アンチノミー)を呈示し、次にそれについて審理をおこなうかぎりにおいては、懐疑的方法と呼ばれるが、しかし、その審理に基づいて彼が最後には判決を下す、したがって仮象の根源に迫り、解決にいたらねばならない、そのかぎりにおいて同じ方法は批判的方法と呼ばれる。このように、理性批判を法廷モデルの相の下で考察すると、理性批判のそれぞれ異なった段階で機能している二つの方法を、したがって理性批判の全経過を統一的な視野の内にとらえる利点に恵まれるわけである」（同書、17-18頁）。

また平田俊博の論文も興味深い論点を指摘している。

「純粋理性の批判と現代―理性の法廷をめぐる司法モデルと立法モデル―」（『近世ドイツ哲学論考―カントとヘーゲル―』所収、浜田義文・牧野英二編、法政大学出版局、１９９３年）１５９-１８２頁。

「カントの法廷概念には、一般的には公民の法廷など三つの相が認められ、『純粋理性批判』に関しては、同書そのものを法廷とみなすものを除けば、二種類見いだされる。懐疑的理性の法廷と批判的理性の法廷とである。また、裁判官については、読者が想定されたケースを除けば、有意味なものとしては二種類、そのほかに例外的な使われ方として一例見いだされる。懐疑的理性の裁判官と批判的理性の裁判官、ならびに「証人を強制する任用裁判官」である。法廷にしろ裁判官にしろ、実に多相的な概念であり、カントを解釈するに際してこれらを安易にモデルとして使用する場合の危険性が十分察知される。

カントの政治哲学については、その世界公民的思想と平和論の重みがますます再認識されつつある。そこで、政治哲学にからんでここ二十年来、あらためて『純粋理性批判』が最終篇の方法論から読み直されつつある。その結果、本書が、もともとは批判的理性の法廷として構想されていたのが明らかとなった。その法廷は消極的立法を事として純粋理性の規律を制定する。したがって、そこでは裁判の概念は司法の概念より広く、今日の憲法裁判所的性格が見いだされる。要するに、カントの理性の法廷はすこぶる近代立憲主義的な性格をもち、しかも司法モデルというより、むしろ立法モデルに拠っていると言えよう」（同書、１８１-１８２頁）。

さらに、『カントを読む―ポストモダニズム以降の批判哲学―』牧野英二（岩波書店、２００３年）はカントの理性批判を遂行するための前提条件として５つ挙げているが、第五に次のように述べている。

「第五は、人間の哲学的反省の透明性と問題解決能力への確信を指摘しなければなりません。こうした営みや前提を通して、カントは純粋理性の批判という理性の自己認識、自己吟味の作業を遂行しました。この作業の現場は「理性の法廷」とも呼ばれています。したがって『純粋理性批判』が理性の自己認識の営みであるなら、この書物全体を「理性の法廷」の場所とみることも可能でありましょう。ここで指摘したいのは、法廷モデルの解釈の意義や妥当性にあるわけではありません。「理性の法廷」にはたんなる比喩以上の深い意味と著者のねらいが込められていることは、つとに多くの研究者が解釈してきたとおりだと思います。ここではむしろ、カントがこのようなモデルを提示した思想の前提とその問題点を一瞥しておきたいと思います。まず、通常の法廷の場合とは異なり、ここでは原告・被告・裁判官の三役を同一の理性が担っていることが挙げられます。また、裁くための依拠すべき法も、やはり同一の理性がみずから立法した原理にほかなりません。ここでは法論・国家論の領域で尊敬するモンテスキューから学んだ三権分立の思想、つまり立法・司法・行政の独立の思想はみられません。いわば裁判官的理性による無謬の判決に服することによって、「理性の法廷」は成立しているわけです。誤謬推論や二律背反、神の存在証明などによって陥る思弁的理性の誤謬を叱責し、有罪の判決を下す理性の判断は、誤ることがないのでしょうか。現実の法廷は誤審の可能性を免れません。なぜ理性の法廷にかぎり、その可能性を排除することができるのでしょうか。これは、カントによる理性の批判的機能の妥当性に関わる根本的な問いであり、この問題から目を背けることはできないはずです。

この疑問に対してカントは、私たちに満足を与えるような説明を直接には与えていません。人間の理性は、徹底的に自己の能力を反省することが可能であり、純粋な自己意識にまで哲学的反省を貫徹することによって、問題の発生する基盤を無謬な反省的意識に訴えて根本的解決への道を示すことができる、と確信していたからでした」(同書、50‐52頁)。

法哲学研究者としては高橋洋城「カント『法論』における「批判」の構造とその射程」(『法の理論25』所収、ホセ・ヨンパルト・三島淑臣・竹下賢・長谷川晃編集、成文堂、２００６年)１０３‐１３５頁を参照。

「「我々の時代は本来の意味において批判の時代であり、一切のものがそれに服さなければならない」(KrV. AXI, Anm.)という宣言にみられるように、上記のような姿勢が、各々の分野を超えてカントの意識に常にあったのだとすれば、そして『純粋理性批判』自体がそもそも権利の根拠づけ問題とのアナロジーにおいて(そしてまた「法廷」として)構想されていたことを鑑みれば、『純粋理性批判』執筆時においてすでに、文字通りの「法の批判」も予定されていたと考えても、全くの飛躍ではあるまい。その意味で『法論』は、「批判哲学」の射程において書かれるべくして書かれた著作であったと言いうるのである」(同書、１３５頁)。

(31) A Xff.、理想社版『カント全集第四巻 純粋理性批判(上)』、原佑訳、25‐26頁。

(32) B 779-780、理想社版『カント全集第六巻 純粋理性批判(下) プロレゴメナ』、原佑訳、53‐54頁。

(33) 前掲注(30)『カント哲学の諸相』、63頁。Vgl. Hans Michael Baumgartner, Die friedensstiftende Funktion der Vernunft. Eine Skizze, in: Kant in der Diskussion der Moderne, Gerhard Schönrich und Yasushi Kato (Hrsg.), Frankfurt am Main 1996, S.52-63. ハンス・ミヒャエル・バウムガルトナー、井上文人訳「理性の平和創設機能―一つのスケッチ―」(『カント・現代の論争に生きる 上』所収、坂部恵、G・シェーンリッヒ、加藤泰史、大橋容一郎編、理想社、１９９８年)55‐69頁を参照。『〈根源的獲得〉の哲学 カント批判哲学への新視角』山根雄一郎(東京大学出版会、２００５年)を参照。

(34) 樽井正義「カントの所有論」(『哲学』第75集、三田哲学会、１９８２年)１５８頁。カウルバッハの所論については、拙稿「カント法哲学の超越論的性格―F・カウルバッハの所論を中心として―」、３５７‐３８８頁(本書第二部第二章)を参照。カウルバッハの基本的立場については前掲注(30)『カントを読む―ポストモダニズム以降の批判哲学―』、１７７‐１７９頁が大変わかりやすく解説している。

「……カントは『純粋理性批判』のなかで客観を二重の意味で理解しています。つまり現象として理解するか、あるいは「物自体」として理解するかという二重の理解の仕方が可能です。この二重の理解の仕方が、カントの直面した難問のアンチノミー、つまり二律背反を解決する観点であり、いわゆるコペルニクス的転回を遂行し批判哲学の地平を拓く方法的な立場であったのです。

この二重の理解の仕方をカウルバッハは、カントの遠近法の二つの立場である、とみなしています。対象に対する主観が取る立場、つまり客観を現象として解するパースペクティヴに立つか、あるいは「物自体」として解するパースペクティヴに立つか。このような二つの遠近法が可能となるわけです。こうして一定の立場の取り方によって客観を現象として理解するか、それとも「物自体」として理解するか、という二つの見方が可能になると言うのです。カントの用語で表現すれば、人間が客観を表象する二つの表象の仕方を意味しますが、これが事物を考察する二つのパースペクティヴである、と考えたのであります」（同書、１７９頁）。

また同著者による「理性批判と共通感覚論」（前掲注（３）『カントと現代―日本カント協会記念論集―』所収）１１６-１２０頁を参照。

（35） 樽井正義「所有の労働理論に対するカントの批判」（『イギリス哲学研究』第5号、１９８２年）26頁。

（36） 樽井正義「カント法哲学における自立の概念」（『哲学』第78集、三田哲学会、１９８４年）90頁、注（16）。

（37） 樽井正義「法における理性の支配」（『カント読本』所収、浜田義文編、法政大学出版局、１９８９年）１９２-１９３頁。

（38） 同書、２０２頁、注（1）。Vgl. Busch, a.a.O. (Anm.9).

（39） 『カントの政治思想』ハンス・ライス著、樽井正義訳（芸立出版、１９８９年）、「訳者解説 自由の哲学―カントの批判哲学と法哲学・政治哲学における人間観―」、１６６頁、注（1）。

（40） 樽井正義「私法における権利と義務―カントの私法論における可想的権限―」（『現代カント研究5 社会哲学の領野』所収、カント研究会、樽井正義・円谷裕二編、晃洋書房、１９９４年）35-36頁。また樽井正義・石田京子「法と政治の原理」（『カントを学ぶ人のために』所収、有福孝岳・牧野英二編、世界思想社、２０１２年）３２５-３４０頁を参照。

「カントの社会哲学は批判哲学を前提としており、それに基づいて展開されている。そして、批判哲学の体系全体の一部をなすということ、まさにこのことが、カントの考察を近代の社会哲学の歴史のなかで独自のものにしている」（同書、３２５頁）。

（41） 高橋洋城「『法的理性批判』としてのカント所有論（一）―私的所有を巡る独断論・懐疑論との対決―」（『法政研究』第60巻第2号、１９９３年）３９１頁。「労働所有説とカント所有権論」（純真女子短期大学編『純真紀要』第36号、１９９５年）39-47頁。「カント『法論』における「批判」の構造とその射程」（前掲注（30）『法の理論25』所収１０３-１３５頁。この最後の論文はきわめて示唆に富むものであり、著者のこの問題をめぐる長年の研究の集大成と言われるべきものかもしれない。しかし残念ながら、本章において立ち入って検討することができなかった。別稿において改めて考察したい。

（42） 中島義道「法における自由」（『空間と身体―続カント解釈の冒険―』所収、晃洋書房、２０００年）２０７頁（初出、「カント倫理学における『法論』の地位について」（本書に収録するにあたって大幅に加筆（削除）修正され、改題されている）、『東京大学教養学部社会科学紀要』第35輯、１９８６年、２０５-２６７頁）。本論文は、『カントの法論』（筑摩書房、２００６年）に「カントの法論」として再録されている。

本論文は、カントの『法論』が改めて積極的に評価され、リッターを出発点として多数の著作が刊行され始めた時期以降のドイツ語圏の研究状況をいち早く踏まえている点において注目に値する。

「この時期に〔１９７０年代以降〕、Chr・リッター、W・ブッシュ、W・ケアスティング、M・ゼンガー等によって正面から『法論』の源泉に取り組む一連の著作が刊行され、K・キュール、R・ブラント、H・ベッカーシュテッテ、G・ルーフ等のごとく、所有権や平等など特定の法概念に立ち入ってカントの『法論』を解明しようとする研究もまた枚挙にいとまない。一方、１９８１年７月にはヴォルフェンビュッテルにて「啓蒙の法哲学（Rechtsphilosophie der Aufklärung）」と題するシンポジウムが開催され、そこにＯ・ヘッフェ、ケアスティング、ブラント等が一堂に会して、カントの『法論』に関するさまざまな研究報告がなされた。また、Ｆ・カウルバッハの最近の論文「カント哲学における道徳と法（Moral und Recht in der Philosophie Kants）」（１９８２年）において著者カウルバッハ、Ｋ・Ｈ・イルティング、Ｍ・リーデル、リッター等のあいだで、カントの『法論』に関する（ヘーゲル法哲学との連関に及ぶ）広範な議論が戦わされている。カントの『法論』をめぐる公開の共同研究の場もまた確立されつつある現状である、と言えよう」（同書、１８７-１８８頁）。

(43) 同書、２０７-２０８頁。

(44) ケアスティングの所論については、拙稿「カント法哲学の超越論的性格―W・ケルスティングの所論を中心として―」、３４５-４１３頁（本書第二部第五章）、および「カント法哲学の超越論的性格―所有権論の超越論哲学的基礎づけ―」、３２９-３７１頁（本書第二部第六章）を参照。

(45) 『カントにおける倫理・法・国家の問題―「倫理形而上学（法論）」の研究―』片木清（法律文化社、１９８０年）、序文１頁。この著作は我が国における最初の本格的なカント法哲学に関するモノグラフである。

(46) 同書、序文2頁。

(47) 同書、序文2頁。

(48) 同書、４０３頁。Vgl. Gerhard Dulckeit, Naturrecht und positives Recht bei Kant, Leipzig 1932, S.67.

(49) 同書、序文2頁および３９３頁。

(50) Vgl. Oberer, Zur Frühgeschichte der Kantischen Rechtslehre, a.a.O. (Anm.10)、拙稿「カント法哲学の超越論的性格―W・ケルスティングの所論を中心として―」、３４６-３４７頁（本書第二部第五章７４３-７４４頁）を参照。特に片木の所論の分析については、３５３-３５４頁、注（８）（本書第二部第五章注（11））を参照。

(51) 前掲注（45）『カントにおける倫理・法・国家の問題―倫理形而上学（法論）の研究―』序文9頁。

(52) 同書、４００頁。

(53) VI, 355. 中公版『法論』、５０１-５０２頁を参照。

「この普遍的・永続的な平和の確立は、単なる理性の限界内における法論の単なる一部分をなすというだけではなくて、実にその全究極目的をなす、と言うことができる。なぜなら、平和状態は、相互に隣接する人間の一集団の中において、私のもの・汝のものが法則のもとで確保され、同時に彼らがともに一個の体制のもとにあるような唯一の状態だからである。しかし、この体制の規則は、従来それに関して最もうまくいった人びとの経験から、これを他に対する規準とするというやり方で取り出されるものではなくて、理性によってア・プリオリに、公的諸法則一般のもとにおける人間の法的結合という理想から取り出されるものでなければならない。というのは、すべて実例というものは［ただ説明を与えるだけで何ものをも証明することができないからして］欺瞞的であり、したがって（規則の確立には）当然一個の形而上学が必要とされるからである」。

『カントと神―理性信仰・道徳・宗教―』宇都宮芳明（岩波書店、１９９８年）、第8章「永遠平和の構想」（初出、「カントの平和の哲学」、『北海道大学文学部紀要』第36巻第1号、１９８８年、本書収録に際して改題された）を参照。宇都宮は明確に次のように指摘している。

「カントの『法論』は、「法論の形而上学的基礎論」であり、また「たんなる理性の限界内における法論」とよばれるように、すでに成立しているさまざまな実定法にかんする理論ではなく、純粋実践理性に由来するアプリオリな法の原理と体系を扱った理論である」(同書、２３４頁)。

(54) Vgl. Brocker, Kants Besitzlehre. Zur Problematik einer transzendentalphilosophischen Eigentumslehre, S.9-15. Vgl. Otfried Höffe, Immanuel Kant, 5., überarbeitete Auflage, München 2000, S.208-211 が簡潔に継受史について記述している。

Georg Cavallar, Pax Kantiana. Systematisch-historische Untersuchung des Entwurfs „Zum ewigen Frieden“ (1795) von Immanuel Kant, Wien・Köln・Weimar 1992, S.52-57 がショーペンハウアー以降の解釈史を跡づけている。

Franco Zotta, Immanuel Kant. Legitimität und Recht. Eine Kritik seiner Eigentumslehre, Staatslehre und seiner Geschichtsphilosophie, Freiburg・München 2000, S.13-17. およびS.30-40が『法論』、特に私的所有権論の解釈史を概観している。

Rainer Friedrich, Eigentum und Staatsbegründung in Kants Metaphysik der Sitten, Berlin・New York 2004, S.1-17 がカントの『法論』における所有権基礎づけの解釈史を概観している。

(55) カントの老衰については、Bernd Ludwig, Kants Rechtslehre, Hamburg 1988, S.39-41 がカント本人および関係者の書簡をもとに概観している。また前掲注(45)『カントにおける倫理・法・国家の問題』、３９３頁を参照。片木は次のように述べている。

カントが『法論』を公刊したのは73歳のときであり、著作活動が終焉する１年前であった。１９０２年Ｆ・メディクスが１７９０年代のカントの著作に顕在化する老衰現象の跡を指摘して以来、『法論』の不整合・論理的混乱のひとつの要因として老衰説を主張する諸見解が現われており、そのひとりとしてＰ・ブルクが挙げられるとしている。Vgl. P. Burg, Kant und die französische Revolution, Berlin 1974.

(56) Arthur Schopenhauer, Die Welt als Wille und Vorstellung I, Sämtliche Werke Band I, 3. Aufl., Frankfurt am Main 1991, S.707-708.『ショーペンハウアー全集４ 意志と表象としての世界 正編(Ⅲ)』茅野良男訳、白水社、１９７４年、２６１-２６４頁。

(57) Vgl. Schopenhauer, a.a.O., S.459-461.『ショーペンハウアー全集３ 意志と表象としての世界 正編(Ⅱ)』斉藤忍随・笹谷満・山崎庸佑・加藤尚武・茅野良男訳(白水社、１９７３年)２８０-２８３頁。

(58) Vgl. Brocker, Kants Besitzlehre, a.a.O. (Anm.6), S.9.

カントの所有権論に対するショーペンハウアーの批判を検討した論文として、拙稿「カント法哲学の超越論的性格—所有権論の超越論哲学的基礎づけ—」、３３４-３４５頁(本書第二部第六章８２１-８２９頁)を参照。

(59) Vgl. Bernd Ludwig, Der Platz des rechtlichen Postulats der praktischen Vernunft innerhalb der Paragraphen 1-6 der kantischen Rechtslehre, in: Rechtsphilosophie der Aufklärung, S.218-232. Vgl. Immanuel Kant. Metaphysische Anfangsgründe der Rechtslehre. Metaphysik der Sitten Erster Teil, Neu herausgegeben von Bernd Ludwig, Hamburg 1986.

Vgl. Bernd Ludwig, Kants Rechtslehre. Mit einer Untersuchung zur Drucklegung Kantischer Schriften von Werner Stark, Kant-Forschungen Band 2, Reinhard Brandt und Werner Stark (Hrsg.), Hamburg 1988.

ルートヴィヒ版の『法論』のテクスト形態に関する論評については、Burkhard Tuschling, Das „rechtliche Postulat der praktischen Vernunft“: seine Stellung und Bedeutung in Kants „Rechtslehre“, in: Kant. Analysen-Probleme-Kritik, Hariolf Oberer und Gerhard Seel (Hrsg.), Würzburg 1988, S.273-292. Vgl. Wolfgang Kersting, Rezension von Immanuel Kant: Metaphysische Anfangsgründe der Rechtslehre (= Immanuel Kant: Die Metaphysik der Sitten, Teil 1). Neu hrsg. von Bernd Ludwig, Hamburg 1986 (= Philosophische Bibliothek Bd.360), in: Archiv für Geschichte der Philosophie 71 (1989), S.100-102.

Vgl. Unruh, Die Herrschaft der Vernunft, a.a.O. (Anm.2), S.21-27.

Vgl. Anja Victorine Hartmann, Der Platz des rechtlichen Postulats in der Besitzlehre, in: Kant-Forschungen Bd.5, Autographen, Dokumente und Berichte. Zu Edition, Amtsgeschäften und Werk Immanuel Kants, R. Brandt und W. Stark (Hrsg.), Hamburg 1994, S.109-120.

ルートヴィヒ版の編集について樽井の論評が参考になる。岩波版『カント全集11 人倫の形而上学』（２００２年）、解説（法論の形而上学的定礎）４２９-４３０頁を参照。また原著とルートヴィヒ版の構成の対比については、同書４３６-４４４頁を参照。樽井は、ルートヴィヒによる『法論』の組み替えの根拠は、その論旨の整合性を指針とし、主として３つの観点、つまり「明らかな叙述」、「それとわかる叙述」および「間接的な示唆」から行われていると指摘している。

「『法論』の初版にはカントの指示通りには組まれていないところがある、つまり幾つかの段落の順序が入れ替わって、不適切なところに置かれている文節があるという疑念が抱かれている。この疑念は、初版直後から読者にもたれていたようだが、その一つが具体的に指摘されたのは、それから一世紀以上を経て、ブフダによる博士論文においてであった。それは、第六節の第四段落から第八段落までは誤ってそこに挿入されている、という指摘であり、いまでは広く認められている。

別の箇所についても同様の指摘が、カントの法論に関心をもつ研究者が増え始めた一九七〇年代以降、いくつか出されている。そうした議論を経て、……ルートヴィヒ版では、法論の全体にわたって大幅な組み替えが行われている。試みは大胆だが、先行する議論と編者自身の法論研究に基づく繊細な作業であり、組み替えの根拠も明確に示されている。根拠は主としてカントの法論自体における三種の手がかり、すなわち内容のうえから前後関係を示している「明らかな叙述」、接続詞、副詞、代名詞などによって「それとわかる叙述」、術語の使用にはその定義が先行するというような「間接的な示唆」に求められている。つまり指針とされているのは論旨の整合性、直截に言えば理解しやすさである。……ルートヴィヒの編集方法から自ずと分かることだが、二つのことを付け加えておきたい。

その一つは、この編集はすべて既刊の資料に基づくものであって、いずれかの新たな発見を利用したものではない。したがって、カントのこれまで知られていなかった思索が、この版によって初めて示されるわけではない。ルートヴィヒの法論研究自体には無論独創性があるが、それは本人の哲学そのものの独創性である。もう一つは、同じことをひっくり返して言えば、従来の版ではカントの思索が理解できないということではまったくない。長い間、旧来の版を通してカントの哲学が理解され、研究されてきたのであり、今日でもそうである」。

(60) Vgl. Brocker, Kants Besitzlehre, a.a.O. (Anm.6), S.9.

(61) Vgl. Christian Ritter, Der Rechtsgedanke Kants nach den frühen Quellen, Frankfrt am Main 1971.

(62) Vgl. Brocker, Kants Besitzlehre, a.a.O. (Anm.6), S.9f.

(63) Gerhard Buchda, Das Privatrecht Immanuel Kants. Ein Beitrag zur Geschichte und zum System des Naturrechts, Jena 1929.

(64) Vgl. Brocker, Kants Besitzlehre, a.a.O. (Anm.6), S.10.

(65) 以下の論述については、Vgl. Brocker, Kants Besitzlehre, a.a.O. (Anm.6), S.10-15. ここではカウルバッハ、ブッシュおよびゼンガーといった肯定説を主張する重要な論者が取り上げられていないが、ブラントとともに、リッター説に対する反論者として、「批判的」法哲学は存在するのか」と題する序論においてやや詳しく検討されている。S.17-22. カントの私法論および物権法論に関する研究史の概観として、Vgl. Kühl, a.a.O. (Anm.13), S.120-126.

(66) Vgl. Adolf Lasson, System der Rechtsphilosophie, Berlin und Leipzig 1882, S.100.

(67) Vgl. Wilhelm Metzger, Gesellschaft, Recht und Staat in der Ethik des deutschen Idealismus, Heidelberg 1917, S.81, 90-99.

(68) Vgl. Kurt Lisser, Der Begriff des Rechts bei Kant, Kant-Studien, Ergänzungsheft No.58, Berlin 1922, S.38-39.

(69) Vgl. Kurt Borries, Kant als Politiker. Zur Staats-und Gesellschaftslehre des Kritizismus, Leipzig 1928, S.108.

(70) Vgl. Rudolf Dünnhaupt, Sittlichkeit, Staat und Recht bei Kant. Autonomie und Heteronomie in der Kantischen Ethik, Berlin 1927. デュンハウプトはシュタムラーと同様に、カントは法の理念と概念が統合されるとする自然法のすべての信奉者の誤りに留まっているとか、カントは批判的方法から逸脱し独断主義に陥らざるをえなかったなどと厳しく非難している。Vgl. S.115f. 私法については特にS.78-86.

(71) Vgl. Buchda, a.a.O. (Anm.63).

(72) Vgl. Gerhard Lehmann, Kants Besitzlehre, in: Beiträge zur Geschichte und Interpretation der Philosophie Kants, Berlin 1969, S.195-218.（初出、Abhandlungen der Deutschen Akademie der Wissenschaften zu Berlin, Kl. f. Philosophie, Geschichte, Staats-, Rechts- und Wirtschaftswiss., Jg.1956 Nr.1, Berlin (Akademie-Verlag) 1956.）

(73) Vgl. Brandt, a.a.O. (Anm.8), S.167-224, 253-267.

(74) See. Susan Meld Shell, The Rights of Reason. A Study of Kant's Philosophy and Politics, University of Toronto Press 1980. シェルの所論については、別稿で立ち入って検討する予定である。

(75) Ibid., p.185, p.132. 所有権論の解釈についてはpp.127-152.

(76) Vgl. Brocker, Kants Besitzlehre, a.a.O. (Anm.6), S.12.

(77) Vgl. Hans-Georg Deggau, Die Aporien der Rechtslehre Kants, Stuttgart-Bad Cannstatt 1983. 所有権の基礎づけのアポリアについては、2. Kapitel: Die Aporien der Begründung des Eigentums, S.61-163. Vgl. Brocker, Kants Besitzlehre, a.a.O. (Anm.6), S.12.

(78) Vgl. Gerhard Luf, Freiheit und Gleichheit. Die Aktualität im politischen Denken Kants, Wien・New York 1978. 所有権論については、特にV. Gleichheit und Eigentum, S.70-132.

(79) A.a.O., S.93. Vgl. Brocker, Kants Besitzlehre, a.a.O. (Anm.6), S.12.

(80) Vgl. Kristian Kühl, Eigentumsordnung als Freiheitsordnung, a.a.O. (Anm.13), S.115.

(81) Vgl. Richard Saage, Eigentum, Staat und Gesellschaft bei Immanuel Kant, Stuttgart・Berlin・Köln・Mainz 1973, S.18ff.

(82) Vgl. Kühl, a.a.O. (Anm.13), S.264ff.

(83) Kühl, a.a.O. (Anm.13), S.267ff.

(84) Kühl, a.a.O. (Anm.13), S.277ff.

(85) 法律家の視点から研究された数少ない研究書のひとつとして注目される。キュールの専攻分野は刑法・刑事訴訟法・法哲学である。キュールの所論については、別稿で立ち入って検討する予定である。

(86) Vgl. Kersting, Wohlgeordnete Freiheit, a.a.O. (Anm.12). これは１９８４年版であるが、また１９９３年の新版には、Kant und die politische Philosophie der Gegenwart と題する論文が追加されている。Wohlgeordnete Freiheit. Immanuel Kants Rechts- und Staatsphilosophie. Mit einer Einleitung zur Taschenbuch-ausgabe 1993: Kant und die politische Philosophie der Gegenwart, Frankfurt am Main 1993. さらに２００７年には同書の改訂第３版が出版されており、初版の書評者であるフォルカー・ゲアハルトの序文が追加されている。Wohlgeordnete Freiheit. Immanuel Kants Rechts-und Staatsphilosophie, 3., erweiterte und bearbeitete Auflage, a.a.O. (Anm.12).

ケアスティングはカント法哲学研究における第一人者であり、カント以外の哲学者や法哲学以外の分野についても多数の著作がある。特にカント法哲学に関する最近の論文集として次のものが重要である。Recht, Gerechtigkeit und demokratische Tugend. Abhandlungen zur praktischen Philosophie der Gegenwart, Frankfurt am Main 1997. 特に所有権論の超越論哲学的基礎づけについては、I. Die Verbindlichkeit des Rechts. 2. Transzendentalphilosophische Eigentumsbegründung, S.41-73. および Kant über Recht, Paderborn 2004. 特に II. Besitzverhältnisse. 1. Transendentalphilosophische Eigentumsbegründung, S.58-85. ケアスティングは、筆者がもっとも注目している研究者のひとりである。ケアスティングの所論についてはかれの最近の諸研究も視野に入れて改めて検討したい（なお、本書第一部IX「W・ケアスティングの所論」を参照）。

(87) Vgl. Saage, a.a.O. (Anm.81). １９９４年にツォッタによる Kant und der Besitzindividualismus と題する論文が序文として追加され、初版以降のカント法哲学研究を踏まえて新版が刊行された。Eigentum, Staat und Gesellschaft bei Immanuel Kant. Mit einem Vorwort » Kant und der Besitzindividualismus « von Franco Zotta, Baden-Baden 1994.

(88) Saage, a.a.O. (Anm.81), S.10.

(89) Saage, a.a.O. (Anm.81), S.7.

(90) Saage, a.a.O. (Anm.81), S.11.

(91) Saage, a.a.O. (Anm.81), S.17. C. B. Macpherson, The Political Theory of Possessive Individualism. Hobbes to Locke, Oxford University Press 1962. ドイツ語訳として、Die politische Theorie des Besitzindividualismus. Von Hobbes bis Locke, übers. von Arno Wittekind, Frankfurt am Main 1973. 邦訳『所有的個人主義の政治理論』C・B・マクファーソン著、藤野渉・将積茂・瀬沼長一郎訳（合同出版、１９８０年）。所有的個人主義とはどのような考え方なのであろうか。ザーゲのカント法哲学解釈の妥当性を検討するうえで重要である。マクファーソンは所有的個人主義を構成する諸仮定を７つの命題に要約している。マクファーソンによれば、これらの諸仮定はホッブズにおいてもっとも明瞭かつ完全であり、ホッブズの人間モデルは、さまざまな満足をえるための人間の諸能力の総和として、人間的本質を他人の意志からの自由と自分自身の諸能力の所有権とに還元しているとする。

「(i) 人を人間的たらしめるところのものは、他人たちの意志への依存性からの自由である。

(ii) 他人たちへの依存性からの自由は、個人が自分自身の利益になると見込んで自発的に入り込む諸関係を除いて、他人たちとのどんな関係からも自由であることを意味する。

(iii) 個人は本質的に自分自身の身体と諸能力との所有主であって、それらにたいし何ものをも社会に負っていない。

命題(iii)は一つの理論の中で、一つの独立の公準として、あるいは(i)と(ii)、プラス、排他的権利としての所有権の概念からの演繹として、現われうる。こうして、個人の自由、またそれゆえ彼の人間性は、他の諸個人との私利的な諸関係に入る彼の自由に依存するゆえに、かつこうした諸関係に入る彼の能力は彼が自身の身体と諸能力（にたいする諸権利）の排他的統御をもっていることに依存しているゆえに、さらに所有権とはこうした排他的統御の一般化された形態であるゆえに、個人は本質的に彼自身の身体と諸能力との所有主である。

(iv) 個人は彼自身の身体にたいする彼の所有権の全体を譲渡することはできないけれども、彼は自分の労働する能力を譲渡することはできる。

(v) 人間的社会は一連の市場関係から成り立つ。これはすでに述べられた諸仮定から結果する。個人は自由であるかぎりにおいてのみ人間的であり、自己自身の所有主であるかぎりにおいてのみ自由であるから、人間的社会は独占的な所有主たちのあいだの一連の諸関係、つまり、一連の市場関係でのみありうる。あるいは、命題(v)は一つの理論の中で、演繹された命題としてではなくて、主たる、ないしはそれどころかただ一つの社会的仮定として現われうる。これは(i)から(iv)までの命題がその中に含まれているゆえに可能である。市場関係という概念は必然的に、(ii)で定義されたような個人的自由を含意し、(iii)と(iv)で定義されたような所有権を含意する。そして、人間的社会が市場関係から成り立つという公準は必然的に、個人の人間性はその人の自由の機能であるということ（命題(i)）を含意する。

(vi) 他人たちの意志からの自由は人を人間的たらしめるところのものであるから、各個人の自由はただ、他人たちにたいしても同一の自由を保証するのに必要であるような、そういうもろもろの義務と規則によってのみ合法的に制限されうる。

(vii) 政治的社会は、個人の、自分の身体や財貨にたいする所有権を保護するための、そして（それゆえ）自分たち自身の所有主と見なされる諸個人のあいだの秩序ある交換諸関係を維持するための、人間の考案である」（原著 pp.263-264、ドイツ語訳 S.295f.、邦訳２９７‐２９８頁を参照）。

(92) Vgl. Saage, a.a.O. (Anm.81), S.116. Brocker, Kants Besitzlehre, a.a.O. (Anm.6), S.14.

(93) Vgl. Brocker, Kants Besitzlehre, a.a.O. (Anm.6), S.14.

(94) Vgl. Saage, a.a.O. (Anm.81), S.11.

(95) Vgl. Brocker, Kants Besitzlehre, a.a.O. (Anm.6), S.14.

(96) Brocker, Kants Besitzlehre, a.a.O. (Anm.6), S.14. Vgl. Saage, a.a.O. (Anm.81), S.22.

(97) Vgl. Saage, a.a.O. (Anm.81). Brocker, Kants Besitzlehre, a.a.O. (Anm.6), S.154.

(98) 拙稿「カント法哲学の超越論的性格—F・カウルバッハの所論を中心として—」、３６５‐３６６頁（本書第二部第二章６０６‐６０７頁）を参照。「カント法哲学の超越論的性格—W・ケルスティングの所論を中心として—」、３４６‐３５０頁（本書第二部第五章７４３‐７４８頁）を参照。リッターの否定説以降、この問題がカント法哲学研究のひとつの大きな争点となっていることについては、次の指摘も参照されたい。円谷裕二・樽井正義「カント社会哲学研究文献案内法論」（『現代カント研究５ 社会哲学の領野』所収、カント研究会、樽井正義・円谷裕二編、晃洋書房、

１９９４年）23-24頁。

「一九七〇年代のカント法哲学研究における争点の一つは、それが批判哲学を継承しているのかという点をめぐってであった。Ritter は詳細な文献学的考証によって、カント晩年の『法論の形而上学的基礎』（以下『法論』）の内容は批判哲学を確立した『純粋理性批判』よりずっと以前にすでに出来上がっていたと主張する（ちなみにこの点では、カント批判倫理学の起源を前批判期に求める Schmucker, J., Die Ursprünge der Ethik Kants in seinen vorkritischen Schriften und Reflexionen, Meisenheim am Galen 1961 と共通するところがある）。その上で彼は、カントの『法論』は「非批判的」であり、伝統的形而上学的であり、批判哲学によって克服されたはずの独断主義にとどまっていると見なす。この点で彼は、『法論』はカントの批判主義と相容れないとするコーエンやケルゼンに代表される従来の法哲学解釈と軌を一にしている。これに対して Busch は、一七六二―一七八〇年の時期におけるカント法論の発展を四段階に分け、一七七二年以降の最終段階において、カントの法哲学が批判主義の「最高の観点」である自由の概念によって基礎づけられるに至ると見なす。つまり『法論』は、超越論的哲学の成果を踏まえつつそれに基づいて展開されたものだということになる。

　法哲学の超越論哲学的性格を指摘することによって、批判哲学との連続性を明確に主張したのは Kaulbach の功績である。彼は法哲学がカントのいわゆる「超越論的方法」の単なる一応用領域であるのみならず、超越論的思想の根源的な落ち着き場所だとさえ見なしている。さらに Kersting は、『法論』が従来ヴォルフやアッヘンバルの目的論的自然法思想への単なる回帰にすぎないとして過小評価されてきたことに対して、『法論』およびその準備草稿の詳細な分析を通して、カント晩年の法哲学が批判期の超越論的哲学の体系内に位置づけられるものだということを説得的に示し、そのことによってカント法哲学の復権を計ろうとしている」。

　また次の指摘も参照されたい。

『カント事典』編集顧問、有福孝岳・坂部恵、編集委員、石川文康・大橋容一郎・黒崎政男・中島義道・福谷茂・牧野英二（弘文堂、１９９７年）、小野原雅夫による『人倫の形而上学』の項目、２７３頁を参照。

「さてこの書〔『人倫の形而上学』――筆者〕をめぐる問題の最たるものは、「法論」も「徳論」も、『基礎づけ』や『実践理性批判』（一七八八）で確立された批判倫理学の立場と両立しえないのではないか、というものである。すなわち、意志の自律、道徳性、形式主義といったメルクマールで特徴づけられる批判倫理学には、法哲学も実質的倫理学も無縁であるはずだというのである。それゆえ『人倫の形而上学』はその出版以来、批判主義からの逸脱、前批判期の草稿の寄せ集め、老衰の産物、等々の厳しい批判を浴びてきた。

　これに対して近年、批判哲学の継承ないし発展として「法論」や「徳論」を捉え直そうとする研究が進んできている。法論が超越論的方法によって構成されていることを論証する試みは、カウルバッハの研究をはじめとして数多く輩出しているし、グレガーやヘッフェらは、徳論も含めて『人倫の形而上学』全体が定言命法の適用によって構築されていることを論じている。またこれらの研究を支える基礎的作業として、ルートヴィヒによる法論と徳論の改訂が行われた。『人倫の形而上学』のテクストには以前から（特に法論部分に関して）、印刷段階でのミスなどによりカントのオリジナル原稿が損なわれているのではないかという疑義が提出されていたが、ルートヴィヒは自身の詳細な研究に基づいて、これまでの諸版に大幅に手を加えてオリジナル原稿の再現を試みている。これら最新の研究によって、これまで軽視ないし無視されてきたカント実践哲学体系の全貌が明らかにされつつある」。

(99) Vgl. Brocker, Kants Besitzlehre, a.a.O. (Anm.6), S.17-26. ブロッカーがリッター説に対する反論として、特に取り上げている論者はR・ブラント、W・ブッシュ、F・カウルバッハおよびM・ゼンガーである。ブッシュも「カントの批判的法哲学は存在するのか」と題して、リッター説に反論している。Vgl. Busch, a.a.O. (Anm.9), S.1-3.

(100) 『法論』の出版が繰り返し延期された経緯については、理想社版『カント全集第十一巻 人倫の形而上学』、『法論の形而上学的基礎論』の訳者である古澤傳三郎の解説、493―494頁を参照。

「この著作のプランは、一七六〇年代までさかのぼる。だが、実行は繰り返し延期された。なぜなら、純粋な(理論的および実践的)理性の批判的基礎づけという、より重要な課題が、その前に果たされなくてはならなかったからである。しかも、両批判の完成ののち、『判断力批判』のプランが新たに成立し、それをかなり急速に実行すべき事情が一七九〇年までカントに他の仕事を顧みる余裕を与えなかった。

一七九一年六月十四日付けのキーゼヴェッターのカント宛て書簡によれば、本書は同年の復活祭のころには「確かに待望されて」いたことが知られる。しかし、なお次の二年間、カント自身は書簡において本書を「製作中」あるいは「計画中」の仕事として示している(一七九二年十二月二十一日付けエルハルト宛て書簡、および一七九三年五月十二日付けフィヒテ宛て書簡)。そして、この場合にも、仕事はゆっくりと進められた。『宗教論』(一七九三年)の著述や若干の小さい仕事がその間にはさまれたからである。事柄の難点もまた本書の完成を停滞させたように見える。シラーは一七九四年十月二十八日付け書簡でエルハルト宛てに書いている、「所有権の導出は、今や非常に多くの思索者たちを煩わしている点であり、私はカント自身から、私たちは彼の『人倫の形而上学』からその点についての何かを期待してよいと聞いている。だが私は、それと同時に、彼がその点についての彼の諸理念にもはや満足していないこと、それゆえに出版を当分思いとどまったことを聞いている」と。一七九六年の夏にいたって、ついに法論の印刷準備が整った。これは同年のミカエル祭(九月二十九日)に出版される予定で、この出版期日は種々の新聞紙上に披露されもした。

だが実際には一七九七年一月にいたって、ようやく出版されたように思われる。というのは、なるほど(のちにカントの論理学講義を編集した)イェッシェは一七九六年十一月四日付けの或る書簡で、本書(その出版をキーゼヴェッターは同年九月二十三日にはいまだ大いなる熱望をもって期待していた)を「たったいま出版された」ものとして示してはいるが、しかし、ヤーコプは同年十二月七日に本書を依然として憧憬をもって待望しているからである。すなわち彼は、「完成したと告げられてはいるが、おそらくまだ印刷が完了していないのであろう」と述べており、そして一七九七年一月十六日にエルハルトも、本書を「まだ入手していない」と述べている。だが、決定的なことは、カントの研究家アルトゥール・ヴァルダによれば、一七九七年一月十九日木曜日発行のケーニヒスベルク学術政治新聞第六号の付録に、本書がたったいまフリードリッヒ・ニコロヴィウスのもとで出版されたと告知されていることである」。

(101) Vgl. Sänger, a.a.O. (Anm.11), S.45ff.

1789年5月26日、カントはマルクス・ヘルツに宛てて次のように書いている。

「六六歳になってまだ自分の計画を完成しようと煩瑣な仕事(そ

の一つは『批判』の最後の部分、すなわち間もなく出版されるはずの判断力の部分を世に送ることであり、また一つは自然および人倫の形而上学の体系をかの批判的要求に即して仕上げることです）を背負って」いる。Vgl. XI, 49. 理想社版『カント全集第十七巻 書簡集Ⅰ』４０９頁を参照。

また繰り返しになるが、高橋も筆者と同様の見解を示している。「『我々の時代は本来の意味において批判の時代であり、一切のものがそれに服さなければならない』（KrV. AXI, Anm.）という宣言にみられるように、上記のような姿勢が、各々の分野を超えてカントの意識に常にあったのだとすれば、そして『純粋理性批判』自体がそもそも権利の根拠づけ問題とのアナロジーにおいて（そしてまた「法廷」として）構想されていたことを鑑みれば、『純粋理性批判』執筆時においてすでに、文字通りの「法の批判」も予定されていたと考えても、全くの飛躍ではあるまい。その意味で『法論』は、「批判哲学」の射程上において書かれるべくして書かれた著作であったと言いうるのである」。前掲注（41）「カント『法論』における「批判」の構造とその射程」、１３５頁を参照。

(102) Vgl. A XI, Anm. 理想社版『カント全集第四巻 純粋理性批判（上）』26頁。

(103) カント法哲学の批判的・超越論的性格を考察することの意義、およびなぜドイツにおいてこのような視点からの研究が多数なされているのかを明らかにしておく必要がある。『法論』の批判的・超越論的性格をめぐる問題は主にリッター、カウルバッハ、ブラント、ブッシュ、イルティング、ゼンガー、オーバラー、キュール、ケアスティングおよびブロッカーなどによって立ち入って検討されているが、これらの諸議論を全体にわたって詳細に跡づけて分析・検討している研究は我が国においてはいまだ現れていない。国内外の哲学研究者による「超越論的」という術語の分析については比較的最近のものとして次の著書および論文を参照。

Norbert Hinske, Kants Weg zur Transzendentalphilosophie. Der dreißigjährige Kant, Stuttgart · Berlin · Köln · Mainz 1970. Die historischen Vorlagen der Kantischen Transzendentalphilosophie, in: Archiv für Begriffsgeschichte, Band XII. Heft 1. Bonn: H. Bouvier 1968, S.86-113. Kants Begriff des Transzendentalen und die Problematik seiner Begriffsgeschichte: Erwiderung auf Ignacio Angelelli, in: Kant-Studien, Bd.64 (1973): S.56-62. Angelelli, Ignacio, On the Origins of Kant's 'Transcendental', in: Kant-Studien, Bd.63 (1972): pp.117-122. Miguel Torres Morales, Systemtheorie, Diskurstheorie und das Recht der Transzendentalphilosophie. Kant-Luhmann-Habermas, Würzburg 2002, I. Kants Projekt der Transzendentalphilosophie, S.39-71.『カント純粋理性批判の研究』牧野英二（法政大学出版局、１９８９年）、第1章「超越論的認識の構造」、27-72頁、ユルゲン・ミッテルシュトラース、安彦一恵、嶺秀樹訳「「超越論的」について」（『超越論哲学と分析哲学ドイツ哲学と英米哲学の対決と対話』所収、ヘンリッヒ、アーペル、ローティ他、竹市明弘編、産業図書、１９９２年）３１９-３５２頁、ヘンリッヒ、湯浅正彦訳「超越論的演繹とは何か—方法論的背景からのアプローチ—」（『現代思想 3月臨時増刊カント』所収、青土社、１９９４年）８４-１００頁、ストラウド、田山令史訳「超越論的議論」（同書）１０１-１１３頁、『カント哲学の諸相』浜田義文（法政大学出版局、１９９４年）、特に第3章「法廷としての『純粋理性批判』」、42-89頁（初出、『法政大学文学部紀要』第31号、１９８６年）、『カント第三の思考—法廷モデルと無限判断—』石川文康（名古屋大学出版会、１９９６年）、平田俊博「純粋理性の批判と現代—理性の法廷をめぐる司法モデルと立法モ

デルー」（『近世ドイツ哲学論考―カントとヘーゲル―』所収、浜田義文・牧野英二編、１９９３年）１５９-１８２頁、久呉高之「超越論的認識」（『カント読本』所収、浜田義文編、法政大学出版局、１９８９年）41-54頁など。

(104) See. Susan Meld Shell, op.cit. (Note 74), p.127.

(105) Vgl. Unruh, Die Herrschaft der Vernunt, a.a.O. (Anm.2). 本書は１９９２／１９９３年冬学期、ゲッティンゲン大学法学部において博士論文として受理されたものである。

(106) Unruh, a.a.O. (Anm.2), S.41. 以下の論述は主にウンルーの分類に従っている。S.41-46.

(107) Vgl. VI, 205f. 中公版『法論』３２５-３２６頁参照。たとえば、『法論』では「ア・プリオリに構想された体系」という表現が使われている。

「人倫論の第一部としての**法論**は、法の形而上学と名づけうるような、理性から生じてくる或る体系を必要とするところのものである。しかし、法の概念は、純粋ではあるが、やはり実践〔経験において現われてくるさまざまな事例への適用〕を目ざした概念であり、したがってその形而上学的体系は、その区分の完全性を期するためには〔そしてこのことは、理性体系を構築するためには不可欠の要請である〕、右の諸事例の経験的多様性をも顧慮しなくてはならないだろう。しかし、経験的なものを完全に区分することは不可能であるし、かつまた、そうした完全性が〔少なくともそれへの接近を目ざして〕追求される場合にも、これらの諸概念は体系の内的構成部分としてその中に位置を占めることはできず、せいぜい例証として注釈の中に入ってくることができるだけである。それで、人倫の形而上学の第一部にふさわしい唯一の表現は、法論の形而上学的基礎論ということになろう。というのは、右のような適用の諸場合を顧慮するならば、ただ体系への接近が期待できるだけであって、体系そのものは期待できないからである。したがって〔先の〕自然学の形而上学的基礎論の場合と同様、ここでも事柄は次のように処理されよう。すなわち、ア・プリオリに構想された体系に属する法（すなわち理性法体系）は本文の中で取り扱い、他方、特殊的な経験的諸事例にかかわるもろもろの（特殊な）法ないし権利は、時として詳細にわたることもある注釈の中に入れこむのである。というのは、そうでもしなければ、形而上学に属するはずのものと、経験的な法的実践であるものとが十分に区別されえないことになるだろうからである」。

(108) Johann Gottlieb Fichte, Grundlage des Naturrechts nach Prinzipien der Wissenschaftslehre (1796/1797), Hamburg 1969, S.11ff.『知識学の原理による自然法の基礎』「自然法論第一巻緒論 Ⅲ本書の法論とカントの法論との関係について」（邦訳『フィヒテ全集 第６巻 自然法論』所収、藤澤賢一郎訳、哲書房、１９９５年）22-27頁を参照。フィヒテはカントの哲学とかれ自身の思想との類似性を明示的に指摘している。

(109) Vgl. Kühl, a.a.O. (Anm.13), S.47. Vgl. Hermann Klenner, Immanuel Kant. Rechtslehre. Schriften zur Rechtsphilosophie, Berlin 1988, S.585. このような自然法的著作の例として、フィヒテと並んでTheodor Schmalz, Das reine Naturrecht, Königsberg 1785が挙げられる。

(110) Hermann Cohen, Kants Begründung der Ethik. Nebst ihren Anwendungen auf Recht, Religion und Geschichte (1877), Berlin 1910.

Josef Schmucker, Die Ursprünge der Ethik Kants in seinen vorkritischen Schriften und Reflexionen, Meisenheim 1961.

Ritter, a.a.O. (Anm.14).

Ilting, a.a.O. (Anm.15), S.325-345.

(111)　Vgl. Arthur Schopenhauer, Die Welt als Wille und Vorstellung, 1. Auflage, Leipzig 1819, Sämtliche Werke Band I, 3.Aufl, Frankfurt am Main 1991, S.259. 邦訳『ショーペンハウアー全集３　意志と表象としての世界 正編(II)』２８１頁。

(112)　１７９４年11月24日、カントは出版社ド・ラ・ガルドに宛てた手紙に次のように記している。

「私は相当高齢で、私の著作はただゆっくりと、それも体調不良から何度も中断しながらしか進みませんので、その完成の期限を確実には（少なくとも今は）決めかねるということです」。Vgl. XI, 531、岩波版『カント全集22　書簡II』２５７頁。

Vgl. F. Paulsen, Immanuel Kant. Sein Leben und seine Lehre, Stuttgart 1904, S.364.

Vgl. Jachmann, in: Immanuel Kant in Rede und Gespräch, hrsg. und eingeleitet von Rudolf Malter, Hamburg 1990, S.428.

ヤハマン（Reinhold Bernhard Jachmann）は『法論』が出版される１年前の１７９６年、１８００年、１８０１年および１８０３年にカントの故郷を訪問した。最後の訪問である１８０３年の夏、つまりカントの死去の約半年前のカントの精神的衰弱の様子について、次のように記している。

「私の最後のカント訪問のこの場面は私の心に痛々しい印象を刻みつけましたので、それが絶えず眼前にちらつき、ともすれば私を悒鬱《ゆううつ》な物思いに誘いました。神よ、人間とは何であり、人間における偉大とは何でありましょうか。その眼光の前には何物も隠されることなく、その力は全自然、人知の全領域を包み、誤謬の深い闇を貫いて崇高な智慧に至る煌々たる道を開き、揺ぎない哲学の殿堂を創建し、世界を真理の光明で照らしたこの偉大な時代の精神、この精神は肉体器官から分離するすでに幾月も前に、もはや少数の概念を相互に結合して明瞭な意識に持ち来たすことができなかったのです。その教説によって欧洲の賢者たちに驚異の眼を見はらせたあの人が、かつてはその兄の精神をも言葉をも決して解することのなかった老齢の妹の口から、全く平俗な思想を言い表わすために一語一語を教えてもらわなければならなかったのです。――人間の精神は何という危なっかしさで肉体器官につかまっているものなのでしょう。――しかもあの偉人の耄碌《もうろく》は、思考器官の病的破壊によって突如として起こったのではなく、むしろ身体器官の衰弱が加わるにつれて漸次に進んで来た精神の麻痺だったのでした。従ってカントにあっては、精神的疾患の痕跡は微塵も認められず、却ってただ次第に加わって来る精神の衰弱が見られたのみでありました。

すでに八年以前に、私はカントの上に幾分の変化を見いだしました。といっても自然の機能が順調にいっている日には、まだ全く前と同じ精神力を示してはいました。しかしこの時以来、カントの体力の減衰はだんだん目立つようになって来ました。四年前にもう備忘のために紙片を用い始め、それに自分を訪ねて来た旅行者の名を書きつけていました。ついにはそのような紙片に他人から聞いたり、自分で思いついたりした些細な事柄を一々書き留めるようになりました。三年前に私は、私の就《つ》こうとしていた職務と移住のことを知らせなければなりませんでしたが、しかしその時分にはもう私の新しい職務とそれに伴う資格とを記憶に留めておくことが困難だったので、すべて詳しく書き取ってもらわなければならなかったのでした、その頃にはすでに、時々思想が留守になってしまうのを感じていましたが、このことを恐らく衰弱が更にひどくなってからよりも一層不快に感じていたもののようでした。それでカントは、自分には考えたり理解したりすることが困難になったと言い、またやりかけている考えごとも中止しなくてはなるまい、といって言いわけをしたものでした。

このようにしてあの偉大な思索家の力は次第に衰えて行き、ついには精神の力を悉く喪失するに至ったのでありました」。『カントの生涯』ヤハマン著、木場深定訳、理想社、１９７８年、１４１－１４４頁を参照。

(113) Vgl. Unruh, Die Herrschaft der Vernunft, a.a.O. (Anm.2), S.42. Vgl. Kühl, a.a.O. (Anm.13), S.122, ders.: Rehabilitierung und Aktualisierung des kantischen Vernunftrechts. Die westdeutsche Debatte um die Rechtsphilosophie Kants in den letzten Jahrzehnten, in: Rechts-und Sozialphilosophie in Deutschland heute. Beiträge zur Standortbestimmung, (Hrsg.) Robert Alexy, Ralf Dreier und Ulfrid Neumann, Stuttgart 1991, S.213. Hermann Klenner, Zur Rechtslehre der reinen Vernunft, in: Revolution der Denkart oder Denkart der Revolution, Manfred Buhr (Hrsg.), Berlin 1976, S.148-169, S.162. W. Kersting, Die verbindlichkeitstheoretischen Argumente der Kantischen Rechtsphilosophie, in: Rechtspositivismus und Wertbezug des Rechts. Vorträge der Tagung der deutschen Sektion der internationalen Vereinigung für Rechts- und Sozialphilosophie in der Bundesrepublik Deutschland, Göttingen, 12-14. Oktober 1988, Ralf Dreier (Hrsg.), Stuttgart 1990, S.62-74, S.63. K. Kühl, Naturrecht und positives Recht in Kants Rechtsphilosophie, in: Rechtspositivismus und Wertbezug des Rechts. Vorträge der Tagung der deutschen Sektion der internationalen Vereinigung für Rechts- und Sozialphilosophie in der Bundesrepublik Deutschland, Göttingen, 12-14. Oktober 1988, Ralf Dreier (Hrsg.), Stuttgart 1990, S.75-93, S.76f.

(114) H. Cohen, E. Lask, R. Stammler, G. Radbruch などが挙げられる。これについては次の文献を参照。J. Blühdorn, „Kantianer" und Kant. Die Wende von der Rechtsmetaphysik zur „Wissenschaft" vom positiven Recht, in: Kant-Studien, Bd.64 (1973), S.363-394. S.363ff., Gerd-Walter Küsters, Kants Rechtsphilosophie, Darmstadt 1988. S.19-26.

W. Kersting, Neukantianische Rechtsbegründung. Rechtsbegriff und richtiges Recht bei Cohen, Stammler und Kelsen, in: Neukantianismus und Rechtsphilosophie. Mit einer Einleitung von Stanley L. Paulson, R. Alexy, L. H. Meyer, S. L. Paulson und G. Sprenger (Hrsg.), Baden-Baden 2002. S.23-68.

新カント学派法哲学者の代表者として、シュタムラーおよびケルゼンのカント法哲学の解釈およびそれに対する批判として、拙稿「カント法哲学の超越論的性格―F・カウルバッハの所論を中心として―」、３６１－３６４頁（本書第二部第二章）を参照。

(115) Ritter, a.a.O. (Anm.14).

(116) Busch, a.a.O. (Anm.9).

(117) Küsters, Recht und Vernunft: Bedeutung und Problem von Recht und Rechtsphilosophie bei Kant. Zur jüngeren Interpretationsgeschichte der Rechtsphilosophie Kants, in: Philosophische Rundschau 30, 1985, S.212, und ders., Kants Rechtsphilosophie, a.a.O. (Anm.2), S.41. キュスタースは次のように述べている。

「『法論』に至るまで連続性が認められる、つまり批判的法哲学は存在しないとするリッターによって解釈されたテーゼは、根本において証明されたテーゼではない。というのは、このテーゼは『法論』そのものによって吟味されなければならなかったはずだからである」。

同様の批判として、Joachim Hruschka, Die Person als ein Zweck an sich selbst. Zur Grundlegung von Recht und Ethik bei

August Friedrich Müller (1733) und Immanuel Kant (1785), in: Juristenzeitung 1990, S.1-15, S.14.

(118) Vgl. R. Dreier, Rechtsbegriff und Rechtsidee. Kants Rechtsbegriff und seine Bedeutung für die gegenwärtige Situation, Frankfurt am Main 1986, S.11, Fn.7.

(119) Vgl. Ilting, a.a.O. (Anm.15), S.325-345.
イルティングの所論の検討については、拙稿「カント法哲学の批判的性格―K・H・イルティングの所論を中心として―」、24–59頁（本書第二部第三章）を参照。

(120) Vgl. H. Oberer, Ist Kants Rechtslehre kritische Philosophie? Zu Werner Buschs Untersuchung der Kantischen Rechtsphilosophie, in: Kant-Studien, Bd. 74, 1983, S.217-224.
イルティングに対する反論については特にS.219-221を参照。

(121) Oberer, a.a.O. (Anm.120), S.221-224. オーバラーはリッターおよびイルティングの否定説とブッシュの肯定説を比較検討し、それらを調停しながら自説を展開している。結論においてはその見解は妥当である。

(122) Vgl. Busch, a.a.O. (Anm.9), S.70ff.

(123) B 560ff. 理想社版『カント全集第五巻 純粋理性批判（中）』２６０頁以下を参照。

(124) Vgl. Kühl, a.a.O. (Anm.13), S.102. Edmund Sandermann, Die Moral der Vernunft. Transzendentale Handlungs-und Legitimationstheorie in der Philosophie Kants, Freiburg · München 1989, S.236ff. Klaus Gunkel, Spontaneität und moralische Autonomie. Kants Philosophie der Freiheit, Bern 1989. なお、Willkürは「選択意志」と訳されることもあるが、本章では法律用語の「意思」という語を訳語として使用している。この「意思」は通常実践理性そのものを意味する「意志」（Wille）」とは異なり、経験的、現実的に選択を行う能力を言う。『世界の名著39 カント』所収の『人倫の形而上学〈法論〉』３３５頁、訳注（１）を参照。

(125) Vgl. VI, 230. 中公版『法論』３５４–３５５頁。

(126) Vgl. Unruh, Die Herrschaft der Vernunft, a.a.O. (Anm.2), S.44. Opus postumum, VII. Convolut, AAXXII, S.65, 108... .

(127) Vgl. Unruh, a.a.O. (Anm.2), S.44f. Zwi Batscha, Einleitung, in: ders. (Hrsg.), Materialien zur Rechtsphilosophie Kants, Frankfurt am Main 1976, S.27. Höffe, Immanuel Kant, 2., durchges, Aufl., München 1988, S.211. 邦訳『イマヌエル・カント』藪木栄夫訳（法政大学出版局、１９９１年）２２４頁を参照。「『人倫の形而上学』の一部門としてカントの法哲学は、もはや実践理性批判ではないが、実質的にはその見解を前提にしている。それは、先批判期の独断的哲学では決してなく、法の理性概念を展開する批判哲学であり、この概念は現実のすべての立法にとって最高度の規範的批判的な基準という意味をもつものである」。

(128) Vgl. Oberer, Zur Frühgeschichte der Kantischen Rechtslehre, a.a.O. (Anm.10), S.88-102, S.99ff.

(129) Bruno Bauch, Das Rechtsproblem in der kantischen Philosophie, in: Zeitschrift für Rechtsphilosophie, Bd.3, Leipzig 1921, S.1-26, S.1ff. D. R. Doublet, Die Vernunft als Rechtsinstanz. Kritik der reinen Vernunft als Reflexionsprozeß der Vernunft, Oslo · Paderborn 1989, S.11, 21, 56ff. Kaulbach, a.a.O. (Anm.7), S.135ff., 169ff. Brandt, Freiheit, Gleichheit, Selbständigkeit bei Kant, in: Die Ideen von 1789 in der deutschen Rezeption, hrsg. vom Forum für Philosophie Bad Homburg, Frankfurt am Main 1989, S.90-127, S.91ff. Gilles Deleuze, La Philosophie critique de Kant, Presse universitaire

de France 1963. 邦訳『カントの批判哲学―諸能力の理説―』中島盛夫訳（法政大学出版局、１９８４年）。

（130） Arsenij Gulyga, Immanuel Kant, Frankfurt am Main 1981, S.143, 178. 邦訳『カント―その生涯と思想―』西牟田久雄・浜田義文訳（法政大学出版局、１９８３年）１５０頁を参照。

「カントは晩年の或る手紙の中で、『純粋理性批判』の成立の歴史を回想して、次のように強調した。まさしく自由の問題が、すなわち「人間は自由であるというのと、その反対に、自由は存在せず一切は自然的必然性であるというのと」、この自由の二律背反の問題が彼を独断的まどろみから目覚ませ、「理性の自己矛盾という躓きの石」を取り除くために、理性の批判へと向かわせたのである、と。『純粋理性批判』の主要問題――「アプリオリな綜合判断はいかにして可能であるか」――と一緒に、カントにとってより重要な別の問題が生じる。それは、人間の自由はいかにして可能であるか、の問である」。

（131） Vgl. VI, 231. 中公版『法論』３５５頁。

（132） Höffe, Immanuel Kant, a.a.O. (Anm.54), S.208.『イマヌエル・カント』２２２頁を参照。

「その批判とは、所有権の国家的基盤による保全の過重視、男性の優位、雇用労働者の差別、去勢の弁護に、対する批判である。おそらくまた婚姻法と家族法の取り扱い、積極的抵抗権（革命権）の拒否あるいは死刑の弁護にも疑義が残る」。

（133） Gerhardt, Recht und Herrschaft. Zur gesellschaftlichen Funktion des Rechts in der Philosophie Kants, in: Rechtstheorie12, 1981, S.69, 77, 92. Doublet, a.a.O. (Anm.129), S.11. Gulyga, (Anm.130), S.300. 邦訳『カント―その生涯と思想―』、３１７頁。

（134） Brocker, Kants Besitzlehre, a.a.O. (Anm.6), S.15.

（135） Uwe Justus Wenzel, Recht und Moral der Vernunft. Kants Rechtslehre. Neue Literatur und neue Editionen, in: Archiv für Rechts-und Sozialphilosophie Bd.76, 1990, S.234.

第二章　F・カウルバッハの所論を中心として

I　『法論』の解釈の系譜および現在の解釈論争

カントの『人倫の形而上学』第一部『法論の形而上学的基礎論』（Metaphysische Anfangsgründe der Rechtslehre, Metaphysik der Sitten, I. Teil, 1797. 以下『法論』と略記する）はかれの法哲学上の思想を集約的・体系的に示した最晩年の著作である。この『法論』がかれの批判哲学といかなる関係にあるのかについてはさまざまな見解があるが、いずれかと言えば、カントの『法論』ないし法哲学は批判哲学とは無縁であり、それまでの伝統的自然法論の単なる延長線上にあるにすぎないとする否定的な見方がカント研究者の間で従来は支配的であった。

確かに、『法論』の中で展開されている自然状態と公民状態との対置および社会契約説などの近代自然法論との内容上の類似性という点を重視すれば、このような見方にも根拠がないとは言えない。たとえば、自然状態と公民状態との対置関係について、カントは「法論の第二部　公法」「第一節　国家法」§44の中で次のように論じている。

「したがって、各人が一切の法概念を廃棄しようと欲せぬかぎり、彼がまず決定すべき第一のことは、次のような原則であるだろう。すなわち、各自が思い思いに勝手に振舞う自然状態を脱却して、〔相互作用の関係に立つことが各人に避けえないような〕すべての他人たちとともに、或る公的に法則的な外的強制のもとに服することを目指して結合し、したがって次のような或る状態に、つまりそこにおいては、各人に対して、彼のものとして承認されるべきものが法律によって規定され、そして十分な力〔それは各自の（みずから固有にもっている）力でなく或る外的なものである〕によってそれが配与されるような、そうした或る状態に入りこまなければならないということ、すなわち、各人は何はさておき或る公民的状態に入りこむべきであるということ、これである[1]」。

この論述から明らかなように、カントが、H・グロティウス、S・プーフェンドルフ、T・ホッブズ、J・ロックおよびJ・J・ルソーに代表される啓蒙期自然法論以来の自然状態と公民状態との対置関係を継承していることは疑いの余地がない。

また国家論を展開するに際して、カントは社会契約説を援用しながら§47の中で次のように述べている。

「――国民そのものがみずからを国家へと構成する行為は根源的契約である。ただし、このように言われる場合、（この契約という行為そのものよりも）むしろ本来的にはそうした行為の理念が、すなわち、それに従ってのみ国家の正当性が考えられうるような理念が、もっぱら意味されているのであるが。この契約に従って、民族に属するすべての者〔全体と個々人 omnes et singuli〕は、彼らの外的自由を、或る公共体の成員として、すなわち国家としてみられた民族の〔universi〕成員として直ちに再びそれを受け取るために、放棄する。その際、国家または国家に属する人間は彼の生得の外的自由の一部だけを或る目的のために犠牲にした、と言われえないのであって、彼は、野蛮で無法則な自由を全面的に放棄することによって、彼の自由一般を或る法則への従属において、すなわち或る法的状態において、減少させられることなく再び見出すのである。というのは、こうした法則への従属は彼みずからの立法的意志から生ずるものにほかならないからである[2]」。

カントの国家観に与えたルソーの影響が、この文章から容易に読み取れる。つまり、カントは国家の起源に関してルソー的な社会契約説を受け継ぎ、歴史的事実としてではなく、規制的理念としての根源的契約によって国民が国家へと構成されることを認めた。そして国民はこの根源的契約に基づく法的状態において、国家という共同体の一員として自由を再び獲得するために外的自由を全面的に放棄するものとしたのである。

以上例示したような諸点に注目すれば、先に述べたように、それまでの伝統的自然法論の単なる延長線上にあるにすぎないとするカント法哲学に向けられた非難にもそれなりの理由があるように見受けられる。それゆえまた、『法論』が批判哲学に依拠していないとする見方が成り立つのも無理からぬことのように思われる。

次に、我が国における新カント学派のカント解釈を検討しながら論点を絞っていきたい。というのも、我が国におけるカント法哲学に関する従来の見解もこのような性質を免れるものではなかったからである。このことは、次に挙げる代表的な法哲学者の見解の中に端的に現れている。

まず、E・ラスク、R・シュタムラーおよびヤーコプ・フリードリヒ・フリースなど新カント学派の業績紹介、そしてカントの『法論』の翻訳などを通してカント法哲学についても卓越した研究を行った恒藤恭はカントの法哲学について次のように評価している。

「個人の心理的性能の或るものを基本原理とし、それから時処を超越して妥当する自然法の体系を導き出さうとした自然法学者の方法を斥けて、実定法及び経験的国家の価値を判定するための客観的原理を確立せむと試みた点において、カントは画期的功績をあげてゐるが、しかも彼は批判的精神の守る可き限界を踰えて、法及び国家の理念から出発して、やはり自然法の体系を構成することを企てた。そして彼が道徳形而上学の一部として展開してゐる法律哲学の理論には、主として羅馬法的法律制度を参酌して構成された私法、公法、国際法、世界公民法等の法域にわたる諸制度の概念が、理性の先天的制約を基礎とするものとして提示されてゐる。歴史的・経験的制約の下に成立せる実定法上の制度に関する知識を利用して法的規範の体系を構成することにおいて実践哲学的認識が成立すると考へてゐるカントの独断的態度は、自然法学者のそれと殆どえらぶ所はない……」[3]（傍点筆者）。

また、広い視野でドイツ法哲学、特に新カント学派および現象学派の法哲学を研究した尾高朝雄はカント法哲学について次のように評する。

「かくのごとく、カントは法の根本理論について多くの卓越した見解を示し、法哲学の発達に寄与するところが少なくなかったが、その哲学上の根本の立場たる批判主義は、法の論及の上にはいまだ徹底しては適用されずに終わった、といはれる。けだし、批判主義の精神を法の問題の論及の上に徹底せしめるならば、法の純粋形式の普遍妥当性の確保を以て最後の目標とすべきであるにもかかはらず、カントはなほ当時の個人主義的自然法の観念を脱却し得ず、さまざまの内容的規定を含む法秩序を構想して、これに絶対不易の意味を認めようとしたからである」[4]（傍点筆者）。

さらに、近代自然法論の流れを体系的に研究した和田小次郎も、法論および国家論におけるカントの業績は一般哲学におけるほど華々しくはなく、コペルニクス的転回、批判主義の確立はカントの法哲学の分野には及んでいないし、[5]「それはなほ多分に自然法学的である」[6]と指摘している。その他、我が国における代表的な法哲学者であり、トミズムに基づく自然法論者ではあるが、新カント学派の法哲学にもかなりの影響を受けた田中耕太郎、ローマ法および法思想研究者であり、概説的なものではあるが、当時としてはめずらしくカントの法哲学についての研究書を著した船田享二なども同様の見解をとっている。[7]

以上見てきたところから明らかなように、恒藤、尾高および和田のカント『法論』に関する解釈には2つの共通点が指摘されうる。

第一に、カントの『法論』には批判的精神ないし批判主義が十分に貫徹されていない。

第二点として、この批判的精神ないし批判主義の『法論』への不徹底な適用のために、カントの法哲学は従来の伝統的自然法論から脱しきっていない。

カント法哲学に対するこのような解釈は、先述した否定的な見解、すなわちカントの『法論』ないし法哲学は批判哲学とは無縁であり、それまでの伝統的自然法論の単なる延長線上にあるにすぎないとする見解と一致していることがわかる。そして、このような見解がいまだに我が国の法思想史の体系書等においても一般に受け入れられているのが実状である。

ところでカントの法哲学が批判的ではないという場合に、この「批判的」という術語を我が国の法哲学者はどのような意味で解釈しているのであろうか。特にどの点を強調するかは論者によって多少のニュアンスはあるものの、およそ次の4点を指摘することができる。

第一に、権利問題（quaestio jurris）と事実問題（quaestio facti）とを峻別していること。

第二として、この点は第一点とも関連するが、独断的前提——法哲学の場合、当時の伝統的自然法論——から出発していないということ。

第三には、認識の普遍妥当性を確保するための悟性のア・プリオリな（先天的）形式、すなわちカテゴリー（範疇）が適用されていること。

第四に、この点は第三点とも関連するが、純粋形式の普遍妥当性の確保に自己の任務を限定すべきであり、したがって具体的な内容規定を含まないということ。

特に第三と第四の点は、認識論として理解された『純粋理性批判』の方法の適用が顕著に認められると言える。果して「批判的」方法とはこのようなメルクマールをもつ方法なのであろうか。

なおここで注意されるべきことは、我が国の法哲学は新カント学派の法哲学の導入・紹介によって発展してきたと言っても過言ではなく、(8) それゆえカントの法哲学の解釈についてもその強い影響を免れることができなかったという点である。(9) つまり、我が国の法哲学者は新カント学派の観点からカントの法哲学を解釈し、評価していたと言ってよいであろう。

したがって次に、新カント学派に遡って、かれらのカント『法論』についての解釈が検討されなければならない。というのは、かれらの解釈の中にきわめて典型的な形でカント法哲学についての否定的な見解が見られ、またいかなる視点からそのような解釈を行っていたのかが、我が国の法哲学者の見解によるよりもより厳密に把握されうるからである。

新カント学派の代表的な法哲学者のなかでも特に、カントの批判主義をカント以上に厳格に法の根本問題に適用し、「批判的法哲学」の宏壮な体系を樹立したとされるR・シュタムラー、および当為と存在とを峻別する規範論理主義を徹底させ、実定法の理論である純粋法学を構想したH・ケルゼンの2人を取り上げ、かれらのカント法哲学に関する解釈を考察することにする。なぜならば、かれらが我が国の法哲学者に絶大な影響を与えただけでなく、かれらの解釈の中に、いかなる視点からそのような解釈が導き出されているのかがもっとも明瞭に看取されうるからである。

シュタムラーは、『法哲学教科書』(Lehrbuch der Rechtsphilosophie, 1928.)の法哲学史における「理性法」の節で次のように述べている。

「しかし、カントはかれの法論において批判的方法(kritische Methode)そのものを完全には貫徹することがなかった。法の概念と理念とは結合されるとする自然法のすべての信奉者の誤りに、かれもまた留まっていたのである。しかし法概念は、人間的意欲のある特殊な態様を意味しており、この態様は明確な徴表によって意欲の他の態様とは区別されているのである。その結果、ある法的意欲が現れるたびごとに、この範疇的区分が徹底的に行われることになる。それに対して法の理念は、概念的に規定された意志内容の全体性の中において絶対的な調和を獲得しようという課題、すなわちけっして完全には実現されることのないひとつの理想を意味する。

批判的方法に従ってこの二つの問題を分離することがまさに必要であったにもかかわらず、両者を混同したために、そのうちのひとつもうまくゆかなかったのである[10][11]」。

さらに、『法学の理論』（Theorie der Rechtswissenschaft, 1923.）においてもシュタムラーは、「カントは『人倫の形而上学』の中で法論に対して批判的方法を放棄し、当時支配的な自然法の方向に留まっていた[12]」とする見解を表明している。

次にケルゼンを見てみよう。カントの実践哲学がキリスト教理論にきわめて大きな影響を受けていると指摘したうえで、ケルゼンは次のように述べている。

> 「ここ〔実践哲学〕では、かれ〔カント〕は超越論的方法（transzendentale Methode）を放棄した。批判的観念論のこの矛盾はすでにしばしば指摘しつくされている。超越論的哲学が、実証主義的法学・国家学にその基礎を提供するまったく特殊な任務をもっているのに、カントは法哲学者としては自然法論という旧態依然たる軌道に留まっていたことも、こういう点に由来する。実際、かれの『人倫の形而上学』は17・18世紀のプロテスタントのキリスト教の地盤に展開されたと同じ古典的自然法論の完全な表現と見なすことができる[13]」。

以上明らかなように、シュタムラーとケルゼンのカント法哲学に対する解釈から次の2点が指摘されうる。

第一に、カントの法哲学は伝統的自然法論――当時支配的な自然法の方向（シュタムラー）、古典的自然法論（ケルゼン）という表現上の違いはあるにせよ――に留まるものである。

第二は、我が国の法哲学者が批判的精神ないし批判主義（カントが使いはじめたとされる術語だが、厳密なものではない）というささか曖昧な表現を使っていたのに対して、シュタムラーおよびケルゼンは批判的方法（kritische Methode）ないし超越論的方法（transzendentale Methode）というより厳密で限定的な術語を使用し、この方法が『法論』においては放棄されていると指摘している点である。このことをより詳しく言えば、『法論』と批判哲学との関連が問われる場合には、一般的に、批判哲学に導入されている批判的方法ないし超越論的方法が『法論』に導入・適用されているのか否か、またそれは成功しているのか否かという方法論上の問題が取り上げられるということである。この場合、カントがかれの超越論的哲学を批判的哲学と言い換えていることからも窺えるように、超越論的方法と批判的方法は大体において同義であると考えてよいであろう(14)。

ところで、新カント学派の法哲学者はカントの批判的方法をどのように理解していたのであろうか。シュタムラーの批判的方法に関する解釈について尾高は次のように論じている。

「批判主義によれば、およそ或る対象について普遍妥当的な原理を確立しようとする者は、常にその対象の純粋形式を求めて行かなければならない。一定の対象の純粋形式は、その対象の成立を論理的に制約する。或る対象が思い浮かべられているとき、または、或る対象について何らかの判断が与えられるとき、その思考あるいはその判断は、かならずその対象の純粋形式を前提としている。それ故に、一定の対象の純粋形式は、そのものの認識またはそのものの価値判断に関するかぎり、普遍妥当性を有するのである。これに反して、一定の対象にその形式とともに含まれた素材は、すべて経験を根拠とするから、かならず相対的であり、時と処とによって変化する。したがって、もしも法哲学が法に関する普遍妥当的な原理を確立しようとするならば、その努力は、何よりもまず、法の純粋形式の探究にむけられなければならぬ。この約束を無視して、内容のある自然法の体系を構想し、その被制約的な具体内容に無制約的の妥当性を認めようとした点に、一切の自然法論の誤謬と独断とが存する。否、批判主義の確立者たるカントすらもが、例えば、死刑の普遍妥当性を認めたという点で、この誤謬から免れ得なかったのである。これに対して、シュタムラアは、カント自らによって犯された自然法の独断を排除し、法哲学の考察を純粋の批判的方法の下に遂行することを、自己の課題とした(15)」。

以上から明らかなように、シュタムラーは、先ほど挙げた我が国の法哲学者の批判的方法の解釈についての第三と第四の点を強調していることがわかる。すなわち念のため確認すれば第三点とは、認識の普遍妥当性を確保するための悟性のア・プリオリな（先天的）形式、すなわちカテゴリーが適用されているということ。第四点とは、純粋形式の普遍妥当性の確保に自己の任務を限定すべきであり、したがって具体的な内容規定を含まないということである。

そして、これらの点からカントの法哲学の批判的性格を否定したわけである。

ここで注意しなければならないことがある。すなわち、このように理解された批判的方法による新カント学派の法哲学は、具体的問題について行き詰まりに逢着すべき契機を含んでいたということである。尾高は２つの欠陥を指摘している。

「新カント的法律哲学に就いて何人もが指摘する第一の欠陥は、その理論が全く形式にのみ偏して何らの内容をも持たない、という所謂形式主義の弊である。この弊は批判哲学の論理的帰結であつて、批判主義の立場に立つ限りこれを免れることは不可能である。カントによれば、知識にせよ道徳にせよ、それが何等かの内容を持つ限り経験によつて制約されるから、決して絶対の真であり絶対の善であることを得ない。内容的なものは必ず相対的であり、時に応じ所に従つて変化する。それ故に知識や道徳の普遍妥当性を確立するためには、我々は一切の質料を除去した知識及び道徳の純粋形式に還つていかなければならない。それと同様に我々は批判主義に則ることに依つて、法律の普遍妥当的な理念や本質を明かにすることが出来ようけれども、そこに明かにされた法律の絶対的原理は、知識や道徳の場合と等しく、全く無内容な法律の純粋形式に帰着するの他ないのである。この傾向はシュタムラアに於て最も著しく現れている。

シュタムラアの批判的法律哲学は法律の理想や法律の概念の名のみ厳な普遍妥当性を求めるに急であつたために、却つて法的思考の実質と内容とを犠牲に供するの止むなきに到つたのである。

カント的法律哲学に伴う第二の欠陥は、その法律上の考察が首尾一貫した論理の要求を重んずるの余り、対象の一側面のみを見て他の側面を全く度外視する傾向のあることである。この点は当為と存在の二元主義を固執するケルゼンの純粋法学に於て特に指摘されねばならぬ(16)」。

これらの欠陥が生じたのは、新カント学派の法哲学者がカントの批判的方法を先述のように理解したからにほかならない。果してこのような理解の仕方は適切であったのであろうか。批判的方法をこれとは異なった方法として、つまりカントの真意に即して解釈すれば、これらの欠陥を解消できる新たな批判的法哲学が構想されはしないであろうか。このような実践的な関心からもカントの法哲学の批判的性格が検討されるべきであろう。しかし、これらの欠陥を克服するために現象学派の法哲学が登場してくるが、カントの法哲学の批判的方法についての解釈に対する十分な反省がなされることはなかったのである。

新カント学派の法哲学者に共通に見られるこれら2つのカント法哲学に対する見解が、先に示した否定的な見解、すなわちカントの法論ないし法哲学は批判哲学とは無縁であり、それまでの伝統的自然法論の単なる延長線上にあるにすぎないとする見解の淵源であったと言える。もちろん、新カント学派がこのように主張する以前に、カントの法哲学と批判哲学との無関連性を説いた者[17]がいなかったわけではない。しかし、このような見解がつい最近まで定説となっていたのは、新カント学派の甚大な影響力があったことは否定できない[18]。

カント法哲学の解釈の系譜を一瞥するために、これまでに、我が国の代表的法哲学者およびこれらの諸学者に決定的に影響を及ぼした新カント学派の法哲学者の見解を検討してきた。カント法哲学の解釈・評価史を概観するに際して、G・W・キュスタースも指摘するように[19]、W・ケアスティングの叙述が有益である。ここで、カント法哲学に関する解釈についての論点をより明確にするために、ケアスティングの的確で簡潔な解釈史を見てみよう。

「カントのこの晩年の著作に対しては、その出版以来ほとんど理解が示されることがなかった。すなわちこの著作が老衰した精神の産物として注釈され、顧慮される場合には、この著作に対してヴォルフ、バウムガルテンおよびアッヘンヴァルの目的論的自然法思想へ逆戻りしているという非難がなされたのである。またこの著作の中には『純粋理性批判』の超越論的哲学との矛盾、また『実践理性批判』が発展させた道徳哲学の妥当理論的な（geltungstheoretisch）基礎との不一致が見られた。構成上の不釣り合いと思考の筋道においてときどき現れる散漫さのために、明確に現れている論証建築術（Argumentationsarchitektonik）を読者が理解することを、この後期著作は妨げたのである。またこの著作に対してカント研究は、カントの実践哲学の諸基礎の中にいかなる拠り所も見出すことができなかったし、またこの諸基礎の上に立てられるべき体系的建造物の中にもいかなる場所も見出すことができなかったのである。それゆえ、カントの法哲学はまったく注目されることがなかった。つまり、その奇妙な、一部では混乱した、また一部では不完全なテクスト形態のために文献学者の綿密な好奇心は引き起こされることがなく、その方法論上の処理とその論証のために哲学者は実質的な関心を向けなかったのである。そして、とにかく長い間支配的であった法の問題に対する哲学者の無関心のために、この哲学者の法論は顧慮するに値しないというカント研究者の確信は、体系の目から見てもまたぐらつくことはなかったのである」[20]。

カント法哲学に対するこのような批判は、大きく分けて次の3点に整理することができる。

第一に、カントの『法論』は従来の自然法思想に逆戻りしている（自然法の独断に陥っているとする批判）。

第二には、『法論』には『純粋理性批判』および『実践理性批判』との矛盾・不一致が見られる（批判哲学との無関係性という批判）。

第三に挙げられるのは『法論』における方法論上の処理に対する批判であるが、この方法論上の処理とは批判的方法ないし超越論的方法を意味していると理解してよいであろう。それゆえ第三の批判は、第二の批判に包摂させてよいかもしれない（批判的・超越論的方法の不徹底という批判）。

これらの批判はすでに見たように、新カント学派および我が国の法哲学者によって指摘された論点である。果してカントの『法論』は、従来の定説が主張するように『純粋理性批判』および『実践理性批判』とは体系上無関係なもの・矛盾するものなのであろうか。別言すれば、方法論上の観点から見た場合に、カントの『純粋理性批判』および『実践理性批判』を貫いている批判的方法ないし超越論的方法は『法論』においては放棄されているのであろうか。この問題を解明することは、カント法哲学の研究に残されている重要な課題のひとつであるにもかかわらず、我が国では研究対象としていまだ十分に論じられていない。

ところが、旧西ドイツにおいてはカント研究者の間でこのような論点をめぐって１９７０年代から１９８０年代の末に至るまで活発な議論が展開されてきた。この論争がどのように展開していったのか、次にその経緯についてごく簡単に触れておきたい。

Chr・リッター（Christian Ritter）は１９７１年『初期資料によるカントの法思想』[22]を著した。この著作が契機となって現在まで続く激しい議論が行われてきたと言ってもよいのであり、賛成するにしても反対するにしても必ずリッターのこの研究が言及される。リッターはこの著作において、カントの法哲学に対する新カント学派の従来の解釈を検討した。つまりリッターは、カントが「批判主義の意味において法を取り扱っていない」というのは適切かどうか、そしてもしそうであるならば、それはなぜなのかという問題設定のもとできわめて豊富な資料を利用しながら実証的で緻密な吟味を試みたのである。[23]この研究の結果、リッターは『法論』の中に「批判哲学以前の」（vorkritisch）諸要素が存在することを指摘し、H・コーヘン[24]以来すべての新カント学派によって踏襲され、ケルゼンにも受け継がれてきたテーゼを正当なものとして再確認する。すなわちそれは、後期のカントの『法論』（１７９７年の刊行本）は一般的に「非批判的」（unkritisch）であり、伝統的・形而上学的である。それゆえそれは、その形而上学的独断主義においてまさに批判哲学によって克服されるべきものであるとするテーゼである。[25]

リッターの著作が出版された2年後の１９７３年にF・カウルバッハ（Friedrich Kaulbach）は『カントの法哲学における自由の概念』[26]と題する論文においてリッター説に反論し、カウルバッハ独自のカント哲学の解釈に基づいて『法論』の超越論的性格を解明する。翌年の１９７４年にはR・ブラント（Reinhard Brandt）が、カントの『法論』の本質的部分は１７６５年頃に完成していたとするリッターのテーゼに反論している。その際ブラントは、特に私法論の中の占有論について詳しい分析を行っている。[27]１９７９年になると、リッターのテーゼに対して鋭い批判を加えるW・ブッシュ（Werner Busch）の研究書『カントの批判的法哲学の成立　１７６２-１７８０』[28]が現れる。この著作においてブッシュはリッター説を反駁し、カントの法哲学は批判的法哲学であるとする肯定説を打ち立てる。さらに１９８１年には、K・H・イルティング（Karl-Heinz Ilting）がブッシュ説に反論を加え、ここではじめて「批判的」という術語の定義の問題が提起されることになる。イルティングはこの用語について3つの定義を提示し、それに基づいてカントの法哲学が批判的ではないとする否定説を主張する。[29]続いて、１９８２年にM・ゼンガー（Monika Sänger）が独自の視点から『法論』の分析を行い、カントの『法論』は、法的・実践的理性のア・プリオリな原理をもっているがゆえに疑いもなく批判的であるとする見解を表明する。[30]そして、1983年にはH・オーバラー（Hariolf Oberer）がイルティングの否定説を承けて、『カントの法論は批判的哲学であるのか』と題する論文においてさらに詳細に「批判的」という術語の分析を行う。そこにおいてオーバラーはリッター、イルティングおよびブッシュが主張する「批判的」という術語の意義を参照しながら、6つの定義を提示し、それを踏えてカントの法哲学が批判的であるとする見解を示す。オーバラーおよびイルティングは批判的（kritisch）ないし超越論的（transzendental）という用語がカントの批判哲学全体の中でいかなる意味に解されるべきか、またそれが『法論』に対して当てはまるのか否かを論じた。[31][32]また1984年にはK・キュール（Kristian Kühl）は学位論文である『自由秩序としての所有秩序―カント法論および所有権論の現代的意義―』において、カントの所有権論はカントの批判的法哲学の重要な構成部分であるとする立場から、カントの所有権論の現代的意義を法哲学的・法政策的視点から論証しようと試みている。そしてまた、同じ年にW・ケアスティング（W. Kersting）は教授資格論文『秩序づけられた自由―イマヌエル・カントの法・国家哲学―』において、カント法哲学の批判的ないし超越論的性格を肯定している。さらにM・ブロッカー（M. Brocker）は1987年に『カントの占有論―超越論哲学的所有権論の問題性について―』と題する著作を発表した。ブロッカーは、いま挙げられた論者の研究を踏まえて、『法論』における所有権論の批判的・超越論的性格の解釈およびその解明に焦点を当て、それを肯定している。[33]

以上見てきたようにこの論点をめぐって、リッターの否定説に対する反論、そしてその反論に対する反論といった具合に議論は複雑に進展してきているが、現在ではカントの法哲学は批判的法哲学であるとする肯定説のほうが、カント研究者の間では定説になりつつあると言えるのではなかろうか。

もちろん法哲学の専門研究者も、カント法哲学の解釈をめぐるこの議論の展開にまったく無関心であったわけではない。[34]しかし、この論争に言及し、自己の立場を表明している論者は意外と少ない。たとえばR・ドライアーとA・カウフマン[35]を挙げることができるが、そのかれらでさえ十分な論拠を挙げずに、いずれの立場をとっているのかを表明しているにすぎない。

筆者はカント法哲学における批判的方法ないし超越論的方法の導入・適用の問題を解明することを研究課題としているが、この問題を解明するにあたっては上記で見てきた各論者の議論を踏まえて考察を進めることが有益であり、また必要である。それゆえ、次節ではこれらの論者の中からまずはじめにカウルバッハを取り上げて、カント法哲学についてのかれの所論を詳しく検討したい。というのは、第一にカウルバッハが最初にリッターのテーゼに反論を行ったこと、第二には、カウルバッハの解釈はきわめて独自なものであり、その後のこの問題をめぐる議論に大きな影響を与えているからである。第二の点がより重要であることは言うまでもない。

なお、他の論者の所論については本書他章にて詳しく検討する。

Ⅱ　カント法哲学の超越論的性格

『後期カントの法哲学およびその超越論的方法に関する研究』[36]はカウルバッハが主に1970年代に発表したカント法哲学に関する諸論文をまとめたものであり、1982年の出版に際して新しくひとつの論稿が付け加えられた。1970年代に公表された諸論文においては、後期のカント法哲学、すなわち1797年に刊行された『法論の形而上学的基礎論』の超越論的性格（transzendentaler Charakter）を解明することが主題とされている。[37]また、新しく書き下ろされた論稿は、主に「超越論的演繹」（transzendentale Deduktion）の特殊実践的、特に法哲学的ヴァージョンを鮮やかに浮かび上がらせることを課題とするものである。カウルバッハはこの論稿において新たな側面からかれのテーゼ、すなわちカントの見解によれば、哲学的理性は法思考の特徴によって決定的に規定されているとするテーゼを強固にすることを意図している。[38]

カウルバッハによれば、カントの哲学的理性の構造および方法論的行為と法の領域との間には類似性が存する。この哲学的理性は司法性（Juridizität）によって形成されているものであり、知覚する認識器官としてではなく、法を措定し（rechtssetzend）、憲法（体制）を与える（verfassungsgebend）法廷として機能する。また哲学的理性は、認識可能なものの諸条件を確定することによって認識を定義する。すなわち、認識論上の境界設定を立て、提示された認識要求の決定のためにその枠を設けるのである。カウルバッハは『純粋理性批判』全体を貫いているカントの法的・秩序政策的な隠喩法をこのようにきわめてまじめに受け取り、そこからかれの解釈上の鍵を引き出している。というのは、哲学理性は法と緊密な関係にあるからである。[39]

ところで、カウルバッハはリッターの研究をどのように評価しているのであろうか。カウルバッハは確かに、リッターがその著『初期資料によるカントの法思想』の中で次のことを指摘したことは正当であると認めてはいる。すなわち、カントの法哲学は、そこにいわゆる超越論的方法（transzendentale Methode）との関係が認められないというかぎりにおいて、その哲学の全体系において傍論的な役割しか演じていないとする新カント学派によって認められた見解が、一般にカント解釈において主張されているとする指摘である。

しかしながら、カウルバッハは超越論的哲学（Transzendentalphilosophie）の構造および発展がカントの法哲学に対していかなる成果も与えなかったというリッターのテーゼに——このテーゼは新カント学派の見解に再び帰着することになるが——真っ向から反対する。[40] さらにカウルバッハは、カントの法哲学上の諸命題を『法論』の超越論的・法的（transzendentaljuridisch）基礎づけと関連させることなく解釈するのは十分ではないし、もしこのような誤りを犯せば、リッターと同様の結果に陥ることになると言う。すなわちリッターの解釈とは、カントにおける批判的転回（kritische Wendung）は、カントの後期の著作である『法論』にはいかなる影響も与えることがなく、それゆえ『法論』は根本において超越論的哲学の構想以前にすでに確立していたとするものである。そしてカウルバッハは、カントの法思想の超越論哲学的背景を考慮しない者はこのような間違った結果に至らなければならないと指摘する。

なるほど、豊富な資料を駆使した綿密で実証的なリッターのカント法思想の研究は、多くの点でその功績が認められなければならないが、発展史にのみ還元されたこの研究はまた問題性も含んでいると言わなければならない。というのは、その発展史上の道がどこへ進むのかという方向性（Worauf-hin）が把握されていなければ、発展史的方法によってきわめて綿密な分析を行うことには、そもそも次のような危険が伴う可能性があるからである。つまり、即物的で体系的な首尾一貫性、特に思想の変革を見ることなく、これこれの年にカントが何を言ったかを結局単に説明するにすぎないという危険性である。[41] カウルバッハのこのような批評は適切であると言える。なぜならば、リッターの研究はカントの法思想を初期資料に基づいて発展史的に跡づけてはいるが、『法論』それ自体の研究はまったくと言ってよいほど行っていないからである。

カウルバッハは研究方法についてはこのような批判を加えてはいるが、個々のリッターの見解に対する反駁を試みるのではなく、かれ自身の長い間にわたるカント哲学研究によって深められた独自のカント法哲学解釈を提示する。カウルバッハの法哲学解釈は、前述したように、カント法哲学の批判的性格（kritischer Charakter）ないし超越論的性格（transzendentaler Charakter）および『法論』といわゆる「三批判書」との関連をめぐるその後の議論に多大な影響を与えており、[42] またカント法哲学の超越論的性格を最初にしかも詳細に解明しようと試みた点においてもきわめて注目に値すると言わなければならない。しかしそれにもかかわらず、我が法哲学界においてはカウルバッハの業績の紹介およびその評価が十分になされているとは言い難い。

カウルバッハは、カント研究者の中でもっとも独自なカント解釈者のひとりであると評されている。また、今までわれわれが抱いていたカント像を塗り替えるような大胆で独創的なかれのカント解釈は、カント研究史における画期的な業績として高く評価されているだけでなく、カウルバッハは現代ドイツ哲学界の重鎮としても広く知られている。[43] カウルバッハのカント法哲学解釈が興味深いのはこのような事情にもよっているのである。

それでは、カウルバッハのカント『法論』の解釈の独自性は何であろうか。カウルバッハ自身がその著の序文の中で述べていること以上に的確に表現することはできないであろう。

「法の哲学において、超越論的方法は単に適用されている（angewandt）のではなく、むしろその中にこそ超越論的哲学の思想はその独自の省察が基礎を置いている諸原理を再認識するのである。それゆえカントの後期の法哲学は、超越論的方法の単なる付随的な適用領域ではなく、むしろ本来的に超越論的方法の固有の領域と見なされなければならない」。[44]

この洞察がカウルバッハのカント法哲学についての基本的なテーゼである。このテーゼは、ケアスティングも述べるように、『純粋理性批判』から後期の法哲学への移行が方法論的な錯誤・逸脱（Verirrung）と見なされてはならないのであり、方法論的回帰（Heimkehr）と見なさなければならないのであると言い換えることができる[45]（「批判哲学→法哲学」ではなく「法哲学→批判哲学」という方法論的回帰）。序文において明示されたこのテーゼからカウルバッハのカント法哲学解釈の意図を読み取ることができる。

すなわちその意図とは、超越論的方法を科学を基礎づけるというパースペクティヴとして狭く解釈する新カント学派によって、カントの理論哲学と実践哲学の諸著作、特に『法論』との間で引き裂かれた溝に架橋することである[46]。そして、カントの法哲学は批判主義的には取るに足らないものであるとする新カント学派のテーゼを覆すことが試みられることになる。

次に、新カント学派によって理解されていた批判的方法ないし超越論的方法がいかなるものであったのかをもう一度検討したい。

新カント学派は『純粋理性批判』を、すべての哲学は「科学理論」（Wissenschaftstheorie）であり、またあらねばならないということを基礎づける特殊な批判的機能を有するものとして解釈していたのである。新カント学派の見解によれば、超越論的哲学あるいは超越論的方法とは、まず第一に、哲学はつねに個別科学の原理分析であるということ、第二には、哲学は、実証的学問の超越論的分析によってその対象の原理が与えられうるかぎりにおいてのみ、個別科学の可能な諸対象の原理分析でありうるということを意味する[47]。

しかし、このように科学主義的（szientistisch）意味に理解された超越論的方法をカントの実践哲学の一領域である法哲学にも適用することは、まったく不合理であり、カントの意図に反してさえいると言える[48]。

カウルバッハは、法哲学こそが超越論的方法の本来の場所であるとするテーゼを今までに書かれたいくつかの論文の中で提示しているが、その中でもカントの法哲学の超越論的性格を特に取り上げた論文として次の3つの論文が重要である。

第一論文として「カント法哲学における自由の概念」(Der Begriff der Freiheit in Kants Rechtsphilosophie, in: Philosophische Perspektiven, Bd.5, 1973.)が挙げられる。この論文は、リッターの否定説に対する最初の論駁であり、カウルバッハのカント法哲学の解釈についての基本的な立場がこの論文において十分に窺える。なおカウルバッハは、この論文以前に公にされた『イマヌエル・カント』(Immanuel Kant, Berlin 1969.)の中でも、わずかではあるが『法論』を概略的に取り上げている。しかし、その超越論的性格については言及されていない。

第二論文として「カントの理性概念における超越論的・法的根本関係および法と社会との関連」(Der transzendental-juridische Grundverhältnis im Vernunftbegriff Kants und der Bezug zwischen Recht und Gesellschaft, in: Recht und Gesellschaft, Festschrift für Helmut Schelsky zum 65. Geburtstag, Berlin 1978.)が挙げられる。この論文の特に第二章において、私法についての準備遺稿およびレフレクシオーンを援用しながら、カントの占有論の超越論的性格が解明されている。

第三論文として「超越論的演繹の法哲学的ヴァージョン」(Die rechtsphilosophische Version der transzendentalen Deduktion, in: ders. Studien zur späten Rechtsphilosophie Kants und ihrer transzendentalen Methode, Würzburg 1982.)が挙げられる。この論文は、カウルバッハのカント解釈を決定的なものにした大著『カント哲学における行為という原理』(Das Prinzip Handlung in der Philosophie Kants, Berlin 1978.)およびカウルバッハ独自のカント解釈が伸び伸びと展開され、上述の大著に裏打ちされた『純粋理性批判案内―学としての哲学―』(Philosophie als Wissenschaft, Hildesheim 1981.)後に書かれたものである。カウルバッハは本論文において、法哲学の領域において述べられているカント自身の言明を引用しながらその超越論的性格の論証を試みている。

さて次に『法論』における超越論的性格とはいかなるものなのか、それについてのカウルバッハの解釈を検討したい。その際、特に第一論文を手がかりとして論を進めたい。というのは、この論文においてもっとも的確に、しかも簡潔にカウルバッハの解釈が展開されているからである。

カウルバッハは、いまだ解決されていない問題として、カントの法哲学における自由の概念と理論的哲学および実践的哲学における超越論的アプローチ（transzendentaler Ansatz）との関係、そしてまた法哲学と超越論的方法の理論使用および実践的使用との関係を挙げる。この問題は我が国においても未踏査の研究領域であることは先に述べたとおりである。このような問題状況の下で、カウルバッハは次の2つの論点を解明することを試みる。

第一には、カントが超越論的観念論の学説に対して用いている思想上の原理と法哲学との関係はどのように理解されるのか。

第二に、カントの法哲学のどの部分に超越論的方法の導入・適用が認められうるのか。

第二の論点を解明するためには、当然のことながらまず第一の論点が明らかにされなければならない。

カウルバッハはこれらの問題を解明するに当たって、自由の概念を手がかりとする。[49] なぜならば、自由の概念の法哲学上の形成が、超越論的自由および実践的自由の思想と結びついているからである。そこで、カウルバッハは法哲学の超越論的性格を解明するに際して次のような手順をとる。まずはじめに、超越論的観念論の学説およびその超越論的方法によって与えられた自由の概念の輪郭を示す。その際にひとつの構造への洞察が得られることになる。そしてこの構造が、実践哲学において再び認識され、ここから法哲学が超越論的方法に属しているという洞察が得られるかぎりにおいて、実践哲学における自由の概念を特徴づけるのである。[50]

実際、『法論』の「まえがき」を読む者は、カウルバッハが指摘するように、法哲学がこのような構造に帰属することが意図されていることを知るであろう。

『人倫の形而上学』第一部「法論の形而上学的基礎論」の「まえがき」の冒頭でカントは次のように述べている。

「『実践理性の批判』の後には**人倫**の形而上学という体系が続くはずである。これは、（既刊の『自然学の形而上学的基礎論』と対をなすものとして）法論の形而上学的基礎論と徳論のそれとに分けられる。そして、後出の「序論」はこれら（法論と徳論との）二者を含む体系の（構成）形式を提示し、部分的にそれを解明しようとするものである」。[51]

この文章からカントが、超越論的哲学の全体系の中で法哲学をどのように位置づけようと意図していたかがわかるであろう。

『法論』における超越論的方法の導入・適用の問題を解明するに先立って、超越論的観念論の学説とはいかなるものなのか、まずこれを明らかにしておく必要がある。カウルバッハによれば、超越論的観念論の学説は空間と時間の超越論的観念性と同時に、その経験的実在性を主張するものである。これについてはわれわれは疑いをもたないであろう。というのも、カント自身『純粋理性批判』の中で、「宇宙論的弁証論の解決のための鍵としての超越論的観念論」について次のようにはっきりと述べているからである。

「私たちが超越論的感性論において十分証明しておいたのは、空間ないしは時間において直観されるすべてのもの、したがって、私たちにとって可能的な経験のすべての対象は、現象以外の、言いかえれば、たんなる表象以外の何ものでもないのであって、そうした対象は、それが表象されるかぎりでは、拡がりをもった存在者として、あるいは諸変化の系列として、私たちの思想の外ではいかなるそれ自体で基礎づけられた現存をもっていないということであった。この学説を私は超越論的観念論と名づける。（中略）私たちの超越論的観念論は、外的直観の諸対象は、それらが空間において直観されたとおりに現実的にも存在し、時間におけるすべての変化は、それらを内的感官が表象するとおりに現実的にも存在することを許す[52]」。

カウルバッハによれば、このような超越論的観念論の学説は超越論的配置関係[53]（transzendentale Konstellation）を示している。超越論的主体（私は考える Ich denke）として私は、知的な決定機関（intellektuelle Instanz）の立場を主張する。この立場は、現象するものと対峙し、それを表象し、そしてそれを空間・時間形式へとはめ込むのである。私は、諸現象に対して――カントはそれを表象と名づけるが――認識されるべきものに対して現象する客体という地位を割り当て、規定する主体という自由な立場を主張する。[54] カウルバッハはこのような配置関係を主体・客体配置関係(Subjekt-Objekt-Konstellation)と呼んでおり、[55] これを超越論的観念論の学説の中心的な原理と見ている。

次に、超越論的観念論の学説によって示された超越論的配置関係に対応するものが法哲学の領域にも存するのか否か、それが問題となる。カウルバッハは超越論的自由にとって次の配置関係が重要であると指摘する。すなわち、自己および純粋理性の基盤のうえで立場をとる自由な主体と、表象の地位へと指示され現象の役割を与えられている客体との配置関係である。超越論的主体は、自分自身の自由のパースペクティヴの中で考える。この自己存在は、自由による因果性として行為することによって始められた現象する因果系列の絶対的に第一の独立の原因でありうる。しかし他方でこの主体は、主体自身が必然的法則のもとにおいたもののパースペクティヴへと客体を置き入れる。[56]

またカウルバッハによると、「実践的」自由の領域においても、「超越論的」自由に対応する配置関係が存在する。すなわち、行為する主体の意思は、その意思が「自然の規定する諸原因から独立して」行為しうるということによって、その実践的自由を証明する。換言すれば、主体は、実践理性によって与えられた法則によってのみ意志決定を動機づけうる。その場合に、自然的な関心によって結びつけられている内容によって、その法則を基礎づけることはしない。この実践的自由に基づく配置関係に従えば、行為する主体は、実践理性の、したがってまた実践的自由の基盤のうえでその立場をとる。そしてこの主体は、自己と現象が属しているその行為の世界をこの立場のパースペクティヴの中で考察する。したがってつねに目的のための手段でしかないものとつねに目的それ自体と見なさなければならない、それゆえ自由の立場を主張する人格とが区別される。

このような実践的自由に基づく配置関係をカウルバッハは人格・もの配置関係(Person-Sache-Konstellation)と名づけている。[57] 以上見たように超越論的自由に基づく配置関係と実践的自由に基づく配置関係、言い換えれば、主体・客体配置関係と人格・もの配置関係は対応するものであり、それらは超越論的観念論の学説を貫く基本的な原理であるということをカウルバッハは指摘したのである。

次に、『法論』の超越論的性格はどこに認められるのであろうか、それを具体的に検討したい。

カウルバッハは、『法論』において問題となっている自由概念と、いま見てきた超越論的配置関係の自由概念との直接的な関係を証明するという試みをする。その際にカウルバッハは、配置関係（Konstellation）、自由の立場（Stand bzw. Stellung der Freiheit）およびパースペクティヴ（Perspektive）といった諸原理がカントの『法論』における思考上の手続きの隠された指針であることを明らかにする。その際カウルバッハは『法論』の私法論における占有論を取り上げ、その経験的占有（empirischer Besitz）と本体的占有（intelligibler Besitz）との区別を主に考察する。

カウルバッハによれば、主体の立場と客体の位置との間に存する超越論的配置関係の地平において自由が問題となる場合には、実践的法的配置関係（praktisch-rechtliche Konstellation）を一瞥することが必要である。この配置関係においては、一方の法的人格の、他方の法的人格に対する関係、およびこれら法的人格のものに対する関係が問題となる。この実践的配置関係に従えば、法的主体は、ものに対して一定の地位を自分自身に与える。その地位は、認識される客体に対する超越論的主体の立場に類似するものである。主体は、実践的配置関係において行為の、そして実践的な自由の立場を主張する。その立場のパースペクティヴにおいて、ものは使用可能なもの一般として、すなわち可能な占有の諸対象として問題となる。[58]

このようなカウルバッハの見解が正当であることは、『法論』の§2「実践理性の法的要請」において見られる「私の意思のいかなる外的対象も、これを私のものとしてもつことが可能である」[59]という叙述から明らかである。占有論は外的な私のもの・汝のものの概念を取り扱い、この実践的配置関係の枠内において展開されるのである。

占有の概念はあるひとつのパースペクティヴに従って考えることができる。そのパースペクティヴにおいては、占有する人格およびその人格によって占有されているものは現象として問題になる。したがって、この占有の関係は、空間的・時間的な様相をもつ「経験的」関係である。つまり、「経験的占有」である。たとえば、私は被っている帽子を占有している、あるいは履いているまたは手にもっている靴を占有している、といったような場合がこの例に当たる。もちろん、それらが支払によって私の所有に移っているのか否かということは問題にはならない。この例からわかるように、私すなわち占有者と占有されているものとの間で成立する経験的占有という配置関係は、空間・時間に規定されていることになる。この配置関係は、私に対して自然の諸現象が現れる思惟と直観のパースペクティヴに属しているのである。[60]

他方で、私が本体的占有の場合において、外的なものに対して利用する関係はいかなる種類のものであろうか。カウルバッハによれば、それは私とものとの間の、また間接的には私と他の法的人格との間の法的関係である。この法的関係は、私とものとの間の空間的・時間的関係とは無関係なものである。私はあるものを本体的占有の意味において、私のものと見なすことができる。それは、私がそのものを私の空間的・時間的現在に数え上げることができない場合にもまた、そのものが私に属する場合である。[61]

カントが『法論』の§4「外的な私のもの・汝のものという概念の究明」の中で挙げているリンゴと土地の具体的な例を見れば、カウルバッハの見解が容易に把握される。

「――たとえば、私が或るリンゴを私のものと呼ぶことがあるとすれば、それは、私がそのリンゴを手中にもっている〔物理的に占有している〕がためではなく、たとえそれを手放してどこに置いておろうとも、「私はそれを占有している」と言いうる場合においてだけであるだろう。同様に、私が屯営している或る土地についても、そのことのゆえにそれは私のものだということはできないのであって、たとえその場所から私が立ち去ったとしても、なおそれを占有していると主張することを許される場合にだけ、私はそれを私のものだと言うことができるであろう。なぜなら、第一の〔経験的な占有の〕場合において、そのリンゴを奪い取り、あるいは私の屯営場所から私を追い立てようとする者は、内的な私のもの〔自由〕に関して私を侵害するにはちがいないが、もし、私のほうで所持がなくても当の対象を占有していると主張しうるでなければ、外的な私のものまでも侵害することにはならないであろうし、したがってまた、私がこの対象〔リンゴや屯営場所〕を私のものと呼ぶことも不可能となるであろうからである」[62]。

この引用からわかるように、私とものとの関係は現象するパースペクティヴに現れることはない。それゆえ、経験的占有において私をものと結びつけていた単に空間的・時間的関係はその役割を終えたことになる。こうして、今や対象に対する本体的関係が現れるのである。すなわち、純粋に法的な規定が問題となる場合には、もはや所持(Inhabung)は重要ではなく、所有(Haben)が重要となる。[63]

以上の考察からカウルバッハは、カントが「知性的」関係と見なしている法的関係における配置関係が、われわれが先に論じた超越論的配置関係に対する実践的な対応物であること、すなわち『法論』の中に人格・もの配置関係が存することを論証したのである。

カウルバッハのカント法哲学の超越論的性格の解明においては、超越論的配置関係、実践的法的配置関係、主体・客体配置関係、人格・もの配置関係およびそれぞれのパースペクティヴといった概念が重要な役割を果たしているが、カウルバッハはこのような概念に基づいて法哲学の中で自由が問題となっている諸命題を解釈し、その超越論的性格を明らかにしたのである。

Ⅲ　むすびにかえて

配置関係・立場取得およびその立場にかなったパースペクティヴといった原理を手がかりにして、カントの『法論』の超越論的性格を解明するカウルバッハの試みは、新カント学派的な解釈から抜けきっていない者にとってはきわめて特異なものに思えるかもしれない。しかしすでに見たように、これらの原理が超越論的哲学ないし批判哲学、すなわち超越論的観念論の学説を貫いている思考法であると見ることもひとつの創見として評価されるべきであろうし、またカウルバッハが『法論』の超越論的性格を特徴づけるために自由の概念を導きの糸としたことにも十分な根拠があると言える。

カント自身『実践理性批判』の序文の冒頭で自由の概念について次のように述べている。

「この〔純粋な実践的〕能力とともに、また、超越論的自由が今後は確立するのである。……
　この自由の概念は、その実在性が実践的理性の確然的な法則によって証明されているかぎり、いまや純粋な理性の、思弁的理性さえもの体系の全建造物の要石を形づくる(64)」。

また、カントの『法論』の批判的性格ないし超越論的性格をめぐる議論において他の論者がリッターの個々のテーゼに対する反証を挙げたり、あるいは批判的という術語を定義するという、いずれかと言えば分析的な方法を用いているのに対し、カウルバッハはかれ自身のカント哲学理解に基づく大胆でダイナミックな解釈を提示したと言えるのではなかろうか。

　しかしながら周知のように、カントの『法論』は私法と公法に区分され、さらに後者は国家法、国際法および世界公民法に細分されている。カウルバッハがカントの『法論』の超越論的性格を解明するに際して特に例示したのは、占有論における経験的占有と本体的占有との区別であった。確かに、カントの占有論はカント法哲学のひとつの傑出した功績であると評されるが、他の法領域においてもカウルバッハが主張するような超越論的性格が見出されるのか、それも検討されるべきであったと思われる(65)。

　また、カウルバッハのカント占有論の解釈に対する批判もないではない。批判者のひとりとして、たとえばC・ランガー（Claudia Langer）を挙げることができる。カウルバッハの占有論の解釈をランガーはまず、次のように理解する。

　経験的占有と本体的占有との区別は2つのパースペクティヴに対応するものであり、このパースペクティヴに従って主体のものに対する関係はそれぞれの場合に異なってくる。経験的占有は空間・時間関係を表現しており、それに対して本体的占有は私とものとの、また間接的には私と他の法的人格とのある法的な秩序を表している。それゆえ、カントによって名づけられた対象に対する「知性的」（intellektuell）関係は、超越論的配置関係に対する実践的対応物として解釈され、この関係において法主体は法的ものに対して「法的自由」の立場を主張する。この法的自由は行為の可能性の活動余地として第一義的には理解されてはならず、法主体が実践的配置関係においてものに対してとる立場として理解されなければならない。そしてものは、この自由の配置関係において主体にとって自由に使用できるものとして示されるのである。したがってカントによれば、知性的法関係を思惟し、それについて論じるために私が実践的・法的理性の立場を主張しなければならないかぎりにおいて、主体の自由な立場取得は基本的なものとして示される。

カウルバッハのカント占有論の解釈に対するランガーのこのような把握の仕方に問題はないであろう。

これに続けてランガーは、このようなカウルバッハの考察が私法論第一章「外的な或るものを自分のものとしてもつ仕方について」や準備草稿の一部において中心的な役割を果たしていること、またカントが突然形而上学的自由の概念を用いる§6「外的対象の純粋に法的な占有〔本体的占有 possessio noumenon〕という概念の演繹」の末尾[66]のような理解できない箇所が、そう解することによって解明されるということは認められなければならないが、それでもやはりこの解釈はまさに法哲学のアプローチを覆い隠すものであると指摘する。この解釈に従えば法的関係とは、人格、その意志およびそれを通してのものとの関係であり、直接的には主体のその意志の諸対象との関係ではないということになる。しかし法的関係を思惟するためには、絶対的・形而上学的な自由を前提することは必要ではなく、相対的に自由に選択する目的の実現のために、ものを使用しその使用を相互に規制する存在者を前提することが必要であるにすぎないとランガーは反論する。そこでランガーは、本体的占有とは本来的に間主体（観）的（intersubjektiv）関係であると主張するのである。それゆえ、カントの占有論の中にカントの超越論的アプローチを求めようとするカウルバッハの試みは、「外的な或るものを自分のものとしてもつ仕方について」論じられている私法論第一章のアポリアと困難性に至ったように思われると批判される[67]。

ランガーのこのような批判が適切であるのか否か、これについては容易に答えられないが、カウルバッハに対するひとつの批判として考慮しておく必要があるであろう。

カウルバッハの『法論』の解釈についてではないが、最後に一言触れておきたいことがある。それは、カウルバッハが超越論的法哲学（transzendentale Rechtsphilosophie）の有効性を主張し、かれ自身それを構想していることである。[68] この構想は「現代法哲学のコンテクストにおける超越論的プログラムに対する弁明」[69]（Plädoyer für ein transzendental-philosophisches Programm im Kontext der gegenwärtigen Rechtsphilosophie Heft 1 in: Rechtstheorie, Zeitschrift für Logik, Methodenlehre, Kybernetik und Soziologie des Rechts, 10. Band, 1979.）において詳細に論じられており、そこでカウルバッハは、J・ロールズに代表される契約理論とJ・エッサー、A・カウフマン、M・クリーレおよびF・ヴィアッカーなどに代表される解釈学派に対して超越論哲学的方法が有効であることを力説する。超越論的法哲学を構想する者はカウルバッハ以外に例を見ないと言えるだろう。

（1）Kants Werke, Akademie-Textausgabe Band VI, Berlin 1968, S.312.（『世界の名著39 カント』所収の『人倫の形而上学〈法論〉』加藤新平・三島淑臣訳、中央公論社、１９７９年、４４９頁）。ただし、カントは自然状態に対立するものは社会状態ではなく、公民状態であるとしている。というのは、社会は自然状態においても十分に存立しうるが、私のもの・汝のものを確保する公民的社会はそこには存在しえないからである。（VI, S.242. 邦訳３６８頁）カントの著作からの引用はすべてこのアカデミー版によるものとし、ローマ数字はその巻数を、アラビア数字は頁数を示すものとする。『法論』の邦訳の引用は加藤・三島訳を参照した。

（2）A.a.O., S.315f.（邦訳４５３-４５４頁）

（3）『法的人格者の理論』恒藤恭（弘文堂書房、１９３６年）１１８-１１９頁。同、『法思想史概説』（日本評論社、１９６８年）１４８頁を参照。恒藤は、カントは実践哲学の応用的部門のひとつとしての法哲学の分野においてある程度批判的精神を移し入れたにすぎず、大体において従前の自然法学の独断的態度を踏襲した嫌いがあると指摘している。以下引用文献中の旧字体は新字体に変えていることを断っておく。

さらに船田享二との共訳である『法律哲学』の訳者序においても、「もとよりカントはこの著述〔『法論』〕において、批判哲学の精神を十分に法律哲学の領域に注ぎ入れるために当に為すべかりし所のものを為し了へたわけでは決してない」、カントの法思想の一面は「従来の独断的自然法の方角に向けられてゐる」と指摘されている（『カント著作集第9巻 法律哲学』、恒藤恭・船田享二訳、岩波書店、１９３３年、２頁）。

また『法律学辞典 第2巻』（岩波書店、１９３５年）１４１３-１４１６頁、同「新カント学派」の項目を参照。

（4）『現代哲学全集第17巻 改訂 法哲学』尾高朝雄（日本評論社、１９３７年）78-79頁。

（5）『法哲学 上巻』和田小次郎（日本評論社、１９４３年）１１９

─１２０頁を参照。和田の主著とも言える『近代自然法学の発展』(有斐閣、１９５１年)では、カントの法哲学は主題として取り上げられていない。

(6) 和田、同書、１２０頁。

(7)『法律学概論』田中耕太郎(学生社、１９５８年)２２０頁に、カントは具体的法理論においてこの批判的方法を徹底させることができず、かれの排斥する自然法的態度をとっていることは学者の一般に承認するところであるとの指摘が見られる。および同書、２４９頁、『法律哲学概論(第一分冊)』同(岩波書店、１９３４年)60頁を参照。『法律哲学』大谷美隆(巌松堂書店、１９４３年)２５２-２５３頁の中にも、「カント自身は一般哲学に於いては批判的方法を確立したが、法理論に於ては正義の自然法を説いた。併し彼の本来の立場から云へばさうはならない筈である。そこで彼の為し得ざりし所を彼の承継者に於いて為す外はない。新カント派の法理学はカントの一般哲学に於ける批判的方法を法律哲学の分野に於いて応用したものである。さうすると自然法は正義の理念として生き、実定法説の主張する各国の社会事情は素材として摂取され、此両者が形式となり、素材となって構成される法的理想が法の規準となるべきものだと云ふ事になるのである。正法の原理は自然法説と実定法説とを合流せしめた批判的方法である」とする解釈が見られる。また「カント自身の主張した法律哲学は、自然法説となり批判的ではなかった」という叙述も見られる(同書、４頁)。同、『法理学原論』(明治大学出版部、１９２６年)３３３-３３４頁を参照。

『法律思想史』船田享二(愛文館、１９４６年)３１２頁では、「但し、カント自身は、その批判主義の原理を国家及び法の理論において完全に徹底せしめるには至らず、その国家及び法の理論は、尚、自然法論の影響を脱せずその個人主義的色彩を留めることによって、各種の点において批判主義それ自身に矛盾するものであった」とする。また『法思想史〔全訂版〕』同(勁草書房、１９６８年)２９４頁でも、「もっとも、カント自身は、その批判主義の原理を国家および法の理論において完全に徹底させるには至らず、その国家と法の理論は、なお、自然法論の影響を脱せず、個人主義的色彩を留めることによって、各種の点において批判主義それ自身に矛盾するものであった」とする。『カントの法律哲学』同(清水書店、１９２３年)緒言３-10頁を参照)。

『新法学全集第28巻 法理学』廣濱嘉雄(日本評論社、１９３７年)90頁では、「しかし、理論理性の領域では、数学・自然科学の事実に基きそれらの学を根拠づけて、批判主義を貫き得たに拘らず、実践理性の領域では、実践理性に関する学の事実に基くそれらの学の基礎づけに成功してゐないのである。ここに、実践理性の領域における批判主義の不徹底があり、新カント派出現の契機が潜んでゐたわけである」としている。同「現代法理学の基本問題」(『日本国家科学大系第5巻 法律学Ⅰ』所収、実業之日本社、１９４３年)２２１頁を参照。同、『法理学』(『新法学全集第一巻』所収、日本評論社、１９４０年)90頁を参照。

碧海純一「法理学の理論」(『講座哲学大系第5巻 社会科学と哲学』所収、田中美知太郎編集、人文書院、１９６４年)４０６頁の中で、「カントと法哲学との関係についても、やはり同じことがあてはまる。カント自身も、周知のように、啓蒙哲学の伝統に立つ独自の自然法論的法思想を展開したが、かれの全哲学体系の中核に位する批判主義の認識論は、それ自体、「法の認識論」としての法哲学の可能性をはらんでいたはずである。ヘーゲルのばあいと同じく、カントのばあいにも、この可能性は、夫子みずからの手よりは、むしろその追随者——特に今世紀になってからの新カント主義者——によって現実に開発されることになったのである」

と論じられている。
宮田光雄「カントの政治哲学についての一考察」（『国家学会雑誌』第70巻第3-4号、1956年）170-171頁注33を参照。『法哲学史』八木鉄男（世界思想社、1968年）52頁を参照。松尾敬一「カントの法思想」（『神戸経済大学創立五十年記念論文集』所収、1953年）159頁および163頁を参照。

他方、専門哲学者ないし倫理学者でカントの法哲学について詳しい研究を行った者は当時ほとんどいなかったと言ってよい。しかしまったくなかったわけではない。研究とは言えないが、たとえば『カントの実践哲学』安倍能成（岩波書店、1924年、123-131頁）では、「法律哲学」という表題においてわずか10頁ほどの中でカントの法律概念および国家説が略述されているにすぎない。また、『カント雑考』桑木厳翼（岩波書店、1924年、102-140頁）の中に「カントの政治哲学に就いて」と題する論稿がある。この中で桑木は、「政治論に入る為には、先ず法律哲学の大体の組織を知り、其の所謂法律が国家と如何なる関係を有するかを明らかにしなければならぬ」としてカントの法哲学について概観している（同書、105頁）。

（8） 宮沢俊義「わが国の法哲学」（『法律時報』第8巻第11号、1936年）3頁を参照。原秀男「新カント学派」（『近代日本法思想史』所収、野田良之・碧海純一編集、有斐閣、1979年）271-313頁を参照。

（9） カントの法哲学の解釈に際して、「……といはれる」（前掲注（4）尾高『改訂 法哲学』78頁）、また「……ことは学者の一般に承認するところである」（前掲注（7）田中『法律学概論』220頁）といった表現が見られること、さらにシュタムラーの著作で用いられている言い回しがほとんどそのままの形で使われていることからもこのことは明白である。

（10） Rudolf Stammler, Lehrbuch der Rechtsphilosophie, Dritte, vermehrte Auflage. Unveränderter photomechanischer Nachdruck, Berlin 1970, S.35f.

（11） カントの批判的方法についてのシュタムラーの理解の仕方に対しては、当初よりさまざまな疑念や批判が向けられてきたことは周知のとおりである。

恒藤恭は次のように述べている。
「新カント学派の運動は、まずマールブルヒ学派のシュタムラーによって法哲学の分野にみちびき入れられた。カントの三批判書の研究から出発して独自の哲学体系を打ち立てたコーヘンが、歴史的なカントの学説を祖述することを欲せず、カントの真の精神を明らかにし、発展させることを期したのにならって、シュタムラーも、法哲学の方面においてカントの真の精神に合した理論を展開することを自己の使命と考えた。もっとも、果してシュタムラーが、カントの意味における先験的方法を正しい仕方で社会哲学および法哲学の領域に適用したのであるか否かは、議論の存するところである」（『法思想史概説』、日本評論社、1968年、149頁）。

加藤新平は、法の概念が法の理念と無関係に規定されるべきか否か、またカント哲学の立場に立つとしても、実践哲学である法哲学を、カントの『実践理性批判』の方法ではなく、『純粋理性批判』の方法に従って構成することが正しいのか否か、これはまさに根本的問題であるが、おそらくこの『純粋理性批判』偏重にマールブルク学派的特色の基本的な一点が現れていると見ることができると指摘している（「新カント学派」、『法哲学講座 第5巻上』所収、有斐閣、1960年、72-73頁を参照）。

また峯村光郎は、「要するに彼［シュタムラー］における根本的欠陥は、純粋理性批判の方法を、カントが実践理性の領域として示したところへ移し換えたことにある。実践理性の領域においては、理性はもはや認識の原理としてではなく、意志決定の根拠として問題にされる。カントにおいては、実践理性の批判が法概念探究のための、与えられた出発点であり、それは意志決定の目的論的原理として理解さるべきものであり、したがって理念の問題が、普遍妥当的課題として提起されるのである」としている（『法哲学』、慶應義塾大学出版会、１９５４年、71頁）。同、「シュタムラー」（『近代法思想史の人々』所収、木村亀二編著、日本評論社、１９６８年）76頁を参照。

(12) Rudolf Stammler, Theorie der Rechtswissenschaft, 2.Aufl., Halle 1923, S.22.

(13) Hans Kelsen, Die philosophischen Grundlagen der Naturrechtslehre und des Rechtspositivismus, Berlin 1928, S.76.（「自然法論と実証主義の哲学的基礎」黒田覚訳、『ケルゼン選集Ⅰ　自然法論と法実証主義』所収、木鐸社、１９７３年、１０６頁）。邦訳は筆者によって一部変えられていることを断っておく。

ケルゼンは超越論的方法をどのような意味に解釈し、かれの純粋法学に適用したのであろうか。ケルゼンは『純粋法学』の中で法学にとっての根本規範は、カント認識論の概念を類推的に用いることによって、超越論・論理的前提であるとして、次のように論じている。

「憲法制定という事態、及びそれによって設定された事態の主観的意味を、客観的意味として、客観的効力をもつ法規範と解釈することを可能にするのは、ただ根本規範という前提のみである。そうであるとすれば、法学にとって根本規範は――カント認識論の概念を類推的に用いれば――この解釈を可能にする先験論理的条件（transzendental-logische Bedingung）と呼ぶことができよう。カントは「我々の感性の所与である事実に、自然科学が定式化した自然法則に従って、一切の形而上学から解放された解釈を加えることが、いかにして可能か」と問うた。それと同様に、純粋法学も「ある事態の主観的意味を、客観的効力をもつ法規範の体系として、法命題という形で記述する解釈が、神や自然のような超法的権威に依拠せずに、いかにして可能か」を問う。それに対する純粋法学の認識論的解答は、次のようなものである。即ち「人は、憲法の命ずるように、憲法制定という意志行為の主観的意味に適合するように、憲法立法者の命令に従って、行動すべきである」という根本規範を前提するという条件下で」と。根本規範の機能は、人間の意志行為によって設定された、概して実効的な強制秩序である実定法秩序の客観的効力を基礎づけるところにある。即ちその行為の主観的意味に客観的意味を賦与するところにある。意志行為によって設定され、特定の行動を命ずる実定規範の効力の基礎づけは、三段論法に従って行なわれる。この三段論法において、大前提をなすものは「特定の人間の命令に従うべし（その命令行為の主観的意味に従って行動すべし）」という（客観的効力をもつと看做される）規範（一層正確に言えば、そのような規範を記述する命題）であり、小前提は「この人物が特定の仕方で行動すべしと命じた」という事実命題で、結論は、「人はそのような仕方で行動すべきだ」という規範の効力を述べる命題である。即ち大前提において規範の効力が示され、小前提において命令の存在が示され、こうして結論の規範がこの命令の主観的意味を客観的意味として正統化するのである。例えば大前提「人は神の命令に従うべし」、小前提「神は両親の命令に従えと命じた」、結論は「人は両親の命令に従うべし」という論証である」（Hans Kelsen, Reine Rechtslehre, 2.Auflage, Wien 1960, S.360-362.『純粋法学 第二版』、長尾龍一訳、岩波書店、２０１４年、１９５-１９６頁）。

ケルゼンの純粋法学についての優れた研究書として次のものが挙げられる。『ケルゼン法学の方法と構造』高橋広次（九州大学出版会、１９７９年）、『ケルゼニズム考』手島孝（木鐸社、１９８１年）、『純粋法学とイデオロギー・政治―ハンス・ケルゼン研究―』兼子義人（法律文化社、１９９３年）。

（14） IV, S.293f. 理想社版『カント全集第六巻』湯本和男訳、２５３-２５４頁。

カントは『プロレゴメナ』の「超越論的主要問題 第一編 いかにして純粋数学は可能であるか?」§13の中で、超越論的観念論を批判的観念論と言い換えている。

「私自身が私のこの理論に、超越論的観念論という名を与えたからといって、この観念論をデカルトの経験的観念論（これはたんに一つの課題であったにすぎないのだが、この課題が解決しがたいものであったために、デカルトの意見によれば、物体界の存在を否定するのも各人の自由であった、それというのも、物体界の存在は、決して満足には答えられないであろうと思われたからである）やバークリの神秘的で耽溺的な観念論（これとこれに類似の他の妄想とに対しては、私たちの『批判』はむしろ真の解毒剤を含んでいる）と混同してよいというわけにはいかない。なぜなら、私のいうこの観念論は、事物の存在に関係するものではなく（事物の存在を疑うことが、元来、普通の意味における観念論を構成するのだが）――何しろ、これを疑うことは、私の思いもよらなかったことであるから――、私の観念論は、たんに、事物の感性的表象に関係するものであり、この感性的表象には、特に、空間と時間とが属しているが、この空間と時間とについて、したがって、一般にすべての現象について、私はただ、それらが事物ではなく（そうではなくてたんなる表象様式である）、また、事物自体そのものに属する規定でもないことを、示したにすぎないからである。しかし、超越論的という語は、私の場合には、決して物に対する私たちの認識の関係を意味するのではなく、たんに、認識能力に対する私たちの認識の関係を意味するにすぎないから、この語は当然、こうした誤解を防いだはずである。けれども、この名称が、今後もなお誤解をひき起こすくらいなら、むしろ私はこれを取り消して、私の概念論を批判的観念論と名づけたいと思う。しかし、もし現実的事物（現象ではなく）をたんなる表象に変えるのが、実に唾棄すべき観念論であるとすれば、それとは逆に、たんなる表象を事物とする観念論には、私たちはどのような名をつけたらよいであろうか? 私は思うに、耽溺的観念論といってよい前者と区別して、これを夢想的観念論と名づけることができよう。この両者とも、私がかつて超越論的と呼んだ観念論、より適切には、批判的観念論によって、阻止されるべきものなのである」。

また、カントは『プロレゴメナ』の「付録」の中でも次のように述べている。

「私のいわゆる（本来批判的な）観念論は、全く独特の種類のものである、すなわちそれは、この観念論が普通の観念論を転覆させ、また、すべてのア・プリオリな認識が、幾何学のそれさえもが、この観念論によってはじめて客観的実在性を得る、といった種類のものである。そしてこの客観的実在性は、私の証明した空間と時間とのこの観念性がなければ、いかに熱心な実在論者によっても、決して主張されえないであろう。こうした事態であるから、私は、誤解をすべて防ぐために、私のこの、観念論という概念に別の名を与えてしまうことができればよいがと思う。しかし、この概念を全く変えてしまうことは、おそらくできないことであろう。それゆえ、この観念論を今後、すでにさきに述べたように、形式的観念論、いっそう適切には、批判的観念論と名づけて、バークリの独断的概念論とデカルトの懐疑的観念論とから区別することを許してもらいたいと思う」(a.a.O., S.375. 同書、375頁)。

(15)『改訂法哲学概論』尾高朝雄(学生社、1953年)124-125頁。

(16)「現象学と法律学」尾高朝雄(『法律の社会的構造』所収、勁草書房、1957年)263-264頁。

(17) まっ先に、A・ショーペンハウアーが挙げられなければならないであろう。Vgl. Arthur Schopenhauer, Die Welt als Wille und Vorstellung, Bd.2, Zürich 1979, S.419.(『ショーペンハウアー全集3 意志と表象としての世界 正編(Ⅱ)』斉藤忍随他訳、白水社、1973年、281頁を参照)。

ショーペンハウアーによれば、カントの法論全体はもろもろの誤謬がお互いに引き合っている奇妙な絡み合いであり、その原因はひとえにカントの老衰によるものである。

さらにショーペンハウアーは言う。

「法理論はカントの最晩年の著作のひとつであり、きわめて内容のとぼしいものであるから、わたしはそれを全面的に非とするのではあるが、それに対する論駁は不必要だと思う。なぜならこの法理論は、この偉大な人物の著作というわけではなく、平凡なこの世の人間の作りだしたものということになるやいなや、それ自身の内容のとぼしさのために自然に死滅するにちがいないからである」(Arthur Schopenhauer, Die Welt als Wille und Vorstellung I, Sämtliche Werke, Band I, 3.Aufl., Textkritisch bearbeitet und herausgegeben von Wolfgang Frhr. von Löhneysen, Frankfurt am Main 1991, S.707.『ショーペンハウアー全集4 意志と表象としての世界 正編(Ⅲ)』茅野良男訳、白水社、1974年、261頁)。

ショーペンハウアーはこの著作の第4巻第62節および付録「カント哲学の批判」の中でカントの法論に対する批判を行い、いくつかの欠点を指摘しているが、これらの指摘が適切なものか否かはなお検討を要する。

ショーペンハウアーの挙げる主要な欠陥として次のものがある。

第一に、「〔カント〕が望むのは……法理論を倫理学からきっぱりと分けることではあるが、それにもかかわらず、前者を実定的な立法すなわち意志決定的な強制には依存せしめず、法概念を純粋にア・プリオリにそれだけとして存立せしめるということである。しかしこれは不可能なことである」。

第二に、「法という概念に対する彼〔カント〕の規定はまったく消極的なものであり、そのためじゅうぶんとはいえないのである」(a.a.O., S.707f. 同書、262頁)。

(18)「カント哲学の歴史的位置」坂部恵(『講座ドイツ観念論 第2巻 カント哲学の現代性』所収、廣松渉・坂部恵・加藤尚武編集、弘文堂、1990年)14頁を参照。新カント学派によって定着されたカント観が、今日にいたるまで、知らず知らずのうちに、結構根強くわれわれの哲学史的常識のうちに浸透していることについては、十分な歴史的自覚がなされているとは到底言えないと坂部は指摘しているが、このことはカントの法哲学の解釈についても当てはまる。すなわち新カント学派によるカント法哲学の解釈が法哲学史上の常識として通用しており、そのことについて十分な反省がなされていないということである。

(19) Vgl. Gerd-Walter Küsters, Kants Rechtsphilosophie, Darmstadt 1988, S.1f.

カントの法哲学に関する最近の研究史については、この著作以外にもキュスターズによる Recht und Vernunft: Bedeutung und Problem von Recht und Rechtsphilosophie bei Kant. Zur jüngeren Interpretationsgeschichte der Rechtsphilosophie Kants, in: Philosophische Rundschau 3/4 1983, S.209-239 が参考になる。

（20） Wolfgang Kersting, Wohlgeordnete Freiheit. Immanuel Kants Rechts-und Staatsphilosophie, Berlin. New York 1984, S.VII. カントの『法論』の批判的性格については、S.35ff., bes. Anm.53. および Gibt es eine kritische Rechtsphilosophie?, in: Information Philosophie, 2/1984, S.77-80 を参照されたい。

またO・ヘッフェはカント法哲学に対してなされた今までの否定的な解釈を要約して次のように述べている（Otfried Höffe, Immanuel Kant, 8.Auflage, München 2014.『イマヌエル・カント』薮木栄夫訳、法政大学出版局、１９９１年）。

「カントの法と国家の哲学は、理論理性批判および実践理性批判と同じように注目されてきたのではない。近世の政治思想において彼は、彼以前のホッブズ、ロック、ルソー、モンテスキュー、彼以後のヘーゲル、マルクス、ミルほどには目立った役割を演じていない。カント解釈においてですら政治哲学はしばしば背景に遣られる。カントの『法論』は単に彼の老衰から説明され得るというショーペンハウアーの悪評（『意志と表象としての世界』第四巻第六二節）以来、『人倫の形而上学』の第一部門は、哲学的に優れた著作とはほとんど認められていない。デルボス（Delbos, 559f.）に依れば、それには他の著作のもつ見識の広さ、明晰性、厳密性が欠けている。批判的超越論的な基礎づけが欠けており、カントは形而上学的な自然法にとりつかれている、という意見の解釈者もいる（Cohen, 1910, 381ff. 近くはC. Ritter）。更には、カントをブルジョアジーの理論家と批判する者（Saage）や、ドイツにおける権力国家的思想を助長したと彼を非難する者もいる」（a.a.O., S.213. 同書、２２１-２２２頁）。

しかし、ヘッフェはこのような否定的な評価は正当ではないとして次のように述べている。

「なるほど［カント］の政治哲学には、哲学的にも政治的にも納得できず、多くの批判が当然であるような先入見が混入している。その批判とは、所有権の国家的基盤による保全の過重視、男性の優位、雇用労働者の差別、去勢の弁護、に対する批判である。おそらくはまた婚姻法と家族法の取り扱い、積極的抵抗権（革命権）の拒否あるいは死刑の弁護にも疑義が残る。しかし既に方法上の考察が示したように、少なくともこれらの陳述は概念規定と原理的基礎づけのレヴェルでなされ、法と国家の場合にも、カント自身の方策に従った哲学にとってはそのような規定と基礎づけが問題なのである（RL, 序文と§Aを参照）。それ故、内容の面から見られた問題となる要素を脇へおき、哲学的な主要関心事すなわち法と国家のア・プリオリな概念による基礎づけに注意を集中するならば、カントが法と国家についての優れた思想家であり、政治思想の古典的な大家に数えられてしかるべき充分な理由があることが判明する」（a.a.O., S.213f. 同書、２２２頁）。

さらに、カント法哲学の批判的性格を肯定して次のように論じている。

「カントの法哲学の方法的に最も重要な規定は、体系的な基本著作の標題『人倫の形而上学、第一部 法論の形而上学的原理』においてそれとなく定められている。

『人倫の形而上学』は、カントにとって『実践理性批判』に続く体系である（RL, VI 205)。『人倫の形而上学』の一部門としてカントの法哲学は、もはや実践理性批判ではないが、実質的にはその見解を前提にしている。それは、先批判期の独断的哲学では決してなく、法の理性概念を展開する批判哲学であり、この概念は現実のすべての立法にとって最高度の規範的批判的な基準という意味をもつものである」(a.a.O., S.216. 同書、224頁、傍点筆者)。

(21)「カントの法哲学―その現代との関わりを中心に―」三島淑臣244-245頁を参照(前掲注(18)所収)。三島は、カントの法哲学の現代的可能性を考える場合にもっとも重要なテーマとして4つの問題を提示しているが、そのうちのひとつがまさにこの問題である。しかし三島は、この問題がカント実践哲学全体の方法にかかわる基礎的テーマであるとして、本論文においては独立に取り上げてはいない。

(22) Christian Ritter, Der Rechtsgedanke Kants nach den frühen Quellen, Frankfurt am Main 1971.

(23) Ritter, a.a.O. (Anm.22), S.19f.

(24) Hermann Cohen, Ethik des reinen Willens, 3.Aufl. Berlin 1921, S.229. カントは『法論』において超越論的方法の適用を放棄した、とコーヘンは指摘している。

(25) Vgl. Hariolf Oberer, Ist Kants Rechtslehre kritische Philosophie? Zu Werner Buschs Untersuchung der Kantischen Rechtsphilosophie, in: Kant-Studien 74, 1983, S.217.

　リッターの諸テーゼは、Ritter, a.a.O. (Anm.22), S.339-341 に簡潔に要約されている。

(26) Friedrich Kaulbach, Der Begriff der Freiheit in Kants Rechtsphilosophie, in: Philosophische Perspektiven, Bd.5, 1973, S.78-91.

(27) Reinhard Brandt, Rezension zu: C. Ritter: Der Rechtsgedanke Kants nach den frühen Quellen, in: Philosophische Rundschau 20, 1974, S.43-49.

(28) Werner Busch, Die Entstehung der kritischen Rechtsphilosophie Kants 1762-1780, Kant-Studien Ergänzungshefte 110, Berlin · New York 1979.

(29) Karl-Heinz Ilting, Gibt es eine kritische Ethik und Rechtsphilosophie Kants?, in: Archiv für Geschichte der Philosophie 63, 1981, S.325-345.

(30) Monika Sänger, Die kategoriale Systematik in den „Metaphysischen Anfangsgründen der Rechtslehre“. Ein Beitrag zur Methodenlehre Kants, Berlin · New York 1982.

(31) Oberer, a.a.O. (Anm.25), S.217-224.

(32) Vgl. W. Windelband, Präludien, Aufstätze und Reden zur Philosophie und ihrer Geschichte, zweiter Band Tübingen 1921, S. 99.(『プレルーディエン(序曲)下巻』篠田英雄訳、岩波書店、1927年、145-146頁を参照)カントが創案を志した批判的方法の概念は、自明的明瞭性をもって一切の誤解を防ぎ、また歴史的事実として明白に断言されうるほど一義的かつ厳密に規定された体裁を具えていなかった、とヴィンデルバントは述べている。

(33) Manfred Brocker, Kants Besitzlehre. Zur Problematik einer transzendentalphilosophischen Eigentumslehre, Würzburg 1987.

(34) Vgl. Ralf Dreier, Rechtsbegriff und Rechtsidee Kants. Rechtsbegriff und seine Bedeutung für die gegenwärtige Diskussion, Würzburger Vorträge zur Rechtsphilosophie, Rechtslehre und Rechtssoziologie Heft 5, Frankfurt am Main 1986, S.11, Anm.7.

　ドライアーは、H・G・デガウ、G・ディーツェ、F・カウルバッハ、W・ケアスティング、K・キュールおよびZ・バッチャの諸研究を踏まえて、カントの法哲学が批判的法哲学であるとする立場に立っている。

「この関連において、次のことが想起されなければならない。

『人倫の形而上学』においては後期の著作が問題となっているのであり、この著作については、カントが『法論』の中で超越論的方法を首尾一貫して実り豊かなものにし、また特に『法論』と批判的主要著作との体系的連関を確立することに成功しているのか否かが争われている。私は、この問題はいずれにしても根本において肯定されるべきであると考えている。たとえば、Chr・リッター(Der Rechtsgedanke Kants nach den frühen Quellen, Frankfurt/M. 1971) が、『人倫の形而上学』の『法論』は、本質的にカントの前批判的 (vorkritisch) 法哲学と一致すると証明した事実によって私の見解は何も変わらない。この事実はむしろ、カントがかれの法哲学において、近代の法・国家哲学のある種の成果を摂取し、しかしそれにもかかわらず、この後期の著作において、かれの批判哲学の文脈の中に法哲学を置き、またそれによってその法哲学に深い基礎づけを与えたとするテーゼーを正当化する」。

ドライアーのカント法哲学解釈については別稿において立ち入って論じたい。

Vgl. Zur Einheit der praktischen Philosophie Kants. Kants Rechtsphilosophie im Kontext seiner Moralphilosophie, in: Perspektiven der Philosophie, Neues Jahrbuch, Band 5, Hildesheim・Amsterdam 1979, S.5-37 (zugleich: Festschrift zu Ehren von Friedrich Kaulbach, Teil 2), in: ders, Recht-Moral-Ideologie. Studien zur Rechtstheorie, Frankfurt am Main 1981, S.286-315.

(35) Vgl. A. Kaufmann und W. Hassemer (Hrsg.), Einführung in Rechtsphilosophie und Rechtstheorie der Gegenwart, 5.Aufl., Heidelberg 1989, S.59f. und Anm.90.

カウフマンは「法哲学の問題史」の中の「カントの批判哲学」においてカントの法哲学の批判的性格を否定し、次のように述べている。

「確かにカントは後期の著作、『人倫の形而上学』(一七九七年)、すなわちその第一部において法哲学を叙述したが、まさに非批判的な、本質的な点において合理主義的自然法の立場を主張した(後の新カント学派、たとえばカール・ベルグボームルおよびハンス・ケルゼンは、カントをこのことで批判したのである)」。

さらに注90で、カント自身の批判哲学の意味において法哲学が「非批判的」であると付け加えている。

Vgl. A. Kaufmann, Theorie der Gerechtigkeit, Frankfurt am Main 1984, S.22-25. (『正義と平和』竹下賢監訳、ミネルヴァ書房、１９９０年、１６６-１６９頁を参照)。

「確かに、カントは、第一部が法哲学にあてられている後期の著作『人倫の形而上学』(一七九七年)において、きわめて無批判的であり、本質的な諸点では合理主義的な自然法の立場を主張していた(後期の新カント派はこの点についてカントを非難もした)。しかしそれにもかかわらず、その諸批判とりわけ一七八一年(第二版一七八七年)の『純粋理性批判』において、彼は理性法に対する、もっとも鋭い武器を鍛えていたのである。人間の経験的本性が出発点として役立ったという事情に関わりなく、この理性法はその全体的な内容からすれば理性の所産——本来は悟性の所産——とされていたことが思い起こされよう。カントは、このことが不可能である、という証明を提出したのである。……

「悟性は何物も直観しえず、感性は何物も思考しえない」。それ故——そしてこれは今や決定的なことなのであるが——「純粋な直観は、そのもとであるものが直観される形式だけを含みもち、そして純粋な概念はひとり対象一般の思考の形式をもつだけである」。『純粋理性批判』はこうして超越論的形式論となる。悟性は「それ自体で an sich」存在しているような事物を認識せず、むしろ感性 Sinnlichkeit を媒介として悟性の前に「現われ出てくる erscheinen」ような事物のみを認識するのであって、すなわち感覚的および経験的な諸対象のみが悟性に与えられているのである。あるいはこうも言えるであろう。われわれの内容的な認識はアプリオリには妥当せず、アポステリオリにのみ妥当する、と。その結果、アプリオリな正義の内容もありえず、厳密な自然科学を模範として幾何学流儀で more geometrico 構成された普遍的に妥当する自然法も存在しえないことになる。……

カントもまた、すべての時代とすべての人間に妥当する合理的に認識しうる自然法は存在せず、それ故に純粋な理性法は存在しえない、ということを証明するだけに終わったのである」。

Vgl. A. Kaufmann, Grundprobleme der Rechtsphilosophie. Eine Einführung in das rechtsphilosophische Denken, München 1994, S.27f.（『法概念と法思考』上田健二訳、昭和堂、２００１年、71−72頁）。

カウフマンは「西洋法哲学の歴史的概観」の中の「カントの批判主義」において次のように述べている。

「歴史法学派は際立って有効的であることの実を示した。それは自然法を一九世紀において事実上、追い出してしまったのである。とはいえ、学問的には、自然法はカント（一七二四—一八〇四年）の批判主義によって論駁されたのである。確かにカントは、その後期の作品である人倫の形而上学においてもう一度、まさに無批判的な、本質的な諸側面において合理主義的な自然法を唱えた。しかし彼はそれでも、彼の諸批判において、とりわけ純粋理性批判において理性法に反対する武器をきわめて鋭く研ぎ澄ましていたのである。

カントは認識批判で本質的であるのは、彼が悟性に、感覚的な直観の諸対象を思考する能力しか認めなかったことである。言い換えれば、悟性に適しているのは創造的な認識力では全くなく、認識の自発性にすぎない、ということである。思考の諸対象はそれゆえ、ア・ポステリオリに（確固不動に、何らかの誤謬が紛れ込む恐れもないということでなしに）のみ妥当する。ア・プリオリには、直観の諸形式と思考の諸形式しか、われわれには与えられていない。自然法にとってこのことが意味しているのは、新カント学者R・シュタムラーが言い表わしたように、「その内容の特殊性において絶対的に正しいことが確定しているような、いかなる法命題も可能ではない」ということである。カントの哲学が意味しているのは、それゆえ、客観主義的な、実体存在論的な、静態的な、普遍妥当的な自然法の終焉にほかならない。総じて言えば、続いてはもはや、「可変的な内容をもった自然法」しか、つまりは手続き的な、動態的な、歴史的な自然法しか存在しえなくなったのである。

カントの批判哲学が怠ったのは経験の探求であり、そしてこれとともに、それにはとりわけ、一九世紀と二〇世紀にとって決定的な意義をもつことになろうはずの一契機、すなわち人間の、したがってまた法の歴史性の契機が欠けていた」。

カウフマンはドライアーと異なり否定説をとっている。専門法哲学者においてもこのような解釈の対立が見られることは興味深いと同時に、この問題をめぐる解釈の難しさを示している。

(36) F. Kaulbach, Studien zur späten Rechtsphilosophie Kants und ihrer transzendentalen Methode, Würzburg 1982. カウルバッハはカント法哲学に関するこれら一連の研究でミュンスター大学から法学博士号を授与されている。

(37) Vgl. Kaulbach, a.a.O. (Anm.36), Vorwort.

(38) Vgl. Kaulbach, a.a.O. (Anm.36), vgl. F. Kaulbach, Philosophie als Wissenschaft Hildesheim 1981, S.13-26.（『純粋理性批判案内

—学としての哲学—』井上昌計訳、成文堂、１９８４年、5-22頁を参照）ここでは、哲学的理性が自己立法を行うということ、またこの理性によって下された裁判官の判決に鑑みて法律〔法則〕を司ることを特徴づけることが課題として論じられている。

（39） Vgl. W. Kersting, Rezension zu Kaulbach, in: Kant-Studien 77, S.123. および vgl. Joachim Lege, Wie juridisch ist die Vernunft?. Kants „Kritik der reinen Vernunft"und die richterliche Methode, in: ARSP, Vol.1990 LXXVI/ Heft 2. S.203-226.

（40） Vgl. Kaulbach, a.a.O. (Anm.36), S.75, Anm.1.

（41） Vgl. Kaulbach, a.a.O. (Anm.36), S.114, Anm.3. Vgl. ebenda, S.33. 確かにカントは１７９７年の『法論』の中に他の著者の定式やかれ自身の初期の定式を受け入れているが、その定式は超越論的演繹の文脈において固有の意義をもつのであって、この定式は超越論哲学的パースペクティヴの中で把握されなければならない。にもかかわらず、このパースペクティヴが考慮されないときにはこの定式は誤解されることになる、とカウルバッハは指摘する。その際カウルバッハはウルピアヌスの定式を例として挙げている。

また、vgl. V. Gerhardt/ F. Kaulbach, Kant, Darmstadt 1979, S.72-74.

（42） Vgl. Manfred Brocker, Kants Besitzlehre. Zur Problematik einer transzendentalphilosophischen Eigentumslehre, Würzburg 1987. Kristian Kühl, Eigentumsordnung als Freiheitsordnung. Zur Aktualität der Kantischen Rechts-und Eigentumslehre, Freiburg. Br.-München 1984.

（43） カウルバッハの略歴および研究業績などについては、以下の邦訳書の「訳者あとがき」ないし「訳者解説」を参照されたい。

『イマヌエル・カント』井上昌計訳（理想社、１９７８年）、『純粋理性批判案内—学としての哲学—』井上昌計訳（成文堂、１９８４年）、『行為の哲学』有福孝岳監訳（勁草書房、１９８８年）、『カントの行為の理論』小島威彦・山下善明訳（明星大学出版部、１９８１年）、『ニーチェにおけるモナドロギー』小島威彦訳（明星大学出版部、１９８１年）、および『カントとニーチェの自然解釈』小島威彦訳（明星大学出版部、１９８２年）。「倫理学とメタ倫理学—メタ倫理学の諸理論とその批判—」鷲田清一訳（『倫理学の根本問題』所収、晃洋書房、１９８０年）および有福孝岳の「付論—カウルバッハの行為論—そのカント解釈をめぐって—」（同書所収）。

（44） Kaulbach, a.a.O. (Anm.36), Vorwort. カウルバッハは『法論』の超越論的性格を解明するとともに、カントがそれまでの自然法論に対して批判的転回（kritische Wendung）を与えたことも指摘し、それゆえ『法論』は批判的法論（kritische Rechtslehre）と呼ばれうるとしている。Vgl. S.53f., 104f.

（45） Vgl. Kersting, a.a.O. (Anm.39), S.123.

（46） Vgl. ebenda, vgl. Kaulbach, a.a.O. (Anm.36), S.106, Anm.12. カウルバッハは、エミール・ラスクを例に挙げて、新カント学派の方法はカントの本来の法哲学の構想に対応するものではないことを指摘している。

（47） Vgl. H. Oberer, Zur Frühgeschichte der Kantischen Rechtslehre, in: Kant-Studien 64, 1973, S.88. Vgl. W. Kersting, Neuere Interpretationen der Kantischen Rechtsphilosophie, in: Zeitschift für Philosophische Forschung Bd. 37/2, 1983, S.282.

（48） Vgl. Oberer, a.a.O. (Anm.25), S.221f.

『法論』の方法論上の規定に対する新カント学派の貢献について、キュスタースはまったく否定的な見解を示している。キュスタースによれば、新カント学派は『法論』の直接の研究はほとんど行っておらず、『法論』に依拠することなくかれらの法哲学を構想した。たとえばシュタムラーはカントの批判哲学から出発しているのであり、『法論』から出発しているのではない。またこのことはG・ラートブルフの構想にも当てはまると指摘している。See, W. Friedmann, Legal Theory, 5th ed., London 1967, p.177. フリードマンも新カント学派の法哲学者は全体としてカントの認識論を受け継ぎ、道徳・法哲学は受け継いでいないと指摘している。言い換えれば『純粋理性批判』で展開された思想の線を受け継ぎ、『実践理性批判』の思想の線は受け継いでいないのである。

　さらに、vgl. Kühl, a.a.O. (Anm.42), S.29f., vgl. H.-L. Ollig, Der Neukantianismus, Stuttgart 1979, S.37ff. Vgl. Ritter, a.a.O. (Anm.22), S.18.

(49) Vgl. Kaulbach, a.a.O. (Anm.36), S.75.

(50) Vgl. Kaulbach, a.a.O. (Anm.36), S.76.

(51) Kants Werke, Akademie-Textausgabe VI, S.205.（邦訳、３２５頁）

(52) III, B518f.（理想社版『カント全集第五巻』原佑訳、１９６６年、２２４-２２６頁）

(53) コペルニクス的転回にちなんで Konstellation（星座）という天文学用語をカウルバッハは使っているが、「配置関係」と訳した。Vgl. Kaulbach, a.a.O. (Anm.36), S.118, Anm.7.

(54) Vgl. Kaulbach, a.a.O. (Anm.36), S.77.

(55) Kaulbach, a.a.O. (Anm.36), S.78.

(56) Ebenda.

(57) Kaulbach, a.a.O. (Anm.36), S.79.

(58) Kaulbach, a.a.O. (Anm.36), S.82.

(59) VI, S.246.（邦訳、３７１頁）

(60) Vgl. Kaulbach, a.a.O. (Anm.36), S.83.

(61) Vgl. Kaulbach, a.a.O. (Anm.36), S.37f., 40, 83f.

(62) VI, S.247f.（邦訳、３７２-３７３頁）

(63) Vgl. Kaulbach, a.a.O. (Anm.36), S.84.

(64) V, S.3f.（理想社版『カント全集第七巻』深作守文訳、１９６５年、１３５-１３６頁）

(65) Vgl. Kersting, a.a.O. (Anm.39), S.123.

(66)「外的対象の純粋に法的な占有（本体的占有 possessio noumenon）という概念の演繹」について論じられる§6で次のように述べられている。

　「……それら諸原理の基礎をなしている自由の概念は、その可能性についていかなる理論的演繹もなされえず、ただ、一個の理性的事実としての理性の実践的法則〔定言命法〕を手がかりとして推論されうる……」（VI, S.252. 邦訳、３７９頁）。

(67) Claudia Langer, Reform nach Prinzipien. Untersuchungen zur politischen Theorie Immanuel Kants, Stuttgart 1986, S.147f. und Anm.25.

　三島淑臣はカントの法哲学の超越論的方法に関するカウルバッハの解釈に懐疑的である。

　「カント法哲学における超越論的方法の貫徹を強調するカウルバッハは、このパラレリズムを、第一批判の超越論的方法そのものの独特の再解釈（理論理性の根源的行為、超越論的配置図といった発想を基盤にした）によって積極的に評価している」。しかしこのような見方は「示唆するところ多い着想であるが、「私法論」自体の錯綜した論理過程としては必ずしも説得的とは言いがたい」（「カント私法論についての再論（一）」、『法政研究』第49巻第1-3合併号、１９８３年、３３６頁注12）。

(68) Vgl. Kaulbach, a.a.O. (Anm.36), S.89-109. 正当性に対する法的基準の歴史性を主張する点で、カウルバッハの超越論的法哲学は新カント学派のアプローチとは異なっている。そのアプローチとは、価値基準および規範は形式的意味においてのみ把握されなければならないとするものである。S.106.

(69) 本論文は名誉博士号授与に際して、ミュンスター大学法律学群でなされた講演に加筆したものである。

第三章　K・H・イルティングの所論を中心として

I　はじめに

カントの法論ないし法哲学は[1]『純粋理性批判』および『実践理性批判』とは体系上無関係なもの・矛盾するものであり、カントの批判哲学の全体系の中では傍論的な役割を果たしているにすぎないとする見解が従来は支配的であった。言い換えれば、方法論的な視点からカントの法論ないし法哲学を見た場合に、そこには批判的方法（kritische Methode）ないし超越論的方法（transzendentale Methode）が十分には適用・貫徹されていないとか、あるいは極端な場合にはまったく放棄されているとする見方が有力に主張され、ごく最近まで定説となっていた。このような見方は、R・シュタムラーやH・ケルゼンなどに代表される新カント学派の法哲学者、およびその解釈の影響を強く受けた恒藤恭、尾高朝雄、田中耕太郎、和田小次郎といった我が国の法哲学を担ってきた法哲学者によっても主張されてきた。[2]その後、我が国においてはこのような見方が一般に受け入れられてきており、それに対する十分な検討がなされていないのが現状である。

だが、果してこのような見方は適切であったのであろうか。カントの法論がかれの批判哲学といかなる体系上の連関を有しているのか、つまりカントの批判哲学における『法論』の地位はどのように解されるべきなのか、こういった体系上の問題についてはカント哲学研究者の間で現在でもなお十分な解明がなされているとは言えない。そこで、方法論的な観点からする批判哲学と法哲学との関係の問題、すなわち批判的方法ないし超越論的方法の法哲学への導入・適用の問題を解明する試みも、批判哲学全体における法哲学のこのような体系上の問題を究明するためのひとつのアプローチとして意義がないとは言えないであろう。

カント法哲学の批判的性格ないし超越論的性格を肯定するひとつの立場として、筆者は「F・カウルバッハの所論を中心として」（本書第二部第二章）においてF・カウルバッハの所論を検討した。カウルバッハの所論は、カント法哲学の超越論的性格を最初にしかも詳細に解明した点においても、また独自のカント哲学理解に基づくダイナミックな解釈である点においても、きわめて興味深く示唆に富むものであった。カント法哲学についてのカウルバッハの所論の中心となる基本的テーゼは、「法の哲学において、超越論的方法は単に適用されている（angewandt）のではなく、むしろその中にこそ超越論的哲学の思想は、その独自の省察が基礎を置いている諸原理を再認識するのである。それゆえカントの後期の法哲学〔1797年の刊行本〕は、超越論的方法の単なる付随的な適用領域ではなく、むしろ本来的に超越論的方法の固有の領域であると見なされなければならない」というものであった。

カウルバッハは、配置関係（Konstellation）、自由の立場（Stand bzw. Stellung der Freiheit）およびパースペクティヴ（Perspektive）といった諸原理を用いてカントの『法論』の私法論、特に占有論を考察することによって、このテーゼを導き出している。[3] これに対して本章は、カントの法哲学の批判的性格に関して否定説を支持する有力な見解として、この問題をめぐるさまざまな議論[4]において注目されるK・H・イルティング[5]の所論を考察する。また、あわせてその問題点を提示することを目的とするものである。

Ⅱ　K・H・イルティングの所論

「カントには批判的倫理学ならびに法哲学が存在するのか」という問題は、近時カント研究者の間で激しい論争の対象となっているが、とりわけカント法哲学の批判的性格をめぐる問題については活発な議論が展開されている。前者の問い、すなわちカントの倫理学は批判的倫理学であると言えるのかという問いに対しては、すでに１９６１年にＪ・シュムッカーがこれを否定した。(6)また後者の問い、すなわちカントの法哲学は批判的法哲学であると言えるのかという問いに対しては、１９７１年にChr・リッターがこれを否定した。(7)法哲学に関してはその後、１９７９年にＷ・ブッシュがその著『カントの批判的法哲学の成立　１７６２−１７８０』の中でリッターによって主張された否定説に反論し、カントの法哲学は批判的法哲学であるとする肯定説を打ち立てた。(8)カントの倫理学ならびに法哲学、つまり実践哲学一般の批判的性格をめぐるこのような論争においてイルティングは、カントには果して「批判的倫理学ならびに法哲学というものが存在するのか」という問題設定のもとで実践哲学一般の非批判的性格（unkritischer Charakter）の解明を試み、ブッシュの肯定説に異論を唱え、否定説を支持している。

われわれの問題関心はもっぱら後者、すなわちカントの法哲学は批判的法哲学であると言いうるのか否かという問題、言い換えればカント法哲学の批判的性格にあるので、以下において主にこのような視点からイルティングの所論を立ち入って検討したい。しかし『人倫の形而上学』が第一部『法論の形而上学的基礎論』と第二部『徳論の形而上学的基礎論』から構成されていることからも読み取れるように、法哲学は実践哲学の一部であり、倫理学と密接に関連しているので、倫理学についても関説することは言うまでもない。その際に、この問題の解明を真正面から取り上げているイルティングの論文「カントの批判的倫理学・法哲学というものが存在するのか」(9)（Gibt es eine kritische Ethik und Rechtsphilosophie Kants?）を手がかりにして考察を進めたい。イルティングの所論の詳しい考察に入る前にその概略を見ておきたい。

まずはじめに、イルティングは「批判的」という術語の意味分析を行う。というのはイルティングによれば、「カントに批判的倫理学ならびに法哲学が実際に存在する」ということが認められなければならないのか否かは、この場合に「批判的」（kritisch）という術語で何が意味されているのか、そのことにかかっているからである。(10)この論争において「批判的」という術語の定義の問題に着目し、その定義を具体的に提示したのはイルティングが最初であった。

その後H・オーバラーが、イルティングによって提示された定義を批判し補完するという形で「批判的」という術語のさらに精緻な分析を行うことになる。[11]とは言え、カントの法哲学の批判的性格をめぐるさまざまな問題を整理する契機を与えた点においてイルティングのこの着目は評価されるべきであろう。

次に、ブッシュによって主張されたテーゼが概観される。続いてイルティングは、ブッシュがかれの理論のより所としている若干の特に重要なカントのテクストを分析・解釈し、ブッシュの解釈が適切か否かを検討する。この検討から、実践哲学の領域において1770年代にはカントの「批判的転回」(kritische Wendung) は認められないということが明らかとなり、したがって1770年代のカントのレフレクシオーン（省察）において批判的法哲学の成立を主張するブッシュの企てが失敗に終わっていることが確認できるとする。

さらに、カントは1780年代にもなお実践哲学についての諸著作において批判哲学以前の (vorkritisch) 形而上学をより所としており、またカントが倫理学上の問題設定を理性批判と関連させるまさにそこにおいて、なんらかの正当性をもって批判的倫理学ならびに法哲学と呼びうるものからカントは離れているとする証明が試みられる。そして、この証明によって先の確認が裏づけられるとする。[12]このように、結論としてイルティングはカントの倫理学ならびに法哲学の批判的性格を強く否定することになる。以下において、このような結論に至るまでのイルティングの論証を詳しく跡づけたい。

1 「批判的」[13] (kritisch) という術語の定義およびW・ブッシュのテーゼ

イルティングはカントの倫理学、およびより少ない程度においてであるにしても法哲学が、これまでのこの哲学上の学問分野の歴史において決定的に重要な進歩を示しているということにはまったく疑う余地がないとしてその功績を認めている。しかし、次の3点だけは問題点として挙げられている。すなわち、第一に、この進歩はどの点に認められうるのか、第二に、それはどの時期になされたのか、そして第三に、形而上学上の諸問題のカントの論究においてそれは「批判的転回」(kritische Wendung) といかなる関係にあるのかという点である。カントの法哲学ならびに倫理学の非批判的性格の解明にとっては、第三の問題点のみが重要であり、第一および第二の問題点はそれほど重要ではないと言える。それゆえ、第一および第二の問題点についてイルティングは特に検討することはしていない。そこでこの第三の問題点に関してイルティングは、「批判的」（kritisch）という術語はやはりカントの理論哲学においてのみ十分に定義されているとし、特にカントに「批判的」倫理学ならびに法哲学が存在するのか否かという問題を検討するためには、まずこの「批判的」という術語の意味を分析し解明する必要があると指摘する。確かに、「批判的」という術語の意味を分析し解明することは、このような問題を検討する際に生じるおそれのある定義上の紛糾状態を避けるための前提作業として、重要であるだけでなく不可欠でさえあることは言うまでもない。

しかしながらイルティングは、「批判的」という術語が理論哲学においてのみ十分に定義されているということを当然であるかのように述べている。だが、なぜそう言えるのか、その根拠が不明確である。また理論哲学においてのみ十分に定義されているとするが、理論哲学のいかなるテクストを根拠としてその定義を導き出したのか、この点についても何ら説明されておらず、それゆえ必ずしも説得力のある論証になっているとは言い難い。

だが、これらの点はさておきイルティングの「批判的」の定義を見てみたい。イルティングは「批判的」という術語の概念は3つの異なった仕方で定義されうるとする。

「カントの倫理学ならびに法哲学が「批判的」と言いうるのは、それが『純粋理性批判』以来のカントの理論哲学に特徴的である問題設定に基づいており、そしてそれゆえ、われわれに疑いもなく与えられているものの可能性の諸条件にさかのぼって独断主義と懐疑主義の対立を克服している場合か（entweder）あるいは（oder）カントの倫理学ならびに法哲学を『純粋理性批判』におけるカントの批判哲学と結びつけるような諸原理をそれが不可分に含んでいる場合、あるいは（oder）カントの倫理学ならびに法哲学の中に、カントの批判哲学が成立した時に（1771年以降）はじめてカントが発展させた特殊な諸理論ないし諸方法が見出される場合である[14]」。

しかし、これらの定義は理論哲学において当然に導き出されうるのであろうか。カントのテクストを綿密に検討する必要がある。そこで、イルティングが特に重視している『純粋理性批判』の中で「批判」（Kritik）ないし「批判的」（kritisch）という術語がどのように使用されているのかいくつか列挙してみたい。[15]

カントは第二版序文の中で独断論について次のように述べている。

「批判が反対しているのは、理性がその純粋認識を学として取り扱うときの独断的な手続きではなくて（なぜなら、学はいつでも独断的でなければならず、言いかえれば、ア・プリオリな確実な諸原理から厳密に証明されていなければならないからである）、独断論であり、言いかえれば、概念（哲学的概念）からの純粋認識だけでもって、理性が長いこと使用してきた諸原理にしたがいつつ、しかも理性がそうした純粋認識に達した仕方や権利を問いたずねることなしにやってゆく越権である。それゆえ独断論とは、理性自身の能力をまえもって批判することのない、純粋理性の独断的な手続きのことである」[16]。

また、第二版「超越論的論理学」において次のように言う。

「……批判の厳密さは、この批判が同時に経験の対象について経験の限界を越え出ては何ごとかを独断的に決するのは不可能であるということを証明することによって、理性に、こうした理性の関心にさいして、反対者のあらゆる可能な主張に対して同じく理性を安全にする……」[17]

さらに、第一版「超越論的論理学」においては次のように述べている。

「すべての異論は、独断的、批判的、懐疑的に区分されうる。独断的異論は命題に向けられているものであり、批判的異論は命題の証明に向けられているものである。（中略）懐疑的異論は、命題と反対命題とを、同等の重要性をもつ異論として、相互に対立させる」[18]。

これらの使用例を見てみると、イルティングが第一の定義として挙げた「独断主義と懐疑主義の対立の克服」にはそれなりの理由があると言えるであろう。しかし、第二および第三の定義が当然に導き出されうるとは必ずしも言えないように思われる。もちろん、「批判的」という術語をカントがどのような意味で使用しているのか、それをテクストに当たって検討することは絶対的に不可欠ではある。しかしそれにとどまらず、カントの批判哲学全体の中でそれをどう解釈するのが妥当なのかを考察することがより重要であると言わなければならない。その意味において、実践哲学が度外視されているという欠陥があるものの、イルティングのこれらの定義は理論哲学全体を考慮に入れて提示されたものとして示唆的である。

したがって、イルティングは先に挙げたものが「批判的」という術語の意味の定義であるとしているが、むしろそれらは定義であるというよりもカントの倫理学ならびに法哲学が批判的であると言いうるための必要条件と解されるべきであろう。すなわちそれら3つの必要条件のうちのひとつでも備えていれば、カントの倫理学ならびに法哲学が批判的であるとする判断が論理的に導き出されることになる。そして、イルティングはそれらの必要条件をカントの倫理学ならびに法哲学が満たしているのか否かを各々詳しく検討する。以下において第二の定義、第三の定義、そして最後に第一の定義の順に考察したい。

ところで、「純粋理性批判」を中心に理論哲学にとってコペルニクス的転回（Kopernikanische Wendung）が本質的に重要な意味をもっていることは周知の事実である。それに対して、イルティングによれば、カントの実践哲学の中には「コペルニクス的転回」が存在すると主張する者は誰もいない。このテーゼの本質がどの点にあるのか、また何に役立ちうるのかを確定するためには、いずれにしてもこのテーゼは特別の解明を必要とするであろう。確かに、1780年代のカントの倫理学上の諸著作と批判哲学との関連は見逃すことができないが、この関連は、カントが倫理学上の研究の成果を理性批判の成果と体系的統一へともたらそうとするところに特に成立しているのであって、その他の点では理論哲学と実践哲学とは分離されている。[19] 理論哲学と実践哲学との関連をこのように捉えることによってイルティングは、先に提示した「批判的」という術語の第二の定義、すなわちカントの倫理学ならびに法哲学を『純粋理性批判』におけるカントの批判哲学と結びつけうるような諸原理をそれが不可分に含んでいる場合という意味においては、カントの倫理学ならびに法哲学の批判的性格はほとんど論じられえないとし、したがってこの第二の定義に従えばカントの倫理学ならびに法哲学の批判的性格が否定されるとする。これで「批判的」の第二の定義はイルティングの考察から除外されることになる。

それゆえカントの倫理学ならびに法哲学の批判的性格をめぐる意見の相違はもっぱら、「カントの「批判期」に実践哲学の領域において、カントの倫理学（ならびに法哲学）にとって本質的である特殊な諸理論が存在するのか否かという問題」に関係することになる。この問題はイルティングの「批判的」の第三の定義、すなわちカントの倫理学ならびに法哲学の中に、カントの批判哲学が成立した時に（1771年以降）はじめてカントが発展させた特殊な諸理論ないし諸方法が見出される場合に対応するものと考えてよいであろう（第一の定義については第Ⅱ節4で詳しく論じる）。

それにしても、イルティング自身が明言しているように、1780年代のカントの実践哲学に関する諸著作の中のいかなる理論が倫理学ならびに法哲学にとって本質的であり、また特殊的であると見なさなければならないのかは必ずしも容易に断定できるとは言えず、その解明が必要とされる。しかし、イルティングは次のことは疑問の余地がないと指摘する。

すなわち、「もっとも多く顧慮されるカントの叙述とテーゼ――命法の理論ならびに特に、形式的、定言的命法のみが倫理的原理として考慮されるというテーゼ――が60年代からのテクストの中ですでに証明される、あるいは少なくともそこに準備されている」[20]という点である。

以上見てきたことから、カントの倫理学ならびに法哲学が批判的であると言いうるのか否かは、ひとつには、カントの「批判期」、すなわち1771年以降に実践哲学の領域において倫理学ならびに法哲学にとって本質的である特殊な諸理論が存在するのか否かという問題に還元されうるということが明らかにされた。

法哲学の領域において、このような特殊な諸理論が存在する、すなわち「批判的転回」を確認することができると主張したのが、先に述べたブッシュにほかならない。ブッシュによればその転回は『教授就任論文』（Inaugural-Dissertation, De mundi sensibilis atque intelligibilis forma et principiis.『感性界と知性界の形式と原理』１７７０年出版）の出版後すぐ、つまり１７７２年にカントの倫理学上の考察の中でなされた。すなわちカントがそこから論証する最上の観点として、その法的立脚点に理性的な自然的存在者（das vernünftige Naturwesen）が立つことができ、またその規範の中に法的強制の根拠が存するような「批判的自由の概念」（kritischer Freiheitsbegriff）が現れる、とブッシュは主張する。[21] そしてこの「批判的自由の概念」が、１７６０年代の実践哲学についてのカントのレフレクシオーンおよび『覚書き』の中で指導的であった「自然主義的自由の概念」（naturalistischer Freiheitsbegriff）に取って代わるとする。[22]

ブッシュによれば、批判的というこの新しい自由の概念の中でまず第一に問題となるのは、「行為における感性と理性的規定との批判的関係」（das kritische Verhältnis von Sinnlichkeit und vernünftiger Bestimmung in der Handlung）であり、第二には「理性的規定の可能性」（Möglichkeit der vernünftigen Bestimmung）である。[23] つまり、ブッシュはこの最上の観点から１７７０年代のカントの倫理学上および法哲学上のレフレクシオーンの中の特殊な諸理論を解釈すべきであり、また１７６０年代のカントの見解に対してそれらを際立たせることができると考えている。要約して言えば、イルティングはこのようにブッシュの所論を把握している。[24] 言い換えれば、ブッシュはこの「批判的自由の概念」がカントの「批判期」の実践的哲学の領域におけるカントの法哲学にとって本質的である特殊な理論であると解釈し、それゆえカントの法哲学は批判的法哲学であるとする結論に至ったのである。

２　ブッシュが依拠している『覚書き』およびレフレクシオーンの分析

「批判的自由の概念」が１７７０年代に倫理学上のさまざまなレフレクシオーンや『覚書き』の中に見出される。したがってカントの法哲学は批判的法哲学である、とするこのブッシュのテーゼが正当であるのか否かを検討するために、イルティングはブッシュがこのような解釈を導き出す際に依拠した、カントの特に重要な３つのテクストの綿密な分析を行う。その分析の結果イルティングは、ブッシュが主張するような「自然主義的自由の概念」および「批判的自由の概念」がこれらのテクストの基礎になっているということは明らかにはならないし、またそもそも自然主義的とか批判的と特徴づけられうるような自由の概念の区別は存在しないと指摘する。ブッシュによって「自然主義的自由の概念」と「批判的自由の概念」との区別の根拠とされたテクストをイルティングがどのように分析・解釈しているのか、以下においてそれを検討したい。

(1) **自然主義的自由の概念** (naturalistischer Freiheitsbegriff)

『美と崇高の感情についての考察』(Beobachtungen über das Gefühl des Schönen und Erhabenen) という1764年に出版された著作についてのカントの『覚書き』(Bemerkungen) の中に――アディケスによれば1764年および1765年にこの覚書きは記されている[25]――「自由について」(Von der Freiheit) という表題のつけられているひとつの章が見出される[26]。この章はブッシュの主張する自然主義的自由の概念の基礎となる重要な役割を果たしているものであるとして、まずはじめにイルティングはこのテクストの分析を試みている[27]。以下においてイルティングの分析を詳しく跡づけてみたい。

カントはこの章の中で2種類の依存性 (Abhängigkeit) を区別している。すなわち人間は「かれの欲求 (Bedürfnisse) によって」であろうと、あるいは「かれの渇望 (Lüsternheit) によって」であろうと、つねに「外的事物」(äussere Dinge) に依存している。この自然的な (natürlich) 依存性とは異なって、「他の人間の意志 (Wille) のもとにおけるひとりの人間の従属」は「はるかに過酷でまた非自然的 (weit härter und unnatürlicher!) である。「自由に慣れている」者は、その喪失をもっともひどい不幸と見なすであろう。しかし場合によっては、その者は「非常に長い習慣」によって耐えるであろう。だが、誰でも「隷従と死との選択においては後者の危険」を選ぶ「であろう」。この立場の根拠はカントによれば「明らかに」よくわかるものであり、また「正当」(rechtmäßig) である。というのは人間は、選択の自由を放棄することなく、たいてい自然に服従することができるからである。

それに対して、他人の選択意志（Willkür）に依存している者は、より高い程度において不自由である。なぜならば、すべての人間の意志は「自己自身の衝動および傾向性の結果であり、またその人の真実のあるいは想像上の福祉（Wohlfahrt）とのみ合致する」からである。[28] 他人の意志を自由に支配する者は、他人が幸福を追求することを直接攻撃する。しかしこの状態は「外的で危険な」ものであるだけでなく、また「ある一定の醜さ」を含んでおり、そして「同時に不当を示している」。というのは、「人間がいかなる魂（Seele）も必要とせず、いかなる自己の意志（Wille）ももたず、いわば別の魂が私の四肢を動かすというのは、馬鹿げて、倒錯している（ungereimt und verkehrt）からである」。[29] 人間は自由な存在者であるので、隷従はやはり人間を家畜より下の地位に置き、また人間を「いわば他人の家具以外の何物」にもしないのであり、その結果依存している「人間の地位を失う」ことになるのである。

「自由について」の章をこのように分析して、カントが紛れもなくルソーによって着想を与えられたこの考察の中で、自由はひとつの能力として理解されていると、イルティングは解釈する。すなわちその能力とは、自然的被制約性（Naturbedingtheit）が自己保存の衝動ならびに生きる意志の中に表現されているかぎりにおいて、人間を原理的に各々の自然的被制約性に依存しないようにするという能力である。なぜならば、人間はかれの自由な決定によって最悪の場合には死によって隷従を免れることができるからである。この能力はやはり同時にまた人間の権利でもある。というのは、この能力が根本的に個人としての人間（menschliches Individuum）の本質、すなわちかれの「魂」を形づくっているからである。つまり、人間は根本的に自由で「ある」ので、自由は同時に人間のひとつの基本的「権利」（Grund*recht*）である。事実と権利（Sein und Recht）との関連がどのように理解されるべきかは、ここではもちろん不明確にとどまっている。

しかし、カントがこの関連をどのように基礎づけようとしているのかについての言及は次の文章の中に窺うことができる。すなわち、「他人に服従している意志は不完全で矛盾したものである」。[30] ここで問題となっている「矛盾」は、人間の本質的な特徴としての自由と奴隷が法的権利をもたないということとの対立であるか、あるいは人間の基本的権利としての自由と隷従におけるその破棄との間の対立であるのか、そのいずれかである。この2つの見解の相違についてはカントはかれの思想のこの段階ではほとんど顧慮していない。むしろカントは、隷従がとにかく「矛盾している」ものとして認められる場合に、隷従の不法性がすでに証明されていると考えているように思われる。このようにイルティングは分析している。そして最後に注意されなければならない点として、「各人の意志はそれ自身の衝動ならびに傾向性の作用である」[31]という表現を取り上げる。この表現は、人間における非合理的な衝動力の結果でしかない「意志」は自由ではなく、それゆえまた『覚書き』に述べられているようなカント自身の理解に従えばけっして「意志」ではないというかぎりにおいて、厳密に言えば矛盾を含んでいる。それゆえこの矛盾がどのように説明され、解釈されなければならないのかは、これに関連するすべてのテクストのより綿密な解釈によってのみ決定されうるであろう、とイルティングは言う。

以上が、ブッシュによって自然主義的自由の概念が見出されるとされた『美と崇高の感情についての考察』に関する『覚書き』の中の「自由について」という表題のついたひとつの章のイルティングによる分析および解釈である。

(2) 批判的自由の概念（kritischer Freiheitsbegriff）

次にイルティングは、批判的自由の概念と称されうるような自由の概念が存在するのか否かを解明するために、『教授就任論文』と関連している、形而上学についてのカントのレフレクシオーンの中のひとつのテクストおよび1770年代前半に書かれた道徳哲学についてのレフレクシオーンの中のひとつのテクスト、すなわちレフレクシオーン4227およびレフレクシオーン6801を分析し解釈する。

以下においては、ブッシュが特にかれの批判的自由の概念の解釈のより所としているレフレクシオーン4227を取り上げて、イルティングがそれをどのように分析しているのかを検討したい。

イルティングの解釈に従えば、レフレクシオーン4227[32]は人間における「知性的」（intellektual）本性と感性的（sinnlich）本性との間の（究極的にはプラトン的）相違を行為の帰責可能性の問題、そしてそれゆえ自由の問題と関連づけている。以下この関連を具体的に考察したい。[33]

「もし人間が完全に知性的（intellektual）であるならば、そのすべての行為は自発的に（tätig）決定されていることになるであろう」。すなわち人間は自由であるということになり、その結果すべての行為は帰責可能であるということになる。しかし、「もしすべての行為が完全に感性的（sinnlich）であるならば、その行為は受動的にのみ決定されていることになり、その行為に対して責任を負わせることができないことになるであろう」。だが、人間は「一方では感性的」であり、また「他方では知性的」であるので、人間は能動的（active）にも受動的（passive）にも決定されていないと結論づけることができる、とカントは考えている。というのは、「その行為は一方では状況（Umstände）に、他方では人間の理性の使用に」依存しているからである。したがって結論は、人間はその行為に対して完全に責任があるとは言えないということである。すなわち別言すれば、その行為は「人間に対して完全には帰責されえない」ということにほかならない。それゆえこのように制限された人間の自由は本来、「何かよいことをするという可能性」（Möglichkeit, etwas Gutes zu tun）の中にのみ存するのである。人間が個々の一定の行為において実際自由であったのか否か、またその結果、責任があったのか否かは、それゆえ場合に応じて検討され、決定されなければならないことになる。

以上がレフレクシオーン４２２７の中で述べられているとされるおおよその内容である。イルティングはこのテクストが二重の人間学のモデルに基づいており、このモデルが１７８０年代および１７９０年代の、したがって「批判期」の著作における多数のカントの論究の基礎になっていると指摘する。しかし、だからと言ってここでは「批判的」人間学と「批判的」行為理論が問題になっているのではなく、むしろカントはピタゴラス的・プラトン的人間像を自分のものにしようとして克服できない困難に陥っているのであるとする。イルティングによれば、カントは後に現象と物自体との間の超越論哲学的区分によってそれを解釈しようと試みているが、そのような形跡さえこのテクストの中には見出すことができない。

それでは一体この二重の人間像は何を意味しているのであろうか。それは、次の事実の説明にほかならない。すなわち、一方で人間は自分がその存在の物理的諸制約に拘束されずに道徳的に責任をもって行動する存在者であると感じ、他方でその行為において過度に自然的な衝動と傾向性のみに従うということである。カントがこのプラトン的構想を受け入れて、その基礎のうえに行為の帰責可能性を説明しようと試みることによって、カントにとって自由についての二重の概念が生じることになる、とイルティングは解釈する。すなわち、その自由の概念とは、第一に、純粋に知性的な存在者の行為についての能動的な決定であり、第二に、その知性的な本性に従って道徳的によく行為するか、あるいはその感性的本性に従って道徳的に非難されるように行為する感性的に制約された理性的存在者の能力である。

イルティングは、このレフレクシオーン４２２７は道徳的・法的な問題を論じているのではなく形而上学的な問題を取り扱っている、つまりこのテクストは帰責可能性のようなものが存在しなければならないということを仮定し、なぜ、またどの程度行為が帰責可能であるのかということに対する形而上学的に基礎づけられた、人間学的な説明を与えようとしているのであると解釈する。[34]

それに対してレフレクシオーン６８０１は道徳哲学の領域に属するとしてその分析が行われているが、[35] 先に述べたようにレフレクシオーン４２２７がブッシュの解釈の基礎になっているのでここではその分析を跡づけることは差し控えたい。

以上見てきたようなテクスト分析からイルティングは、一方で自然主義的と特徴づけられ、他方で批判的と呼ばれうるような自由の概念がこれらのテクストの基礎になっていると解釈することが明らかに不可能であるとして、ブッシュの理論に反論する。

それではブッシュはかれの理論にとって重要なこれらのテクストをどのように分析し解釈していたのであろうか。次にこの問題が検討されなければならない。

3　自然主義的自由の概念ならびに批判的自由の概念についてのブッシュの解釈、およびイルティングによるその批判

１７７０年代になってようやく批判的自由の概念に取って代わられることになるとされる１７６０年代の自由の概

念をブッシュが見出したのは特に、『美と崇高の感情についての考察』に関する『覚書き』の中の「自由について」と題する先に挙げた箇所においてであった。この箇所以外にも、たとえば、人間が他人の選択意志に依存しているということは、かれの生命の自然的諸制約に依存しているということよりもよりひどい、という思想の中にも看取される。ブッシュはこのようなカントの表現の中に、人間の依存性を自然法則の依存性に制限する自由の概念を認めることができると考えたのである。[36] ブッシュのこのような解釈に従えば、人間はただ自然法則にのみ依存しており、その他の点ではまったく自由であるということになる。しかし先に見たように、カントはこの人間の自然法則への依存性に、真の不自由としての他人の意志への依存性を対置しているのだから、ブッシュのこのような解釈は適切であるとは言えないし、また第一なぜ自然法則によってのみ制限された自由が自然主義的と特徴づけられなければならないのかが判然としないとイルティングは異議を唱える。[37]

ところでブッシュがこのような解釈に至ったのは、かれが「自由について」のカントの『覚書き』を解釈することによってではなく、この『覚書き』をJ・ロックとJ・J・ルソーにおける類似の表現と比較することによって、またそれとの関連でロックとルソーの自由概念を検討することによってであった。[38]

たとえば、ロックは1690年に著した『市民政府論 国政二論後編―市民政府の真の起源、範囲および目的について―』第四章「奴隷について」の冒頭で次のように述べている。

「人間の自然の自由とは、地上のすべての優越的権力から解放され、人間の意志または立法権の下に立つことなく、ただ自然法のみをその掟とするということである。社会における人間の自由は、同意によって国家内に定立された立法権以外の下に立たないことにある。もしくは、この立法権が自己に与えられた信任に従って制定するもの以外の、どんな意志の支配、またはどんな法の制限の下にも立たないことにある。……

この絶対的恣意的権力からの自由は、人の生存にきわめて必要であり、またそれと緊密に結びついているので、彼は、もしこの自由を手離すなら、同時に彼の生存生命を併せ失うことにならざるを得ないのである。自分で自分自身の生命をどうする力ももっていない人間は、契約または自分の同意によって、自分を他人の奴隷としたり、あるいは他人がその欲する時に彼の生命を奪い得るような絶対専恣の権力の下に身を置くことはできないからである」[39]。

また、ルソーは1762年に出版された『エミール』の中で次のように述べている。

「依存状態には二つの種類がある。一つは事物への依存で、これは自然にもとづいている。もう一つは人間への依存で、これは社会にもとづいている。事物への依存はなんら道徳性をもたないのであって、自由をさまたげることなく、悪を生みだすことはない。人間への依存は、無秩序なものとして、あらゆる悪を生みだし、これによって支配者と奴隷はたがいに相手を堕落させる」[40]。

ブッシュはロックおよびルソーのこのような自由概念を参照・検討し、「カントはこの自己中心的な（selbstbezogen）非道徳的な（unmoralisch）自由の概念に従っている」[41]と結論づける。これに対してイルティングは、すべての権利およびすべての拘束性がそれぞれの個としての人間の不可譲の基本的権利の中にその基礎をもっていなければならないということが意味されている場合に、「自己中心的な自由の概念」が論じられていると考えるのが適切か否かについてはなお議論の余地があるかもしれないが、しかしこの自由の概念が「非道徳的なもの」として特徴づけられるということには、何ら根拠がないし、理解できないことであると批判する。さらに、カントの自由の概念が根本において近代の合理的自然法の概念であるということは正しいが、1760年代における、特に「自由について」の『覚書き』におけるカントの自由概念を「自己中心的」であり「非道徳的」であると特徴づけることは誤りであると指摘する[42]。イルティングによれば、ブッシュが1760年代のカントの自由概念に対して提示した解釈の適切な中核としてとどまるのはただ、自由はそれぞれの個としての人間の不可譲の基本的権利であるという近代自然法の見解をすでに1764年および1765年に「自由について」の『覚書き』の中でカントが示していた、ということである[43]。

次にイルティングは、１７７０年代からのカントのレフレクシオーンの中で誤って「自然主義的」と特徴づけられたとする自由の概念に取って代わった自由の概念、すなわち「批判的」と名づけられた自由の概念を検討する。その際、まず第一にレフレクシオーン４２２７において提示されている人間の自由における「知性的なもの」と感性的なものとの関係についてのカントの考察を参照する。これについてブッシュは、「ここにおいて行為における感性と理性的規定との批判的関係が問題になっているということが容易に示されうる」[44]と述べている。しかし、このような見解に対してイルティングは、１７７０年代のはじめにおける感性と理性との二元論はなおまったく批判哲学以前のものであり、独断的形而上学の諸前提に基づいていると異議を唱える。そしてさらにイルティングは、この二元論に対応する自由の概念が、たとえば『純粋理性批判』の第三アンチノミーにあるようなカントの批判哲学の基準に応ずるものであるのか否かを吟味する。[45]

イルティングによれば、レフレクシオーン４２２７において「知性的な」自由の概念が含んでいる困難性は、カントの第三アンチノミーの解決においてより明確に現れる。なぜならば、カントの批判的形而上学の理論に従えば、「行為する主体は、その可想的性格からみて、いかなる時間条件にも従わない」であろうからである。なぜならば時間は「現象の条件にすぎず、物自体そのものの条件」ではないからである。「そのような主体においては、いかなる行為も発生したり消失したりすることはないであろう」。それゆえ可想的性格として超越論的自我は、『純粋理性批判』の理論に従えば、まったく行為しないのであり、むしろそれは経験の世界において行為として現れるものの時間を超越した原因でしかないであろう。同様に、その経験的性格に従って行為する主体というのは行為しないであろう。というのは、現象として見なされた行為する主体は自然因果性の諸制約に服しているからである。行為の概念は、このような前提の下ではもはや支持することができない。

カントはまた次のように結論づけている。すなわち「こうした可想的性格は、私たちは現象するかぎりでのものしか何ひとつとして知覚しえないゆえ、なるほどけっして直接的には識別されえないであろう」。しかしながら批判哲学の原則に従えば、経験的な諸前提から原理的に認識できない物自体を推論することが禁止されているにもかかわらず、カントはこの可想的性格は「経験的性格に応じて思考されなければならないはずである」[46]と推論してもよいと考えている。それゆえカントが、人間の経験的性格を可想的性格の「感性的なしるし」と見なし、人間は「たんなる統覚をつうじても」自分自身を認識し、その結果、「人間はみずから、一面ではフェノメノン」[47]であり、「しかし他面では、つまりある種の能力に関しては、一つのたんに可想的な対象である」ということになると仮定するときに、カント自身の前提に従えば、誤った論証が提示されていることになる。「だからあらゆる行為は、その行為がそこでは他の諸現象と同列のものである時間関係にもかかわらず、純粋理性の可想的性格の直接的結果であって、したがって純粋理性の行為は自由である」[48]とするカントのテーゼは、それゆえ根拠がないのであり、批判期のカントの著作における独断的形而上学の諸観念のはたらきのひとつとして説明されなければならない。

ところでブッシュは、二元論的人間学のこのような前提の他にカントの「批判的」自由の概念の中に第二の要素が確認されうると考えている。すなわち自由とは、「理性的規定の可能性」として理解されうるということである。[49]これに対してもイルティングは異論を差し挟んで次のように指摘している。[50]

実際カントはレフレクシオーン4227の中で何かよいことをする可能性としての自由を論じている。また、レフレクシオーン4226の中に「われわれの行為はすべて理性に従って生じうる」[51]という文章がある。しかしここで意味されているのは、批判哲学の解釈とはいかなる関係もなく、感性的な理性的存在者としての人間は、理性的に、すなわち道徳的規範に従って行為することができるということである。しかし、たとえカントがかれの批判哲学の中に行為の帰責可能性に対する十分な説明を見出したとしても、この批判的自由の概念は、批判的倫理学ならびに法哲学がカントに存在するということを裏づけることはできないであろう。というのは、この批判的自由の概念、すなわち人間的自由のこの解明は、実践哲学に属するのではなく理論哲学に属すであろうからである。

以上のようにイルティングは、ブッシュによって批判的自由の概念として特徴づけられた自由概念をカントのテクストに照らし合わせながら検討することによって、そのような概念がこれらのテクストから読み取ることができないということを論証しようとした。そしてこのことから、1770年代のカントのレフレクシオーンにおいて批判的法哲学の成立および「批判的転回」を証明しようとしたブッシュの野心的な企てが失敗に終わったと結論づけるのである。これで「批判的」の第三の定義もまたカントの倫理学ならびに法哲学には当てはまらないこととなり、検討されるべきものとして、最後に第一の定義のみが残されたことになる。

4　カントの倫理学ならびに法哲学の非批判的（unkritisch）性格

カントの倫理学ならびに法哲学の批判的性格を認めるのに不利になる要素が、イルティングによれば、１７８０年代および１７９０年代からのカントの諸著作の中にも直接看取されうる。つまりこれらの諸著作は、一方ではまったく非批判的に独断的形而上学の観念に立ち戻っているが、しかし他方では初期の諸著作およびレフレクシオーンにおいてはまだ見出すことのできない、そしてそのかぎりにおいてなんらかの正当性をもって「批判的」倫理学ならびに「批判的」法哲学と見なされうるような諸理論を発展させているとする。[52]

イルティングは『人倫の形而上学の基礎づけ』（１７８５年出版）ならびに『実践理性批判』（１７８８年出版）を詳しく分析することによって、批判的倫理学ならびに批判的法哲学がカントには存在しないとする結論を下すのであるが、[53]以下においてその論証を辿ってみたい。

イルティングの解釈に従うと、『人倫の形而上学の基礎づけ』の中にこの新しい「批判的」理論が非批判的・形而上学的観念と緊密に結びついて現れる。このことから、『純粋理性批判』における原則の超越論的演繹と分析に比較されうるような研究によって「批判的」倫理学の基礎づけを保護しようとし、またそれと対応して実践哲学において独断的形而上学の観念をはねつけようという考えをカントがまったくもっていなかったことが窺える。それゆえ確かに『実践理性批判』は『純粋理性批判』において発展させられた構想を完全にはするが、しかしそれは倫理学の批判的な基礎づけではないのである。

自律としての、すなわち根本規範としての人倫についてのカントの解釈は、『人倫の形而上学の基礎づけ』においては新しい。それに従うと、「目的そのもの」である人格は相互に共存すべきである。というのは、人格は「自然の王国」と同様に「目的の王国」を形成し、同時にこの根本規範の創始者として把握されうるからである。[54] 確かにこの解釈の要素はすでにカントの初期の諸著作およびレフレクシオーンに見出されるが、『純粋理性批判』第一版（1781年出版）においてはまだ自律の概念が欠如しており、またこの概念がここで保持すべき意味は『人倫の形而上学の基礎づけ』以前のレフレクシオーンの中でさえほとんど認められない。ここにおいて批判期のカントの倫理学上の諸著作における特殊な理論が問題になっているということは疑いの余地がないかもしれない。この意味で確かにこの自律の理念に関連するすべての理論をカントの批判的倫理学ないし批判的法哲学と特徴づけることができるであろう、とイルティングは指摘するものの、しかしそれにもかかわらずカントは『人倫の形而上学の基礎づけ』の中で非批判的（unkritisch）と特徴づけられうるような仕方で自律としての人倫のこの構想を基礎づけているとする。

イルティングがどのようにしてこのような解釈に至ったのか、その論証を辿ってみたい。

人間はかれが理性的な存在者であるかぎりにおいて相互に人格として取り扱われる「べきである」ということは、『人倫の形而上学の基礎づけ』におけるカントの見解に従えば、次の事実の中にその根拠をもっている。すなわち、人間は人格「である」という事実である。しかしカントはこの解釈から独断的（thetisch）な性格を引き出している。すなわち自律原理の拘束性を証明するために「われわれは客体の認識をこえて、主体の、すなわち純粋実践理性の批判に進まねばならないであろう」。[55] しかし『人倫の形而上学の基礎づけ』の対応する部分において独断的形而上学に由来するこの前提は実践理性の使用の批判的な分析によって補強されることもなく、また撤回されることもない。カントはさらに、「人間は自分自身を、しかも彼が自分について内的感覚によってもつ知識にもとづいて、自分自身のあるがままに認識するなどとうぬぼれてはならないのである」[56] と強く促した後、カントは人間にむしろ次のような権利を帰している。すなわち「そうして自分を、そのように諸感覚の単なる知覚と感受性とに関しては感性界に数え入れ、しかし、彼自身における純粋な活動であろうもの（全く感能の触発によってではなく、直接に意識（自覚）に達するもの）に関しては、自分を知性的世界に数え入れるに違いないのである」。[57] 自分自身に「純粋な自発性」を帰し、また「知性的な世界」の成員として理解されてよく、あるいはされなければならない存在者は、それでもやはりまったくいわゆる認識されえない物自体であることを知っている、ということに存する矛盾に明らかに気づかないでいる。この矛盾は、われわれが「悟性界」の成員であるということをわれわれが認識しうる、とするテーゼをカントが避けることによって解消されるのではない。むしろ、われわれはそのような存在として「考え」ざるをえないということを強調しているにすぎないのである。というのは、このいわゆる必然的なそして「実践的見地において」、また当然の自己解釈からカントは、「われわれが自分を自由であると考える場合、われわれは自分をその成員として悟性界の中に移し、意志の自律について、その帰結たる道徳性とともに理解するのである」[58]ということを導き出しているからである。

イルティングはこのように解釈することによって、カントは『人倫の形而上学の基礎づけ』において独断的形而上学をより所としているのであり、またそれと結びついた二重の人間学に依拠しており、そこから道徳的規範の拘束性を導き出すために、その人間学に「実践的見地」において確実性を付与していると指摘する。

イルティングによれば、この基礎づけの試みにおいて自由は、まず第一に自発性（「純粋な自己作用」）として理解され、第二に自律として解釈される。「感性界の規定的な諸原因からの独立の理念」は、そういうわけで「可想的世界の成員としての彼自身の必然的な「欲する」」であり[59]、この「欲する」は自己が与える（道徳的）法則と一致することによって行為になるのである。この二つの論証の処置の第一のものも、第二のものも倫理的根本規範の批判的分析によって示されてはおらず、またいかにして無依存性（独立）としての自由の消極的概念から自律としての自由の積極的概念が生じるのか、このことは不可解なままである。さらに不明確な点として挙げられるのは、「悟性界」の成員がいかにして行動しうるのか、また感性界の原因から独立であるという意味だけでなく、この「悟性界」の成員としていかにして自由であるのかという点である。結局、「悟性界は感性界の根拠をしたがってまたその諸法則の根拠をふくむがゆえに、したがってまた悟性界は私の意志（これは全く悟性界に属する）に関して直接に立法的である」[60]ということである。

以上のような解釈からイルティングは、「悟性界」を「感性界」にこのように入れ込むこと（Hineinwirken）は、やはり『純粋理性批判』の諸原則とは一致しないし、それゆえ『実践理性批判』という表題のもとで提示された定言命法の「演繹」のためのこの論証は、倫理学の基礎づけにとって十分ではなく、またそれは「批判的倫理学」と呼ばれるに値しないと結論づける。

さらにイルティングは、『実践理性批判』もまた独断的形而上学に基礎を置いていることを論証しようと試みているが、ここではそれを詳しく辿ることはあえてせず、ただ次のことだけ指摘しておくにとどめたい。つまり一言で言えば、実践的要請に訴えることによって自由、神の存在および不死性といった理論的に証明不可能な命題を確証できるとするカントの方法が、やはり独断的形而上学に根ざすものであるということである。これで「批判的」の第一の定義もカントの倫理学ならびに法哲学に対して当てはまらないことになり、したがって3つの定義がすべて実践哲学に対しては妥当しないことになる。

以上見てきたような解釈に基づいてイルティングは次のような結論を導き出す。

「たとえわれわれが、『人倫の形而上学の基礎づけ』および『実践理性批判』におけるカントの自律―理論（Autonomie-Lehre）を特殊な理論として、また60年代および70年代のレフレクシオーンにおいて準備されていた理論を批判的倫理学として特徴づけようとしても、次のことは依然として変わることはない。すなわち、カントは超越論哲学的基礎づけという意味においてこの理論に批判的な基礎づけを与えることがまったくできなかったということである。カントは定言命法の拘束性に関する問題をア・プリオリな実践的で総合的な判断の「可能性」に対する問題として説明することによって、カントはやはり80年代の倫理学上の諸著作においてさえもこのような基礎づけの計画を発展させていた。われわれが批判的倫理学を、超越論的主体の構成的なはたらきによる定言命法の拘束性の正当化――『純粋理性批判』における経験の可能性の超越論的諸条件の問題に対してカントが行った解答と類比的に――と理解する場合には、カントはこの課題の解決のための手がかりを見出すことがなかったと認めなければならない。この意味においてカントには批判的倫理学ならびに批判的法哲学は存在しないのである[61]」。

Ⅲ　むすびにかえて――イルティングの所論の問題点

カントの初期のきわめて豊富な資料を利用しながら、実証的で緻密な検討を加えることによって、カントの法哲学の批判的性格を否定したのはリッターであった。それに対して、やはり同様に『覚書き』やレフレクシオーンなど初期の資料を参照することによってカントの法哲学の批判的性格を肯定したのがブッシュであった。そして、イルティングのこの所論はブッシュの肯定説に対する真正面からの反論として位置づけられうる。イルティングはこの反論の中で、ブッシュがかれのテーゼのより所にしている『美と崇高の感情についての考察』に関する『覚書き』の中にある「自由について」のテクストおよび形而上学についてのレフレクシオーン４２２７ならびに道徳哲学についてのレフレクシオーン６８０１を分析し、解釈することによって、ブッシュが主張するような「自然主義的自由の概念」と「批判的自由の概念」との区別は存在しないし、したがって１７７０年代にカントの批判的法哲学が成立するとするブッシュの見解は誤りであると指摘する。

さらにイルティングは、『純粋理性批判』、『人倫の形而上学の基礎づけ』および『実践理性批判』を分析し、解釈することによって、１７８０年代においてもなおカントの実践哲学の諸著作が批判哲学以前の、すなわち独断的形而上学の諸理論に依拠しているとして、カントの法哲学の非批判的性格を主張する。(62) イルティングの所論が単に法哲学だけでなく倫理学を含む実践哲学全体を考察の視野に入れ、しかもそれを『純粋理性批判』に代表される理論哲学と対比しながら検討している点は注目に値すると言わなければならない（「批判的」の定義からある程度推測されうるように、『純粋理性批判』のみが参照されており、『プロレゴメナ』など他の理論哲学の諸著作は論及されていない）。だがそのために、倫理学ならびに法哲学の非批判的性格を論証しようとするイルティングの議論はやや複雑となり、必ずしも容易に理解されうるとは言い難い。

ところでイルティングの所論に対する問題点をいくつか挙げることができるが、何といっても最大の欠陥は『法論の形而上学的基礎論』（Metaphysische Anfangsgründe der Rechtslehre, Metaphysik der Sitten, I. Teil, 1797.）そのものを考察せずに[63]『覚書き』やレフレクシオーンなどを分析し、解釈するという単なる発展史的な研究[64]によってカントの法哲学の非批判的性格を解明しようと試みている点である。なぜならば、カントの法哲学はこの『法論の形而上学的基礎論』において集約的・体系的に論じられているのであり、カントの法哲学の批判的性格を問題にする場合には『覚書き』やレフレクシオーンよりもまず第一に、この『法論の形而上学的基礎論』が検討されるべきであるからである（ただし、この著作の中では「批判的」ないし批判的方法とは何か、という定義は明示されていない）。

　このことはまたブッシュの研究についても同様に言いうることである。それゆえ「自由について」のテクストやレフレクシオーン４２２７および６８０１の中にブッシュの主張するような「自然主義的自由の概念」と「批判的自由の概念」との区別が存在するのか、あるいはイルティングが反論するようにそのような区別は存在しないのか、これについてはこれらのテクストおよびレフレクシオーンの綿密な分析が必要であろう。しかし、この問題についてはここでは特に詳しく検討することはしない。というのは、かりにブッシュの主張が正しいとしても、それだからといって直ちにカントの法哲学が批判的法哲学であると論定することはできないからである。また同様にイルティングの主張が正しいとしても、カントの法哲学の批判的性格が論理的に推論されるわけでもない。

　したがって次に、問題点として特に、イルティングによって提示された「批判的」という術語の３つの定義を検討する。先に指摘したように、イルティングはカントの「批判的」という術語の概念が理論哲学においてのみ十分に定義されているとしているが、それに対する説得的な説明がなされていない（『純粋理性批判』への偏重が見られる。また、理論理性と実践理性を類比的に捉えている。この点において新カント学派的傾向が指摘されうる）。また、提示された３つの定義が相対的に不確定で部分的な重なりがある（第三の定義は１７７１年以降から問題となっており、第一の定義は『純粋理性批判』以降、すなわち１７８１年以降が問題となっている。さらに第二の定義は『純粋理性批判』が問題となっている。したがって、いずれにしても『純粋理性批判』のところで部分的に重なっている。また第二の定義における諸理論と第三の定義における特殊な諸理論が部分的に重なっている）。そのためこの定義自体が解釈の幅を許容することになる。まずこのような問題点が指摘されうる。

ところで念のため確認するが、それら3つの定義とは次のようなものであった。カントの実践哲学（倫理学ならびに法哲学）が「批判的」と呼ばれうるのは、1.それが、『純粋理性批判』以来のカントの理論哲学に特徴的である問題設定に基づいている場合、あるいは、2.カントの実践哲学を『純粋理性批判』におけるカントの批判哲学と結びつけるような諸理論を不可分に含んでいる場合、あるいは最後に、3.その実践哲学の中に1771年以降はじめて成立するような特殊な諸理論や諸方法が見出される場合である。

イルティングはこれらの必要条件がカントの実践哲学においてはいずれも満たされていないとして、その批判的性格を否定したのであった。イルティングのこれらの定義が妥当であるとは必ずしも言えないが、一応これを受け入れることにしよう。そしてこれらの必要条件を次のように一義的に確証することが許されるとするならば、カントの実践哲学が批判的性格を有すると解釈することも不可能ではないであろう。[65]

1.『純粋理性批判』の中心的な問題設定が認識の可能性の諸条件――経験的認識およびア・プリオリな認識の――およびこの認識の限界に向けられていると考えることが正しい場合には、実践的な理性使用の批判がこれと同じ主題に向けられていると考えることは意味があるものとして期待されえない。むしろこの実践的な理性使用の批判は、それが純粋理性の中に見出されうるかぎりにおいて、善意志および行為の可能性の諸条件に向けられているのである。つまり理論的批判が認識の可能性の諸条件を解明するために理性を理論的に使用しているのに対して、実践哲学は善意志および行為の可能性の諸条件を解明するために理性を実践的に使用していると解釈すれば、実践哲学が理論哲学と同様の問題設定に基づいていると考えることもできなくはないであろう。それゆえ、カントの実践哲学が批判的性格を有すると認めることもそれなりの根拠をもっている。

2.カントの実践哲学一般、特に『法論の形而上学的基礎論』が『純粋理性批判』と不可分に結びつけられうるような理論を実際に含んでいると解釈することも不可能ではない。なぜならば、『純粋理性批判』そのものにおいてカントは、批判的理論哲学の特殊な理論、すなわち現象論ないし超越論的観念論を法哲学に対しても要求しているからである。

カントは『純粋理性批判』の中で、「法は現象することは全然できず、その概念は悟性のうちにひそんでおり、行為自体そのものに帰属するところの、行為の一つの性質〔道徳的性質〕を示す……」と述べている。[66] これに対応して、『法論の形而上学的基礎論』§1から感性的（sinnlich、物理的 physisch、経験的 empirisch、現象的 phänomenal）占有と可想的（intelligibel、純粋に法的 bloß-rechtlich、本体的 noumenal）占有とが区別されている。

たとえば、「外的な或るものを自分のものとしてもつ仕方」について論じられている私法論第一章§1でカントは次のように述べている。

「――したがって、もしも占有の概念が或る種の相互に異なる意味を、すなわち感性的占有と可想的占有という両種の意味をもちえないとすれば、したがってまた、一方には物理的占有を、他方には純粋に法的な占有を同一の対象物について考えることができないとすれば、外的な或るものを自分のものとしてもつことは自己矛盾である。

ところで、或る対象が私にとって外的であるという表現は、それが単に私〔主体〕から区別された対象であることを意味するか、あるいはまた、時間的・空間的に或る他の場所〔positus〕に見出される対象であることを意味するかのいずれかである。第一の意味においてのみ、占有は理性的占有と考えられうるのであり、第二の意味においては占有は経験的占有と呼ばれなくてはならないであろう。――可想的占有〔こうしたものが可能であるとして〕は所持〔detentio〕を伴わぬ占有である」。[67]

この法哲学上の理論を『純粋理性批判』の特殊な諸理論とは無関係であると理解するのは適切ではないであろう。また、実践哲学一般に対しても同様のことが言える。たとえば要請理論（Postulatenlehre）、特に自由の要請は『純粋理性批判』の超越論的弁証論との体系上の不可欠な連関として考えられうる。このように解釈すれば、カントの倫理学ならびに法哲学、すなわち実践哲学は批判的性格を有すると解釈されうる。

3. カントが『法論の形而上学的基礎論』の諸理論を部分的には『人倫の形而上学』出版（1797年）直前にようやく発展させたことは、ラインハルト・ブラントによって強調されているとおりであり、多言を要しないであろう。[68] 以上検討したような問題点についてはハリオルフ・オーバラーが鋭い批判を加え、イルティングによる「批判的」という術語の定義の不備を補いながら6つの定義を提示し肯定説を主張している。[69] イルティングの所論に対する詳細な批判およびオーバラーの所論の検討は本書第二部第四章などで行っている。

（1） 以下においてカントの著作集からの引用はすべてアカデミー版（Kant's gesammelte Schriften, herausgegeben von der Königlich Preussischen Akademie der Wissenschaften）を用い、巻数、頁数、また必要な場合には行数という順序で表している。ただし、『純粋理性批判』については慣例に従って初版をA、第二版をBと記し、本文中に記されている番号で示している。

周知のようにカント自身がかれの著作の中で「法哲学」（Rechtsphilosophie）という術語を用いているわけではない。この「法哲学」という術語の代わりにカントはときどき「形而上学的法論」（metaphysische Rechtslehre.〔Ges.Schr. Bd.6, 284. 邦訳416頁「契約によって取得しうる一切の権利の教義学的区分」§31の中で用いられている〕）とか「純粋な法論」（reine Rechtslehre〔Ges.Shr. Bd.6, 375. 邦訳527頁『人倫の形而上学』第二部「徳論の形而上学基礎論」のまえがきの冒頭で用いられている〕）という術語を使用している。J・シュトランガスはこれらの術語の意味内容の詳しい分析によって、カントの術語上ないし概念上の用法にはずれることなく「形而上学的法論」および「純粋な法論」という術語が「純粋な法哲学」（reine Rechtsphilosophie）という術語に取り替えられうると指摘している。Vgl. Johannes Strangas, Kritik der kantischen Rechtsphilosophie. Ein Beitrag zur Herstellung der Einheit der praktischen Philosophie, Köln・Wien 1988, S.VII-VIII, Anm.I.

カントは法論にはさまざまな形態があるとして「法論への序論」§A「法論というものについて（法論の諸相）」の冒頭で、次のように分類している。

「外的立法が可能な諸法則の総体が法論〔Ius〕と呼ばれる。こうした立法が現実的である場合には、法論は実定法論である。そして、この実定法論の学識ある者すなわち法律学者〔Iurisconsultus〕は、もしこの外的法則に外的にもまた、すなわち経験的に生ずる諸事例へのこの外的法則の適用に関しても精通している場合には法律実務に明るい人〔Iurisperitus〕といわれ、こうした適用（の知識）もまたたしかに実用的法論〔法解釈学〔Iurisprudentia〕〕となりうるであろう。しかしこの二つのものをともに取り去るならば、純然たる学問的法論〔Iurisscientia〕が残ることになる。この純然たる学問的法論なる名称は自然法論〔Ius naturae〕の体系的知識に冠せられるのであるが、そうはいうものの、こうした自然法論の学識者もあらゆる実定的立法に対して不変的諸原理を提供しなくてはならないのである」(Vgl. Kant, Ges. Schr. Bd.6, 229. 邦訳、『世界の名著39 カント』『人倫の形而上学〈法論〉』加藤新平・三島淑臣訳、中央公論社、１９７９年、３５３頁を参照)。

そしてカントはかれの法論を法の形而上学と呼び、それは「理性から生じてくる或る体系を必要とするところのものである」とする(Kant, Ges.Schr. Bd.6, 205. 同書、３２５頁)。さらに、§B「法とは何か?」の中でカントは次のように説いている。

「何が合法か〔quid sit iuris〕については、すなわち、ある特定のところにおいてかつ特定の時代においてもろもろの法律が命ずるところのものあるいは命じたところのものについては」、法律学者は容易に述べることができるであろう。「しかし、それらの法律が欲するところがはたしてまた正しい《レヒト》かどうかということ、および一般に法と不法〔iustum et iniustum〕を認識するための普遍的規準は」、もし法律学者が「暫時あの経験的諸原理を捨て去って、右の諸判断の源泉を単なる理性のうちに求め〔もっとも、その際あのもろもろの法律は指針として大いに彼の役に立つであろうが〕、可能な実定的立法のための基礎を打ち立てるのでなければ、彼にとってはおそらく隠されたままでありつづけるであろう。単に経験的であるだけの法論は、〔ちょうどパイドロスの寓話の中の木製の頭のように〕美しいかもしれないが、ただ残念なことに脳髄のない頭でしかない」(Kant Ges.Schr. Bd.6, 229f. 同書、３５３-３５４頁)。このようにカントは理性に源を発する法の形而上学の重要性を強調している。

(２) 拙稿「カント法哲学の超越論的性格――F・カウルバッハの所論を中心として――」(『法学政治学論究』第7号)３５９-３６４頁(本書第二部第二章５９７-６０５頁)を参照されたい。

(３) 同、３６７-３７７頁(本書第二部第二章６０８-６１８頁)を参照されたい。

(４) カント法哲学の批判的性格ないし超越論的性格をめぐる議論の展開の概観については同、３６５-３６６頁(本書第二部第二章６０６-６０７頁)を参照されたい。

(５) イルティングは１９２５年生まれで、１９６６年以来ザールブリュッケン大学の哲学教授である。L. W. Beck, Kants „Kritik der praktischen Vernunft“. Ein Kommentar, 2. unveränderte Aufl. München 1985 のようなカントの実践哲学に関する研究書の独訳もあるが、次に挙げる編著書や論文が示すようにヘーゲル法哲学を専門的に研究している。

Vorlesungen über Rechtsphilosophie, Fromman-Holzboog, 6 Bde., 1973-. Die Philosophie des Rechts, Kletta-cotta, 1983. Die Struktur der Hegelschen Rechtsphilosophie, in: Materialien zu Hegels Rechtsphilosophic, Band 2, Manfred Riedel (Hrsg.), Frankfurt am Main 1974. この論文はZ. A. Pelcynski (ed.), Hegel's Political Philosophy: Problems and Perspectives, Cambridge University Press 1971(『ヘーゲルの政治哲学――課題と展望――』Z・A・ペルチンスキー編、藤原保信他訳、お茶の水書房、１９８９年)に収載されている。この翻訳の解説の中で藤原が適切に述べているように、この論文はヘーゲルの政治哲学を古代および近代の政治哲学の欠陥の克服として捉えようとするものである。イルティングはそれを「抽象法」、「道徳」、「人倫」という『法哲学』の構造に即して論じているが、「抽象法」、「道徳」をカントの『人倫の形而上学』の『法論』と『徳論』に対置している。

さらに自然法についてのきわめて詳細な論文がある。

Geschichtliche Grundbegriffe. Historisches Lexikon zur politisch-sozialen Sprache in Deutschland, Bd.4, Otto Brunner, Werner Conze, Reinhart Koselleck (Hrsg.), Stuttgart 1978, S.245-313.

カントの実践哲学について論じたものとして次のものが挙げられる。Der naturalistische Fehlschluss bei Kant, in: Rehabilitierung der praktischen Philosophie, Bd.1: Geschichte, Probleme, Aufgaben, hrsg. Manfred Riedel, Freiburg in Breisgau 1972 および Anerkennung. Zur Rechtfertigung praktischen Sätze, in: ebenda Bd.2: Rezeption, Argumentation, Diskussion, Manfred Riedel (Hrsg.), Freiburg 1974.

（6）Josef Schmucker, Die Ursprünge der Ethik Kants in seinen vorkritischen Schriften und Reflektionen. Monographien zur philosophischen Forschung, Band XXIII, Meisenheim am Glan 1961.

（7）Christian Ritter, Der Rechtsgedanke Kants nach den frühen Quellen, Juristische Abhandlungen Band X, Frankfurt am Main 1971. リッターはこの著書において新カント学派によるカント法哲学の解釈を再検討している。すなわち、カントが批判主義の意味において法を取り扱ったというのは適切なのか否か、もしそうであるとすれば、なぜそうなのかという問題を提起し、カントの法哲学と理論哲学の批判主義との間にはいかなる結びつきも存しないと結論づけた。どのようにしてこの結論に至ったのかと言えば、カントの法思想は絶えざる連続性の中で発展したと考えるからである。そしてカントの法思想のこの連続性によってカントが――思弁的批判主義に対応するような――「批判的」法哲学を基礎づけたということが否定されるとする。カントの法哲学の批判的性格を否定するこのいわゆる連続性テーゼについては、これに対する優れた批評として Reinhard Brandt, Rezension zu: Ritter, in: Philosophische Rundschau 20 1974, S.43-49 を参照されたい。また Vgl. Chr. Ritter, Immanuel Kant, in: Staatsdenker im 17. und 18. Jahrhundert. Reichspublizistik, Politik, Naturrecht, Michael Stolleis (Hrsg.), 2.Aufl. Frankfurt am Main 1987, S.332-353. ブッシュ、ブラント、イルティング、カウルバッハ、K・キュール、G・W・キュスタースおよびM・ゼンガーの議論を考慮に入れた後も、やはりリッターの基本的見解は変わっていないように思われる（S.335 und Anm.13. 邦訳『一七・一八世紀の国家思想家たち—帝国公（国）法論・政治学・自然法論—』佐々木有司・柳原正治訳（木鐸社、１９９５年）５４９-５８３頁を参照）。

「一見したところ、カントの『人倫の形而上学の基礎づけ』（Grundlegung zur Metaphysik der Sitten）（一七八五年）や『実践理性批判』（Kritik der praktischen Vernunft）（一七八八年）といった諸著作は、実践理性による批判的な自己正当化を達成し、「法論の形而上学的基礎論」や「徳論の形而上学的基礎論」（『人倫の形而上学』（一七九七年））は、それを出発点とする体系の演繹をもたらしたかのようにみえる。しかしながら、これらの著作群によって実践哲学体系を実践理性の先験的〔超越論的〕根拠に基礎づけ、そのようにして正当化される法形而上学を展開するという課題が成し遂げられたわけではない。結局のところ、カントの道徳哲学は上述の意味で「先験的な」〔超越論的な〕わけではなく、それ以上は基礎づけることのできない、したがってまた「反証する」こともできない定言的命法という事実、つまり――経験的に？――だれでも聞き知ることのできる「良心」の呼び声にのみ根拠をおくものなのである」（同上、５５３頁）。

（8）Werner Busch, Die Entstehung der kritischen Rechtsphilosophie Kants 1762-1780, Kantstudien Ergänzungshefte 110, Berlin・

New York 1979.

（9） Karl-Heinz Ilting, Gibt es eine kritische Ethik und Rechtsphilosophie Kants?, in: Archiv für Geschichte der Philosophie. Jg.63, 1981, S.324-345. レクラム文庫版『人倫の形而上学』の編者H・エーベリングはイルティングのこの論文の重要性を指摘している。Vgl. Hans Ebeling, Die Metaphysik der Sitten, Stuttgart, 1990, S.19.

（10） Vgl. Ilting, a.a.O. (Anm.9), S.325, Anm.4.『人倫の形而上学』(Metaphysik der Sitten) は、『法論の形而上学的基礎論』(Metaphysische Anfangsgründe der Rechtslehre) と『徳論の形而上学基礎論』(Metaphysische Anfangsgründe der Tugendlehre) の二部構成になっている。イルティングは、カントが『人倫の形而上学』の中で倫理学と法哲学とを明確には区別していないとして、倫理学ならびに法哲学という表現を一般に実践哲学全体を意味するものとして使用している。

（11） Vgl. Hariolf Oberer, Ist Kants Rechtslehre kritische Philosophie? Zur Werner Buschs Untersuchung der Kantischen Rechtsphilosophie, in: Kantstudien 74, 1983, S.217-224.「批判」(Kritik) という術語はカント自身によって理論哲学とは異なった新しい変化した意味において実践哲学の中で使用されているにもかかわらず、イルティングはこの意味の変化を無視し、「批判的」(kritisch) ないし「批判」(Kritik) という術語を理論哲学の特殊なものの意味における使用に限定しているとして、オーバラーはイルティングの定義づけに対して異議を唱えている。というのは、「批判的」ないし「批判」という術語を理論哲学の特殊なものの意味における使用に限定しなければならないということはカントのテクストから導き出されえないからであるとする。これがイルティングの定義づけの根本的な欠陥である。この点についてはvgl. Schmucker, a.a.O. (Anm.6), S.382. さらに、カントの実践哲学に関してその批判的性格を検討する際に提示された3つの定義が相対的に不確定であり、また部分的に重なっているということもイルティングの定義づけの欠陥として指摘されうる。

（12） Vgl. Ilting, a.a.O. (Anm.9), S.324f.

（13） Vgl. Ilting, a.a.O. (Anm.9), S.326.「批判的」(kritisch) という術語を「超越論的」(transzendental) と同義であるとイルティングは見なしている。

（14） Ilting, a.a.O. (Anm.9), S.326.

（15） Vgl. Heinrich Ratke, Systematisches Handlexikon zu Kants ›Kritik der reinen Vernunft‹, Philosophische Bibliothek, Band 37b Hamburg 1929, S.127f. この著作は『純粋理性批判』の用語集であり、出典が示されている。本文に列挙した箇所以外の用例についてはこれを参照されたい。

（16） Kant, Ges.Schr. Bd.3, B XXXV（邦訳、理想社版『カント全集第四巻』原佑訳、54頁）。

（17） Kant, Ges.Schr. Bd.3, B 424.（邦訳、理想社版『カント全集第五巻』原佑訳、１２２頁）

（18） Kant, Ges.Schr. Bd.4, A 388.（同書、１２４頁）

（19） Ilting, a.a.O. (Anm.9), S.326f.

（20） Ilting, a.a.O. (Anm.9), S.327. und Anm.7. イルティングはこのことをシュムッカーおよびリッターの諸研究の確かな成果であるとして採用している。

（21） Vgl. Busch, a.a.O. (Anm.8), S.171. und S.2. ブッシュはカントの法哲学の批判的性格についての問題は不可避的に、カントがそこから批判する最上の体系的立脚点 (Standpunkt) を問うことになると指摘している。筆者はブッシュのこの研究の詳しい検討を別稿において行うつもりであるが（なお、本書第一部Ⅳ「W・

ブッシュの所論」参照）、とりあえずこの研究の短い論評として Gerd-Walter Küsters, Rezension zu: Busch, in: ARSP, Bd.LXVIII 12 1982, S.272-275 を参照されたい。また Oberer, a.a.O. (Anm.11), S.218f. を参照。ブッシュはカント法哲学の発展段階を３つに分けているが、その各々の発展段階について概略的ではあるが、的確な要約がなされている。

(22) Vgl. Busch, a.a.O. (Anm.8), S.26.

(23) Vgl. Busch, a.a.O. (Anm.8), S.72.

(24) Vgl. Ilting, a.a.O. (Anm.9), S.327.

(25) Vgl. Kant, Ges.Schr. Bd.20, S.472. G・レーマンによれば、同年および翌年にわたって書かれたものとされている。シューベルトは１７６５―１７７５年にわたるとしているが、アディケスやレーマンによって否定されている。邦訳、理想社版『カント全集十六巻』５８２–５８５頁、解説（尾渡達雄）を参照。

(26) Vgl. Kant, Ges.Sch. Bd.20, 91-94.（邦訳、同書、３１９–３２１頁）

(27) Vgl. Ilting, a.a.O. (Anm.9), S.328f.

(28) Vgl. Kant, Ges.Schr. Bd.20, 92, 21-23. 岩波版『カント全集18 諸学部の争い 遺稿集』久保光志訳、２１１–２２２頁を参照。

「自由について。

どのような状態にいようと、人間は多くの〈外的な〉事物に依存している。彼はつねに、自分の必要によってある事物に、渇望によって別の事物に執着する。彼は〈確かに〉自然の代官ではあるが、自然の主ではないので、彼は〈むしろ〉自然の強制に順応しなければならない。なぜなら、自然がいつも彼の願望に順応しようとするとは限らないことが分かっているから。しかしこの必然性のくびきよりも過酷な〈そして不自然な〉ものは、人間の他の人間の意志への従属である。自由に慣れた人にとって、（彼自身の意志を放棄するように）その者が欲することを何であれ、彼になすように強制できるそのような同類の者に自分が引き渡されるのを見ることほど恐ろしいことはない。この恐れを感じることは決して不幸なことではない。

また、奉仕という恐ろしい考えをより耐えられるものにしようとする非常に長い習慣。というのは、たとえ命の危険をおかしてでも投げ捨てたいと思うとはかぎらない災難も多くあるとしても、隷従か死かの選択においては、死の危険を優先させることに何の疑いも生じないであろうことを、だれでも自分のうちに感じなければならないからである。

これの原因はまた非常に明らかで正当である。他のすべての自然の災いは、あるなんらかの法則に従っており、ひとはそれらの法則を知って、その後どの程度それに譲歩したり、それらに従おうとするのかを選択できる。焼け付く太陽の熱、荒い風、水流は人間に、彼をそれから守ったり、彼を……したりするものをともかくも考えだすことを許す。

けれど、すべての人間の意志は自己自身の衝動、傾向性の結果であり、ただ彼の真実のあるいは想像した福祉とのみ合致する。しかし、先だって私が自由であったのであれば、将来にわたって私の状態が私の意志ではなく他人の意志のうちに置かれるということほど、私に悲痛と絶望の身の毛のよだつ見通しを開きうるものはない。今日は厳しい寒さだ。私は気持ちしだいで出かけたり、また家にとどまったりすることができるが、しかし、他人の意志が、私にとってこの場合何がもっとも快適であるかを規定しているのではない。反対に、私は眠ろうとするが、彼が私を起こす。私が休んだり、遊んだりしようとすると、彼は私に労働を強制する。外を吹きすさぶ風は確かに、私に洞穴へ逃げ込むよう強いるが、風はここか、あるいは別の場所でついには私を平安な状態に置いておく。しかし、私の主人は私をさがし出す。私の不幸の原因である主人は理性を持っているから、彼はあらゆる自然要素よりはるかに私を苦しめるのに向いている。たとえ彼が善良であると前提しても、彼が考えを変えないと、だれが私に請けあってくれよう。物質の運動はある一定の規則を保っているが、人間の我意には規則がない」。

(29) Vgl. Kant, Ges.Schr. Bd.20, 93, 20-23. 岩波版『カント全集18 諸学部の争い 遺稿集』213頁を参照。

「従属のうちには、外的な危険ばかりでなく、さらにある一定の醜さと、同時にその不当を示している矛盾が存在する。動物は、自己を意識していないがゆえに、まだ完全な存在ではない。そして、衝動と傾向性が他者によって抵抗されようとされまいと、確かに動物は災いを感じるが、その災いは各瞬間、動物に対しては消滅しており、動物は自分自身の現実存在について知らない。人間がいかなる魂も必要とせず、いかなる自己の意志も持たず、いわば別の魂が私の四肢を動かすというのは馬鹿げて、倒錯している。われわれの体制においても、従属の度合いの大きい人はすべて、われわれによって軽蔑すべきである——。

お仕着せ。

〈自由は私を家畜の地位から引き上げるように思われるのに対して、自由はなお私を家畜より下の地位におく、というのは、私は家畜のようによく強制されえないからである。〉

お仕着せをつけたような人はいわば自分にとって他者の家具にほかならない。私は主人の従僕にも彼の長靴にも同様に私の尊敬を示すことができるだろう。要するに、依存している人間はもはや人間ではない。彼はこの人間の地位を失った。彼はほかの人間の付属物にすぎない」。

(30) Vgl. Kant, Ges.Schr. Bd.20, 66, 3f.

(31) Vgl. Kant, Ges.Schr. Bd.20, 92, 21f.

(32) Vgl. Kant, Ges.Schr. Bd.17, 466.

(33) Vgl. Ilting, a.a.O. (Anm.9), S.329f.

(34) Vgl. Kant, Ges.Sch. Bd.19, 165f.

(35) Vgl. Ilting, a.a.O. (Anm.9), S.330f.

(36) Vgl. Busch, a.a.O. (Anm.8), S.25.

(37) Vgl. Ilting, a.a.O. (Anm.9), S.333.

(38) Vgl. Busch, a.a.O. (Anm.8), S.25f. 人間の依存性を自然法則への依存性に制限するこの自由概念は、ルソーが『エミール』の中で使用し、また根本においてロックから借りてきた自由概念と同じであるとブッシュは考えている。

(39) Cf. John Locke, Two Treatises of Government, Everyman's Library, London 1988, pp.127-128.(『市民政府論』鵜飼信成訳、岩波書店、1968年、28-29頁を参照)

(40) Jean-Jacques Rousseau, Oeuvrtes complètes IV, Paris 1959-1969, p.311.(邦訳、『エミール(上)』今野一雄訳、岩波書店、1962年、114-115頁)

ルソーは自由を3つの主な様相のもとに眺めている。すなわち「自然的自由」(liberte naturelle)、「社会的自由」(liberte civile)、「道徳的自由」(liberte morale)である。自然的自由とは事物に対しては従属、そして人間に対しては独立のうちに成り立つものである。この断章はまさにこの自然的自由を表現していると言える。『ルソー』林達夫(第三文明社、1991年)73-81頁を参照。

(41) Vgl. Busch, a.a.O. (Anm.8), S.26.

(42) Vgl. Ilting, a.a.O. (Anm.9), S.334f.

(43) Vgl. Ilting, a.a.O. (Anm.9), S.335.

(44) Vgl. Busch, a.a.O. (Anm.8), S.72.

(45) Vgl. Ilting, a.a.O. (Anm.9), S.336.

(46) Vgl. Kant, Ges.Schr. Bd.4, A 539f.（邦訳、理想社版『カント全集第五巻』、２６６−２６７頁）
(47) Vgl. Kant, Ges.Schr. Bd.4, A 546.（同書、２７１−２７２頁）
(48) Vgl. Kant, Ges.Schr. Bd.4, A 553.（同書、２７７頁）
(49) Vgl. Busch, a.a.O. (Anm.8),S.72.
(50) Vgl. Ilting, a.a.O. (Anm.9), S.336f.
(51) Vgl. Kant, Ges.Schr. Bd.17, 465, 25f.
(52) Vgl. Ilting, a.a.O. (Anm.9), S.338.
(53) Vgl. Ilting, a.a.O. (Anm.9), S.338-343.
(54) Vgl. Kant, Ges.Schr. Bd.4, 436-440.（邦訳、理想社版『カント全集第七巻』深作守文訳、85−91頁を参照）
(55) Vgl. Kant, Ges.Schr. Bd.4, 440, 24-26.（同書、92頁）
(56) Vgl. Kant, Ges.Schr. Bd.4, 451, 23.（同書、１０８頁）
(57) Vgl. Kant, Ges.Schr. Bd.4, 451, 33-36.（同書、１０９頁）
(58) Vgl. Kant, Ges.Schr. Bd.4, 453, 11-13.（同書、１１１頁）
(59) Vgl. Kant, Ges.Schr. Bd.4, 455, 2f.（同書、１１４頁）
(60) Vgl. Kant, Ges.Schr. Bd.4, 453, 31-34.（同書、１１２頁）
(61) Vgl. Ilting, a.a.O. (Anm.9), S.343.
(62) Vgl. Wolfgang Kersting, Die verbindlichkeitstheoretischen Argumente der Kantischen Rechtsphilosophie, in: ARSP, Beiheft Nr. 37. 1990, S.63, Anm. 1. 周知のように、ショーペンハウアーの酷評以来なされてきたカントの『法論』の嘆かわしい状態についてのいわゆる「老衰テーゼ」は繰り返し主張されてきているが、最近ではイルティングがこの主張の代表者として挙げられる。
(63) Vgl. Gerd-Walter Küsters, Kants Rechtsphilosophie, Darmstadt 1988, S.50.「ブッシュの研究およびそれに続く議論の後に残るのはただ次の成果だけである。すなわち、カントは徹底的に法伝統と対決したということ、また批判的法論の要求はあまりにも早まってその解釈の縮小に至ってはならないということ、さらにわれわれが『法論』そのものを考慮することなく法論の批判的性格を生成的（genetisch）に基礎づけようとする、つまりひとつの転回を証明することによって正当化しようとする場合には、法論の批判的性格の直接的証明はなお未解決のままにとどまるということである」とキュスタースは適切にも述べている。イルティングの所論の簡潔な説明についてはS.49f.を、オーバラーのイルティングに対する批判の要点についてはS.50を参照されたい。
(64) Vgl. Oberer, a.a.O. (Anm.11), S.221.
(65) Vgl. Oberer, a.a.O. (Anm.11), S.220f.
(66) Vgl. Kant, Ges.Schr. Bd.4, A 66, 17-20.（邦訳、理想社版『カント全集第四巻』、１４１頁）
(67) Vgl. Kant, Ges.Schr. Bd.6, 245f.（邦訳、『世界の名著39 カント』加藤新平・三島淑臣訳、中央公論社、１９７９年、３７０頁を参照）
(68) Vgl. R. Brandt, Das Erlaubnisgesetz, oder: Vernunft und Geschichte in Kants Rechtslehre, in: Rechtsphilosophie der Aufklärung, hrsg. von R. Brandt, Berlin 1982, S.236. 実際カントがかれの『法論』の本質的な思想に到達したのはその出版の直前であり、この点において『法論』は三批判と異ならないとブラントは指摘している。またVgl. Rezension zu: Chr. Ritter: Der Rechtsgedanke Kants nach den frühen Quellen, in: Philosophische Rundschau 20, S.43f.『法論の形而上学的基礎論』の中には、その構想全体にとって本質的であり、またその執筆の少し前まではカントが使用できなかった諸要素が見出されるとブラントは述べている。それら諸要素の一例としてブラントは暫定的占有（provisorischer Besitz）と決定的占有（peremtorischer Besitz）との区別を挙げている。

また、ケアスティングも次のように述べている。

「カントの私法の中心にあるのは、占有論ならびに所有権論である。カントが所有権の超越論哲学的基礎づけによって最後の哲学的偉業を達成したことは今までわずかな人々が認めていたにすぎなかった。１７９０年以降になってはじめてカントはこの新しい所有権の構想を発展させたのであり、したがってかれの法哲学全体にまったく新しい体系的な輪郭を与えたのである」。

(69) Vgl. Oberer, a.a.O. (Anm.11), S.88-102. また vgl. Hermann Klenner, Immanuel Kant. Rechtslehre. Schriften zur Rechtsphilosophie, Berlin 1988, S.566-587. 付記としてH・クレンナーは「現代におけるカント法哲学（Kants Rechtsphilosophie in der Zeit）」と題する論文を書いている。この中でクレンナーは、「カントの法批判（Rechtskritik）はかれの理性批判（Vernunftkritik）の高みに立脚していないとする非難が今日まで実際片づいていない」として、カント法哲学の批判的性格をめぐる議論に言及している。クレンナーは否定説をとる論者としてH・コーエン、J・シュムッカー、Chr・リッター、H・オーバラーおよびK・H・イルティングを挙げ、かれらの主張を次のように要約する。

「『純粋理性批判』の科学理論的アプローチはカントによって実践哲学には移されていない。それゆえ、カントの批判主義と純粋な法論（reine Rechtslehre）との間にはいかなる相互依存性も存在しないのである。つまりこの法論は批判哲学以前の（vorkritisch）、それどころかカント以前の（vorkantisch）理論として特徴づけられうる」。

これに対して肯定説を主張する論者として、W・ブッシュおよびS・ゴヤール・ファーブルを挙げている。クレンナーは否定説をとる論者としてオーバラーを挙げているが、これは誤りである。クレンナー自身はこの問題に対して自分の見解を述べてはいない。

ところで、カント法哲学の批判的性格をめぐる問題は主としてドイツにおいて展開されているが、クレンナーも挙げているように、フランスでもゴヤール・ファーブルがこの問題について論じている。（S. Goyard-Fabre, Kant et l'idee pure du droit, in: Archives de philosophie du droit, Jg.26, Paris 1981, p.140.）

またクレンナーは挙げてはいないが、肯定説をとる論者としてF・カウルバッハ、R・ブラント、M・ゼンガー、M・ブロッカー、O・ヘッフェならびにR・ドライアーを逸することはできない。しかし、英語文献においては筆者の知るかぎりこの問題を真正面から論じているものはないように見受けられる。

第四章　H・オーバラーの所論を中心として

I　はじめに——カント法哲学における超越論的哲学（超越論的方法）の放棄および伝統的自然法論の独断主義への逆戻り

カントの実践哲学、特に法哲学の解釈者および批判者の興味深い一群の論者は、カントの『純粋理性批判』（Kritik der reinen Vernunft 初版１７８１年、第二版１７８７年）に対してきわめて限定的な解釈を行っている。すなわち、これらの代表者は、すべての哲学は「科学論」（Wissenschaftstheorie）であり、また科学論でなければならないということを基礎づけることに、『純粋理性批判』はその特殊な批判的機能をもっているとする主張から出発する。それでは、かれらは『純粋理性批判』によって樹立されたカントの超越論的哲学（Transzendentalphilosophie）ないし超越論的方法（transzendentale Methode）をどのように理解しているのであろうか。

かれらによれば、カントが樹立した超越論的哲学ないし超越論的方法とは次のような2つの発見である。第一に、哲学はつねに個別科学についての、またそのための原理分析であるということであり、第二に、哲学は、範型的実証科学の超越論的分析によって個別科学の対象原理が与えられうるかぎりにおいてのみ、個別科学の可能な諸対象の原理分析でもありうるということである。そして、理論的理性批判の体系全体の機能をこのように理解することによってすぐに理論哲学と実践哲学との並行論（Parallelismus）が要求され、他方でまたこの要求からカントの法哲学に対して次のような厳しい非難が浴びせられた。つまり、カントは確かに理論および理論的基礎づけの領域においてのみ超越論的哲学を徹底的に貫徹した。しかしながらこれに反して、全体としての実践哲学、特に法哲学においては超越論的哲学を放棄し、いかなる本質的な点においてもカントの先駆者および同時代人との明確な対照をなすことのない、実践的、特に自然法的独断主義に結局のところ逆戻りしているとする非難である。要するに切り縮めて言えば、かれらは、カントの法哲学は「非批判的」法哲学であると否定的に解釈し、超越論的哲学の体系から法哲学を排除しているということである。これらの論者とは、周知のように、19世紀後半から20世紀はじめにかけて活躍した主に新カント学派の系譜に属する哲学者・法哲学者である。そして、このような解釈や評価はかれらに典型的に見られるものであった。

上記のような新カント学派の哲学者・法哲学者の延長線上にある解釈が、１９７１年にChr・リッターの博士論文である『初期資料によるカントの法思想』[1]と題する研究によって再び確認された。またその後１９７９年に、W・ブッシュがリッターの否定説に反論し、肯定説を提唱した。さらに１９８１年に、K・H・イルティングがブッシュに反論し、カント法哲学の批判的性格（kritischer Charakter）を否定した。しかし、果して新カント学派やリッター（Kontinuitätsthese　連続性説と呼ぶことにする）およびイルティング（『純粋理性批判』偏重説と呼ぶことにする）に代表されるような否定的解釈は妥当であると言えるのであろうか。

本章は、１９７３年に発表されたH・オーバラーの「カントの法論の初期史について」[2]およびその後の論争の展開を踏まえて１９８３年に公表された「カントの法論は批判的哲学なのか」[3]と題する論文、また１９７９年に出版されたブッシュの『カントの批判的法哲学の成立１７６２-１７８０』[4]と題する著作、さらに１９８１年にイルティングによって公刊された「カントの批判的倫理学および法哲学は存在するのか」[5]と題する論文を主に手がかりとして、リッター、ブッシュおよびイルティングのテーゼの妥当性と問題点、またそれとともにオーバラーの見解（体系的統一説と呼ぶことにする）を考察することを目的としている。

Ⅱ　方法論的新カント主義および法実証主義のカント観・カント批判の影響

オーバラーは、カントにおける「非批判的」（unkritisch）とされる法哲学と批判的哲学との体系上の相互依存性の問題解明に考察の主眼を置いて、まずリッターのテーゼに対して反論している。オーバラーの所論を考察する前に、従来定説となっていた法論の上記のような否定的解釈を新たに確認したリッターの所論が、方法論的新カント主義および法実証主義からどのような影響を受けたのかを概略的に示しておく必要があろう。[6]

リッターの著作である『初期資料によるカントの法思想』は、先に言及したように、まず第一に、まさに19世紀後半および20世紀のもっとも強力な法哲学上の2つの動向、つまり方法論的新カント主義および法実証主義に共通の特徴であると見なされる上述の興味深いカント観およびカント批判から出発している。

リッターの序論を読めば容易に窺い知れるように、[7] 具体的に言えば、リッターがH・コーヘン（1842–1918）の『純粋意志の倫理学』[8]に依拠しているのは明らかである。また同様に、カント法哲学の評価に関して大体においてコーヘン[9]と一致しているR・シュタムラー（1856–1938）[10]、W・メッツガー（1879–1916）[11]、W・ヘンゼル[12]およびG・ドゥルカイト（1904–1954）[13]などの研究にも依拠しているのは疑いえない。[14] かれらの研究は、「カントの法論は、超越論的方法の中に認められるカント哲学の百年に一度の進歩に与っていない」とする「洞察」において意見が一致している。[15] リッターはコーヘンのこの洞察を検証し、またこの洞察がその検証に耐えうるかぎりにおいてこの洞察を解明しようと試みている。[16] リッターの研究は、この洞察の検証と解明を相互に移行しつつ進められる。つまり、リッターの研究の重点は、後期カントの法哲学、[17] すなわち1797年に出版された『人倫の形而上学』第一部『法論の形而上学的基礎論』（Metaphysische Anfangsgründe der Rechtslehre. Metaphysik der Sitten, Erster Teil, 1797. 以下著作を表す場合には『法論』と略記する。法に関する理論を表す場合には法論ないし法哲学と表記する）の「非批判的」性格を法思想に関する初期の資料を緻密に再構成することによって生成発展史的に解明することにある。すでに疑問に思われているかもしれないが、あらかじめ断っておくと、この問題をめぐって、多くの論者が「批判的」(kritisch)と「超越論的」(transzendental)という術語をほぼ同義として使用していることに注意しなければならない。

Ⅲ　Chr・リッターの所論の総括

オーバラーによるリッターの所論についての詳細な批判的検討を考察するに先立って、まずリッターの研究成果を総括的に確認しておきたい。というのも、リッターの諸テーゼがこの問題をめぐるその後の論争の出発点となっているからである。

リッターは、研究書の総括でかれの主張を細かく分析すると9項目に整理している。それらを以下に列挙する。[18] カント法哲学の超越論的・批判的性格をめぐる議論において特に注目されるテーゼは、2・1・1「連続性説」(批判的法哲学の否定)、2・1・2「伝統的自然法論および同時代の自然法論の継受」(合理主義と経験主義の非克服)および2・1・3「伝統的自然法論の合理的貫徹」(法哲学における超越論的理性批判の否定)である(リッターも、先に言及したが、多くの論者と同様に「超越論的」と「批判的」の両概念をほぼ同義として使用している)。

1　法哲学における超越論的方法ないし批判的方法の不貫徹

(1)　連続性説(批判的法哲学の否定)

リッターによれば、カントの法思想は不断の連続性の中で発展したものである。初期の資料によって解明された時期のはじめである1764年頃にすでに、核心において『人倫の形而上学』と同様の基礎的諸規定が見出される。また、本研究において考察された時期の終わりである1775年頃において後期の著作(『法論』)と同様の一連の主題、問いおよび解答が見出される。

カント法思想のこの連続性によって、カントが思弁的批判主義に対応する「批判的」法哲学を基礎づけたということが排除される。1769年にも、またそれ以降にも、カント法哲学の「批判的」段階と対立する「前批判的」段階について論じうるような「断絶」は起こらなかった。

この解釈がリッターの核心的テーゼであり、連続性説と特徴づけられるものである。

(2) 伝統的自然法論および同時代の自然法論の継受（合理主義と経験主義の非克服）

カントは伝統的自然法論と同時代の自然法論との不断の対決において、法と国家についてのかれの構想を創り上げた。カントは、これらの自然法論からかれの法思想の専門用語や「素材」を借用するだけではなかった。また、法と国家についてのカント自身の基礎的テーゼは、自然法論によって準備された歴史的基盤のうえに成立している。

カントは、理論哲学とは異なって、法哲学においては「批判的」自然法によって合理主義および経験主義を「克服」していない。カントの法思想を本質的に形成している法論理的志向性は、超越論的に確保された法ア・プリオリ性に至っていない。理論的批判主義の諸概念および諸基準を実践哲学に導入しようとするカントの試みは、類比と様式化を越え出るものではない。

(3) 伝統的自然法論の合理的貫徹（法哲学における超越論的理性批判の否定）

一方で、Chr・ヴォルフおよびその弟子（A・G・バウムガルテン、J・G・ダリエス、部分的にG・アッヘンヴァル）によって媒介された学派の伝統なしには、またC・A・クルージウスのキリスト教的法神学なしには、さらにN・H・グンドリングを越えてC・トマージウスに強く依存しているアッヘンヴァルのような卓越した法学者を熟知することなしには、カントの法思想はほとんど考えることができない。また、T・ホッブズ、J・ロック、F・ハチスン、D・ヒュームおよびモンテスキューなしには法と国家についてのカントの思想はほとんど考えることができない。また特に、J・J・ルソーの形成した影響なしには法と国家についてのカントの思想はまったく考えることができない。

他方だからと言って、カントの法哲学が諸説融合であると特徴づけることはできない。批判的選択、つまりカント自身の思想によって受け入れたものを独自に修正したり、また組み合わせたりすることによって、カントの法理論にその特殊な性格が与えられている。カントは徹底的に合理的自然法を展開している。しかしながら、その自然法は伝統的自然法論の合理的貫徹を頂点にまでもたらすような（超越論的理性批判という厳密な意味における）「単なる理性の限界内における自然法」にまでは高められてはいない。

（4）人間性の権利（人間性の権利の非体系化）

カントの合理的自然法は、法における人間の人間性についての実質的な、形而上学的に基礎づけられた諸命題を密かに基礎としている。カントは法形而上学のための体系的端緒を「人間性の権利」（das Recht der Menschheit）において展開している。しかし、カントはこれらの端緒をひとつの体系にまで仕上げてはいない。

（5）法原理と道徳原理（法原理の道徳原理に対する優位性）

カントの法思想は、歴史的に考察すると、１７６３年以降、実践哲学全体の中核であることが明らかになる。道徳原理はまずはじめに法原理である。したがって、カントにとって法は人倫的なものの単なる「不十分な様式」を意味するにすぎないとする見解は適切ではない。

2　伝統的自然法論の独断主義への傾倒

（1）ルソーの著作の影響（カントの法思想に対するルソーの格別な意義）

カントの法哲学上の発展のはじまりは、ルソーの著作を知ることと重なっている。カントの法思想に対するルソーの格別な意義は、心理的に「権利の熱狂的支持者」になりやすい憂鬱質な人、カントに対するこのジュネーヴ市民の著作の強い情緒的影響にある。ルソーは「人間とその権利」に対するカントの熱狂を呼び起こしたのである。

(2) 伝統的自然法論の独断主義（伝統的自然法論の独断主義への傾倒）

法および国家の問題に対するカントのこの強い関心が豊富な資料を見出すのは、カントが1765年頃に自然法についての最初の講義を準備している時である。カントは、法学者アッヘンヴァルの概論（『自然法論』Jus naturae 1750.）に取り組むことによって、ルソーによって影響を受け、情緒的色彩を帯びた法批判の後退へと至り、また体系的理論に対するカント自身の確信の強化へと至る。その時、カントの法哲学はますます「法的」（juristisch）になる。つまり、体系家カントは伝統的自然法の「独断主義」に引き寄せられたのである。

3　初期資料におけるカント法思想の特色

(1) 初期資料におけるカント法思想と『人倫の形而上学』との対比（カントの初期法思想の豊かさ、柔軟性、強烈さおよび開放性）

カント法思想の初期の資料によって、カントが20年ないし30年後に『人倫の形而上学』の体系の中で述べた思想の源泉および発展を洞察することができる。その際明らかになることは、カントがこの後期の著作においてかれの思想のもっとも明確なテクストを出版したわけではないということであり、またこの体系的著作からだけではカントの法思想の豊かさおよび柔軟性、強烈さおよび開放性が認識されえないということである。

(2) 哲学的法教育学（準備草稿および講義筆記録による法哲学教育者カントの実像）

カントが講義のための準備として起草した覚書きや、またかれの聴講者の講義筆記録という形で初期の資料は含まれており、これらの資料から哲学的法教育学としてのカントの教育活動についての印象が得られる。

Ⅳ　カントの批判主義と法論との相互依存性

それでは、リッターはどのような研究方法によって上記の総括で述べられている結論に至ったのであろうか。言い換えれば、いかなる方法でカント法哲学の「非批判的」性格を解明しようと試みているのであろうか。

リッターは、それを解明するためにカント法思想の発展段階を4つの時期に区分し、詳細に分析・検討している。ただしここでは、この発展段階の区分がそもそも適切であるのか否かは問わないことにする。オーバラーは、リッターによって区分された4つの発展段階の順序に従って、それぞれの発展段階においてカント法思想の発展にとって重要な諸要素を抽出している。

リッターの著作は5章から構成されているが、オーバラーはまず第一章および第二章を次のように要約している。これら2つの章は1763年以前の資料を分析の対象にしている。

リッターは、はじめに本著作の第一章「カントと同時代の法律学」において『法論』の「非批判的」性格を解明しようと試みている。[19] 具体的に言えば、批判的（批判期の）カントにおける法哲学のこの「非批判的」性格は、本質的にカント以前の伝統とのカントのつながりから、そしてまた講義の覚書き、手書きの準備草稿、講義筆記録、手紙といったもっとも初期の批判以前の資料において始められることによって、カント法思想そのものの連続性からその解明を見出そうと試みている。

リッターは、カント法思想の4つの発展段階（第二章から第五章まで）[20] において、カント法思想がその問題状況および問題史から受け取った影響を叙述し、また考察のはじめである1764年頃からその終わりである1775年頃までのカント法思想の連続性を『人倫の形而上学』との絶えざる関連において、きわめて綿密な吟味と並はずれた学識の広さによって論証している。しかし、カント法哲学の包括的・体系的著作である『法論』そのものを分析の対象としているわけではない。リッターのこの業績は、出発点の立場ないしいくつかの研究仮説の批判的限定の必然性から影響を受けていない。それでもやはりリッターのこの総括の業績は、カント法哲学に関する諸問題のその後の研究に多大な貢献をなしている。

次に、第一の発展段階である第二章「１７６３年までの著作における法哲学的なもの」は、１７６３年以前の時期の資料分析に当てられている。[21] ただし、法論に関するテクストの基礎はここではまだきわめて乏しい。しかし、この時期の著作として強調されなければならないのは、せいぜい１７６２年に成立した『懸賞論文』（Preisschrift,『自然神学と道徳の原則の判明性』Untersuchung über die Deutlichkeit der Grundsätze der natürlichen Theologie und der Moral. 1764.）である。カントはこの論文で、倫理（Ethos）と法（Jus）における広義の意味に理解された道徳的実践をそれぞれ区別する前に、依然としてC・A・クルージウス（１７１５－１７７５）にならって、適法的必然性（necessitas legalis）という概念を道徳的拘束性一般の厳格な形式の特徴として持ち出している。[22] この概念は、蓋然的必然性（necessitas problematica）という概念との結びつきにおいて、後に定式化されることになる定言命法と仮言命法との分離の前形式（Vorform）を形づくるだけでなく、また『人倫の形而上学』における合法性（Legalität）の可能な両義性の解釈にとっても興味深いものであるかもしれない。[23]

リッターの著作の第一章および第二章については上記のようにきわめて簡略に概説した。というのも、これらの章はいずれも１７６３年以前の資料を分析の対象としており、法論に関するテクストの基礎がほとんど見出せないからである。リッターによれば、カント法思想の基礎が見出されるのは１７６４年以降であり、したがってリッターはそれ以降の時期を第三章から第五章で詳しく検討している。

リッターによれば、第二の発展段階である第三章「１７６０年代半ばにおけるカント法哲学の基礎づけ」の中で論じられているように、[24]「カント法哲学の基礎づけ」が見出される１７６４年から１７６８年の時期に対しては、テクストの基礎として、主にバウムガルテン（１７１４－１７６２）の『実践哲学原論』（Initia philosophiae practicae primae. 1760.）、アッヘンヴァル（１７１９－１７７２）の『自然法論』（Jus naturae. 1750.）およびカント自身の『美と崇高の感情に関する考察』（Beobachtung über das Gefühl des Schönen und Erhabenen. 1764.）[25] の自家用本に記されている覚書きと欄外書き込みを頼りにせざるをえない（Bemerkungen zu den Beobachtung über das Gefühl des Schönen und Erhabenen）[26]。

リッターは、この段階においてすでに、後期カント法哲学のもっとも重要な諸立場が集中しているということを示すことに成功している。リッターは、この時期に、つまりカントの批判的段階における法哲学の叙述以前にすでに、「カントの批判主義と法論との間にはいかなる相互依存性も成立しない」とする連続性説の決定的に重要な裏づけを見て取っている[27]。

それでは、リッターは何を根拠に相互依存性の不成立を主張しているのであろうか。リッターによれば、もしそのような相互依存性が成立するとすれば、その相互依存性は、カントの法哲学が批判哲学の発展段階への入り口においてその批判以前の構造に対して変化をなし遂げていたということの中に現れていなければならないからであるとする。しかし、リッターはそのような変化は見出されないと主張する。

それに対してオーバラーは、『初期資料によるカントの法思想』の叙述に従って、カントの批判主義と法論との間にはいかなる相互依存性も成立しないとするリッターの上記テーゼ、その正当性およびその欠陥に対して批判的に検討を加えている。オーバラーはその際に、カント法思想の発展にとって重要な諸要素を抽出し、おおよそ12の視点から考察している。具体的に言えば、1．法原理としての普遍的意志の思想、2．自由論としての法論、3．自然状態と公民状態との対置、4．法治国家概念と国際連盟の理念、5．合法性と道徳性との区別、6．法の契機としての強制、7．刑罰の基礎づけ、8．実定法の効力の問題、9．人間性の権利、10．革命と改革、11．抵抗権の否認、12．労働による所有権の基礎づけである。

以下において、オーバラーの所論を主に手がかりとしてこれらの視点から順次リッターの所論を検討する[28]。

カント法哲学のこの初期段階をどのように評価するにせよ、いずれにしても『人倫の形而上学』の『法論』の根本的諸立場はすでに存在している。つまりリッターによれば、ルソー（1712-1778）に端を発して法原理としての普遍的意志の思想が透けて見えており、またこの思想が正義の理念と結びついている[29]。そこから道は首尾一貫して意思の合法則性としての無矛盾性の規定に至る。つまり、それによって（その外的使用における）意思を平等に限定することによって平等の法的実在性の最大限を規定する。[30] 法論は自由論として導入されている。[31] 公民状態（Zivilstand）は自然状態（Naturstand）に対して自由の保障という観点のもとで考察される。もちろん、自然状態をどのように評価するかについてはある種の分裂状態もまだ存在している。すなわち、一方では自然状態は肯定的に評価され、ルソーの意味における文明批判に役立てられる。しかし他方では、この自然状態はますますホッブズ（１５８８-１６７９）の意味における戦争状態として把握されるようになる。また、法治国家概念および国際連盟の理念はすでに後期法論の形態に近似して現れている。しかし、もちろん法治国家概念はまだ社会国家的諸端緒を伴って現れている。

合法性（Legalität）と道徳性（Moralität）との関係は、いずれにしてもすでに『人倫の形而上学』の方向へ向かって略述されており、[32] その段階は１７７８年頃にようやく完全に達成される。[33] 強制は法と結合したものとして考えられているが、[34] しかしながら法の契機そのものとしてはまだ把握されていない。[35] さらにカントは、トマージウス（１６５５-１７２８）、グンドリング（１６７３-１７３１）、ヴォルフ（１６７９-１７５４）およびクルージウスに対する意識的な対立においてすでに刑罰の基礎づけを同害報復（Talion）に制限している。[36]

それでは次に、カントは実定法学の諸問題についてはどのように考えていたのであろうか。

実際カントは、実定法学に対して格別興味をもっていたわけではなかった。しかし、この事実から、カントにとっては「実定法」そのもの、またその特殊な拘束性および自然法に対する実定法の効力に関心がなかったということが結論されてはならない。リッターは、最後に挙げられた関係の評価において、確かにたとえばW・メッツガー[37]やK・ラレンツ[38]よりもはるかに肯定的な評価の方向に向かっている。[39] しかしそれでも、オーバラーによれば十分というわけではない。というのは、リッターは、実定法の効力の問題と関連して、「カントはここにおいても、また後の『人倫の形而上学』においても――今日湧き出ている――「効力の問題」をほとんど研究していないということが見逃されてはならない」[40]と説明しているからである。

それに対してオーバラーは、カントの答えがよりによって実定法の効力の可能性の諸条件を明るみに出す場合に、いったいカントがいかなる問題を研究していたのかという問題に固執してもよいであろうと指摘する。さらに、次のように問うことができる。すなわち、実定法の効力の可能性の諸条件の構造が、そのような諸条件の発見的原理（自然）あるいは真の源泉（理性）に従って、「自然法」ないし「理性法」の名を要求しないのか否かという問いである。オーバラーは、「法一般」、「自然法」および多かれ少なかれその他のそれらに等しい用語はやはり、たとえさまざまな段階において作られたとしても、実定法の効力の可能性の諸条件を正しく理解した同一の総括概念を意味していると指摘する。

またオーバラーは、「人間性の権利」についてのカントの理念の意味は特に実定法の効力の理性的諸条件および理性の限界、すなわち実定法の法的性格そのものを規定することに存するように思われると指摘する。人間性の権利についてのこの思想はまた、リッターが示すことができたように[41]、カントにおいてはすでに1769年以前に証明することができる。より厳密に言えば、クルージウスとヴォルフの示唆に関連して証明することができる。後に有名なB・H・コンスタン（1767–1830）の「政治的反動について」（De réactions politiques. 1796. ドイツ語訳の題名は Von den politischen Gegenwirkungen. 1797.）に対するカントの返答[42]が当てられることになる嘘の法的重要性の問題さえも、この関連においてすでに現れている[43]。嘘は、嘘と結びついた法的相手方の具体的な侵害という厳密な場合において、否定的に法的に重要であるばかりでなく、また嘘が直接「人間の共同体の結びつき」を侵害するかぎりにおいて、またそれゆえ人間性の権利そのものに違反するかぎりにおいて、嘘は一般的に法的に（否定的に）重要である。この関連においてリッターによって持ち出された「理想的な人格性としての人間性」と人間の身体と精神との統一体としての人間性との区別[44]は、ここではまだ詳しく取り扱われえない。理想的な意味における「人間性の権利」（「自然権」）としての平等および自由と並んで、リッターによれば、いずれにしてもカントにおける次のような人間性の権利を付け加えなければならない。つまりその権利とは、人間の自然的本性、すなわちここでは人間の身体―精神―統一体に属するないし起因する権利である[45]。

さらに、カントは国家の不正に対する法的手段としてのすべての革命[46]（Revolution）を否認する。しかし、カントは学問的議論における漸進的・平和的な改革（Evolution）を擁護する。オーバラーによれば、カントが実定法の効力の問題にいかなる注意も払うことがなかったとする上述のリッターの主張に対する矛盾をこの確認の中に見出すためには、いかなる複雑な推論もなされる必要はない。というのは、革命が許容できないということのあらゆる「自然法的」ないし「理性法的」な基礎づけが、実定法の効力についての断固たる判断を必然的に含んでいるからである。同じことが抵抗権のカントの後の否認についても当てはまる。また、この否認はその本性上、実定法の効力の諸原理についての理論から生じる一部分以外の何ものでもありえない。

私法の中に、カント法思想のこの段階において、特に両親と子供相互の根源的な法的義務の可能性に関する家族法上の根本問題についての散在的な考察が見られる。しかし重要なことは、ここではもちろんまだカントは、ヴォルフとは異なって、所有権は労働によってのみ取得されうるとするロック（1632-1704）とルソーの端緒を共有しているということである。カントは、後になって『人倫の形而上学』の『法論』の中では、ロック的労働所有権論を否定し、法的に考察すると労働は、すでに所有権の法的根拠を表す先占（Okkupation）のひとつの特殊形式を形成するにすぎないということを認めることになる。(47) この際に見逃されてはならないのは、もちろんこのような先占はつねに法原理によって引かれた限界内部においてのみ法的に可能であるということである。

V　法論の解釈における積極的自由概念の意義

次に、第三の発展段階である第四章「1769年から1771年までの法思想の発展」は、「1769年以降の思弁的批判主義への転回」として特徴づけられている。「69年は私に大いなる光を与えた」という哲学的思考の発展についてのカントのこの覚書きは、思弁的形而上学の「批判的な」新たな基礎づけへの転回の時期を示している。そして、この転回は最終的に、『純粋理性批判』（1781年）の超越論的観念論の構想へと至る。しかし、この「大いなる光」の概観は実際すでに『教授就任論文』（『感性界と知性界の形式と原理』De mundi sensibilis atque intelligibilis forma et principiis. 1770）の中に見られる。哲学の「批判的」基礎づけが実践哲学、特に法哲学に対しても新たな根拠を置いたとすれば、カントは１７８０年代および１７９０年代の道徳哲学上の諸著作において主張しているが、１７６９年以降道徳哲学および法哲学についての諸見解の中に哲学的批判主義という意味において同様に新たな諸端緒が見出されるということが期待されることになる。そしてリッターは、この期待が満たされるのか否かをこの時期の資料の個々の解釈によって証明しようと試みている。[48] 結論を先取りして言えば、リッターのこのような期待は満たされないことになる。

資料に関しては、１７６９年から１７７１年までのカントの「批判的」発展の出発段階の規定に対して、法哲学上の観点においてバウムガルテンおよびアッヘンヴァルについての注解とレフレクシオーンだけが利用される。[49] リッターによれば、カントは目的のための手段を取り扱う擬似―実践哲学（Klugheitslehre）と目的そのものを規定する純粋な実践哲学との有名な区別から出発して、[50] 法哲学は「純粋な」、単に合理的な実践哲学の一部として規定される。[51] 法哲学は、行為が外的によいものであるかぎりにおいて、すなわち他の行為者の意思と両立し、また自由の普遍的法則のもとに成立するかぎりにおいて諸行為に関係する。すべての法のこの原理は、また純粋な道徳原理と一致する。[52] それどころかカントは、正確に考察すれば、法原理を道徳の全領域に拡張することによってこの純粋な道徳原理を獲得する。[53]

そしてはじめて、合法則的な外的行為の単なる外面性に対して倫理（エートス）の付加的な妥当性の契機としての心情の特徴づけが見出される。[54] もちろんまた、法と倫理との不可能な矛盾についての理論の根源も見出される。しかし同時に、法の基礎づけに続く純粋に合理的な倫理学への移行が、初期の倫理学の立場をまさに獲得された純粋に合理的な法の基礎づけに適応させることであることが明らかとなる。[55] 倫理的な自律という積極的自由概念は、法論の自由概念に対する制限において発展させられていた。[56]

この結論は、学説史的にはＪ・エビングハウスによって長い間主張されていたいわゆる独立性テーゼと一致する。[57] つまり、カントの積極的自由概念はカント法論の解釈の基礎にされてはならないとする確信を確認するものである。オーバラーは、批判主義と法論との相互依存性の問題の論究において後にこの論点に立ち返ることになる。したがって、ここではこの問題には立ち入らないことにする。

リッターは、エビングハウスの解釈の端緒に忠実に、カントが法規範および倫理規範の「超越論的演繹」を貫徹することがなかったと非難する。[58] もちろんカントは、数学的法則と同様に法の法則に同じ必然性を付与している。[59] リッターは、この「必然性」が法則の合理性から生じるのかあるいは法則の超越論的ア・プリオリ性から生じるのかとする問題を提起しているが、[60] しかし、この二者択一そのものの問題を特に実践哲学に対しては考慮に入れていない。

ところで、この時期になると先に述べたルソーの影響のもとにおける自然状態の肯定的な評価は絶えず後退していく。他方で、ホッブズに従った自然状態の否定的な契機の強調が、同時に公民状態の進歩的な再評価に至ることになる。カントはさらに進んで、人間が自然状態を脱却し、自由を確保するために公民状態に入り、この公民状態を維持することを人間の「第一の義務」として規定する。[61] ホッブズによれば、あらゆる国家は自然状態よりも優先されなければならず、したがっていかなる抵抗権も存在しえない。[62] 他方、公民状態を実現するための基準は、国家による自由の保障の中にのみ見出されうる。というのは、国家は自由の保障においてのみその正当性を確保することができるからである。この社会契約思想は、この関係およびその作用の具体的説明、つまり法原理そのものの発見的な変容にすぎない。[63] 実際、国家はその成立の仕方に関係なく（事実問題 quaestio facti）、国家がその基本的な目的を満たすかぎりにおいて、またその範囲において正当化されている（権利問題 quaestio iuris）。

また、先行する段階に対してここでは先に述べた法治国家思想がより強く前面に出てくる。つまり、初期の段階の社会国家的端緒（出発点）はもっとも広範囲に取り除かれる。[64] 法治国家は、自然状態において不確実ではあるが、すでに成立している諸権利を保障する。また、自然状態のもとにおける経済的自由の権利も保障する。しかし、法原理によって加えられた制限内部において、経済理論的観点におけるカントの「リベラリズム」の過度の強調に対して、つねに目を離すべきではない権利が依然として存在する。この制限によって法的な自由行使と違法な経済的自由行使との区別を実現することが可能になる。社会契約は国家目的を規定しており、また社会契約によってこの目的に対する国家の諸手段は国家目的との無矛盾性に拘束されることになる。[65]

ここにおいてはじめて、しかしすでに『人倫の形而上学』の形態の中に現れている権力分立理論と並んで言及に値するのは、すでにヴォルフおよびクルージウスにおいて証明されうる「国家の主権者」という術語における二重の意味である。[66] すなわちそれは、第一に、観念的な人格（国家概念の機能）として、また第二に、経験的な人格（君主である主権者）としての意味である。つまりこれは、公権（Obrigkeit）についてのカントの理論との関連において、カントを反駁する場合にしばしば考慮されていない区別である。

また、先に述べた人間性の権利についての理論がこの時期にさらに強化され、また偽りの約束と嘘一般の違法性についての論究との関連においてさらに強化される。「人間性の権利」は、「権利に対する権利」である。[67] オーバラーは、人間性の権利についてのカントの理論における「観念的で実質的なア・プリオリ」と「実在的で実質的なア・プリオリ」とのすでに先に挙げられた区別、つまり結局「自然法」一般の概念および問題における自然概念の二義性にさかのぼられうるとする区別[68]が、やはりリッターを少し誤謬に導くように思われると指摘している。一方で、「すべての人間そのものの観念的な性質」の侵害のためではなく、[69] また他方で、「人間の身体的・精神的構造の実質的なア・プリオリ」に対する違反のためではなく、ただ嘘が自然法（iura naturalia）の獲得のための人間の権利と矛盾するので、またそのかぎりにおいてのみ、リッターによって挙げられた法哲学のレフレクシオーン７５６９が誤解されないように言っているが、[70] 嘘は倫理的に否定的であるのみならず、また原則的に不正なのである。しかしこのことは、人間の理性的本性と自然的（動物的）本性との区別が、カントの実践哲学一般および個別的には法論にとっていかなる意味ももちえないということを意味するものではない。オーバラーは、この区別は次のような仕方では使用されえないと考えているだけである。すなわち、人間性の権利によって、理性に制約された妥当性の部分と自然に制約された妥当性の部分とを、すなわち「合理的」妥当性の部分と「動物的」妥当性の部分とを区別することができるとする仕方である。

VI　伝統的自然法論と同時代の自然法論との連続性におけるカント法論の直線的発展

最後に、第四の発展段階である第五章「１７７２年から１７７５年の間のカント法思想における基礎づけの強化および主題のさらなる発展」の論述において、１７７２年から１７７５年の時期までは、１７６９年から１７７１年までの時期と同様にまた、バウムガルテンおよびアッヘンヴァルについての手書きのレフレクシオーンと注解のみが法哲学上の資料として使用されうる。これらのレフレクシオーンは、すべての範囲におけるカント法哲学上の考察の「基礎づけの強化」および「主題設定のさらなる展開」を証明するものである。[71] しかし、これらのレフレクシオーンはもはやいかなる驚きももたらすことがない。カントはこの時期に法と倫理との区別に特別の注意を向けている。[72] リッターは、実践哲学を理論的批判主義の意味においてア・プリオリに基礎づけようとするカントの時々の試みを一般的なカントの体系化の欲求に基づく「批判主義的様式化」[74] であると見なしている。[75]「人間性の権利」[76] についての考察は、この強化の時期にはこれ以前よりも、またこれ以後よりもより豊富で詳しいものとなっている。また、抵抗権についての理論は『人倫の形而上学』の立場にきわめて接近している。[77]

したがって、以上の４つの発展段階の論述から結論として、先に述べたように、リッターにとっては総じて、カントの法理論は１７６３年頃から伝統的自然法論と同時代の自然法論との連続性の中で直線的に発展してきたものであるということが明らかとなる。それゆえリッターにとっては、カントの法哲学には「超越論的に確保された法ア・プリオリ性（Rechtsaprioristik）」が欠如しているために、カントにおける「批判的」法哲学は存在しないということになる。すなわちリッターは、批判以前の法哲学が結局また依然として『人倫の形而上学』を支配していると主張する。リッターによれば、カントの法哲学は「超越論的理性批判という厳密な意味」における「単なる理性の限界内における」自然法の性格を有するものではない。しかしそれにもかかわらず、カントの法哲学は、非体系的に継ぎ合わされてはいるが、人間の人間性についての形而上学的諸命題に基づく徹底的に合理的な自然法論である。[78] カントにおける法原理は道徳原理一般の根源および基礎をなすものであり、またカントの意味における法は道徳の「不十分な様式」と見なされてはならないとする。[79]

リッターのいくつかの前提、根本テーゼ、推論および結論についての批判的な検討に入る前に、オーバラーはもう一度、リッターのこの著作の資料の整理、大部分の個々の結論、それとともに特別な価値は、次の検討からはずされているということを強調する。つまり、オーバラーはこの検討の中で、カントにおける「非批判的」とされる法哲学と批判的哲学との体系上の「相互依存性」の問題だけに限定する。またオーバラーは、カントの法論を「密かに」(kryptisch) 基礎づけるとされる「実質的に形而上学的に基礎づけられた人間の人間性についての諸命題」[80]の問題の論究および「徹底的に合理的な自然法」と「単なる理性の限界内における自然法」との区別の問題の論究は度外視している。[81]

Ⅶ　新カント学派および法実証主義のカント哲学解釈

本章のⅠはじめにおよびⅡですでに新カント学派および法実証主義のカント観・カント批判を略説したが、ここではそれについてやや立ち入って検討する。批判的実践哲学の「科学論的」解釈は新カント学派の遺産である。新カント学派は、『純粋理性批判』における自然科学の基礎づけとしての経験の基礎づけという科学論的に理解されうる端緒から、類比によって批判的実践哲学として現れうるような実践哲学の「固有」の意味を推論し、また次にそれに対応して精神科学、歴史科学および文化科学の科学論的基礎づけにその意味を見出した。そして、この意味に理解された実践哲学は、理論哲学とまったく同様に「学の事実」ないし多くの同種の諸学の事実からそのような（諸）学およびそれらの諸対象の可能性の超越論的諸条件を推論するという課題をもつとする。この解釈に基づいて新カント学派は、カントにそのような実践哲学が欠如していることに気づき、またこれを契機にしてカントを批判しあるいは「カントを越えて」いこうと試みたのである。[82]

新カント主義のマールブルク学派の代表的法哲学者であるシュタムラーは、このようなカント批判の中で『純粋理性批判』の方法論的超越論的哲学を援用して法学方法論としての、また「正法」理論としての法哲学を展開した。[83] また、コーヘンが企図したのは、シュタムラーに対する同時の鋭い限定のもとに、かれの倫理学に関する2つの著作である『カントの倫理学の基礎づけ』および『純粋意志の倫理学』[84]において、同じくカントの実践哲学全体および明らかに特にカントの法哲学は基礎的に科学論的に理解された『純粋理性批判』の批判主義を裏切るものであるということを証明することであった。なぜそうであるのかと言えば、カントの実践哲学全体が、第一に実践から「学」の諸原理を推論し、また「間接的に」のみこの諸原理を越えてこの学の諸対象の諸原理まで押し進むことなく、実践の可能性の諸条件、それゆえ学の可能な対象の諸条件を「直接的に」探求しようと試みることによってであるとする。そしてこれらの諸対象は、理論哲学と実践哲学、すなわち「2つの領域の原理的構造を貫通している共通性[85]」の意味における「認識の法則性」と「意志の法則性」との並行論（Parallelismus）という前提のもとで、哲学的「超越論的」分析に対する「学の事実」の中にのみ準備されており、つまり「与えられ」ているとする。

そしてまた、西南ドイツの新カント学派の法哲学が、それに対応する価値理論的・文化哲学的変容において確立された。しかしながら、西南ドイツ学派と同じような前提に基づきながらもひとつの世界観類型的端緒に関して方法論的に、また科学論的に基礎づけることを充実することによって法実証主義の側ではハンス・ケルゼンが、ついにカントの法論における超越論的方法の破産宣告を行った。すなわちケルゼンによれば、カントの法論の中には超越論的観念論との矛盾が公然と存在しているとする。つまり、カントの法論は非批判的、独断的であり、言い換えれば、カントによって克服された意味において形而上学的であるということである。なぜならば、法論が非相対主義的であり、またそれゆえ非実証主義的であるからであるとする。ケルゼンは、カントの法論は、「17世紀および18世紀にプロテスタント的キリスト教の地盤のうえで発展したもので、古典的自然法論の完全な表現」を形成していると主張している。[86]

最近まで法学者および法哲学者にとって定説となっていたカント法哲学が非批判的であり、独断的形而上学であるとする否定的な評価に対するケルゼンの破産宣告の影響は、きわめて大きかったと推察される。

ケルゼンは、『自然法論と法実証主義の哲学的基礎』の中で次のように述べている。

「形而上学の真の克服の避くべからざる結果である相対主義の明白にして腹蔵なき告白を、かれ〔カント〕にもとめてもむだであろう。形而上学から完全に自己を解放することは、あのようになおキリスト教に深く根ざしている人柄にとってはおそらく不可能だったであろう。このことはかれの実践哲学にきわめて明瞭にあらわれている。けだし、ここではキリスト教理論に重点が置かれているが、まさしくこの実践哲学の体系中に、カントが理論哲学の領域であれほど力強く排撃したキリスト教の形而上学的二元論が全面的に浸透しているからである。ここでは、かれは先験的方法〔超越論的方法〕を放棄した。批判的理想主義〔批判的観念論〕のこの矛盾はすでにしばしば指摘しつくされている。先験哲学〔超越論的哲学〕が、実証主義的法学・国家学にその基礎を提供するまったく特殊な任務をもっているのに、カントは法哲学者としては自然法論という旧態依然たる軌道にとどまっていたことも、こういう点に由来する。実際、かれの「道徳の形而上学」〔『人倫の形而上学』〕は、一七・八世紀にプロテスタントのキリスト教の地盤に展開されたと同じ古典的自然法論の完全な表現とみなすことができる[87]」。

それゆえ、法哲学において科学論的ア・プリオリ性理論の意味における「超越論的方法」をカントによって誤って行ったとされる法に取り入れるという要求に関して、新たに法実証主義と新カント主義は「補完理論(Komplementärtheorien)」として明らかになる[88]。

Ⅷ 『純粋理性批判』における超越論的観念論と法哲学との相互依存性

ところでオーバラーは、『純粋理性批判』の限定的解釈に基づく科学主義的ア・プリオリ性という意味において、このようにさまざまに要求された「超越論的方法」は、実際にはカントの実践哲学には見出されないと強調している。そしてそれゆえ、当然のことながら、カントは実践哲学において超越論的方法の批判的道（方法）を放棄したとする新カント学派および法実証主義者の非難はいかなる時も消えることがなかった。リッターも「まず第一に」、この科学論的・超越論的方法の適用のみを真の「批判的」哲学として理解し、したがってまたカントの法哲学が非批判的であると理解しているように思われる。確かに、その際リッターは、カント法哲学の領域でリッターの先駆者である多くの論者ほどには進んでいるわけではない。というのは、リッターは、カントの法哲学が『純粋理性批判』の超越論的観念論に直接的に「矛盾」しているということをはっきりと主張しているわけではないからである。しかしながら、この矛盾はリッターの推論のいくつかの方法から一貫して展開され、また例外的に言葉によっても感じ取ることができる。[89] 先に述べたように、むしろリッターは少し慎重に、カントの法哲学と超越論的観念論との間にはいかなる「相互依存性」も存在しないと説明している。すなわち、もしこのような相互依存性が成立するとすれば、リッターによれば、すでに第二の発展段階で示されたように、カントの法哲学上の思想は、カントに大きな批判的光をもたらした1769年に決定的に法律学の超越論的理論の方向へと変化していなければならなかったことになる。[90] しかし、オーバラーはこの変化が生じなかったのは明白であるとする。

オーバラーは、上記において慎重に「まず第一に」ということばを用いているが、それには理由がある。確かに、リッターは実際にはカントの法論に対する新カント学派の批判から出発し、この批判にリッター自身の見解も一致していると考えている。先に言及したが、リッターはこの批判に関連して、かれの研究のはじめにコーヘン以来次のことに対して一致した意見があることを確認している。つまり、どういう意見かと言えば、法論における批判主義からのカントの「離反」は、法論の諸命題が人間の理性の働きの可能性の諸条件から厳格には演繹されていないということに基づいているとする意見である。[91] そして、リッターはかれの著作の総括[92]の中で、この出発点のテーゼはかれの考察によって裏づけられたと見ている。

しかし、このテーゼはさしあたりコーヘンの批判的な確認とまったく同じであるというわけではない。その確認というのは、『純粋理性批判』の科学論的端緒（出発点）はカントによって実践哲学に、それゆえまた法哲学にも転用されていないとするものである。[93] 法哲学にかぎって言えば、実際コーヘン以来この確認は以前よりも明確になっている。しかしながら、すでにこの事実の評価においては意見がさまざまに分かれている。また、コーヘン、シュタムラーおよびケルゼンなどとの意見の一致は、少なくともリッターが示唆しているように思われるほど一般的ではない。

しかし、この意見の相違とは無関係に、オーバラーはリッターの次の確認は正しいと指摘している。つまり、法哲学上の批判者たちは、理論哲学と実践哲学とのこの失敗に終わる並行論であれ、あるいはカント法哲学の諸命題の「超越論的不導出性」であれ、その欠陥に対する非難に基づいてすぐにカントの法論を越えて、また誤って考えられた真の「批判的」方法によって独自の法哲学上の学説の発展に移行するということである。[94] まさにそれゆえに、法哲学における膨大で内容豊富な体系的文献がシュタムラーとコーヘン以来、多くの哲学者や法哲学者によって蓄積されてきたのである。

ところでオーバラーは、カントの法哲学と超越論的観念論との間の相互依存性が欠如しているとするリッターにおける中心的な確認にとって、本質的に次のことを知ることが重要であると指摘する。すなわち、この相互依存性が、まず第一に、コーヘンとのつながりに基づいているように思わざるをえないが、普遍的・科学論的体系性というコーヘンの意味における批判主義に関係しているのか否かということを知ることである。確かに、「人間の理性の働き一般の可能性の諸条件からの厳格な演繹[95]」というリッターの表現を次のかぎりにおいてこじつけて解釈することができるであろう。すなわち、この表現が実践哲学の科学論的端緒というコーヘンの要請に直接近接するかぎりにおいてである。しかしながらこの表現は、「またここでは特に実践理性の」というそれに続く文章によって、[96] むしろ慎重に科学主義的批判主義から離れようとしているように思われる。さらに科学主義的批判主義は、リッターのいくつかの結論と一致しないであろう。もしリッターが実際に、初期のマールブルクの新カント学派の普遍的・科学主義的端緒を心に留めていたとするならば、リッターはカントの「理論的批判主義」と法哲学との相互依存性の欠如を確認しなかったはずである。むしろリッターは、カントの批判的理論哲学と全体としての実践哲学、すなわちカントの実践哲学全体との相互依存性の欠如を非批判的として確認したのではなかろうか。というのは、非科学主義的に理解されなければならないからである。

しかし、科学主義と批判主義とをこのように同一視することに対しては、すでに示したように、オーバラーは疑問の余地があるとする。全体としてのカントの実践哲学は、科学主義的ではないし、またそれは「理論的批判主義」の意図に従えば科学主義的ではあるべきではまったくなく、またありえない。実践は自然に従うのではなく、むしろそれ自身すでに妥当性をもって、またまさにそれゆえに本来的な「批判」に従うのである。そして、この批判が限界、つまり妥当な実践の可能性の諸条件の総体を規定する。カントが実践哲学において「学の事実」から出発せずに、自然法則ではない法則による義務づけの意識において、実践的である純粋理性そのものの唯一の事実から出発しているのには十分な根拠がある。これによって批判的実践哲学は、すべての調和する体系構築の向こう側にその独自性を獲得することになる。このことによって、いずれにしても理論哲学と実践哲学との基礎的関連に関して、まさにE・アディケスがカントの実践哲学に対して非難した、「異質な原理の異質な領域への不当な転用」が避けられているのである。[97] カント解釈およびカント批判において、また特に「カントを越えて」という体系構築において科学論的類比構想の同質の体系性を断固として貫き通したことは、ともかくマールブルクの新カント学派の疑わしい功績である。しかしそれと並んでまた、オーバラーは、マールブルクの新カント学派に、カント哲学および現代の体系的哲学に対するさまざまな疑うことのできない功績が認められるということは特に強調する必要がないと指摘する。

IX 理論的批判主義と実践的批判主義における超越論的観念論

しかしオーバラーは、相互依存性が欠如しているとするリッターの確認が普遍的科学主義という意味における超越論的観念論を前提とするのではなく、むしろカントの実践哲学の特殊な超越論的・観念論的端緒を考慮に入れ、また受け入れるならば、「理論的批判主義」と「非批判的」法哲学との対置は、特にコーヘンとのつながりとともに誤解を招きやすいように思われると指摘する。というのは、ここではコーヘンの意味における理論的批判主義とカント法哲学との矛盾が問題になっているのではなく、むしろ批判的カントの実践哲学の中に現れうるような特殊な超越論的観念論とカント法哲学との矛盾が問題となっているからである。その際、実践哲学の中に現れうるようなこの超越論的観念論は、その特殊批判的要素と見なされる。そして、法哲学にはこの要素が欠如しているために非批判的と見なされるのである。したがって、この相互依存性は、この場合には、カントの法哲学と実践哲学における超越論的観念論との間にのみ求められるか、あるいはこの相互依存性の欠如に気づくかのいずれかである。オーバラーは、相互依存性を求めるという「このような方法」は、科学主義的な方法よりも「まず第一に」、むしろ正当であるように思われるということは疑いがないと主張する。

それでは、実践哲学における超越論的観念論とはいかなるものであろうか。

オーバラーは、カントの実践哲学における超越論的観念論は、「理論的批判主義」と意味深く結びついたものとして、すなわち『純粋理性批判』の二律背反理論の中で基礎づけられたものとして考えられると指摘している。理論的批判主義と実践的批判主義は、このようにしてひとつの体系的統一を形成し、またその共通の、しかしながら特殊的に変化させられた契機を超越論的観念論は形成する。この契機から考慮されればもちろん、法論とのいかなる（単純な内容上の）相互依存性も見出されえないことになる。そしてこの場合、この試みはいずれにしても法論のこれとは異なった性格を「非批判的」と呼ぶことを促すことになる。

それゆえ、相互依存性の欠如に関するリッターの確認を、この第二の、すなわち科学主義とは明確に区別された意味において理解することは、科学主義とコーヘンとの結びつきにもかかわらず有利な証拠になる。もちろん、この種の相互依存性の欠如をひょっとしたら老齢の強情とか耄碌に制約されたカントの後期法論の欠陥と見なすということまでしてはならない。しかし、F・パウルゼンからR・ライニンガーまで、またある意味ではリッターによって、[98]このことにカントの後期法論の特徴が関連づけられている。というのは、カントにおける全体としての実践哲学と個別的な法論との関係に対してこのような相互依存性を期待し、それどころか要求することにはまったく正当性も意味もないからである。すなわち、法哲学も含めた実践哲学の「すべての」領域に対する超越論的観念論の共通性という意味におけるそのような相互依存性は、まったく存在しえない。なぜならば、カントの正しく理解された、非科学主義的実践哲学において超越論的観念論が現れうるかぎりにおいて、超越論的観念論は法論ではなく、倫理学の妥当領域にのみ属するからである。超越論的観念論は法論にはまったく属しえない。というのは、次のことがまさに倫理学と法論との分離に対する決定的に重要な基準を形成するからである。すなわち、倫理学においては道徳的自律という積極的自由概念のみが問題になっているが、しかしそれに対して、法論においては感性の衝動による強制の欠如という意味における外的意思使用という消極的自由概念のみが正当にも問題となっているということである。(99) この消極的自由概念がどんなに積極的な補完を指示し、また押しつけようとも、法論におけるこの消極的自由概念の使用は積極的自由概念の超越論的観念論に依存していない。

ユリウス・エビングハウスはすでにずっと以前からこの事態を指摘していたし、またこの事態と結びついた誤解と闘ってきた。(100) エビングハウスがつねに新たに強調していたことは、超越論的観念論との関連においてカントの倫理学と法論は決定的に分離されるべきであるということであり、また批判的倫理学の諸規定をカントの法論に転用することはまったく許されないということである。厳密に言えば、まさに感性の衝動による強制に対する意思のその外的使用における無依存性という消極的自由概念に法論の論証を制限するために、まったく許されないのである。それゆえオーバラーは、超越論的観念論に関する相互依存性の欠如は、カントの法論のいかなる欠陥をも意味するものではなく、むしろその特別な優位を意味すると解釈している。

X 体系統一という意味における相互依存性

しかしだからと言って、第一に、新カント学派に代表される科学主義的意味における相互依存性の欠如および第二に、オーバラーが主張する超越論的観念論という意味における相互依存性の欠如はもちろん、カント哲学の他の諸分科に対するカントの法論の完全な分離を意味するわけではない。それでは、オーバラーはいかなる意味において相互依存性の存在を認めるのであろうか。オーバラーによれば、積極的自由概念と消極的自由概念との二者択一は、相互的な制限の関係およびそれとともに少なくとも形式的相互依存性という積極的な契機を含んでいる。境界設定のこの「相互依存性」との直接的関連において、体系の基礎づけと体系の完成との「体系統一」という相互依存性が、すなわち体系のための予備学という意味における「批判」と「批判」によって可能にされた体系そのものという意味における形而上学ないし「形而上学的基礎論」との「体系統一」という相互依存性が成立する。具体的に言えば、オーバラーは、この体系的「相互依存性」は、一般に『純粋理性批判』における哲学一般の新しい基礎づけとカントの法論との関係に対して当てはまるし、また特に全体としての批判的実践哲学と法論との関係に対しても当てはまり、さらに結局、特殊的に『人倫の形而上学』における『徳論の形而上学的基礎論』という狭い意味における批判的倫理学と法論との関係に対しても当てはまると主張する。

オーバラーは、上記の解釈に基づいて次のことを確認することは陳腐なことであると指摘する。すなわち、この種の相互依存性はそのような内容上の共通性ないし同一性ではなく、むしろ全体の中への相互的な境界づけおよび組み入れに基づく相互的調和という形式的、体系的な相互依存性にすぎないということである。そして、カントの法論が、カントの批判的倫理学と体系的に一致しうるためには、超越論的観念論に関与していなければならないということが、今までどこでも説得的に証明されたことがなかった。『人倫の形而上学』の「まえがき」の中でカントによって強い調子で表現された確信、すなわち法論はむしろ批判的に基礎づけられた全体への体系的な組み入れという仕方でのみ哲学的に可能であるという確信は、今まで反論できないままである。

カントは、『人倫の形而上学』の「まえがき」の冒頭ではっきりと次のように述べている。

> 「『実践理性の批判』の後には**人倫**の形而上学という体系が続くはずである。これは、（既刊の『自然学の形而上学的基礎論』と対をなすものとして）法論の形而上学的基礎論と徳論のそれとに分けられる。そして、後出の「序論」はこれら（法論と

徳論との）二者を含む体系の（構成）形式を提示し、部分的にそれを解明しようとするものである」[101]。

オーバラーは結論として、特に法論を考慮して展開された哲学の批判的体系への包摂という意味において、カントの法哲学を「批判的」哲学と呼んでよいであろうと主張する。それでは、オーバラーは何を根拠にそのように主張するのであろうか。その主張に対してオーバラーは３つの根拠を提示している。

第一に、批判的哲学の批判的性格をその誤って考えられた基本的・科学主義（Fundamental- Szientismus）に結びつけるとすれば、科学主義的なカント解釈者は、『実践理性批判』および『判断力批判』の批判的性格さえも否認することになるであろうし、また『純粋理性批判』のみに批判的性格を限定しなければならないことになるであろう。

また第二に、批判的性格を「批判」そのもの、すなわち三批判のさまざまな基礎づけの性格に関連づけるとすれば、『自然科学の形而上学的基礎論』、『法論の形而上学的基礎論』および『徳論の形而上学的基礎論』に対しては「批判的」という呼称が拒否されなければならないことになるであろう。

さらに第三に、批判的性格を二律背反理論の、すなわち実践的基礎づけの諸著作の超越論的観念論に結びつけるとすれば、一方で『徳論の形而上学的基礎論』に対しては批判的性格が認められるが、しかしながら他方で『法論の形而上学的基礎論』には批判的性格が認められないことになるであろう。それゆえ、『法論』と『徳論』から構成されている『人倫の形而上学』は、まったく相容れないものについての単に老齢に制約された、単なる表面的な著作上の一体化と見なされなければならないことになるであろう。したがって、オーバラーはこれらの３つの根拠からカント法哲学の批判的性格を肯定している。

ところでオーバラーは、リッターのテーゼに対する批判的検討を行う１９７３年のこの論文の時点では、カントの哲学に関して「批判的」ということばがどのように使用されてよいのか、また使用されてはいけないのかについての論争を始めるつもりはまったくなかった。しかしその後、リッターの研究を契機として活発な議論が展開していく中で、１９８３年の論文においてW・ブッシュおよびK・H・イルティングの所論の検討に際して緻密な分析を行うことになる。
しかしここでは、オーバラーは、上記で挙げた３つの一部ではあまり原則的ではない解釈可能性と並んで、次のような諸理論に対してもやはりまた「批判的」という術語の使用を留保しておいてもよいのではなかろうかと指摘する。すなわち、それらは批判によって体系的に基礎づけられ、また批判と調和して、それゆえ「批判的」と名づけられうる哲学の体系統一の中に成立する諸理論である。

しかしオーバラーによれば、１７６９年頃における批判以前のカント法哲学の超越論的観念論に限定された意味における「批判的」変更の要求は、法論における超越論的観念論が法論からすべての意味を奪い取り、また倫理と法との区別を無に帰せしめることになるので、支持できないというだけではない。またこの要求は、批判によって基礎づけられた体系部分が批判そのものである必要はなく、むしろ徹底的に批判的に基礎づけられた形而上学でありうる、すなわち超越論的観念論が体系的基礎づけないし他の分科の限界づけのために必要であるとしても、たとえば超越論的観念論を必ずしも含む必要がないというかぎりにおいて、根拠がない。オーバラーは繰り返し述べているが、むしろこの要求は、カント法論の発展の歴史的関連からも、リッターはこの法論の発展をその主要な主題および主要な段階において特に際立たせているが、まったく説得力をもっては明らかにならない。なぜならば、一方で『人倫の形而上学』の最終形態における実践理性の「体系への接近」の批判以前の発展と、他方で『人倫の形而上学の基礎づけ』および『実践理性批判』によって獲得された体系内容の批判的・体系的な基礎づけとの間にはいかなる矛盾も成立しないからである。

新たに発展させられた基礎づけに対して、また新たに発展させられ基礎づけられたものを求めることはまったく必要ではない。それゆえ、「哲学の批判的な新たな基礎づけ」、また結局「実践」哲学の批判的な新たな基礎づけから次のような期待はけっして推論されえない。すなわち、「１７６９年以降の道徳哲学および法哲学の叙述の中に、同様に哲学的批判主義という意味における新たな諸端緒が見出される」とする期待である。[102]「哲学的批判主義」と実践哲学における超越論的観念論との同一性を前提にすると、このことはいずれにしても法哲学には当てはまらないことになる。このような期待から、それに基づいた論理的な原因―結果―関係と時間的な連続との許容できない混合を推論するかもしれない。

なにものも次のことを想定することを強制しない。すなわち、ひとつの理論の体系的基礎づけがその内容上の仕上げに先行するのか、あるいは後に続かなければならないのかという想定である。また、なにものも次のことに期待することを強制しない。その仕上げが時間的に先行するような理論的複合体が、変更によって時間的に後に続く体系結合に適合させられるか、あるいは完全に新たにされなければならないという期待である。

言い換えれば、新しい枠組の中にまったくすでに知られた古い内容が組み込まれうるのである。そして、この新しい枠組みとその古い内容の内容上の変更とが必ずしも結びついている必要はない。

つまり、古い内容の「新たな規定」はそのような新たな組み込みに徹底的に編入されうる。したがってカントにとって、批判期のはじめまで発展してきた実践哲学のすべての内容を批判期のはじめ以降に取り替えたり、あるいは内容上の変更によって適合させたりする必要はなかったのである。そのすべての内容は、内容上また実践哲学の新たな基礎づけとは必ずしも関係していなかったのである。カントの法論は多くの部分において、リッターが示すように、「批判以前の」理論であるのは確かである。それどころか、「カント以前の」理論でさえある。カントはカント以前の、また批判以前の多くの諸要素を取り入れたにすぎず、しかしそれらをよりよくつなぎ合わせ[103]、そして新たにまたよりよく体系的に基礎づけたのである[104]。

XI　カントの法思想と理論哲学・実践哲学との発展史的関連

オーバラーは、普遍的で純粋な道徳原理の展開以前のカントの法原理の仕上げという歴史的な先行についてのリッターの叙述は、次のことを示すものとして役立つように思われると指摘している。すなわち、法原理のまさにこの仕上げが実践哲学の批判的で新たな端緒に対する刺激を形成したということ、またこの新たな端緒が結局、哲学一般および全体の批判的な新たな基礎づけに対するモチーフを表しているということである。このことはまた次のことを明らかにする。すなわち、いかにしてカントの法思想が、理論的批判、また哲学の自己基礎づけ「以前に」、そして実践的基礎づけの諸著作「以前に」、カントの実践哲学の中心に入ることが可能になったのかということである。

法原理の形態における法思想は、新たな実践哲学を(a)全体として、また(b)倫理学と法論の内的限定において強要した。この新たな実践哲学はさらに新たな理論哲学を、(a)哲学の自己基礎づけとして、(b)特殊な理論哲学として、(c)理論哲学と実践哲学との新たな限定として要求した。そして、最後の基礎づけのこの究極目的から歴史的発展が生じたと推察される。

この歴史的発展は、まず第一に体系的基礎づけ一般、つまり『純粋理性批判』（１７８１年初版）をもたらし、次にこれによって開放された実践的基礎づけ、つまり『人倫の形而上学の基礎づけ』（１７８５年）および『実践理性批判』（１７８８年）をもたらした。そして最後に、準備されていた特殊な理論、つまり『人倫の形而上学』（１７９７年）を獲得した。『人倫の形而上学』は、特に法論においては内容上すでに広範囲に仕上げられており使用可能であった。というのは、一方では法論がこの発展に対する刺激を形成し、他方ではカントによって繰り返し述べられた『人倫の形而上学』の出版予告が証明しているように、つねに随伴して進行する研究の中で継続されていたからである[105]。

１７７３年末とされるマルクス・ヘルツ宛て書簡から、カントが『人倫の形而上学』を『自然科学の形而上学基礎論』よりも先に出版する予定であり、またそのことを楽しみにしていたことが読み取れる。

カントはマルクス・ヘルツ宛て書簡の中で次のように述べている。

「私の超越論的哲学が完成したならば、さぞ嬉しいことでしょう。それは本来純粋理性の批判であります。そうしたら私は、形而上学にとりかかります。それは二つの部門、つまり自然の形而上学と人倫の形而上学とをもっています。私はまず後者を出版するつもりで、前もってそのことを楽しんでいます[106]」。

またオーバラーは、次のことが否定されてはならないと指摘する。すなわち、多くの他の本質的なモチーフと並んで、ヒューム（１７１１-１７７６）および後には神の証明において始められることによって二律背反理論の中で取り扱われた自由の問題性も、『純粋理性批判』の完成のために少なからぬ刺激を与えたという事実である。そして、この自由の問題性はカントの法哲学上の研究から生じたということは明らかである。

したがってまたオーバラーは、次のことは考慮に値すると指摘する。すなわち、初期のカントの法論と後期のカントの法論との歴史的連続性について、また超越論的観念論による倫理学と法論との限定づけについて定言命法が法原理に依存しているということから出発して、次のことを試みることである。すなわち、この法論から批判的倫理学をよりよく理解するという試み、つまり法論の消極的自由概念から積極的自由概念を発展史的に解釈するという試みである。そして、『人倫の形而上学』の法論の中に積極的自由概念の超越論的観念論を求めることは無駄であるということを洞察するというだけでなく、またカント哲学の広義の意味における「批判的」段階はその本質的な顧慮において、すでに１７６４年からの初期の純粋に合理的法思想とともに始まるということを洞察する試みである。

それゆえ次に、基礎づけの諸著作に対する『人倫の形而上学』のカントの機能規定を真剣に受け取るということがより説得的になる。いずれにしても、『法論の形而上学的基礎論』に対するさまざまな批判において、今まで現れた以上に真剣に受け取るということがより説得的になる。

さらにまた、以下のことがより容易に洞察される。つまり、法論がすべての重要な部分においてすでに使用できるものであり、しかもカントはずっと以前から「前もって」この出版を楽しみにしていたにもかかわらず、なぜカントは法論および全体としての『人倫の形而上学』の出版を繰り返し延期していたのかが容易に洞察される。というのは、カントは批判から形而上学への途上で、すなわち体系論理的に先行する理論段階が『人倫の形而上学』の出版に対しても優先されるべきであると考えていたからである。

XII 『法論』の批判的性格をめぐる議論について――Chr・リッターの2つのテーゼ

１９８3年当時カントの法哲学に関心のある研究者は、カントの『人倫の形而上学』第一部『法論の形而上学的基礎論』(Metaphysische Anfangsgründe der Rechtslehre. Metaphysik der Sitten, Erster Teil, 1797.) は批判哲学であると言えるのか否かというテーマについて文献が不足していると不満を漏らすことはできなかった。むしろ、このテーマは激しい議論に直面していた。

すでに述べたように、Chr・リッターは、１９７1年に『初期資料によるカントの法思想』という標題のもとで、主に否定説の中核となる2つのテーゼを論証しようと試みた。それに対してW・ブッシュは、１９７9年『カントの批判的法哲学の成立１７６2-１７８０』と題する著作の中でリッター説に対して詳細な反論を展開した。またその後、１９８1年にはK・H・イルティングが、「カントの批判的倫理学および法哲学は存在するのか」と題する論文の中でブッシュの肯定説に対して反論した。このように、カントの法哲学の批判的性格をめぐる賛否両論が活発に展開していく状況であった。このような状況において、H・オーバラーは、先に検討した１９７3年論文「カントの法論の初期史について」に続けて、その10年後の１９８3年に発表された「カントの法論は批判哲学なのか」と題する論文において再びこの問題を取り上げ、その間に発表されたF・カウルバッハやR・ブラントの見解を踏まえたうえでより詳細で分析的な検討を加えている。さらに、その後もこれらの論者の見解を踏まえて議論は深化し拡大していくことになる。

以下において、再度オーバラーの所論を手がかりにして、ブッシュおよびイルティングの所論の妥当性や問題点を検討し、またオーバラーの所論を考察することにする。[107] オーバラーは、肯定説を主張するブッシュおよび否定説の有力な主張者であるイルティングの所論を比較検討する前に、今度はまずその後のカント法論の批判的性格をめぐる議論の出発点となったリッターの2つのテーゼに焦点を絞り、問題提起を行っている。これら2つのテーゼ、つまり第一のテーゼである「同時代の自然法論の継受」、第二のテーゼである「法論の非批判的性格」を以下においてあらかじめ確認しておこう。

1　第一のテーゼ——同時代の自然法論の継受

第一のテーゼは2つの主張から構成されている。

第一に、カントの後期の法論（『法論の形而上学的基礎論』）の中には、カントが「批判的」転回を行ったとき「以前に」生存し、思索しており、また著述を行った著作者たちに還元されうる多くの理論が含まれているとする主張である。また第二に、１７９７年のカントの法哲学（『法論』）の内容は、広い範囲にわたってカント自身において『純粋理性批判』（Kritik der reinen Vernunft 初版１７８１年、第二版１７８７年）出版以前にすでに利用できるものであったとする主張である。そうであるとすれば、なぜカントは『法論』の出版を繰り返し延期したのかという疑問が湧き上がってくるのではなかろうか。しかし、この問題はここでは立ち入らないことにする。

オーバラーは、このリッターの論証の試みは広範囲において成功していると評価している。[108] また、これに関してはリッターの研究以前に発表された、カント倫理学の成立についての一連の研究成果と重なるものである。[109] 次にリッターは、『法論』におけるこのような「批判以前の」諸要素を証明することによって、ヘルマン・コーヘン以来すべての新カント学派によって踏襲され、またそこからハンス・ケルゼンによって受け継がれた、けっして新しくはない第二のテーゼが正当であると見なした。

2　第二のテーゼ——『法論』の非批判的性格

第二のテーゼは、第一のテーゼから論理的に導き出されるが、カントの後期の『法論』は全体として「非批判的」であり、またそれは伝統的・形而上学的であり、その形而上学的独断主義においてまさに批判哲学によって克服されるべきものに対応しているとするテーゼである。

しかしオーバラーは、リッターの考察のこの議論の進め方は支持できないものであり[110]、それはコーヘンにおける根源テーゼ[111]（Ursprungsthese）や「純粋法学」（Reine Rechtslehre）の基礎づけのためにケルゼンによって用いられた批判哲学の変更が支持できないのと同様であると主張する。またオーバラーは、それ以来この変更は、カントの『法論』に対する法学者の克服されない先入見、そしてそれらの法学者に定位した法哲学者の克服できない先入見に属しているように思われると指摘する。実際、オーバラーのこの指摘は最近まで妥当していたと言ってもよいであろう。

オーバラーは、後に触れるように、ブッシュの研究およびイルティングによるブッシュに対する批判を考察するに際して、もう一度リッターのこの第二のテーゼとその修正の必要性を詳しく検討し、独自の見解を提示する。この意味でオーバラーの批判の中心的対象は第二のテーゼである。

XIII　W・ブッシュによるリッター批判の検討

ブッシュの『カントの批判的法哲学の成立1762-1780』と題する著作は、対決的方法によって明確にリッターに反論している[112]。ブッシュは、かれが自分の研究に対して認めた諸問題を本質的にカント法思想の生成発展に関する歴史的な諸問題として特徴づけている。

すなわち第一に、カントの法思想の生成発展を4つの段階に区分し、そしてカントの思想のある段階内部において「最上の立脚点」（oberster Standpunkt）を確定する必要があるとする。

また第二に、カントのレフレクシオーン（Reflexionen 省察）の成立年代（日付）の決定と結びついている不確定性を取り除くことが重要であるとする。この場合、「最上の立脚点」が意味するのは批判哲学の体系上の根本的立場であり、この立場からカントは、後期法哲学（『法論』）を含むかれの批判的実践哲学の展開に際してカントが対決する著作者たちを批判することになるとする。

オーバラーは、ブッシュにおけるカント法論の4つの発展段階を順次概略し、それに対して検討を加えている。先に検討したように、リッターもカント法思想の生成発展を４つの段階に区分したが、しかしリッターとブッシュとでは区分の仕方が異なっていることに注意しなければならない。ブッシュは４つの発展段階を次のように時代区分しており、それぞれの発展段階が特徴づけられている。

つまりそれらは、第一段階１７６２-１７６５年―「法的拘束性の源泉としての理性の類似」、第二段階１７６６-１７６８年―「法の不可欠の条件としての権限のある裁判官」、第三段階１７６９-１７７１年―「普遍的法秩序および悟性認識」、第四段階１７７２年以降―「批判的法哲学の根拠としての批判的自由概念」である。

１　ブッシュの所論の概要

ブッシュはリッターの否定説に反論するに際して、いかなるテーゼに的を絞り、またいかなる研究方法によってそれを試みるのであろうか。以下において５つの視点からそれらを検討する。

(1)　カントの批判的法哲学は存在するのか[113]

①　カント思想の２つの特色

ブッシュは、カント思想の２つの特色は容易に立証されうると指摘する。まず第一に、カント自身がその転回点を「転覆（考えが変わる）」（Umkippungen）と呼んでいる発展が生じたということであり[114]、第二に、事柄に関する諸問題（Sachprobleme）についてのレフレクシオーンは「偉大な頭脳が思いつく」[115]概念との対決にかかわっているということである。

②　リッターの三重のテーゼ

リッターのテーゼは、先に整理したように、主に９項目から構成されている。その中でもどのテーゼを重視し、考察の対象とするのかは論者によって多少異なっている。それでは、ブッシュは特にどのテーゼを考察の対象とし、それらに反論するのであろうか。

リッターの1971年の著作『初期資料によるカントの法思想』の功績は、カント法哲学のこの発展に対する問いを取り上げたことにある。[116] リッターのこの研究は、1961年に発表されたヨーゼフ・シュムッカーの『前批判的著作およびレフレクシオーンにおけるカント倫理学の源泉』[117] を補完することによって、カント法哲学に関する三重の否定的テーゼを基礎づけている。これらのテーゼの核心は以下のように要約することができる。

まず第一に、カント法哲学は「独創的変化」にもかかわらず伝統に基づいている。そのため、はじめて批判哲学を可能にした断絶がその法哲学の発展には見出されない。[118]

第二に、カント法哲学は連続的に成立したものであり、したがって形而上学的、すなわち非批判的に基礎づけられている。[119]

第三に、カントの政治思想は伝統とのかかわり合いに関して18世紀の絶対主義的見解にとらわれている。[120]

リッターは、カントの「批判的」法哲学をこのように否定的に解釈することによって、エリック・ヴォルフ「学派」の枠内において法学者のもとで長い間流布されてきた立脚点（立場）を擁護している。[121]

③ リッターの3つの研究方法

リッターは、3つの研究方法によってカント法哲学の発展について上記のような原則的諸命題に至る。それでは、リッターが採用した3つの研究方法とはいかなるものであろうか。

まず第一に、リッターは、法哲学についてのカントの初期の言明をカント自身が歴史的観察者として知っているカントの先駆者および同時代人と比較するという方法を採用している。

第二に、リッターは、想定した発展段階において利用できるカントの資料を体系的連関において取り扱うのではなく、むしろそれらを「主題による」重点に従ってのみ整理するという方法を採用している。[122]

第三に、リッターは、カントの自家用本において伝えられたレフレクシオーンの成立年代を信頼性を根拠にして、そのほかのすべての判断基準に依拠せずにつねにアカデミー版カント全集において「もっとも遅く」示された時点に決定するという方法を採用している。[123]

④　問題設定の適切性

しかし、そもそもリッターが採用したこれらの方法は、カント法哲学において批判的転回が存在するのか否かという問題設定にとって適切であると言えるのであろうか。カントの思想における変化を取り出すために、伝統的法哲学に対する批判の出発点を求めるとすれば、次の可能性が生じる。すなわち、このことを著作者たちにおいてのみ行うということである。そして、これらの著作者から、カントがかれらを実際に知っており、また対決の対象と見なしていたということが証明されうる。つまり、カントの批判的法哲学の成立に対する特殊な問題設定から「伝統」の二重の使用法が生じる。

第一は、法哲学一般における当時の対決の背景のみを明らかにする使用法である。

第二は、カントの「批判」に基づいて直接尖鋭化する使用法である。

この方法的に基礎づけられた伝統の二重の使用法は、カントのJ・ロックおよびT・ホッブズとの関連においてうまく説明されうる。リッターはこの両者を同時に伝統内部においてカントの源泉として挙げている。[124] しかし、カントはロックの『人間知性論』[125] について、この著作は「知性（Verstand）にとっての文法と見なされうる」[126] と言っているにもかかわらず、カントがロックの2つの政治論文[127] を知っていたということ、ましてやその特別な意図と対決していたということはいかなる箇所においても示されえない。というのは、所有権の基礎づけあるいは自然状態をめぐる対決において、すべてのロック的諸要素はJ・J・ルソー、D・ヒューム、Chr・ヴォルフおよびG・アッヘンヴァルの明白な知識に還元されうるからである。[128] しかし、ホッブズに関してはまったく事情が異なっている。カントは、ホッブズの理論を繰り返し自己批判および批判の出発点として取り上げている。

⑤　最上の体系的立脚点

カントの上記のような対決を考慮に入れると、ブッシュは、批判的法哲学に対する問いは不可避的に、カントがそこから批判する最上の体系的立脚点に対する問いに還元されると主張する。したがって、カント思想のある段階内部においてこの最上の体系的時点を再構成するという試みを行うということは避けて通ることができない。そうすることによって、全般的にそれより初期ないし後期の発展をこの時点から明確に取り出すことができるからである。

この再構成ともっとも密接に結びついているのは、レフレクシオーンの日付決定の可能性の問題である。まさに法哲学の発展に対する顕著な困難性は、その源泉がここにおいて特に乏しく流動的であるということに存する。まず第一に、法哲学に関する最初の関連する言明としてのカントの法論は、１７９７年にはじめて『人倫の形而上学』第一部『法論の形而上学的基礎論』において出版された。第二に、アッヘンヴァルの『自然法』（Ius Naturae）のカントの自家用本の第一部は、そのレフレクシオーンからまさに諸原理の成立についての解明を期待できるかもしれないが、失われている。

したがって、ひとつの道（方法）のみが残されていることになる。つまり、確定された日付の証拠――公刊物、手紙およびＪ・Ｇ・ヘルダーの講義筆記録――かりにこれらが直接的には法哲学にとって重要性がないとしても――を諸法命題を考慮に入れてその独自性において研究し、またその成果を内容上この時期に対して問題となっている手書きの資料と比較するという道である。まさにレフレクシオーンは、しばしば狭い内容上の解釈があるため、その私的性格から逃れる。その結果、日付の確定は、めったに一義的ではない手書きの調査結果を越えて、立脚点が一義的に一致するかあるいは同様に一義的に矛盾するところでのみ再び可能となる。そして、まさに相互の矛盾および一致、またカント自身の伝承との矛盾および一致に対するこの評価が、他の援用された講義筆記録、つまり『ブロンベルクの論理学』、『フィリピの論理学』、『ポヴァルスキの実践哲学』、『コリンズの道徳哲学』および再発見された１７８４年のファイアーアーベントの『自然法』に対して当てはまる。このファイアーアーベントによるカントの自然法講義筆記録は、最終的には比較のために利用されうる。

ブッシュは、源泉資料のこの限定された解釈可能性に関して、その拡張における完全性は、リッターはこの拡張を１７６０年代に対して追求しているが[129]、まったく妨げになることはないとしても、やはり不必要であると指摘する。逆に重点は、ここで使用された対決的な方法に従えば１７６２年、１７６６年および１７６９年の立脚点の変化の後、１７７２年の批判の成果を１７８０年代の公刊物の前の時期に対して解明するということに存する[130]。

(2) 自由能力のある存在者の共生のための法的諸条件[131]

ブッシュによれば、カント法哲学の発展は断絶的に進展したのか、あるいは連続的に進展したのかについて論争するのは無意味である。というのは、両者とも実際にそうであるからである。しかし、1772年の転回の特殊性は、この転回は定言命法の定式化に向かっていくが、この転回がそれ以前のすべての成果を単なる部分的成果であるように思わせるということである。このことはカントの問題設定の変化から明らかとなる。批判的自由概念および定言命法の発見までは、カントの取り組みはつねにまだ1762年の問題をめぐって行われていた。すなわちそれは、いかにして絶対的拘束性は可能であり、また適用可能であるのかという問題であったが、他方1762年のこの問題の解決以降カントにとって問題となっていたのは、批判的自由概念から法の基礎づけとしていかなる結論が引き出されるのかを見出すことであった。共生の諸条件一般のみからの具体的法形式の基礎づけの探究をひとつの新たな発展が始めるということが、この発展はまた自己批判およびそこから導かれる立脚点の変化によって形成されたが、所有権において例として指摘される。たとえば貴族[132]、基本的権利、そのもとにおける自立、宣誓および誠実の拡張についてのカントの後期の考察が指摘されるだけである。

しかし、そこからカントが論証する最上の時点（立場）、つまり理性的自然存在者がその法的立脚点に立つことができ、またその規範に法的強制の根拠が存するような批判的自由概念は依然として変更されていない。したがって、カントの法哲学は1760年代末頃にその本質的部分において完成していたとするリッターの主張は的外れである。逆に、ブッシュは、それは1770年代末に対してはじめて立証されうると指摘する。

法哲学におけるカントの立場（態度）[133]は非批判的であるとするリッターの「学派」および多くの法学者によって主張された、上記に述べられた見解の徴表としてリッターは、カントは真の体系性の位置に「批判主義的様式化」を置いたと主張する[134]。

ブッシュはこれについて3つのことを付言している。

第一に、法哲学においては諸対象によってではなく、意志の諸法則によって規定されている実践哲学の領域が問題となっているということである。その結果、演繹の課題は、特にその適用領域が体系化される前にこの法則そのものから結論を引き出すということに存する。そのために主権の特性についての解明は、これは「実践的理性推理」に流れ込むが、(135)模範となりうる。

第二に、カントは法哲学の批判的段階において同様に、諸法命題の解明のために懐疑的方法を用いているということが注意をひく。(136)すなわち、カントは諸法問題を相互に矛盾する諸法命題に尖鋭化するということである。そして、それら諸法命題の矛盾ないし一致において解決が明白にされなければならない。この懐疑的方法は、法論における体系構築に対していかなる意義を示すのかが吟味されなければならないであろう。

第三に、この範囲においてヴォルフの数学的方法の特別な称賛がG・B・ポヴァルスキの筆記録に含まれている。ポヴァルスキは次のように記している。

「そしてかれ〔ヴォルフ〕の諸命題は拒否されるかもしれないのではあるが。それでもかれの体系および数学的表現法はつねに残るであろう。かれの哲学する方法はいつまでも忘れられない功績を維持する(137)」。

確かに、体系の数学的表現法を内容および諸原理を解明するのに役立つ個々のレフレクシオーンにおいて必ずしも証明することはできない。むしろ、体系そのものの叙述においてのみ、ここでは『人倫の形而上学』において証明することができるというのは明らかである。それゆえ結局、リッターの異議はその直接的な準備草稿の関連における法論の内在的解釈によってのみ答えられる。法論は、体系にここで取り上げられたレフレクシオーンが示すのとはまったく別の位置価値を割り当てている、ということをすでにおおまかな概観が示している。しかし、カントの称賛は数学的方法を適切に表現するだけではなく、またヴォルフの体系そのものも適切に表現している。このことは、1770年代後半からのひとつのレフレクシオーンによって説明することができる。

カントは次のように記している。

「しかし、やはりわれわれは他人がその生命の維持とともに同時にわれわれのものをぎりぎり維持するように他人を強制する権利をもっている。というのは、所有は自然の共同の設備の分け前であるからである[138]」。

このレフレクシオーンにおいてカントの関心事が明らかとなる。つまり、そのもとにおいて地上のすべての人間が同胞と共に平和的に共生しうるための法的諸条件を明示するということである。カント法哲学の生成から明確になったかもしれないのが、この関心事にとってはヴォルフとは異なって、世界における人間とものとの法秩序が問題なのではなく、むしろものとの関係における人間相互のみの法秩序が問題なのである。

若きフリードリヒ・シュレーゲル（1772-1829）は、このような純粋に共同体的法秩序は、カントの実践哲学一般の対象であるということを的確に次のように表現している。

「倫理。カントにとって法学は内的部分になる。つまり道徳[139]」。

もちろん、理性的存在者のこの普遍的法秩序という理念は終世カントの心を占めていたものである。カントは次のように記している。

「定言命法、神および絶対的自由、すべての原理およびひとつの原理としての存在のすべて[140]」。

しかし、普遍的で純粋に共同体的法秩序の観念を行為の拘束的対象にするというこの解決によって、カントはけっしてかれの先駆者——そのもとに特にヒューム、ホッブズおよびモンテスキュー——に依存していない。また同様に、カントは、思想の題材としてのかれらの理論なしには、自由能力のある存在者の共生のための法的諸条件の解明のためにかれの批判を適用しえなかったであろう。

2 カント法論の発展段階

ブッシュがカント法論の発展段階を4つの段階に区分していることは先に述べた。それでは、ブッシュはそれぞれの段階をどのように区分し、特徴づけているのかを以下において概説する。

(1) カント法論の第一の発展段階（1762-1765年）――Chr・ヴォルフの拘束性概念とT・ホッブズの拘束性観念

ブッシュによれば、1762年から1765年までにおけるカント法論の第一の発展段階で、カントはヴォルフ（1679-1754）の拘束性概念を克服し、またホッブズ（1588-1679）から拘束性についての新しい観念を受け取る。次に、カントはヒューム（1711-1776）の正義原理を考慮するとともに、拘束性の「形式的」概念（自己自身と矛盾しないこと）を発展させる。しかし、カントはこの原理を基準として適用することには依然として懐疑的である。つまりカントは、理性の類似（analogon rationis）は明確で確実な道徳的洞察を実践的観点において、いわば感覚的（sensitiv）実践的判断力として、また同時に共通感覚（sensus communis）として媒介すべきであるとする。そして、この共通感覚に対応するのが共通意志（voluntas communis）の観念であり、固有の個々の意志がこの観念と無矛盾の関係において成立すべきであるとする。

ブッシュは、リッターが考えているのとは異なって、ルソーはこの範囲においてカントに影響を与えていないということを示すためにこの連関を用いている。それに対してオーバラーは、人間学的観点を除いて、ルソーがカントの実践哲学の諸原理にまったく影響を与えなかったということまで言う必要があるのか否かは、やはりまったく疑わしく思われると述べている。というのは、このことはいずれにしても、その主張された範囲においては、ブッシュ自身の論述からは推論されないからである。

（２）カント法論の第二の発展段階（１７６６‐１７６８年）――法の不可欠の条件としての権限のある裁判官

次にブッシュは、１７６６年から１７６８年までの第二の発展段階を法の不可欠の条件要因としての権限のある判断機関の探求という主題のもとに置いている。この機関は、公法上の国家権力の構造における抵抗できない裁判官機能の中に見出される。オーバラーは、１７９７年の『法論』へとさらに受け継がれた、これに関してすでに完成したカントの立場についてのリッターのテーゼに対するブッシュの批判は論証的に空虚に陥ると指摘する。というのは、ブッシュが、この発展段階において法における裁判官の不可欠の機能についての理論がカントにおける道徳感情の理論と一致していると示すとき、それはリッターのテーゼに反対する論証にはなっていないからである。

（３）カント法論の第三の発展段階（１７６９‐１７７１年）――普遍的法秩序および悟性認識

ブッシュは、第三の発展段階を１７６９年から１７７１年までの時期に置いている。この時期では完全な法秩序の観念が、人間に対する神の支配の理念との体系的に特に興味深い関連の中に置かれる。すなわち、人間同士の完全で法的な関係の理想的観念がここで最高の神の理念との体系的に基礎づけられた関係、しかし後にはもはやさらに詳しく説明されていない関係を獲得する。[141] オーバラーによれば、これらの諸観念がまた広範囲にＡ・Ｇ・バウムガルテン（１７１４‐１７６２）、Ｊ・Ｊ・ブルラマキおよびアッヘンヴァル（１７１９‐１７７２）にさかのぼるとしても、その理想性にもかかわらず理想的全体が実質的行為の対象として、すなわち「実質的に不可欠な意志の対象」として見なされるという考察と同様に、やはりその体系的な機能は新しい。

（４）カント法論の第四の発展段階（１７７２年以降）――批判的法哲学の根拠としての批判的自由概念

最後にブッシュは、第四の発展段階の中に決定的に重要な発展の歩みを入れている。すなわち、１７７２年以降批判的法哲学が批判的自由概念のうえで基礎づけられるとする。この批判的自由概念こそが、先に述べたブッシュによって求められていた「最上の立脚点」であり、カントはいまやそこから論証するのである。カントは、自然因果性と自由からの因果性との両立可能性についての超越論哲学的解明に基づいて、ひとつの――理論の批判的な新しい基礎づけの基盤においてのみ可能な――新しく独自な実践・哲学的基礎論を発展させ、そしてこの実践・哲学的基礎論に法とエートス（倫理）との領域理論を結びつけるとする。

この第四の発展段階の論述が、ブッシュの研究の主要部分を形成している。この論述の中で、カントの批判的法論の個々の理論が、実践的妥当性の基礎づけと批判的法論の基礎づけとの関連において理論的「批判」の二律背反理論および実践理性批判によって示され、また同時に歴史的な参照理論（Referenztheoremen）に対してこのようにして達成された差異が強調される。オーバラーは、まさに細部においてはきわめて興味深いブッシュの研究に、この部分のより詳細な内容上の叙述を加えることはできないと述べている。

XIV　K・H・イルティングによるブッシュ批判およびJ・シュムッカーの功績

冒頭で述べたように、イルティィングは、１９８１年「カントの批判的倫理学および法哲学は存在するのか」と題する論文の中でブッシュの著作『カントの批判的法哲学の成立１７６２－１７８０』に反対する立場をとった。[142] イルティングは、この論文においてリッターおよびシュムッカーの否定説の側に立ち、またそれによって肯定説を提唱するブッシュを反駁しようと試みている。リッターの研究は、Ｊ・シュムッカーの研究に影響を受けているのは明らかである。

ところでオーバラーは、カントの『法論』の成立およびこの『法論』のさまざまな相互依存性に関するリッターの証明は、オーバラーがすでに１９７３年論文「カントの法論の初期史について」で示したように、[143] また以下において新たに検討するように、この法論の「批判的」あるいは「非批判的」性格に関してまったく証明力をもっていないと主張する。オーバラーによれば、シュムッカーのカント倫理学研究である『前批判的著作およびレフレクシオーンにおける『カント倫理学の源泉』との関連においては、正確に次の３つの論点が考慮されなければならない。すなわち第一に、シュムッカーが実際に証明したのは何なのか、第二に、シュムッカーが証明はしなかったが、しかし議論したのは何なのか、そして第三に、シュムッカーが思慮分別から言って当然のことながら証明しようと意図することさえできなかったのは何なのかといった論点である。

イルティングの所論を検討する前に、まずこれらの３つの論点を明確にしなければならない。

第一に、シュムッカーが証明しているのは、[144]『純粋理性批判』の批判的立脚点は徹底的にカントの実践哲学の発展に影響を及ぼしたという点である。

第二に、シュムッカーが議論しているのは、合目的的にこの実践哲学（「倫理学」）が批判的実践哲学であると呼ばれうるのか否かという点である。つまりシュムッカーは、実践哲学は『純粋理性批判』と同じ意味においては批判的と呼ばれえないと指摘している。というのは、その実践哲学は総じて理論哲学の超越論的観念論、また超越論的観念論に基づく形而上学批判の導入のためのいかなる内容上あるいは方法上の態様の並行性も含んでいないからである。そうすると、シュムッカーによれば、またそのかぎりにおいて批判的倫理学は「実質的な意味において」批判的哲学ではない、すなわち批判的倫理学は独自の批判的素材を含んでいないということになる。

しかし他方で、第三に、シュムッカーが当然のことと考えているのは、「批判」という術語は、カント自身によっても実践哲学において新しい、変化した意味において使用されている。シュムッカー自身この意味の変化を知っており、またはっきりとこのことを示している。[145]

XV 「批判的」の定義およびその検討

ところで、この意味の変化を無視し、「批判的」ないし「批判」という術語を理論的批判の特殊なものの意味における使用に制限するというカントから典拠を示しうるような根拠はどこにも存在しない。しかしイルティングは、まさしくこのことをブッシュに反論する際に「批判的」ということばの意味分析において試みている。

1　イルティングによる「批判的」の3つの定義

それでは、イルティングは「批判的」ということばの意味をどのように分析しているのであろうか。

イルティングは、「批判的」ということばはカントの理論哲学においてのみ十分に定義されるとする確認から考察を始めている。それに対して当然、それではカントはなぜ『実践理性批判』（Kritik der praktischen Vernunft. 1788.）および『判断力批判』（Kritik der Urteilskraft. 1790）をも公にしたのかと問われるかもしれない。というのは、これらの著作も「批判」ということばが表題に使用されているからである。しかし、イルティングはかれの（仮）決定に従って「批判的」という術語を3つの意味に定義する。そして、それらの意味に照らしてカントの実践哲学はその批判的性格について検証されうるとする。イルティングは批判的という術語をいかなる意味として定義するのであろうか。

イルティングによれば、カントの実践哲学が「批判的」と呼ばれうるのは、第一に、実践哲学が「『純粋理性批判』（1781年）以来のカントの理論哲学に特徴的である問題設定に基づいている」場合、あるいは第二に、カントの実践哲学が「『純粋理性批判』におけるカントの批判哲学と結びつけるような諸理論を不可分に含んでいる」場合、あるいは最後に第三として、「その実践哲学の中に」、1771年以降ようやく成立するような「特殊な諸理論や諸方法が見出される場合」のいずれかである。これらの定義を見れば容易に読み取れるように、「批判的」の定義に際してイルティングが『純粋理性批判』を中心とした理論哲学に重点を置いていることが窺い知れる。(146)

2　3つの定義についてのH・オーバラーによる批判的検討

それでは、先に述べたようにシュムッカーは「批判」という術語は実践哲学では新しい変化した意味で用いられているとしているが、イルティングによるこれらの定義は実践哲学、特に法哲学にも当てはまるのであろうか。

オーバラーは、イルティングが提示した上記の諸要求の各々は、実際それらが一義的に確定可能であるかぎりにおいて、カントの批判的実践哲学の中で、またここで問題となっているカントの後期法哲学（『法論』）の中でも満たされているということが示されうると主張する。

そうであるとすれば、オーバラーはイルティングが提示した3つの「批判的」ということばの定義をどのように確定するのであろうか。また、それらの定義に照らして法論の批判的性格をどのように判断するのであろうか。以下においてこれら2つの点について検討する。

第一に、『純粋理性批判』の中心的な問題設定が、認識の可能性の諸条件――経験的認識と同様ア・プリオリな認識の――、またこの認識の限界に向けられているということが正しいとすれば、実践的理性使用の批判が『純粋理性批判』と同じ問題設定に向けられているということは意味のあるものとしては期待されえない。むしろオーバラーは、この実践的理性使用の批判は、その諸条件が純粋理性において見出されうるかぎりにおいて、（善）意志および行為の可能性の諸条件にのみ向けられているのであると指摘する。実践的理性使用の批判がこの可能性の諸条件を追求しているのだとすれば、理論的批判がその理論的理性使用のために認識の可能性の諸条件を追求しているように、実践的理性使用の批判は実践的理性使用に関して理論的批判と同じ問題設定を追求しているということは否定されえない。したがってオーバラーは、この第一の観点において実践哲学に、その批判的性格およびカント自身がともかく実践哲学に与えた名称を認めないわけにはいかないであろうと指摘する。

第二に、オーバラーによれば、カントの実践哲学一般および特に法論は各々の意味のある仕方で要求されうる程度において、それらを『純粋理性批判』と「不可分に結びつけるような」理論を実際に含んでいるとする。というのは、すでに『純粋理性批判』そのものにおいて、カントは批判的理論哲学の特殊な理論、すなわち現象論・超越論的観念論をそのかぎりにおいて批判的法哲学に対しても要求しているからである。

カントは、これに関して『純粋理性批判』の中で「法」に言及して確かに次のように述べている。

「疑いもなく、健全な悟性が用いている法についての概念は、このうえなく精緻な思弁がこの概念から展開しうるのと同一のものを含んでおり、ただ異なるのは、普通の実用的な使用においては法というこの思想のうちにあるこうした多様な諸表象が意識されていないということのみである。それだからとて人は、この普通の概念は感性的であって、だからたんなる現象を含んでいるにすぎないと言うことはできない。というのは、法は現象することは全然できず、その概念は悟性のうちにひそんでおり、行為自体そのものに帰属するところの、行為の一つの性質（道徳的性質）を示すからである」[147]。

そして、これに対応してカントは、『法論』の§1の中でまず感性的（sinnlich）[148]占有と可想的（intelligibel）[149]占有とを区別している。

たとえば、『法論』の第一部「私法」、第一章「外的な或るものを自分のものとしてもつ仕方について」§1においてカントは次のように述べている。

「法的な私のもの〔meum iuris〕とは、次の仕方で、すなわち、或る他人が私の同意なく或るものを使用するならば、その使用が私を侵害することになるといった仕方で、私と結びついているようなその当のものをいう。使用一般の可能性の主体的条件は占有である。

ところで、外的な或るものが私のものでありうるのは、他人がその物件についてなす使用によって、私がたとえ物件を（現実的に）占有していなくても、なおかつ私が侵害されることがありうると考えることが許されるような場合だけであろう。――したがって、もしも占有の概念が或る種の相互に異なる意味を、すなわち感性的占有と可想的占有という両種の意味をもちえないとすれば、したがってまた、一方には物理的占有を、他方には純粋に法的な占有を同一の対象物について考えることができないとすれば、外的な或るものを自分のものとしてもつことは自己矛盾である」[150]。

また、カントはもっと明確に§5「外的な私のもの・汝のものという概念の定義」の中でも可想的占有と現象的占有との区別について次のように述べている。

「だから、もし外的な私のもの、あるいは汝のものが存在すべきだとすれば、前述§４の（所説の）帰結として、可想的占有〔本体的占有 possessio noumenon〕が可能なものとして前提されなくてはならない。経験的な占有〔所持〕はその場合には単に現象における占有〔possessio phaenomenon〕であるにすぎないことになる[151]」。

上記に引用した感性的占有と可想的占有との区別ないし可想的占有と現象的占有との区別といった法哲学上の理論が、イルティングが提示した第二の定義である『純粋理性批判』の特殊な諸理論とは無依存なものとして説明するのは、オーバラーも指摘しているように、無理があるのではなかろうか。むしろ、それが『純粋理性批判』の特徴（批判性）の連続性を『人倫の形而上学』に付け加えるように思われる。すなわちオーバラーは、不可分の体系的連関を、すべての単に希望しうる明確さをもって付け加えるように思われると指摘する。

オーバラーによれば、また同じことがカントの批判的実践哲学一般に対しても妥当する。すなわち、たとえば要請理論（Postulatenlehre）、特に自由の要請は『純粋理性批判』の超越論的弁証論との体系的に不可欠な関連から切り離されえない。カントの法哲学が批判的自由概念のうえで基礎づけられているとするブッシュのテーゼは、そのかぎりにおいてかれの主要な論証によってまったく正しい。というのは、批判的自由の理論は『純粋理性批判』の中心的な諸理論に基づいており、また一方で『人倫の形而上学』の法論を基礎づけているからである。

第三に、カントが後期の法論の諸原理を部分的には『人倫の形而上学』出版直前にようやく発展させたということが、すでにラインハルト・ブラント[152]によってはっきりと強調されている。しかもまたイルティング自身も、その発展が１７７０年代および１７８０年代に当たる諸原理が後期の法論の中に存在することを他の箇所で認めている[153]。

上記において検討したように、イルティングによる「批判的」の３つの定義をこのように一義的に解釈できるとすれば、これらの定義はすべて法論にも当てはまることになる。つまりひと言で言えば、カントの法哲学は批判的法哲学である。

3　『法論』の発展史的研究の限界

以上の検討から2つのことが明らかになるのではなかろうか。

すなわちまず第一に、1797年のカントの『法論』の批判的性格についてのブッシュのテーゼに対するイルティングの批判は、必ずしも的を射ているとは言えないということである。確かに、これに関してブッシュを擁護することが困難ではないということが、カントの実践哲学に関して「批判的」ということばのイルティングによって提示された3つの意味の可能性の相対的な不確定性と部分的な重なりにあるのは言うまでもない。

しかし第二に、特に法論の批判的性格をめぐるこの論争の問題が、そもそも単なる生成発展史的な細工による研究によって答えられうるのかという疑いが当然提起されうる。少なくとも同様に重要なことは、諸分科、基礎づけ（批判 Kritiken）および批判的・形而上学的理論と「批判的」カントにおけるその連続性との論理的関連についての体系的および体系理論的な問題である。しかし、これはもちろんリッターによっても、またブッシュによっても、両者の批判者によっても論究されていない問題である。

XVI　H・オーバラーによる「批判的」の6つの定義およびその検討

それでは、オーバラーはブッシュやイルティングの議論を踏まえて「批判的」の意味をどのように定義するのであろうか。

オーバラーは、「批判的」という術語の意味についての必ずしも十分とは言えない今までの議論を考慮に入れて、カントの後期の実践哲学およびここでは特に1797年の『法論』へのその適用可能性に関して、次のことが検討されなければならないとする。すなわち、カント自身のこの術語を第二批判（『実践理性批判』）および第三批判（『判断力批判』）において無視ないし否認しようとしない場合に、「批判的」という術語をその適用可能性に関していかに用いることが許されるのか、またそれどころかむしろ用いなければならないのかということを新たに検討するということである。オーバラーはその際、一方ではリッターおよびイルティングがより所とし、他方ではブッシュがより所としているさまざまな「批判的」の意味から出発し、またオーバラーがかつてリッターの独断論テーゼに対して提示した考察から出発する。(154)

オーバラーは、先に言及したように、1973年論文の時点ではカント哲学に関して「批判的」ということばがどのように使われてよいのか、また使われてはいけないのかについての論争を始めるつもりはまったくないとしていたが、本論文ではリッターおよびその後のイルティングとブッシュの論争に触発されて、それに依拠しながら「批判的」の6つの定義を提示し、それぞれの妥当性について検討を加えている。以下においてこれら6つの定義を検討する。

1　科学主義的意味

第一に、「批判的」は科学主義的（szientistisch）意味において用いられうる。この意味においては、この術語は特にマールブルク学派の科学論理的新カント学派の伝統からカント解釈の一部に入ったものであり、また次に検討する第二の意味（現象論的意味）との結びつきにおいて、ケルゼンを経て法学者のカント観を本質的に、そしてほとんど修正されずに形成したものである。オーバラーによれば、この使用法はカントの実践哲学を考慮に入れるとまったく不合理であり、またカントのあらゆる意図に反している。カントの実践哲学が文化科学の可能な科学論と見なされる場合、ないしはこれに関するその（正当な）欠陥が「非批判的」であると非難される場合には、このような解釈には、この解釈は先に言及したようにコーヘンにおいて生じているが、カントの実践哲学に関する体系的には必ずしも不毛とは言えないのではあるが、やはり誤解が存すると言わざるをえない。

2　現象論的意味

第二に、「批判的」は「現象論的」（phänomenalistisch）という意味で用いられうる。この使用法はカントの後期の実践哲学、特にカントの『法論』に対しては、先に検討したように『法論』が『純粋理性批判』の現象論に体系上基づいているかぎりにおいてのみ、しかしそのかぎりにおいてのみ一般に意味のあるものとして求められ許されるにすぎない。

たとえば、カントは§7「外的な私のもの・汝のものが可能であるという原理を経験の諸対象に適用すること」において占有に対して現象論を適用して、次のように述べている。

> 「理性は、本来的に、この種の占有（所持を伴わぬ占有＝可想的占有）の可能性に関する諸命題の二律背反によって、外的な私のもの・汝のものという概念に関して法的＝実践的理性を批判する必要にせまられる。すなわち、理性は、もっぱら或る不可避な弁証論によって、つまり、そこでテーゼとアンチ・テーゼとの両者が二個の相互に矛盾しあう条件の妥当性を同等に主張してゆずらない、そうした弁証論によって、理性の実践的な〔法に関する〕使用においてもまた、現象としての占有ともっぱら悟性によって思惟される占有とのあいだに区別をもうけることを強いられるのである。
>
> テーゼ＝たとえ私がそれを占有していなくても、外的な或るものを私のものとしてもつことは可能である。
>
> アンチ・テーゼ＝私がそれを占有していない場合には、外的な或るものを私のものとしてもつことは不可能である。
>
> 解決＝二つの命題はともに真である。第一命題は、私が右の（占有という）言葉を経験的占有〔現象的占有 possessio phaenomenon〕の意味に解するならば真であり、第二の命題は、純粋な可想的占有〔本体的占有 possessio noumenon〕の意味に解するならば真である[155]」。

しかしオーバラーによれば、このことから『法論』が現象論そのものも含んでいなければならないという結論は生じない。実際に、『法論』はこの現象論をもちろん過度に大きいというわけではない一連の理論の中に含んでいる、しかしながらオーバラーは、たとえこの『法論』の現象論的な内容が法論の批判的性格にとって不可欠であるとしても、現象論が含まれていない他の理論の事実が、それ自体で後期の『法論』の批判的性格を否定する可能な論証とはなりえないであろうと指摘する。

3 『純粋理性批判』における超越論的演繹および諸原則の分析に比較されうる研究による理論という意味

第三に、「批判的」はまた次のような意味において用いられうる。すなわち、『純粋理性批判』における超越論的演繹および諸原則の分析に比較されうるような研究によって、このように表示された理論が根拠を与えられているという意味である。この意味はイルティングによる定義である。それに対してオーバラーは、この関連において「比較されうる」(vergleichbar)ということばがあまり一義的な要求を形成していないということは度外視して、またそのかぎりにおいて、たとえば『実践理性批判』の構造を示すことによって満たされたものと見なされうるが、カントが『純粋理性批判』に立ち戻って『純粋理性批判』におけるその手続きと別種のものを正当化したということを避けて通れないであろうと指摘する。そのかぎりにおいて比較可能性(同種性)の要求は、同時に「批判的」カントの自己理解をその実践哲学に関して不合理性へ導く時にのみ可能であるとする。

しかしオーバラーによれば、そのような比較可能な根拠づけがどこに成立するのかということはまったく考えられない。そして、オーバラーは次のような疑問を投げかける。たとえば、カントによって拒否された、なぜかと言えば実行不可能なものとして認識された人倫の法則の演繹においてであろうか。あるいは、何らかの「変革」、つまり超越論的観念論あるいは理論的現象論と同等のものにおいてであろうか。

4　著作に表示された名称という意味

第四に、「批判的」はもちろんまた次のような意味で用いられうるであろう。すなわち、カントによって「批判」として表示された著作の内容に属しているものを示すという意味のみをもっているという意味である。そうすると、『純粋理性批判』、『実践理性批判』および『判断力批判』だけが批判哲学を意味することになる。その場合には当然、『プロレゴーメナ』（Prolegomena zu einer jeden künftigen Metaphysik, die als Wissenschaft wird auftreten können. 1783.）や『自然科学の形而上学的基礎論』（Metaphysische Anfangsgründe der Naturwissenschaft. 1786.）はその定義によって非批判的となるであろう。しかしさすがに、カントの「批判的」倫理学および「批判的」法論のいかなる批判者もこのことを主張しようとはしないのではなかろうか。

5　独断的形而上学に対する批判という意味

第五に、特に独断的形而上学に対するカントの批判を「批判的」と見なすという意味で用いられる。この場合には、オーバラーによれば、カントの後期の『法論』に対してこの術語を適用することに対するいかなる異議もここから導き出すことはできない。というのは、形而上学批判に属するのは、何と言ってもカントの自由の二律背反および『実践理性批判』におけるその積極的相関概念であるからである。『純粋理性批判』における形而上学批判は疑いもなく「批判的」であるが、しかしすべての批判哲学がそれゆえ必然的に形而上学批判であるというわけではない。オーバラーは、もちろんどのようにして「批判的」という術語をカント哲学の何らかの部分に適用することができると考えるかは、自由の二律背反の批判的性格さえ疑問視する場合には、まったく理解できないと指摘する。

6　批判的自由概念に基づいているという意味

第六に、「批判的」はカントの実践哲学との関連では次のことを意味しうる。すなわち、ある理論が、『純粋理性批判』の自由論の中にその体系的なより所をもっている批判的自由概念に基づいているという意味である。これはブッシュの肯定説が依拠している主要テーゼである。オーバラーは、このテーゼが理にかなっているのは明らかであると指摘する。また、このテーゼはいかなる歴史的論証によっても反駁できない。もちろん、歴史的研究によってカントの批判的実践哲学における「批判的なもの」の基準となる意味として証明することもできない。もちろんまた、その体系的必然性を証明することによってのみ、またそのことによって確実にこのテーゼを正当化することができるとする。(156)

オーバラーは、既存の誤解を修正するために、次のことに注意を促している。すなわち、『法論』における超越論的観念論のそこでの否定は、先に言及したように、有名なユリウス・エビングハウスの独立性テーゼ以上のものをもはや含んでいないということである。このテーゼとは、法を要求し、また法を与えるために『実践理性批判』の超越論哲学的に基礎づけられた積極的自由概念を必要としないとする解釈である。(157)

7 批判の体系的関連

上記の検討から読み取れるように、リッター、ブッシュ、イルティングおよびオーバラーも『純粋理性批判』を中心とするいわゆる批判哲学の中で「批判的」という術語がカントによってどのような意味で使用されているのかをテクストを対象として分析しているわけではない。

それでは、オーバラーはこれらの「批判的」の意味の検討を踏まえて、法論の批判的性格をどのように解釈するのであろうか。

オーバラーによれば、「批判的」ということばの意味から出発するときにのみ、カント自身に反してこの術語を用いるという困難な状況から免れることができる。そして、その意味は『純粋理性批判』の体系的基礎づけ作業を含むと同様に、「批判的」のよりすぐれた基礎づけのために本質的に第一批判が書かれているということも含むとするものである。それがまったく別種の非カント的体系要求に基づいているとしても、またそれが「批判的」と「理論的・

批判的」ということばのもはやカントによっては修正されていない同一視に基づいているとしてもそうであるとする。オーバラーは、そのような場合にのみ次のことが理解されるとする。すなわち、実践的批判による理論的批判の論証方法の批判的転換の中に、まさに批判哲学の不可欠の要素に属する実践哲学の新しい端緒が存しているということである。この実践哲学の新しい端緒に基礎を置いているのは、批判によって体系的に可能にされた、そしてそれゆえ批判的形而上学、つまり自然の形而上学、人倫の形而上学、またしたがって法の形而上学の可能性である。

結論としてオーバラーは、カントの実践哲学は、それが積極的自由概念および内的・外的意思使用の実在的存在との関連の可能性の哲学であるかぎりにおいて「批判的」であると主張する。したがってオーバラーは、批判的法論は、たとえこの法論が内容上多かれ少なかれホッブズ、ヴォルフ、ヴォルフ学派、ルソーおよび他の人々によって影響されているとしても、また内容上多かれ少なかれいわゆる前批判期に成立していたとしても、批判的実践理論一般の基礎のうえに成立する理論であると主張する。それゆえ、『法論』の内容の発展は１７９７年のその出版直前に除外されもしないし、また必然的に含まれもしない。

カントの『法論』の批判的性格についての問題は、その内容上の諸部分がより早く成立したのか、それともより遅く成立したのかという生成発展史的問題ではない。また、ともかくあまり多くはない超越論哲学的・超越論観念論的素材の「実質的」内容の問題でもない。さらに、コーヘンおよびその法学上の受け売り屋の不適切な要求を満足させるという問題でもまったくないのである。

むしろこの問題は、理論的認識批判、実践的理性批判および内容上の『人倫の形而上学』とのカントによって明示された体系的関連の問題だけなのである。オーバラーは、リッターとは異なって[158]、この関連は矛盾のない一致、つまり体系上の調和を体系的に要求するということ以上のことを含まなければならないということを認めることができないと主張する。カントが、『実践理性批判』の普遍的な基礎からの特殊な法的および倫理的体系部分の演繹を、一般的に、普遍的なものからの特殊的なものの導出を可能であると見なしていたということに対する根拠は存在しない。

XVII　おわりに——批判的実践哲学とは何か

それでは、結論としてオーバラーは法哲学も含む批判的実践哲学をどのように解釈しているのであろうか。批判的実践哲学とは、一言で言えば、倫理、法および徳はその究極的根拠を他律や感情の中にもちえないのであり、ただ理性的主体性の自律の中にのみもちうるということがいかにして可能であるのかを基礎づける哲学である。すなわち、この自律が示すのは人倫の法則におけるごまかすことのできない純粋理性の事実の認識根拠がまさに、ただ「実践的・批判的」にのみ積極的概念にもたらされえた自由である。しかし、この積極的自由概念は「理論的・批判的」には与えられなかった。かれは、「自由の原因性ないし可想的原因性は、カントの人倫論全体を支えている根本概念である」[159]と述べていた。クーノー・フィッシャー（１８２４-１９０７）でさえこの関連をすでにはっきりと認めている。そしてまさにこの意味において、カントはかれの法論を「単なる理性の限界内における法論」と名づけることができたのである。このことは、法論がこの限界そのものの理論（カントにおいては「批判」を意味する）であるということをまったく意味しない。もちろんカントは、以下で引用する箇所において、[160]かれの法論一般を経験的な規則を許容するものに対してのみ限界づけている。すなわち、一定の人間によって一定の時間になされた単なる経験による法的平和体制の規範化を限界づけているのである。カントは単なる経験に対してかれの法論のア・プリオリな性格を強調している。このア・プリオリな性格は、その外的意思使用の純粋に理性的規範化の名宛人として感性的・理性的存在者の端緒には当てはまらない。

カントは『法論』の「結び」において次のように述べている。

「この普遍的・永続的な平和の確立は、単なる理性の限界内における法論の単なる一部分をなすというだけではなくて、実にその全究極目的をなす、と言うことができる。なぜなら、平和状態は、相互に隣接する人間の一集団の中において、私のもの・汝のものが法則のもとで確保され、同時に彼らがともに一個の体制のもとにあるような唯一の状態だからである。しかし、この体制の規則は、従来それに関して最もうまくいった人びとの経験から、これを他に対する規準とするというやり方で取り出されるものではなくて、理性によってア・プリオリに、公的諸法則一般のもとにおける人間の法的結合という理想から取り出されるものでなければならない。というのは、すべて実例というものは〔ただ説明を与えるだけで何ものをも証明することができないからして〕欺瞞的であり、したがって（規則の確立には）当然一個の形而上学が必要とされるからである。こうした形而上学の必要性は、この学をあざける者たちでさえ、たとえば、彼らがしばしば言うことだが、「最善の体制とは、人間ではなく法則が支配するような体制だ」と語るときに、知らず知らずのうちにみずから承認しているところである。なぜといって、まさにこの（法則の支配する体制という）理念にもまして形而上学的に崇高でありうるような何があるだろうか？この理念は彼ら自身の主張に従ってもまた最も確実な客観的実在性をもつものであり、こうした実在性はわれわれの出あうさまざまの事例においても容易に示されうるのである。しかも、この理念だけが、もしその実現が革命的に飛躍によって、すなわち、従来から存立してきた欠陥ある体制の暴力的転覆によって行われるのでなくて――〔なぜなら、この場合には（旧・新両体制交替の）中間に、一切の法的状態が消滅する瞬間が生ずるであろうから〕、確固とした諸原則に従う漸進的な改革によって試みられ遂行されるなら、連続的接近という仕方で、最高の政治的善へと、すなわち永遠平和へと導いてゆくことができるのである[161]」。

（1） 本章において『純粋理性批判』からの引用は慣例に従って、第一版をA、第二版をBとし、それぞれアラビア数字でページ数を提示する。その他のカントの著作、書簡、遺稿および講義録は、特に断らないかぎり、基本的にアカデミー版カント全集（Kant's gesammelte Schriften, hrsg. von der Königlich Preußischen Akademie der Wissenschaften (und Nachfolgern), Berlin 1900 ff.）から引用する。その際、巻数をローマ数字で、ページ数をアラビア数字で提示する。日本語訳については理想社版『カント全集』および岩波版『カント全集』を適宜使用している。ただし、『法論の形而上学的基礎論』については『世界の名著39カント』に所収されている『法論の形而上学的基礎論』加藤新平・三島淑臣訳（中央公論社、１９７９年）を使用している。

Christian Ritter, Der Rechtsgedanke Kants nach den frühen Quellen, Frankfurt am Main 1971, Klostermann Verlag, XVI, 362 Seiten (Diss. iur. Freiburg; Erik Wolf).

（2） Hariolf Oberer, Zur Frühgeschichte der Kantischen Rechtslehre, in: Kantstudien 63, 1973, S.88-102. ブラントは、リッターの研究に対する書評論文（Reinhard Brandt, Rezension zu: C. Ritter: Der Rechtsgedanke Kants nach den frühen Quellen, Frankfurt am Main 1971, in: Philosophische Rundschau 20, 1974, S.43-50）の中でカント法思想の綿密な生成発展史的研究の功績を讃える一方で、リッター説に厳しく、しかも詳細に異議を唱えている。この論文はリッター説に対する反論として、オーバラーの上記論文およびカウルバッハの１９７３年論文（Friedrich Kaulbach, Der Begriff der Freiheit in Kants Rechtsphilosophie, in: Philosophische Perspektiven, Bd.5, 1973, Klostermann, Frankfurt. この論文は次の論文集に収載されている。Friedrich Kaulbach, Studien zur späten Rechtsphilosophie Kants und ihrer transzendentalen Methode, Würzburg 1982, S.75-87）と並んでその後の議論においても重要な役割を果たしている。

（3） Hariolf Oberer, Ist Kants Rechtslehre kritische Philosophie? Zu Werner Buschs Untersuchung der Kantischen Rechtsphilosophie, in: Kantstudien 74, 1983, S.217-224.

（4） Werner Busch, Die Entstehung der kritischen Rechtsphilosophie Kants 1762-1780, Berlin・New York 1979.

（5） Karl-Heinz Ilting, Gibt es eine kritische Ethik und Rechtsphilosophie Kants? Hans Wagner zum 65. Geburtstag, in: Archiv für Geschichte der Philosophie, 63. Jg., 1981, S.325-345.

（6） Oberer, a.a.O. (Anm.2), S.88-102. 10.「カントの法思想と理論哲学・実践哲学との発展史的関連」までの検討は主に上記の１９７３年論文に依拠している。この論文以外にもその後発表されたオーバラーのカント法哲学に関する重要な論文ないし著作として以下の文献が挙げられる。

Praxisgeltung und Rechtsgeltung, in: Lehrstücke der praktischen Philosophie und der Ästhetik, K. Bärthlein und G. Wolandt (Hrsg.), Basel-Stuttgart 1977, S.87-112.

Über einige Begründungsaspekte der Kantischen Strafrechtslehre, in: Rechtsphilosophie der Aufklärung. Symposium Wolfenbüttel, R. Brandt (Hrsg.), Berlin・New York 1982, S.399-423.

Ist Kants Rechtslehre kritische Philosophie? Zu Werner Buschs Untersuchung der Kantischen Rechtsphilosophie, in: Kantstudien 74, 1983, S.217-224.

Rezension zu: Wohlgeordnete Freiheit. Immanuel Kants Rechts-und Staatsphilosophie, W. Kersting, Berlin・New York 1984, in: Kantstudien 77, 1986, S.118-122.

Einleitung zu: Kant und das Recht der Lüge, G. Geismann und H. Oberer (Hrsg.), Würzburg 1986, S.7-22.

Sittengesetz und Rechtsgesetze a priori, in: Kant. Analysen-Probleme-Kritik, Bd. III, Hariolf Oberer (Hrsg.), Würzburg 1997, S.157-200.

Das Grundgesetz praktischer Geltung, in: Interpretation und Argument, H. Linneweber-Lamerkitten und G. Mohr (Hrsg.), Würzburg 2002, S.199-205.

Honeste vive, in: Metaphysik und Kritik, S. Doyé und M. Heinz, U. Rameil (Hrsg.), Berlin・New York 2004, S.203-213.

Sittlichkeit, Ethik und Recht bei Kant, in: Jahrbuch für Recht und Ethik, Bd 14, B. Sharon Byrd, Joachim Hruschka und Jan C. Joerden (Hrsg.), 2006, S.257-267.

Noch einmal zu Kants Rechtsbegründung, in: Kantstudien 101, S.380-393.

また、リッターの所論に対して批判的検討を加えた重要な論文としてR・ブラントの次の文献を参照。R. Brandt, Rezension zu: Chr. Ritter, Der Rechtsgedanke Kants nach den frühen Quellen, Frankfurt am Main 1971, in: Philosophische Rundschau 20, S.43-50. さらに、ケアスティングの批判も参照。W. Kersting, Wohlgeordnete Freiheit. Immanuel Kants Rechts-und Staatsphilosophie, 3., erweiterte und bearbeitete Auflage, Paderborn 2007, S.108f., Anm.53. 邦訳『自由の秩序―カントの法および国家の哲学―』舟場保之・寺田俊郎監訳（ミネルヴァ書房、２０１３年）１０８―１０９頁、注（28）。

（７） Ritter. a.a.O. (Anm.1), S.14-19.

（８） Hermann Cohen, Ethik des reinen Willens, 2. Aufl., Berlin 1907 (1904[1]), S.227. 邦訳『純粋意志の倫理学―哲学体系第二巻』村上寛逸訳（第一書房、１９３３年）３６０―３６１頁。H. Cohen, Kants Begründung der Ethik nebst ihren Anwendungen auf Recht, Religion und Geschichte, Berlin 1910 (2. erw. und verbess. Aufl.).

（９） Cohen, a.a.O. (Anm.8), S.227. 邦訳『純粋意志の倫理学―哲学体系第二巻』村上寛逸訳（第一書房、１９３３年）３６０―３６１頁を参照。ただし、本訳書は１９２１年に出版された第三版を翻訳したものである。なお、旧字体は新字体に変えている。

コーヘンは、25「二重の道徳」の中で次のように述べている。

「……カントの哲学は一つの体系を形造る。この体系を倫理学に於いて粉砕するものは、それを論理学に於いても亦粉砕した。何となれば総ては、それから人が一部分を取り去り得ない所の、アインハイトであるから。先験的方法〔超越論的方法〕は論理学に対しては採用せられるが、併し倫理学に対しては放棄せられるといふ事はあり得ない。論理学が物理学の中に含まれているならば、論理学は物理学から捜出せられなくてはならない。そして物理学がかくして論理学に根差すならば、法も亦倫理学に於いてその根元を持たなくてはならない。それ故また法学からも倫理学は捜出せられ、基礎付けられなくてはならない」。

またこれに続けて、26「超越論的方法の構成における欠陥」の中で次のように述べている。

「これは我々がここで倫理学に与へる所の、新しい地位である。カントは自然科学の形而上学的起源基礎をも書いたが、併し彼は自然科学の本来の形而上学的根柢はこれを純粋理性の批判に於いて発見し、設立したのであった。併るに倫理学に於いては彼はさうはしなかった。実践理性の批判に於いては彼は（ただ、あの自然科学に於いてなしたと比較され得べき仕方に於いてでさへも）法学に関係し、それに向って方向をとる事を為しはしなかった。寧ろ彼は、一つの学の類似的事実を所望の事であるといひ、そしてそれに対してただ一つの事実の類似物を要求したのみであった。かくして、それに法が彼に於いて後で、即ち彼の法学の形而上学的起源に於いて、倫理学に対して陥った所の、区別が発生した。我々はこの法と道徳との間の区別に更にもう一度帰って来なくてはならないであろう。ここではただ、カントが先験的方法〔超越論的方法〕の応用をここでは行わなかったという事が、又彼が倫理学の演繹を、論理学の演繹を自然科学に於いて行った如くに、法学に於いて行はなかったといふ事が、指摘せられるべきである。

この事からして一つの癒すべからざる欠陥が先験的方法〔超越論的方法〕の概念に来らなくてはならなかった事は何等の疑問も

許さない。蓋し若しもその方法が論理学に対して妥当するのであるならば、それは何故に倫理学に対して妥当してはならないのであるか?」。

(10) Rudolf Stammler, Theorie der Rechtswissenschaft, Halle a. S.1911, S.36f. シュタムラーは、「カントは『人倫の形而上学』において法論に対して批判的方法を放棄し、また当時支配的な自然法の軌道にとどまっていた」と述べている。

(11) Wilhelm Metzger, Untersuchungen zur Sitten-und Rechtslehre Kants und Fichtes, Heidelberg 1912 (z.T. erweitert als „Gesellschaft, Recht und Staat in der Ethik des deutschen Idealismus", Heidelberg 1917, aus dem Nachlaß hrsgn.von Ernst Bargmann).

(12) Werner Haensel, Kants Lehre vom Widerstandsrecht—Ein Beitrag zur Systematik der Kantischen Rechtsphilosophie, Berlin 1926.

(13) Gerhard Dulckeit, Naturrecht und positives Recht bei Kant, Leipzig 1932.

(14) Ritter, a.a.O. (Anm.1), S.15f.

(15) Cohen, a.a.O. (Anm.8), S.227. 同上、３６０‐３６１頁。
Ritter, a.a.O. (Anm.1), S.16.

(16) Ritter, a.a.O. (Anm.1), S.19.

(17) 多くの論者が「後期カントの法哲学」という呼び方をしているが、その場合は１７９７年に出版された『法論の形而上学的基礎論』を意味していると考えてよい。

(18) Ritter, a.a.O. (Anm.1), S.339-441. Vgl. Karl Bärthlein, Die Vorbereitung Kantischen Rechts-und Staatsphilosophie in der Schulphilosophie, in: Kant. Analysen-Probleme-Kritik, Bd. I, Hariolf Oberer und Gerhard Seel (Hrsg.), Würzburg 1988, S.221-271. ベルトラインはこの論文において、G・アッヘンヴァル（１７１９‐１７７２）、Chr・ヴォルフ（１６７９‐１７５４）、H・ケーラー（１６８５‐１７３７）、N・H・グンドリング（１６７１‐１７２９）、Chr・トマージウス（１６５５‐１７２８）、S・プーフェンドルフ（１６３２‐１６９４）、J・ロック（１６３２‐１７０４）、H・グロティウス（１５８３‐１６４５）、J・アルトジウス（１５５７‐１６３８）およびF・ヴァスケス（１５１２‐１５６９）とカント法・国家哲学との関連について詳しく検討している。

(19) Ritter, a.a.O. (Anm.1), S.25-39. 第一章「カントと同時代の法律学」は、１「序論」、２「同時代の自然法論」、３「自然法―カントの研究専門?」、４「自然法の著作についてのカントの知識」、５「カントの講義概要」および６「付説：カントの実践的法生活との関係」から構成されている。

(20) Ritter, a.a.O. (Anm.1), S.40-338. ４つの発展段階は、第二章「１７６３年までの著作における法哲学的なもの」(S.40-67)、第三章「１７６０年代半ばにおけるカント法哲学の基礎づけ」(S.68-216)、第四章「１７６９年から１７７１年までの法思想の発展」(S.217-266) および第五章「１７７２年から１７７５年の間のカント法思想における基礎づけの強化および主題のさらなる発展」(S.267-338) から構成されている。

(21) Ritter, a.a.O. (Anm.1), S.40-67. 第二章「１７６３年までの著作における法哲学なもの」は、第一節「１７６０年までの諸著作」および第二節「１７６３年までの諸著作」から構成されている。

(22) Ritter, a.a.O. (Anm.1), S.49.

(23) II, S.273-301. 理想社版『カント全集第三巻』『自然神学と道徳の原則の判明性』川戸好武訳、７１‐１０９頁。特に第四考察「自然神学と道徳との第一根拠がもつことのできる判明性と確実性について」II, S.296-300. 同上、１０３‐１０８頁を参照。

　適法的必然性と蓋然的必然性、また定言命法と仮言命法との関係については次の解説を参照。

「……アカデミー懸賞論文にあってはヴォルフ派の完全性の概念のみに頼った方法が不十分であることを示すにあたり、クルージウスの考え方を援用してくる場面が出てくる。たとえば、ここで証明不可能な義務の質料的原理として挙げられている「神の意志にかなうことをなせ」は、クルージウス起源のものであり、また、「べきである」ということの必然性を「手段の必然性」（蓋然的必然性 necessitas problematica）と「目的の必然性」（適法的必然性 necessitas legalis）とに区分する考え方（II. 298）もクルージウスに由来するものであるとされている。

　これらの立場は、批判期にそのまま引き継がれるものであるとは限らない。とりわけ、道徳感情の考え方は、そのものとしてはむしろ批判期では批判の対象になるものである。また、アカデミー懸賞論文の段階では、義務の第一原則を決定するのが認識能力と感情のいずれであるかにかんして未決定な状態にあったことも重要である。しかしながら、その一方でのちの『基礎づけ』以降の成熟期の実践哲学へとひきつがれた考え方が存在することも見逃してはならない。それはひとつには、いましがた述べたクルージウスから受け継がれたものとしては、後年の定言命法と仮言命法の区分のさきがけとなるような発想などがすでに認められることであり、そして人間性の尊厳という思想である」（岩波版『カント全集７』『実践理性批判』解説、伊古田理・坂部恵、４５６頁）。

　カントは、『人倫の形而上学』第一部『法論』「人倫の形而上学への序論」Ⅲ「人倫の形而上学の区分について」の中で、合法性と道徳性とを区別して次のように述べている。

「その動機が何であろうと、或る行為と法則との単なる合致もしくは不合致は、合法性〔合法則性〕と名づけられる。他方、法則から生ずる義務の観念が同時に行為の動機でもあるような種類の合致・不合致は、行為の道徳性〔人倫性〕と名づけられる」（VI, S.219. 邦訳『法論』３４１頁）。

(24)　Ritter, a.a.O. (Anm.1), S.68-216. 第三章「１７６０年代半ばにおけるカント法哲学の基礎づけ」は、第一節「法思想の諸要素」、第二節「私法」および第三節「法人間学（付説）」から構成されている。

(25)　II, S.205-256. 理想社版『カント全集第三巻』『美と崇高の感情に関する考察』川戸好武訳、７‐70頁。

(26)　XX, S.1-192. 岩波版『カント全集18』『『美と崇高の感情に関する観察』への覚え書き』久保光志訳、１５７‐２５３頁。この翻訳は、底本としてアカデミー版カント全集ではなく、マリー・リシュミュラー編を使用している(Immanuel Kant, Bemerkungen in den » Beobachtungen über das Gefühl des Schönen und Erhabenen «. Neu herausgegeben und kommentiert von Marie Rischmüller. 1991, Hamburg)。ただし、全訳ではなく抄訳である。

(27)　Ritter, a.a.O. (Anm.1), S.71f., S.88. リッターは、「理論的批判主義と法哲学」との間の「相互依存性」が観察されうるとすれば、批判的転回の契機となる１７６９年頃にカントの法哲学上の思想において「批判的精神」が証明されえなければならないと結論づけている。しかしリッターによれば、実際にはこのような相互依存性ははじめから除外される。というのは、「カントの法哲学的および社会哲学的諸見解は、カントはそれらの見解を１７６０年代半ばに抱いていたが、１７６９年以降から１７９７年の『人倫の形而上学』の出版まで影響を受けずにさらに発展したか、あるいはまったくそのままに留まっていた」からであるとする。

(28) Oberer, a.a.O. (Anm.2), S.89-91.
(29) Ritter, a.a.O. (Anm.1), S.79-89.
(30) Ritter, a.a.O. (Anm.1), S.83-88, S.126-136.
(31) Ritter, a.a.O. (Anm.1), S.118-126.
(32) Ritter, a.a.O. (Anm.1), S.107-115.
(33) Ritter, a.a.O. (Anm.1), S.276-278.
(34) Ritter, a.a.O. (Anm.1), S.168-176.
(35) Ritter, a.a.O. (Anm.1), S.169.
(36) Ritter, a.a.O. (Anm.1), S.176-179.
(37) Metzger, a.a.O. (Anm.11), S.84. メッツガーは、カントにとって「自然法と実定法との純粋に論理的な区別はさほど関心がなかった」と述べている。
(38) Karl Larenz, Sittlichkeit und Recht, in: Reich und Recht in der Deutschen Philosophie, 1. Bd., Stuttgart · Berlin 1943, S.289. ラレンツは、「カントは根本において実定法にはまったく関心がなかった」と述べている。
(39) Ritter, a.a.O. (Anm.1), S.184.
(40) Ritter, a.a.O. (Anm.1), S.185.
(41) Ritter, a.a.O. (Anm.1), S.185-195.
(42) VIII, S.423-430. 岩波版『カント全集13』『人間愛からの嘘』谷田信一訳、２５１–２６０頁。
(43) Ritter, a.a.O. (Anm.1), S.187-192.
(44) Ritter, a.a.O. (Anm.1), S.192-195.
(45) Ritter, a.a.O. (Anm.1), S.194.
(46) Ritter, a.a.O. (Anm.1), S.196. A. Lewkowitz (1883-1954), Die klassische Rechts- und Staatsphilosophie. Montesquieu bis Hegel, Breslau 1914, S.A. レコヴィッツは、カントはフランス革命の経過におけるテロを考慮してはじめて革命と抵抗を否認したとする広く行き渡っている見解は適切ではないとしている。また、次の文献も参照。Werner Haensel, Kants Lehre vom Widerstandsrecht. Ein Beitrag zur Systematik der Kantischen Rechtsphilosophie, Berlin 1926, S.78ff.
(47) Ritter, a.a.O. (Anm.1), S.213.
(48) Ritter, a.a.O. (Anm.1), S.217.
(49) Ritter, a.a.O. (Anm.1), S.217-266. 第四章「１７６９年から１７７１年までの法思想の発展」は、１「序論」、２「哲学体系における法」、３「法の原理」、４「法と倫理」、５「法哲学的思考の方法」、６「自然状態と公民状態」、７「法と国家」、８「人間性の権利」および９「私法」から構成されている。
(50) Ritter, a.a.O. (Anm.1), S.223f.
(51) Ritter, a.a.O. (Anm.1), S.225.
(52) Ritter, a.a.O. (Anm.1), S.226. リッターは、カントは法原理を相互的制限の限界におけるすべての者の意志および行為に対する可能的・普遍的自由の規則であると定義していると指摘している。そしてこの規則は、「外的」行為にのみ関係するものであり、そのかぎりにおいて、「法」原理は「道徳一般」の最上の（判定）原理と一致する。
(53) Ritter, a.a.O. (Anm.1), S.227.
(54) Ritter, a.a.O. (Anm.1), S.228f.
(55) Ritter, a.a.O. (Anm.1), S.230.
(56) Ritter, a.a.O. (Anm.1), S.121-126, S.173.
(57) Kersting, a.a.O. (Anm.6), S.109-114, Anm.53. 邦訳『自由の秩序—カントの法および国家の哲学—』舟場保之・寺田俊郎監訳（ミネルヴァ書房、２０１３年）85–89頁。ケアスティングは、『自由の秩序—カントの法および国家の哲学—』第一部「法の根拠づけ」第二章「法の法則と道徳原理」３「法と超越論的自由—カント研究文献における道徳哲学と法哲学の関係に関する解釈について」の中でエビングハウステーゼに対して次のような批判を加えている。重要なので、長いが引用しておく。

「……カントが法哲学と批判的道徳哲学との体系的結びつきを指し示している事柄は、真剣に受け取られるべきである。

私はここまで、この体系的連関を再構成し、法の自立性、および妥当理論上、法が道徳論に依存していることを明らかにしようとしてきた。私の解釈にさらなる輪郭を与えるために、私は以下においてカント法哲学に関する二つの互いに鋭く対立し、ともに私の見方には反する解釈を考察しようと思う。一方はとりわけユリウス・エビングハウスが多くの著作で主張しているような、法論が超越論的観念論の教説および批判的道徳哲学からは完全に独立しているというテーゼであり、もう一方は主に法学系のカント解釈者によって主張される道徳目的論的な法の根拠づけである。

(1) 独立性テーゼ

「意志の自由の問題は法論とは無関係なところで始まる」。この命題はエビングハウスによるカント法哲学解釈を簡潔に表現している。「『道徳的自律』の法則は、人間にとって現実性をもちうる理念であるのか、それとも『高く舞い上がる空想』にすぎないかという問い、それは、〈然り〉と答えようと〈否〉と答えようと、カントがその法論の基礎に据えた、経験から借用された実践的自由の消極的な概念の妥当性になんら影響を与えない問いである」。

というのは、「道徳的自由に関して言えば、その法則は純粋実践理性の自己立法による法則でなければならず、この自由の可能性は、いかなる意味においてもカントの法論において前提とされている消極的な自由概念の妥当性の前提とはならないからだ。これに対し、あの自律の法則は、人間の意志に対する可能的な拘束性という点において、純粋理性の批判において打ち立てられた現象界と叡智界の区別に関する教説に依存している。そのため、カントの法論が人間の選択意志の自由という消極的な概念に限定されていることは、同時に、この法論がカントの批判哲学およびその超越論的観念論から独立していることを意味する」〔傍点筆者〕。

このように、一方の超越論的観念論および批判的道徳哲学と、他方の法論とは、相互に独立していると主張されている。これは、消極的―経験的な自由と積極的―実践的な自由という、いずれも法と倫理の各領域を規定する行為を可能にするために十分な根拠となるものの間の相違にのみ基づいており、それゆえもっぱら執行の問題を念頭においた独立性である。ここまで見てきたように、この独立性には、カントの重大な発言が対立している。それは法の根拠に関わる発言であり、その中で道徳的自由、拘束性、人格性といった概念が登場する。そしてこれらの概念が論じられるカントの教説は、まさしく、エビングハウスがカント法論の妥当性の前提という地位を与えることに反対する箇所なのである。これらの表現に関して、独立性テーゼは最初から適切ではないように見える。自然因果性が人間にとって運命であるか否かが、法論にとってどちらでもよいことであるとすれば、法を人倫の形而上学の一部として展開することは一体どのような意味があるのだろうか。

独立性テーゼを維持しようとするなら、消極的―経験的自由概念に基づいて法的な拘束性の概念がいかにして獲得されうるのか、また道徳的自由を用いることなく法の拘束性がいかにして説明されうるのかということを、このテーゼを主張する解釈は明らかにしなければならない。このテーゼの意義は、超越論的自由が法的行為を構成する条件であることを疑うという点にあるのではなく、それが客観的で必然的な法の法則の存在根拠および妥当根拠であることを疑うという点にある。つまり、カントによって「立てられた法の法則は、その可能的な客観的妥当性において、人間の行為は純粋に叡智的な条件下で可能である」というカントの想定を受け入れることからは完全に独立している」という主張、「言いかえれば、批判の主張のように自然法則の妥当性を現象に制限することが、万一誤りであると証明されたとしても、この〔法の法則の〕妥当性は維持されるであろう」という主張にある。この形而上学的ではない根拠づけを素描するために、エビングハウスは合理性のコンセプトを引き合いに出す。法はその妥当性を確保するために、自分自身の自由に対する啓蒙された利害関心以上のものを必要としない。このような法の利害関心は、「本性上、それらを実現するために選択意志の外的行為が必要とされているかぎりで人間のあらゆる目的に先行し、もっぱらこうした選択意志の行為におけるその自由だけに結びついているような利害関心」であろう。誰もが自分の目的を実現することに対して利害関心をもつため、誰もが外的自由および外的自由の可能性の条件に対する利害関心をもつ。知性をもつ自由な選択意志は、いかなる行為にも潜在的に伴う自身の諸条件を、法において明確に知ることができる。法の利害関心には、自由の形式的な利害関心が反映されているが、この形式的な利害関心は日常生活のふるまいが妨げられない限りは隠されたままで、表面化しているのは一定の行為がうまくいくことに対する直接的な利害関心である。しかしながら、人間が自己の自由な行為の条件を反省するときわかるように、立てられたいかなる目的によってもその目的を実現するために自由が望まれ、それとともに自由を確保するための必要条件もまた望まれるのである。法において表現されている自由の秩序はいかなる実質的な目的も度外視し、その規制機能は一定の目標を特別視したり優先したりするために用いられるのではなく、もっぱら形式的な調和の基準のみを援用するため、こうした自由の秩序によって確保される自由は必然的に最大となり、同様にまた必然的に同意を取りつけることができる。

エビングハウスの想定する法は合理的で、ことさら怜悧を要するものである。しかしながらカントにとって法の合理的性格は、拘束性理論的には重要ではない。なぜなら、実践的原則の拘束性は、それが実践的法則であるための適性に依存しており、この適性については純粋実践理性のもつ可能性だけが決定を下すからだ。私たちはすでに決定的な箇所を引用している。「純粋な理性が実践的な根拠を、つまり意志規定のために十分な根拠をそれ自身のうちに含みうると想定される場合に、実践的法則は存在する。しかし、そうでない場合には、すべての実践的原則はたんなる格率であることになろう」(5, 19)。そしてここから帰結するのは、法的行為の実在条件とは独立して、法の法則は客観的に必然的で無制約的な拘束性をもつ法則ならびに義務原理であり、その可能性の条件として積極的な自由を前提としているということである。「意志の自立はすべての道徳法則とそれに合致した義務の唯一の原理である」(5, 33)。ただしそれはまさに義務の原理であって、まずもって義務を倫理的に履行しうるための原理であるというわけではない。もし「自由を救うことができない」としたら（KrV A 536, B 564)、客観的に妥当する実践的原則は存在しないであろうし、また拘束性のためだけに遵守を要求するのではないにせよ、無制約的な拘束性を私に課すような法の法則というものもまた存在しないであろう。理性原理の合理性およびそのア・プリオリな起源からは実践理性の純粋性は推論されえないということ、そしてこの純粋性は一方では拘束性理論における前提であり、他方では原理の合理性によってはまだなされていない、独自の証明を必要とするものであるということが、『実践理性批判』の核心的議論である。そして、実践的法則のこのような構想の帰結として、他ならぬ純粋実践理性の可能性が確保されていない場合や、それを度外視することが可能であると考えられてしまう場合には、法の合理的な原理と任意の幸福の規則との違いが、拘束性理論の観点からはなくなってしまうということ、このことがその核心的議論の隠された眼目である。

誰かが一定の目的を望み、それを実現するために役立つ、能力の範囲内にある行為を行わず、その代わりに目的をねじまげたり、これを妨害さえする行為を行うならば、彼は怜悧な仕方でふるまっていることにはならない。それは、自己の自由を使用しながらその合理性条件を無視している人と同様である。不正行為は非理性的な選択意志に基づいているが、その選択意志は、理性の方向づけ能力を人間に可能なだけ十分には汲みつくしていない。だが理性の能力を十分に汲みつくさないことは帰責可能だろうか。私たちが他人に法の遵守を義務づけることができるのは、法に反するふるまいが非合理的であるため、つまり不正行為を行う者が、彼自身も必然的に与る法の利益と法に反する行為との間の矛盾に陥るためであるのだろうか。

独立性テーゼの最初の誤りは、二種類の理性立法という議論の誤った解釈にある。独立性テーゼは、次のような誤った推論に基づいている。つまり、法的行為が成立するための前提ではないという意味で、法論が自律的な意志の概念から独立しているということから、その義務原理が妥当するための前提ではないという意味で、法論が超越論的自由から独立しているということを導く、誤った推論である。独立性テーゼは、自律性原理および超越論的観念論の議論を、倫理的立法を根拠づける必要性のためだけに保持しておくという裏面をもつが、独立性テーゼそのものもこの裏面も度外視するならば、エビングハウスの解釈はたしかに、どの点においてもカントの法概念を正しく描き出している。〔ところで〕この解釈においてエビングハウスは、カントが法およびその拘束性を、自由で理性的な分別をもつ選択意志の概念から得たのだと確信していることから、つまり現象人としての人間の概念から得たのだと確信している。しかしこのような確信は、拘束性問題を理論理性の助けを借りて解決するという批判期以前の試みから、カントが離反することになった動機を、エビングハウスが十分に理解していないことを示している。この動機に基づいて、カントはまったく新たな試みへ歩みを進めたのであり、彼は『基礎づけ』において、また完成された形としては『実践理性批判』において、実践哲学全体の新たな妥当理論上の基礎を展開し、さらに『人倫の形而上学』もまた、法論の根拠づけのためにこの新たな試みを利用しているのである」。

上記の引用の中に「自由を救うことができない」と述べられているが、それに関してカントは、『純粋理性批判』の中で次のように述べている。

「そのため私たちは、自然と自由とに関する問題においてはすでに次のような困難に当面している。すなわち、はたして自由はそもそも可能であるのか、また、可能であるなら、はたして自由は原因性の自然法則の普遍性と両立しうるのか、したがって、世界におけるあらゆる結果は自然から発現しなければならないか、さもなければ自由から発現しなければならないかのいずれかであるということは、はたして正しい選言命題であるのか、あるいはむしろ両者とも同一の出来事のさいの異なった連関において同時に成立しうるのではなかろうかということが、その困難にほかならない。感性界におけるすべての出来事が不動の自然法則にしたがってあまねく脈絡づけられているというあの原則の正しさは、超越論的感性論の原則としてすでに確立しており、けっして打破されることはない。それゆえ問題は、それにもかかわらず、はたして、自然にしたがって規定されているまさに同一の結果に関して、自由もまた成立しうるのか、あるいは自由は自然の侵すべからざる規則によって完全に排除されているのかということだけである。ところがここで、諸現象の絶対的実在性というと、なるほど普通とられてはいるが欺瞞的な前提が、すぐさま、理性を混乱におとしいれるその有害な影響をあらわす。なぜなら、諸現象が物自体そのものであるなら、自由は救いがたいからである」(A 536, B 564. 理想社版『カント全集第五巻』原佑訳、２６３−２６４頁)。

(58) Ritter, a.a.O. (Anm.1), S.235f.

(59) XIX, S.98. R.6592. 道徳哲学のレフレクシオーン６５９２にカントは次のように記している。

「三角形に三つの角が与えられているのは必然的である。まったく同様に、約束を守るのは必然的である」(Man sagt schlechthin, es notwendig, dem Triangel 3 Winkel beizulegen. Eben so: es ist notwendig, ein Versprechen zu halten)。

(60) Ritter, a.a.O. (Anm.1), S.236., Anm.79.

(61) Ritter, a.a.O. (Anm.1), S.239.

(62) Ritter, a.a.O. (Anm.1), S.240.

(63) Ritter, a.a.O. (Anm.1), S.242. リッターは、社会契約思想は国家法の構成的原理ではなく、統制的原理であると指摘している。

(64) Ritter, a.a.O. (Anm.1), S.243f.

(65) Ritter, a.a.O. (Anm.1), S.245f.

(66) Ritter, a.a.O. (Anm.1), S.247-250.

(67) Ritter, a.a.O. (Anm.1), S.258.

(68) Ritter, a.a.O. (Anm.1), S.143.

(69) Ritter, a.a.O. (Anm.1), S.258.

(70) XIX, S.457. Es kan etwas factum iniustum seyn respectu iuris naturalis in genere oder iniustum respectu iuris alicuius in specie, h. e. non delinqvitur in aliqvem in specie. Die Ursache ist, daß im ersten falle das mögliche Recht der Menschen laedirt wrid, d. i. gehindert wrid, daß sie die iura naturalia erwerben können. Lügen.

(71) Ritter, a.a.O. (Anm.1), S.267-338. 第五章「１７７２年から１７７５年の間のカント法思想における基礎づけの強化および主題のさらなる発展」は、１「序論」、２「法原理」、３「法と倫理」、４「法思考の方法論」、５「自然状態と公民状態」、６「法と国家」、７「人間性の権利」および８「私法」から構成されている。

(72) Ritter, a.a.O. (Anm.1), S.273-279.

(73) Ritter, a.a.O. (Anm.1), S.279-288.

(74) Ritter, a.a.O. (Anm.1), S.286-288.

(75) Ritter, a.a.O. (Anm.1), S.287f.

(76) Ritter, a.a.O. (Anm.1), S.317-325.

(77) Ritter, a.a.O. (Anm.1), S.304-306.

(78) Ritter, a.a.O. (Anm.1), S.339f.

(79) Ritter, a.a.O. (Anm.1), S.340.

(80) Ritter, ebenda.

(81) Ritter, a.a.O. (Anm.1), S.339f.

(82) W. Kersting, Neuere Interpretationen der Kantischen Rechtsphilosophie, in: Zeitschrift für philosophische Forschung 37, S.282-298. Ralf Buttermann, Die Fiktion eines Faktums. Kants Suche nach einer Rechtswissenschaft. Erwägungen zu Begründung und Reichweite der kantischen Rechtsphilosophie, Würzburg 2011, S.35-57.

(83) Rudolf Stammler, Lehrbuch der Rechtsphilosophie, Zweite, durch einen literarischen Nachtrag vermehrte Auflage, Berlin・

Leipzig 1923. R. Stammler, Theorie der Rechtswissenschaft, 2. Aufl., Halle 1923. R. Stammler, Die Lehre von dem richtigen Rechte, Halle (Saale) 1926. 新カント学派の法哲学に対する批判としてJ・エビングハウスの次の論文を参照。J. Ebbinghaus, Kants Rechtslehre und die Rechtsphilosophie des Neukantianismus, in: Erkenntnis und Verantwortung, Festschrift für Theodor Litt, v. Josef Derbolav und Friedhelm Nicolin (Hrsg.), Düsseldorf 1960, S.317-334.

(84) H. Cohen, Kants Begründung der Ethik. 1877, 1910^{2}. H. Cohen, Ethik des reinen Willens.1904, 1921^{3}.

(85) E. Cassirer, Hermann Cohen und die Erneuerung der kantischen Philosophie, in: Kantstudien 17, 1912, S.264, S.271.

(86) H. Kelsen, Die philosophischen Grundlagen der Naturrechtslehre und des Rechtspositivismus, Berlin 1928, S.76. Vgl. H. Kelsen, Reine Rechtslehre, Wien 1960^{2}, S.74, S.205, S.208. Vgl. F. Kaufmann, Kant und die reine Rechtslehre, Kantstudien 29, 1924, S.233-242.

(87) Kelsen, a.a.O. (Anm.86), S.76. 邦訳『ケルゼン選集１自然法論と法実証主義』所収、『自然法論と法実証主義の哲学的基礎』黒田覚訳（木鐸社、１９７３年）１０６頁を参照。

(88) Vgl. H. Welzel, Naturrecht und materiale Gerechtigkeit, Göttingen 1962^{4}, S.190. H・ヴェルツェルは、新カント学派の法哲学は法実証主義の「補完理論」として特徴づけられうるとしている。実証主義と新カント主義については、S.183-190. を参照。新カント学派の法哲学については、カール・ラレンツの次の著書が詳しく取り上げている。K. Larenz, Rechts-und Staatsphilosophie der Gegenwart, 2. Auflage, Berlin 1935. S.25-50. 邦訳『現代ドイツ法哲学』大西芳雄・伊藤満訳（有斐閣、１９４２年）37-71頁。

(89) Ritter, a.a.O. (Anm.1), S.19. リッターはたとえば次のように述べている。「カントの『法論』そのものおよび「批判主義」と『法論』との矛盾に対する諸根拠を気にかける者がいかに少なかったかということは注目に値する」。またリッターは、「カントが法を批判主義の意味において取り扱っていないということが適切かどうか、もしそうであるならば、なぜそうなのか」と問題を提起している。

(90) Ritter, a.a.O. (Anm.1), S.71f. リッターは、Interdependenz ないし Abhängigkeit ということばを使用している。

(91) Ritter, a.a.O. (Anm.1), S.15f. リッターは次のように述べている。「ヘルマン・コーヘンの『純粋意志の倫理学』以来、広く次の意見で一致している。つまりカントの法哲学は、それは『人倫の形而上学』においてあらわされているが、哲学的批判主義の諸要件――すなわち人間の理性の働き一般の可能性の諸条件からの厳格な演繹によるあらゆる命題の確保という諸要件、およびここでは特に実践理性の諸要件――に対応していないとする意見である」。

(92) Ritter, a.a.O. (Anm.1), S.339f.

(93) H. Cohen, Ethik des reinen Willens, 1921^{3}, S.67f., S.72f., S.227-230. 邦訳『純粋意志の倫理学―哲学体系第二巻』村上寛逸訳（第一書房、１９３３年）１３６－１３７頁、１４２－１４３頁、３５８－３６３頁。

(94) Ritter, a.a.O. (Anm.1), S.17f.

(95) Ritter, a.a.O. (Anm.1), S.15f.

(96) Ritter, a.a.O. (Anm.1), S.16.

(97) Ritter, a.a.O. (Anm.1), S.287f. Erich Adickes, Kants Systematik als systembildender Faktor, Berlin 1887.

(98) Friedrich Paulsen, Immanuel Kant. Sein Leben und seine Lehre, Stuttgart 1898, S.339, S.350. 邦訳『イムマヌエル・カント

―彼の生涯とその教説』伊達保美・丸山岩吉訳（春秋社、１９２５年）４４２頁を参照。Ｆ・パウルゼン（１８４６－１９０８）は、１７９７年の『法論の形而上学的基礎論』における体系的論述は老衰の時期に属するとし、また「法哲学」において、われわれは実際老人の「嘆かわしい」（ショーペンハウアーはこの著作全体をこのように呼んでいる）風変わりな考えをもっていると述べている。邦訳は１９０４年出版の第四版を底本としている。**Ritter, a.a.O. (Anm.1), S.20.**

(99) **B 561f.** 理想社版『カント全集第五巻』原佑訳、２６１－２６２頁。

カントは『純粋理性批判』の中で次のように述べている。

「きわめて注意すべきは、この自由の超越論的理念に自由の実践的概念がもとづいており、だから、自由の可能性に関する問題に以前からまつわりついてきた困難の本質的契機をなすものは、自由におけるその超越論的理念であるということである。実践的意味における自由は、選択意志が感性の衝動による強制に依存しないということである。なぜなら、選択意志は、それが感受的に（感性の動因によって）触発されるかぎりにおいて、感性的であるからである。選択意志は、それが感受的に強制されうるときには、動物的選択意志（**arbitrium brutum**）と呼ばれる。人間的選択意志はなるほど感性的選択意志 **arbitrium sensitivum** ではあるが、動物的ではなくて、自由 **liberum** である。というのは、感性は人間的選択意志の行為を必然的たらしめるのではなく、人間には、感性的衝動による強制に依存することなく、おのれをみずから規定する或る能力がそなわっているからである」。

(100) **J. Ebbinghaus, Die Strafen für Tötung eines Menschen nach Prinzipien einer Rechtsphilosophie der Freiheit, Kantstudien Ergänzungsheft 94, Bonn 1968, S.20ff., S.89f.** エビングハウスは、「カントの法論が人間の意思の消極的自由概念に限定されていることは、同時にこの法論がカントの批判哲学一般およびその超越論的観念論から独立していることを意味する」と述べている。

(101) **VI, S.205.** 邦訳『法論』３２５頁。

(102) **Ritter, a.a.O. (Anm.1), S.217.**

(103) **Ritter, a.a.O. (Anm.1), S.339f.**

(104) **Kersting, a.a.O. (Anm.6), S.108f., Anm.53.** 邦訳『自由の秩序―カントの法および国家の哲学―』舟場保之・寺田俊郎監訳（ミネルヴァ書房、２０１３年）１０８－１０９頁、注（28）。ケアスティングは、『自由の秩序―カントの法および国家の哲学―』第二章「法の法則と道徳原理」３「法と超越論的自由―カント研究文献における道徳哲学と法哲学の関係に関する解釈について」の中で「『基礎づけ』および完成された形としては『実践理性批判』における道徳哲学の新たな根拠づけは、法論にも新たな妥当理論上の基盤を与えている」として、リッターの所説に対して次のように批判している。ケアスティングはその際、ブラントおよびオーバラーの解釈に賛同している。

「リッターは「カントが法を批判主義の意味において扱っていないというのは正しいのかどうか、また扱っていないのなら、それはなぜなのか」(19) という問いを立てている。それゆえ、彼にとって重要なことは、新カント派がカントの道徳哲学および法哲学に対して行った異議申し立てを、後者、つまりカントの法哲学に対してもう一度やりなおすことである。特筆すべきことは、彼が新しい証拠調べを一七九七年の『法論』ではなく、初期の文献から始めていることである。『法論』は脚注にしか現れない。リッターは、カントが法を「批判主義の意味において」扱っていないということを確証するが、これは『実践理性批判』を読んだ人にはなんら驚くべきことではなく、たんに新カント派的な科学主義的批判主義に傾倒している人にとってのみ疑念をひきおこすにすぎない。そして彼は、カントが法を批判主義の意味において扱っていないことの理由を、カントの法思想がとぎれのない連続性をもつことに見いだしている。「この連続性によって、……カントが思弁的批判主義に対応する『批判的』法哲学を根拠づけたということは否定される」(339)。もちろんこれはまったく説明になっておらず、それ自体説明を必要とする事態の繰り返し、あるいは理由と帰結の混同である。〔実際には〕カントは「批判的」法哲学を根拠づけなかったがゆえに、その法思想を「思弁的批判主義」に影響されることなく連続的に展開することができたのである。しかし私たちは、この連続性テーゼの根拠づけが妥当性をもつかどうかという問題を度外視し、連続性テーゼそのものに目をむけよう。このテーゼが、カントはいかなる時点においても、法学の事実から出発しながらも、法学およびその対象が可能となるための超越論的条件に進んでいくことを目指すことはなかったということを言おうとしているとすれば、このテーゼは必要以上に力説されていることになる。カントは実践哲学の自立性をなんら隠しだてすることなく、なぜ彼が統一的な理論構築から距離をおくことになったのか、その理由を説明している。このテーゼが関心をひくのは、それが法論の――いまや別の意味で理解されるべき――批判的道徳哲学からの独立性をも主張しているかぎりにおいてである。しかし残念ながら、リッターは新カント派の先入見から自由になることができず、それゆえ道徳哲学的な根拠づけの問題の固有性を視野に入れず、したがってまた、あらゆる発展史的な整理を行っているにもかかわらず、『実践理性批判』のもつ実践哲学の基礎づけのための意義を適切に評価することができないでいる。連続性テーゼが形而上学的法論の批判的道徳哲学からの独立性を示唆しているかぎり、このテーゼは却下されるべきである。たしかに、一七九七年の『法論』には七〇年代のレフレクシオーンと一致している点がある。そして『人倫の形而上学』には、伝統的な普遍的実践哲学を参照している点が数多くあるのも事実である。多くのラテン語の用語は、大部分の概念規定と同様にヴォルフ学派の実践哲学教本から採用されている。そのことから、同時代の読者は、カントがどのような主題的文脈において彼の晩年の作品を位置づけようとしていたかを知ることができる。こうした読者は、カントが彼の新たに根拠づけられた道徳哲学を自然法的義務論全体の改革のために生かそうとしていたということを、難なく知ることができた。その際、発展史的に先行する、カント解釈者にはよく知られているいくつかの事柄が、ほとんど内容を変えることなく登場している。しかしながらこのことから、カント解釈者がとぎれのない連続性に関するテーゼをもつきっかけを得ることができ、より狭い意味においても批判的でない法哲学がここで展開されていると結論づけることができるようになるのは、もっぱら解釈者が新たな根拠づけに関して、それによって根拠づけられるものが重大な内容的変更をもつようになると期待する場合のみである。そのように核心部分の素材が同一であるということに意識を集中するならば、原理論的な新たな根拠づけや領域区分および体系的統合をつうじての新たな規定という、事実を孤立させて比較することによってはとらえることのできない問題には無感覚となる。それにくわえて、私法論の中心部分である所有権論は、カント晩年の独創的な成果であるということも重要である。〔カント法論において〕私法が公法の基礎を築いているということに注目するなら、「『法論』の本質部分は九〇年代なかばにようやく構想された」という結論に達するにちがいない」。

また、ブラントの次の文献も参照。R. Brandt, Rezension: Ritter, Der Rechtsgedanke Kants nach den frühen Quellen, in:

Philosophische Rundschau 20/1974, S.44.

ケアスティングは本書第四章「人間性の権利」の中で次のように述べている。

「リッターによれば、人間性の権利には、第二の、そして形式的な法の法則とは対立する、実質的な法源泉が見出される。リッターにとって、「カントの理性的自然法は……謎めいた仕方で、法における人間の人間性に関する、形而上学的に基礎づけられた実質的な命題に」依拠している（Der Rechtsgedanke Kants, a.a.O., S.340）。カントは、身体性の要求を引き受ける「自然に含まれる法的なもの」（20, 109）を発展させていくことによって、人間性の権利という構想を獲得したのであり、それによって、自由と平等という形式的法原理が、実質的な法の根本原理によって補強されるのである（以下を参照せよ。S.194ff., 259ff.）。リッターが人間性の権利ということで理解しているのは、同時に法の根拠としても法の限界としても機能する、人間の「ある種の実質的でア・プリオリな本質的特性」の総体のことであり、リッターは「法の実質的なア・プリオリ」としての人間性や、「人間学的」ア・プリオリに関しても語っている（320）。「実質的基盤としての人間性の権利が、カントの——意図としては形式的な——法思想の根幹に存していることは明らかである。したがってすべての法は、形式的な法論理学的要素によってのみならず、人間性という——たしかにたいていは隠されたままであるのだが——実質的な法構成的要素によっても正統化され限界づけられているのである」（261）。このようなリッターのテーゼの戦略的機能がどのようなものであるのかは、容易に見て取ることができる。リッターにとってカントの法思想は、「思弁的批判主義」（339）とは無縁のままのものであり、したがって一貫して自然法思想の伝統との連関のうちで展開しえたものなのである。新カント派による解釈案の影響を受けて、リッターは、カント実践哲学のうちには批判主義の——これもまた新カント派の眼から見たそれにすぎないのだが——侵食が見出されるのか否か、という問いだけに集中していた。それによって彼は、一方では実践哲学の基礎づけという真の問題圏に対して、他方ではカントによって基礎づけの対象とされた、法と倫理学の基盤の変遷に対して盲目的になっていた。そうしてリッターは、一貫して実質的だと見なす人間性の権利を、カントの理性法が自然法思想にとらわれた無批判的な性格をもつものであることの証人に仕立て上げたのである。カントの人間性の権利はリッターにとって、法を産出する実質的で本質的な根拠としての自然という自然法の議論に対応するものであり、こうしたカントの考え方は継ぎ目なく伝統に接続しているのである」(Kersting, a.a.O. (Anm.6), S.159f., Anm.197. 同上、１４８-１４９頁、注（５）)。またリッターの著書の次の箇所を参照。Ritter, a.a.O. (Anm.1), S.194ff., S.259ff., S.320, S.339f.

(105) Z. B. Ende 1773 an Markus Herz (X, S.145; vgl. Ritter, a.a.O. (Anm.1), S.268).

(106) X, S.145. 理想社版『カント全集第十七巻』門脇卓爾訳、１１５頁。

(107) Oberer, a.a.O. (Anm.3), S.217-224. 以下の論述は主として上記オーバラーの１９８３年論文に依拠している。

(108) H. Oberer, Zur Frühgeschichte der Kantischen Rechtslehre, in: Kantstudien 64, 1973, S.88-102.

(109) Josef Schmucker, Die Ursprünge der Ethik Kants in seinen vorkritischen Schriften und Reflexionen, Meisenheim am Glan 1961.

(110) Oberer, a.a.O. (Anm.2), S.98f. F. Kaulbach, Studien zur späten Rechtsphilosophie Kants und ihrer transzendentalen

Methode. Würzburg 1982, S.9.

(111) 根源テーゼとは、純粋思惟と純粋意志は自己の根源から内容を産出し、思惟と意志を前提に純粋感情が美的生産を行うと見る考え方のことである。コーヘンについては次の文献を参照。佐藤省三『コーヘン』(弘文堂書房、１９４０年)。

(112) Busch, a.a.O. (Anm.4), S.1-3. 1. Gibt es eine kritische Rechtsphilosophie Kants?

(113) Busch, a.a.O. (Anm.4), S.1-3.

(114) X, S.55, 31. 岩波版『カント全集21書簡Ⅰ』北尾宏之・竹山重光・望月俊孝訳、25頁。カントは１７６５年12月31日、Ｊ・Ｈ・ランベルト（１７２８–１７７７）宛書簡の中で次のように述べている。

「私は、何年ものあいだずっと、自分の哲学的考察を、考えられるかぎりのすべての面に向けてまいりました。考えが変わるということも数多くありました。そのさい、私はいつも、誤謬や洞察の源泉を方法のとり方のうちに探し求めていました。そして、こうしたのち、ついに私は、まやかしの知に陥らないための方法をものにしたといえるところにまで到達しました」。Ritter, a.a.O. (Anm.1), S.71.

(115) XVIII, S.62, 8, R5017. これは形而上学についてのレフレクシオーンである。

(116) Brandt, a.a.O. (Anm.2), S.43-50.

(117) Schmucker, a.a.O. (Anm.109).

(118) Ritter, a.a.O. (Anm.1), S.339.

(119) Ritter, a.a.O. (Anm.1), S.340.

(120) Ritter, a.a.O. (Anm.1), S.251, S.295, S.337.

(121) Ritter, a.a.O. (Anm.1), S.1, S.16, Anm.5, S.324, Anm.287.

(122) Ritter, a.a.O. (Anm.1), S.21.

(123) Ritter, a.a.O. (Anm.1), S.70.

(124) Ritter, a.a.O. (Anm.1), S.23, S.24.

(125) John Locke, An Essay Concerning Human Understanding, 1690. ２つの政治論文とは『統治二論』のことを指している。

(126) XXIV, 1, S.300, 19-20. １７６０年代前半のものである『ブロンベルクの論理学』に記されている。XXIV, 1, S.495, 16-17. また、１７８９年に成立した『フィリピの論理学』に記されている。

(127) John Locke, Two treatises of government, 1690.

(128) Busch, a.a.O. (Anm.4), S.27-33. R. Brandt, Eigentumstheorien von Grotius bis Kant, Stuttgart-Bad Cannstatt 1974, S.254, Anm.7.

(129) Ritter, a.a.O. (Anm.1), S.21.

(130) 以下において上記で挙げた資料について説明しておきたい。『カント事典』編集顧問、有福孝岳・坂部恵（弘文堂、１９９７年）、「カント講義録解説」５６１–５７６頁を参照。

１　アッヘンヴァルの『自然法』についてのカントの自家用本

１７６０年代半ばから一貫してバウムガルテンの２つのテクストを用いて行われた講義の中から、最終的に『人倫の形而上学』（１７９７）の構成が浮かび上がってくるという経緯を考えれば、前批判期からの義務の体系の連続性はいっそう際立つことになる。カントが書簡において『人倫の形而上学』の刊行計画を繰り返し語るようになるのは、やはり１７６０年代半ばからである。このことは法論および徳論に結実する義務の体系の展開を、バウムガルテンの倫理学との対決という観点から検討し直すことを要請している。法論についてはさらに、１７６７年から１７８８年までアッヘンヴァルの Jus naturalie を用いて行われた「自然法」に関する講義の存在が注目されるであろう。このように講義録を手がかりにしてカントの義務の体系の展開を跡づける作業は、批判期の著作の解釈にも影響を与える可能性を秘めており、カントの実践哲学全体の評価にかかわる重要性をもっている（同上、八幡英幸執筆、570-571頁）。

2 『ブロンベルクの論理学』

『ウィーンの論理学』と同様、この講義録は年代提示を伴っていない。だが、筆記者ブロンベルクが1761年から推定1764年までケーニヒスベルク大学で学んでいたことから、少なくとも内容自体はこの年代の講義に基づいていると言える。ただ、シュラップによれば、決定稿は別人の手になり、1771年に完成しているとしている。しかしこの説には、G・レーマンは疑義を挟んでいる。いずれにしても、ブロンベルクが準拠したカントの講義が1760年代前半のものであるということには2つの重要な意味がある。ひとつは、『フィリピの論理学』が70年代、『ペーリッツの論理学』が80年代、『ブーゾルトの論理学』と『ドーナ・ヴントラッケンの論理学』が90年代のものであることから、『ブロンベルクの論理学』の存在によって、カントの論理学講義・教授活動の60年代、70年代、80年代、90年代を、一応すべてフォローすることができるということである。2つめとして、60年代前半はヒュームとの対決や、ア・プリオリな総合判断という発想の成立などをめぐって、カントの哲学遍歴のいわば激動期に当たることから、それらの形跡を跡づけるために『ブロンベルク論理学』は有力な資料になりうるということである。さらにこの草稿は、論理学講義の中でももっとも分量が豊富であることが特筆される。内容とその区分は、全講義録の中でマイアーの『論理学綱要』にもっとも忠実である（同上、石川文康執筆、563頁）。

3 『フィリピの論理学』

筆記者フィリピによる「1772年5月」という成立年月が提示されている。少なくとも、「W・A・F・フィリピ」という人物が「1770年4月6日」にケーニヒスベルク大学に在籍手続きをしていることが判明している。この草稿にはじめて、冒頭部分に哲学史に関する叙述が見られるようになる（同上、石川文康執筆、563頁）。

4 『ポヴァルスキの実践哲学』

これは、G・B・ポヴァルスキ（1777年3月入学）による「実践哲学」の記録である（同上、八幡英幸執筆、569頁）。

5 『コリンズの道徳哲学』

これは、G・L・コリンズ（1784年9月入学）による1784-85年の「道徳哲学」の記録である（同上、八幡英幸執筆、569頁）。

6 ファイアーアーベントによる『自然法』の講義筆記録

これは、G・ファイアーアーベントによる1784年の「自然法」講義の記録である（同上、八幡英幸執筆、569頁）。

(131) Busch, a. a. O. (Anm.4), S.171-173.

(132) XIX, S.519., R 7795 (vgl. XIX, S.307, R7303. これは道徳哲学についてのレフレクシオーンである) gegen Rechtslehre §40, vgl. Naturrecht Feyerabend S.87ff. これは法哲学についてのレフレクシオーンである。

(133) Busch, a.a.O. (Anm.4), S.1.

(134) Ritter, a.a.O. (Anm.1), S.286-288.

(135) Busch, a.a.O. (Anm.4), S.113.

(136) Busch, a.a.O. (Anm.4), S.56.

(137) XXVII, 1, S.107, 36-39 G・B・ポヴァルスキ (G. B. Powalski 1777年3月入学) による「実践哲学」の記録である。

(138) XIX, S.268, R7193. これは道徳哲学についてのレフレクシオーンである。

(139) Friedrich Schlegel, Seine prosaischen Jugendschriften 1794-

1802, Hrsg., J. Minor, Wien 1882, 2, S.194 Frgt.77 Lesarten.

(140) XXI, S.97, 8-9, 1800-1803. これはオープス・ポストゥムム（遺稿）に記されている。

(141) Oberer, Über einige Begründungsaspekte der Kantischen Strafrechtslehre, a.a.O. (Anm.6), S.401-423.

(142) Ilting, a.a.O. (Anm.5), S.325-345.

(143) Oberer, a.a.O. (Anm.108), S.88-102.

(144) Schmucker, a.a.O. (Anm.109), bes. S.376ff.

(145) Schmucker, a.a.O. (Anm.109), S.382. シュムッカーはこれに関して次のように述べている。

「実践理性批判の基礎的問題性は純粋理性批判の問題性とはまったく異なっており、まさにそれと対立している。したがってまた、「批判」の概念はまったく別の意味をもっている」。

(146) Ilting, a.a.O. (Anm.5), S.326.

(147) B 61. 理想社版『カント全集第四巻』『純粋理性批判』1「超越論的原理論」第一部門「超越論的感性論」第二節「時間について」第八項「超越論的感性論のための一般的注解」原佑訳、141頁。

(148) 感性的占有は物理的（physisch）、経験的（empirisch）、現象的（phänomenal）占有とも呼ばれる。

(149) 可想的占有は純粋に法的（bloß-rechtlich）、本体的（noumenal）占有とも呼ばれる。

(150) VI, S.245. 邦訳『法論』370頁。

(151) VI, S.249. 邦訳『法論』374頁。

(152) R. Brandt, Das Erlaubnisgesetz, oder: Vernunft und Geschichte in Kants Rechtslehre, in: Rechtsphilosophie der Aufklärung, v. R. Brandt (Hrsg.), Berlin 1982, S.236.

(153) Ilting, a.a.O. (Anm.5), S.338.

(154) Oberer, a.a.O. (Anm.108), S.88-102.

(155) VI, S.254f. 邦訳『法論』381-382頁。

(156) Oberer, a.a.O. (Anm.108), S.100f.

(157) Ebbinghaus, a.a.O. (Anm.100), S.21f. エビングハウスは、「カントの法論が人間の意思の消極的自由概念に限定されていることは、同時にこの法論がカントの批判哲学一般およびその超越論的観念論から独立していることを意味する」と述べている。

(158) Ritter, Zeitschrift der Savigny-Stiftung für Rechtsgeschichte, 93. Bd., Romanistische Abteilung, 1976, S.516f., Anm.17.

(159) Kuno Fischer, Immanuel Kant und seine Lehre, II, Heidelberg[5] 1910, S.255. フィッシャーは、カントの法論を理性的法論として私法、国家法、国際法および世界市民法にわけて詳細に論じている。S.126-172を参照。

(160) VI, S.355. 邦訳『法論』501-502頁。

(161) VI, S.355. 邦訳『法論』501-502頁。

第五章　W・ケアスティングの所論を中心として

I　はじめに

G・ドゥルカイト[1]（G. Dulckeit）、W・ヘンゼル[2]（W. Haensel）、W・メッツガー[3]（W. Metzger）およびK・リッサー[4]（K. Lisser）などに代表される20世紀初頭のカント法哲学のルネサンスを度外視すれば、カントの最晩年の体系的著作である『法論の形而上学的基礎論』（Metaphysische Anfangsgründe der Rechtslehre, Metaphysik der Sitten, I. Teil, 1797. 以下著作を示す場合には『法論』と略称する）が新たにカント研究において著しい注目を浴びるようになるまでに１５０年以上もの年月が経過した。最近になってようやく、カントの法哲学についての多数のモノグラフや論文[5]がカント研究文献の中で量的にも質的にも重要な地位を占めるようになったのである。[6]このような意味で、現在をカント法哲学の第二のルネサンスと呼ぶことができるかもしれない。[7]

もちろん、このような動向においてカントの法哲学はさまざまな問題意識から研究されており、それぞれ貴重な示唆を与えてくれる。しかし、その中でも特に批判哲学に基づいた方法論的な視点から検討し直している研究が、第一のカント法哲学のルネサンスとの関連から見ても現代的意義を有しているように思われる。

カントの『法論』ないし法哲学は『純粋理性批判』（初版１７８１年、第二版１７８７年）および『実践理性批判』

（1788年）とは体系上無関係なもの・矛盾するものであり、したがってカントの批判哲学の全体系の中では周辺的・傍論的な役割を果たしているにすぎないとする見解が従来は支配的であった。言い換えれば、方法論的な視点からカントの『法論』ないし法哲学を見た場合、そこには、カントの批判哲学（kritische Philosophie）ないし超越論的哲学（Transzendentalphilosophie）にとって本質的である批判的方法（kritische Methode）ないし超越論的方法（transzendentale Methode）が十分に貫徹・適用されていないとか、あるいは極端な場合にはまったく放棄されているとする見方が有力に主張され続け、ごく最近まで定説となっていたのである。[8]

このような見方は法学の領域にかぎってみても1910年代から1920年代にかけて、R・シュタムラーやE・ラスク、G・ラートブルフおよびH・ケルゼンなどに代表される新カント学派の法哲学者によって主張された。[9]先に挙げたドゥルカイト、ヘンゼル、メッツガーおよびリッサーも新カント学派の延長線上にあり同様の見解をとっている。また、1930年代から1940年代にかけて、その影響を受けた恒藤恭、田中耕太郎、尾高朝雄、和田小次郎、廣濱嘉雄といった戦後我が国の法哲学を担ってきた代表的法哲学者によっても主張されてきた。[10]

ところが現在、この問題をめぐって特にドイツ語圏を中心として活発な議論が展開されている。ただし、その研究が限定的・非体系的（たとえばカントの私法論の中でも物権に焦点を当てた狭義の所有権論が考察の中心になっており、公法すなわち国家法、国際法および世界公民法には十分な考慮が払われていないなど）であるという不備がないとは言えない。したがって、カントの『法論』の包括的・体系的な考察が今後の課題として残されている。しかし、ドイツ語圏での議論状況とは対照的に、その後も我が国においてはこのような見方が一般に受け入れられてきており、それに対して再検討されるべき点が多く残されている。[11]

しかしながら、果してこのような従来の見方は妥当であったと言えるのであろうか。カントの『法論』が批判哲学といかなる体系上の連関を有しているのか、つまりカントの批判哲学における『法論』の地位はどのように理解されるべきなのかといった体系上の問題については、現在でも依然として十分な解明がなされているとは言い難い。[12]したがって、方法論的な視点からする批判哲学と法哲学との関係の問題、すなわちより厳密に言えば、批判的方法ないし超越論的方法の法哲学への導入・適用の問題を解明する試みも、批判哲学全体における法哲学のこのような体系上の位置づけ問題を究明するためのひとつのアプローチとして意義がなくはないであろう[13]。しかしそればかりではなくまた、批判的方法を法哲学に徹底的に導入しようと試みた新カント学派、特にシュタムラー、ラートブルフおよびケルゼンなどの法哲学を根本的に見直すためにも、またF・カウルバッハに代表されるように新たな批判的ないし超越論的法哲学を構想するためにも、このような解釈上の試みは欠くことのできない前提作業であると言わなければならない[14]。

カント法哲学の批判的性格ないし超越論的性格を肯定するひとつの有力な立場として、筆者はすでにカウルバッハ[15]（Friedrich Kaulbach）の所論を考察した（第二部第二章）。カウルバッハの所論は、カント法哲学の超越論的性格を最初にしかも詳細に分析し、提唱した点においても、また独自のカント哲学理解に基づくダイナミックな解釈である点においても、きわめて興味深く示唆に富むものである。しかし、独自のカント哲学理解に基づいているため、その法哲学解釈を正確に解読するのは必ずしも容易ではない。

カウルバッハの所論の詳細はここでは再説することはしないが、その要点のみを言及しておきたい。カント法哲学についてのカウルバッハの所論の中心となる基本的テーゼは、「法の哲学において、超越論的方法は、単に適用されているのではなく、むしろその中にこそ超越論的哲学の思想は、その独自の省察が基盤を置いている諸原理を再認識するのである。それゆえ、カントの後期の法哲学（『法論の形而上学的基礎論』）は、超越論的方法の単なる付随的な適用領域ではなく、むしろ本来的に超越論的方法の固有の領域であると見なされなければならない」とするかれ自身の表現の中に明確に示されている。新カント学派が『純粋理性批判』を重視し、それに依拠しながら法哲学への超越論的方法の導入・適用という問題を提起しているのに対して、カウルバッハのこの解釈はまさに新カント学派の解釈を180度転回させたものである。

カウルバッハはその際、配置関係（Konstellation）、「自由」の立場（Stand bzw. Stellung der Freiheit）およびパースペクティヴ（Perspektive）といった独自の諸原理を用いてカントの『法論』の私法論、特に占有論を考察することによってこのテーゼを導き出している。[16]

さらに筆者は第二部第三章において、カウルバッハの肯定説とは対照的に、カント法哲学の批判的性格に関して否定説を支持する重要な見解として、[17]この問題をめぐるさまざまな議論[18]において注目されるK・H・イルティング（Karl-Heinz Ilting）の所論を検討した。[19]ただし、イルティングが批判の対象としているのはカウルバッハの所説ではなく、Chr・リッターの否定説に対して反論した。W・ブッシュの肯定説である。現在では肯定説が定説となっているが、その中でもイルティングの所論はリッターの所論とともに有力な否定説として際立っている。イルティングの所論の要点を概観しておきたい。

イルティングは、「カントの批判的な倫理学・法哲学というものが存在するのか」（Gibt es eine kritische Ethik und Rechtsphilosophie Kants?）という明確な問題設定のもとで、『美と崇高の感情についての考察』（Beobachtungen über das Gefühl des Schönen und Erhabenen, 1764.）に関する『覚書き』やレフレクシオーンなどを分析・解釈することによってカントの実践哲学一般の非批判的性格（unkritischer Charakter）の解明を試みている。法哲学が倫理学と同様に実践哲学の一分野であることを考えれば、このように両者をあわせて検討することは適切であるし、また不可欠でさえある。

イルティングの所論の特色のひとつは、この問題の論証に先立ってまず「批判的」（kritisch）という術語の意味分析を行い、その定義を提示している点である。この点が、その定義の適否にかかわらずイルティングの議論をきわめて明晰にしている。しかしブッシュの所論にも当てはまるが、カント哲学に関する深い洞察を前提した『覚書き』やレフレクシオーンの緻密な分析・解釈を読解するのは容易ではない。

イルティングによれば、カントの倫理学および法哲学が「批判的」と言いうるのは次のような場合に限定される。

第一に、それが『純粋理性批判』以来のカントの理論哲学に特徴的である問題設定に基づいており、そしてそれゆえ、われわれに疑いもなく与えられているものの可能性の諸条件にさかのぼって独断主義と懐疑主義の対立を克服している場合である。

第二に、カントの倫理学および法哲学と『純粋理性批判』におけるカントの批判哲学とを結びつけるような諸理論をそれが不可分に含んでいる場合である。

第三に、カントの倫理学および法哲学の中に、批判哲学が成立したときに（１７７１年以降）はじめてカントが発展させた特殊な諸理論ないし諸方法が見出される場合である[20]。

イルティングはこれらが「批判的」の定義であるとしているが、むしろカントの倫理学および法哲学が批判的であると言いうるための必要条件であると理解されるべきであろう。すなわち、これら３つの必要条件のうちひとつでも備えていれば、カントの倫理学および法哲学が批判的であるとする判断が論理的に導き出されることになる。そして、イルティングはこれらの必要条件をカントの倫理学および法哲学が満たしているのか否かを各々詳細に分析・検討していく[21]。その検討の結果、これら３つの必要条件はいずれも倫理学および法哲学において満たされておらず、したがって批判的性格は否定されるとして次のような結論を下す。

「たとえわれわれが『人倫の形而上学の基礎づけ』および『実践理性批判』の中のカントの自律・理論（Autonomie-Lehre）をひとつの特殊な理論として、また60年代および70年代のレフレクシオーンにおいて準備されていた理論を批判的倫理学として特徴づけたいと考えても、次のことは依然として変わることはない。すなわち、カントは超越論哲学的基礎づけという意味においてこの理論に批判的な基礎づけを与えることがまったくできなかったということである。カントは、定言命法の拘束性に関する問題をア・プリオリな実践的総合的判断の「可能性」に対する問題として説明することによって、カント自身はやはり80年代の倫理学上の諸著作において少なくともこのような基礎づけの計画を発展させたのであった。われわれが批判的倫理学を、超越論的主体の構成的なはたらきによる定言命法の拘束性の正当化――『純粋理性批判』における経験の可能性の超越論的諸条件の問題に対してカントが行った解答と類比的に――と理解する場合には、カントはこの課題の解決のための手がかりを見出すことがなかったと認めなければならない。この意味において、カントの批判的倫理学および批判的法哲学というものは存在しないのである[22]」。

イルティングは、A・ショーペンハウアーの酷評以来受け継がれてきた『法論』の嘆かわしい状態についてのいわゆる「老衰テーゼ」(Senilitäts-These)の最近の主張者であり、また先の「批判的」の定義から窺えるように、『純粋理性批判』を偏重している点で新カント学派的解釈の継承者であると言っても差し支えない。

本章は、カウルバッハと同様にカント法哲学の批判的・超越論的性格を肯定する立場に属するW・ケアスティング(Wolfgang Kersting)の所論を検討することを目的とするものである。ケアスティングはカント法哲学についての多数の研究論文や研究書を著しており、[23] カウルバッハとともに現在におけるカント法哲学研究の第一線の研究者のひとりとしてもっとも注目される。[24] このような意味においても、ケアスティングの所論はけっして看過することのできないものであると言わなければならない。

Ⅱ 所有権論の超越論的性格

1 ケアスティングの所論の概要

カントの所有権論の超越論的性格は、ケアスティングの『秩序づけられた自由—イマヌエル・カントの法・国家哲学—』(Wohlgeordenete Freiheit. Immanuel Kants Rechts-und Staatsphilosophie.)の中で詳細に分析され論じられている。したがって以下においてこの著作を手がかりとして考察を進めていきたい。[25]

この教授資格論文は、カントの『法論』の構成(最初に「まえがき」、「人倫の形而上学への序論」および「法論への序論」、次に「法論の第一部私法」、続いて最後に「法論の第二部公法」が論じられるという構成になっている)に従って3部構成になっており、『法論』全体を体系的・歴史的に叙述している。第一部「法の基礎づけ」では、法の概念、法の法則および法理的理性立法が主題になっている。ここでは、カントがどのようにして法を基礎づけているのかが分析され、一方で法と道徳哲学との関係が、他方で法と実質的倫理学との関係が究明されている。第三部「国家法」においては、私法に基礎を置いている公法が対象とされている。ここでは、純粋な国家法の諸原理が議論され、理性と歴史、自然と自由との媒介の必然的条件としての国家の法改革的必然性、すなわち法的状態（status iuridicus）についてのカントの改良主義的テーゼが詳細に論じられている（公法の超越論的性格については特に論及されてはいない）。

第二部「私法」で取り上げられている主題がまさに本章の中心的主題である。ここでケアスティングは、「自然的私法が総合的理性の要請および結合した意思の理念において超越論哲学的に基礎づけられている」ということを論証しようと試みている。[26] 自然的私法とは何を意味するのかについてケアスティングは明示していない。というのは、「法論への序論」末尾の次の文章から、それが公民状態に対置される自然状態における法であることは明らかであるからである。

「自然法の最高区分は〔しばしばなされるように〕自然的法と社会的法とへの区分ではなく、自然的法と公民的法とへの区分でなければならず、そのうち前者が私法と名づけられ、後者が公法と名づけられるのである。というのは、自然状態に対立するものは社会状態ではなくて公民状態だからである。なぜなら、社会は自然状態においても十分に存立しうるであろうけれども、〔公的諸法則（法律）によって私のもの・汝のものを確保するところの〕公民的社会はそこには存在しえないからである。そこからしてまた自然状態における法は私法と呼ばれるのである」。[27]

カントの私法の中には周知のように、占有・所有権（もの（Sache）を対象とする狭義の所有権。現代法学におけるいわゆる「物権」に該当するものである）、対人権および物権的様相をもつ対人権（前者が債権、後者が家族法、婚姻権、親権および家長権に対応する。私法論全体が「私のもの・汝のもの」を主題としているので、これら3領域をあわせて広義の所有権と見ることができる）が含まれている。本章では占有・所有権に的を絞って検討することにしたい。というのも、ケアスティングが「カントの私法の中心にあるものは占有・所有権論である」[28]、「カントの私法論はまず第一に所有権論であり、その超越論哲学的基礎づけの方法（過程）を規定することこそが、所有権の構想と結びついた問題である」[29]と述べているように、占有・所有権論の超越論的性格の解明が私法の中でも特に重要であると思われるからである。[30] また、カントが公法に先立って私法を検討するのには論理的な根拠がある。カントは§9「自然状態においては、たしかに現実的だが、しかし単に暫定的にすぎない外的な私のもの・汝のものが存立しうる」の中で次のように述べている。

「……公民的体制なるものは、各人に彼のものを単に確保するだけの法的状態にほかならぬのであって、そこではもともと、こうした彼のものが構成されたり規定されたりすることがない(31)……」。

所有権論の超越論的性格を立ち入って検討する前に、ケアスティングの議論の概要をあらかじめ検討しておくことにしたい。

今述べたように、カントの私法論の中核にあるのは占有・所有権論である。しかしそれにもかかわらず、ケアスティングによれば、カントが所有権を「超越論哲学的」に基礎づけることによって最後の哲学的偉業を成し遂げたということはこれまでほとんど認識されることがなかった。１７９０年代以降はじめて、カントはこの新しい所有権の構想を展開し、それによって法哲学全体にまったく新しい体系的な見取図を与えたのである。

ところがそれ以前は、カントも広く流布していた自然法論の見解に与していた。その見解とは、第一に、無主的対象に形態賦与的加工をほどこすことによって、その対象の排他的使用に対する権利が基礎づけられうるということ、第二に、それゆえ所有権は、法の法則によって定義された生得的自由において直接基礎づけられうるとするものである(32)。しかし今やカントは、取得権がこの法概念そのものから分析的方法によって展開されうるとする見解を拒否することになる。つまり、その見解に代えてカントは外的な私のもの・汝のものの総合的でア・プリオリな原理の理説、すなわち法的・実践理性の要請ないし理性法的許容法則の理説を措定するのである。つまりそれは、「私の意思のいかなる外的対象も、これを私のものとしてもつことが可能である。これを言いかえれば、次のような格率は、すなわち、もしそれが法則とされた場合に、それに従えば意思の対象なるものがそれ自体として〔客観的に〕無主物〔res nullius〕とならざるをえないであろうような格率は、法に反する」（§2「実践理性の法的要請」）とするものである。なぜならば、このような要請が前提されないとすれば、「たとえ意思は形式的には物の使用について普遍的法則に従って各人の外的自由と調和するとしても……その対象を実践的見地において無に帰せしめ、無主物とすることによって、自由はみずから意思の対象に関して意思行使を放棄することになる」からにほかならない(33)。

ものの使用に関する人間相互の関係を自由法則的に規制するための規範的基礎として、理性の要請は次のように義務と権能を基礎づける。すなわち、法的に必然的な私のもの・汝のものの実現を要求する義務と権能である。しかし、この義務と権能は、ものの使用の規制内容を度外視する基本的な法の法則そのものによって義務と権利として証明されうるものではない。したがって、法的理性立法はア・プリオリに拡張され、法の法則に限定的に理性の要請を味方につけなければならない。この理性の要請は次のような権能を与える(34)。

「こうした要請は実践理性の許容法則〔lex permissiva〕と名づけられうるものであって、これは、単なる権利一般の概念からは導き出すことのできない権能をわれわれに与えるのである。それはすなわち、われわれの意思の或る特定の対象の使用について、われわれが最初にそれを占有したことを理由として、他人はその使用を差し控えるべきであるという、それ以前には存在しなかった拘束性を一切の他人に課す権能である(35)」。

しかしながら、このような根源的取得（acquisitio originaria）の許容が各人の法的自由と衝突しないためには、根源的な法的取得は、自由な意思のア・プリオリな総合的統一という普遍的立法と調和するという条件のもとに成立しなければならない。したがって、所有権の主張は、ア・プリオリに結合した意思による想定上の同意作用（Verwilligungsakt）に基礎を置いていることが明らかとなる。また同時に、この主張は、決定的な私のもの・汝のものを法的法則的に規定する公的立法による保証的裁可の完全合法性（Vollrechtlichkeit）を必要とするものとして明らかとなるのである。決定的な私のもの・汝のものとは暫定的な私のもの・汝のものと対置される概念である。前者は公民状態において、後者は自然状態において成立するものである。しかし、公民状態になったからといって新たに私のもの・汝のものが構成されたり規定されたりするわけではなく、ただ確保されるにすぎない。念のために、カントが§9で述べていることを再度引用したい。

「……公民的体制なるものは、各人に彼のものを単に確保するだけの法的状態にほかならぬのであって、そこではもともと、こうした彼のものが構成されたり規定されたりすることがない……」(36)。

ケアスティングによれば、法的に要求された取得権の妥当根拠としての意思のア・プリオリな総合的統一についてのカントの理説は次のような2つの見解と対立している。すなわち、第一は、純然たる先占によるにせよ、あるいはある対象の加工によるにせよ、生得的な権利領域の専断的拡張の可能性を肯定する自然法的見解である。第二は、自然法的見解と結びついた経験的行為の権利構成的機能についてのテーゼである。カントは先占および労働にそれぞれ法的な固有の意義があるとは認めていない。つまり、先占および労働は単に標識の性格をもつにすぎないのである。カントは、「土地に対する加工〔植樹、耕作、排水工事その他〕は、土地の取得にとって必要であるかどうか」という問題提起に対して、労働の法的に固有な意義を明確に否定している。カントは、その根拠として§15「公民的体制においてだけ或るものは決定的に取得されうる。これに反して、自然状態においては、もちろん取得されはするが、ただ暫定的にだけそうされうる」の中で次のように言う。

「……これら〔個性化の〕諸形式は、単に偶有性にすぎないのだから、直接的占有の客体をなすものではなく、あらかじめ実体が或る主体の彼のものとして承認されているかぎりで、当の主体の占有に属しうる……加工は、最初の取得が問題となっている場合には、占有取得の外的標識以外の何ものでもなく、こうした標識は、もっと労の少ない他の多くの標識により代用されうるものである」(37)。

確かに、このような先占や労働といった経験的行為によって外的権利は特定の権利として始まりはするが、しかしこれらは外的権利を基礎づけることはできず、ただある対象を可想的占有の総合的でア・プリオリな法則のもとに、また結合した配分的意思の領得意志のもとに包摂するにすぎないのである。

カントは、§10「外的取得の普遍的原理」の中で根源的取得の諸契機を次のように述べている。

「根源的取得の諸契機〔attendenda〕は次のとおりである。(1) 何びとにも所属しない或る対象の把捉。もし逆である場合〔或る対象が誰かに所属している場合〕には、この把捉は普遍的法則に従っての他人の自由と矛盾するであろう。この把捉は空間・時間のなかで意思の対象の占有を取得することである。だから、私が開始した占有は現象における占有〔possessio phaenomenon〕である。(2) この対象の占有と、いかなる他人をもこれから排斥する私の意思の働きとの表示〔宣言 declaratio〕。(3) 外的・普遍的に立法する意志〔理念としてある〕の働きとしての領得〔appropriatio〕。それによって、万人が私の意思と合致するよう拘束される。——取得のこの最後の契機は、当の外的対象が私のものである、という帰結を成立させる根拠をなすものであるが、この契機の妥当性、つまり、占有が純粋に法的なものとして妥当する〔本体的占有 possessio noumenon〕という事態は、次のことに基づいている。すなわち、一切のこれらの働きは法的であり、したがって実践理性から生じているのであって、それゆえ、何が法にかなうことであるかという問いに際しては、占有の経験的条件を捨象しうるのであるから、外的対象が私のものであるという帰結は感性的占有から可想的占有へと正当に移されるということ、これである[38]」。

今まで述べてきた分析・解釈をとおして、ケアスティングは、ロックによってはじめて展開された労働所有権の構想の道徳的優位——この優位はカント以後の自然法論によってもなお讃えられているが——はカントの法的観念論〔idealismus iuridicus〕の「超越論哲学的」妥当理論の観点のもとで消滅すると主張する[39]。以上見てきたように、カントによって純粋私法の基礎として展開され、妥当理論的に組み合わされた3つの項〔Trias〕、すなわち法の普遍的法則、理性の要請およびア・プリオリに結合した意思の理念が『法論』の超越論的性格を解明する鍵となるのである〔XII〕。

以上ごく簡単にケアスティングの議論の要点を概観したが、もう少し敷衍しておく必要があるであろう。『法論』の計画はすでに１７６０年代にまでさかのぼることができる。[40] しかし、その出版は繰り返し延期されることになった。それには種々の事情もあったが、[41] 所有権の方法論的基礎づけの問題を看過してはならないということを強調しておきたい。

「所有権の導出は、今や非常に多くの思索者たちを煩わしている論点であり、私はカント自身から、私たちは彼の『人倫の形而上学』からその点について何かを期待してよいと聞いている。だが私は、それと同時に、彼がその点についての彼の諸理念にもはや満足していないこと、それゆえ、出版を当分思いとどまったことを聞いている」[42]。

この文章は、Ｆ・シラーが１７９４年12月18日付けでＪ・Ｂ・エアハルトに宛てた書簡の一部である。シラーのこの報告によって、カントが法・道徳形而上学の体系的叙述を準備している間にそれまでの所有権の基礎づけに疑念を抱くようになったことが窺える。所有権の基礎づけはカントの私法論の中核であり、また先に言及したように公法論の基礎ともなるものであるため、重大な意味をもっていた。

またＭ・ヘルツ宛ての書簡を重要視するならば、カントが所有権論に批判的・超越論的方法を導入・適用することについていかに腐心していたかが推察されるのではなかろうか。[43] カント自身がもはや満足できなくなった所有権の基礎づけとは、「あの非常に古くからの、そして今なお広く通用している」見解であった。先にも述べたが、この見解について２つの特徴を挙げることができる。それは、第一に、所有権主張の権原は自然状態において投資された労働の中に見出されるとするものである（ロック的労働所有権論）。第二に、したがって物権は有体物に対する意思の経験的な関係の中で基礎づけられうるとするものである（意思とものとの経験的関係）。

カントは『法論』の「根源的取得という概念の演繹」と題された§17の中でこの見解に論及し、それを批判している。

「土地について最初になされる加工、区画または一般に形態賦与は、土地取得の権原を賦与するものではない。言いかえれば、偶有的なものの占有は実体の法的占有の根拠を与えるものではない。そうではなくて、むしろ逆に、私のもの・汝のものは、規則〔従物は主物に従う accessorium sequitur suum principale という規則〕に従って、実体の所有権からの帰結でなければならないのであって、また、すでに前もって彼のものとなっていない或る土地に労力を費やす者は、その土地に対して徒労をなすにすぎないのである。こうしたことはそれ自身においてあまりにも明白なので、あの非常に古くからの、そして今なお広く通用している俗説が生じたについては、次のようなひそかに人心を支配している迷妄、すなわち、物件を擬人化して、まるで誰かがそれに対して労働を費やせば、そのことによって、彼はその物件を拘束して、彼以外のどの他人の用にも応じないようにさせうるかのように、人はそれらの物件に対して直接的に権利をもつと思い込む迷妄以外には、他にその原因を挙げ難いのである[44]」。

しかし、カントは１７６４年に出版された『美と崇高と感情についての考察』の自家用本には次のような「覚書き」（１７６５年頃のものと推定される）を記している。

「私が労働して作ったものを」他人は、「彼のものであると言うことは」できない。「というのは、さもなければ彼は彼の意思が私の身体を動かしたということを前提することになるであろうからである[45]」。

この「覚書き」から、先に述べたように、カントが、ロックによってはじめて『統治論』第二編第五章「所有権について」（１６９０年）において展開された労働所有権の構想の信奉者であったということが読み取れる。また、「覚書き」からほぼ2年後、カントは自然法講義においても、対象の形態賦与が権利構成的意義を有するとするこの理論を主張していた[46]。それどころか『法論』のための『準備草稿』の中にさえこの労働所有権の概念の痕跡が見出される[47]。

とは言えしかしながら、ケアスティングは「本質的にこの詳細な『準備草稿』は新しい所有権の基礎づけを十分に吟味しており、また超越論哲学的立場を準備している。そして、この立場を1797年の私法論が受け入れ、この立場から「あの非常に古くからの、そして今なお広く適用している俗説」を激しく攻撃している」（傍点筆者）と力説する。[48]言うまでもなくこの『覚書き』（1765年）からシラーのエアハルト宛ての書簡（1974年）までの約30年間に、カントは『純粋理性批判』（1781年）、『実践理性批判』（1788年）および『判断力批判』（1790年）を著し、批判哲学を樹立した。この批判哲学が『法論』に影響を与えていないとは考え難い。

カントのこのような労働所有権に対する批判にもかかわらず、労働所有権の構想およびそれと結びついた物権の理解はその後も支持されてきた。このことは法哲学の歴史を跡づけてみるとよくわかる。カントの労働所有権に対する批判の論拠はたいていの場合、無理解と拒否を引き起こしたのである。先に引用した§15および§17でカントが述べているように、特にその妥当理論から論理的に生じる、労働と他人に所有権の請求を表明するあらゆる行為との同列化、それゆえ労働を純粋な標識機能に還元すること、およびそれに付随する道徳的・経済的性質の中立化がカントに対する非難を招いたのである。たとえばショーペンハウアーは、カントが主張する根源的・法的土地取得の根本行為としてのすべての経済的保護を度外視する先占の背後に強者の権利（Faustrecht）に対する不道徳的な加担を認めている。[49]カントは§10の中で、意思のある外的対象の根源的取得は先占であるとして次のように述べている。

「意思の或る外的対象の根源的取得は先占〔occupatio〕と呼ばれ、有体物〔もろもろの実体〕に関して以外には生じえない。こうした先占が行われる場合、その先占には、或る物件を先占しようとする他の何びとよりも時間的に先行しているということが、経験的占有の条件として必要である〔時間的に先なる者が権利において優先する qui prior tempore, potior iure〕。先占はまた、根源的なものとして、一方的意思の結果でしかありえない。なぜなら、もし先占に双方的意思が必要であるとすれば、先占は二人〔もしくは多数〕の人の契約から導き出され、したがってまた、他人のものから導き出されることになるだろうからである」。[50]

確かにこの部分だけを強調すれば、早い者勝ち、強い者勝ちのようにも読み取れるかもしれない。しかし、それは曲解である。

今までのカント研究の大部分は、ロックの自然法的所有概念が道徳的にも理論的にも優れているとするショーペンハウアーのこのような判断に従っていたと言える。(51)

カントは、労働所有権を拒絶することによって、ロックが達成した認識的立場の背後へ逆戻りしていると解釈することもできる。(52) 確かにこの解釈は、カントの所有権概念がロックによって拒否された契約主義的基礎づけのモデルとある観点で収斂する、というかぎりにおいて歴史的には正しいと言わなければならない。というのは、カントは、たとえばH・グロティウス（1583–1645）やS・プーフェンドルフ（1632–1694）といった自然法的契約論者とともに次のような確信を抱いていたからである。

すなわち第一に、ものに対する直接的な法関係は不可能であるということ。また第二に、法関係は人格間の関係でしかありえず、それゆえ法的なものの支配はすべての当事者の合意においてのみ基礎づけられうるということである。それでもやはり、これらの偉大な自然法学者によって展開された所有権の基礎づけの構想そのものは、カントの理性法的ア・プリオリスム（先天主義）にとっては受け入れがたいものであった。というのは、所有権の基礎づけにおける、聖書的、合理的（理性的）、自然的・経験的および歴史的・社会的諸要素といった近代初期の自然法構想に特徴的な混合がカントの批判を招いたからである。このような諸要素の合理的（理性的）中核だけをその神学的・歴史的覆いから解放し、そしてその体系上の内容を再構成し、これらの観念を統一する基礎づけの連関を純粋実践理性の次元において新たに展開することこそが、カントにとって重要なのであった。(53)

また、ケアスティングはカントの思考の輪郭を描き、またその政治哲学の可能性や新たな方法を吟味するために、問題史的視点からT・ホッブズ、J・ロック、J・J・ルソーといった近代自然法の古典論者、またJ・ボダン、モンテスキューといった政治思想家とカントとの関係を明らかにしている。このような問題史的視点による比較によってカントの法哲学の哲学的位置を明らかにし、また国王中心のヒエラルキーを伴う自然法思想および国家哲学的契約主義に対してカントの超越論哲学的方法がいかに優越しているかを示そうとしている。[54]

ケアスティングは、イルティングおよびH・オーバラーが「批判的」(kritisch)という術語の意味分析を行うことによってその定義を提示したのとは異なり、超越論的(transzendental)とはいかなる意味であるのか、その明確な定義を与えているわけではない。また、ケアスティングは「批判的」という術語を使用しているわけでもない。ケアスティングの私法論の考察目的は、先に述べたように、「自然的私法が総合的理性の要請および結合した意思の理念において超越論哲学的に基礎づけられている」ことを論証することにある。しかし、「超越論哲学的」とはいかなる意味なのかを明確に定義する必要があったにもかかわらず、それを行っていない。ケアスティングは超越論哲学的(transzendentalphilosophisch)および超越論観念論的(transzendentalidealistisch)という用語を繰り返し使用しているが、これらはいずれも超越論的(transzendental)と同義であると理解しても差し支えないであろう。[55] したがってわれわれは、ケアスティングがいかなる意味でカントの所有権論が超越論的性格を有するということを論証しようと試みているのかに注意を払いながら、その所論を検討することにしたい。また、ケアスティング自身が述べているように、本質的に『準備草稿』の中にすでに超越論哲学的立場が準備されている。したがって、『法論』の整合的解釈にあたっては、その叙述の不備を補完し、またカントの意図を明確に理解するために『準備草稿』をたびたび参照することにする。

2　感性的占有と可想的占有

本項において、占有概念には二重の意味、すなわち感性的占有(sinnlicher Besitz)と可想的占有(intelligibler Besitz)との区別が存在すること、また占有概念の二重の意味が超越論哲学的基礎づけにおいて重要な意義を有していることを明らかにしたい。前者は物理的占有(physischer Besitz)(現象的占有)、後者は純粋に法的な占有(bloß rechtlicher Besitz)(本体的占有)とも呼ばれる。感性的占有の概念に従えば、法的な私のものは物理的所持に制限されることになる。それに対して可想的占有の概念に従えば、あらゆるものが法的な私のものとなりうる。ケアスティングは、カテゴリー上の所有（habere）、すなわち本体的占有において超越論的性格が認められるということを解明する。

まず「法的な私のもの」とはいかなる意味なのか、その解明から取り掛りたい。カントは、私法論第一章「外的なあるものを自分のものとしてもつ仕方について」§1の冒頭で次のように定義している。

> 「法的な私のもの〔meum iuris〕とは、次の仕方で、すなわち、或る他人が私の同意なく或るものを使用するならば、その使用が私を侵害することになるといった仕方で、私と結びついているようなその当のものをいう」[56]。

この定義に関するケアスティングの分析は明快である。あるものが私のものであるならば、私はその使用に対する排他的権利を有するのであり、その使用についてすべての他人を排除することができる。ところで、法的な私のものと結びついているこの排除権能（Ausschlussbefügnis）の前提は占有である。その根拠として、カントは§3の冒頭で「或る事物を自分のものとしてもっていると主張しようとする者は、当の対象を占有していなくてはならない」[57]と述べている。私がある対象を占有しているならば、私は一方で、その使用に対する前提を手に入れたことになる。というのは、「使用一般の可能性の主体的条件は占有である」[58]からである。しかし他方で、この対象は、「次のような仕方で私と結びついている。すなわち、私以外の誰かによるその対象の改変は同時に私の改変である」[59]といった仕方である。したがって、私に占有されているその対象を私の意に反して、つまり私の同意なく使用するならば、私自身が私の法的自由において侵害されることになる。それでは、この排除権能の前提となる占有とはいかなる占有なのであろうか。

ケアスティングも指摘するように、この法的な私のものの定義規定が次のような対象に当てはまるということは疑いを容れないであろう。すなわち、ある人格が手にもっている対象、言い換えれば、ある人格と物理的に結びついている対象である。したがって、法的な私のものと結びついている排除権能の前提となる占有は、第一に物理的占有を意味することがわかる。物理的占有の権原は生得的、内的な私のものという概念から、それゆえ法の普遍的法則そのものから導出することができる(60)。

カントは「内的な私のもの」および「法の普遍的法則」について、§6「外的対象の純粋に法的な占有〔本体的占有 possessio noumenon〕という概念の演繹」の中で、次のように述べている。

「……もし私が或る物件の所持者である〔すなわち、当の物件と物理的に結合している〕とすれば、その物件に私の意に反して作用を及ぼす〔たとえば私の手からリンゴを奪い取る〕者は、内的な私のもの〔私の自由〕に作用を及ぼしてこれを侵害し、したがって、まさに、彼の格率において法の公理にまっこうから衝突することになるということを語るものにほかならぬからである。したがって適法な経験的占有、という命題は、自分自身に関する人格の権利を超え出るものではない(61)」。

上記に述べられている「法の公理」は、「法論への序論」§C「法の普遍的原理」の冒頭で定義されている法の普遍的法則を意味している。

「『いかなる行為も、その行為そのものについて見て、あるいはその行為の格率に即して見て、各人の意思の自由が何びとの自由とも普遍的法則に従って両立しうるような、そういう行為であるならば、その行為は正しい〔レヒト〕。』

だから、私の行為が、あるいは一般に私の状態が普遍的法則に従って何びとの自由とも両立しうる場合には、私のこうした行為や状態を妨害する者は私に対して不法《ウンレヒト》をなすものである。なぜなら、こうした妨害〔抵抗〕は普遍的法則に従っての自由と両立しえないからである。

右のことからまた、次のような帰結が生ずる。すなわち、一切の格率のこうした原理そのものがさらにまた私の格率となるべきこと、言いかえれば私がその原理を私自身に対して自分の行為の格率とすることは要求されえない。なぜなら、私が私の外的行為によって他人の自由を侵害しないかぎり、たとえ私が彼の自由に全く無関心であろうと、はたまた内心ひそかに彼の自由を妨害してやろうと望んでいようと、おのおのの他人は自由でありうるからである。正しく行為することを私の格率とすることは、倫理学が私に対してなす一要求である。

だから、汝の意思の自由な行使が普遍的法則に従って何びとの自由とも両立しうるような仕方で外的に行為せよ、という法の普遍的法則……」(62)

この法的な私のものという概念規定が導入されているのは、「外的なあるものを自分のものとしてもつ仕方について」論じられている『法論』の第一章である。ここでは表題から明らかなように、この概念規定は内的な私のものの領域を超え出た、したがって物理的に占有されていない諸対象に向けられている。しかしながら、先の分析から明らかなように、法的な私のものの概念の適用領域は物理的に占有されている諸対象のクラスを超えて拡張されうるようには思われないし、また私の外にあり、私とは物理的に結びついていない諸対象に法的な私のものという述語を与え、したがって他のすべての人々の処分権限(Verfügungsgewalt)を取り去ることは不可能であるように思われる。というのは、この外面性(外的であることÄußerlichkeit)(63)の規定が先の定義において挙げられた合法性のメルクマールと一致しえないからである。そうすると、外的なあるものは法的な私のものとはなりえないのであろうかという疑問が生ずることになる。

そこで、ケアスティングは次のような問題提起をする。

前述したように、物理的な結びつきだけが排除命令を正当化する侵害条件を満たすことができるにもかかわらず、なぜ、私と物理的に結びついていない対象を同意なく使用することによって私は侵害されることになるのであろうか。

カントは法的な私のものの定義に続いて§1で次のように言っている。

「外的な或るものが私のものでありうるのは、他人がその物件についてなす使用によって、私がたとえ物件を(現実的に)占有していなくても、なおかつ私が侵害されることがありうると考えることが許されるような場合だけであろう」(64)。

ケアスティングは、この文章の中で使われている「外的なもの」（das Äußere）および「侵害」（Läsion）ということばの意味分析を行い、外的なものを自分のものとしてもつことが一見矛盾しているように思われることを指摘する。外的なものとは私が占有していない対象であるということは、「外的なもの」という概念から分析的に導き出される。ところが、その同意されていない使用によって侵害されうるためには、私はそれを占有していなければならない。このことも同様に「侵害」という概念を分析することによって導出される。「したがって、外的なあるものを自分のものとしてもつことは、それ自体矛盾する」ことになってしまう。しかしながら、占有の概念が二重の意味をもつことが可能であるとすれば、この矛盾は解消されることになるであろう。すなわち、感性的占有と可想的占有である。感性的占有はある対象の物理的占有であり、可想的占有はその同じ対象の純粋に法的な占有であると理解されうる。[65]カントは、これに関して§1で前述の文章の後に次のように述べている。

「……もしも占有の概念が或る種の相互に異なる意味を、すなわち感性的占有と可想的占有という両種の意味をもちえないとすれば、したがってまた、一方には物理的占有を、他方には純粋に法的な占有を同一の対象物について考えることができないとすれば、外的な或るものを自分のものとしてもつことは自己矛盾である[66]」。

ケアスティングは感性的占有ではなく、今度は外的対象の可想的占有がどのように理解されうるのかを検討する。[67]可想的占有においては、外的なものという概念が空間的・時間的規定を含んでいるかぎりにおいて、これらの空間的・時間的規定は度外視されなければならない。可想的占有という概念においては主体と客体との間の空間的・時間的隔たりが止揚され、その関係は純粋に観念的な関係に縮められるのである。つまり、外的対象は可想的占有においては、主体から空間的・時間的に分離された対象、すなわち「別の場所に空間的ないし時間的に存在する対象」と見なされないのであって、それは「私〔主体〕から区別された対象[68]」と見なされるのである。

これに関してカントは§1の最後の段落で次のように述べている。

「……或る対象が私にとって外的であるという表現は、それが単に私〔主体〕から区別された対象であることを意味するか、あるいはまた、時間的・空間的に或る他の場所〔positus〕に見出される対象であることを意味するかのいずれかである。第一の意味においてのみ、占有は理性的占有と考えられうるのであり、第二の意味においては占有は経験的占有と呼ばれなくてはならないであろう。――可想的占有〔こうしたものが可能であるとして〕は所持〔detentio〕を伴わぬ占有である」[69]。

さらに、ケアスティングは次のような2つの問題を提起し、その解決を試みている。

第一に、何によってこのような空間・時間規定を度外視する知性的関係がひとつの占有関係であると認定されるのか。第二に、どのような方法でこの占有概念の構成的メルクマールが悟性概念の次元において表されているのか。

カントは、先に見たように、占有を「使用一般の可能性の主体的条件」であると定義している。ある対象を使用しうるためには、すなわち私の目的のために利用しうるためには、私はその対象を占有していなければならない。物理的占有は現実的使用の前提であるので、この経験的な主体―客体―結合（Subjekt-Objekt-Verbindung）を度外視する占有規定は、使用、使用可能な対象、主体の使用能力および技術的権限といったあらゆる規定性を度外視しなければならない。その結果、主体の側には使用能力ないし使用意思が、客体の側には使用可能なものという概念が可想的占有関係の相関（Relate）として残ることになる。可想的占有という概念のもとで私が考えているのは、「単に、私とは当然のことながら結びついていない、その対象を使用するという私の能力の対象だけであり」[70]、「意思の客体と、その客体を使用するという主体の能力との結びつき」[71]である。意思の対象とは、使用目的一般において意思が目ざすことができるようなものであり、「それを任意に使用する物理的能力を私がもっているようなもの」[72]、「それの使用が私の（物理的な）力〔potentia〕の内にあるようなもの」[73]である。またそれは、私がそれについての使用を意図することができるもの」[74]、「将来の使用のために私が保留しているもの」[75]なのである。したがって、自己規定的、計画的な将来の形成のために外的な私のものを使い始めるこのような諸規定という意味で、カントは可想的占有を「志向的」[76]（intentionell）、「潜勢的」[77]（virtuell）および「潜在的」[78]（potential）と呼んでいる。[79]

ケアスティングは感性的占有と可想的占有の関係について以上のような分析を行い、[80]所有権論の超越論的性格に関して次のような基本的な解釈を提示する。

「カントは、可想的占有を物理的所持とは異なったカテゴリー上の所有（Habe）として悟性概念の体系に統合しようと試みるとき、あらゆる経験的要素からの抽象をもっとも広範囲に行ったのである」[81]。

カントはこれに関して『準備草稿』の中で、「占有はアリストテレスの10番目のカテゴリー、すなわち所有（habere）である。しかし、批判的体系においては原因のカテゴリーの述語である」[82]と述べている。

さらにケアスティングは、「所有（Haben）および占有（Besitzen）という純粋な実践的悟性概念は、自由な意思を目的設定、目的追求的、もの支配的能力として、使用可能なものの総体としての世界に対して支配関係に置くのである」[83]と解釈している。『準備草稿』の中でも、「世界におけるあらゆるものは自由な意思の支配下にある」[84]と記されているが、このことは人間は世界の主人であり、世界は人間に占有されており、人間は世界を自由に使ってもよいということを意味していると理解されるであろう。

ケアスティングによれば、カテゴリー上の所有（habere）、すなわち「本体的占有」[85]（possessio noumenon）において、地上を支配しろという神の人間に対する旧約聖書の命令の超越論哲学的ヴァージョンが現れる。[86]すなわち、ものの世界は自由な意思の対象にほかならないのである。[87]

ところで、ケアスティングはなぜ地上を支配しろという神の旧約聖書の命令を持ち出したのであろうか。それは、トマス・アクィナスに至るまでの教父たちやロック、グロティウスおよびプーフェンドルフといった論者がすべて「神が人類に大地を共有のものとして与えたもうた」という前提から出発し、それを各自がさまざまに基礎づけているからであろう[88]。そして、カントがそれを「超越論哲学的」に基礎づけたところにその特別の意義が見出されるというわけである。もちろん、カント自身は『法論』の中で所有権を基礎づけるために聖書に依拠したり、聖書を援用したりすることはまったくなかった。

3　占有実在論と占有観念論

前項では感性的占有と可想的占有との関係について論じ、可想的占有が超越論的性格を有する基本的な特徴として挙げられた。本項では、主に『準備草稿』を手がかりとして、占有実在論と占有観念論との対立を検討し、所有権についてのアンチノミーの解決の方法を見出したい。カントは『準備草稿』の中で占有実在論の主張を論駁し、占有観念論の立場に立っているが、その論拠が何なのかを考察したい。感性的占有は占有実在論に、可想的占有は占有観念論にそれぞれ対応すると考えてよい。

カントは占有概念を感性的占有と可想的占有とに超越論観念論的に（transzendentalidealistisch）分解しているが、このことは前項で検討した（ただし、前項では超越論哲学的（transzendentalphilosophisch）という用語をケアスティングは使用している）。ケアスティングによれば、占有概念をこのように2つに分解することによって、法的な私のものという規定が所有権原理の主張者を陥れる困難からのがれるひとつの途が提示される。カントは『準備草稿』の中で、『法論』の最初の節において概念分析的に獲得されたこれら2つの占有概念を「取得権」ないし「外的権利」のアンチノミーの解決という枠内で『純粋理性批判』との明らかな類比において展開している[89]。この所有権論上の理論的争いにおいて対立するのは、急進的共産主義者と私的所有権原理の主張者である。前者は法的占有保護を手にもっているものや身に付けているものに制限しようとする。これに対して後者は、あらゆる外的対象を所有物として取得することができるという法的可能性を確信している[90]。ケアスティングはカントのアンチノミーの名称に従って、前者を占有実在論者（Besitzrealist）、後者を占有観念論者（Besitzidealist）と名づけて[91]、それぞれの立場を比較検討している。

このアンチノミーは『準備草稿』の中で数多く言及されているが[92]、まずはじめに占有実在論を検討することにしたい。占有実在論的立場は次のようなアンチテーゼとして提示されるのが普通である。「外的な私のものは（合法的に iuridice）存在しえない。それゆえ、私の外にある諸対象に対する所得権は存在しない」[93]。あるいは「私の外にあるあるものが私のものである。すなわち他人の意思が私の外にある対象の使用によって私の自由を侵害するということは不可能である」[94]。このアンチテーゼから、占有実在論者にとっては外的な私のものは存在しえず、ただ内的・生得的な私のものしか存在しないということが読み取れる。占有実在論者には、行為の自由の侵害以外の方法で法的自由が侵害されるということは考えることができないのである。占有実在論者によれば、ある対象の使用について他人の意思を排除する権利を与えるのはただ、直接的な所有の領域（固有権領域 Eigensphäre）の法的保護のもとに成立するその対象の物理的占有だけである。したがって、私がこの物理的占有から離れ、その対象を無主物として置き去りにすると、私は他人によるその占有に対抗する権利を失うことになってしまう。占有実在論者にとっては、その対象の所持者（Inhaber）だけがその対象の所有者であり、対象の使用の法的諸条件を規定するのはこの所持（Inhabung）にほかならないのである。

このことは結果として次のことを意味する。すなわち、占有実在論者は法的理性立法を人格間の直接的な関係の領域を超えて拡張することは不可能であると見なしているということである。言い換えれば、私法の対象が外的な私のもの・汝のもの一般であるかぎりにおいて、占有実在論者にとっては理性法的に基礎づけられうる私法といったものは存在しえないことになる。

私法が理性法的に基礎づけられえないとするこの占有実在論者の理論は、その根拠を法概念そのものの中にもっていなければならないことになるが、どのような法概念が想定されているのであろうか。占有実在論者は次のような想定から出発しなければならない。すなわち、占有実在論者によって主張された外的な私のものの法的不可能性、したがってまた法的な私のものを内的な私のものの領域に制限することは、法の普遍的、自由法則原理によって保証されているという想定である。それゆえそれは、すべての外的対象の制限されていない、またいつでもかまわない占有の自由についての格率は、「普遍的法則にしたがって各人の自由と調和しうる」という想定でもある。

それでは、占有実在論者はどのようにして自己の立場を正当化することができるのであろうか。占有実在論者はその理論を正当化するための強力な論拠を提示することができる。その論拠はこうである。「私の外にあるあるものが私のものであるということ、言い換えれば、他人の意思が私の外にある対象の使用によって私の自由を侵害するということ」が不可能であるということは、「直接この表現の中に存するように思われる」[95]。あるものが法的な私のものであるならば、私によって同意されていない他人の使用によって私の法的自由が侵害されることになる。ところが、ある対象の使用が私を侵害しうるのはただ、私がその対象の所持者である場合、またその場合に制限されている。対象の改変は同時に私の改変であり、ある対象の外面性（Äußerlichkeit）という概念によって定義上他人の使用によるあらゆるこの種の侵害条件が廃棄されるので、占有実在論者的立場は実際、分析的に、すなわちこの立場によって使用されている概念の意味に基づいてのみ真であるように思われる[96]。

そうするとこれに対応して、占有実在論的立場を否定し、外的な私のものの法的可能性を肯定する命題、すなわちあらゆる外的対象を所有物として取得できるとする占有観念論的命題はそれ自体矛盾でなければならないことになる。というのは、この命題がそもそも不可能なことを要求しているからである。すなわち、「私の自由が主体である私の中に、それと同時に私の外にある客体の中に見出されるべき状態として」[97]考えられるという不可能なことを要求しているからである。『法論』の中でも、「この場所を私の身柄をもって継続的に占めていることをば、その場所を私のものとしてもつための条件となそうと欲する人は、次のいずれか一つを選ばなければならない。すなわち、外的な或るものを自分のものとしてもつことは全く不可能であると主張するか〔これは§2の要請に矛盾する〕、そうでなければ、右の不可能を回避するために、私が同時に二つの場所に居ることを要求するかである。この後の場合は、しかし、私が或る場所に居るべきでありまた居てはならないというにひとしく、自己矛盾を犯すものである」[98]と述べられている。占有実在論者のこの論拠は他人の使用による自由の侵害という規定を指摘しており、また外的対象という概念の中で明示的に措定された他人の使用による自由の侵害が物理的に不可能であることを示すことによって、占有観念論のテーゼを不成功に終わらせているのである[99]。

以上、占有実在論者のアンチテーゼとその論拠を検討してきたが、占有実在論者が主張するように占有観念論者のテーゼ、すなわちあらゆる外的対象を所有物として取得することができるという法的可能性は誤りなのであろうか。次に占有観念論の立場とその論拠を検討しなければならない。占有観念論者は占有実在論者のこの論拠を真っ向から論駁することができない。そこで、占有観念論者は自己の立場を擁護するために、外的な私のものの不可能性と法の普遍的法則とが調和しうるとする占有実在論的仮説を反駁するという回り道をとらざるをえない。その帰謬法的論証はこうである。[100]

外的な私のものが法概念に従って不可能であるとすれば、「普遍的法則に従った自由の概念によって意思は主体の外にある使用可能なものの使用を自分自身から奪うことになるであろう」[101]。また、「私が外的に使用可能なものを占有していないならば、そのものを使用することが許されないものとして、すなわち各人の自由の普遍的法則に従って矛盾することになるであろう。それゆえ、自由はその使用においてその本来の普遍妥当性の条件とは別のものに依存することになるであろう。すなわち、意思は客体を使用する能力をもっているにもかかわらず、自由はその意思の客体に依存することになるであろう。つまり、私のもの・汝のものの条件として客体の占有に制限されている意思があるとすれば、それは自由な意思とは言えないであろう。このことは矛盾する」[102]。

これら『準備草稿』の叙述から、占有実在論的立場に立つと、自由そのものが客体に依存し、制限されることになり、もはや自由ではありえないという自己矛盾に陥ることになるということが読み取れる。すなわちそれは、意思の他律を意味する。このように、カントは外的な私のものの不可能性と法の普遍的法則とが調和しえないということを主張しているのである。

ところで先に、占有実在論者は法的占有保護を手にもっているもの、身に付けているものに制限しようとすると述べたが、具体的にはどの程度まで制限されるのであろうかという疑問が生じるのも当然であろう。そこで、ケアスティングは次のような2つの問題を提起する。すなわち、第一に、どの程度まで占有実在論は使用可能なものの法的・実践的破棄を含意しているのであろうか。第二に、どの程度までこの破棄は自由な意思の破棄を含意しているのであろうか。というのは、占有観念論者は、占有実在論者は法と自由という名のもとに自由の撤廃を促していると批判しうるからである。

しかし一見すると、この批判はまったく当を得ていないように思われる。なぜならば、外的対象に対するあらゆる法的な使用制限を否定することは、使用可能なものの使用をすべてやめてしまうことではなく、事物との関係において考えられうるもっとも大きな自由に至るからである。なぜかと言えば、所持者のないものはすべて、全面的に先占が自由（aneignungsfrei）であるからである。とはいえ、先に述べたように、占有実在論的立場は法的に保護された使用の自由を、あらゆる対象の物理的占有の枠内でのみ遂行可能な利用物（Nutzungsweisen）に制限していることに注意しなければならない。所持と結びついた、また所持している時間において実現されるこの種の利用物は一次的欲望（Primärbedürfnisse）の直接的充足にのみ役立つものである。それゆえ、基本的な自己保存の目的を超えるあらゆる使用意図は、その実現のために対象の外面性、すなわち外的な私のものを必要とするあらゆる使用意図は占有実在論の枠内において必然的に失望させられざるをえないのである。したがって、第一の問題に対しては、使用可能なものは、一次的欲望の直接的充足、言い換えれば、基本的自己保存に制限されるという答えが提示される。

このことは、『準備草稿』の中に記されている具体例を見るとよく理解できる。「たとえば、意思の使用可能な外的客体がもの（有体物）であるとする。もしその使用の権能および他人の無権能、私がそれを使用することを妨げ続けるとすれば、私はそれを占有しているだけでなく、占有し続けなければならないであろう。私は、私が去った土地を誰かが手に入れることを阻止することはできないであろう。なぜならば、私はその土地を持ち去ることができないからである。また私は、私が見つけた木を、この木が私のものであると言えるためには、いつも手にもっていなければならないであろう。使用可能なものは、使用を各人に対する妥当性の規則にのみ制限する自由によって使用されるであろう」[103]。ここで述べられている占有が、現に手にもっているもの、身に付けているものといった物理的占有に制限されていることは明らかである。

ところで、ここに描写されているような自然状態とはいかなる状態であろうか。ケアスティングは、このような、あらゆる外的対象の無主性についての占有実在論的格率が法的妥当性をもつような状態があるとすれば、それは自然を利用不可能なものに、また人間の資質を萎縮させることになるであろうと指摘している。このような状態は、ケアスティングが言うように、未開人（homme sauvage）が定住し、自然の一部として自然の中で生きているあらゆる動物としての人間（Menschentier）が過去も未来もなく孤独に自給自足的に採集し狩猟するような状態であろう。まさにこれは、ルソーの自然状態と比較されうる状態であると言える。しかしここで注意しなければならないことは、理性的に基礎づけられた哲学においては実用的な論拠は問題にならないということである。カントにとって占有実在論を受け入れ難いものにしているのは、占有実在論的格率の法的妥当性によって生起した社会的荒廃ないし原理的な文明阻害の結果ではない。また占有の観念性の原理を必要とするのは、自然利用・自然支配の所有権的体制の文明的効率を考慮してのことでもない。カントが占有実在論を拒否する根拠はただ、それが自由に反するからにほかならないのである[104]。つまり、占有実在論的立場は意思の他律に陥るということである。

次に第二の問題について検討しなければならない。

外的な私のものという概念は、そのもとでわれわれが外的なものを使用する法的条件を表現している。人間が対象の使用に関して自然的条件の基準に従って相互に制限しあう場合には、法概念そのものに矛盾する。しかし同時にまた、外的な私のものという概念は、そのもとでわれわれが自由な意思の概念に従って対象を使用することができる必要十分な条件を表現している。先に述べたように、「私のもの・汝のものの条件として客体の占有に制限された意思があるとすれば、それは自由な意思とは言えないであろう。このことは矛盾する」[105]。意思の自由は他人による強要からの無依存性（独立性）の中で生じるのではない。外的なものを使用することができるということは、意思の自由の概念にさらなるメルクマールとして属しているのである。しかし、行為の自由のようにただ理性法則にのみ服させられる積極的な使用の自由は、占有実在論によって破壊されることになる。つまり、自由な意思の概念において措定された、物からの無依存性は占有実在論的前提のもとでは消失するのである。占有実在論は、任意の目的のために、対象の使用において表示された積極的な自由の能力、すなわち自然に対する意思の支配を阻害することになる。占有実在論は意思の自由を自然的条件によって制限し、ものをいわば自由の中に開放する。すなわち、物理的占有が対象利用に対する使用可能性の制限を課すのである。したがって、「私の外にある客体に関する意思の自由な使用はいかなる権利ももっていず、……あたかもこの客体が権利をもっているかのように、この客体によって……廃棄されるのである」[106]。使用可能なものが、一次的欲望の直接的充足ないし基本的自己保存に制限されることによって、意思の自由もこのような自然的条件によって制限されることになるのである。

ところで、以上、外的な私のものの不可能性と法の普遍的法則とが調和しうるとする占有実在論的仮説に対する反論を検討してきたが、また占有実在論に反対するもっとも強力な論拠が『準備草稿』のひとつの章の中に見出される。その章には「ア・プリオリな総合的自由法則と観念論との類比」という表題が付けられている[107]。その論拠は、占有実在論的立場の違法性を激しく非難しており、占有実在論が生得的な私のものそのものを破壊していることを批判している。また一方で行為の自由および無依存性としての自由と、他方で使用能力としての自由との間の他のところで見出された区別がまぎれ込んでいる。自由な意思とものとの関係の占有実在論的規定において、「主体そのものに内在的な諸規定を排他的に利用するという主体の権能だけが残されている。なぜならば、この関係において主体は外的客体と対立している――内的諸規定もまた外的なものに依存しており、この外的なものなしには存在することができないので、あらゆる人が内的諸規定をもつことを妨げることは正しいことになるであろう。この内的諸規定なしにはあらゆる人は、やはり自由の原理に従って自分自身を利用することができないのである。すなわち、外的対象の自由な使用が物理的占有に依存しているということは、同時に生得的権利を自分自身の占有から取り上げることになる。あるいは、意思は自分自身から生得的権利を奪うことになる。このことは矛盾している」[108]。

それゆえ、占有実在論者は実質的ないし独断的観念論者以外の何者でもありえないことが判明する。「空間における諸物を単なる空想であると言明し、したがって外的経験の可能性を否定する」バークリの観念論[109]と同様に、占有実在論者によって受け入れられた唯一の経験は、その実在根拠を意識とは独立のものの中にもっていると言わなければならない。また占有実在論は、占有実在論によってのみ認められた内的・生得的な私のものが、自分たちが否定した外的な私のものに依存していることを知らねばならないのである。意思の対象の使用に対して他人を排除する権能を物理的占有の領域を超えて拡張することが法的に不可能であるとすれば、このことは、法概念に適った人格の自由を破壊するという矛盾する結果に至ることになるであろう(110)。

自由な意思はあらゆる関係において、すなわち他人の意思との関係においても、またその諸対象との関係においても法的法則によってのみ制限されうるのである。それにもかかわらず、占有実在論は外的なものの意思の使用を法的諸条件にではなく、経験的諸規定に結びつけている。つまり、占有実在論はそうすることによって自由な意思の客体を奪い、使用可能なものを「実践的無(111)」(practisches Nichts) に変えてしまうのである。したがって、占有実在論は経験化することになる。このことがまさに、占有観念論者が占有実在論的立場、すなわちその法概念そのものに反対する体系的にもっとも重要な論拠なのである。「外的な私のもの・汝のものが可能でないとすれば、自由は物理的占有、すなわち、空間・時間における物に依存することになるであろう。したがって、法概念そのものは経験的諸条件にア・プリオリに依存し、経験的であるであろう。しかし、このことは法の概念に矛盾する(112)」。その非私法的立場が法の普遍的法則と調和しうるとする占有実在論者の確信が誤りであるということが、これで明らかになったのではなかろうか。

しかしながらまだ、これによって占有実在論者のアンチテーゼの論拠が論破されたわけではない。占有実在論者は外的な私のものを否定するために、外的対象の場合には与えられていない占有結合と、他人の使用による侵害条件の欠如を主張する。ケアスティングは次のように結論を下す。「占有実在論者の占有概念が唯一可能な占有概念であるとすれば、アンチノミーの解決の途は存在しないことになるであろう。しかし、占有概念を超越論的観念論的方法によって現象的占有と本体的占有とに分解し、所有権原理を主張するテーゼが本体的占有と結びつけられるならば、アンチノミーの解決の途がはっきりしてくるのである(113)」。

このアンチノミーは『準備草稿』の中で次のように述べられている。

「テーゼに従って自由な意思がすべての使用可能なものを使用しうるところのその使用は、純粋に知性的占有の条件のもとで考えられるのであって、物理的占有のもとでは考えられない。すなわち、主体は意思の対象をその支配力の内にもたなければならないということである。これは、感性的条件を含んでいない純粋な悟性概念である」[114]。「テーゼにおける占有概念は、関係という純粋な悟性概念（実践的カテゴリーである habere）に従った本体的占有、すなわち知性的占有と見なされる。それに対して、アンチテーゼにおける占有概念は空間・時間において感性的に規定された（現象的）外的関係として受け取られる。そして、これら二つの命題はいずれも真でありうるのである」[115]。このテーゼとアンチテーゼは2つの占有概念の適切な代置によっていずれも真なる命題となるのであるが、このことは『法論』の§7「外的な私のもの・汝のものが可能であるという原理を経験の諸対象に適用すること」中で、次のように要約的に論じられている。

「テーゼ＝たとえ私がそれを占有していなくても、外的な或るものを私のものとしてもつことは可能である。
アンチ・テーゼ＝私がそれを占有していない場合には、外的な或るものを私のものとしてもつことは不可能である。
解決＝二つの命題はともに真である。第一命題は、私が右の（占有という）言葉を経験的占有〔現象的占有 possessio phaenomenon〕の意味に解するならば真であり、第二の命題は、純粋な可想的占有〔本体的占有 possessio noumenon〕の意味に解するならば真である」[116]。

このように占有概念を感性的占有と可想的占有とに超越論観念論的に分解することによって、「取得権」ないし「外的権利」のアンチノミーが解決され、所有権原理の主張者が陥らざるをえない困難からのがれる途が提示されるのである。

4　実践理性の法的要請と実践理性の許容法則

前項では、『準備草稿』を中心に占有実在論と占有観念論との対立および法的・実践理性のアンチノミーの解決について検討した。その結果、占有実在論的立場は、それが自由に反するがゆえに受け入れられないということ、また占有観念論的立場に立つことによって法的・実践理性のアンチノミーを解決する途が開かれるということが明らかにされた。本項では、それが『法論』の中でどのように論じられているのかを詳しく検討することにしたい。以下において、占有観念論的立場、すなわち可想的占有の立場には実践理性の法的要請ないし実践理性の許容法則〔無主物は存在しないということ〕が前提されているという両者の密接不可分の関係を明らかにしたい。

カントは『準備草稿』の中で法的・実践理性のアンチノミーに精力的に取り組んでいた。このことは前項で見たとおりである。それに対して、『法論』の§2で展開されている実践理性の法的要請は私法全体を基礎づけるという責任を担っているにもかかわらず、カントはその論証にわずかの叙述しか与えていない。『法論』の§1で疑問として残されていたことは、「外的な私のものが存在しうるのか」という問題であった。[117] 今度はこの命題がテーゼとして措定され、帰謬法的に論証されることになる。

カントは§2「実践理性の法的要請」の冒頭で次のように述べている。

「私の意思のいかなる外的対象も、これを私のものとしてもつことが可能である。これを言いかえれば、次のような格率は、すなわち、もしそれが法則とされた場合に、それに従えば意思の対象なるものがそれ自体として〔客観的に〕無主物〔res nullius〕とならざるをえないであろうような格率は、法に反する」。[118]

ケアスティングによれば、カントのこの主張の中核にあるのは、法的な私のものの概念を物理的占有に制限する法理論的立場は法概念そのものに矛盾するということである。この主張の基礎づけは、客観的に無主的な対象の違法性を証明することによって行われている。カントが『準備草稿』の中で、「私の意思のあらゆる外的対象を私のものとしてもつ」という可能性の議論を導入したアンチノミーの図式が、この主張からかすかに透けて見えてくるように思われる。というのは、外的対象の無主性の普遍化の結果によって特徴づけられたこの格率は、テーゼの否定として、まさに占有実在論者の格率にほかならないからである。

この§2での証明方法は、その本質的特徴において『準備草稿』によって知られている論証をきわめて要約的な形で取り入れている。

カントは§2で先の文章に続けて次のように述べている。

> 「私の意思の対象とは、それを使用することが物理的に私の力《マハト》の内にあるところのものである。だが今もしかりに、こうしたものを使用することが法的には全く私の力の内にないとすれば、言いかえれば、（私による）それの使用が普遍的法則に従って各人の自由と調和しえ」ず、それゆえ使用可能な対象を私のものとして主張し、他人の意思をその対象から排除することが不法であるとすれば、「たとえ意思は形式的には物の使用について普遍的法則に従って各人の外的目的と調和するとしても、使用可能な対象を一切の使用可能性の外に追いやることによって、すなわち、その対象を実践的見地において無に帰せしめ、無主物とすることによって、自由はみずから意思の対象に関して意思行使を放棄することになるだろう[119]」。

ケアスティングはカントのこの主張を次のように解釈している。すなわち、対象の使用は原則的に各人の法的自由と調和する。したがって、もし法が意思の支配力から意思の対象を取り去り、意思からその対象を奪うならば、法は法的に可能な意思の自由を法的に不可能にし、それゆえ矛盾に陥ることになるであろう。あらゆる意思の対象、すなわち「それを使用することが物理的に私の力の内にある」ところのあらゆる対象は、「法的に私の力の内に」ある。あらゆる意思の対象は、それが意思の対象であるがゆえにのみ、あらゆる人にとって自分のものとなりうるのである。意思が行使するものに対する処分権能（Verfügungsgewalt）はあらゆる法的制限からまぬがれており、支配力として法的裁可を受けているのである。したがって、意思の対象を規制するようなあらゆる提案は拒否されなければならない。というのは、意思の使用を制限することはものの世界に対する意思の支配を減少させるか、あるいはまったく放棄してしまうことになるからである。

カントは『準備草稿』の中で次のように述べている。「法によって、何びとも他人から次のような原則を強要されることはない。すなわち、この原則に従えば外的に使用可能なもの一般が誰にも属さなくなるであろうような原則である。各人が占有の物理的条件（所持者であるということ）に依存させられるならば、このことが生じうるであろう」[120]。客観的に無主的な意思の対象とは、そもそも形容矛盾（contradictio in adjecto）であると言わなければならない。というのは、意思の対象は使用可能な対象であり、そしてそれ自体、法によって意思に従属するものとして、また意思に服従するものとして考えられているからである。

カントはこのようにして使用可能なものの法的否定を主張する占有実在論的立場を批判しているが、その論拠は何であろうか。ケアスティングも言っているように、そこに法の隠された目的論的基礎づけを読み取るべきではない。むしろ、カントの実践哲学全体の自由的性格（eleutheronomer Charakter）が私法についての基礎的考察にも影響を及ぼしていると見なければならないのである。より詳しく言えば、法的にまさに意思の力の内になければならないものの使用の背後に、人間学的に規定された自己保存の関心であるとか、それどころか社会的に成立した利用の関心などというものが隠されているということはまったくありえないのである。むしろそこにあるのは、ただ、基本的な自由論的パースペクティヴから必然的に生じる自己目的的な、ものに対する使用の自由だけなのである[121]。この点はすでに第3項でも言及したが、カントの実践哲学全体の基礎づけを問題にする場合に重要な点であるので注意しておかなければならない。行為の法的判断においてその内容上の諸規定が考慮されないように、ものに対する意思の使用の法的判断も経験的諸規定に方向づけられることはない。つまり、意思がいかなる目的を追求してよいのか、あるいは追求しなければならないのか、あるいはまた追求すべきなのかということは法的に重要なことではない。さらに、意思の客体がいかなる特徴を有しているのかということも同様に法的には重要ではないのである。

カントはこれについて『法論』§2の中で述べている。「純粋実践理性は意思行使の形式的法則以外の何ものもその基礎とすることなく、それゆえ、意思の実質をば、すなわち、それが意思の対象であるというまさにそのこと以外の一切の客体の性質をば捨象するものであるから[122]」、法的力（Rechtsmacht）の範囲は経験的諸規定によって制限されることはないのである。すなわち、それは法外在的・目的論的諸規定によっても、また占有実在論によって定立された所持制限（Inhabungsschranke）によっても制限されることはないのである。「私の意思のいかなる対象も客観的に可能な私のもの・汝のものとみなし、かつそう取り扱うことは、実践理性のア・プリオリな一前提である」[123]。言い換えれば、第2項でも述べたように、「世界におけるあらゆるものは自由な意思の支配下にある」[124]のである。

ケアスティングによれば、カントがここで「実践理性のア・プリオリな前提」と呼んでいるものは、『準備草稿』の中では分析的原理の地位を占めている。『法論』の§2で取り扱われ、立法的法理性の前提として、その否定の違法性の含意を展開することによって明らかになる外的な私のものの可能性というテーゼは、『準備草稿』そのものに従えば「同一律」（identischer Satz）である[125]。

占有観念論的テーゼは、「意思の外的対象という概念が単に純粋な悟性概念として考えられる場合には、分析的に、また矛盾律によって基礎づけられる。というのは、外的客体は、それが私の意思の、すなわち私の可能な使用の対象として観念される場合には、まさにそのことによって同時に私が占有しうるものとして観念されるからである。そして、その占有の中に私の外にある客体として同時に他人の自由の制限が含まれている。このことが私のものという概念を形成するのである」[126]。「自分の外にある意思の対象を自分のものとしてもつことは可能である。これは同一律である。というのは、あるものが私の意思の対象であるならば、それは私の支配力の内にあるからである。すなわちその対象をそのようなものとしてもつこと、したがってまた、自分の意思によって自由の法則に従って他人の意思に対抗することが可能であるからである。そしてこのことは、外的意思の対象あるいは外的意思そのものが可能であるという以上のことを意味しない」[127]。

ケアスティングによれば、『法論』の論証過程は分析的方法をとっており、矛盾を暴いている。しかしながら重要なことは、この論証過程は、外的な意思の対象を自分のものとしてもつ可能性についてのテーゼが、このテーゼによって使用された諸概念や論理的規則の意味に基づいて真であるという証明以上のことをなしている点である。この点が占有実在論の論証と異なっているのは明らかである。はじめに可能性として措定され、その可能性について問われたことが、最後に、純粋な法的・実践理性そのものの必然的前提として示されるのである。対象の使用に関して意思の自由の原則的法的判断のために援用されるこの理性法則は、第一に、物に対する意思の自由の非制限性と、それゆえ第二に、外的自由の立法の一貫性を保持するためのあらゆる意思の対象の原則的な所有可能性がすでに法的・実践理性によって前提されたものであるということを明らかにしている。

占有実在論的立場は次のような立場として特徴づけることができる。すなわち、所有権の問題に法の普遍的法則によってのみ答えることができると信じ、したがって法的な私のものの領域を生得的ないし内的な私のものの領域と同一視する立場である。占有実在論的立場が違法であるということによって立法的理性は次のことを教えられる。すなわち、対象に関して意思の自由な使用の法調和的（rechtskonform）規制を配慮するようなひとつの追加的理性法的原理が必要であるということである。この原理がまさに、占有実在論が法的に支持できないとする積極的な洞察である。すなわち無主物（res nullius）は存在しない。これがこの原理の内容である。[128]

そこで、ケアスティングは次のような問題を提起し、検討する。

果してこのことはより厳密には何を意味するのであろうか。この理性の要請に、すなわち私の意思のあらゆる対象を客観的に可能な私のものと見なし、かつ取り扱うという実践理性のア・プリオリな前提に、いかなる法的・実践的意義が帰せられるべきであろうか。ケアスティングによれば、この理性の要請の名宛人は対象の使用において相互に影響を与えあう人間である。すなわち、この要請の内容は、法的規定に従って使用の自由において相互に制限しあうということ、あるいはカントが§6「外的対象の純粋に法的な占有〔本体的占有 possession noumenon〕という概念の演繹」の中で述べているように、「外的なもの〔使用可能なもの〕が誰にとってもその人のものとなりうるように他人に対して行為する」[129]ということである。各人はすべての他人に、最初に自分によって、したがって適法に占有された対象の使用をやめるように義務づける権利をもっている。これに対応してすべての他人は、この種の最初の占有取得を所有権の基礎づけと見なすというア・プリオリな補完的義務を負っている。

このことは、『法論』§2の最後の段落で次のように述べられている。

「こうした要請は実践理性の許容法則〔lex permissivia〕と名づけられうるものであって、これは、単なる権利一般の概念からは導き出すことのできない権能をわれわれに与えるのである。それはすなわち、われわれの意思の或る特定の対象の使用について、われわれが最初にそれを占有したことを理由として、他人はその使用を差し控えるべきであるという、それ以前には存在しなかった拘束性を一切の他人に課す権能である。理性は右の要請が原則として妥当することを欲する。しかも、このようなア・プリオリな要請によってみずからを拡張する実践理性としての資格においてそうするのである」(130)。

5　ア・プリオリな総合的法命題と法の理性概念の適用理論

外的な私のもの・汝のものの可能性についての問いは、可想的占有〔純粋に法的な占有〕の可能性についての問いに還元される。さらに、可想的占有の可能性についての問いは、ア・プリオリな総合的法命題の可能性についての問いに還元される。本項では、ア・プリオリな総合的法命題は可能であるのかという視点から、可想的占有について検討することにしたい。その結果、可想的占有の概念の演繹は実践理性の法的要請そのものに基づいているということが明らかになる。

また、§7の表題である「外的な私のもの・汝のものが可能であるという原理を経験の諸対象に適用する」とはいかなる意味を有しているのかが、解明されることになるであろう。

カントの私法論の第一章では、「外的なあるものを自分のものとしてもつ仕方について」論じられている。そしてすぐに、§1で外的な私のもの・汝のものの可能性の条件として可想的占有関係の説明が見出される。これを承けて、§6「外的対象の純粋に法的な占有〔本体的占有 possesio noumenon〕という概念の演繹」において次のような問いに対する解明が試みられる。すなわち、「いかにして外的な私のもの・汝のものは可能であるのかという問い」、言い換えれば「いかにして純粋に法的な〔可想的な〕占有が可能であるのかという問い」である。この問いは同様に、ア・プリオリな総合的法命題の可能性を問う第三の問いに還元されることになる。

このことは『法論』の§6中で次のように述べられている。

「いかにして外的な私のもの・汝のものが可能であるのかという問いは、今や、いかにして純粋に法的な〔可想的な〕占有が可能であるのかという問いに還元せられ、後者はさらに第三の問い、すなわち、いかにしてア・プリオリな綜合的法命題が可能であるのかという問いに還元せられる」(131)。

物理的であると同時に法的な——したがって「純粋に」法的ではない——占有は普遍的法則から生じる。あるいはカントが言っているように、「法の公理」〔「汝の意思の自由な行使が普遍的法則に従って何びとの自由とも両立しうるような仕方で外的に行為せよ」〕から生じる。

「経験的占有についてのア・プリオリな法命題は分析的である。なぜなら、この命題は、経験的占有から矛盾律に従って帰結する以上の何ごとも語らぬのであって、たとえば、もし私が或る物件の所持者である〔すなわち、当の物件と物理的に結合している〕とすれば、その物件に私の意に反して作用を及ぼす〔たとえば私の手からリンゴを奪い取る〕者は、内的な私のもの〔私の自由〕に作用を及ぼしてこれを侵害し、したがって、まさに、彼の格率において法の公理にまっこうから衝突することになるということを語るものにほかならぬからである。したがって適法な経験的占有、という命題は、自分自身に関する人格の権利を超え出るものではない」(132)。

この叙述の中で言われている経験的占有とは物理的・法的占有を意味することは明らかである。しかしこれに対して、非物理的でしかも法的な占有、すなわち純粋に法的な占有の可能性はこの法概念を分析することによって確保することはできない。それゆえ、可想的占有という法命題は独自の演繹を必要とするア・プリオリな法命題であると言わなければならない。

カントは先の文章に続けて次のように述べている。

「……空間・時間における経験的占有にかかわる一切の条件を捨象した上での、私にとって外的な物件の占有が可能であることを主張する命題は〔したがって、本体的占有 possessio noumenon が可能だという前提は〕、右の制限的条件を超え出る。そして、この命題は、或る占有をば、たとえそれに所持が伴っていないとしても、外的な私のもの・汝のものという概念に必然的なものだと定めるのであるから、綜合的である。こうして、経験的占有の概念を超え出て拡大されるこういうア・プリオリな命題はいかにして可能であるかを示すことが、今や理性にとって課題となるわけである」[133]。

それでは、この演繹はどのようにして行われるのであろうか。純粋実践理性の最上の原則を正当化することができないのと同様に、このような非経験的占有概念の正当化は、もちろん『純粋理性批判』の中で展開された演繹の手続きに依拠することはできない。というのは、ア・プリオリな理論的総合的命題の客観性はその経験を可能にする（erfahrungsermöglichend）機能に基づいているからである。つまり、可能な経験の対象に関してのみ、また純粋な直観形式との結びつきにおいてのみ、その対象に客観的実在性が帰せられるのである。したがって、この方法は実践的な諸原則や諸概念については適用されえない。

カントはこれに関して次のように述べている。

「すなわち、ア・プリオリな理論的原則においては、〔『純粋理性批判』に従えば、〕所与の概念に対しア・プリオリな直観が裏付けをせねばならず、したがって、対象の占有という概念に対し何ものかが付加されねばならないであろう。しかし、ここでのように、実践的原則が問題となっている場合には、手続は逆になるであろう。そして、経験的占有を基礎づけるところの一切の直観という条件は除外され〔度外視され〕なくてはならず、その結果、占有の概念は経験的占有を超えて拡張されて次のように言うことができるはずである。すなわち、意思のあらゆる外的対象は、たとえ私がそれを〔物理的に〕占有していなくても、私がそれを自分の支配力《ケヴァルト》のもとにおいているならば、〔またそのかぎりにおいてのみ」、法的な私のものに算入されうるのである、と」[134]。可能な経験の諸対象との関連は、対象の認識ではなくて意志規定および対象の産出に向けられた道徳法則にも、またすべての直観の諸条件から明示的に捨象された純粋に法的な占有、すなわち本体的占有という概念にも、実在性の証明として禁じられているのである。

超越論的演繹は実践的諸概念や諸原則の客観性を確保することはできない。これらの諸概念や諸原則が正当化されるのはただ、それらが立法的実践理性との明確な基礎づけの連関の中にもたらされうるとき、また最後に明証的に自分自身を保証する道徳法則に還元されうるときだけなのである。したがって、可想的占有の概念の妥当性はただ論理的にのみ解明される。

『法論』ではこのことが次のように論証されている。

> 「こうした種類の占有が可能であるということは、したがって非経験的占有という概念の演繹は、次のような実践理性の法的要請に、すなわち「外的なもの〔使用可能なもの〕が誰にとってもその人のものとなりうるように他人に対して行為することは、法的義務である」という要請に基づいている。……非物理的な占有が可能であることは決してそれ自身だけで証明したり洞見したりされえないのであって〔というのは、それが理性概念であり、それに対応するいかなる直観も与えられえないというまさにその理由による〕、むしろ上述の要請からする一個の直接的帰結なのである。なぜなら、上述の法原則に従って行為することが必須のことであるとすれば、〔純粋に法的な占有という〕可想的条件もまた可能でなければならないからである。――事実また、外的な私のもの・汝のものの理論的な諸原理は可想的なものの中で道を失い、何らの拡張された認識ももたらさないことは何びとも怪しまぬだろう。というのは、それら諸原理の基礎をなしている自由の概念は、その可能性についていかなる理論的演繹もなされえず、ただ、一個の理性的事実としての理性の実践的法則〔定言命法〕を手がかりとして推論されうるだけだからである」[135]。

純粋に法的な占有という概念の演繹のあと――この演繹は何も新しいものを提示せず、理性の要請という前提のみを明確にしているにすぎない[136]――『法論』は§7で「外的な私のもの・汝のものが可能であるという原理を経験の諸対象に適用すること」を取り扱っている。しかし、この§7はそのテーマに至らず、可想的占有の概念上の規定の繰り返しとともに「私の外にある或るものを私のものとしてもつ仕方」の例証を3つの意思の対象クラスに関して提示し、突然、外的権利のアンチノミーの要約的叙述で終わっている。[137]

カントは§7の冒頭で次のように述べている。「純粋に法的な占有という概念は経験的な〔空間・時間の諸条件に依存する〕概念ではない。にもかかわらずそれは実践的実在性をもつ。これを言いかえれば、この概念は、右の諸条件に依存してのみ認識されるところの、経験の諸対象に適用されうるものでなくてはならない」[138]。そうでなければわれわれは外的なものについて、それがわれわれの所有物であると言うことができないであろう。確かに、法の理性概念は経験の客体へと直接的に適用されることはない。すなわち、法は描出することができず、「それに対応する直観において」与えられないのである。[139]

だがしかし、その適用はどのようにして考えることができるのであろうかという疑問が当然起こるであろう。ケアスティングによれば、それは「占有の純粋な悟性概念一般」を媒介にして考えることができる。法の理性概念と同様に経験から独立したこの悟性概念は、法の理性概念と経験の客体との間に押し入り、すべての経験的諸規定をフィルターにかけるという機能を果たしている。したがって、それは経験の客体を所有者の意思の支配力の内に見出される純粋な意志の対象に変え、所持実在論（Inhabungsrealismus）を占有の観念性の原理に有利になるように失効させるのである。[140]

ところで、この占有の純粋な悟性概念とは何を意味しているのであろうか。ケアスティングによれば、それはあらゆる直観の諸条件を度外視する、使用可能な客体一般とその客体を使用しうる能力を自然に備えた意思との純粋に概念的な結合である。またそれは、カントがカテゴリー上の所有（Haben）として経験的所持から区別し、『準備草稿』の中で準賓位語（Prädicabile）として、すなわち「派生的で従属的な」悟性概念として「根源的で本源的な」原因性のカテゴリーに組み入れた「支配力の内にもつ」（In-der-Gewalt-haben）という関係を意味している。

『純粋理性批判』の中では次のように述べられている。「こうした純粋ではあるが派生的な悟性概念を、純粋悟性の準賓位語（賓位語に対して）と名づけることを、許されたい。根源的な本源的な諸概念がえられるなら、派生的な従属的な諸概念は容易に付加されることができ、純粋悟性の系譜は完全に描きあげられる」[141]。これで占有の悟性概念の意味については明らかになったであろう。

　そこで次に、この占有の悟性概念と占有の理性概念との関係が問題になる。ケアスティングによれば、占有の悟性概念とその理性概念との相違は、前者が理論的関係を示し、それに対して後者が実践的関係を示していることにある。カテゴリー上の所有（Haben）は、その経験的対応物である所持と同様に独自の法的・実践的意義をもってはいない。すなわち、これらはただ、意思とその対象との結合を一方では論理的・概念的に主題化し、また他方では経験的・直観的に主題化しているにすぎないのである。それに対して、法的占有という概念の基礎にある関係は人格間の関係である。その関係においてはその客体に関する意思の規定力は純粋な形態では考えられず、またカテゴリー上の支配力をもつこと（Gewalthabe）に対する人間の自然的なもの支配はア・プリオリ化されない。そうではなくて、その対象に関する他人の意思に対する意思の、自由法則によって規定された、したがって法的な規定力がア・プリオリ化されるのである。ケアスティングは、カントのこのような考察をもっとも明確にしうるのは、法的な私のものの概念を経験の諸対象に適用することについてのカントの説明を所有権の判断（Eigentumsurteil）の理論として読解するときであると指摘している。私が法の理性概念をある経験の対象に適用するならば、私は、このものが私のものであるという所有権の主張に至ることになる。そのことによって私はその対象について何も表現しておらず、ただ私の意思とその対象およびすべての他人の意思との関係について何かを表現しているにすぎないのである。

　ケアスティングは、この外的な対象が私のものであるという主張は2つの構成的契機を含んでいると説く[142]。すなわち第一に、「この対象を任意に使用するよう決意する私の意志が外的自由の法則と矛盾しない以上、それは私のものである」ということ、第二に、「この言明によって他のすべての人びとに、その当のものの使用を差し控えるべしという、もし、その言明がなければ負わずにすんだであろう拘束性が課せられる……」[143]ということである。この理性の要請に基づいて、所有権の主張に「普遍的に妥当する立法」という性格が帰せられることになる。そして、この立法は、制限されえない処分権能（Dispositionsbefügnis）を全面的に向けられた排除権能に固定する。法一般が自由の法則に従って意思の規定を目ざしているように、私のものという理性法的賓辞は自由法則的意志規定であると見なすことができる。したがって、所有権の主張と結びついた占有関係は――というのは、「或る事物を自分のものとしてもっていると主張しようとする者は、当の対象を占有していなくてはならない」[144]から――私のものという法的賓辞を感性化する所持として把握することはできないし、法的な私のものは経験的所有（Haben）の空間性において描出されえないのである。私のもの・汝のものの経験の諸対象への適用は直観の諸条件に服することはなく、逆に所有権の主張において措定された従属性関係はあらゆる経験的制限を取り払うのである。つまり、処分権能および排除権能は感性的占有概念に方向づけられることはなく、ただカテゴリー上の所有（Haben）にのみ方向づけられると言わなければならない。

したがってケアスティングは、私のものとして主張された対象の非経験的占有は所有権の主張の法的妥当性に対するいかなる異議も基礎づけることができないし、また逆に物理的占有はいかなる権原をも基礎づけることができないと指摘する。[145]「こうして、私の外にある或るものを私のものとしてもつ仕方は、空間・時間における対象との関係から独立に、可想的占有の概念に従ってなされるところの、主体の意志と右の対象との純粋に法的な結合である」[146]。私の外にある或るものを私のものとしてもつという、このような仕方は、外的な私のもの・汝のものという概念の究明においてカテゴリー上分離された3つの意思の対象のクラスのあらゆる対象についても妥当するものである。[147]占有の悟性概念は法の次元と空間・時間における経験的関係の間に押し入り、この経験的関係を重要でないものとして法的判断手続きから取り除く。すなわち、外的なものを私のものとしてもつことは、純粋に法的な仕方でその外的なものと結びついていることを意味する。また、意思の対象があらゆる空間・時間規定から独立に私と結びつけられている、言い換えれば、私の支配力にのみ服していると見なすよう、各人を義務づけることを意味していると言える。

以上見てきたように、カントは直観の諸条件から独立な法概念を占有の悟性概念と同一視し、この悟性概念が占有の理性概念に包摂されることを強調している。しかしそれは、純粋に法的な占有という概念の新たな究明を行っているにすぎない。ケアスティングが指摘しているように、この§7で立てられた適用のテーマは占有実在論を新たな視点から批判したものにすぎないのである。(148)

6　可想的占有の図式としての物理的占有

E・アディケス（E. Adickes）、W・メッツガー（W. Metzger）およびK・ボリース（K. Borries）は『法論』には図式論（Schematismus）がないとして、その超越論的性格を否定するのであるが、果してそうなのであろうか。ケアスティングはかれらの見解を検討し、かれらとは異なった意味で『法論』にもやはり図式論が存在することを論証しようと試みている。すなわち、ケアスティングは物理的占有が可想的占有の図式であり、その描出であり、またその現象であるということを解明するのである。さらにケアスティングは、『準備草稿』の図式論の考察がその内容からいって『法論』の中の法的取得の問題でも取り扱われているということ、また『法論』の中に図式論の理論がないとしても、『準備草稿』と『法論』との間に、私法の基礎づけの問題におけるカントの方法上の新しい熟考に還元されるであろうような溝を認めることは許されないということを指摘している。本項ではケアスティングがこのことをどのように論証しているのかを考察することにしたい。考察に入る前に、カントの図式論について略述しておく必要があろう。

カテゴリーとは元来直観とはまったく異なった悟性のア・プリオリな概念である。それゆえ、それが現象について適用されるためには、直観がカテゴリーの下に包摂されなければならない。一般に包摂することが可能であるためには、包摂するものと包摂されるものとの間に同種的なものが存在しなければならない。したがって、直観をカテゴリーの下に包摂するためには、この両者の中間に一方ではカテゴリーに、他方では直観に同種的な第三者が存在しなければならない。この媒介的表象が超越論的図式にほかならない。

ところで図式とは何か、具体的な例で考えてみることにしたい。図式とは、たとえば三角形一般といったような概念、すなわちそれによって三角形の具体的な形像の表象が可能になるような一般的な表象である。三角形という概念によってわれわれは三角形を思い描くが、その三角形は一定の大きさをもった三角形の形像であり、われわれは三角形一般というようなものの形像を思い描くことはできない。しかしそれにもかかわらず、われわれは一定の大きさをもった三角形の形像を媒介としてこの三角形一般の概念を理解している。したがって、三角形の一定の形像を思い描く以前にすでに、それによって三角形の形像を思い描くことのできる三角形一般の表象をわれわれはもっていることになる。このように形像以前にその基礎に存し形像を可能にする表象が図式である。以上のことを念頭において以下においてケアスティングの考察を見てみよう。

『準備草稿』の中に、『純粋理性批判』によってよく知られている図式論（Schematismus）という表題のもとに集められた適用問題についての数多くの説明が見出される。また、『法論』（§7「外的な私のもの・汝のものが可能であるという原理を経験の諸対象に適用すること」）における「まず最初に」（zunächst）ということばは——「もっぱら理性の中に存する法概念は、直接的に経験的客体や経験的占有の概念などに対して適用されることはできず、まず最初に占有一般の純粋悟性概念に適用されねばならない」[149]。——この適用問題の解明の進展を期待させるように思われる。しかしながら周知のように、『法論』[150]の中には図式論について論究されている箇所はどこにもないのである。そのため、アディケスやその他の論者の見解に従えば、図式論、すなわち関連する超越論哲学的適用理論が欠如しているならば、そのことは次のような帰結に至ることになる。つまり、カントが、『法論』の出版によって、『準備草稿』の中でさまざまに表明された法的観念論（idealismus iuridicus）の超越論哲学的基礎づけの意図を放棄したということである。

このような見解が妥当であったのか否かを検討するために、ケアスティングはまず『準備草稿』そのものの中で論じられている図式論についての説明に目を向ける。カントは判断力の超越論的学説の中で展開した「純粋悟性概念の図式」についての理論によって次のような問題に答えようとしている。すなわち、悟性概念と経験的直観との間の基本的な非同種性と後者の前者への包摂、言い換えれば、カテゴリーの現象への適用の問題である。ケアスティングによれば、一般に、図式とは概念と対象との間を移動する表象であり、この表象によって概念は対象に関係づけられる。経験的概念の場合には、図式は形像の性格（Bildcharakter）をもっている。それに対して、純粋な悟性概念においては図式は超越論的構想力の手続きによって形成される。そしてこの手続きにおいて、カテゴリーの概念的総合に対応する可能な直観資料の統一が時間という純粋直観において産出されるのである。このような超越論的時間規定はカテゴリーと感性的直観との非同種性を失効させる。というのは、この超越論的時間規定は第三者（ein Drittes）としてア・プリオリな総合の契機を時間という直観形式と結びつけ、個々のカテゴリーにそれぞれ対応する時間における直観資料の総合を作り出すための規則として、純粋悟性概念に感性的直観への適用を取得させるからである。[151] すなわち、純粋悟性概念に「意義」を取得させるからである。カントは、このことを純粋悟性概念を「実在化」（realisieren）すると表現している。

『純粋理性批判』の中でカントは次のように述べている。

「しかしまた、なんとしても明らかなのは、たとえ感性の諸図式がカテゴリーをはじめて実在化するにせよ、それにもかかわらずそれらの諸図式は、カテゴリーを制限しもするということ、言いかえれば、悟性の外にある（つまり感性の内にある）諸条件に制限するということである。だから図式は、もともとフェノメノンでしかなく、あるいは、対象の、カテゴリーと合致した感性的概念でしかない[152]」。

ケアスティングの解釈によると、悟性概念の経験的直観への適用というここで簡単に概略された方法に従えば、法の図式論が存在しえないことは明らかである。なぜならば、法はその理性的性格に基づいてあらゆる図式化から免れているからである。すなわち、もしこの適用モデルを受け入れると、占有実在論的立場に対する法的観念論の論争的態度が阻害されることになるであろう。というのは、占有が現象に、すなわち占有実在論者が主張する経験的（物理的）占有に制限されるからである。しかしそれにもかかわらず、所有権の理性法的賓辞は経験的事物に認められなければならない。さもなければ、「外的なものが誰にとってもその人のものとなりうるように他人に対して行為する」という理性の要請の要求は無に帰するであろう。

ところで、非描出可能性（Nichtdarstellbarkeit）と経験的関連（Erfahrungsbezug）の両者は、『準備草稿』での考察によれば、次のことによって一致することになる。すなわち、占有の図式論が、法の図式論として展開されえない適用手続きを形成し、したがって法の直接的図式論として経験の次元への橋渡しをすることによってである。「法は……理性概念として直観的に作られえない。ただ、法の図式論によるものとしてでなく、経験的でありうる占有の図式論によるものとしてのみ作られうる[153]」。

ケアスティングはこのことをより詳しく分析し、「占有の図式論の本質は、物理的占有が可想的占有の図式であり、所持が純粋な支配力の内にもつ（In-der-Gewalt-haben）という図式として機能するのである[154]」と解釈する。これに関する記述が『準備草稿』に見られる。

「われわれは……法的占有の物理的条件をただ法的占有の図式論としてのみ見なさなければならない。確かにこの図式は主体にとって必要だが、しかし客体的には主体なしで成立する[155]」。

「法の理性概念は、それにもかかわらず客観的・実践的実在性をもっている。すなわち、この理性概念には感性的直観における、したがって空間・時間におけるある現象（行為）が対応して与えられなければならない。そのため、図式論は、――これは直接に法概念に対応せず、意思の物理的行為に対応するのだが――意思が自由なものと見なされるかぎりにおいて対応しなければならない。このことは意思の自由が図式化されえないということ以外には考えられない。意思の物理的行為は……単に占有の図式として見なされる。物理的占有が所持でなければならないということは、単に知性的占有（法）の図式として、（法的な）私のもの・汝のものにおける純粋な意思によって考えられなければならない[156]」。

ケアスティングは『準備草稿』のこのような叙述を検討して、「占有取得、先占および所持といったような物理的占有を構成する経験的行為が図式の内容である。空間・時間における現象としてこれらは第一に、原因性のカテゴリーに属し、悟性概念の図式論に従ってその図式をもつ。第二にこれらは、その法的関係においてそれ自体感性の諸条件によって制限されることのない自由な意思が空間・時間の中でそれらによって描出されることによって、占有の図式を形成する」とする解釈を提示する。「物理的占有という感性的条件がなければ、知性的占有の存在は認識されえない。というのは、物理的占有は可能な経験におけるその描出を形成するからである」[157]。物理的占有は可想的占有の図式にほかならない。つまり、物理的占有はその描出（Darstellung）であり、その現象（Erscheinung）であると言うことができる。

ケアスティングは次のことに注意を促している。すなわち、あらゆる法的占有は空間・時間において規定された占有として始まらなければならないが、しかしこの経験的標識行為はその妥当性の根拠を形成するものではない。法的占有の認識・描出条件がそのア・プリオリな妥当性条件と取り違えられてはならないのである。言い換えれば、占有取得には法的構成行為の地位は帰せられず、ただ包摂の機能が帰せられるにすぎない。このことは、『準備草稿』の中で占有取得は「占有の知性的概念のもとにおける包摂」[158]であると述べられていることからも明らかである。私とある対象――私のものとしてもち、したがってあらゆる他人の使用を法的妥当性をもって排除しうる対象であるが――との間の経験的結合の形成は、この経験的結合にではなく、可想的占有という概念にしたがって純粋に法的な結合に基づいているのである。それゆえ、排除権能は経験的占有関係の解消によって失効することはありえない[159]。

ところで『法論』においてカントは、「外的なものを私のものとしてもつ仕方」と「外的なものを取得する仕方」とを別々に取り上げている。法的取得の理論は、私法論の第二章で独自に論じられている。それはいかなる理由に基づいているのであろうか。ケアスティングは、その理由はカントが占有の図式論についての理論の明示的な受け入れを放棄したからではないかと推測している。というのは、占有の図式の内容と同時に先に再構成された適用理論における最後の段階を形成する占有取得という経験的意思行為は、法的取得理論の出発点に等しいからである。つまり、カントは§10「外的取得の普遍的原理」の中で「外的な何ものも根源的に私のものであることはない」[160]と述べている。したがって、あらゆる外的なものは私によって取得されなければならないのである。法的取得は、確かに空間・時間における取得として、すなわち経験的行為とともに始まるが、しかし法的権能の取得としてこの経験的行為の中で基礎づけられることはありえないと言わなければならない。それゆえ取得権の理論には、その叙述の中で、図式論の適用方向に関して逆方向の運動が与えられるのである。つまり、「感性的占有から可想的占有へ」[161]という帰結が与えられるのである。

ケアスティングは図式論の問題に関して結論として次のように主張する。すなわち、『準備草稿』の図式論の考察はその内容からいって『法論』の中の法的取得の問題の論及に入り込んでいる。また、『法論』の中に図式論の理論がないとしても、私法の基礎づけの問題におけるカントの方法上の新しい熟考に還元されるであろうような溝は『準備草稿』と『法論』との間に認めることは許されないのである。[162]

7　ア・プリオリに結合した意思・配分的意思

第4項において、占有観念論（可想的占有）の立場には実践理性の法的要請、すなわち実践理性の許容法則が前提されているということが明らかにされた。

実践理性の法的要請とは、「私の意思のいかなる外的対象も、これを私のものとしてもつことが可能である。これを言い換えれば、次のような格率は、すなわち、もしそれが法則とされた場合、それに従えば意思の対象なるものがそれ自体として〔客観的に〕無主物〔res nullius〕とならざるをえないような格率は、法に反する」というものである。

また実践理性の許容法則とは、「私の意思のいかなる対象も客観的に可能な私のもの・汝のものとみなし、かつそう取り扱うことは、実践理性のア・プリオリな一前提である。こうした要請は実践理性の許容法則〔lex permissiva〕と名づけられうるものであ」るというものである。[163]

本項では、さらに可想的占有の可能性としてア・プリオリに結合した意思、すなわち配分的意思が前提されなければならないということが解明される。

カントの私法論の第一章で問われている「外的なあるものを自分のものとしてもつ仕方」は、次のようなものとして明示されている。「私の外にある或るものを私のものとしてもつ仕方は、空間・時間における対象との関係から独立に、可想的占有の概念に従ってなされるところの、主体の意志と右の対象との純粋に法的な結合である」[164]。ところで、「外的な何ものも根源的に私のものであることはない」[165]。というのは、根源的に私のものであるものはすべて、内的ないし生得的な私のものの領域に属するからである。したがって、外的なものは取得によってのみ私のものとなりうることになる。「私が或るものを私のものとなす（efficio）とき、私はそのものを取得する」[166]。2番目と3番目の文章は§10から引用したものであるが、「外的なあるものを私のものにする仕方について」論じられているのは、この§10から始まる私法論の第二章である。この章において意思の対象の3つのクラスに対応する取得の仕方が提示されており、このクラスは取得権の3つの仕方に分類される。すなわち、物権（Sachenrecht, ius reale）、対人権（persönliches Recht, ius personale）および物権的対人権（dinglich-persönliches Recht, ius realiter personale）である。カントは、「外的取得の普遍的原理」と題された§10ではもっぱら物権にとってのみ重要な根源的取得について論じている。

取得は根源的なものであるか、あるいは「他人のものから導出された」ものであるかのいずれかである。第二の私法のクラス、すなわち対人権と第三の私法のクラス、すなわち物権対人権に関しては取得はつねに導出されなければならない。これに対して根源的取得は無主的な諸対象にのみ関係づけられる。そして、無主物はものないし有体物でしかありえない。したがって、根源的取得は物権にのみ関係づけられることになる。とはいえ、あらゆる外的なものが同様に根源的に取得されうるわけではない。「物件の最初の取得は土地の取得以外のものではありえない」[167]。土地の法的占有における物権の基礎づけが、実体に内在する依存的な偶有性に対する実体の存在論的優越性を示していることは明らかである。つまり、土地の法的占有はその土地に依存しているあらゆるものの法的占有をも含んでいるのである。というのは、これは分離することもできないし、――根源的取得という意味において――付加的に取得されることもありえないからである[168]。

カントは、「物件の最初の取得は土地の取得以外のものでありえない」と題された§12の冒頭で次のように述べている。

「土地〔この語によって一切の居住可能な陸地が意味されている〕は、その上にある一切の可動的な物との関係においては実体と見られるべきであり、他方、可動的な物の現存はただ内属（インヘレンツ）とだけ見られるべきである。そして、理論的意味において偶有性が実体なしに現存しえないように、実践的意味においても土地の上にある可動的な物は、もし或る人があらかじめその土地を法的に占有している〔それを自分のものとしている〕と認められるのでなければ、その人にとって自分のものであることはできない(169)」。

ケアスティングによれば、根源的取得に関するカントの理論は次のような2つの問題に直面することになる。第一に、土地の専断的占有が権利を基礎づけ、その排他的な私的利用の権限を付与し、したがって同時にその同意されない使用を差し控えるようすべての他人を拘束するという問題、つまり普遍的法則的制限の基準を超えてすべての他人の自由を制限しうるという問題である。第二は、しかし一方的意思のはたらきにこのような法律上の効果は帰せられえないという問題である(170)。なぜならば、カントが§15「公民的体制においてだけ或るものは決定的に取得されうる。これに反して、自然状態においては、もちろん取得されはするが、ただ暫定的にだけそうされうる」の中で述べているように、「一方的意志によっては、他人に対し、彼がさもなければ負わなかったであろうような拘束性を課することはできないからである(171)」。

ところで、人間はその生命維持のために外的対象の使用に依存しており、自然物の欠乏に直面して原理的な競争関係に立たざるをえない。この矛盾は占有実在論的原理によって調和されるのであろうか。それは不可能である。というのは、この原理は自由に反し、また法に矛盾するからである。しかし他方で、理性の要請に基づいており、外的なものの意思の使用の自由法則に一致する規制にとって必然的な排除権能は、当事者にはまるで支配力を隠す法的越権のように思われるにちがいない。というのは、当事者に要求された使用の放棄はけっして法の普遍的法則によって必然的な不作為として明らかになりえないからである。したがって、根源的取得はそれ自体矛盾した行為であるように思われる。というのは、根源的取得が根源的行為として、すなわち当事者の側における同意を必要としない専断的行為として構想されているとしても、それでもやはり根源的取得はそれに結びついている法律上の効果に関して、必然的に同意の義務があるものと見なされなければならないからである。

それでは、どのようにしてこの矛盾は解決されるのであろうか。カントはア・プリオリに結合した意思の構成によってこの問題に対処している。

カントは『準備草稿』の中で次のように述べている。

「私の取得によって他人に、何かを給付したり、あるいはそれを差し控えるといった拘束性が生じる。この拘束性はこの私の行為の前にはかれらが負っていなかったものである。――しかし、自分自身がその拘束性を受け入れない場合には、誰にも拘束性は生じえない（すべての義務は契約による Omnis obligatio contracta）それゆえ、一方的意思によって（一方的行為によって）取得することは誰もできない。ただ取得において拘束性をもたらし、相互に契約を結ぶ人の結合した意思によってのみ取得されうるのである。すべての使用可能なものを取得しうる可能性と権能はア・プリオリに必然的である。したがってまた、すべての客体に関して人間の意思の結合はア・プリオリに必然的である。それゆえ、すべての人間がもっている取得性の同じ原理によって、人間はまた次のような拘束性を受けることになる。すなわち、自由の法則に従って、まさに同じ客体について人間の意思を結合するという理念だけに従って取得しうるという拘束性である。それゆえ、すべての取得の原理は、あらゆる意思を、また一方的意思を、同じ客体に関する意思の普遍的で可能な結合との調和という条件に制限する原理である[172]」。

ケアスティングは、この、取得権の全領域にとって構成的なコンセンサス原理が、正当な根源的取得としての先占をア・プリオリに同意する結合した意思という前提のもとに置くと指摘する。つまり、専断的な法的取得は当事者の異議によって不可能となるわけである。「われわれはただ結合した意思という理念によってのみ取得しうるのである[173]」。この理念に従ってすべての人間は、第一に、先占を物権的な取得行為として受け入れることに同意し、また第二に、それと結びついた自由の偶然的な制限を文句を言わずに受け入れるよう相互に義務づけあうのである。つまり、各人は法的占有に対する請求を――この請求はあらゆる同様のものに関してあらゆるものの原理的な取得性に基づいて各人に与えられているのだが――ものを最初に、すなわち外的自由の普遍的法則に調和して占有した人のために、ものに関して放棄するのである。専断的な、またそのかぎりにおいて法越権的な意思の代わりにア・プリオリに結合した意思が現れるわけである。(174)

ア・プリオリに結合した意思の理念は、物権が他の2つの取得権の様式、すなわち対人権と物権的対人権と構造上同一であることを確保し、次のような疑念を吹きとばす。すなわち、カントの物権上の構造が法そのものの基本的諸規定と矛盾するのではないか、また専断的意思に法的力(Rechtsmacht)を与えることになるのではないかという疑念である。他人の給付という契約上の取得と同様に物権上の取得も当事者の同意に基づいている。もちろんこの場合の他人は、――その同意によって先占行為にはじめて法的妥当性が与えられるのだが――契約の相手方として具体的に存在しているわけではない。したがって、その同意は理念の中で前提されなければならないのである。言い換えれば、この同意する結合した意思が存在しないとすれば、先占行為は外的な私のもの・汝のものの基礎づけに関して無意味とならざるをえないであろう。というのも、先占行為が自然現象と何ら変わらないものと見なされるからである。「それゆえ私のもの・汝のものは理念において(ア・プリオリに)結合した意思に依存しており、いかなるものも先占(occupation)によって私のものとなることはなく、配分的意思(distributive Willkür)によって私のものとなるのである」(175)。

ア・プリオリに必然的な意思の結合は妥当理論的に経験的な取得行為に対して上位であり、この行為を内容上の規定という機能に還元する。個別的な外的権利はこの経験的取得行為にその実質的規定性を負っている。しかしそれに対して、その形式的規定性、すなわちその法的性質を負っているのはただ、すべての根源的土地取得の妥当根拠としての結合した意思だけなのである。結合した意思によってはじめて個別的な物理的占有が純粋に法的な占有に拡張されうるので、カントは、この意思が「各人にかれのものを規定する」(176)と言うことができるのである。専断的占有取得はただ全面的な「同意」(177)という意味における観念上の「共同の意志による配分」(178)としてのみ法的取得でありうると言わなければならない。

ところでケアスティングによれば、総合的・普遍的意志の立法において法的理性の2つの基本原理が対等の位置に置かれる。すなわち、「法の公理」と理性の要請である。前者は、生得的な私のものによって措定された限界を超える自由の制限の必然的合法性条件として、自発的な自己拘束を求める。カントはこの法の公理を法の普遍的な法則とも呼んでおり、次のように述べている。

「汝の意思の自由な行使が普遍的法則に従って何びとの自由とも両立しうるような仕方で外的に行為せよ、という法の普遍的な法則は、たしかに私に対して拘束性を課する法則である……[179]」。

後者は、自由が物に依存しないことを確保するために、外的な私のもの・汝のものの可能性を求め、ものの使用における意思の自由のあらゆる法的規制を占有の観念性の原理に従属させる。結合した意思という理性理念においてこの2つの条件は同時に満たされたものとして考えられる。この理性理念が根源的な法的取得と各人の自由との両立性を保証するかぎり、この理念は、「必要条件（conditio sine qua non）として暗黙のうちに前提せられ[180]」ねばならないのである。この理念において各人は、物の使用における自由に関して占有の自然的条件に制限されないように、相互に義務づけられる。そして、このことによって各人は相互に、理性の要請に従って各人に原理上与えられているものに対する自由な立場を保証しあうのである。ケアスティングは、「したがって、ア・プリオリに結合した意思そのものが可想的占有の可能性の前提である[181]」と指摘する。というのは、あるものを可想的な仕方で、すなわち純粋な法によって占有するということは、まさに次のことを意味するからにほかならない。

カントは§17「根源的取得という概念の演繹」の中で、これに関して次のように論じている。

「……人格と何ら拘束性を負わない諸対象との或る関係としての占有から、右の感性的条件を消去もしくは度外視〔捨象〕するならば、そこには、一人格の諸人格に対する関係しか残らないのであって、（そこでは）この一人格の意志は、それが外的自由の公理、意志能力の要請、およびア・プリオリに結合したものと考えられた意志の普遍的立法にかなっているかぎり、物件の使用に関して諸人格のすべてを拘束している……」。[182]

8 共同占有

前項では、可想的占有の可能性としてア・プリオリに結合した意思、すなわち配分的意思が前提されなければならないということが解明された。本項では、根源的取得はア・プリオリに結合した意思（総合的・普遍的意志）のほかにもうひとつの理念、すなわち共同占有（Gemeinbesitz）の理念を必要とするということを明らかにしたい。共同占有における結合した意思という理念によってカントは、物権を一定の人格間の法的関係として基礎づけることを可能にする。換言すれば、個人と一般性、ないしカントの言葉で言えば、全体性との間に成立する法的関係として基礎づけることを可能にするからである。

ケアスティングによれば、結合した意思という理念とともに、根源的取得はなおもうひとつの前提を必要とする。私的先占の法的効力がすべての人の意志による領域に基づいており、この配分された「ある物件における権利（物権 ius reale, ius in re）」が「ある物件を私的に使用する権利」[183]であるならば、この思考モデルは内的一貫性から、総合的・普遍的意志という理念とともに、この総合的・普遍的意志に対応する共同占有という理念を必要とすることになる。[184]

カントは、「土地の根源的取得という概念の究明」について論じている『法論』の§16の冒頭で次のように述べている。

「すべての人間は、根源的に全地球上の土地の総体的占有をなしており（土地の根源的共有態 communio fundi originaria）、しかも、彼ら（おのおの）の、こうした土地を使用しようとする、自然によって彼らに賦与された意志をもってなす（内的）正しさの法則 lex iusti〕。或る人の意思と他人のそれとの間に本来的に存する不可避な対立のゆえに、もし右の意志が、同時にこうした各人の意思のために次のような法則を内含していなかったとすれば、共有の土地の一切の使用は不可能ならしめられたであろう。その法則とはすなわち、それに従って、各人にその共同の土地における或る個別的占有が規定されうる、そうした法則のことである〔法的（外的）正しさの法則 lex iuridica〕」(185)。

共同占有は根源的であり、いかなる法的行為によっても構成されることはない。すなわち、それはひとつの理性的理念なのであり、「経験的でもなく、また、時間的諸条件に依存するものでもない」(186)のである。しかしそれにもかかわらず、共同占有は根源的土地共有態として人間の生活空間の自然的性質から取り除くことはできない。地表は個々の全体であり、「この全体はその範囲に従って一定であり、拡大することはできないのである」(187)。もし人間共同体のこのような自然条件が存在しなければ、根源的共有態を受け入れる契機は存在しなかったであろう。つまり、共同的な占有とは地表のことを意味するのである。

カントは、『法論』の§13「どの土地も根源的に取得されうる。そして、この取得を可能ならしめる根拠は、土地一般の根源的共有態である」の中で、次のように述べている。

「すべての人間は、根源的に〔すなわち、意思の一切の法的働きに先んじて、〕土地を適法に占有している。すなわち、彼らは、自然または偶然が〔彼らの意志によることなしに〕彼らを置いたその場所に居る権利をもっている。こうした占有〔possessio〕、つまり意思され、したがって取得された継続的占有としての占席〔sedes〕から区別されるこの占有は、球面としての地表における一切の場所の一体性という理由から、共同的な占有である。というのは、もし地表が無限の平面であったとすれば、人間はその上に分散することができるために、決して相互の共同体を形成することもないだろうし、またこうした共同体が地球上における彼らの現存の必然的結果であることもないであろうからである」(188)。

この文章から、区画された平面に生活しなければならないという人間の生存の基本的自然条件に、この根源的共同占有の構造が組み込まれていることが窺える。

ケアスティングは、この構造が、その経験的・可想的二重性質（Doppelnatur）において、配分の問題を解決する「土地の経験的共同体」を自由法則的配分規制の法的条件と調和させると指摘している。そして、『法論』よりも『準備草稿』のほうがこの「難解な学説」を詳しく取り扱っているとして、『準備草稿』を検討する。

「すべての人間は全地表の共同体的自然的占有の状態にある。ところで、この占有は生得的権利のひとつの理念である。この生得的権利とは、他人が占めていないこの地表のいかなる場所をも占めることができるという権利である。したがって、この権利は共同体におけるあらゆる人に帰属する」[189]。「すべての人間（singuli）は、自然ないし偶然によって自分で選択したのではなく自分が置かれたその土地に居ることができるという生得的で平等な権利を有している。それゆえ、各人はもちろん、どこであろうと、いつであろうとかれが地表に現れると、地表の場所を占め、この行為を占有の法的行為として、すなわち地表（球面としての）のある場所あるいは別の場所を占有するという選言的・普遍的行為（disjunctiv-allgemein）として考えることができる」[190]。すなわちケアスティングも指摘するように、すべての人間は地表のある場所に対する根源的権利をもっているのである。また、すべての人間はア・プリオリに、「地表のすべての場所の潜在的、選言的、普遍的占有の状態にある」[191]と言うことができる。さらにすべての場所は、カントの言葉を借りれば、「集合的・普遍的占有」[192]（collectiv-allgemeiner Besitz）であるとも言える。

ところで、共同占有における根源的取得の可能性を法的に基礎づけるためには、まずこの共同占有そのものが根源的に法的な占有でなければならない。この共同占有は法的行為によって構成されることはない。それは、各人による地表のすべての場所の選言的・普遍的法的占有という論理的に明証的な方法によって獲得された結果にほかならない。この権利は、同様に根源的で、地上に生活せざるをえないという人間の運命の直接的法化に基づいている。つまり、人間は地上の住人であるというだけでなく、またその権利をも有していると言わなければならない。

ケアスティングは、ひとつの補充的な法化が根源的共有態という理念の中で現れると指摘している。すなわち、地上はすべての人間の共同的な生活空間であるだけでなく、またすべての人間の法的占有の状態にあるということである。一言で言えば、地上は人類の根源的所有物にほかならない。ケアスティングはこのような議論の構想を分析することによって、この議論の中に物権がどのようにして基礎づけられるのかという問題に対する解明とともに――思弁的法的な意味が含まれていることを指摘し、次のような解釈を提示している。すなわちこの構想は、自由な土地の先占および占有取得を、地上に居ることができ、通常の先占行為を超えて拡張するという生得的権利の描出および直接的図式として解釈することを要求する。また、地上に現れるということ（das Auf-Erden-zur-Wirklichkeit-kommen）それ自体を法的主張として解釈することを要求するのである。私に根源的・法的に属している場所の占有取得は、誰のものでもない土地の占有（Freilandbesitzung）として始まるのではなく、誕生とともに始まるのである。この誕生という現象が占有取得であり、誕生するということは占有理論的に見ると経験的先占として解釈されうる。誕生（das Geborenwerden）はいわば典型的な占有図式論（Besitzschematismus）として現れるとする。[193]

ところで、カントはなぜ根源的共有態という理念を必要としたのであろうか。ケアスティングによれば、根源的共有態という実践的理性概念によってカントは次のような問題に対処することができると考えたからである。それは、物権の構想およびこれに組み入れられた取得形式が法概念に与えざるをえない問題である。この法概念は法を、外的な人間間の関係に対する自由法則的規制体系と理解している。というのは、物権も、根源的取得もこの法概念のもとへの包摂に反抗しているように思われるからである。なぜそう思われるかと言えば、ここで主題となっている結合が物を法的関係の相手方として持ち出しているからである。

この問題はどのようにして解決されうるのであろうか。この問題の解決のための鍵を提示しているのが、まさに根源的無主的土地の否定としての共同占有理念にほかならない。カントによれば、根源的取得はその無主性を前提するのではなく、その逆である。つまり、取得の対象は無主物（res nullius）ではなく共有物（res omnium）なのである。それゆえ、最初の取得者は無主的対象に出会うのではなく、すべての人の法的占有の状態にある土地に出会うことになる。このことを法的観点から見ると、最初の取得者は対象ではなく、その対象の中で共同の占有として結合した占有者、すなわち共同占有者に出会うのである。

結論としてケアスティングは共同占有について次のように解釈している。

「共同占有における結合した意志という理念によってカントは、物権を一定の人格間の法的関係として、より詳しく言えば、個人と一般性（Allgemeinheit）、ないしカントの言葉を借りれば全体性（Allheit）との間に成立する法的関係として基礎づけられることを可能にするのである」(194)。

Ⅲ　むすびにかえて

以上ケアスティングの所論を検討してきたが、いかなる意味でカントの所有権論が超越論的性格を有していると主張しているのかを筆者なりにまとめてみることにしたい。その際、ケアスティングの論証の基本的な論理構造に焦点を合わせることにする。

ケアスティングは、「自然的私法が総合的理性の要請および結合した意思の理念において超越論哲学的に基礎づけられている」とする基本的テーゼを提示しているが、このことが何を意味しているのかを詳しく分析する必要がある。ところで、占有概念には二重の意味、すなわち感性的占有と可想的占有がある。前者は物理的（現象的）占有、後者は純粋に法的（本体的）占有とも呼ばれるものである。また『準備草稿』の中では、前者は占有実在論、後者は占有観念論として論じられている。感性的占有の概念、すなわち占有実在論的立場に従えば、法的な私のものは物理的所持に制限されることになる。それゆえ、それは自由に反することになる。それに対して可想的占有の概念、すなわち占有観念論的立場に従えば、あらゆるものが法的な私のものとなりうる。この可想的占有は、物理的所持とは異なって、カテゴリー上の所有（Habe）として悟性概念の体系に統合されうるものである。つまり可想的占有は、あらゆる経験的要素が捨象された純粋な悟性概念なのである。ケアスティングが、カテゴリー上の所有（habere）、すなわち

「本体的占有」において地上を支配しろという神の人間に対する旧約聖書の超越論哲学的ヴァージョンが現れると述べていることからも明らかなように、可想的占有（本体的占有）が超越論的性格を肯定する基本的な特徴であると見なされなければならない。また、可想的占有（占有観念論）の立場には実践理性の法的要請、すなわち実践理性の許容法則が前提されているという、不可分の構造関係が存する。

　前者は次のように述べられている。「私の意思のいかなる外的対象も、これを私のものとしてもつことが可能である。これを言いかえれば、次のような格率は、すなわち、もしそれが法則とされた場合に、それに従えば意思の対象となるものがそれ自体として〔客観的に〕無主物〔res nullius〕とならざるをえないであろうような格率は、法に反する」。また後者は、「私の意思のいかなる対象も客観的に可能な私のもの・汝のものとみなし、かつそう取り扱うことは、実践理性のア・プリオリな一前提である」と説明されている。

　さらにこれに加えて、可想的占有の可能性としてア・プリオリに結合した意思すなわち配分的意思が前提されなければならない。すなわち、「私のもの・汝のものは理念において（ア・プリオリに）結合した意思に依存しており、いかなるものも先占によって私のものとなることはなく、配分的意思（distributive Willkür）によって私のものとなるのである」。さらに、根源的取得はア・プリオリに結合した意思（総合的・普遍的意思）のほかにもうひとつの理念、すなわち共同占有の理念を必要とする。根源的取得はその無主性を前提するのではなく、その逆である。すなわち、取得の対象は無主物（res nullius）ではなく、共有物（res omnium）なのである。そして、この共同占有における結合した意思という理念によって、物権は一定の人格間の法的関係として基礎づけられる。換言すれば、個人と一般性ないし全体性との間に成立する法的関係として基礎づけられるのである。このように可想的占有にはこれらのものが前提されており、これらは密接不可分の構造関係をなしているわけである。可想的占有によってはじめてわれわれに実質的に自由が保障されることになるのだが、カントの実践哲学全体の自由論的パースペクティヴがここでも貫徹されていることが窺える。自由の概念は実践哲学の要石なのである。(196)

（1） 以下においてカントの著作集からの引用はすべてアカデミー版（Kant's gesammelte Schriften, herausgegeben von der Koeniglich Preyssischen Akademie der Wissenschaften）を用い、巻数、頁数、また『法論』の場合にはパラグラフという順序で表している。ただし、『純粋理性批判』については慣例に従って初版をA、第2版をBと記し、テクスト中に記されている番号で示している。『法論』の邦訳は『世界の名著39 カント』『人倫の形而上学〈法論〉』加藤新平、三島淑臣訳（中央公論社、１９７９年）を参照している。その他の著作については理想社版『カント全集』を参照している。

Vgl. G. Dulckeit, Naturrecht und positives Recht bei Kant, Leipzig 1932.

（2） Vgl. W. Haensel, Kants Lehre vom Widerstandsrecht. Ein Beitrag zur Systematik von Kants Rechtsphilosophie (KS-Ergaenzungsheft 60), Berlin 1926.

（3） Vgl. W. Metzger, Gesellschaft, Recht und Staat in der Ethik des deutschen Idealismus, Heidelberg 1917.

（4） Vgl. K. Lisser, Der Begriff des Rechts bei Kant, Berlin 1922.

（5） カントの法哲学に関する詳細な文献は次の著作の文献目録や論文を参照。W. Kersting, Wohlgeordnete Freiheit. Immanuel Kants Rechts-und Staatsphilosophie, Berlin · New York 1984. G-W. Küsters, Kants Rechtsphilosophie, Darmstadt 1988. H. Klenner, Immanuel Kant. Rechtslehre. Schriften zur Rechtsphilosophie, Berlin 1988. クレンナーの文献目録がもっとも詳しく、テーマ別になっているので有益である。たとえば、9. 法、法哲学、10. 革命、抵抗権、11. 刑法、12. 所有権、占有、家族、13. 国際法、戦争と平和、といったように分類されている。Bernd Ludwig, Kants Rechtslehre (Kant-Forschungen, Bd.2), Hamburg 1988. Leslie A. Mulholland, Kant's System of Rights, Columbia University Press 1989. Mary Gregor, Immanuel Kant. The Metaphysics of Morals, Cambridge University Press 1991. Stefan Smid, Freiheit und Rationalität. Bemerkungen zur Auseinandersetzung mit der Philosophie Kants in Stellungnahmen der neueren Literatur, in: Archiv für Rechts-und Sozialphilosophie, Vol. 1985 LXXI/ Heft 3, S.404-417. この巻はカント法哲学（Kants Rechtsphilosophie と題されている）を特集しているものである。このことから法哲学界においてもカントの法哲学が重視されていることが窺える。また、今から70年程前の第一のカント法哲学ルネッサンスにあたる時期に『カント生誕２００年記念論文集』が出版されている。この論文集には C. A. Emge, M. Salomon, W. Sauer, G. Radbruch, H. Kelsen といった当代の著名な法哲学者が寄稿している。Vgl. Kant-Festschrift zu Kants 200. Geburtstag am 22. April 1924 im Auftrage der Internationalen Vereinigung für Rechts-und Wirtschafts-philosophie, (Hrsg.) F. Wieser, L. Wenger und P. Klein, Berlin-Grunewald 1924. また Kant-Studien でも生誕２００年を記念した論文集が刊行され、その中で F. Kaufmann と C. A. Emge が Kant und die reine Rechtslehre および Das Eherecht Immanuel Kants をそれぞれ寄稿している。Vgl. Kant-Studien Bd.XXIX Heft 1/2 Berlin, 1924.

（6） Vgl. Philosophische Bibliothek Bd.360. I. Kant, Metaphysische Anfangsgründe der Rechtslehre, Neu herausgegeben von Bernd Ludwig, Hamburg 1986, S.XXVI-XXVIII. 研究資料に関して現在のカント法哲学研究において特徴的なことは、１７９７年に出版された『法論』のためのいわゆる『準備草稿』（Vorarbeiten）が議論の中心的役割を果たしていること

とである。言い換えれば、カントの法哲学を問題にする場合には、この『準備草稿』を検討することなしにカントの法哲学を包括的にしかも精確に研究することができると考えている研究者はほとんどいないということを意味する。またChr・リッターやW・ブッシュのようにもっぱら『準備草稿』やレフレクシオーンに記されたカントの『覚書き』に依拠しながら「初期の法哲学」に取り組んでいる研究者もいる。ところでなぜこのような初期の資料が参照されるのであろうか。それは一方で、カントの他の諸著作におけるよりもこの初期の資料のほうが『法論』の解釈の手助け、それどころか解釈の補充として役立つ、という周知の事実のためである。しかしまた他方で、『法論』の不完全性ないし不透明性を明確に強調するためである、とするブフダ（G. Buchda）、テンブルク（F. Tenbruck）およびベルケマン（J. Berkemann）の見解もあることに注意しなければならない。

（7）P・ウンルーは、この20年間にカントの『法論』に対する関心が新たに高まってきた理由は、カントの『法論』における法的自由の概念および法治国家概念の現代的意義と魅力にあるのではないか、と推測している。Vgl. Peter Unruh, Die Herrschaft der Vernunft Zur Staatsphilosophie Immanuel Kants, Baden-Baden, 1993, S.14.

（8）H・コーヘンの超越論的方法の解釈については、Vgl. Claudius Müller, Die Rechtsphilosophie des Marburger Neukantianismus, Tübingen, 1994, S.32-35. ところでカント自身「批判」という言葉を必ずしも厳密に使用しているわけではなく、日常用語的に使用してさえいる。カントは『純粋理性批判』の中で「批判」について次のように述べている。

「現代は真の意味での批判の時代であって、すべてのものが批判に服さざるをえない。宗教はその神聖によって、また立法はその尊厳によって、通例はこの批判をまぬがれようと欲する。しかしそのときには宗教も立法も、おのれに対する当然の疑惑を呼びおこし、偽らざる尊敬を要求することはできないのであって、そうした尊敬を理性は、理性の自由な公然たる吟味に耐えてくることのできたものにのみ認めるのである」（A XI. 理想社版『カント全集第四巻』原佑訳、26頁）。

しかし、カントはこの「批判」という言葉を厳密な哲学的意味でも用いている。

「しかし、私が批判ということで意味しているのは、書物や体系の批判のことではなく、理性が、すべての経験に依存せずに、切望したがるすべての認識に関しての、理性能力一般の批判のことであり、したがって、形而上学一般の可能性ないしは不可能性の決定、またこの形而上学の源泉ならびに範囲と限界との決定のことであるが、しかしこれらすべてのことは原理にもとづいてなされるのである」（A XII. 同書、26頁）。

（9）Vgl. Küsters, Kants Rechtsphilosophie, a.a.O. (Anm.5), S.19-26. Vgl. Unruh, a.a.O. (Anm.7), S.42, Anm.10. ウンルーはカントの『法論』と批判哲学との関係について、整合性説（Konsistenzthese）と不整合性説（Inkonsistenzthese）との学説上の争いについて概観している。しかしウンルー自身はこの問題に最終的な解決を与えることなく、ただ『法論』を「批判的法哲学」とする解釈がますます優位を占めるようになった、とする学説の整理を提示するに留めている（S.41-46）。

（10）拙稿「カント法哲学の超越論的性格—F・カウルバッハの所論を中心として—」（『法学政治学論究』第7号）359-364頁を参照（本書第二部第二章597-605頁）。これらの法哲学者が批判的方法ないし超越論的方法をどのように理解していたかが詳しく論じられている。

ここで留意しなければならない重要な点は、新カント学派によって理解された批判的方法ないし超越論的方法による法哲学は具体的問題について行き詰まりに逢着すべき契機を含んでいたということである。次のような3つの欠陥を挙げることができる。

第一の欠陥は、「その理論がまったく形式のみに偏して何らの内容をもたない、といういわゆる形式主義の弊である。この欠陥は法律の理想や法律の概念の名のみ厳な普遍妥当性」を求めるに急であったために、かえって法的思考の実質と内容とを犠牲に供することになったシュタムラーの批判的法哲学に顕著に現れている。

第二の欠陥は、その法律上の考察が首尾一貫した論理の要求を重んじるあまり、対象の一側面のみを見て他の側面をまったく度外視する傾向のあることである。いわゆる一元性の弊で、これは存在と当為の二元主義を固執するケルゼンの純粋法学において特に指摘されなければならない。尾高朝雄「現象学と法律学」(『法律の社会的構造』所収、勁草書房、１９５７年)２６３-２６４頁を参照。Vgl. Erich Kaufmann, Kritik der neukantischen Rechtsphilosophie, Tübingen 1921.

第三の欠陥は「当為と存在との対立を強調するに急であるために、法と事実との関係を全く絶縁せしめて法の社会的地盤を棄て顧みない、という極端な二元主義の弊である。この弊もまたケルゼンの純粋法学に随伴する」(『改訂法哲学』尾高朝雄、日本評論社、１９３７年、２０５頁参照)。

これらの欠陥が生じた理由は、カントの批判的方法ないし超越論的方法の新カント学派的解釈に存することは言うまでもない。これらの欠陥を克服するために現象学派の法哲学が登場してくるが、カントの法哲学の方法論そのものについての徹底的な反省は最近になるまで行われることがなかったのである。しかし新カント学派法哲学に及ぼしたカントの批判哲学の影響は、その後の法哲学の発展に大きく寄与した。必ずしも正確なカント哲学の解釈・受容だけが有意義だというわけではない。

確かに、カントの批判的方法ないし超越論的方法とはいったいどのような方法なのか、また『法論』へそれが適用されているとすれば、どのような意味において適用されているのか、といった純粋に理論的な問題も重要である。しかしまた、批判的方法ないし超越論的方法が新カント学派とは別の意味に解釈され、これらの欠陥を克服しうるような新たな批判的(ないし超越論的)法哲学の構想の可能性がひらけるのではないか、という実践的期待もその背後にあるのであり、その可能性を模索していくべきではないかと考えている。とはいえ、まず、実践的期待に理論的関心が優先されるべきであろう。

法哲学における超越論的方法に関しては次の文献がある。Vgl. Tibor Vas, Die Bedeutung der transzendentalen Logik in der Rechtsphilosophie, Szeged 1935.(『先験的法哲学』佐藤立夫訳、雄風館書房、１９４１年)ヴァスによれば、法哲学は19世紀中葉、唯物論の支配下においてその意義を喪失したが、新カント学派によるカント哲学の復興が、法哲学にもまた超越論的方法の革新によって新たな飛躍をもたらした。このような認識のもとでヴァスは、カントおよび新カント学派によって超越論的哲学の根本問題がどのように研究されたかを体系的に論じ、さらに法哲学における超越論的方法の適用の問題をシュタムラー、ケルゼンおよびソムロについて検討している。Vgl. F. Sander, Die transzendentale Methode der Rechtsphilosophie und der Begriff des Rechtsverfahrens, in: Zeitschrift für öffentliches Recht Bd.I 1919-20, S.468-507.

(11) 片木清『カントにおける倫理・法・国家の問題―「倫理形而上学(法論)の研究」―』(法律文化社、１９８０年)参照。

片木は超越論的方法ないし批判的方法を次のように理解している。

「『純粋理性批判』によって開示せられたカントの哲学的方法論は、先験的（超越論的）方法論（transzendentale Methode）あるいは批判的方法論（kritische Methode）と呼ばれる。それは所与としての経験的事実を前提としながら、それが普遍的な客観的認識として成立しうる諸条件を吟味し、そのような認識を基礎づけうるア・プリオリな原理を批判的に確立していこうとする方法論である。いいかえればある種のア・プリオリな原理あるいは基本的概念が経験をいかにして基礎づけ、認識の客観的普遍性をえさせうるかを、批判的に問訊して、その妥当性の根拠や理由を明らかならしめようとする方法論といえるであろう」（序文1頁を参照）。

このような解釈のもとで片木は法哲学を検討する。

「この実践的領域〔法哲学〕における経験とは「学の事実」としての実定法であり、カントによれば「ア・プリオリに理性により認識されうる」自然法にその諸原理を負うているとされる制定法である」。そしてK・リッサーの見解を引用して「先験的方法論はかかる学の事実（経験）より出発し、かかる事実の可能性の諸条件を指示するところの純粋な基本的概念や原理をば、かかる事実のなかより提示しかつ形成する役割を果たすのである」とする（序文2頁を参照）。

片木は『法論』を中心とする関連諸論著、『準備草稿』および『覚書き』などを可能なかぎり渉猟し、『純粋理性批判』で確立されたとされる超越論的方法ないし批判的方法の『法論』への適用の成果を検討している（序文2頁および３９３頁を参照）。所有論については１２０頁を参照）。その結果、『法論』への超越論的方法の適用の不整合性、不徹底性あるいは破綻を指摘しているが、片木が主としてH・コーヘン、G・ドゥルカイト、W・ヘンゼルおよびW・メッガーといった20世紀初頭のカント法哲学のルネッサンスに属する諸学者の見解に依拠していることが注意されなければならない。

「既にコーヘンによってカントの「先験的批判は、実定法に対して自由にしてとらわれない最高の批判を施さ」なかったと批判されているように、カントが経験的事実としての実定法からまず出発しなかったことに問題がある……実定法が現に拘束的な妥当性をもちうることの可能性こそが何よりも論証されなければならなかったのである。そのかわりにカントはすでにア・プリオリな理性的拘束力をもつとされる自然法の原則から出発した。その現実的実効的妥当性を問うことなしにである。ここに無批判的な自然法（理念）の実定法化（現実化）、あるいは逆に実定法の自然法化という悪循環が生じたのである」（序文9頁を参照）。

我が国の法思想史や法哲学の著書の中で、カントの法哲学と批判主義、より厳密に言えば、批判的方法ないし超越論的方法との関連について言及しているものはそれほど多くはないが、比較的最近の文献として次のものが挙げられる。

『法思想史概論』善家幸敏（成文堂、１９７６年）１０２頁を参照。

「思うに、法および国家理論における彼〔カント〕の業績は一般哲学におけるほど華々しくはない。コペルニクス的転回とまでいわれる「批判主義」の確立は彼の法哲学の分野には及んでいない。すなわち彼は、法哲学の分野では批判主義を十分に適用しえず、それはなお多分に自然法学的である。この意味で、彼の法哲学は「未完成」であるといえよう」（同、「観念論の法思想」（『講義法思想史』阿南成一編、青林書院新社、１９８４年）１１７頁を参照）。表現の性からみても善家が和田小次郎の見解（『法哲学上巻』、日本評論社、１９４３年、１１９-１２０頁参照）をそのまま受け入れていることは明らかである。『法と法思想（三訂版）』青木清相（駿河台出版、１９８４年）34頁を参照。

「しかし、カントの法および国家論は、内容的にはなお多分に自然法学的であり、この分野では、かれは、その批判主義を一般哲学におけるほど徹底させることができなかった」。

(12) カントの実践哲学における『法論』の地位については、Vgl. Georg Römpp, Moralische und rechtliche Freiheit. Zum Status der Rechtslehre in Kants praktischen Philosophie, in: Rechtstheorie 22, 1991, S.287-305.

(13) この問題解明の理論的関心と実践的要求については注（10）参照。『純粋理性批判』における「超越論的」という概念もそれ自体一義的に理解することは必ずしも容易ではない、という困難な問題がある。『カント研究』久保元彦（創文社、１９８９年）２０５-２４３頁を参照。『カント純粋理性批判の研究』牧野英二（法政大学出版局、１９８９年）27-72頁を参照。大橋容一郎「カント哲学の現在―方法論的基礎概念をめぐって―」（『理想』第６２０号、１９８５年）２０９-２２３頁を参照。

(14) 『改訂 法哲学概論』尾高朝雄（学生社、１９５３年）１２３-１２４頁を参照。尾高は戦後すぐに新カント学派の法哲学を深く検討することの重要性を強調している。この重要性は現在においても失われていない。

「新カント学派は、哲学一般としては、もはや全く過去のものとなった。しかし、第二十世紀の二十から三十年代にかけて法哲学上最も積極的な活動をなし、最も建設的な業績を残したものとしては、まずこの学派に指を屈しなければならない。カント学派の法哲学の形式性、その思考の「二次元性」に対しては、エリッヒ・カウフマンをはじめ、多くの学者が非難のほこさきをむけている。しかし、新カント学派の自由主義的もしくは人格主義的な法哲学に対して非難の鉾先をむけた学者の多くは、実は同時に、ナチスのような全体主義の政治活動を登場させるための、露払いとしての役わりを演じたことを、われわれは決して忘れてはならない。また、そのような政治的考慮は別としても、新カント学派に代って、新カント学派が示したほどの輝かしい事業を法哲学の領域内で遂行し得たものは、まだあらわれるにいたっておらない。新カント学派の法哲学を深く検討し、その欠陥とともにその功績を正当に評価することは、今日といえども、法哲学を学ぶ者にとっての重要な仕事である」。

　その後現在に至るまでに、新カント学派に比肩しうる程の業績が法哲学において出現したかどうかは別にしても、新カント学派の法哲学を深く検討し、その欠陥とともにその功績を正当に評価するためには、まずカントに帰ってその法哲学を徹底的に見直す必要があるといえよう。このような意味において、リープマンの「カントに還れ」（Zurück zu Kant!）（Otto Liebmann, Kant und die Epigonen, 1865）という標語は現在でも妥当するように思われる。

(15) 拙稿注（10）３５７-３８８頁（本書第二部第二章）を参照。

(16) 同、３６７-３７７頁（本書第二部第二章６０８-６１８頁）を参照。

(17) Vgl. Universal-Bibliothek Nr. 4508, Immanuel Kant. Die Metaphysik der Sitten, Hans Ebeling (Hrsg.), Stuttgart 1990, S.19. 編者のエーベリングは序文の中で、『人倫の形而上学』の成立史および影響史を簡単に論じている。その中でエーベリングは『徳論』の評価に関しては問題性が少なくないのに対して、『法論』の評価は厳密な意味で問題性を孕んでいると指摘し、イルティングの所論の現代における重要性を強調している。

(18) 拙稿注（10）３６５-３６６頁（本書第二部第二章６０６-

607頁）を参照。

（19） 拙稿「カント法哲学の批判的性格―K・H・イルティングの所論を中心として―」（『法学研究』第64巻第6号）24–59頁（本書第二部第三章）を参照。我が国の研究としては前掲片木、393–396頁を参照。片木は諸学者の見解を整理して『純粋理性批判』において確立されたとされる超越論的方法が『法論』への適用において不徹底、不整合あるいは矛盾を含む根拠として、老衰説、つぎはぎ細工説、イデオロギー説および韜晦説に分類している。Vgl. Unruh, a.a.O. (Anm.7), S.41-46.

（20） 拙稿注（19）26–29頁（本書第二部第三章636–639頁）を参照。

（21） 同、30–31頁（本書第二部第三章640–641頁）を参照。

（22） 同、46–47頁（本書第二部第三章655–656頁）を参照。

（23） カント法哲学に関するケアスティングの著書、論文および書評を年代順に挙げておこう。

Freiheit und intelligibler Besitz. Kants Lehre vom synthetische Rechtssatz a priori, in: Allgemeine Zeitschrift fuer Philosophie 6, 1981, S.31-51.

Transzendentalphilosophie und naturrechtliche Eigentumsbegründung, in: Archiv für Rechts-und Sozialphilosophie LXVIII, 1981, S.157-175.

Rechtsgehorsam und Gerechtigkeit bei Kant, in: Redliches Denken. FS G.-G. Grau zum 60. Geburtstag, F. W. Korff (Hrsg.), Stuttgart-Bad Cannstaat, 1981, S.31-42.

Das starke Gesetz der Schuldigkeit und das schwächere der Gütigkeit, in: Studia Leibnitiana 14, 1982, S.184-220.

Sittengesetz und Rechtsgesetz. Zur Begründung des Rechts bei Kant und der frühen Kantianern, in: Rechtsphilosophie der Aufklärung. Symposium Wolfenbüttel 1981, R. Brandt (Hrsg.), Berlin・New York, 1982, S.148-177.

Kant und der staatsphilosophische Kontraktualismus, in: Allgemeine Zeitschrift für Philosophie 8, 1983, S.1-27.

Neuere Interpretationen der Kantischen Rechtsphilosophie, in: Zeitschrift für philosophische Forschung 37, 1983, S.282-298.

Der kategorische Imperativ, die vollkommenen und die unvollkommen Pflichten, in: Zeitschrift für philosophische Forschung 37, 1983, S.404-421.

Wohlgeordnete Freiheit. Immanuel Kants Rechts-und Staatsphilosophie, Berlin・New York 1984.

Gibt es eine kritische Rechtsphilosophie?, in: Information Philosophie 2, 1984, S.77-80.

Rezension zu Kaulbach (Studien zur späten Rechtsphilosophie Kants und ihren transzendentalen Methode, Würzburg u. A. 1982), in: Kantstudien 77, 1986, S.123-128.

Ist Kants Rechtsphilosophie aporetisch? Zu Hans Georg Deggaus Darstellung der Rechtslehre Kants, in: Kantstudien 77, 1986, S.241-251.

Die juridische Gesetzgebung der Vernunft, in: Current continental Research 603 Proceedings of the Sixth International Kant Congress Vol.II/ 2: Group Sessions Sections C through J, 1989, S.253-266.

Rezension zu Langer (Reform nach Prinzipien. Untersuchung zur politischen Theorie Immanuel Kants, Stuttgart 1986), in: Zeitschrift für philosophische Forschung 43, 1989, S.186-190.

Die verbindlichkeitstheoretischen Argumente der Kantischen Rechtsphilosophie, in: Archiv für Rechts-und Sozialphilosophie

Beiheft Nr. 37, 1990, S.62-74.
Eigentum, Vertrag und Staat bei Kant und Locke, in: Locke und Kant, M. Thompson (Hrsg.), Berlin 1991.
Politics, Freedom and Order. Kant's Political Philosophy, in: The Cambridge Companion to Kant, Paul Gruyer (ed.), Cambridge University Press 1992, pp.342-366.
Kant's Concept of the State, in: Essays on Kant's Political Philosophie, H. L. Williams (ed.), The University of Chicago Press 1992, pp.143-165.

カント以外にもケアスティングは広く道徳哲学、法哲学および政治哲学についての著書や論文を著している。次のようなものが挙げられる。Die Ethik in Hegel's Phänomenologie des Geistes, Hannover 1974. Niccolò Machiavelli, Grosse Denker Beck'sche Reihe 515, München 1988. Die politische Philosophie des Gesellschaftsvertrags (Wissenschaftliche Buchgesellschaft) 1991.

(24) ケアスティングの『カント法論』についての研究はこの領域における「里程標」としての評価が確立している。Vgl. Edmund Sanderman, Die Moral der Vernunft. Transzendentale Handlung und Legitimationstheorie in der Philosophie Kants, Freiburg (Breisgau)・München, 1989, S.19.

石田京子はケアスティングの『自由の秩序―カントの法および国家の哲学―』(W・ケアスティング著、舟場保之・寺田俊郎監訳、御子柴善之・小野原雅夫・石田京子・桐原隆弘訳、ミネルヴァ書房、２０１３年)の「訳者解説」において、「現在では、『法論』が独自の哲学的価値をもつことも認められているが、本書こそ、『法論』の地位向上にもっとも貢献した著作のひとつ」であり、「カント法哲学の全体像を整合的に示しえた著作として、今日までこれに匹敵する成果を収めたもの」はないと評している（４０１－４１４頁を参照）。

(25) Vgl. Kersting, a.a.O. (Anm.5)（以下W. F.と略記する）この著書は１９８２年ハノーファー大学精神・社会科学部に教授資格論文として受理されたものである。本書は、１７９７年に出版されたカントの『人倫の形而上学』の第一部である『法論の形而上学的基礎論』の包括的な哲学的復権をめざしている。カントの法哲学がこれまで過小評価されたり、また現代の体系的哲学が法の問題を明らかに軽視しているため、それに対する挑戦という意味をもっている。ケアスティングは本研究の目的について次のように明示している。

「私が意図しているのは、カントの法論の哲学的意義を提示し、進展させ、またカント以後の法思想を包括的に検討することによってカントの理性法を19・20世紀の哲学的に退行的な法実証主義と対決させるという試みである」(S.VIII)。

ところでケアスティングは「包括的な」復権と言っているが、刑法、国際法および法哲学上の平和・歴史論が欠けているので、包括的という言葉を文字通りに受け取ることはできない。Vgl. Hariolf Oberer, Rezension zu Kersting in: Kantstudien 77, 1986, S.122. とは言え、本書は、ゴヤール・ファーブルの著作『カントと法の問題』(Simone Goyard-Fabre, Kant et le problème du droit, Paris 1975) と並んで、カント法哲学の体系的研究として高い評価を受けている。

また本書が出版される1年前に、所有権論の超越論的性格について論じられた2つの論稿がある (Vgl. Transzendentalphilosophische und naturrechtliche Eigentumsbegründung, a.a.O. (Anm.23), S.157-175. Freiheit und intelligibler Besitz, a.a.O. (Anm.23), S.31-51)。前者の論稿の冒頭は本書の所有権論の冒頭とほとんど

同じであるが、ただ次の点を中心的テーマとしているところが異なる。

まずカントの所有権論の叙述から始められている。この叙述は、カントの所有権論の中心的な諸概念や諸原理、法的な理性要請、可想的占有の概念および物権を基礎づける根源的共同占有とア・プリオリな総合的・普遍的意思といった理念の体系的連関を解明することに向けられている。次にカントのロック批判について論じられる。そこでは「カントの所有権の演繹における力の契機（Gewaltmoment）」（Saage）が中心になる。さらに、カントの所有権論にとって重要な暫定的占有（provisorischer Besitz）と決定的占有（peremtorischer Besitz）、および所有権と国家についての関係が取り上げられる。

後者の論稿は実質的に本書の素描となっているもので、内容上ほとんどかわるところがない。ただ、リッターのいわゆる「継続性テーゼ」に対する批判という観点から論じられている点が異なるにすぎない。

本書出版から23年後の２００７年新版への序文の中でケアスティングは、本書で提起し展開した解釈上のテーゼに若干の変更を加えていると述べている。第一に、法的法則が原理的にもつ論理的地位に対する評価の訂正、第二に、人権上の自由と政治的自律との絡み合いの明確化、第三に、純粋私法がカント法哲学の建築術に対してもつ意味の強調である。ケアスティングはこれらの解釈の修正をすでに公にしている。

第一の点については、Kersting, Die verbindlichkeitstheoretischen Argumente der Kantischen Rechtsphilosophie, a.a.O. (Anm.23), S.62-74. 第二、第三の点については、W. Kersting, Kant über Recht, Paderborn 2004, S.51-54, S.94-97.

カントの占有・所有権論を超越論的哲学の観点から解釈した文献として、高田純「カントの所有論（上）―可想的占有の相互人格的根拠づけをめぐって―」（『帯大研報』Ⅱ-6、１９８６年）６１３-６４６頁、「カントの所有論（下）―可想的占有の相互人格的根拠づけをめぐって―」（『帯大研報』Ⅱ7-1、１９８６年）２２５-２６４頁。

高田は近年のカント所有権論に関するドイツ語文献を踏まえながら、「カントは私的所有の相互人格的基礎づけをアプリオリな共同意志の理念にもとづいて首尾一貫して遂行しようとしたのであり、近代の思想家たちが試みた私的所有の根拠づけ、正当化はこのようにカントによって理論的に徹底化され、純化された」ということを論証しようと試みている。高田が取り上げたドイツ語文献は以下のとおりである。

Christian Ritter, Der Rechtsgedanke Kants nach den frühen Quellen, 1971.

Richard Saage, Eigentum, Staat und Gesellschaft bei Kant, 1973.

Reinhard Brandt, Eigentumstheorien von Grotius bis Kant, 1974.

Werner Busch, Die Entstehung der kritischen Rechtsphilosophie Kants 1762-1780, (Kant-Studien Erg.-H. 110) 1979.

Friedrich Kaulbach, Studien zur späten Rechtsphilosophie Kants und ihrer transzendentalen Methode, 1982.

Hans-Georg Deggau, Die Aporien der Rechtslehre Kants, 1983.

Wolfgang Kerting, Wohlgeordnete Freiheit, Immanuel Kants Rechts- und Staatsphilosophie, 1984.

（26） Vgl. W. F., S.VIII-IX.

（27） Vgl. Kant, Ges.Schr. Bd.6, 242.（邦訳『法論』３６８頁）。公法とは、カントによれば、公的諸法則（法律）によって広義の所有権が確保される公的状態における法である。

（28） Vgl. W. F., S.X.

（29） Vgl. W. F., S.119, Anm.15.

（30） Vgl. Wolfgang Bartschat, Apriorität und Empirie in Kants Rechtsphilosophie, in: Philosophische Rundschau 34, 1987, S.40. バルトシャットは、「ケアスティングは私法の論究の中心に超越論哲学的基礎づけの証明を置いている」と指摘している。なお債権論および物権的債権論の超越論的性格については今後検討するつもりである。

（31） Vgl. Kant, Ges.Schr. Bd.6, 256.（邦訳『法論』３８４頁）

（32） 法的法則とは「汝の意思の自由な行使が普遍的法則に従って何びとの自由とも両立しうるような仕方で外的に行為せよ」とする法の普遍的な法則を意味する。Vgl. Kant, Ges.Schr. Bd.6, 231.（邦訳『法論』３５５頁）

（33） Vgl. Kant, Ges.Schr. Bd.6, 246.（邦訳『法論』３７１頁）

（34） Vgl. W. F., S.X-XI.

（35） Vgl. Kant, Ges.Schr. Bd.6, 247, §2.（邦訳『法論』３７２頁）

（36） Vgl. Kant, Ges.Schr. Bd.6, 256.（邦訳『法論』§9、３８４頁）

（37） Vgl. Kant, Ges.Schr. Bd.6, 265.（邦訳『法論』３９３-３９４頁）

（38） Vgl. Kant, Ges.Schr. Bd.6, 258f.（邦訳『法論』３８６頁）

（39） Vgl. W. F., S.XI.

（40） 岩波版『カント著作集８ 道徳哲学』12頁参照。白井成允によれば、１７６５年にはカント自ら『実践的哲学の形而上学的根本原理』の材料がすでにできあがっていると言い、１９６７年には『道徳の形而上学』の執筆について述べている。しかし、それ以後この企てはいつも繰り返され、果たされなかった。

（41） その事情としてひとつには老衰が挙げられる。１７９４年11月24日、カントはフランソア・テオドール・ラガルドに宛てた手紙に次のように記している。

「その障害の一つは、私がかなり老齢なので、著述の仕事がはかばかしくなく、それも気分がすぐれないためにしばしば中絶させられます。ですから著述の完成に確実な期限を定めることが（少なくとも今のところ）出来ないのです」（理想社版『カント全集第十八巻』石崎宏平訳、３１０頁を参照）。

もうひとつには検閲の問題が挙げられる。１７９４年10月１日、フリードリヒ・ヴィルヘルム二世の勅命がヴェルナーの署名つきで出された（薮木栄夫訳、法政大学出版局、１９９１年『イマヌエル・カント』Otfried Höffe, Imanuel Kant, 8.Auflage, München 2014, S.41. 邦訳、33頁を参照）。

カントは次のように述べている。

「それから今一つの障害は、私の取り扱っているテーマは、本来最も広い意味での形而上学であり、したがってそのようなものとしては、神学、道徳（これとともにまた宗教）ならびに自然法（これにともなってまた国家法および国際法）にわたるものですが、もちろん単に理性がこれらのものに関して主張すべきものだけを取り上げて論ずるにすぎません。しかしこのような形而上学には現在検閲の手が圧迫を加えていますから、これらの部門の一つにおいて引き受けたく思っている仕事そのものさえ、検閲官の一筆によって無効になってしまうかもしれないのです」（同、３１０-３１１頁を参照）。

（42） Vgl. Philosophische Bibliothek Bd.42. Metaphysik der Sitten, K. Vorländer (Hrsg.), Hamburg 1966, S.XII. Vgl. Schillers

Sämtlich Werke, Bd.10 (1793-1794), Konrad Höfer (Hrsg.), ph B. 360, S.XIX-XX.

(43) １７８９年5月26日、カントはマルクス・ヘルツに宛てて次のように書いている。

「六十六歳になってまだ自分の計画を完成しようと煩瑣な仕事（その一つは『批判』の最後の部分、すなわち間もなく出版されるはずの判断力の部分を世に送ることであり、また一つは自然および人倫の形而上学の体系をかの批判的要求に即して仕上げることです）を背負って」いる（理想社版『カント全集第十七巻』４０９頁を参照。Vgl. XI, S.49)。

(44) Vgl. Kant, Ges.Schr. Bd.6, 269f., §17.（邦訳、３９７–３９８頁）

(45) Vgl. Kant, Ges.Schr. Bd.20, 67. カントが労働所有権論の信奉者であることを裏づける断片が『美と崇高の感情に関する考察』の「覚書き」に見られる。

「身は私のものである。なぜなら、それは、私の自我の一部であり、私の選択意志によって動かされるから。自分の選択意志をもたない生命ある世界や生命なき世界の全体は、私がそれを強制して自分の選択意志のままに動かすことができるかぎり、私のものである。太陽は私のものではない。他の人間においても、同一のことがあてはまる。したがって、どのような所有権も、proprietas つまり独占的な所有権ではない。しかし、私が、あるものを、もっぱら自分のものにしようと欲するかぎり、私は、他人の意志を、少なくとも自分の意志に対立するものとして前提したり、あるいは、その行為を、自分の行為に反するものとして前提したりすることはしないであろう。したがって、私は、私のものというしるしをもっている行為を実行するであろう。木を切るとか、これに細工をするとか、等々。その他人は私に言う。それは自分のものである。なぜなら、それは自分の選択意志の行為により、いわば自分自身に属するから、と」（理想社版『カント全集第十六巻』尾渡達雄訳、３０９–３１０頁）。

(46) Vgl. Kant, Ges.Schr. Bd.27, 2.2, S.1341ff.

(47) Vgl. Kant, Ges.Schr. Bd.23, 212; 223; 279.

(48) Vgl. W. F., S.113. Transzendentalphilosophische und naturrechtliche Eigentumsbegründung, a.a.O. (Anm.23), S.157.

(49) Vgl. A. Schopenhauer, Der handschriftliche Nachlass, Zweiter Band, Frankfurt/M 1976, S.167ff.

(50) Vgl. Kant, Ges.Schr. Bd.6, 259.（邦訳『法論』３８６–３８７頁）

(51) Vgl. W. F., S.114 und Anm.5.

カントの占有・所有権論は哲学上のカント研究においても、法学上の自然法史においてもしかるべき注意が払われることがなかった。換言すれば、カントがその所有権の基礎づけによって最後の哲学上の偉業を成し遂げたということを認める者は今までわずかしかいなかったのである。したがってカントの占有・所有権論に関する文献はそれほど多くはない。その中でもとくにケアスティングによれば、簡略ではあるが、カントの所有権論の論証の叙述全体を示し、カントのこの後期の著作が哲学的性質を有することを印象づけた最初の者という功績はブラントに帰せられる。また、ブラントは最初に、初期のカントの私法論と１７９７年の『法論』の私法論との間の断絶に注意を促した。次のような文献が挙げられる。

Metzger, a.a.O. (Anm.3), S.90ff. Gerhard Buchda, Das Privatrecht Immanuel Kants, Diss. Jur. Jena 1929. Gerhard Lehmann, Kants Besitzlehre, in: ders., Beiträge zur Geschichte und Interpretation der Philosophie Kants, Berlin 1969, S.195-218. Saage, a.a.O. (Anm.25), S.12ff. Brandt, a.a.O. (Anm.25), S.167ff. Simone Goyard-Fabre, Kant et le problème du droit, Paris 1975, S.104ff. Gerhard Luf, Freiheit und Gleichheit, Wien・New York 1978, S.70ff. Susan Meld Shell, Kant's Theory of Property, Political theory 6/ 1978, S.75ff. Kersting, Freiheit und intelligibler Besitz, a.a.O. (Anm.23), S.31-51. Ders., Transzendentalphilosophische und naturrechtliche Eigentumsbegründung, a.a.O. (Anm.23), S.157-175. Ders., Wohlgeordnete Freiheit. a.a.O. (Anm.23), S.113-171. Deggau, a.a.O. (Anm.25), S.61-163. Manfred Brocker, Kants Besitzlehre. Zur Problematik einer transzendentalphilosophischen Eigentumslehre, Würzburg 1987. 副題からも明らかなように、ブロッカーはカントの所有権論が超越論哲学的に基礎づけられているとして、その諸要素と諸原理をこの枠内で検討している（Vgl. S.23）。ブロッカーの所論は今後発表する予定である。R. Dreier, Eigentum in rechtsphilosophischer Sicht, in: Archiv für Rechts- und Sozialphilosophie 78, 1987, S.163-169.

（52） Vgl. Kurt Borries, Kant als Politiker, Leipzig 1928, S.108. Lisser, a.a.O. (Anm.4), S.38.

（53） Vgl. W. F., S.115. Transzendentalphilosophische und naturrechtliche Eigentumsbegründung, a.a.O. (Anm.23), S.158. カントの所有権論の基礎づけがロックやグロティウスおよびプーフェンドルフとどのように異なっているのかについての詳しい検討は本書第二部第六章「所有権論の超越論哲学的基礎づけ」を参照。ロックとカントの哲学的所有権論に焦点を合わせてその思想的射程と現代的意義について考察した論稿に三島淑臣「近代の哲学的所有権論―ロックとカントを中心に―」（『現代所有論』所収、日本法哲学会編、有斐閣、１９９１年）６–２４頁がある。また樽井正義は次のように述べている。

「むしろカントは物権の根拠を万民の意志に置く点で、契約に権原を求めるグロティウスやプーフェンドルフに近い立場を取っているが、しかし彼らのように、明示されたあるいは暗黙の契約が、私的所有に先立つ過去の事実としてあったと主張するのではない」（「法における理性の支配」、『カント読本』所収、浜田義文編、法政大学出版局、１９８９年、１９７頁を参照）。

（54） Vgl. W. F., VIII.

（55） また「批判的」（kritisch）と同義であると解してもよいであろう。Vgl. Oberer, a.a.O. (Anm.25), S.118. オーバラーは、ケアスティングが、『純粋理性批判』および『実践理性批判』によって体系的にも内容的にも基礎づけられた法哲学という意味で、カントの『法論』が「批判的」性格を有するとするテーゼに肯定の立場をとっている、と指摘している。Vgl. Volker Gerhardt, Rezension zu Kersting, in: Allgemeine Zeitschrift für Philosophie, 1986, S.79-84.

　この書評の中でゲアハルトは何度も「批判的」という術語を使用している。

「この意味でW・ケアスティングはこのハノーファー大学の教授資格論文において『カント法哲学の包括的な哲学的復権』、より厳密に言えば、明らかに『人倫の形而上学』の批判的法論の復権を試みている」（S.80）。「カントの後期の理論は今や全体として批判的理論として復権されていると言うことができる」（S.80）。「それゆえ後期の法論の独自性および純粋に批判的性格が明白になる」（S.81）。「ここでの中心となるのは所有権の演繹の再構成である。この際に著者［ケアスティング］にとって問題になるのは「超越論哲学的立場」、そしてまた、批判的所有権の基礎づけの原理的に新しい方法を明らかにすることである」（S.82）。Vgl. K. Kühl, Rehabilitierung und Aktualisierung des kantischen Vernunftrechts.Die westdeutsche Debatte um die Rechtsphilosophie Kants in den letzten Jahrzehnten, in: Archiv für Rechts-und Sozialphilosophie Beiheft Nr. 44, 1991, S.212-221.

　ケアスティングは「妥当理論的」（geltungstheoretisch）という術語も頻繁に用いている。

（56）Vgl. Kant, Ges.Schr. Bd.6, 245, §1.（邦訳、370頁）

（57）Vgl. Kant, Ges.Schr. Bd.6, 247, §3.（邦訳、372頁）

（58）Vgl. Kant, Ges.Schr. Bd.6, 245, §1.（邦訳、370頁）

（59）Vgl. Kant, Ges.Schr. Bd.23, 212.

（60）カントは、アッヘンヴァルと同様に、内的な私のものと外的な私のものとを区別している。内的な私のものとはカントが「生得的な私のもの・汝のものは内的な私のもの・汝のもの〔meum vel tuum internum〕とも呼ばれうる」と述べているように生得的な私のものである。またそれは私自身のために私に帰属しているものである。カントが挙げているのは他人の強要的意思からの独立性としての自由、独立性、および自身の主人〔自権者 sui iuris〕であるという人間の資格である（Vgl. Kant, Ges.Schr. Bd.6, 237f. 邦訳、『法論』363頁）。

（61）Vgl. Kant, Ges.Schr. Bd.6, 250, §6.（邦訳、375–376頁）

（62）Vgl. Kant, Ges.Schr. Bd.6, 230f.（邦訳『法論』354–355頁）

（63）Vgl. W. F., S.115-117.

（64）Vgl. Kant, Ges.Schr. Bd.6, 245, §1.（邦訳、370頁）

（65）適法な取得の前提のもとにおいて物理的占有は常にまた法的占有でもある。Vgl. Kant, Ges.Schr. Bd.23, 335.

（66）Vgl. Kant, Ges.Schr. Bd.6, 245.（邦訳『法論』370頁）

（67）Vgl. Kant, Ges.Schr. Bd.6, 247, §4.（邦訳、372頁）「外的な私のもの・汝のものという概念の究明」と題されている§4でカントは意思の外的対象を3つ挙げている。

「私の意思の外的対象でありうるものは、次の三つだけである。(1)私の外にある或る〔有体的な〕物件、(2)或る特定の行い〔給付 praestatio〕に向けられた他人の意思、(3)私との関係における或る他人の状態」。

　ケアスティングによれば、意思の対象の第一のクラス（物件）に関して、感性的に理解された外面性が意味しているのは、主体と客体との空間的分離である。また意思の対象の第二のクラス（意思）に関しては、外面性とはまず第一に時間的分離（私に契約上確約された将来の給付）である。

（68）Vgl. Kant, Ges.Schr. Bd.26, 245, §1.（邦訳、370頁）

（69）Vgl. Kant, Ges.Schr. Bd.6, 245.（邦訳『法論』370頁）

（70）Vgl. Kant, Ges.Schr. Bd.23, 325.

（71）Vgl. Kant, Ges.Schr. Bd.23, 217.

（72）Vgl. Kant, Ges.Schr. Bd.6, 246, §2.（邦訳、371頁）

（73）Vgl. ebenda.（邦訳、同頁）

（74）Vgl. Kant, Ges.Schr. Bd.23, 307.

（75）Vgl. Kant, Ges.Schr. Bd.23, 291.

（76）Vgl. Kant, Ges.Schr. Bd.23, 282.

（77）Vgl. Kant, Ges.Schr. Bd.23, 326.

（78）Vgl. Kant, Ges.Schr. Bd.23, 312.

（79）これに対応して経験的占有は「現実的」（aktuell）および「顕在的」（potestativ）占有と呼ばれている。

（80）Vgl. W. F., S.117f.

（81）Vgl. W. F., S.119.

（82） Vgl. Kant Ges.Schr. Bd.23, 325.
（83） Vgl. W. F., S.119.
（84） Vgl. Kant, Ges.Schr. Bd.23, 303.
（85） Vgl. Kant, Ges.Schr. Bd.23, 325.
（86） ケアスティングは明示していないが、この命令が『創世記』の中に記されている天地創造の第6日目のことを言っていることは疑いを容れないであろう。『創世記』関根正雄訳（岩波文庫、1967年）11‐12頁を参照。

「そこで神が、「地は各種の生きもの、各種の家畜と這《は》うものと地の獣を生ぜよ」と言われると、そのようになった。神は各種の地の獣と、各種の家畜と、すべての種類の地に這うものとを造られた。神はそれを見てよしとされた。

そこで神が言われた、「われわれは人をわれわれの像《かたち》の通り、われわれに似るように造ろう。彼らに海の魚と、天《そら》の鳥と、家畜と、すべての地の獣と、すべての地の上に這うものとを支配させよう」と。そこで神は人を御自分の像の通りに創造された。神の像の通りに彼を創造し、男と女に彼らを創造させた。そこで神は彼らを祝福し、神は彼らに言われた、「ふえかつ増して地に満ちよ。また地を従えよ。海の魚と、天の鳥と、地に動くすべての生物を支配せよ。」それからさらに神が言われた、「見よ、わたしは君たちに全地の面《おもて》にある種を生ずるすべての草と、種を生ずる木の実を実らすすべての樹を与える。それを君たちの食糧とするがよい。またすべての地の獣、すべての天の鳥、すべての地の上に這うものなど、およそ生命《いのち》のあるものには、食糧としてすべての青草を与える」と。そこでそのようになった。神がその造られたすべてのものを御覧になると、見よ、非常によかった。こうして夕あり、また朝があった。以上が第六日である」。

（87） Vgl. W. F., S.119.
（88） 『所有権論史—所有権は権利なのか—』ゲラン・ランツ、島本美智男訳（晃洋書房、1990年）88頁を参照。
（89） Vgl. Kant, Ges.Schr. Bd.23, 221 und 224.
（90） Vgl. Brandt, a.a.O. (Anm.25), S.187f.
（91） Vgl. W. F., S.119f. カントは観念的占有（idealer Besitz）と実在的占有（realer Besitz）の原理との間のアンチノミーについて論及している。Vgl. Kant, Ges.Schr. Bd.23, 211.
（92） Vgl. Kant, Ges.Schr. Bd.23, 324f., 326f. 331f.
（93） Vgl. Kant, Ges.Schr. Bd.23, 224.
（94） Vgl. Kant, Ges.Schr. Bd.23, 231.
（95） Vgl. Kant, Ges.Schr. Bd.23.
（96） Vgl. Kant, Ges.Schr. Bd.23, 326 und 231.
（97） Vgl. Kant, Ges.Schr. Bd.23, 224/ Anm.
（98） Vgl. Kant, Ges.Schr. Bd.6, 254, §7.（邦訳、381頁）
（99） Vgl. W. F., S.120f.
（100） 『カント入門』石川康文（筑摩書房、1995年）32頁を参照。

「どのアンチノミーにも特徴的なのは、テーゼ・アンチテーゼそれぞれの論証が「反対の不可能性の証明」によってなされているということである。わかりやすくいえば、テーゼは自己自身の正当性を、その反対であるアンチテーゼの非正当性を指摘することによって証明し、また逆にアンチテーゼは自己自身の正当性証明を、同じくその反対であるテーゼの主張内容を論駁することによって遂行するのである」。

（101） Vgl. Kant, Ges.Schr. Bd.23, 225.
（102） Vgl. Kant, Ges.Schr. Bd.23, 230.
（103） Vgl. Kant, Ges.Schr. Bd.23, 231.
（104） Vgl. W. F., S.121-123.
（105） Vgl. Kant, Ges.Schr. Bd.23, 230.

(106) Vgl. Kant, Ges.Schr. Bd.23, 225.

(107) Vgl. Kant, Ges.Schr. Bd.23, 309.

(108) Vgl. Kant, Ges.Schr. Bd.23, 309f.

(109) Vgl. Kant, Kritik der reinen Vernunft B 274.（理想社版『カント全集第四巻』原佑訳、３４８–３４９頁）

観念論論駁

「観念論（私はそれを実質的観念論と解するが）とは、私たちの外なる空間における諸対象の現存在を、たんに疑わしい証明されないものと言明する理論であるか、虚偽の不可能なものと言明する理論であるかのいずれかである。前者はデカルトの蓋然的観念論であって、我存在すという唯一の経験的主張（assertio）だけを疑いえないものと言明する。後者はバークリの独断的観念論であって、空間を、空間が分離できない条件としてそれに付着している諸物すべてとともに、それ自体そのものでは不可能な或るものと言明し、このゆえに空間における諸物をもたんなる空想であると言明する」。

(110) Vgl. W. F., S.124f.

(111) Vgl. Kant, Ges.Schr. Bd.23, 294 und Anm.

もしアンチテーゼが妥当するならば、「意思にとって客体であるものは普遍的法則によって実践的無（utile in inutile）に変えられる」であろう。

(112) Vgl. Kant, Ges.Schr. Bd.23, 336.

(113) Vgl. W. F., S.126.

(114) Vgl. Kant, Ges.Schr. Bd.23, 226.

(115) Vgl. Kant, Ges.Schr. Bd.23, 326f.

(116) Vgl. Kant, Ges.Schr. Bd.6, 255, §7.（邦訳、３８２頁）

(117) Vgl. Kant, Ges.Schr. Bd.6, 245f., §1.（邦訳、３７０–３７１頁）§1では、外的な私のものの可能性は非経験的占有という前提を必要とする、と述べられている。

(118) Vgl. Kant, Ges.Schr. Bd.6, 246, §2.（邦訳、３７１頁）

(119) Vgl. Kant, Ges.Schr. Bd.6, 246.（邦訳、同頁）

(120) Vgl. Kant, Ges.Schr. Bd.23, 285.

(121) Vgl. W. F., S.129.

(122) Vgl. Kant, Ges.Schr. Bd.6, 246, §2.（邦訳、３７１頁）

(123) Vgl. Kant, Ges.Schr. Bd.6, 246, §2.（邦訳、３７２頁）

(124) Vgl. Kant, Ges.Schr. Bd.23, 303.

(125) Vgl. Kant, Ges.Schr. Bd.23, 331.「私の外にあらゆる意思の対象は取得されなければならないということは同一律である。というのは、さもなければそれは意思の対象ではないであろうからである。あるいは自由はそれ自体からその使用を排除することになるであろうからである。このことは矛盾する」。Vgl. ebenda, 278.

(126) Vgl. Kant, Ges.Schr. Bd.23, 333.

(127) Vgl. Kant, Ges.Schr. Bd.23, 331.

(128) Vgl. W. F., S.131f.

(129) Vgl. Kant, Ges.Schr. Bd.6, 252, §6.（邦訳、３７８頁）

(130) Vgl. Kant, Ges.Schr. Bd.6, 247, §2.（邦訳、３７２頁）

(131) Vgl. Kant, Ges.Schr. Bd.6, 249, §6.（邦訳、３７５頁）

(132) Vgl. Kant, Ges.Schr. Bd.6, 249f., §6.（邦訳、３７５–３７６頁）

(133) Vgl. Kant, Ges.Schr. Bd.6, 250.（邦訳『法論』３７６頁）

(134) Vgl. Kant, Ges.Schr. Bd.6, 251f.（邦訳『法論』３７８頁）

(135) Vgl. Kant, Ges.Schr. Bd.6, 252, §6.（邦訳、３７８–３７９頁）

(136) Vgl. W. F., S.136, Anm.37. ケアスティングも述べているように、あらゆる意思の対象を客観的に可能な私のもの・汝のものとみなすことは、実践的に必然的であり、外的な私のものの可能性は純粋に法的な占有関係を前提とする。さらに、この純粋に法的な占有関係の可能性は理性の要請そのものに基づいている。

（137） Vgl. Kant, Ges.Schr. Bd.6, 247, §4.（邦訳、３７２-３７４頁）§４は「外的な私のもの・汝のものという概念の究明」と題されているが、この中でも３つの意思の対象クラスに関する具体例が挙げられている。

（138） Vgl. Kant, Ges.Schr. Bd.6, 252f., §7.（邦訳、３７９頁）

（139） Vgl. Kant, Ges.Schr. Bd.23, 274.

（140） Vgl. W. F., S.134-137.

（141） Vgl. Kant, Kritik der reinen Vernunft B 108.（理想社版『カント全集第四巻』１８０頁）

（142） Vgl. W. F., S.138.

（143） Vgl. Kant, Ges.Schr. Bd.6, 253, §7.（邦訳、３８０頁）

（144） Vgl. Kant, Ges.Schr. Bd.6, 247, §3.（邦訳、３７２頁）

（145） Vgl. W. F., S.138f.

（146） Vgl. Kant, Ges.Schr. Bd.6, 253f., §7.（邦訳、３８０頁）

（147） Vgl. ebenda, 252f., §7.（邦訳３７９-３８２頁）『法論』の§７では、意思の３つの対象クラス各々について、「主体の意思とその対象との純粋に法的な結合」がそれぞれ何を意味するのか、その具体例が挙げられている。

（148） Vgl. W. F., S.140.

（149） Vgl. Kant, Ges.Schr. Bd.6, 253, §7.（邦訳３７９頁）Vgl. ebenda.（邦訳３８０頁参照）「私のもの・汝のもの（という概念）を諸対象へと適用するに当たっては、それを感性的諸条件に従って考えるのではなく、むしろ、ここでは自由の法則に従っての意思規定が問題なのであるから、こうした諸条件を度外視して対象の占有をも考えることを要求する。それというのも、ただ悟性概念だけが法概念のもとに包摂されうるからである」。

（150） Vgl. E. Adickes, Lose Blätter aus Kants Nachlaß, in: Kantstudien 1, 1897, S.260. アディケスは「『法論』の§６・§７でただかろうじて透けてみえる図式論の教義概念は本来十分に有効に働くはずであった」と述べている。Vgl. Borries, a.a.O. (Anm.52), S.110. ボリースによれば、カントは「超越論的方法を後に実行しなかった。」しかしそれにもかかわらず、「それを求めたことは疑いを容れない」という。Vgl. Metzger, a.a.O. (Anm.3), S.91. メッツガーによれば、『準備草稿』の中には理論理性と法的理性との並行論がみられるが、『法論』においてはその並行論が認められないという。

（151） Vgl. W. F., S.140f.

（152） Vgl. Kant, Kritik der reinen Vernunft B 185f.（邦訳、理想社版『カント全集第四巻』２７２頁）

（153） Vgl. Kant, Ges.Schr. Bd.23, 277.

（154） Vgl. W. F., S.141.

（155） Vgl. Kant, Ges.Schr. Bd.23, 278.

（156） Vgl. Kant, Ges.Schr. Bd.23, 275.

（157） Vgl. Kant, Ges.Schr. Bd.23, 217.

（158） Vgl. Kant, Ges.Schr. Bd.23, 308.

（159） Vgl. W. F., S.143.

（160） Vgl. Kant, Ges.Schr. Bd.6, 259, §10.（邦訳、３８５頁）

（161） Vgl. ebenda, 259, §10.（邦訳、３８６頁）

（162） Vgl. W. F., S.143.

（163） Vgl. Kant, Ges.Schr. Bd.6, 246f.（邦訳『法論』３７１-３７２頁）

（164） Vgl. Kant, Ges.Schr. Bd.6, 254, §7.（邦訳、３８０頁）

（165） Vgl. Kant, Ges.Schr. Bd.6, 258, §10.（邦訳、３８５頁）

（166） Vgl. ebenda.（邦訳同頁）

（167） Vgl. Kant, Ges.Schr. Bd.6, 261, §12.（邦訳、３８９頁）

(168) このことは、十分に注意しなければならないが、根源的取得にも当てはまる。さもないと次のことがまったく不可能になるからである。「他人の土地における或る可動的物件を自分のものとしてもつことは、可能ではあるにしても、ただ契約を通じてだけなしうるのである」。Vgl. Kant, Ges.Schr. Bd.6, 265f., §15.（邦訳、３９４頁）

(169) Vgl. Kant, Ges.Schr. Bd.6, 261f.（邦訳『法論』３８９–３９０頁）

(170) Vgl. W. F., S.145.

(171) Vgl. Kant, Ges.Schr. Bd.6, 264, §15.（邦訳、３９２頁）

(172) Vgl. Kant, Ges.Schr. Bd.23, 219.

(173) Vgl. Kant, Ges.Schr. Bd.23, 215.

(174) Vgl. W. F., S.146f.

(175) Vgl. Kant, Ges.Schr. Bd.23, 306.

(176) Vgl. Kant, Ges.Schr. Bd.23, 236.

(177) Vgl. Kant, Ges.Schr. Bd.23, 286.

(178) Vgl. Kant, Ges.Schr. Bd.23, 223.

(179) Vgl. Kant, Ges.Schr. Bd.6, 231.（邦訳『法論』３５５頁）

(180) Vgl. Kant, Ges.Schr. Bd.6, 264, §15.（邦訳、３９２頁）

(181) Vgl. W. F., S.149.

(182) Vgl. Kant, Ges.Schr. Bd.6, 268, §17.（邦訳、３９７頁）

(183) Vgl. Kant, Ges.Schr. Bd.6, 260f.（邦訳、３８８–３８９頁）

(184) Vgl. W. F., S.149f.

(185) Vgl. Kant, Ges.Schr. Bd.6, 267, §16.（邦訳、３９５–３９６頁）

(186) Vgl. Kant, Ges.Schr. Bd.6, 262, §13.（邦訳、３９１頁）

(187) Vgl. Kant, Ges.Schr. Bd.23, 322.

(188) Vgl. Kant, Ges.Schr. Bd.6, 262, §13.（邦訳、３９０–３９１頁）

(189) Vgl. Kant, Ges.Schr. Bd.23, 289/Anm.

(190) Vgl. Kant, Ges.Schr. Bd.23, 322.

(191) Vgl. Kant, Ges.Schr. Bd.23, 320.

(192) Vgl. ebenda.

(193) Vgl. W. F., S.151f.

(194) Vgl. W. F., S.153.

(195) 三島淑臣「（抽象法）としての自然法―ヘーゲル『法哲学』における自然法問題（二）―」（『水波朗教授退官記念　法と国家の基礎に在るもの』三島淑臣・阿南成一・栗城壽夫・高見勝利編、創文社、１９８９年）37–38頁を参照。同「カント私法論についての再論（一）」（『法政研究』第49巻１–３合併号所収、１９８３年）３２９頁以下を参照。

第六章　所有権論の超越論哲学的基礎づけ

Ⅰ　はじめに

カントがその法哲学上の思想を集約的・体系的に展開したのは、彼の最晩年の著作のひとつである『法論の形而上学的基礎論』(Metaphysische Anfangsgründe der Rechtslehre, Metaphysik der Sitten, I. Teil. 以下『法論』と略称する) においてである。この『法論』が出版されたのが１７９７年（カントが73歳のとき）であるから、およそ２００年が経過しようとしていることになるが、果して現在でもカントの法哲学は現代的意義を有していると言えるのであろうか。それとも、もはやカントの法哲学は過去のものとなったのであろうか。[1] この問題は、20世紀初頭に隆盛をきわめた新カント学派法哲学の系譜が現在においてもなお引き継がれているのか否かという視点からも窺い知ることができる。

19世紀後半における一般哲学的覚醒の影響のもとに、哲学方法への復帰の先駆をなしたものは新カント学派である。現在における法哲学の復興は新カント学派の台頭によって開始されたと言うことができる。[2] しかし現在、新カント学派は哲学一般としてはもはや過去のものとなった[3]という見方もないわけではない。けれどもだからと言って、法哲学における新カント学派もまた同様に、今やまったく過去のものとなってしまった、と言い切れるのであろうか。[4]

刑事法学者であり、また『法哲学上の基本概念』[5] (Rechtsphilosophische Grundbegriffe, 2., neubearbeitete Aufl. Frankfurt am

Main 1986）の著者でもあるW・ナウケ（Wolfgang Naucke）は、近時出版された法哲学上の諸著作に関する文献報告の中で、「法哲学上の小新カント学派は存在するのか」という自問に対して、「もちろんありうる」と肯定的に答えている。[(6)]さらにこれを受けて、刑法・刑事訴訟法・法哲学の教授であり、『自由秩序としての所有秩序―カント法・所有権論の活性化のために―』（Eigentumsordung als Freiheitsordnung. Zur Aktualität der Kantischen Rechts-und Eigentumslehre, Freiburg (Breisgau)・München 1984.）と題する学位論文の著者でもあるK・キュール（Kristian Kühl）はこの10数年間におけるカント法哲学をめぐるかつての西ドイツでの議論を跡づける論考の中で、その代表的学者として特に、哲学の領域ではW・ケアスティング（Wolfgang Kersting）およびO・ヘッフェ[(7)]（Otfried Höffe）を、また法学の領域では法哲学のR・ドライアー（Ralf Dreier）、民法のE・J・メストメッカー（Ernst-Joachim Mestmäcker）、国家法・国際法のM・クリーレ（Martin Kriele）、刑法のW・ナウケを例示している。[(8)]

現代における法哲学上の小新カント学派に属するとされるこれらの諸学者が、20世紀の20年代から30年代において活躍した新カント学派の代表的な法哲学者であるR・シュタムラー、H・ケルゼン、E・ラスクおよびG・ラートブルフといった諸学者と、カント哲学ないし法哲学の解釈、評価、方法論的展開等においてどのような相違があるのかは今問わないとしても、[(9)]「小」さいとはいえ依然として新カント学派法哲学の命脈が、ドイツでは現在も行きつづけていることは注目に値すると言わなければならない。そしてこのことはまさに、カント法哲学が現代的意義を有しているということ、すなわち、過去のものとなってはいないということのひとつの証左であると見られるべきであろう。

ところで筆者が本書第二部第五章において検討したのがまさに、前述したキュールによって法哲学上の小新カント学派に属するとされ、しかもまっ先に取り上げられているW・ケアスティングの所論にほかならない。[(10)]ケアスティングはカント法哲学の現代的意義をはっきりと認め、カウルバッハなき今その復権に精力的に取り組んでいる有力な学者のひとりである。先の論稿では、カント所有権論の超越論的性格の解明という視座から、ケアスティングの所論を手がかりとしておもに『法論』および『法論』のための『準備草稿』を考察の対象とした。そこで本章では、やはりケアスティングの所論によりながらも、カント所有権論の超越論哲学的基礎づけの構造を、J・ロックの労働所有権論およびH・グロティウス、S・プーフェンドルフの契約主義的所有権論との対比において明確に浮かび上がらせることを目的とする。なおこれに先立って、A・ショーペンハウアーのカント法哲学、特に所有権論に対する解釈を批判的に検討し、ショーペンハウアーがカントの所有権論の超越論哲学的基礎づけの構造を十分に洞察していなかった、ということを明らかにしたい。というのは、歴史的に見て、カント法哲学の超越論的性格を否定する起因になったのがショーペンハウアーにほかならないからである。したがって本章は前章の続編に当たるものである。(11)

Ⅱ　カントの所有権論に対するA・ショーペンハウアーの批判の検討

筆者は本書第二部第五章において、ショーペンハウアーによるカント所有権論の解釈および評価について、次のように簡単に言及しておいた。

ショーペンハウアーは、根源的・法的土地取得の根本行為としてのすべての経済的保護を度外視する先占の背後に強者の権利（Faustrecht）に対する不道徳な加担を認めている。今までのカント研究の大部分は、ロックの自然法的所有概念が道徳的にも理論的にも優れているとするショーペンハウアーのこのような判断に従っていたと言える。(12)

「意思の或る外的対象の根源的取得は先占〔occupatio〕(13)」であるとか、「一方的意志による意思の外的対象の取得は先占である(14)」等と定義されているカントの先占理論は、その所有権論の中で重要な位置を占めているにもかかわらず、多くの批判を浴びてきた。(15)なかでも、冒頭に引用したショーペンハウアーは、「あらゆる真正な、すなわち道徳的な所有権は、もともともっぱらひとえに労働で手を加えることにもとづく……このことはカント以前にもかなり一般的に受け入れられていた。それどころか、あらゆる法律書のなかで最古のものですら、次のようにはっきりとみごとに言い表している。「往時を知れる賢者の宣り言にいわく、耕されし畑は、木の根を抜き、畑を清め、鋤入れせし者の所有となす。それは羚羊が、手負わせて殺したる第一の狩人のものたると同然なり。」――『マヌ法典』九・四四(16)」とし、労働所有権論的立場から痛烈な非難を加えている。

カントの先占理論の背後には強者の権利が隠されている、言い換えれば、カントの所有権論が強者の権利を擁護している、とするショーペンハウアーの非難は、カントの先占理論についてのかれの解釈に基づいているのだが、果してその解釈は妥当なものであったのであろうか。本節では、カントの先占理論およびそれについてのショーペンハウアーの解釈、そしてその批判の妥当性を検討するとともに、カントの所有権論の超越論哲学的基礎づけの構造を解明することにしたい。

1　カントの先占理論

ショーペンハウアーの批判が妥当なものであるのか否かを考察するに先立って、まず、カントの先占理論を概観しておかなければならない。カントの先占理論はすでに『準備草稿』の中で断片的に論及されている。カントは言う。

「いかなる法的行為にも基づいておらず生得的なものである総体的占有から、次のような権利が必然的に生じる。すなわち、自由の法則に従って各自のために特定の占有として自分の場所を選択し、そしてその場所を専断的に自分の場所にする、という権利である」(17)。

このような「区画された土地」の根源的取得は、カントによって「最初の先占」（prima occupatio）ないし「最初の把捉」（prima apprehensio）と呼ばれている。なぜそのように呼称されているのかは、『法論』の中で明確に述べられている。

前者についてカントは§10「外的取得の普遍的原理」の中で次のように言う。

「意思の或る外的対象の根源的取得は先占〔occupatio〕と呼ばれ、有体物〔もろもろの実体〕に関して以外には生じえない。こうした先占が行われる場合、その先占には、或る物件を先占しようとする他の何びとよりも時間的に先行していることが、経験的占有の条件として必要である〔時間的に先なる者が権利において優先する qui prior tempore, potior iure〕」[18]。

また後者についてカントは§14「この取得の〔ための〕法的行為は先占〔occupatio〕である」の冒頭で次のように述べている。

「空間における或る有体物の所持の〔物理的占有の possessionis physicae〕始まりとしての占有取得〔把捉 apprehensio〕が、万人各自の外的自由の法則と〔したがってア・プリオリに〕調和するための条件は、時間に関して先んずること以外のものではありえない。言いかえれば、その占有取得は、意思の一つの働きである最初の占有取得〔prior apprehensio〕としてだけそうした調和をなしうる」[19]。

カントが最初の先占ないし最初の把捉と表現しているのは、それによって時間的先行性の条件を強調したかったからにほかならない[20]。この最初の先占ないし最初の把捉において、根源的にすべての人の法的占有のもとにある土地の一部が一方的な先占行為により取得され、想定上の領得行為という意味における結合した意志によって法的に承認されることになる[21]。このことは、カントの次の論述から明らかである。カントは§10の先の文章に続けて次のように述べている。

「先占はまた、根源的なものとして、一方的意思の結果でしかありえない。なぜなら、もし先占に双方的意思が必要であるとすれば、先占は二人〔もしくは多数〕の人の契約から導き出され、したがってまた、他人のものから導き出されることになるだろうからである。……最初の取得は、最初であるからといって直ちに根源的取得なのではない。なぜなら、万人の意志を一個の普遍的立法へと結合することによって公的な法的状態を取得することは、それにいかなる取得も先行することがゆるされぬようなものでありながら〔つまり最初の取得でありながら〕万人各自の個別的意志から導き出された全般的なものであるだろうが、他方、根源的取得は一方的意志からだけ生ずることができるのだからである[22]」。

確かに、「土地の根源的共有態に基づく物理的占有取得〔物理的把捉 apprehensio physica〕」は「取得の経験的権限」ではある[23]。しかしここで特に留意しなければならないことは、ケアスティングも指摘しているように、理性的権限を付与することは物理的占有の量や質といった経験的諸条件に依存することはない、という点である。また、感性的占有から可想的占有への帰結の妥当性も実質的・社会倫理的諸条件に依存することはなく、ただ、時間における先行性の条件〔Prioritätsbedingung〕を満たすことを顧慮するだけなのである[24]。

これに関してカントは§15の中で明確に述べている。

「……取得の理性的権限は、もっぱら一個のア・プリオリに結合した〔必然的に結合すべき〕万人の意志という理念の中だけにあるのであって、この理念は、今の場合、必要条件〔conditio sine qua non〕として暗黙のうちに前提せられている[25]」。

しかしながら、理性的権限の付与が、何をどの程度物理的に占有するのか、という経験的諸条件に依存することとなく、ただ時間的先行性の条件を満たしてさえいればよいとすると、根源的取得の範囲はいったいどこまで及ぶのであろうか、という疑問が当然起こるであろう。それに対するカントの解答は、その範囲確定に関して必ずしも明確であるとは言い難い。カントは、「私が外的自由の法則に従って私の支配力のもとにもたらすところのもの、私のものとなることを欲するところのもの、それが私のものとなるのだ[26]」と一般的に説明したうえで、具体例として、第一に、土地の占有取得の権能がどの範囲まで及ぶのか、第二に、近世国際法学史上有名な論争である海洋の自由か封鎖か、という2つの問題について解答を与えることにより、不明確ながらもある程度の制限が不可避であることを認めている。

第一の問いに対しては、「土地を彼の支配力のもとにおくという能力の及ぶかぎりにおいて、すなわち、土地をそうやって領得しようとする者がこれを防御しうるかぎりにおいて」[27]と答えている。また第二の問いに対しては、「砲弾がとどく範囲内では、或る特定の国家に属している陸地の海岸において、（他国の者は）何びとも、漁獲をなし、海底から琥珀を採取する等々のことをなしてはならない」[28]と答えている。

この論述から看取されるように、「土地の根源的・動的占有」[29]の範囲を経験的に截然と確定することは、ケアスティングの指摘をまつまでもなく、カントの理性法的規制によっては不可能であると言わなければならない。つまり、適法に各人が自分の支配力のもとにもたらすことができるもの、すなわち、各人が自分の支配力のもとに保持しうるものは、理念に従って各人に一般性によって承認されているのである。[30]

以上見てきたところから容易にわかると思われるが、根源的土地取得に関するカントの理論は、土地の実質的配分に対してほとんど無関心であると言ってよい。すなわち、カントのこの理論によれば、その構成において時間的先行性の条件がただ一貫して満たされていさえすれば、あらゆる占有秩序は矛盾なくア・プリオリな規範的構造に入りうることになる。そしてこの理性法的構造は、自然状態のうえに成立し、次のような目的にのみ役立つように思われる。すなわち、力（Macht）から権利が直接帰結することによって生じる論理的不快さを取り去るということである。どのようにしてそうするかと言えば、この理性的法的構造が根源的取得の三段論法を最上の規範的前提として可能にすることによってである。この三段論法は最初の先占に演繹的正確さをもって法的妥当性を与える。つまり、なるほど権利と支配力（Gewalt）との安易な同一視を避けるが、しかし内容上やはりそれを維持し、ただし、論理的に議論の余地のない形式にもたらすのである。そして、最初の先占に法的妥当性が与えられるという点を強調することなく、もっぱら権利と支配力が同一視されるという点が重視されたために、カントの先占理論は多くの批判にさらされたのである。[31]カントの先占理論の背後に強者の権利の擁護を認めるショーペンハウアーの見解は、権利と支配力との安易な同一視に基づいている。

なければならない。

2　ショーペンハウアーの批判の検討

次に、カントの所有権論は強者の権利を擁護するものである、とするショーペンハウアーの批判の妥当性を検討しなければならない。

ショーペンハウアーは、ケアスティングも述べているように、カントの所有権法がもっとも暗いホッブズ主義に支配されていると見ている。すなわちショーペンハウアーは、「カントは所持ないし私の支配力のもとにあるものを所有権法の原理としているが、これは根本的な誤りである。これは強者の権利（Faustrecht）の原理にほかならない[32]」と論難している。しかしながらケアスティングが、このような批判は二重の観点において誤っていると指摘しているのは正当である。つまり、第一に、所持といった物理的・経験的・感性的占有は所有権の原理ではないということ、第二に、先占は強者の権利の原理ではないということである。これらの点についてカント自身はっきりと§10の中で次のように論述している。

「取得のこの最後の契機〔領得 appropriatio―筆者〕は、当の外的対象が私のものである、という帰結を成立させる根拠をなすものであるが、この契機の妥当性、つまり、占有が純粋に法的なものとして妥当する〔本体的占有 possessio noumenon〕という事態は、次のことに基づいている。すなわち、一切のこれらの働きは法的であり、したがって実践理性から生じているのであって、それゆえ、何が法にかなうことであるかという問いに際しては、占有の経験的条件を捨象しうるのであるから、外的対象が私のものであるという帰結は感性的占有から可想的占有へと正当に移されるということ、これである[33]」。

ショーペンハウアーは、先にも引用したが、「取得の理性的権限は、もっぱら一個のア・プリオリに結合した〔必然的に結合すべき〕万人の意志という理念の中だけにあるのであって、この理念は、今の場合、必要条件〔conditio sine qua non〕として暗黙のうちに前提せられている[34]」ということを見落としていると言わざるをえない。

ショーペンハウアーのこのような誤解に基づく批判は、おそらく、かれがカントの『法論』に対して懐いていた拒絶的な先入見によるのではないかと推察される。そしてそのため、カントの『法論』の正確な読解が妨げられたのであろう。というのもかれ自身、カント解釈書と自称している主著『意志と表象としての世界』（１８１９年）の中で「わたしにとってカントの法律理論の全体は、もろもろの誤謬がおたがいに引き合っている奇妙なからみ合いのように思われるが、これはひとえにカントの老衰にもとづくものである」(35)とか、「法理論はカントの最晩年の著作のひとつであり、きわめて内容のとぼしいものであるから、わたしはそれを全面的に非とするのではあるが、それに対する論駁は不必要だと思う。なぜならこの法理論は、この偉大な人物の著作というわけではなく、平凡なこの世の人間の作りだしたものということになるやいなや、それ自身の内容のとぼしさのために自然に死滅するにちがいないからである」(36)と酷評しているからである。

カントの『法論』全体に対するこのような先入見に基づいて、ショーペンハウアーはカントの所有権論における占有取得について次のような判断を下している。

「彼〔カント〕が所有権を最初の占有取得によって基礎づけようとしたことも、それ〔老衰〕によって説明がつく。というのは、ある物件の使用から他人を排除するというわたしの意志を宣告するだけで、いったいどうしてただちにそのための権利さえもあたえられることになるのだろうか。カントは宣告が権利根拠のひとつだと想定しているのであるが、そうではなく、明らかに宣告自体がまず権利根拠を必要とするのである」(37)。

すでに検討したように、カントはこの種の権利根拠を決して想定してはいない、ということはもはや繰り返し強調するまでもないであろう。ショーペンハウアーは労働所有権論の信奉者としての自己の立場から、カントにこのような無理解な非難を浴びせたにちがいないのである(38)。

ところでケアスティングは、このようなショーペンハウアーの批判を踏まえたうえで、カントの所有権論の超越論的性格をいかなる点に見出しているのであろうか。まさにこの問題がわれわれの課題にとって最も重要な点である。

ケアスティングは、カント私法論の超越論哲学的基礎づけを適切に考慮するならば、経験的諸行為に権利基礎づけ機能を認めることが原理上不可能である、ということを強調している。つまり、ショーペンハウアーが挙げているような占有取得、表示および所持といった経験的諸行為はすべて、いかなる権利をも構成しえず、それらはただ、法的承認に関して結合した意思による領得に依拠する私的な使用領域を公然と識別しやすくする、という機能を果たすにすぎないのである。このことはカントの所有権論の中核をなすものであり、けっして見落とされてはならない点である、と言わなければならない。それにもかかわらず、ショーペンハウアーはカントの所有権論のこのような中核的な哲学的論拠を看過しているのである。

カントの取得理論の中で論及されている先占はつねに「最初の先占」である。たとえ強者が最初に先占することがあるとしても、この最初の先占の背後に強者の権利が隠されているとみることは不合理なことである。カントの先占理論において優遇されるのは強者ではなく、つねに最初の者にほかならない。カントの根源的取得の理論における先占、支配力および所有権の関係は、ショーペンハウアーのいわゆる「強者の権利」定式によっては歪曲されるだけであって、少しも解明されることはない。このような非難の不適切性はつねに、カントの私法論の複雑な基礎づけの連関の中で支配力の契機を誤って限定化することによって生じていたのである。そしてそれは、多くの場合、法的観念論の中で展開されている体系的諸前提の軽視と結びついていると言わざるをえない。

先占とは、自由な土地を占有取得することによって地上のある場所に対する生得的権利を実現することにほかならない。より詳しく言えば、法的総体的占有および物理的な無人の土地（Niemandland）からある生活空間を最初に、しかも支配力から自由に（gewaltfrei）分離することによって実現されるものである。根源的・動的占有の概念のもとに一定の土地の一部を包摂するこのような働きを「一方的強制行為」として特徴づけることは理解できないことである。というのは、先占によって各人は自分の自由を侵害されることはないし、また、先占は各人の権利を侵害することもないからである。(39) R・ザーゲも指摘しているように、カントの所有権の演繹において支配力の契機は存在しない、(40) と言わなければならない。

Ⅲ　J・ロックの労働所有権論との対比

筆者は前章において、カントもかつてはロックの労働所有権論の信奉者であったが、その後『法論』ではその見解を撤回し、超越論哲学的立場から明示的に批判している、ということを次のように概略的に触れておいた。『法論』の計画はすでに１７６０年代にまでさかのぼることができる。しかしその出版は繰り返し延期されることになった。それには種々の事情もあったのだが、その方法論的基礎づけの問題を看過してはならない。

「所有権の導出は、今や非常に多くの思索者たちを煩わしている論点であり、私はカント自身から、私たちはかれの『人倫の形而上学』からその点について何かを期待してよいと聞いている。だが私は、それと同時に、かれがその点についてのかれの諸理念にもはや満足していないこと、それゆえ、出版を当分思いとどまったことを聞いている」。

これはF・シラーが１７９４年10月28日付けでエアハルトに宛てた書簡の一部である。シラーのこの報告によって、カントが法・道徳形而上学の体系的叙述を準備している間にそれまでの所有権の基礎づけに疑念を懐くようになったことが窺える。その所有権の基礎づけとは、「あの非常に古くからの、そして今なお広く通用している」見解であった。この見解について２つの特徴を挙げることができる。それは、第一に、所有権の主張の権原は自然状態において投資された労働の中に見出されるということ、第二に、したがって物権は有体物に対する意思の経験的な関係の中で基礎づけられうるということ、である。

カントは『法論』の§17「根源的取得という概念の演繹」の中でこの見解に論及し、それを批判している。

「土地について最初になされる加工、区画または一般に形態賦与は、土地取得の権原を賦与するものではない。言いかえれば、偶有的なものの占有は実体の法的占有の根拠を与えるものではない。そうではなくて、むしろ逆に、私のもの・汝のものは、規則〔従物は主物に従う accessorium sequitur suum principale という規則〕に従って、実体の所有権からの帰結でなければならないのであって、また、すでに前もって彼のものとなっていない或る土地に労力を費やす者は、その土地に対して徒労をなすにすぎないのである。こうしたことはそれ自身においてあまりにも明白なので、あの非常に古くからの、そして今なお広く通用している俗説が生じたについては、次のようなひそかに人心を支配している迷妄、すなわち、物件を擬人化して、まるで誰かがそれに対して労働を費やせば、そのことによって、彼はその物件を拘束して、彼以外のどの他人の用にも応じないようにさせうるかのように、人はそれらの物件に対して直接的に権利をもつと思いこむ迷妄以外には、他にその原因を挙げ難いのである」[41]。

しかし、ロックの労働所有権論については立ち入った考察を加えることができなかった。そこで本節では、「支配力」がカントとロックの所有権論の中でいかなる役割・機能を有するのかといった占有制限理論の視点から、両者の所有権論の基礎づけの相違を明らかにし、またロックの労働所有権論の法哲学的核心が何であるのかを解明することにしたい。

1　占有制限理論

第Ⅱ節では、カントの先占理論における支配力（Gewalt）がその所有権論の中でいかなる役割・機能を果たしているのか、という点についてはまだ十分に解明されないままであったが、まずこの点を検討したい。

結論を先に言えば、カントの所有権の演繹の中に支配力の契機は存在しないとザーゲが指摘しているように、支配力は、所有権の基礎づけの中ではなく、自然状態の諸条件のもとにおいてそれを達成することの中にその役割・機能を有しているのである。したがってこの支配力は、ロックによれば、労働所有権の擁護のために各所有権者に提供されているとされる支配力と構造上異なるところがない。しかしそれにもかかわらず、そこには重大な相違点があることに注意しなければならない。つまり、ロックの労働所有権論によれば、所有権の範囲は自然状態の諸条件において相対的に安定した法的徴表であるが、それに対して、カントの先占所有権論によれば、所有権の範囲はこのような安定性に欠けているという点である。配分的意思はその領得を内容上の諸条件と結びつけることができないのである。(42)

この点を詳しく見てみよう。ロックの労働所有権論によれば、われわれが私的に所有しうる範囲を限定することは相対的に可能である。このことは、『統治論』第二編第五章「所有権について」の次の論述から明白である。

ロックは言う。

「この労働は、その労働をなしたものの所有であることは疑いをいれないから、彼のみが、己の労働のひとたび加えられたものに対して、権利をもつのである。少なくともほかに他人の共有のものとして、十分なだけが、また同じようによいものが、残されているかぎり、そうなのである」(43)（いわゆる「残余の原理」）。

さらにロックは聖書を援用しながら具体的に述べている。

「これに対しては多分次のような抗議がなされよう。もしどんぐり、もしくは地上のその他の果実などを集めることによって、それらに対する権利が生ずるものとすれば、誰でも自分の欲するだけ沢山のものを独占できることになるだろう、と。これに対して私は、そうではないと答える。こういう方法でわれわれに所有権を与えるその同じ自然法が、この所有権をもまた拘束する。「神われらに万の物を豊に賜えり」（「テモテ前書」六章一七節）とは、霊感によって裏書された理性の声である。けれどもどの程度まで、神はそれをわれわれに与えたのであろうか。それを享受するためにである。腐らないうちに利用して、生活の役に立て得るだけのものについては、誰でも自分の労働によってそれに所有権を確立することができる。けれどもこれを越えるものは、自分の分前以上であって、それは他の人のものなのである。腐らしたり、壊したりするために、神によって創られたものは一つもない。世界には昔から豊富な天然資源があり、これを消費する人は少なく、そうして一人の人の努力ではこの資源のどんな僅かの部分だけしか手に入れることができないことか。また他人に迷惑を与えても自分のために独占するといっても僅かなもので、とくに自分の用に供し得る範囲がその限度であるという理性の定めた限界内に止まるとすれば、そうなので、このようにして確立された所有権について争いのおこる余地はほとんどあり得ないであろう」(44)（いわゆる「不腐敗の原理」）。

この「残余の原理」と「不腐敗の原理」(45)という自然法上の二重の制限によってわれわれが私的に所有しうる範囲は相対的ではあるが、経験的に確定可能となるわけである。ロックの労働所有権論には、このような目的論的視点が前提されていることを見逃してはならない。

しかしながらそれに対して、カントの先占所有権論によれば、このような確定は不可能とならざるをえない。というのは、「取得されうる外的な客体の量および質に関して十分な規定がなされていないということが(46)」、ケアスティングも指摘するように、あらゆる目的論的支持を放棄する自由論的所有権論の基礎づけが支払わなければならない代償であるからにほかならない。つまり、カントの所有権論の中には、根源的に取得されうる土地の量および質について普遍妥当的な基準を提示し、したがって各人に対して権利制限を明確に設定しうるような占有制限（Aneignungs-schranken）の理論は存在しないと言わなければならない。カントの理性法は占有制限を設定することはできず、ただ、占有に対する攻撃がある場合に、占有を確定するという最初の占有者の決断にそれはゆだねられることになる。つまり、支配力による（gewaltsam）対決にゆだねられるのである。このことはすでに前節で触れたように、土地の占有取得の権能がどの範囲まで及ぶのか、また海洋の自由か封鎖か、という問いに対するカントの解答から容易に読み取れるであろう。権利確定的な中央権力がない場合には、すなわち、先占の権限を一義的に確定する基準がない場合には、所有権をめぐる紛争が生じたとき、占有意志が経験的に所有権の範囲を証明しなければならないことになるのである。支配力には、それゆえ、ケアスティングも述べているように、「取得されうる外的な客体の量および質に関して十分な規定がなされていない」という理性法上の問題を解決するという課題がゆだねられている。したがってこの課題を解決するために、各人は法的状態の創設において共働し、ア・プリオリに結合した意志の理念を現実の立法的・権力的意思共同体に移行させるという義務のもとにある。このようにカントの所有権論には、国家法への必然的移行という合意が不可避的に前提されているのである。

以上見てきたように、ロックの実質的な、自己保存の目的において基礎づけられた自然法は、占有制限の理論に所有権主張の十分な検討のための経験的基準を与えるが、それに対してカントは、その形式的・自由論的に基礎づけられた所有権においてこの種の感性的手助けを放棄しなければならない。純粋に理性法的に、ただものの所有一般の原理的適法性の条件のみが定式化されうるのである。それゆえ、カントの所有権概念は、ロックに比べてより高い基準において実定的・法的規定（positiv-rechtliche Bestimmung）に依拠せざるをえない。ロックの労働所有権は自然状態においてうまく規定された、法的に疑いのない所有関係の想定を許すが、他方カントの所有権の構想は公民的状態（status civilis）の設立を要求する。というのは、この形式的理性法そのものが、自然状態においては、法的紛争についての一致した規制のための基礎を提示することができないからである。(47)

カントは法的状態設立の不可避性について「法論の第二部 公法」の「公法の第一節 国家法」§44の中で次のように述べている。

「もちろん、かの自然状態は、自然的であるからといって、かならずしも不正〔iniustus〕状態、つまりお互いがただその実力の大小に従って敵対しあうような状態でなければならぬというわけではない。しかし、それはやはり無法状態〔status iustitia vacuus〕だったのであって、そこにおいては、権利が争われた〔ius controversum〕場合、法的に有効な宣告を下すべき何らの権限ある裁判官も見出されなかったのであり、こうして、今やこの状態から脱却して法的状態に入りこむよう各人は他の人たちを強要することを許されるのである。というのは、たとえ万人各自の法概念に従って外的な或るものが先占もしくは契約により取得されうるにしても、この取得は、それに対してさらに公的法則（法律）の裁可が与えられないかぎり、単に暫定的であるにすぎないからである。なぜなら、この取得は、まだ何らの公的（配分的）正義によっても規定されておらず、またこの法を実施する何らの権力によっても保障されていないからである」[48]。

したがって、カントが§15「公民的体制においてだけ或るものは決定的に取得されうる。これに反して、自然状態においては、もちろん取得されはするが、ただ暫定的にだけそうされうる」の中で述べているように、「決定的な取得はただ公民的状態においてだけ成立するのである」[49]。

2　労働所有権論の法哲学的核心

次にロックの労働所有権論の法哲学的意義について立ち入った考察をしてみたい[50]。

ロックとカントの所有権論の出発点は同じである。つまり、両者とも、契約上の合意によって所有権が基礎づけられるとする見解を否定し、根源的取得の可能性を肯定する立場から出発しているからにほかならない。したがって両者は同じ問題提起を行っている。

すなわち、すべての人が共同で住んでいる地上の一定の部分に対する権利を、個々人が根源的および専断的に取得し、またあらゆる無権限者にその立入りを適法に拒否することができるということは、いかにして可能であるのか、という問題提起である。このことはロックが『統治論』第二編第五章「所有権について」の冒頭で述べている、「私は、神が人類共有のものとして与えた世界の種々の部分に対して、しかもすべての共有者の明示の契約によることなしに、どのようにして人が所有権を有するにいたったか、それを説明するように努めてみよう」[51]という文章から明白である。

ロックはこれに続けて述べている。

「世界を人間に共有のものとして与えたところの神は、同時にそれを生活の最大の利益と便宜とに資するように利用すべき理性をも彼らに与えた。地とそこにあるすべての物は、彼らの生活の維持充足のために与えられたのである。そうして地が自然に産出する果実と、その給養する動物とは、自然の手の自ずからなる産物であるが故に、人類共有の物に属する。本来何人も、それらがこのように自然状態にあるかぎり、それに対して他の人々を排斥して私的支配権をもたない。けれども人間の役に立つように与えられたのであるから、それが何らかの役に立つことができ、あるいは誰か特定の者に何らかの利益を与えるに先立って、まずなんらかの方法でそれを専有する手段が必ずなければならない[52]」。

この文章から容易にわかるように、ロックは私的占有を認めている。ただし、カントと同様にそれが契約によってなされるということは否定している。というのは、ロックによれば「もしこのような同意が必要だったとすれば、神は人間に豊富に与えたにもかかわらず、人間は餓死してしまったであろう[53]」からである。

ケアスティングも指摘しているように、ロックの私的・専断的占有は実用的で、神の創造の目的を果たすために必要なのである。とすると、このような私的・専断的占有はロックの想定している共同占有という前提のもとでは法的に可能なのであろうか、という問題が提起されることになる。

ロックは言う。

「しかしもしこのこと（世界は人類共有のものである）を前提とすれば、そもそもどうして、何人にせよある物の所有権をもつようになるのかははなはだ解し難いことに思われる、という人もあるに相違ない。神が世界をアダムとその子らに共有のものとして与えたという前提の下では、所有権を説明することは、なるほど困難である[54]」。

この困難な問題に対して、ロックは労働所有権論の立場から次のように答えている。

「たとえ地とすべての下級の被造物が万人の共有のものであっても、しかも人は誰でも自分自身の一身については所有権をもっている。これには彼以外の何人も、なんらの権利を有しないものである。彼の身体の労働、彼の手の働きは、まさしく彼のものであるといってよい。そこで彼が自然が備えそこにそれを残しておいたその状態から取り出すものはなんでも、彼が自分の労働を混えたのであり、そうして彼自身のものである何物かをそれに附加えたのであって、このようにしてそれは彼の所有となるのである。それは彼によって自然がそれを置いた共有の状態から取り出されたから、彼のこの労働によって、他の人々の共有の権利を排斥するなにものかがそれに附加されたのである。この労働は、その労働をなしたものの所有であることは疑いをいれないから、彼のみが、己の労働のひとたび加えられたものに対して、権利をもつのである[55]」。

労働所有権論を明確に打ち出しているこの叙述から窺えるように、ロックの所有権の基礎づけは伝統的自然法の「各人に彼のものを」という理論（suum-Lehre）を援用している[56]。「所有権」（property）が意味するのはまさに、学校用語において suum と特徴づけられた、法的に保護された固有権領域（Eigensphäre）にほかならず、これに数えあげられるのは、alicui proprium（「ある人に固有のもの」）であるすべてのもの、すなわち、生命、身体、肢体、自由、名誉等である[57]。そしてこの固有権領域を尊重することが、次のような自然法上の基本的命令によって要求される。すなわちそれらは「何人をも害さないということ」（neminem laedere）、「各人に彼のものを与えるということ」（suum cuique tribuere）、「他人の所有権に手を出さないということ」（alieni abstinentia）である。

ケアスティングも指摘するように、ロックはこの suum 領域に労働も数えあげている。

ロックは言う。

「……人間は、自分の主人であり、自分自身の一身およびその活動すなわち労働の所有者であるが故に、依然として自分自身のうちに所有権の大きな基礎をもっていた……[58]」。

労働が suum 領域に算入されているということは、この引用から明らかなように「労働」と「活動」という言葉がロックによって同意義的に使用されており、また活動、すなわちactiones propriae（「固有の活動」）が伝統的自然法においてはsuumに属しているかぎり、独自なものではない[59]。だがしかし、所有権の基礎づけにおいてロックが労働に割り当てた意義は独自なものである、と言わなければならない[60]。労働によって人格は自然と「混合」され、自然に固有のものを付け加え、そうすることによって根源的共同占有の一部が改変される。その結果、その改変された一部はもはや「人間の共同の権利」には属さないことになり、私的・専断的占有へと移行される。これがロックの労働所有権論の中核的な所説であると言ってよい。

ケアスティングは、労働による所有権基礎づけ機能についてのロックのこのような所説をより詳細に考察し、2つのプロセスが重合したものであると分析している。つまり、第一のプロセスは、自然および共同占有の経験的状態を意思的に改変することの中に存する。それに対して第二のプロセスは、共同占有の法的状態を改変することを目ざしている。すなわち、労働によって、共同の権利および正当に共同のものからまさに私的使用により経験的に改変させられた領域が取り去られるわけである。この2つのプロセスは根源的所有権によって固定される。さらに詳しく言えば、自然的対象に投資された労働によって人格の法的性質がその対象に移行されるのである。そしてその対象は根源的な固有権領域に統合され、私自身の一部となる。このようにして、「何人も害さない」という先の自然法的禁止命令が、労働をとおして諸対象に直接拡張されうることになる。したがって、私の意思に反してその諸対象を占有し使用する者は、私に属するものを侵害し、つまり私のものを侵害し、私自身を侵害することになる。ケアスティングは、労働による法人格的実体の諸対象への移行についてのこのような見解を主体化モデル（Subjektivierungsmodell）と名づけ、これこそがロックによる所有権基礎づけの法哲学上の核心である、と見なさなければならない、と強調している[61]。

ケアスティングによれば、この法哲学上の核心はロックの自然法構想の普遍的な自己保存目的論的枠に依存していない。つまり、それから論理必然的に導き出されるわけではない。それゆえ、それはまったく別の体系的諸前提にも適合しうる。けれどもロックにとって次のことは疑いを入れないことなのである。すなわち、生命保存のために神によって人類に与えられた世界は私法的に規制された使用の方法においてのみその目的を果たすことができる、ということである。「各人は自分自身を維持すべきであり、また自己の持物を勝手に放棄すべきではない」[62]という、まさにこの基本的自己保存命令のために、使用できるものに関して「他の人々を排斥して私的支配権」[63]をもたなければならないのである。

ものに対するこの人格的・私的支配の基礎づけ、すなわちまさに所有権の基礎づけはこの自己保存目的そのものに依拠するのではない。確かに、占有制限についての先に述べた理論において、自己保存というこの上位の観点は有効に働き、この理論の中で基本的・経済的な諸規則が展開され、占有権の主張を人類の自己保存目的と調和させている。だがしかし、所有権そのものの基礎づけに関しては、このような目的論的諸規定は、なるほど前提とされてはいるけれども外在的性質を有するにすぎない。すなわち、この諸規定はすべての法哲学的基礎づけの重みを担っている主体化モデルから内在的に展開されるものではないのである[64]。

先にも触れたように、「所有権について」の章で明示的ではないがロックは、グロティウス、プーフェンドルフに見られるような所有権の契約主義的基礎づけを拒否している。それはどのような根拠に基づいているのであろうか。それは、実在的に理解された契約が、目的有用性（Zweckdienlichkeit）を欠いているからにほかならない。ロックは契約モデルをただ正当化する合意の確立困難性という観点のもとでのみ考察しているのである。すなわち、生活必需品の占有にとって「全人類の同意」[65]が必要であったとすれば、「人間は餓死してしまったであろう」[66]からである。ケアスティングも指摘しているように、ロックは、人間の自己保存の法的組織形態としての所有権の新しい基礎づけを、具象的に観念された契約の不十分な目的有用性に基づいて行ったのであり、所有権の正当化の徴表に関する方法論上および法理論上の疑念に基づいて行ったのではない[67]。

Ⅳ　H・グロティウスおよびS・プーフェンドルフによる契約主義的所有権論
――カントおよびロックとの対比

筆者は前章において、ケアスティングの所論を手がかりとして、カントの所有権論とグロティウスおよびプーフェンドルフの所有権論との関係について大略次のように指摘しておいた。

カントは、労働所有権を拒絶することによって、ロックが達成した認識的立場の背後へ逆戻りしていると解釈することもできるが、それは、カントの所有権の概念がロックによって拒否された契約主義的基礎づけのモデルとある点で収斂する、というかぎりにおいて歴史的には正しいと言わなければならない。というのは、カントは、たとえばH・グロティウス（1583-1645）やS・プーフェンドルフ（1632-1694）といった自然法的契約理論家とともに次のような確信を抱いていたからである。すなわち第一に、ものに対する直接的な法関係は不可能である、ということ。また第二に、法関係は人格間の関係でしかありえず、それゆえ法的なものの支配はすべての当事者の合意においてのみ基礎づけられうるということ。けれどもやはり、これらの偉大な自然法学者によって展開された所有権の基礎づけの構想そのものは、カントの理性法的ア・プリオリスムにとっては受け入れ難いものであった。というのは、聖書的、合理的（理性的）、自然・経験的および歴史・社会的諸要素といった近代初期の自然法構想に特徴的な混合がカントの批判を招いたからである。このような諸要素の合理的（理性的）中核だけをその神学的・歴史的覆いから開放し、そしてその体系上の内容を再構成し、これらの観念を統一する基礎づけの関連を純粋実践理性の次元において新たに展開することこそがカントにとって重要なのであった。(68)(69)

本節では、カントによる所有権の基礎づけが、グロティウスやプーフェンドルフといった自然法的契約理論家といかなる点において相違しているのか、またかれらによる所有権の契約主義的基礎づけがカントの理性法的ア・プリオリスムにとってなぜ受け入れ難いものであったのか、これらの点をやや立ち入って考察することにしたい。このような比較検討によってカントの所有権論の超越論的性格が解明されるであろう。またロックの労働所有権論との対比を行うことによって、カントがロック的労働所有権論を拒否した理由を究明したい。

まずはじめに、グロティウスやプーフェンドルフによる所有権の契約主義的基礎づけの重要性がいかなる点に存するのかを確認しておきたい。それは、先の引用からも窺えるが、要約すれば、所有権は人格間の関係において基礎づけられ、法共同体によって構成される、という点に認められると言わなければならない。[70]この点についてはすでに明らかなようにカントも同様の見解をとっているが、それに対して、第Ⅲ節で検討したように、ロックは、所有権は人とものとの直接的・経験的関係であるととらえている。[71]

グロティウスとプーフェンドルフはその自然法論で2つの法領域を区別しているとされる。第一のものは自然によって措定された法領域であり、第二のものは合意によって導入された法領域である。すなわち、第一の法領域の中心にあるのは、各人のもの（das suum）、生得的・内的な私のもの・神聖な人格的法領域である。他方、第二の法領域の中心にあるのは契約であり、この契約により自然法によって措定された自由な使用限界内部で人間相互に、特定の行為や給付に関する諸権利が認められているのである。このような契約という法律行為によってある人のかれのものが拡張されたり、またある人のかれのものが、それに対応して減少させられたりするわけである。そしてこの契約法的モデルが、所有権の基礎づけのために近代自然法論の創始者たちによって受け継がれてきたことは周知のとおりである。

所有権がある対象に対する排他的処分権およびあらゆる他人をその使用から排斥する権限を意味するかぎり、一方ですべての人が自由、平等であるということを、他方でその対象が共同占有のもとにあるということを考慮に入れるとき、この種の権利が考えられうるのはいかなる場合であろうか。それは、所有権が契約によって成立する、ということが想定される場合だけである。所有権に内在している道徳的能力（facultas moralis）は根源的 suum からも経験的先占行為からも導出されえず、この道徳的能力が法・契約共同体によって個々の先占者に与えられるときだけ、経験的先占行為と結合されうるにすぎない。契約において所有権は、物権的所有権に関するすべての他者の意思に対する法的効力を一般性によって与えられるわけである。ここで注意しなければならない点は、グロティウスやプーフェンドルフとは異なって、ロックにおいては排除権限は契約共同体によって所有権者に委譲された法的効力に基づくものではない、ということである。ロックにとっては、排除権限は自然的自己防衛権の特殊なケースにほかならない。つまり、自然状態において各人は自分に属するものを力づくで（mit Gewalt）主張する権利をもっているのである。

自然によって構成された法領域と合意によって構成された法領域というグロティウスやプーフェンドルフによって提唱された2つの法領域の自然法的区分は、ロックの労働所有権論的立場から見ると、どのように解釈されるのであろうか。結論的に言えば、この区分は本来不可能である、ということがわかる。というのは、ロックの労働所有権は何らの一般性をも媒介することなく、生得的・内的な私のものから外的な私のものへの移行を認めようとするからである。労働による所有権の基礎づけが、私的所有権の拡張過程として把握されること——この過程で人格的法実体が対象に拡張されるのだが——その結果、労働によって耕作されたものの中にペルソナ（persona）における個人が内在することになる。そうすると、所有権の基礎づけのための第二の独自の基礎づけの原理、言い換えれば、契約による基礎づけは本来必要でなくなり、ただ「他人を害さないということ」（neminem laedere）という先述した自然法的基本原理があればそれで十分である、ということになる。[72] つまり労働によって外的法領域が内的法領域へと移行、変化することになり、すべての所有権は生得的・内的なものになってしまうのである。すでに第Ⅲ節で検討したように、これが所有権の主体化モデルと呼ばれるものであり、ロックによる所有権の基礎づけの法哲学的核心である。

それでは次に、ロックの労働所有権論を取得権の超越論哲学的基礎づけという観点から見てみると、どのように解釈されるのであろうか。これはわれわれの問題設定にとってきわめて重要な観点である。この問題に関するケアスティングの指摘は示唆的である。ケアスティングによれば、ロックはア・プリオリな総合的法命題の理論を放棄することができると考えていることになる。すなわち、ロックによって失効させられた自然法的法領域と契約によって基礎づけられた法領域との区別と、カントによって強調されたア・プリオリな分析的法命題とア・プリオリな総合的法命題との区別に存する類似は明白である。[73] 要するに、ロックはグロティウスやプーフェンドルフによって主張された2つの法領域の区別を拒絶することにより、カントによって強調されたア・プリオリな分析的法命題とア・プリオリな総合的法命題との区別をも否定することにならざるをえない。逆にカントの超越論哲学的立場に立って言えば、ロックの労働所有権論に従うと、ア・プリオリな分析的法命題とア・プリオリな総合的法命題との区別が否定されることになるので、つまり所有権はすべてア・プリオリな分析的法命題となるので、カントは後にロックの労働所有権論を否定し、徹底的に批判したのではないかと推察される。ア・プリオリな総合的法命題はカントの所有権論にとって不可欠の理論なのである。

カントによれば、所有権を可能にする、適法な物理的占有を超えて、それゆえ生得的固有権限領域を超えて拡張されるア・プリオリな総合的法命題は次のような原理の中に固定されている。すなわち、この原理は法的取得一般の基礎にあり、「ア・プリオリな自由な意思の総合的統一[74]」の中に基礎をもっているのである。許容法則[75]としての理性の要請に従って各人に帰せられる根源的取得の権限が、各人の法的自由と衝突しないためには、根源的取得は「ア・プリオリに結合したものと考えられた意志の普遍的立法[76]」との調和という条件のもとに成立しなければならない。それは、「様々な人間の意思をひとつの共同の意思へと結合する総合的原理である。これによってのみ人間の権利は生得的権利を超えて拡張されることが可能となるわけである[77]」。「この理念によってはじめて、私のもの・汝のものについての綜合的判断をア・プリオリに下すことが可能となるのである。というのは、意思のある対象に関する権利は本来、人格相互の法的関係であり、これによって私のもの・汝のものが可能となるからである。またこの関係は純粋に知性的なものである[78]」。

グロティウスやプーフェンドルフの契約主義的基礎づけは、なぜカントの理性法的ア・プリオリスムにとって受け入れ難いものであったのであろうか。次にこの問題を検討しなければならない。ケアスティングによれば、ア・プリオリな意思の総合的統一についてのカントの理論は契約所有権という方法的に不明確な概念の法的・規範的根本思想を明確に再構成している。つまり、グロティウスやプーフェンドルフの所有論に見られるすべての目的論的、経験的・歴史的および社会学的・説明的混合がカントの理性法的所有権論と矛盾するものであり、それを純化させる必要があったのである。

カントのこの理論は次のような基本的な法理論的事態を表現している。すなわち、法関係は社会的性質のもの（一人格の諸人格に対する関係）であり、専断的行為によって一方的に構成されえない、ということである。(79)

ところでロックは、第Ⅲ節で検討したように、所有権の契約的基礎づけを拒否しているが、このことによってまた共同占有の概念はその法的合意を失うことになる、ということに注意しなければならない。というのは、地上がすべての人に占有されているとすれば、先占や耕作によってすべての共同占有者を排斥する権利が生じるということが理解できなくなるからにほかならない。共同占有の概念は、地上の一部を私的に使用するための正当化の基礎としてすべての占有者の合意を必要とするのである。ロックの論証に特徴的なことは、ロックが私的領得という、共同占有によって生じた法的問題を分配経済的問題と同一視していることである。ロックにとって、共同の地上の住人とは、共同占有という法的徴表によって成立した法的相手方ではなく、所有権によって自己保存の可能性が奪われてはならない貧者にほかならないのである。(80)

グロティウスやプーフェンドルフにとって解明しなければならない重要な問題は、どのようにして、共同で占有されている対象の私的占有が、かつての共同占有者の意思や行為に対する先占者の法的効力と結びつけられうるのか、という点にある。ケアスティングによれば、グロティウスやプーフェンドルフにとって共同占有は、神の人間への贈り物という聖書的意味とともにつねに同時に特殊な法的意味をもっている。つまり、私的先占行為によって、あるいは対象に投資された労働によって所有権が構成されるということをはじめから排除するという意味である。

他方ロックの労働所有権論的立場に立つと、先に述べたように、共同占有はすべての法的意味を取り去られることになる。ロックにおいては、世界とその財は人類の共同の自己保存の基礎でしかなく、共同占有や契約に依存することなく基礎づけられた所有権はこのことを考慮しなければならない。つまり、所有権は普遍的自己保存目的を無に帰せしめてはならないのであり、またそれゆえ自己扶養にとって必要な財に制限されなければならないのである。(81)

カントもかつてはロックの労働所有権構想の信奉者であった(82)、ということはすでに第Ⅲ節の冒頭で言及したが、1784年から1785年の冬学期にかけてカントが行った自然法論の講義を筆記したG・ファイアーアーベントの次の記録がそのことを証示している。『法論』が出版される12、13年前である。

「自由の産物とは、その形態に関して私の自由によって改変される自然の産物である。たとえば、私が切り倒した樹木。この木を使用する者は誰でも私の自由に反して行為する。というのは、彼は私の自由の産物および私の自由の行為を妨げるからである。またその際、私が懐いている意志を妨げるからである。占有取得（把捉）は物の使用一般ではなく、その物の形態が自由によって改変されるところの使用である。……その物が私の自由に由来する形態をもつとき。誰かがある土地を最初に発見し、そこに旗をさしこみ、占有するとしても、彼はまだそれに対する権利をもっているとは言えない。しかし、彼がその土地を耕やし、その土地を占有取得（把捉）したことになる。グリーンランド人が材木を引き上げ、それを海岸に引いて行き、その上に石を置く。その時もうひとりの人が来てそれを見、その材木を置いたままにしておいた。――というのは、前者は海の支配力からその材木をもぎとるために彼の力を大いに働かせ、そしてその石は人間がいたのだというしるしとして役立つからである。――その材木は、その状態に関して以前の状態とは違った形態をもったのである」[83]。

そしてケアスティングも指摘しているように、若きフィヒテ、初期のカント学派、ヘーゲルおよびショーペンハウアーも同様の所有権の基礎づけを行っていたのである。すなわち、主体はある客体に労働を投下し、それに形態を賦与し、自分の意志を組み入れ、そしてその対象を自分自身の一部にすることによって、その客体を所有物として取得するのである。事実上のものの支配は「自由の効果」[84]（Effectus der Freiheit）として、すべての他人の意思を規定する法的効力の根拠となる。なぜならば、行使されたものの支配によって主体はその人格性と不可侵性を客体に移行させるからにほかならない。その結果、同意なくその客体を使用すると、主体そのものの権利や自由が侵害されることになるのである[85]。

しかしながら、カントは後に『法論』[86]の中でこのような労働所有権構想を断固として否認し、かれのそれまでの見解に対して鋭い自己批判を加えている。

カントは§15「公民的体制においてだけ或るものは決定的に取得されうる。これに反して、自然状態においては、もちろん取得されはするが、ただ暫定的にだけそうされうる」の中で次のように述べている。

「――さらに（第二の問題として）、土地に対する加工（植樹、耕作、排水工事その他）は、土地の取得にとって必要であるかどうかが問題となる。答えは〝否〟である。なぜなら、これら（個性化の）諸形式は、単に偶有性にすぎないのだから、直接的占有の客体をなすものではなく、あらかじめ実体が或る主体の彼のものとして承認されているかぎりで、当の主体の占有に属しうるからである。加工は、最初の取得が問題となっている場合には、占有取得の外的標識以外の何ものでもなく、こうした標識は、もっと労の少ない他の多くの標識により代用されうるものである」[87]。

労働は、ロックにとって、権利構成的意義をもっているのに対して、カントにとっては、ただ標識の性格、すなわち任意の交換可能な認識手段の性格をもっているにすぎない。ロックの労働所有権論において所有権の成立根拠、認識・妥当根拠が一致するのに対して、カントの超越論哲学的基礎づけの方法は、ケアスティングが指摘するように、経験的次元と規範的次元とを明確に区別しているのである。これによって労働が「脱神秘化」（Entmystifizierung）されるわけである。すなわち、ある客体に労働を加えることによって、主体の法人格的性質がその客体に移行されるとする神秘化（主体化モデル）が無効となるのである。労働はカントにとっては、単なる経験的行為でしかありえず、たとえ労働によって主体的なものと客体的なものとが混同され、結合されることがあるとしても、この行為はそれ自体いかなる権利構成的意義ももちえない。したがって、カントは先占と労働との間に単に技術上の区別を認めているにすぎない。

ケアスティングは、先占による取得行為と労働による取得行為の妥当論的相違は、占有実在論的立場[88]と労働・形態賦与理論との対立と同様に、超越論哲学的視点のもとで消滅すると強調している。両者は基本的には区別されるにもかかわらず――すなわち、占有実在論は外的な私のものの不可能性を確信しているが、それに対して労働所有権論はその可能性に対する反論の余地のない論拠をもっていると信じている——占有実在論に向けられたカントの異議は、またロックのこの理論にも当てはまる。つまり、その異議とは、自由は外的対象の使用に関して実践理性の形式的諸法則によってのみ制限されることが許される、というものである。なるほどロックの理論は、労働による法的な人格的性質のものへの移行可能性についてのテーゼによって、私とは空間的に区別された対象の他者の使用による自由の侵害の可能性についての占有実在論的問いに対するひとつの答えを提示するが、しかしこれによってものへの依存性が止揚されるというわけではない。[89] つまり、労働所有権論も結果的にはやはり占有実在論と同様にものに依存しており、自由そのものに反すると言わざるをえない。

ものに対する直接的・法的関係の可能性の想定に依拠している物権的構想は、人格間の関係のみに適用されうる法概念と一致しえない。[90] 法理論は物権（Sachenrecht）という述語の字句内容によって惑わされてはならないのであり、物権（ius reale）を人格間の法的関係として理解し、この法的関係に理論的に先行する法共同体を妥当根拠として参照しなければならないのである。[91]

カントはこの点について、§11「物権とは何か」の中ではっきりと次のように注意を促している。

「なお、ザッヘンレヒト〔ius reale〕という言葉は、単に物件における権利〔物権 ius in re〕だけではなくて、さらに、物権的な私のもの・汝のものに関する一切の法則の総体（すなわち物権法）の意味にも解される。——ところで、人が地上にたった一人でいるとしたならば、彼は本来的には、何らの外的事物をも自分のものとしてもつこと、あるいは取得することができなかったであろうことは明らかである。というのは、人格としての彼と物件としての他の一切の外的事物との間には、いかなる拘束性の関係も全く存在しないからである。だから、本来的かつ字義通りの意味に解すれば、物件における〔直接的〕権利といったものは存在せず、ただ、他のすべての者とともに〔公民的状態において〕共同占有をなす或る人格との対抗において、誰か或る者に帰属するものだけが、その名で呼ばれているのである」[92]。

ア・プリオリな意志の総合的統一についてのカントの理論は、それが純然たる先占によってであるにせよ、あるいは経済的に価値のある労働によってであるにせよ、生得的な法領域の専断的拡張が可能であるとする見解と対立している。またそれは、経験的諸行為の権利構成的機能についてのそれと結びついたテーゼとも対立している。先占や労働はカントにとって、法的な独自の意義を有するものではない。それらは単に標識という性格を有するにすぎず、それらによって外的権利が特定の権利としてはじまるが、それらは外的権利を基礎づけることはできず、ただ可想的占有のア・プリオリな総合的法則のもとへある対象を包摂するにすぎないのである。[93]

カントは§17「根源的取得という概念の演繹」の中でこれに関して明確に述べている。

「実体であるかぎりでの外的な私のもの・汝のものの法概念は、私にとって外的という言葉に関して言えば、私が居るところと異なる或る場所という意味ではない。なぜなら、この法概念は一個の理性概念であるのだから。そうではなくて、この法概念には純粋な悟性概念だけが含まれうるのであるから、それは単に私から区別された或るものを、そして経験的占有〔いわば継続的把捉〕ではない或る占有の概念を意味する。すなわち、ただ、外的対象を私の支配力の内にもつ〔使用の可能性の主体的条件としての、そのものと私との結合〕ということを意味するだけであって、これは一個の純粋な悟性概念なのである。こうして、人格と何ら拘束性を負わない諸対象との或る関係としての占有から、右の感性的条件を消去もしくは度外視〔捨象〕するならば、そこには、一人格の諸人格に対する関係しか残らないのであって、〔そこでは〕この一人格の意志は、それが外的自由の公理、意志能力の要請、およびア・プリオリに結合したものと考えられた意志の普遍的立法にかなっているかぎり、物件の使用に関して諸人格のすべてを拘束しているわけである。だから、こうした関係は、たとえ対象〔私の占有する物件〕は感性的客体であるとしても、当の物件の可想的占有、すなわち純然たる法による占有なのである[94]」。

V　むすびにかえて

以上ケアスティングの所論によりながら、第Ⅱ節では、カントの先占理論についてのショーペンハウアーの解釈およびその批判の妥当性を検討し、第Ⅲ節では、ロックとカントの占有制限理論、およびロックの労働所有権論の法哲学的核心は何であるのかを検討した。さらに、第Ⅳ節では、カントによる所有権の基礎づけが、グロティウスやプーフェンドルフといった自然法的契約理論家といかなる点で異なっているのか、またかれらによる所有権の契約主義的基礎づけがカントの理性法的ア・プリオリスムにとってなぜ受け入れ難いものであったのか、さらにカントはロックの労働所有権論をなぜ拒否せざるをえなかったのかを検討した。これらの検討はすべて、カントの所有権論の超越論的性格を鮮明に浮かび上がらせることをその第一の目的としてきた。したがって以下、カントの所有権論の超越論的性格がいかなる点に見出されるのか、という視点から、今までの検討をまとめてみたい。

カントの先占理論に対するショーペンハウアーの批判は大まかに次のようなものであった。

第一、カントは所持ないし支配力のもとにあるものを所有権の原理としているが、これは根本的に誤りである。これは強者の権利（Faustrecht）にほかならない。

第二、カントは所有権を最初の占有取得によって基礎づけようとしたが、これは老衰によって説明がつく。

第三、カントは宣告が権利根拠のひとつであると想定しているが、宣告自体がまず権利根拠を必要とする。

第一の点に関しては、ケアスティングの指摘をまつまでもなく、二重の観点において誤っていると言わざるをえない。つまり第一に、所持といった物理的・経験的・感性的占有は所有権の原理ではないということ。第二に、カントの占有理論において優遇されるのは強者ではなく、つねに最初の者にほかならないのであるから、したがって先占は強者の権利の原理ではないということである。また第一、第二、第三のすべての点についてもカントがそのようなことをけっして想定していないことは明白である。すなわち、カントの私法論の超越論哲学的基礎づけという視点(95)からすれば、経験的諸行為には権利基礎づけ機能を認めることはできないのである。さらに詳しく言えば、ショーペンハウアーが挙げているような所持、占有取得および宣告といった経験的諸行為はすべて、いかなる権利をも構成することができず、それらは単に法的承認に関して結合した意思による領得に依拠する使用領域を公然と識別しやすくするという機能を果たすにすぎないのである。

次に、ロックの労働所有権（主体化モデル）を取得権の超越論哲学的立場から分析すると、ロックはカントによって提唱されたア・プリオリな総合的法命題の理論を放棄することになる。つまり、ロックはグロティウスやプーフェンドルフによって主張された2つの法領域の区別を否定することにより、カントによって強調されたア・プリオリな分析的法命題とア・プリオリな総合的法命題との区別を否定することにならざるをえない。逆にカントの超越論哲学的立場に立つと、ロックの労働所有権論は、ア・プリオリな分析的法命題とア・プリオリな総合的法命題との区別を否定することになるので――カント自身このように明言しているわけではないが――、カントは後にロックの労働所有権論を拒否したのではないかと推察される。また、労働はロックにとって権利構成的意義を有するのに対して、カントにとってはただ標識の性格を有するにすぎない。ロックの労働所有権論においては所有権の成立根拠、認識・妥当根拠が一致するが、それに対して、カントの超越論哲学的立場に立てば、経験的次元と規範的次元とは明確に区別されなければならないからである。また、ロックの労働有権論は、労働によって法的な人格的性質が客体へ移行されるとするが、このような見方は占有実在論と同様にやはりものに依存していることになる。自由は外的対象の使用に関して実践理性の形式的諸法則によってのみ制限されるというカントの自由論的立場からすれば、当然受け入れ難いものであると言わなければならない。さらに、ロックの労働所有権論は、ものに対する直接的・法的関係の可能性を想定しているが、これも、「法とは、或る人の意思が他人の意思と自由の普遍的法則に従って調和させられうるための諸条件の総体である[96]」とするカントの法概念と矛盾している。カントの所有権論においては、人とものとの直接的関係ではなく、ものをめぐる人と人との社会的関係が重要なのである。以上挙げたような諸点からカントはロックの労働所有権論を否定したのであろうと思われる。

次に、カントはなぜグロティウスやプーフェンドルフによる所有権の契約主義的基礎づけを拒否したのであろうか。それはかれらの所有権論が、目的論的、経験的・歴史的および社会学的・説明的な諸要素を混在させていたからにほかならない。ここでも経験的次元と規範的次元との区別が不明確になっている。カントの超越論哲学的立場からすれば、このような混同した諸要素から合理的（理性的）要素だけを取り出し、それを純粋実践理性の次元において展開することが必要なのである。

(1) 以下において、カントの著作集からの引用はすべてアカデミー版（Kant's gesammelte Schriften, herausgegeben von der Königlich Preußischen Akademie der Wissenschaften 以下 Ges. Schr. と略記する）を使用し、巻数、頁数、また『法論』の場合にはパラグラフという順で表記している。『法論』の邦訳は『世界の名著39カント』『人倫の形而上学〈法論〉』加藤新平・三島淑臣訳（中央公論社、１９７９年）を参照した。

拙稿「カント法哲学の超越論的性格―W・ケルスティングの所論を中心として―」（『法学研究』第65巻第12号、１９９２年）３４６頁を参照（本書第二部第五章７４３-７４４頁）。筆者は、カントの法哲学についての多数のモノグラフや論文がカント研究文献の中で量的にも質的にも重要な地位を占めるようになった最近の研究動向を鑑みて、現在をカント法哲学の第二のルネッサンスと呼ぶことができるのではないか、と指摘した。また大橋容一郎「現代におけるカント研究の地平」（『カント哲学の現在』所収、竹市明弘・有福孝岳・坂部恵編、世界思想社、１９９３年）２６５頁を参照。カントの法哲学について「最近の自然法思想の見直しにともなう法哲学へのあらたな論究などが脚光を浴びつつある」と指摘されている。

(2) 『法哲学』峯村光郎（慶應通信、１９５４年）69頁を参照。『新版法律学序説』同（学精社、１９５３年）２５８頁を参照。言うまでもなく、我が国の法哲学も新カント学派の法哲学方法論の紹介・導入によって飛躍的な発展を遂げることになった。我が国の法哲学発展の過程を顧みるとき、新カント学派法哲学の占める決定的に重要な地位については学界の共通認識がある、と言っても過言ではないであろう。宮沢俊義「わが国の法哲学」（『法律時報』第8巻第11号、１９３６年）４頁を参照。原秀男「新カント学派」（『近代日本法思想』所収、野田良之・碧海純一編、有斐閣、１９７９年）２７１頁を参照。同「現代日本の法哲学」（『法哲学講義』所収、井上茂・矢崎光圀編、青林書院新社、１９７０年）２７０頁を参照。

(3) 『改訂 法哲學概論』尾高朝雄（學生社、１９５３年）１２３頁を参照。『改訂法哲學』同（日本評論社、１９３７年）１３８頁を参照。

(4) 加藤新平「新カント学派」（『法哲学講座 第5巻（上）』所収、尾高朝雄・峯村光郎・加藤新平編、有斐閣、１９６０年）54頁を参照。加藤新平は「現在一般哲学界では、新カント派はもはや過去のものとして見られているし、新カント学派の法哲学も亦根本的にはそれと運命を共にしているかのように考えられるかも知れないが、しかし一般哲学界におけるとは異り、法哲学という特殊分野では、新カント派法哲学の若干の重要な思想的成分、論理にして、今日尚生命を持続しているもの、持続しつづけるであろうところのものが見出される」と指摘しているが、主張されるように、ドイツにおいては新カント学派の法哲学は脈々と存続している。

（5）この著書の中でカントの法哲学も論じられている。Vgl. Wolfgang Nauke, Rechtsphilosophische Grund begriffe, 2. neubearbeitete Aufl., Frankfurt am Main 1986, S.94-106.

（6）Vgl. W. Naucke, Literaturbericht, Rechtsphilosophie (Teil I), in: Zeitschrift für die gesamte Strafrechtswissenschaft 97, 1985, S.542 und 547. ナウケはカント法哲学に強い関心を示しており精力的に研究している。たとえば次のような論文が挙げられる。

Kant und die psychologische Zwangstheorie Feuerbachs, Hamburg (Kieler rechtswissenschaftliche Abhandlungen Nr.3) 1962.（キール大学に提出した学位論文）

Die Reichweite des Vergeltungsstrafrechts bei Kant, in: Schleswig-Holsteinische Anzeigen, Justizministerialblatt für Schleswig-Holstein, 1964, S.203-211.

Über den Einfluß Kants auf Theorie und Praxis des Strafrechts im 19. Jahrhundert, in: Philosophie und Rechtswissenschaft. Zum Problem ihrer Beziehung im 19. Jahrhundert, J. Blühdorn und J. Ritter (Hrsg.), Frankfurt am Main 1969, S.27-48.

Die Dogmatisierung von Rechtsproblemen bei Kant, in: Zeitschrift für neuere Rechtsgeschichte, S.3ff.

なお、現在我が国に新カント学派の法哲学者が存在するか否かは、改めて検討したい。前掲注（2）原秀男「新カント学派」２７１頁以下を参照。

（7）ヘッフェは、「カントの法哲学は前批判的・独断的哲学ではなく、批判的哲学である」と主張している点で、ケアスティングと同様、カント法哲学の批判的ないし超越論的性格に関して肯定説を支持する陣営に属している。Vgl. O. Höffe, Immanuel Kant, 2.Aufl., München 1988, S.211.（『イマヌエル・カント』薮木栄夫訳、法政大学出版会、１９９１年、２２４頁）

ヘッフェはカント法哲学に関して次のような論稿を公刊している。

Recht und Moral: ein Kantischer Problemaufriß, in: Neue Heft für Philosophie 17. 1979, S.1-36.

Kants Kategorischer Imperativ als Kriterium des Sittlichen, in: ders., Ethik und Politik. Grundmodelle und-probleme der praktischen Philosophie, Frankfurt am Main 1979, S.84-119.

Zur vertragstheoretischen Begründung politishcer Gerechtigkeit: Hobbes, Kant und Rawls, in: ders., Ethik und Politik S.195-226.

Kants Begründung des Rechtszwangs und der Kriminalstrafe, in: Rechtsphilosophie der Aufklärung. Symposium Wolfenbüttel, R. Brandt (Hrsg.), Berlin・New York 1982, S.335-375.

（8）Vgl. K. Kühl, Rehabilitierung und Aktualisierung des kantischen Vernunftrechts. Die westdeutsche Debatte um die Rechtsphilosophie Kants in den letzten Jahrzehnten, in: Archiv für Rechts-und Sozialphilosophie, Beiheft 44, 1991, S.212-221. キュールが、現代の法的問題を解決するためにカント法哲学を援

用する法学出身の法哲学者はほとんどすべての法領域に存在している、と指摘していることからも、カント法哲学の見直しが積極的に行われていることが窺える。現代の法的問題を解決するために、さまざまの法領域の学者がカント法哲学をどのように援用しているのか、については稿を改めて検討したい。

　なおキュールも、カントの法哲学が批判的性格を有している、とする肯定説を支持しているが、キュールのカント所有権論に関する解釈の検討は別の機会に行うつもりである。Vgl. K. Kühl, Eigentumsordnung als Freiheitsordnung, S.37. Anm.52. キュールは、『人倫の形而上学』の法論は法的・実践理性のア・プリオリな諸原理によってまったく批判的であり、すでにカントの前批判期に展開されていたということはない」とする確信を懐いている。

（９）この点については別稿で検討したい。

（10）前掲注（１）拙稿３４５-４１３頁を参照（本書第二部第五章）。キュールは、ケアスティングの『秩序づけられた自由』(W. Kersting, Wohlgeordnete Freiheit. Immanuel Kants Rechts-und Staatsphilosophie, Berlin/New York 1984.（以下W. F. と略記する）が体系的にも内容的にも批判書によって基礎づけられた法哲学という意味において法論の「批判的」性格を肯定する立場を主張している、と指摘している。Vgl. Kühl, Rehabilitierung und Aktualisierung des kantischen Vernunftrechts, a.a.O. (Anm.8), S.215.

（11）同、拙稿３６５頁注（18）参照。筆者は、カントによる所有権論の基礎づけがロックやグロティウスおよびプーフェンドルフとどのように異なっているのかについての詳しい検討を別稿で行う、と予告しておいた。

（12）前掲注（１）拙稿３６２頁参照（本書第二部第五章７５７頁）。

（13）Vgl. Kant, Ges.Schr. Bd.6, 259, §10.（邦訳、３８６頁）

（14）Vgl. Kant, Ges.Schr. Bd.6, 263, §14.（邦訳、３９１頁）

（15）Vgl. Wilhelm. Metzger, Gesellschaft, Recht und Staat in der Ethik des deutschen Idealismus, Heidelberg 1917, S.90/ Anm.4 und S.95. George Vlachos, La pensée politique de Kant, Paris 1962, pp.391 et suiv. Kurt Lisser, Der Begriff des Rechts bei Kant, Berlin 1922, S.38. Kurt Borries, Kant als Politiker, Leipzig 1928, S.108. ヘッフェは、カントの所有権論はさまざまな批判を浴びてきたが、現在でも熟考すべき議論を含んでいると正当にも主張している。「所有権論の歴史においてもカント研究においても、哲学者カントの所有権論が大きな注意をはらわれることはなかった。この理論が論及される場合、カントはしばしば鋭く批判された。たとえば、あらゆる道徳的基礎を所有権から奪う強者の権利の主張者として批判されたり（ショーペンハウアー）、大いなる自由主義者であるルソーやロックにさえ逆行すると批判されている（Vlachos, 391ff.）。けれどもカントの所有権論は、今なお熟考に値する議論を含んでいるのである。」O. Höffe, Immanuel Kant, 2.Aufl., München 1988, S.218.（前掲注（７）『イマヌエル・カント』薮木栄夫訳、２３３頁。ただし訳文は若干修正してある）

（16）Vgl. A. Schopenhauer, Die Welt als Wille und Vorstellung. Sämtliche Werke, Bd.I, 3.Aufl., Suhrkamp, Frankfurt am Main 1991, S.459.（『ショーペンハウアー全集３　意志と表象としての世界　正編（Ⅱ）』斎藤忍随他訳、白水社、１９７３年、２８１頁）

（17）Vgl. Kant, Ges.Schr. Bd.23, 311.

（18）Vgl. Kant, Ges.Schr. Bd.6, 259, §10.（邦訳、３８６-３８７頁）

（19）Vgl. Kant, Ges.Schr. Bd.6, 263, §14.（邦訳、３９１頁）

（20）三島淑臣「カントの法哲学―その現代との関わりを中心に―」

（『講座ドイツ観念論 第二巻 カント哲学の現代性』所収、廣松渉、坂部恵・加藤尚武編、弘文堂、１９９０年）２６０頁を参照。

（21） Vgl. W. F., S.154. Vgl. Kant, Ges.Schr. Bd.6, 262, §13.（邦訳、３９１頁参照）「地球上におけるすべての人間による、一切の法的行為に先行する〔自然そのものによって設定される〕占有は、根源的な総体的占有〔根源的共有態 communio possessionis originaria〕である。この概念は、たとえば原始的な総体的占有〔原始的共有態 communio primaeva〕といった想像上の、しかも決して証明されることのない概念とは異なり、経験的でもなく、また、時間的諸条件に依存するものでもない。むしろそれは、一個の実践的な理性概念であって、ア・プリオリに次の原理を、つまり人間たちに地球上の場所を法の諸法則に従って使用することを得させる唯一の根拠であるような原理を含んでいるのである」。

（22） Vgl. Kant, Ges.Schr. Bd.6, 259, §10.（邦訳、３８７頁）また Vgl. Kant, Ges.Schr. Bd.6, 263, §14.（邦訳、３９１–３９２頁）

「物件〔したがってまた、地上の或る特定の区画された場所〕を私のものとなす意志、すなわち領得〔appropriatio〕は、根源的取得において一方的〔一方的な、または自分だけの意志 voluntas unilateralis s. propria〕でしかありえない。一方的意志による意思の外的対象の取得は先占である。だから、この外的対象の、したがってまた区画された一定範囲の土地の根源的取得は、ただ先占〔occupatio〕によってだけ生ずることができる。

……とはいえ、右の〔一方的〕意志が外的取得の権限たりうるのは、ただその意志が、ア・プリオリに結合した〔すなわち、相互に実践的関係に入りうるすべての人びとの意思を結合することによる〕絶対的に命令的な意志の中に含まれているかぎりにおいてだけである。なぜなら、一方的意志〔双方的ではあるが特殊的な意志もまたこれに準ずる〕は、それ自体としては偶然的であるような或る拘束性を万人に課することはできないのであって、これをなしうるためには、全般的な意志、偶然にではなくア・プリオリに、したがって必然的に結合した、それゆえ立法的な意志が必要とされるからである」。

（23） Vgl. Kant, Ges.Schr. Bd.6, 264, §15.（邦訳、３９２頁）

（24） Vgl. W. F., S.154.

（25） Vgl. Kant, Ges.Schr. Bd.6, 264, §15.（邦訳、３９２頁）

（26） Vgl. ebenda.（邦訳、同頁）

（27） Vgl. Kant, Ges.Schr. Bd.6, 265.（邦訳、３９３頁）

（28） Vgl. ebenda.（邦訳、同頁）Vgl. Kant, Ges.Schr. Bd.6, 269, §17.（邦訳、３９９頁）カントはまた次のようにも答えている。

「私が自分の居住地からして、他人のなす攻撃に対し私の土地を防御しうる機械的能力を有する範囲内で〔たとえば、海岸からする砲撃の射程範囲内で〕土地は私の占有に属し、海上はその範囲内で封鎖される〔海上封鎖 mare clausum〕。しかし、広大な海洋そのものの上ではどんな居住地も不可能であるから、占有はそこまで拡大されることはなく、公海は自由である〔海洋自由 mare liberum〕」。

（29） Vgl. Kant, Ges.Schr. Bd.23, 323.

（30） Vgl. W. F., S.154.

（31） Vgl. W. F., S.154f.

（32） Vgl. A. Schopenhauer, Der handschriftliche Nachlaß, Zweiter Band, Frankfurt am Main 1967, S.262.

筆者はかつて、カントの法論に対するショーペンハウアーの批判が適切か否か十分な検討が必要である、と指摘しておいたが、以下ではとくに所有権論に対する批判を検討することとし、全体に対する検討は別の機会に譲らざるをえない。「カント法哲学の超越論的性格—F・カウルバッハの所論を中心として—」（『法学政

治学論究』第7号、1990年）382–383頁注（14）を参照（本書第二部第二章注（17））。

（33） Vgl. Kant, Ges.Schr. Bd.6, 259, §10.（邦訳、386頁）

（34） Vgl. Kant, Ges.Schr. Bd.6, 264, §15.（邦訳、392頁）

（35） Vgl. A. Schopenhauer, Die Welt als Wille und Vorstellung, Sämtliche Werke, Bd.I, 3.Aufl., Suhrkamp, Frankfurt am Main 1991, S.459.（前掲注（13）『ショーペンハウアー全集3 意志と表象としての世界 正編（Ⅱ）』381頁を参照）これがいわゆる「老衰テーゼ」と呼ばれるものである。また現在このテーゼを主張する者にK・H・イルティングが挙げられる。拙稿注（1）350頁を参照（本書第二部第五章747–748頁）。および拙稿「カント法哲学の批判的性格―K・H・イルティングの所論を中心として―」（『法学研究』第64巻第6号、1991年）57頁注（62）を参照（本書第二部第三章注（62））。また『カントにおける倫理・法・国家の問題―「倫理形而上学（法論）」の研究―』片木清（法律文化社、1980年）393頁を参照。

（36） Vgl. Schopenhauer, a.a.O. (Anm.35), S.707.（『同全集4 正編（Ⅲ）』茅野良男訳、1974年、261頁）ショーペンハウアーの予測に反して、カントの『法論』が現在でもその意義を失っていないことは、すでに述べたとおりである。

（37） Vgl. Schopenhauer, a.a.O. (Anm.35), S.460.（『同全集3 正編（Ⅱ）』、281頁）

（38） Vgl. Schopenhauer, a.a.O. (Anm.35), S.458-461.（『同全集3 正編（Ⅱ）』、280–283頁）ショーペンハウアーが労働所有権論の信奉者であり、したがって、いわゆる「所有権の主体化モデル」の立場に立っていることは、たとえば次の論述から明らかである。

「ある物件が、たとえどんなにわずかな労力であるにせよ、他人のなんらかの労力によって労働で加工され、改良され、災害から守られ、保存されるなら、よしんばこの労力が野生の果実をもいだり、地面からひろいあげたりするだけのものであるにせよ、その場合には、このような物件を侵害する者は、他人がその物件にふりむけた力の成果を明らかにその人から取りあげ、したがって、他人の身体をその人の意志にではなく自分の意志に奉仕させることになり、自分自身の意志を肯定することが、その意志の現象をこえてしまい、他人の意志を否定するにまでいたるのである。すなわち不正を行うことになるのである」(Vgl. Schopenhauer, a.a.O. (Anm. 35), S.460. 邦訳、281–282頁)。

（39） Vgl. W. F., S.155f.

（40） Vgl. Richard Saage, Staat und Gesellschaft bei Immanuel Kant, Stuttgart u.a. 1973, S.26f.

（41） Vgl. Kant, Ges.Schr. Bd.6, 268f. 邦訳、397–398頁を参照。

前掲注（1）拙稿360–361頁を参照（本書第二部第五章754–755頁）。

（42） Vgl. W. F., S.156f.

（43） See John Locke, Two Treatises of Government, J. M. Pent & Sons Ltd: London Everyman's Library 1988, p.130, §27.（『市民政府論』鵜飼信成訳、岩波書店、1968年、33頁）

（44） Ibid., p.131f. §31（同36–37頁）また ibid., p.133f. §36.（同40–42頁）ibid., p.139, §46.（同51–52頁）Ibid., p.141. §51.（同55頁）

（45） 三島淑臣「近代の哲学的所有権―ロックとカントを中心に―」（『現代所有論』所収、日本法哲学会編、有斐閣、1991年）9頁を参照。「残余の原理」および「不腐敗の原理」という表現は三島の論説から借用させていただいた。

（46） Vgl. Kant, Ges.Schr. Bd.6, 266, §15.（邦訳、395頁）

(47) Vgl. W. F., S.157f.

(48) Vgl. Kant, Ges.Schr. Bd.6, 312, §44.（邦訳、４５０頁）

(49) Vgl. Kant, Ges.Schr. Bd.6, 264, §15.（邦訳、３９３頁）

(50) ロックの自然法論についての全体的叙述として次の著作を参照。Crawford Brough Macpherson, Die politische Theorie des Besitzindividualismus, Frankfurt am Main 1973, S.219-294.（『所有的個人主義の政治理論』藤野渉他訳、合同出版、１９８０年、２２１−２９５頁）Reinhard Brandt, Eigentumstheorien von Grotius bis Kant, Stuttgart・Bad Cannstaat 1974, S.69-103. W. Euchner, Naturrecht und Politik bei John Locke, Frankfurt am Main 1979.

(51) See Locke, Two Treatises of Government, op.cit. (Note 43), p.129, §25（邦訳、同31−32頁）

(52) See op.cit., p.129, §26.（邦訳、同32頁）

(53) See op.cit., p.130, §28.（邦訳、同34頁）

(54) See op.cit., p.129, §25.（邦訳、同31頁）

(55) See op.cit., p.130, §27.（邦訳、同32−33頁）

(56) Vgl. Karl Olivecrona, Die zwei Schichten in naturrechtlichen Denken, Archiv für Rechts-und Sozialphilosophie. LXIII/ 1977. S.79f.; ders., Das Meinige nach der Naturrechtslehre, Archiv für Rechts-und Sozialphilosophie. LIX/ 1973. S.197f.

(57) See James Tully, A Discourse on Property. John Locke and his adversaries, Cambridge 1980, p.104ff.

(58) See Locke, op.cit. (Note 43), p.138, §44.（邦訳、同49頁）

(59) See Tully, A Discourse on Property, op.cit. (Note 57), See K. Olivecrona, Appropriation in the State of Nature: Locke on the Origin of Property, Journal of the History of Ideas 35/ 1974, p.211f.; ders., Locke's Theory of Appropriation, The Philosophical Quarterly 24/ 1974, p.220f.; ders., The Term, Property in Locke's Two Treatises of Government, Archiv für Rechts-und Sozialphilosophie, LIX/ 1975, S.109f.

(60) Vgl. W. F., S.161.

(61) Vgl. W. F., S.161f.

(62) See Locke, op.cit. (Note 43), p.120, §6.（邦訳、同12−13頁）

(63) See Locke, op.cit. (Note 43), p.129, §26.（邦訳、同32頁）

(64) Vgl. W. F., S.162.

(65) See Locke, op.cit. (Note 43), p.130, §28.（邦訳、同34頁）

(66) See Locke, op.cit. (Note 43),（邦訳、同頁）

(67) Vgl. W. F., S.162f.

(68) 前掲注（１）拙稿３６２頁を参照（本書第二部第五章７５７頁）。

(69) Vgl. Kant, Ges.Schr. Bd.6, 268, §17.（邦訳、３９７頁）

カント自身§17「根源的取得という概念の演繹」の冒頭で次のように明言している。

「われわれは、取得の権原が土地の根源的共有態なるもののなかにあり、したがって外的占有の空間的諸条件のもとにあるということ、他方、取得の仕方は、外的対象を自分のものとしてもとうとする意志と結びついた占有取得〔把捉 apprehensio〕という経験的諸条件のなかにある、ということを見てきた。今やさらに、取得そのものを、すなわち、右の（取得の権原と仕方という）二つの要素からの結果として成り立つ外的な私のもの・汝のものを、言いかえれば、対象の可想的占有〔本体的占有 possessio noumenon〕を、この概念が内容としているものに即しながら、純粋な法的＝実践理性の原理から展開することが必要となる」。

カントが所有権の基礎づけにおいて、グロティウスやプーフェンドルフ、さらにロックとも異なって、聖書をまったく援用していないことは注意されなければならない。

（70） Vgl. W. F., S.163.

（71） 前掲注（1）拙稿、３５８‐３６０頁を参照（本書第二部第五章７５０‐７５３頁）。

（72） Vgl. W. F., S.163f.

（73） Vgl. Kant, Ges.Schr. Bd.23, 219.

「生得的権利の全ての命題の原理は分析的である。取得権の全ての命題の原理は綜合的である。」カントは「純粋理性の本来的課題は、いかにしてア・プリオリな綜合判断は可能であるか？という問いのうちに含まれている」と述べている。Vgl. B 19.（邦訳、理想社版『カント全集第四巻』96頁）

（74） Vgl. Kant, Ges.Schr. Bd.23, 328.

（75） Vgl. Kant, Ges.Schr. Bd.246, §2.（邦訳、３７２頁参照）実践理性の許容法則（lex permissiva）は「私の意志のいかなる対象も客観的に可能な私のもの・汝のものとみなし、かつそう取り扱うことは、実践理性のア・プリオリな一前提である」と説明されている。

（76） Vgl. Kant, Ges.Schr. Bd.6, 268, §17.（邦訳、３９７頁）

（77） Vgl. Kant, Ges.Schr. Bd.23, 327.

（78） Vgl. Kant, Ges.Schr. Bd.23, 326.

（79） Vgl. W. F., S.165 und 115.

（80） Vgl. W. F., S.165.

（81） Vgl. W. F., S.165f.

（82） カントの前批判期の所有権構想については、Vgl. Brandt, a.a.O. (Anm. 50), S.167f.

（83） Vgl. Kant, Ges.Schr. Bd.27, 2, 2, 1342.

（84） Vgl. ebenda.

（85） Vgl. W. F., S.166-168.

（86） Brandt, a.a.O. (Anm. 50), S.168.

（87） Vgl. Kant, Ges.Schr. Bd.6, 265, §15.（邦訳、３９３‐３９４頁）

（88） 前掲注（1）拙稿３７２頁以下（本書第二部第五章７６５頁以下）を参照。占有実在論とは、法的占有保護を手にもっているものや身に付けているもの、すなわち物理的占有に制限しようとする理論である。

（89） Vgl. W. F., S.168f.

（90） Vgl. Kant, Ges.Schr. Bd.6, 230, §B.（邦訳、３５４頁）カントは法概念を次のように定義している。「法とは、或る人の意思が他人の意思と自由の普遍的法則に従って調和させられうるための諸条件の総体である」。

（91） Vgl. W. F., S.170.

（92） Vgl. Kant, Ges.Schr. Bd.6, 261, §11.（邦訳、３８９頁）また Vgl. Kant, Ges.Schr. Bd.23, 281.

「物における直接的権利は存在しない（というのは、物はわれわれを拘束しえないからである）。ただ人格に対する権利が存在するだけである。それゆえ、専断的取得は存在しえず、全ての人に対して配分的正義が要求される」。

（93） Vgl. W. F., S.170.

（94） Vgl. Kant, Ges.Schr. Bd.6, 268, §17.（邦訳、３９７頁）

（95） 三島淑臣「〈抽象法〉としての自然法—ヘーゲルにおける自然法問題（二）—」（『水波朗教授退官記念 法と国家の基礎に在るもの』所収、三島淑臣・阿南成一・栗城壽夫・高見勝利編、創文社、１９８９年）38頁を参照。超越論哲学的基礎づけについて三島は次のように指摘している。

「カントにとっては、「或る外的な対象を〈私のもの〉としてもつ」という根本事態こそが問題であり、これが、人間の世界においていかにして成立可能なのかを超越論哲学的に基礎づけることが彼の最も苦心をそそいだ主題であった。そして、こうした問題関心から提起されたのが「可想的占有」と「経験的占有」という二概念の区別だったわけである。」そして「「或る外的対象を〈私のもの〉としてもつ」仕方にとって決定的な意味をもつ「可想的占有」の超越論哲学的基礎づけをカントがどのような手続で行い、それは十分に成功しているかどうかの立入った検討は他の機会にゆずるとして、ここではそれが究極のところ自由の概念に、より詳しく言えば、自由の概念の現実化にかかわる「実践理性の法的要請」――「外的なもの（使用可能なもの）が誰にとってもその人のその人のものとなり得るように他人に対して行為することは法的義務である」――に基礎を置いていたことを指摘するにとどめる」。

(96) Vgl. Kant, Ges.Schr. Bd.6, 230 §B.（邦訳、３５４頁）

カントは§B「法とは何か?」の中で法概念について3つの視点から次のように定義している。

「法の概念は、それが法に対応する拘束性に関係するかぎりでは〔すなわち、法の道徳的概念は〕、まず第一に、各人の行なう行為が事実上相互に〔直接または間接に〕影響を及ぼしうるかぎりでの、或る人格の他の人格に対する外的かつ実践的な関係だけを問題とする。しかし、第二に、法の概念は、たとえば親切な行為あるいは冷酷な行為の場合のように、或る意思と他人の願望〔したがってまた他人の単なる欲求〕との関係にかかわるのではなくて、もっぱらその意思と他人の意思との関係にかかわる。第三に、こうした意思と意思とのあいだの相互関係においても、意思の実質、すなわち各人が彼の意思する客体によって（到達しようと）目論んでいる目的は、全く視野のうちに入ってこない。たとえば、或る人が自分の商品のために私から買う商品について、はたして彼がそれによって利益を得るかどうかは問題とならず、双方の意思が単に自由なものと見られるかぎりにおいて、相互の意思の関係の形式だけが問題となるのであり、また、この形式によって両当事者の一方の行為が他方の自由と普遍的法則に従って調和させられうるかどうかが問題となるのである」。

あとがき

偉大な哲学者のひとつの作品を十全に理解することは容易なことではない。その作品を体系全体と切り離して読解することは誤解や曲解を招くおそれがあるからである。特にカントのような体系志向的な哲学者の場合はなおさらであろう。

はしがきでも述べたように、私は次のような問題を提起した。

果してカントの法哲学は批判的法哲学と言えるのだろうか。カントの批判哲学の体系の中でそれはどのように位置づけられるのだろうか。

当初、この問題の解明は一見するとそれほど困難な課題ではないように思われた。なぜかと言えば、カント自身が著作の中で批判的方法をどのように定義しているのかを確認し、それに即して法哲学が構築されているのかどうかを単に検証すればよいと思ったからにほかならない。それは大きな思い違いであった。

研究が徐々に進むにつれて、この問題は批判哲学全体の体系にかかわる重要な問題であり、これを解明するためにはカントの批判哲学の本質そのものに深く踏み込んでいかざるをえないことがわかった。しかもカント自身による批判的方法の定義は必ずしも一義的ではなく、多くの論者によってさまざまな解釈がなされていた。その中でも特にR・シュタムラーやH・ケルゼンといった新カント学派に属する法学者の解釈が定着していた。

そしてそのためにはまず、『純粋理性批判』、『実践理性批判』および『判断力批判』といった批判哲学の体系書にまず取り組まなければならなかった。またそれとともに、法哲学と密接に関連する『永遠平和のために』、『理論では正しいかもしれないが、実践の役には立たない、という俗言について』、『諸学部の争い』、『世界市民的見地における一般歴史考』、『啓蒙とは何か』、『人類の歴史の憶測的起源』および『単なる理性の限界内における宗教』などの歴史哲学や宗教哲学に関する著作も繙かなければならない。つまり私は第一に、批判哲学全体の体系内在的研究が不可欠であるということを悟ったのである。

また、思想というものは突然形成されるものではない。その思想が完成するまでには長い道のりがあったはずだ。カントの法哲学の完成版である『法論の形而上学的基礎論』については特にそれが当てはまる。カントは若いときからその計画を予告していたが、しかし出版は繰り返し先送りされた。刊行されるまでに30年もの年月が過ぎ去った。それはなぜだろうか。また、カントはどのような過程を経てこの『法論の形而上学的基礎論』を完成させたのだろうか。それには方法論上の基礎づけの問題があったに違いない。それを知るためには準備草稿、学生による講義筆記録、レフレクシオーンなどの資料も丹念に検討し、カントの思考過程やその変遷を追跡しなければならない。ここで私は法哲学の生成発展史的研究の重要性にも気づかされた。

ここに至ってようやくこの問題の解明がいかに難題であるかを認識した。そして無謀な試みを課してしまったのではないかと後悔しはじめた。しかし、自らが立てた課題から逃れることはもはやできない。

はしがきで私は次のように述べていた。

最晩年の著作である『法論の形而上学的基礎論』は老衰の著作というひと言で片付けられ、ほとんど見向きもされなかった。しかし学問的に老衰の著作のひと言で済まされる問題なのだろうか。これが、私が抱いた最初の素朴な疑問であった。

確かに『法論の形而上学的基礎論』には印刷上の手違いで段落や文章が入れ替わるなど論理的に不明確なところがあるのは事実である。しかしそのことを無視して、単に論理的不明確性から法哲学には批判的方法が貫徹されていないとか放棄されているという解釈を引き出し、それをカントの老衰のせいにすることはできない。カントの意図を思い図ってじっくりと読めば理解できるはずである。

また私は、カントの法哲学が批判哲学の体系から排除されるとする解釈のほうがむしろ不可解に見受けられると述べていた。

これが、私が抱いた第二の素直な疑問であった。そして、その解釈を再検討する必要性があるという思いに駆られた。

私はカントのことばをまじめに受け取るべきであると思う。だからと言って体系に整合的に調和させるような無理な解釈をするのではなく、カントの意図に即して虚心坦懐に読解すべきであるという意味だ。

カントが「批判」を予備学とする純粋哲学の体系、つまり形而上学の本来的な構成部分として「自然の形而上学」とともに「人倫の形而上学」を位置づけていることは明らかである。しかもこれら2つの領域はカントの批判哲学体系の最後を飾るものである。それを承けてカントは『法論の形而上学的基礎論』のまえがきで、「実践理性の批判」のあとには人倫の形而上学という体系が続くとし、『自然科学の形而上学的基礎論』と対をなすものとして『法論の形而上学的基礎論』と『徳論の形而上学的基礎論』を位置づけている。また、所有権の基礎づけにおいても「法的・実践的理性の批判」の必要性をはっきりと強調している。カントがその構想において批判哲学の体系の中に法哲学を位置づけているのは疑いえない。

カント法哲学の批判的性格を否認する否定説にも、またそれを承認する肯定説にもそれぞれそれなりの論拠がある。研究を進める中でこの問題に深く踏み込めば踏み込むほど、私は迷路に迷い込んだような気持ちになった。カント法哲学の批判的性格、言い換えれば批判哲学の体系におけるその位置づけを解明するためには、もちろん生成発展史的研究も重要であるが、やはりカントが公表することを意図した完成版である『法論の形而上学的基礎論』をその対象としなければならない。また新カント学派に代表されるような理論哲学、特に『純粋理性批判』を偏重する解釈は適切ではない。むしろ実践哲学、特に『人倫の形而上学的基礎づけ』と『実践理性批判』を考慮に入れて解釈する必要がある。

そうすることによって、カントの法哲学が批判的法哲学であるということが明らかになる。読者にあっては序論と本論を注意深く読んでいただければ、理解していただけると思う。

各章の論文において私自身十分に考え抜かれていない論述も散見されるかと思う。この点についてはご容赦願いたい。そして、それは他日を期することとしたい。

本書を執筆するにあたっては関西外国語大学外国語学部准教授の安田優氏に多大なご協力をいただいた。この場を借りてお礼を申し上げる。また、このような長大な論文集を刊行することができたのもひとえに慶應義塾大学出版会出版部の岡田智武氏のおかげである。岡田氏はなかなか筆が進まない私をつねに暖かく激励し、辛抱強く待っていただいた。岡田氏の貴重な助言と大変手間のかかる緻密な校正・編集に対して心より謝意を表したい。

なお本書を出版するに際して北陸大学から出版助成をいただく予定である。あらためて感謝の意を表したい。

松本和彦

初出一覧

本書に収録されている各論考は、書き下ろしを含め下記初出のとおりであるが、表記の統一もしくは表現の修正など、大幅に修正されたものも含まれている。

序　論（書き下ろし）

第一部　カント法哲学の継受史、影響史、解釈史および批判哲学における法論の体系的位置づけ（書き下ろし）

第二部　カント法哲学の超越論的・批判的性格

第一章　カント法哲学の批判的・超越論的性格——その解釈論争をめぐって
（「カント法哲学の批判的・超越論的性格——その解釈論争をめぐって」『北陸大学紀要』第37号、２０１３年、１－58頁）

第二章　Ｆ・カウルバッハの所論を中心として
（「カント法哲学の超越論的性格——Ｆ・カウルバッハの所論を中心として」『法学政治学論究』第７号、１９９０年、357－388頁）

第三章　Ｋ・Ｈ・イルティングの所論を中心として
（「カント法哲学の批判的性格——Ｋ・Ｈ・イルティングの所論を中心として」『法学研究』第64巻第６号、１９９１年、24－59頁）

第四章　Ｈ・オーバラーの所論を中心として（書き下ろし）

第五章　Ｗ・ケアスティングの所論を中心として
（「カント法哲学の超越論的性格——Ｗ・ケルスティングの所論を中心として」『法学研究』第65巻第12号、１９９２年、345－413頁）

第六章　所有権論の超越論哲学的基礎づけ
（「カント法哲学の超越論的性格——所有権論の超越論哲学的基礎づけ」『北陸法学』第１巻第１・２合併号、１９９３年、329－371頁）

V. デルボス	Victor Delbos	(1862-1916)

W

W. A. ラウターバッハ	Wolfgang Adam Lauterbach	(1618-1678)
W. ヴァーグナー	Walter Wagner	
W. ヴィンデルバント	Wilhelm Windelband	(1848-1915)
W. オイラー	Werner Euler	
W. クラーヴィツ	Werner Krawietz	
W. ケアスティング	Wolfgang Kersting	
W. ザウアー	Wilhelm Sauer	(1831-1916)
W. シェーンフェルト	Walter Schönfeld	(1888-1958)
W. シュタインミュラー	W. Steinmüller	
W. ディルタイ	Willhelm Dilthey	(1833-1911)
W. ナウケ	Wolfgang Naucke	
W. ハッセマー	Winfried Hassemer	(1940-2014)
W. バルトゥシャット	Wolfgang Bartuschat	
W. ブッシュ	Werner Busch	
W. ブルクハルト	Walther Burckhardt	(1871-1939)
W. ブルッガー	Winfried Brugger	(1950-2010)
W. ペリケ	Waltraud Pälicke	
W. ヘンゼル	Werner Haensel	
W. メッツガー	Wilhelm Metzger	(1879-1916)

Zほか

Z. バッチャ	Zwi Batscha	
キケロ	Marcus Tullius Cicero	(前 106-43)
コペルニクス	Nicolaus Copernicus	(1473-1543)

P. ケーニヒ	Peter König	
P. チョイナッキ	Pierre Chojnacki	
P. ナトルプ	Paul Natorp	(1854-1924)
P. ブルク	Peter Burg	
P. ベール	Pierre Bayle	(1647-1706)
P. メンツァー	Paul Menzer	(1873-1960)
P. ライリ	Patlick Riley	
P. A. シルプ	Paul Arthur Schilpp	(1897-1993)
P.-A. ヒルシュ	Philipp-Alexander Hirsch	

R

R. アレクシー	Robert Alexy	
R. ザーゲ	Richard Saage	
R. シュタムラー	Rudolf Stammler	(1856-1938)
R. シュミット	Richard Schmidt	(1862-1944)
R. デュンハウプト	Rudolf Dünnhaupt	
R. ドライアー	Ralf Dreier	(1931-2017)
R. ブッターマン	Ralf Buttermann	
R. ブラント	Reinhard Brandt	
R. フリードリヒ	Rainer Friedrich	
R. マルチッチ	René Marcic	(1919-1971)
R. ルートヴィヒ	Ralf Ludwig	
R. B. ヤッハマン	Reinhold Bernhard Jachmann	(1767-1843)
R. v. イェーリング	Rudolf von Jhering	(1818-1892)

S

S. コクツェーイ	Samuel Cocceji	(1679-1755)
S. ゴヤール・ファーブル	Shimone Goyard -Fabre	
S. プーフェンドルフ	Samuel von Pufendorf	(1632-1694)
S. M. シェル	Susan Meld Shell	
S. M. ブラウン	Stuart M. Brown	
St. ガグナー	St. Gagnér	

T

T. ヴァス	Tibor Vas	
T. ホッブズ	Thomas Hobbes	(1588-1679)
Th. エーベルト	Theodor Ebert	
Th. マウトナー	Thomas Mautner	

U

U. F. H. リュール	Ulli F. H. Rühl	
U. J. ヴェンツェル	Uwe Justus Wenzel	

V

V. ゲアハルト	Volker Gerhardt	

L. シュナイダー	Ludwig Schneider	
L. デニス	Lara Denis	
L. ネルゾン	Leonhard Nelson	(1882-1924)
L. W. ベック	Lewis White Beck	(1913-1997)

M

M. アドラー	Max Adler	(1873-1937)
M. ヴィレイ	Michel Villey	(1914-1988)
M. ヴェーバー	Max Weber	(1864-1920)
M. ヴント	Max Wundt	(1879-1963)
M. キューエンブルク	Max Küenburg	
M. キューン	Manfred Kühn	
M. クリーレ	Martin Kriele	
M. グレガー	Mary Gregor	(1928-1994)
M. ゲッスル	Max Gößl	
M. ザロモン	Max Salomon	
M. シェーラー	Max F. Scheler	(1874-1928)
M. ゼンガー	Monika Sänger	
M. ツュスコフスカ	Maria Szyszkowska	
M. ハイデガー	Martin Heidegger	(1889-1976)
M. バウム	Manfred Baum	
M. ハルトデーゲン	Michael Hartdegen	
M. ブール	Manfred Buhr	(1927-2008)
M. ブロッカー	Manfred Brocker	
M. ヘルツ	Markus Herz	(1747-1803)
M. ミュラー	Max Müller	
M. リーデル	Manfred Riedel	(1936-2009)
M. E. マイアー	Max Ernst Mayer	(1875-1923)

N

N. ハルトマン	Nicolai Hartmann	(1882-1950)
N. ブリースコルン	Norbert Brieskorn	
N. ボッビオ	Norberto Bobbio	(1909-2004)
N. マキアヴェッリ	Niccolò Machiavelli	(1469-1527)
N. H. グンドリング	Nicolaus Hieronymus Gundling	(1671-1729)

O

O. シュヴェンマー	O. Schwemmer	
O. トーン	Osias Thon	(1870-1936)
O. ヘッフェ	Otfried Höffe	
O. リープマン	Otto Liebmann	(1840-1912)
O. v. ギールケ	Otto von Gierke	(1841-1921)

P

P. ウンルー	Peter Unruh	

J. ザウター	Johann Sauter	(1891-1945)
J. シュムッカー	Josef Schmucker	
J. ビンダー	Julius Binder	(1870-1939)
J. ブリュードルン	Jürgen Blühdorn	
J. ベアケマン	Jörg Berkemann	
J. ペーターゼン	Jens Petersen	
J. リッター	J. Ritter	
J. リュッケルト	Joachim Rückert	
J. ルシュカ	Joachim Hruschka	(1935-2017)
J. ロールズ	John Bordley Rawls	(1921-2002)
J. ロック	John Locke	(1632-1704)
J. B. エアハルト	Johann Benjamin Erhard	(1766-1827)
J. C. ホフバウアー	Johann Christoph Hoffbauer	(1770-1826)
J. E. ドット	J. E. Dott	
J. Fr. ヴィギランティウス	Johann Friedrich Vigilantius	(1757-1823)
J. G. シェフナー	Johann Georg Scheffner	(1736-1820)
J. G. ダリエス	Joachim Georg Darjes	(1714-1791)
J. G. フィヒテ	Johann Gottlieb Fichte	(1762-1814)
J. G. ヘルダー	Jahann Gottfried Herder	(1744-1803)
J. H. ティーフトゥルンク	Johann Heinrich Tieftrunk	(1759-1837)
J. H. ランベルト	Johann Heinrich Lambert	(1728-1777)
J. J. ゲッシェン	Johann Julius Göschen	(1736-1798)
J. J. ブルラマキ	Jean Jacques Burlamaqui	(1694-1784)
J.-J. ルソー	Jean-Jacques Rousseau	(1712-1778)
J. K. F. ローゼンクランツ	Johann Karl Friedrich Rosenkranz	(1805-1879)
J. S. ベック	Jacob Sigismund Beck	(1761-1840)

K

K. キュール	Kristian Kühl	
K. シュタイクレーダー	Klaus Steigleder	
K. シュミット	Karl Schmidt	
K. フィッシャー	Kuno Fischer	(1824-1907)
K. フォアレンダー	Karl Vorländer	(1860-1928)
K. ベルトライン	Karl Bärthlein	
K. ボリース	Kurt Borries	(1895-1968)
K. マルクス	Karl Heinrich Marx	(1818-1883)
K. ヤスパース	Karl Jaspers	(1883-1969)
K. ライヒ	Klaus Reich	(1906-1996)
K. ラレンツ	Karl Larenz	(1903-1993)
K. リッサー	Kurt Lisser	
K.-H. イルティング	Karl-Heinz Ilting	(1925-1984)
K. L. ラインホルト	Karl Leonhard Reinhold	(1757-1823)

L

L. ヴォルトマン	Ludwig Woltmann	(1871-1907)

H. ウィリアムズ	Howard Williams	
H. ヴェルツェル	Hans Welzel	(1904-1977)
H. エーベリング	Hans Ebeling	
H. オーバラー	Hariolf Oberer	(1933-2017)
H. キーフナー	Hans Kiefner	
H. クニッターマイアー	Hinrich Knittermeyer	(1891-1958)
H. クノー	Heinrich Cunow	(1862-1936)
H. クリューガー	Herbert Krüger	(1905-1989)
H. クレンナー	Hermann Klenner	
H. グロティウス	Hugo Grotius	(1583-1645)
H. ケーラー	Heinrich Köhler	(1685-1737)
H. ケルゼン	Hans Kelsen	(1881-1973)
H. コーイング	Helmut Coing	(1912-2000)
H. コーヘン	Hermann Cohen	(1842-1918)
H. ザーナー	Hans Saner	(1934-2017)
H. シュテファニ	Heinrich Stephani	(1761-1850)
H. ハイムゼート	Heinz Heimsoeth	(1886-1975)
H. バルクマン	Hermann Bargmann	
H. ファイヒンガー	Hans Vaihinger	(1852-1933)
H. プルッツ	Hans Prutz	(1843-1929)
H. ヘットナー	Hermann Hettner	(1821-1882)
H. メディック	Hans Medick	
H. ライナー	Hans Reiner	(1896-1991)
H. リッケルト	Heinrich Rickert	(1863-1936)
H. リュベ	Hermann Lübbe	
H. E. ポーライ	Heinrich Engelhard Poley	(1686-1762)
H.-G. デガウ	Hans-Georg Deggau	
H. J. ザントキューラー	Hans Jörg Sandkühler	
H. J. ペイトン	Herbert James Paton	(1887-1969)
H. J. ホメス	H. J. Hommes	(1930-1984)
H.-J. ヘス	H. J. Hess	
H.-L. オリヒ	Hans-Ludwig Ollig	
H.-L. シュライバー	Hans-Ludwig Schreiber	
H. L. A. ハート	Herbert Lionel Adolphus Hart	(1907-1992)
H.-U. シュトューラー	H.-U. Stühler	

I

I. カント	Immanuel Kant	(1724-1804)

J

J. アルトゥジウス	Johannes Althusius	(1557-1638)
J. ヴィッケ	Joseph Wicke	
J. エッサー	Josef Esser	(1910-1999)
J. エビングハウス	Julius Ebbinghaus	(1885-1981)
J. コーン	Jonas Cohn	(1869-1947)

F. ハチスン	Francis Hutcheson	(1694-1746)
F. ブーターベク	Friedrich Ludewig Bouterwek	(1766-1828)
F. ブレンターノ	Franz Clemens Honoratus Hermann Brentano	(1838-1917)
F. ミュンヒ	Fritz Münch	(1879-1920)
F. メーリング	Franz Mehring	(1846-1919)
F. メディクス	Fritz Medicus	(1876-1956)
F. A. ランゲ	Friedrich Albert Lange	(1828-1875)
F. C. v. サヴィニー	Friedrich Carl von Savigny	(1779-1861)
F. W. シューベルト	Friedrich Wilhelm Schubert	(1799-1868)
F. W. フェルスター	Friedrich Wilhelm Foerster	(1869-1966)
F.-W. ヘルマン	Friedrich-Wilhelm Herrmann	

G

G. アッヘンヴァル	Gottfried Achenwall	(1719-1772)
G. アンダーゾン	Georg Anderson	
G. イルリッツ	Gerd Irrlitz	
G. ヴラコ	Georges Vlachos	
G. ガイスマン	Georg Geismann	
G. カヴァラー	Georg Cavallar	
G. クリューガー	Gerhard Krüger	(1902-1972)
G. ショルツ	Gertrud Scholz	
G. ジンメル	Georg Simmel	(1858-1918)
G. ディーツェ	Gottfried Dietze	(1922-2006)
G. ドゥルカイト	Gerhard Dulckeit	(1904-1954)
G. パッツィヒ	Günther Patzig	(1926-2018)
G. ファイアーアーベント	Gottfried Feyerabend	
G. フーフェラント	Gottlieb Hufeland	(1760-1817)
G. ブフダ	Gerhard Buchda	(1901-1977)
G. プラウス	Gerold Prauss	
G. マルティン	Gottfried Martin	(1901-1972)
G. ラートブルフ	Gustav Radbruch	(1878-1949)
G. リュベ・ヴォルフ	Gertrude Lübbe-Wolff	
G. ルフ	Gerhard Luf	
G. レーマン	Gerhard Lehmann	(1900-1987)
G. レンプ	Georg Römpp	
G. B. ポヴァルスキ	Gottlieb Bernhard Powalski	
G. D. ウルピアヌス	Gnaeus Domitius Ulpianus	(170-228)
G. E. ムーア	George Edward Moore	(1873-1958)
G. L. コリンズ	Georg Ludwig Collins	(1763-1814)
G. W. F. ヘーゲル	Georg Wilhelm Friedrich Hegel	(1770-1831)
G. W. ライプニッツ	Gottfried Wilhelm Leibniz	(1646-1716)
G.-W. キュスタース	Gerd-Walter Küsters	

H

H. アーレント	Hannah Arendt	(1906-1975)

Ch. ガルヴェ	Christian Garve	(1742-1789)
Chr. C. ムロンゴヴィウス	Christoph Cölestin Mrongovius	(1764-1855)
Chr. ヴォルフ	Christian Wolff	(1679-1754)
Chr. リッター	Christian Ritter	

D

D. クレフト	David Kräft	
D. シェッフェル	Dieter Scheffel	
D. パシニ	Dino Pasini	
D. ヒューム	David Hume	(1711-1776)
D. ヒュニング	Dieter Hüning	
D. ヘンリヒ	Dieter Henrich	
D. R. ドゥブレ	David R. Doublet	

E

E. アディケス	Erich Adickes	(1866-1928)
E. ヴォルフ	Erik Wolf	(1902-1977)
E. カウフマン	Erich Kaufmann	(1880-1972)
E. カッシーラー	Ernst Cassirer	(1874-1945)
E. ケーネン	E. Coenen	
E. スヴォボダ	Ernst Swoboda	(1879-1950)
E. ツェラー	Eduard Zeller	(1814-1908)
E. トレルチ	Ernst Troeltsch	(1865-1923)
E. バリッジ	Ezekiel Burridge	(1661?-1707)
E. フッサール	Edmund Gustav Albrecht Husserl	(1859-1938)
E. ラスク	Emil Lask	(1875-1915)
E. ランツベルク	Ernst Landsberg	(1860-1927)
E. J. メストメッカー	Ernst-Joachim Mestmäcker	
E. R. ザントフォス	Ernst R. Sandvoss	

F

F. ヴィアッカー	Franz Wieacker	(1908-1994)
F. カウルバッハ	Friedrich Kaulbach	(1912-1992)
F. カルショイアー	Fiete Kalscheuer	
F. カンバーテル	F. Kambartel	
F. ザンダー	Fritz Sander	(1889-1939)
F. シュタウディンガー	Franz Staudinger	(1849-1921)
F. シュレーゲル	Friedrich Schlegel	(1772-1829)
F. ショムロ	Félix Somló	(1873-1920)
F. シラー	Frierich Schiller	(1759-1805)
F. ツォッタ	Franco Zotta	
F. デレカット	Friedrich Delekat	(1892-1970)
F. テンブルック	Friedrich Tenbruck	(1919-1994)
F. パウルゼン	Friedrich Paulsen	(1846-1908)
F. バスケス	Fernando Vázquez de Menchaca	(1512-1569)

人名略称一覧

本書で略称表記している人名は原則として以下のとおりである。なお本文においては、例えば「K.-H. イルティング（Karl-Heinz Ilting）」のような場合でも「K・H・イルティング」と表記している。また本文に生没年を付している人物については（　）内で生没年を付した。

A		
A. カウフマン	Arthur Kaufmann	(1923-2001)
A. グリガ	Arsenij Gulyga	(1921-1996)
A. ショーペンハウアー	Arthur Schopenhauer	(1788-1860)
A. フェアドロス	Alfred Verdroß	(1890-1980)
A. メッサー	August Messer	(1867-1937)
A. ライナッハ	Adolf Reinach	(1883-1917)
A. ラッソン	Adolf Lasson	(1832-1917)
A. レコヴィツ	Albert Lewkowitz	(1883-1954)
A. E. ティール	A. E. Teale	
A. G. ドーナ	Alexander Graf zu Dohna	(1876-1944)
A. G. バウムガルテン	Alexander Gottlieb Baumgarten	(1714-1762)
A. O. マイアー	Arnold Oskar Meyer	(1877-1944)
B		
B. シュミドゥリン	Bruno Schmidlin	
B. トゥシュリング	Burkhard Tuschling	(1937-2012)
B. バウフ	Bruno Bauch	(1877-1942)
B. マリバボ	Balimbanga Malibabo	
B. ヤックル	Bernhard Jakl	
B. ルートヴィヒ	Bernd Ludwig	
B. S. バード	B. Sharon Byrd	(1947-2014)
C		
C. シュミット	Conrad Schmidt	(1863-1932)
C. トマージウス	Christian Thomasius	(1655-1728)
C. ベルグボーム	Carl Bergbohm	(1849-1927)
C. ライアー	Carla Laier	
C. ランガー	Claudia Langer	
C. A. エムゲ	Carl August Emge	(1886-1970)
C. A. クルージウス	Christian August Crusius	(1715-1775)
C. B. マクファースン	Crawford Brough Macpherson	(1911-1987)
C. J. フリードリヒ	Carl Joachim Friedrich	(1901-1984)
C.-L. モンテスキュー	Charles-Louis de Montesquieu	(1689-1755)
Ch. ヴェスターマン	Ch. Westermann	

松本 和彦（まつもと かずひこ）

1960年生まれ。北陸大学経済経営学部教授。

専門：法哲学、法思想史。

慶應義塾大学法学部卒業、同大学院法学研究科博士課程単位取得退学。北陸大学法学部専任講師、助教授、教授等を経て現職。北陸大学学生部長、学生総合サービスセンター副センター長、未来創造学部学部長、副学長、図書館長等を歴任。

本書収録論文のほか、著作に「ドイツにおける社会法概念の展開─その法思想史的意義」研究労働法・経済法（別冊3）（慶應義塾大学産業研究所、1991年）、「カント法哲学の超越論的性格─所有権論を中心として」法哲学年報1993（日本法哲学学会、1994年）、クラウス・ヴィルヘルム・カナリス『法律学における体系思考と体系概念』（共訳、慶應義塾大学法学研究会、1996年）ほか。

カントの批判的法哲学

2018年8月23日　初版第1刷発行

著　者────松本和彦
発行者────古屋正博
発行所────慶應義塾大学出版会株式会社
〒108-8346　東京都港区三田2-19-30
ＴＥＬ〔編集部〕03-3451-0931
〔営業部〕03-3451-3584〈ご注文〉
〔　〃　〕03-3451-6926
ＦＡＸ〔営業部〕03-3451-3122
振替 00190-8-155497
http://www.keio-up.co.jp/
装　丁────鈴木　衛
印刷・製本──萩原印刷株式会社
カバー印刷──株式会社太平印刷社

Printed in Japan ISBN978-4-7664-2531-4